孫さんの運命学

四柱推命の論理と実際

孫信一

SUN Xinyi

Mr. SUN's Logic of Destiny Prediction

孫信一　SUN Xinyi

「わたしの運命学はみなさんが幸せになるためにある」と語る孫信一は、上海生まれの中国人。中国正統四柱推命学の数少ない継承者である。驚異の的中率の秘密は、『子平法』の深い考察や『滴天髄』などの複雑な古文書の正しい解読にある。それは日本に伝わる四柱推命の誤った解釈を正すものといえる。孫信一は現在、パリ、上海、東京を行き来する。各国政財界の要人をはじめ世界中の数多くの著名人たちが、未来を知るために彼の下を訪れる。また、孫信一は中国水墨画では「石濤の後継者」と称される高名な画家である。フランス語、日本語も堪能で、古今東西の哲学や、各国の政治社会事情にも精通する、博学多才な当代きっての一流の知識人でもある。

＊本書は『孫さんの四柱推命運命学』（2017 年発行）に加筆し、再編集した改訂版です。

はじめに

　遠い昔から吉凶を定め、運命を知るためにいろいろな占いがありました。運命を知るために古代中国より研究され、伝承されてきたのが四柱推命です。四柱とは年月日時の四つの柱という意味で、生まれた年月日と時刻によって運命を知ることができるというものです。中国では命理、子平、八字などと呼ばれ、はるか古代から長い時間をかけて検証を繰り返して発展してきました。

　本書は幸せな人生を送るために運命を知りたい人へ向けて、四柱推命の基礎的な知識から実際の運命の判断までを詳しく説明したものです。

　四柱推命は長い歴史の中でいろいろな解釈が生まれました。その中で古典的名著とされるものがいくつかあり、それが正統として現代に伝わっています。しかし、これらの名著のほとんどは詩を詠んでいるような表現であり、正しい解釈はその時代の中国語の正しい知識と深い読解力がなければ困難です。四柱推命の歴史的名著では、著者の考えは矛盾していなくても、読者は書かれた文書を深く理解しないと矛盾していると感じる箇所があったり、もともと難解な文書で解読不能な部分があったりします。また、古代より中国文の特徴として、文章の格調、品性の点から同じことばを繰り返し使用しないという習慣も理解を混乱させることがあります。さらにそれらを用いて鑑定する占い師が書籍から得られる知識以外に、自分の経験や想像を加えて憶測を述べてしまうことが大きな問題であり、論理的な学問としての確立を阻んできました。日本では翻訳書の解釈が間違っていたり、流派によって見方が異なっていたり、もともと四柱推命にはなかったものを付け加えたりしているものもあります。

　わたしは古今東西の哲学とともに、いまも四柱推命を学問として学び続けています。四柱推命はなぜ人の運命を知ることができるのかは未だに解明されていませんが、わたしは長い歴史の中でいろいろなものが追加された四柱推命を整理しなおしました。確実でないものは捨て、運命を的確に判断できるものだけを残しました。四柱推命の本質を整理して、重要でないものやあいまいなものはそぎ落として必要なものだけに絞り込み、矛盾しないように

理論を組み立てました。

　わたしは理論から導き出された判断をそのまま述べてきました。的中しなかったときは、なぜそれが的中しなかったかを考えました。四柱推命の理論の中で再考し、反証が可能な理論を探しました。このことを繰り返すことにより、的中率は高くなっていきました。わたしは中国、日本、フランスをはじめアジア、ヨーロッパなど世界各国の多くの人たちの運命を50年以上みてきました。経験を積むことで重要なものとそうでないものの峻別は進み、的中率はさらに上がり、わたしの運命学は確立したといえます。若い時のわたしは、四柱推命で本当に人の運命をみることができるという確信はありませんでした。しかし、いまは運命をみることができるという確信があります。わたしの判断とその後に起こった現実を実際に比べてみると、いま、わたしは「運命をみることができる」と断言できます。

　本書を理解すれば、わたしとすべて同じ判断とはいえないものの、かなりの確度で運命をみることができるようになります。

　中国には、「早知三日事富貴萬々年（起こることを3日前に知ることができれば富も地位も思いどおりになる）」、「居安能思危災星化煙」（安全なうちに危険がわかれば、災いは煙と化す）という故事があります。

　占いをみるとき、日本人はよいことだけを信じて悪いことは聞かないという傾向がありますが、中国人はよいことでも悪いことでも当たらないと怒ります。悪いことであっても知ることは大切なことです。「君子問災不問福」（君子は悪いことしか聞きたくない）という昔からの故事もあります。未来の災いを避けるために対処したいので悪いことを聞くのです。よい運命はチャンスを生かし、悪い運命は避けるために対処することが大切です。

　孔子は「三十にして立ち、四十にして惑わず、五十にして天命を知る」といいましたが、50では遅すぎます。もっと早くから運命を知っていれば、運命を受け入れて対処する時間がそれだけ多くなりますから、20代で運命を知ることが理想的です。実際にわたしは20代で四柱推命を勉強したお陰で、いろいろな災難を避けて、いままで自由に、幸せに生きてきています。

　人は哲学や宗教に惑わされたり自分自身を見失ったりすることもあります。現代の日本では仕事も結婚も個人の自由な意志で選ぶことができます。家の

事情や地域の風習に縛られることなく、個人が自分の判断で人生を歩める環境でこそ、運命を知ることは大切なことです。人が知りたい未来のことは、財産、健康、恋愛、結婚、仕事そして家族のことです。財産をつかむチャンスの時期と失いやすい時期がわかれば財産を守ることができます。いつどこの部位の健康に注意するべきかがわかれば予防することができます。良縁の時期がわかっていればよい結婚ができます。どのような仕事に適性があるのか、現在の仕事はこのままでよいのかがわかれば能力を発揮できます。

　人は生まれてくる時代、国、両親を選ぶことはできません。生まれてくる年月日時刻を選ぶこともできません。生まれつきの風貌や個性も変えることはできません。自分が歩んできた人生の過去の事実も変えられません。これらの変えられないことを知るということは、自分のことをよく知るということです。しかしいまの自分のこころの持ち方、いまの自分の行動は変えることができます。幸せはそれを感じるそれぞれのこころの持ち方にあるのです。不運な時期を知り、現実を受け入れて、対処することを考えれば、いまの自分は変わります。運命を知ることで、未来の運命は変えることができるのです。災いを避けて幸せを手にすることができるのです。わたしが運命をみた人で、このことに気づいて、幸せをつかんだ多くの人をわたしは知っています。

　わたしたちは毎日を楽しく生きていくことこそ大切です。困難や危険に備えて準備を怠らず、天命に背かず、災いを転じて福とするためにわたしの運命学はあります。みなさんが未来の運命は変えられることに気づき、幸せをつかんでいくことをこころより願っています。

2024 年 10 月

孫信一

目次

はじめに　7

第1章　四柱推命とわたしの運命学　15

  1．四柱推命とはなにか　15

  2．わたしの運命学　18

第2章　四柱推命の基礎知識　27

  1．陰陽五行　27

    ●陰陽　27

    ●五行　27

  2．五行の性質と相関関係　28

    ●五行の方位と季節による旺衰　28

    ●相生　28

    ●相剋　29

    ●比和　29

    ●陰陽五行の関係図　30

    ●五行の相関関係表　31

  3．十干・十二支・干支　32

    ●十干　32

    ●十二支　33

    ●干支　34

    ●干支暦　35

    ●二十四節気　36

  4．四柱推命の基本用語　37

    ●四柱と天干地支　37

    ●命式と大運　37

    ●本命　37

    ●身旺と身弱　38

    ●運命星　38

    ●元命　39

    ●特殊星　39

●合・沖・刑　40

●空亡　40

●調候吉星　40

●用神・喜神・忌神　40

●蔵干　40

第3章　運命方程式をつくる　43

第4章　運命を読み解く（基礎編）　67

1. 身旺・身弱と命式図　67

2. 身旺・身弱と大運表　68

3. 調候吉星と蔵干　69

4. 特殊星　70

★天乙貴人　70

★天徳貴人　71

★月徳貴人　71

★文昌貴人　72

★駅馬　72

★桃花　73

★紅艶　73

★羊刃（羊刃・飛刃）　74

5. 元命　76

★★元命・比肩の運命　77

★★元命・劫財の運命　87

★★元命・食神の運命　97

★★元命・傷官の運命　107

★★元命・偏財の運命　117

★★元命・正財の運命　127

★★元命・七殺の運命　137

★★元命・正官の運命　147

★★元命・偏印の運命　157

★★元命・印綬の運命　167

6. 合・沖・刑の暗示　176

■合　177

■沖　183

■刑　194

7. 恋愛運・結婚運・離婚運　202

●恋愛運　203

●結婚運　204

●離婚運　207

8. 健康運　210

9. よい日・悪い日　211

第5章　運命を読み解く（実践編）　213

★★比肩　217

★★劫財　223

★★食神　235

★★傷官　241

★★偏財　249

★★正財　255

★★七殺　261

★★正官　267

★★偏印　275

★★印綬　281

第6章　運命を読み解く（詳細編）　291

1. 詳細に運命を読み解くために　291

2. 長生十二運　298

3. 用神　301

4. 蔵干　318

5. 四柱の解釈　322

6. 運命星の詳細分析　329

7. 外格　336
　●三朋格　336
　●専旺格　337
　●従格　339

第7章　運命分析の実例　345

◆孫運命学基本表　463
◆孫運命学早見表　479
◆孫運命学万年暦　1921年－2050年　507
　●天赦日　507
　●十悪大敗日　507
　●立運年齢の算出　508
　●大運表の干支　508
　●小運の干支　509

14

第1章　四柱推命とわたしの運命学

1.　四柱推命とはなにか

易と四柱推命

　中国の「易学」は、「占い」ではなく儒教の基礎教典である『易経』を解釈する学問であり、中国で最も古い哲学、倫理学です。そして易学はすべての中国文化の源となりました。四柱推命も例外ではありません。

　易の起源は紀元前3300年ころ、伏羲が自然現象の象徴として八卦を発明したことに始まります。その後、紀元前1100年ころ、周の創始者文王によって、八卦を2つ重ねて六十四卦とした易となりました。さらに500年を経て孔子がこれに注釈を加え儒教の経典として用いたことで、『易経』の書となりました。

　易とは「変化する」の意味です。易では宇宙は無極から始まり、万物は陰と陽の太極に分かれ、さらに8つの自然現象に分かれるとしました。この8つ事象は天、地、火、水、山、沢、雷、風であり3つの陰陽の組合せ（2の3乗＝2×2×2）であらわしました。さらにこれらを細分化してそれぞれを8つの事象に分けて64の事象を陰と陽の組合せ（2の6乗＝2×2×2×2×2×2）であらわしました。これらが易の八卦、六十四卦です。このように易の基本は陰陽にあります。荘子は「一陰一陽これ道という」と易は陰陽をもって道とすると説きました。

　もともとは陰陽だけであった易に五行の要素が加えられたのは紀元前200年ころの漢の時代です。四柱推命も風水も易を基本として成立しました。

　易は中国文化の基礎となりましたが西洋にも大きな影響を与えました。西洋では早い時期に『易経』は翻訳されました。17世紀のドイツの科学者ライプニッツや近代の量子力学の科学者ボーアは易から大きな影響を受けました。現代のコンピュータサイエンスの基本である二進法も易の影響の下にあります。日本では占いを職業とする者はすべて易者と呼ばれました。本来、易の科学的応用と哲学的応用は区別されるべきものです。

四柱推命は陰陽五行と季節の変化が基本

四柱推命ではその名のとおり、その人の生年月日時刻から、それぞれ年柱、月柱、日柱、時柱と呼ぶ四つの柱を設定し、それぞれの柱に運命を象徴する星をあてはめて運命を推理します。

四柱推命の基本のひとつは、季節の変化です。わたしたちが暮らす地球は、約23度45分傾いて回転をしながら太陽の周囲を公転しています。古代中国人は太陽の位置に注目し、黄道（地球から見た太陽の通り道）を春分の位置から角度によって24等分し、その位置に太陽がきた時を節とした暦をつくりました。これを「干支暦」と呼びます。

もうひとつ重要なのが、易で生まれた「陰陽」に「五行」が組み合わさった「陰陽五行」です。

陰陽は、いまのコンピュータが0か1なのと同じように、すべてのものを陰か陽に分け、それぞれが反対の性質を持っているという前提に立ち、その成り立ちや変化を考える学問です。

五行とは、この世のすべてのものは「木」、「火」、「土」、「金」、「水」の5つの要素に支配されており、この5つの要素の盛衰によってこの世のすべてのものが循環しながら進展するという考え方です。要素の一つが盛んになれば、この世のすべてのものはいうに及ばず、人間の一生もその支配を受けて栄え、もし衰えれば、その支配を受けて衰える、という考え方です。陰陽五行は、漢の時代のいまでいう自然科学でした。また、季節の変化をあらわす干支暦は農耕に欠かせない暦でした。この干支暦と陰陽五行は、四柱推命の基礎になっています。

四柱推命の歴史

唐の時代（618～907）、李虚中が初めて干支暦で人の運命をみることを考え出しました。李虚中は、その日の吉凶などを記した干支暦をもとに、木、火、土、金、水の五行の相関関係である、相生、相剋、太過、不及、旺衰の原理に基づいた陰陽五行との組合せにより、未来の予測や人の性格、職業、病気などの運命を推理したのでした。

その後、五代十国（907～960）から宋の時代（960～1279）の徐子平に

よって体系は整備され、論理化された『子平法』が刊行されました。徐子平は、「人は、生まれた年月日によって、すでに運命の方向が定められている」という理論を打ち出しました。季節変化と陰陽五行の原理を基本に、生まれた年、月、日、時刻の四つの柱からみる運命理論を作りあげました。これが俗称は八字、雅称は四柱推命と呼ばれるようになりました。

　唐の時代は「生まれた年」を中心にみていましたが、徐子平の名より呼ばれる『子平法』では「生まれた日」を中心にみます。わたしも「日」を中心にみています。

　四柱推命は基本的な理論に基づいて生年月日時刻ごとに運命をみていきます。「四柱推命は統計学ですか？」という質問をよく受けます。四柱推命は実際の結果を集計して分析するのではありませんから統計学ではありません。四柱推命は生年月日時刻の陰陽五行と干支暦に基づく運命推定理論であり、長い年月の間に多くの人の実際の運命と照合することで改善がなされ、体系化されたものです。

　一方、四柱推命は、盲目の人の生活を支えるために伝えられてきた長い歴史があります。現在、特に優秀な占術師を輩出しているのは浙江省の寧波といわれています。わたしの師である陳宝良も寧波の生まれで、正確に運命をみることのできるひとりです。彼は7歳で失明しましたが、良家の出身だったので18歳まで四柱推命を勉強しました。そして、陳宝良の師もまた、高名な寧波の占い師でした。1936年当時、蒋介石が西安事件で監禁された時、寧波の人々は地元出身の蒋介石が殺されてしまうのではないかと心配しました。しかし、陳宝良の師は四柱推命により「蒋介石は必ず生きて帰ってくる」と断言し、しかもその釈放の日までも言い当てました。

2. わたしの運命学

　中国で長い年月をかけてより正確さを上げてきた四柱推命ですが、盲人の生活を支えてきたという歴史があるため、理論書はわずかにしか残されていません。唐の時代の李虚中、宋の徐子平らによる優れた理論書が著され、これらが正統四柱推命学として現在に伝わっています。四柱推命を学ぶには、これらの古典書を正確に理解することが大切なのです。

　しかし、一冊の理論書に対して、さまざまな解釈がされて伝えられてきました。ですから四柱推命を誰に師事し、どの本で学び、どのように深めたかによって正しく理論を修得したかどうかが測れます。わたしは先達の残した四柱推命の古典を正しく理解し、実践してきました。わたしがどのように、四柱推命に出会い、どのように学び、そしてわたしが四柱推命の運命学をいかに確立してきたのかをお話ししましょう。

陳宝良先生の下で徐子平の『子平法』を学ぶ

　文化大革命（1966 ～ 1977）のころの上海では占いは禁止されていましたが、裕福な人々は内密に運命を占術師にみてもらっていました。わたしも友人が占いに誘ってくれたことがありました。わたしは10歳の時から墨絵を学んでいて、20代になったころのわたしは、巨匠として有名な陸儼少先生に師事していました。陸儼少先生はとてもすばらしい画家でした。しかし当時は文化大革命の影響から、還暦を過ぎた陸先生は精神的にも追い詰められ不遇の時を過ごしていました。ある日、陸先生はわたしに「よい占術師を探してきてくれ」といいました。

　わたしは数日かけて友人の紹介で陳宝良先生を探し出しました。陳宝良先生は盲目で四柱推命を職業としていました。陸儼少先生とわたしとわたしの友人の３人は人目を避けて、陳宝良先生に生年月日時刻を告げて占ってもらいました。陳宝良先生による陸儼少先生の運命判断は、性格、才能から運命の浮き沈みに至るまで、ほぼ正確で間違いがありませんでした。「陸老は大才人であり、文化芸術の才能は卓越しているが、30年近く運命がよくなかったために恵まれていなかった。しかし、晩年によくなる運で、62歳から20

年の運はすばらしく、すべて望み通りになり、大いに栄え有名になる」といいました。この時は文化大革命が終わり、伝統文化が復活するとは誰も予想していませんでしたが、陳宝良先生の推命は陸儼少先生に自信と希望を与えました。

その時、わたしの運命もみた陳宝良先生は「わたしはあなたに四柱推命を教えましょう」といいました。陸儼少先生も「孫君、やりなさい」といいました。わたしは冗談だと思いましたから、元気よく引き受け、住所をお知らせしました。これが四柱推命と陳宝良師との出会いでした。この時もそうですが、わたしの人生で最も恵まれていたことは何事につけても一流の師にめぐり会ったことでした。これが一番幸せなことだと思っています。

しばらくしたら、「○月○日に家にきてください」とだけ書かれた陳宝良師からの手紙を受け取ったのです。本当に教えていただけるとは思っていませんでしたから、びっくりしました。手紙には時刻は書いてありませんでしたし、朝からお伺いするのは失礼だと思い、午後伺ったところ、「わたしがあなたに占いを教えるのは、今日1日だけです。午前中いらっしゃらないので時間を無駄にしました。今日は午後も隣近所が留守なのでお教えしますが、夕方にはみなさん帰ってきますから、それまでです」といわれました。この日、時間がなかったので、最も大切な「身旺」、「身弱」のことだけ教えていただきました。この身旺、身弱の判断は、四柱推命で最も大切なことでした。この解釈はとても重要で四柱推命の的中度を左右するといってもよいくらいです。このことがわからないとすべての星をみることができないのです。そしてこの日、ひとつの住所を渡され、そこでとても高価な本を買うように指示されました。

わたしは、1か月分の給与で、中国宋代の徐子平が生み出した理論『子平法』を説明した明代の『淵海子平』を買いました。盲人の生業なので学問として研究している人はあまりいませんが、徐子平のような優秀な学者・研究者がいたからこそ、正確に運命をみることができる方法として確立した理論になり、後世に伝えられたのです。

さて、先生にはなかなか教えていただくことができないので、まずわたしはこの本を全部暗記して、運命方程式、星の算出の仕方を覚えました。それ

からお客さんを先生に紹介し、いっしょに命式図をつくりながら、わからないところを聞きながら師の見よう見真似で勉強しました。これが真の勉強となりました。盲目の師にとっては、占いは生活の糧ですから、疑問を投げかけなければなにも答えてくれません。

潘雨廷師に易学を学び、劉伯温の『滴天髄』と徐樂吾の『子平粹言』を学ぶ

　より正確に占うことができるようになるために、わたしは易学の権威として名高い華東師範大学教授の潘雨廷師の私塾に入門しました。弟子になる試験では、先生の運命をみました。先生はわたしの推命に対してなにもいいませんでした。わたしは正しいと思うことのみをいいましたので「あなたは詐欺師ではないようなので教えましょう」と入門を許されたのです。どこの占いでもあることですが、理論にのっとりながらもわからない部分は予測で話をする占術師がいます。わたしが学び研究しているのは、中国の歴史の中で深めてきた人の運命を読み解く学問です。占術師として憶測をいうことはできません。ここで60代、70代の人たちといっしょに、まだ20代のわたしは、易学はもとより、老子、荘子、仏教、西洋哲学も学びました。

　中国では占いが禁止されて以来関連書籍はすべて焼かれてしまいましたので、文献はどの図書館にもありません。そこで師は遠方の地主がひそかに持っていた本を借りてくれたのです。それが四柱推命の命理で最も大事な書籍のひとつといわれる『滴天髄』でした。これはすばらしい本でしたが、解読がとても難しいものでした。昔の本ですから、ひとつ一つの漢字の意味も解釈もいまとはまったく違うのです。よい現代語訳も見たことがありません。例えば「易」は、いまでは容易、簡単という「わかりやすい」という意味ですが、この時代は「変わる」という意味です。そこには「単純」という意味もあり、つまり「変わることは変わらない」ということになります。このことを理解しなければいけません。例えば、朝から夜に日にちや時刻は変わります。変わっていくことは変わりません。これが「易」の意味なのです。なにが変わり、なにが変わらないのかを見極めなければ「易」がわかりません。

　この『滴天髄』を借りられる期間はたったの4日間でしたので、ずっと寝ないで勉強しました。コピーのない時代ですからすべて手で写しました。こ

の本のお陰で、わたしの運命を見抜く力は高まりました。この本を書いた劉伯温は、明の初代皇帝・朱元璋の官僚でした。朱は農民の出身で字も読めませんでしたが、たくさんの占術師を招聘し、腕比べをしました。この腕比べによって、劉伯温は朱元璋の信頼を得ました。この時代の一番の占術師だったのです。そして朱を助けて明の時代をつくりました。劉伯温には、『滴天髄』のほか、何百年も先の世の中のことまで予言した本もあります。

　また、1920年代には徐樂吾という研究家が、『子平法』と『滴天髄』を読み下した、『子平粋言』が出版されました。この本は、現在の四柱推命のもとになっている、いわば正統です。ただし読み下したといってもとても難しくて、内容がわかりにくい本ではあります。わたしは、この本から、できるだけわかりやすい四柱推命にするための研究を進めてきました。

わたしの運命学は確実なことだけを述べている

　雑誌や新聞、書籍などをはじめ、街角を賑わせている占術や四柱推命は、客観的なもの、推論を交えるもの、まったく根拠のないものなど玉石混淆といえます。占いを本格的にその本質から学ぶのはとても難しい反面、星座や名前、生年月日から適当な予言をして生活の糧にすることは可能です。証明できないことはなんでもいえます。そして、お金がそれほどかからなければ、みてもらう側も、ちょっとしたアドバイスとして受け入れることができます。「占い」と聞くと胡散臭いと思う人や、ゲーム感覚で楽しむ人がいるのはそのためでしょう。実際に学問として研究する人は少ないのです。

　わたしは偶然、上海で陳宝良師に出会い四柱推命を学びはじめて以降、すばらしい師についてさまざまなことを学んできましたが、最初に盲目の師に教えてもらったことこそ、最も大切なことでした。生年月日時刻からさまざまな星が導き出されますが、その中で正しく運命をみられる星がどれなのかを、この時、教えてもらったのです。これがわかっていないと、例えば一つの星からある人の過去をみて違った場合、違う星をみてつじつまを合わせ、それを繰り返しているうちに混乱してきて、理論に即して正確にみることができなくなってしまいます。盲目の人は、すべて頭の中に記憶している知識で占います。紙に書いて計算したりすることはできません。だから、正しく

みえる星、見方だけを覚えているのです。また、わたしの理論は、身旺と身弱の判断が核となっています。身旺と身弱の度合いを正確に知ることこそ重要なことなのです。

そして『滴天髄』からは、その人がどの星をそろえたかで、その人のクラスがわかることを学びました。ここでわかるのは人間の器、例えば大統領や国家主席になるトップクラスの人か、官僚クラスなのか、一般市民なのかというようなことです。フランスのジャック・シラク氏が大統領に就任する前、運勢を最初にみた時は、生まれた時刻がわかりませんでした。わかったことは大統領になる器なら12時生まれでした。その後シラク氏は大統領になり、生まれた時刻を調べたらやはり12時1分でした。

わたしがきちんと人の運命をみることができるのは、過去の文献を正確に理解し、学問として研鑽した理論から確実にみえることしかいわないからです。絶対に推論はいいません。正しく命式図をつくりそこから理論によって読み取れることだけをお話しします。つじつまを合わせてお話しするなどということはありません。推論を始めてしまうと、つじつまを合わせるために推論を続けることになってしまいます。もしも当たらなかったらわたしは当たらない理由を探します。誕生日が間違っているかもしれないし、計算が間違っているかもしれません。同じ命式図からは同じことがいえないといけないのです。これはわたしの運命学が学問であることの大きな意味です。

同じ生年月日時刻の生まれの同性の運命は同じ

みなさんからよく質問を受けるのは、同じ生年月日時刻に生まれた人の運命は同じかどうかということです。理論的にいえば、四柱推命で運命判断をすれば同じ年月日時刻に生まれた同性の人は、同じ運命になります。もし、あなたが日本の首相と同じ生年月日時刻で同性であれば、わたしは日本の首相にも、あなたにもまったく同じことをいいます。しかし、生まれた環境によってスタートラインはまちまちです。その後の環境も違いますので、運命のバイオリズムは同じでも、まったく同じような社会的地位や富を得るとは限りません。また、同じ年月日時刻に生まれても、男性と女性では違う運命を持ちます。四柱推命では、5年、10年ごとの運である大運は男女で相反し

ます。運命星の暗示も男女で異なっています。

　同じ年月日時刻に生まれた同性の人は、性格、病気や事故などは同じ特徴を持ちますが、運命のあらわれ方は環境によって変わります。例えば同じ運命の双子で、同じ「事故に遭う」という運命であっても、転んでできた擦り傷かもしれなければ、交通事故に遭うかもしれないのです。それは、その二人の生活環境や人生経験によって運命のあらわれ方も変わるからです。そして同じ運命を持つ二人でも、国籍や職業、家族関係などが違えば、その人の考え方や価値観も違います。それによって運命のとらえ方や解釈も違ってくるでしょう。

時差は考慮しない

　フランス元大統領のシラク氏の例からもわかるように時差は考慮しません。生まれた場所の年月日と時刻で運命を判断します。万年暦は干支が循環する暦です。世界中どの地でも日中を午の刻、日にちが変わるのは子の刻であるのは同じです。従って、生まれた日と時刻は現地の時刻を用います。北半球と南半球も関係がありません。サマータイムは人為的なものですがそのままの時刻を用いてかまいません。これらは世界各国で多くの人たちを推命してきた経験に基づいています。時差を計算して調整する四柱推命もありますが、これでは運命を正確に的中することは難しくなります。おそらく、わたし以上に世界各国の人々をみている占いの専門家はいないでしょう。わたしは時差を考慮しないこの方法で、中国、ヨーロッパ、日本をはじめ世界各国でたくさんの人の運命を的中させてきました。

大切なことは「よりよい未来を開く」こと

　四柱推命による運命判断で、あなたは正しく運命を知ることができます。そして、凶運を避けることも、幸運をつかむことも可能になります。しかし、四柱推命の運命判断では、具体的な金額や数値など細かいことを正確に知ることはできません。

　わたしが四柱推命を学び、行ってきたことは、難解で複雑な四柱推命をできるだけシンプルにわかりやすくすることでした。四柱推命のすべてを学ば

うとすると本当に難しいのですが、正確に運命を導き出せる要素だけを取り出して、一般のみなさんが自分で運命を知り、より幸せに暮らすことこそ、わたしが目指していることです。

　強い運を持つ人は大きなものを達成するでしょう。しかし、大切なことは、自分と家族の幸せな生活を守るというとてもシンプルなことです。本書は人生の中でも、生活の基本となる部分をみるためにつくりました。

　人は生まれながら持っている宿命は変えられません。しかし、未来の運命は変えることができます。四柱推命で判断した運命の予測をしっかり受け止めて、そして、これにどのように対処するかをよく考えることです。そして、なにかに気づくことです。気づくことで自分自身が変わり、そして未来もよりよく変わっていきます。

　わたしの運命学はみなさんが災いを避け、幸せをつかむための運命学なのです。

25

第2章　四柱推命の基礎知識

　この章では四柱推命の基礎知識を説明します。これらの知識を学ぶことは、運命を読み解く力になります。四柱推命の基礎知識として重要なのは、陰陽五行とその性質、十干と十二支です。まずこれらを理解してください。

1.　陰陽五行

●陰陽

　陰陽の意味するところは、「陰と陽はそれぞれ極に至れば変化し現象を生む。それは循環的な変化である。陰と陽は固定的な性質ではない。常に陽は陰の要素を含み、陰は陽の要素を含む。それらはいろいろな条件によって変化する。万物の生成は陰陽の絶え間ない変化に由来する」といったものです。

　この考え方は四柱推命の根幹にかかわることであり、五行とともに重要な考え方です。

　八卦とは、陰を--、陽を―であらわし上から順番に3つ並べると、全部で8種類の組合せができることです。この八卦はそれぞれ火、風、水など自然現象の意味を持ちます。この八卦を2つずつ組合せると64種類になります。この六十四卦が易で使われます。本書の表紙をみてください。この卦は「離為火」という卦で、「明知」あるいは「広く天下を照らす知」を示しています。

　説明のとおり陰陽はマイナス、プラスの意味ではありませんが、わかりやすくするため、本書では陰を－（マイナス）、陽を＋（プラス）の記号であらわすことにします。

●五行

　五行思想は古代中国の自然哲学をもとに生まれました。紀元前2世紀ころの中国の戦国時代、鄒衍が陰陽と結びつけて体系化したといわれています。「すべてのものは木・火・土・金・水の5種類の元素から成り、これらは、互いに影響を与えあい、その生滅盛衰によって天地万物が変化し循環する」という考え方です。

五行とは次の5つであり、それぞれに陰と陽の要素が結びつきます。

木・火・土・金・水

2. 五行の性質と相関関係

　五行の要素である、木、火、土、金、水の5つには、それぞれ特有の性質があり、互いに相関関係が成り立っています。これこそが四柱推命の論理の本質といえるものです。

●五行の方位と季節による旺衰

木は東を示し、春に強くなる。
火は南を示し、夏に強くなる。
金は西を示し、秋に強くなる。
水は北を示し、冬に強くなる。
土は中央を示し、それぞれの季節の最期の月に強くなる。

●相生

　相生とは、五行のある要素が別の要素を生み出すという関係です。

木は火を生む。（木は燃えて火となる）
火は土を生む。（火は燃え尽きて土に帰る）
土は金を生む。（土はその中に金＝金属を育む）
金は水を生む。（金は溶けて液状＝水になる）
水は木を生む。（水は木を育てる）

●相剋

相剋とは、五行のある要素が別の要素を制する関係です。

木は土を剋す。（木は土から養分を吸い上げる）
土は水を剋す。（土は水を吸収する）
水は火を剋す。（水は燃えている火を消す）
火は金を剋す。（火は金＝金属を溶かす）
金は木を剋す。（金＝斧などの金属は木を切る）

●比和

比和とは、五行の同じ要素が団結して力を増す関係です。

木と木は和して力を増す。
火と火は和して力を増す。
土と土は和して力を増す。
金と金は和して力を増す。
水と水は和して力を増す。

● 陰陽五行の関係図

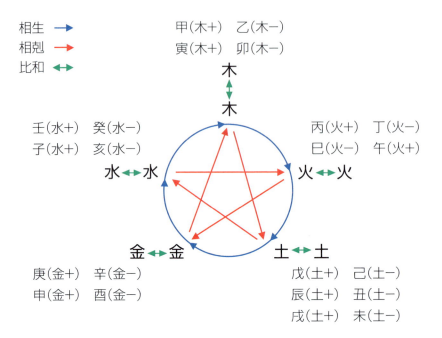

●五行の相関関係表

五行の相関関係を一覧表にしたのが次の表です。この表は四柱推命による運命分析のもとになるものです。

木	火	木は火を生み、火が多ければ木を燃やす。木が旺盛になれば、火を得て木は明になる。
	土	木は土を抑制し、土が多ければ木を折る。土が弱ければ木は倒れる。
	金	木が旺盛になれば金を得て伐採されて用を為す。
	水	木は水から生まれ、水が多ければ木は漂う。水は木を生み、木が多ければ水は弱まる。
火	木	火は木から生まれ、木が多ければ火は盛んになる。木は火を生み、火が多ければ木を燃やして収める。
	土	火は土を生み、土が多ければ火は小さくなる。火が旺盛になれば土を得て炎を収める。
	金	火は金を抑制し、金が多ければ火は消える。金が弱く火に会えば溶ける。
	水	火が旺盛になれば水を得て収まる。
土	木	土が旺盛になれば木を得て収まる。
	火	土は火から生まれ、火が多ければ土を焦がす。土が多ければ火は小さくなる。
	金	土は金を生み、金が多ければ土は変質する。土が旺盛になれば金を得て正常になる。
	水	土は水を抑制し、水が多ければ土を流す。水が弱く土に会えば塞がれる。
金	木	金は木を抑制し、木が多ければ金は欠ける。木が弱く金に会えば折れる。
	火	金が旺盛になれば火を得て、かたちが整う。
	土	金は土から生まれ、土が多ければ金は埋まる。土は金を生み、金が多ければ土は虚となる。
	水	金は水を生み、水が多ければ金は沈む。強い金は水を得てその切先を収める。
水	木	水は木を生み、木が多ければ水は弱くなる。強い水は木を得てその勢いを抑える。
	火	水は火を抑制し、火が多ければ水は干上がる。火が弱ければ水に会うと消えて灰になる。
	土	水が旺盛になれば土を得て、収まって池沼となる。
	金	水は金より生まれ、金が多ければ水は不足する。金は水を生み、水が多ければ金は沈む。

3. 十干・十二支・干支

●十干

十干とは次の10種類であり、それぞれ陰陽五行の要素に結びつきます。

甲・乙・丙・丁・戊・己・庚・辛・壬・癸

それぞれ五行の要素である木、火、土、金、水のいずれかに属し、また陽か陰のどちらかに属します。日本語では読み方の末尾の「え（兄）」が陽で「と（弟）」が陰をあらわします。「え」が大きい意味、「と」が小さい意味です。例えば、甲は「きのえ」で木の陽で大樹をあらわします。乙は「きのと」で木の陰で草花をあらわします。

●十干の一覧表

十干	陰陽五行	読み方		季節	方位	意味	
甲	木+	きのえ	こう	春	東	木の要素の陽(兄)	大樹
乙	木−	きのと	おつ	春	東	木の要素の陰(弟)	草花
丙	火+	ひのえ	へい	夏	南	火の要素の陽(兄)	太陽
丁	火−	ひのと	てい	夏	南	火の要素の陰(弟)	灯火・人工の火
戊	土+	つちのえ	ぼ	−	中央	土の要素の陽(兄)	広い大地・大きな山
己	土−	つちのと	き	−	中央	土の要素の陰(弟)	畑・耕作地
庚	金+	かのえ	こう	秋	西	金の要素の陽(兄)	斧・鉄
辛	金−	かのと	しん	秋	西	金の要素の陰(弟)	宝石・貴金属・水晶
壬	水+	みずのえ	じん	冬	北	水の要素の陽(兄)	海・大河
癸	水−	みずのと	き	冬	北	水の要素の陰(弟)	雨・小川

●十二支

十二支とは次の 12 種類です。十二支もそれぞれ陰陽五行の要素に結びつきます。十二支はそれぞれの月に結びついて季節をあらわします。時刻、方角にも結びつきます。そして「蔵干」といって十干の要素を内蔵しています。

蔵干は単一ではなく複数の十干を蔵していることもあります。

子・丑・寅・卯・辰・巳・午・未・申・酉・戌・亥

●十二支の一覧表

十二支	陰陽五行	読み方		月	季節	方位	時刻
子	水＋	ね	し	12	冬	北	23:00 以降〜　1:00 前
丑	土－	うし	ちゅう	1	冬	中央	1:00 以降〜　3:00 前
寅	木＋	とら	いん	2	春	東	3:00 以降〜　5:00 前
卯	木－	うし	ぼう	3	春	東	5:00 以降〜　7:00 前
辰	土＋	たつ	しん	4	春	中央	7:00 以降〜　9:00 前
巳	火－	み	し	5	夏	南	9:00 以降〜 11:00 前
午	火＋	うま	ご	6	夏	南	11:00 以降〜 13:00 前
未	土－	ひつじ	び	7	夏	中央	13:00 以降〜 15:00 前
申	金＋	さる	しん	8	秋	西	15:00 以降〜 17:00 前
酉	金－	とり	ゆう	9	秋	西	17:00 以降〜 19:00 前
戌	土＋	いぬ	じゅつ	10	秋	中央	19:00 以降〜 21:00 前
亥	水－	い	がい	11	冬	北	21:00 以降〜 23:00 前

●干支（えと）

　干支は十干と十二支の組合せのことです。日本では十二支を干支と呼びますがそうではありません。干支の組合せは、縦書きにしたとき、上に干を置くので干を「天干」、下に置く支を「地支」ともいいます。

　十干と十二支が組み合わさって干支ができますが、干支の組合せは甲子から癸亥までの60種類です。十干と十二支の組合せは120とおりできるのですが、十干と十二支は同じ陰陽の要素を持つ同士としか組合せになりません。陽は陽、陰は陰同士で組合せになりますから、甲子や乙丑はあっても甲丑や乙子はありません。中国では干支が甲子から始まるので「六十甲子」ともいいます。

●干支の一覧表（十干（じゅっかん）と十二支（じゅうにし）の60とおりの組合せ）

甲子旬			甲戌旬			甲申旬			甲午旬			甲辰旬			甲寅旬		
1	甲	子	11	甲	戌	21	甲	申	31	甲	午	41	甲	辰	51	甲	寅
2	乙	丑	12	乙	亥	22	乙	酉	32	乙	未	42	乙	巳	52	乙	卯
3	丙	寅	13	丙	子	23	丙	戌	33	丙	申	43	丙	午	53	丙	辰
4	丁	卯	14	丁	丑	24	丁	亥	34	丁	酉	44	丁	未	54	丁	巳
5	戊	辰	15	戊	寅	25	戊	子	35	戊	戌	45	戊	申	55	戊	午
6	己	巳	16	己	卯	26	己	丑	36	己	亥	46	己	酉	56	己	未
7	庚	午	17	庚	辰	27	庚	寅	37	庚	子	47	庚	戌	57	庚	申
8	辛	未	18	辛	巳	28	辛	卯	38	辛	丑	48	辛	亥	58	辛	酉
9	壬	申	19	壬	午	29	壬	辰	39	壬	寅	49	壬	子	59	壬	戌
10	癸	酉	20	癸	未	30	癸	巳	40	癸	卯	50	癸	丑	60	癸	亥

●干支暦

　干支で年月日を表記する干支暦は紀元前 2697 年、中国の黄帝が臣下の大撓に命じてつくらせたといわれています。

　干支暦は最初の年を甲子と定め、冬至の日を甲子月、甲子日としました。冬至の日は太陽の位置が最も低く見える日です。これを基準にして天空の太陽の通り道を 12 等分しました。これが季節をあらわす十二支の起源です。十二支は動物にあてはめられますが、本来は関係ありません。

　その後紀元前 722 年、魯隠公が 2 月を年の最初に改めて現在の暦になったといわれています。干支暦は現在も使われている人間社会の最古の暦です。紀元前 1400 年ころの殷の遺跡にはこの干支暦が残っています。

　干支暦は、日は甲子から始まり、乙丑、丙寅と続き 60 番目の癸亥まで進んで、再び甲子に戻って 60 日で循環します。月は十二支の子が冬至の月として 12 か月の支が決まり、年干により十二支と組合せる干を定めます。月も 60 の干支が 60 か月で循環します。年も同様に 60 の干支が 60 年で循環します。巻末にある孫運命学万年暦がこの干支暦です。現代の日本で 60 歳を還暦というのもこれに基づいています。

35

●二十四節気

節気は一年を季節ごとに分類したものです。もともとは天空の太陽の通り道を季節ごとに 24 等分に分けたものです。それぞれの季節の自然現象が名称になっています。節気は十二支があらわす月に結びついています。例えば、寅の月は立春から雨水を経て啓蟄が始まるまでの期間になります。

現在の日本でも、季節の変化の時期をあらわす時に使われています。

季節	月	節気	季節	月	節気
春	寅	立春（2 月 4 日ころ） 雨水（2 月 19 日ころ）	秋	申	立秋（8 月 7 日ころ） 処暑（8 月 23 日ころ）
	卯	啓蟄（3 月 6 日ころ） 春分（3 月 21 日ころ）		酉	白露（9 月 8 日ころ） 秋分（9 月 23 日ころ）
	辰	清明（4 月 5 日ころ） 穀雨（4 月 20 日ころ）		戌	寒露（10 月 8 日ころ） 霜降（10 月 23 日ころ）
夏	巳	立夏（5 月 5 日ころ） 小満（5 月 21 日ころ）	冬	亥	立冬（11 月 7 日ころ） 小雪（11 月 22 日ころ）
	午	芒種（6 月 6 日ころ） 夏至（6 月 21 日ころ）		子	大雪（12 月 7 日ころ） 冬至（12 月 22 日ころ）
	未	小暑（7 月 7 日ころ） 大暑（7 月 23 日ころ）		丑	小寒（1 月 5 日ころ） 大寒（1 月 20 日ころ）

4. 四柱推命の基本用語

●四柱と天干地支

　四柱推命は生まれた年月日時刻をそれぞれ干支であらわし、年の干支を年柱、月の干支を月柱、日の干支を日柱、時の干支を時柱といいます。干支は干と支で形成されますから、四柱の上側を天干、下側を地支といいます。四柱に8つの文字があるので四柱は八字ともいいます。

■例

時柱	日柱	月柱	年柱	
己（時干）	丙（日干）	乙（月干）	甲（年干）	天干
卯（時支）	丑（日支）	寅（月支）	子（年支）	地支

●命式と大運

　生年月日時刻であらわされる四柱を命式といいます。「命」、「命局」というときもあります。図にしたものが命式図です。この命式図をもとに5年、10年ごとの運を割り出したのが大運です。表にしたものが大運表です。

　大運表の始まる年齢は人によって違います。始まりの年齢を「立運年齢」といいます。大運は立運年齢から始まって、10年ごとに第1運期、第2運期と順番に並び、還暦の60歳のころが第6運期、90歳になるころが第9運期になります。10年の各運期の前半5年と後半5年では運が異なります。

●本命

　生まれた日の干（日干）はその人自身をあらわします。この日干を本命といいます。命式の主という意味から「命主」ともいいます。

●身旺と身弱

命主である日干の強弱のことです。日干の五行が強ければ身旺、日干が弱ければ身弱といいます。中和は身旺と身弱の中間です。身旺か身弱により運命は大きく違いますが、身旺、身弱自体は強運、弱運を判断する基準ではありません。

●運命星

運命星は日干の五行との相生、相剋、比和の関係をあらわす代名詞です。運命星は 10 種類あり、それぞれが固有の意味を持っています。10 種類の運命星は 2 つの星が一対となっていてそれぞれ陰と陽をあらわしています。一対の星は共通の意味を持つこともあります。運命星は通変星、十神と呼ばれることもあります。

比劫の星（自分である日干と同じ）
比肩・劫財

食傷の星（自分である日干が生む）
食神・傷官

財の星（自分である日干が剋す）
偏財・正財

官の星（自分である日干を剋す）
七殺・正官

印の星（自分である日干を生む）
偏印・印綬

●元命（げんめい）

生まれた月の支（月支）の運命星を元命といいます。命式図の中で運命を
あらわす最も重要な運命星です。

●特殊星（とくしゅせい）

特殊星は吉凶をあらわす星です。四柱推命ではたくさんの特殊星があり、
それぞれ固有の意味がありますが、本書では以下の重要な特殊星だけを取り
上げることにします。特殊星は吉凶星とも呼ばれています。

吉星
天乙貴人（てんおつきじん）
天徳貴人（てんとくきじん）
月徳貴人（げっとくきじん）

旅の星
駅馬（えきば）

学問と芸術の星
文昌貴人（ぶんしょうきじん）

風流・酒食・音楽の星
桃花（とうか）

人気の星
紅艶（こうえん）

吉凶激しい星
羊刃（ようじん）

●合・冲・刑

合・冲・刑は、十干、十二支の相関関係をあらわすものです。原則として、合はあなたの運命をよくする作用、刑と冲は運命を悪くさせる作用を持っています。

●空亡

空亡は日本では天中殺ともいわれますが、本来強い凶意はありません。日本でいわれている天中殺は迷信で、本当に運の悪い時期とは違います。「空亡」はすべての星を弱め、吉星の吉意も凶星の凶意も同じように弱められます。命式図、大運表、毎年の干支など、誰でも空亡の時期はあります。空亡は怖いものではありません。

●調候吉星

調候とは、季節の寒さや暑さの季節特性に応じて調整することをいいます。春は木が伸びるために太陽の火と水が必要です。夏は暑いので水が必要です。秋は比較的バランスがとれています。冬は寒いので火が必要です。このように五行が季節ごとに調和するように働くことを調候といいます。この調候を担う運命星を「調候吉星」といいます。運命を助ける大切な運命星です。

●用神・喜神・忌神

四柱にある運命星の中で、その人の命式にとって最も大事な星を用神といいます。その人の運命をよくする運命星を喜神といいます。反対に悪い作用をする運命星を忌神といいます。調候吉星は喜神のひとつです。

●蔵干

十二支にはそれぞれ固有の陰陽五行がありますが、十二支は十干の要素も内臓しています。これを蔵干といいます。十二支の蔵干はひとつだけではなく複数あることもあり、十二支の陰陽五行以外の性質も内蔵していることもあります。

41

42

第3章　運命方程式をつくる

　わたしが考案した方式で運命を占うためには、まずあなたの生まれた年月日時刻から「運命方程式」をつくらなければなりません。そして、これらをつくるためには万年暦が必要です。

　万年暦とは四柱推命で用いる暦のことです。わたしが考案した「孫運命学万年暦」（以下本書では単に「万年暦」と呼びます。◆**孫運命学万年暦**は巻末にあります）には、運命方程式をつくるための干支（十干と十二支）などが記載されています。

運命方程式

▼命式図

時柱	日柱	月柱	年柱		氏名	
時干	日干	月干	年干	天干		
				天干の陰陽五行		
				運命星		
				運命星の吉凶		
				特殊星		
				合		
				冲		
時支	日支	月支	年支	地支		
				地支の陰陽五行	生年月日時	
				運命星		年
				運命星の吉凶		月
				特殊星		日
				合		時
				冲	午前・午後	
				刑	男・女	

▼大運表

第9	第8	第7	第6	第5	第4	第3	第2	第1	運期	元命
									歳 (運気前半)	
									天干	立運
									天干の 陰陽五行	
									運命星	空亡
									運命星の 吉凶	
									特殊星	
									歳 (運気後半)	運命バランス
									地支	身旺Ａ
									地支の 陰陽五行	身旺Ｂ
									運命星	中和Ｃ
									運命星の 吉凶	身弱Ｄ
									特殊星	身弱Ｅ

1. 運命方程式の構造

　左のページの運命方程式をみてください。運命方程式は上の部分を命式図、下の部分を大運表といいます。四柱推命では命と運は別の概念です。命は生まれた年月日時刻で与えられたものでこれが命式図であらわされます。運は生まれてから一生の運命の流れでこれが大運表であらわされます。

　命式図は右から縦の列が、年柱、月柱、日柱、時柱の四つの柱から成り立っています。これが四柱推命の四つの柱です。それぞれの柱は生年月日時刻の干支に関連しています。

　命式図は、生年月日時刻から十干十二支であらわす干支を年、月、日、時刻に対して万年暦から割り出し、さらにそれぞれに対応する星を導きます。これらの星の組合せから運命をみます。命式図では吉星、凶星が一覧できるようにしました。また、運命を鑑定するのに重要な必要な星だけを記し、わかりやすさを考えて、あまり重要でない星は割愛しました。

　大運表は、大きな運命の流れをみるための表です。全体で一生の運命の大きな流れと変化をあらわします。これをつくるためにはいままで複雑な計算が必要でした。わたしは、孫運命学万年暦と早見表から大運表の星を簡単に割り出せるようにしました。

　大運表では、運期を10年区切りで第1運期から第9運期までに分けてあります。さらに各運期を前半の5年、後半の5年に分けています。各運期の上段は前半5年間を、下段は後半5年間の運をあらわします。

　そして、第1運期の始まる年齢を立運年齢といいます。立運年齢は万年暦に記載されています。

① 年柱 **丙午** ② 1966年（昭和41年）2月4日14時38分〜

〜1967年（昭和42年）2月4日20時30分

	2月4日14:38〜 3月6日 8:50	④
月柱	庚寅	立運年齢
生日	日柱	男 女
2:4	甲₂午	10 0
2:5	乙₂未	10 0
2:6	丙₁申	9 1
2:7	丁₁酉	9 1
2:8	戊₁戌	9 1
2:9	己₂亥	8 2
2:10	庚₃子	8 2
2:11	辛₂丑	8 2
2:12	壬₃寅	7 3
2:13	癸₃卯	7 3
2:14	甲₂辰	7 3
2:15	乙₂巳	6 4
2:16	丙₁午	6 4
2:17	丁₁未	6 4
2:18	戊₂申	5 5
2:19	己₂酉	5 5
2:20	庚₂戌	5 5
2:21	辛₃亥	4 6
2:22	壬₂子	4 6
2:23	癸₃丑	4 6
2:24	甲₁寅	3 7
2:25	乙₁卯	3 7
2:26	丙₁辰	3 7
2:27	丁₁巳	2 8
2:28	戊₁午	2 8
3:1	己₁未	2 8
3:2	庚₂申	1 9
3:3	辛₂酉	1 9
3:4	壬₃戌	1 9
3:5	癸₂亥	0 10
3:6	甲₁子	0 10

③

月柱	庚寅	立運年齢
生日	日柱	男 女
2:4	甲₂午	10 0

⑤ ⑥ ⑦

歳	男	歳	女
0	辛卯	0	己丑
10	壬辰	10	戊子
20	癸巳	20	丁亥
30	甲午	30	丙戌
40	乙未	40	乙酉
50	丙申	50	甲申
60	丁酉	60	癸未
70	戊戌	70	壬午
80	己亥	80	辛巳

⑧大運表

2. 万年暦の見方

　万年暦では中国で昔から使われてきた太陰暦を基準にしています。太陰暦では1か月を29日あるいは30日としており、1年は12か月です。各年と各月の始まりを、万年暦では「節入り日」といいます。この節入り日には「節入り時刻」も記載しています。なお、万年暦はすべて西暦で表記してあります。

　では、具体的な万年暦の見方を説明しましょう。

　例として、左のページをみてみましょう。一番左の列は1966年2月4日14時38分～3月6日8時50分までの1か月をあらわしています。

1) ページ左端上にある「年柱」に記載されているのがこの年の干支（①）。西暦で記した年月日時刻は、太陰暦でのこの年の始まりとおわりの1年の期間です。（②）1年の始まりは、「節入り日」と「節入り時刻」です。

2) 各月の欄の「月柱」に記載されているのがこの月の干支（③）。この月の始まりは、「節入り日」と「節入り時刻」です（④）。

3) 「生日」は生まれた日（⑤）。最初の日は「節入り時刻」後がこの日になります。

4) 各生日の「日柱」に記載されているのがこの日の干支（⑥）です。

5) 各生日の立運年齢（⑦）は、生まれつきの運命が始まる年齢です。男性と女性では違います。

6) 下側にあるのが大運表（⑧）です。同じ月柱の人は同じ大運表ですが、男性と女性では違います。歳の欄が0、10、20となっているのは10年の期間を示しています。立運年齢にこれを加算すれば年齢になります。

47

3. 運命方程式をつくる

　運命方程式をつくるのには、巻末の◆孫式運命学早見表を利用します。
ここでは、1966年2月4日16時生まれのA子さん（女性）を例に運命方程
式をつくってみましょう。

1)　運命方程式の右側の欄に生年月日と時刻を書き入れます。そして、生年
　　月日時刻を巻末の万年暦から探します。万年暦は2ページで1年、太枠
　　に囲まれた1列がひと月になっています。運命方程式の作成に必要なの
　　は太枠で囲まれている縦の月の列です。

　　★注意　節入り日に生まれた人

　　　節入り日に生まれた人の生まれた時刻はとても大切です。その月の節
　　入り時刻前に生まれた場合、前月生まれと考え、前月の干支を月柱欄に
　　記入します。大運表も前月のものを利用します。日柱の干支は変わりま
　　せん。

　　　なお、毎年2月4日か2月5日の節入り日の時刻前に生まれた場合は
　　月柱だけでなく、年柱も前の年の干支に変わります。

　　　万年暦では、節入り日の日柱は、それぞれ前の月のおわりと次の月の
　　始まりの両方に表示しています。

　　★注意　23時以降から0時前の間に生まれた人

　　　夜の23時以降〜午前0時前に生まれた人の日柱は、翌日の干支を日
　　柱欄に記入します。

2)　万年暦の年柱、月柱、日柱の干支を命式図に書き入れます。年柱の左側
　　の字は十干です、命式図の年柱の天干の欄に記入します。年柱の右側の
　　字は十二支です。命式図の年柱の地支の欄に記入します。月柱、日柱も
　　同じ要領で記入します。

　　　なお、日柱の間にある小さい数字は、生まれた時刻がわからないとき
　　に、身旺身弱の判断に必要になりますので、運命方程式の運命バランス
　　の上にメモしておきます。

年柱 **丙午**

2月4日14:38〜 3月6日 8:50			

月柱 **庚寅** 立運年齢

生日	日柱	男	女
2/4	甲$_2$午	10	0
2/5	乙$_2$未	10	0
2/6	丙$_1$申	9	1
2/7	丁$_2$酉	9	1
2/8	戊$_1$戌	9	1
2/9	己$_2$亥	8	2
2/10	庚$_3$子	8	2
2/11	辛$_2$丑	8	2
2/12	壬$_3$寅	7	3
2/13	癸$_3$卯	7	3
2/14	甲$_3$辰	7	3
2/15	乙$_2$巳	6	4
2/16	丙$_1$午	6	4
2/17	丁$_2$未	6	4
2/18	戊$_2$申	5	5
2/19	己$_2$酉	5	5
2/20	庚$_2$戌	5	5
2/21	辛$_2$亥	4	6
2/22	壬$_2$子	4	6
2/23	癸$_2$丑	4	6
2/24	甲$_3$寅	3	7
2/25	乙$_2$卯	3	7
2/26	丙$_1$辰	3	7
2/27	丁$_2$巳	2	8
2/28	戊$_1$午	2	8
3/1	己$_2$未	2	8
3/2	庚$_2$申	1	9
3/3	辛$_2$酉	1	9
3/4	壬$_3$戌	1	9
3/5	癸$_2$亥	0	10
3/6	甲$_1$子	0	10

運命方程式

▼命式図

	時柱	日柱	月柱	年柱	
	時干	日干	月干	年干	天干
		甲	庚	丙	
					天干の陰陽五行
					運命星
					運命星の吉凶
					特殊星
					合
					冲
	時支	日支	月支	年支	地支
		午	寅	午	
					地支の陰陽五行
					運命星
					運命星の吉凶
					特殊星
					合
					冲
					刑

氏名 A子

生年月日時	
1966	年
2	月
4	日
16	時
午前・午後	
男・女	

▼大運表

	第9	第8	第7	第6	第5	第4	第3	第2	第1	運期
										歳（運気前半）
										天干
										天干の陰陽五行
										運命星
										運命星の吉凶
										特殊星
										歳（運気後半）
										地支
										地支の陰陽五行
										運命星
										運命星の吉凶
										特殊星

元命

立運

空亡

2

運命バランス

| 身旺 A |
| 身旺 B |
| 中和 C |
| 身弱 D |
| 身弱 E |

歳	男	歳	女
0	辛卯	0	己丑
10	壬辰	10	戊子
20	癸巳	20	丁亥
30	甲午	30	丙戌
40	乙未	40	乙酉
50	丙申	50	甲申
60	丁酉	60	癸未
70	戊戌	70	壬午
80	己亥	80	辛巳

3) 日柱の横にある立運年齢をみます。立運年齢は男性か女性かで異なります。これを命式図の立運年齢の欄に記入します。

4) 万年暦の月の列の下側にある、大運表の干支をみます。「歳　男　歳女」と表記してある表がそうです。この表は男性か女性かで異なります。表中の歳の欄の数字は0が第1運期に、10が第2運期、20が第3運期にいうように対応しています。（この数字に立運年齢を加算すると各運期の始まる年齢になります。）

　　例に従って、この干支を第1運期から第9運期まで順番に大運表に書き入れます。

年柱 丙午

2月4日14:38～
3月6日 8:50

月柱 庚寅　立運年齢 男女

生日	日柱	男	女
2:4	甲₂午	10	0
2:5	乙₂未	10	0
2:6	丙₁申	9	1
2:7	丁₁酉	9	1
2:8	戊₁戌	9	1
2:9	己₂亥	8	2
2:10	庚₃子	8	2
2:11	辛₂丑	8	2
2:12	壬₂寅	7	3
2:13	癸₃卯	7	3
2:14	甲₃辰	7	3
2:15	乙₂巳	6	4
2:16	丙₁午	6	4
2:17	丁₂未	6	4
2:18	戊₁申	5	5
2:19	己₂酉	5	5
2:20	庚₂戌	5	5
2:21	辛₃亥	4	6
2:22	壬₂子	4	6
2:23	癸₃丑	4	6
2:24	甲₁寅	3	7
2:25	乙₃卯	3	7
2:26	丙₁辰	3	7
2:27	丁₁巳	2	8
2:28	戊₁午	2	8
3:1	己₁未	2	8
3:2	庚₂申	1	9
3:3	辛₂酉	1	9
3:4	壬₃戌	1	9
3:5	癸₂亥	0	10
3:6	甲₁子	0	10

歳	男	歳	女
0	辛卯	0	己丑
10	壬辰	10	戊子
20	癸巳	20	丁亥
30	甲午	30	丙戌
40	乙未	40	乙酉
50	丙申	50	甲申
60	丁酉	60	癸未
70	戊戌	70	壬午
80	己亥	80	辛巳

運命方程式

▼命式図

	時柱	日柱	月柱	年柱		氏名
	時干	日干 甲	月干 庚	年干 丙	天干	A子
					天干の陰陽五行	
					運命星	
					運命星の吉凶	
					特殊星	
					合	
					冲	
	時支	日支 午	月支 寅	年支 午	地支	
					地支の陰陽五行	生年月日時
					運命星	1966 年
					運命星の吉凶	2 月
					特殊星	4 日
					合	16 時
					冲	午前・午後
					刑	男・女

▼大運表

第9	第8	第7	第6	第5	第4	第3	第2	第1	運期
								0	歳(運気前半)
辛	壬	癸	甲	乙	丙	丁	戊	己	天干
									天干の陰陽五行
									運命星
									運命星の吉凶
									特殊星
									歳(運気後半)
巳	午	未	申	酉	戌	亥	子	丑	地支
									地支の陰陽五行
									運命星
									運命星の吉凶
									特殊星

元命

立運　0

空亡

2
運命バランス
身旺 A
身旺 B
中和 C
身弱 D
身弱 E

5) 大運表の歳の欄を埋めます。立運年齢の数字を第1運期上段の歳の欄に記入します。上段の歳の欄はこの数字に（立運年齢）に左の欄にいくに従って10ずつ加算して記入します。下段の歳の欄は、第1運期の下段に第1運期の上段に書き入れた数字（立運年齢）に5を加算します。これに左にいくに従って10ずつ加算して記入します。

A子さんは、上段が、0、10、20、30・・・・、下段が5、15、25、35・・・・となります。

運命方程式

▼命式図

	時柱	日柱	月柱	年柱		氏名
	時干	日干	月干	年干	天干	A 子
		甲	庚	丙		
					天干の陰陽五行	
					運命星	
					運命星の吉凶	
					特殊星	
					合	
					冲	
	時支	日支	月支	年支	地支	生年月日時
		午	寅	午		
					地支の陰陽五行	1966 年
					運命星	2 月
					運命星の吉凶	4 日
					特殊星	16 時
					合	午前・午後
					冲	男・女
					刑	

▼大運表

第9	第8	第7	第6	第5	第4	第3	第2	第1	運期	元命
80	70	60	50	40	30	20	10	0	歳(運気前半)	
辛	壬	癸	甲	乙	丙	丁	戊	己	天干	立運
									天干の陰陽五行	0
									運命星	空亡
									運命星の吉凶	
									特殊星	
85	75	65	55	45	35	25	15	5	歳(運気後半)	運命バランス
巳	午	未	申	酉	戌	亥	子	丑	地支	身旺 A
									地支の陰陽五行	身旺 B
									運命星	中和 C
									運命星の吉凶	身弱 D
									特殊星	身弱 E

6) ●日干から探す早見表（480 ページから 484 ページまで）で、運命方程
式を埋めていきます。

A子さんの日干（日柱の天干）は、甲です。甲の早見表をみます。

①生まれた時刻がわかる人は、時柱を探します。A子さんは 16 時生まれ
ですから、壬申が時柱です。

生まれた時刻がわからなければ空欄のままにしておきます。

②次に命式図をみます。日干をもとに先ほど万年暦から書き入れた干支と
の組合せで、命式図の 7 つの干支の陰陽五行、運命星、特殊星を埋めて
いきます。

③大運表も命式図と同様に、日干をもとに大運表にある十干と十二支の陰
陽五行、運命星、特殊星を埋めていきます。

記入欄は右ページを参考にしてください。

④元命の欄を記入します。元命は最も大切な星です。月支（月柱の地支）
の運命星が元命になりますので、これを運命方程式の元命の欄に書き入
れます。

●日干から探す早見表

日干				甲					
生まれた時刻	時柱の干支	十干				十二支			
		十干	陰陽五行	運命星	特殊星	十二支	陰陽五行	運命星	特殊星
23:00以降～ 1:00前	甲子	甲	木＋	比肩		子	水＋	印綬	桃花
1:00以降～ 3:00前	乙丑	乙	木－	劫財	飛刃	丑	土－	正財	天乙貴人
3:00以降～ 5:00前	丙寅	丙	火＋	食神		寅	木＋	比肩	
5:00以降～ 7:00前	丁卯	丁	火－	傷官		卯	木－	劫財	羊刃・桃花
7:00以降～ 9:00前	戊辰	戊	土＋	偏財		辰	土＋	偏財	
9:00以降～11:00前	己巳	己	土－	正財		巳	火－	食神	文昌貴人
11:00以降～13:00前	庚午	庚	金＋	七殺		午	火＋	傷官	紅艶
13:00以降～15:00前	辛未	辛	金－	正官		未	土－	正財	天乙貴人
15:00以降～17:00前	壬申	壬	水＋	偏印		申	金＋	七殺	
17:00以降～19:00前	癸酉	癸	水－	印綬		酉	金－	正官	桃花
19:00以降～21:00前	甲戌					戌	土＋	偏財	
21:00以降～23:00前	乙亥					亥	水－	偏印	

運命方程式

▼命式図

	時柱	日柱	月柱	年柱		
	時干	日干	月干	年干	天干	氏名
	壬	甲	庚	丙	天干	A子
	水＋	木＋	金＋	火＋	天干の陰陽五行	
	偏印		七殺	食神	運命星	
					運命星の吉凶	
					特殊星	
					合	
					冲	
	時支	日支	月支	年支	地支	
	申	午	寅	午	地支	生年月日時
	金＋	火＋	木＋	火＋	地支の陰陽五行	1966 年
	七殺	傷官	比肩	傷官	運命星	2 月
					運命星の吉凶	4 日
		紅艶		紅艶	特殊星	16 時
					合	午前 ⦿午後
					冲	男 ⦿女
					刑	

▼大運表

	第9	第8	第7	第6	第5	第4	第3	第2	第1	運期	元命
	80	70	60	50	40	30	20	10	0	歳(運気前半)	比肩
	辛	壬	癸	甲	乙	丙	丁	戊	己	天干	立運
	金−	水＋	水−	木＋	木−	火＋	火−	土＋	土−	天干の陰陽五行	0
	正官	偏印	印綬	比肩	劫財	食神	傷官	偏財	正財	運命星	空亡
										運命星の吉凶	
					飛刃					特殊星	
	85	75	65	55	45	35	25	15	5	歳(運気後半)	運命バランス
	巳	午	未	申	酉	戌	亥	子	丑	地支	身旺 A
	火−	火＋	土−	金＋	金−	土＋	水−	水＋	土−	地支の陰陽五行	身旺 B
	食神	傷官	正財	七殺	正官	偏財	偏印	印綬	正財	運命星	中和 C
										運命星の吉凶	身弱 D
	文昌貴人	紅艶	天乙貴人	駅馬	桃花			桃花	天乙貴人	特殊星	身弱 E

55

7) ●月支・日支から探す特殊星早見表（487ページ）で月支と日支から特殊星を探します。

A子さんの月支（月柱の地支）は寅、日支（日柱の地支）は午です。下の表をみると、丁、丙、申の支に特殊星があります。A子さんの命式図と大運表の丁があるところに天徳貴人、丙があるところに月徳貴人、申があるところに駅馬と記入します。

●月支・日支から探す特殊星早見表

1. 月支で探す特殊星

特殊星 ＼ 月支	天徳貴人	月徳貴人
子	己	壬
丑	庚	庚
寅	→ 丁	丙
卯	申	甲
辰	壬	壬
巳	辛	庚
午	亥	丙
未	甲	甲
申	癸	壬
酉	寅	庚
戌	丙	丙
亥	乙	甲

2. 日支で探す特殊星

特殊星 ＼ 日支	駅馬
子	寅
丑	亥
寅	申
卯	巳
辰	寅
巳	亥
午	→ 申
未	巳
申	寅
酉	亥
戌	申
亥	巳

運命方程式

▼命式図

	時柱	日柱	月柱	年柱		氏名
	時干	日干	月干	年干	天干	A子
	壬	甲	庚	丙		
	水＋	木＋	金＋	火＋	天干の陰陽五行	
	偏印		七殺	食神	運命星	
					運命星の吉凶	
				月徳貴人	特殊星	
					合	
					冲	
	時支	日支	月支	年支	地支	生年月日時
	申	午	寅	午		1966 年
	金＋	火＋	木＋	火＋	地支の陰陽五行	2 月
	七殺	傷官	比肩	傷官	運命星	4 日
					運命星の吉凶	16 時
	駅馬	紅艶		紅艶	特殊星	午前・午後
					合	男・女
					冲	
					刑	

▼大運表

第9	第8	第7	第6	第5	第4	第3	第2	第1	運期	
80	70	60	50	40	30	20	10	0	歳（運気前半）	元命
辛	壬	癸	甲	乙	丙	丁	戊	己	天干	比肩
金－	水＋	水－	木＋	木－	火＋	火－	土＋	土－	天干の陰陽五行	立運
正官	偏印	印綬	比肩	劫財	食神	傷官	偏財	正財	運命星	0
									運命星の吉凶	空亡
			飛刃		月徳貴人	天徳貴人			特殊星	
85	75	65	55	45	35	25	15	5	歳（運気後半）	運命バランス
巳	午	未	申	酉	戌	亥	子	丑	地支	身旺A
火－	火＋	土－	金＋	金－	土＋	水－	水＋	土－	地支の陰陽五行	身旺B
食神	傷官	正財	七殺	正官	偏財	偏印	印綬	正財	運命星	中和C
									運命星の吉凶	身弱D
文昌貴人	紅艶	天乙貴人	駅馬	桃花			桃花	天乙貴人	特殊星	身弱E

8) 運命バランスの身旺身弱を記入します。●**身旺・身弱簡略早見表**（485
ページ）で身旺か中和か身弱かの判断をします。ここでは、命式図の中
にある運命星の比肩・劫財、偏印・印綬の数により判断します。

　A子さんの命式図にある比肩・劫財、偏印・印綬の数は2つですから、
中和Cになります。生まれた時刻がわからない場合は、先ほど運命バ
ランスの上にメモした万年暦の日柱の間の数字で判断しましょう。

●**身旺・身弱簡略早見表**

1. 生まれた時刻がわかる時（時柱の運命星がわかる時）

命式図の7つの運命星のうち、比肩・劫財、偏印・印綬の星の数で判断します。

命式図の 比肩・劫財・ 偏印・印綬の数	身旺A	身旺B	中和C	身弱D	身弱E
	4以上	3	2	1	0

2. 生まれた時刻がわからない時（時柱の運命星がわからない時）

万年暦の日柱の間の数字で判断します。（運命バランスの上にメモした数字）

万年暦の日柱の間の数字	身旺B	中和C	身弱D
	1	2	3

9) ●**運命星吉凶早見表**（485ページ）で、命式図、大運表のすべての運命
星の吉凶を○、△、×のいずれかで記入します。これは身旺か身弱かに
よって異なります。

●**運命星吉凶早見表**

バランス 運命星	身旺A	身旺B	中和C	身弱D	身弱E
食神 傷官 七殺 正官 偏財 正財	○吉星		○吉星 （少しよくなる）	×凶星	
比肩 劫財 偏印 印綬	×凶星		△ （悪くなりにくい）	○吉星	

運命方程式

▼命式図

時柱	日柱	月柱	年柱		氏名
時干	日干	月干	年干	天干	A 子
壬	甲	庚	丙		
水＋	木＋	金＋	火＋	天干の陰陽五行	
偏印		七殺	食神	運命星	
△		○	○	運命星の吉凶	
			月徳貴人	特殊星	
				合	
				冲	
時支	日支	月支	年支	地支	生年月日時
申	午	寅	午		1966 年
金＋	火＋	木＋	火＋	地支の陰陽五行	2 月
七殺	傷官	比肩	傷官	運命星	4 日
○	○	△	○	運命星の吉凶	16 時
駅馬	紅艶		紅艶	特殊星	午前・午後
				合	男・女
				冲	
				刑	

▼大運表

第9	第8	第7	第6	第5	第4	第3	第2	第1	運期		
80	70	60	50	40	30	20	10	0	歳(運気前半)	元命	比肩
辛	壬	癸	甲	乙	丙	丁	戊	己	天干		
金－	水＋	水－	木＋	木－	火＋	火－	土＋	土－	天干の陰陽五行	立運	0
正官	偏印	印綬	比肩	劫財	食神	傷官	偏財	正財	運命星		
○	△	△	△	△	○	○	○	○	運命星の吉凶	空亡	
				飛刃	月徳貴人	天徳貴人			特殊星		
85	75	65	55	45	35	25	15	5	歳(運気後半)	運命バランス	
巳	午	未	申	酉	戌	亥	子	丑	地支		身旺A
火－	火＋	土－	金＋	金－	土＋	水－	水＋	土－	地支の陰陽五行		身旺B
食神	傷官	正財	七殺	正官	偏財	偏印	印綬	正財	運命星	○	中和C
○	○	○	○	○	○	△	△	○	運命星の吉凶		身弱D
文昌貴人	紅艶	天乙貴人	駅馬	桃花			桃花	天乙貴人	特殊星		身弱E

10) ●調候吉星早見表（486 ページ）で、命式図、大運表のすべてで調候吉星になる運命星があるかどうか調べます。調候吉星は日干と月支の組合せで探します。調候吉星になる運命星の吉凶欄に◎を記入します。A子さんは印綬と食神が調候吉星になります。

●調候吉星早見表

季節	春			夏			秋			冬		
月支 日干	寅	卯	辰	巳	午	未	申	酉	戌	亥	子	丑
甲	印綬 食神	印綬 食神		印綬	印綬	印綬				食神	食神	食神
乙	偏印 傷官	偏印 傷官		偏印	偏印	偏印				傷官	傷官	傷官
丙				七殺 偏財	七殺 偏財	七殺 偏財						
丁				七殺 正官 偏財 正財	七殺 正官 偏財 正財	七殺 正官 偏財 正財						
戊				正財	正財	正財				偏印	偏印	偏印
己				偏財	偏財	偏財				印綬	印綬	印綬
庚										七殺	七殺	七殺
辛										正官	正官	正官
壬										偏財	偏財	偏財
癸										正財	正財	正財

＊春の辰の月、秋の申・酉・戌の月はバランスがよいので調候吉星はありません

運命方程式

▼命式図

	時柱	日柱	月柱	年柱	
	時干	日干	月干	年干	天干
	壬	甲	庚	丙	
	水＋	木＋	金＋	火＋	天干の陰陽五行
	偏印		七殺	食神	運命星
	△		○	○◎	運命星の吉凶
				月徳貴人	特殊星
					合
					冲
	時支	日支	月支	年支	地支
	申	午	寅	午	
	金＋	火＋	木＋	火＋	地支の陰陽五行
	七殺	傷官	比肩	傷官	運命星
	○	○	△	○	運命星の吉凶
	駅馬	紅艶		紅艶	特殊星
					合
					冲
					刑

氏名 A子

生年月日時
- 1966 年
- 2 月
- 4 日
- 16 時
- 午前・午後
- 男・女

▼大運表

第9	第8	第7	第6	第5	第4	第3	第2	第1	運期
80	70	60	50	40	30	20	10	0	歳(運気前半)
辛	壬	癸	甲	乙	丙	丁	戊	己	天干
金－	水＋	水－	木＋	木－	火＋	火－	土＋	土－	天干の陰陽五行
正官	偏印	印綬	比肩	劫財	食神	傷官	偏財	正財	運命星
○	△	△◎	△	△	○◎	○	○	○	運命星の吉凶
			飛刃	月徳貴人	天徳貴人				特殊星
85	75	65	55	45	35	25	15	5	歳(運気後半)
巳	午	未	申	酉	戌	亥	子	丑	地支
火－	火＋	土－	金＋	金－	土＋	水－	水＋	土－	地支の陰陽五行
食神	傷官	正財	七殺	正官	偏財	偏印	印綬	正財	運命星
○◎	○	○	○	○	○	△	△◎	○	運命星の吉凶
文昌貴人	紅艶	天乙貴人	駅馬	桃花			桃花	天乙貴人	特殊星

元命 比肩

立運 0

空亡

運命バランス
身旺A
身旺B
○ 中和C
身弱D
身弱E

11) ●合・沖・刑早見表（489ページ）で合・沖・刑を探します。

　　命式図にある、隣り合っている干支のすべての組合せを探します。隣り合っていないときは、合・沖・刑にはなりません。

　　まず、天干の合・沖・刑について探します。月干をもとに年干、日干との合・沖・刑があるかどうか、次に日干をもとに時干との合・沖・刑があるかどうかを探します。

　　次に、地支の合・沖・刑について探します。月支をもとに年支、日支との合・沖・刑があるかどうか、次に日支をもとに時支との合・沖・刑があるかどうかを探します。A子さんの命式図をみてみましょう。

①月干と日干に甲庚の沖があります。命式図の沖の欄に「甲と庚」と記入します。月支の寅と時支の申は沖になる組合せですが、隣り合わないので沖になりません。

②年支と月支、月支と日支に寅午の合があります。命式図の合の欄に「寅と午」、「午と寅」と記入します。

③A子さんの命式図には刑になる組合せはありません。

　　このようにして、合・沖・刑を探します。

●合・沖・刑早見表
1. 十干の合・沖

天干	甲	乙	丙	丁	戊	己	庚	辛	壬	癸
甲						合	沖			
乙							合	沖		
丙										
丁										
戊										
己	合									
庚	沖	合								
辛		沖	合							
壬			沖	合						
癸				沖	合					

地支	子	丑	寅	卯	辰	巳	午	未	申	酉	戌	亥
子		合		刑	合		沖		合	刑		
丑	合				刑	合	沖・刑		合	刑		
寅					刑	合	沖・刑		合	合		
卯	刑				刑	合		沖	合	合		
辰	合	刑			刑		刑	合	合	沖		
巳		合	刑			刑	合		沖			
午	沖		合	刑		刑	合		刑	合		
未		沖・刑		合	刑		合			刑	合	
申	合		沖・刑		合	刑						
酉	刑			沖	合	合	刑		刑			
戌		刑	合	合	沖		合	刑				
亥			合	合		沖		合				刑

運命方程式

▼命式図

	時柱	日柱	月柱	年柱		氏名
	時干	日干	月干	年干	天干	A子
	壬	甲	庚	丙		
	水＋	木＋	金＋	火＋	天干の陰陽五行	
	偏印		七殺	食神	運命星	
	△		○	○◎	運命星の吉凶	
				月徳貴人	特殊星	
					合	
		甲と庚			冲	
	時支	日支	月支	年支	地支	
	申	午	寅	午		生年月日時
	金＋	火＋	木＋	火＋	地支の陰陽五行	1966 年
	七殺	傷官	比肩	傷官	運命星	2 月
	○	○	△	○	運命星の吉凶	4 日
	駅馬	紅艶		紅艶	特殊星	16 時
		午と寅	寅と午		合	午前・午後
					冲	男・女
					刑	

▼大運表

第9	第8	第7	第6	第5	第4	第3	第2	第1	運期	元命
80	70	60	50	40	30	20	10	0	歳（運気前半）	比肩
辛	壬	癸	甲	乙	丙	丁	戊	己	天干	立運
金−	水＋	水−	木＋	木−	火＋	火−	土＋	土−	天干の陰陽五行	0
正官	偏印	印綬	比肩	劫財	食神	傷官	偏財	正財	運命星	空亡
○	△	△◎	△	△	○◎	○	○	○	運命星の吉凶	
				飛刃	月徳貴人	天徳貴人			特殊星	
85	75	65	55	45	35	25	15	5	歳（運気後半）	運命バランス
巳	午	未	申	酉	戌	亥	子	丑	地支	身旺A
火−	火＋	土−	金＋	金−	土＋	水−	水＋	土−	地支の陰陽五行	身旺B
食神	傷官	正財	七殺	正官	偏財	偏印	印綬	正財	運命星	○ 中和C
○◎	○	○	○	○	○	△	△◎	○	運命星の吉凶	身弱D
文昌貴人	紅艶	天乙貴人	駅馬	桃花			桃花	天乙貴人	特殊星	身弱E

12) 空亡を記入します。●空亡早見表（491 ページ）を利用して、日柱の干支から「空亡」をみつけます。自分の生まれた日の日柱をこの表から探してください。A子さんの日柱は「甲午」で、空亡早見表の甲午旬の列にありますから、空亡は「辰巳」になります。

●空亡早見表

日柱の干支	甲子	甲戌	甲申	甲午	甲辰	甲寅
	乙丑	乙亥	乙酉	乙未	乙巳	乙卯
	丙寅	丙子	丙戌	丙申	丙午	丙辰
	丁卯	丁丑	丁亥	丁酉	丁未	丁巳
	戊辰	戊寅	戊子	戊戌	戊申	戊午
	己巳	己卯	己丑	己亥	己酉	己未
	庚午	庚辰	庚寅	庚子	庚戌	庚申
	辛未	辛巳	辛卯	辛丑	辛亥	辛酉
	壬申	壬午	壬辰	壬寅	壬子	壬戌
	癸酉	癸未	癸巳	癸卯	癸丑	癸亥
	↓	↓	↓	↓	↓	↓
空亡	戌亥	申酉	午未	辰巳	寅卯	子丑

これで運命方程式は完成です。

運命方程式

▼命式図

	時柱	日柱	月柱	年柱		氏名
	時干	日干	月干	年干	天干	A子
天干	壬	甲	庚	丙		
	水＋	木＋	金＋	火＋	天干の陰陽五行	
運命星	偏印		七殺	食神	運命星	
	△		○	○◎	運命星の吉凶	
				月徳貴人	特殊星	
					合	
		甲と庚			冲	
	時支	日支	月支	年支	地支	
地支	申	午	寅	午		生年月日時
	金＋	火＋	木＋	火＋	地支の陰陽五行	1966 年
運命星	七殺	傷官	比肩	傷官	運命星	2 月
	○	○	△	○	運命星の吉凶	4 日
	駅馬	紅艶		紅艶	特殊星	16 時
		午と寅	寅と午		合	午前・午後
					冲	男・女
					刑	

▼大運表

	第9	第8	第7	第6	第5	第4	第3	第2	第1	運期	元命
歳（運気前半）	80	70	60	50	40	30	20	10	0	歳（運気前半）	比肩
天干	辛	壬	癸	甲	乙	丙	丁	戊	己	天干	立運
天干の陰陽五行	金－	水＋	水－	木＋	木－	火＋	火－	土＋	土－	天干の陰陽五行	0
運命星	正官	偏印	印綬	比肩	劫財	食神	傷官	偏財	正財	運命星	空亡
運命星の吉凶	○	△	△◎	△	△	○◎	○	○	○	運命星の吉凶	辰巳
特殊星				飛刃	月徳貴人	天徳貴人				特殊星	
歳（運気後半）	85	75	65	55	45	35	25	15	5	歳（運気後半）	運命バランス
地支	巳	午	未	申	酉	戌	亥	子	丑	地支	身旺A
地支の陰陽五行	火－	火＋	土－	金＋	金－	土＋	水－	水＋	土－	地支の陰陽五行	身旺B
運命星	食神	傷官	正財	七殺	正官	偏財	偏印	印綬	正財	運命星	○ 中和C
運命星の吉凶	○◎	○	○	○	○	○	△	△◎	○	運命星の吉凶	身弱D
特殊星	文昌貴人	紅艶	天乙貴人	駅馬	桃花			桃花	天乙貴人	特殊星	身弱E

65

66

第4章　運命を読み解く（基礎編）

　四柱推命では運命を「命」と「運」の2つに分けて考えています。運命方程式の命式図はあなたの生まれつきの宿命である「命」をあらわしています。大運表は一生の「運」の流れをあらわす図表です。

　誰にでも幸運な時期、不運な時期があります。あなたの人生のバイオリズムを正確に知ることで、幸運をつかむことができる時期、不運に注意する時期がわかります。これらを知ることで、あなたは力強く、前向きに人生を生きることができるようになるでしょう。あなたの運命に適した決断をしたり、実行したりすれば、あなたの運命はもっと強くなるでしょう。これこそ自分の運命を知る目的なのです。

　四柱推命の理論は複雑で難解です。この章では、運命方程式から「元命」を中心に運命を読み解いていきます。

　前章で運命方程式が完成しました。正確な運命方程式は自分の運命を調べる基本ですから、間違いがないようにもう一度確認してください。

1.　身旺・身弱と命式図

　四柱推命の中で最も難解で要とされるのが身旺と身弱の判断です。日干の盛衰が、すなわち身旺、身弱の判断となります。わたしは長い歳月をかけて、これを正しく判断するための方法を研究してきました。

　この章では、身旺・身弱を●身旺・身弱簡略早見表（485ページ）を用いて判断しています。これでほぼ正しい判断が可能ですが、わたしが詳しくみるときは、さらに細かく専門的に判断します。例えば●身旺・身弱簡略早見表では中和でも、少し身旺だったり、少し身弱だったりすることがあります。この判断はとても難しいので本章では省略していますが、**第7章　運命分析の実例**（345ページ）では、少しふれていますので参考にしてください。

　身旺・身弱は日干の強さをあらわしています。日干が身旺か身弱かにより、命式図にある同じ運命星でも吉凶は違います。また、身旺・身弱は大運表で示すそれぞれの時期における運命の吉凶を判断する基準にもなります。ただし、身旺・身弱は強運かどうかの判断基準ではありません。

67

一般的に、身旺で命式図に吉星が2つ以上あれば運は強く、生まれつき幸運に恵まれ、後天運に発展性があり、成功する活動力があります。

　身弱は命式図に吉星が少ないでしょう。しかし、運が弱いというわけではありません。吉星に恵まれる時期には大いに発展します。

　強い身旺（身旺A）、弱い身弱（身弱E）は、運勢はやや不安定で、時期により吉凶の差が激しくなります。

　中和は、人生に安定性があり、吉凶の差があまりありません。身旺の吉星の時にはややよくなり、身弱の吉星の時には運勢は悪くなりにくく、バランスがとれています。

2. 身旺・身弱と大運表

　時間は無常で、過ぎ去った時間は絶対に戻りません。誰でもよい星ばかり持っているわけではありませんし、運命がよい安定した幸運期もあれば運命がよくなく不安定な不運期もあります。あなたは自分の不運期を知っても悲観することはありません。四柱推命であなたの人生の弱い時期や不運の暗示を発見したら、これを防ぐ努力をすればよいのです。先のことをなにも知らない時よりずっとよいことだとは思いませんか。四柱推命で予測した幸運期と不運期を見極めれば努力することも、冷静に我慢することもできるはずです。

　大運表は第1運期から始まり第9運期までの大運を示します。各運期は10年単位で、5年ごとに運は変わります。

　大運表で示すそれぞれの時期における運命の吉凶は、身旺・身弱によって異なります。一般的にいって、大運表の運命星に○がついた時期は幸運期です。逆に×をつけてある時期は不運期です。また、◎についた調候吉星のある時期はよい運の時期です。

　毎年の運は年運といいます。年運は大運表をつくったときと同じように、日干をもとに、その年の干支から運命星を割り出します。干の運命星がその年の前半運を、支の運命星はその年の後半運をあらわします。特に支にあらわれた運命星が重要です。

　立運年齢になる前の年運は小運といいます。小運については509ページを

参照してください。

　なお、空亡は日本では天中殺ともいわれますが、本来強い凶意はありません。日本でいわれている天中殺は迷信で、本当に運の悪い時期とは違います。空亡はすべての星を弱め、吉星の吉意も凶星の凶意も同じように弱められます。命式図、大運表、毎年の干支など、誰でも空亡の時期はあります。空亡は怖いものではありません。

　四柱推命では、十干は十進法、十二支は十二進法のサイクルで変化します。1番目の甲から10番目の癸までの十干を子から亥までの十二支と組合せると、はじめのひとまわりが癸酉でおわります。甲子から癸酉の10の干支を一旬と考えます。これを甲子旬といいます。次いで、甲戌から癸未までの一旬が甲戌旬になります。組合せは60とおりですから「甲の旬」は6つあります。各旬で10の干に対して12の支は2つずつずれてきます。そのずれる十二支が空亡となります。空亡の十二支はこの旬によって2つずつあることになります。自分の日柱の干支（十干と十二支の組合せ）がある甲の旬により、空亡は決まります。それがあなたの空亡の十二支です。繰り返しますが、空亡は誰にでもあり、危険なものではありません。

3.　調候吉星と蔵干

　季節の寒暑を調和する調候吉星は身旺・身弱を問わずあなた自身の運命を助ける大切な星です。命式図に調候吉星が2つ以上ある人は運命が強い人です。大運がよくない時でもあまり影響を受けません。特に、調候吉星が命式図に全部そろっている人は、とても強い運命を持っているといえます。命式図に調候吉星がみつけられない人は、大運の不運期には影響を受けやすいのですが、大運で調候吉星に恵まれる時には幸運に恵まれます。

　命式図に調候吉星をみつけられないときは、蔵干の中から調候に必要な陰陽五行の要素を探してください。蔵干とは、十二支が内蔵している十干のことです。十干にはそれぞれ陰陽五行の要素がありますから、自分に必要な要素が蔵干の中に隠されている可能性があります。命式図の年支、月支、日支、時支に含まれている蔵干は、特に身弱の人を助けます。自分のことを詳しく知りたいときに●十二支の蔵干（465ページ）で自分に必要な陰陽五行の要

素があるかどうかを探してください。蔵干が調候吉星の補助的役割ができるかもしれません。

　詳細に運命をみようとするとき、蔵干の陰陽五行は大切です。蔵干の解釈は諸説あって蔵干の解釈が間違っている日本の四柱推命の本もあります。

4. 特殊星

・天乙貴人、天徳貴人、月徳貴人は、命式図にあるとき、大運にあるときは、いつでも吉星になります。

・羊刃、文昌貴人、駅馬、桃花、紅艶などの特殊星は身旺か身弱かということと、運期の吉凶によってさまざまな暗示があります。

・命式図にある特殊星は、あなたの運命全体に強く影響します。また、大運表にある特殊星は、その5年間の運期に影響します。

・特殊星が、吉星となる場合、刑、冲と空亡があるとその吉意は減少します。しかし、全部消えるわけではありません。また、特殊星が凶星となる場合、刑、冲があるとその凶意は強くなりますが、空亡があればその凶意を減らすことができます。しかし、全部消えるわけではありません。

・凶星でも吉星でも、日柱と時柱にある特殊星は、あなたの運命に強く影響をします。羊刃が日柱にあるときには、特に強い影響を与えます。

★天乙貴人

命式図にあるとき

・最高の吉神で、守護神です。道徳観念が発達し、性格が明るく、理性があって、人から尊敬を集めます。

・福を招く星で、苦境にあるときに救われるという暗示があります。凶星を弱めて凶を吉に変え、吉星を強めてあなたを助けます。

・女性の場合、天乙貴人が3つ以上あると再婚する傾向があります。

大運にあるとき

・凶運期には、トラブルや災難に巻き込まれそうになっても逃れられます。精神的にも物質的にもよい援助が得られます。いっさいの凶星を無力化し

ます。

・吉運期には、吉を大吉にします。

・男女ともよい相手があらわれる時期。また、よい結婚のできる時期です。

・七殺・正官、偏財・正財の運期に天乙貴人があれば、たいへん幸せな時期です。上司・先輩・友達・同僚からよい援助が得られます。

★天徳貴人

命式図にあるとき

・福を招く星で、苦境にあるときに救われるという暗示があります。凶星を弱めて凶を吉に変え、吉星を強めてあなたを助けます。

大運にあるとき

・凶運期には、トラブルや災難に巻き込まれそうになっても逃れられます。精神的にも物質的にもよい援助が得られます。いっさいの凶星を無力化します。

・吉運期には、吉を大吉にします。

★月徳貴人

命式図にあるとき

・福を招く星で、苦境にあるときに救われるという暗示があります。凶星を弱めて凶を吉に変え、吉星を強めてあなたを助けます。

大運にあるとき

・凶運期には、トラブルや災難に巻き込まれそうになっても逃れられます。精神的にも物質的にもよい援助が得られます。いっさいの凶星を無力化します。

・吉運期には、吉を大吉にします。

＊天徳貴人と月徳貴人の両方がそろったときは強力な福に恵まれ、慈悲心に厚く、人のために尽くします。

★文昌貴人

命式図にあるとき

・勉強運に恵まれる星です。聡明でよく勉強のできるタイプが多く、文学、芸術、研究などに適します。資格が必要な仕事に進むのもよいでしょう。

・この星が2つ以上あると趣味が多く、ひとつのことに専念できない傾向があります。

・身旺の人は学芸に優れ、社会の逸材となります。

・身弱の人は自由を求める傾向があり、定職を持ちにくいのですが、才能を生かして勤めるほうがよいのです。

大運にあるとき

・よい勉強運の時期です。吉運期には有名になり、地位が向上します。特に、文筆関係、会社員、公務員として成功します。

・受験によい時期です。

・凶運期は、孤独、散財などの暗示があります。幸運期が来るまで勉強に専念するのが吉です。

★駅馬

命式図にあるとき

・一生移動することが多く、留学、転勤、出張の多い生活になりやすい星です。

・身旺で吉星が2つ以上あれば、生家と故郷を離れて成功することが多いでしょう。

大運にあるとき

・移動、転機をあらわします。

・吉運期のときの移動（転職、転勤など）はすべてよい方向に変わります。意外な成果を収めることがあります。

・凶運期には移動（転職、転勤など）しないほうがよいのです。財産を損じたり、離婚、けが、病気などの暗示もあります。

・身弱の人は貧乏暇なしの暗示があるので、静かに幸運を待つのがよいでしょう。凶運期には、忙しい割に成果はそれほど上がりません。

★桃花
命式図にあるとき

・桃花はセックスと恋愛などをあらわす星です。この星が女性に与える影響は男性より強いのです。
・風流の暗示があります。男性は酒食、音楽を好み、女性はこころが迷いやすく、風変わりな人になりやすい暗示があります。
・桃花と紅艶が日支と時支にあると、恋愛で失敗しやすい暗示です。
・桃花が3つ以上あると、情に流されやすい点に注意が必要です。

大運にあるとき

・吉運期（特に、七殺・正官、正財などの幸運期）にはよい恋愛に恵まれ、よい結婚ができます。
・凶運期には、酒食、恋愛問題のトラブルなどで財産を失ったり、病気になる傾向があります。

★紅艶
命式図にあるとき

・もて過ぎて、異性関係でトラブルを起こしやすい星です。
・人を惹きつける魅力があるので、芸能界やサービス業で成功します。
・桃花と紅艶の両方を持っている女性は、男性にだまされやすいので要注意です。
・男性で紅艶が3つ以上あり、身弱であれば、浮気や女性との性的関係がもとで病気になりやすい暗示です。

大運にあるとき

・吉運期（特に、七殺・正官、正財などの幸運期）には人付き合いがよく、よい恋愛に恵まれます。

・凶運期には、三角関係や不倫で悩み、トラブルは避けられません。また財産を失うこと、離婚、病気、訴訟ごとなどの暗示もあります。

★羊刃（羊刃・飛刃）

・羊刃は身旺か身弱かによって吉凶の差が激しく、とても顕著です。
・飛刃も羊刃のひとつで同じような意味を持ちます。

命式図にあるとき

・身旺の人の命式図に羊刃があると、羊刃の脅威はとても強くあらわれます。羊刃は事故、けがなどを暗示する星です。十分な注意が必要です。特に女性は羊刃を持つと、離婚、再婚、晩婚などの暗示があります。また、ストレスによる精神的な病気に注意しましょう。
・身弱の人には吉星です。すばらしい才能を持つ指導者になり、名を上げ、非凡な一生を送ります。軽いけがや小さなトラブルの暗示がありますが心配いりません。

大運にあるとき

・身旺の人には凶星です。命式図に羊刃がなくても注意が必要です。命式図に羊刃があると凶意はさらに大きくなります。大運で羊刃になる「羊刃運期」の5年間は不測の災難、事故、けが、手術などのからだのトラブル、財産のトラブルに十分な注意をしなければなりません。自動車の運転や危険なスポーツは控えるほうがよいでしょう。また、人間関係のトラブルにも十分注意しましょう。
・身弱の人には吉星です。羊刃の運期には大成功します。それぞれの分野や職業のトップとして注目を浴びます。軽いけがや、小さなトラブルが起きることがありますが心配いりません。

★注意　身旺の人の羊刃運期と年運

　以下の表を参考にして危険を回避してください。羊刃運期の5年間の間の年運には特に注意が必要です。羊刃運期の大運のとき、羊刃になる大運の羊

刃の支と合・沖になる支の年運がめぐってくるとさらに注意が必要です。

●身旺の人の羊刃運期と年運表

日干	大運の羊刃		大運の羊刃と重なると危険な年運			
	飛刃の干	羊刃の支	羊刃の支	大運の羊刃の支と合・沖になる支		
甲	乙	卯	卯	未	酉	戌	亥
丙	丁	午	午	子	寅	未	戌
戊	丁	午	午	子	寅	未	戌
庚	辛	酉	酉	丑	卯	辰	巳
壬	癸	子	子	丑	辰	午	申

＊羊刃は刃物の意味。羊刃が合、沖に触れると傷を負う＝トラブルの暗示。

5. 元命

　運命をみるとき、最も大切なことは身旺身弱の判断と、元命がなにかということです。元命とは命式図の月柱の地支の運命星で、性格や仕事の適性、恋愛、結婚など全般的な傾向をあらわす星です。元命が意味するところは、身旺か身弱かによって、また男女によっても異なります。

　この章では、身旺・身弱別に元命により分析を進めていきます。このとき、命式図にある運命星の吉凶と特殊星の意味を考えます。一般的には、命式図に○のついている運命星が2つ以上あれば、よい運勢といえます。特に、年干、月干、時干に吉星があると、とても強い運勢です。

　また、命式図にとって重要な運命星を「用神」といいます。命式図に用神があれば、生まれつき強運に恵まれます。しかし、命式図に用神がなくても大運に用神があるとき、運に恵まれて強運になります。用神がなにかの判断はとても難しいのですが、命式図に◎がついている調候吉星は用神になる可能性が高い星です。

　次にあなたの大運表をみてみましょう。大運表には5年間ごとに運命星が示されています。この運命星の意味をあなたの元命により分析していきます。これによって一生のバイオリズムがわかるのです。さらに詳しく各年の運をみるときは、大運表をつくった時と同じように、各年の干支と日干の関係から運命星を割り出して、その年の運を判断することができます。このとき、大運表にある特殊星の影響も考えます。大運表の運命星に○がついている時期は一般的にいって幸運期です。×がついている時期は一般的にいって不運期です。△は悪くない時期です。◎がついている調候吉星のある時期はよい運の時期です。

　大運や年運をみるときは、便宜的に、年の区切りは自分の誕生日と考えましょう。（正確には立運年齢によります。巻末の◆孫運命学万年暦●立運年齢の算出（508ページ）を参照してください。）

　また、10の運命星は5つの組になっていて、同じ意味を持つことがあります。文中で「比肩・劫財」、「食神・傷官」などと記載しているのは、「どちらかの星」という意味です。

★★元命・比肩の運命

比肩

★元命・比肩 身旺Ａ・身旺Ｂ の命式図からみる運命

●比肩の特徴
・比肩は自我、自由、独立、競争心をあらわす星です。
・比肩の特徴は頑固、短気です。

●全般・性格
身旺Ａ・身旺Ｂ
・自由を求めるためにわがままになりやすいところがあります。
・人の好き嫌いは激しいのですが、リーダーシップのある大物タイプです。
・命式図に吉星がない場合、偏屈で自己中心的で、自ら孤独を好み、協調性に欠けることがあります。
・命式図に七殺、偏財、食神があれば、頑固ですが、おだやかでこころが広いでしょう。

身旺Ａ
・ストレスがたまりやすいでしょう。気分の変化が激しく、粗暴で無計画な行動をしがちです。
・苦労をものともせずに働くがんばり屋のタイプです。
・病気が少なく長寿を意味しています。

●仕事・財産
身旺Ａ・身旺Ｂ
・財が集まりにくい暗示があります。また、お金を浪費したり、お金のことでだまされたり、家族の財産を失ったりするなどの暗示があります。ただし、この暗示によく注意すれば、事業などで金銭的に成功できる可能性も高いのです。
・時柱に偏財・正財があると晩年にお金持ちになれます。
・年柱に偏財・正財と正官があると祖先の功徳を受けられます。
・食神・傷官、偏財・正財、七殺・正官の星がいずれかあると、おだやかで根性があり、勇敢に挑戦する精神にあふれています。積極的に前へ進む性

格の比肩は、大きな業績をもたらすことができます。

・会社員に向いています。

・女性は仕事を持つように努力するほうがよいでしょう。男性に負けない仕事をします。芸能界で成功することも多いでしょう。

身旺 B

・命式図に偏財・正財、食神・傷官のいずれか 1 つあるいは 2 つがあれば大器晩成型で、事業で大成功します。

・命式図に七殺・正官があれば、豊かな才能で政治家、宗教家、弁護士、スポーツ選手として成功します。

●恋愛・結婚

身旺 A・身旺 B

・男女とも恋愛上のトラブルが多い暗示です。不倫、浮気、離婚、独身、晩婚という暗示もあります。安易に性的関係を結び、分かれるという刹那的恋愛となる傾向があります。特に女性は注意が必要です。

・命式図に偏財・正財がない男性は、結婚に対して迷ったり悩んだりしすぎると、一生独身ということもあり得ます。

・命式図に七殺・正官がない女性は、仕事のためや理想のために結婚できなくなる恐れがあります。

身旺 A

・男性は結婚に恵まれません。結婚しても女性に支配されやすくなります。家庭内暴力や離婚に注意してください。

身旺 B

・男性は晩婚になりやすく、結婚生活は不安定になりがちです。不倫、浮気や離婚に注意してください。仕事や事業に成功した男性は、離婚はしないまでも、とても女性にもてるので家庭不安になりがちです。

比肩

★元命・比肩 身旺 A・身旺 B の大運表からみる運命

●七殺・正官の時期
身旺 A・身旺 B
・運勢が好転する時期です。昇進や事業の発展を期待できます。
・政治家、宗教家、芸術家として成功する時期です。
・女性はよい恋愛から結婚に結びつく時期です。

●偏財・正財の時期
身旺 A
・金銭的なトラブルが多いので注意してください。賭け事で失敗する暗示が
　あります。
・上司、友人、家族の協力により、金運がよくなる時期です。投資にもよい
　時期です。
身旺 B
・男性は恋愛からよい結婚に結びつく時期です。

●比肩・劫財の時期
身旺 A・身旺 B
・財産を失ったり、離婚・恋人との別れ、病気・けがの恐れがあります。
・賭け事に走りやすいので、この時期は注意しなければ財産を失うことにな
　ります。
・会社の仕事のために思わぬ経費がかかってしまい、家計が圧迫されるで
　しょう。
・命式図に羊刃があると不測の災難が起こる暗示です。十分に注意し、でき
　れば避けるようにしてください。投資や本業以外のことには手を出さない
　ようにしてください。
・男女ともに異性問題でトラブルを起こしやすく、財産を失う恐れがあるの
　で注意してください。

身旺Ａ

・刑事事件に巻き込まれる暗示があります。欲や野心は抑えるようにしましょう。

・妻、父親、子どもに災いがある暗示です。また、散財や金銭争いの暗示もあります。

●偏印・印綬の時期

身旺Ａ・身旺Ｂ

・散財、失恋、けが、事故などの暗示があります。悩みや迷いが多くなる時期です。辛抱して自分の力を蓄えるのがよいでしょう。

身旺Ａ

・不測の災難が起こる暗示です。十分に注意して避けるようにしてください。

●食神・傷官の時期

身旺Ａ・身旺Ｂ

・金運はとてもよい時期です。投資、投機に成功して財を成します。

・会社員は昇進する時期です。

・自由業の人は成功して財を成す時期です。

・男女ともよい結婚運に恵まれている時期です。ただし、女性は傷官の時、恋人や夫と別れる暗示もあります。

比肩

★元命・比肩　中和 C・身弱 D の命式図からみる運命

●比肩の特徴
・比肩は自我、自由、独立、競争心をあらわす星です。
・比肩の特徴は頑固、短気です。

●全般・性格
中和 C
・自由を求めるためにわがままになりやすいところがあります。
・正直で明るく、おだやかで落ち着いた性格です。頑固で自己中心的なところもあります。
・ストレスはたまりにくいでしょう。
・他人に迷惑をかけたくありません。他人の世話をするのが好きです。
身弱 D
・小心で、人を疑いやすいところがあります。物惜しみをしがちです。
・まじめで正直です。自分ひとりの世界に閉じこもるほうが好きです。

●仕事・財産
中和 C
・商売や自由業に適しています。親や家族の協力で事業を発展させ、成功します。
・会社員、公務員にも向いています。
・女性は、結婚後も仕事を続け、夫の仕事を助けることが多いでしょう。
身弱 D
・親や家族の仕事を受け継ぐのに向いています。独立して商売をすることには向いていません。
・会社員になれば生活は安定するでしょう。
・女性は仕事に意欲を持ち続けます。

●恋愛・結婚

中和 C

・男女とも晩婚になりやすい傾向です。お見合いより恋愛結婚で幸せな家庭を築きます。

身弱 D

・男性は、女性に支配されることが多いでしょう。また、結婚してから浮気などのトラブルに巻き込まれやすいので要注意です。

・男女とも晩婚になりやすいようです。女性は晩婚ならばよい夫に恵まれ、夫の運に助けられるでしょう。

比肩

★元命・比肩 中和 C・身弱 D の大運表からみる運命

●七殺・正官の時期

中和 C

・安定する時期です。

身弱 D

・不安に陥りやすい時期です。

・女性は恋愛よりお見合い結婚をするほうがよい時期です。

●偏財・正財の時期

中和 C

・金運と仕事運はよい時期です。会社員であれば、お金に困ることはないでしょう。

・男女ともにお見合いで結婚できるでしょう。

身弱 D

・金銭的トラブルが多いでしょう。

・女性は若い男性に惹かれてお金を散財しやすいでしょう。

●比肩・劫財の時期

中和 C

・お金を散財しやすい時期です。

・男女ともに恋愛と結婚のタイミングはよくないでしょう。

身弱 D

・一般的には、運勢がよい方向に向かう時期です。

・宗教家、政治家、芸術家、芸能関係の人は努力しがいのある時期です。成功を期待できるでしょう。

・男性は、妻と不仲になりやすい点に注意してください。

●偏印・印綬の時期

中和C・身弱D

・運勢がよい方向に向かう時期です。仕事運がよくなります。

・男女ともに恋愛と結婚の時期としてはよくないでしょう。

●食神・傷官の時期

中和C・身弱D

・運勢がよい方向に向かう時期です。仕事運、金運はよくなります。

・男女とも恋愛運がよい時期です。ただし、女性は傷官の時、不倫や浮気に
　注意してください。夫と別れる恐れがあります。

比肩

86

★★元命・劫財の運命

劫財

★元命・劫財　身旺A・身旺B の命式図からみる運命

●劫財の特徴
・劫財は強気、うぬぼれ、自尊心をあらわす星です。
・劫財は敗財ともいいます。
・熱心、率直、頑固。

●全般・性格
身旺A
・粗雑、粗暴なところがあります。
・利己的で、冷たいといわれることがあります。
身旺B
・負けず嫌いで自尊心が強いので、金銭よりも自分の名誉や気持ちを大切に
　します。
・義理を大切にします。
・積極的で独立心が強く、行動的です。
・信仰心が厚い人です。
・聡明、博学ですが、物事にのめりこみやすいでしょう。
・破産、事故、けがなどの暗示もあります。

●仕事・財産
身旺A
・男性は自営業に向いていますが、財産がたまりにくい点に注意してくださ
　い。また、会社員であれば、旺盛な欲を抑え、着実さを心がけましょう。
・女性は美容師、看護婦、サービス業に向いています。

身旺 B

・率直で情熱的、そして意思が明確で根性があります。屈服せず積極的な性格は、自立して幸運に恵まれると、事業家として成功するでしょう。共同事業でも成功するでしょう。ただし、金運の波が激しくなりやすい点に注意してください。

・スポーツ選手にも向いています。

●恋愛・結婚

身旺 A

・男女とも恋愛、結婚がうまくいかない暗示があります。一生独身か晩婚の傾向があり、結婚しても離婚しやすいようです。

身旺 B

・男女とも早くに恋愛結婚すると、精神的、経済的に相手に尽くして犠牲になりやすいので、晩婚が望ましいでしょう。

・命式図に偏財・正財、食神がある男性は、事業を成功させた後、愛人をつくったり、再婚したりするなど不安定な家庭生活になることがあります。

・命式図に傷官のある女性は、夫や恋人とトラブルを起こしやすいので注意してください。

・命式図に七殺・正官がない女性は、仕事と事業のため、あるいは理想が高いために結婚が遅すぎたり、結婚しないことがあります。

劫財

★元命・劫財 身旺Ａ・身旺Ｂ の大運表からみる運命

●七殺・正官の時期

身旺Ａ・身旺Ｂ

・運勢がよくなる時期です。地位の上昇や事業の発展が期待できます。
・政治家、宗教家、芸術家として成功する時期です。
・女性は恋愛からよい結婚ができる時期です。

●偏財・正財の時期

身旺Ａ

・金銭的なトラブルが多いので注意しましょう。賭け事では失敗します。
・恋愛からよい結婚ができます。

身旺Ｂ

・上司、友人、家族の協力によって、仕事運と金運がよくなる時期です。
・恋愛からよい結婚ができます。

●比肩・劫財の時期

身旺Ａ

・比肩・劫財の凶意がより大きくなるので十分に注意してください。
・欲と野心から刑事事件に巻き込まれる暗示があります。また、けがや大事故に十分に注意してください。
・財産を失ったり、離婚、恋人との別れ、病気、けが、事故などの災いに注意してください。
・賭け事に走りやすい時期なので、注意しないと破産します。
・男女とも異性問題でトラブルになりやすく、財産を失う恐れがあります。
・会社の仕事のために思わぬ経費がかかってしまい、家計が圧迫されるでしょう。
・命式図に羊刃があれば、不測の災難の暗示があります。十分に注意して避けるようにしてください。本業以外のことには手を出さないようにしてください。

身旺 B

・財産を失ったり、離婚、恋人との別れ、病気、けが、事故などの災いに注意してください。

・賭け事に走りやすい時期なので、注意しないと財産を失います。

・男女とも異性問題でトラブルになりやすく、財産を失う恐れがあるので注意が必要です。

・会社の仕事のために思わぬ経費がかかってしまい、家計が圧迫されるでしょう。

・命式図に羊刃があれば、不測の災難の暗示があります。十分に注意して避けるようにしてください。本業以外のことには手を出さないようにしてください。

●偏印・印綬の時期

身旺 A・身旺 B

・不測の災いに注意して、避けるように心がけてください。

・散財、失恋、けが、事故などが増え、悩みや迷いが多くなる時期です。辛抱して自分の力を蓄えるのがよいでしょう。

●食神・傷官の時期

身旺 A・身旺 B

・金運にとても恵まれ、投資、投機に成功して財を成す時期です。

・会社員は昇進する時期です。

・自由業の人は成功し、財を成す時期です。

・男女ともよい結婚運に恵まれる時期です。ただし、女性は傷官の時、恋人や夫と別れる暗示があります。

★元命・劫財 中和 C・身弱 D の命式図からみる運命

●劫財の特徴
・劫財は強気、うぬぼれ、自尊心をあらわす星です。
・劫財は敗財ともいいます。
・熱心、率直、頑固。

●全般・性格
中和 C
・うぬぼれ、自尊心が強い人です。自分を評価してくれる人に対してはとても誠実です。聡明で、信仰心が厚いでしょう。一方、思い込みが激しく短気な面もあります。

身弱 D
・うぬぼれ、自尊心が強い人です。自分を評価してくれる人に対してはとても誠実です。聡明で、信仰心が厚いでしょう。一方、思い込みが激しく短気な面もあります。
・疑いやすく、利己的で、物惜しみをするところがあります。短気で落ち着きがありません。

●仕事・財産
中和 C
・親や親族に恵まれ、事業家として成功する確率が高いでしょう。共同事業には不向きです。着実に、無理なく財を成します。

身弱 D
・親の仕事を継続するか、会社員になると安定した生活ができます。サービス業、教師、公務員に適しています。
・不運が来る前に財を蓄えられない人は、失敗する可能性が高いようです。
・女性は大運で幸運がめぐってくる時に、周囲の人の協力で自分の事業を起こすことができます。

●恋愛・結婚

中和 C

・男女とも晩婚のほうがよいでしょう。

・女性は夫の運を助けるでしょう。

・お見合いよりも恋愛で幸せな結婚ができます。よき夫、よき妻として生活をしていくことができます。

身弱 D

・男女とも晩婚のほうがよいでしょう。

・女性は夫の運を助けるでしょう。

・恋愛は苦手なので、お見合いのほうがよいでしょう。男性は女性に支配されやすいでしょう。

劫財

★元命・劫財 中和 C・身弱 D の大運表からみる運命

●七殺・正官の時期

中和 C

・安定する時期です。

身弱 D

・不安に陥りやすい時期です。

・女性は恋愛ではなくお見合い結婚のほうがよい時期です。

●偏財・正財の時期

中和 C

・金運と仕事運はよい時期です。

・男女ともにお見合いで結婚できるでしょう。

身弱 D

・金銭的トラブルが多いでしょう。

・女性は若い男性に惹かれてお金を散財しやすいでしょう。

●比肩・劫財の時期

中和 C

・お金を散財しやすい時期です。

・男女ともに恋愛と結婚の時期ではありません。夫婦仲が悪くなりやすい時期です。

身弱 D

・運勢がよい方向に向かう時期です。

・宗教家、政治家、芸術家、芸能関係の人は、努力しがいのある時期です。成功を期待できるでしょう。

・男性は妻と不仲になりやすいので注意してください。

●偏印・印綬の時期

中和 C・身弱 D

・運勢がよい方向に向かう時期です。仕事運がよくなります。

・男女ともに恋愛、結婚の時期ではありません。

●食神・傷官の時期

中和 C・身弱 D

・運勢がよい方向に向かう時期です。金運、仕事運はよいでしょう。

・男女とも恋愛運のよい時期です。ただし、女性は傷官の時、不倫や浮気に
　注意してください。夫と別れる恐れがあります。

劫財

★★元命・食神の運命

食神

★元命・食神 身旺Ａ・身旺Ｂ・中和Ｃ の命式図からみる運命

●食神の特徴

・食神は技術の才、芸術の才、バイタリティーをあらわす星です。

・食神は親の恩恵があり、金銭や衣食住が足ることをあらわします。

・温和。

●全般・性格

身旺Ａ・身旺Ｂ・中和Ｃ

・明るく、楽天的で遊び好きです。

・勤勉や努力は嫌いです。事業にも興味がないでしょう。

・自然のよさに惹かれ現実を忘れることも多いでしょう。

・一度落ち着いてしまえば動きたくなくなり、そのまま定着することが多いでしょう。

・男性はこころが広く知性的で、品行方正です。また、積極的でもあります。

・女性は情が厚く、人に奉仕して、慕われます。性格も明るく、芸術の才能があります。しかし、頑固で保守的な面もあります。

●仕事・財産

身旺Ａ・身旺Ｂ・中和Ｃ

・先祖の遺産を受け継ぐことが多く、一生金銭的に不自由しません。親の事業を継いで発展する可能性があります。

・芸術、文化、マスコミの分野が向いています。

・男性は堅い仕事に向いています。

・命式図に偏財・正財があると、自営業や自由業で成功します。

・命式図に偏印・印綬があると、政治、法律、文学、芸術、宗教の分野で成功します。

・命式図に比肩・劫財、傷官があると、金融、株、土地への投資、投機などで財を成します。

●恋愛・結婚

身旺Ａ・身旺Ｂ・中和Ｃ

・落ち着いた恋愛ができ、おだやかな結婚運に恵まれます。

・お見合い結婚のほうがよく、男女とも安心して付き合えます。離婚はしないでしょう。

・女性は結婚後、姑との同居で面倒をみることになりやすいでしょう。

・桃花があると、異性問題を起こしたり三角関係に陥ったりしやすいでしょう。

食神

★元命・食神 身旺Ａ・身旺Ｂ・中和Ｃ の大運表からみる運命

●七殺・正官の時期
身旺Ａ・身旺Ｂ・中和Ｃ
・仕事運、結婚運、金運がよい時期です。
・女性は恋愛から結婚までおだやかに進んでいくことを期待できるでしょう。

●偏財・正財の時期
身旺Ａ・身旺Ｂ・中和Ｃ
・金運、仕事運に恵まれます。
・芸術、芸能界で名声を得て財を成すでしょう。
・事業家としてよい投資のできる時期です。
・この時期に結婚すると男女とも浮気に走りやすいので注意してください。
・男性は結婚運、恋愛運のよい時期です。
・女性はよい相手のあらわれる時期です。

●比肩・劫財の時期
身旺Ａ・身旺Ｂ・中和Ｃ
・金運はよくない時期です。
・恋愛運、結婚運はよくない時期です。
・日干が甲、丙、戊、庚、壬の人はこの時期にはけがに注意してください。
・男性は浮気に注意しないと、妻と別居あるいは離婚しやすい時期です。

●偏印・印綬の時期
身旺Ａ・身旺Ｂ・中和Ｃ
・あまりよくない時期です。特に金銭面に注意しなければ、財産を失ったり、事業に失敗する恐れがあります。
・恋愛運、結婚運はよくない時期です。
・勉強、習い事にもよくない時期です。
・命式図に偏印が多くあると、不測の災難の暗示があります。

●食神の時期

身旺Ａ・身旺Ｂ・中和Ｃ

・金運、仕事運に恵まれます。恋愛にもよい時期です。活力に満ち、楽しく過ごせます。

・事業家、芸術家、芸能関係者にとっては、成功を期待できる時期です。

●傷官の時期

身旺Ａ・身旺Ｂ・中和Ｃ

・金運、仕事運に恵まれます。

・恋愛や人間関係でトラブルがあって、ストレスが多いでしょう。

・女性は恋愛の迷いが多く、特に結婚している場合には夫との不仲、別居、離婚の恐れがありますので注意してください。

★元命・食神 身弱D・身弱E の命式図からみる運命

●食神の特徴
・食神は技術の才、芸術の才、バイタリティーをあらわす星です。
・食神は親の恩恵があり、金銭や衣食住が足ることをあらわします。
・温和。

●全般・性格
身弱D・身弱E
・優しい反面、消極的で優柔不断で、自立心に乏しいところがあります。
・勤勉や努力は嫌いです。事業にも興味がないでしょう。
・自然のよさに惹かれ現実を忘れることも多いはずです。
・一度落ち着いてしまうと動きたくなくなり、そのまま定着することが多いでしょう。
・男性は根気に欠け、ひとつのことに徹しきれない弱さがあります。短気な面があり、また、落ち込んだり高揚したり、感情の起伏が激しいでしょう。
・女性は好き嫌いがはっきりしていますが、決断力がないためにだまされやすいでしょう。しかし勉強熱心です。

●仕事・財産
身弱D・身弱E
・親の仕事を受け継いで伸ばすことができます。
・税理士、弁護士などひとつの技術を持つ自由業が向いています。
・宗教、芸術、文学の分野にも向いています。

●恋愛・結婚

身弱D・身弱E

・男女とも理性を失う危険があります。浮気・不倫に走って結婚生活が不安
　定になることがあります。

・女性は恋愛にのめりこみ過ぎて失敗する恐れがあるので、お見合いで結婚
　するほうがよいでしょう。

食神

★元命・食神 身弱D・身弱E の大運表からみる運命

●七殺・正官の時期

身弱D・身弱E

・不安で悩みの多い時期です。

・男性は上司、同僚とのトラブルが多い時期です。

・女性は恋愛や結婚のことで迷ったり悩んだりします。

身弱E

・不倫に注意してください。

●偏財・正財の時期

身弱D・身弱E

・欲を抑え、人間関係に注意すれば、安定する時期でしょう。

・男女ともにお見合い結婚によい時期です。恋愛には、不安と迷いが付きまとうでしょう。

身弱E

・男性は不倫からトラブルに巻き込まれることがあります。

・女性は男性からだまされやすい時期なので注意してください。

●比肩・劫財の時期

身弱D・身弱E

・運勢がよい方向に向かう時期です。

・上司、友人、肉親が力となって運が好転する時期です。

●偏印・印綬の時期

身弱D・身弱E

・肉親や友人が、力となってくれ運勢が好転する時期です。特に芸術、芸能、宗教の分野で成功するでしょう。

・恋愛運はよい時期ですが、結婚運はよくありません。

・勉強運はよい時期です。

・金銭の出入りが激しいでしょう。

●食神の時期

身弱D・身弱E

・財産を失いやすい時期です。

・不倫、浮気に走らなければ安定する時期です。

身弱E

・人に利用されたりだまされたりしないように注意してください。

・男女ともに恋愛問題に注意してください。

●傷官の時期

身弱D・身弱E

・精神的にとても不安定な時期です。財産を失ったり失恋したりなどのトラブルで、ストレスが増えるでしょう。

・男性は金銭面でのトラブルが多く、ほかの厄介ごとにも注意してください。女性との遊びが原因で病気になったり、財をなくしたりする恐れがあります。

・女性はこの時期、愛人になりやすいでしょう。

身弱E

・女性は不倫や浮気に巻き込まれ、別居、離婚の恐れがあります。

食
神

106

★★元命・傷官の運命

傷官

★元命・傷官 身旺A・身旺B・中和C の命式図からみる運命

●傷官の特徴
・傷官は知恵、理性、天賦の才、投機、芸術をあらわす星です。
・傷官は吉凶の激しい、強い星です。
・如才なさ、高い気位、批判的。

●全般・性格
身旺A・身旺B・中和C

・聡明で頭の回転が速いでしょう。反骨精神に富み、独立心が旺盛で、協調性に乏しいところがあります。

・仁義に厚く、好き嫌いがはっきりしていますが、寛容な気持ちがあるので、人を集める力が強いでしょう。

・芸術、技術の分野から世界の動き、政治の改革の面まで、直観力に優れ、豊かな才能を持っています。現状に満足できずに新しい世界にあこがれます。政治家としても芸術家としても成功します。

・才能豊かで、怖がらず、測らずに計画するところがあります。

・自信があって、自分がいつも一番だと思うところがあります。

・元命の傷官が火であれば、聡明で才能豊かです。土であれば、自尊心が強く弁舌の才、商才があります。金であれば、清く優秀で教育やものをつくる才があります。水であれば、清く理知的で数理の才があります。木であれば明朗快活で文才があります。

・一生の波が激しいことがあります。

・若い時に故郷を離れて、外国で成功する可能性があります。

・年支か日支に七殺・正官があると混乱しやすく迷うことが多くなります。特に正官があると運命の波乱の暗示です。ただし、月支が亥・子の人にとっては正官は吉星です。正官が傷官の凶意を抑え、傷官のプラスの面があらわれて成功します。

・偏財・正財があると運勢はよくなります。

●仕事・財産
身旺Ａ・身旺Ｂ・中和Ｃ
・芸術、芸能、技術の分野に向いています。特に女性は一芸に秀でれば、有名になることができます。
・偏印・印綬がなければ、利益を得ることは難しいでしょう。
・命式図に偏印・印綬があると、才能を発揮し、政治、宗教、法律の分野で成功することが多いでしょう。
・命式図に偏財・正財、食神がある場合、投資や投機的な事業で財を成すでしょう。
・命式図に比肩・劫財がある場合、強引な手段で財を成すでしょう。しかし失敗する危険性もあるので要注意です。

●恋愛・結婚
身旺Ａ・身旺Ｂ・中和Ｃ
・男女ともよい恋愛運と結婚運に恵まれます。男女とも晩婚がよいでしょう。
・男性は女性にもてます。
・偏財・正財がある男性は、幸せな家庭生活を送ることができます。
・女性は境遇の変化が多く、離婚しやすい星です。命式図に偏財・正財があると、仕事に打ち込み晩婚になりやすいでしょう。一生独身を通すこともあります。ただし、印綬を持つ女性は、子どもとともに安定した幸せな家庭生活を送ることができます。

傷官

★元命・傷官 身旺Ａ・身旺Ｂ・中和Ｃ の大運表からみる運命

●七殺・正官の時期

身旺Ａ・身旺Ｂ・中和Ｃ

・全体は幸運期で仕事運もよいのですが、正官の時はトラブルがあります。ただし、月支が亥・子の人は例外で、正官の時は運が好転します。

●偏財・正財の時期

身旺Ａ・身旺Ｂ・中和Ｃ

・金運、仕事運はよい時期です。投資や投機的事業により財を成しやすい時期です。

・恋愛運、結婚運はよい時期です。

・芸術、芸能界で一躍有名になり、財を成すことがあるでしょう。

●比肩・劫財の時期

身旺Ａ・身旺Ｂ・中和Ｃ

・金運、仕事運のよくない時期です。

・投資、投機によくない時期です。賭け事にも注意してください。破産の恐れがあります。

・不倫や浮気に注意してください。特に男性は妻との仲が悪くなり、別居、離婚の恐れもあります。

●偏印・印綬の時期

身旺Ａ・身旺Ｂ・中和Ｃ

・あまりよくない時期です。特に金銭面に注意しなければ、財産を失ったり、事業に失敗したりする恐れがあります。

・恋愛運、結婚運はよくない時期です。

・勉強すれば成果の上がる時期です。

●食神の時期

身旺Ａ・身旺Ｂ・中和Ｃ

・人間関係でトラブルが起きやすい時期です。この点に注意すれば、金運、仕事運、結婚運は好転します。

・芸術、芸能の分野で成功する可能性が高く、うまくいけば財を成します。

・勉強運はよい時期です。

●傷官の時期

身旺Ａ・身旺Ｂ・中和Ｃ

・金運、仕事運はよい時期です。特に投資や投機的事業で成功します。

・芸術、芸能の分野で一躍有名になって財を成す時期です。

・男性は恋愛運、結婚運のよい時期です。

・女性は恋愛運がよくありません。既婚者は夫との不仲に注意してください。

★元命・傷官 身弱D・身弱E の命式図からみる運命

●傷官の特徴
・傷官は知恵、理性、天賦の才、投機、芸術をあらわす星です。
・傷官は吉凶の激しい、強い星です。
・如才なさ、高い気位、批判的。

●全般・性格
身弱D・身弱E

・聡明で頭の回転が速いでしょう。反骨精神に富み、独立心が旺盛で、協調性に乏しいところがあります。

・自分だけの利益を求めるあまり誤解を受けたり、非難を招いたりして孤立しやすいでしょう。

・目的を達成するためには手段を選ばないので、トラブルは多いでしょう。

・芸術、技術の分野から世界の動き、政治の改革の面まで、直観力に優れ、豊かな才能を持っています。現状に満足できずに新しい世界にあこがれます。ただし、我が強く横車を押してかえって失敗することもあります。

・才能豊かで、怖がらず、測らずに計画するところがあります。

・自信があって、自分がいつも一番だと思うところがあります。

・元命の傷官が火であれば、聡明で才能豊かです。土であれば、自尊心が強く弁舌の才、商才があります。金であれば、清く優秀で教育やものをつくる才があります。水であれば、清く理知的で数理の才があります。木であれば明朗快活で文才があります。

・一生の波が激しいことがあります。

・若い時に故郷を離れて、外国で成功する可能性があります。

・年支か日支に七殺・正官があると混乱しやすく迷うことが多くなります。特に正官があると運命の波乱の暗示です。刑事事件に巻き込まれたり、若くして偉大な事業に命を投げ出したりする暗示です。ただし、月支が亥・子の人にとっては正官は吉星です。正官が傷官の凶意を抑え、傷官のプラスの面があらわれて成功します。

・比肩・劫財、偏印・印綬がよい星になります。比肩・劫財が身を助けるでしょう。
・年柱に傷官があれば、先祖の財産を使い果たしてしまう可能性があります。
・年干と年支がともに傷官であれば、長寿を全うできないことがあります。お金ができても長くは続かない恐れがあります。また顔にけがをしやすいようです。
・月干と月支がともに傷官であれば、離婚する恐れがあります。また、兄弟仲がよくなかったり、親孝行でなかったりすることがあります。
・女性で、日支に傷官であれば、夫を制するでしょう。
・女性で、時柱に傷官があれば、高年齢出産がよいでしょう。

●仕事・財産
身弱D・身弱E
・芸能、芸術、技術の分野に向いています。独立して、野心と欲がすぎると失敗するでしょう。
・女性は、水商売や芸能方面の仕事に向いています。
身弱E
・芸術は趣味にして、会社員でいるほうがよいでしょう。幸運に恵まれると一時的に有名になりますが、長くは続かないでしょう。教師、宗教家に向いています

●恋愛・結婚
身弱D・身弱E
・情熱的で刹那的な恋愛をする傾向にあります。大恋愛の末、失恋する可能性が高いでしょう。
・命式図に七殺・正官や冲・刑などの凶星がある場合、失恋の痛手から人間性が変わってしまったり、危険な道に走りやすい傾向にあるので十分に注意してください。
・早く結婚した女性は、離婚しやすいでしょう。また、不倫に注意です。

★元命・傷官 身弱D・身弱E の大運表からみる運命

●七殺・正官の時期

身弱D・身弱E

・運命の波の変化が激しい時期です。人間関係に注意すれば、その凶意を抑えることができるでしょう。

・命式図に七殺・正官が多いと、不測の災いに巻き込まれる可能性があります。

・命式図に偏財・正財が多いと、異性問題で財産を失うことがあるので注意してください。

・大運が正官の時は凶運になり、とても注意が必要です。傷官が正官と出会うと災いの暗示です。悪い出来事を招く可能性が高くなります。ただし、月支が亥・子の人は例外で、正官の時は運が好転します。

●偏財・正財の時期

身弱D・身弱E

・欲と野心を抑えないと、投資、投機や事業で失敗する可能性があります。

身弱E

・不測の災いに巻き込まれ、深刻な事態に陥る可能性があります。

・男女とも異性のトラブルが多いでしょう。

●比肩・劫財の時期

身弱D・身弱E

・上司、友人、家族が力になり運が好転する時期です。

・金運、仕事運、結婚運がよい時期です。昇進、発展、安定が期待できます。

●偏印・印綬の時期

身弱 D・身弱 E

・運が好転する時期です。

・家族、友人の力を得て、仕事運、金運はよくなります。特に芸術、芸能、宗教の分野で成功するでしょう。

・恋愛運、結婚運はよくない時期です。

・勉強運はよい時期です。

●食神の時期

身弱 D・身弱 E

・恋愛や人間関係でトラブルが起きやすい時期です。ストレスが多いでしょう。この点に注意すれば安定できます。

・勉強運はよい時期です。

身弱 E

・人から利用されたりだまされたりすることがあります。

・異性問題でトラブルに巻き込まれることがあるので注意してください。

●傷官の時期

身弱 D・身弱 E

・精神的に不安定な時期です。

・金銭の出入りが激しく、財産を失う恐れがあります。

・失恋やさまざまなトラブルでストレスが増えるでしょう。

・男性は金銭的なトラブルやその他の厄介ごとに注意してください。

身弱 E

・不倫に走らないように注意してください。

116

★★元命・偏財の運命

偏財

★元命・偏財　身旺A・身旺B・中和Cの命式図からみる運命

●偏財の特徴
・偏財は財産、野心、事業、地位をあらわす星です。
・偏財は親から受け継ぐのではなく自分で築く財を意味します。
・現代感覚、社交性、世話好き、気まぐれ。

●全般・性格
身旺A・身旺B・中和C
・明るく男気にあふれ、人の面倒をよくみる人です。人付き合いが上手で、友人も多いでしょう。
・贅沢を好み、浪費家で、お金を軽視する傾向があります。

●仕事・財産
身旺A・身旺B・中和C
・お金を支配し、動かす才能に優れています。思いきった投資、投機をすることができます。命式図に正財、食神・傷官のいずれかがあれば、商売や事業で成功するでしょう。
・自立して成功するでしょう。大器晩成型です。
・男性は親子関係あるいは夫婦関係が良好で父か妻の財産を得ることができるでしょう。
・命式図に七殺・正官があれば、政治や法律などに関係する職業に向いています。
・命式図に食神があれば芸術で財を成すでしょう。
・命式図に偏財・正財が多い時、比肩・劫財があれば、時流に乗って事業は成功します。

●恋愛・結婚

身旺Ａ・身旺Ｂ・中和Ｃ

・男性は風流なところがあります。

・男性は早婚ならば不倫や浮気に走りやすいでしょう。女性問題で財を失うこともあります。

・男性はお見合いには向いていません。恋愛を楽しみ、束縛を嫌うような自由な考えの人が多いでしょう。結婚後は、いろいろな付き合いから家庭を顧みず、妻に苦労をかける傾向があります。

・女性は仕事の面で独立ができるので、晩婚になりやすいでしょう。また、年下の依存心の強い男性から愛されることが多いでしょう。玉の輿に乗る運もあります。

・女性はロマンティストで安易に異性との関係を持つことがあります。

偏財

★元命・偏財　身旺Ａ・身旺Ｂ・中和Ｃ の大運表からみる運命

●七殺・正官の時期
身旺Ａ・身旺Ｂ・中和Ｃ
・昇進、事業拡大などの喜びごとがあるよい時期です。
・女性はよい結婚ができる時期です。内助の功を発揮できます。
・命式図に七殺がある場合、恋愛で幸せな結婚ができます。

●偏財・正財の時期
身旺Ａ・身旺Ｂ・中和Ｃ
・金運のよい時期です。
・男性はよい結婚ができる時期です。
・男女ともに浮気に注意してください。

●比肩・劫財の時期
身旺Ａ・身旺Ｂ・中和Ｃ
・損をしたり、出費がかさんだりする時期です。
・賭け事にのめりこむと破産や倒産の恐れがあります。
・男性は女性問題で破産したり、離婚したりする恐れが大きいでしょう。
・女性は男性からだまされないように注意してください。境遇がたびたび変わることもあります。

●偏印・印綬の時期
身旺Ａ・身旺Ｂ・中和Ｃ
・金運のよくない時期です。名誉や自分のプライドのために損をすることがあります。
・迷いや悩みの多い時期なので、恋愛と結婚にはよくありません。
・勉強にはよい時期です。

●食神の時期

身旺Ａ・身旺Ｂ・中和Ｃ

・投資、事業の発展など金運のよい時期です。

・芸術、芸能の分野で成功して財を成すでしょう。

・男女ともよい結婚ができる時期です。女性は恋愛からよい結婚ができる時期です。

・男性は昇進するでしょう。

●傷官の時期

身旺Ａ・身旺Ｂ・中和Ｃ

・投資、投機的事業で財を成しやすい時期です。

・芸術、芸能の分野で一躍成功することがあります。

・男性は恋愛からよい結婚ができます。しかし不倫にのめりこまないように注意が必要です。

・女性は男性問題から夫と不仲になる恐れがあるので注意してください。

偏財

★元命・偏財 身弱D・身弱E の命式図からみる運命

●偏財の特徴
・偏財は財産、野心、事業、地位をあらわす星です。
・偏財は親から受け継ぐのではなく自分で築く財を意味します。
・現代感覚、社交性、世話好き、気まぐれ。

●全般・性格
身弱D・身弱E
・優柔不断で、心変わりが多い性格です。悲観的になることもあります。
・利己的で、財に恵まれても物惜しみするところがあります。
・故郷から離れないほうがよいでしょう。
・男性で日支が偏財であれば、愛人が妻の権力を奪ってしまうでしょう。
・日柱と時柱に偏財があり、比肩・劫財と刑、冲の関係がなければ、中年期から晩年期にかけて恵まれるでしょう。

身弱E
・精気が不足がちです。精神的に不安定でストレスをためやすいでしょう。
・口の軽いところがあります。
・男性は妻に支配されやすいタイプです。

●仕事・財産
身弱D・身弱E
・金銭的な苦労が多く、自営業には不向きです。親の仕事を継ぐのはよいのですが、一般的には会社員のほうがよいでしょう。
・土地や遺産などを守って生活すれば安定します。
・月柱に偏財があり、時柱に比肩・劫財があれば最初はお金に困りませんが、後に貧しくなる可能性があります。

身弱E
・金銭欲を抑えないと、不測の災いに巻き込まれることがあるでしょう。

●恋愛・結婚

身弱D・身弱E

・周囲に流されやすく、相手のことを考えて不安になることが多いでしょう。注意しないとトラブルに巻き込まれます。

・女性はロマンティストで安易に異性との関係を持つことがあります。

身弱E

・異性問題で刑事事件になる可能性があります。できれば晩婚が望ましいでしょう。

・女性は恋愛が苦手でだまされやすい傾向があるので、幸運期にお見合い結婚をするほうがよいでしょう。

偏財

★元命・偏財 身弱D・身弱E の大運表からみる運命

●七殺・正官の時期

身弱D・身弱E

・苦労が多い時期です。特に、金銭面でのトラブルが多いでしょう。

・女性は不倫に走りやすいので注意してください。再縁、再婚の暗示もあります。お見合い結婚にはよい時期です。

身弱E

・訴訟や裏切りなど厄介なことに注意しましょう。できるだけ辛抱し、変化を避けるように努めてください。

●偏財・正財の時期

身弱D・身弱E

・苦労が多い時期です。欲を抑えないと、トラブルから訴訟に至るような厄介ごとに巻き込まれます。

・不倫や浮気に走らないように注意してください。

身弱E

・恋愛でのトラブルが起こる恐れがあります。我慢をすればこの凶意を減らすことができます。

・賭け事に注意しましょう。

●比肩・劫財の時期

身弱D・身弱E

・上司、友人、肉親の協力によって、金運、仕事運がよくなる時期です。事業の発展、昇進などもあります。

・賭け事はしないようにしてください。

・男性はお見合い結婚によい時期です。

・女性は恋愛や結婚にはあまりよくない時期です。

●偏印・印綬の時期

身弱D・身弱E

・自分の才能を発揮して、成功する可能性が高い時期です。特に芸術・芸能の分野で名を上げやすい時期です。

・お見合い結婚にはよい時期ですが、恋愛や恋愛結婚にはよくない時期です。

●食神の時期

身弱D・身弱E

・少し我慢をしなければいけない時期です。贅沢がすぎると財産を失いやすいでしょう。

・お見合い結婚にはよい時期ですが、恋愛では失敗をしやすく、不倫や浮気に走りやすいので注意してください。

身弱E

・恋愛のトラブルに注意してください。

●傷官の時期

身弱D・身弱E

・不安定な時期です。欲と野心を抑えて我慢しないと、トラブルから訴訟に巻き込まれる恐れがあります。また異性問題も起こしやすいので注意してください。

身弱E

・恋愛のトラブルや刑事事件に巻き込まれる恐れがあるので注意してください。欲や野心を抑えないと失敗します。

偏財

★★元命・正財の運命

正財

★元命・正財 身旺Ａ・身旺Ｂ・中和Ｃ の命式図からみる運命

●正財の特徴
・正財は安定、発展、財産、地位、信用をあらわします。
・まじめ、細心。

●全般・性格
身旺Ａ・身旺Ｂ・中和Ｃ
・まじめで几帳面すぎるので、気難しい面があります。自分と家族だけの狭い世界に満足するタイプが多いでしょう。
・自己中心的なところがあって、人との付き合いが苦手でしょう。
・責任感があるので、職場での信用は厚く、部下より上司の受けがよいでしょう。
・命式図に、食神・傷官、偏財のどれかひとつがある女性は、自立心があり、まじめに働きます。善良なこころを持ち、おもいやりに富んでいます。

●仕事・財産
身旺Ａ・身旺Ｂ・中和Ｃ
・仕事運、金運に恵まれ、会社員として成功するでしょう。
・命式図に七殺・正官かある場合、地位が上がり権力を握るでしょう。政治にも向いています。
・命式図に食神・傷官、偏財のどれかひとつがある場合、独立して成功し、財を成すでしょう。ただし、男性はお金に対する欲が強くなりすぎるとケチといわれるでしょう。
・命式図に比肩・劫財がある場合、なにかひとつの技術を身につけて、あるいはひとつの才能に優れていることで成功するでしょう。

●恋愛・結婚

身旺Ａ・身旺Ｂ・中和Ｃ

・恋愛結婚よりもお見合い結婚のほうがよいでしょう。

・男性は内助の功で成功するでしょう。

・命式図に偏財、傷官のある男性は、結婚後、浮気などで問題を起こしやすいでしょう。

・命式図に正官がある女性は、結婚運がよいことをあらわします。

・命式図に比肩・劫財、偏財、傷官のいずれかがある女性は、仕事に打ち込んで、晩婚になる傾向があるでしょう。

正財

★元命・正財 身旺A・身旺B・中和C の大運表からみる運命

●七殺・正官の時期

身旺A・身旺B・中和C

・昇進、事業拡大などの喜びごとの可能性があるよい時期です。

・命式図に七殺がある場合、恋愛で幸せな結婚ができます。

・女性はよい結婚ができる時期です。内助の功を発揮できます。

●偏財・正財の時期

身旺A・身旺B・中和C

・金運のよい時期です。

・男性はよい結婚ができる時期です。

・男女ともに浮気に注意してください。

●比肩・劫財の時期

身旺A・身旺B・中和C

・損をしたり、出費がかさんだりする時期です。賭け事にのめりこむと破産、倒産の恐れがあります。

・男性は女性問題で破産したり、離婚したりする恐れがあります。

・女性は男性からだまされないように注意してください。環境がたびたび変わることもあります。

●偏印・印綬の時期

身旺A・身旺B・中和C

・金運はよくない時期です。名誉や自分のプライドのために損をすることがあります。

・迷いや悩みの多い時期なので、恋愛と結婚にはよくありません。

・勉強にはよい時期です。

●食神の時期

身旺Ａ・身旺Ｂ・中和Ｃ

・投資、事業の発展など、金運のよい時期です。

・芸術、芸能の分野で成功して財を成すでしょう。

・男性は昇進するでしょう。

・よい結婚のできる時期です。特に女性は恋愛からよい結婚ができる時期です。

●傷官の時期

身旺Ａ・身旺Ｂ・中和Ｃ

・投資、投機的な事業で財を成しやすい時期です。

・芸術、芸能の分野で一躍成功することが多いでしょう。

・男性は恋愛からよい結婚ができますが、不倫など色情にのめりこまないように注意が必要です。

・女性は男性問題から夫や恋人と不仲になる恐れがあるので注意してください。

正財

★元命・正財 身弱D・身弱E の命式図からみる運命

●正財の特徴
・正財は安定、発展、財産、地位、信用をあらわします。
・まじめ、細心。

●全般・性格
身弱D・身弱E
・男性は、気弱、小心、優柔不断なところがあります。妻に頼りたいほうで
　しょう。
・命式図に偏財・正財が多いと、「富家貧乏」といわれます。親の財産を相
　続できなかったり、幼いころの生活よりも金銭的に苦労が多くなることが
　あります。
・命式図に食神があると、楽天家です。
・命式図に偏財・正財が多い女性は、こころが優しく、人の面倒をよくみま
　す。

●仕事・財産
身弱D・身弱E
・会社員に向いています。商売や自由業には不向きです。ただし、親の仕事
　を受け継ぐことはよいでしょう。
・命式図に食神があると、芸術面で成功する可能性が高いでしょう。ただし
　大器晩成型です。

●恋愛・結婚
身弱D・身弱E
・恋愛結婚は失敗しやすく、お見合い結婚ならば安定します。
・男性は妻に対しては弱いのですが、好色なところがあるので女性問題でト
　ラブルが多いでしょう。
・命式図に正官がある女性は、結婚運がよいことをあらわします。

身弱 E

・男性は浮気が原因で性病にかかったり、財産を失ったり、刑事事件などの
災いを招いたりしやすいでしょう。妻のことで苦労が多いでしょう。

・女性は家庭生活には不向きです。男性からだまされやすいでしょう。また、
愛人関係の男性に頼って一生を送ることがあります。

正財

★元命・正財 身弱D・身弱E の大運表からみる運命

●七殺・正官の時期
身弱D・身弱E
・苦労が多い時期です。特に、金銭面でのトラブルが多いでしょう。
・女性は不倫に走りやすいので注意してください。再縁、再婚の暗示があります。お見合い結婚にはよい時期です。
身弱E
・訴訟や裏切りなど厄介なことに注意しましょう。できるだけ辛抱し、変化を避けるように努めてください。

●偏財・正財の時期
身弱D・身弱E
・苦労が多い時期です。欲を抑えないと、トラブルから訴訟になるような厄介ごとに巻き込まれます。
・不倫や浮気に走らないように注意してください。
身弱E
・恋愛でトラブルが起こる恐れがあります。我慢をすればこの凶意を減らすことができます。
・賭け事には注意しましょう。

●比肩・劫財の時期
身弱D・身弱E
・上司、友人、肉親の協力によって、金運、仕事運のよい時期です。事業の発展や昇進などもあります。
・賭け事をしないように注意してください。
・男性はお見合い結婚によい時期です。
・女性は恋愛や結婚のタイミングがあまりよくない時期です。

●偏印・印綬の時期

身弱D・身弱E

・自分の才能を発揮して、成功する可能性が高い時期です。特に芸術、芸能の分野では有名になる時期です。

・お見合い結婚にはよい時期ですが、恋愛や恋愛結婚にはよくない時期です。

●食神の時期

身弱D・身弱E

・少し我慢をしなければいけない時期です。贅沢がすぎると財産を失いやすいでしょう。

・お見合い結婚にはよい時期ですが、恋愛で失敗をしやすく、不倫や浮気に走りやすいので注意してください。

身弱E

・恋愛のトラブルに注意してください。

●傷官の時期

身弱D・身弱E

・不安定な時期です。欲と野心を抑えて我慢しないと、トラブルから訴訟に巻き込まれる恐れがあります。また異性問題も起こしやすいので注意してください。

身弱E

・恋愛のトラブルや刑事事件に巻き込まれやすいので注意してください。欲や野心を抑えないと失敗します。

正財

135

★★元命・七殺の運命

七殺

★元命・七殺 身旺Ａ・身旺Ｂ・中和Ｃ の命式図からみる運命

●七殺の特徴
・七殺は権力、改革、地位、名誉などをあらわす星です。
・吉凶の激しい、強い星です。
・七殺は偏官ともいいます。
・直観力、義侠心。

●全般・性格
身旺Ａ・身旺Ｂ・中和Ｃ
・剛直、聡明、頑固、偏屈な面をあわせ持つ複雑な性格です。
・直観力に優れています。
・男気がありますが、自己中心的です。自分の機嫌をとるような人の面倒を
　よくみる傾向があります。
・敵対する相手には執念深いでしょう。しかし、自制心があるので、おだや
　かな大物の気質を持っています。

●仕事・財産
身旺Ａ・身旺Ｂ・中和Ｃ
・命式図に印綬と劫財があると、一代で事業を隆盛にし、名誉を得て指導的
　な立場になるでしょう。特に、政治、軍事、宗教などで偉業を成し遂げる
　でしょう。ただし、権力に驕りやすいので注意してください。
・命式図に食神と偏財がある場合、芸術家として成功するでしょう。
・株、投機など冒険的な事業で財を成すでしょう。
・スポーツ選手にも向いています。
・学校で学ぶよりも独学のほうが向いています。

●恋愛・結婚

身旺Ａ・身旺Ｂ・中和Ｃ

・異性にもてます。

・命式図に食神がないと、男女とも家庭的とはいえません。結婚できるまで恋愛面でのトラブルは多いですが、晩婚のほうがよいでしょう。

・命式図に食神があれば、男女とも幸せな家庭を築きます。特に女性は、成功している男性に嫁ぐことができて、子どもとともに栄えるでしょう。

★元命・七殺　身旺Ａ・身旺Ｂ・中和Ｃの大運表からみる運命

●七殺の時期
身旺Ａ・身旺Ｂ・中和Ｃ
・仕事と事業によい時期です。芸術、芸能、宗教などの分野で成功するでしょう。
・女性は恋愛からよい結婚に結びつくチャンスがあるでしょう。

●正官の時期
身旺Ａ・身旺Ｂ・中和Ｃ
・事業の発展、昇進のある時期です。
・人間関係でトラブルに巻き込まれやすいので注意してください。
・女性はよい結婚ができる時期です。

●偏財・正財の時期
身旺Ａ・身旺Ｂ・中和Ｃ
・金運と仕事運に恵まれます。昇進が期待できるでしょう。
・自由業、芸能界で成功して財を成すでしょう。

●比肩・劫財の時期
身旺Ａ・身旺Ｂ・中和Ｃ
・全般的にあまりよくない時期です。人との争いごとやトラブルが多く、出費があるので注意してください。
・恋愛や結婚はよくない時期です。
・夫婦仲がよくない暗示です。特に男性は、別居、離婚にならないように注意してください。

●偏印・印綬の時期

身旺Ａ・身旺Ｂ・中和Ｃ

・厄介なこともなく、仕事もうまくいって安定する時期です。ただし、金運はあまりよくないので、事業を発展させようとしないほうがよいでしょう。

・芸術、芸能の分野で成功して有名になる可能性が高いでしょう。

●食神の時期

身旺Ａ・身旺Ｂ・中和Ｃ

・金運に恵まれる時期です。

・恋愛、結婚のよいチャンスがあるでしょう。

・とても健康的な時期です。

・芸術、芸能、宗教の分野で成功する可能性が高いでしょう。

●傷官の時期

身旺Ａ・身旺Ｂ・中和Ｃ

・発展や昇進の時期ではありますが、変化が激しいでしょう。上司に反抗しなければ安定が望めます。

・人をあまり信用しすぎないように注意してください。

・女性は男性問題に注意してください。夫と不仲になる傾向があります。

七殺

★元命・七殺 身弱D・身弱E の命式図からみる運命

●七殺の特徴
・七殺は権力、改革、地位、名誉などをあらわす星です。
・吉凶の激しい、強い星です。
・七殺は偏官ともいいます。
・直観力、義侠心。

●全般・性格
身弱D・身弱E
・聡明ですが、偏屈で神経質な面があります。
・直観力に優れています。
・人の面倒をよくみます。
・怨念や恨みをなかなか忘れず、反抗や復讐に走りやすい傾向があります。
・自制心に欠けると失敗することが多いでしょう。

身弱E
・自制心がないために、不測の災難に巻き込まれやすいでしょう。

●仕事・財産
身弱D
・税理士、弁護士など自己の才能を生かした自由業に向いています。
・商売には不向きですが、会社員としてはよいでしょう。
・占い、宗教、哲学などの勉強や研究に向いています。独学が適しています。
・芸術家として有名になる可能性が高いでしょう。

身弱E
・浮き沈みの激しい人生になりやすいので、幸運期がくるまで我慢して、定職を持って勉強を続けるほうがよいでしょう。

●恋愛・結婚

身弱D・身弱E

・男女とも幸運期にお見合いで結婚をするのがよいでしょう。

・男性は恋愛や結婚に不安を抱き、早婚すれば離婚しやすいでしょう。

・女性は恋愛に夢中になって、男性からだまされやすいでしょう。不倫など、注意しないと愛情面でのトラブルが多いでしょう。また、離婚すると孤独になる恐れがあります。

七殺

★元命・七殺　身弱 D・身弱 E の大運表からみる運命

●七殺の時期

身弱 D・身弱 E

・すべてがあまりよくない不安な時期です。我慢してトラブルを起こさない
　ように注意したほうがよいでしょう。

・女性は不倫に注意してください。

●正官の時期

身弱 D・身弱 E

・恋愛や結婚、人間関係に不安のある時期です。

・女性は恋愛では迷いますが、お見合いであればよい結婚ができる時期です。

身弱 E

・異性問題に注意しましょう。特に不倫に注意してください。

●偏財・正財の時期

身弱 D・身弱 E

・金銭上のトラブルを起こしやすいので注意してください。

・男女ともにお見合い結婚によい時期です。

・男性は女性問題を起こさないように注意してください。

・女性は男性に利用されたり、だまされたりしやすいので注意してください。

身弱 E

・異性関係のトラブルを起こさないように注意してください。

●比肩・劫財の時期

身弱 D・身弱 E

・人から信用され、昇進し、権力を手にする時期です。

・よい結婚ができる時期です。

・出費が増えるのに注意してください。

●偏印・印綬の時期

身弱D・身弱E

・運勢がよくなり、権力を手にする時期です。仕事運も向上し、家庭は安定します。

・芸能界で成功したり、作家や芸術家として成功して有名になる時期です。

●食神の時期

身弱D・身弱E

・安定する時期です。

・男女ともにお見合い結婚によい時期ですが、欲や野心を持つとトラブルを起こしやすいので注意してください。

身弱E

・刑事事件に巻き込まれる恐れがあるので注意してください。

●傷官の時期

身弱D・身弱E

・男女ともに我慢の時期です。さもないとトラブルから刑事事件に巻き込まれる恐れがあります。

・男性は人間関係に失敗して、困ることがあります。

・女性は恋愛問題でトラブルが多く、結婚していれば、離婚にまで発展する恐れがあります。

七殺

146

★★元命・正官の運命

正官

★元命・正官 身旺Ａ・身旺Ｂ・中和Ｃ の命式図からみる運命

●正官の特徴
・正官は名誉、信用、地位をあらわす星です。
・品位、自制心、端正、几帳面。

●全般・性格
身旺Ａ・身旺Ｂ・中和Ｃ
・おだやかで、品性高潔です。礼儀正しくプライドも高く、名誉、名声を重んじます。
・温和、聡明、細心、緻密、質素、倹約という性質もあります。
・優しくまじめで、責任感があります。
・信用を重んじ、几帳面で、他人に迷惑をかけたくありません。

●仕事・財産
身旺Ａ・身旺Ｂ・中和Ｃ
・会社員であれば成功するでしょう。
・女性は、家庭と仕事をうまく両立できます。
・命式図に印綬があれば、行政、司法の分野で要職につきます。
・命式図に偏財・正財があれば、財政、経済、金融などの分野で成功して財を成すでしょう。家業を継続するのもよいでしょう。

●恋愛・結婚
身旺Ａ・身旺Ｂ・中和Ｃ
・男女とも恋愛よりもお見合いでよい結婚ができます。
・男性は実力者の娘を妻とし、賢妻の内助の功を得て発展します。
・女性は良縁に恵まれ、成功している男性に嫁ぎ、子どもとともに栄えるでしょう。
・命式図に比肩・劫財が多いと、男女とも晩婚になりやすいでしょう。

正官

★元命・正官 身旺Ａ・身旺Ｂ・中和Ｃ の大運表からみる運命

●七殺の時期
身旺Ａ・身旺Ｂ・中和Ｃ

・事業の発展、昇進の時期です。しかし上司への反抗は差し控えてください。
・転職にもよい時期です。
・女性は結婚運のある時期です。
・女性は芸能界で成功する可能性があります。

●正官の時期
身旺Ａ・身旺Ｂ・中和Ｃ

・事業の発展、昇進のある時期です。
・女性はよい結婚ができる時期です。

●偏財・正財の時期
身旺Ａ・身旺Ｂ・中和Ｃ

・金運と仕事運のよい時期です。昇進が期待できます。
・芸術や芸能の分野で成功し、財を成すでしょう。
・男女ともよい結婚ができる時期です。

●比肩・劫財の時期
身旺Ａ・身旺Ｂ・中和Ｃ

・あまりよい時期とはいえません。人との争いごとやトラブルも起きやすく
　投資や借金などをする場合には注意してください。散財が多くなります。
・恋愛、結婚にはよい時期です。夫婦仲もよくなるでしょう。

●偏印・印綬の時期

身旺Ａ・身旺Ｂ・中和Ｃ

・面倒なことが多く、他人のために散財することがあります。

・金運はよくないので、投資や借金などをする時は注意してください。

・芸術、芸能の分野で成功するでしょう。

●食神の時期

身旺Ａ・身旺Ｂ・中和Ｃ

・金運に恵まれる時期です。投資によいチャンスがあるでしょう。

・芸術、芸能の分野で成功するでしょう。

・恋愛、結婚によい時期です。心楽しく元気になれます。

●傷官の時期

身旺Ａ・身旺Ｂ・中和Ｃ

・強気になると問題を起こしやすいのですが、少し我慢をすれば逆に成功の道がみえてきます。

・仕事運、金運に恵まれて運が好転する時期です。

・女性は夫と不仲になり離婚の恐れがあります。恋愛で失敗することも多いでしょう。

・女性は出産する時期です。

正官

★元命・正官 身弱D・身弱E の命式図からみる運命

●正官の特徴
・正官は名誉、信用、地位をあらわす星です。
・品位、自制心、端正、几帳面。

●全般・性格
身弱D・身弱E
・温和で自制心があり、保守的で実直です。物事に慎重であるあまり優柔不断になり、依頼心が強い面があります。
・信用を重んじ、几帳面で、他人に迷惑をかけたくありません。
・命式図に七殺・正官が多い時、偏財・正財と偏印・印綬があれば身を助けます。
・命式図に傷官、七殺がないと、大運が七殺・正官の時はよいことがあるでしょう。
・正官は刑と冲を恐れる星です。命式図や大運表には刑や冲がないほうがよいのです。

身弱E
・神経質でデリケートです。細心過ぎてチャンスを失って後悔することがあります。

●仕事・財産
身弱D・身弱E
・会社員、教師、会計士などが適しています。福祉事業、宗教団体、サービス業などにも向いています。
・自由業や自営業には不向きです。

●恋愛・結婚

身弱D・身弱E

・男性は女性に頼るほうです。年上の女性に惹かれますが、お見合い結婚が
よいでしょう。

・命式図に偏財・正財が多い男性は、恋愛上のトラブルや刑事事件に巻き込
まれやすいので注意してください。

・女性は再縁と再婚の暗示があります。恋愛は苦手で失敗しやすいので、年
上の男性とお見合いで結婚するほうがよいでしょう。できれば晩婚のほう
がよいでしょう。

・命式図に食神がある女性は、よい夫を得て、子どもとともに幸せに暮らす
でしょう。

・命式図に偏財・正財が多い女性は、不倫に注意してください。愛人になる
こともあります。

正官

★元命・正官 身弱 D・身弱 E の大運表からみる運命

●七殺の時期

身弱 D・身弱 E

・上司や同僚とのトラブルが多くて混乱し、不安から憂鬱になり、仕事面での浮き沈みが激しい時です。

・女性は恋愛のトラブルに注意してください。

●正官の時期

身弱 D・身弱 E

・恋愛や結婚、人間関係に悩む時期です。

・女性はお見合いをすれば、結婚できる時期です。

身弱 E

・恋愛のトラブルに注意してください。

●偏財・正財の時期

身弱 D・身弱 E

・金銭上のトラブルが多く、出費が増えます。

・男女ともにお見合い結婚によい時期です。

・男性は女性問題を起こさないように注意してください。

・女性は男性に利用されたり、だまされたりしやすいので注意してください。

身弱 E

・恋愛のトラブルを起こさないように注意してください。

●比肩・劫財の時期

身弱 D・身弱 E

・男性は権力を手にする時期です。他人から信頼され、成功するでしょう。

・女性はお見合いで結婚できます。既婚であれば、内助の功を発揮します。

・女性は金銭、財産を失いやすい時期ですのでトラブルに注意してください。

●偏印・印綬の時期

身弱D・身弱E

・仕事運に恵まれ、よくなる時期です。

・女性はよい結婚ができる時期です。家庭生活も安定するでしょう。

・女性は芸術、芸能の分野で成功するでしょう。

●食神の時期

身弱D・身弱E

・安定する時期ですが、欲を抑えないとトラブルを起こしやすくなります。

・男女ともにお見合い結婚によい時期です。

●傷官の時期

身弱D・身弱E

・我慢の時期です。さもないと、けが、トラブル、異性問題、刑事事件など厄介なことに巻き込まれる恐れがあります。

・女性は離婚、別離などの恐れがあります。

・女性は子どもを産む時期ですが、難産になる場合があります。

正官

156

★★元命・偏印の運命

偏印

★元命・偏印　身旺Ａ・身旺Ｂ・中和Ｃの命式図からみる運命

●偏印の特徴
・偏印は独創、知恵、策略をあらわす聡明な星です。
・洞察力、先見性、創造性、孤高。

●全般・性格
身旺Ａ
・命式図に偏印・印綬が多いと、臆病で依頼心が強いでしょう。また、俗っぽいところがあります。
・命式図に比肩・劫財が多いと、自分の才能を過信しがちで、人に迷惑をかけやすいでしょう。孤独で、利己的なところがあります。冷酷な面も持ち合わせています。

身旺Ｂ
・気難しく、好き嫌いが激しいでしょう。頭がよく、創造的才能に恵まれています。まじめな凝り性の面もあります。

中和Ｃ
・明るく、優しく、聡明です。好き嫌いがはっきりしています。冷静な面があり、人を集める力があります。
・頭の回転が速く独立心があります。科学上の発明や美術、宗教、投機事業、占いなどの分野で豊かな才能を発揮します。

●仕事・財産
身旺Ａ・身旺Ｂ・中和Ｃ
・命式図に正財か食神があれば、自分の代に事業を起こして成功します。
・命式図の月干か時干に傷官がひとつあれば、政府の官僚になります。または、芸術、文学、研究、宗教などの分野で一躍有名になるでしょう。

身旺Ａ
・独立心に欠けるので、商売には不向きです。親の仕事を継ぐのはよいでしょう。

身旺Ｂ・中和Ｃ

・命式図に七殺・正官があれば、政治、法律、軍事などの分野か、宗教、芸術、発明、研究の分野で成功するでしょう。

●恋愛・結婚

身旺Ａ・身旺Ｂ・中和Ｃ

・男女とも理性的すぎるため、晩婚になりやすいでしょう。

・女性は恋愛が苦手で失敗しやすいので、お見合い結婚がよいでしょう。また、自分のこころを閉ざしてしまうことが多く、一生独身だったり、晩婚になったりします。

・命式図に偏印・印綬が多い男性は、一生独身か、晩婚です。結婚しても嫁と姑の問題で離婚しやすいでしょう。

・命式図に比肩・劫財が多いと、男女とも飽きっぽく、結婚は難しいでしょう。早く結婚すると、男性は妻と不仲になり、不倫、浮気に走ります。

・命式図に食神がある男性は、幸せな結婚からよい家庭を築くことができます。

・命式図に七殺・正官がある女性は、幸せな結婚からよい家庭を築くことができます。

偏印

★元命・偏印　身旺A・身旺B・中和C の大運表からみる運命

●七殺・正官の時期

身旺A・身旺B・中和C

・男性は事業の発展、昇進、名誉を得るなどよい時期です。権力を手にして信頼を得ます。

・女性はよい結婚をする時期です。

・女性は一芸を持っている人は成功し、有名になる時期です。

●偏財・正財の時期

身旺A・身旺B・中和C

・金銭や異性問題で不名誉なことになるので注意してください。それ以外は幸運期です。昇進、事業の発展、財を成すなどよいことが望めます。

・芸術、芸能、宗教の分野で有名になります。

●比肩・劫財の時期

身旺A・身旺B・中和C

・あまりよい時期とはいえません。賭け事に走って財産を失ったり、不倫や浮気をしたり、けがや事故にあったりするので注意してください。

・結婚にはよくない時期です。

●偏印・印綬の時期

身旺A・身旺B・中和C

・迷いや悩みが増えるよくない時期です。冷静にじっと耐えるのがよいでしょう。

・金銭面でだまされないように注意してください。

・失恋したり、夫婦仲が悪くなったりすることがあるでしょう。

身旺A

・病気、けがに注意してください。

●食神の時期

身旺Ａ・身旺Ｂ・中和Ｃ

・金運、仕事運、恋愛運がよい時期です。

・福が多く楽しい気分で過ごせる時期です。

・結婚もできる時期です。

●傷官の時期

身旺Ａ・身旺Ｂ・中和Ｃ

・命式図に偏財・正財がある時、大発展、大成功が望める時期です。浮き沈みは激しいのですが、いよいよ運が開けます。政治・宗教・芸術・芸能の分野で、一躍有名になって大成功します。金運にも恵まれます。

・命式図に正官がある時、上司や同僚との付き合いに注意すれば、成功を招くこともできるでしょう。しかし浮き沈みも激しいので注意をしないとチャンスを失います。

・女性は男性問題に注意してください。別居、離婚などの恐れがあります。

偏印

★元命・偏印 身弱 D の命式図からみる運命

●偏印の特徴
・偏印は独創、知恵、策略をあらわす聡明な星です。
・洞察力、先見性、創造性、孤高。

●全般・性格
身弱 D
・頭の回転が速く独立心があります。科学上の発明や美術、宗教、投機事業、占いなどの分野で自分の多彩で豊かな才能を発揮します。
・命式図に比肩・劫財、偏印・印綬がないと、神経質で心配性です。依頼心も強いでしょう。いつも冷静な面もあります。
・命式図に偏財・正財が多いと、短気で荒っぽいところがあります。いらない心配をしやすいという面もあります。

●仕事・財産
身弱 D
・ひとつのことに打ち込み、宗教、芸術、芸能、教育、発明、研究の分野で才能を発揮します。宗教家、芸術家、文学者、学者として道が開けるでしょう。芸能界でも有名になれます。
・会社員として成功することができます。商売には不向きです。
・命式図に偏財・正財が多いと、投資、投機の分野には向かないでしょう。
・女性は芸能界で有名になれる可能性が高いでしょう。

●恋愛・結婚
身弱D

・男女ともセックスより精神的な愛を大切にするタイプです。理想と現実の差を感じやすく、恋愛で失敗することが多いでしょう。

・命式図に七殺・正官が多いと、男性は妻に頼りがちです。女性は三角関係に陥りやすいでしょう。結婚はお見合いのほうがよいでしょう。

・命式図に偏財・正財が多いと、男女ともロマンティストですが、恋愛のトラブルには注意しましょう。特に男性は、女性問題で刑事事件を起こす恐れがあるので注意してください。

・命式図に食神があると、男女ともお見合い結婚で幸せな家庭を築きます。

・命式図に傷官のある女性は、早く結婚すると離婚しやすいでしょう。

偏印

★元命・偏印 身弱 D の大運表からみる運命

●七殺・正官の時期

身弱 D

・安定する時期ですが、名誉を求めすぎると、失敗したり、財産を失ったりする恐れがありますので注意してください。
・恋愛のトラブルや不倫に注意してください。
・女性は結婚できる時期です。

●偏財・正財の時期

身弱 D

・金銭上のトラブルや異性問題で名誉を失う恐れがあるので、注意してください。欲を抑えないと失敗します。
・恋愛のトラブルや裁判沙汰などの厄介ごとを起こしやすい時期です。我慢をすれば安定します。

●比肩・劫財の時期

身弱 D

・上司、友人、家族の助力を得て、成功できる時期です。
・恋愛からよい結婚ができる可能性がありますが、恋愛のトラブルに注意してください

●偏印・印綬の時期

身弱 D

・自分の才能をよく発揮でき、運が好転する時期です。芸術家や作家として有名になるでしょう。
・勉強運にも恵まれています。
・恋愛の時期としてはよくない時期です。

●食神の時期

身弱 D

・欲や野心を抑えないと安定しません。

・男女とも恋愛のトラブルから名誉を失うことになりやすいので注意してください。

・不測の災いに遭いやすい時期です。

●傷官の時期

身弱 D

・運勢の変化が激しい時期です。

・努力をすれば、自分の才能で有名になれる可能性があります。

・けが、事故、大病には十分に注意してください。

偏印

★★元命・印綬の運命

印綬

★元命・印綬 身旺A・身旺B・中和C の命式図からみる運命

●印綬の特徴
・印綬は学問、才能、知恵、名誉、慈悲心をあらわす星です。
・礼儀正しい人格者。

●全般・性格
身旺A
・命式図に偏印・印綬が多いと、頑固、高慢ですが、優しいところもあります。
・命式図に比肩・劫財が多いと、自己の才能を過信し、自分の利益だけを考え、人に迷惑をかけやすいでしょう。
・短気、孤独な面もあります。
身旺B・中和C
・生まれながら幸運で、両親の恩恵が受けられ、資産と充実した富があって、損をしません。知恵と学問があり、権力を握ることもあります。一生の波はおだやかで、凶を吉に変えるチャンスがあります。
・元命が印綬の人は正官の人と同じように紳士的です。
・冷静、まじめ、正直、温和、おだやかで、人を集める才能に優れています。
・知性的、聡明な勉強家で根気があります。
・女性は孤独で閉鎖的傾向があります。まじめです。

●仕事・財産
身旺A
・自立心が乏しいので、親の仕事を継ぐのがよいでしょう。ただし、独立して事業を行うことは不向きです。

身旺Ｂ・中和Ｃ

・命式図に七殺か正官があれば、男女とも自分の才能を発揮して、政治、法律、軍事、宗教などの分野で成功するでしょう。

・命式図に食神か傷官があれば、商売に適していて、成功して財を成すでしょう。あるいは、財産を管理する立場になるでしょう。

・命式図に偏財と正官があれば、自分の才能を発揮して芸能界で成功します。

・月柱と時柱が傷官だけならば、すばらしい才能を発揮し、政治家、芸術家、学者、科学者として大成し、名を上げるでしょう。

●恋愛・結婚

身旺Ａ

・男女とも恋愛運、結婚運はよくありません。特に命式図に偏印・印綬が多い男性は母親から溺愛されているので、妻と姑の問題が起きやすく、それが原因で離婚することがあります。

・命式図に比肩・劫財が多いと、男女とも恋愛の失敗が多く、結婚は難しいでしょう。特に女性は自分を閉ざしがちで、独身を通したりします。

身旺Ｂ・中和Ｃ

・理性的かつ打算的になり、自分の好みや感情を抑えるために晩婚になりがちです。

・男性は命式図に偏財・正財と食神があれば幸せな結婚ができます。

・女性は命式図に七殺・正官があれば幸せな結婚ができ、夫を成功させる力を持ちます。

印綬

★元命・印綬　身旺Ａ・身旺Ｂ・中和Ｃ の大運表からみる運命

●七殺・正官の時期
身旺Ａ・身旺Ｂ・中和Ｃ

・男性は事業の発展、昇進、名誉を得るなどよい時期です。権力を手にして信頼を得ます。
・女性はよい結婚ができる時期です。
・女性は一芸を持っている人は成功し、有名になる時期です。

●偏財・正財の時期
身旺Ａ・身旺Ｂ・中和Ｃ

・金銭や異性問題で、不名誉なことになるので注意してください。それ以外は幸運期と考えてよいでしょう。昇進、事業の発展、財を成すなどよいことを望めます。
・芸術、芸能、宗教の分野で有名になります。

●比肩・劫財の時期
身旺Ａ・身旺Ｂ・中和Ｃ

・あまりよい時期とはいえません。賭け事に走って財産を失ったり、不倫や浮気をしたり、けがや事故にあったりするので注意してください。
・結婚にはよくない時期です。

●偏印・印綬の時期
身旺Ａ・身旺Ｂ・中和Ｃ

・迷いや悩みが増えるよくない時期です。冷静にじっと耐えるのがよいでしょう。
・金銭面でだまされないように注意してください。
・失恋したり、夫婦仲が悪くなったりすることがあるでしょう。

身旺Ａ

・病気、けがに注意してください。

●食神の時期
しょくしん

身旺Ａ・身旺Ｂ・中和Ｃ

・仕事運、金運、恋愛運がよくなる幸運期です。

・福が多く楽しい気分で過ごせる時期です。

・結婚も可能な時期です。

●傷官の時期
しょうかん

身旺Ａ・身旺Ｂ・中和Ｃ

・命式図に偏財・正財があると、大発展、大成功が望める時期です。浮き沈みは激しいのですが、いよいよ運が開けます。政治、宗教、芸術、芸能の分野で、一躍有名になって大成功します。金運にも恵まれます。

・命式図に正官があると、上司や同僚との付き合いに注意すれば、成功を招くこともできるでしょう。しかし浮き沈みも激しいので注意をしないとチャンスを失います。

・女性は男性問題に注意してください。別居、離婚などの恐れがあります。

印綬

★元命・印綬 身弱 D の命式図からみる運命

●印綬の特徴
・印綬は学問、才能、知恵、名誉、慈悲心をあらわす星です。
・礼儀正しい人格者。

●全般・性格
身弱 D

・優柔不断で迷いやすく、心配性から厭世的になりやすいでしょう。
・ひとつのことに夢中になって、他のことには見向きもしないことがあります。物惜しみすることがあります。

●仕事・財産
身弱 D

・会社員として安定しますが、商売には不向きです。
・ひとつのことに打ち込むことによって、芸術、宗教、教育などの分野で成功するでしょう。女性は芸能界で有名になれます。
・命式図に偏財・正財が多いと、男女とも投資や投機には向かないでしょう。欲を出しすぎると失敗します。

●恋愛・結婚
身弱 D

・男女とも恋愛が苦手です。お見合い結婚であれば、よい伴侶に恵まれるでしょう。
・命式図に偏財・正財が多い男性は、女性問題でトラブルに陥りやすいでしょう。
・命式図に偏財・正財が多い女性は、愛人になりやすいでしょう。傷官がある女性も同じです。
・命式図に七殺・正官が多い女性は、不倫、浮気、三角関係からトラブルを起こしやすい傾向があるので注意してください。

印綬

173

★元命・印綬 身弱 D の大運表からみる運命

●七殺・正官の時期
身弱 D

・安定する時期ですが、名誉を求めすぎたりすると、失敗したり、財産を失ったりする恐れがありますので注意してください。
・恋愛のトラブルや不倫に注意してください。
・女性は結婚できる時期です。

●偏財・正財の時期
身弱 D

・金銭上のトラブルや異性問題で名誉を失う恐れがあるので、十分注意してください。
・欲を抑えないと大失敗します。
・異性問題や裁判沙汰などの厄介ごとも起こしやすい時期です。我慢をすれば安定します。

●比肩・劫財の時期
身弱 D

・上司、友人、家族の助力を得て、成功できる時期です。
・恋愛からよい結婚ができる可能性がありますが、異性問題に注意してください。

●偏印・印綬の時期
身弱 D

・自分の才能をよく発揮でき、運が好転する時期です。芸術家や作家として有名になれるでしょう。
・勉強運には恵まれています。
・恋愛はよくない時期です。

●食神の時期

身弱 D

・欲や野心を抑えないと、安定しません。

・男女とも異性問題から名誉を失うことになりやすいので十分注意してください。

●傷官の時期

身弱 D

・運勢の変化が激しい時期です。

・努力をすれば、自分の才能で有名になれる可能性があります。

・けが、事故、大病には十分に注意してください。

印綬

6. 合・冲・刑の暗示

運命方程式をつくるところでは、早見表から合・冲・刑を探して命式図に書き入れました。合・冲・刑は、十干、十二支のそれぞれの相関関係をあらわす代名詞です。

命式図をみてください。合と冲の欄は天干と地支の両方に、刑の欄は地支だけにあります。それぞれの原則的な意味は、合はあなたの運命をよくするものであり、刑と冲はあなたの運命を悪くするものです。

合・冲・刑にはいろいろな種類があり、それぞれが意味を持ちます。まず、命式図にある合・冲・刑がどの種類のものかを調べていくことにします。

次に合・冲・刑のそれぞれの暗示をみていきましょう。

詳しく運命をみようとする時、合・冲・刑は、命式図の中の十干、十二支の相関関係だけでなく、命式図の十干、十二支と大運、年運の十干、十二支との相関関係においても意味を持ちます。詳しく運命をみる時は命式図のすべての十干、十二支と大運、年運の十干、十二支の合・冲・刑、すべての組合せを調べる必要があります。大運、年運との関係については重要なことだけを説明します。

■合

合の意味

- 合は特定の十干と十干、または特定の十二支と十二支が結びついて強くなり力を増すという意味です。合は「化合」の意味を持ち、それぞれの干、支が持つ本来の意味とは別の五行の性質を加えるようになること（合化）もあります。
- 合は支合のほうが干合よりも強い力を持ちます。
- 合は特別な場合を除き、運命をよくするものです。凶星の凶作用を弱め、吉星の吉作用を強めます。
- 合は冲や刑の悪い影響を制します。（完全に取り除くわけではありません）
- 合の力は天乙貴人、天徳貴人、月徳貴人の特殊星があるとさらに強くなります。
- 合が羊刃と出会うと凶意になります。
- 合は干、支が隣り合ったときに合になります。（離れていても合の組合せがあれば、その距離に応じて合の力は小さくなりますが作用はあります）
- 合が多すぎると結びつきが強過ぎて動かなくなる、固まるといった意味を持ちます。高齢で合が多く重なると生命が動かなくなるという暗示があります。
- 大運で合になれば、命式中の刑や冲の凶意を解くことができます。
- 合は安定を示していますが、冲や刑と並ぶときには、動揺や危機に陥ることもあります。特に羊刃が合と重なるのは凶です。
- 財が合になれば凶です。財を失うか、商取引に不利になることに注意しなければなりません。

合になる組合せ
★干合

- 干合は特定の2つの十干が結びつく関係です。
- **甲己、乙庚、丙辛、丁壬、戊癸** が干合になる組合せです。

- 命式図では以下のように○と○、☆と☆、★と★がこの組合せになるときです。

時柱	日柱	月柱	年柱	
○	○☆	☆★	★	天干
				地支

- 合になって別の五行の性質を持つことを「合化」といいます。
  甲己の合は土化、乙庚の合は金化、丙辛の合は水化、丁壬の合は木化、戊癸の合は火化となります。

- 合化によって、それぞれの元の五行がなくなったのではありません。
  例えば甲己の合は甲は甲で存在し、己は己で存在します。甲と己が存在しなくなったのではありません。甲が化学反応して土に変わったのではありません。

★支合

- 支合は特定の2つの十二支が結びつく関係です。
- **子丑、寅亥、卯戌、辰酉、午未** が支合になる組合せです。

- 命式図では以下のように○と○、☆と☆、★と★がこの組合せになるときです。

時柱	日柱	月柱	年柱	
				天干
○	○☆	☆★	★	地支

- 干合と同じく支合が別の五行の性質を持つことを「合化」といいます。
  子丑の合は土化。ただし亥があれば土化しません。
  寅亥の合は木化。ただし辰または戌があれば木化しません。
  卯戌の合は火化。ただし申があれば火化しません。
  辰酉の合は金化。ただし寅があれば金化しません。
  午未の合は土化。ただし亥があれば土化しません。

- 合化によって、それぞれの元の五行がなくなったのではありません。
  例えば、子丑の合は子は子で存在し、丑は丑で存在します。子と丑が存在しなくなったのではありません。子が化学反応して土に変わったのではありません。

★三合

- 三合は特定の十二支の3つが結びつく関係です。大きな合なので三合局ともいいます。三合は強い合の力を持ちます。
- **申子辰、亥卯未、寅午戌、巳酉丑** が三合になる組合せです。

- 命式図に合が2つ並んでいれば、それが三合になるかどうかを確認してください。三合になるときは命式図に「三合」と書き入れてください。
- 命式の合と大運の支が組み合わさると三合になります。
- 命式、大運、年運の支がひとつずつが組み合わさっても三合になります。
- 命式図では以下のように☆と☆と☆、★と★と★がこの組合せになるときです。

時柱	日柱	月柱	年柱	
				天干
☆	★☆	★☆	★	地支

- 三合の合化は「局」を形成して特定の五行を強めます。
  申子辰は三合水局で水を強め、冬（亥子丑）と申辰の月はより強くなります。
  亥卯未は三合木局で木を強め、春（寅卯辰）と未亥の月はより強くなります。
  寅午戌は三合火局で火を強め、夏（巳午未）と寅戌の月はより強くなります。
  巳酉丑は三合金局で金を強め、秋（申酉戌）と巳丑の月はより強くなります。

★半合 はんごう

・半合は三合になる組合せの十二支のうち 2 つが結びつく関係です。

 <u>子辰、子申、辰申</u>
 <u>寅午、寅戌、午戌</u>
 <u>卯未、卯亥、未亥</u>
 <u>丑巳、丑酉、巳酉</u> が半合になる組合せです。

・命式図では以下のように○と○、☆と☆、★と★がこの組合せになるとき
 です。

時柱	日柱	月柱	年柱	
				天干
○	○☆	☆★	★	地支

・半合のいくつかは合化してそれぞれ特定の五行を強めます。それぞれの五
 行の季節の月はさらに強くなります。これらを「半局」ともいいます。
 子辰、子申は水化で水を強めます。
 卯未、卯亥は木化で木を強めます。
 寅午、午戌は火化で火を強めます。
 丑酉、巳酉は金化で金を強めます。
 辰申、寅戌、未亥、丑巳は合になっても化しません。

181

命式図にある合の暗示

●命式図に合が多い男性。

・合が安定を意味します。聡明です。支に合が多ければなおよいです。

●命式図に合が多い女性。

・合が結びつきを意味します。男性への情が深く、縁が多いことをあらわします。

合と羊刃が出会うとき

　身旺の人にとって、合と羊刃が出会うと羊刃の凶意を強めます。中和の人も注意が必要です。身弱の人は軽いけがや小さなトラブルがありますが心配いりません。

●身旺で、命式図の支に羊刃があり、その地支と隣の支が合になる時。

・羊刃の凶意は強くなります。突然の事故、けが、出血、手術、財産を失う、恋愛のトラブルなどの不測の災難に注意が必要です。月支と日支に羊刃があれば、さらに注意が必要です。

●身旺で、大運が羊刃運期で、大運の支と年運の支が合になる時。

・大きな凶の暗示です。この1年間は非常に危ない年となります。突然の事故、けが、出血、手術、財産を失う、恋愛のトラブルなどの不測の災難に注意が必要です。

・例えば、日干が甲の身旺の人にとって、30歳から35歳までの大運期が卯であれば、羊刃運期になります。それだけでもこの5年間は危険な運期ですが、この人が31歳の時に戌年がめぐってくるとします。卯と戌は支合の組合せになり、31歳から32歳の戌の年がとても危険な年になります。

・この的中率は非常に高いのです。このような不測の災難を防ぐためにも、●身旺の羊刃運期と年運（488ページ）をよく読んでください。

■冲

冲の意味

・冲は特定の十干と十干、または特定の十二支と十二支が結びついたとき、お互いの力を阻害するという意味があります。

・冲になるのは、それぞれの十干、十二支の五行が正反対の相剋する関係で、同じ陰陽を持つときです。これらはお互いに傷つけあい、勢力を抑制します。これらの要素の間に中央の方位をあらわす土があると合になって冲が弱まります。

・冲は、支冲が干冲よりも強い力を持ちます。

・冲は衝動、変化、不安、分裂、移動、争いなどの意味があります。冲は特定の場合を除き、凶の意味を持ちます。

・冲の凶意は、合、空亡、天乙貴人、月徳貴人、天徳貴人で抑制されます。

・命式図や大運表にある吉星が冲になると、冲により星の効果が阻害されて吉運は弱まります。命式図や大運表にある凶星が冲になると、冲により星の効果が阻害されて凶運は弱まります。凶意が失われて、逆に吉運に変わることもあります。

・冲は干、支が隣り合ったときに冲になります。（離れているときはその距離に応じて作用はあります）

183

沖になる組合せ
★干冲

・干冲は特定の十干の関係です。

・**甲庚、乙辛、丙壬、丁癸** が干冲になる組合せです。

・命式図では以下のように、○と○、☆と☆、★と★がこの組合せになるときです。

時柱	日柱	月柱	年柱	
○	○☆	☆★	★	天干
				地支

★支冲

・支冲は特定の十二支の関係です。
・**子午、丑未、寅申、卯酉、辰戌、巳亥** が支冲になる組合せです。

・命式図では以下のように〇と〇、☆と☆、★と★がこの組合せになるときです。

時柱	日柱	月柱	年柱	
				天干
〇	〇☆	☆★	★	地支

沖が合によって力を失うとき

・沖よりも合のほうが影響は強いので、同じ干、同じ支に、沖と合の両方がかかると沖の影響を制することができます。

・命式図の沖が合によって制されているかどうかをみてみましょう。
合によって制された沖は、命式図に×を書き入れます。

●干合で干沖を制する。
天干の乙と辛の組合せは沖になりますが、乙と庚が合になり、乙と辛の組合せの沖を制します。

時柱	日柱	月柱	年柱	
辛	乙	庚		天干
				地支

　　　　沖　　　合
　　　　×

●支沖を支合で制する。
地支の子と午は沖の組合せですが、午と未が合になり、子と午の組合せの沖を制します。

時柱	日柱	月柱	年柱	
				天干
子	午	未		地支

　　　　沖　　　合
　　　　×

●支冲を半合で制する。

　地支の子と午は冲ですが、子と申、午と戌が半合になり、子と午の冲を制します。この場合、半合は冲の両側に1つずつ必要です。

時柱	日柱	月柱	年柱	
				天干
申	子	午	戌	地支

　　　　半合　　　　冲　　　半合
　　　　　　　　　　×

●支冲を三合で制する。

　地支の寅と申は冲の組合せですが、戌と午と寅が三合なので、冲を制します。

時柱	日柱	月柱	年柱	
				天干
戌	午	寅	申	地支

　　　　　　三合　　　　　　　冲
　　　　　　　　　　　　　　　×

命式図にある沖の暗示

●命式図に支沖がある男性。

・優柔不断で喜怒哀楽が激しく、恋愛や結婚のトラブルも暗示します。

●命式図に支沖がある女性。

・金銭的、精神的に不安定になりやすく心配事が絶えません。恋愛や結婚の
　トラブルも暗示します。

●年支と月支の支沖がある。

・幼年期から青年期に不安定要素があることを暗示します。故郷を離れるこ
　とや両親との縁が薄いこと、生活の苦労などの暗示があります。

時柱	日柱	月柱	年柱	
				天干
		★	★	地支

沖

●月支と日支の支沖がある。

・壮年期の不安定要素があることを暗示します。婚姻の問題、晩婚、離婚の
　暗示があります。

時柱	日柱	月柱	年柱	
				天干
	★	★		地支

沖

●日支と時支の支沖がある。

・老年期の不安定要素があることを暗示します。夫婦・家庭内のトラブル。
　子どもとの縁が薄いなどの暗示があります。

●命式図に支冲が 2 つ以上ある。

・「双冲・多冲」と呼び、凶意はより強まります。幼年期、青年期は体質が弱く病気がちです。壮年期は大きな病気、婚姻の不調などに注意が必要です。

■例 1 －例 9

・この表の例 1 をみると、年支と月支に子と午の冲があり、日支と時支に寅と申の冲があります。月支の午と日支の寅は、合にはなりませんので、2 つの冲は消えることもありません。

・この表の例 1 から例 9 の命式図を持っている人は、からだが弱いようです。子どものころから注意しないと、短命になるかもしれません。親との縁が薄かったり、中年期に大病をしたり、いろいろと縁が変わったり、離婚したり、あるいは一生独身ということにもなりかねません。晩年期は、生活もやや不安定で孤独です。子と午、または卯と酉の冲が命式図にあれば、恋愛のトラブルが起きやすかったり、性病にかかりやすかったりします。

例 1

時柱	日柱	月柱	年柱	
				天干
申	寅	午	子	地支

冲 冲

例 2

時柱	日柱	月柱	年柱	
				天干
未	丑	申	寅	地支

冲 冲

例 3

時柱	日柱	月柱	年柱	
				天干
午	子	戌	辰	地支

冲　　　　　冲

例 4

時柱	日柱	月柱	年柱	
				天干
辰	戌	酉	卯	地支

冲　　　　　冲

例 5

時柱	日柱	月柱	年柱	
				天干
卯	酉	亥	巳	地支

冲　　　　　冲

例 6

時柱	日柱	月柱	年柱	
				天干
戌	辰	未	丑	地支

冲　　　　　冲

例 7

時柱	日柱	月柱	年柱	
				天干
酉	卯	申	寅	地支

冲　　　　　冲

例 8

時柱	日柱	月柱	年柱	
				天干
辰	戌	申	寅	地支

冲　　　　　冲

例 9

時柱	日柱	月柱	年柱	
				天干
午	子	未	丑	地支

冲　　　　　冲

■例 10

・命式図の年支と月支、月支と日支に寅と申の2つの冲（双冲）があります。第6運期の庚申の時、大運の地支にある申と命式図の月支にある寅は冲になり、冲が重なります。59歳から64歳の運期は大病の恐れがあり、健康に注意しなければならないことを暗示しています。この運期に入る前からの数年間、自分の健康に注意しなければなりません。

時柱	日柱	月柱	年柱	
癸	庚	甲	戊	天干
未	申	寅	申	地支

冲　　　　冲

第8	第7	第6	第5	第4	第3	第2	第1	運期
74	64	54	44	34	24	14	4	年齢
壬	辛	庚	己	戊	丁	丙	乙	天干
79	69	59	49	39	29	19	9	年齢
戌	酉	申	未	午	巳	辰	卯	地支

冲

191

★天剋地冲

命式の中で月柱は「綱要」といってとても大事なものです。例10では双冲の例でしたが、誰でも第6運期の10年間は人生の中で最も危険な時期です。これを「天剋地冲」といいます。「天克地冲」、「冲提綱」ともいいます。誰でも第6運期の前半の5年間の大運の干は命式の月干と相剋の関係になります。相剋とは2つの五行が制すか制される関係になる（**●陰陽五行の関係図** 30ページ参照）ことです。そして後半の5年間の大運の支は命式の月支と冲になります。これはすべての人に共通します。

人生の危機はこの時期に起こることが多いので、危機を避けなければなりません。昔は人の寿命が70歳を越えるのは珍しく、「人生七十古来稀」のことばが生まれました。現在は医学が発達し、難病も治癒できるようになり寿命は延びました。しかし、第6運期は難題や災難に直面したり、病気や事故にあったり、不測の災いが起こりやすい時期です。この時期は注意を怠ってはなりません。立運年齢と天剋地冲になる年齢は以下のとおりです。

立運年齢	天剋地冲になる年齢
0 歳	50-60 歳
1	51-61
2	52-62
3	53-63
4	54-64
5	55-65
6	56-66
7	57-67
8	58-68
9	59-69
10	60-70

冲と羊刃が出会うとき

　身旺の人にとって、冲と羊刃が出会うと羊刃の凶意を強めます。中和の人も注意が必要です。身弱の人は軽いけがや小さなトラブルはありますが心配いりません。

●身旺で、命式図の支に羊刃があり、その地支と隣の支が冲になる時。
・羊刃の凶意は強くなります。突然の事故、けが、出血、手術、財産を失う、恋愛のトラブルなどの不測の災難に注意が必要です。月支と日支に羊刃があれば、さらに注意が必要です。

●身旺で、大運が羊刃運期で、大運の支と年運の支が冲になる時。
・大きな凶の暗示です。この１年間は非常に危ない年となります。突然の事故、けが、出血、手術、財産を失う、恋愛のトラブルなどの不測の災難に注意が必要です。
・この的中率は非常に高いのです。このような不測の災難を防ぐためにも、
　●身旺の羊刃運期と年運（488 ページ）をよくみてください。

冲が吉作用になるとき

●身旺、中和で日干が甲。
・命式図の支と大運の支が辰（偏財）と戌（偏財）で冲になるとき、金銭運に恵まれます。昇進などがあったりします。特に、命式図の月支か日支に偏財があるときはさらによくなります。

●身旺、中和で日干が乙。
・命式図の支と大運の支が丑（偏財）と未（偏財）で冲になるとき、金銭運に恵まれます。昇進などがあったりします。特に、命式図の月支か日支に偏財があるときはさらによくなります。

■刑

刑の意味
・刑は、特定の十二支と十二支が2つまたは3つが隣り合うときに強い影響があります。（離れているときはその距離に応じて作用はあります）
・命式図の支と大運の支、命式図の支と年運の支の組合せが刑になるときも刑になります。
・刑は争い、混乱、闇などを意味します。
・刑の凶意は、合、空亡、天乙貴人、月徳貴人、天徳貴人で抑制されます。

刑になる組合せ
★三刑
・三刑は特定の2つまたは3つの十二支の組合せの関係です。
・**子卯、寅巳申、丑戌未** が三刑になる組合せです。命式図をみて、子卯または刑が2つ並んでいるところが寅巳申、丑戌未の組合せになっていれば三刑です。

★半刑
・**寅巳、巳申、寅申、丑未、未戌、丑戌** の組合せも三刑の一部で刑になります。

★自刑

- 自刑は特定の同じ十二支の組合せの関係です。
- **辰辰、午午、酉酉、亥亥** が自刑になる組合せです。

★雑刑

- 雑刑は特定の十二支の組合せの関係です。
- **子酉、卯午、丑辰、辰未、午酉** が雑刑になる組合せです。

刑が合によって力を失うとき

・刑の持つ悪い影響を合によって制することができます。同じ干、同じ支に、刑と合の両方がかかると刑の影響を制することができます。
・刑の支のひとつが合になれば凶意は軽くなり、ふたつが合になればほとんどの災いは消えます。

●自刑を三合で制する。
・三合があるので、辰と辰の刑を制します。

時柱	日柱	月柱	年柱	
				天干
申	子	辰	辰	地支

三合（申子辰）　刑×（辰辰）

●三刑を半合で制する。
半合があるので、寅と巳と申の三刑が制されて、寅と巳の刑が残ります。ここでは△を書き入れておいてください。

時柱	日柱	月柱	年柱	
				天干
子	申	巳	寅	地支

半合（子申）　三刑（申巳寅）△　刑（巳寅）

●刑を支合で制する。

・子と丑の支合があるので、子と卯の刑を制します。

時柱	日柱	月柱	年柱	
				天干
丑	卯	子	丑	地支

刑　　　合
×

●2つの刑を支合で制する。

・卯と戌の支合があるので子と卯、未と戌の刑を制します。

時柱	日柱	月柱	年柱	
				天干
未	戌	卯	子	地支

刑　　　合　　　刑
×　　　　　　　×

刑の暗示

●**寅申巳**の三刑がある。

・「無恩の刑」（恩を忘れる）という意味を持ちます。冷酷、薄情、親の災いの暗示があります。

・寅申巳の三刑は刑の中で最も強い凶意があります。

・年支、月支、日支で三刑になると健康、金銭、婚姻にトラブルがある暗示があります。生家の貧困、虚弱体質、女性は不妊の暗示があります。

●**丑戌未**の三刑がある。

・「恃勢の刑」（悪い勢い）という意味を持ちます。頑固、ひとりよがり、病の暗示です。はじめに勢いがあっても注意しないと失敗します。

- 丑戌未の三刑は刑の中で寅申巳に次ぐ強い凶意があります。
- 年支・月支・日支で三刑になると健康、金銭、婚姻にトラブルがある暗示
  があります。生家の貧困、虚弱体質、女性は再婚、独身の暗示があります。

●**子卯**の三刑がある。
- 「無礼の刑」（礼を欠く）という意味があります。粗暴、礼節を欠く、孤独、
  人への不信感の暗示です。猜疑心や不信感などの感情のを抑制しないと失
  敗します。
- 子卯の三刑の凶意はそれほど強くありません。
- 恋愛、結婚、夫婦のトラブルの暗示があります。
  三刑になると健康、金銭、婚姻にトラブルがある暗示があります。　生家
  の貧困、虚弱体質、女性は不妊の暗示があります。

●**寅申巳・丑戌未**の三刑が命式図にあり、冲の年運の時。
- 生死にかかわるような大きな災いの暗示です。細心の注意が必要です。

●命式図に自刑がある。
- 辰辰の自刑は丑戌未の三刑に次ぐ強い凶意があります。次に凶意が強いの
  は、午午、酉酉です。亥亥の凶意は軽度です。
- 辰辰の自刑は優柔不断、我が強く利己的、こころがいつもおだやかでない
  ことがあります。
- 午午、酉酉、亥亥の自刑は恋愛、結婚のトラブル、晩婚、離婚、精神が不
  安定になる暗示です。

●命式図に雑刑がある。
- 比較的凶意は軽度です。
- 子、卯、午、酉がある刑は、恋愛、結婚のトラブル、晩婚、離婚、精神が
  不安定になる暗示です。
- 丑、辰、未、戌がある刑は、孤独、精神が不安定になる暗示です。

●命式図に半刑（三刑の一部）がある。

・比較的凶意は軽度です。

・寅、申、巳がある刑は、病気、貧困の暗示です。

・丑、戌、未のある刑は、孤独、精神が不安定になる暗示です。

●命式図に刑がひとつだけある。

・刑の凶意はそれほど強くないので心配ありません。大運で刑になるときも、よいことではありませんが、大きな問題ではありません。ただし、三刑は刑が2つ以上あると考えます。

●命式図に刑が2つ以上ある。

刑の凶意は強くなりますが。刑をよく知って、凶作用を避けるようにします。

●命式図に刑が2つ以上あって、命式図の地支と大運の支が刑になる時。

・刑の凶意は強くなり、いろいろな不運に見舞われやすくなります。

●命式図に刑が2つ以上あって、大運・年運に刑が重なる時。

大きな不測の災いの暗示です。危険性は高いので、以下のことに注意します。

・人からだまされ、利用されて大失敗しやすい。

・恋愛や結婚にはよくない時期で、気持ちが乱れ、悲しいことが多い。

・投資、商売などで辛抱を強いられる。財産を失わないように注意。

・できる限り移動しないこと。出国、留学などには向かない。

・子どものからだが弱くなったり、けがをしたりしやすい。

■例

次の例では、命式図に2つの刑があります。例えば2007年丁亥の年は命式
図の年支と月支の亥は自刑になって、よくない年となります。大運表の30
から35歳の間に乙亥の年がめぐってくるとより危険です。

時柱	日柱	月柱	年柱	
				天干
寅	巳	亥	亥	地支

刑　　　　　刑

以下は刑の災いが他へ及ぶ場合です。

●命式の年支が刑

・大運の1歳から16歳が刑にならないと両親のどちらかに災い。

●命式の月支が刑

・大運の16歳から31歳が刑にならないと両親のどちらかに災い。

●命式の日支が刑

・大運の31歳から46歳が刑にならないと配偶者に災い。

●命式の時支が刑

・大運の46歳から66歳が刑にならないと子どもに災い。

7. 恋愛運・結婚運・離婚運

　幸運期にはよい出会い、よい結婚のチャンスがあります。不運期にはよい出会いがありません。しかし、そういう時こそ幸せになるために、自分の幸運期、不運期をもう一度チェックしてください。これは自分の恋愛運と結婚運を考えるときのポイントです。前に説明した元命、特殊星、合・冲・刑などの内容とあわせて読んでください。

　なかなかよい人に出会えない女性は、命式図に恋人や夫をあらわす星の七殺・正官がない場合があります。そういう女性は、恋人や夫をあらわす星がめぐってくる時期によい人に出会うことができます。

●恋愛運

恋愛運は身旺・中和の人と身弱の人は別の表を使います。

★身旺・中和
●恋愛運と結婚運（身旺・中和）★よい恋愛運早見表（494ページ）

★身弱
●恋愛運と結婚運（身弱）★よい恋愛運早見表（496ページ）

をみていきましょう。

1) 日干欄で自分の日干を探してください。

2) 自分の日干から横にたどると十二支にぶつかります。これらが大運期（5年間）と年運（1年間）にあらわれるとき、恋愛運があります。

3) 特殊星の紅艶と桃花は、生まれた日の日干と十二支の関係で出した星です。これらの星のいずれかがめぐってくる大運と年運のときは恋愛運があります。自分も恋愛をする気持ちになりやすい時期です。命式図に恋愛の特殊星である紅艶・桃花があれば、より多くの出会いに恵まれます。紅艶・桃花の星が、大運・年運の吉運期にめぐってくれば、よい恋愛運があります。この時期に合があればさらによい恋愛運です。紅艶・桃花の星が、大運・年運の凶運期にめぐってくれば、よくない恋愛運があります。この時期に刑や冲が重なると、危険な恋愛に巻き込まれる恐れがあります。例えば、不倫、浮気や、だまされたり、性的関係によって病気がうつったりする、というような暗示があります。これらの点に十分注意しなければなりません。

203

●結婚運

結婚運も身旺・中和の人と身弱の人は別の表を使います。

★身旺・中和
●恋愛運と結婚運（身旺・中和）★よい結婚運早見表（495ページ）、

★身弱
●恋愛運と結婚運（身弱）★よい結婚運早見表（497ページ）

をみていきましょう。

1) 日干欄で自分の日干を探してください。

2) 自分の日干から横にたどると、十干、十二支にぶつかります、これらが大運か年運にあらわれるとき、結婚運があります。大運と年運の両方にあらわれればさらによくなります。

★身旺・中和の女性の結婚運

・男女を問わず誰でも天乙貴人の吉星がめぐってくる大運、年運は、とてもよい結婚運があります。この時チャンスをしっかりつかんでください。また、天乙貴人がめぐってくる時期に、紅艶・桃花の恋愛星が重なっている時は、よい恋愛から結婚へと発展させることができるでしょう。

・女性にとっては誰でも、正官の星がめぐってくる大運・年運の時期は、よい結婚運があります。その次によいのは七殺の星がめぐってくる大運・年運の時期です。身旺の女性は、この時期に恋愛でもお見合いでもよい結婚ができます。

・命式図に七殺・正官がある身旺の女性は、偏財・正財がめぐってくる大運・年運の時期にも、よい結婚運に恵まれます。

★身旺・中和の男性の結婚運

・男女を問わず誰でも天乙貴人の吉星がめぐってくる大運・年運は、とても よい結婚運があります。この時チャンスをしっかりつかんでください。また、天乙貴人がめぐってくる時期に、紅艶・桃花の恋愛星が重なっている 時は、よい恋愛から結婚へと発展させることができるでしょう。

・男性にとっては誰でも、正財の星がめぐってくる大運・年運の時期は、よ い結婚運があります。その次によいのは偏財の星がめぐってくる大運・年 運の時期です。身旺の男性は、この時期に恋愛でもお見合いでもよい結婚 ができます。

・命式図に偏財・正財がある身旺の男性は、食神・傷官がめぐってくる大運・ 年運の時期にも、よい結婚ができます。

★身弱の女性の結婚運

・男女を問わず誰でも天乙貴人の吉星がめぐってくる大運・年運は、とても よい結婚運があります。このときチャンスをしっかりつかんでください。 また、天乙貴人がめぐってくる時期に、紅艶・桃花の恋愛星が重なってい る時は、よい恋愛から結婚へと発展させることができるでしょう。

・女性にとっては誰でも、正官の星がめぐってくる大運・年運の時期は、よ い結婚運があります。その次によいのは七殺の星がめぐってくる大運・年 運の時期です。身弱の女性はこの時期に、お見合いでよい結婚ができます。 ただし、恋愛結婚にはよい時期ではありません。ここでいう「お見合い」 とは、改まった形式から友人の紹介などカジュアルなものまで広い範囲の ものを意味します。

・身弱の人は誰でも、比肩、偏印がめぐってくる大運・年運の時期に恋愛で よい結婚ができます。ただし、お見合い結婚にはよい時期ではありません。

★身弱の男性の結婚運

・男女を問わず誰でも天乙貴人の吉星がめぐってくる大運・年運は、とても よい結婚運があります。このときチャンスをしっかりつかんでください。 また、天乙貴人がめぐってくる時期に、紅艶・桃花の恋愛星が重なってい

る時は、よい恋愛から結婚へと発展させることができるでしょう。

・男性にとっては誰でも、正財の星がめぐってくる大運・年運の時期は、よい結婚運があります。その次によいのは偏財の星がめぐってくる大運・年運の時期です。身弱の男性は、この時期にお見合いでよい結婚ができます。ただし、恋愛結婚にはよい時期ではありません。ここでいう「お見合い」とは、改まった形式から友人の紹介などカジュアルなものまで広い範囲のものを意味します。

・身弱の人は誰でも、比肩、偏印がめぐってくる大運・年運の時期に恋愛でよい結婚ができます。ただし、お見合い結婚にはよい時期ではありません。

★結婚相手との相性

相性はお互いの年支同士と日干同士でみる2つの見方があります。

●相性早見表（500 ページ）をみてください。

●離婚運

★大運
・大運で離婚の暗示がある5年間は誰でも離婚に注意が必要です。
・冲の運期（大運の十二支と命式図の十二支が冲になる時）。
・刑の運期（大運の十二支と命式図の十二支が刑になる時）。

★相手との相性
　女性は自分より4歳以上年上の相性のよい男性と、男性は自分より年下の相性のよい女性と結婚するのがよいのです。生まれた年の年支同士の相性がよくないときは、離婚に注意しましょう。●相性早見表（500ページ）をみてください。また、命式図に特殊星の紅艶と桃花の両方がある女性は、男性にだまされやすいので注意が必要です。

★晩婚型の人が早婚したとき
　早婚と晩婚の境界線は28歳と考えます。晩婚型の人が早く結婚すると、離婚の危険性があります。また、晩婚型の女性は若い時、結婚している男性に惹かれやすい傾向があります。注意してください

●晩婚型の日柱の人（男性・女性）
乙丑・戊辰・庚午・甲戌・丙子
戊寅・己卯・庚辰・辛巳・壬午
癸未・甲申・乙酉・丁亥・戊子
庚寅・辛卯・壬辰・癸巳・乙未
丙申・丁酉・己亥・甲辰・丙午
壬子・癸丑・戊午・壬戌

　ただし、これらの日柱の地支と隣の地支とが合であれば、晩婚になる可能性は少なくなります。また、冲や刑になれば、28歳よりももっと遅くなる可能性があります。

●晩婚型の女性

・身旺の女性で、元命が比肩・劫財、偏印。

・身弱の女性で、元命が偏財、七殺、傷官。

・命式図に冲・刑が2つ以上ある。三刑がある。

・命式図に合が3つ以上ある女性。

・命式図に正官か天乙貴人が3つ以上ある女性。

・命式図に官殺混雑がある女性。

・命式図に七殺・正官がない女性。

・大運の20～30代の間に結婚運をあらわす星があらわれていない。

●晩婚型の男性

・身旺の男性で、元命が比肩・劫財、偏印。

・身弱の男性で、元命が偏財・正財、七殺・正官。

・命式図に冲・刑が2つ以上ある。

・命式図に偏財・正財がない男性。

・大運の20～30代の間に結婚運をあらわす星があらわれていない。

★離婚に注意する女性

・元命が傷官。

・身旺で、元命が比肩・劫財。

・命式図に冲・刑が2つ以上ある。寅巳申、丑戌未の三刑がある。

・命式図に三刑がある。

・命式図に羊刃がある。

・命式図に戊戌、庚辰、庚戌、壬辰の干支がある。（これらは「魁罡」といわれることがある女性には強すぎる組合せです）

・命式図のすべてが陽またはすべて陰。これは「出家の命式」と呼ばれます。

・命式図に正官・七殺がない。正官は夫、七殺は夫以外の男性をあらわします。

・命式図に正官と七殺の両方がある。「官殺混雑」と呼ばれ夫とそれ以外の男性が共存しています。用神が弱いとき、忌神が強いときは離婚の傾向が

強くなります。

★離婚に注意する男性

・身旺で元命が比肩・劫財。

・命式図に冲・刑が2つ以上ある。寅巳申、丑戌未の三刑がある。

・命式図に羊刃がある。

・命式図のすべてが陽または陰。これは「出家の命式」と呼ばれます。

・命式図に偏財・正財がない。

・命式図に正財と偏財の両方がある。正財は妻、偏財は愛人をあらわし、こ
　れらが共存しています。偏財が日支にあると特に問題です。用神が弱いと
　き、忌神が強いときは離婚の傾向が強くなります。

8. 健康運

　健康運は、●健康注意早見表（身旺・中和・身弱でみる）（502 ページ）
をみてください。日干と身旺・中和・身弱の組合せによる、注意するからだ
の部位がわかります。

　身旺 A の人と身弱 E の人は、特にこの表にある傾向が強くなりますので
注意しましょう。

　中和 C の人は、比較的よい健康運に恵まれています。

　●健康注意早見表（日干と月支でみる）（503 ページ）もみてください。
あなたの日干と月支から、注意するからだの部位がわかります。この表は、
調候吉星とからだの関係を示しています。身旺・中和・身弱には関係ありま
せん。

9. よい日・悪い日

　まず、巻末の◆**孫運命学万年暦**をみてください。

　その日の生日の欄がピンクになっている日は、**天赦日**というよい日です。文字どおり天が助けてくれる日です。大事なことを決めたり、実行したりするのによい日です。天赦日は、よい暗示はさらによくなり、悪い暗示も悪くなりにくい日です。この日に生まれた人は生涯、天が助けてくれるという暗示があります。

　その日の生日の欄がブルーになっている日は、**十悪大敗日**という悪い日です。大事なことを決めたり、実行したりするのは、避けたほうがよい日です。大きなことは失敗しやすい暗示です。十悪大敗日は、悪い暗示はさらに悪くなりやすい日です。自分の命式図にこの日の干支と冲・刑になる星があれば、さらに注意が必要です。

　次に巻末の◆**孫運命学万年暦**をみて、その日の日柱の欄の干支を調べてください。

　●**よい日・悪い日早見表**（504 ページ）で、その日の干支の十干・十二支が自分にとってよい日かどうかをみます。さらに、その日がどんなことによい日か、505 ページの表から知ることができます。その日の干支が自分にとってよい日であっても、十悪大敗日と重なれば注意が必要です。

211

212

第5章　運命を読み解く（実践編）

　前章では、元命を中心にした説明でしたが、この章では元命だけでなく、10の運命星の持つ意味と特徴、いろいろな運命星の組合せ、そしてその変化を身旺、身弱別に説明しています。

　四柱推命では、天と地の間にあるものを陰陽五行で置き換えます。陰陽五行のそれぞれの要素は、交互に支えたり（これを「相生」といいます）、抑制したりしています（これを「相剋」といいます）。例えば、土は金の力を強め、土は水を抑制します。

　比肩・劫財、食神・傷官、偏財・正財、七殺・正官、偏印・印綬の10の運命星は、それぞれに陰、陽そして木、火、土、金、水の相互関係をあらわします。この考え方は統計学、数学、物理、化学など数学的な学問と似ています。これにより世の中にある無限の事柄は10の運命星に置き換えることができ、これが四柱推命の原理になります。

　運命星の相生、相剋の関係に原則はあるものの10の運命星の見方はとても奥深く複雑です。それぞれは、多様な意味を同時に持ち、他の運命星の影響を受けて性質を変えることもあります。この真理を徹底的に研究していない占い師には、各運命星の精髄を捉えて正しく判断することはとても難しくてできません。「運命を論じることは、ほぼ10の運命星の関係を議論するのと等しい」といっても過言ではありません。

　そしてもうひとつ大切なことは、身旺か身弱かで10の運命星による作用も、運命への影響の仕方もまったく異なります。そのため、身旺・身弱を正しく判断することが四柱推命の鍵となります。

　昔から四柱推命の内容や要点を暗記しやすいように、中国ではことわざがたくさんありました。その中に最も有名なのが、「有病方为贵、无伤不足奇」です。これは、「誰でも生まれつき持っている命式は完璧ではなく、欠点があり弱いところがあります。しかし、これを心配する必要はありません。よい大運と年運にめぐり会う時、弱いところはよい星の影響で、あなたの運命はとても強くなります。時々奇跡のような幸せがあらわれます」という意味です。

この章をよく理解すれば、「挙一反三」（一つのことから類推して多くのことを知ること）ができ、より精度の高い運命判断ができるようになります。

●運命星の関係図

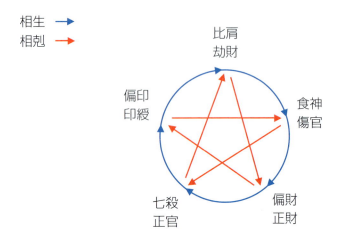

＊第 5 章を読む上での注意点

1. 運命星の影響が大きくなるとき、「旺盛である」、「強い」という表現
    をしています。運命星の影響が小さくなるとき、「制する」、「剋される」、
    「弱める」という表現をしています。

2. 命式図の説明の中で、運命星が「多い」、「少ない」、「ある」という表記
    がありますが、「多い」は 3 つ以上、「少ない」、「ある」とは 1 つ以上 2 つ
    以下を示しています。本来は命式図全体のバランスを考慮して判断します
    ので、この数はおおよその目安です。

3. 運命星を、比肩・劫財、食神・傷官、偏財・正財、七殺・正官、偏印・
    印綬と組で表記しているのは、どちらの星でも同じ意味を持つ場合です。

4. この章では、10 の運命星の本質的意味と身旺・身弱ごとに運命星の関
    係を説明しています。中和は身旺の項目をみてください。

5. ■運命分析の実例は 345 ページ以降にあります。

6. この章の理解のために巻末の◆孫運命学基本表（463 ページ）を参考に
    してください。●健康と陰陽五行の関係図、●季節による日干の強弱、●
    季節による日干の調候などの各表を掲載しています。

215

216

★★比肩(ひけん)

●自我をあらわす星です。自由、独立、頑固、競争等の意味をあらわします。

●人間関係では、友人、兄弟・姉妹をあらわします。

●性格は、おだやかながら根性があり、頑固ではっきりしています。勇敢で冒険精神あふれ、積極的に前へ進んでいき、争いに勝ちたいと思う星です。

●まわりの人と仲よくできず、孤立してしまうことがあります。

●助けてくれる人が出現します。

●欲しいものを奪われる可能性があり、独占することができません。

●ひとつのことだけに打ち込んでしまう傾向があり、わがままなところもあります。

●危険な方向に進みやすいところがあります。冷静になることを心がければ幸運に出会えるでしょう。

●比肩と劫財は同じ意味を持つことがあります。

★身旺にとっての比肩

●吉星は食神・傷官、偏財・正財、七殺・正官。

●身旺の比肩は、現代社会において成功するタイプです。

●身旺で比肩が元命。
■運命分析の実例1　楊開慧（毛沢東夫人）　346ページ参照

●身旺で命式図に比肩・劫財が多い。
- 「比劫争財」といって、偏財・正財、七殺・正官などの吉星が少しあったとしても、財運がよくないことを暗示します。比肩・劫財が旺盛過ぎて、偏財・正財の力を奪ってしまうのです。経済観念が薄く、浪費癖を持つことがあります。自分の財を奪う人に出会うこともあります。
- 兄弟間の義理人情が薄いことも暗示します。
- 大運で比肩・劫財に出会うと、人のたくらみにはまり、財をなくすことを暗示します。大運で七殺・正官の時期には運に恵まれています。
- 性格は、外からは和やかで親しみやすく、他人の意見を聞くようにみえますが、実際には利己主義で、冷たいところがあります。
- 公職は向いていません。
- 配偶者を傷つけて再婚する可能性があります。

●身旺で命式図に比肩・劫財が多く、食神・傷官が少ない。
- 七殺・正官が吉星です。大運に正官のある時は昇進するでしょう。また大運に偏財・正財がある時、財も増えて運勢はよくなります。しかし、大運で食神・傷官、比肩・劫財の時はよくありません。

●身旺で命式図に比肩・劫財が多く、偏財・正財が少ない。
- 父と妻との縁が薄くて、夫婦が不仲なことがあります。これが発展すると離婚にまで至ることがあります。

●身旺で命式図に比肩・劫財が多く、偏財・正財、七殺・正官がない。

・一生お金に苦労する暗示です。

・大運が偏財・正財、七殺・正官の吉星に出会っても、大きな福はありません。

・大運が食神・傷官の時にはよくなります。

・大運が比肩・劫財の時は、貧困、災難などの暗示があります。

比肩

●身旺で命式図に比肩・劫財が多く、七殺・正官がある。

・とても個性的で、ひとりよがりなところがあるので、他の人といっしょに事業をすることは難しいでしょう。

・技術者、軍人、スパイ、あるいは発明家などは適性があります。熱意を持って取り組めば、過激な性格もある程度抑制することになり、災いが福に転じたり、損失を利益に変じたりすることができます。横暴な態度も強い指導力に変わり、事業も成功する可能性があります。

●身旺で命式図に比肩が多く、偏印・印綬がある。

・他人を顧みず、他の人の助けを受け入れようとしないところがあります。

・「わがままな人」あるいは「利己的な人」ととられることもあるでしょう。七殺・正官があれば、この特性は少し緩和できます。

●身旺で命式図に比肩が多く、正官と七殺がない。

・責任感がなく毎日ぶらぶらと束縛のない生活を送りがちです。精力過剰は必ず事故を引き起こし、妻を傷つけ、金銭問題となります。

・比肩の力が強い場合には、兄弟姉妹が多く、勝ち気で上司の前でも遠慮がないため、排除されることがあります。女性は晩婚になりやすいです。父にも理解を得られないでしょう。

●身旺で命式図に比肩・劫財が多く、偏印・印綬も多く、食神・傷官がない。

・知恵と才気を順調に発揮することができず、口数が少なく自己中心でわがまま、他人と妥協しません。金儲けも苦手で一生苦労するでしょう。

●身旺で命式図の日支と月支に比肩、天干に劫財がある。

・夫婦間に悲しいことが多い暗示です。離婚の可能性もあります。

・男性は妻が病弱なことがあります。本人はわがままで自由にふるまい、他の異性といい加減な関係を持つことがあります。頑固でひとりよがりで、ひとつの感情に専念できなくなることが問題です。

●身旺Aで命式図に比肩があり、七殺・正官がない。

・危険が大きくなり、激しい人生になりやすいでしょう。

■運命分析の実例2　汪兆銘（中国近代の政治家）　348ページ参照

●身旺で年柱に比肩がある。

・兄と姉あるいは養子がいるために、自分は独立し分家する傾向があります。

・若いころはどちらかというと金銭に恵まれないでしょう。

●身旺で月柱に比肩がある。

・親や兄弟との縁が薄いでしょう。

・独立して資産管理を仕事とする能力があります。

●身旺で日支に比肩がある。

・配偶者に不利という暗示です。離婚や婚約破棄などの暗示もあり、晩婚になることが多いでしょう。もし日支が比肩で冲になると、配偶者は遠く離れたところへの旅は注意が必要です。

●身旺で時柱に比肩がある。

・子どもとの縁は薄いでしょう。

★身弱にとっての比肩

●吉星は比肩・劫財、偏印・印綬。

●身弱で命式図に比肩・劫財がある。
・身弱にとって、七殺・正官、食神・傷官、偏財・正財などの星は強すぎます。吉星である偏印・印綬か、比肩・劫財で身を助けます。
・特に、比肩・劫財が身を助けます。比肩・劫財は、自分をあらわす日干と同じような意味を持つため、身弱の場合、日干を助けてくれます。
・大運で印綬、比肩・劫財の時に運勢はよくなります。運勢を弱める七殺・正官、食神・傷官、偏財・正財の時は注意しましょう。
・兄弟、友達と仲がよく、兄弟や友達の助けを得て成功することができます。社会でも良好な人間関係を持つことができます。

●身弱で命式図に比肩・劫財があり、七殺・正官が多い。
・比肩・劫財が身を助け、七殺・正官と対抗することができるようになります。

●身弱で命式図に比肩・劫財があり、食神・傷官が多い。
・この例の命式図では、比肩・劫財が身を助けます。

時柱	日柱	月柱	年柱	
庚（金＋） 食神	戊（土＋）	辛（金－） 傷官	癸（水－） 正財	天干
申（金＋） 食神	戌（土＋） 比肩	酉（金－） 傷官	丑（土－） 劫財	地支

●身弱で命式図に比肩・劫財があり、偏財・正財が多い。
・比肩・劫財が身を助け、財を手にすることを望めます。

222

★★劫財 <ruby>劫財<rt>こうざい</rt></ruby>

●反抗的、高慢、強気。争いを好むなどの特徴があります。

●人間関係では、友人、兄弟・姉妹をあらわします。

●性格の長所は、率直で情熱的、根性があり意思が明確で屈服しないところがあります。

●性格の短所は、盲目的になりやすく、理性に欠け衝動的なところがあります。横暴になることもあります。

●比肩と劫財は同じ意味を持つことがあります。

★身旺にとっての劫財

●吉星は食神・傷官、偏財・正財、七殺・正官。

●身旺で劫財が元命。
■運命分析の実例3　松下幸之助（松下電器創業者）　350ページ参照

●身旺で命式図に比肩・劫財が多い。
・「比劫争財」といって、偏財・正財、七殺・正官などの吉星が少しあった
　としても、財運がよくないことを暗示します。比肩・劫財が旺盛過ぎて、
　偏財・正財の力を奪ってしまうのです。経済観念が薄く、浪費癖を持つこ
　とがあります。自分の財を奪う人に出会うこともあります。
・兄弟間の義理人情が薄いことも暗示します。
・大運で比肩・劫財に出会うと、人のたくらみにはまり、財をなくすことを
　暗示します。大運で七殺・正官の時期には運に恵まれています。
・性格は、外からは和やかで親しみやすく、他人の意見に従うことができる
　ようにみえますが、実際には利己主義で、冷たいという二重の個性を持ち
　ます。
・公職は向いていません。
・配偶者を傷つけて再婚する可能性があります。

●身旺で命式図に比肩・劫財が多く、食神・傷官が少ない。
・七殺・正官が吉星です。大運に正官のある時は昇進するでしょう。また大
　運に偏財・正財がある時、財も増えて運勢はよくなります。しかし、大運
　で食神・傷官、比肩・劫財の時はよくありません。

●身旺で命式図に比肩・劫財が多く、偏財・正財が少ない。
・父と妻との縁が薄くて、夫婦が不仲なことがあります。これが発展すると
　離婚にまで至ることがあります。

●身旺で命式図に比肩・劫財が多く、偏財・正財、七殺・正官がない。

・一生お金に苦労する暗示です。

・大運が偏財・正財、七殺・正官の吉星に出会っても、大きな福はありません。

・大運が食神・傷官の時にはよくなります。

・大運が比肩・劫財の時は、貧困、災難などの暗示があります。

●身旺で命式図に比肩・劫財が多く、七殺・正官がある。

・とても個性的で、ひとりよがりなところがあるので、他の人といっしょに事業をすることは難しいでしょう。

・技術者、軍人、スパイ、あるいは発明家などは適性があります。熱意を持って取り組めば、過激な性格もある程度抑制することになり、災いが福に転じたり、損失を利益に変じたりすることができます。横暴な態度も強い指導力に変わり、事業も成功する可能性があります。

■運命分析の実例4　崇禎帝（中国明朝第17代皇帝）　352ページ参照

●身旺で命式図に比肩・劫財が多く、偏印・印綬も多く、食神・傷官がない。

・知恵と才気を順調に発揮することができず、口数が少なく自己中心でわがまま。他人と妥協しにくいでしょう。金儲けも苦手で一生苦労するでしょう。

●身旺で命式図に劫財が多い。

・大運で吉星にめぐり会えば、現代社会で成功するタイプです。

・証券業、不動産業などの投機的な職業を好みます。ギャンブルも好きです。しかし、賭け事に走るとうまくいきません。

・誠実さに欠けるところがあります。

・財が集まりにくい暗示です。散財には常に警戒が必要です。

●身旺で命式図に劫財が多く、食神・傷官がある。
・食神・傷官で財を生み出して、人を助け、人に好かれます。しかし、人から誤解を招くこともありますから注意してください。

●身旺で劫財が命式図の年柱にある。
・先祖と親の財産を受け継ぎにくいですが、資産管理を好み正義感があります。

●身旺で劫財が命式図の月柱にある。
・財が集まりにくいといえます。実際にお金が手元にはまだないのに、支出の計画してしまいます。自尊心が強くて、外見を重んじるところもあります。

●身旺で劫財が命式図の日支にある。
・結婚の縁が薄く晩婚です。

●身旺で劫財が命式図の時柱にある。
・子どもとの縁が薄いでしょう。

●身旺で元命が劫財で、偏財・正財が多い。
・富貴の運命です。下の例のような命式図です。

時柱	日柱	月柱	年柱	
丙（火＋）偏財	壬（水＋）	丙（火＋）偏財	乙（木－）傷官	天干
午（火＋）正財	申（金＋）偏印	子（水＋）劫財	酉（金－）印綬	地支

●身旺で元命が劫財で、時柱に偏財・正財がある。
・晩年、お金持ちになれます。

●身旺で元命が劫財で、年柱に偏財・正財と正官がある。

・必ず祖先の功徳を受けられます。

劫財

▲身旺にとっての「羊刃になる劫財」

日干が戊を除く陽の時、劫財は羊刃となります。日干が甲は卯、丙は午、庚は酉、壬は子の十二支に会う時に、それぞれ卯、午、酉、子は羊刃となります。そして甲は乙、丙は丁、庚は辛、壬は癸に会う時は、それぞれ乙、丁、辛、癸は羊刃の中の「飛刃」になります。羊刃が強くあらわれると危険を暗示します。

●身旺で命式図に「羊刃になる劫財」がある。
・もともとの意味は、短気、凶暴、頑固、貪欲です。
・望みを高く持ち、進退することに迷いがあるでしょう。
・冷酷非情になることがあります。
・悪党の仲間になるかもしれません。
・持病や伝染病にかかりやすく、目、耳が不自由なことがあります。
・愛人の子どもや、家族を離れ養子になることがあります。
・苦労が多くのんびりすることが少ないでしょう。
・男性は、父と妻を傷つけることがあります。
・女性は、夫と子を傷つけることがあり、浮気することが多いでしょう。

■運命分析の実例5　楊杏佛（中国近代の文人）　354ページ参照
■運命分析の実例6　美空ひばり（昭和の大歌手）　356ページ参照

●身旺で「命式図に羊刃になる劫財」があり、大運・年運で羊刃になる時。
・大運で羊刃の時期は気をつけてください。物事は順調ではなくなり、財産を失うか、支出が収入より多くなるでしょう。
・大運と年運がともに羊刃になると、災難に遭う可能性がとても高くなります。また、命式図に羊刃と合か沖があり、大運・年運で合か沖になる時も、凶になります。

●身旺で命式図に「羊刃になる劫財」と偏財・正財がある。
・富貴を暗示しています。

●身旺で命式図に「羊刃になる劫財」と七殺がある。
・権威が備わり、成功するでしょう。例えば、軍隊でいえば将軍になれるほどの特別な人になるでしょう。大運が七殺の時は福があります。

●身旺で命式図に「羊刃になる劫財」と偏印・印綬があり、七殺がない。
・大運で七殺に会うと、より福が厚くなります。

●身旺で命式図に「羊刃になる劫財」と合・冲・刑がある。
・凶意は強いですが、七殺があれば制することができます。大運が七殺・正官の時期になれば、運命がよくなり、大物になります。
・三刑か自刑があると、故郷を離れ、立身出世することがあるでしょう。

●身旺で元命が「羊刃になる劫財」。
・富貴の運勢です。ただし、大運が比肩・劫財、偏印・印綬の時は注意しましょう。食神・傷官、偏財・正財の時はよくなります。また、結婚には不安要素が付きまとうでしょう。

■運命分析の実例 7　保利茂（政治家・衆議院議長）　358 ページ参照
■運命分析の実例 40　安倍晋三（日本の元首相）　424 ページ参照

229

・この命式図では、冬の壬にとって、丙は大切な吉星であることを示します。命式図のバランスがすばらしい「富貴命」(財産と社会的地位に恵まれる)です。財(偏財・正財)と官(七殺・正官)が強くあらわれるよい運勢です。幸せになり、豊かに暮らせる運命の命式図です。

時柱	日柱	月柱	年柱	
丙 (火+) 偏財	壬 (水+)	丙 (火+) 偏財	己 (土-) 正官	天干
辰 (土+) 正財	申 (金+) 偏印	子 (水+) 劫財 羊刃	酉 (金-) 印綬	地支

・この命式図では、夏の丙にとって、壬は最高の吉星であることを示します。バランスがすばらしい「富貴命」(財産と社会的地位に恵まれる)です。財(偏財・正財)と官(七殺・正官)が強くあらわれるよい運勢です。幸せになり、豊かに暮らせる運命の命式図です。

時柱	日柱	月柱	年柱	
壬 (水+) 七殺	丙 (火+)	甲 (木+) 偏印	辛 (金-) 正財	天干
辰 (土+) 食神	申 (金+) 偏財	午 (火+) 劫財 羊刃	丑 (土-) 傷官	地支

★身弱にとっての劫財

●吉星は比肩、劫財、偏印、印綬。

●身弱で命式図に比肩・劫財がある。

・身弱にとって、七殺・正官、食神・傷官、偏財・正財などの星は強すぎます。吉星である偏印・印綬か、比肩・劫財で身を助けます。

・特に、比肩・劫財が身を助けます。比肩・劫財は、自分をあらわす日干と同じような意味を持つため、身弱の場合、日干を助けてくれます。

・大運で印綬、比肩・劫財の時に運勢はよくなります。運勢を弱める七殺・正官、食神・傷官、偏財・正財の時は注意しましょう。

・兄弟、友達と仲がよく、兄弟や友達の助けを得て成功することができます。社会でも良好な人間関係を持つことができます。

●身弱で命式図に比肩・劫財があり、七殺・正官が多い。

・比肩・劫財が身を助け、七殺・正官と対抗することができるようになります。

●身弱で命式図に比肩・劫財があり、食神・傷官が多い。

・この命式図では、比肩・劫財が身を助けます。

時柱	日柱	月柱	年柱	
庚（金＋） 食神	戊（土＋）	辛（金－） 傷官	癸（水－） 正財	天干
申（金＋） 食神	戊（土＋） 比肩	酉（金－） 傷官	丑（土－） 劫財	地支

●身弱で命式図に比肩・劫財があり、偏財・正財が多い。

・比肩・劫財が身を助け、財を手にすることが望めます。

時柱	日柱	月柱	年柱	
己（土−） 劫財	戊（土＋）	壬（水＋） 偏財	壬（水＋） 偏財	天干
未（土−） 劫財	寅（木＋） 七殺	寅（木＋） 七殺	申（金＋） 食神	地支

▲身弱にとっての「羊刃になる劫財」

身弱の人にとっては、羊刃は吉星です。

■運命分析の実例 38　佐藤栄作（日本の元首相）　420 ページ参照

●身弱で命式図に「羊刃になる劫財」がある。
・羊刃は吉星ですが、大運が七殺・正官と偏財・正財の時は注意しましょう。

●身弱で時柱に「羊刃になる劫財」があって、月柱に七殺がある。
・地位の高い人になります。

時柱	日柱	月柱	年柱	
甲（木＋） 偏印	丙（火＋）	己（土−） 傷官	辛（金−） 正財	天干
午（火＋） 劫財 羊刃	戌（土＋） 食神	亥（水−） 七殺	酉（金−） 七殺	地支

●身弱で命式図に偏財・正財が多く、大運が「羊刃になる劫財」の時。
・月干と日支に偏財・正財が多い時、「羊刃になる劫財」は特に吉星です。
・大運が「羊刃になる劫財」の時、運勢はよくなります。

時柱	日柱	月柱	年柱	
甲（木＋） 七殺	戊（土＋）	壬（水＋） 偏財	癸（水−） 正財	天干
戌（土＋） 比肩	子（水＋） 正財	卯（木−） 正官	酉（金−） 傷官	地支

234

★★食神

●生まれながら親の恩恵を十分に受けて、金銭や衣食住に恵まれ、健康長寿が暗示されていますから、安らかな一生を送ることができるでしょう。

●食神の性格はおとなしくて上品、おもいやりがあり人との付き合いがよいといえます。しかし、うそや偽りがあったり、立場があいまいだったり、気が弱いこともあります。

●食神は、枠にとらわれないことを意味します。

●食神は吉星といわれ、芸術の星でもあります。有名な女優、俳優は元命が食神の場合が多くみられます。

●人間関係では、女性にとって娘をあらわします。

●食神の特徴は、

・財を手に入れるチャンスがあります。

・おいしいものを食べられるチャンスがあります。

・怠けもので、ぶらぶらと遊び暮らし、働くのを嫌がる傾向があります。

・金使いが荒く、節約ができないでしょう。

●食神が多ければ、喜怒哀楽がよくあらわれ、話好きで、隠し事ができず、事業を行えば楽観し過ぎて失敗を招くことがあります。

●食神は偏財・正財を助け、七殺・正官を抑制します。

●食神は日干と比肩・劫財の勢いを消耗させます。

●食神が多すぎると、その人はせっかちで、自分のことだけを考えることが多いようです。

●日支に食神があり、しかもそれが用神になっていて、時柱に偏印がある。

・女性は晩年に孤独になりやすく、難産か息子を失う可能性があります。

・男性は晩年に孤独になりやすく、妻が病気がちである可能性があります。

●女性で食神が多く、偏財・正財が多い時。

・子どもは賢くて、夫は成功できるでしょう。偏財・正財と七殺・正官が少ない場合には、息子は成功できますが、夫の成功は難しいでしょう。

●日干が木で火の食神は、頭脳明晰、学問優秀、社会的名声を得ます。ただし名誉は得やすく失いやすいでしょう。

●日干が火で土の食神は、性情温和で、気前がよいでしょう。

●日干が土で金の食神は、芸術的才能、文才、商業的才能があります。

●日干が金で水の食神は、頭脳明晰、博学多才、雄弁行動的です。

●日干が水で木の食神は、性格明朗、学問ができて、文才があります。

★身旺にとっての食神

●吉星は食神、偏財・正財。

●身旺で命式図に食神が多い。
・傷官、偏財・正財、七殺・正官などの星はより運勢をよくします。元気で、よく食べ健康を保ちます。命式図に吉星があれば、金持ちになり、有名になれるでしょう。金持ちになり、食を愛し、こころも広く、一生のんびり過ごすでしょう。長生きで幸せな人生になります。

●身旺で命式図に食神が多く、印綬がある。
・日干の隣に印綬があれば、消化器系は良好で、体格もしっかりして、飲食好きで、頭がよくて、才能豊かな人で、外見もよいといえます。

●身旺で命式図に食神がある。
・食神で命式のバランスがよくなります。命式図の偏印が、食神を制してしまうと運勢は悪くなってしまいます。
・身旺で食神のある人は、大運で偏印の時期には気をつけてください。また、食神が庚であれば、丁の印綬の時期も注意してください。

●身旺で命式図に食神があり、七殺がある。
・命式図で食神と七殺とが離れていて、食神が七殺を制さない時、大運で偏財・正財、七殺の時は運がよくなります。

●身旺で食神が年柱にある。
・年柱に食神がある時には、先祖の遺産を受け継ぐことができ、また事業も発展できるでしょう。

●身旺で食神が月柱にある。
・月干が食神で月支が正官であれば、その人は運がよく、政界や公職につい

た時、成功するでしょう。

・月支に食神があると、からだは太りやすくて温厚でしょう。

●身旺で食神が日支にある。

・人付き合いがよくて、衣食住に満足できるタイプでしょう。

●身旺で食神が時柱にある。

・晩年は幸せに暮らせる暗示があります。ただし時柱に食神と偏印の両方が
あれば要注意です。孤独と夭折の暗示があります。

★身弱にとっての食神

●吉星は比肩・劫財、印綬。
・身弱の食神にとって、比肩・劫財は最もよい星です。

●身弱で命式図に食神が多い。
・からだが弱く病気がちです。頭がよくても外にはそれがあらわれず、時にはカ不足を感じさせることがあります。
・女性の場合、早産する心配があります。
・大運で印綬に会えば運勢はよくなります。しかし、大運で悪い星にめぐり会うと挫折して地位も名誉も失ってしまう可能性があります。

■運命分析の実例8　アドルフ・ヒトラー（ドイツ第三帝国総統）

360ページ参照

●身弱で命式図に食神があり、七殺・正官が多い。
・食神は七殺を制することができるので、全体運はよくなります。しかし、大運で偏印・印綬に会うと運は悪くなります。

●身弱で命式図に食神があり、偏財・正財があり、偏印・印綬がない。
・大運で比肩・劫財、偏印・印綬に会えば運勢はよくなります。

240

★★傷官 ^{しょうかん}

●知恵、理性、投機の才、芸術の才をあらわします。

●吉凶が極端な星です。一般的には吉星である正官を破る力があるところから傷官といわれ、凶星とみられます。

●傷官は強く働く運命星で、元命が傷官の人は人生の波が激しく、故郷を早くに離れ、外国など遠いところで成功するようなタイプです。

●傷官の働きは運命星の組合せと季節によっても激しい落差があります。中には蒋介石のような偉人も出れば、程度の低い、卑劣で恥知らずな人も出ます。

●傷官の性格は、賢く活発で才気があふれており、負けず嫌いです。そしてわがままで、抑制することができない傲慢なところも持っています。

●傷官が多すぎる人は、才能豊かで、気高く、負けず嫌いで、男気があります。でしゃばりなところもあります。

●人間関係では、女性にとって息子をあらわします。

●傷官は、寵愛を受ける人に似ています。命式図に傷官が多く、もともと力のある偏印・印綬がなければ、聡明でプライド高い人といえるでしょう。例えば法令を軽視し、自己を過大評価し虚栄心を持っているはずです。そして、世間話が好きですが、礼儀作法を守ろうともしないでしょう。こういった人は上司であれば厳しく、部下ならばルールを守らない人です。

●傷官が多く、財源を引き出すための偏財・正財がなければ、一生奔走してあくせく苦労し、のんびりとはしていられないようです。賢くても金銭に恵まれず貧しい人となります。

●傷官が多く、偏財・正財が多すぎる場合には、貪欲で飽くことを知らずいつまでも満足しません。

●元命が傷官の人は、よい運期に当たれば、才能にあふれ、人から注目され敬服させることができるでしょう。しかしもし不運の時期ならば、法律の目をかいくぐって危険をおかし、不正の金を手に入れます。もし四柱で傷官と七殺の両方が強いと、反逆者性があります。大運が逆境になれば、不良になることがあります。

●傷官が命式図に強くあらわれれば、頭がよくて、経営上手、会社の経営者になれる人材でしょう。

●命式図に傷官が多くある子どもは、芸術、音楽、スポーツ、科学などひとつ特別な技術を身につけさせるとよいでしょう。傷官の本来の性格を正しい道に導くことができ、大きな成長が望めるでしょう。

●傷官のある人は、頭はよいのですが、個性が過激です。そのため、人格的にあまりおだやかではありません。人に嫌われ、不幸と失敗を招くことがあるので注意してください。根気がなく急いで利益を追求するあまり、実現できない理想が多く着実ではありません。その上とても率直に、かつ他人のいわないようなことを大胆にいい出して、時には不注意で他人を傷つけることや他人に辛抱を強要することがあります。

●傷官は、食神と同じく枠にとらわれないことを意味します。そのために鋭い中身があらわれてくると、まわりの人のことを気にしないようになり、才能があっても嫉妬されることが多いでしょう。

●傷官の人は経験することで多くの知識を得て、十分に世界中をわたっていけるでしょう。傷官は多様さを意味します。

●傷官の人は外向的で、女性は夫を選ぶ時は慎重さを欠き贅沢で外面的なものを好みます。

●傷官は利己的で、自分の発展を重んじます。食神も傷官と同様に、自分が生む神で、利己的です。しかし、協力的ではなく競争的です。その才能を発揮すれば、芸術分野で成功することができます。協力的になれば、人のお陰で利益が得られるでしょう。

●傷官が多い命式図に印綬があれば、傷官の反逆者としての精神を和らげることができます。

●傷官の人はほとんどが上品で美しい容貌をしています。特に金と水か木と水の傷官の人はそうです。命式図に正財、偏財があれば、よりいっそうきれいな人です。

●傷官が多い人は性欲が強くて、肉体的の快感から空虚なこころを満たそうと期待します。しかも多情で二重の感情が自分の中に存在して、家庭内の争いごとを引き起こすことがあります。女性にとっては、傷官が強すぎる

と、あまりよくありません。それは、夫をあらわす正官を制することになります。

●日干が木で火の傷官は、頭がよく、才能あふれる人です。

●日干が火で土の傷官は、自尊心が強く、弁舌さわやかで、商才があります。

●日干が土で金の傷官は、清く優秀で、教育やものをつくる才能が卓越しています。

●日干が金で水の傷官は、清廉潔白で、理知的、推理力、数理の才能があります。

●日干が水で木の傷官は、性格は快活で、知識豊富、文章能力があります。

●「傷官見官」

・傷官と正官の2つの本性は相反しています。正官の意味は人に利益をもたらし、傷官は利己的です。傷官と正官は双方の星がぶつかり合うと、力を相殺してしまいます。これを「傷官見官」といいます。傷官と正官は隣り合わせにあると災いになります。特に月柱か日支に正官があり、傷官が隣り合わせにあると、凶意が強くなります。また、身弱のほうが強く影響されます。ただし、偏印・印綬があると傷官を制するので、影響は弱められます。また、命式図に傷官があり、大運が正官の時も、刑事事件、裁判訴訟、けが、事故、破産、病気、離婚など、十分に注意しなければなりません。ただし、冬（亥、子の月）の傷官は例外で正官を吉星にします。

●「傷官泄秀」

・身旺で、比肩・劫財が多く、七殺・正官がないと、食神・傷官で中和することが必要です。これは泄秀といいます。この時、命式図に偏財・正財があれば、比肩・劫財が食神・傷官を生み、食神・傷官が財を生み、その財を自分で使えるでしょう。

・身弱で食神・傷官が強すぎるとよくありません。その時には比肩・劫財があれば救われます。または偏印・印綬で食神・傷官の影響を少なくすればよいでしょう。大運でも同じ見方ができます。

★身旺にとっての傷官

●吉星は、傷官、偏財・正財。
・身旺にとって傷官は吉星になります。命式図に傷官があると勢いがあります。

●身旺で傷官が元命。
■**運命分析の実例 9　太宗皇帝（中国清朝第 2 代皇帝）　362 ページ参照**
■**運命分析の実例 10　康有為（中国近代の思想家・政治家）**

364 ページ参照
■**運命分析の実例 11　梅蘭芳（中国の京劇俳優）　366 ページ参照**

●身旺で傷官が吉星になる。
■**運命分析の実例 12　蒋介石（中国近代の政治家）　368 ページ参照**

●身旺で命式図の月支と干に傷官があり、三合があって正官がない。
・とてもよい運勢です。

●身旺で命式図に傷官があり、偏財・正財がある。
・大運で偏財・正財にめぐり会う時に運勢はよくなり、比肩・劫財に出会うと悪くなります。

●身旺で命式図に傷官、比肩・劫財が多く、偏財・正財がある。
・地位もお金も手に入れ、のんびりした生活が送れるでしょう。

★身弱にとっての傷官

●吉星は、比肩・劫財、偏印・印綬。

●身弱で命式図に傷官が多い。
　一生苦労する暗示があります。

●身弱で命式図に傷官がある。
・偏印・印綬があると身を支えます。偏財・正財がなければ運はよくなりますが、偏財・正財があると、偏印・印綬を制してしまい運は悪くなります。
・正官と傷官が隣にあると「傷官見官」の影響で悪くなります。しかし偏印・印綬があると傷官を制するので、「傷官見官」の影響は弱められます。大運が正官になると、傷官と衝突してしまい災いを招きます。不意の災害には十分に注意して防ぐようにしてください。偏印・印綬、比肩・劫財に会えばよい運勢になるでしょう。七殺、偏財・正財の時期には注意してください。ただし、冬（亥と子の月）の傷官は例外で正官を吉とします。
・七殺があれば病気に注意してください。

■運命分析の実例 13　ノイマン（コンピュータの発明者）
　　　　　　　　　　　　　　　　　　　　　　　　370 ページ参照
■運命分析の実例 14　洗冠生（中国の実業家）　372 ページ参照

●身弱で元命が傷官で、命式図に比肩・劫財があり、偏印・印綬がない。
・偏印・印綬がなくても、比肩・劫財があれば幸運になれます。
・大運で比肩・劫財、偏印・印綬、に出会えばよい運になります。しかし食神・傷官、偏財・正財、七殺・正官の時期には運は悪くなります。

●身弱で傷官が命式図の年柱にある。
・父親と母親のどちらかを早く亡くす暗示があります。

●身弱で傷官が命式図の月柱にある。
・兄弟を早く亡くす可能性があります。

●身弱で傷官が命式図の日支にある。
・男性は賢い妻を迎えられない暗示があります。

●身弱で傷官が命式図の時柱にある。
・子どもが凶暴で頑固になることがあります。

傷官

248

★★偏財

●流動資産、野心、物欲、事業、地位をあらわします。偏財は正財より広い財源を意味します。

●中国では、偏財を「衆人の財」といいます。たくさんの人たちから集まる財という意味です。商売で集まる財とも考えます。偏財は親の財を譲り受けるのではなく自分で築く財をあらわします。

●偏財の長所は、気前がよく、賢くて、楽観的です。

●偏財の短所は、着実ではなく、贅沢で多情です。

●偏財は正財よりも激しい星です。自分勝手になりやすく、男女とも気が多いため、恋愛上のトラブルを起こす傾向があります。

●人間関係では、父親をあらわします。男性にとっては恋人・愛人もあらわします。

●偏財の特徴は、

・意外な財があって、働かなくても財があります。

・意外なチャンスにめぐり会います。

・恋愛関係に陥りやすいところがあります。

・結婚運がよく、求めれば簡単にできます。

●偏財が多いと、お金を軽んじ義理を重んじる人になるようです。そしてチャンスを捉えると金儲けすることができます。しかも一生に多くの奇遇があるため、いつも意外な収穫を得ます。特に金銭関係や女性関係では、しばしば劇的な別れと出会いがあります。異性と交際できるように計略的に上手にことを処理する能力があります。

●偏財の人は男気があり、他人を助けて人から感謝されます。そして財物を軽視する傾向があります。このタイプの人は活動家で、人と交流することが好きで、気前がよく、口がうまく、ものに対する目は鋭くて、経済的ですから実業家型です。

★身旺にとっての偏財

●吉星は、食神、偏財・正財、七殺・正官。
・身旺の偏財・正財にとって、比肩・劫財はよくありません。比肩・劫財は偏財・正財を奪います。

●身旺で偏財が元命。
■運命分析の実例 15　張学良（中国近代の軍人・政治家）

374 ページ参照

■運命分析の実例 16　袁世凱（中国近代の軍人・政治家）

376 ページ参照

●身旺で偏財が吉星になる。
■運命分析の実例 17　本田宗一郎（本田技研工業創業者）

378 ページ参照

■運命分析の実例 18　郭沫若（中国近代の政治家・文学者）

380 ページ参照

●身旺で命式図に偏財・正財が多い。
・正官、食神・傷官が吉星です。地位も上がりお金も増え成功します。正官が干にあり、偏財・正財が支にあれば、高い地位にまで登りつめることができるでしょう。

●身旺で命式図に偏財・正財が少ない。
・よくからだを動かして働き、努力して苦労に耐え、何事においても自ら手本を示して、強靱な忍耐力でお金を儲けるでしょう。

●身旺で命式図に偏財・正財があり、比肩・劫財が多く、正官か傷官がある。
・財の星が正官を生み、その力で比肩・劫財を抑えるか、傷官で抑えれば幸せになれるでしょう。お金持ちになる暗示です。

●偏財が傷官に大運で出会うか、命式図で隣り合わせにある。

・傷官が正財、偏財を生みます。遠大な抱負と気迫があって、チャンスをつかむとお金が入ってきます。また、多情になることもあります。

●身旺Aで命式図に偏財・正財がある。

・大運が比肩・劫財、偏印・印綬の時、危険と災いに遭います。この例は、先ほどみた、張学良です。もう一度命式図をみてください。

●身旺Bで命式図に偏財・正財が多く、比肩があり、七殺・正官がある。

・富貴の運命です。

●「財旺生官」

・身旺で命式図に偏財・正財が多く、正官が少ない時、大運が七殺・正官に会えば吉の運になります。それは、財の星が官の星を支えるからです。

偏財

★身弱にとっての偏財

●吉星は、比肩・劫財、偏印・印綬。

●「財旺身衰」＝身弱で命式図に偏財・正財が多い。

・身弱で自分自身の力が不足し、財が多くてもその力を使うことが難しいという意味です。3歳の児童が50キロのものを持ち上げられないのと同じです。大運が七殺・正官の時、偏財・正財が七殺・正官を強くして、自分自身を制してしまい運が悪くなります。食神・傷官の時も偏財・正財を強くして活力を与えてしまい運が悪くなります。比肩・劫財の時は運がよくなります。また、偏印・印綬の時もよい時期です。

●身弱で命式図に偏財・正財が多い。

・男性は妻に対して弱く、妻が家庭の権力を握るでしょう。しかし、偏財・正財が日支にあると妻のお陰でお金持ちになれる暗示もあります。

・正財と偏財が混在する時は、不倫問題が起きたりして家庭内の争いごとや騒動が起きるので、注意してください。しかし、大運が比肩・劫財の時は安定します。偏財・正財が七殺を生むとより凶意が強くなり、一生苦労するでしょう。

●身弱で命式図に偏財・正財が多く、比肩・劫財がある。

・比肩・劫財があれば運はよいといえるでしょう。また、大運でも比肩・劫財の時が運のよい時期です。お金も入ってくるでしょう。偏財・正財が多くても、比肩・劫財があれば恐れる必要はありません。

●身弱で偏財が傷官に大運で出会うか、命式図で隣り合わせになる時。

・運が弱ければ、地位も名誉も失ってしまうかもしれません。

● 「財星破印」

・身弱で命式図に偏財・正財と偏印がある時、偏印は吉星となりあなた自身をあらわす日干を支えてくれます。しかし、大運で偏財・正財の時、この偏印を剋してしまい運が悪くなります。これを「財星破印」といいます。

・財星破印の時は故郷を離れたり、職業不定になったり、学業を修めることができず、金銭トラブルに巻き込まれます。また、母親を早く亡くしたり、からだが弱く病気がちであったりします。また、引越しが多く、深い学問を修めることができなかったり、嫁姑関係の問題が起こったりします。影響が小さければ職務を失うことなどがあり、影響が大きければ刑務所に入所したり、お金のために命を失ったりなどするかもしれません。

偏財

254

★★正財（せいざい）

●安定、発展、固定資産、地位、信用をあらわします。

●正財は吉星といわれます。性格は勤勉で節約家、まじめで働き者です。賢く、誠実なのですが、ケチなところがあり、自己満足してしまい前へ進めずに無能になってしまうことがあります。

●正財は財産と金運の星です。家族の遺産、財産、給料という意味もあります。親に恵まれ、一生衣食住に不自由しないことをあらわします。

●人間関係では、男性にとっては妻、女性にとっては父親をあらわします。

●正財は安定している星ですから、身旺や身弱による吉凶の落差は激しくありません。

●正財の特徴は、

・勤勉で、努力すれば成功できるでしょう。

・常識的な見方と方法で達成できるでしょう。

・努力すると、必ず実るでしょう。

・時が熟すればことは自然に成り立ち、成功できるのであせらなくてもよいでしょう。

●正財は商売を行う時には誠実で、原則を守ります。近道を考えたり危険をおかしたりしない正攻法が成功の道です。財の星と自分をあらわす日干の力のバランスがとれていると、お金を儲けることは楽になります。

●正財はお金を慎重に使い、簡単に金銭を他人に与えるようなことをしないことを意味しています。

●正財が命式図の月柱にあると、勤勉で、両親にお金があり、親の助力を得ることができるでしょう。

●正財が命式図の日支にある男性は、妻の支えでお金が手に入ります。

●正財が命式図の時柱にあると、よい子どもに恵まれるでしょう。

正財

★身旺にとっての正財

●吉星は、食神、偏財・正財、七殺・正官。
・身旺の偏財・正財にとって、比肩・劫財はよくありません。比肩・劫財は偏財・正財を奪います。

●身旺で正財が元命。
■運命分析の実例 19　宋慶齢（孫文夫人・中華人民共和国名誉主席）
382 ページ参照

●身旺で命式図に偏財・正財が多い。
・正官、食神・傷官が吉星です。地位も上がりお金も増え成功します。正官が干にあり、偏財・正財が支にあれば、高い地位にまで登りつめることができるでしょう。

●身旺で命式図に偏財・正財が少ない。
・よくからだを動かして働き、努力して苦労に耐え、何事においても自ら手本を示して、強靱な忍耐力でお金を儲けるでしょう。

●身旺で命式図に偏財・正財があり、比肩・劫財が多く、正官か傷官がある。
・財の星が正官を生み、その力で比肩・劫財を抑えるか、傷官で抑えれば幸せになれるでしょう。お金持ちになる暗示です。

■運命分析の実例 20　ロジェ・ラフォーレ（フランス BIC 社オーナー）
384 ページ参照

●身旺 A で命式図に偏財・正財がある。
・大運が比肩・劫財、偏印・印綬の時、危険と災いに遭います。

●身旺Bで命式図に偏財・正財が多く、比肩があり、七殺・正官がある。

・富貴の運命です。

● 「財旺生官」

・身旺で命式図に偏財・正財が多く、正官が少ない時、大運が七殺・正官に
　会えば吉の運になります。それは、財の星が官の星を支えるからです。

●身旺で正財が命式図の年柱にある。

・先祖からの財産があるでしょう。

正財

★身弱にとっての正財

●吉星は、比肩・劫財、偏印・印綬。

●「財旺身衰」
・身弱で自分自身の力が不足していると、偏財・正財の財が多くてもその力を使うことが難しいという意味です。3歳の児童が50キロのものを持ち上げられないのと同じです。大運が七殺・正官の時、偏財・正財が七殺・正官を強くして、自分自身を制してしまい運が悪くなります。食神・傷官の時も偏財・正財を強くして活力を与えてしまい運が悪くなります。比肩・劫財の時は運がよくなります。また、偏印・印綬の時もよい時期です。

●身弱で命式図に偏財・正財が多い。
・男性は妻に対して弱く、妻が家庭の権力を握るでしょう。しかし、偏財・正財が日支にあると妻のお陰でお金持ちになれる暗示もあります。
・正財と偏財が混在する時は、不倫問題が起きたりして家庭内の争いごとや騒動が起きるので、注意してください。しかし、大運が比肩・劫財の時は安定します。偏財・正財が七殺を生むとより凶意が強くなり、一生苦労するでしょう。

●身弱で命式図に偏財・正財が多く、比肩・劫財がある。
・比肩・劫財があれば運はよいといえるでしょう。また、大運でも比肩・劫財の時が運のよい時期です。お金も入ってくるでしょう。偏財・正財が多くても、比肩・劫財があれば恐れる必要はありません。

●「財星破印」
・身弱で命式図に偏財・正財と偏印があるとき、偏印は吉星となりあなた自身をあらわす日干を支えてくれます。しかし、大運で偏財・正財の時、この偏印を剋してしまい運が悪くなります。これを「財星破印」といいます。財星破印の時は故郷を離れたり、職業不定になったり、学業を修めること

ができず、金銭トラブルに巻き込まれます。また、母親を早く亡くしたり、からだが弱く病気がちであったりします。また、引越しが多く、深い学問を修めることができなかったり、嫁姑関係の問題が起こったりします。影響が小さければ職務を失うことなどがあり、影響が大きければ刑務所に入所したり、お金のために命を失ったりなどするかもしれません。

●身弱で命式図に正財、七殺が多く、印綬、劫財が少ない。
・大運が正財か七殺の時期になると傷や病があらわれたり、人間関係もトラブル起きやすかったりして注意が必要です。

●身弱Eで命式図に正財がある。
・受け継いだ遺産を守りにくいという暗示があるので注意してください。正財と偏財が多く、正官と七殺が並んである時は、破産しやすく、手に入ったお金をすぐに失ってしまいます。

正財

260

★★七殺 <ruby>七殺<rt>しちさつ</rt></ruby>

●名誉、地位、権力を強くあらわす星です。「偏官」ともいいます。

●身旺か身弱かによって、七殺の働きには激しい落差と吉凶意があります。七殺の性格はさっぱりして義侠心があって、前向きで、威厳があり、機敏です。しかし過激で、横暴で反逆者的ですから、極端になると堕落するでしょう。

●頭が非常によく、屈折に富み、浮沈・変化が激しいという特徴があります。行動的・能動的、時には権威と現実に対して反抗的で、維新・革命などの仕事を好みます。

●人間関係では、男性にとっては息子、女性にとっては恋人・愛人をあらわします。

●七殺は正官の効用とほぼ似ていています。ただし、注意しなければならないのは、正官は協力関係を手段にし、性格は温和です。七殺は競争を手段にし、性格は激しいのです。強靱で、気迫があって、恥を忍んで、また努力して重責を担うことができるので社会競争に適応する力があるといえます。横暴で非情になることもあります。命式図にある星の組合せがよければ、その殺気を権力に変えることができ、さらに才能を発揮するようになります。古今東西の多くの大富豪や権力者は、七殺を持っています。

●「官殺混雑」
・命式図に七殺と正官が隣り合わせにあることを、「官殺混雑」といいます。七殺の吉意が少なくなるために混乱しやすく、優柔不断、けがや事故が多いことなどを暗示します。また、女性は婚姻が順調ではなくなる暗示があります。

●「殺印相生」
・七殺が偏印・印綬によって七殺の吉の力が強められ、運がよくなることです。

七殺

★身旺の七殺

●吉星は、偏財・正財、七殺。

●身旺で命式図に七殺が多く、羊刃がある。
・物事を行う時迫力があり、権威を持って悪党に立ち向かい、大きな成功が勝ち取れます。七殺と羊刃の組合せはすばらしいので、軍事と政治の分野で大成功します。

●身旺で命式図に七殺が多く、比肩・劫財が多い。
・軍事と政治の分野で成功します。

■運命分析の実例21　フビライ・ハン（中国元朝初代皇帝）
386ページ参照

●身旺で命式図に七殺がある。
・大運で偏財・正財、七殺に出会うと運がよくなり、お金と権力を手に入れることができます。七殺は偏財・正財に出会うと、その気が増え、ますます強くなるのです。

●身旺で命式図に七殺があり、偏財・正財と偏印・印綬があり、冲がない。
・高い地位につくことができる人でしょう。

●身旺で命式図に「官殺混雑」がある。
・混乱しやすく、優柔不断、けがや事故が多いことなどを暗示します。また、女性は婚姻が順調でなくなる暗示があります。
・「官殺混雑」があっても、偏印・印綬が多ければ「殺印相生」で、この影響はなくなります。
・身旺で「官殺混雑」がある時の見方は難解です。正官を弱めて七殺を残すか、七殺を弱めて正官を残すかは、その命式図を詳しく分析する必要があ

ります。

●身旺で命式図に「殺印相生」（七殺と偏印・印綬）がある。
・七殺が偏印・印綬によって七殺の吉の力が強められ、運がよくなることで
　す。

■運命分析の実例 22　雍正帝（中国清朝第 5 代皇帝）　388 ページ参照
■運命分析の実例 23　毛沢東（中華人民共和国建国の父）
　　　　　　　　　　　　　　　　　　　　　　　　390 ページ参照

●身旺で命式図に七殺があり、比肩・劫財が多く、偏財・正財、食神・傷官
　も少ない。
・七殺が傷官の力を補い、比肩・劫財を制して、偏財・正財の星を安定させ
　る効用があります。大運が偏財・正財の時期にくると、必ず金と権力を手
　に入れることができるでしょう。

七殺

263

★身弱の七殺

●吉星は、比肩・劫財、食神、偏印・印綬。

●身弱で七殺が元命。
■運命分析の実例24　曽国藩（中国近代の軍人）　392ページ参照
■運命分析の実例25　胡適（中国近代の学者）　394ページ参照

●身弱で命式図に七殺が多い。
・過激、極端、反逆者的、孤独の暗示です。おだやかな生活とは縁がないでしょう。
・偏印・印綬がないと兄弟の縁が薄く、友達のこころからの協力を得られません。時々兄弟あるいは友達と利益関係で衝突することがあるでしょう。物事をする時は優柔不断で個人の力を発揮することができません。
・運命が損なわれやすくなりますが、大運で吉星に恵まれる時大成功します。
・偏印・印綬、比肩・劫財が少なくて七殺を制することが難しければ、食神があれば七殺を制することができます。

●身弱で命式図に七殺がある。
・大運に七殺・正官がある時、貧困が命にかかわるかもしれません。
・大運に偏財・正財、正官がある時、災いを招く恐れがあります。
・大運に比肩・劫財、印綬がある時に、優秀な才能と知恵で成功を得ることができます。

●身弱で命式図に「殺印相生」（七殺と偏印・印綬）がある。
・大運が七殺の時でも大丈夫です。偏印・印綬が七殺を支えます。学者、宗教家、教育家、医者、弁護士、芸術家などになれるでしょう。
・七殺が偏印・印綬と隣り合わせにある時、必ず名誉なことがあります。
・偏印・印綬が、日干と隣り合う時は七殺を押さえられ、身を支えることができます。しかし偏財・正財があると偏印・印綬を損ないます。

・大運が印綬と比肩・劫財のある時は、よい運になるでしょう。

●身弱で命式図に七殺、正財が多く、印綬、劫財が少ない。
・大運が正財か七殺の時期になると傷や病があらわれたり、人間関係もトラ
　ブル起きやすかったりして注意が必要です。

●身弱で元命が七殺で、命式図に偏印・印綬がある。
・地位の高い人になれます。

●身弱で七殺が命式図の年柱にある。
・生家が裕福ではないことがあります。

●身弱で七殺が命式図の日支にある。
・配偶者の性格は頑固です。粗暴なこともあります。
・男女とも日支に七殺があると、夫婦の仲が順調ではなくなる可能性があり
　ます。特に女性は注意が必要です。

●身弱で七殺が命式図の時柱にある。
・子どもとの縁が薄くなります。しかし食神があり七殺を制することができ
　れば、子どもは文学、芸術界か軍事、政界で名を上げることができるで
　しょう。

●身弱で「官殺混雑」が命式図にある。
・混乱しやすく、優柔不断、けがや事故が多いことなどを暗示します。
・女性は婚姻が順調でなくなる暗示があります。
・身弱の人には不運な影響が強くあらわれます。誤解されて、刑事事件にま
　で発展してしまうような恐れがあるので十分な注意が必要です。
・偏印・印綬があれば七殺・正官を弱め、日干の力を強めます。比肩・劫財
　があれば七殺・正官の力を弱めることができます。

七殺

266

★★正官（せいかん）

●名誉、信用、地位をあらわします。正官は大吉星といわれます。

●融通性、開拓精神、人間的な温かみに欠ける面があります。

●正官は、身旺か身弱かによって働きが大きく変わり、吉凶も異なります。身弱の人にとって正官の凶意は七殺と同じになります。

●命式図で正官と七殺が隣り合う時、「官殺混雑」となります。

●命式図で傷官と正官が隣り合う時、命式図に正官があり大運で傷官と出会う時は、「傷官見官」となり、正官の吉作用が弱まります。刑事事件、裁判訴訟、けが、事故、破産、病気、離婚（縁変わり）など十分に注意しなければなりません。

●正官の性格はまっすぐで責任感があります。厳粛で、几帳面で、規則正しく、男性は国家の官僚や社会の要人となります。

●人間関係では、男性にとっては娘、女性にとっては夫をあらわします。

●「官印相生」

・正官が偏印・印綬によって力が強められ、運がよくなることです。正官と偏印・印綬は互いに生み出す関係です。地位と財産、名誉を手に入れられます。

●日干が木で金の正官は、品格があり端正で、社会的適応力があります。

●日干が火で水の正官は、性格激烈、思想自由、行動のため約束を忘れることがあります。

●日干が土で木の正官は、性格忠義厚く正しく、威を借りて脅すことはありません。

●日干が金で火の正官は、判断は鋭敏で、経済的頭脳は卓越しています。

●日干が水で土の正官は、謙虚、理性に富み、慈悲心があります。

●「官星衛財」

・正官が偏財・正財を守ることをいいます。命式図にある偏財・正財の力が比肩・劫財で奪われる時は、正官の力で比肩・劫財を弱め、偏財・正財を守ります。

★身旺の正官

●吉星は、偏財・正財、正官。

●整った顔立ちをしていて、聡明で、声がよく、和やかで親しみやすい人でしょう。豊かな家庭を持ち、温厚でしょう。幼いころからおとなしく上品なので人に好かれます。勉強ができ、両親に心配をかけません。

●身旺で命式図に正官がある。
・大運が偏財・正財の運期にお金が入ってきます。配偶者も地位の高い人でしょう。
・女性にとって正官は夫をあらわす星です。女性は理想的な相手をみつけられることを暗示しています。しかも夫婦仲はよいでしょう。

●身旺で正官が年干にあり吉星である。
・祖先の功徳を受けて、学業もでき、若い時から願いどおりの人生を送れます。

●身旺で命式図に「官印相生」(正官と偏印・印綬)がある。
・正官と偏印・印綬お互いを補強しあい、官僚か役員として成功できる運勢です。

■運命分析の実例26　美濃部亮吉(東京都知事)　396ページ参照
■運命分析の実例39　田中角栄(日本の元首相)　422ページ参照

●身旺で命式図に正官があり、比肩・劫財が多く、偏財・正財が少ない。
・正官で比肩・劫財を押さえてバランスがとれればよいでしょう。正官でバランスがとれない場合でも、大運で正官の時は、正官の力は強められます。また、大運が偏財・正財の時も正官が強まるのでよいでしょう。

●身旺で命式図に正官があり、偏財・正財がある。

・正官と偏財・正財の星がお互いを引き立てあえば、財界で高い名声を有することができるでしょう。幼いころは裕福な家庭で過ごせなくても、青年の時期になると経済面が大きく好転し、社会で地位を得ることができるでしょう。

・正官が弱くても、偏財・正財があれば幸運を呼びます。自分をあらわす日干と比肩・劫財が強い時、正官を用神にします。正官が比肩・劫財を押さえてしまうには力不足でも、偏財・正財が正官を支えることができるならよい運勢です。偏財・正財が多いならもっとよくなります。大運に偏財・正財がめぐってくる時は大吉です。

　次の例は、正官が弱いのですが、甲と乙が財の星になり正官を支えるのでよい運勢になります。

時柱	日柱	月柱	年柱	
丁（火－） 正官	庚（金＋）	甲（木＋） 偏財	乙（木－） 正財	天干
丑（土－） 印綬	申（金＋） 比肩	申（金＋） 比肩	亥（水－） 食神	地支

●身旺で正官が命式図の月柱にある。

・正官が月柱にあって、吉星であれば、両親に可愛がられ、一生苦労がなく、正直な性格で信用を失いません。兄弟姉妹も名声を得るタイプです。

●身旺で正官が命式図の日支にある。

・聡明で有能、臨機応変に物事を計画する力を持っています。

●身旺で正官が命式図の時柱にある。

・子どもは親孝行で、成功し、晩年に幸せになれるでしょう。正官が強ければ公職に適しています。正官が弱ければ公職はやめておいたほうがよいで

正官

しょう。

● 「官星帯刃」

・身旺で正官と羊刃があると、正官の力を使って幸せになることができます。正官が干と支にともにあって、羊刃を抑えることができると、将軍となるような力の強い、すばらしい運勢になります。これを「官星帯刃」といいます。

・羊刃が強くて正官が弱い場合、偏財・正財で正官を強めるか、正官と七殺が混在するとよい運勢です。大運においても同じことがいえます。ただし、大運・年運で羊刃の干支と冲か合になる時は凶ですから注意しましょう。

★身弱の正官

●吉星は、比肩・劫財、偏印・印綬。

●身弱で正官が元命。
■運命分析の実例 27　虞和徳（中国近代の財閥）　398 ページ参照

●身弱で命式図に正官がある。
・正官が多すぎると、日干を抑圧してしまいます。正官が多すぎるいという
　ことは正官がないことと同じことになってしまい、正官は七殺と同様の凶
　作用を持ちます。ただし、偏印・印綬で正官を抑えることができれば運は
　よくなります。
・女性は夫以外に恋人ができ、混乱に陥る可能性があります。
・大運に偏財・正財、七殺・正官がある時は災いを呼びますので気をつけて
　ください。また、大運が偏財・正財と七殺の時は、重病に気をつけてくだ
　さい。

●身弱で命式図に正官がある。
・幼いころ、臆病で気が弱かったり、知能の成長が遅いことがあります。
・両親は苦労人で裕福な家庭ではないでしょう。
・大運で傷官と七殺の時、入獄するなどの災いの恐れがあります。病気や裁
　判沙汰になることがあります。
・身弱で正官と七殺が強ければ、また刑と冲があって、年運で同じ星に出会
　うと、災いがあり、生命の危険に遭う可能性もあります。

●身弱で命式図に正官があり、食神・傷官がある。
・正官の力は抑えられ、一生お金のために苦労してしまい、晩年までのんび
　りとした生活ではないでしょう。

●身弱で命式図に正官があり、比肩・劫財が少なく、偏印・印綬がある。

・大運で偏印・印綬の時、バランスがとれていれば学者になる運命です。

・正官が偏印・印綬を生むことでお互いが支えられて、正官が強くても悪くありません。

・次の例は、正官と偏印があり、その力が発揮されて学者になれるタイプの命式図です。

時柱	日柱	月柱	年柱	
庚（金＋） 正財	丁（火－）	丁（火－） 比肩	乙（木－） 偏印	天干
戌（土＋） 傷官	未（土－） 食神	亥（水－） 正官	卯（木－） 偏印	地支

●身弱 E で命式図に正官が多くあり、印綬はないが食神がある。

・食神を用神とします。次の例は、正官（水－）が多く、自分を示す丙の火の力を弱めますが、時柱に、水の力を弱める戊の土があるので助けられています。

時柱	日柱	月柱	年柱	
戊（土＋） 食神	丙（火＋）	癸（水－） 正官	癸（水－） 正官	天干
戌（土＋） 食神	子（水＋） 正官	亥（水－） 七殺	酉（金－） 正財	地支

正官

274

★★偏印

- 独創性、知恵、知謀、策略をあらわす星です。偏印は印綬よりも聡明な星です。
- 利己的で人情が薄いところがあります。最後までやり遂げないで放り出すところがあります。
- 人間関係では、母親をあらわします。
- 勉強ができ、たとえ学識が豊かではなくても、その知恵を発揮することができます。半分の力で倍の成果を上げることができる人でしょう。
- 偏印のある人はとても敏感で、調査、探偵、情報収集などの仕事に向いています。臨機応変に対応する能力があります。やや孤独なところがあります。
- 偏印は独創性、計画性に優れています。自分を過大評価せず他人と付き合うことができるなら、独自の才能を発揮し、大きな成功が得られ、大事業家になることもあるでしょう。
- 食神が強くて、偏印があると災いに遭いやすいことがあります。
- 日柱と時柱に偏印が多すぎる場合、晩年、孤独になることがあります。
- 女性で偏印が多くあると子どもとの縁が薄いことがあります。しかし、全体のバランスがよければこの凶意は避けられることもできます。
- 偏印の特徴は
- ・宗教、幻術、超能力など特殊な世界で発展し、業績を上げるでしょう。
- ・是非の表明しにくい立場に立たされやすく、議論をしにくいタイプです。
- ・自分が引き受けたくなくても、引き受けざるを得ないようなことがあります。
- ・余計なことで悩まされ、対処に困ることが多いでしょう。
- 命式図に偏印が多すぎると、生母との縁が薄いようです。また、転職をしますが、副業で成功できるでしょう。正官か七殺にめぐり会うと、成功も失敗も多いでしょう。
- 命式図に偏印と傷官があると一生裕福です。

●命式図に偏印と食神があるとひとりで決断をしなければいけないことがあるでしょう。

●命式図に偏印がひとつだけの時、ひとつの技が身につくまで苦労します。両親との縁が薄いこともあります。

●月柱に偏印があると、医学、芸術、芸能、美容、自由業、サービス業など専門性の高い業界に進むのが適しています。

★身旺の偏印

●吉星は、傷官、偏財・正財、七殺・正官。

●身旺で偏印が元命。
■**運命分析の実例 28　吉田茂（首相）** 400 ページ参照
■**運命分析の実例 29　孔祥熙（中国近代の財閥）** 402 ページ参照
■**運命分析の実例 30　光緒帝（中国清朝第 11 代皇帝）** 404 ページ参照

●身旺で命式図に偏印・印綬が多い。
・大運が七殺・正官、食神・傷官の時はよくなります。偏財・正財の時でも
　悪くなりません。命式図に正官があれば、偏財・正財の時は吉運です。
・比肩・劫財が多いとよくありませんが、偏財・正財があれば、バランスが
　とれます。
・偏印・印綬が多すぎる時、刑か冲があればお金に不自由することがありま
　す。

●身旺で命式図に偏印・印綬があり、偏財・正財がある。
・身旺 A であれば、大運が偏財・正財の時でも悪くなりません。
・身旺 B であれば、大運が偏財・正財の時は悪くなります。

●身旺で命式図に偏印・印綬の両方がある。
・利己主義で、孤独が好きです。また、事務処理をする時にはよく注意した
　ほうがよいでしょう。

●身旺で命式図に偏印と食神があり、七殺・正官がない。
・大運が偏財・正財の時、食神で偏財・正財を生み、バランスがとれます。
・大運が偏印の時は、食神が制されて悪くなります。これを「偏印奪食」と
　いいます。

偏印

●身旺で偏印が多く、偏財・正財がない。
・先祖の財産を失ったり、家の名誉を損なったりすることがあります。

●身旺で元命が偏印で大運が偏財・正財の時。
・名誉、社会的地位が得られるでしょう。

●身旺Bで命式図に偏印・印綬がある。
・大運が七殺・正官、食神・傷官の時はよくなりますが、偏財・正財の時は
　悪くなります。

★身弱の偏印
（みじゃく）（へんいん）

●吉星は、比肩・劫財、偏印・印綬。

●身弱で命式図に偏印がある。
・大運が偏財・正財、食神になると、失権、不名誉、破産などの災いを招き安いので注意しましょう。
・正官がなければ、行動しただけの幸せを得ることができます。
・顔や子どものけがに注意してください。
・大運で食神か偏印にめぐり会うと、無実の罪を着せられることがあります。
・次の例は、1991年3月生まれのある女性の命式図です。丁の火を持ち、申、酉、辛の金は影響力が強いため、金は卯の木を傷つけ、印は財の星に制され、日干の力が不足し災いが大きく、生まれた年の冬に亡くなりました。元命の偏印が偏財、食神で傷つけられると日干は弱くなります。

時柱	日柱	月柱	年柱	
戊（土＋）傷官	丁（火－）	辛（金－）偏財	辛（金－）偏財	天干
申（金＋）正財	酉（金－）偏財	卯（木－）偏印	未（土－）食神	地支

偏印

●身弱で偏印があり、偏財・正財がある。
・偏財・正財が偏印を制してしまうので、日干は弱くなり、大きな災いが避けられなくなります。大運に偏財・正財がある時も同様です。
・七殺・正官が多く、比肩・劫財が少ない時、偏印・印綬の星がひとつあれば、凶運を避けることができます。

●身弱で偏印があり、正官がある。
・大運で刑や冲に出会うと、事故に遭う可能性があります。多忙になることもあります。

280

★★印綬（いんじゅ）

● 学業、才能、知恵、名誉をあらわす星です。一般的には吉星です。

● 印綬の働きは、身旺と身弱で異なりますが、その差はあまり激しくありません。

● 印綬は、生まれつきとても恵まれていて、親の恩恵が厚く、相続運を持ち、知恵と学問に優れることを示しています。強ければ権力を握るといわれています。一生の波はおだやかで、凶にあっても吉に変わるチャンスを持つ星です。

● 印綬の性格は、聡明で慈悲心があり、名誉や利益を考えず、我慢することができるタイプです。正直で温厚です。しかし平凡になりやすく、静かで心地良く淡泊な生活が好きで、鈍くて消極的になることもあります。

● 人間関係では、母親、先祖をあらわします。

● 印綬が吉星であれば、聡明で慈悲心があって、一生災いが少ないでしょう。正官があれば清廉潔白であって、筋を通し、実権を持つようになるでしょう。しかも性格は淡泊です。学業ができて、聡明で、才徳兼備で、本を読むことを好み、博学です。

● 印綬は文書、文明、文化、宗教、教育、自然、真理、こころと脳、発明に興味があることを示します。

● 印綬の人は賢く、知恵があり慈悲深い人です。話し上手ではありません。体力があり、大食漢で、一生病気を患うことが少なく、不運なことにあわないでしょう。

● 印綬の星が多すぎると、

・学業、知恵はあまり思うようになりません。大運が食神・傷官になると、これらの欠点を補い、学業、知恵や才能が身につくでしょう。

・母に溺愛され、独立精神を持ちにくいでしょう。また、子どもとの縁がないかもしれません。

● 印綬が多いと、母のからだは弱く、場合によっては子どもを他の人に育ててもらわざるを得ないことを暗示しています。孤独であることも暗示しています。

281

●印綬が多く、食神が少ないなら、経営や取引が苦手です。資産管理や投機、事業には手を出さないほうがよいでしょう。公職につくことはよいでしょう。

●正官と印綬が干にあると、幸せな生活を送ることができ、高い名誉と名声も得ることができます。福が厚く部下に期待される指導者になるでしょう。

●日支に印綬があると、配偶者は善良で、賢く、優しいでしょう。

●時柱に印綬があって、しかも運勢を強めていれば、親孝行で賢い子どもができるでしょう。

●月支の印綬が日支と冲になると、母親の家系には力がなくなっていることがあります。

●印綬に天徳貴人があると、こころは優しく、とてもよい運勢でしょう。さらに刑と冲がなければ、世界中に名を知られるような地位を、その賢さで手に入れることができるでしょう。

★身旺の印綬

●吉星は、傷官、偏財・正財、七殺・正官。

●身旺で印綬が元命。
■運命分析の実例 31 　林森（中国近代の政治家）　406 ページ参照
■運命分析の実例 32 　大平正芳（首相）　408 ページ参照
■運命分析の実例 33 　西太后（中国清末期の最高権力者）
　　　　　　　　　　　　　　　　　　　　　410 ページ参照

●身旺で命式図に偏印・印綬が多い。
・大運が七殺・正官、食神・傷官の時はよくなります。偏財・正財の時でも
　悪くなりません。命式図に正官があれば、偏財・正財の時は吉運です。
・比肩・劫財が多いとよくありませんが、偏財・正財があれば、バランスが
　とれます。
・偏印・印綬が多すぎる時、刑か冲があればお金に不自由することがありま
　す。

●身旺で命式図に偏印・印綬があり、偏財・正財がある。
・身旺 A であれば、大運が偏財・正財の時でも悪くなりません。
・身旺 B であれば、大運が偏財・正財の時は悪くなります。

●身旺で命式図に偏印・印綬の両方がある。
・利己主義で、孤独が好きです。また、事務処理をする時にはよく注意した
　ほうがよいでしょう。

●身旺 B で命式図に偏印・印綬がある。
・大運が七殺・正官、食神・傷官の時はよくなりますが、偏財・正財の時は
　悪くなります。

●身旺で印綬が命式図の年柱にある。
・印綬が運命を強くする星である時、多くは裕福な家庭の生まれで、勉強や学業ができる人でしょう。

●身旺で印綬が命式図の月柱にある。
・こころが優しく、頭がよくて、健康で一生病気にかかることが少ないでしょう。さらに七殺・正官があると、福の厚いタイプです。また、偏財がなければ、印綬が弱められることなく、文筆家として知られることがあります。

▲身旺にとっての「羊刃になる印綬」

　日干が戊の時、十二支の午と会うと印綬は羊刃となります。十干の丁と会うと羊刃の中の「飛刃」になります。羊刃が強くあらわれると危険を暗示します。

●身旺で命式図に「羊刃になる印綬」がある。
・もともとの意味は、短気、凶暴、頑固、貪欲です。
・望みを高く持ち、進退することに迷いがあるでしょう。
・冷酷非情になることがあります。
・悪党の仲間になるかもしれません。
・持病や伝染病にかかりやすく、目、耳が不自由なことがあります。
・愛人の子どもや、家族を離れ養子になることがあります。
・苦労が多くのんびりすることが少ないでしょう。
・男性は、父と妻を傷つけることがあります。
・女性は、夫と子を傷つけることがあり、浮気することが多いでしょう。

■運命分析の実例 34　アイルトン・セナ（F1 レーサー）
　　　　　　　　　　　　　　　　　　　412 ページ参照
■運命分析の実例 35　三島由紀夫（文学者）　414 ページ参照

●身旺で「命式図に羊刃になる印綬」があり、大運・年運で羊刃になる時。
・大運で羊刃の時期は気をつけてください。物事は順調ではなくなり、財産を失うか、支出が収入より多くなるでしょう。
・大運と年運がともに羊刃になると、災難に遭う可能性がとても高くなります。また、命式図に羊刃と合か冲があり、大運・年運で合か冲になる時も、凶になります。

●身旺で命式図に「羊刃になる印綬」と偏財・正財がある。
・富貴を暗示しています。

285

●身旺で命式図に「羊刃になる印綬」と七殺がある。

・権威が備わり、成功するでしょう。例えば、軍隊でいえば将軍になれるほ
　どの特別な人になるでしょう。大運が七殺の時は福があります。

●身旺で命式図に「羊刃になる印綬」と偏印・印綬があり、七殺がない。

・大運で七殺に会うと、より福が厚くなります。

●身旺で命式図に「羊刃になる印綬」と合・冲・刑がある。

・凶意は強いですが、七殺があれば制することができます。大運が七殺・正
　官の時期になれば、運命がよくなり、大物になります。

・三刑か自刑があると、故郷を離れ、立身出世することがあるでしょう。

●身旺で元命が「羊刃になる印綬」。

・富貴の運勢です。ただし、大運が偏印・印綬、比肩・劫財の時は注意しま
　しょう。偏財・正財、食神・傷官の時はよくなります。また、結婚には不
　安要素が付きまとうでしょう。

286

★身弱の印綬

●吉星は、比肩・劫財、偏印・印綬。

●身弱で命式図に印綬がある。
・大運が偏財・正財の時に、失権、不名誉、破産などの災いを招き安いので注意しましょう。七殺・正官の時もよくありません。有名になることは難しいでしょう。
・命式図に正官がなければ、行動しただけの幸せを得ることができます。
・命式図に正官があり、正官と印綬が刑や冲に会うと、事故や多忙になることが多いでしょう。

●身弱で命式図に印綬があり、偏財・正財がある。
・偏財・正財が印綬を制してしまうので、大きな災いが避けられなくなります。大運に偏財・正財がある時も同様です。
・七殺・正官が多く、比肩・劫財が少ない時でも、偏印・印綬の星がひとつあれば、凶運を避けることができます。

●「印綬護身」
・身弱で印綬と偏印の両方が命式図にあれば身を守ることができます。これを「印綬護身」といいます。しかし、印綬が身を守る力は、偏財・正財に会うと弱められます。印綬で七殺・正官を生むことが必要です。

印綬

287

▲身弱にとっての「羊刃になる印綬」

　身弱の人にとっては、羊刃は吉星です。

●身弱で命式図に「羊刃になる印綬」がある。
・羊刃は吉星ですが、大運が七殺・正官と偏財・正財の時は注意しましょう。

●身弱で時柱に「羊刃になる印綬」があって、月柱に七殺がある。
・地位の高い人になります。

●身弱で命式図に偏財・正財が多く、大運が「羊刃になる印綬」の時。
・月干と日支に偏財・正財が多い時、「羊刃になる印綬」は特に吉星です。
　大運が「羊刃になる印綬」の時、運勢はよくなります。

印綬

290

第6章　運命を読み解く（詳細編）

1. 詳細に運命を読み解くために

四柱推命の本質

　四柱推命は生年月日時刻の陰陽五行により、それぞれの人間の外形的な特徴や道徳観をあらわし、運命を示します。四柱推命では陰陽五行の基本原理と変化を象徴する事象を学ぶことで、陰陽五行と人間の関係を経験的事実としてとらえることができます。この意味で四柱推命の本質は、人間も自然の一部であると認識する自然主義哲学であり、どう生きるべきかを示す倫理学でもあります。四柱推命は宗教、思想である一神教、アニミズム、理性至上主義、唯物史観、唯心史観から離れ、支配階級が大衆をコントロールするためのイデオロギーからも独立し、個人生活の基本問題に焦点を当てた精緻な理論体系です。

　本書は数千年にわたる中国の学者が構築した複雑な法則と組合せを精選したものですが、わたしの長年の経験はこれらの数々の法則による因果関係が、必ずしも運命を判断する本質を示すものではないということを認識させてくれました。

　本書では四柱推命の知識を説明しています。これらは推命に必要なものです。しかし、実際の判断をするときはひとつひとつ積みあげて分析的に考えるのではなく、これらの知識を統合して判断を下すことこそが重要です。知識は豊富でも判断はひとつだけです。わたしの運命学の判断の正確性は、いま、とても高くなりました。その理由は長年の経験による直観力によって、四柱の中から最も重要なものを正確に選び出すことができるからに他なりません。

　四柱推命を学ぶ者は、法則が示す意味を整理して総合的に分析し、証明可能な統合的判断を求めていかなければなりません。このような学習過程によって、未来を見通す驚異的な力を高めていくことができるのです。

運命を読み解くために重要なこと

　この章ではいままでの学習を基礎としてさらに詳しく運命を読み解くための説明をします。いままでの章ではわかりやすくするために省略して説明しなかったことも、この章では説明しています。運命星についても比肩・劫財は比劫、食神・傷官は食傷、偏財・正財は財星、七殺・正官は官殺、偏印・印綬は印星と表記しています。

　運命を読み解くことを中国語では「看命」や「推命」ということばを使います。最初に復習の意味で重要なことを再確認をしてから、さらに必要なものを説明していきます。

　四柱推命学を体系化し確立したのは宋代の徐子平です。わたしの運命学も徐子平の子平法を基本としています。わたしの運命学を理解して詳しく運命を読み解くために重要なことは、<u>五行の性格と関係、身旺身弱の判断、月支元命の性格、用神の見極め、合・冲・刑の関係をよく理解することです。そして、前項で説明したとおり最も重要ものがなにかを的確に判断することです。羊刃、天乙貴人、刑、冲などは特に注意します。</u>

命と運は別の概念

　四柱推命では命と運は別の概念です。命とは生年月日時刻により定められた八字の命式のことです。生まれたときに天から与えられたものです。運は命式から導き出された大運表です。

　四柱八字の組合せはおよそ 50 万とおりになります。大運は 5 年ごとの一生の運、年運は 1 年ごとの運です。大運・年運は同じ生年月日時刻でも男女によって異なります。

　四柱の八字があらわす「命」は与えられたもので変えることはできませんが、大運、年運の「運」を知れば災いを避けたり、好機をつかんだりすることもできます。また、自分自身の命と運を知った上で地理的に場所を移動することによって運を変えることができます。時間は変えることができませんが、空間的地理的位置は自分の意思で変えることができます。

　この意味から「命は変わらないが運は変えることができる」といえます。「時間は地理に劣り、地理は人の調和に劣る」とは、「時間」は変えることが

できず、「地理」は自分の住む空間を変えることができることを意味します。空間的位置は自分でのみ変更できます。

人を推命するときの注意

　推命とは四柱推命で運命を判断することをいいます。看命ともいいます。推命には生まれた時刻が正確であることが大切です。しかし、最初にも述べたとおり時差を考慮する必要はありません。万年暦は干支が循環する暦です。世界中どの地でも日中を午の刻、日にちが変わるのは子の刻であるのは同じです。従って、生まれた日と時刻は現地の時刻を用います。北半球と南半球も関係がありません。サマータイムは人為的なものですがそのままの時刻を用いてかまいません。これらは世界各国で多くの人たちを推命してきた経験に基づいています。

　推命の判断をするときに大事なことは、<u>無心になってこころを整えて判断することです。先入観を持ってはいけません。次に大事なことは、いまの自分の力で、わかることだけを述べることです。わからないことを推測で述べてはいけません。</u>最初のうちは謙虚に運命を判断して当たっていたのに、時間がたつにつれて推測を始めてしまうと当たらなくなってしまいます。

　また、運命の判断を相手に告げるときは、注意をしなければなりません。運命を知ればその人の心理は変化します。心理の変化は行動を変え、行動によって運命は変わっていきます。

　悪い時期をどう避けていくかを指摘することは大事なことです。悪い時期には行動を控え、耐えることも必要です。「君子失時拱手干小人下（君子は不運のときは小人の前にひざまずく）」という中国の故事があります。命式にとって必要な五行をよく理解し、時候に合わせて、火を喜ぶ人は南へ、水を喜ぶ人は北へ、木を喜ぶ人は東へ、金を喜ぶ人は西へ旅をして環境を変えることは有効です。また、金と水が必要な人は水晶を身につけるのは経験から有効といえます。

　一般的な推命の順番は以下のとおりです。

1. 日干の強さから身旺・身弱を判断します。

2. 元命を分析します。

3. 用神を探します。

4. 喜神、忌神を探します。

5. 大運、年運をみます。

6. 親、子の関係をみます。

7. 性格をみます。

8. 事業、仕事をみます。

日干・月支、身旺・身弱

　四柱八字のうちで重要なのは日柱の干と月柱の支です。日干は日主、命主ともいいます。日干が強いか弱いかの判断はとても重要です。月支は命式全体の性格を決めるものです。

　身旺・身弱は日干の強弱のことです。中間は中和です。日干の五行の旺衰は月支の蔵干との組合せで判断できます。月支をしばしば「日干は月支に従う」という意味から月令といいます。日干の五行が月支の蔵干によって強められるとき、「月令を得る」といい、身が強くなります。また、比肩・劫財や印綬・編印などの運命星は日干を強めます。

十干の起用

　中国の清末、民国の初年、命学の大家の徐楽吾が『子平粋言』という書を書きました。徐楽吾は古典の要旨を吸収し、核心をつきました。六十甲子の組合せは精妙で、日干と月支の組合せから、日干に必要な喜神、凶である忌神がなにかをまとめ、命格の高低や大運の吉凶を判定しました。これを「十干の起用」いいます。この意義は重大で、深遠で、まさに「命理の粋言」といえるものです。

　「十干の起用」とは、生まれた日の十干「甲・乙・丙・丁・戊・己・庚・辛・壬・癸」の陰陽五行が、月支をはじめ四柱八字の組合せによって、「用神」、すなわち運命を決める干支を選び、日干の強弱、調候により、必要なものを選別し、吉を求めて凶を避けるというものでした。それはまさに古代から重

要なことだったのです。

●**日干月支別用神分析表**（427 ページ）は『子平粋言』の「十干の起用」
の内容を要約し、わたしの経験に基づいて多少の変更を加えました。しかし、
推命は多岐にわたっているのですべてを網羅していません。

用神の重用

　命理の分析は、まず用神を重用します。用神は日干と深い関係があります。
用神は命局に必要な金、木、水、火、土の五行のうちの 1 つで、命局に必要
なものが用神です。例えば甲乙の木にとっては、夏の暑い季節は太陽の火が
盛んなので水が必要です。冬の寒い季節は水が旺盛なので水は必要ありませ
んが太陽の暖かさである火が必要です。用神を探すとき、冬の木は火を好み、
夏の木は水を好みます。このように用神は類推します。

　2 つ以上命式に用神がそろっていれば、必ずよい命です。1 つあればそれ
に続きます。用神がなければよい命式とはいえません。

　日干にふさわしい用神は季節の調候と本命の身の強弱を要にして、中和を
保つように選びます。生まれた場所の地理環境にも注意しなければなりませ
ん。水が不足している命式であっても、海、湖、川のほとりに生まれていれ
ば問題はありません。火が欠けていても南方の暖地に生まれていれば助けが
あります。土が欠けていても、中原の山地に生まれていればこれを補うこと
ができます。金が欠けているとき、西方の地域に生まれれば喜ぶことができ
ます。

　大運の干支の吉凶も重要です。日干の五行、強弱によって、喜ぶ干支、忌
む干支が決まっています。大運で用神に出会ったときが人生で最も幸運な時
期です。

正格の格局・外格の格局

　格局とは命式の特徴的な形態を呼称した命式の名称です。格局は命式の基
本的性格を決めるものをいいます。命式そのものを指すこともあります。

　格局を決めることを「格局を取る」といって一般的に日本で出版されてい
る四柱推命の専門書ではこれが優先されます。いくつかの専門書ではときに

は複数の名称をひとつの命式にあてはめることもあります。

しかし、格局がなにかというだけで詳細な推命はできません。四柱の五行の配列によって判断は違ってきますし、命式にとっては用神がなにかが重要です。

格局は正格と外格に分けられます。正格は比肩、劫財、食神、傷官、偏財、正財、七殺、正官、偏印、印綬の十神の名称を使います。外格は変格ともいいます。日干が強すぎる命式の従旺格、弱すぎる命式の従弱格などの外格があり、これらはよい運命になります。刑や冲がなければさらによい運命になります。しかし、外格が成立することはたいへん珍しく、また外格であると判断することはとても複雑で難しいのです。従って明確に外格が成立するとき以外は、正格として判断を進めるほうが判断に間違いが少ないのです。通常は正格として考え、用神を探すことが最も有効な判断の方法です。正格は日干が弱すぎたり、強すぎるより、清秀中和であることを吉とします。

格局は元命で取る

本書では基本的な判断を元命により分析しました。（**第4章　運命を読み解く（基礎編）**参照）

外格に当てはまる特殊な形態であると明確に判断できる場合を除いて、命式は正格とし、元命を格局としています。

元命の働きは、日干の強弱、すなわち身旺か身弱かによって異なります。身旺であれば命式の中に食神・傷官、偏財・正財、七殺・正官の十神があれば吉星です。身弱であれば命式の中に比肩・劫財、偏印・印綬の十神があれば吉星です。命式の中でほかに出てくる十神によって、元命の良し悪し、つまり格局の良し悪しを判断します。この分析的な要素を頭に入れておけば、運命を判断するときにミスは少なくなります。

例えば、月支が偏財で七殺が強く出る命式であれば、基本的には偏財を格局とし七殺の要素が強く出ると考えるべきです。偏印・印綬、比肩・劫財を必要とし、食神・傷官は七殺を弱めます。

月令が劫財の羊刃であれば、劫財を格局とし命式の基本性格とし、羊刃の要素が強く出ると考えます。傷官・食神、偏財・正財、七殺・正官などで羊

刃を調整する必要があります。

　「比肩・劫財を格局とせずに羊刃を格局とする」とする書籍もありますが、これは混乱してしまうので、本書では使用しません。

　従って、格局である元命から用神を正しく判断することがわたしの考えです。命式と大運の関係は用神が重要です。命式の喜神が大運でこれに会えば必ずよくなり、逆になればよくありません。これが最も簡単でわかりやすい方法です。

2. 長生十二運

　長生十二運は、十干と十二支の組合せで気のエネルギーの循環旺衰をあらわすもので、長生、沐浴、冠帯、臨官、帝旺、衰、病、死、墓、絶、胎、養の12種類です。生まれて成長して最盛期を迎え、衰えて死を迎えますが、その後再び生へ向かって動き出す輪廻転生のエネルギーの循環サイクルをあらわしています。従って死は字義どおりの意味をあらわすのではありません。長生、沐浴、冠帯、臨官、帝旺は気の上昇をあらわし、衰、病、死、墓、絶は気が衰えていくことをあらわし、胎、養は気が旺盛に向かいはじめることをあらわします。

　長生は生まれ出たことをあらわし、天乙貴人と同じ意味を持ちます。沐浴は産湯につかった状態を意味し、冠帯は衣冠束帯の礼装をして青年に育った状態をあらわしています。気のエネルギーは臨官が極盛に向かう直前で、帝王は極盛の状態をあらわします。衰から下がり始める状態になり、絶に向かって下がり続けます。そして胎、養で再び生に向かうのです。

　長生十二運は日本の四柱推命でもよく用いられます。日干と四柱の地支に対応して割り出すことで、日干の強弱を判断するのに用いるのが一般的ですが、本書ではこのような用い方をしません。命式各柱の同じ柱の天干と地支から長生十二運を割り出します。

　天干が用神になるとき、長生、沐浴、冠帯、臨官、帝王のときは用神を強めますが、衰、病、死、墓、絶のときは弱めます。天干が忌神になるとき、長生、沐浴、冠帯、臨官、帝王のときは忌神を強めよくありません。反対に衰、病、死、墓、絶のときはよくなります。胎、養はあまり影響がありません。

　推命において長生十二運は主たる判断方法ではありませんが、用神、忌神の力を判断する際に参考にします。大運においても、長生十二運を用いて四柱の天干と大運の支の組合せで旺衰を判定することができます。これらが本書の長生十二運の活用です。

●長生十二運表

地支 天干	長生	沐浴	冠帯	臨官	帝王	衰	病	死	墓	絶	胎	養
甲	亥	子	丑	寅	卯	辰	巳	午	未	申	酉	戌
乙	午	巳	辰	卯	寅	丑	子	亥	戌	酉	申	未
丙	寅	卯	辰	巳	午	未	申	酉	戌	亥	子	丑
丁	酉	申	未	午	巳	辰	卯	寅	丑	子	亥	戌
戊	寅	卯	辰	巳	午	未	申	酉	戌	亥	子	丑
己	酉	申	未	午	巳	辰	卯	寅	丑	子	亥	戌
庚	巳	午	未	申	酉	戌	亥	子	丑	寅	卯	辰
辛	子	亥	戌	酉	申	未	午	巳	辰	卯	寅	丑
壬	申	酉	戌	亥	子	丑	寅	卯	辰	巳	午	未
癸	卯	寅	丑	子	亥	戌	酉	申	未	午	巳	辰

■長生十二運の例

時柱	日柱	月柱	年柱	
壬	乙	壬	丙	天干
午	卯	辰	午	地支

胎　　　臨官　　　墓　　　帝王　　（各柱天干からみた各柱地支の
　　　　　　　　　　　　　　　　　長生十二運）

■用神を強める例

時柱	日柱	月柱	年柱	
丙	庚	甲	戊	天干
子	辰	寅	戌	地支

臨官

　この命式は月干の甲を用神とします。月令の寅は甲にとって長生十二運の臨官です。これを「用神臨旺」といい、大いによい運です。

■忌神を強める例

時柱	日柱	月柱	年柱	
壬	戊	壬	壬	天干
子	寅	寅	申	地支

帝王

　この命式は時干の壬が忌神です。時支の子は壬の長生十二運の帝旺になり、これを「忌神臨旺」といい、悪い運です。

300

3. 用神

用神とはなにか

　用神とは命式図の星で、運命をよくするために必要な星のことです。この用神を選び出すことは、運命をより正確に解読するためには必要なものですが、その選び方はやさしくありません。

　四柱推命学の学者、清沈考は『子平真詮』で次のようにいっています。

　「通常、用神を探すときは最初に月支をみる。日干と月支とのバランスによって、命式のどの星が重要な用神になるかは一定ではない。

　運命星の基本的な関係を知ることは用神を選び取るために必要である。正財、正官、印綬、食神は従順な星であり、これらの星は強めることでさらによい作用を及ぼす。正財は食神とよく合い、食神を守ることで正財は生きる。正財は正官を生かし、正官は正財があることを喜ぶ。正官は印綬の星を生かす。印綬の星は正官があることを喜ぶ。

　七殺、傷官、劫財羊刃などの強すぎる星は、その強さを抑えることによってよい作用を及ぼす。七殺は食神があることで抑えられてよい作用となる。七殺が強すぎることを正財と印綬は嫌う。傷官は印綬の星があると抑えられて財を生む。劫財羊刃は七殺・正官の星で抑えるとよい作用となり、食神を通じ財を生む」

　また、中華民国の四柱推命学者の徐兵吾は、こういっています。

　「用神になるのは、正財、正官、食神、印綬と偏財、七殺、偏印、傷官、劫財羊刃の星である。用神はその星の性質をよく見極める必要がある。それは、日干を強くするか弱くするか、吉星か凶星かということだ。用神は日干を助けるか抑えるかの役割があることで用神になる。用神が重要な理由はこれである。真の用神を選ぶことができなければ命理は明らかにならない。だからこそ用神が最も大切なのである。用神を選ぶには、まず月支をみる。月支が日干を強めていれば「月令を得る」ことになり日干は旺盛になる。月支の星が用神でなければ、月干、年日時の干支に求める。しかし、そのときも日干にとって月支の季節は重要である。もし、日干が旺じていれば劫財や印綬は不要であり、日干を抑えるか力を制するかの要素を探す。もし、四柱全

301

体に日干を弱める星が多ければ、日干を強くする月支の劫財や印綬は用神に
なるのである。日干と月支の関係を基本に、すべての強弱盛衰を考えること
で用神は定まるのである。それぞれの星の基本的性質は関係がない。つま
り、凶星といわれる傷官、七殺も用神になることはあり、吉星といわれる正
官、正財、印綬が用神にならないこともある。用神を選ぶということは、五
行、干支の性質を見極めることであるが故に、合・冲・刑の意味を解する時
と同じである。これこそが理論であり根本である」

　以上のようなことを基本に置いて、用神の説明をします。

用神と季節

　四柱推命学と季節は分離できない関係があります。四柱推命学の分析は、
まず用神を重用します。用神とは命局に必要なもので、木、水、火、土、金
の五行のうち、命局に必要なものが用神です。命局の中で必要な五行があれ
ばよい命であり幸運です。

　これはわたしたちが日常的に接しているさまざまな体験と合致しています。
例えば、甲乙の木を樹木や草花に例えてみましょう。夏の暑い季節は太陽の
火が盛んで、必要なのは雨露の水です。冬の寒い季節は水が盛んになり、必
要なのは太陽の日差しのぬくもりである火です。

　自然の摂理は、季節により調和の働きをするものが異なります。これはわ
たしたちの日常生活の体験に符合するものです。用神の取捨選択はこの考え
方によります。

用神と五行反生克の原理

　用神を探すためには、四柱推命学の基本である陰陽五行の相生と相剋が重
要です。巻末の◆孫運命学基本表の466ページ、●陰陽五行の関係図をみて
ください。

　すべての要素はバランスが大切です。多すぎれば抑え、少なければ助ける
ことが必要になります。すべての要素は極限に達すると、逆の方向に転化し
ます。多すぎることは少ないことと同じことになります。これが「五行反
生克」の原理です。このような陰陽五行の関係の上に用神は成り立ちます。

302

●**五行の相関関係表**（468 ページ）をよく理解してください。

用神と合・冲・刑

　用神と合・冲・刑の関係にも注意が必要です。用神が冲にあったり刑にあったりすると用神を弱めてしまいます。

　冲と同じように「剋」も同様に用神を弱めます。剋は丙と庚、丁と辛の相剋になる天干の関係です。剋は冲と併せて「冲剋」と呼ばれます。

　合は本来はよい暗示を持っていますが、命式でも大運でも用神が合になると、用神の吉作用を弱めてしまいます。忌神は合になると凶作用は弱まります。これは合化によって五行が変化するからです。

用神と運命星の関係

　◆**孫運命学基本表**の 466 ページ、●**運命星の関係図**をみてください。運命星の相関関係からみる用神になる要素は次のとおりです。

●受克

自分を抑制することで用神になります。運命星では自分が抑制される星ですから七殺・正官です。

●被泄

自分のエネルギーを排出して他を生み自分を生かすことで用神になります。運命星では自分が生む星ですから食神・傷官です。

●被分

自分のエネルギーを排出して他を抑制して自分を生かすことで用神になります。運命星では自分が抑制する星ですから偏財・正財です。

●受生

自分を生んで、生かしてもらうことで用神になります。運命星では自分を生む星ですから偏印・印綬です。

●得受
<ruby>得受<rt>とくじゅ</rt></ruby>

自分と同じものからエネルギーを受けることで用神になります。運命星では自分と同じ星ですから比肩・劫財です。

用神の種類

　用神は命式のバランスを保つために働く最も大切な五行、あるいは運命星をいいます。用神は次のような種類に分類できます。

　ただし、特別な形態の命式の場合は、バランスをとる用神ではなく、強い五行をさらに強くする五行が用神になることがあります。

●平衡用神（扶抑用神）

　日干は自分自身をあらわします。命式は中和で五行のバランスがよいほうがよいのです。命式の中でバランスをとる五行を平衡用神といいます。身が強ければ抑える五行、身が弱ければ助ける五行によって、命式のバランスをとるのが平衡用神です。扶抑用神ともいいます。

　身旺にとっては、食神、傷官、偏財、正財、七殺、正官が平衡用神になる運命星です。

　身弱にとっては、比肩、劫財、偏印、印綬が平衡用神になる運命星です。

●通関用神

　命式にある星はそれぞれの相剋による力関係があります。2種類の運命星を調和させる運命星が通関用神です。例えば、財星と印星が盛んで争い官殺星が少しあれば財星、官殺、印星と流れ、「通関」できます。印星と食傷が盛んで争うとき、身旺ならば財星を得て通関します。身弱ならば比劫を得て通関します。官殺と比劫が盛んで争うときは印星がひとつあれば通関できます。

●調候用神

　命式の季節のバランスをとる用神になる星のことです。生まれた季節（月支）によって、必要な五行の要素は異なります。

304

五行では乾湿、四季では寒暖の区別があります。命式の乾燥は湿潤を喜び、寒は暖を喜びます。このように冬月、夏月の生まれの命式にとって必要な五行の要素を持つ星が調候用神です。調候用神の吉星が命式に含まれているとき、日干の旺衰にかかわらず、福は厚くよい運といえます。

● 病薬用神

　用神の五行が他の五行に強く制されて痛んでいるのを「病気」といいます。命式で用神を傷つける五行は病気の原因です。この病気の原因を壊す五行が大運でめぐってくるとき、これを「薬」といいます。病気の五行の害を取り除く五行が薬です。これらは冲になることが多いのです。命式の甲が害ならば庚が薬、午が害ならば子が薬です。四柱の用神が病気で、大運で薬に恵まれれば運命はよくなります。病薬用神にとって害となる五行が重なる運は危機に陥るので十分に注意する必要があります。

用神の探し方

★ 身旺の用神

　用神は命式のバランスをとるための星ですから、身旺・身弱と関係が深くなります。

　身旺は自分を抑える星が用神になります。自分を支える星を嫌います。受克、被泄、被分を好み、受生、得受を嫌います。

★ 身旺で偏印・印綬が多い。

・第1用神は偏財・正財、第2用神は七殺・正官、第3用神は食神・傷官。

・偏財・正財で強すぎる偏印・印綬を抑えます。偏財・正財がなければ七殺・正官で強い自分自身を抑えます。七殺・正官もなければ、食神・傷官で強い自分自身を弱めます。

● 身旺で印星が多ければ第1の用神は財を取る。

　用神により印星を弱め名誉と財を守ります。財星は財を担って財を得るこ

とができる用神もあれば、印星を制することもあります。もし劫財が多すぎると用神にならないこともあります。

　日干と財は相剋の関係にあります。日干がすでに盛んで強い身旺であれば財は弱すぎることもあります。

・弱い金は火に会うと、必ず溶ける。

・弱い火は水に会えば、必ず消える。

・弱い水は土に会えば、必ず止められる。

・弱い土は木に会うと、必ず崩れる。

・弱い木が金に会うと、必ず折れる。

・日干の火が旺盛で木の印星を得て身がさらに強くなるとき、金の財星は用神となり、木の印星を制し日干を抑制する。

・日干の水が旺盛で金の印星を得て身がさらに強くなるとき、火の財星は用神となり、金の印星を制して日干を抑制する。

・日干の土が旺盛で火の印星を得て身がさらに強くなるとき、水の財星は用神となり、火の印星を制して日干を抑制する。

・日干の木が旺盛で水の印星を得て身がさらに強くなるとき、土の財星は用神となり、水の印星を制して日干を抑制する。

・日干の金が旺盛で土の印星を得て身がさらに強くなるとき、水の財星は用神となり、土の印星を制し日干を抑制する。

●身旺で印星が多く財がなければ用神は官殺を取る。

　財星がなければ用神は官殺を取ります。旺盛な日干を抑制します。

●身旺で印星が多く財も官殺もなければ用神は食傷を取る。

　財星も官殺もなければ用神は食傷を取り、日旺の身を洩らし、強旺の印を消耗させる。

★身旺で比肩・劫財が多い

・第1用神は七殺・正官、第2用神は食神・傷官、第3用神は偏財・正財。

・比肩・劫財は自分自身を強くします。七殺・正官で自分を抑制することが先決です。七殺・正官がなければ食神・傷官で自分を弱めます。七殺・正官もなければ偏財・正財をやむをえず用神とします。

●身旺で比劫が多ければ比劫を抑える官殺を用神とする。

日干、比肩、劫財の3つが並立する状況では、比劫は財を消耗させる十神であり、比劫を抑えなければ財を支えることができません。そして財が官を生んで富貴栄華を求めることができません。従って官殺は比劫の第1用神です。

命局に官殺があれば、天干の比劫を抑え、月令の強さを制することができます。

天干の比劫が身を助けるか、印星が身を大いに生むか、または「日干当令」（日干と月支の組合せの長生十二運が長生、沐浴、冠帯、臨官、帝旺のこと）で身旺になります。

・金が強く日干が盛んであれば、火の官星を用神とする。
・土が強く日干が盛んであれば、木の官星を用神とする。
・水が強く日干が盛んであれば、土の官星を用神とする。
・火が強く日干が盛んであれば、水の官星を用神とする。
・木が強く日干が盛んであれば、金の官星を用神とする。

●身旺で比劫が多く官殺がなければ、食傷を用神とする。

食傷は身の旺盛を洩らし、同時に月令の気も洩らします。食傷には財を生む功があり、しかも第1用神の官殺がないのでこれを剋しません。

・日干の金が旺盛で、火の官星がなければ、用神は水の食傷を用神とする。
・日干の木が旺盛で、金の官星がなければ、用神は火の食傷を用神とする。
・日干の水が旺盛で、土の官星がなければ、用神は木の食傷を用神とする。
・日干の火が旺盛で、水の官星がなければ、用神は土の食傷を用神とする。
・日干の土が旺盛で、木の官星がなければ、用神は金の食傷を用神とする。

●身旺で比劫が多く官殺も食傷もなければ、財星を用神とする。

　これは財星を用神にする以外にありませんが、身旺で比劫が多ければ、財星と争います。大運で財星がめぐれば通関用神になります。

● 「物極必反」

　強すぎるものは必ず反作用があるという意味です。例えば、強い身旺で元命が比肩・劫財、偏印・印綬では、命式に官殺と財星があれば、官殺は財星を強めますが、同時に比肩・劫財、偏印・印綬も強めます。強すぎるものは必ず反作用があります。大運の官殺は「弱冲旺」と呼ばれる不吉な徴候で、「殺印相生」がよい運と簡単に判断することはできません。大運の比劫は四柱の財星を制し、大運の食傷は四柱の官殺を制します。これらは「母旺子虚」と呼ばれこれらの時期の財運はとてもよくなります。

★身弱の用神

・身弱は自分を支える星が用神になります。

・自分を抑える星を嫌います。受生、得受を好み、受克、被泄、被分を嫌います。

★身弱で七殺・正官が多い

・第1用神は偏印・印綬、第2用神は比肩・劫財。

・七殺・正官は弱い自分自身をさらに抑制します。用神はこれを抑制すると同時に、自分を強くする偏印・印綬の星を探します。偏印・印綬がなければ、自分を強める比肩・劫財を用神とします。

●身弱で官殺が多ければ、用神は印星を取る

　日干が弱く官殺が多ければ日干を剋しますが、官殺の力を弱めるのではなく、官殺を味方にすることです。印星により身を強くすることが必要です。

　命式に強い印星があれば用神となり、財産、健康、権力を備え、有名になります。印星は最善の星となります。

　五行では、この原理は次のようになります。

・強い金は水を得て力を抑制する。金は水を生むが水が多ければ金は沈む。

・強い火は土を得て力を抑制する。木は火を生むが火が多ければ木は燃え尽きる。

・強い水は木を得て力を抑制する。水は木を生むが木が多ければ水は勢いを失う。

・強い土は金を得て力を抑制する。土は金を生むが金が多ければ土は弱る。

・強い木は火を得て力を抑制する。火は土を生むが土が多ければ火は劣勢になる。

　先に強い星の力をそいで、自分はようやく身を生むことができます。これは、物事を逆にみる必要があることを意味します。

・金と水の調和は秋に生まれる。「金水相涵」という。

・木と火の調和は春に生まれる。「木火通明」という。

・火と水の調和は冬に生まれる。「水火交融」という。

・冬生まれは水が多すぎると金は弱くなる。

・春生まれは木が多すぎると水は縮む。

・夏生まれは火が多すぎると土は焦土になる。

次のように印星は命理上の通関作用をします。

・日干の水が弱いと土は我が身である水を剋すので、金があれば土が金を生み、金が水を生み日干を強くする。

・日干の火が弱いと水は我が身である火を剋すので、木があれば水が木を生み、木が火を生み日干を強くする。

・日干の土が弱いと木は我が身である土を剋すので、火があれば木が火を生み、火が土を生み日干を強くする。

・日干の金が弱いと火は我が身である金を剋すので、土があれば火が土を生み、土が金を生み日干を強くする。

・日干の木が弱いと金は我が身である木を剋すので、水があれば金が水を生み、水が木を生み日干を強くする。

●身弱で官殺が多く印星がなければ、用神は比劫を取る。

「別の道を探してこそ我が身を射る多くの矢が防ぐことができる」ということばがあります。印星がなければ第2の用神は比劫です。比劫は強固な盾のようなもので、身を剋す星に抵抗し、身を助ける役割を果たします。

印星の運が大運・年運に来れば喜びの星となります。印星の運は行運（大運・年運）の用神であり、命局に欠けていれば命局の不足を補うことができる用神になります。比劫は印星の次に幸運を呼びます。

日干が弱く官殺が多いと、財が消耗し食傷に洩れます。これらはすべて用神が弱いことを示します。比劫の喜神が用神に代わって機能することを期待します。

・日干の木が弱いと金の伐採に耐えられないが、木が多い林は伐採しても問題ない。

・日干の金が弱いと火の鍛錬に堪えられないが、金が強ければ鋼に精錬される。

・日干の火が弱いと水の鎮火に堪えられないが、激しい炎の火であれば消え

ない。

・日干の水が弱いと少ない水は淀んでしまうが、奔流の水であれば土の抵抗に勝って流れる。

・日干の土が弱いと少ない土はもろくて形をなさないが、中原の土は災害にあっても崩れない。

　身弱で官殺が旺盛だとトラブルに遭いやすい。比劫が通関用神になる。

★身弱で偏財・正財が多い

・第1用神は比肩・劫財、第2用神は偏印・印綬

・身弱では財を持ちきれないので財は幸運とはいえません。このときは偏財・正財を抑制するとともに自分自身を強める比肩・劫財を第1用神とします。比肩・劫財がなければ自分を強める偏印・印綬を用神とします。

●身弱で財星が多ければ、用神は比劫を取る。

　日干が弱く財星が多いと、財の重さを身が耐えることができません。身弱の人が財を失いそれを奪還しようと無理をすると危険なことになります。訴訟、病気など思いがけない災難に遭って、すべての財産も失ってしまうこともあります。特に女性は注意が必要です。

　比劫は財の星が多い身弱を補い、これに対抗することができます。財と比劫は対になる相剋の関係にあります。比劫は通関用神になります。

　大運・年運で比劫に会うと財を手にすることができます。兄弟姉妹も財を得ます。

・日干の木が弱く土の財星が盛んであれば、比劫の運のときだけ、木が重なり土を抑える。

・日干の金が弱く木の財星が盛んであれば、比劫の運のときだけ、金を利用し木を削る。

・日干の火が弱く金の財星が盛んであれば、比劫の運のときだけ、火で金を抑える。

・日干の水が弱く火の財星が盛んであれば、比劫の運のときだけ、水で火を抑える。

・日干の土が弱く水の財星が盛んであれば、比劫の運のときだけ、土が水を囲む。

　身弱で財が旺盛だとトラブルに遭いやすい。比劫が通関用神になる。

●身弱で財星が多く比劫がなければ、用神は印星を取る。

　日干と印星は共生関系にあるため、印星はまず身を生む効果を発揮します。日干が弱すぎると財星は忌神になり、その弱さは雪上に霜を加えるようなものです。

　印星は用神として財を消費することができます。大運の中では比劫は最も運がよく、この期間はお金が入り万事順調です。印星の運は第2の用神でこの時期もよくなります。

・日干の金が弱く木の財星が盛んであれば、土の印星で木の財星を抑えて金の身を強める。

・日干の木が弱く土の財星が盛んであれば、水の印星で土の財星を抑えて木の身を強める。

・日干の土が弱く水の財星が盛んであれば、火の印星で水の財星を抑えて土の身を強める。

・日干の水が弱く火の財星が盛んであれば、金の印星で火の財星を抑えて水の身を強める。

・日干の火が弱く金の財星が盛んであれば、木の印星で金の財星を抑えて火の身を強める。

★身弱で食神・傷官が多い
・第1用神は偏印・印綬、第2用神は比肩・劫財
・偏印・印綬は忌神である食神・傷官を抑えると同時に、自分自身も助けるので第1用神です。偏印・印綬がなければ自分を強める比肩・劫財を用神とします。

●身弱で食傷が多ければ、用神は印星を取る。

　印星は身を生むと同時に忌神の食傷を抑制します。日干を強めると同時に

食傷へ洩れるを防ぎます。

・日干の金が弱く食傷の水が多く、日干を弱める（洩れる）とき、土の印星で水を制して身を強くする。

・日干の火が弱く食傷の土が多く、日干を弱める（洩れる）とき、木の印星で土を制して身を強くする。

・日干の木が弱く食傷の火が多く、日干を弱める（洩れる）とき、水の印星で火を制して身を強くする。

・日干の土が弱く食傷の金が多く、日干を弱める（洩れる）とき、火の印星で金を制して身を強くする。

・日干の木が弱く食傷の木が多く、日干を弱める（洩れる）とき、金の印星で木を制して身を強くする。

●身弱で食傷が多く印星がなければ比劫を用神とする。

食傷が多いと比劫はどうすることもできませんが、身を助けることはできます。

・日干の金が弱く食傷の水が多ければ、金の比劫が身を助ける。

・日干の火は弱く食傷の土が多ければ、火の比劫が身を助ける。

・日干の木は弱く食傷の子が多ければ、木の比劫が身を助ける。

・日干の土は弱く食傷の金が多ければ、土の比劫が身を助ける。

・日干の水は弱く食傷の木が多ければ、水の比劫が身を助ける。

313

実例から用神を探す

・用神を探すためには身旺・身弱かの判断が最初です。月支の五行が日干と同じであれば月支は月令を得ているので身旺になります。月支の蔵干に日干と同じ五行があれば、月支の本気（最も強い五行）に同じ五行があるよりも弱いですが日干は旺じます。

・用神になる五行はまず月干をみます。もし月干が喜神であれば、それは用神になります。月干になければ他の天干をみます。用神がなければさらに地支をみます。

・月干に用神があらわれれば命式のクラスは高いといえます。吉凶の程度はクラスの高低によります。

・用神は単一ではなく、複数存在することもあることに注意しなければなりません。

・命式に用神があれば平穏でおだやかな一生です。

・用神は扶抑用神を先に探します。調候用神と通関用神は、扶抑用神を補助するものです。

・命式、大運、年運にある特殊星が用神に有利であれば吉、用神に不利であれば凶になります。

　以下に例を挙げて説明します。例は食神が元命ですが、他の星でも同様に類推してください。

■例1

例1は、月支が用神になり月干にも同じ星がある例です。

時柱	日柱	月柱	年柱	
戊（土＋） 劫財	己（土－）	辛（金－） 食神	癸（水－） 偏財	天干
辰（土＋） 劫財	巳（火＋） 印綬	酉（金－） 食神	未（土－） 比肩	地支

314

比肩・劫財と印綬が４つあり身旺です。辛金が天干にあり金の力を強めます。この辛金が用神です。元命の食神に対して、火は土を生み、土は金を生み、金は水を生みます。この癸も用神になります。日支、時支、時干、日干、月干、年干へときれいに流れる美しい命式です。大運が水と金のときは幸運です。火の運は食神を損なうのでよくありません。木の運は普通です。土の運は吉凶両方です。この命式では食神が身旺を適度に抑えて財を生み、「食神生財」となります。

　もし、命式に土と火が少なく日干が身弱になるときは、土、火が用神になります。

■例2
この例では、日干を助ける星が用神になります。

時柱	日柱	月柱	年柱	
庚（金＋）傷官	己（土－）	辛（金－）食神	癸（水－）偏財	天干
午（火＋）偏印	酉（金－）食神	酉（金－）食神	亥（水－）正財	地支

　日干を取り囲む食神と傷官は日干を弱め、日干を強める偏印は１つだけで身弱になります。時支の午には蔵干の丁火がありこれが用神です。命式は不均衡ですが、大運が火の運は強い金を弱めるので吉運になり、土の運も日干である我が身を助けるので吉運です。金、水、木の大運はよくありません。

　もし、命式に木が多くあれば、我が身をさらに弱めるため、木を制する金の食神が有用になります。

■例3

例3は月支の用神が日干を弱くする星を抑えることで、間接的に日干を助ける例です。

時柱	日柱	月柱	年柱	
辛（金－） 食神	己（土－）	乙（木－） 七殺	乙（木－） 七殺	天干
未（土－） 比肩	巳（火－） 印綬	酉（金－） 食神	亥（水－） 正財	地支

日干の己は日支の印綬に支えられ、また時支には比肩もあります。弱いとはいえませんがほぼ中和に近い身弱です。乙木は未の蔵干にある乙木とも通じ身を弱めますが、これを抑える辛金は我が身である日干にとって有効です。食神は用神になります。食神は災いを消し去る星になります。大運が金のときは吉運です。土の運も我が身を助けるので吉運です。火の運は用神である金の食神を弱めるので凶運です

身弱の人にとって印の星は重要なことがわかります。

もし、命式に火が多ければ、日干は強まり、水によって火を抑えることが有用になります。すなわち財の星を用いて印の星を弱めるべきです。

■例4

これは病薬用神の例です。

時柱	日柱	月柱	年柱	
辛（金－） 食神	己（土－）	丁（火－） 偏印	丙（火＋） 印綬	天干
未（土－） 比肩	亥（水－） 正財	酉（金－） 食神	午（火＋） 偏印	地支

偏印、印綬の星は3つあり、日干を強めると同時に食神を弱めています。食神は用神ですが、この食神は病んでいるので治療する必要があります。そのためには壬癸の水を用いて丙丁の火を抑えることが必要です。元気になるためには水の援護か不可欠なのです。幸い日支の亥には壬が蔵干にあります。この星は大切な用神です。大運が水のときは吉運です。月支が「食神泄秀」になるためには、火により病んでいる酉金の救援に水が必要ということです。

日干月支別用神分析

身旺・身弱別に日干と月支の組合せごとに用神はなにを取ればよいかを、
●**日干月支別用神分析表**（427 ページ）では説明しています。

317

4. 蔵干

蔵干は命式図の年支、月支、日支、時支の十二支が内蔵する十干のことです。そのうちの最も強い五行を本気、その他を余気といいます。

●十二支の蔵干

十二支	蔵干		
	最も影響力の強い干		
子（水＋）	癸（水−）		
丑（土−）	己（土−）	癸（水−）	辛（金−）
寅（木＋）	甲（木＋）	丙（火＋）	戊（土＋）
卯（木−）	乙（木−）		
辰（土＋）	戊（土＋）	乙（木−）	癸（水−）
巳（火−）	丙（火＋）	戊（土＋）	庚（金＋）
午（火＋）	丁（火−）	己（土−）	
未（土−）	己（土−）	丁（火−）	乙（木−）
申（金＋）	庚（金＋）	戊（土＋）	壬（水＋）
酉（金−）	辛（金−）		
戌（土＋）	戊（土＋）	丁（火−）	辛（金−）
亥（水−）	壬（水＋）	甲（木＋）	

命式の干支に五行のすべてがそろっているときは、不足している五行を蔵干で探す必要はありません。命式の干支にない五行が蔵干にあれば、「隠れている」といいます。命式の干支にも蔵干にもない五行は「欠けている」といいます。

また、蔵干は身旺・身弱の判断のときに必要なことがあります。蔵干に日干を強める五行が隠れていることがあります。

蔵干の影響力

・蔵干は命式図のバランスをとるのに役立つときもありますが、バランスを壊してしまうときもあります。

・蔵干は、月支の蔵干の影響力が最も強いのです。特に月支と同じ五行を持つ蔵干が最も強くなります。その他の蔵干は次に影響力があります。例えば、月支が申の時、申の蔵干の庚（金＋）が最も強く影響します。申の蔵干の戊（土＋）と壬（水＋）は次に影響が強い蔵干です。

・年支、日支、時支の蔵干の影響力は月支と比べれば軽くなります。

蔵干の効用

■例1

時柱	日柱	月柱	年柱	
甲（木＋） 比肩	甲（木＋） 甲	丁（火－） 傷官	癸（水－） 正財	天干
子（水＋） 正財	寅（木＋） 偏印	巳（火－） 劫財	卯（木－） 印綬	地支

　命式の中に水が2つ、木が4つあります。比肩・劫財、偏印・印綬が4つあり強い身旺です。しかし、巳の蔵干に戊土と庚金があります。土は水を抑え、金は木を制します。この蔵干は命式のバランスをとり、よい影響を与えます。

319

■例 2

時柱	日柱	月柱	年柱	
甲（木＋） 比肩	甲（木＋）	壬（水＋） 偏財	甲（木＋） 比肩	天干
子（水＋） 正財	寅（木＋） 偏印	申（金＋） 七殺	寅（木＋） 偏印	地支

　甲木が 3 つ、寅が 2 つで木が多過ぎて林立しています。さらに壬水と子水は木を強くします。申金は木を制する吉星ですが、ひとつだけでは力が不足です。申の蔵干と 2 つある寅の蔵干には戊土があります。この戊土で金を強くして、木を制することができます。蔵干のよい影響です。

蔵干の害

■例 1

時柱	日柱	月柱	年柱	
庚（金＋） 七殺	甲（木＋）	庚（金＋） 七殺	戊（土＋） 偏財	天干
午（火＋） 食神	申（金＋） 七殺	申（金＋） 七殺	申（金＋） 七殺	地支

　金が 5 つもあります。申金には戊土の蔵干があり、午火には己土の蔵干があります。これらの土はさらに金を強めます。強い金は日干の甲をさらに損傷してしまいます。

■例2

時柱	日柱	月柱	年柱	
庚（金＋） 食神	戊（土＋）	戊（土＋） 比肩	乙（木−） 正官	天干
申（金＋） 食神	辰（土＋） 比肩	寅（木＋） 七殺	未（土−） 劫財	地支

　日干戊を強くする土が多い強い身旺です。時干の庚金も時支の申金は被泄の効果で土を弱める吉星です。月支の寅木は土を制しますが、寅に丙火の蔵干があり、この丙火は庚金を制してしまい、吉星の働きは弱くなってしまいます。

5. 四柱の解釈

四柱の意味と大運との関係

　命式図の四柱はそれぞれ年代もあらわします。年柱は若年運、月柱は成年運、日柱は壮年運、時柱は老年運をあらわします。また、上段の干の運命星は顕在化するもの、下段の支の運命星は潜在化するものをあらわします。例えば財の星が上段にあればお金があることは知られてしまいますが、支にあれば知られません。

　命式図と大運表の関係をみるときは、命式図の干と大運表の干、命式図の支と大運表の支との関係をみます。例えば、命式の干に正官があり、大運の干に傷官があると正官と傷官が衝突して災いとなります。しかし、大運の支に傷官があっても命式の干の正官とは衝突しません。また、命式のどこにあるかにも注意します。命式の正官が年干にあり大運の傷官が老年運の干の運期にあるときは影響がありません。これは命式図の年柱は若年運をあらわしているからです。

時柱	日柱	月柱	年柱		
	自分			天干	顕在化するもの
				地支	潜在化するもの
老年運	壮年運	成年運	若年運	命式図の各柱があらわす年齢	
↕	↕	↕	↕		
60歳ぐらいから	40歳ぐらいから60歳ぐらい	20歳ぐらいから40歳ぐらい	0歳から20歳ぐらい	命式図の各柱に対応する大運表の年齢（おおよその目安）	

322

四柱と六親

　六親とは親、配偶者、子などの親族関係をいいます。四柱の干支や運命星はそれぞれ六親をあらわします。このときの命式の各干支を「宮」といいます。各宮とも地支が旺気を得ることはよく、衰気を得ることをよくありません。気の旺衰は各柱の長生十二運をみます。長生、沐浴、冠帯、臨官、帝王は気が旺じ、衰、病、死、墓、絶は気が衰えます。

　六親をあらわす各宮は次のとおりです。以下、それぞれの六親について説明します。なお、ここで出てくる剋、害、華蓋については後で説明します。

時柱	日柱	月柱	年柱	
子	自分	父	先祖	天干
子	配偶者	母	先祖	地支

●父（運命星は偏財）

時柱	日柱	月柱	年柱	
	男性 女性	父		天干
				地支

・男女とも月干は父の宮で、運命星は偏財が父をあらわします。

・月支が旺じる長生、冠帯、臨官、帝旺であれば吉で父の力を得ます。

・月干が忌神になれば父子の仲はよくありません。

・月干に偏財があれば父の力を得ます。さらに母の宮の月支が印星であれば父母両方の力を得て生涯福に恵まれます。

・命式に天徳貴人、月徳貴人、天乙貴人が２つ以上あると吉です。

・命式に財星がないか多すぎるか、月干が刑、冲、剋、害に会うと父は助けになりません。

323

・命式に空亡、華蓋があるとよくありません。

・命式が強い身旺で吉星がないとよくありません。

●母（運命星は偏印・印綬）

時柱	日柱	月柱	年柱	
	男性 女性			天干
		母		地支

・男女とも月支は母の宮で、運命星は印星が母をあらわします。

・月支に印星があれば母の力を得ます。さらに父の宮の月干が偏財であれば
　父母両方の力を得て生涯福に恵まれます。

・命式に天徳貴人、月徳貴人、天乙貴人が2つ以上あると吉です。

・命式に印星がないか多すぎるか、月支が刑、冲、剋、害に会うと母は助け
　になりません。

・命式に空亡、華蓋があるとよくありません。

・命式が強い身旺で吉星がないとよくありません。

●妻（運命星は正財・偏財）

時柱	日柱	月柱	年柱	
	男性			天干
	妻			地支

・男性は日支が妻の宮で、財星が妻の運命星です。四柱に正財と偏財が併存
　するときは正財は妻、偏財は愛人をあらわします。

・妻をあらわす財星が用神になるか吉星になれば妻は賢くて美しいです。

・妻の宮が長生、冠帯、臨官、帝王の旺地にあれば妻が父の運を助けて、妻
　の力で財を得ることができます。

324

・命式に天徳貴人、月徳貴人、天乙貴人が２つ以上あれば、妻は美しく賢く貞淑です。

・命式に財星がないか多すぎるとき、早婚すると離婚の可能性があります。

・命式に財が多すぎるか、紅艶、桃花が多いと多淫になり、婚姻は順調にいきません。死別、離婚、再婚の可能性もあります。

・妻の宮の日支が刑、冲、剋、害に会うと夫婦にとってよくありません。酒色におぼれ婚姻は順調にいきません。

・時支で土（辰戌丑未）に会うか、華蓋があるか、病、死、墓、絶になると妻は孤独になります。夫婦のよい感情は続きにくくなります。

●夫（運命星は正官・七殺）

時柱	日柱	月柱	年柱	
	女性			天干
	夫			地支

・女性は日支が夫の宮で、官星が夫の運命星です。四柱に正官と七殺は併存するときは正官は夫、七殺は愛人をあらわします。

・夫をあらわす官星が用神か吉星になれば仲のよい夫婦です。

・夫の宮の日支が旺じる長生、冠帯、臨官、帝旺であれば吉で、夫により妻は貴になります。

・命式に天徳貴人、月徳貴人、天乙貴人が２つ以上あれば、夫は経済力があって賢いです。

・命式に官星がなければ、結婚は難しくなります。早婚すると離婚の可能性があります。

・財星が多すぎるか、夫の宮の日支が刑、冲、剋、害に遭うと夫婦にとってよくありません。

・官星が多いとよくありません。正官と七殺が隣り合わせになるのもよくありません。

- 合、紅艶、桃花、貴人が多いと多淫になり、婚姻は順調にいきません。夫と死別、離婚、再婚の可能性があります。
- 時支で土（辰戌丑未）に会うか、華蓋があるか、病、死、墓、絶になると夫は孤独になります。夫婦のよい感情は続きにくくなります。

●男性にとっての子 （運命星は息子は七殺・娘は正官）

時柱	日柱	月柱	年柱	
息子	男性			天干
娘				地支

- 男性は七殺または時干が息子、正官または時支が娘をあらわします。
- 官殺が用神か喜神ならば子は賢く親孝行で力になります。
- 官殺が忌神ならば、子は孝行せず、親に冷淡です。
- 命式が中和で財星が強ければ官星がなくても子はあり、妻は賢く子は貴になります。
- 身旺で命式に七殺があれば息子は貴になります。
- 命式に天徳貴人、月徳貴人、天乙貴人が2つ以上あれば、子は親孝行です。
- 命式に空亡、華蓋があるとよくありません。
- 命式が強い身旺で吉星がないとよくありません。

●女性にとっての子 （運命星は息子は傷官・娘は食神）

時柱	日柱	月柱	年柱	
息子	女性			天干
娘				地支

- 女性は傷官または時干が息子、食神または時支が娘をあらわします。
- 食神・傷官が用神か喜神ならば子は賢く孝行で力になります。

326

・食神・傷官が忌神ならば、子は孝行せず、親に冷淡です。
・命式が中和であれば、財官がそろっていなくても子はあり、夫は栄え子は貴になります。
・食神・傷官が地支にあり刑、冲、剋、害がないことを喜び、息子は多く盛んです。ただし傷官が多すぎると子が多いとはいえません。傷官は夫を傷つけます。
・時柱が死、墓、絶になると夫を傷つけ子を剋します。
・命式が中和で、財官の星がそろえば食神・傷官がなくても子はあり、夫は栄え子は貴になります。
・命式に天徳貴人、月徳貴人、天乙貴人が2つ以上あれば、子は親孝行です。
・命式に空亡、華蓋があるとよくありません。
・命式が強い身旺で吉星がないとよくありません。

★剋
<ruby>剋<rt>こく</rt></ruby>

剋は天干の丙と庚、丁と辛の組合せで相剋する関係です。冲と併せて「冲剋」と呼ばれます。

★害
<ruby>害<rt>がい</rt></ruby>

害は地支の子と未、丑と午、寅と巳、卯と辰、申と亥、酉と戌の6つのよくない組合せです。孤立したり援助がなかったりする暗示です。

★華蓋
<ruby>華蓋<rt>かがい</rt></ruby>

華蓋は特殊星です。第4章で説明した特殊星ほど大きな影響はありませんが、六親に影響することがあります。華蓋は年支と他の支との次の組合せです。
・年支が寅、午、戌のとき、他の支が戌。
・年支が亥、卯、未のとき、他の支が未。
・年支が申、子、辰のとき、他の支が辰。
・年支が巳、酉、丑のとき、他の支が丑。
　華蓋の特徴は、

・勉強熱心で賢く、考えることが好き。

・宗教心があって高貴。

・孤独で無口。

・官僚幹部に向いている。

・女性は婚姻が順調でない。

6. 運命星の詳細分析

運命星のよい組合せ、悪い組合せをまとめて整理します。
- 「流れる」とは、その星が近くの星を生みさらに近くの次の星を生むというようになっていくことです。
- 「透る（通る）」とは、支から干に向かって同じ星があること（透干）、同じ星が干または支に並ぶことです。
- 「重なる」、「重い」は複数の運命星が命式にあることです。
- 「根がある」とは天干にある運命星と同じ運命星が地支にもあることです。
- 「局」は三合の局と方位による局（三会ともいいます）のことで、それぞれ3つの支が集まって特定の五行が強められます。三合局は三合水局（申子辰）、三合金局（巳酉丑）、三合火局（寅午戌）、三合木局（亥卯未）です。方位の局は北方水局（亥子丑）、東方木局（寅卯辰）、南方火局（巳午未）、西方金局（申酉戌）です。三合局は方位の局よりも強いです。
- 運命星の組合せは隣り合っていれば影響は強くなります。離れていれば弱くなり、ほとんど影響がなくなることもあります。命式と大運が出会うときは影響が強くなります。

運命星のよい組合せ
- 「正官佩印」は正官と印綬が隣り合っていることです。
- 「殺印相生」は官殺が印星を強めて命式がよくなることです。
- 「財官双美」は命式に財星と官殺の両方があることです。
- 「食神生財」は食神と財星が隣り合い、食神が財を生むことです。
- 「食傷吐秀」は食傷が喜神、用神になり命式がよくなることです。
- 「傷官傷尽」は傷官が用神で命式に多くあり強く影響する命式です。
- 「傷官佩印」は印星が傷官を抑えることで命式がよくなることです。
- 官殺と印星の組合せは、権力、地位、事業の成功をあらわします。
- 財星と官殺の組合せは、富、貴、吉を兼ね備えます。
- 食傷と財星の組合せは身旺であれば財運がよいです。
- 食傷と官殺の組合せは、身旺であれば官殺を制して事業は成功します。

運命星の悪い組合せ

- 「官殺混雑」は正官と七殺が隣り合うことです。訴訟、刑事事件の災いがあります。命式にあると混乱しやすい性格です。
- 「傷官見官」は正官と傷官が隣り合うことです。訴訟、刑事事件、舌禍の災いの暗示があります。命式と大運で出会うときも同様です。
- 「刑冲重重」は、刑と冲が多くあることです。
- 「身旺多刃」は、身旺で羊刃が重なることです。事故、けが、手術などの災いなどトラブルの暗示があります。
- 「偏印奪食」は偏印と食神が隣り合い、偏印が食神を抑えてしまうことです。自由を奪われたり刑事事件の暗示があります。
- 印綬が多くあり、財星と官殺がありません。
- 比劫が多くあり、財星と官殺がありません。
- 財星と印星の組合せは破財、散財をあらわします。あるいは財のために地位を失うことがあります。身弱で財星が強ければ印星により財の災いを取り除くことが必要です。
- 食傷と財星の組合せは、身弱は不測の災いを招きます。
- 食傷と官殺の組合せは、身弱は官殺を制しにくく不測の災いを招きます。
- 財星と比劫の組合せは、破財、散財をあらわします。事業は向きません。
- 地支に多くの刑があり、大運でも刑に会うと刑事事件の危機です。寅巳申、丑戌未の三刑があればさらに注意です。

運命星による命式のクラス

　命式のクラスは命式にある運命星の組合せによって異なります。これを富、貴、吉、寿、貧、賤、凶、夭の8種類に分けて説明します。

　四柱推命で幸運な人が必ずしも善人であるとは限りません。苦労をして報われない人が善人で賢いことも多いのです。仏教は因果応報を唱え、善をなせば必ずよい報いがあると教えますが、今世では必ずしもそうはなりません。古今東西の歴史上、弱肉強食の世では、君子が災難に遭って、卑しい人が勢力を得て、悪人が権力を握ることはよくあることです。

●富

　財産があることです。
・命式は中和。財星と官殺がそろいます。
・食傷は重なり、財星は流れます。
・財星は重なり、食傷は少しあります。
・財星は透干しなくても、支で財星が局となり強くなります。
・身旺で財星が旺じ、食傷があり官殺があります。
・身旺で印星が多く、食傷は少なく、財星が元命または旺じます。
・身旺で印星が多く、官殺は衰え、財星が元命または旺じます。
・身旺で劫財が旺じ、財星、印星がなく、食傷があります。
・身弱で財星は重く、印星、比劫がありません。（外格になります）

●貴

　品性が高いこと、社会的地位が高いことです。（ただし「富貴」というときは財産と社会的地位の両方がそろうことで、必ずしも品性が高いとは限りません）
・身旺で官殺が旺じ、印綬があって官殺を守ります。
・財星と食神は盛んで、官殺は通ります。
・官殺は旺じ、財星と食神があります。
・身旺で官殺と財星があります。
・印星と官殺があり、官殺は用神となります。

・身弱で官殺は強く、大運で印星に会います。

・印星が旺じ官殺は衰え、大運で財星に会います。

・劫財が重なり財は軽く、大運で官殺に会います。

・正官を用神として七殺が混じりません。

・七殺を用神として正官が混じりません。

・七殺はとても旺じていますが食神がこれを制します。

・命式に刑、冲がありません。

●吉

「吉は善なり利なり」です。富貴ではありませんが一生波風は少なくおだやかな状態が続きます。用神が命主（日干）のために落ち着きを与えると吉です。

・身旺で食神が用神で、食神が財を生み、あるいは官殺が財を守ります。

・身旺で官殺が用神で、財星が官殺を生み、あるいは印星が官殺を守ります。

・身旺で七殺が用神で、七殺が重なるが食傷が制し、七殺は軽くなり、財が生まれます。

・身旺で食傷が用神で、財星があって流れます。

・身旺で印星が用神で、官殺があって印星を助けます。

・身弱で比劫が用神で、官殺が重なり、印星が身を生み官殺を洩らし、財星が重なり、官殺が財星を洩らして印星を生みます。

・身弱で印星が用神で、官殺が印星を生み、あるいは比劫が印星を守ります。

●寿

・「五行停匀」。命式に五行がすべてそろっています。

・命式の天干に冲や剋（丙と庚、丁と辛の組合せ）、地支に冲がありません。

・合はあってもすべて閑神です。（影響のない星を閑神といいます）

・冲はあってもすべて忌神で、残るのはすべて相神だけです。（用神を助ける星を相神といいます）

・日干の地支が長生十二運の長生、沐浴、冠帯、臨官で、日主が気を得ます。ただし旺盛過ぎてはいけません。

・身旺で官殺は弱く、財星に会います。

・身旺で財星は軽く、食神を遇します。

・身旺で「食傷吐秀」です。食傷が用神で命式のバランスをとります。

・身弱で印綬は力があります。

・月令は冲がなく破れません。

・大運はすべて用神、相神に反しません。

●貧

お金に窮することです。

・傷官は軽く、財星は重くて身弱です。

・官殺が重くて身弱です。

・傷官が重くて身弱です。

・財星は豊かで身弱です。

・食神は旺盛で身弱です。

・財星は軽く劫財は重く、食傷はありません。

・印星の喜神が財星に会うと印星を悪くします。

・印星の忌神を財星が官殺を生み強くします。

・財星の用神が合に会います。

・身旺で財星がありません。

・財星は軽く官殺は衰え、食傷と印綬があれば、貧しくて貴です。

・喜神の印星を財星が抑え、官殺を助けると、貧しくて貴です。

・身弱で官殺が旺盛、財星は官殺を助けますが印星があれば貧しくて貴です。
　印星がないのは、「儒冠の老」、「清貧の格」といわれます。

・財星は多く日主は頼れず、財星は働かず、財星に従うことができないと、
　貧しくて賤です。

・年柱月柱の財星は極めて美しくても、日柱で冲となればこれを破って、若
　いときは富があってもやがて先祖の財産を失い貧となります。

●賤

　品性がない人のことです。社会的地位が高くても品性のない人はいます。偽りの君子ということもあります。

- ・官殺は軽く、印星は重くて身旺です。
- ・官殺は重く、印星は軽くて身弱です。
- ・官殺は軽く、劫財は重く、財はありません。身旺です。
- ・財星は軽く、劫財は重く、官殺があります。身旺です。
- ・官殺が旺じて印星は喜神ですが、財星が印星を制します。身弱です。
- ・官殺は重く、印はなく、食傷が官殺を強く制します。身弱です。
- ・官は多く、忌神の財星が局となり強くなります。身弱です。

●凶

　貧窮したり刑事事件や傷害など遭いやすく、人生は波風が高いです。

- ・財旺身弱で比劫、印星がありません。
- ・七殺が重い身弱で、食傷、印星がありません。
- ・用神が官殺で傷が多く、財がありません。
- ・官殺は多く身弱で印星がありません。
- ・印星、比劫が重く、官殺は軽く制することができず、財星もありません。
- ・比劫ばかりで官殺がありません。
- ・用神は食神で偏印が多くあります。
- ・官殺は忌神で、財星が多くあります。
- ・財星は喜神で、劫財羊刃が多くあります。
- ・傷食ばかりあり、印星がありません。
- ・印星は喜神で財星が多くあります。
- ・官星は軽く印星は重いです。
- ・喜神の正官に七殺が混じります。
- ・身旺の羊刃が刑・冲に会います。
- ・命式に2つ以上の刑または2つ以上の冲があり、貴人がなく助けがありません。

●夭

寿命が短い危険性があることです。

・印綬が旺盛過ぎて、日主の落ち着きがありません。

・財殺が旺盛過ぎて、日主は頼るところがありません。

・忌神と用神が混雑します。

・刑と冲が多く合がありません。

・日主は月令を得ず、用神は浅く薄く、忌神は深く重いです。

・行運は用神を助けず忌神と組みます。

・強すぎる身旺で剋すものも洩らすものもまったくありません。

・強すぎる身旺、弱すぎる身弱は危険が高まります。

・印星の用神が重なりますが、財星がこれを剋します。

・身弱で食傷が重なり、印星に会います。

・金寒水冷で土は湿っています。

・火が旺じて火炎になって土を乾かし木は枯れます。

7. 外格

外格とは特殊な格です。変格ともいいます。ほとんどの外格は成立要件を満たさず、外格とならないことが多いのです。おもな外格として説明するのは、三朋格、専旺格、従格の3つです。

●三朋格

三朋格は天干に3つの同じ干、または地支に3つの同じ支があることが成立要件です。とてもクラスの高い命式です。三朋格の人は予期せぬよい出会いが多くあります。貴人からの助けもあります。

★天干三朋格

食神		食神	食神
壬	庚	壬	壬
午	申	寅	戌
正官	比肩	偏財	偏印

この命式は食神正財でもあります。庚金が壬水を生み、再び木と火を取る。財産があり身分が高い命局です。食神正財（食傷生財）は、命式に財星と比劫があって、財星を生む食傷があれば、食が通関して財を再生します。一生安泰です。

★地支三朋格

甲戊壬丁
寅寅寅酉

この命式は七殺格です。寅の蔵干丙の火、戊の土を用神とします。3つの長生があります。上品で俊逸な才子です。寅月の戊寅の日は天赦日でもあり神が守ります。

■運命分析の実例 36　芥川龍之介（文学者）　416 ページ参照
■運命分析の実例 37　徳川家康（江戸幕府の開祖）　418 ページ参照

●専旺格 せんおうかく

・専旺格は五行のひとつが突出して命式に多くあるかたちです。専旺格は中国語では「秀気」といって、品格があり美しく頭がよいことを示します。

・成格要件は、日干の五行がとても強く、月支は当令となり比劫、命式にも比劫が多く、財星と官殺がないことです。さらに地支に三合あるいは三会成局があって気が日主に集まれば専旺格の要素は強くなります。

・専旺格は官殺を最も嫌い、次に財星を嫌います。大運でこれらにめぐり会うと凶です。命式の中に食傷が流れ通関していれば運はよく、富貴は明らかにして、財運はよいといえます。

・印星は専旺格にとって大切です。印星の有無によって命式クラスは決まります。印星に根があればなおよいです。しかし印星が月支にあれば専旺格になりません。

・専旺格が官殺に出会うことを犯旺といって凶になります。

★曲直格（木の専旺格） きょくちょくかく せんおうかく

　日干が甲乙、月支が寅卯辰の春で月令を得、地支に亥卯未の三合木局の合があり、甲または乙が年干に透れば一気専旺となり、この曲直格は曲直仁寿格と呼ばれます。金である官殺、庚辛申酉は破格になります。大運では東方の比劫の旺地がよく、次に北方の印星の水地であり、最も恐れるのは西方の官殺の金地です。

★炎上格（火の専旺格） えんじょうかく せんおうかく

　日干が丙丁、月支が巳午未の夏で月令を得、月支が寅卯であれば地支に寅午戌の三合の火局、あるいは巳午未の三会の火局があり、天干地支に五行の火の勢があることが必要です。印星があり火を生み、官殺の水があらわれません。官殺の水があると破格になります。

　炎上格は火が旺盛である以上、ひとつの放出点として食傷の土星があって

337

もよいと考えます。

南方の比劫の旺地と東方の印地を喜び、北方の水と西方の金はよくありません。また「炎上格」は刑と冲を恐れます。

★従革格（金の専旺格）

従革格は土金専旺格ともいいます。日干は庚辛、月支が申酉戌であること。金気の当令申酉であれば最もよいです。地支に巳酉丑の三合があるか、申酉戌の三会があることです。合や会がなければ金がとても優勢となっていることです。命式に印星があって金を生み、その上印星は根があって軽くないことです。そして、財星の木、官殺の火があらわれると破格になります。（もしあったとしても抑えきれるのであれば破格にはなりません）

格局の秀気はすべて日干の庚辛金に集まり、その勢が大きいので逆らえません。金は格局の用神、金を生む土の印星は相神、吐秀の水は喜神、南方の火は忌神（金を剋す相剋の五行）、東方の木は仇神（金が剋す相剋の五行）となります。

★潤下格（水の専旺格）

潤下格は金水専旺格ともいいます。日干は壬癸水で、亥子丑の月に生まれで月令になります。地支に申子辰の三合水局か、あるいは亥子丑の三会水局で、水は勢を増します。水を生む印星があり、印星は根があって重いことです。戊己丑未などの官殺がないことです。官殺があれば破格になります。財星と官殺の両方があり、これらを抑えることができなければ破格になります。

印星のない専旺格は多くが貴ではありません。五行の金のうち、酉金だけが純金で、他の地支の申、丑、戌の金はすべて土の気が混ざっているため、これらの「潤下格」には雑味が多いといえます。富貴な者は多くありません。

★稼穡格（土の専旺格）

日干が戊己、月支が辰戌丑未で、地支は土の辰戌丑未で全部満たされ、あるいは命式のすべて（あるいはほとんど）が土で、甲乙寅卯の木の官殺がない命式です。

稼穡は種まきのことです。他の専旺格はすべて印星を喜びますが、稼穡格は例外で財星を喜びます。

すべての専旺格は格局の秀気はすべて日主天干の上に集まります。稼穡格は土を用神、火を相神、金を喜神、木を忌神とし、行運は火と土の相助があるのが最もよく、水に会っても財星の金があれば妨げにならず、東方の木と会えば破格となり種まきした作物は必ず死にます。稼穡格は枯れているので、大器になるのは簡単とはいい難く、珍しいといってもよいくらいです。婚姻破綻もあり、災難で身を滅ぼすこともあります。

●従格（じゅうかく）

命式の中でひとつあるいはふたつの五行が極めて強い勢いとなり、日主に無生無根で助けはなく、身を捨てて強い勢いに従って、格を形成することになります。これが従格です。しかし、従格の要件は非常に厳しく判別も難しいのです。また従格を取るのならば正格を考えてはいけません。

★化気格（かきかく）（合化の従格（じゅうかく））

化気格は合化の後に生じた特殊な従格です。従化格ともいいます。日干と月干が合になっているか、または日干と時干が合になっているかで、月令は合化した運命星が当令となり、しかも死、絶の受克の地にありません。合化した運命星が透干し、旺となり壊されず、そして、時柱は辰巳の時間で、化気が時支で絶にならないことです。官殺の正格が成立すれば化気格を取りません。化気格には条件を完全に満たした「真化（しんか）」と不十分な「仮化（かりか）」があります。真化の多くは裕福な家に生まれた人です。わたしが実際に判断した中で真化の人はほとんどいません。大多数は仮化の化気格です。仮化の人は多くが貧乏の家庭に生まれ六親の縁が薄く力を得られません。

大運の助けを得て、仮化から真化に転じれば富貴となります。行運の助けを得て自ら運命を切り開いて富を成した人も少なくありません。

格局が専旺に偏り、従にならず化にならなければ命運は順調ではありません。従になり化になれば命運は順調です。化気格では四柱に刑や冲があることは最も忌むべきことです。刑や冲が多ければ多いほど悪くなり、大運が刑

や沖にぶつかると凶運となり危険です。この時期には自制することが凶を避けるためには行動を慎み自制することが必要です。

★従旺格
（じゅうおうかく）

印星、比劫、羊刃が満たす命式は、日主は甚だ旺盛となり従旺格となります。従旺格は、身旺を極めて自らの喜神を放棄し、命式中の旺神に従うことで成立します。大運も同様で順（日干を強める比劫・印星）を喜び、逆（日干を弱める官殺・財星）を喜びません。

従旺格は命局中の日主が極盛に達し、盛んな五行の気に従わざるを得ません。日主は月令を得、地を得、四柱の天干には比劫、印星のみがあらわれます。日主を支える星が並び、官殺、食傷はあらわれず、制されず洩れず、日主の勢いは極点に達し、この五行の気に従わざるを得ません。比劫と印星のとき運がよくなります。官殺のときは運が悪くなります。食傷は気を洩らすので悪くはありません。

命式に官殺があっても日主の過旺は抑えきれません。「犯旺」といわれ、災いが起こることを示しています。命式に財星があっても、日主は比劫と和して財を奪い、極めて危険であることを示しています。

■例　利登峰

時柱	日柱	月柱	年柱	
戊（土＋）印綬	辛（金－）	辛（金－）比肩	戊（土＋）印綬	天干
戊（土＋）印綬	巳（火－）正官	酉（金－）比肩	戌（土＋）印綬	地支

この命式は土金が盛んにして、大運は土金のときによくなります、水の運の食神傷官に会って日干が洩れるのもよいのです。

340

★従殺格（官殺の従弱格）

従弱格は、身の弱を極めて自らの喜神を放棄し、命式中の旺神に従います。従弱格には、従殺格、従財格、従食傷格の３種類があります。

従殺格は、日干は弱く、比劫、印星がないかあっても弱いです。月支は官殺で官殺過多になり、官殺を剋す食傷もありません。これは官殺を用神とし、財星と官殺を喜び、印星、比劫、食傷の運を忌みます。

■例

時柱	日柱	月柱	年柱	
乙（木ー） 比肩	乙（木ー） 	辛（金ー） 七殺	戊（土＋） 正財	天干
酉（金ー） 七殺	酉（金ー） 七殺	酉（金ー） 七殺	戌（土＋） 正財	地支

乙木の日干は生気がなく、天干に乙の陰木がひとつあるものの根はありません。酉の月に七殺の地に落ちて、月令を受けて、身は守りにく、身を助けるに足りず、乙木の日主は七殺に随従してこそ有利になります。

★従財格（財の従弱格）

従財格は財星に従う従格です。日干は弱く、比劫、印星がないかあっても弱いです。命式のほとんどを財星が満たすか、月支が財星で地支に財星が局をつくるか、財が透干している、など財星が強い命式です。冲は財星を壊すので凶です。

従財格では財星が日干を支えます。大運で官殺と会うのを喜び、財星が官殺とともにあると、富貴の命です。財星があっても官殺がなければ、富あれど貴なしです。比劫があれば官殺が比劫を剋し災いは局を破ります。

財星が旺盛で、食は殺を制さず、傷は官を剋さなければ、官殺は用神になります。これは「財官相生」です。

従財格は大運で印星、比劫に会うと運が悪く、官殺、食傷に会うと運がよくなります。

341

■例

時柱	日柱	月柱	年柱	
丙（火＋）偏財	壬（水＋）	甲（木＋）食神	戊（土＋）七殺	天干
午（火＋）正財	戌（土＋）七殺	寅（木＋）食神	辰（土＋）七殺	地支

　この命式は日干が弱く財が盛んです。七殺があるので水と金の運（比劫と印星）にめぐり会うと富貴になります。命式に財と官があるよい運命です。

★従児格（食傷の従弱格）

　従児格は従食傷格ともいいます。食傷に従う従格です。従児格は食傷が月令にあり透干しているか、月令は食傷ではなくても、月支と他支が食傷の局を形成するか、地支に食傷が２つあって、さらに干にあらわれ、印星、官殺がありません。月令の主気に従うのがよいのです。「陰干は従い易く、陽干は従い難し」という論があるのは、陰干のほうが弱いからです。

■例

時柱	日柱	月柱	年柱	
庚（金＋）偏財	丁（火－）	己（土－）食神	己（土－）食神	天干
戌（土＋）傷官	未（土－）食神	未（土－）食神	酉（金－）正財	地支

　この命式は丁火で身弱、月支の未が食神で乗令（月干の己も食神で同じ運命星が月柱に並ぶ）になります。年干にも食神があらわれ財もあらわれます。印星、官殺もなく、真の従児格です。

343

344

第7章　運命分析の実例

・ここでは各運命星の代表的な例として、歴史上の有名人の運命方程式を分析しています。日本と関係の深かった近代の中国人の例が多いので、歴史的背景も解説しています。

・いまでもそうですが、中国の政治家は、四柱推命で競争相手から占われることを防止するために、生年月日を公表しなかったり、偽りの生年月日を公表したりすることがあります。公表されている生年月日と、本書の生年月日が違うことがあるのはそのためです。

・近代以前の生年月日の表示では、年は西暦、月日は旧暦（太陰暦）を表示したところもあります。

・これらの実例では用神の分析をしています。難解なことがあるかもしれませんが論理に従った正しい内容です。

・これらの実例の身旺・身弱の判断は、簡略早見表によらずに命式図全体で判断しています。簡略早見表と異なることがありますが、この判断が正確な判断です。身旺か身弱かの判断はとても難しいのです。

・命式図の冲・刑が合によって消えるときは、冲・刑の前に×を、冲・刑の影響が減少するときは、冲・刑の前に△を表示してあります。

345

■運命分析の実例 1　楊開慧（毛沢東夫人）

1901 年 11 月 6 日生〜 1930 年 11 月 4 日没

●身旺で比肩が元命。

　思想家・楊昌済の娘であった楊開慧は、当時の中国ではたいへん珍しい自由恋愛で、毛沢東と結婚しました。楊開慧は 1901 年生まれで、当時の女性としては斬新な考え方をする人でした。毛沢東夫人になってからは、革命の同志となり、夫の新しい考えに基づく政治活動を支えました。一方、家庭では 3 人の子どもを儲けるとともに、理想的な妻でした。

　毛沢東は、その人生で 4 度結婚をしていますが、最初の妻であった楊開慧を「最も愛したのは楊開慧だった」と晩年に回想しています。

　命式図をみてみましょう。日干は戊の身旺で比肩が元命です。甲（木＋）がないので日支の正財が用神になります。年支と月支に刑がありました。丑年の生まれで巳年の毛沢東との相性はよかったのです。国民党軍に長男とともに逮捕された楊開慧は、毛沢東との絶縁を強要されました。しかし、これを拒否したため、1930 年 11 月 4 日銃殺されてしまいました。この日は庚午の年、丙戌の月、戊午の日。大運は刑、年運は羊刃。月は刑、日は羊刃と、楊開慧にとってはまさに刑と凶星が幾重にも重なる日でした。この時、楊開慧は 29 歳の若さでした。

運命方程式

▼命式図

時柱	日柱	月柱	年柱		氏名
時干	日干	月干	年干		
乙	戊	戊	辛	天干	楊開慧
木－	土＋	土＋	金－	天干の陰陽五行	
正官		比肩	傷官	運命星	
○		×	○	運命星の吉凶	
				特殊星	
				合	
				冲	
時支	日支	月支	年支	地支	
卯	子	戌	丑	地支	生年月日時
木－	水＋	土＋	土－	地支の陰陽五行	1901 年
正官	正財	比肩	劫財	運命星	11 月
○	○	×	×	運命星の吉凶	6 日
桃花	桃花		天乙貴人	特殊星	卯 時
				合	午前
				冲	女
卯と子		戌と丑		刑	

▼大運表

第9	第8	第7	第6	第5	第4	第3	第2	第1	運期
						21	11	1	歳（運気前半）
						辛	庚	己	天干
						金－	金＋	土－	天干の陰陽五行
						傷官	食神	劫財	運命星
						○	○	×	運命星の吉凶
									特殊星
						26	16	6	歳（運気後半）
						丑	子	亥	地支
						土－	水＋	水－	地支の陰陽五行
						劫財	正財	偏財	運命星
						×	○	○	運命星の吉凶
						天乙貴人	桃花		特殊星

元命

比肩

立運

1

空亡

午未

運命バランス

	強い身旺
○	身旺
	中和に近い身旺
	中和に近い身弱
	身弱
	弱い身弱

■運命分析の実例 2　汪兆銘（中国近代の政治家）

1883 年 5 月 4 日生〜 1944 年 11 月 10 日没

（旧暦 1883 年 3 月 28 日生）

●身旺 A で命式図に比肩があり、七殺・正官がない。

　汪兆銘は汪精衛の名前でも知られる知日派の政治家でした。日本留学中に中国民主化運動に参加し、1910 年 27 歳の時、清の摂政の暗殺に失敗して、死刑宣告を受けましたが、1911 年、孫文の辛亥革命によって釈放されました。その後は、孫文直系の国民党指導者として近代化を推進し、国民党リーダーの蒋介石とは対立と妥協を繰り返しました。1935 年 52 歳の時、何者かに狙撃されますが一命はとりとめました。1937 年日中戦争が始まると、汪兆銘は対日和平路線のリーダーとなり、徹底抗戦路線の蒋介石との対立は深まりました。1938 年 55 歳の時、新政府を日本占領下の南京に樹立しましたが、失敗におわりました。1944 年 3 月、狙撃された時の傷が悪化し、名古屋大学病院に入院しましたが、1944 年の秋に亡くなりました。

　命式図をみてみましょう。日干が戊の強い身旺です。命式図には甲（木＋）がありませんが、日支の食神、年干の正財が用神の吉星としてあらわれ、よい妻と金運に恵まれました。七殺の星がなかったので、政治には向いていませんでした。辰と未、巳と申は刑になり、人生は危険で激しいものになりました。20 〜 30 歳にかけての甲（木＋）、寅（木＋）はよい時期でした。55 〜 60 歳の亥の運期は時支の巳と刑になります。この運期、1944 年の申の年、61 歳の時に亡くなります。申と巳は刑でした。

運命方程式

▼命式図

	時柱	日柱	月柱	年柱		氏名
	時干	日干	月干	年干	天干	汪兆銘（汪精衛）
	丁	戊	丙	癸	天干	
	火−	土＋	火＋	水−	天干の陰陽五行	
	印綬		偏印	正財	運命星	
	×		×	○	運命星の吉凶	
	飛刃				特殊星	
					合	
					冲	
	時支	日支	月支	年支		生年月日時
	巳	申	辰	未	地支	1883 年
	火−	金＋	土＋	土−	地支の陰陽五行	5 月
	偏印	食神	比肩	劫財	運命星	4 日
	×	○	×	×	運命星の吉凶	巳 時
		文昌貴人	紅艶	天乙貴人	特殊星	午前
	申と辰				合	男
					冲	
	△巳と申		△辰と未		刑	

▼大運表

第9	第8	第7	第6	第5	第4	第3	第2	第1	運期	
			60	50	40	30	20	10	歳 (運気前半)	元命 比肩
			庚	辛	壬	癸	甲	乙	天干	
			金＋	金−	水＋	水−	木＋	木−	天干の陰陽五行	立運 10
			食神	傷官	偏財	正財	七殺	正官	運命星	
			○	○	○	○	○	○	運命星の吉凶	空亡 寅卯
				月徳貴人 天徳貴人					特殊星	
			55	45	35	25	15		歳 (運気後半)	運命バランス ○ 強い身旺
			亥	子	丑	寅	卯		地支	身旺
			水−	水＋	土−	木＋	木−		地支の陰陽五行	中和に近い身旺
			偏財	正財	劫財	七殺	正官		運命星	中和に近い身弱
				○	×	○	○		運命星の吉凶	身弱
				桃花	天乙貴人	駅馬	桃花		特殊星	弱い身弱

■運命分析の実例3　松下幸之助（松下電器創業者）

1894年11月27日生〜1989年4月27日没

●身旺で劫財が元命。

　松下幸之助は和歌山の出身、生家が破産して9歳の時小学校を中退し、大阪へ奉公に出ました。見習工として働くかたわら夜間の商工学校を卒業、2灯用差込み電灯プラグを考案して製造しました。1918年に独立して、個人経営から始まった松下電気器具製作所は、自転車用ランプ、ラジオ生産で発展、1935年総合電機メーカー松下電器産業となりました。第2次大戦中は軍需品を製造、戦後は家庭への電器製品の普及に対応して、「水道の蛇口から水が出るように、安くて良質の電器製品を広く提供する」という考えに基づき、優れた家電製品をつぎつぎに開発。経済成長と技術の変化に適応する組織を作りあげ、大量生産、大量販売を進め、ナショナル・ブランドを「世界の松下」へ発展させました。松下幸之助は松下電器グループの総帥として終生経営にかかわるとともに、著述、教育、慈善活動にも力を注ぎ、政治指導者の養成のため松下政経塾も設立しました。「企業が利益を上げることが社会に奉仕、貢献できている証である」という経営哲学と、成長を続けた実績は、「経営の神様」として日本中の経営者たちの尊敬を集めました。

　命式図をみてみましょう。日干は冬の癸。身旺でバランスのよい命式図です。命式図の中に木と火が強くあらわれています。年干の甲と時干の丙はとてもよい組合せです。食神と傷官のよい組合せとともに、金が水を生み、木が財の星である火を生むすばらしい命式図です。合・冲・刑がひとつもないきれいな命式図で、食神と傷官が用神です。23歳の正官の大運の時、事業を興しました。正官は冬の傷官にとって吉星であるとともに、正官は戊（土＋）で命式図の豊富な水をまとめました。まさにこの時が創業に最適の時期だったのです。

運命方程式

▼命式図

	時柱	日柱	月柱	年柱	
	時干	日干	月干	年干	天干
天干	丙	癸	乙	甲	天干
天干の陰陽五行	火＋	水－	木－	木＋	天干の陰陽五行
運命星	正財		食神	傷官	運命星
運命星の吉凶	○◎		○	○	運命星の吉凶
特殊星			天徳貴人	月徳貴人	特殊星
合					合
冲					冲
	時支	日支	月支	年支	地支
地支	辰	酉	亥	午	地支
地支の陰陽五行	土＋	金－	水－	火＋	地支の陰陽五行
運命星	正官	偏印	劫財	偏財	運命星
運命星の吉凶	○	×	×	○	運命星の吉凶
特殊星		桃花	駅馬	桃花	特殊星
合					合
冲					冲
刑					刑

氏名：松下幸之助

生年月日時：1894 年　11 月　27 日　8 時　午前　男

▼大運表

第9	第8	第7	第6	第5	第4	第3	第2	第1	運期
83	73	63	53	43	33	23	13	3	歳（運気前半）
甲	癸	壬	辛	庚	己	戊	丁	丙	天干
木＋	水－	水＋	金－	金＋	土－	土＋	火－	火＋	天干の陰陽五行
傷官	比肩	劫財	偏印	印綬	七殺	正官	偏財	正財	運命星
○	×	×	×	×	○	○	○	○◎	運命星の吉凶
月徳貴人									特殊星
88	78	68	58	48	38	28	18	8	歳（運気後半）
申	未	午	巳	辰	卯	寅	丑	子	地支
金＋	土－	火＋	火－	土＋	木－	木＋	土－	水＋	地支の陰陽五行
印綬	七殺	偏財	正財	正官	食神	傷官	七殺	比肩	運命星
×	○	○	○◎	○	○	○	○	×	運命星の吉凶
紅艶		桃花	天乙貴人		天乙貴人 文昌貴人 桃花			桃花	特殊星

元命：劫財

立運：3

空亡：戌亥

運命バランス：
- 強い身旺
- ○ 身旺
- 中和に近い身旺
- 中和に近い身弱
- 身弱
- 弱い身弱

■運命分析の実例 4　崇禎帝（中国明朝第 17 代皇帝）

旧暦 1611 年正月 24 日生～旧暦 1644 年 3 月 19 日没

●身旺で命式図に比肩・劫財が多く、七殺・正官がある。

　崇禎帝は、中国明朝の最後の皇帝でした。生まれつき英明で、名臣徐光啓を用いて内政の改革を進めました。しかし、性格は猜疑心が強く、その治政の間に 50 人の大臣を罷免したり、死刑にしたりしたことが周囲との信頼を欠き災いとなりました。当時、清が力をつけて明は防衛に苦しんでいました。各地で飢饉が起こり、農民の反乱が多発しました。この反乱の中から力をつけた李自成は、西安を占領して明朝討伐軍を興しました。明朝の将軍たちはつぎつぎ李自成に投降し、1644 年北京の紫禁城は反乱軍に包囲されました。崇禎帝は皇子を落ちのびさせ、皇女を斬り、皇后も自殺させると、諸臣が自分を誤らせた恨みとともに「賊が朕の屍を引き裂くにまかすとも、人民のひとりも傷つくることなかれ」という遺詔を残して自殺しました。それから 40 日後、李自成は清に滅ぼされて、清朝が成立しました。清は崇禎帝を手厚く弔って、中国支配の正当な後継者の地位を固めたのでした。

　命式図をみてみましょう。元命は劫財で身旺です。寅の月生まれの日干、乙（木－）は強くはなく、月干の金もその力を弱めますが、地支の卯と未、寅と亥は合となり木が日干を強めます。七殺と正官が用神で、比肩と劫財の力を抑えています。30 ～ 34 歳は丙（火＋）の運期は傷官のため、用神である正官の力を抑えます。1642 年の壬午、明の将軍、洪承疇が清に投降、皇帝の勢力は失われました。1644 年の甲申、3 月の乙巳の日（19 日）に李自成が率いる反乱軍は首都に攻め入り、丙午の日に城を破りました。丁未の日、夜明けに崇禎皇帝は紫禁城の裏山に登り、首つり自殺をしました。この時、用神の力は弱く、また、その年の大運、年運の破壊が重なったのです。

運命方程式

▼命式図

	時柱	日柱	月柱	年柱		氏名
	時干	日干	月干	年干	天干	崇禎帝
天干	己	乙	庚	辛	天干	
天干の陰陽五行	土－	木－	金＋	金－	天干の陰陽五行	
運命星	偏財		正官	七殺	運命星	
運命星の吉凶	○		○	○	運命星の吉凶	
特殊星					特殊星	
合		乙と庚			合	
冲					冲	

	時支	日支	月支	年支		生年月日時
地支	卯	未	寅	亥	地支	1611 年
地支の陰陽五行	木－	土－	木＋	水－	地支の陰陽五行	正 月
運命星	比肩	偏財	劫財	印綬	運命星	24 日
運命星の吉凶	×	○	×	×	運命星の吉凶	卯 時
特殊星	桃花				特殊星	午前
合	卯と未		寅と亥		合	男
冲					冲	
刑					刑	

※生年月日は旧暦

▼大運表

第9	第8	第7	第6	第5	第4	第3	第2	第1	運期
					30	20	10	0	歳（運気前半）
					丙	丁	戊	己	天干
					火＋	火－	土＋	土－	天干の陰陽五行
					傷官	食神	正財	偏財	運命星
					○◎	○	○	○	運命星の吉凶
					月徳貴人	天徳貴人			特殊星
					25	15	5		歳（運気後半）
					亥	子	丑		地支
					水－	水＋	土－		地支の陰陽五行
					印綬	偏印	偏財		運命星
					×	×◎	○		運命星の吉凶
						天乙貴人桃花			特殊星

元命 劫財

立運 0

空亡 辰巳

運命バランス

	強い身旺
○	身旺
	中和に近い身旺
	中和に近い身弱
	身弱
	弱い身弱

353

■運命分析の実例5　楊杏佛（中国近代の文人）

1893年4月5日生〜1933年没

●身旺で「羊刃になる劫財」がある。

　楊杏佛はハーバード大学に留学し、南京高等師範学校教授でした。1932年、宋慶齢、魯迅らとともに中国民権保障同盟を設立し、国民党の左派弾圧、特務統治に反対し、愛国民主抗日運動を積極的に進めて、国共合作を支持しました。しかし1933年、特務の凶弾に倒れました。

　命式図をみてみましょう。身旺です。用神は元命の七殺です。2つの癸（水−）が命式図にあらわれ、癸は飛刃になります。元命の七殺と飛刃の劫財の組合せはすべてに強く、有名になりました。しかし危険も持ち合わせていました。36〜41歳の大運期、子の羊刃の時、1933年に暗殺されました。40歳でした。この年の干支は癸酉、癸は飛刃でした。

　羊刃は、すべての特殊星の中で最も強い作用を持つ星です。命式図の中の運命星との組合せによる吉凶の差はとても大きいのです。過去においては、この星は凶の作用のとても強い凶星と解釈していましたが、実はそうとばかりとはいえません。長所をうまく利用すれば、この星を持つ人は社会での競争において上手に勝ち残ることができるのです。

運命方程式

▼命式図

	時柱	日柱	月柱	年柱		氏名
	時干	日干	月干	年干	天干	楊杏佛
天干	癸	壬	丙	癸		
天干の陰陽五行	水－	水＋	火＋	水－	天干の陰陽五行	
運命星	劫財		偏財	劫財	運命星	
運命星の吉凶	×		○	×	運命星の吉凶	
特殊星	飛刃	天徳貴人 月徳貴人		飛刃	特殊星	
合					合	
冲		壬と丙			冲	
	時支	日支	月支	年支	地支	
地支	卯	申	辰	巳		生年月日時
地支の陰陽五行	木－	金＋	土＋	火－	地支の陰陽五行	1893 年
運命星	傷官	偏印	七殺	偏財	運命星	4 月
運命星の吉凶	○	×	○	○	運命星の吉凶	5 日
特殊星	天乙貴人 桃花			天乙貴人	特殊星	卯 時
合		申と辰			合	午前
冲					冲	男
刑					刑	

▼大運表

	第9	第8	第7	第6	第5	第4	第3	第2	第1	運期
歳 (運気前半)						31	21	11	1	
天干						壬	癸	甲	乙	
天干の陰陽五行						水＋	水－	木＋	木－	
運命星						比肩	劫財	食神	傷官	
運命星の吉凶						×	×	○	○	
特殊星						天徳貴人 月徳貴人	飛刃			
歳 (運気後半)						36	26	16	6	
地支						子	丑	寅	卯	
地支の陰陽五行						水＋	土－	木＋	木－	
運命星						劫財	正官	食神	傷官	
運命星の吉凶						×	○	○	○	
特殊星						羊刃 紅艶		文昌貴人 駅馬	天乙貴人 桃花	

元命

七殺

立運

1

空亡

戌亥

運命バランス

	強い身旺
○	身旺
	中和に 近い身旺
	中和に 近い身弱
	身弱
	弱い身弱

■運命分析の実例 6　美空ひばり（昭和の大歌手）

1937 年 5 月 29 日生〜 1989 年 6 月 24 日没

●身旺で「羊刃になる劫財」がある。

　美空ひばりは、戦後、数々のヒット曲を唄った、昭和の歌謡界を代表する歌手でした。売り上げ枚数が 100 万枚を越えたレコードだけでも、『リンゴ追分』、『柔』、『悲しい酒』、『川の流れのように』などがあり、録音曲数は 1500 曲以上でした。その天才的な歌唱力から生まれる彼女の歌に、多くの日本人は感動しました。美空ひばりがオーケストラで初めてオペラのアリアを唄った時、国際的な指揮者だった岩城宏之はその歌唱力に驚嘆し、「世界中で、これほど音程のよい歌手は存在しなかったと断言できる。音楽史上唯一の天才はモーツァルトだけだというのが常識である。しかし、ぼくはこの言葉を、ためらいなく美空ひばりにも使いたい」と評しました。1987 年 4 月に公演先で倒れ、緊急入院、慢性肝炎と両側大腿骨骨頭壊死と診断されました。その後、1988 年、開場間もない東京ドームの「不死鳥コンサート」で再起しましたが、1989 年 6 月 24 日に亡くなりました。没後、女性として初の国民栄誉賞を受賞しました。

　命式図をみてみましょう。元命は比肩。食神と傷官が用神になります。強い身旺ですが、食神と傷官、印綬と傷官はすばらしい組合せで、人気と芸能の才能を示しています。18 歳から傷官、食神、偏財、正財と人気、財を高める吉星に恵まれて、昭和を代表する歌手として歴史に名を残しました。しかし、命式図には水の星、七殺・正官がなく、結婚の縁はよくありませんでした。また、からだのバランスも崩すことが多かったのでした。

運命方程式

▼命式図

	時柱	日柱	月柱	年柱	
	時干	日干	月干	年干	天干
天干	庚	丙	乙	丁	
天干の陰陽五行	金＋	火＋	木－	火－	
運命星	偏財		印綬	劫財	
運命星の吉凶	○		×	×	
特殊星				飛刃	
合					
冲					
	時支	日支	月支	年支	地支
地支	寅	辰	巳	丑	
地支の陰陽五行	木＋	土＋	火－	土－	
運命星	偏印	食神	比肩	傷官	
運命星の吉凶	×	○	×	○	
特殊星					
合		巳と丑			
冲					
刑					

氏名 美空ひばり

生年月日時
1937 年
5 月
29 日
5時前 時
午前
女

▼大運表

運期	第9	第8	第7	第6	第5	第4	第3	第2	第1
歳(運気前半)					43	33	23	13	3
天干					庚	己	戊	丁	丙
天干の陰陽五行					金＋	土－	土＋	火－	火＋
運命星					偏財	傷官	食神	劫財	比肩
運命星の吉凶					○◎	○	○	×	×
特殊星							飛刃		
歳(運気後半)					48	38	28	18	8
地支					戌	酉	申	未	午
地支の陰陽五行					土＋	金－	金＋	土－	火＋
運命星					食神	正財	偏財	傷官	劫財
運命星の吉凶					○	○	○◎	○	×
特殊星						天乙貴人桃花	文昌貴人		羊刃桃花

元命 比肩

立運 3

空亡 子丑

運命バランス
○ 強い身旺
身旺
中和に近い身旺
中和に近い身弱
身弱
弱い身弱

■運命分析の実例 7　保利茂（政治家・衆議院議長）

1901 年 12 月 20 日生〜 1979 年 3 月 4 日没

●身旺で元命が「羊刃になる劫財」

　保利茂は、佐賀県の零細農家の出身で、新聞記者、議員秘書を経て 1944 年、衆議院議員に当選しました。戦後は吉田茂に重用され官房長官、労相、農相を歴任しました。1955 年の保守合同以降は自由民主党に参加し、佐藤栄作首相の下、田中角栄、福田赳夫と並ぶ三本柱として内閣官房長官、自民党幹事長を務め、佐藤派の大番頭と呼ばれました。典型的な調整型政治家で、後継総裁選びなどで政局が大きく動く時、深い読みを持って登場し、事態を収め、保守本流の維持をはかりました。1976 年、衆議院議長に就任し名議長といわれました。無欲で冷静な性格は、佐賀県出身者らしい武士道精神の持ち主とも評されました。

　命式図をみてみましょう。強い身旺で元命の劫財が羊刃になります。冬の生まれで、日干は壬です。14 歳から強運に恵まれました。34 歳から最高の吉星、調候用神の丙（火＋）に恵まれました。命式図には火がないので心臓に問題が起きやすいのです。74 〜 79 年の壬の運に心臓病で死去しました。

運命方程式

▼命式図

	時柱	日柱	月柱	年柱		氏名
	時干	日干	月干	年干	天干	保利茂
天干	甲	壬	庚	辛		
天干の陰陽五行	木＋	水＋	金＋	金−		
運命星	食神		偏印	印綬		
運命星の吉凶	○		×	×		
特殊星		月徳貴人				
合						
冲						
	時支	日支	月支	年支	地支	生年月日時
地支	辰	申	子	丑		1901 年
地支の陰陽五行	土＋	金＋	水＋	土−		12 月
運命星	七殺	偏印	劫財	正官		20 日
運命星の吉凶	○	×	×	○		7〜9 時
特殊星			羊刃 紅艶			午前
合	辰と申と子		子と丑			男
冲						
刑						

▼大運表

第9	第8	第7	第6	第5	第4	第3	第2	第1	運期		
	74	64	54	44	34	24	14	4	歳(運気前半)	元命	劫財
	壬	癸	甲	乙	丙	丁	戊	己	天干	立運	4
水＋	水−	木＋	木−	火＋	火−	土＋	土−		天干の陰陽五行	空亡	戌亥
	比肩	劫財	食神	傷官	偏財	正財	七殺	正官	運命星		
	×	×	○	○	○◎	○	○	○	運命星の吉凶	運命バランス	
	月徳貴人	飛刃						天徳貴人	特殊星	○ 強い身旺	
	69	59	49	39	29	19	9		歳(運気後半)	身旺	
	巳	午	未	申	酉	戌	亥		地支	中和に近い身旺	
	火−	火＋	土−	金＋	金−	土＋	水−		地支の陰陽五行	中和に近い身弱	
	偏財	正財	正官	偏印	印綬	七殺	比肩		運命星	身弱	
	○◎	○	○	×	×	○	×		運命星の吉凶	弱い身弱	
	天乙貴人	桃花			桃花				特殊星		

■運命分析の実例 8　アドルフ・ヒトラー（ドイツ第三帝国総統）

1889 年 4 月 20 日生〜 1945 年 4 月 30 日没

●身弱で命式図に食神が多い。

　ヒトラーは 1889 年にオーストリアに生まれました。美術学校の受験に失敗し、ミュンヘンに移住してバイエルンの軍隊に入隊しました。1919 年にナチスの前身であったドイツ労働者党に入党すると、頭角をあらわし、ナチス党首に就任して、聴衆を酔わせる天才的な演説で勢力を拡大しました。1934 年、ヒトラーは党首、首相、国家元首、国防軍最高指揮官の地位を一身に集約し、ドイツ第三帝国の総統として独裁者の地位につきました。その後、ヨーロッパ東部にドイツ民族の生存圏を樹立するという目標に邁進し、1938 年、オーストリアを併合すると、チェコスロバキアも併合、1939 年にポーランドを侵攻すると、イギリス、フランスが宣戦布告して第二次世界大戦が始まりました。その後、ヒトラーはヨーロッパ各地をつぎつぎと軍事力で征服しましたが、1943 年、スターリングラード、北アフリカ戦線での敗北後、戦況は逆転し、1945 年 4 月 30 日、ソ連軍包囲下のベルリンで妻エバ・ブラウンとともに自殺しました。この間、ナチスドイツは、アーリア民族優位に基づく民族迫害政策を実施し、多くのユダヤ人が犠牲になりました。

　命式図をみてみましょう。身弱で元命は食神です。寅（木＋）を用神とします。40 歳までは比肩、劫財、偏印、印綬のよい運に恵まれました。特に 35 歳からの甲（木＋）は用神になる吉星で最高の運期です。この時期にナチス党で権力を握り、独裁へ向かいはじめました。身弱の人にとって、大運に吉星が来る時は大きな飛躍ができる好例です。しかし 40 歳から運期は七殺・正官と弱くなりますが、本人は運の強さを信じ続け、すべてを失うことになりました。

運命方程式

▼命式図

	時柱	日柱	月柱	年柱		氏名
時干	日干	月干	年干			
不明	丙	戊	己	天干	アドルフ・ヒトラー
	火＋	土＋	土－	天干の陰陽五行	
		食神	傷官	運命星	
		×	×	運命星の吉凶	
				特殊星	
				合	
				冲	
時支	日支	月支	年支	地支	生年月日時
不明	寅	辰	丑		1889 年
	木＋	土＋	土－	地支の陰陽五行	4 月
	偏印	食神	傷官	運命星	20 日
	○	×	×	運命星の吉凶	時
	紅艶			特殊星	
				合	
				冲	
		辰と丑		刑	男

▼大運表

第9	第8	第7	第6	第5	第4	第3	第2	第1	運期		
			55	45	35	25	15	5	歳(運気前半)	元命	
			壬	癸	甲	乙	丙	丁	天干	食神	
			水＋	水－	木＋	木－	火＋	火－	天干の陰陽五行		
			七殺	正官	偏印	印綬	比肩	劫財	運命星	立運	
			×	×	○	○	○	○	運命星の吉凶	5	
		天徳貴人月徳貴人						飛刃	特殊星	空亡	
			50	40	30	20	10		歳(運気後半)	戌亥	
			亥	子	丑	寅	卯		地支	運命バランス	
			水－	水＋	土－	木＋	木－		地支の陰陽五行	強い身旺	
			七殺	正官	傷官	偏印	印綬		運命星	身旺	
			×	×	×	○	○		運命星の吉凶	中和に近い身旺	
			天乙貴人	桃花		紅艶	桃花		特殊星	中和に近い身弱	
										○ 身弱	
										弱い身弱	

361

■運命分析の実例 9　ホンタイジ（太宗皇帝）（中国清朝第 2 代皇帝）

1592 年 11 月 28 日生〜 1643 年 9 月 21 日没

●身旺で傷官が元命。

　ホンタイジ（太宗皇帝）は中国清朝の第 2 代皇帝です。初代皇帝ヌルハチ（太祖）の第 8 子で、武将の誉れが高く、即位後ただちに軍制の改革に着手し、皇帝の独裁権力の強化に努めました。内モンゴルをことごとく平定し、満族・漢族・モンゴル族の三族からの支持を受け、1636 年に改めて皇帝の位につくと、国号を大清と称しました。大清の皇帝になると、1637 年、京城を陥れて朝鮮を制圧しました。朝鮮と東北部を掌握したホンタイジは明の領内への侵攻を目指しますが、要衝山海関の守りは堅く、明の征伐を果たせぬまま 1643 年に急死しました。

　命式図をみてみましょう。身旺です。冬生まれの傷官は正官を味方につけます。時柱の丙（火＋）の正官が強くあらわれて用神となります。とても尊い運命です。24 歳の甲の運期からよい運は始まり、44 歳までは木の運、その後は 49 歳までの火の運が丙の正官を強め、清の時代の基礎を築きました。

運命方程式

▼命式図

	時柱	日柱	月柱	年柱		氏名
	時干	日干	月干	年干		太宗皇帝
天干	丙	辛	辛	壬	天干	
	火＋	金－	金－	水＋	天干の陰陽五行	
	正官		比肩	傷官	運命星	
	○◎		×	○	運命星の吉凶	
					特殊星	
	丙と辛				合	
					冲	
	時支	日支	月支	年支	地支	生年月日時
	申	亥	亥	辰	地支	1592 年
	金＋	水－	水－	土＋	地支の陰陽五行	11 月
	劫財	傷官	傷官	印綬	運命星	28 日
	×	○	○	×	運命星の吉凶	申 時
					特殊星	午後
					合	男
					冲	
	亥と亥				刑	

▼大運表

第9	第8	第7	第6	第5	第4	第3	第2	第1	運期
				44	34	24	14	4	歳（運気前半）
				丙	乙	甲	癸	壬	天干
				火＋	木－	木＋	水－	水＋	天干の陰陽五行
				正官	偏財	正財	食神	傷官	運命星
				○◎	○	○	○	○	運命星の吉凶
					天徳貴人	月徳貴人			特殊星
				49	39	29	19	9	歳（運気後半）
				辰	卯	寅	丑	子	地支
				土＋	木－	木＋	土－	水＋	地支の陰陽五行
				印綬	偏財	正財	偏印	食神	運命星
				×	○	○	×	○	運命星の吉凶
					桃花	天乙貴人		文昌貴人 桃花	特殊星

元命
傷官

立運
4

空亡
寅卯

運命バランス

	強い身旺
○	身旺
	中和に近い身旺
	中和に近い身弱
	身弱
	弱い身弱

■運命分析の実例 10　康有為（中国近代の思想家・政治家）

1858 年 3 月 19 日生〜 1927 年 3 月 31 日没

●身旺で傷官が元命。

　康有為は清朝末期の思想家・政治家でした。1898 年、時の皇帝、光緒帝は康有為の立憲君主制による内政改革案を採用し、実行に移しました。しかし、西太后はじめ保守派の反抗にあい、改革はわずか 100 日あまりで失敗におわりました。康有為はこの「戊戌の政変」で日本へ亡命。犬養毅、大隈重信、伊藤博文といった明治の著名人と親交を結ぶとともに、日本人の女性を妻としました。その後、1911 年、辛亥革命が起こると帰国しました。康有為の皇帝を戴いた立憲君主制思想は、革命成立直後の時代に適さず、急速に支持を失っていきました。1927 年 69 歳で青島にて死去しました。

　命式図をみてみましょう。元命は傷官、身旺です。七殺は用神になります。政治家として才能に優れ、思想家としても有名になりました。羊刃の劫財が命式図に 2 つあり、また子と卯、卯と午は刑になり激しい人生を送る運命です。壬の大運の時、吉星である七殺（土＋）を弱め、1927 年丁卯の年、子卯の刑が命式図と重なり、69 歳で死去しました。

運命方程式

▼命式図

	時柱	日柱	月柱	年柱		氏名
	時干	日干	月干	年干	天干	康有為
天干	庚	壬	乙	戊		
天干の陰陽五行	金＋	水＋	木－	土＋	天干の陰陽五行	
運命星	偏印		傷官	七殺	運命星	
運命星の吉凶	×		○	○	運命星の吉凶	
特殊星					特殊星	
合					合	
冲					冲	
	時支	日支	月支	年支	地支	生年月日時
地支	子	子	卯	午		1858 年
地支の陰陽五行	水＋	水＋	木－	火＋	地支の陰陽五行	3 月
運命星	劫財	劫財	傷官	正財	運命星	19 日
運命星の吉凶	×	×	○	○	運命星の吉凶	子 時
特殊星	羊刃紅艶	羊刃紅艶	天乙貴人桃花	桃花	特殊星	午前
合					合	男
冲					冲	
刑	子と卯　　卯と午				刑	

▼大運表

第9	第8	第7	第6	第5	第4	第3	第2	第1	運期		
		66	56	46	36	26	16	6	歳(運気前半)	元命	傷官
		壬	辛	庚	己	戊	丁	丙	天干		
		水＋	金－	金＋	土－	土＋	火－	火＋	天干の陰陽五行	立運	6
		比肩	印綬	偏印	正官	七殺	正財	偏財	運命星		
		×	×	×	○	○	○	○	運命星の吉凶	空亡	寅卯
									特殊星		
		61	51	41	31	21	11		歳(運気後半)	運命バランス	強い身旺
		酉	申	未	午	巳	辰		地支	○	身旺
		金－	金＋	土－	火＋	火－	土＋		地支の陰陽五行		中和に近い身旺
		印綬	偏印	正官	正財	偏財	七殺		運命星		中和に近い身弱
		×	×	○	○	○	○		運命星の吉凶		身弱
		桃花	天徳貴人		桃花	天乙貴人			特殊星		弱い身弱

365

■運命分析の実例 11　梅蘭芳（中国の京劇俳優）

1894 年 10 月 22 日生〜 1961 年 8 月 8 日没

●身旺で傷官が元命。

　梅蘭芳は、中国清朝末期から現代の有名な京劇俳優でした。「四大名旦」
と呼ばれた女形のひとりです。日本の歌舞伎に触発され、京劇の改革を実践
し、日本で京劇の初めての海外公演もおこないました。

　命式図をみてみましょう。身旺で元命の傷官と印綬の組合せがよく、芸術、
芸能の分野で能力を発揮し有名になりました。印綬と傷官は用神になります。
60 〜 65 歳、辰の大運期に戌は冲になり、その上 1961 年、辛丑の年に戌は
刑になり、死去しました。

運命方程式

▼命式図

	時柱	日柱	月柱	年柱	
	時干	日干	月干	年干	天干
天干	癸	丁	甲	甲	天干
天干の陰陽五行	水－	火－	木＋	木＋	天干の陰陽五行
運命星	七殺		印綬	印綬	運命星
運命星の吉凶	○		×	×	運命星の吉凶
特殊星					特殊星
合					合
冲	癸と丁				冲
	時支	日支	月支	年支	地支
地支	卯	酉	戌	午	地支
地支の陰陽五行	木－	金－	土＋	火＋	地支の陰陽五行
運命星	偏印	偏財	傷官	比肩	運命星
運命星の吉凶	×	○	○	×	運命星の吉凶
特殊星	桃花	文昌貴人 天乙貴人 桃花		桃花	特殊星
合	戌と午				合
冲	卯と酉				冲
刑	卯と酉				刑

氏名

梅蘭芳

生年月日時

1894	年
10	月
22	日
卯	時
午前	
男	

▼大運表

	第9	第8	第7	第6	第5	第4	第3	第2	第1	運期
歳（運気前半）			65	55	45	35	25	15	5	歳（運気前半）
天干			辛	庚	己	戊	丁	丙	乙	天干
天干の陰陽五行			金－	金＋	土－	土＋	火－	火＋	木－	天干の陰陽五行
運命星			偏財	正財	食神	傷官	比肩	劫財	偏印	運命星
運命星の吉凶			○	○	○	○	×	×	×	運命星の吉凶
特殊星								月徳貴人 天徳貴人		特殊星
歳（運気後半）			60	50	40	30	20	10		歳（運気後半）
地支			辰	卯	寅	丑	子	亥		地支
地支の陰陽五行			土＋	木－	木＋	土－	水＋	水－		地支の陰陽五行
運命星			傷官	偏印	印綬	食神	七殺	正官		運命星
運命星の吉凶			○	×	×	○	○	○		運命星の吉凶
特殊星				桃花			桃花	天乙貴人 駅馬		特殊星

元命

傷官

立運

5

空亡

辰巳

運命バランス

	強い身旺
○	身旺
	中和に近い身旺
	中和に近い身弱
	身弱
	弱い身弱

367

■運命分析の実例 12　蒋介石（中国近代の政治家）

1887 年 10 月 31 日生～ 1975 年 4 月 5 日没

● 身旺で傷官が吉星になる。

　中国近代の政治家、蒋介石は浙江省出身。日本の陸軍士官学校に留学し、モスクワにも軍事留学しています。妻は孫文夫人宋慶齢の妹、宋美齢。孫文死後は国民党の最高指導者となり、1928 年から中華民国の指導者のトップであり続けました。その政治姿勢は一貫して反共民主主義でした。「四大家族」と呼ばれる財閥を核にアメリカ資本とも結びつき、経済の後ろ盾としました。1936 年西安事件で張学良に拘束され、国共合作による抗日を余儀なくされますが、その後、消極抗日・積極反共に再び転じました。1945 年、大戦終了後はアメリカの援助を受けて、1948 年、中華民国総統となりました。しかし、その後、人民解放軍の攻勢が始まり、1949 年、中華人民共和国の成立とともに、台湾に逃れました。その後も台湾を拠点に国民党総裁、中華民国総統を名乗り、大陸反攻の野望を抱きながら、台湾の軍事強化と、経済発展に大いに貢献しました。

　命式図をみてみましょう。元命は劫財です。金の傷官が 2 つあり、これが用神です。強い身旺ですが、印綬と傷官の組合せがよく、王侯などトップクラスの指導者になれる運勢です。命式図の中の吉星、傷官は甲の運期（1945 ～ 1950 年、58 ～ 63 歳）の正官に弱められてしまい、戦争に負け台湾まで逃げることになりました。大運が正官の寅の時（83 ～ 88 歳）にめぐり会わせた乙卯の年に死去しました。このように劫財が元命で、土と金の傷官と偏印・印綬があることで最高の命式図になります。

368

運命方程式

▼命式図

	時柱	日柱	月柱	年柱		氏名
	時干	日干	月干	年干	天干	蒋介石
天干	庚	己	庚	丁	天干	
天干の陰陽五行	金＋	土－	金＋	火－	天干の陰陽五行	
運命星	傷官		傷官	偏印	運命星	
運命星の吉凶	○		○	×	運命星の吉凶	
特殊星					特殊星	
合					合	
冲					冲	
	時支	日支	月支	年支	地支	生年月日時
地支	午	巳	戌	亥	地支	1887 年
地支の陰陽五行	火＋	火－	土＋	水－	地支の陰陽五行	10 月
運命星	偏印	印綬	劫財	正財	運命星	31 日
運命星の吉凶	×	×	×	○	運命星の吉凶	午 時
特殊星	桃花			駅馬	特殊星	午後
合					合	男
冲					冲	
刑					刑	

▼大運表

第9	第8	第7	第6	第5	第4	第3	第2	第1	運期	元命
	78	68	58	48	38	28	18	8	歳(運気前半)	劫財
	壬	癸	甲	乙	丙	丁	戊	己	天干	立運
	水＋	水－	木＋	木－	火＋	火－	土＋	土－	天干の陰陽五行	8
	正財	偏財	正官	七殺	印綬	偏印	劫財	比肩	運命星	空亡
	○	○	○	○	×	×	×	×	運命星の吉凶	戌亥
					月徳貴人天徳貴人				特殊星	運命バランス
	83	73	63	53	43	33	23	13	歳(運気後半)	○ 強い身旺
	寅	卯	辰	巳	午	未	申	酉	地支	身旺
	木＋	木－	土＋	火－	火＋	土－	金＋	金－	地支の陰陽五行	中和に近い身旺
	正官	七殺	劫財	印綬	偏印	比肩	傷官	食神	運命星	中和に近い身弱
	○	○	×	×	×	×	○	○	運命星の吉凶	身弱
		桃花	紅艶		桃花		天乙貴人	文昌貴人桃花	特殊星	弱い身弱

■運命分析の実例 13　ノイマン（コンピュータの発明者）
1903 年 12 月 28 日生〜 1957 年 2 月 8 日没

●身弱で命式図に傷官がある。

　ノイマンは「ノイマン型コンピュータ」と呼ばれる現在のコンピュータ理論の基礎を確立した科学者でした。ハンガリー生まれのユダヤ人だったノイマンは幼いころより天才といわれました。23 歳の時には数学・化学・物理学の 3 分野で同時に博士号を取得し、その後ナチスを嫌ってアメリカに移住、28 歳でアインシュタインらとプリンストン大学高等研究所の最年少メンバーになりました。彼は数学、計算機理論はもとより、経済学、量子力学などの物理学でも大きな功績を残しました。「計算尺や卓上計算機よりもノイマンの暗算のほうが早くて正確だった」という逸話も残っています。彼は自分の発見した理論をひとり占めすることなく開放し、多くの人々のために使うという考えでした。一方、自分の興味のないことにはまったく関心を示さず、周囲のことなどは気にせずに発言する自由人でした。54 歳の時、核兵器開発で浴びた放射線により、ガンで亡くなりました。

　命式図をみてみることにしましょう。日干が庚、元命が傷官、身弱です。傷官の星に恵まれて、頭脳明晰で周囲の評価にとらわれない自由な傷官の特徴が強くあらわれました。21 歳までの運は強くありませんでしたが、22 歳から偏印、劫財、比肩、印綬と吉星が続きます、特に 27 歳から 10 年間は身弱の人にとって飛刃、羊刃の星が重なるとてもよい時期でした。この時、アメリカへ移住しナチスの迫害を避けることができました。54 歳で亡くなっていますが、本来の寿命は 62 歳以上でもっと長かったはずです。核の平和利用を願ったノイマンでしたが、結果的には核兵器開発に加担することになり、自らが放射線を浴びて命を落とすことを厭わなかったのではないかと思われます。

運命方程式

▼命式図

	時柱	日柱	月柱	年柱		氏名
	時干	日干	月干	年干	天干	ノイマン
	戊	庚	甲	癸	天干	
	土＋	金＋	木＋	水－	天干の陰陽五行	
	偏印		偏財	傷官	運命星	
	○		×	×	運命星の吉凶	
					特殊星	
					合	
	庚と甲				冲	生年月日時
	時支	日支	月支	年支	地支	1903 年
	寅	寅	子	卯	地支	12 月
	木＋	木＋	水＋	木－	地支の陰陽五行	28 日
	偏財	偏財	傷官	正財	運命星	3〜5（推定）時
	×	×	×	×	運命星の吉凶	午前
			桃花	桃花	特殊星	男
					合	
					冲	
	子と卯				刑	

▼大運表

第9	第8	第7	第6	第5	第4	第3	第2	第1	運期	
		67	57	47	37	27	17	7	歳（運気前半）	元命
		丁	戊	己	庚	辛	壬	癸	天干	傷官
		火－	土＋	土－	金＋	金－	水＋	水－	天干の陰陽五行	立運
		正官	偏印	印綬	比肩	劫財	食神	傷官	運命星	7
		×	○	○	○	○	×	×	運命星の吉凶	空亡
				天徳貴人		飛刃	月徳貴人		特殊星	午未
		72	62	52	42	32	22	12	歳（運気後半）	運命バランス
		巳	午	未	申	酉	戌	亥	地支	強い身旺
		火－	火＋	土－	金＋	金－	土＋	水－	地支の陰陽五行	身旺
		七殺	正官	印綬	比肩	劫財	偏印	食神	運命星	中和に近い身旺
		×◎	×	○	○	○	○	×	運命星の吉凶	中和に近い身弱
			桃花	天乙貴人	駅馬	羊刃桃花	紅艶	文昌貴人	特殊星	○ 身弱
										弱い身弱

371

■運命分析の実例 14　冼冠生（中国の実業家）

1888 年 11 月 15 日生〜 1952 年 4 月没

●身弱で命式図に傷官がある。

　冼冠生は中国の大手食品会社、冠生園の創業者です。

　命式図をみてみましょう。傷官、偏財の星が強い、中和に近い身弱です。日干は庚（金＋）で、水と木の星が多くあります。年干、時干の偏印、戊（土＋）が用神になります。これで強すぎる水の影響を抑えて身を支えてくれます。27 歳からの丙（火＋）の運期は最高の運です。もともと、火の運期には大金持ちになる暗示があります。それは火が、日干の金を温めて強くするので幸運に恵まれるということです。冬の金と水の傷官が正官か七殺に出会うとよい運勢になる例です。62 歳から巳の運に入り、巳と命式図の日支と時支の寅は刑に、巳と亥は冲になり、1952 年壬辰の年に心臓病で亡くなりました。

運命方程式

▼命式図

	時柱	日柱	月柱	年柱		氏名
	時干	日干	月干	年干	天干	冼冠生
天干	戊	庚	癸	戊	天干	
天干の陰陽五行	土＋	金＋	水－	土＋	天干の陰陽五行	
運命星	偏印		傷官	偏印	運命星	
運命星の吉凶	○		△	○	運命星の吉凶	
特殊星					特殊星	
合					合	
冲					冲	
	時支	日支	月支	年支	地支	生年月日時
地支	寅	寅	亥	子	地支	1888　年
地支の陰陽五行	木＋	木＋	水－	水＋	地支の陰陽五行	11　月
運命星	偏財	偏財	食神	傷官	運命星	15　日
運命星の吉凶	△	△	△	△	運命星の吉凶	寅　時
特殊星			文昌貴人	桃花	特殊星	午前
合	寅と亥				合	男
冲					冲	
刑					刑	

▼大運表

	第9	第8	第7	第6	第5	第4	第3	第2	第1	運期	元命
歳（運気前半）				57	47	37	27	17	7	歳（運気前半）	食神
天干				己	戊	丁	丙	乙	甲	天干	立運
天干の陰陽五行				土－	土＋	火－	火＋	木－	木＋	天干の陰陽五行	7
運命星				印綬	偏印	正官	七殺	正財	偏財	運命星	空亡
運命星の吉凶				○	○	△	△◎	△	△	運命星の吉凶	午未
特殊星							天徳貴人	月徳貴人		特殊星	運命バランス
歳（運気後半）				62	52	42	32	22	12	歳（運気後半）	強い身旺
地支				巳	辰	卯	寅	丑	子	地支	身旺
地支の陰陽五行				火－	土＋	木－	木＋	土－	水＋	地支の陰陽五行	中和に近い身旺
運命星				七殺	偏印	正財	偏財	印綬	傷官	運命星	○ 中和に近い身弱
運命星の吉凶				△◎	○	△	△	○	△	運命星の吉凶	身弱
特殊星						桃花		天乙貴人	桃花	特殊星	弱い身弱

■運命分析の実例 15　張学良（中国近代の軍人・政治家）

1901 年 6 月 3 日生～ 2001 年 10 月 15 日没

● 身旺で偏財が元命。

　1928 年、張作霖が爆殺されると、長男であった張学良は、その後を継いで 30 歳で中国東北軍 20 余万の実権を握りました。当時、蒋介石の南京国民政府の北伐軍が北京を占領していましたが、彼はこれを支持することで、満州の政治的独立を維持しました。そして、富国強兵策によって軍事、金融、教育などの近代化を進めました。1931 年、日本による「満州事変」が勃発しましたが、張学良は日本とは交戦せずに撤退。国内統一を優先する国民党の方針に従いました。しかし、その後、蒋介石の抗日に消極的な姿勢と共産党軍掃討に重点を置く政策に、次第に距離を置くようになりました。1936 年、張学良は戦争状態にあった紅軍・周恩来と停戦、抗日の秘密協定を結び、蒋介石を西安に監禁し内戦の停止と抗日を迫り、第二次国共合作が実現しました。その後、張学良はこの罪を蒋介石に問われ、生涯軟禁を受け続けることになりました。1991 年に初めて釈放され、アメリカのハワイに隠棲し、100 歳の生涯をおえました。

　命式図をみましょう。元命は偏財で強い身旺です。親に恵まれ若いころは富と名誉を持っていましたが、子の羊刃となる劫財が 2 つあり、癸の飛刃もあります。これらが強く影響し、危険な人生を暗示しています。七殺の星がないので、軍人、政治家としては才能があるとはいえませんでした。35 歳の丙子の年、子は羊刃でした。この年、1936 年 12 月 12 日、西安事件で蒋介石を拘束したことが、その後、50 年以上の自分の半生を軟禁状態に置くことになってしまいました。

運命方程式

▼命式図

	時柱	日柱	月柱	年柱		氏名
	時干	日干	月干	年干	天干	張学良
	庚	壬	癸	辛	天干	
	金＋	水＋	水－	金－	天干の陰陽五行	
	偏印		偏財	印綬	運命星	
	×		○	×	運命星の吉凶	
	月徳貴人		飛刃	天徳貴人	特殊星	
					合	
					冲	
	時支	日支	月支	年支	地支	生年月日時
	子	子	巳	丑	地支	1901 年
	水＋	水＋	火－	土－	地支の陰陽五行	6 月
	劫財	劫財	偏財	正官	運命星	3 日
	×	×	○	○	運命星の吉凶	子 時
	羊刃 紅艶	羊刃 紅艶	天乙貴人		特殊星	午前
			巳と丑		合	男
					冲	
					刑	

▼大運表

	第9	第8	第7	第6	第5	第4	第3	第2	第1		
歳（運気前半）	89	79	69	59	49	39	29	19	9		元命：偏財
天干	甲	乙	丙	丁	戊	己	庚	辛	壬		立運：9
天干の陰陽五行	木＋	木－	火＋	火－	土＋	土－	金＋	金－	水＋		
運命星	食神	傷官	偏財	正財	七殺	正官	偏印	印綬	比肩		空亡：寅卯
運命星の吉凶	○	○	○	○	○	○	×	×	×		
特殊星							月徳貴人	天徳貴人			運命バランス
歳（運気後半）	94	84	74	64	54	44	34	24	14		○ 強い身旺
地支	申	酉	戌	亥	子	丑	寅	卯	辰		身旺
地支の陰陽五行	金＋	金－	土＋	水－	水＋	土－	木＋	木－	土＋		中和に近い身旺
運命星	偏印	印綬	七殺	比肩	劫財	正官	食神	傷官	七殺		中和に近い身弱
運命星の吉凶	×	×	○	×	×	○	○	○	○		身弱
特殊星		桃花			羊刃 紅艶		文昌貴人 駅馬	天乙貴人 桃花			弱い身弱

■運命分析の実例 16　袁世凱（中国近代の軍人・政治家）

旧暦 1859 年 8 月 20 日生〜 1916 年 6 月 6 日没

●身旺で偏財が元命。

　袁世凱は、日清戦争の大敗の反省から始まった陸軍の近代化を推進し、台頭しました。1898 年「戊戌の政変」では、光緒帝側の改革を当初は支持、西太后側が優勢とみるや転身してこれを鎮圧。西太后の信任を受けました。しかし、1900 年に義和団事件が起こると西太后に組せず、列強側の利権を保護し、事件後は軍事力を背景に大きな政治権力を握りました。1909 年、西太后死後には一時、失脚したものの、1911 年、孫文の辛亥革命の混乱の中で再起しました。そして、清皇帝の退位を条件に、孫文より政権を譲り受け、中華民国大総統へ就任しました。1913 年、国民党指導者の宋教仁を暗殺、蜂起する孫文らを鎮圧し、孫文は日本へ亡命しました。袁世凱は独裁を強め、多くの国から借款を行って資金を集め、公共工事や軍備の充実など近代化を進めました。日本の対華 21 ヶ条要求にも応じ、さらに、1915 年、自ら「皇帝」を名乗り、強力な立憲君主制の帝政復活を企てましたが、反抗が一気に表面化して失脚し、1916 年、失意のうちに病気で没しました。

　命式図をみてみましょう。元命は偏財で身旺です。月干に七殺が強くあらわれ用神となります。偏財は七殺を強めています。七殺は政治と軍事の星です。食神が 3 つあり、財を生みます。生まれつき運が強く、富貴の運命です。53 歳の時に丁（火−）の時期に入り、丁は七殺の癸を弱めてしまいました。そして 1916 年丙辰の年に 57 歳で急死しました。

運命方程式

▼命式図

	時柱	日柱	月柱	年柱	
	時干	日干	月干	年干	天干
	丁	丁	癸	己	
	火－	火－	水－	土－	天干の陰陽五行
	比肩		七殺	食神	運命星
	×		○	○	運命星の吉凶
					特殊星
					合
	丁と癸				冲
	時支	日支	月支	年支	地支
	未	巳	酉	未	
	土－	火－	金－	土－	地支の陰陽五行
	食神	劫財	偏財	食神	運命星
	○	×		○	運命星の吉凶
	紅艶		文昌貴人 天乙貴人 桃花	紅艶	特殊星
	巳と酉				合
					冲
					刑

氏名 袁世凱

生年月日時
1859 年
8 月
20 日
未 時
午後
男

※生年月日は旧暦

▼大運表

第9	第8	第7	第6	第5	第4	第3	第2	第1	運期
			53	43	33	23	13	3	歳（運気前半）
			丁	戊	己	庚	辛	壬	天干
			火－	土＋	土－	金＋	金－	水＋	天干の陰陽五行
			比肩	傷官	食神	正財	偏財	正官	運命星
			×	○	○	○	○	○	運命星の吉凶
						月徳貴人			特殊星
				48	38	28	18	8	歳（運気後半）
				辰	巳	午	未	申	地支
				土＋	火－	火＋	土－	金＋	地支の陰陽五行
				傷官	劫財	比肩	食神	正財	運命星
				○	×	×	○	○	運命星の吉凶
						桃花	紅艶		特殊星

元命 偏財

立運 3

空亡 子丑

運命バランス

強い身旺
○ 身旺
中和に近い身旺
中和に近い身弱
身弱
弱い身弱

■運命分析の実例 17　本田宗一郎（本田技研工業創業者）

1906 年 11 月 17 日生〜 1991 年 8 月 5 日没

●身旺で偏財が吉星になる。

　本田宗一郎は浜松の出身。世界的な自動車メーカー「ホンダ」の創業者
です。高等小学校卒業後、自動車修理工場に丁稚奉公。1928 年、22 歳の時、
のれん分けして独立しました。1948 年、本田技研工業株式会社を浜松に設
立。従業員 20 人でスタートして二輪車の研究を始めました。常識にとらわ
れない自由な発想と不屈の研究心で、経営のパートナー藤沢武夫とともに町
工場だったホンダを、オートバイ、自動車の世界的な大企業に育て上げまし
た。従業員からは「オヤジ」と呼ばれ、仕事には厳しいが人情味のある人柄
でした。「信用とは、人に好かれること、約束を守ること、儲けさせること
に尽きる」という名言も残しています。彼は生涯を開発研究者、エンジニア
として貫き、ホンダは宗一郎の下、F1 レースにも参戦しました。1987 年 16
戦 11 勝、1988 年 16 戦 15 勝の圧勝、1989 年 16 戦 10 勝と、その後も、タイ
トルを獲得し続けました。1988 年、セナがタイトルを狙ってホンダエンジ
ンを搭載したマクラーレンに移籍し、初めて F1 ワールド・チャンピオンを
獲得したことは有名です。1991 年、肝不全のため 84 歳で死去しました。

　命式図をみてみましょう。冬の生まれで元命は印綬、中和に近い身旺です。
印綬と傷官、傷官と食神はよい組合せで、命式にとって不可欠な丙（火＋）
の調候吉星と偏財の星に恵まれました。大運が偏財にめぐり会う幸運な時期、
22 歳の時に独立をして「世界のホンダ」がスタートしたのです。偏財の運
期は会社を興すのに最もよい時でした。

運命方程式

▼命式図

	時柱	日柱	月柱	年柱		氏名
	時干	日干	月干	年干	天干	本田宗一郎
	甲	乙	己	丙		
	木＋	木－	土－	火＋	天干の陰陽五行	
	劫財		偏財	傷官	運命星	
	△		○	○◎	運命星の吉凶	
	月徳貴人	天徳貴人			特殊星	
					合	
					冲	
	時支	日支	月支	年支	地支	
	戌	丑	亥	午		生年月日時
	土＋	土－	水－	火＋	地支の陰陽五行	
	正財	偏財	印綬	食神	運命星	1906 年
	○	○	△	○	運命星の吉凶	11 月
			駅馬	文昌貴人 紅艶	特殊星	17 日
					合	7〜9 (推定) 時
					冲	午後
	戌と丑				刑	男

▼大運表

第9	第8	第7	第6	第5	第4	第3	第2	第1	運期
	77	67	57	47	37	27	17	7	歳(運気前半)
	丁	丙	乙	甲	癸	壬	辛	庚	天干
	火－	火＋	木－	木＋	水－	水＋	金－	金＋	天干の陰陽五行
	食神	傷官	比肩	劫財	偏印	印綬	七殺	正官	運命星
	○	○◎	△	△	△	△	○	○	運命星の吉凶
			天徳貴人	月徳貴人					特殊星
	82	72	62	52	42	32	22	12	歳(運気後半)
	未	午	巳	辰	卯	寅	丑	子	地支
	土－	火＋	火－	土＋	木－	木＋	土－	水＋	地支の陰陽五行
	偏財	食神	傷官	正財	比肩	劫財	偏財	偏印	運命星
	○	○	○◎	○	△	○	○	△	運命星の吉凶
		文昌貴人 紅艶			桃花			天乙貴人 桃花	特殊星

元命	印綬
立運	7
空亡	戌亥

運命バランス

	強い身旺
	身旺
○	中和に近い身旺
	中和に近い身弱
	身弱
	弱い身弱

■運命分析の実例 18　郭沫若（中国近代の政治家・文学者）

1892 年 11 月 16 日生〜 1978 年 6 月 12 日没

●身旺で偏財が吉星になる。

　郭沫若は中国近代の政治家、文学者、詩人、歴史家として多才な能力を発揮しました。日本へ留学して、九州大学医学部を卒業しました。帰国後は国民党に参加し幹部となりますが、蒋介石と対立して日本へ亡命しました。1937 年日中戦争勃発後は、日本人の妻を残して帰国、国民政府に参加しました。大戦後は中華人民共和国に参画して要職を歴任。全人代常務副委員長、中日友好協会名誉会長などを務めました。文化大革命では、自らを守るために自己批判をして、毛沢東の庇護を受けました。しかし毛沢東が死去し四人組が逮捕されると、彼らを批判した詩を発表して、その政治力、文才を発揮しました。郭沫若の文学的業績は『女神』、戯曲『屈原』などの文学、『中国古代社会研究』や三国志の曹操を再評価する中国史研究などの業績があります。1978 年に北京で病没しました。

　命式図をみてみましょう。元命は比肩、強い身旺です。自分自身をあらわす日干は壬（水＋）です。壬の水は海のように豊かにあり、丙（火＋）を用神とします。大運、年運が火であれば最も運命がよくなり、次によいのが木の運です。子と午の組合せは冲になります。比肩が命式図に 2 つあります。これにより偏財・正財は、傷つけられてしまいます。財は妻の意味で、妻を傷つけるため何回か結婚離婚を繰り返すことになりました。27 歳から、木、火、土の吉運に恵まれ、文学者、詩人、歴史家でありながら、中国政府の要人になりました。

運命方程式

▼命式図

	時柱	日柱	月柱	年柱		氏名
	時干	日干	月干	年干	天干	郭沫若
	丙	壬	辛	壬	天干	
	火＋	水＋	金－	水＋	天干の陰陽五行	
	偏財		印綬	比肩	運命星	
	○◎		×	×	運命星の吉凶	
					特殊星	
					合	
	丙と壬				冲	
	時支	日支	月支	年支	地支	
	午	子	亥	辰	地支	生年月日時
	火＋	水＋	水－	土＋	地支の陰陽五行	1892 年
	正財	劫財	比肩	七殺	運命星	11 月
	○	×	×	○	運命星の吉凶	16 日
	桃花	羊刃 紅艶			特殊星	午 時
					合	午後
	午と子				冲	男
					刑	

▼大運表

第9	第8	第7	第6	第5	第4	第3	第2	第1	運期
	77	67	57	47	37	27	17	7	歳(運気前半)
	己	戊	丁	丙	乙	甲	癸	壬	天干
	土－	土＋	火－	火＋	木－	木＋	水－	水＋	天干の陰陽五行
	正官	七殺	正財	偏財	傷官	食神	劫財	比肩	運命星
	○	○	○	○◎	○	○	×	×	運命星の吉凶
				天徳貴人	月徳貴人		飛刃		特殊星
	82	72	62	52	42	32	22	12	歳(運気後半)
	未	午	巳	辰	卯	寅	丑	子	地支
	土－	火＋	火－	土＋	木－	木＋	土－	水＋	地支の陰陽五行
	正官	正財	偏財	七殺	傷官	食神	正官	劫財	運命星
	○	○	○◎	○	○	○	○	×	運命星の吉凶
		桃花	天乙貴人		天乙貴人 桃花	文昌貴人 駅馬		羊刃 紅艶	特殊星

元命
比肩

立運
7

空亡
寅卯

運命バランス

○	強い身旺
	身旺
	中和に近い身旺
	中和に近い身弱
	身弱
	弱い身弱

■運命分析の実例 19　宋慶齢（孫文夫人・中華人民共和国名誉主席）

1893 年 1 月 27 日生〜 1981 年 5 月 29 日没

●身旺で正財が元命。

　宋慶齢は、現在でも中国では「革命の父」、台湾では「国父」と尊敬される孫文の妻でした。孫文は、明治維新後の日本の近代化に大いに触発されて、中国に革命をもたらしました。宋慶齢は 26 歳年長の孫文と日本で結婚し、孫文死後も一貫して孫文の思想を継承しました。姉の宋靄齢、妹で蒋介石婦人の宋美齢とともに「宋家三姉妹」のひとりとしても有名です。抗日運動、国共合作を推進し、国民党の要職にありましたが、蒋介石とは強く対立しました。文化大革命では江青に批判されましたが、毛沢東が擁護し、難を逃れました。晩年には、中華人民共和国名誉主席を授与されましたが、白血病により 88 歳で死去しました。

　命式図をみてみましょう。元命は正財の身旺です。運勢のよい時刻に生まれ、とてもバランスのよい富貴の命式図です。この命式図には、水が多くありますから日干の木を支えます。そのため、冬の甲（木＋）は強くなります。また、元命の正財が強くあらわれています。時干にある丙（火＋）は、調候用神の吉星です。晩年、火と土の吉運に恵まれ、中華人民共和国名誉主席になりました。

運命方程式

▼命式図

	時柱	日柱	月柱	年柱		氏名
	時干	日干	月干	年干	天干	宋慶齢
天干	丙	甲	癸	壬	天干	
天干の陰陽五行	火＋	木＋	水－	水＋	天干の陰陽五行	
運命星	食神		印綬	偏印	運命星	
運命星の吉凶	○◎		×	×	運命星の吉凶	
特殊星					特殊星	
合					合	
冲					冲	

	時支	日支	月支	年支		生年月日時
地支	寅	子	丑	辰	地支	1893 年
地支の陰陽五行	木＋	水＋	土－	土＋	地支の陰陽五行	1 月
運命星	比肩	印綬	正財	偏財	運命星	27 日
運命星の吉凶	×	×	○	○	運命星の吉凶	寅 時
特殊星	駅馬	桃花	天乙貴人		特殊星	午前
合	子と丑				合	女
冲					冲	
刑			×丑と辰		刑	

▼大運表

	第9	第8	第7	第6	第5	第4	第3	第2	第1		元命
歳（運気前半）	87	77	67	57	47	37	27	17	7	歳（運気前半）	正財
天干	甲	乙	丙	丁	戊	己	庚	辛	壬	天干	立運
天干の陰陽五行	木＋	木－	火＋	火－	土＋	土－	金＋	金－	水＋	天干の陰陽五行	7
運命星	比肩	劫財	食神	傷官	偏財	正財	七殺	正官	偏印	運命星	空亡
運命星の吉凶	×	×	○◎	○	○	○	○	○	×	運命星の吉凶	戌亥
特殊星		飛刃				月徳貴人 天徳貴人				特殊星	運命バランス
歳（運気後半）		82	72	62	52	42	32	22	12	歳（運気後半）	強い身旺
地支		巳	午	未	申	酉	戌	亥	子	地支	○ 身旺
地支の陰陽五行		火－	火＋	土－	金＋	金－	土＋	水－	水＋	地支の陰陽五行	中和に近い身旺
運命星		食神	傷官	正財	七殺	正官	偏財	偏印	印綬	運命星	中和に近い身弱
運命星の吉凶		○◎	○	○	○	○	○	×	×	運命星の吉凶	身弱
特殊星		文昌貴人	紅艶	天乙貴人		桃花			桃花	特殊星	弱い身弱

■運命分析の実例 20　ロジェ・ラフォーレ（フランス BIC 社オーナー）

1914 年 7 月 27 日生〜 1993 年没

●身旺で命式図に偏財・正財があり、比肩・劫財が多く、正官か傷官がある。

　ロジェ・ラフォーレはマルセル・ビックとともに、第二次世界大戦後、ボールペン製造企業、BIC 社を設立しました。ロジェは祖父から受け継いだ技術でボールペンの開発と製造を担当し、BIC 社をフランスの大手文房具メーカーに育てました。

　命式図をみてみましょう。身旺で元命は正財、天乙貴人を持つこの正財が用神となる吉星です。元命と用神が同じ「体用一致」という命式です。比肩・劫財を多く持っていますが財の星も強いのです。44 歳で食神の運に入りその後 69 歳までの 25 年間、運勢に恵まれ、フランスの億万長者になりました。79 歳から卯の羊刃運期に入り、1993 年癸酉の年に卯と酉が沖になり、心臓病で急死しました。

運命方程式

▼命式図

	時柱	日柱	月柱	年柱		氏名
	時干	日干	月干	年干	天干	ロジェ・ラフォーレ
天干	丁	甲	辛	甲		
天干の陰陽五行	火－	木＋	金－	木＋	天干の陰陽五行	
運命星	傷官		正官	比肩	運命星	
運命星の吉凶	○		○	×	運命星の吉凶	
特殊星		月徳貴人 天徳貴人		月徳貴人 天徳貴人	特殊星	
合					合	
冲					冲	
	時支	日支	月支	年支	地支	生年月日時
地支	卯	寅	未	寅		1914 年
地支の陰陽五行	木－	木＋	土－	木＋	地支の陰陽五行	7 月
運命星	劫財	比肩	正財	比肩	運命星	27 日
運命星の吉凶	×	×	○	×	運命星の吉凶	卯 時
特殊星	羊刃 桃花		天乙貴人		特殊星	午前
合					合	男
冲					冲	
刑					刑	

▼大運表

第9	第8	第7	第6	第5	第4	第3	第2	第1	運期		
	74	64	54	44	34	24	14	4	歳(運気前半)	元命	正財
	己	戊	丁	丙	乙	甲	癸	壬	天干	立運	4
	土－	土＋	火－	火＋	木－	木＋	水－	水＋	天干の陰陽五行		
	正財	偏財	傷官	食神	劫財	比肩	印綬	偏印	運命星	空亡	子丑
	○	○	○	○	×	×	×◎	×	運命星の吉凶		
				飛刃	月徳貴人 天徳貴人			特殊星	運命バランス	強い身旺
	79	69	59	49	39	29	19	9	歳(運気後半)	○	身旺
	卯	寅	丑	子	亥	戌	酉	申	地支		中和に近い身旺
	木－	木＋	土－	水＋	水－	土＋	金－	金＋	地支の陰陽五行		中和に近い身弱
	劫財	比肩	正財	印綬	偏印	偏財	正官	七殺	運命星		身弱
	×	×	○	×◎	×	○	○	○	運命星の吉凶		弱い身弱
	羊刃 桃花		天乙貴人	桃花			桃花	駅馬	特殊星		

385

■運命分析の実例 21　フビライ・ハン（中国元朝初代皇帝）

1215 年生～ 1294 年没

●身旺で命式図に七殺が多く、比肩・劫財が多い。

　1215 年にチンギス・ハンの四男トルイの子として生まれたフビライ・ハンは、モンゴル帝国の第 5 代皇帝として、圧倒的な軍事力と卓抜した政治力で領土を拡大しました。フビライは、1271 年にモンゴル皇帝直轄の中核国家の国号を大元と改称し、元朝初代皇帝となって、大都（北京）を都としました。1276 年には南宋も滅ぼして、その領土を指揮下に納めました。このモンゴル帝国の皇帝位は 1634 年の北元滅亡まで存続しました。

　命式図をみてみましょう。大運表を見るまでもありません。元命は七殺です。3 つの七殺が強くあらわれています。この 3 つの七殺は比肩を制し、すばらしいバランスになる組合せです。これにより元朝を創立したのでした。

＊忽必烈の命式図は徐樂吾の『子平粹言』より引用。

運命方程式

▼命式図

	時柱	日柱	月柱	年柱	
	時干	日干	月干	年干	天干
	乙	乙	乙	乙	
	木−	木−	木−	木−	天干の陰陽五行
	比肩		比肩	比肩	運命星
	×		×	×	運命星の吉凶
					特殊星
					合
					冲
	時支	日支	月支	年支	地支
	酉	酉	酉	亥	
	金−	金−	金−	水−	地支の陰陽五行
	七殺	七殺	七殺	印綬	運命星
	○	○	○	×	運命星の吉凶
	桃花	桃花	桃花	駅馬	特殊星
					合
					冲
	酉と酉　　酉と酉				刑

氏名　フビライ・ハン

生年月日時
1215	年
	月
	日
酉	時
午後	
男	

▼大運表

第9	第8	第7	第6	第5	第4	第3	第2	第1	運期
									歳(運気前半)
									天干
									天干の陰陽五行
									運命星
									運命星の吉凶
									特殊星
									歳(運気後半)
									地支
									地支の陰陽五行
									運命星
									運命星の吉凶
									特殊星

元命　七殺

立運

空亡　午未

運命バランス
	強い身旺
○	身旺
	中和に近い身旺
	中和に近い身弱
	身弱
	弱い身弱

■運命分析の実例 22　雍正帝（中国清朝第５代皇帝）

旧暦 1678 年 10 月 3 日生～旧暦 1735 年 8 月 23 日没

●身旺で命式図に「殺印相生」（七殺と偏印・印綬）がある。

　雍正帝は康熙帝（清朝第４代）の第４子で清朝第５代の皇帝でした。帝位継承をめぐる抗争の末、46 歳で即位しました。在位の間に君主専制体制を確立した皇帝でした。勤勉な皇帝で毎日夜遅くまで政務にあたり、一日の睡眠時間は４時間に満たなかったといわれています。重要な政治問題はすべて決裁し、地方官から積極的に情報を収集して自ら朱筆で意見を書き加えました。1732 年、内閣を飛び越えて決裁を行う軍機処を創設し、閣臣たちに口出しさせずに政治にあたり皇帝権力をいっそう強化しました。租税制度を改革し、官僚の私的な中間搾取を禁止し、朋党を組むことも禁じました。外交は、1724 年に青海とチベットの反乱を鎮圧、1727 年にロシアと国境を画定し、1729 年にはジュンガルとの戦争に勝利しました。雍正帝は皇位継承の暗闘を経験したことから、あらかじめ隠しておいた勅書を死後に開いて、後継を決める方法を考案しました。皇帝権力を強化するとともに、皇帝派と皇太子派の派閥争いが起きることを防止しました。この方法により清朝には暗愚な皇帝が出なかったといわれています。

　命式図をみてみましょう。身旺で元命が七殺です。甲（木＋）の印綬に恵まれ、これが用神となる吉星で、「殺印相生」になります。皇帝の位についた後、在位 22 年。庚の運で、甲（木＋）は庚（金＋）から剋され 57 歳で死去しました。七殺が強いので皇帝になれた運勢です。

運命方程式

▼命式図

	時柱	日柱	月柱	年柱	
時干	壬	日干 丁	月干 甲	年干 戊	天干
	水＋	火－	木＋	土＋	天干の陰陽五行
	正官		印綬	傷官	運命星
	○		×	○	運命星の吉凶
	月徳貴人				特殊星
	壬と丁				合
					冲
時支	寅	日支 酉	月支 子	年支 午	地支
	木＋	金－	水＋	火＋	地支の陰陽五行
	印綬	偏財	七殺	比肩	運命星
	×	○	○	×	運命星の吉凶
		天乙貴人 文昌貴人 桃花	桃花	桃花	特殊星
					合
			子と午		冲
		酉と子			刑

氏名 雅正帝

生年月日時
1678 年
10 月
3 日
寅 時
午前
男

※生年月日は旧暦

▼大運表

	第9	第8	第7	第6	第5	第4	第3	第2	第1	運期
										歳 (運気前半)
				庚	己	戊	丁	丙	乙	天干
				金＋	土－	土＋	火－	火＋	木－	天干の陰陽五行
				偏財	食神	傷官	比肩	劫財	偏印	運命星
				○	○	○	×	×	×	運命星の吉凶
					天徳貴人					特殊星
										歳 (運気後半)
				午	巳	辰	卯	寅	丑	地支
				火＋	火－	土＋	木－	木＋	土－	地支の陰陽五行
				比肩	劫財	傷官	偏印	印綬	食神	運命星
				×	×	○	×	×	○	運命星の吉凶
				桃花			桃花			特殊星

元命 七殺

立運

空亡 辰巳

運命バランス
	強い身旺
○	身旺
	中和に近い身旺
	中和に近い身弱
	身弱
	弱い身弱

389

■運命分析の実例 23　毛沢東（中華人民共和国建国の父）

1893 年 12 月 26 日生〜 1976 年 9 月 9 日没

●身旺で命式図に「殺印相生」（七殺と偏印・印綬）がある。

　中国人民共和国建国の父、毛沢東は湖南省の農家に生まれました。北京か
ら全国に広がった反日、反帝国主義を掲げた五四運動を機にマルクス主義
へ傾倒し、以後、中国共産党の幹部として力をつけていきました。1935 年、
周恩来、王稼祥とともに紅軍と中国共産党の指導的地位につき、以降、亡く
なるまで中国共産党軍事委員会主席の地位にありました。1945 年の党大会
では彼の卓越した業績を背景に、毛沢東を指導者とすることを決定し、要
職を一身に兼ねることになりました。1946 年以降、国民党との内戦開始後
は、転戦しつつ指揮にあたって勝利を勝ち取り、1949 年、中華人民共和国
の成立とともに政府主席に就任しました。1950 年には中ソ友好同盟条約に
調印しましたが、中国共産党はソ連と異なる独自路線を歩みました。1966 年、
官僚主義化・資本主義化を憂い、社会主義下での真の革命の必要性を説いて
「文化大革命」を発動しましたが、権力闘争と粛正運動と化し、中国全土を
内戦同様の大混乱に導くことになりました。1976 年、文革派と現実派の調
整役であった周恩来が死去、さらに毛沢東も死去し、文化大革命は終結に向
かいました。後任の指導者、華国峰が江青はじめ四人組ら文革派幹部を逮捕
・投獄することで終了しました。晩年の 1970 年代、それまでの外交政策を
大転換し、日本、アメリカとの国交正常化への道筋をつけて、自由資本主義
世界への扉を開いたことは、その後の中国の発展につながりました。

　命式図をみてみましょう。子の月に生まれ、とてもバランスのよい命式で、
中和に近い身旺です。元命が七殺です。日干は丁（火−）です。水が干と支
の両方にあり、甲（木＋）の印綬が干にあって、用神の吉星として日干の丁
（火−）を支えます。七殺と印綬の「殺印相生」の組合せはとてもよく、お
互いを補強しあいます。この組合せが 2 つもあって、とても高い地位にまで
登りました。七殺と印綬の両方があることは、文武の両方の才があることも
示します。

運命方程式

▼命式図

	時柱	日柱	月柱	年柱	
	時干	日干	月干	年干	天干
	甲	丁	甲	癸	天干
	木＋	火－	木＋	水－	天干の陰陽五行
	印綬		印綬	七殺	運命星
	△		△	○	運命星の吉凶
					特殊星
					合
					冲
	時支	日支	月支	年支	地支
	辰	酉	子	巳	地支
	土＋	金－	水＋	火－	地支の陰陽五行
	傷官	偏財	七殺	劫財	運命星
	○	○	○	△	運命星の吉凶
		天乙貴人 文昌貴人 桃花	桃花		特殊星
	辰と酉				合
					冲
	×酉と子				刑

氏名 毛沢東

生年月日時
1893 年
12 月
26 日
辰 時
午前
男

▼大運表

第9	第8	第7	第6	第5	第4	第3	第2	第1	運期
	76	66	56	46	36	26	16	6	歳（運気前半）
	丙	丁	戊	己	庚	辛	壬	癸	天干
	火＋	火－	土＋	土－	金＋	金－	水＋	水－	天干の陰陽五行
	劫財	比肩	傷官	食神	正財	偏財	正官	七殺	運命星
	△	△	○	○	○	○	○	○	運命星の吉凶
			天徳貴人				月徳貴人		特殊星
	81	71	61	51	41	31	21	11	歳（運気後半）
	辰	巳	午	未	申	酉	戌	亥	地支
	土＋	火－	火＋	土－	金＋	金－	土＋	水－	地支の陰陽五行
	傷官	劫財	比肩	食神	正財	偏財	傷官	正官	運命星
	○	△	△	○	○	○	○	○	運命星の吉凶
			桃花	紅艶		天乙貴人 文昌貴人 桃花		天乙貴人 駅馬	特殊星

元命 七殺

立運 6

空亡 辰巳

運命バランス

	強い身旺
	身旺
○	中和に近い身旺
	中和に近い身弱
	身弱
	弱い身弱

391

■運命分析の実例24　曽国藩（中国近代の軍人）

1811年11月21日生〜1872年3月12日没

●身弱で七殺が元命。

　曽国藩は清朝末期に起こった洪秀全が率いるキリスト教徒の「太平天国の乱」を終結させた軍人でした。湖南省湘郷県出身の曽国藩の私軍は湘軍と呼ばれ、弱体化した清の軍隊の中にあって、抜群の強さを誇りました。彼は軍隊の近代化や人材育成に力を注ぎ、その幕下からは李鴻章など多くの有能な人材を輩出しました。強すぎる兵力と漢族であったことから、満族の清国政府からは警戒されましたが、漢族の軍人としては、初めて地方官の最高位、首都北京近辺を統括した直隷総督につきました。文人としても一流であり、朱子学者としても有名でした。

　命式図をみてみましょう。身弱で元命は七殺です。身弱なので日干の丙（火＋）を強くする大運の時、つまり火、木の運期の時に大いに発展し、名将となりました。1864年、激戦の末「太平天国の乱」を鎮圧した53歳の時は、午（火＋）の大運で、身弱にとって吉星、羊刃の時でした。

運命方程式

▼命式図

	時柱	日柱	月柱	年柱		氏名
	時干	日干	月干	年干	天干	曽国藩
	己	丙	己	辛		
	土－	火＋	土－	金－	天干の陰陽五行	
	傷官		傷官	正財	運命星	
	×		×	×	運命星の吉凶	
					特殊星	
					合	
					冲	
	時支	日支	月支	年支	地支	
	亥	辰	亥	未		生年月日時
	水－	土＋	水－	土－	地支の陰陽五行	1811 年
	七殺	食神	七殺	傷官	運命星	11 月
	×	×	×	×	運命星の吉凶	21 日
	天乙貴人		天乙貴人		特殊星	亥 時
			亥と未		合	午後
					冲	男
					刑	

▼大運表

第9	第8	第7	第6	第5	第4	第3	第2	第1	運期		元命
			55	45	35	25	15	5	歳 (運気前半)		七殺
			癸	甲	乙	丙	丁	戊	天干		
			水－	木＋	木－	火＋	火－	土＋	天干の陰陽五行		立運
			正官	偏印	印綬	比肩	劫財	食神	運命星		5
			×	○	○	○	○	×	運命星の吉凶		
				月徳貴人	天徳貴人		飛刃		特殊星		空亡
			60	50	40	30	20	10	歳 (運気後半)		子丑
			巳	午	未	申	酉	戌	地支		
			火－	火＋	土－	金＋	金－	土＋	地支の陰陽五行		運命バランス
			比肩	劫財	傷官	偏財	正財	食神	運命星		強い身旺
			○	○	×	×	×	×	運命星の吉凶		身旺
				羊刃 桃花		文昌貴人	天乙貴人 桃花		特殊星		中和に近い身旺

運命バランス
強い身旺
身旺
中和に近い身旺
中和に近い身弱
○ 身弱
弱い身弱

393

■運命分析の実例 25　胡適（中国近代の学者）

1891 年 12 月 17 日生〜 1962 年 2 月 24 日没

●身弱で七殺が元命。

　中国近代の学者、胡適はアメリカで農学、哲学を学んだ後、1910 年代に難解な文語文を廃して口語文に基づく白話文学を提唱。北京大学教授として学問研究と文化面からの社会改革を進めました。政治面では、社会主義は空論とし、マルクス・レーニン主義を批判するとともに、日本の中国侵略も非難しました。蒋介石政権の下で 1938 年に駐米大使。大戦後、1946 年に北京大学学長に就任しましたが、中国共産党が国共内戦に勝利すると、アメリカに亡命しました。1958 年からは台湾に移り、外交部顧問、中央研究院長に就任し、禅宗史など中国伝統の歴史、思想、文学などの研究に取り組みました。

　命式図をみてみましょう。元命は七殺。中和に近い身弱です。偏財、正財の星は強くあらわれ、日干の丁（火−）を強める、火、木の大運の時期に発展しました。23 歳の比肩の運期に博士を修得、55 歳の印綬の運期に北京大学学長、その後、台湾で中央研究院長となりました。しかし 63 〜 67 歳の七殺（水−）の時期に自分自身である丁（火−）を抑えたことで病気になり、1962 年 71 歳で死去しました。よく養生していれば寿命は長くなり人生の頂点を迎えることができたでしょう。

運命方程式

▼命式図

	時柱	日柱	月柱	年柱		氏名
	時干	日干	月干	年干	天干	胡適
	丁	丁	庚	辛		
	火－	火－	金＋	金－	天干の陰陽五行	
	比肩		正財	偏財	運命星	
	○		△	△	運命星の吉凶	
					特殊星	
					合	
					冲	
	時支	日支	月支	年支	地支	
	未	丑	子	卯		生年月日時
	土－	土－	水＋	木－	地支の陰陽五行	1891 年
	食神	食神	七殺	偏印	運命星	12 月
	△	△	△	○	運命星の吉凶	17 日
	紅艶		桃花	桃花	特殊星	未 時
		丑と子			合	午後
	△未と丑				冲	男
	△未と丑		△子と卯		刑	

▼大運表

第9	第8	第7	第6	第5	第4	第3	第2	第1	運期	元命	
		63	53	43	33	23	13	3	歳（運気前半）	七殺	
		癸	甲	乙	丙	丁	戊	己	天干	立運	
		水－	木＋	木－	火＋	火－	土＋	土－	天干の陰陽五行	3	
		七殺	印綬	偏印	劫財	比肩	傷官	食神	運命星	空亡	
		△	○	○	○	○	△	△	運命星の吉凶	申酉	
								天徳貴人	特殊星	運命バランス	
		68	58	48	38	28	18	8	歳（運気後半）		強い身旺
		巳	午	未	申	酉	戌	亥	地支		身旺
		火－	火＋	土－	金＋	金－	土＋	水－	地支の陰陽五行		中和に近い身旺
		劫財	比肩	食神	正財	偏財	傷官	正官	運命星	○	中和に近い身弱
		○	○	△	△	△	△	△	運命星の吉凶		身弱
			桃花	紅艶		文昌貴人天乙貴人桃花		天乙貴人駅馬	特殊星		弱い身弱

■運命分析の実例 26　美濃部亮吉（東京都知事）

1904 年 2 月 5 日生〜 1984 年 12 月 24 日没

●身旺で命式図に「官印相生」（正官と偏印・印綬）がある。

　美濃部亮吉は「天皇機関説」を唱えた美濃部達吉の長男で、経済学者でした。法政大学教授、内閣統計委員会事務局長、教育大教授などを歴任し、1967 年、社会党、共産党の支持を得て東京都知事に当選し、1979 年まで 3 期 12 年間在任しました。平和憲法を都政に生かすことを基本方針として、都民との対話、福祉政策や自動車排ガス規制など公害対策に力を注いで、全国の革新自治体行政をリードしました。しかし、任期後半に至って、都行政は財政難に陥りました。1980 年参議院議員に当選して各地の公害対策運動支援に努めました。

　命式図をみてみましょう。身旺です。年柱と月柱に印綬と正官は並んで強くあらわれ、「官印相生」のよい組合せです。有名になり人気もありました。政治家としての評価が高くないのは七殺が命式図にないことが理由です。春の寅生まれには、丙（火＋）が用神として必要な例です。

運命方程式

▼命式図

	時柱	日柱	月柱	年柱		氏名
	時干	日干	月干	年干	天干	美濃部亮吉
天干	癸	己	丙	甲		
天干の陰陽五行	水−	土−	火＋	木＋	天干の陰陽五行	
運命星	偏財		印綬	正官	運命星	
運命星の吉凶	○		×	○	運命星の吉凶	
特殊星			月徳貴人		特殊星	
合					合	
冲					冲	
	時支	日支	月支	年支	地支	
地支	酉	巳	寅	辰		
地支の陰陽五行	金−	火−	木＋	土＋	地支の陰陽五行	生年月日時
運命星	食神	印綬	正官	劫財	運命星	1904　年
運命星の吉凶	○	×	○	×	運命星の吉凶	2　月
特殊星	文昌貴人 桃花			紅艶	特殊星	5　日
合	酉と巳				合	6　時
冲					冲	午後
刑	巳と寅				刑	男

▼大運表

第9	第8	第7	第6	第5	第4	第3	第2	第1	運期
		70	60	50	40	30	20	10	歳（運気前半）
		癸	壬	辛	庚	己	戊	丁	天干
		水−	水＋	金−	金＋	土−	土＋	火−	天干の陰陽五行
		偏財	正財	食神	傷官	比肩	劫財	偏印	運命星
		○	○	○	○	×	×	×	運命星の吉凶
								天徳貴人	特殊星
		75	65	55	45	35	25	15	歳（運気後半）
		酉	申	未	午	巳	辰	卯	地支
		金−	金＋	土−	火＋	火−	土＋	木−	地支の陰陽五行
		食神	傷官	比肩	偏印	印綬	劫財	七殺	運命星
		○	○	×	×	×	×	○	運命星の吉凶
		文昌貴人 桃花	天乙貴人		桃花		紅艶	桃花	特殊星

元命

正官

立運

10

空亡

戌亥

運命バランス

	強い身旺
○	身旺
	中和に近い身旺
	中和に近い身弱
	身弱
	弱い身弱

■運命分析の実例 27　虞和徳（中国近代の財閥）

旧暦 1865 年 5 月 18 日生〜 1945 年 4 月没

●身弱で正官が元命。

　虞和徳（虞洽郷）は中国近代の実業家で浙江財閥の代表者のひとりでした。浙江省の出身で上海へ出てきた時はほとんど無一文でした。最初は商業関係の職につき、その後、多くの銀行、海運会社を設立するまでの富豪になりました。国民党の蒋介石を財政面で支援し、1925 年には上海総商会会長となりました。人柄がよく、多くの人に慕われました。近衛首相とも交友があり、関東大震災の時には、資金を集め中国代表として来日し、日本を援助しました。

　命式図をみてみましょう。元命は正官で身弱です。貧しい生まれですが、24 歳の時、大運の癸（水−）の水が月支の丙（火＋）の火を抑え、日干の庚（金＋）が強くなって、44 歳から辛、丑、庚、子などの幸運に恵まれ、大成功して人生の頂点に達しました。

運命方程式

▼命式図

時柱	日柱	月柱	年柱		氏名
時干	日干	月干	年干	天干	虞和徳
己	庚	丙	丁		
土−	金＋	火＋	火−	天干の陰陽五行	
印綬		七殺	正官	運命星	
○		×	×	運命星の吉凶	
		月徳貴人		特殊星	
				合	
				冲	
時支	日支	月支	年支	地支	
卯	午	午	卯		生年月日時
木−	火＋	火＋	木−	地支の陰陽五行	1865 年
正財	正官	正官	正財	運命星	5 月
×	×	×	×	運命星の吉凶	18 日
桃花	桃花	桃花	桃花	特殊星	卯 時
				合	午前
				冲	男
卯と午　　午と午　　午と卯				刑	

※生年月日は旧暦

▼大運表

第9	第8	第7	第6	第5	第4	第3	第2	第1		元命
	74	64	54	44	34	24	14	4	歳(運気前半)	正官
	戊	己	庚	辛	壬	癸	甲	乙	天干	立運
	土＋	土−	金＋	金−	水＋	水−	木＋	木−	天干の陰陽五行	4
	偏印	印綬	比肩	劫財	食神	傷官	偏財	正財	運命星	
	○	○	○	○	×	×	×	×	運命星の吉凶	空亡
				飛刃					特殊星	戌亥
	79	69	59	49	39	29	19	9	歳(運気後半)	運命バランス
	戌	亥	子	丑	寅	卯	辰	巳	地支	強い身旺
	土＋	水−	水＋	土−	木＋	木−	土＋	火−	地支の陰陽五行	身旺
	偏印	食神	傷官	印綬	偏財	正財	偏印	七殺	運命星	中和に近い身旺
	○	×	×	○	×	×	○	×	運命星の吉凶	中和に近い身弱
	紅艶	文昌貴人天徳貴人	桃花	天乙貴人		桃花			特殊星	○ 身弱
										弱い身弱

399

■運命分析の実例 28　吉田茂（日本の元首相）

1878 年 9 月 22 日生～ 1967 年 10 月 20 日没

● 身旺で偏印が元命。

　吉田茂 は、戦後の日本を代表する政治家です。戦前は外交官として活躍し親米派として知られました。戦後、アメリカ占領体制下において、1946年から 1954 年の期間、首相として 5 回にわたり内閣を組閣しました。この間、戦後日本の経済政策の基本路線を確定し、経済復興から経済成長への道を開きました。また、アメリカ、イギリスなどを主要対象国とする講和条約を成立させ、1951 年、サンフランシスコ講和会議には全権として出席し、占領体制はおわりました。その後、日本の安全保障をアメリカと軍事ブロック化することで、日本経済の復興をはかったことは、日本の高度経済成長を生み出しましたが、一方でアメリカの軍事力に依存せざるを得ない状況を継続することになりました。1955 年に保守合同を成立させて誕生した自由民主党は、保守の本流を歩むことになりますが、この保守の本流で日本を支えたのは、池田勇人、佐藤栄作、田中角栄ら、吉田茂の影響を大きく受けた「吉田学校」の教え子たちでした。

　命式図をみてみましょう。日干は癸。身旺です。用神は偏印と正官。元命の偏印と傷官の組合せが複数ある、すばらしい命式図です。45 歳の丙（火＋）の運の時、外交官として頭角をあらわしました。65 歳からの正官の時期、命式図にある傷官と対立しますが、逆に年干にある正官が勢いを増し首相となりました。主相就任後は、正官の時期ですから傷官との対立は避けられず、いろいろなトラブルや抗争があり、何度も首相を退任したものの、5 回も首相になり、日本を支えました。

＊偏印と傷官は、「傷官佩印」といって吉になる組合せです。財がある、有名になる、受験がよい、芸術・芸能界で成功する、官僚として出世するという暗示があります。

運命方程式

▼命式図

	時柱	日柱	月柱	年柱	
	時干	日干	月干	年干	天干
天干	甲	癸	辛	戊	
天干の陰陽五行	木＋	水－	金－	土＋	天干の陰陽五行
運命星	傷官		偏印	正官	運命星
運命星の吉凶	○		×	○	運命星の吉凶
特殊星					特殊星
合					合
冲					冲
	時支	日支	月支	年支	地支
地支	寅	卯	酉	寅	
地支の陰陽五行	木＋	木－	金－	木＋	地支の陰陽五行
運命星	傷官	食神	偏印	傷官	運命星
運命星の吉凶	○	○	×	○	運命星の吉凶
特殊星	天徳貴人	文昌貴人 天乙貴人 桃花	桃花	天徳貴人	特殊星
合					合
冲		卯と酉			冲
刑					刑

氏名 吉田茂

生年月日時
1878 年
9 月
22 日
4 時
午前
男

▼大運表

運期	第9	第8	第7	第6	第5	第4	第3	第2	第1
歳（運気前半）	85	75	65	55	45	35	25	15	5
天干	庚	己	戊	丁	丙	乙	甲	癸	壬
天干の陰陽五行	金＋	土－	土＋	火－	火＋	木－	木＋	水－	水＋
運命星	印綬	七殺	正官	偏財	正財	食神	傷官	比肩	劫財
運命星の吉凶	×	○	○	○	○	○	○	×	×
特殊星	月徳貴人								
歳（運気後半）		80	70	60	50	40	30	20	10
地支		巳	辰	卯	寅	丑	子	亥	戌
地支の陰陽五行		火－	土＋	木－	木＋	土－	水＋	水－	土＋
運命星		正財	正官	食神	傷官	七殺	比肩	劫財	正官
運命星の吉凶		○	○	○	○	○	×	×	○
特殊星		天乙貴人 駅馬		文昌貴人 天乙貴人 桃花	天徳貴人		桃花		

元命 偏印

立運 5

空亡 辰巳

運命バランス
- 強い身旺
- ○ 身旺
- 中和に近い身旺
- 中和に近い身弱
- 身弱
- 弱い身弱

401

■運命分析の実例 29　孔祥熙（中国近代の財閥）

旧暦 1880 年 8 月 7 日生〜1967 年 8 月 16 日没

●身旺で偏印が元命。

　孔子 75 代目の子孫を自称した中国近代の富豪・孔祥熙は、山西省有数の名門家庭に生まれ、父親とともに敬虔なクリスチャンでした。幼いころから賢く勤勉で、アメリカへ留学し、エール大学を卒業しました。辛亥革命が起こると、孔祥熙は学生軍を率いて蜂起しますが、二次革命の後、日本に亡命し、日本で孫文の秘書をしていた宋靄齢（宋姉妹の長女）と結婚しました。その後、国民党南京政府の財政部長、中央銀行総裁、行政院副院長など財政・金融部門の要職を歴任しました。税制改革、銀行体制改革、貨幣制度改革を実行して金融市場をコントロールするとともに、政府の債務整理も行って、国民政府の最高指導者である蔣介石政権を財政面から支えました。一方で石油の独占代理権の獲得など、さまざまな経済活動によって巨万の富を築きました。蔣介石、宋子文（宋靄齢の弟）、陳果夫・陳立夫兄弟とともに、「四大家族」（4 大財閥）と呼ばれました。1944 年、不正行為を糾弾されて、要職を辞し、1947 年にサンフランシスコに移住し、1967 年、ニューヨークで病没しました。

　命式図をみてみましょう。元命は偏印で身旺です。印綬が多く、食神との組合せは最高です。印綬は用神になります。豊富な金は日干の水を強くします。すばらしい命式図が示しているように、財閥を築き、権力を握りました。84 歳から巳の運期に入り、1967 年丁未の年、大運の巳（火＋）と年運の丁（火－）は、時柱の庚と申の印綬の運を壊してしまい、87 歳で死去しました。

＊印綬と食神は、吉になる組合せです。芸術・芸能の分野や財界で有名になる、文官として出世するという暗示があります。

運命方程式

▼命式図

	時柱	日柱	月柱	年柱	
	時干	日干	月干	年干	天干
天干	庚	癸	乙	庚	
天干の陰陽五行	金＋	水－	木－	金＋	天干の陰陽五行
運命星	印綬		食神	印綬	運命星
運命星の吉凶	×		○	×	運命星の吉凶
特殊星	月徳貴人			月徳貴人	特殊星
合		乙と庚			合
冲					冲
	時支	日支	月支	年支	地支
地支	申	卯	酉	辰	
地支の陰陽五行	金＋	木－	金－	土＋	地支の陰陽五行
運命星	印綬	食神	偏印	正官	運命星
運命星の吉凶	×	○	×	○	運命星の吉凶
特殊星	紅艶	天乙貴人 文昌貴人 桃花	桃花		特殊星
合			酉と辰		合
冲		卯と酉			冲
刑					刑

氏名 孔祥熙

生年月日時
1880 年
8 月
7 日
申 時
午前
男

※生年月日は旧暦

▼大運表

	第9	第8	第7	第6	第5	第4	第3	第2	第1	運期
歳（運気前半）		79	69	59	49	39	29	19	9	
天干		癸	壬	辛	庚	己	戊	丁	丙	
天干の陰陽五行		水－	水＋	金－	金＋	土－	土＋	火－	火＋	
運命星		比肩	劫財	偏印	印綬	七殺	正官	偏財	正財	
運命星の吉凶		×	×	×	×	○	○	○	○	
特殊星					月徳貴人					
歳（運気後半）		84	74	64	54	44	34	24	14	
地支		巳	辰	卯	寅	丑	子	亥	戌	
地支の陰陽五行		火－	土＋	木－	木＋	土－	水＋	水－	土＋	
運命星		正財	正官	食神	傷官	七殺	比肩	劫財	正官	
運命星の吉凶		○	○	○	○	○	×	×	○	
特殊星		天乙貴人 駅馬		天乙貴人 文昌貴人 桃花	天徳貴人		桃花			

元命 偏印

立運 9

空亡 辰巳

運命バランス
- 強い身旺
- ○ 身旺
- 中和に近い身旺
- 中和に近い身弱
- 身弱
- 弱い身弱

■運命分析の実例 30　光緒帝（中国清朝第 11 代皇帝）

旧暦 1872 年正月 28 日生〜 1908 年 11 月 14 日没

●身旺で偏印が元命。

　光緒帝は道光帝（第 7 代皇帝）の孫、実母は西太后の妹でした。同治帝（第
10 代皇帝）が早世したため、西太后によって擁立されましたが、即位した
のは 3 歳の時で、実権は西太后が握っていました。光緒帝は、清仏戦争（1885
年）、日清戦争（1894 年）など、清の敗戦が相次いだこともあり、清の国力
回復を狙って、1898 年戊戌の年、康有為、梁啓超らの提唱する立憲君主制
により政治改革を断行しようとして立ち上がりました。光緒帝 24 歳の時で
した。しかし、西太后はこれを阻止し、袁世凱らによって光緒帝は監禁され
てしまいました。1908 年、西太后死去の前日に光緒帝は死去しました。毒
殺でした。

　命式図をみてみましょう。元命は偏印、身旺です。家族に恵まれ清の第
11 代皇帝（在位 1875 〜 1908）になりました。日柱に巳の正官があり、独立
を目指しました。しかし 2 歳から 36 歳まで偏印・印綬と比肩・劫財などの
星にめぐり会って、運期は悪いのです。そして 1898 年の改革、「戊戌の政変」
に失敗。巳と亥が冲になる運期に入り、37 歳で死去しました。この時、命
式図の用神であった七殺の丁（火−）はもともと弱く、亥（水−）によって
壊されたのでした。

運命方程式

▼命式図

	時柱	日柱	月柱	年柱		氏名
	時干	日干	月干	年干	天干	光緒帝
天干	戊	辛	丁	壬		
天干の陰陽五行	土＋	金－	火－	水＋	天干の陰陽五行	
運命星	印綬		七殺	傷官	運命星	
運命星の吉凶	×		○	○	運命星の吉凶	
特殊星					特殊星	
合		丁と壬			合	
冲					冲	
	時支	日支	月支	年支	地支	生年月日時
地支	子	巳	未	申		1872 年
地支の陰陽五行	水＋	火－	土－	金＋	地支の陰陽五行	正 月
運命星	食神	正官	偏印	劫財	運命星	28 日
運命星の吉凶	○	○	×	×	運命星の吉凶	子 時
特殊星	文昌貴人 桃花				特殊星	午前
合					合	男
冲					冲	
刑					刑	

※生年月日は旧暦

▼大運表

第9	第8	第7	第6	第5	第4	第3	第2	第1	運期
					32	22	12	2	歳(運気前半)
					辛	庚	己	戊	天干
					金－	金＋	土－	土＋	天干の陰陽五行
					比肩	劫財	偏印	印綬	運命星
					×	×	×	×	運命星の吉凶
									特殊星
					37	27	17	7	歳(運気後半)
					亥	戌	酉	申	地支
					水－	土＋	金－	金＋	地支の陰陽五行
					傷官	印綬	比肩	劫財	運命星
					○	×	×	×	運命星の吉凶
					駅馬		紅艶		特殊星

元命

偏印

立運

2

空亡

申酉

運命バランス

	強い身旺
○	身旺
	中和に近い身旺
	中和に近い身弱
	身弱
	弱い身弱

■運命分析の実例 31 林森（中国近代の政治家）

旧暦 1868 年正月 18 日生〜 1943 年 8 月 1 日没

●身旺で印綬が元命。

　林森は中華民国の政治家でした。福建省の出身で、1884 年に台北の電信局に勤め、1902 年、上海の税関に移った後、革命運動に身を投じ、1905 年に中国革命同盟会に参加しました。辛亥革命の後に南京臨時参議院議長に就任した後は、主に海外で活動しました。1924 年、中国国民党中央執行委員となり、1931 年、汪兆銘が広州に対抗政府を樹立した際には、これに参加しました。1932 年、再度中国国民党政府の統一が成立すると政府主席となり、1943 年、重慶で死去するまでその地位にありました。

　命式図をみてみましょう。元命は印綬、身旺です。印綬と傷官のとてもよい組合せが 2 つもあります。吉星である甲（木＋）をはじめ木の星が多くあり、木が火を生み、日干を強めます。また、時支にある偏財の酉（金−）が用神になり、大運が金の星の時、吉になりました。

＊印綬と傷官は、「傷官佩印」といって吉になる組合せです。財がある、有名になる、受験がよい、芸術・芸能界で成功する、官僚として出世するという暗示があります。偏印と傷官の組合せより、印綬と傷官の組合せのほうが正道をいくという暗示があります。

運命方程式

▼命式図

	時柱	日柱	月柱	年柱	
	時干	日干	月干	年干	天干
天干	己	丁	甲	戊	天干
天干の陰陽五行	土−	火−	木+	土+	天干の陰陽五行
運命星	食神		印綬	傷官	運命星
運命星の吉凶	○		×	○	運命星の吉凶
特殊星		天徳貴人			特殊星
合					合
冲					冲
	時支	日支	月支	年支	地支
地支	酉	卯	寅	辰	地支
地支の陰陽五行	金−	木−	木+	土+	地支の陰陽五行
運命星	偏財	偏印	印綬	傷官	運命星
運命星の吉凶	○	×	×	○	運命星の吉凶
特殊星	文昌貴人 天乙貴人 桃花	桃花			特殊星
合					合
冲	酉と卯				冲
刑					刑

氏名 林森

生年月日時 1868 年 正 月 18 日 酉 時 午後 男

※生年月日は旧暦

▼大運表

第9	第8	第7	第6	第5	第4	第3	第2	第1	運期
		68	58	48	38	28	18	8	歳（運気前半）
		辛	庚	己	戊	丁	丙	乙	天干
		金−	金+	土−	土+	火−	火+	木−	天干の陰陽五行
		偏財	正財	食神	傷官	比肩	劫財	偏印	運命星
		○	○	○	○	×	×	×	運命星の吉凶
						天徳貴人	月徳貴人		特殊星
93	83	73	63	53	43	33	23	13	歳（運気後半）
		酉	申	未	午	巳	辰	卯	地支
		金−	金+	土−	火+	火−	土+	木−	地支の陰陽五行
		偏財	正財	食神	比肩	劫財	傷官	偏印	運命星
		○	○	○	×	×	○	×	運命星の吉凶
		文昌貴人 天乙貴人 桃花		紅艶	桃花	駅馬		桃花	特殊星

元命 印綬

立運 8

空亡 戊亥

運命バランス

	強い身旺
○	身旺
	中和に近い身旺
	中和に近い身弱
	身弱
	弱い身弱

■運命分析の実例 32　大平正芳（首相）

1910 年 3 月 12 日生〜 1980 年 7 月 31 日没

●身旺で印綬が元命。

　大平正芳は大蔵官僚の出身で、1949 年、池田勇人の秘書官から政界入りし、衆議院議員に当選しました。自民党主流派に身を置き、池田内閣の官房長官、外相となり、日韓国交正常化交渉の賠償問題を解決しました。1972 年、田中角栄内閣成立に寄与し、外相となりました。田中角栄と強い盟友関係を築き、1978 年、最初の全党員参加方式の総裁選挙では、福田赳夫を破って、総裁・首相となりましたが、2 回目の総選挙のさなか、急死しました。温厚で無口、実直な人柄として知られていますが、頭の回転が速くて、外交に通じ、ユーモアのセンスもある政治家でした。

　命式図をみてみましょう。日干は春の丙（火＋）で、元命は印綬、中和に近い身旺です。五行のすべてがそろうバランスのよい命式図です。月柱の印綬と傷官の組合せがよく、正官も強くあらわれ、食神と傷官もよい組合せです。激しい時代を生き抜いて成功しましたが、68 〜 73 歳の丙の運期で庚申の年に心臓病で死去しました。用神は印綬の卯（木ー）でしたが、庚（金＋）、申（金＋）がこれを壊しました。

＊印綬と傷官は、「傷官佩印」といって吉になる組合せです。財がある、有名になる、受験がよい、芸術・芸能界で成功する、官僚として出世するという暗示があります。偏印と傷官の組合せより、印綬と傷官の組合せのほうが正道をいくという暗示があります。

＊食神と傷官は、吉になる組合せです。財がある、楽しいことが多い、有名になるという暗示があります。

運命方程式

▼命式図

	時柱	日柱	月柱	年柱		氏名
	時干	日干	月干	年干	天干	
天干	癸	丙	己	庚	天干	
	水－	火＋	土－	金＋	天干の陰陽五行	大平正芳
運命星	正官		傷官	偏財	運命星	
	○		○	○	運命星の吉凶	
特殊星					特殊星	
合					合	
冲					冲	
	時支	日支	月支	年支	地支	
地支	巳	子	卯	戌	地支	生年月日時
	火－	水＋	木－	土＋	地支の陰陽五行	1910 年
運命星	比肩	正官	印綬	食神	運命星	3 月
	△	○	△	○	運命星の吉凶	12 日
特殊星		桃花	桃花		特殊星	10 時
合			卯と戌		合	午前
冲					冲	男
刑		△子と卯			刑	

▼大運表

	第9	第8	第7	第6	第5	第4	第3	第2	第1	運期
歳（運気前半）			68	58	48	38	28	18	8	歳（運気前半）
天干			丙	乙	甲	癸	壬	辛	庚	天干
天干の陰陽五行			火＋	木－	木＋	水－	水＋	金－	金＋	天干の陰陽五行
運命星			比肩	印綬	偏印	正官	七殺	正財	偏財	運命星
運命星の吉凶			△	△	△	○	○	○	○	運命星の吉凶
特殊星					月徳貴人					特殊星
歳（運気後半）			63	53	43	33	23	13		歳（運気後半）
地支			酉	申	未	午	巳	辰		地支
地支の陰陽五行			金－	金＋	土－	火＋	火－	土＋		地支の陰陽五行
運命星			正財	偏財	傷官	劫財	比肩	食神		運命星
運命星の吉凶			○	○	○	△	△	○		運命星の吉凶
特殊星			天乙貴人 桃花	文昌貴人 天徳貴人			羊刃 桃花			特殊星

元命
印綬

立運
8

空亡
申酉

運命バランス

	強い身旺
	身旺
○	中和に近い身旺
	中和に近い身弱
	身弱
	弱い身弱

409

■運命分析の実例 33　西太后（中国清末期の最高権力者）

1835 年 11 月 29 日生〜 1908 年 11 月 15 日没

●身旺で印綬が元命。

　西太后は、18 歳で中国清朝第 9 代皇帝咸豊帝の第 2 夫人になり、同治帝（第
10 代皇帝）を生みました。1874 年、同治帝は 19 歳で早世し、西太后は自分
の妹が生んだ醇親王の子を迎えて光緒帝（第 11 代皇帝）とし、正室であっ
た東太后とともに執政の実権を握りました。東太后の死後は政治を独裁しま
した。光緒帝は 24 歳の時、政治改革を断行しようとしましたが、西太后は
これを阻止し、幽閉してしまいました。西太后は 1908 年に死去するまでの
約 34 年、義和団事件で一時北京を追われたことはあったものの、清国末期
の最高権力者として君臨しました。

　命式図をみてみましょう。元命が印綬、身旺です。時柱の丙（火＋）が調
候用神となります。生まれた時刻が最高の吉星をもたらした富貴の運命です。
命式図には傷官と印綬、食神と傷官の組合せもあり、とてもよいバランスで
す。

＊印綬と傷官は、「傷官佩印」といって吉になる組合せです。財がある、有
　名になる、受験がよい、芸術・芸能界で成功する、官僚として出世すると
　いう暗示があります。偏印と傷官の組合せより、印綬と傷官の組合せのほ
　うが正道をいくという暗示があります。

＊食神と傷官は、吉になる組合せです。財がある、楽しいことが多い、有名
　になるという暗示があります。

運命方程式

▼命式図

	時柱	日柱	月柱	年柱		氏名
	時干	日干	月干	年干	天干	西太后
天干	丙	乙	丁	乙	天干	
	火＋	木－	火－	木－	天干の陰陽五行	
運命星	傷官		食神	比肩	運命星	
	○◎		○	×	運命星の吉凶	
特殊星		天徳貴人		天徳貴人	特殊星	
合					合	
冲					冲	
	時支	日支	月支	年支	地支	生年月日時
地支	子	丑	亥	未	地支	1835 年
	水＋	土－	水－	土－	地支の陰陽五行	11 月
運命星	偏印	偏財	印綬	偏財	運命星	29 日
	×	○	×	○	運命星の吉凶	子 時
特殊星	天乙貴人 桃花		駅馬		特殊星	午前
合	子と丑		亥と未		合	女
冲					冲	
刑					刑	

▼大運表

第9	第8	第7	第6	第5	第4	第3	第2	第1	運期	元命
		67	57	47	37	27	17	7	歳(運気前半)	印綬
		甲	癸	壬	辛	庚	己	戊	天干	立運
		木＋	水－	水＋	金－	金＋	土－	土＋	天干の陰陽五行	7
		劫財	偏印	印綬	七殺	正官	偏財	正財	運命星	空亡
		×	×	×	○	○	○	○	運命星の吉凶	戌亥
		月徳貴人							特殊星	運命バランス
		72	62	52	42	32	22	12	歳(運気後半)	強い身旺
		午	巳	辰	卯	寅	丑	子	地支	○ 身旺
		火＋	火－	土＋	木－	木＋	土－	水＋	地支の陰陽五行	中和に近い身旺
		食神	傷官	正財	比肩	劫財	偏財	偏印	運命星	中和に近い身弱
		○	○◎	○	×	×	○	×	運命星の吉凶	身弱
		紅艶 文昌貴人			桃花			天乙貴人 桃花	特殊星	弱い身弱

■運命分析の実例 34　アイルトン・セナ（F1 レーサー）

1960 年 3 月 21 日生～ 1994 年 5 月 1 日没

●身旺で命式図に「羊刃になる印綬」がある。

　アイルトン・セナは、天才的なブラジル人のレーシング・ドライバーでした。生涯優勝回数は 41 回。1988 年、1990 年、1991 年の 3 度、F1 ワールド・チャンピオンとなりました。イギリス誌『F1 Racing』において、史上最速の F1 ドライバー、史上最高の F1 ドライバーの両方で 1 位に選出されました。1994 年レース中の事故で亡くなりました。

　命式図をみてみましょう。身旺にとって、30 ～ 35 歳の大運は、印綬の羊刃で危険な時期でした。事故で急死した 1994 年は、甲戌の年で、年運の支の戌と大運の支の午は合になり、身旺で飛刃の印綬を持つセナにとってはとても危険な時期でした。

　この事故が起こる少し前に、わたしはセナの運命判断を依頼されました。わたしはその時、この時期は重大な生命の危機であり、「レースはやめたほうがよい」と注意しました。しかし、彼がこれを聞き入れることはありませんでした。

運命方程式

▼命式図

	時柱	日柱	月柱	年柱	
	時干	日干	月干	年干	天干
	丁	戊	己	庚	
	火－	土＋	土－	金＋	天干の陰陽五行
	印綬		劫財	食神	運命星
	×		×	○	運命星の吉凶
	飛刃				特殊星
					合
					冲
	時支	日支	月支	年支	地支
	巳	申	卯	子	
	火－	金＋	木－	水＋	地支の陰陽五行
	偏印	食神	正官	正財	運命星
	×	○	○	○	運命星の吉凶
		文昌貴人 天徳貴人	桃花	桃花	特殊星
					合
					冲
	巳と申		卯と子		刑

氏名
アイルトン・セナ

生年月日時	
1960	年
3	月
21	日
9〜11	時
午前	
男	

▼大運表

第9	第8	第7	第6	第5	第4	第3	第2	第1	運期
						25	15	5	歳（運気前半）
						壬	辛	庚	天干
						水＋	金－	金＋	天干の陰陽五行
						偏財	傷官	食神	運命星
						○	○	○	運命星の吉凶
									特殊星
						30	20	10	歳（運気後半）
						午	巳	辰	地支
						火＋	火－	土＋	地支の陰陽五行
						印綬	偏印	比肩	運命星
						×	×	×	運命星の吉凶
						羊刃 桃花		紅艶	特殊星

元命
正官

立運
5

空亡
寅卯

運命バランス	
	強い身旺
○	身旺
	中和に近い身旺
	中和に近い身弱
	身弱
	弱い身弱

413

■運命分析の実例 35　三島由紀夫（文学者）

1925 年 1 月 14 日生〜 1970 年 11 月 25 日没

●身旺で命式図に「羊刃になる印綬」がある。

　三島由紀夫は、戦後の日本を代表する小説家・劇作家です。代表作は小説に『仮面の告白』、『禁色』、『潮騒』、『金閣寺』、『豊饒の海』（四部作）など。戯曲に『サド侯爵夫人』、『鹿鳴館』、『近代能楽集』などがあります。唯美的な作風が特徴で、海外でも多くの作品が翻訳されて、ノーベル文学賞の候補にもなりました。1966 年、中国の文化大革命の中、全国人民代表大会常務委員会拡大会議の席上で郭沫若が「今日の基準からいえば、わたしが以前書いたものにはいささかの価値もない。すべて焼き尽くすべきである」と過酷なまでの自己批判をさせられたことが報じられると、三島由紀夫は激怒し、「学問芸術の自由の圧殺に抗議し、中国の学問芸術がその古典研究をも含めて、本来の自律性を恢復するためのあらゆる努力に対して支持を表明する」との抗議声明を発表しました。1970 年、自らが率いる右翼団体「楯の会」会長として、自衛隊にクーデターを促しましたが失敗におわり、割腹自殺を遂げました。

　命式図をみてみましょう。元命は劫財。中和に近い身旺です。命式図に正財、天乙貴人の吉星があり、七殺が多いので、とても頭がよくて抜群の才能の持ち主であることを示しています。七殺は創造性も示します。12 歳から七殺の幸運に恵まれて以降、波はあるものの正官、食神、傷官などの吉星に恵まれて、現代日本を代表する文学者になりました。しかし、七殺は彼を政治に走らせ、偏印の悪い時期に陥り、1970 年庚戌の年に自決しました。庚（金＋）は吉星である甲（木＋）を壊したのです。飛刃になる印綬を持つ彼は、おだやかな人生ではありませんでした。

運命方程式

▼命式図

	時柱	日柱	月柱	年柱	
	時干	日干	月干	年干	天干
	甲	戊	丁	甲	
	木＋	土＋	火－	木＋	天干の陰陽五行
	七殺		印綬	七殺	運命星
	○		△	○	運命星の吉凶
			飛刃		特殊星
					合
					冲
	時支	日支	月支	年支	地支
	寅	戌	丑	子	
	木＋	土＋	土－	水＋	地支の陰陽五行
	七殺	比肩	劫財	正財	運命星
	○	△	△	○	運命星の吉凶
			天乙貴人	桃花	特殊星
	寅と戌		丑と子		合
					冲
		×戌と丑			刑

氏名
三島由紀夫

生年月日時	
1925	年
1	月
14	日
3～5	時
午前	
男	

▼大運表

第9	第8	第7	第6	第5	第4	第3	第2	第1	運期
					37	27	17	7	歳(運気前半)
					辛	庚	己	戊	天干
					金－	金＋	土－	土＋	天干の陰陽五行
					傷官	食神	劫財	比肩	運命星
					○	○	△	△	運命星の吉凶
						天徳貴人月徳貴人			特殊星
					42	32	22	12	歳(運気後半)
					巳	辰	卯	寅	地支
					火－	土＋	木－	木＋	地支の陰陽五行
					偏印	比肩	正官	七殺	運命星
					△◎	△	○	○	運命星の吉凶
						紅艶	桃花		特殊星

元命
劫財

立運
7

空亡
辰巳

運命バランス

	強い身旺
	身旺
○	中和に近い身旺
	中和に近い身弱
	身弱
	弱い身弱

415

■運命分析の実例 36　芥川龍之介（文学者）

1892 年 3 月 1 日生〜 1927 年 7 月 24 日没

● 中和の天干地支三朋格。

　芥川龍之介は大正時代の文学者。壬辰の年生まれで辰は龍のことなので龍之介と命名されました。東京帝大在学中から創作を始め『羅生門』を発表。その後『鼻』が夏目漱石に絶賛されたことから注目を集め、『芋粥』、『藪の中』、『杜子春』などの傑作をつぎつぎと発表して文壇の寵児となりました。芥川は漱石をとても尊敬し、弟子を自認していたことが知られています。

　1925 年ころより体調がよくない日々が続き、1927 年に薬物自殺しました。

　天干に壬が 3 つ並び、地支に辰が 3 つある天干地支三朋格です。とても珍しい命式です。七殺が豊富で月支は食神に文昌貴人が重なり、才能豊かで頭脳明晰の命式です。

　命式にも大運にも水を生む金の星はありません。用神の春の甲木は旺盛で成長するために水を必要とします。もともと虚弱でしたが、27 歳からの巳火の運でからだが悪くなりました。32 歳からの丙の大運は天干の 3 つの壬と冲となり、丁卯の年の 35 歳で早世しました。

416

運命方程式

▼命式図

時柱	日柱	月柱	年柱		氏名
時干	日干	月干	年干		
甲	壬	壬	壬	天干	芥川龍之介
木＋	水＋	水＋	水＋	天干の陰陽五行	
食神		比肩	比肩	運命星	
○		△	△	運命星の吉凶	
				特殊星	
				合	
				冲	
時支	日支	月支	年支	地支	
辰	辰	寅	辰	地支	生年月日時
土＋	土＋	木＋	土＋	地支の陰陽五行	1892 年
七殺	七殺	食神	七殺	運命星	3 月
○	○	○	○	運命星の吉凶	1 日
		文昌貴人 駅馬		特殊星	7～9 時
				合	午前
				冲	男
	辰と辰			刑	

▼大運表

第9	第8	第7	第6	第5	第4	第3	第2	第1	運期		
					32	22	12	2	歳(運気前半)	元命	食神
					丙	乙	甲	癸	天干		
					火＋	木－	木＋	水－	天干の陰陽五行	立運	2
					偏財	傷官	食神	劫財	運命星		
					○	○	○	△	運命星の吉凶	空亡	午未
					月徳貴人			飛刃	特殊星		
					27	17	7		歳(運気後半)	運命バランス	強い身旺
					巳	辰	卯		地支		身旺
					火－	土＋	木－		地支の陰陽五行	○	中和に近い身旺
					偏財	七殺	傷官		運命星		中和に近い身弱
					○	○	○		運命星の吉凶		身弱
						天乙貴人		天乙貴人 桃花	特殊星		弱い身弱

417

■運命分析の実例 37　徳川家康（江戸幕府の開祖）

1543 年 2 月 10 日寅時生〜 1616 年没

● 身弱の三朋格。「子旺母衰」の命式。

　戦国時代を生き抜き、織田信長、豊臣秀吉に仕えた後、全国を制して長く平和が続く江戸時代の基礎を築いた英雄です。江戸時代に培われた文化や習慣は現在の日本人の考え方に最も影響を与えています。

　日干は壬水、寅木の時支、月支も寅木で身弱です。地支に並ぶ 3 つの寅は三朋格です。時干に日干を助ける壬水がありますが木の勢いはとても強く、「子旺母衰」（水は木を生むので水は木の母、木は水の子）の命式で、比劫と印星は用神となります。金水の運は命主の壬を強め、そして壬は四柱の木（三寅、卯、甲）を常に生み出します。大運で幼いころから金と水の良運が長く続き、壬水を強め木を生み発展しました。大運の申と寅は印星で用神の良運で、冲になっても悪くなりません。命式の豊富な食神、傷官と印星の組合せも「食傷佩印」の良運となります。

　72 歳からの丙火は壬水を剋し、1616 年丙辰の年、再び火と土に壬水は堪えきれずに死去しました。

運命方程式

▼命式図

	時柱	日柱	月柱	年柱	
	時干	日干	月干	年干	天干
天干	壬	壬	甲	癸	
天干の陰陽五行	水＋	水＋	木＋	水－	
運命星	比肩		食神	劫財	
運命星の吉凶	○		△	○	
特殊星				飛刃	
合					
冲					

	時支	日支	月支	年支	地支
地支	寅	寅	寅	卯	
地支の陰陽五行	木＋	木＋	木＋	木－	
運命星	食神	食神	食神	傷官	
運命星の吉凶	△	△	△	△	
特殊星	昌貴人	文昌貴人	文昌貴人	天乙貴人 桃花	
合					
冲					
刑					

氏名 徳川家康

生年月日時
1543 年
2 月
10 日
5:12 時
午前
男

▼大運表

	第9	第8	第7	第6	第5	第4	第3	第2	第1	
歳(運気前半)		72	62	52	42	32	22	12	2	
天干		丙	丁	戊	己	庚	辛	壬	癸	
天干の陰陽五行		火＋	火－	土＋	土－	金＋	金－	水＋	水－	
運命星		偏財	正財	七殺	正官	偏印	印綬	比肩	劫財	
運命星の吉凶		△	△	○	○	○	○	○	○	
特殊星		月徳貴人	天徳貴人						飛刃	
歳(運気後半)		67	57	47	37	27	17	7		
地支		未	申	酉	戌	亥	子	丑		
地支の陰陽五行		土－	金＋	金－	土＋	水－	水＋	土－		
運命星		正官	偏印	印綬	七殺	比肩	劫財	正官		
運命星の吉凶		△	○	○	△	○	○	△		
特殊星				駅馬	桃花			紅艶 羊刃		

元命 食神

立運 2

空亡 辰巳

運命バランス
	強い身旺	
	身旺	
	中和に近い身旺	
○	中和に近い身弱	
	身弱	
	弱い身弱	

419

■運命分析の実例 38　佐藤栄作（日本の元首相）

1901 年 3 月 27 日 8:00 生〜 1975 年没

● 中和（やや身弱）で貴の命式。羊刃は吉星。

　日本の高度成長期の首相です。運輸官僚としてトップへ立った後、政治家に転身し、1964 年から 1972 年まで日本の経済発展期の首相を長く務めました。この間、日韓基本条約の批准、小笠原諸島、尖閣諸島を含む沖縄の返還を実現しました。非核三原則を提唱する裏側では核の使用を画策するという胆力もあり、国民の人気はありませんでしたが堅実で安定感のある政治家でした。1974 年にノーベル平和賞を受賞しましたが、1975 年に死去しました。

　日干甲は月支卯の月令を得て身は盛んになります。時柱の戊は辰の上に座って財は十分に官を生みます。年干と月干には正官が透ります。春の甲木は弱くなりません。身を強める月支の羊刃は吉星です。羊刃と官星の配合である「官星帯刃」も吉となります。身弱よりの中和の貴の命式です。

運命方程式

▼命式図

	時柱	日柱	月柱	年柱	
	時干	日干	月干	年干	天干
	戊	甲	辛	辛	天干
	土＋	木＋	金－	金－	天干の陰陽五行
	偏財		正官	正官	運命星
	×		×	×	運命星の吉凶
		月徳貴人			特殊星
					合
					冲
	時支	日支	月支	年支	地支
	辰	辰	卯	丑	地支
	土＋	土＋	木－	土－	地支の陰陽五行
	偏財	偏財	劫財	正財	運命星
	×	×	○	×	運命星の吉凶
			桃花 羊刃	天乙貴人	特殊星
					合
					冲
					刑

氏名 佐藤栄作

生年月日時
1901 年
3 月
27 日
8:00 時
午前
男

▼大運表

第9	第8	第7	第6	第5	第4	第3	第2	第1	運期
		67	57	47	37	27	17	7	歳 (運気前半)
		甲	乙	丙	丁	戊	己	庚	天干
		木＋	木－	火＋	火－	土＋	土－	金＋	天干の陰陽五行
		比肩	劫財	食神	傷官	偏財	正財	七殺	運命星
		○	○	×◎	×	×	×	×	運命星の吉凶
		月徳貴人	飛刃						特殊星
		72	62	52	42	32	22	12	歳 (運気後半)
		申	酉	戌	亥	子	丑	寅	地支
		金＋	金－	土＋	水－	水＋	土－	木＋	地支の陰陽五行
		七殺	正官	偏財	偏印	印綬	正財	比肩	運命星
		×	×	×	○	○◎	×	○	運命星の吉凶
		天徳貴人	桃花			桃花	天乙貴人	駅馬	特殊星

元命 劫財

立運 7

空亡 寅卯

運命バランス
- 強い身旺
- 身旺
- 中和に近い身旺
- ○ 中和に近い身弱
- 身弱
- 弱い身弱

■運命分析の実例 39　田中角栄（日本の元首相）
1918 年 5 月 4 日 14:00 生～ 1993 年没

●身旺の貴の命式。天剋地冲の影響。

　幼いころは貧しい家庭に育ち学歴もありませんでしたが、「コンピュータ付きブルドーザー」と呼ばれた明晰な頭脳と果敢な実行力で首相になった立志伝中の人です。官僚コントロールと記憶力にも優れ、義理人情に厚く人望もありました。『日本列島改造論』を掲げ、上越や東北に新幹線と高速道路の開発を進め、日中国交正常化を実現しました。ロッキード事件によって金脈を追及されて退陣しましたが、その後も国政に影響力を持ち続けました。

　日干は辛金、月支の戊辰の土により辛金を生みます。月干丙火の正官は年支午火の助けを得ます。時干乙木の偏財は丙火の正官を生みます。印綬は干と支にあり「官印相生」となります。貴の命式です。

　51 歳から 61 歳の壬戌の大運は月柱の丙辰と天剋地冲で悪い運です。また 51 歳からの 5 年は傷官見官の悪い運です。56 歳で田中金脈問題を追及され、58 歳の 1976 年にロッキード事件が発生し退陣に追い込まれました。

運命方程式

▼命式図

	時柱	日柱	月柱	年柱		氏名
	時干	日干	月干	年干	天干	田中角栄
	乙	辛	丙	戊		
	木−	金−	火＋	土＋	天干の陰陽五行	
	偏財		正官	印綬	運命星	
	○		○	×	運命星の吉凶	
					特殊星	
		辛と丙			合	
		乙辛			冲	
	時支	日支	月支	年支	地支	
	未	亥	辰	午		生年月日時
	土−	水−	土＋	火＋	地支の陰陽五行	1918 年
	偏印	傷官	印綬	七殺	運命星	5 月
	×	○	×	○	運命星の吉凶	4 日
				天乙貴人 桃花	特殊星	14:00 時
	未と亥				合	午後
					冲	男
					刑	

▼大運表

第9	第8	第7	第6	第5	第4	第3	第2	第1	運期		元命
	71	61	51	41	31	21	11	1	歳(運気前半)		印綬
	甲	癸	壬	辛	庚	己	戊	丁	天干		立運
	木＋	水−	水＋	金−	金＋	土−	土＋	火−	天干の陰陽五行		1
	正財	食神	傷官	比肩	劫財	偏印	印綬	七殺	運命星		空亡
	○	○	○	×	×	×	×	○	運命星の吉凶		寅卯
			月徳貴人 天徳貴人						特殊星		運命バランス
		66	56	46	36	26	16	6	歳(運気後半)		強い身旺
		亥	戌	酉	申	未	午	巳	地支	○	身旺
		水−	土＋	金−	金＋	土−	火＋	火−	地支の陰陽五行		中和に近い身旺
		傷官	印綬	比肩	劫財	偏印	七殺	正官	運命星		中和に近い身弱
		○	×	×	×	×	○	○	運命星の吉凶		身弱
				紅艶		天乙貴人 桃花		駅馬	特殊星		弱い身弱

423

■運命分析の実例 40　安倍晋三（日本の元首相）

1954 年 9 月 21 日 2:35 生～ 2022 年 7 月 8 日没

●身旺の富貴命。羊刃劫財は危険な星。

　父は首相候補だった安倍晋太郎、母方祖父は岸信介元首相の家系に生まれ、クラスの高い位置からのスタートだったといえます。

　日干は庚金。月支は酉金の羊刃。木と火を喜び、干にある丁火と甲木が用神です。年干の甲（偏財）は月干の癸（傷官）がこれを強めます。年支の火もこれを助けます。財星、正官、印星がそろった富貴の命式です。しかし、身旺にとって月支の羊刃の作用はとても強い上に、辰と酉は合になり合はいつも羊刃に触れています。羊刃は刀ですから触ると切れて危険です。月支はからだもあらわしますから健康はいつもトラブルに見舞われます。また、午酉、丑辰の 2 つの刑が命式にあることもよくありません。

　1993 年丁火の運で衆議院議員に初当選し、2006 年寅木の運で首相になりました。しかし 2007 年に辞任し、2012 年に再び首相に就任しました。その後 2020 年に辞任するまで長期政権となりました。辞任はいずれも健康問題が原因になりました。

　61 歳から卯と酉の冲の運となり運は下降します。月支の羊刃の合と刑の影響は大きく、66 歳から庚の運は用神の甲木を剋し暗殺されてしまいました。

運命方程式

▼命式図

	時柱	日柱	月柱	年柱	
	時干	日干	月干	年干	天干
	丁	庚	癸	甲	
	火−	金＋	水−	木＋	天干の陰陽五行
	正官		傷官	偏財	運命星
	○		○	○	運命星の吉凶
		月徳貴人			特殊星
					合
					冲
	時支	日支	月支	年支	地支
	丑	辰	酉	午	
	土−	土＋	金−	火＋	地支の陰陽五行
	印綬	偏印	劫財	正官	運命星
	×	×	×	○	運命星の吉凶
	天乙貴人		桃花 羊刃	桃花	特殊星
	辰と酉				合
					冲
	丑と辰		酉と午		刑

氏名：安倍晋三

生年月日時
1954 年
9 月
21 日
2:35 時
午前
男

▼大運表

第9	第8	第7	第6	第5	第4	第3	第2	第1	運期
		66	56	46	36	26	16	6	歳（運気前半）
		庚	己	戊	丁	丙	乙	甲	天干
		金＋	土−	土＋	火−	火＋	木−	木＋	天干の陰陽五行
		比肩	印綬	偏印	正官	七殺	正財	偏財	運命星
		×	×	×	○	○	○	○	運命星の吉凶
		月徳貴人							特殊星
		61	51	41	31	21	11		歳（運気後半）
		卯	寅	丑	子	亥	戌		地支
		木−	木＋	土−	水＋	水−	土＋		地支の陰陽五行
		正財	偏財	印綬	傷官	食神	偏印		運命星
		○	○	×	○	○	×		運命星の吉凶
		桃花	天徳貴人 駅馬	天乙貴人	桃花	文昌貴人	紅艶		特殊星

元命：劫財

立運：6

空亡：申酉

運命バランス
- 強い身旺
- ○ 身旺
- 中和に近い身旺
- 中和に近い身弱
- 身弱
- 弱い身弱

426

●日干月支別用神分析表

日干　甲　　＊季月は季節のおわりの月

命式 / 比肩

時柱	日柱	月柱	年柱	季節
	甲	癸	丙	春
		寅		
比肩				

命式の用神： 身旺は天干に丙癸がそろえば富貴。四柱に金（庚辛申酉）が4以上あると多難。水（壬癸亥子）が4以上あると貧。木（甲乙寅卯）火（丙丁巳午）が4以上あれば金（庚辛申酉）を用いて抑える必要あり。

大運の喜神： 身旺は火（丁丙巳午）土（戊己辰戌丑未）金（庚辛申酉）と癸水を喜ぶ。身弱は水（壬癸亥子）木（甲乙寅卯）を喜ぶ。

大運の忌神： 身旺は水（壬亥）と木（甲乙寅卯）を嫌う。身弱は火（丙丁巳午）土（戊己辰戌丑未）金（庚辛申酉）を嫌う。

命式 / 劫財

時柱	日柱	月柱	年柱	季節
癸	甲	丁	己	春
		卯		
劫財				

命式の用神： 身旺は天干に丁癸己がそろえば富貴。四柱に金（庚辛申酉）が4以上あると多難。水（壬癸亥子）が4以上あると貧。木（甲乙寅卯）火（丙丁巳午）が4以上あれば金（庚辛申酉）を用いて抑える必要あり。

大運の喜神： 身旺は火（丙丁巳午）土（戊己辰戌丑未）金（庚辛申酉）と癸水を喜ぶ。身弱は水（壬癸亥子）木（甲乙寅卯）を喜ぶ。

大運の忌神： 身旺は水（壬亥）と木（甲乙寅卯）を嫌う。身弱は火（丙丁巳午）土（戊己辰戌丑未）金（庚辛申酉）を嫌う。

命式 / 偏財

時柱	日柱	月柱	年柱	季節
丙	甲	癸	戊	春（季月）
		辰		
偏財				

命式の用神： 身旺は天干に丙癸戊がそろえば富貴。四柱に金（庚辛申酉）が4以上あると多難。水（壬癸亥子）が4以上あると貧。木（甲乙寅卯）火（丙丁巳午）が4以上あれば金（庚辛申酉）を用いて抑える必要あり。

大運の喜神： 身旺は火（丙丁巳午）土（戊己辰戌丑未）金（庚辛申酉）と癸水を喜ぶ。身弱は水（壬癸亥子）木（甲乙寅卯）を喜ぶ。

大運の忌神： 身旺は水（壬亥）と木（甲乙寅卯）を嫌う。身弱は火（丙丁巳午）土（戊己辰戌丑未）金（庚辛申酉）を嫌う。

命式 / 食神

時柱	日柱	月柱	年柱	季節
庚辛	甲	癸	丁	夏
		巳		
食神				

命式の用神： 身旺は天干に丁癸庚または丁癸辛がそろえば富貴。天干に戊、己、癸があればよい運。四柱に金（庚辛申酉）が4以上あると多難。水（壬癸亥子）が4以上あると貧。木（甲乙寅卯）火（丙丁巳午）が4以上あると金（庚辛申酉）を用いて抑える必要あり。癸がなければ腎臓、眼の病気に注意して予防を怠らぬこと。

大運の喜神： 身旺は火（丙丁巳午）土（戊己辰戌丑未）金（庚辛申酉）と癸水を喜ぶ。身弱は水（壬癸亥子）木（甲乙寅卯）を喜ぶ。

大運の忌神： 身旺は水（壬亥）と木（甲乙寅卯）を嫌う。身弱は火（丙丁巳午）土（戊己辰戌丑未）金（庚辛申酉）を嫌う。

命式 / 傷官

時柱	日柱	月柱	年柱	季節
庚辛	甲	壬癸		夏
		午		
傷官				

命式の用神： 身旺は天干に壬庚または癸辛がそろえば富貴。四柱に金（庚辛申酉）が4以上あると多難。水（壬癸亥子）が4つ以上あると貧。木（甲乙寅卯）火（丙丁巳午）が4以上あると貧。病気に注意して予防を怠らぬこと。

大運の喜神： 身旺は火（丙丁巳午）土（戊己辰戌丑未）金（庚辛申酉）と癸水を喜ぶ。身弱は水（壬癸亥子）木（甲乙寅卯）を喜ぶ。

大運の忌神： 身旺は水（壬亥）と木（甲乙寅卯）を嫌う。身弱は火（丙丁巳午）土（戊己辰戌丑未）金（庚辛申酉）を嫌う。

命式					命式の用神	大運の喜神	大運の忌神

①

時柱	日柱	月柱	年柱	季節	命式の用神	大運の喜神	大運の忌神
	甲	癸	庚	夏（季月）	身旺は天干に癸庚がそろえば富貴。四柱に金（庚辛申酉）が４以上あると多難。水（壬癸亥子）が４以上あると貧。水がないとよくない。木（甲乙寅卯）火（丙丁巳午）が４以上あると貧。病気に注意して予防を怠らぬこと。	身旺は火（丙丁巳午）土（戊己辰戌丑未）金（庚辛申酉）と癸水を喜ぶ。身弱は水（壬癸亥子）木（甲乙寅卯）を喜ぶ。	身旺は水（壬亥）木（甲乙寅卯）を嫌う。身弱は火（丙丁巳午）土（戊己辰戌丑未）金（庚辛申酉）を嫌う。
		未					
正財							

②

時柱	日柱	月柱	年柱	季節	命式の用神	大運の喜神	大運の忌神
戊	甲	丁丙	庚	秋	身旺は天干に丁庚または丙戊がそろえば富貴。四柱に金（庚辛申酉）が４以上あると多難。水（壬癸亥子）が４以上あると貧。木（甲乙寅卯）火（丙丁巳午）が４以上あると貧。病気に注意して予防を怠らぬこと。土がひとつもないと貧。	身旺は火（丙丁巳午）土（戊己辰戌丑未）金（庚辛申酉）と癸水を喜ぶ。身弱は水（壬癸亥子）木（甲乙寅卯）を喜ぶ。	身旺は水（壬癸亥子）木（甲乙寅卯）を嫌う。身弱は火（丙丁巳午）土（戊己辰戌丑未）金（庚辛申酉）を嫌う。
		申					
七殺							

③

時柱	日柱	月柱	年柱	季節	命式の用神	大運の喜神	大運の忌神
戊	甲	丁丙	庚	秋	身旺は天干に丁庚または丙戊がそろえば富貴。四柱に金（庚辛申酉）が４以上あると多難。病気に注意して予防を怠らぬこと。水（壬癸亥子）が４以上あると貧。木（甲乙寅卯）火（丙丁巳午）が４以上あると貧。土がひとつもないと貧。	身旺は火（丙丁巳午）土（戊己辰戌丑未）金（庚辛申酉）と癸水を喜ぶ。身弱は水（壬癸亥子）木（甲乙寅卯）を喜ぶ。	身旺は水（壬癸亥子）木（甲乙寅卯）を嫌う。身弱は火（丙丁巳午）土（戊己辰戌丑未）金（庚辛申酉）を嫌う。
		酉					
正官							

④

時柱	日柱	月柱	年柱	季節	命式の用神	大運の喜神	大運の忌神
癸	甲	丁丙	庚戊	秋（季月）	身旺は天干に癸丁庚または癸丙戊がそろえば富貴。四柱に金（庚辛申酉）が４以上あると多難。病気に注意して予防を怠らぬこと。水（壬癸亥子）が４以上あると貧。木（甲乙寅卯）火（丙丁巳午）が４以上あると貧。	身旺は火（丙丁巳午）土（戊己辰戌丑未）金（庚辛申酉）と癸水を喜ぶ。身弱は水（壬癸亥子）木（甲乙寅卯）を喜ぶ。	身旺は水（壬癸亥子）木（甲乙寅卯）を嫌う。身弱は火（丙丁巳午）土（戊己辰戌丑未）金（庚辛申酉）を嫌う。
		戌					
偏財							

⑤

時柱	日柱	月柱	年柱	季節	命式の用神	大運の喜神	大運の忌神
戊	甲	丙		冬	身旺は天干に丙戊がそろえば富貴。四柱に金（庚辛申酉）が４以上あると多難。病気に注意して予防を怠らぬこと。水（壬癸亥子）が４以上あると貧。木（甲乙寅卯）火（丙丁巳午）が４以上あると貧。土がひとつもないと貧。	身旺は火（丙丁巳午）土（戊己辰戌丑未）金（庚辛申酉）と癸水を喜ぶ。身弱は水（壬癸亥子）木（甲乙寅卯）を喜ぶ。	身旺は水（壬癸亥子）木（甲乙寅卯）を嫌う。身弱は火（丙丁巳午）土（戊己辰戌丑未）金（庚辛申酉）を嫌う。
		亥					
偏印							

命式					命式の用神	大運の喜神	大運の忌神
時柱	日柱	月柱	年柱	季節	身旺は天干に丙戊がそろえば富貴。四柱に金(庚辛申酉)が4以上あると多難。病気に注意して予防を怠らぬこと。水(壬癸亥子)が4以上あると貧。木(甲乙寅卯)火(丙丁巳午)が4以上あると貧。土がひとつもないと貧。	身旺は火(丙丁巳午)土(戊己辰戌丑未)金(庚辛申酉)と癸水を喜ぶ。身弱は水(壬癸亥子)木(甲乙寅卯)を喜ぶ。	身旺は水(壬癸亥子)木(甲乙寅卯)を嫌う。身弱は火(丙丁巳午)土(戊己辰戌丑未)金(庚辛申酉)を嫌う。
戊	甲	丙		冬			
		子					
	印綬						

時柱	日柱	月柱	年柱	季節	身旺は天干に庚丁または庚丙がそろえば富貴。四柱に火(丙丁巳午)がないと貧。水(壬癸亥子)が4以上、または亥子丑が北方水局になり水が旺盛になれば労多く、眼の病気に注意。身弱は火と土が多ければ実家に富はあるが病気がちで事業は成功しがたい。金が多ければ病気に注意して予防を怠らぬこと。	身旺は火(丙丁巳午)土(戊己辰戌丑未)金(庚辛申酉)と癸水を喜ぶ。身弱は水(壬癸亥子)木(甲乙寅卯)を喜ぶ。	身旺は水(壬癸亥子)木(甲乙寅卯)を嫌う。身弱は火(丙丁巳午)土(戊己辰戌丑未)金(庚辛申酉)を嫌う。
丁丙	甲	庚		冬(季月)			
		丑					
	正財						

日干　乙

*季月は季節のおわりの月

命式					命式の用神	大運の喜神	大運の忌神
時柱	日柱	月柱	年柱	季節	身旺は天干に丙癸がそろうか、または天干に丙丁がそろい地支に子があれば富貴。四柱に火(丙丁巳午)があり土(戊己辰戌丑未)が3以上あれば富裕。水が不足すると冨があってもからだは弱い。火(丙丁巳午)と土(戊己辰戌丑未)金(庚辛申酉)が4以上あるか、木(甲乙寅卯)と水(壬癸亥子)が4以上あると貧。病気に注意して予防を怠らぬこと。	身旺は火(丙丁巳午)土(戊己辰戌丑未)金(庚辛申酉)を喜ぶ。身弱は木(甲乙寅卯)と水(壬癸亥子)を喜ぶ。	身旺は木(甲乙寅卯)と水(壬癸亥子)を嫌う。身弱は火(丙丁巳午)土(戊己辰戌丑未)金(庚辛申酉)を嫌う。
癸	乙	丙	丁	春			
		寅	子				
劫財							

命式					命式の用神	大運の喜神	大運の忌神
時柱	日柱	月柱	年柱	季節	身旺は天干に丙癸がそろうか、または天干に丙丁がそろい地支に子があれば富貴。四柱に火(丙丁巳午)があり土(戊己辰戌丑未)が3以上あると富裕。ただし水が不足すると冨はあってもからだは弱い。火(丙丁巳午)土(戊己辰戌丑未)金(庚辛申酉)が4以上あるか、木(甲乙寅卯)水(壬癸亥子)が4以上あると貧。病気に注意して予防を怠らぬこと。	身旺は火(丙丁巳午)土(戊己辰戌丑未)金(庚辛申酉)を喜ぶ。身弱は木(甲乙寅卯)と水(壬癸亥子)を喜ぶ。	身旺は木(甲乙寅卯)と水(壬癸亥子)を嫌う。身弱は火(丙丁巳午)土(戊己辰戌丑未)金(庚辛申酉)を嫌う。
癸	乙	丙	丁	春			
		卯	子				
比肩							

命式					命式の用神	大運の喜神	大運の忌神
時柱	日柱	月柱	年柱	季節	身旺は天干に丙癸がそろうか、または天干に丙丁がそろい地支に子があれば富貴。四柱に火(丙丁巳午)があり土(戊己辰戌丑未)が3以上あれば富裕。ただし水が不足すると冨はあってもからだは弱い。火(丙丁巳午)土(戊己辰戌丑未)金(庚辛申酉)が4以上あるか、木(甲乙寅卯)水(壬癸亥子)が4以上あると貧。病気に注意して予防を怠らぬこと。	身旺は火(丙丁巳午)土(戊己辰戌丑未)金(庚辛申酉)を喜ぶ。身弱は木(甲乙寅卯)と水(壬癸亥子)を喜ぶ。	身旺は木(甲乙寅卯)と水(壬癸亥子)を嫌う。身弱は火(丙丁巳午)土(戊己辰戌丑未)金(庚辛申酉)を嫌う。
癸	乙	丙	丁	春(季月)			
		辰	子				
正財							

命式					命式の用神	大運の喜神	大運の忌神
時柱	日柱	月柱	年柱	季節	身旺は天干に癸辛がそろうか、または天干に丙丁がそろい地支に子があれば富貴。四柱に火(丙丁巳午)があり土(戊己辰戌丑未)が3以上あれば富裕。水が不足すると冨はあってもからだは弱い。火(丙丁巳午)土(戊己辰戌丑未)金(庚辛申酉)が4以上あるか、木(甲乙寅卯)水(壬癸亥子)が4以上あると貧。病気に注意して予防を怠らぬこと。	身旺は火(丙丁巳午)土(戊己辰戌丑未)金(庚辛申酉)を喜ぶ。身弱は木(甲乙寅卯)と水(壬癸亥子)を喜ぶ。	身旺は木(甲乙寅卯)と水(壬癸亥子)を嫌う。身弱は火(丙丁巳午)土(戊己辰戌丑未)金(庚辛申酉)を嫌う。
辛	乙	癸	丙丁	夏			
		巳	子				
傷官							

	命式				命式の用神	大運の喜神	大運の忌神
時柱	日柱	月柱	年柱	季節	身旺は天干に壬か癸と庚か辛がそろえば富貴。辛が年干にあれば吉で水がなくてもよい運。水がなくて火(丙丁巳午)が4以上または地支で寅午戌が合で火局になるとからだをこわしやすい。土(戊己辰戌丑未)が4以上あると富を失うなど一生好事魔多し。	身旺は火(丙丁巳午)土(戊己辰戌丑未)金(庚辛申酉)を喜ぶ。身弱は木(甲乙寅卯)と水(壬癸亥子)を喜ぶ。	身旺は木(甲乙寅卯)と水(壬癸亥子)を嫌う。身弱は火(丙丁巳午)土(戊己辰戌丑未)金(庚辛申酉)を嫌う。
	乙	癸壬	庚辛	夏			
		午					
	食神						

時柱	日柱	月柱	年柱	季節	身旺は天干に庚癸がそろえば富貴。水がなくて丙があると乙は枯れてしまい一生苦労が多い。土(戊己辰戌丑未)が多く、水(壬癸亥子)木(甲乙寅卯)がなければ大きな富を得る。身弱は水も木もなく土の財星が多いと実家は富むが本人は貧で財星のため災いを呼ぶ。火(丙丁巳午)金(庚辛申酉)が4以上あると貧。病気に注意して予防を怠らぬこと。	身旺は火(丙丁巳午)土(戊己辰戌丑未)金(庚辛申酉)を喜ぶ。身弱は木(甲乙寅卯)と水(壬癸亥子)を喜ぶ。	身旺は木(甲乙寅卯)と水(壬癸亥子)を嫌う。身弱は火(丙丁巳午)土(戊己辰戌丑未)金(庚辛申酉)を嫌う。
	乙	庚	癸	夏(季月)			
		未					
	偏財						

時柱	日柱	月柱	年柱	季節	身旺は天干に癸辛がそろうか、天干に丙または丁があり地支に子があれば富貴。火(丙丁巳午)と土(戊己辰戌丑未)が3以上あれば富裕。水がないと富はあってもからだは弱い。火(丙丁巳午)土(戊己辰戌丑未)金(庚辛申酉)があり、木(甲乙寅卯)水(壬癸亥子)が4以上あると貧。病気に注意して予防を怠らぬこと。	身旺は火(丙丁巳午)土(戊己辰戌丑未)金(庚辛申酉)を喜ぶ。身弱は木(甲乙寅卯)と水(壬癸亥子)を喜ぶ。	身旺は木(甲乙寅卯)と水(壬癸亥子)を嫌う。身弱は火(丙丁巳午)土(戊己辰戌丑未)金(庚辛申酉)を嫌う。
辛	乙	癸	丙丁	秋			
		申					
	正官						

時柱	日柱	月柱	年柱	季節	身旺は天干に癸辛がそろうか、天干に丙または丁があり地支に子があれば富貴。火(丙丁巳午)と土(戊己辰戌丑未)が3以上あれば富裕。水がないと富はあってもからだは弱い。火(丙丁巳午)土(戊己辰戌丑未)金(庚辛申酉)があり、木(甲乙寅卯)水(壬癸亥子)が4以上あると貧。病気に注意して予防を怠らぬこと。	身旺は火(丙丁巳午)土(戊己辰戌丑未)金(庚辛申酉)を喜ぶ。身弱は木(甲乙寅卯)と水(壬癸亥子)を喜ぶ。	身旺は木(甲乙寅卯)と水(壬癸亥子)を嫌う。身弱は火(丙丁巳午)土(戊己辰戌丑未)金(庚辛申酉)を嫌う。
辛	乙	癸	丙丁	秋			
		酉					
	七殺						

	命式				命式の用神	大運の喜神	大運の忌神
時柱	日柱	月柱	年柱	季節	身旺は天干に癸辛がそろうか、天干に丙または丁があり地支に子があれば富貴。火（丙丁巳午）と土（戊己辰戌丑未）が3以上あれば富裕。水がないと富はあってもからだは弱い。火（丙丁巳午）土（戊己辰戌丑未）金（庚辛申酉）があり、木（甲乙寅卯）水（壬癸亥子）が4以上あると貧。病気に注意して予防を怠らぬこと。	身旺は火（丙丁巳午）土（戊己辰戌丑未）金（庚辛申酉）を喜ぶ。身弱は木（甲乙寅卯）と水（壬癸亥子）を喜ぶ。	身旺は木（甲乙寅卯）と水（壬癸亥子）を嫌う。身弱は火（丙丁巳午）土（戊己辰戌丑未）金（庚辛申酉）を嫌う。
辛	乙	癸	丙丁	秋（季月）			
		戌					
	正財						

	命式				命式の用神	大運の喜神	大運の忌神
時柱	日柱	月柱	年柱	季節	身旺は天干に丙戊がそろうか、天干に丙または丁があり地支に子があれば富貴。火（丙丁巳午）と土（戊己辰戌丑未）が3つ以上あれば富裕。火（丙丁巳午）土（戊己辰戌丑未）金（庚辛申酉）があり木（甲乙寅卯）水（壬癸亥子）が4以上あると貧。病気に注意して予防を怠らぬこと。	身旺は火（丙丁巳午）土（戊己辰戌丑未）金（庚辛申酉）を喜ぶ。身弱は木（甲乙寅卯）と水（壬癸亥子）を喜ぶ。	身旺は木（甲乙寅卯）と水（壬癸亥子）を嫌う。身弱は火（丙丁巳午）土（戊己辰戌丑未）金（庚辛申酉）を嫌う。
戊	乙	丙丁		冬			
		亥	子				
	印綬						

	命式				命式の用神	大運の喜神	大運の忌神
時柱	日柱	月柱	年柱	季節	身旺は天干に丙戊がそろえば富貴。水（壬癸亥子）が3以上あれば土で水を制する必要あり。水が多くて土がなければ一生不安定で、名誉、冨、家族を失うこともある。金（庚辛申酉）火（丙丁巳午）土（戊己辰戌丑未）が3以上あるとよい運とはいえない。富貴の家に生まれるもからだは弱い。病気に注意して予防を怠らぬこと。	身旺は火（丙丁巳午）土（戊己辰戌丑未）金（庚辛申酉）を喜ぶ。身弱は木（甲乙寅卯）と水（壬癸亥子）を喜ぶ。	身旺は木（甲乙寅卯）と水（壬癸亥子）を嫌う。身弱は火（丙丁巳午）土（戊己辰戌丑未）金（庚辛申酉）を嫌う。
戊	乙	丙		冬			
		子					
	偏印						

	命式				命式の用神	大運の喜神	大運の忌神
時柱	日柱	月柱	年柱	季節	身旺は天干に丙戊がそろえば富貴。水（壬癸亥子）が4以上あれば土で水を制する必要あり、制せなければ病気に注意して予防を怠らぬこと。富裕とはいえない。金（庚辛申酉）火（丙丁巳午）土（戊己辰戌丑未）が3以上あるとよい運命とはいえない。富貴の家に生まれるもからだは弱い。病気に注意して予防を怠らぬこと。	身旺は火（丙丁巳午）土（戊己辰戌丑未）金（庚辛申酉）を喜ぶ。身弱は木（甲乙寅卯）と水（壬癸亥子）を喜ぶ。	身旺は木（甲乙寅卯）と水（壬癸亥子）を嫌う。身弱は火（丙丁巳午）土（戊己辰戌丑未）金（庚辛申酉）を嫌う。
戊	乙	丙		冬（季月）			
		丑					
	偏財						

日干　丙

＊季月は季節のおわりの月

命式					命式の用神	大運の喜神	大運の忌神
時柱	日柱	月柱	年柱	季節	身旺Bは天干に庚壬がそろえば富貴。地支に午巳寅が3以上あれば孤独で忙しく、けがや災害に注意。大運で水に会えば凶を防げる。過剰な火の勢いを洩らすために土（己丑）が必要で大運で金（庚辛申酉）に会うのがよい。	身旺Aは土（己丑）を喜ぶ。身旺Bは金（庚辛申酉）と水（壬癸亥子）を喜ぶ。身弱Dは乙卯を喜ぶ。	身旺Aは水（壬癸亥子）木（甲乙寅卯）火（丙丁巳午）を嫌う。身旺Bは木（甲乙寅卯）火（丙丁巳午）を嫌う。
庚	丙	壬		春			
		寅					
偏印							

時柱	日柱	月柱	年柱	季節	身旺Bは天干に壬庚または癸辛がそろえば富貴。金と水がなければよい運命とはいえない。	身旺Aは土（己辰丑）を喜ぶ。身旺Bは金（庚辛申酉）と水（壬癸亥子）を喜ぶ。身弱Dは乙卯を喜ぶ。	身旺Aは水（壬癸亥子）木（甲乙寅卯）火（丙丁巳午）を嫌う。身旺Bは木（甲乙寅卯）火（丙丁巳午）を嫌う。身弱は金（辛申酉）水（壬癸亥子）を嫌う。
庚辛	丙	壬癸		春			
		卯					
印綬							

時柱	日柱	月柱	年柱	季節	身旺Bは天干に壬甲がそろえば富貴。	身旺Aは土（己辰丑）を喜ぶ。身旺Bは金（庚辛申酉）水（壬癸亥子）土（戊己辰戌丑未）を喜ぶ。身弱は木（甲寅乙卯）を喜ぶ。	身旺Aは水（壬癸亥子）木（甲乙寅卯）火（丙丁巳午）を嫌う。身旺Bは木（甲乙寅卯）火（丙丁巳午）を嫌う。身弱は金（辛申酉）水（壬癸亥子）を嫌う。
甲	丙	壬		春（季月）			
		辰					
食神							

時柱	日柱	月柱	年柱	季節	身旺Bは天干に庚か辛と壬か癸がそろえば富貴。金（庚辛申酉）水（壬癸亥子）がなければ愚かで頑固、孤独で災い多い。四柱に木（甲乙寅卯）火（丙丁巳午）がないか、ひとつだけならからだは弱く病気がちで貧。身弱は四柱に土（戊己辰戌丑未）が多ければ、ゆとりのある暮らしができる。木（甲乙寅卯）火（丙丁巳午）戊がなければ大きな富を得る。	身旺Aは土（戊己辰戌丑未）を喜ぶ。身旺Bは金（庚辛申酉）水（壬癸亥子）土（戊己辰戌丑未）を喜ぶ。身弱は木（甲寅乙卯）を喜ぶ。	身旺Aは水（壬癸亥子）木（甲乙寅卯）火（丙丁巳午）を嫌う。身旺Bは木（甲乙寅卯）火（丙丁巳午）を嫌う。身弱は金（辛申酉）水（壬癸亥子）を嫌う。
庚辛	丙	壬癸		夏			
		巳					
比肩							

	命式				命式の用神	大運の喜神	大運の忌神
時柱	日柱	月柱	年柱	季節			
庚	丙	壬		夏	身旺は天干に庚壬がそろえば富貴。身弱は四柱に金(庚辛申酉)水(壬癸亥子)があり木(甲乙寅卯)がなければ労多く貧。水がなければ大運で水の運にあって凶を防ぐ。	身旺Aは土(己辰丑)を喜ぶ。身旺Bは金(庚辛申酉)水(壬癸亥子)土(戊己辰戌丑未)を喜ぶ。身弱は木(甲寅乙卯)を喜ぶ。	身旺Aは水(壬癸亥子)木(甲乙寅卯)火(丙丁巳午)を嫌う。身旺Bは木(甲乙寅卯)火(丙丁巳午)を嫌う。身弱は金(辛申酉)水(壬癸亥子)を嫌う。
		午					
		劫財					

	命式				命式の用神	大運の喜神	大運の忌神
時柱	日柱	月柱	年柱	季節			
庚	丙	壬		夏(季月)	身旺は天干に庚壬がそろえば富貴。身弱は四柱に金(庚辛申酉)水(壬癸亥子)土(戊己辰戌丑未)が4以上あるとよい運とはいえない。大器に成りがたし。	身旺は土(戊己辰戌丑未)金(庚辛申酉)水(壬癸亥子)を喜ぶ。身弱は木(甲寅乙卯)を喜ぶ。	身旺は木(甲乙寅卯)と火(丙丁巳午)を嫌う。身弱は金(辛申酉)水(壬癸亥子)を嫌う。
		未					
		傷官					

	命式				命式の用神	大運の喜神	大運の忌神
時柱	日柱	月柱	年柱	季節			
	丙	壬	庚	秋	身旺は天干に庚壬がそろえば富貴。身弱は四柱に金(庚辛申酉)水(壬癸亥子)土(戊己辰戌丑未)が4以上あるとよい運とはいえない。身弱で金の財星が多いと大器に成りがたし。	身旺は金(庚辛申酉)水(壬癸亥子)土(戊己辰戌丑未)を喜ぶ。身弱は木(甲寅乙卯)を喜ぶ。	身旺は木(甲乙寅卯)火(丙丁巳午)を嫌う。身弱は金(辛申酉)水(壬癸亥子)を嫌う。
		申					
		偏財					

	命式				命式の用神	大運の喜神	大運の忌神
時柱	日柱	月柱	年柱	季節			
	丙	壬	庚	秋	身旺は天干に庚壬がそろえば富貴。身弱は四柱に金(庚辛申酉)水(壬癸亥子)土(戊己辰戌丑未)が4以上あるとよい運とはいえない。身弱で金の財星が多いと大器に成りがたし。	身旺は金(庚辛申酉)水(壬癸亥子)土(戊己辰戌丑未)を喜ぶ。身弱は木(甲寅乙卯)を喜ぶ。	身旺は木(甲乙寅卯)火(丙丁巳午)を嫌う。身弱は金(辛申酉)水(壬癸亥子)を嫌う。
		酉					
		正財					

	命式				命式の用神	大運の喜神	大運の忌神
時柱	日柱	月柱	年柱	季節			
壬	丙	庚		秋(季月)	身旺は天干に庚壬がそろえば富貴。身弱は四柱に金(庚辛申酉)水(壬癸亥子)土(戊己辰戌丑未)が4以上あるとよい運とはいえない。身弱で金の財星が多いと大器に成りがたし。	身旺は金(庚辛申酉)水(壬癸亥子)土(戊己辰戌丑未)を喜ぶ。身弱は木(甲寅乙卯)を喜ぶ。	身旺は木(甲乙寅卯)火(丙丁巳午)を嫌う。身弱は金(辛申酉)水(壬癸亥子)を嫌う。
		戌					
		食神					

	命式				命式の用神	大運の喜神	大運の忌神
時柱	日柱	月柱	年柱	季節	身旺は天干に甲壬がそろえば富貴。身弱は四柱に金（庚辛申酉）水（壬癸亥子）土（戊己辰戌丑未）が4以上あるとよい運とはいえない。身弱で金の財星が多いと大器に成りがたし。	身旺は金（庚辛申酉）水（壬癸亥子）土（戊己辰戌丑未）を喜ぶ。身弱は木（甲寅乙卯）を喜ぶ。	身旺は木（甲乙寅卯）火（丙丁巳午）を嫌う。身弱は金（辛申酉）水（壬癸亥子）を嫌う。
壬	丙	甲		冬			
		亥					
七殺							

	命式				命式の用神	大運の喜神	大運の忌神
時柱	日柱	月柱	年柱	季節	身旺は天干に甲壬がそろえば富貴。身弱は四柱に金（庚辛申酉）水（壬癸亥子）土（戊己辰戌丑未）が4以上あるとよい運とはいえない。身弱で金の財星が多いと大器に成りがたし。	身旺は金（庚辛申酉）水（壬癸亥子）土（戊己辰戌丑未）を喜ぶ。身弱は木（甲寅乙卯）を喜ぶ。	身旺は木（甲乙寅卯）火（丙丁巳午）を嫌う。身弱は金（辛申酉）水（壬癸亥子）を嫌う。
壬	丙	甲		冬			
		子					
正官							

	命式				命式の用神	大運の喜神	大運の忌神
時柱	日柱	月柱	年柱	季節	身旺は天干に甲壬がそろえば富貴。身弱は四柱に金（庚辛申酉）水（壬癸亥子）土（戊己辰戌丑未）が4以上あるとよい運とはいえない。身弱で金の財星が多いと大器に成りがたし。病気に注意して予防を怠らぬこと。	身旺は金（庚辛申酉）水（壬癸亥子）土（戊己辰戌丑未）を喜ぶ。身弱は木（甲寅乙卯）を喜ぶ。	身旺は木（甲乙寅卯）火（丙丁巳午）を嫌う。身弱は金（辛申酉）水（壬癸亥子）を嫌う。
壬	丙	甲		冬（季月）			
		丑					
傷官							

日干　丁　　＊季月は季節のおわりの月

命式					命式の用神	大運の喜神	大運の忌神

命式①

時柱	日柱	月柱	年柱	季節
庚	丁		甲	春
		寅		
		印綬		

命式の用神：身旺は天干に庚甲がそろえば富貴。四柱に金（庚辛申酉）水（壬癸亥子）が4以上あるとからだは弱く病気がちで貧。木（甲乙寅卯）火（丙丁巳午）が4つ以上あるとからだは弱く病気がちで貧。

大運の喜神：身旺は金（庚辛申酉）水（壬癸亥子）土（戊己辰戌丑未）を喜ぶ。身弱は木（甲乙寅卯）と火（丙丁巳午）を喜ぶ。

大運の忌神：身旺は木（甲乙寅卯）火（丙丁巳午）を嫌う。身弱は金（庚辛申酉）水（壬癸亥子）土（戊己辰戌丑未）嫌う。

命式②

時柱	日柱	月柱	年柱	季節
庚辛	丁	癸		春
		卯		
		偏印		

命式の用神：身旺は天干に庚癸または辛癸がそろえば富貴。四柱に金（庚辛申酉）水（壬癸亥子）が4以上あるとからだは弱く病気がちで貧。木（甲乙寅卯）火（丙丁巳午）が4つ以上あるとからだは弱く病気がちで貧。

大運の喜神：身旺は金（庚辛申酉）水（壬癸亥子）土（戊己辰戌丑未）を喜ぶ。身弱は木（甲乙寅卯）と火（丙丁巳午）を喜ぶ。

大運の忌神：身旺は木（甲乙寅卯）火（丙丁巳午）を嫌う。身弱は金（庚辛申酉）水（壬癸亥子）土（戊己辰戌丑未）嫌う。

命式③

時柱	日柱	月柱	年柱	季節
庚	丁	甲	癸	春（季月）
		辰		
		傷官		

命式の用神：身旺は天干に甲庚癸がそろえば富貴。天干に癸があり四柱に木（甲乙寅卯）火（丙丁巳午）戌がなければ大貴の命。金（庚辛申酉）水（壬癸亥子）が4以上あると、からだは弱く病気がちで貧。木（甲乙寅卯）火（丙丁巳午）が4つ以上あるとからだは弱く病気がちで貧。

大運の喜神：身旺は金（庚辛申酉）水（壬癸亥子）土（戊己辰戌丑未）を喜ぶ。身弱は木（甲乙寅卯）と火（丙丁巳午）を喜ぶ。

大運の忌神：身旺は木（甲乙寅卯）火（丙丁巳午）を嫌う。身弱は金（庚辛申酉）水（壬癸亥子）土（戊己辰戌丑未）嫌う。

命式④

時柱	日柱	月柱	年柱	季節
癸	丁	庚辛		夏
		巳		
		劫財		

命式の用神：身旺は天干に庚癸または辛癸がそろえば富貴。四柱に金（庚辛申酉）土（戊己辰戌丑未）があり、水（壬癸亥子）がないか、または地支に水がなく巳酉丑の金局を形成すれば大貴の命。金（庚辛申酉）土（戊己辰戌丑未）水（壬癸亥子）が4以上あるとからだは弱く病気がちで貧。

大運の喜神：身旺は金（庚辛申酉）水（壬癸亥子）土（戊己辰戌丑未）を喜ぶ。身弱は木（甲乙寅卯）と火（丙丁巳午）を喜ぶ。

大運の忌神：身旺は木（甲乙寅卯）火（丙丁巳午）を嫌う。身弱は金（庚辛申酉）水（壬癸亥子）土（戊己辰戌丑未）嫌う。

命式⑤

時柱	日柱	月柱	年柱	季節
庚辛	丁	壬癸		夏
		午		
		比肩		

命式の用神：身旺は天干に庚壬または辛癸がそろえば富貴。四柱に金（庚辛申酉）水（壬癸亥子）が3以上あれば富貴。金（庚辛申酉）土（戊己辰戌丑未）水（壬癸亥子）が4以上あるとからだは弱く病気がちで貧。

大運の喜神：身旺は金（庚辛申酉）水（壬癸亥子）土（戊己辰戌丑未）を喜ぶ。身弱は木（甲乙寅卯）と火（丙丁巳午）を喜ぶ。

大運の忌神：身旺は木（甲乙寅卯）火（丙丁巳午）を嫌う。身弱は金（庚辛申酉）水（壬癸亥子）土（戊己辰戌丑未）嫌う。

| | 命式 | | | | 命式の用神 | 大運の喜神 | 大運の忌神 |

時柱	日柱	月柱	年柱	季節	命式の用神	大運の喜神	大運の忌神
庚	丁	己	壬	夏(季月)	身旺は天干に庚壬己がそろえば富貴。四柱に金(庚辛申酉)土(戊己辰戌丑未)水(壬癸亥子)が4以上あればからだは弱く病気がちで貧。	身旺は金(庚辛申酉)水(壬癸亥子)土(戊己辰戌丑未)を喜ぶ。身弱は木(甲乙寅卯)と火(丙丁巳午)を喜ぶ。	身旺は木(甲乙寅卯)火(丙丁巳午)を嫌う。身弱は金(庚辛申酉)水(壬癸亥子)土(戊己辰戌丑未)嫌う。
		未					
		食神					

時柱	日柱	月柱	年柱	季節	命式の用神	大運の喜神	大運の忌神
庚	丁	甲		秋	身旺は天干に甲庚がそろえば富貴。四柱に金(庚辛申酉)土(戊己辰戌丑未)水(壬癸亥子)が4以上あればからだは弱く病気がちで貧。	身旺は金(庚辛申酉)水(壬癸亥子)土(戊己辰戌丑未)を喜ぶ。身弱は木(甲乙寅卯)と火(丙丁巳午)を喜ぶ。	身旺は木(甲乙寅卯)火(丙丁巳午)を嫌う。身弱は金(庚辛申酉)水(壬癸亥子)土(戊己辰戌丑未)嫌う。
		申					
		正財					

時柱	日柱	月柱	年柱	季節	命式の用神	大運の喜神	大運の忌神
壬癸	丁	甲		秋	身旺は天干に甲壬または甲癸がそろえば富貴。四柱に金(庚辛申酉)土(戊己辰戌丑未)水(壬癸亥子)が4以上あればからだは弱く病気がちで貧。	身旺は金(庚辛申酉)水(壬癸亥子)土(戊己辰戌丑未)を喜ぶ。身弱は木(甲乙寅卯)と火(丙丁巳午)を喜ぶ。	身旺は木(甲乙寅卯)火(丙丁巳午)を嫌う。身弱は金(庚辛申酉)水(壬癸亥子)土(戊己辰戌丑未)嫌う。
		酉					
		偏財					

時柱	日柱	月柱	年柱	季節	命式の用神	大運の喜神	大運の忌神
庚	丁	甲		秋(季月)	身旺は天干に甲庚がそろえば富貴。四柱に金(庚辛申酉)土(戊己辰戌丑未)水(壬癸亥子)が4以上あればからだは弱く病気がちで貧。	身旺は金(庚辛申酉)水(壬癸亥子)土(戊己辰戌丑未)を喜ぶ。身弱は木(甲乙寅卯)と火(丙丁巳午)を喜ぶ。	身旺は木(甲乙寅卯)火(丙丁巳午)を嫌う。身弱は金(庚辛申酉)水(壬癸亥子)土(戊己辰戌丑未)嫌う。
		戌					
		傷官					

時柱	日柱	月柱	年柱	季節	命式の用神	大運の喜神	大運の忌神
庚	丁	甲		冬	身旺は天干に甲庚がそろえば富貴。天干に甲があり地支で亥卯未が木局となれば富貴。四柱に金(庚辛申酉)土(戊己辰戌丑未)水(壬癸亥子)が4以上あればからだは弱く病気がちで貧。	身旺は金(庚辛申酉)水(壬癸亥子)土(戊己辰戌丑未)を喜ぶ。身弱は木(甲乙寅卯)と火(丙丁巳午)を喜ぶ。	身旺は木(甲乙寅卯)火(丙丁巳午)を嫌う。身弱は金(庚辛申酉)水(壬癸亥子)土(戊己辰戌丑未)嫌う。
		亥					
		正官					

					命式		命式の用神	大運の喜神	大運の忌神
時柱	日柱	月柱	年柱	季節			身旺は天干に甲己がそろえば富貴。天干に甲があり地支で亥卯未が木局となれば富貴。四柱に金（庚辛申酉）土（戊己辰戌丑未）水（壬癸亥子）が4以上あればからだは弱く病気がちで貧。	身旺は金（庚辛申酉）水（壬癸亥子）土（戊己辰戌丑未）を喜ぶ。身弱は木（甲乙寅卯）と火（丙丁巳午）を喜ぶ。	身旺は木（甲乙寅卯）火（丙丁巳午）を嫌う。身弱は金（庚辛申酉）水（壬癸亥子）土（戊己辰戌丑未）嫌う。
己	丁	甲		冬					
		子							
		七殺							

					命式		命式の用神	大運の喜神	大運の忌神
時柱	日柱	月柱	年柱	季節			身旺は天干に甲丙癸がそろえば富貴。天干に甲癸がそろい地支に木（寅卯）火（巳午）が2つ以上あれば富貴。四柱に金（庚辛申酉）土（戊己辰戌丑未）水（壬癸亥子）が4以上あればからだは弱く病気がちで貧。	身旺は金（庚辛申酉）水（壬癸亥子）土（戊己辰戌丑未）を喜ぶ。身弱は木（甲乙寅卯）と火（丙丁巳午）を喜ぶ。	身旺は木（甲乙寅卯）火（丙丁巳午）を嫌う。身弱は金（庚辛申酉）水（壬癸亥子）土（戊己辰戌丑未）嫌う。
丙	丁	甲	癸	冬（季月）					
		丑							
		食神							

日干 戊

*季月は季節のおわりの月

命式					命式の用神	大運の喜神	大運の忌神
時柱	日柱	月柱	年柱	季節	身旺は天干に丙甲壬がそろえば富貴。壬がなければ富にならず、丙甲がなければ貴にならない。四柱に木(甲乙寅卯)水(壬癸亥子)が4以上あると貧。	身旺は木(甲乙寅卯)水(壬癸亥子)金(庚辛申酉)を喜ぶ。身弱は火(丙丁巳午)土(戊己辰戌丑未)を喜ぶ。	身旺は火(丙丁巳午)土(戊己辰戌)を嫌う。身弱は木(甲乙寅卯)金(庚辛申酉)水(壬癸亥子)を嫌う。
甲	戊	丙	壬	春			
		寅					
七殺							

命式					命式の用神	大運の喜神	大運の忌神
時柱	日柱	月柱	年柱	季節	身旺は天干に丙甲壬がそろえば富貴。壬がなければ富にならず、丙甲がなければ貴にならない。四柱に木(甲乙寅卯)水(壬癸亥子)が4以上あると貧。	身旺は木(甲乙寅卯)水(壬癸亥子)金(庚辛申酉)を喜ぶ。身弱は火(丙丁巳午)土(戊己辰戌丑未)を喜ぶ。	身旺は火(丙丁巳午)土(戊己辰戌)を嫌う。身弱は木(甲乙寅卯)金(庚辛申酉)水(壬癸亥子)を嫌う。
壬	戊	丙	甲	春			
		卯					
正官							

命式					命式の用神	大運の喜神	大運の忌神
時柱	日柱	月柱	年柱	季節	身旺Bは天干に丙甲壬がそろえば富貴。壬がなければ富にならず、丙甲がなければ貴にならない。身旺Aは四柱に金(庚辛申酉)があり大運で金が水に会うと大きな力になる。	身旺は木(甲乙寅卯)水(壬癸亥子)を喜ぶ。身弱は火(丙丁巳午)土(戊己辰戌丑未)を喜ぶ。	身旺は火(丙丁巳午)土(戊己辰戌)を嫌う。身弱は木(甲乙寅卯)水(壬癸亥子)を嫌う。
甲	戊	丙	壬	春(季月)			
		辰					
比肩							

命式					命式の用神	大運の喜神	大運の忌神
時柱	日柱	月柱	年柱	季節	身旺Bは天干に甲壬がそろえば富貴。壬がなければ富にならず、甲がなければ貴にならない。身旺Aは四柱に金(庚辛申酉)があり大運で金が水に会うと大きな力になる。火(丙丁巳午)土(戊己辰戌)が4以上あり水がなければ潤わず病気がちで貧。	身旺は木(甲乙寅卯)金(庚辛申酉)水(壬癸亥子)を喜ぶ。身弱は火(丙丁巳午)土(戊己辰戌丑未)を喜ぶ。	身旺は火(丙丁巳午)土(戊己辰戌)を嫌う。身弱は木(甲乙寅卯)金(庚辛申酉)水(壬癸亥子)を嫌う。
甲	戊	壬		夏			
		巳					
偏印							

命式					命式の用神	大運の喜神	大運の忌神
時柱	日柱	月柱	年柱	季節	身旺Bは天干に庚壬がそろえば富貴。壬がなければ富にならず、庚がなければ貴にならない。身旺Aは四柱に金(庚辛申酉)があり大運で金が水に会うと大きな力になる。火(丙丁巳午)土(戊己辰戌)が4以上あり、水がなければ潤わず病気がちで貧。けがや災害に注意。	身旺は木(甲乙寅卯)金(庚辛申酉)水(壬癸亥子)を喜ぶ。身弱は火(丙丁巳午)土(戊己辰戌丑未)を喜ぶ。	身旺は火(丙丁巳午)土(戊己辰戌)を嫌う。身弱は木(甲乙寅卯)金(庚辛申酉)水(壬癸亥子)を嫌う。
	戊	壬	庚	夏			
		午					
印綬							

命式					命式の用神	大運の喜神	大運の忌神
時柱	日柱	月柱	年柱	季節	身旺Bは天干に庚壬癸がそろう	身旺は木(甲乙寅卯)	身旺は火(丙丁巳
壬	戊	癸	庚	夏	か、天干に癸があり地支に水(亥	水(壬癸亥子)を喜ぶ。	午)土(戊己辰戌)を
				(季月)	子)金(申酉)があれば富貴。壬が	身弱は火(丙丁巳午)	嫌う。
		未			なければ富にならず、庚がなけ	土(戊己辰戌丑未)を	身弱は木(甲乙寅
					れば貴にならない。	喜ぶ。	卯)水(壬癸亥子)を
	劫財				身旺Aは四柱に金(庚辛申酉)が		嫌う。
					あり大運で金が水に会うと大き		
					な力になる。火(丙丁巳午)土(戊		
					己辰戌)が4以上あり水がなけれ		
					ば潤わず病気がちで貧。けがや		
					災害に注意。		

命式					命式の用神	大運の喜神	大運の忌神
時柱	日柱	月柱	年柱	季節	身旺は天干に甲庚壬がそろえば	身旺は木(甲乙寅卯)	身旺は火(丙丁巳
甲	戊	庚	壬	秋	富貴。壬がなければ富にならず、	水(壬癸亥子)金(庚辛	午)土(戊己辰戌)を
					甲がなければ貴にならない。	申酉)を喜ぶ。	嫌う。
		申			身旺Aは四柱に金(庚辛申酉)が	身弱は火(丙丁巳午)	身弱は木(甲乙寅
					あり大運で金が水に会うと大き	土(戊己辰戌丑未)を	卯)金(庚辛申酉)水
	食神				な力になる。火(丙丁巳午)土(戊	喜ぶ。	(壬癸亥子)を嫌う。
					己辰戌)が4以上あり水がなけれ		
					ば潤わず病気がちで貧。けがや		
					災害に注意。		

命式					命式の用神	大運の喜神	大運の忌神
時柱	日柱	月柱	年柱	季節	身旺Bは天干に甲丁壬がそろえ	身旺は木(甲乙寅卯)	身旺は火(丙丁巳
甲	戊	丁	壬	秋	ば富貴。壬がなければ富になら	水(壬癸亥子)を喜ぶ。	午)土(戊己辰戌)を
					ず、甲がなければ貴にならない。	身弱は火(丙丁巳午)	嫌う。
		酉			身旺ABとも四柱に水(壬癸亥	土(戊己辰戌丑未)を	身弱は木(甲乙寅
					子)があり大運で水が金に会うと	喜ぶ。	卯)水(壬癸亥子)を
	傷官				大きな力になる。火(丙丁巳午)		嫌う。
					土(戊己辰戌)が4以上あり水が		
					なければ潤わず病気がちで貧。		
					けがや災害に注意。		

命式					命式の用神	大運の喜神	大運の忌神
時柱	日柱	月柱	年柱	季節	身旺Bは天干に甲癸がそろえば	身旺は木(甲乙寅卯)	身旺は火(丙丁巳
癸	戊	甲		秋	富貴。	水(壬癸亥子)金(庚辛	午)土(戊己辰戌)を
				(季月)	身旺ABとも四柱に水(壬癸亥	申酉)を喜ぶ。	嫌う。
		戌			子)があり大運で水が金に会うと	身弱は火(丙丁巳午)	身弱は木(甲乙寅
					大きな力になる。火(丙丁巳午)	土(戊己辰戌丑未)を	卯)金(庚辛申酉)水
	比肩				土(戊己辰戌)が4以上あり、水	喜ぶ。	(壬癸亥子)を嫌う。
					がなければ潤わず病気がちで貧。		
					けがや災害に注意。		

	命式				命式の用神	大運の喜神	大運の忌神

時柱	日柱	月柱	年柱	季節	命式の用神	大運の喜神	大運の忌神
丙	戊	甲		冬	身旺は天干に丙甲がそろえば富貴。四柱に水（壬癸亥子）があり大運で水が金に会えば大きな力になる。火（丙丁巳午）土（戊己辰戌）が4以上ならば甲があればよい運命。甲がなければ病気がちで貧。けがや災害に注意。	身旺は木（甲乙寅卯）水（壬癸亥子）を喜ぶ。身弱は火（丙丁巳午）土（戊己辰戌丑未）を喜ぶ。	身旺は火（丙丁巳午）土（戊己辰戌）を嫌う。身弱は木（甲乙寅卯）水（壬癸亥子）を嫌う。
		亥					
		偏財					

時柱	日柱	月柱	年柱	季節	命式の用神	大運の喜神	大運の忌神
甲	戊	丙		冬	身旺は天干に丙甲がそろえば富貴。四柱に水（壬癸亥子）があり大運で水が金に出会えば大きな力になる。火（丙丁巳午）土（戊己辰戌）が4以上ならば甲があればよい運命。甲がなければ病気がちで貧。けがや災害に注意。	身旺は木（甲乙寅卯）水（壬癸亥子）金（庚辛申酉）を喜ぶ。身弱は火（丙丁巳午）土（戊己辰戌丑未）を喜ぶ。	身旺は火（丙丁巳午）土（戊己辰戌）を嫌う。身弱は木（甲乙寅卯）金（庚辛申酉）水（壬癸亥子）を嫌う。
		子					
		正財					

時柱	日柱	月柱	年柱	季節	命式の用神	大運の喜神	大運の忌神
甲	戊	丙		冬（季月）	身旺は天干に丙甲がそろえば富貴。四柱に水（壬癸亥子）があり大運で水が金に会えば大きな力になる。火（丙丁巳午）土（戊己辰戌）が4以上ならば甲があればよい運命。甲がなければ病気がちで貧。けがや災害に注意。	身旺は木（甲乙寅卯）水（壬癸亥子）金（庚辛申酉）を喜ぶ。身弱戊4戊5は火（丙丁巳午）土（戊己辰戌丑未）を喜ぶ。	身旺は火（丙丁巳午）土（戊己辰戌）を嫌う。身弱は木（甲乙寅卯）金（庚辛申酉）水（壬癸亥子）を嫌う。
		丑					
		劫財					

日干　己　　　*季月は季節のおわりの月

命式					命式の用神	大運の喜神	大運の忌神

時柱	日柱	月柱	年柱	季節	命式の用神	大運の喜神	大運の忌神
癸	己	丙	甲	春	身旺は天干に甲丙癸がそろえば富貴。天干に丙があり癸が地支の蔵干にあれば清らかな貴命。四柱に木(甲乙寅卯)水(壬癸亥子)が4以上あるか水がなければ労多く貧。病気に注意して予防を怠らぬこと。	身旺は木(甲乙寅卯)水(壬癸亥子)金(庚辛申酉)を喜ぶ。身弱は火(丙丁巳午)土(戊己辰戌丑未)を喜ぶ。	身旺は火(丙丁巳午)土(戊己辰戌丑未)を嫌う。身弱は木(甲乙寅卯)水(壬癸亥子)金(庚辛申酉)を嫌う。
		寅					
		正官					

時柱	日柱	月柱	年柱	季節	命式の用神	大運の喜神	大運の忌神
癸	己	丙	甲	春	身旺は天干に甲丙癸がそろえば富貴。天干に丙があり癸が地支の蔵干にあれば清らかな貴命。天干に庚があればよい運命。四柱に木(甲乙寅卯)水(壬癸亥子)が4以上あるか水がなければ苦労が多く貧。病気に注意して予防を怠らぬこと。	身旺は木(甲乙寅卯)水(壬癸亥子)金(庚辛申酉)を喜ぶ。身弱は火(丙丁巳午)土(戊己辰戌丑未)を喜ぶ。	身旺は火(丙丁巳午)土(戊己辰戌丑未)を嫌う。身弱は木(甲乙寅卯)水(壬癸亥子)金(庚辛申酉)を嫌う。
		卯					
		七殺					

時柱	日柱	月柱	年柱	季節	命式の用神	大運の喜神	大運の忌神
丙	己	甲	癸	春(季月)	身旺は天干に甲丙癸がそろえば富貴。天干に丙があり癸が地支の蔵干にあれば清らかな貴命。四柱に水(壬癸亥子)金(庚辛申酉)が3つあればよい運命。木(甲乙寅卯)水(壬癸亥子)が4以上あるか水がなければ苦労が多く貧。病気に注意して予防を怠らぬこと。	身旺は木(甲乙寅卯)水(壬癸亥子)金(庚辛申酉)を喜ぶ。身弱は火(丙丁巳午)土(戊己辰戌丑未)を喜ぶ。	身旺は火(丙丁巳午)土(戊己辰戌丑未)を嫌う。身弱は木(甲乙寅卯)水(壬癸亥子)金(庚辛申酉)を嫌う。
		辰					
		劫財					

時柱	日柱	月柱	年柱	季節	命式の用神	大運の喜神	大運の忌神
辛庚	己	癸壬		夏	身旺は天干に壬か癸があれば富貴で、さらに庚か辛があって癸を強めれば大いに富貴。四柱に水(壬癸亥子)金(庚辛申酉)が3つあればよい運命。木(甲乙寅卯)水(壬癸亥子)が4以上あるか水がなければ苦労が多く貧。病気に注意して予防を怠らぬこと。	身旺は木(甲乙寅卯)水(壬癸亥子)金(庚辛申酉)を喜ぶ。身弱は火(丙丁巳午)土(戊己辰戌丑未)を喜ぶ。	身旺は火(丙丁巳午)土(戊己辰戌丑未)を嫌う。身弱は木(甲乙寅卯)水(壬癸亥子)金(庚辛申酉)を嫌う。
		巳					
		印綬					

時柱	日柱	月柱	年柱	季節	命式の用神	大運の喜神	大運の忌神
辛庚	己	癸壬		夏	身旺は天干に庚か辛と壬か癸があれば富貴。四柱に水(壬癸亥子)金(庚辛申酉)が3つあればよい運命。木(甲乙寅卯)水(壬癸亥子)が4以上あるか水がなければ苦労が多く貧。病気に注意して予防を怠らぬこと。	身旺は木(甲乙寅卯)水(壬癸亥子)金(庚辛申酉)を喜ぶ。身弱は火(丙丁巳午)土(戊己辰戌丑未)を喜ぶ。	身旺は火(丙丁巳午)土(戊己辰戌丑未)を嫌う。身弱は木(甲乙寅卯)水(壬癸亥子)金(庚辛申酉)を嫌う。
		午					
		偏印					

	命式				命式の用神	大運の喜神	大運の忌神
時柱	日柱	月柱	年柱	季節	身旺は天干に壬か癸があり地支に金(申酉)水(亥子)のうち1あれば富貴。さらに天干に甲か乙があれば大いに富貴。天干に辛があれば用神。四柱に水(壬癸亥子)金(庚辛申酉)が3あればよい運命。木(甲乙寅卯)水(壬癸亥子)が4以上あるか水がなければ苦労が多く貧。病気に注意して予防を怠らぬこと。	身旺は木(甲乙寅卯)水(壬癸亥子)金(庚辛申酉)を喜ぶ。身弱は火(丙丁巳午)土(戊己辰戌丑未)を喜ぶ。	身旺は火(丙丁巳午)土(戊己辰戌丑未)を嫌う。身弱は木(甲乙寅卯)水(壬癸亥子)金(庚辛申酉)を嫌う。
壬癸	己	辛	甲乙	夏(季月)			
申酉	亥子	未					
比肩							

	命式				命式の用神	大運の喜神	大運の忌神
時柱	日柱	月柱	年柱	季節	身旺は天干に丙癸がそろえば富貴。四柱に水(壬癸亥子)金(庚辛申酉)が3つあればよい運命。木(甲乙寅卯)水(壬癸亥子)が4以上あるか水がなければ苦労が多く貧。病気に注意して予防を怠らぬこと。	身旺は木(甲乙寅卯)水(壬癸亥子)金(庚辛申酉)を喜ぶ。身弱は火(丙丁巳午)土(戊己辰戌丑未)を喜ぶ。	身旺は火(丙丁巳午)土(戊己辰戌丑未)を嫌う。身弱は木(甲乙寅卯)水(壬癸亥子)金(庚辛申酉)を嫌う。
癸	己	丙		秋			
		申					
傷官							

	命式				命式の用神	大運の喜神	大運の忌神
時柱	日柱	月柱	年柱	季節	身旺は天干に丙癸がそろえば富貴。四柱に水(壬癸亥子)金(庚辛申酉)が3つあればよい運命。木(甲乙寅卯)水(壬癸亥子)が4以上あるか水がなければ苦労が多く貧。病気に注意して予防を怠らぬこと。	身旺は木(甲乙寅卯)水(壬癸亥子)金(庚辛申酉)を喜ぶ。身弱は火(丙丁巳午)土(戊己辰戌丑未)を喜ぶ。	身旺は火(丙丁巳午)土(戊己辰戌丑未)を嫌う。身弱は木(甲乙寅卯)水(壬癸亥子)金(庚辛申酉)を嫌う。
癸	己	丙		秋			
		酉					
食神							

	命式				命式の用神	大運の喜神	大運の忌神
時柱	日柱	月柱	年柱	季節	身旺は天干に甲癸がそろえば富貴。四柱に水(壬癸亥子)金(庚辛申酉)が3つあればよい運命。木(甲乙寅卯)水(壬癸亥子)が4以上あるか水がなければ苦労が多く貧。病気に注意して予防を怠らぬこと。	身旺は木(甲乙寅卯)水(壬癸亥子)金(庚辛申酉)を喜ぶ。身弱は火(丙丁巳午)土(戊己辰戌丑未)を喜ぶ。	身旺は火(丙丁巳午)土(戊己辰戌丑未)を嫌う。身弱は木(甲乙寅卯)水(壬癸亥子)金(庚辛申酉)を嫌う。
癸	己	甲		秋(季月)			
		戌					
劫財							

	命式				命式の用神	大運の喜神	大運の忌神
時柱	日柱	月柱	年柱	季節	身旺は天干に甲丙がそろえば富貴。四柱に水(壬癸亥子)金(庚辛申酉)が3つあればよい運命。木(甲乙寅卯)水(壬癸亥子)が4以上あると苦労が多く貧。病気に注意して予防を怠らぬこと。	身旺は木(甲乙寅卯)水(壬癸亥子)金(庚辛申酉)を喜ぶ。身弱は火(丙丁巳午)土(戊己辰戌丑未)を喜ぶ。	身旺は火(丙丁巳午)土(戊己辰戌丑未)を嫌う。身弱は木(甲乙寅卯)水(壬癸亥子)金(庚辛申酉)を嫌う。
甲	己	丙		冬			
		亥					
正財							

	命式				命式の用神	大運の喜神	大運の忌神
時柱	日柱	月柱	年柱	季節	身旺は天干に甲丙がそろえば富貴。四柱に水(壬癸亥子)金(庚辛申酉)が3つあればよい運命。木(甲乙寅卯)水(壬癸亥子)が4以上あると苦労が多く貧。病気に注意して予防を怠らぬこと。	身旺は木(甲乙寅卯)水(壬癸亥子)金(庚辛申酉)を喜ぶ。身弱は火(丙丁巳午)土(戊己辰戌丑未)を喜ぶ。	身旺は火(丙丁巳午)土(戊己辰戌丑未)を嫌う。身弱は木(甲乙寅卯)水(壬癸亥子)金(庚辛申酉)を嫌う。
甲	己	丙		冬			
		子					
	偏財						

	命式				命式の用神	大運の喜神	大運の忌神
時柱	日柱	月柱	年柱	季節	身旺は天干に甲丙がそろえば富貴。四柱に水(壬癸亥子)金(庚辛申酉)が3つあればよい運命。木(甲乙寅卯)水(壬癸亥子)が4以上あると苦労が多く貧。病気に注意して予防を怠らぬこと。	身旺は木(甲乙寅卯)水(壬癸亥子)金(庚辛申酉)を喜ぶ。身弱は火(丙丁巳午)土(戊己辰戌丑未)を喜ぶ。	身旺は火(丙丁巳午)土(戊己辰戌丑未)を嫌う。身弱は木(甲乙寅卯)水(壬癸亥子)金(庚辛申酉)を嫌う。
甲	己	丙	辛	冬(季月)			
		丑					
	比肩						

日干　庚　　＊季月は季節のおわりの月

命式					命式の用神	大運の喜神	大運の忌神
時柱	日柱	月柱	年柱	季節	身旺は天干に甲丙がそろえば富貴。四柱に木(甲乙寅卯)火(丙丁巳午)が4以上あり水がなければ労多く貧。病気に注意して予防を怠らぬこと。	身旺は木(甲乙寅卯)火(丙丁巳午)を喜ぶ。身弱は土(戊己辰戌丑未)金(庚辛申酉)を喜ぶ。	身旺は土(戊己辰戌丑未)金(庚辛申酉)を嫌う。身弱は木(甲乙寅卯)火(丙丁巳午)を嫌う。
	庚	丙	甲	春			
		寅					
		偏財					

命式					命式の用神	大運の喜神	大運の忌神
時柱	日柱	月柱	年柱	季節	身旺は天干に甲丙がそろえば富貴。四柱に木(甲乙寅卯)火(丙丁巳午)が4以上あり水がなければ労多く貧。病気に注意して予防を怠らぬこと。	身旺は木(甲乙寅卯)火(丙丁巳午)を喜ぶ。身弱は土(戊己辰戌丑未)金(庚辛申酉)を喜ぶ。	身旺は土(戊己辰戌丑未)金(庚辛申酉)を嫌う。身弱は木(甲乙寅卯)火(丙丁巳午)を嫌う。
	庚	丙	甲	春			
		卯					
		正財					

命式					命式の用神	大運の喜神	大運の忌神
時柱	日柱	月柱	年柱	季節	身旺は天干に甲丁がそろえば富貴。四柱に木(甲乙寅卯)火(丙丁巳午)が4以上あり水がなければ労多く貧。病気に注意して予防を怠らぬこと。	身旺は木(甲乙寅卯)火(丙丁巳午)を喜ぶ。身弱は土(戊己辰戌丑未)金(庚辛申酉)を喜ぶ。	身旺は土(戊己辰戌丑未)金(庚辛申酉)を嫌う。身弱は木(甲乙寅卯)火(丙丁巳午)を嫌う。
丁	庚	甲		春(季月)			
		辰					
		偏印					

命式					命式の用神	大運の喜神	大運の忌神
時柱	日柱	月柱	年柱	季節	身旺は天干に丙壬戊がそろえば富貴でそのうちひとつが欠けてもよい運命。四柱に木(甲乙寅卯)火(丙丁巳午)が4以上あり水がなければ労多く貧。病気に注意して予防を怠らぬこと。	身旺は木(甲乙寅卯)火(丙丁巳午)を喜ぶ。身弱は土(戊己辰戌丑未)金(庚辛申酉)を喜ぶ。	身旺は土(戊己辰戌丑未)金(庚辛申酉)を嫌う。身弱は木(甲乙寅卯)火(丙丁巳午)を嫌う。
丙	庚	壬	戊	夏			
		巳					
		七殺					

命式					命式の用神	大運の喜神	大運の忌神
時柱	日柱	月柱	年柱	季節	身旺は天干に壬癸戊がそろえば富貴でそのうちひとつが欠けてもよい運命。四柱に木(甲乙寅卯)火(丙丁巳午)が4以上あり水がなければ労多く貧。病気に注意して予防を怠らぬこと。	身旺は木(甲乙寅卯)火(丙丁巳午)を喜ぶ。身弱は土(戊己辰戌丑未)金(庚辛申酉)を喜ぶ。	身旺は土(戊己辰戌丑未)金(庚辛申酉)を嫌う。身弱は木(甲乙寅卯)火(丙丁巳午)を嫌う。
癸	庚	壬	戊	夏			
		午					
		正官					

	命式				命式の用神	大運の喜神	大運の忌神
時柱	日柱	月柱	年柱	季節	身旺は天干に甲丁がそろえば富貴。四柱に木(甲乙寅卯)火(丙丁巳午)が4以上あり水がなければ労多く貧。病気に注意して予防を怠らぬこと。	身旺は木(甲乙寅卯)火(丙丁巳午)を喜ぶ。身弱は土(戊己辰戌丑未)金(庚辛申酉)を喜ぶ。	身旺は土(戊己辰戌丑未)金(庚辛申酉)を嫌う。身弱は木(甲乙寅卯)火(丙丁巳午)を嫌う。
丁	庚	甲		夏(季月)			
		未					
		印綬					

時柱	日柱	月柱	年柱	季節	命式の用神	大運の喜神	大運の忌神
丁	庚	甲		秋	身旺は天干に甲丁がそろえば富貴。四柱に水(壬癸亥子)が2つあれば貴。木(甲乙寅卯)火(丙丁巳午)が5以上あり水がなければ、労多く貧。病気に注意して予防を怠らぬこと。	身旺は木(甲乙寅卯)火(丙丁巳午)を喜ぶ。身弱は土(戊己辰戌丑未)金(庚辛申酉)を喜ぶ。	身旺は壬水と土(戊己辰戌丑未)金(庚辛申酉)を嫌う。身弱は木(甲乙寅卯)火(丙丁巳午)を嫌う。
		申					
		比肩					

時柱	日柱	月柱	年柱	季節	命式の用神	大運の喜神	大運の忌神
丁	庚	甲		秋	身旺は天干に甲丁がそろえば富貴。四柱に水(壬癸亥子)が2つあれば貴。木(甲乙寅卯)火(丙丁巳午)が5以上あり水がなければ、労多く貧。病気に注意して予防を怠らぬこと。	身旺は木(甲乙寅卯)火(丙丁巳午)を喜ぶ。身弱は土(戊己辰戌丑未)金(庚辛申酉)を喜ぶ。	身旺は壬水と土(戊己辰戌丑未)を嫌う。身弱は木(甲乙寅卯)火(丙丁巳午)を嫌う。
		酉					
		劫財					

時柱	日柱	月柱	年柱	季節	命式の用神	大運の喜神	大運の忌神
丙丁	庚	甲	壬癸	秋(季月)	身旺は天干に甲丙または甲丁がそろえば富貴。壬癸のうちひとつが天干にあり甲と並べば貴。木(甲乙寅卯)火(丙丁巳午)が5以上あり水がなければ労多く貧。病気に注意して予防を怠らぬこと。	身旺は木(甲乙寅卯)火(丙丁巳午)を喜ぶ。身弱は土(戊己辰戌丑未)金(庚辛申酉)を喜ぶ。	身旺は壬水と土(戊己辰戌丑未)金(庚辛申酉)を嫌う。身弱は木(甲乙寅卯)火(丙丁巳午)を嫌う。
		戌					
		偏印					

時柱	日柱	月柱	年柱	季節	命式の用神	大運の喜神	大運の忌神
丙丁	庚	甲		冬	身旺は天干に甲丙または甲丁がそろえば富貴。四柱に木(甲乙寅卯)火(丙丁巳午)水(壬癸亥子)が4以上あると労多く貧。病気に注意して予防を怠らぬこと。	身旺は木(甲乙寅卯)火(丙丁巳午)を喜ぶ。身弱は土(戊己辰戌丑未)金(庚辛申酉)を喜ぶ。	身旺は壬水と土(戊己辰戌丑未)金(庚辛申酉)を嫌う。身弱は木(甲乙寅卯)火(丙丁巳午)を嫌う。
		亥					
		食神					

	命式				命式の用神	大運の喜神	大運の忌神
時柱	日柱	月柱	年柱	季節	身旺は天干に甲丙または甲丁がそろえば富貴。四柱に木(甲乙寅卯)火(丙丁巳午)水(壬癸亥子)が4以上あると労多く貧。病気に注意して予防を怠らぬこと。冬生まれは金(庚辛申酉)水(壬癸亥子)が多くあり混ざる土がなく丙があれば大いに貴。大運で木と火が会うと大きな力になる。	身旺は木(甲乙寅卯)火(丙丁巳午)を喜ぶ。身弱は土(戊己辰戌丑未)金(庚辛申酉)を喜ぶ。	身旺は壬水と土(戊己辰戌丑未)金(庚辛申酉)を嫌う。身弱は木(甲乙寅卯)火(丙丁巳午)を嫌う。
丙丁	庚	甲		冬			
		子					
		傷官					

	命式				命式の用神	大運の喜神	大運の忌神
時柱	日柱	月柱	年柱	季節	身旺は天干に甲丙または甲丁がそろえば富貴。四柱に木(甲乙寅卯)火(丙丁巳午)水(壬癸亥子)が4以上あると労多く貧。病気に注意して予防を怠らぬこと。水(壬癸亥子)が4以上あるときは戊土が助けになる。	身旺は木(甲乙寅卯)火(丙丁巳午)を喜ぶ。身弱は土(戊己辰戌丑未)金(庚辛申酉)を喜ぶ。	身旺は壬水と土(戊己辰戌丑未)金(庚辛申酉)を嫌う。身弱は木(甲乙寅卯)火(丙丁巳午)を嫌う。
丙丁	庚	甲		冬(季月)			
		丑					
		印綬					

日干　辛

*季月は季節のおわりの月

		命式			命式の用神	大運の喜神	大運の忌神
時柱	日柱	月柱	年柱	季節			
丁	辛	壬	己	春	身旺は天干に丁があるか、己壬がそろえば富貴。辛は丙との合を嫌う。天干に水（壬癸亥子）が多くあり、己土または金（庚辛申酉）が2つ以上あれば安定して穏やか（己土と金の両方あればなおよい）。身弱は天干に丙または丁があると貧。病気に注意して予防を怠らぬこと。	身旺は丙を喜ぶ（ただし辛とは合でない）、火（丁巳午）木（甲乙寅卯）水（壬癸亥子）を喜ぶ。身弱は金（庚辛申酉）土（戊己辰戌丑未）を喜ぶ。	身旺は金（庚辛申酉）土（戊己辰戌丑未）を嫌う。身弱は火（丙丁巳午）木（甲乙寅卯）水（壬癸亥子）嫌う。
		寅					
		正財					

		命式			命式の用神	大運の喜神	大運の忌神
時柱	日柱	月柱	年柱	季節			
壬	辛			春	身旺Bは天干に壬があれば富貴。身旺Aは四柱に金（庚辛申酉）土（戊己辰戌丑未）が4つ以上あり木（甲乙寅卯）水（壬癸亥子）がないとよくない。富貴の家の生まれでも成功しがたく、土が多いと家の財産を享受するも愚鈍で頑固。金が多ければ財産をなくし放浪して貧。身旺ABとも四柱に水（壬癸亥子）が多くあり、己土または金（庚辛申酉）が2つ以上あれば安定して穏やか（己と金の両方あればなおよい）。身弱は天干に丙または丁があると貧。病気に注意して予防を怠らぬこと。	身旺は丙を喜ぶ（ただし辛とは合でない）、火（丁巳午）木（甲乙寅卯）水（壬癸亥子）を喜ぶ。身弱は金（庚辛申酉）土（戊己辰戌丑未）を喜ぶ。	身旺は金（庚辛申酉）土（戊己辰戌丑未）を嫌う。身弱は火（丙丁巳午）木（甲乙寅卯）水（壬癸亥子）嫌う。
		卯					
		偏財					

		命式			命式の用神	大運の喜神	大運の忌神
時柱	日柱	月柱	年柱	季節			
壬癸	辛	甲乙		春（季月）	身旺Bは天干に壬か癸と甲か乙がそろえば富貴。身旺Aは四柱に金（庚辛申酉）土（戊己辰戌丑未）が4つ以上あり木（甲乙寅卯）水（壬癸亥子）がないとよくない。富貴の家の生まれでも成功しがたく、土が多ければ家の財産を享受するが愚鈍で頑固。金が多ければ財産をなくし放浪して貧。身旺ABとも水（壬癸亥子）が多く天干にも地支にもあり、己土または金（庚辛申酉）が2以上あれば安定して穏やか（己と金の両方あればなおよい）。身弱は天干に丙または丁があると貧。病気に注意して予防を怠らぬこと。	身旺は丙を喜ぶ（ただし辛とは合でない）、火（丁巳午）木（甲乙寅卯）水（壬癸亥子）を喜ぶ。身弱は金（庚辛申酉）土（戊己辰戌丑未）を喜ぶ。	身旺は金（庚辛申酉）土（戊己辰戌丑未）を嫌う。身弱は火（丙丁巳午）木（甲乙寅卯）水（壬癸亥子）嫌う。
		辰					
		印綬					

命式					命式の用神	大運の喜神	大運の忌神
時柱	日柱	月柱	年柱	季節	身旺Bは天干に壬か癸があり、地支に亥か子があれば富貴。天干に壬、地支に巳酉丑があって金局になれば大いに貴。身旺Aは四柱に金（庚辛申酉）土（戊己辰戌丑未）が4つ以上あり木（甲乙寅卯）水（壬癸亥子）がないとよくない。富貴の家の生まれでも成功しがたく、土が多ければ家の財産を享受するが愚鈍で頑固。金が多ければ財産をなくし放浪して貧。身旺ABとも四柱に水（壬癸亥子）が多く天干にも地支にもあり、己土または金（庚辛申酉）が2以上あれば安定して穏やか（己と金の両方あればなおよい）。身弱は天干に丙または丁があると貧。病気に注意して予防を怠らぬこと。	身旺は丙を喜ぶ（ただし辛とは合でない）、火（丁巳午）木（甲乙寅卯）水（壬癸亥子）を喜ぶ。身弱は金（庚辛申酉）土（戊己辰戌丑未）を喜ぶ。	身旺は金（庚辛申酉）土（戊己辰戌丑未）を嫌う。身弱は火（丙丁巳午）木（甲乙寅卯）水（壬癸亥子）嫌う。
壬癸	辛			夏			
	子亥	巳					
正官							

命式					命式の用神	大運の喜神	大運の忌神
時柱	日柱	月柱	年柱	季節	身旺Bは天干に己壬がそろえば富貴。天干に壬があり地支に巳酉丑があって金局になれば大いに貴。身旺Aは四柱に金（庚辛申酉）土（戊己辰戌丑未）が4つ以上あり木（甲乙寅卯）水（壬癸亥子）がないとよくない。富貴の家の生まれでも成功しがたく、土が多ければ家の財産を享受するが愚鈍で頑固。金が多ければ財産をなくし放浪して貧。身旺ABとも四柱に水（壬癸亥子）が多く天干にも地支にもあり、己土または金（庚辛申酉）が2以上あれば安定して穏やか（己と金の両方あればなおよい）。身弱は天干に丙または丁があると貧。病気に注意して予防を怠らぬこと。	身旺は丙を喜ぶ（ただし辛とは合でない）、火（丁巳午）木（甲乙寅卯）水（壬癸亥子）を喜ぶ。身弱は金（庚辛申酉）土（戊己辰戌丑未）を喜ぶ。	身旺は金（庚辛申酉）土（戊己辰戌丑未）を嫌う。身弱は火（丙丁巳午）木（甲乙寅卯）水（壬癸亥子）嫌う。
壬	辛		己	夏			
		午					
七殺							

命式					命式の用神	大運の喜神	大運の忌神
時柱	日柱	月柱	年柱	季節	身旺Bは天干に丁壬甲がそろえば富貴で大いに貴。 身旺Aは四柱に金（庚辛申酉）土（戊己辰戌丑未）が４つ以上あり木（甲乙寅卯）水（壬癸亥子）がないとよくない。富貴の家の生まれでも成功しがたく、土が多ければ家の財産を享受するが愚鈍で頑固。金が多ければ財産をなくし放浪して貧。 身旺ABとも四柱に水（壬癸亥子）が多く天干にも地支にもあり、己土または金（庚辛申酉）が２以上あれば安定して穏やか（己と金の両方あればなおよい）。 身弱は天干に丙か丁があり地支に巳か午があると貧。病気に注意して予防を怠らぬこと。	身旺は丙を喜ぶ（ただし辛とは合でない）、火（丁巳午）木（甲乙寅卯）水（壬癸亥子）を喜ぶ。 身弱は金（庚辛申酉）土（戊己辰戌丑未）を喜ぶ。	身旺は金（庚辛申酉）土（戊己辰戌丑未）を嫌う。 身弱は火（丙丁巳午）木（甲乙寅卯）水（壬癸亥子）嫌う。
壬	辛	庚	丁	夏 (季月)			
		未					
		偏印					

命式					命式の用神	大運の喜神	大運の忌神
時柱	日柱	月柱	年柱	季節	身旺Bは天干に壬甲丁がそろえば富貴。 身旺Aは四柱に金（庚辛申酉）土（戊己辰戌丑未）が４つ以上あり木（甲乙寅卯）水（壬癸亥子）がないとよくない。富貴の家の生まれでも成功しがたく、土が多ければ家の財産を享受するが愚鈍で頑固。金が多ければ財産をなくし放浪して貧。 身旺ABとも四柱に水（壬癸亥子）が多く天干にも地支にもあり、己土または金（庚辛申酉）が２以上あれば安定して穏やか（己と金の両方あればなおよい）。 身弱は天干に丙か丁があり地支に巳か午があると貧。病気に注意して予防を怠らぬこと。	身旺は丙を喜ぶ（ただし辛とは合でない）、火（丁巳午）木（甲乙寅卯）水（壬癸亥子）を喜ぶ。 身弱は金（庚辛申酉）土（戊己辰戌丑未）を喜ぶ。	身旺は金（庚辛申酉）土（戊己辰戌丑未）を嫌う。 身弱は火（丙丁巳午）木（甲乙寅卯）水（壬癸亥子）嫌う。
壬	辛	甲	丁	秋			
		申					
		劫財					

	命式				命式の用神	大運の喜神	大運の忌神
時柱	日柱	月柱	年柱	季節	身旺Bは天干に壬甲丁がそろえば富貴。身旺Aは四柱に金（庚辛申酉）土（戊己辰戌丑未）が4つ以上あり木（甲乙寅卯）水（壬癸亥子）がないとよくない。富貴の家の生まれでも成功しがたく、土が多ければ家の財産を享受するが愚鈍で頑固。金が多ければ財産をなくし放浪して貧。身旺ABとも四柱に水（壬癸亥子）が多く天干にも地支にもあり、、己土または金（庚辛申酉）が2以上あれば安定して穏やか（己と金の両方あればなおよい）。身弱は天干に丙か丁があり地支に巳か午があると貧。病気に注意して予防を怠らぬこと。	身旺は丙を喜ぶ（ただし辛とは合でない）、火（丁巳午）木（甲乙寅卯）水（壬癸亥子）を喜ぶ。身弱は金（庚辛申酉）土（戊己辰戌丑未）を喜ぶ。	身旺は金（庚辛申酉）土（戊己辰戌丑未）を嫌う。身弱は火（丙丁巳午）木（甲乙寅卯）水（壬癸亥子）嫌う。
壬	辛	甲	丁	秋			
		酉					
比肩							

	命式				命式の用神	大運の喜神	大運の忌神
時柱	日柱	月柱	年柱	季節	身旺Bは天干に壬甲丁または癸甲丁がそろえば富貴。身旺Aは四柱に金（庚辛申酉）土（戊己辰戌丑未）が4つ以上あり木（甲乙寅卯）水（壬癸亥子）がないとよくない。富貴の家の生まれでも成功しがたく、土が多ければ家の財産を享受するが愚鈍で頑固。金が多ければ財産をなくし放浪して貧。身旺ABとも四柱に水（壬癸亥子）が多く天干にも地支にもあり、己土または金（庚辛申酉）が2以上あれば安定して穏やか（己と金の両方あればなおよい）。身弱は天干に丙か丁があり地支に巳か午があると貧。病気に注意して予防を怠らぬこと。	身旺は丙を喜ぶ（ただし辛とは合でない）、火（丁巳午）木（甲乙寅卯）水（壬癸亥子）を喜ぶ。身弱は金（庚辛申酉）土（戊己辰戌丑未）を喜ぶ。	身旺は金（庚辛申酉）土（戊己辰戌丑未）を嫌う。身弱は火（丙丁巳午）木（甲乙寅卯）水（壬癸亥子）嫌う。
壬癸	辛	甲	丁	秋（季月）			
		戌					
印綬							

					命式の用神	大運の喜神	大運の忌神
時柱	日柱	月柱	年柱	季節	身旺Bは天干に壬甲または癸甲がそろうか、丙があり四柱に水（壬癸亥子）が多くあれば富貴。身旺Aは四柱に金（庚辛申酉）土（戊己辰戌丑未）が4つ以上あり木（甲乙寅卯）水（壬癸亥子）がないと富貴の家の生まれでも成功しがたく、土が多ければ家の財産を享受するが愚鈍で頑固。金が多ければ財産をなくし放浪して貧。身弱は四柱に水（壬癸亥子）が4以上で天干にも地支にもあるか、丙がないかあるいは丙か丁が天干にあり地支に巳か午があると貧。病気に注意して予防を怠らぬこと。	身旺は丙を喜ぶ（ただし辛とは合でない）、火（丁巳午）木（甲乙寅卯）水（壬癸亥子）を喜ぶ。身弱は金（庚辛申酉）土（戊己辰戌丑未）を喜ぶ。	身旺は金（庚辛申酉）土（戊己辰戌丑未）を嫌う。身弱は火（丙丁巳午）木（甲乙寅卯）水（壬癸亥子）嫌う。
壬癸	辛	甲		冬			
		亥					
傷官							

					命式の用神	大運の喜神	大運の忌神
時柱	日柱	月柱	年柱	季節	身旺Bは天干に丙甲がそろうか、丙があり四柱に水（壬癸亥子）が多く地支に木または火が1か2あれば富貴。身旺Aは四柱に金（庚辛申酉）土（戊己辰戌丑未）が4つ以上あり木（甲乙寅卯）水（壬癸亥子）がないとよくない。富貴の家の生まれでも成功しがたく、土が多ければ財産を享受するが愚鈍で頑固。金が多ければ財産をなくし放浪して貧。身弱は四柱に水（壬癸亥子）が4以上で天干にも地支にもあるか、丙がないかあるいは丙または丁が天干にあり地支に巳または午があると貧。病気に注意して予防を怠らぬこと。	身旺は丙を喜ぶ（ただし辛とは合でない）、火（丁巳午）木（甲乙寅卯）水（壬癸亥子）を喜ぶ。身弱は金（庚辛申酉）土（戊己辰戌丑未）を喜ぶ。	身旺は金（庚辛申酉）土（戊己辰戌丑未）を嫌う。身弱は火（丙丁巳午）木（甲乙寅卯）水（壬癸亥子）嫌う。
甲	辛	丙		冬			
		子					
食神							

命式					命式の用神	大運の喜神	大運の忌神
時柱	日柱	月柱	年柱	季節	身旺Bは天干に丙壬がそろえば富貴。天干に丙戊がそろい四柱に水（壬癸亥子）が3つ以上あれば清らかで富貴。	身旺は丙を喜ぶ（ただし辛とは合でない）、火（丁巳午）木（甲乙寅卯）水（壬癸亥子）を喜ぶ。	身旺は金（庚辛申酉）土（戊己辰戌丑未）を嫌う。
壬	辛	丙		冬（季月）			
		丑			身旺Aは四柱に金（庚辛申酉）土（戊己辰戌丑未）が4つ以上あり丙または丁、木（甲乙寅卯）水（壬癸亥子）がないとよくない。富貴の家の生まれでも成功しがたく、土が多ければ家の財産を享受するが愚鈍で頑固。金が多ければ財産をなくし放浪して貧。	身弱は金（庚辛申酉）土（戊己辰戌丑未）を喜ぶ。	身弱は火（丙丁巳午）木（甲乙寅卯）水（壬癸亥子）嫌う。
偏印					身弱は四柱に水（壬癸亥子）が4以上で天干にも地支にもあるか、丙がないあるいは丙か丁が天干にあり地支に巳か午があると貧。病気に注意して予防を怠らぬこと。		

日干　壬　　*季月は季節のおわりの月

命式	命式の用神	大運の喜神	大運の忌神

時柱	日柱	月柱	年柱	季節
甲	壬	丙	戊	春
		寅		
	食神			

命式の用神： 身旺Aは天干に戊丙がそろえば富貴。身旺Bは天干に丙甲がそろえば富貴。身弱は四柱に土（戊己辰戌丑未）火（丙丁巳午）がないと貧。

大運の喜神： 身旺は木（甲乙寅卯）土（戊己辰戌丑未）火（丙丁巳午）を喜ぶ。身弱は金（庚辛申酉）水（壬癸亥子）を喜ぶ。

大運の忌神： 身旺は金（庚辛申酉）水（壬癸亥子）を嫌う。身弱は木（甲乙寅卯）土（戊己辰戌丑未）火（丙丁巳午）を嫌う。

時柱	日柱	月柱	年柱	季節
甲	壬	丙	戊	春
		卯		
	傷官			

命式の用神： 身旺Aは天干に戊丙がそろえば富貴。身旺Bは天干に丙甲がそろえば富貴。身弱は四柱に土（戊己辰戌丑未）火（丙丁巳午）がないと貧。

大運の喜神： 身旺は木（甲乙寅卯）土（戊己辰戌丑未）火（丙丁巳午）を喜ぶ。身弱は金（庚辛申酉）水（壬癸亥子）を喜ぶ。

大運の忌神： 身旺は金（庚辛申酉）水（壬癸亥子）を嫌う。身弱は木（甲乙寅卯）土（戊己辰戌丑未）火（丙丁巳午）を嫌う。

時柱	日柱	月柱	年柱	季節
庚戊	壬		甲丙	春（季月）
		辰		
	七殺			

命式の用神： 身旺は天干に甲庚または丙戊がそろえば富貴。身弱は四柱に土（戊己辰戌丑未）火（丙丁巳午）がないと貧。

大運の喜神： 身旺は木（甲乙寅卯）土（戊己辰戌丑未）火（丙丁巳午）を喜ぶ。身弱は金（庚辛申酉）水（壬癸亥子）を喜ぶ。

大運の忌神： 身旺は金（庚辛申酉）水（壬癸亥子）を嫌う。身弱は木（甲乙寅卯）土（戊己辰戌丑未）火（丙丁巳午）を嫌う。

時柱	日柱	月柱	年柱	季節
庚辛	壬		壬癸	夏
		巳		
	偏財			

命式の用神： 身旺は天干に庚か辛と壬か癸がそろえば富貴。地支に巳酉丑が金局を成し火と土があれば富貴。身弱は四柱に土も火もないか、土（戊己辰戌丑未）火（丙丁巳午）が４つ以上あると貧。からだは弱いので病気に注意して予防を怠らぬこと。

大運の喜神： 身旺は木（甲乙寅卯）土（戊己辰戌丑未）火（丙丁巳午）を喜ぶ。身弱は金（庚辛申酉）水（壬癸亥子）を喜ぶ。

大運の忌神： 身旺は金（庚辛申酉）水（壬癸亥子）を嫌う。身弱は木（甲乙寅卯）土（戊己辰戌丑未）火（丙丁巳午）を嫌う。

時柱	日柱	月柱	年柱	季節
庚辛	壬		壬癸	夏
		午		
	正財			

命式の用神： 身旺は天干に庚か辛と壬か癸がそろえば富貴。地支に巳酉丑が金局を成し火と土があれば富貴。身弱は四柱に土も火もないか、土（戊己辰戌丑未）火（丙丁巳午）が４つ以上あると貧。からだは弱いので病気に注意して予防を怠らぬこと。

大運の喜神： 身旺は木（甲乙寅卯）土（戊己辰戌丑未）火（丙丁巳午）を喜ぶ。身弱は金（庚辛申酉）水（壬癸亥子）を喜ぶ。

大運の忌神： 身旺は金（庚辛申酉）水（壬癸亥子）を嫌う。身弱は木（甲乙寅卯）土（戊己辰戌丑未）火（丙丁巳午）を嫌う。

					命式	命式の用神	大運の喜神	大運の忌神
時柱	日柱	月柱	年柱	季節		身旺は天干に庚か辛と壬か癸がそろえば富貴。地支で巳酉丑が金局となり、火と土があれば富貴。身弱は四柱に木も火もないか土（戊己辰戌丑未）火（丙丁巳午）が4つ以上あると貧。からだは弱いので病気に注意して予防を怠らぬこと。	身旺は木（甲乙寅卯）土（戊己辰戌丑未）火（丙丁巳午）を喜ぶ。身弱は金（庚辛申酉）水（壬癸亥子）を喜ぶ。	身旺は金（庚辛申酉）水（壬癸亥子）を嫌う。身弱は木（甲乙寅卯）土（戊己辰戌丑未）火（丙丁巳午）を嫌う。
庚辛	壬		壬癸	夏（季月）				
		未						
		正官						

					命式	命式の用神	大運の喜神	大運の忌神
時柱	日柱	月柱	年柱	季節		身旺は天干に戊甲または戊乙がそろえば富貴。地支に申子辰が水局の合を成し火と土があれば富貴。身弱は四柱に木も火もないか土（戊己辰戌丑未）火（丙丁巳午）が4つ以上あると貧。からだは弱い。病気に注意して予防を怠らぬこと。	身旺は木（甲乙寅卯）土（戊己辰戌丑未）火（丙丁巳午）を喜ぶ。身弱は金（庚辛申酉）水（壬癸亥子）を喜ぶ。	身旺は金（庚辛申酉）水（壬癸亥子）を嫌う。身弱は木（甲乙寅卯）土（戊己辰戌丑未）火（丙丁巳午）を嫌う。
甲乙	壬	戊		秋				
		申						
		偏印						

					命式	命式の用神	大運の喜神	大運の忌神
時柱	日柱	月柱	年柱	季節		身旺は天干に戊甲または戊乙がそろえば富貴。地支に巳酉丑が金局の合を成し火と土があれば富貴。身弱は四柱に木も火もないか土（戊己辰戌丑未）火（丙丁巳午）が4つ以上あると貧。からだは弱い。病気に注意して予防を怠らぬこと。	身旺は木（甲乙寅卯）土（戊己辰戌丑未）火（丙丁巳午）を喜ぶ。身弱は金（庚辛申酉）水（壬癸亥子）を喜ぶ。	身旺は金（庚辛申酉）水（壬癸亥子）を嫌う。身弱は木（甲乙寅卯）土（戊己辰戌丑未）火（丙丁巳午）を嫌う。
戊	壬	甲乙		秋				
		酉						
		印綬						

					命式	命式の用神	大運の喜神	大運の忌神
時柱	日柱	月柱	年柱	季節		身旺は天干に戊甲または戊乙がそろえば富貴。地支に子があり天干に戊があれば富貴。身弱は四柱に木も火もないか土（戊己辰戌丑未）火（丙丁巳午）が4つ以上あると貧。からだは弱い。病気に注意して予防を怠らぬこと。	身旺は木（甲乙寅卯）土（戊己辰戌丑未）火（丙丁巳午）を喜ぶ。身弱は金（庚辛申酉）水（壬癸亥子）を喜ぶ。	身旺は金（庚辛申酉）水（壬癸亥子）を嫌う。身弱は木（甲乙寅卯）土（戊己辰戌丑未）火（丙丁巳午）を嫌う。
戊	壬	甲乙		秋（季月）				
		戌						
		七殺						

					命式	命式の用神	大運の喜神	大運の忌神
時柱	日柱	月柱	年柱	季節		身旺は天干に戊丙がそろえば富貴。四柱に子があるとけがや災害に注意。身弱は四柱に木も火もないか土（戊己辰戌丑未）火（丙丁巳午）が4つ以上あると貧。からだは弱い。病気に注意して予防を怠らぬこと。	身旺は木（甲乙寅卯）土（戊己辰戌丑未）火（丙丁巳午）を喜ぶ。身弱は金（庚辛申酉）水（壬癸亥子）を喜ぶ。	身旺は金（庚辛申酉）水（壬癸亥子）を嫌う。身弱は木（甲乙寅卯）土（戊己辰戌丑未）火（丙丁巳午）を嫌う。
戊	壬	丙		冬				
		亥						
		比肩						

		命式			命式の用神	大運の喜神	大運の忌神
時柱	日柱	月柱	年柱	季節	身旺は天干に戊丙または甲丙がそろえば富貴。四柱に子があるとけがや災害に注意。身弱は四柱に木も火もないか土（戊己辰戌丑未）火（丙丁巳午）が4つ以上あると貧。からだは弱い。病気に注意して予防を怠らぬこと。	身旺は木（甲乙寅卯）土（戊己辰戌丑未）火（丙丁巳午）を喜ぶ。身弱は金（庚辛申酉）水（壬癸亥子）を喜ぶ。	身旺は金（庚辛申酉）水（壬癸亥子）を嫌う。身弱は木（甲乙寅卯）土（戊己辰戌丑未）火（丙丁巳午）を嫌う。
戊	壬	丙	甲	冬			
		子					
		劫財					

		命式			命式の用神	大運の喜神	大運の忌神
時柱	日柱	月柱	年柱	季節	身旺は天干に丙丁がそろえば富貴。身弱は四柱に木も火もないか土（戊己辰戌丑未）火（丙丁巳午）が4つ以上あると貧。からだは弱い。病気に注意して予防を怠らぬこと。	身旺は木（甲乙寅卯）土（戊己辰戌丑未）火（丙丁巳午）を喜ぶ。身弱は金（庚辛申酉）水（壬癸亥子）を喜ぶ。	身旺は金（庚辛申酉）水（壬癸亥子）を嫌う。身弱は木（甲乙寅卯）土（戊己辰戌丑未）火（丙丁巳午）を嫌う。
	壬	丙	丁	冬（季月）			
		丑					
		正官					

日干　癸

＊季月は季節のおわりの月

	命式				命式の用神	大運の喜神	大運の忌神

時柱	日柱	月柱	年柱	季節	身旺は天干に丙辛が離れてあれば富貴。丙も丁もなければ貧。身弱は四柱に木（甲乙寅卯）火（丙丁巳午）土（戊己辰戌丑未土）が4以上あると貧。病気に注意して予防を怠らぬこと。	身旺は木（甲乙寅卯）火（丙丁巳午）土（戊己辰戌丑未）を喜ぶ。身弱は金（庚辛申酉）水（壬癸亥子）を喜ぶ。	身旺は金（庚辛申酉）水（壬癸亥子）を嫌う。身弱は木（甲乙寅卯）火（丙丁巳午）土（戊己辰戌丑未）を嫌う。
辛	癸	丙		春			
		寅					
傷官							

時柱	日柱	月柱	年柱	季節	身旺は天干に丙辛が離れてあるか、甲庚がそろえば富貴。天干に丙も丁もなければ貧。身弱は四柱に木（甲乙寅卯）火（丙丁巳午）土（戊己辰戌丑未土）が4以上あると貧。病気に注意して予防を怠らぬこと。	身旺は木（甲乙寅卯）火（丙丁巳午）土（戊己辰戌丑未）を喜ぶ。身弱は金（庚辛申酉）水（壬癸亥子）を喜ぶ。	身旺は金（庚辛申酉）水（壬癸亥子）を嫌う。身弱は木（甲乙寅卯）火（丙丁巳午）土（戊己辰戌丑未）を嫌う。
辛庚	癸	丙	甲	春			
		卯					
食神							

時柱	日柱	月柱	年柱	季節	身旺は天干に丙か丁と庚か辛がそろえば富貴。四柱に土（戊己辰丑未）が3以上あり天干に壬甲があれば貴。丙も丁もなければ貧。身弱は四柱に木（甲乙寅卯）火（丙丁巳午）土（戊己辰戌丑未）が4以上あると貧。病気に注意して予防を怠らぬこと。	身旺は木（甲乙寅卯）火（丙丁巳午）土（戊己辰戌丑未）を喜ぶ。身弱は金（庚辛申酉）水（壬癸亥子）を喜ぶ。	身旺は金（庚辛申酉）水（壬癸亥子）を嫌う。身弱は木（甲乙寅卯）火（丙丁巳午）土（戊己辰戌丑未）を嫌う。
丙丁	癸	庚辛		春（季月）			
		辰					
正官							

時柱	日柱	月柱	年柱	季節	身旺は天干に庚壬がそろえば富貴。丙も丁もないと貧。身弱は四柱に木（甲乙寅卯）火（丙丁巳午）土（戊己辰戌丑未土）が4以上あると貧。病気に注意して予防を怠らぬこと。	身旺は木（甲乙寅卯）火（丙丁巳午）土（戊己辰戌丑未）を喜ぶ。身弱は金（庚辛申酉）水（壬癸亥子）を喜ぶ。	身旺は金（庚辛申酉）水（壬癸亥子）を嫌う。身弱は木（甲乙寅卯）火（丙丁巳午）土（戊己辰戌丑未）を嫌う。
庚	癸	壬		夏			
		巳					
正財							

時柱	日柱	月柱	年柱	季節	身旺は天干に壬庚または壬辛がそろえば富貴。丙も丁もないと貧。身弱は四柱に木（甲乙寅卯）火（丙丁巳午）土（戊己辰戌丑未土）が4以上あると貧。病気に注意して予防を怠らぬこと。	身旺は木（甲乙寅卯）火（丙丁巳午）土（戊己辰戌丑未）を喜ぶ。身弱は金（庚辛申酉）水（壬癸亥子）を喜ぶ。	身旺は金（庚辛申酉）水（壬癸亥子）を嫌う。身弱は木（甲乙寅卯）火（丙丁巳午）土（戊己辰戌丑未）を嫌う。
庚辛	癸	壬		夏			
		午					
偏財							

		命式			命式の用神	大運の喜神	大運の忌神
時柱	日柱	月柱	年柱	季節	身旺は天干に庚壬がそろえば富貴。四柱に土(戊己辰戌丑未)が4以上あり、大運で金、水に会えば名と財を成す。丙も丁もないと貧。身弱は四柱に木(甲乙寅卯)火(丙丁巳午)土(戊己辰戌丑未)が4以上あれば貧。病気に注意して予防を怠らぬこと。	身旺は木(甲乙寅卯)火(丙丁巳午)土(戊己辰戌丑未)を喜ぶ。身弱は金(庚辛申酉)水(壬癸亥子)を喜ぶ。	身旺は金(庚辛申酉)水(壬癸亥子)を嫌う。身弱は木(甲乙寅卯)火(丙丁巳午)土(戊己辰戌丑未)を嫌う。
庚	癸	壬		夏(季月)			
		未					
七殺							

		命式			命式の用神	大運の喜神	大運の忌神
時柱	日柱	月柱	年柱	季節	身旺は天干に丙か丁と戊か己がそろえば富貴。天干に戊があり大運で金、水に会えば名と財を成す。丙も丁もないと貧。身弱は四柱に木(甲乙寅卯)火(丙丁巳午)土(戊己辰戌丑未土)が4以上あると貧。病気に注意して予防を怠らぬこと。	身旺は木(甲乙寅卯)火(丙丁巳午)土(戊己辰戌丑未)を喜ぶ。身弱は金(庚辛申酉)水(壬癸亥子)を喜ぶ。	身旺は金(庚辛申酉)水(壬癸亥子)を嫌う。身弱は木(甲乙寅卯)火(丙丁巳午)土(戊己辰戌丑未)を嫌う。
	癸	丙丁	戊己	秋			
		申					
印綬							

		命式			命式の用神	大運の喜神	大運の忌神
時柱	日柱	月柱	年柱	季節	身旺は天干に丙か丁と甲か乙がそろえば富貴。あるいは天干に丙か丁と戊がそろえば富貴。天干に戊があり大運で金、水に会えば名と財を成す。四柱に金(庚辛申酉)と水(壬癸亥子)だけならば珍しい富貴。丙も丁もないと貧。身弱は四柱に木(甲乙寅卯)火(丙丁巳午)土(戊己辰戌丑未土)が4以上あれば貧。病気に注意して予防を怠らぬこと。	身旺は木(甲乙寅卯)火(丙丁巳午)土(戊己辰戌丑未)を喜ぶ。身弱は金(庚辛申酉)水(壬癸亥子)を喜ぶ。	身旺は金(庚辛申酉)水(壬癸亥子)を嫌う。身弱は木(甲乙寅卯)火(丙丁巳午)土(戊己辰戌丑未)を嫌う。
戊	癸	丙丁	甲乙	秋			
		酉					
偏印							

		命式			命式の用神	大運の喜神	大運の忌神
時柱	日柱	月柱	年柱	季節	身旺は天干に甲か丙と庚か辛がそろえば富貴。あるいは天干に戊があり大運で金、水に会えば名と財を成す。丙も丁もないと貧。身弱は四柱に木(甲乙寅卯)火(丙丁巳午)土(戊己辰戌丑未土)が4以上あれば貧。病気に注意して予防を怠らぬこと。	身旺は木(甲乙寅卯)火(丙丁巳午)土(戊己辰戌丑未)を喜ぶ。身弱は金(庚辛申酉)水(壬癸亥子)を喜ぶ。	身旺は金(庚辛申酉)水(壬癸亥子)を嫌う。身弱は木(甲乙寅卯)火(丙丁巳午)土(戊己辰戌丑未)を嫌う。
丙	癸	辛庚	甲	秋(季月)			
		戌					
正官							

| | | | | | 命式 | 命式の用神 | 大運の喜神 | 大運の忌神 |

時柱	日柱	月柱	年柱	季節	命式の用神	大運の喜神	大運の忌神
甲	癸	丙丁	己	冬	身旺は天干に己甲丙または己甲丁がそろえば富貴。あるいは地支で亥卯未が合になって木局となり天干に丙があるか、または辛丁がそろえば富貴。丙も丁もないと貧。 身弱は四柱に木(甲乙寅卯)火(丙丁巳午)土(戊己辰戌丑未土)が4以上あれば貧。病気に注意して予防を怠らぬこと。	身旺は木(甲乙寅卯)火(丙丁巳午)土(戊己辰戌丑未)を喜ぶ。身弱は金(庚辛申酉)水(壬癸亥子)を喜ぶ。	身旺は金(庚辛申酉)水(壬癸亥子)を嫌う。身弱は木(甲乙寅卯)火(丙丁巳午)土(戊己辰戌丑未)を嫌う。
		亥					
劫財							

時柱	日柱	月柱	年柱	季節	命式の用神	大運の喜神	大運の忌神
甲	癸	丙	己	冬	身旺は天干に甲丙または丙己がそろえば富貴。あるいは地支で申子辰が合になって水局となり天干に甲か乙と丙か丁と己がそろえば富貴。丙も丁もないと貧。身弱は四柱に木(甲乙寅卯)火(丙丁巳午)土(戊己辰戌丑未土)が4以上あれば貧。病気に注意して予防を怠らぬこと。	身旺は木(甲乙寅卯)火(丙丁巳午)土(戊己辰戌丑未)を喜ぶ。身弱は金(庚辛申酉)水(壬癸亥子)を喜ぶ。	身旺は金(庚辛申酉)水(壬癸亥子)を嫌う。身弱は木(甲乙寅卯)火(丙丁巳午)土(戊己辰戌丑未)を嫌う。
		子					
比肩							

時柱	日柱	月柱	年柱	季節	命式の用神	大運の喜神	大運の忌神
甲	癸	丙	己	冬 (季月)	身旺は天干に甲丙または丙己がそろえば富貴。あるいは地支で亥子丑が北方水局となり、天干に甲か乙と丙か丁と己がそろえば富貴。丙も丁もないと貧。身弱は四柱に木(甲乙寅卯)火(丙丁巳午)土(戊己辰戌丑未土)が4以上あれば貧。病気に注意して予防を怠らぬこと。	身旺は木(甲乙寅卯)火(丙丁巳午)土(戊己辰戌丑未)を喜ぶ。身弱は金(庚辛申酉)水(壬癸亥子)を喜ぶ。	身旺は金(庚辛申酉)水(壬癸亥子)を嫌う。身弱は木(甲乙寅卯)火(丙丁巳午)土(戊己辰戌丑未)を嫌う。
		丑					
七殺							

461

◆孫運命学基本表

基本表

●十干の一覧表

十干	陰陽五行	読み方		季節	方位	意味	
甲	木＋	きのえ	こう	春	東	木の要素の陽（兄）	大樹
乙	木－	きのと	おつ	春	東	木の要素の陰（弟）	草花
丙	火＋	ひのえ	へい	夏	南	火の要素の陽（兄）	太陽
丁	火－	ひのと	てい	夏	南	火の要素の陰（弟）	灯火・人工の火
戊	土＋	つちのえ	ぼ	－	中央	土の要素の陽（兄）	広い大地・大きな山
己	土－	つちのと	き	－	中央	土の要素の陰（弟）	畑・耕作地
庚	金＋	かのえ	こう	秋	西	金の要素の陽（兄）	斧・鉄
辛	金－	かのと	しん	秋	西	金の要素の陰（弟）	宝石・貴金属・水晶
壬	水＋	みずのえ	じん	冬	北	水の要素の陽（兄）	海・大河
癸	水－	みずのと	き	冬	北	水の要素の陰（弟）	雨・小川

●十二支の一覧表

十二支	陰陽五行	読み方		月	季節	方位	時刻
子	水＋	ね	し	12	冬	北	23:00 以降〜　1:00 前
丑	土－	うし	ちゅう	1	冬	中央	1:00 以降〜　3:00 前
寅	木＋	とら	いん	2	春	東	3:00 以降〜　5:00 前
卯	木－	うし	ぼう	3	春	東	5:00 以降〜　7:00 前
辰	土＋	たつ	しん	4	春	中央	7:00 以降〜　9:00 前
巳	火－	み	し	5	夏	南	9:00 以降〜 11:00 前
午	火＋	うま	ご	6	夏	南	11:00 以降〜 13:00 前
未	土－	ひつじ	び	7	夏	中央	13:00 以降〜 15:00 前
申	金＋	さる	しん	8	秋	西	15:00 以降〜 17:00 前
酉	金－	とり	ゆう	9	秋	西	17:00 以降〜 19:00 前
戌	土＋	いぬ	じゅつ	10	秋	中央	19:00 以降〜 21:00 前
亥	水－	い	がい	11	冬	北	21:00 以降〜 23:00 前

●干支の一覧表（十干と十二支の 60 とおりの組合せ）

	甲子旬		甲戌旬		甲申旬		甲午旬		甲辰旬		甲寅旬
1	甲 子	11	甲 戌	21	甲 申	31	甲 午	41	甲 辰	51	甲 寅
2	乙 丑	12	乙 亥	22	乙 酉	32	乙 未	42	乙 巳	52	乙 卯
3	丙 寅	13	丙 子	23	丙 戌	33	丙 申	43	丙 午	53	丙 辰
4	丁 卯	14	丁 丑	24	丁 亥	34	丁 酉	44	丁 未	54	丁 巳
5	戊 辰	15	戊 寅	25	戊 子	35	戊 戌	45	戊 申	55	戊 午
6	己 巳	16	己 卯	26	己 丑	36	己 亥	46	己 酉	56	己 未
7	庚 午	17	庚 辰	27	庚 寅	37	庚 子	47	庚 戌	57	庚 申
8	辛 未	18	辛 巳	28	辛 卯	38	辛 丑	48	辛 亥	58	辛 酉
9	壬 申	19	壬 午	29	壬 辰	39	壬 寅	49	壬 子	59	壬 戌
10	癸 酉	20	癸 未	30	癸 巳	40	癸 卯	50	癸 丑	60	癸 亥

●十二支の蔵干

十二支	蔵干		
	最も影響力の強い干		
子（水＋）	癸（水－）		
丑（土－）	己（土－）	癸（水－）	辛（金－）
寅（木＋）	甲（木＋）	丙（火＋）	戊（土＋）
卯（木－）	乙（木－）		
辰（土＋）	戊（土＋）	乙（木－）	癸（水－）
巳（火－）	丙（火＋）	戊（土＋）	庚（金＋）
午（火＋）	丁（火－）	己（土－）	
未（土－）	己（土－）	丁（火－）	乙（木－）
申（金＋）	庚（金＋）	戊（土＋）	壬（水＋）
酉（金－）	辛（金－）		
戌（土＋）	戊（土＋）	丁（火－）	辛（金－）
亥（水－）	壬（水＋）	甲（木＋）	

基本表

●陰陽五行の関係図

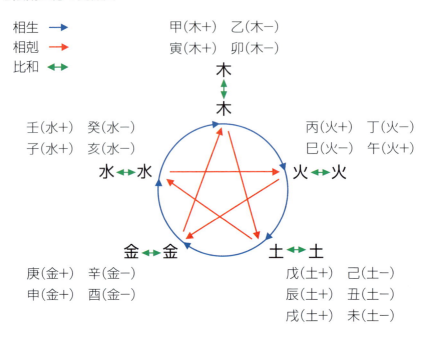

●運命星の関係図

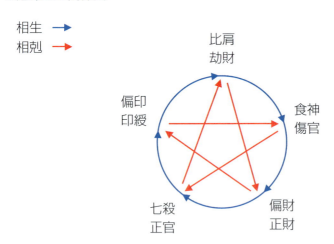

●健康と陰陽五行の関係図

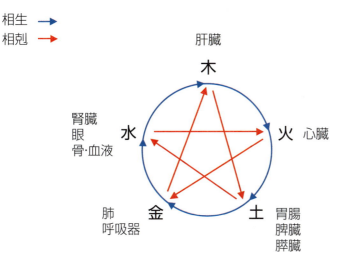

●五行の相関関係表

木	火	木は火を生み、火が多ければ木を燃やす。木が旺盛になれば、火を得て木は明になる。
	土	木は土を抑制し、土が多ければ木を折る。土が弱ければ木は倒れる。
	金	木が旺盛になれば金を得て伐採されて用を為す。
	水	木は水から生まれ、水が多ければ木は漂う。水は木を生み、木が多ければ水は弱まる。
火	木	火は木から生まれ、木が多ければ火は盛んになる。木は火を生み、火が多ければ木を燃やして収める。
	土	火は土を生み、土が多ければ火は小さくなる。火が旺盛になれば土を得て炎を収める。
	金	火は金を抑制し、金が多ければ火は消える。金が弱く火に会えば溶ける。
	水	火が旺盛になれば水を得て収まる。
土	木	土が旺盛になれば木を得て収まる。
	火	土は火から生まれ、火が多ければ土を焦がす。土が多ければ火は小さくなる。
	金	土は金を生み、金が多ければ土は変質する。土が旺盛になれば金を得て正常になる。
	水	土は水を抑制し、水が多ければ土を流す。水が弱く土に会えば塞がれる。
金	木	金は木を抑制し、木が多ければ金は欠ける。木が弱く金に会えば折れる。
	火	金が旺盛になれば火を得て、かたちが整う。
	土	金は土から生まれ、土が多ければ金は埋まる。土は金を生み、金が多ければ土は虚となる。
	水	金は水を生み、水が多ければ金は沈む。強い金は水を得てその切先を収める。
水	木	水は木を生み、木が多ければ水は弱くなる。強い水は木を得てその勢いを抑える。
	火	水は火を抑制し、火が多ければ水は干上がる。火が弱ければ水に会うと消えて灰になる。
	土	水が旺盛になれば土を得て、収まって池沼となる。
	金	水は金より生まれ、金が多ければ水は不足する。金は水を生み、水が多ければ金は沈む。

●季節による日干の強弱　　自分自身をあらわす日干が、生まれた月に強いか弱いかの判断表です。

五行	季節 月支 蔵干 日干	春			夏			秋			冬		
		寅 甲·丙·戊	卯 乙	辰 戊·乙·癸	巳 丙·戊·庚	午 丁·己	未 己·丁·乙	申 庚·壬·戊	酉 辛	戌 戊·丁·辛	亥 壬·甲	子 癸	丑 己·辛·癸
木	甲(木+)	◎	◎	○									
	乙(木−)	◎	◎	○									
火	丙(火+)	○	○	◎	◎	◎	◎						
	丁(火−)	○	○	◎	◎	◎	◎						
土	戊(土+)			◎	○	○	◎			◎			
	己(土−)			◎	○	○	◎			◎			
金	庚(金+)							◎	◎				
	辛(金−)							◎	◎				
水	壬(水+)							○	○	○	◎	◎	◎
	癸(水−)							○	○	○	◎	◎	◎

◎は強い、○は少し強い月です。

●季節による日干の調候　　自分自身をあらわす日干が、生まれた月によって必要な調候は次のとおりです。

五行	季節 月支 蔵干 日干	春			夏			秋			冬		
		寅 甲·丙·戊	卯 乙	辰 戊·乙·癸	巳 丙·戊·庚	午 丁·己	未 己·丁·乙	申 庚·壬·戊	酉 辛	戌 戊·丁·辛	亥 壬·甲	子 癸	丑 己·辛·癸
木	甲(木+)	丙(火+) 癸(水−)	丙(火+) 癸(水−)		癸(水−)	癸(水−)	癸(水−)				丙(火+)	丙(火+)	丙(火+)
	乙(木−)	丙(火+) 癸(水−)	丙(火+) 癸(水−)		癸(水−)	癸(水−)	癸(水−)				丙(火+)	丙(火+)	丙(火+)
火	丙(火+)				壬(水+) 庚(金+)	壬(水+) 庚(金+)	壬(水+) 庚(金+)						
	丁(火−)				壬(水+) 癸(水−) 庚(金+) 辛(金−)	壬(水+) 癸(水−) 庚(金+) 辛(金−)	壬(水+) 癸(水−) 庚(金+) 辛(金−)						
土	戊(土+)				壬(水+)	壬(水+)	壬(水+)				丙(火+)	丙(火+)	丙(火+)
	己(土−)				癸(水−)	癸(水−)	癸(水−)				丙(火+)	丙(火+)	丙(火+)
金	庚(金+)										丙(火+)	丙(火+)	丙(火+)
	辛(金−)										丙(火+)	丙(火+)	丙(火+)
水	壬(水+)										丙(火+)	丙(火+)	丙(火+)
	癸(水−)										丙(火+)	丙(火+)	丙(火+)
		春の木は太陽の火 と水が必要。			夏は暑いので水が必要。 水を生む金も必要なときあり。						冬は寒いので太陽の火が必 要。		

基本表

●合の関係図

★干合

甲己（土化）　土の月（未・戌）は強い。
乙庚（金化）　金の月（申・酉）は強い。
丙辛（水化）　水の月（亥・子）は強い。
丁壬（木化）　木の月（寅・卯）は強い。
戊癸（火化）　火の月（巳・午）は強い。

★支合

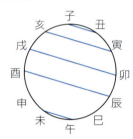

子丑（土化）　土の月（未・戌）は強い。
　　　　　　　亥があれば土化しない。
寅亥（木化）　木の月（寅・卯）は強い。
　　　　　　　辰・戌があれば木化しない。
卯戌（火化）　火の月（巳・午）は強い。
　　　　　　　申があれば火化しない。
辰酉（金化）　金の月（申・酉）は強い。
　　　　　　　寅があれば金化しない。
午未（火化）　火の月（巳・午）は強い。
　　　　　　　亥があれば火化しない。

★三合

申子辰（三合水局）　水の月（亥・子）と申・辰の月は強い。
　　　　　　　　　　辰は水の終わる月で水の「墓庫」。
亥卯未（三合木局）　木の月（寅・卯）と未・亥の月は強い。
　　　　　　　　　　未は木の終わる月で木の「墓庫」。
寅午戌（三合火局）　火の月（巳・午）と寅・戌の月は強い。
　　　　　　　　　　戌は火の終わる月で火の「墓庫」。
巳酉丑（三合金局）　金の月（申・酉）と丑・未の月は強い。
　　　　　　　　　　丑は金の終わる月で金の「墓庫」。

★半合（三合の一部）

子申（水化）・子辰（水化）水の月（亥・子）は強い。
辰申（水化しない）

寅午（火化）・午戌（火化）火の月（巳・午）は強い。
寅戌（火化しない）

卯未（木化）・卯亥（木化）木の月（寅・卯）は強い。
未亥（木化しない）

丑酉（金化）・巳酉（金化）金の月（申・酉）は強い。
丑未（金化しない）

基本表

●沖の関係図

★干沖

★支沖

●剋の関係図

●害の関係図

● 刑の関係図

★ 三刑

刑	暗示	凶意の強さ
寅巳申	忘恩の刑	★★★★★ 5
丑戌未	恃勢の刑	★★★★ 4
子卯	無礼の刑	★ 1

★ 半刑（三刑の一部）

寅巳	寅申	巳申	★ 1
丑未	丑戌	未戌	★ 1

★ 自刑

	暗示	凶意の強さ
辰辰	孤独	★★★ 3
午午	恋愛	★★ 2
酉酉	恋愛	★★ 2
亥亥	恋愛	★ 1

★ 雑刑

	暗示	凶意の強さ
子酉	恋愛・精神	★ 1
卯午	恋愛・精神	★ 1
辰丑	恋愛・精神	★ 1
辰未	孤独	★ 1
午酉	恋愛・精神	★ 1

基本表

●三会

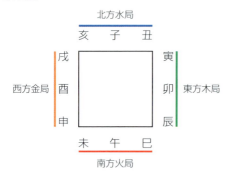

●四正・四生・四庫

★四正　子卯午酉　五行が最も旺じる月
★四生　寅巳申亥　五行が勢いのある月
★四庫　丑辰未戌　五行が終わる月

　丑「金の墓庫」
　辰「水の墓庫」
　未「木の墓庫」
　戌「火の墓庫」

●長生十二運表

地支\天干	長生	沐浴	冠帯	臨官	帝王	衰	病	死	墓	絶	胎	養
甲	亥	子	丑	寅	卯	辰	巳	午	未	申	酉	戌
乙	午	巳	辰	卯	寅	丑	子	亥	戌	酉	申	未
丙	寅	卯	辰	巳	午	未	申	酉	戌	亥	子	丑
丁	酉	申	未	午	巳	辰	卯	寅	丑	子	亥	戌
戊	寅	卯	辰	巳	午	未	申	酉	戌	亥	子	丑
己	酉	申	未	午	巳	辰	卯	寅	丑	子	亥	戌
庚	巳	午	未	申	酉	戌	亥	子	丑	寅	卯	辰
辛	子	亥	戌	酉	申	未	午	巳	辰	卯	寅	丑
壬	申	酉	戌	亥	子	丑	寅	卯	辰	巳	午	未
癸	卯	寅	丑	子	亥	戌	酉	申	未	午	巳	辰

基本表

475

●運命星が示す人間関係

意味	運命星	男性にとって	女性にとって
我(日干)と同じ	比肩	友人・兄弟・姉妹	友人・兄弟・姉妹
	劫財	友人・兄弟・姉妹	友人・兄弟・姉妹
我(日干)が生む	食神		娘
	傷官		息子
我(日干)が剋す	偏財	父・恋人・愛人	父
	正財	妻	父
我(日干)を剋す	七殺	息子	恋人・愛人
	正官	娘	夫
我(日干)を生む	偏印	母	母
	印綬	母・先祖	母・先祖

基本表

478

◆孫運命学早見表

早見表

● 日干から探す早見表

日干　甲

生まれた時刻	時柱の干支	十干	陰陽五行	運命星	特殊星	十二支	陰陽五行	運命星	特殊星
23:00以降～ 1:00前	甲子	甲	木+	比肩		子	水+	印綬	桃花
1:00以降～ 3:00前	乙丑	乙	木−	劫財	飛刃	丑	土−	正財	天乙貴人
3:00以降～ 5:00前	丙寅	丙	火+	食神		寅	木+	比肩	
5:00以降～ 7:00前	丁卯	丁	火−	傷官		卯	木−	劫財	羊刃・桃花
7:00以降～ 9:00前	戊辰	戊	土+	偏財		辰	土+	偏財	
9:00以降～11:00前	己巳	己	土−	正財		巳	火−	食神	文昌貴人
11:00以降～13:00前	庚午	庚	金+	七殺		午	火+	傷官	紅艶
13:00以降～15:00前	辛未	辛	金−	正官		未	土−	正財	天乙貴人
15:00以降～17:00前	壬申	壬	水+	偏印		申	金+	七殺	
17:00以降～19:00前	癸酉	癸	水−	印綬		酉	金−	正官	桃花
19:00以降～21:00前	甲戌					戌	土+	偏財	
21:00以降～23:00前	乙亥					亥	水−	偏印	

日干　乙

生まれた時刻	時柱の干支	十干	陰陽五行	運命星	特殊星	十二支	陰陽五行	運命星	特殊星
23:00以降～ 1:00前	丙子	甲	木+	劫財		子	水+	偏印	天乙貴人・桃花
1:00以降～ 3:00前	丁丑	乙	木−	比肩		丑	土−	偏財	
3:00以降～ 5:00前	戊寅	丙	火+	傷官		寅	木+	劫財	
5:00以降～ 7:00前	己卯	丁	火−	食神		卯	木−	比肩	桃花
7:00以降～ 9:00前	庚辰	戊	土+	正財		辰	土+	正財	
9:00以降～11:00前	辛巳	己	土−	偏財		巳	火−	傷官	
11:00以降～13:00前	壬午	庚	金+	正官		午	火+	食神	文昌貴人・紅艶
13:00以降～15:00前	癸未	辛	金−	七殺		未	土−	偏財	
15:00以降～17:00前	甲申	壬	水+	印綬		申	金+	正官	天乙貴人
17:00以降～19:00前	乙酉	癸	水−	偏印		酉	金−	七殺	桃花
19:00以降～21:00前	丙戌					戌	土+	正財	
21:00以降～23:00前	丁亥					亥	水−	印綬	

日干	丙								
生まれた時刻	時柱の干支	十干				十二支			
		十干	陰陽五行	運命星	特殊星	十二支	陰陽五行	運命星	特殊星
23:00以降～ 1:00前	戊子	甲	木＋	偏印		子	水＋	正官	桃花
1:00以降～ 3:00前	己丑	乙	木－	印綬		丑	土－	傷官	
3:00以降～ 5:00前	庚寅	丙	火＋	比肩		寅	木＋	偏印	紅艶
5:00以降～ 7:00前	辛卯	丁	火－	劫財	飛刃	卯	木－	印綬	桃花
7:00以降～ 9:00前	壬辰	戊	土＋	食神		辰	土＋	食神	
9:00以降～11:00前	癸巳	己	土－	傷官		巳	火－	比肩	
11:00以降～13:00前	甲午	庚	金＋	偏財		午	火＋	劫財	羊刃・桃花
13:00以降～15:00前	乙未	辛	金－	正財		未	土－	傷官	
15:00以降～17:00前	丙申	壬	水＋	七殺		申	金＋	偏財	文昌貴人
17:00以降～19:00前	丁酉	癸	水－	正官		酉	金－	正財	天乙貴人・桃花
19:00以降～21:00前	戊戌					戌	土＋	食神	
21:00以降～23:00前	己亥					亥	水－	七殺	天乙貴人

日干	丁								
生まれた時刻	時柱の干支	十干				十二支			
		十干	陰陽五行	運命星	特殊星	十二支	陰陽五行	運命星	特殊星
23:00以降～ 1:00前	庚子	甲	木＋	印綬		子	水＋	七殺	桃花
1:00以降～ 3:00前	辛丑	乙	木－	偏印		丑	土－	食神	
3:00以降～ 5:00前	壬寅	丙	火＋	劫財		寅	木＋	印綬	
5:00以降～ 7:00前	癸卯	丁	火－	比肩		卯	木－	偏印	桃花
7:00以降～ 9:00前	甲辰	戊	土＋	傷官		辰	土＋	傷官	
9:00以降～11:00前	乙巳	己	土－	食神		巳	火－	劫財	
11:00以降～13:00前	丙午	庚	金＋	正財		午	火＋	比肩	桃花
13:00以降～15:00前	丁未	辛	金－	偏財		未	土－	食神	紅艶
15:00以降～17:00前	戊申	壬	水＋	正官		申	金＋	正財	
17:00以降～19:00前	己酉	癸	水－	七殺		酉	金－	偏財	天乙貴人・文昌貴人・桃花
19:00以降～21:00前	庚戌					戌	土＋	傷官	
21:00以降～23:00前	辛亥					亥	水－	正官	天乙貴人

早見表

日干					**戊**				
生まれた時刻	時柱の干支	十干				十二支			
		十干	陰陽五行	運命星	特殊星	十二支	陰陽五行	運命星	特殊星
23:00以降～ 1:00前	壬子	甲	木＋	七殺		子	水＋	正財	桃花
1:00以降～ 3:00前	癸丑	乙	木－	正官		丑	土－	劫財	天乙貴人
3:00以降～ 5:00前	甲寅	丙	火＋	偏印		寅	木＋	七殺	
5:00以降～ 7:00前	乙卯	丁	火－	印綬	飛刃	卯	木－	正官	桃花
7:00以降～ 9:00前	丙辰	戊	土＋	比肩		辰	土＋	比肩	紅艶
9:00以降～11:00前	丁巳	己	土－	劫財		巳	火－	偏印	
11:00以降・13:00前	戊午	庚	金＋	食神		午	火＋	印綬	羊刃・桃花
13:00以降～15:00前	己未	辛	金－	傷官		未	土－	劫財	天乙貴人
15:00以降～17:00前	庚申	壬	水＋	偏財		申	金＋	食神	文昌貴人
17:00以降～19:00前	辛酉	癸	水－	正財		酉	金－	傷官	桃花
19:00以降～21:00前	壬戌					戌	土＋	比肩	
21:00以降～23:00前	癸亥					亥	水－	偏財	

日干					**己**				
生まれた時刻	時柱の干支	十干				十二支			
		十干	陰陽五行	運命星	特殊星	十二支	陰陽五行	運命星	特殊星
23:00以降～ 1:00前	甲子	甲	木＋	正官		子	水＋	偏財	天乙貴人・桃花
1:00以降～ 3:00前	乙丑	乙	木－	七殺		丑	土－	比肩	
3:00以降～ 5:00前	丙寅	丙	火＋	印綬		寅	木＋	正官	
5:00以降～ 7:00前	丁卯	丁	火－	偏印		卯	木－	七殺	桃花
7:00以降～ 9:00前	戊辰	戊	土＋	劫財		辰	土＋	劫財	紅艶
9:00以降～11:00前	己巳	己	土－	比肩		巳	火－	印綬	
11:00以降～13:00前	庚午	庚	金＋	傷官		午	火＋	偏印	桃花
13:00以降～15:00前	辛未	辛	金－	食神		未	土－	比肩	
15:00以降～17:00前	壬申	壬	水＋	正財		申	金＋	傷官	天乙貴人
17:00以降～19:00前	癸酉	癸	水－	偏財		酉	金－	食神	文昌貴人・桃花
19:00以降～21:00前	甲戌					戌	土＋	劫財	
21:00以降～23:00前	乙亥					亥	水－	正財	

日干	庚								
生まれた時刻	時柱の干支	十干				十二支			
		十干	陰陽五行	運命星	特殊星	十二支	陰陽五行	運命星	特殊星
23:00以降〜 1:00前	丙子	甲	木＋	偏財		子	水＋	傷官	桃花
1:00以降〜 3:00前	丁丑	乙	木−	正財		丑	土−	印綬	天乙貴人
3:00以降〜 5:00前	戊寅	丙	火＋	七殺		寅	木＋	偏財	
5:00以降〜 7:00前	己卯	丁	火−	正官		卯	木−	正財	桃花
7:00以降〜 9:00前	庚辰	戊	土＋	偏印		辰	土＋	偏印	
9:00以降〜11:00前	辛巳	己	土−	印綬		巳	火−	七殺	
11:00以降〜13:00前	壬午	庚	金＋	比肩		午	火＋	正官	桃花
13:00以降〜15:00前	癸未	辛	金−	劫財	飛刃	未	土−	印綬	天乙貴人
15:00以降〜17:00前	甲申	壬	水＋	食神		申	金＋	比肩	
17:00以降〜19:00前	乙酉	癸	水−	傷官		酉	金−	劫財	羊刃・桃花
19:00以降〜21:00前	丙戌					戌	土＋	偏印	紅艶
21:00以降〜23:00前	丁亥					亥	水−	食神	文昌貴人

日干	辛								
生まれた時刻	時柱の干支	十干				十二支			
		十干	陰陽五行	運命星	特殊星	十二支	陰陽五行	運命星	特殊星
23:00以降〜 1:00前	戊子	甲	木＋	正財		子	水＋	食神	文昌貴人・桃花
1:00以降〜 3:00前	己丑	乙	木−	偏財		丑	土−	偏印	
3:00以降〜 5:00前	庚寅	丙	火＋	正官		寅	木＋	正財	天乙貴人
5:00以降〜 7:00前	辛卯	丁	火−	七殺		卯	木−	偏財	桃花
7:00以降〜 9:00前	壬辰	戊	土＋	印綬		辰	土＋	印綬	
9:00以降〜11:00前	癸巳	己	土−	偏印		巳	火−	正官	
11:00以降〜13:00前	甲午	庚	金＋	劫財		午	火＋	七殺	天乙貴人・桃花
13:00以降〜15:00前	乙未	辛	金−	比肩		未	土−	偏印	
15:00以降〜17:00前	丙申	壬	水＋	傷官		申	金＋	劫財	
17:00以降〜19:00前	丁酉	癸	水−	食神		酉	金−	比肩	紅艶
19:00以降〜21:00前	戊戌					戌	土＋	印綬	
21:00以降〜23:00前	己亥					亥	水−	傷官	

早見表

日干		壬							
生まれた時刻	時柱の干支	十干				十二支			
		十干	陰陽五行	運命星	特殊星	十二支	陰陽五行	運命星	特殊星
23:00以降～ 1:00前	庚子	甲	木＋	食神		子	水＋	劫財	羊刃・紅艶
1:00以降～ 3:00前	辛丑	乙	木－	傷官		丑	土－	正官	
3:00以降～ 5:00前	壬寅	丙	火＋	偏財		寅	木＋	食神	文昌貴人
5:00以降～ 7:00前	癸卯	丁	火－	正財		卯	木－	傷官	天乙貴人・桃花
7:00以降～ 9:00前	甲辰	戊	土＋	七殺		辰	土＋	七殺	
9:00以降～11:00前	乙巳	己	土－	正官		巳	火－	偏財	天乙貴人
11:00以降～13:00前	丙午	庚	金＋	偏印		午	火＋	正財	桃花
13:00以降～15:00前	丁未	辛	金－	印綬		未	土－	正官	
15:00以降～17:00前	戊申	壬	水＋	比肩		申	金＋	偏印	
17:00以降～19:00前	己酉	癸	水－	劫財	飛刃	酉	金－	印綬	桃花
19:00以降～21:00前	庚戌					戌	土＋	七殺	
21:00以降～23:00前	辛亥					亥	水－	比肩	

日干		癸							
生まれた時刻	時柱の干支	十干				十二支			
		十干	陰陽五行	運命星	特殊星	十二支	陰陽五行	運命星	特殊星
23:00以降～ 1:00前	壬子	甲	木＋	傷官		子	水＋	比肩	桃花
1:00以降～ 3:00前	癸丑	乙	木－	食神		丑	土－	七殺	
3:00以降～ 5:00前	甲寅	丙	火＋	正財		寅	木＋	傷官	
5:00以降～ 7:00前	乙卯	丁	火－	偏財		卯	木－	食神	天乙貴人・文昌貴人・桃花
7:00以降～ 9:00前	丙辰	戊	土＋	正官		辰	土＋	正官	
9:00以降～11:00前	丁巳	己	土－	七殺		巳	火－	正財	天乙貴人
11:00以降～13:00前	戊午	庚	金＋	印綬		午	火＋	偏財	桃花
13:00以降～15:00前	己未	辛	金－	偏印		未	土－	七殺	
15:00以降～17:00前	庚申	壬	水＋	劫財		申	金＋	印綬	紅艶
17:00以降～19:00前	辛酉	癸	水－	比肩		酉	金－	偏印	桃花
19:00以降～21:00前	壬戌					戌	土＋	正官	
21:00以降～23:00前	癸亥					亥	水－	劫財	

●身旺（みおう）・身弱（みじゃく）簡略早見表

1. 生まれた時刻がわかる時（時柱（じちゅう）の運命星（うんめいせい）がわかる時）

命式図の7つの運命星のうち、比肩・劫財、偏印・印綬の星の数で判断します。

命式図の 比肩・劫財・ 偏印・印綬の数	身旺A	身旺B	中和C	身弱D	身弱E
	4以上	3	2	1	0

2. 生まれた時刻がわからない時（時柱（じちゅう）の運命星（うんめいせい）がわからない時）

万年暦の日柱の間の数字で判断します。（運命バランスの上にメモした数字）

万年暦の日柱の間の数字	身旺B	中和C	身弱D
	1	2	3

●運命星（うんめいせい）吉凶早見表

運命星 ＼ バランス	身旺A	身旺B	中和C	身弱D	身弱E
食神 傷官 七殺 正官 偏財 正財	○吉星		○吉星 （少しよくなる）	×凶星	
比肩 劫財 偏印 印綬	×凶星		△ （悪くなりにくい）	○吉星	

早見表

●調候吉星早見表

季節	春			夏			秋			冬		
月支 日干	寅	卯	辰	巳	午	未	申	酉	戌	亥	子	丑
甲	印綬 食神	印綬 食神		印綬	印綬	印綬				食神	食神	食神
乙	偏印 傷官	偏印 傷官		偏印	偏印	偏印				傷官	傷官	傷官
丙				七殺 偏財	七殺 偏財	七殺 偏財						
丁				七殺 正官 偏財 正財	七殺 正官 偏財 正財	七殺 正官 偏財 正財						
戊				正財	正財	正財				偏印	偏印	偏印
己				偏財	偏財	偏財				印綬	印綬	印綬
庚										七殺	七殺	七殺
辛										正官	正官	正官
壬										偏財	偏財	偏財
癸										正財	正財	正財

＊春の辰の月、秋の申・酉・戌の月はバランスがよいので調候吉星はありません。

●月支・日支から探す特殊星早見表

1. 月支で探す特殊星

月支 \ 特殊星	天徳貴人	月徳貴人
子	己	壬
丑	庚	庚
寅	丁	丙
卯	申	甲
辰	壬	壬
巳	辛	庚
午	亥	丙
未	甲	甲
申	癸	壬
酉	寅	庚
戌	丙	丙
亥	乙	甲

2. 日支で探す特殊星

日支 \ 特殊星	駅馬
子	寅
丑	亥
寅	申
卯	巳
辰	寅
巳	亥
午	申
未	巳
申	寅
酉	亥
戌	申
亥	巳

早見表

●日干で探す特殊星

日干 ＼ 特殊星	天乙貴人	文昌貴人	羊刃	(飛刃)	紅艶	桃花
甲	丑・未	巳	卯	乙	午	子・卯・酉
乙	子・申	午			午	子・卯・酉
丙	酉・亥	申	午	丁	寅	子・卯・午・酉
丁	酉・亥	酉			未	子・卯・午・酉
戊	丑・未	申	午	丁	辰	子・卯・午・酉
己	子・申	酉			辰	子・卯・午・酉
庚	丑・未	亥	酉	辛	戌	子・卯・午・酉
辛	寅・午	子			酉	子・卯・午
壬	卯・巳	寅	子	癸	子	卯・午・酉
癸	卯・巳	卯			申	子・卯・午・酉

＊「●日干から探す早見表」にあるものを一覧で表示しています。

●身旺の羊刃運期と年運

日干	大運の羊刃		大運の羊刃と重なると危険な年運			
	飛刃の干	羊刃の支	羊刃の支	大運の羊刃の支と合・冲になる支		
甲	乙	卯	卯	未	酉	戌	亥
丙	丁	午	午	子	寅	未	戌
戊	丁	午	午	子	寅	未	戌
庚	辛	酉	酉	丑	卯	辰	巳
壬	癸	子	子	丑	辰	午	申

＊羊刃は刃物の意味。羊刃が合、冲に触れると傷を負う＝トラブルの暗示。

●合・冲・刑早見表
1. 十干の合・冲

天干	甲	乙	丙	丁	戊	己	庚	辛	壬	癸
甲						合	冲			
乙							合	冲		
丙								合	冲	
丁									合	冲
戊										合
己	合									
庚	冲	合								
辛		冲	合							
壬			冲	合						
癸				冲	合					

2. 十二支の合・冲・刑

地支	子	丑	寅	卯	辰	巳	午	未	申	酉	戌	亥
子		合		刑	合		冲		合	刑		
丑	合				刑	合		冲・刑		合	刑	
寅						刑	合		冲・刑		合	合
卯	刑						刑	合		冲	合	合
辰	合	刑			刑			刑	合	合	冲	
巳		合	刑						刑	合		冲
午	冲		合	刑			刑	合		刑	合	
未		冲・刑		合	刑		合				刑	合
申	合		冲・刑		合	刑						
酉	刑	合		冲	合	合	刑			刑		
戌		刑	合	合	冲		合	刑				
亥			合	合		冲		合				刑

●空亡早見表 (くうぼう)

日柱の干支						
	甲子	甲戌	甲申	甲午	甲辰	甲寅
	乙丑	乙亥	乙酉	乙未	乙巳	乙卯
	丙寅	丙子	丙戌	丙申	丙午	丙辰
	丁卯	丁丑	丁亥	丁酉	丁未	丁巳
	戊辰	戊寅	戊子	戊戌	戊申	戊午
	己巳	己卯	己丑	己亥	己酉	己未
	庚午	庚辰	庚寅	庚子	庚戌	庚申
	辛未	辛巳	辛卯	辛丑	辛亥	辛酉
	壬申	壬午	壬辰	壬寅	壬子	壬戌
	癸酉	癸未	癸巳	癸卯	癸丑	癸亥
	↓	↓	↓	↓	↓	↓
空亡	戌亥	申酉	午未	辰巳	寅卯	子丑

●時柱早見表 (じちゅう)

生まれた時間 \ 日干	甲 / 己	乙 / 庚	丙 / 辛	丁 / 壬	戊 / 癸
23:00以降〜 1:00前	甲子	丙子	戊子	庚子	壬子
1:00以降〜 3:00前	乙丑	丁丑	己丑	辛丑	癸丑
3:00以降〜 5:00前	丙寅	戊寅	庚寅	壬寅	甲寅
5:00以降〜 7:00前	丁卯	己卯	辛卯	癸卯	乙卯
7:00以降〜 9:00前	戊辰	庚辰	壬辰	甲辰	丙辰
9:00以降〜11:00前	己巳	辛巳	癸巳	乙巳	丁巳
11:00以降〜13:00前	庚午	壬午	甲午	丙午	戊午
13:00以降〜15:00前	辛未	癸未	乙未	丁未	己未
15:00以降〜17:00前	壬申	甲申	丙申	戊申	庚申
17:00以降〜19:00前	癸酉	乙酉	丁酉	己酉	辛酉
19:00以降〜21:00前	甲戌	丙戌	戊戌	庚戌	壬戌
21:00以降〜23:00前	乙亥	丁亥	己亥	辛亥	癸亥

＊「●日干から探す早見表」(にっかん) にあるものを一覧で表示しています。

早見表

●運命星早見表

運命星＼日干	甲	乙	丙	丁	戊	己	庚	辛	壬	癸
比肩	甲	乙	丙	丁	戊	己	庚	辛	壬	癸
	寅	卯	巳	午	辰・戌	丑・未	申	酉	亥	子
劫財	乙	甲	丁	丙	己	戊	辛	庚	癸	壬
	卯	寅	午	巳	丑・未	辰・戌	酉	申	子	亥
食神	丙	丁	戊	己	庚	辛	壬	癸	甲	乙
	巳	午	辰・戌	丑・未	申	酉	亥	子	寅	卯
傷官	丁	丙	己	戊	辛	庚	癸	壬	乙	甲
	午	巳	丑・未	辰・戌	酉	申	子	亥	卯	寅
偏財	戊	己	庚	辛	壬	癸	甲	乙	丙	丁
	辰・戌	丑・未	申	酉	亥	子	寅	卯	巳	午
正財	己	戊	辛	庚	癸	壬	乙	甲	丁	丙
	丑・未	辰・戌	酉	申	子	亥	卯	寅	午	巳
七殺	庚	辛	壬	癸	甲	乙	丙	丁	戊	己
	申	酉	亥	子	寅	卯	巳	午	辰・戌	丑・未
正官	辛	庚	癸	壬	乙	甲	丁	丙	己	戊
	酉	申	子	亥	卯	寅	午	巳	丑・未	辰・戌
偏印	壬	癸	甲	乙	丙	丁	戊	己	庚	辛
	亥	子	寅	卯	巳	午	辰・戌	丑・未	申	酉
印綬	癸	壬	乙	甲	丁	丙	己	戊	辛	庚
	子	亥	卯	寅	午	巳	丑・未	辰・戌	酉	申

＊「●日干から探す早見表」にあるものを一覧で表示しています。

早見表

●恋愛運と結婚運（身旺・中和）

以下の表を大運・年運でみる。

★よい恋愛運早見表

紅艶・桃花が大運、年運の吉運期（食神・傷官、偏財・正財、七殺・正官の時）にある時。ただし、命式図と冲・刑にならないこと。

日干	身旺・中和の男性・女性				
	紅艶	桃花			
甲	午				酉
乙	午				酉
丙		子			酉
丁	未	子			酉
戊		子	卯		酉
己		子	卯		酉
庚		子	卯	午	
辛		子	卯	午	
壬			卯	午	
癸			卯	午	

★よい結婚運早見表

日干	身旺・中和の男性						身旺・中和の女性					
	天乙貴人		正財		偏財		天乙貴人		正官		七殺	
甲	丑	未	己	丑・未	戊	辰・戌	丑	未	辛	酉	庚	申
乙	子	申	戊	辰・戌	己	丑・未	子	申	庚	申	辛	酉
丙	酉	亥	辛	酉	庚	申	酉	亥	癸	子	壬	亥
丁	酉	亥	庚	申	辛	酉	酉	亥	壬	亥	癸	子
戊	丑	未	癸	子	壬	亥	丑	未	乙	卯	甲	寅
己	子	申	壬	亥	癸	子	子	申	甲	寅	乙	卯
庚	丑	未	乙	卯	甲	寅	丑	未	丁	午	丙	巳
辛	寅	午	甲	寅	乙	卯	寅	午	丙	巳	丁	午
壬	卯	巳	丁	午	丙	巳	卯	巳	己	丑・未	戊	辰・戌
癸	卯	巳	丙	巳	丁	午	卯	巳	戊	辰・戌	己	丑・未

身旺・中和で、命式図に偏財・正財がある男性は食神・傷官の時期、命式図に七殺・正官がある女性は偏財・正財の時期も結婚運がよい。

（上の表に下の表も加えてみる）

日干	命式図に偏財・正財がある身旺・中和の男性				命式図に七殺・正官がある身旺・中和の女性			
	食神		傷官		偏財		正財	
甲	丙	巳	丁	午	戊	辰・戌	己	丑・未
乙	丁	午	丙	巳	己	丑・未	戊	辰・戌
丙	戊	辰・戌	己	丑・未	庚	申	辛	酉
丁	己	丑・未	戊	辰・戌	辛	酉	庚	申
戊	庚	申	辛	酉	壬	亥	癸	子
己	辛	酉	庚	申	癸	子	壬	亥
庚	壬	亥	癸	子	甲	寅	乙	卯
辛	癸	子	壬	亥	乙	卯	甲	寅
壬	甲	寅	乙	卯	丙	巳	丁	午
癸	乙	卯	甲	寅	丁	午	丙	巳

早見表

●恋愛運と結婚運（身弱^{みじゃく}）

以下の表を大運・年運でみる。

★よい恋愛運早見表

紅艶・桃花が大運、年運の吉運期（比肩・劫財、偏印・印綬の時）にある時。
ただし、命式図と冲・刑にならないこと。

日干	身弱の男性・女性				
	紅艶	桃花			
甲		子	卯		
乙		子	卯		
丙	寅		卯	午	
丁			卯	午	
戊	辰			午	
己	辰			午	
庚	戌				酉
辛	酉				
壬	子				酉
癸	申	子			酉

★よい結婚運早見表

男性は偏財・正財の時期、女性は七殺・正官の時期はお見合い結婚（紹介を含む）によい運。恋愛結婚はよくない。

比肩、偏印の時期は恋愛結婚によい運。お見合い結婚はよくない。

日干	身弱の男性								身弱の女性							
	天乙貴人		正財		偏財		比肩	偏印	天乙貴人		正官		七殺		比肩	偏印
甲	丑	未	己	丑・未	戊	辰・戌	寅		丑	未	辛	酉	庚	申	寅	
乙	子	申	戊	辰・戌	己	午・未	卯		子	申	庚	申	辛	酉	卯	
丙	酉	亥	辛	酉	庚	申	巳		酉	亥	癸	子	壬	亥	巳	
丁	酉	亥	庚	申	辛	酉	午		酉	亥	壬	亥	癸	子	午	
戊	丑	未	癸	子	壬	亥		巳	丑	未	乙	卯	甲	寅		巳
己	子	申	壬	亥	癸	子		午	子	申	甲	寅	乙	卯		午
庚	丑	未	乙	卯	甲	寅	申		丑	未	丁	午	丙	巳	申	
辛	寅	午	甲	寅	乙	卯	酉		寅	午	丙	巳	丁	午	酉	
壬	卯	巳	丁	午	丙	巳	亥		卯	巳	己	丑・未	戊	辰・戌	亥	
癸	卯	巳	丙	巳	丁	午	子		卯	巳	戊	辰・戌	己	午・未	子	

●結婚注意早見表

＊晩婚運があって早く結婚すると離婚の可能性があります。早婚と晩婚の境界線は28歳です。

＊晩婚運の女性は若いころ、結婚している男性に惹かれやすい傾向があります。

＊特殊星の紅艶と桃花の両方を持っている女性は男性にだまされやすい傾向があります

＊女性は自分より4歳以上年上の相性のよい男性と、男性は自分より年下の相性のよい女性と結婚すると幸せになります。

1.　晩婚運の日柱

＊赤字で表示している日柱が晩婚運のある日柱です。

＊これらの日柱の地支と隣の地支とが合であれば、晩婚になる可能性は少なくなります。

＊これらの日柱と、冲や刑があれば、28歳よりももっと遅くなる可能性があります。

甲子旬		甲戌旬		甲申旬		甲午旬		甲辰旬		甲寅旬	
1	甲 子	11	甲 戌	21	甲 申	31	甲 午	41	甲 辰	51	甲 寅
2	乙 丑	12	乙 亥	22	乙 酉	32	乙 未	42	乙 巳	52	乙 卯
3	丙 寅	13	丙 子	23	丙 戌	33	丙 申	43	丙 午	53	丙 辰
4	丁 卯	14	丁 丑	24	丁 亥	34	丁 酉	44	丁 未	54	丁 巳
5	戊 辰	15	戊 寅	25	戊 子	35	戊 戌	45	戊 申	55	戊 午
6	己 巳	16	己 卯	26	己 丑	36	己 亥	46	己 酉	56	己 未
7	庚 午	17	庚 辰	27	庚 寅	37	庚 子	47	庚 戌	57	庚 申
8	辛 午	18	辛 巳	28	辛 卯	38	辛 丑	48	辛 亥	58	辛 酉
9	壬 申	19	壬 午	29	壬 辰	39	壬 寅	49	壬 子	59	壬 戌
10	癸 酉	20	癸 未	30	癸 巳	40	癸 卯	50	癸 丑	60	癸 亥

2. 晩婚運の元命・命式図・大運表

		男性		女性	
		身旺	身弱	身旺	身弱
元命		比肩	偏財	比肩	偏財
		劫財	正財	劫財	
		偏印	七殺	偏印	七殺
			正官		傷官
命式図		沖・刑が2つ以上		沖・刑が2つ以上	
				合が3つ以上	
				正官が3つ以上	
				天乙貴人が3つ以上	
				官殺混雑がある	
		偏財・正財がない		七殺・正官がない	
大運表		20～30代の間に結婚運をあらわす星があらわれていない人。			

3. 離婚注意の元命・命式図・大運表

		男性		女性	
		身旺	身弱	身旺	身弱
元命		比肩		比肩	
		劫財		劫財	
				傷官	傷官
命式図		沖・刑が2つ以上		沖・刑が2つ以上	
大運表		沖の運期（大運の十二支と命式図の十二支が沖になる時）。			
		刑の運期（大運の十二支と命式図の十二支が刑になる時）。			

＊大運の離婚運は5年間あります。この時期を越えれば離婚はしません。

早見表

●相性早見表　　　　　　　　　　○＝よい　△＝普通　×＝悪い

1. 年支相性早見表（男女共通）

自分\相手	子	丑	寅	卯	辰	巳	午	未	申	酉	戌	亥
子	△	○	△	×	○	△	×	△	○	△	△	△
丑	○	△	△	△	×	○	△	×	△	○	×	△
寅	△	△	△	△	△	×	○	△	×	△	○	○
卯	×	△	△	△	△	△	△	○	△	×	○	○
辰	○	×	△	△	×	△	△	×	○	○	×	△
巳	△	○	×	△	△	△	△	△	×	○	△	×
午	×	△	○	△	△	△	×	○	△	△	○	△
未	△	×	△	○	×	△	○	△	△	△	×	○
申	○	△	×	△	○	×	△	△	△	△	△	△
酉	△	○	△	×	○	○	△	△	△	×	△	△
戌	△	×	○	○	×	△	○	×	△	△	△	△
亥	△	△	○	○	△	×	△	○	△	△	△	×

2. 女性からみた日干相性早見表

自分＼相手	甲	乙	丙	丁	戊	己	庚	辛	壬	癸
甲	△	△	△	△	×	○	×	○	△	△
乙	△	△	△	△	△	×	○	×	△	△
丙	△	△	△	△	△	△	△	○	×	○
丁	△	△	△	△	△	△	△	△	○	×
戊	×	○	△	△	△	△	△	△	×	○
己	○	×	△	△	△	△	△	△	△	×
庚	×	○	△	○	△	△	△	△	△	△
辛	△	×	○	×	△	△	△	△	△	△
壬	△	△	×	○	×	○	△	△	△	△
癸	△	△	△	×	○	×	△	△	△	△

3. 男性からみた日干相性早見表

自分＼相手	甲	乙	丙	丁	戊	己	庚	辛	壬	癸
甲	△	△	△	△	△	○	×	△	△	△
乙	△	△	△	△	○	△	○	×	△	△
丙	△	△	△	△	△	△	△	○	×	△
丁	△	△	△	△	△	△	○	△	○	×
戊	×	△	△	△	△	△	△	△	△	○
己	○	×	△	△	△	△	△	△	○	△
庚	×	○	△	△	△	△	△	△	△	△
辛	○	×	○	△	△	△	△	△	△	△
壬	△	△	×	○	△	△	△	△	△	△
癸	△	△	○	×	○	△	△	△	△	△

早見表

●健康注意早見表（身旺<ruby>み<rt>み</rt></ruby><ruby>おう<rt>おう</rt></ruby>・中和・身弱<ruby>み<rt>み</rt></ruby><ruby>じゃく<rt>じゃく</rt></ruby>でみる）

＊運命バランスが中和は比較的健康です。

日干	身旺・身弱でみる注意するからだの部位		
	身旺A・身旺B	中和C	身弱D・身弱E
甲	肺・腎臓・胃腸		肝臓・脾臓
乙	肺・腎臓・胃腸		肝臓・脾臓
丙	肝臓・肺・高血圧		心臓・血管
丁	肝臓・肺・高血圧		心臓・血管
戊	胃腸・便秘・腎臓		胃腸
己	胃腸・便秘・腎臓		胃腸
庚	肝臓		肺・呼吸器
辛	肝臓		肺・呼吸器
壬	心臓・胃腸		腎臓・眼・血液
癸	心臓・胃腸		腎臓・眼・血液

●健康注意早見表（日干と月支でみる）

＊春の辰の月、秋の申・酉・戌の月生まれは比較的健康です。

季節	生まれた季節（月支）でみる注意するからだの部位											
	春			夏			秋			冬		
月支＼日干	寅	卯	辰	巳	午	未	申	酉	戌	亥	子	丑
甲	印綬がない→腎臓 食神がない→心臓			印綬がない→眼・腎臓・血液						食神がない→心臓		
乙	偏印がない→腎臓 傷官がない→心臓			偏印がない→眼・腎臓・血液						傷官がない→心臓		
丙				七殺がない→腎臓・血液 偏財がない→肺								
丁				七殺がない→腎臓 正官がない→腎臓 偏財がない→肺 正財がない→肺								
戊				正財がない→眼・腎臓・血液						偏印がない→心臓		
己				偏財がない→腎臓・血液						印綬がない→心臓		
庚										七殺がない→心臓		
辛										正官がない→心臓		
壬										偏財がない→心臓		
癸										正財がない→心臓		

早見表

●よい日・悪い日早見表

1. その日の干支(えと)によるよい日・悪い日

（万年暦でその日の干支をみつけて、この表で探します。）

日干	バランス	干支によるよい日・悪い日		天乙貴人のよい日	文昌貴人のよい日	羊刃になる注意日
		前日23時から11時まで よい日の十干	11時から23時まで よい日の十二支			
甲	身旺	丙^2 丁^2 戊^3 己^3 庚^4 辛^4	辰^3 巳^2 午^2 申^4 酉^4 戌^3	丑 未	巳	卯
	中和	丙^2 丁^2 戊^3 己^3 辛^4	辰^3 巳^2 午^2 酉^4 戌^3	丑 未	巳	
	身弱	甲^1 乙^1 壬^5 癸^5	子^5 寅^2 卯^1 亥^5	丑 未	巳	卯
乙	身旺	丙^2 丁^2 戊^3 己^3 庚^4 辛^4	辰^3 巳^2 午^2 未^3 酉^4 戌^3	子 申	午	
	中和	丙^2 丁^2 戊^3 己^3 庚^4	辰^3 巳^2 午^2 未^3 戌^3	子 申	午	
	身弱	甲^1 乙^1 壬^5 癸^5	寅^1 卯^1 亥^5	子 申	午	
丙	身旺	戊^2 己^2 庚^3 辛^3 壬^4 癸^4	子^4 丑^4 辰^2 未^2 申^3 戌^2	酉 亥	申	午
	中和	戊^2 己^2 庚^3 辛^3 癸^4	子^4 丑^4 辰^2 未^2 戌^2	酉 亥	申	
	身弱	甲^5 乙^5 丙^1 丁^1	寅^5 卯^5 巳^1 午^1	酉 亥	申	午
丁	身旺	戊^2 己^2 庚^3 辛^3 壬^4 癸^4	子^4 丑^2 辰^2 未^2 申^3 戌^2	酉 亥	酉	
	中和	戊^2 己^2 庚^3 辛^3 壬^4	子^4 丑^2 辰^2 未^2 申^3 戌^2	酉 亥	酉	
	身弱	甲^5 乙^5 丙^1 丁^1	寅^5 卯^5 巳^1 午^1	酉 亥	酉	
戊	身旺	甲^4 乙^4 庚^2 辛^2 壬^3 癸^3	子^3 寅^4 卯^4 申^2 酉^2 亥^3	丑 未	申	午
	中和	乙^4 庚^2 辛^2 壬^3 癸^3	子^3 寅^4 卯^4 申^2 酉^2	丑 未	申	
	身弱	丙^5 丁^5 戊^1 己^1	辰^1 巳^1 午^5 戌^1	丑 未	申	午
己	身旺	甲^4 乙^4 庚^2 辛^2 壬^3 癸^3	寅^4 卯^4 酉^2 亥^3	子 申	酉	
	中和	甲^4 庚^2 辛^2 壬^3 癸^3	寅^4 酉^2 亥^3	子 申	酉	
	身弱	丙^5 丁^5 戊^1 己^1	丑^1 辰^1 巳^5 未^5 戌^1	子 申	酉	
庚	身旺	甲^3 乙^3 丙^4 丁^4 壬^2 癸^2	子^2 寅^3 卯^3 巳^4 午^4 亥^2	丑 未	亥	酉
	中和	甲^3 乙^3 丁^4 壬^2 癸^2	子^2 寅^3 卯^3 午^4 亥^2	丑 未	亥	
	身弱	戊^5 己^5 庚^1 辛^1	辰^5 申^1 酉^1 戌^5	丑 未	亥	酉
辛	身旺	甲^3 乙^3 丙^4 丁^4 壬^2 癸^2	子^2 卯^3 巳^4 亥^2	寅 午	子	
	中和	甲^3 乙^3 丁^4 壬^2 癸^2	子^2 卯^3 巳^4 亥^2	寅 午	子	
	身弱	戊^5 己^5 庚^1 辛^1	丑^5 辰^5 未^5 申^1 酉^1 戌^5	寅 午	子	
壬	身旺	甲^2 乙^2 丙^3 丁^3 戊^4 己^4	丑^4 寅^2 辰^4 午^3 未^4 戌^4	卯 巳	寅	子
	中和	甲^2 乙^2 丙^3 丁^3 己^4	丑^4 寅^2 辰^4 午^3 未^4	卯 巳	寅	
	身弱	庚^5 辛^5 壬^1 癸^1	子^1 申^5 酉^5 亥^1	卯 巳	寅	子
癸	身旺	甲^2 乙^2 丙^3 丁^3 戊^4 己^4	丑^4 寅^2 辰^4 午^3 未^4 戌^4	卯 巳	卯	
	中和	甲^2 乙^2 丙^3 丁^3 戊^4	丑^4 寅^2 辰^4 午^3 戌^4	卯 巳	卯	
	身弱	庚^5 辛^5 壬^1 癸^1	子^1 申^5 酉^5 亥^1	卯 巳	卯	

2. 日干別のよい日・悪い日の内容

・左ページ表の「よい日の十干」「よい日の十二支」の右側の番号から、特によいことの内容をみます。

よい日の十干・よい日の十二支の右側の番号	特によいことの内容
1（運命星が比肩・劫財）	上司・同僚・友人に関すること、人を集めること・集会・宴会、お願いごと。
2（運命星が食神・傷官）	お金・財産に関すること、開店・開業・展示会、旅行。
3（運命星が偏財・正財）	お金・財産に関すること、開店・開業・展示会、建築、結婚・恋愛。
4（運命星が七殺・正官）	結婚・恋愛、旅行・留学、転職。
5（運命星が偏印・印綬）	試験・芸術に関すること、旅行、留学。

・左ページ表の天乙貴人・文昌貴人・羊刃の日の内容をみます。

特殊星	よいこと・悪いことの内容
天乙貴人の日	なにをするにもよい日。
文昌貴人の日	試験、勉強、留学など学問にすること。オーディションなど芸術に関すること。
羊刃の日	身旺の人はけが、事故などに注意。身弱の人はよい日。

・左ページ表の「よい日の十二支」の文字の色が青色の日の内容をみます。

十二支	特によいことの内容
寅・巳・申・亥の日	結婚、転職、旅行、引越、留学。

3. 万年暦によるよい日（天赦日）・悪い日（十悪大敗日）の干支

万年暦の色表示		よい日・悪い日の干支	よい日・悪い日の内容
万年暦ではピンクで表示	天赦日	春(寅・卯・辰)の月の戊寅	大事なことをするのによい日
		夏(巳・午・未)の月の甲午	
		秋(申・酉・戌)の月の戊申	
		冬(亥・子・丑)の月の甲子	
万年暦ではブルーで表示	十悪大敗日	甲辰・乙丑・乙巳・丙申 丁亥・戊戌・庚辰・辛巳 壬申・癸亥	大事なことをするのに悪い日

506

◆孫運命学万年暦　1921年－2050年

●天赦日

万年暦の日付欄がピンクになっている日は、天赦日というよい日です。文字どおり天が助けてくれる日です。大事なことを決めたり、実行したりするのによい日です。天赦日は、よい暗示はさらによくなり、悪い暗示も悪くなりにくい日です。この日に生まれた人は生涯、天が助けてくれるという暗示があります。

●十悪大敗日

万年暦の日付欄がブルーになっている日は、十悪大敗日という悪い日です。大事なことを決めたり、実行したりするのは、避けたほうがよい日です。大きなことは失敗しやすい暗示です。十悪大敗日は、悪い暗示はさらに悪くなりやすい日です。自分の命式図にこの日の干支と冲・刑になる星があれば注意が必要です。

＊天赦日と十悪大敗日は、2007年（平成19年）2月以降の万年暦に表記しています。

この万年暦は、立運年齢と大運表が記載されています。
次ページの算出方法で、2051年以降の万年暦をつくることができます。

●立運年齢の算出

　生まれた日と節入り日までの日数を3で割ります。これは3日で1歳という意味です。節入り日は生まれた日の直前か直後のどちらかを用います。どちらを用いるかは、年干の陰陽、男性・女性によって異なります。

注：万年暦では3で割った余りは切り捨てて表示しています。節入りの時刻は考慮していません。厳密には、生まれた日の時刻から節入りの日の時刻までの日数・時刻は、立運年齢に換算する時120倍になります。1日は120日（4か月）、6時間は30日（1か月）です。

①年干が陽（甲・丙・戊・庚・壬）の年に生まれた男性の立運年齢
　年干が陰（乙・丁・己・辛・癸）の年に生まれた女性の立運年齢

　立運年齢＝生まれた日の直後の節入り日までの日数÷3

②年干が陰（乙・丁・己・辛・癸）の年に生まれた男性の立運年齢
　年干が陽（甲・丙・戊・庚・壬）の年に生まれた女性の立運年齢

　立運年齢＝生まれた日の直前の節入り日までの日数÷3

●大運表の干支

　命式図の月柱の干支を基準とします。ただし、年干の陰陽、男性・女性によって干支の順番は正逆が異なります。干支の表を参照してください。

①年干が陽（甲・丙・戊・庚・壬）の年に生まれた男性の大運表
　年干が陰（乙・丁・己・辛・癸）の年に生まれた女性の大運表

命式図の月柱の次の順番の干支を最も年齢の若い第1運期に記入し、以降、第2運期から第9運期まで60の干支の順番に記入します。

②年干が陽（甲・丙・戊・庚・壬）の年に生まれた女性の大運表
　年干が陰（乙・丁・己・辛・癸）の年に生まれた男性の大運表

命式図の月柱の前の順番の干支を最も年齢の若い第1運期に記入し、以降、
第2運期から第9運期まで60の干支の逆順に記入します。

●小運の干支

　大運は5年、年運は1年の運ですが、小運は生まれてから立運年齢の前ま
での年運のことです。小運の判断は、大運、年運の判断と同じです。

①年干が陽（甲・丙・戊・庚・壬）の年に生まれた男性の小運
　年干が陰（乙・丁・己・辛・癸）の年に生まれた女性の小運

時柱の次の干支が0歳で正順に立運年齢までの干支を定めて小運をみます。

②年干が陽（甲・丙・戊・庚・壬）の年に生まれた女性の小運
　年干が陰（乙・丁・己・辛・癸）の年に生まれた男性の小運

時柱の前の干支が0歳で逆順に立運年齢までの干支を定めて小運をみます。

年柱 辛酉 — 1921年（大正10年）2月4日16時21分～

期間	2月4日16:21～3月6日10:45	3月6日10:46～4月5日16:08	4月5日16:09～5月6日10:04	5月6日10:05～6月6日14:41	6月6日14:42～7月8日1:06	7月8日1:07～8月8日10:43
月柱	庚寅	辛卯	壬辰	癸巳	甲午	乙未

生日	日柱	男	女	生日	日柱	男	女	生日	日柱	男	女	生日	日柱	男	女	生日	日柱	男	女	生日	日柱	男	女
2/4	戊3戌	0	10	3/6	戊3辰	0	10	4/5	戊3戌	0	10	5/6	己1巳	0	10	6/6	庚1子	0	11	7/8	壬1申	0	10
2/5	己3亥	0	10	3/7	己3巳	0	10	4/6	己3亥	0	10	5/7	庚1午	0	10	6/7	辛1丑	0	10	7/9	癸1酉	0	10
2/6	庚1子	1	9	3/8	庚1午	1	9	4/7	庚1子	1	9	5/8	辛1未	1	9	6/8	壬2寅	1	10	7/10	甲3戌	1	10
2/7	辛1丑	1	9	3/9	辛1未	1	9	4/8	辛1丑	1	9	5/9	壬1申	1	9	6/9	癸2卯	1	10	7/11	乙2亥	1	10
2/8	壬1寅	1	9	3/10	壬1申	1	9	4/9	壬1寅	1	9	5/10	癸1酉	1	9	6/10	甲3辰	1	9	7/12	丙1子	1	9
2/9	癸2卯	2	8	3/11	癸2酉	2	8	4/10	癸2卯	2	8	5/11	甲3戌	2	9	6/11	乙3巳	2	9	7/13	丁2丑	2	9
2/10	甲1辰	2	8	3/12	甲1戌	2	8	4/11	甲1辰	2	8	5/12	乙2亥	2	8	6/12	丙1午	2	9	7/14	戊1寅	2	9
2/11	乙2巳	2	8	3/13	乙2亥	2	8	4/12	乙2巳	2	8	5/13	丙2子	3	8	6/13	丁1未	2	8	7/15	己2卯	2	8
2/12	丙2午	3	7	3/14	丙2子	3	7	4/13	丙1午	3	7	5/14	丁1丑	3	8	6/14	戊1申	3	8	7/16	庚1辰	3	8
2/13	丁1未	3	7	3/15	丁1丑	3	7	4/14	丁1未	3	7	5/15	戊2寅	3	8	6/15	己2酉	3	8	7/17	辛1巳	3	8
2/14	戊1申	3	7	3/16	戊2寅	3	7	4/15	戊1申	3	7	5/16	己2卯	4	7	6/16	庚1戌	3	7	7/18	壬1午	3	7
2/15	己2酉	4	6	3/17	己2卯	4	6	4/16	己2酉	4	6	5/17	庚1辰	4	7	6/17	辛1亥	4	7	7/19	癸1未	4	7
2/16	庚1戌	4	6	3/18	庚1辰	4	6	4/17	庚1戌	4	6	5/18	辛1巳	4	7	6/18	壬1子	4	7	7/20	甲1申	4	7
2/17	辛1亥	4	6	3/19	辛1巳	4	6	4/18	辛1亥	4	6	5/19	壬1午	5	6	6/19	癸2丑	4	6	7/21	乙1酉	4	6
2/18	壬1子	5	5	3/20	壬1午	5	5	4/19	壬1子	5	5	5/20	癸1未	5	6	6/20	甲2寅	5	6	7/22	丙2戌	5	6
2/19	癸1丑	5	5	3/21	癸1未	5	5	4/20	癸1丑	5	5	5/21	甲1申	5	6	6/21	乙1卯	5	6	7/23	丁1亥	5	6
2/20	甲1寅	5	5	3/22	甲1申	5	5	4/21	甲1寅	5	5	5/22	乙1酉	6	5	6/22	丙1辰	5	5	7/24	戊1子	5	5
2/21	乙3卯	6	4	3/23	乙3酉	6	4	4/22	乙2卯	6	4	5/23	丙2戌	6	5	6/23	丁1巳	6	5	7/25	己1丑	6	5
2/22	丙3辰	6	4	3/24	丙3戌	6	4	4/23	丙3辰	6	4	5/24	丁1亥	6	4	6/24	戊1午	6	5	7/26	庚2寅	6	5
2/23	丁1巳	6	4	3/25	丁1亥	6	4	4/24	丁1巳	6	4	5/25	戊1子	7	4	6/25	己1未	6	4	7/27	辛1卯	6	4
2/24	戊1午	7	3	3/26	戊1子	7	3	4/25	戊1午	7	3	5/26	己1丑	7	4	6/26	庚1申	7	4	7/28	壬1辰	7	4
2/25	己2未	7	3	3/27	己2丑	7	3	4/26	己2未	7	3	5/27	庚2寅	7	4	6/27	辛1酉	7	4	7/29	癸2巳	7	4
2/26	庚1申	7	3	3/28	庚1寅	7	3	4/27	庚1申	7	3	5/28	辛1卯	8	3	6/28	壬1戌	7	3	7/30	甲1午	7	3
2/27	辛1酉	8	2	3/29	辛1卯	8	2	4/28	辛1酉	8	2	5/29	壬1辰	8	3	6/29	癸1亥	8	3	7/31	乙1未	8	3
2/28	壬1戌	8	2	3/30	壬1辰	8	2	4/29	壬1戌	8	2	5/30	癸1巳	8	2	6/30	甲1子	8	3	8/1	丙2申	8	3
3/1	癸1亥	8	2	3/31	癸1巳	8	2	4/30	癸1亥	8	2	5/31	甲3午	9	2	7/1	乙1丑	8	2	8/2	丁1酉	8	2
3/2	甲1子	9	1	4/1	甲1午	9	1	5/1	甲1子	9	1	6/1	乙1未	9	1	7/2	丙2寅	9	2	8/3	戊1戌	9	2
3/3	乙2丑	9	1	4/2	乙2未	9	1	5/2	乙2丑	9	1	6/2	丙2申	9	1	7/3	丁1卯	9	2	8/4	己2亥	9	1
3/4	丙2寅	9	1	4/3	丙2申	9	1	5/3	丙2寅	9	1	6/3	丁1酉	9	1	7/4	戊1辰	9	1	8/5	庚1子	9	1
3/5	丁2卯	10	0	4/4	丁2酉	10	0	5/4	丁2卯	10	0	6/4	戊1戌	10	0	7/5	己1巳	10	1	8/6	辛1丑	10	1
3/6	戊3辰	10	0	4/5	戊3戌	10	0	5/5	戊3辰	10	0	6/5	己1亥	10	0	7/6	庚2午	10	1	8/7	壬2寅	10	0
								5/6	己2巳	10	0	6/6	庚2子	10	0	7/7	辛1未	10	0	8/8	癸3卯	10	0
																7/8	壬1申	11	0				

歳	男	歳	女	歳	男	歳	女	歳	男	歳	女	歳	男	歳	女	歳	男	歳	女	歳	男	歳	女
0	己丑	0	辛卯	0	庚寅	0	壬辰	0	辛卯	0	癸巳	0	壬辰	0	甲午	0	癸巳	0	乙未	0	甲午	0	丙申
10	戊子	10	壬辰	10	己丑	10	癸巳	10	庚寅	10	甲午	10	辛卯	10	乙未	10	壬辰	10	丙申	10	癸巳	10	丁酉
20	丁亥	20	癸巳	20	戊子	20	甲午	20	己丑	20	乙未	20	庚寅	20	丙申	20	辛卯	20	丁酉	20	壬辰	20	戊戌
30	丙戌	30	甲午	30	丁亥	30	乙未	30	戊子	30	丙申	30	己丑	30	丁酉	30	庚寅	30	戊戌	30	辛卯	30	己亥
40	乙酉	40	乙未	40	丙戌	40	丙申	40	丁亥	40	丁酉	40	戊子	40	戊戌	40	己丑	40	己亥	40	庚寅	40	庚子
50	甲申	50	丙申	50	乙酉	50	丁酉	50	丙戌	50	戊戌	50	丁亥	50	己亥	50	戊子	50	庚子	50	己丑	50	辛丑
60	癸未	60	丁酉	60	甲申	60	戊戌	60	乙酉	60	己亥	60	丙戌	60	庚子	60	丁亥	60	辛丑	60	戊子	60	壬寅
70	壬午	70	戊戌	70	癸未	70	己亥	70	甲申	70	庚子	70	乙酉	70	辛丑	70	丙戌	70	壬寅	70	丁亥	70	癸卯
80	辛巳	80	己亥	80	壬午	80	庚子	80	癸未	80	辛丑	80	甲申	80	壬寅	80	乙酉	80	癸卯	80	丙戌	80	甲辰

～1922年（大正11年）2月4日22時06分

月柱 丙申（8月8日10:44～9月8日13:09）

生日	日柱	男	女
8/8	癸$_3$卯	0	10
8/9	甲$_3$辰	0	10
8/10	乙$_3$巳	1	10
8/11	丙$_2$午	1	9
8/12	丁$_3$未	1	9
8/13	戊$_3$申	2	9
8/14	己$_1$酉	2	8
8/15	庚$_1$戌	2	8
8/16	辛$_1$亥	3	8
8/17	壬$_1$子	3	7
8/18	癸$_1$丑	3	7
8/19	甲$_3$寅	4	7
8/20	乙$_3$卯	4	6
8/21	丙$_3$辰	4	6
8/22	丁$_2$巳	5	6
8/23	戊$_2$午	5	5
8/24	己$_2$未	5	5
8/25	庚$_1$申	6	5
8/26	辛$_1$酉	6	4
8/27	壬$_1$戌	6	4
8/28	癸$_3$亥	7	4
8/29	甲$_3$寅	7	3
8/30	乙$_3$丑	7	3
8/31	丙$_2$寅	8	3
9/1	丁$_3$卯	8	2
9/2	戊$_2$辰	8	2
9/3	己$_2$巳	9	2
9/4	庚$_1$午	9	1
9/5	辛$_1$未	9	1
9/6	壬$_1$申	10	1
9/7	癸$_1$酉	10	0
9/8	甲$_3$戌	10	0

月柱 丁酉（9月8日13:10～10月9日4:10）

生日	日柱	男	女
9/8	甲$_3$戌	0	10
9/9	乙$_3$亥	0	10
9/10	丙$_3$子	1	10
9/11	丁$_3$丑	1	9
9/12	戊$_3$寅	1	9
9/13	己$_3$卯	2	9
9/14	庚$_1$辰	2	8
9/15	辛$_1$巳	2	8
9/16	壬$_1$午	3	8
9/17	癸$_1$未	3	7
9/18	甲$_1$申	3	7
9/19	乙$_3$酉	4	7
9/20	丙$_3$戌	4	6
9/21	丁$_3$亥	4	6
9/22	戊$_3$子	5	6
9/23	己$_3$丑	5	5
9/24	庚$_1$寅	5	5
9/25	辛$_1$卯	6	5
9/26	壬$_1$辰	6	4
9/27	癸$_1$巳	6	4
9/28	甲$_3$午	7	4
9/29	乙$_3$未	7	3
9/30	丙$_3$申	7	3
10/1	丁$_3$酉	8	3
10/2	戊$_2$戌	8	2
10/3	己$_2$亥	8	2
10/4	庚$_1$子	9	2
10/5	辛$_1$丑	9	1
10/6	壬$_1$寅	9	1
10/7	癸$_1$卯	10	1
10/8	甲$_3$辰	10	0
10/9	乙$_3$巳	10	0

月柱 戊戌（10月9日4:11～11月8日6:45）

生日	日柱	男	女
10/9	乙$_3$巳	0	10
10/10	丙$_3$午	0	10
10/11	丁$_3$未	1	9
10/12	戊$_1$申	1	9
10/13	己$_1$酉	1	9
10/14	庚$_3$戌	2	8
10/15	辛$_1$亥	2	8
10/16	壬$_1$子	2	8
10/17	癸$_1$丑	3	7
10/18	甲$_1$寅	3	7
10/19	乙$_3$卯	3	7
10/20	丙$_3$辰	4	6
10/21	丁$_3$巳	4	6
10/22	戊$_3$午	4	6
10/23	己$_1$未	5	5
10/24	庚$_1$申	5	5
10/25	辛$_2$酉	5	5
10/26	壬$_2$戌	6	4
10/27	癸$_3$亥	6	4
10/28	甲$_3$子	6	4
10/29	乙$_3$丑	7	3
10/30	丙$_3$寅	7	3
10/31	丁$_3$卯	7	3
11/1	戊$_3$辰	8	2
11/2	己$_2$巳	8	2
11/3	庚$_1$午	8	2
11/4	辛$_1$未	9	1
11/5	壬$_1$申	9	1
11/6	癸$_1$酉	9	1
11/7	甲$_3$戌	10	0
11/8	乙$_3$亥	10	0

月柱 己亥（11月8日6:46～12月7日23:11）

生日	日柱	男	女
11/8	乙$_3$亥	0	10
11/9	丙$_3$子	0	9
11/10	丁$_3$丑	1	9
11/11	戊$_3$寅	1	9
11/12	己$_1$卯	1	8
11/13	庚$_1$辰	2	8
11/14	辛$_1$巳	2	8
11/15	壬$_1$午	2	7
11/16	癸$_1$未	3	7
11/17	甲$_3$申	3	7
11/18	乙$_3$酉	3	6
11/19	丙$_3$戌	4	6
11/20	丁$_3$亥	4	6
11/21	戊$_1$子	4	5
11/22	己$_2$丑	5	5
11/23	庚$_1$寅	5	5
11/24	辛$_1$卯	5	4
11/25	壬$_1$辰	6	4
11/26	癸$_2$巳	6	4
11/27	甲$_1$午	6	3
11/28	乙$_1$未	7	3
11/29	丙$_3$申	7	3
11/30	丁$_3$酉	7	2
12/1	戊$_2$戌	8	2
12/2	己$_1$亥	8	2
12/3	庚$_1$子	8	1
12/4	辛$_1$丑	9	1
12/5	壬$_1$寅	9	1
12/6	癸$_1$卯	9	0
12/7	甲$_3$辰	10	0

月柱 庚子（12月7日23:12～1月6日10:16）

生日	日柱	男	女
12/7	甲$_3$辰	0	10
12/8	乙$_1$巳	0	10
12/9	丙$_3$午	1	9
12/10	丁$_1$未	1	9
12/11	戊$_1$申	1	8
12/12	己$_1$酉	2	8
12/13	庚$_1$戌	2	8
12/14	辛$_1$亥	2	7
12/15	壬$_1$子	3	7
12/16	癸$_1$丑	3	7
12/17	甲$_1$寅	3	6
12/18	乙$_3$卯	4	6
12/19	丙$_3$辰	4	6
12/20	丁$_3$巳	4	5
12/21	戊$_3$午	5	5
12/22	己$_3$未	5	5
12/23	庚$_1$申	5	4
12/24	辛$_1$酉	6	4
12/25	壬$_1$戌	6	4
12/26	癸$_1$亥	6	3
12/27	甲$_2$子	7	3
12/28	乙$_3$丑	7	3
12/29	丙$_3$寅	7	2
12/30	丁$_3$卯	8	2
12/31	戊$_3$辰	8	2
1/1	己$_3$巳	8	1
1/2	庚$_1$午	9	1
1/3	辛$_1$未	9	1
1/4	壬$_1$申	9	0
1/5	癸$_1$酉	10	0
1/6	甲$_3$戌	10	0

月柱 辛丑（1月6日10:17～2月4日22:06）

生日	日柱	男	女
1/6	甲$_3$戌	0	10
1/7	乙$_3$亥	0	9
1/8	丙$_3$子	1	9
1/9	丁$_3$丑	1	9
1/10	戊$_3$寅	1	8
1/11	己$_3$卯	2	8
1/12	庚$_1$辰	2	8
1/13	辛$_1$巳	2	7
1/14	壬$_1$午	3	7
1/15	癸$_1$未	3	7
1/16	甲$_3$申	3	6
1/17	乙$_3$酉	4	6
1/18	丙$_3$戌	4	6
1/19	丁$_3$亥	4	5
1/20	戊$_3$子	5	5
1/21	己$_1$丑	5	5
1/22	庚$_1$寅	5	4
1/23	辛$_1$卯	6	4
1/24	壬$_1$辰	6	4
1/25	癸$_1$巳	6	3
1/26	甲$_3$午	7	3
1/27	乙$_3$未	7	3
1/28	丙$_3$申	7	2
1/29	丁$_3$酉	8	2
1/30	戊$_2$戌	8	2
1/31	己$_1$亥	8	1
2/1	庚$_1$子	9	1
2/2	辛$_1$丑	9	1
2/3	壬$_1$寅	9	0
2/4	癸$_1$卯	10	0

大運表

歳	男	歳	女	歳	男	歳	女	歳	男	歳	女	歳	男	歳	女	歳	男	歳	女	歳	男	歳	女
0	乙未	0	丁酉	0	丙申	0	戊戌	0	丁酉	0	己亥	0	戊戌	0	庚子	0	己亥	0	辛丑	0	庚子	0	壬寅
10	甲午	10	戊戌	10	乙未	10	己亥	10	丙申	10	庚子	10	丁酉	10	辛丑	10	戊戌	10	壬寅	10	己亥	10	癸卯
20	癸巳	20	己亥	20	甲午	20	庚子	20	乙未	20	辛丑	20	丙申	20	壬寅	20	丁酉	20	癸卯	20	戊戌	20	甲辰
30	壬辰	30	庚子	30	癸巳	30	辛丑	30	甲午	30	壬寅	30	乙未	30	癸卯	30	丙申	30	甲辰	30	丁酉	30	乙巳
40	辛卯	40	辛丑	40	壬辰	40	壬寅	40	癸巳	40	癸卯	40	甲午	40	甲辰	40	乙未	40	乙巳	40	丙申	40	丙午
50	庚寅	50	壬寅	50	辛卯	50	癸卯	50	壬辰	50	甲辰	50	癸巳	50	乙巳	50	甲午	50	丙午	50	乙未	50	丁未
60	己丑	60	癸卯	60	庚寅	60	甲辰	60	辛卯	60	乙巳	60	壬辰	60	丙午	60	癸巳	60	丁未	60	甲午	60	戊申
70	戊子	70	甲辰	70	己丑	70	乙巳	70	庚寅	70	丙午	70	辛卯	70	丁未	70	壬辰	70	戊申	70	癸巳	70	己酉
80	丁亥	80	乙巳	80	戊子	80	丙午	80	己丑	80	丁未	80	庚寅	80	戊申	80	辛卯	80	己酉	80	壬辰	80	庚戌

年柱 壬戌　1922年（大正11年）2月4日22時07分～

月柱 壬寅				月柱 癸卯				月柱 甲辰				月柱 乙巳				月柱 丙午				月柱 丁未			
2月4日22:07～3月6日16:33				3月6日16:34～4月5日21:57				4月5日21:58～5月6日15:52				5月6日15:53～6月6日20:29				6月6日20:30～7月8日7:12				7月8日7:13～8月8日16:37			
生日	日柱	男	女	生日	日柱	男	女	生日	日柱	男	女	生日	日柱	男	女	生日	日柱	男	女	生日	日柱	男	女
2/4	癸$_3$卯	10	0	3/6	癸$_3$酉	10	0	4/5	癸$_3$卯	10	0	5/6	甲$_3$戌	10	0	6/6	乙$_3$巳	11	0	7/8	丁$_3$丑	10	0
2/5	甲$_2$辰	10	0	3/7	甲$_2$戌	10	0	4/6	甲$_1$辰	10	0	5/7	乙$_3$亥	10	0	6/7	丙$_3$午	10	0	7/9	戊$_3$寅	10	0
2/6	乙$_2$巳	9	1	3/8	乙$_2$亥	9	1	4/7	乙$_1$巳	10	1	5/8	丙$_3$子	10	1	6/8	丁$_3$未	10	1	7/10	己$_3$卯	10	1
2/7	丙$_2$午	9	1	3/9	丙$_3$子	9	1	4/8	丙$_2$午	9	1	5/9	丁$_3$丑	9	1	6/9	戊$_3$申	10	1	7/11	庚$_3$辰	9	1
2/8	丁$_3$未	9	1	3/10	丁$_3$丑	9	1	4/9	丁$_2$未	9	1	5/10	戊$_3$寅	9	1	6/10	己$_1$酉	10	1	7/12	辛$_3$巳	9	1
2/9	戊$_3$申	8	2	3/11	戊$_3$寅	8	2	4/10	戊$_2$申	8	2	5/11	己$_1$卯	9	2	6/11	庚$_3$戌	9	2	7/13	壬$_3$午	9	2
2/10	己$_3$酉	8	2	3/12	己$_3$卯	8	2	4/11	己$_1$酉	8	2	5/12	庚$_2$辰	8	2	6/12	辛$_3$亥	9	2	7/14	癸$_3$未	8	2
2/11	庚$_3$戌	8	2	3/13	庚$_3$辰	8	2	4/12	庚$_1$戌	8	2	5/13	辛$_3$巳	8	2	6/13	壬$_3$子	8	2	7/15	甲$_2$申	8	3
2/12	辛$_3$亥	7	3	3/14	辛$_3$巳	7	3	4/13	辛$_1$亥	7	3	5/14	壬$_3$午	8	3	6/14	癸$_3$丑	8	3	7/16	乙$_3$酉	8	3
2/13	壬$_3$子	7	3	3/15	壬$_3$午	7	3	4/14	壬$_1$子	7	3	5/15	癸$_3$未	7	3	6/15	甲$_2$寅	8	3	7/17	丙$_3$戌	7	3
2/14	癸$_3$丑	7	3	3/16	癸$_3$未	7	3	4/15	癸$_1$丑	7	3	5/16	甲$_2$申	7	3	6/16	乙$_3$卯	7	3	7/18	丁$_3$亥	7	3
2/15	甲$_2$寅	6	4	3/17	甲$_2$申	6	4	4/16	甲$_1$寅	6	4	5/17	乙$_2$酉	7	4	6/17	丙$_3$辰	7	4	7/19	戊$_3$子	7	4
2/16	乙$_2$卯	6	4	3/18	乙$_2$酉	6	4	4/17	乙$_1$卯	6	4	5/18	丙$_1$戌	6	4	6/18	丁$_1$巳	7	4	7/20	己$_1$丑	6	4
2/17	丙$_2$辰	6	4	3/19	丙$_2$戌	6	4	4/18	丙$_1$辰	6	4	5/19	丁$_1$亥	6	4	6/19	戊$_1$午	7	4	7/21	庚$_2$寅	6	4
2/18	丁$_2$巳	5	5	3/20	丁$_2$亥	5	5	4/19	丁$_1$巳	6	5	5/20	戊$_1$子	6	5	6/20	己$_1$未	6	5	7/22	辛$_2$卯	6	5
2/19	戊$_2$午	5	5	3/21	戊$_2$子	5	5	4/20	戊$_1$午	5	5	5/21	己$_1$丑	5	5	6/21	庚$_2$申	5	5	7/23	壬$_3$辰	5	5
2/20	己$_2$未	5	5	3/22	己$_2$丑	5	5	4/21	己$_1$未	5	5	5/22	庚$_2$寅	5	5	6/22	辛$_2$酉	5	5	7/24	癸$_3$巳	5	5
2/21	庚$_2$申	4	6	3/23	庚$_2$寅	4	6	4/22	庚$_1$申	4	6	5/23	辛$_3$卯	5	6	6/23	壬$_3$戌	5	6	7/25	甲$_2$午	5	6
2/22	辛$_2$酉	4	6	3/24	辛$_2$卯	4	6	4/23	辛$_1$酉	4	6	5/24	壬$_3$辰	4	6	6/24	癸$_3$亥	5	6	7/26	乙$_3$未	4	6
2/23	壬$_2$戌	4	6	3/25	壬$_2$辰	4	6	4/24	壬$_1$戌	4	6	5/25	癸$_3$巳	4	7	6/25	甲$_2$子	4	6	7/27	丙$_3$申	4	6
2/24	癸$_2$亥	3	7	3/26	癸$_2$巳	3	7	4/25	癸$_1$亥	3	7	5/26	甲$_2$午	4	7	6/26	乙$_3$丑	4	7	7/28	丁$_1$酉	3	7
2/25	甲$_2$子	3	7	3/27	甲$_2$午	3	7	4/26	甲$_1$子	3	7	5/27	乙$_3$未	3	7	6/27	丙$_3$寅	3	7	7/29	戊$_1$戌	3	7
2/26	乙$_2$丑	3	7	3/28	乙$_2$未	3	7	4/27	乙$_1$丑	3	7	5/28	丙$_3$申	3	7	6/28	丁$_1$卯	3	7	7/30	己$_1$亥	3	7
2/27	丙$_2$寅	2	8	3/29	丙$_2$申	2	8	4/28	丙$_1$寅	2	8	5/29	丁$_1$酉	3	8	6/29	戊$_1$辰	3	8	7/31	庚$_2$子	3	8
2/28	丁$_2$卯	2	8	3/30	丁$_2$酉	2	8	4/29	丁$_1$卯	2	8	5/30	戊$_1$戌	2	8	6/30	己$_1$巳	3	8	8/1	辛$_1$丑	2	8
3/1	戊$_2$辰	1	9	3/31	戊$_2$戌	1	9	4/30	戊$_1$辰	2	8	5/31	己$_1$亥	2	8	7/1	庚$_2$午	2	8	8/2	壬$_2$寅	2	8
3/2	己$_2$巳	1	9	4/1	己$_2$亥	1	9	5/1	己$_2$巳	1	9	6/1	庚$_2$子	2	9	7/2	辛$_2$未	2	9	8/3	癸$_3$卯	1	9
3/3	庚$_2$午	1	9	4/2	庚$_2$子	1	9	5/2	庚$_2$午	1	9	6/2	辛$_2$丑	1	9	7/3	壬$_2$申	2	9	8/4	甲$_3$辰	1	9
3/4	辛$_2$未	1	9	4/3	辛$_2$丑	1	9	5/3	辛$_2$未	1	9	6/3	壬$_2$寅	1	9	7/4	癸$_2$酉	1	9	8/5	乙$_3$巳	1	9
3/5	壬$_1$申	0	10	4/4	壬$_2$寅	0	10	5/4	壬$_1$申	1	10	6/4	癸$_3$卯	1	10	7/5	甲$_3$戌	1	10	8/6	丙$_1$午	1	9
3/6	癸$_3$酉	0	10	4/5	癸$_2$卯	0	10	5/5	癸$_3$酉	0	10	6/5	甲$_3$辰	0	10	7/6	乙$_2$亥	1	10	8/7	丁$_1$未	0	10
								5/6	甲$_3$戌	0	10	6/6	乙$_3$巳	0	10	7/7	丙$_1$子	0	10	8/8	戊$_1$申	0	10
																7/8	丁$_1$丑	0	11				

歳	男	歳	女	歳	男	歳	女	歳	男	歳	女	歳	男	歳	女	歳	男	歳	女	歳	男	歳	女
0	癸卯	0	辛丑	0	甲辰	0	壬寅	0	乙巳	0	癸卯	0	丙午	0	甲辰	0	丁未	0	乙巳	0	戊申	0	丙午
10	甲辰	10	庚子	10	乙巳	10	辛丑	10	丙午	10	壬寅	10	丁未	10	癸卯	10	戊申	10	甲辰	10	己酉	10	乙巳
20	乙巳	20	己亥	20	丙午	20	庚子	20	丁未	20	辛丑	20	戊申	20	壬寅	20	己酉	20	癸卯	20	庚戌	20	甲辰
30	丙午	30	戊戌	30	丁未	30	己亥	30	戊申	30	庚子	30	己酉	30	辛丑	30	庚戌	30	壬寅	30	辛亥	30	癸卯
40	丁未	40	丁酉	40	戊申	40	戊戌	40	己酉	40	己亥	40	庚戌	40	庚子	40	辛亥	40	辛丑	40	壬子	40	壬寅
50	戊申	50	丙申	50	己酉	50	丁酉	50	庚戌	50	戊戌	50	辛亥	50	己亥	50	壬子	50	庚子	50	癸丑	50	辛丑
60	己酉	60	乙未	60	庚戌	60	丙申	60	辛亥	60	丁酉	60	壬子	60	戊戌	60	癸丑	60	己亥	60	甲寅	60	庚子
70	庚戌	70	甲午	70	辛亥	70	乙未	70	壬子	70	丙申	70	癸丑	70	丁酉	70	甲寅	70	戊戌	70	乙卯	70	己亥
80	辛亥	80	癸巳	80	壬子	80	甲午	80	癸丑	80	乙未	80	甲寅	80	丙申	80	乙卯	80	丁酉	80	丙辰	80	戊戌

～1923年（大正12年）2月5日4時00分

月柱 戊申（8月8日16:38～9月8日19:06）

生日	日柱	立運年齢 男	女
8 8	戊2申	10	0
8 9	己2酉	10	0
8 10	庚1戌	10	1
8 11	辛1亥	9	1
8 12	壬1子	9	1
8 13	癸2丑	9	2
8 14	甲2寅	8	2
8 15	乙2卯	8	2
8 16	丙3辰	8	3
8 17	丁2巳	7	3
8 18	戊1午	7	3
8 19	己1未	7	4
8 20	庚1申	6	4
8 21	辛1酉	6	4
8 22	壬1戌	6	5
8 23	癸1亥	5	5
8 24	甲2子	5	5
8 25	乙1丑	5	6
8 26	丙2寅	4	6
8 27	丁1卯	4	6
8 28	戊1辰	4	7
8 29	己1巳	3	7
8 30	庚1午	3	7
8 31	辛1未	3	8
9 1	壬1申	2	8
9 2	癸2酉	2	8
9 3	甲2戌	2	9
9 4	乙1亥	1	9
9 5	丙1子	1	9
9 6	丁1丑	1	10
9 7	戊1寅	0	10
9 8	己2卯	0	10

月柱 己酉（9月8日19:07～10月9日10:09）

生日	日柱	立運年齢 男	女
9 8	己2卯	10	0
9 9	庚1辰	10	0
9 10	辛1巳	10	1
9 11	壬1午	9	1
9 12	癸2未	9	2
9 13	甲3申	9	2
9 14	乙3酉	8	2
9 15	丙3戌	8	2
9 16	丁2亥	8	3
9 17	戊1子	7	3
9 18	己1丑	7	3
9 19	庚1寅	7	4
9 20	辛1卯	6	4
9 21	壬1辰	6	4
9 22	癸2巳	6	5
9 23	甲2午	5	5
9 24	乙1未	5	5
9 25	丙1申	5	6
9 26	丁2酉	4	6
9 27	戊1戌	4	6
9 28	己1亥	4	7
9 29	庚1子	3	7
9 30	辛1丑	3	7
10 1	壬1寅	3	8
10 2	癸2卯	2	8
10 3	甲3辰	2	8
10 4	乙2巳	2	9
10 5	丙3午	1	9
10 6	丁2未	1	9
10 7	戊2申	1	10
10 8	己2酉	0	10
10 9	庚1戌	0	10

月柱 庚戌（10月9日10:10～11月8日12:45）

生日	日柱	立運年齢 男	女
10 9	庚1戌	10	0
10 10	辛1亥	10	0
10 11	壬1子	9	1
10 12	癸1丑	9	1
10 13	甲2寅	9	1
10 14	乙2卯	8	2
10 15	丙3辰	8	2
10 16	丁1巳	8	2
10 17	戊1午	7	3
10 18	己1未	7	3
10 19	庚1申	7	3
10 20	辛1酉	6	4
10 21	壬1戌	6	4
10 22	癸1亥	6	4
10 23	甲2子	5	5
10 24	乙3丑	5	5
10 25	丙3寅	5	5
10 26	丁1卯	4	6
10 27	戊1辰	4	6
10 28	己1巳	4	6
10 29	庚1午	3	7
10 30	辛1未	3	7
10 31	壬1申	2	8
11 1	癸1酉	2	8
11 2	甲3戌	2	8
11 3	乙2亥	1	9
11 4	丙3子	1	9
11 5	丁3丑	1	9
11 6	戊1寅	1	9
11 7	己1卯	0	10
11 8	庚1辰	0	10

月柱 辛亥（11月8日12:46～12月8日5:10）

生日	日柱	立運年齢 男	女
11 8	庚2辰	10	0
11 9	辛1巳	10	0
11 10	壬1午	9	1
11 11	癸1未	9	1
11 12	甲2申	9	1
11 13	乙1酉	8	2
11 14	丙1戌	8	2
11 15	丁1亥	8	2
11 16	戊1子	7	3
11 17	己1丑	7	3
11 18	庚1寅	7	3
11 19	辛1卯	6	4
11 20	壬1辰	6	4
11 21	癸1巳	6	4
11 22	甲2午	5	5
11 23	乙1未	5	5
11 24	丙3申	4	5
11 25	丁1酉	4	6
11 26	戊1戌	4	6
11 27	己1亥	3	7
11 28	庚1子	3	7
11 29	辛1丑	2	7
11 30	壬1寅	2	7
12 1	癸1卯	2	8
12 2	甲1辰	2	8
12 3	乙2巳	1	9
12 4	丙3午	1	9
12 5	丁3未	1	9
12 6	戊1申	1	9
12 7	己3酉	0	10
12 8	庚1戌	0	10

月柱 壬子（12月8日5:11～1月6日16:14）

生日	日柱	立運年齢 男	女
12 8	庚2戌	10	0
12 9	辛1亥	9	0
12 10	壬1子	9	1
12 11	癸1丑	9	1
12 12	甲1寅	8	1
12 13	乙1卯	8	2
12 14	丙1辰	8	2
12 15	丁1巳	7	2
12 16	戊2午	7	3
12 17	己1未	7	3
12 18	庚1申	6	3
12 19	辛1酉	6	4
12 20	壬1戌	6	4
12 21	癸1亥	5	4
12 22	甲1子	5	5
12 23	乙1丑	5	5
12 24	丙1寅	4	5
12 25	丁1卯	4	6
12 26	戊1辰	4	6
12 27	己1巳	3	6
12 28	庚1午	3	7
12 29	辛1未	2	7
12 30	壬1申	2	7
12 31	癸1酉	2	8
1 1	甲1戌	2	8
1 2	乙1亥	1	9
1 3	丙3子	1	9
1 4	丁1丑	1	9
1 5	戊1寅	0	9
1 6	己1卯	0	10

月柱 癸丑（1月6日16:15～2月5日4:00）

生日	日柱	立運年齢 男	女
1 6	己2卯	10	0
1 7	庚1辰	10	0
1 8	辛2巳	10	1
1 9	壬1午	9	1
1 10	癸1未	9	1
1 11	甲2申	8	2
1 12	乙2酉	8	2
1 13	丙3戌	8	2
1 14	丁2亥	7	3
1 15	戊2子	7	3
1 16	己1丑	7	3
1 17	庚2寅	6	4
1 18	辛2卯	6	4
1 19	壬1辰	6	4
1 20	癸1巳	5	5
1 21	甲2午	5	5
1 22	乙2未	5	5
1 23	丙3申	4	6
1 24	丁2酉	4	6
1 25	戊2戌	4	6
1 26	己2亥	3	7
1 27	庚2子	3	7
1 28	辛2丑	3	7
1 29	壬1寅	2	8
1 30	癸2卯	2	8
1 31	甲2辰	1	9
2 1	乙2巳	1	9
2 2	丙3午	1	9
2 3	丁1未	1	9
2 4	戊2申	0	10
2 5	己2酉	0	10

大運表

歳	戊申 男	戊申 女	己酉 男	己酉 女	庚戌 男	庚戌 女	辛亥 男	辛亥 女	壬子 男	壬子 女	癸丑 男	癸丑 女
0	己酉	丁未	庚戌	戊申	辛亥	己酉	壬子	庚戌	癸丑	辛亥	甲寅	壬子
10	庚戌	丙午	辛亥	丁未	壬子	戊申	癸丑	己酉	甲寅	庚戌	乙卯	辛亥
20	辛亥	乙巳	壬子	丙午	癸丑	丁未	甲寅	戊申	乙卯	己酉	丙辰	庚戌
30	壬子	甲辰	癸丑	乙巳	甲寅	丙午	乙卯	丁未	丙辰	戊申	丁巳	己酉
40	癸丑	癸卯	甲寅	甲辰	乙卯	乙巳	丙辰	丙午	丁巳	丁未	戊午	戊申
50	甲寅	壬寅	乙卯	癸卯	丙辰	甲辰	丁巳	乙巳	戊午	丙午	己未	丁未
60	乙卯	辛丑	丙辰	壬寅	丁巳	癸卯	戊午	甲辰	己未	乙巳	庚申	丙午
70	丙辰	庚子	丁巳	辛丑	戊午	壬寅	己未	癸卯	庚申	甲辰	辛酉	乙巳
80	丁巳	己亥	戊午	庚子	己未	辛丑	庚申	壬寅	辛酉	癸卯	壬戌	甲辰

年柱 癸亥 — 1923年（大正12年）2月5日4時01分～

月柱別 日柱・立運年齢表

甲寅（2月5日 4:01～ ／ 3月6日22:24）

生日	日柱	男	女
2/5	己$_2$酉	0	10
2/6	庚$_3$戌	0	9
2/7	辛$_3$亥	1	9
2/8	壬$_3$子	1	9
2/9	癸$_3$丑	1	8
2/10	甲$_1$寅	2	8
2/11	乙$_1$卯	2	8
2/12	丙$_2$辰	2	7
2/13	丁$_3$巳	3	7
2/14	戊$_3$午	3	7
2/15	己$_3$未	3	6
2/16	庚$_3$申	4	6
2/17	辛$_3$酉	4	6
2/18	壬$_3$戌	4	5
2/19	癸$_3$亥	5	5
2/20	甲$_1$子	5	5
2/21	乙$_1$丑	5	4
2/22	丙$_2$寅	6	4
2/23	丁$_3$卯	6	4
2/24	戊$_3$辰	6	3
2/25	己$_3$巳	7	3
2/26	庚$_3$午	7	3
2/27	辛$_3$未	7	2
2/28	壬$_3$申	8	2
3/1	癸$_3$酉	8	2
3/2	甲$_1$戌	8	1
3/3	乙$_1$亥	9	1
3/4	丙$_2$子	9	1
3/5	丁$_2$丑	9	0
3/6	戊$_3$寅	10	0

乙卯（3月6日22:25～ ／ 4月6日 3:45）

生日	日柱	男	女
3/6	戊$_3$寅	0	10
3/7	己$_3$卯	0	10
3/8	庚$_3$辰	1	10
3/9	辛$_3$巳	1	9
3/10	壬$_3$午	1	9
3/11	癸$_3$未	2	9
3/12	甲$_1$申	2	8
3/13	乙$_1$酉	2	8
3/14	丙$_2$戌	3	8
3/15	丁$_3$亥	3	7
3/16	戊$_3$子	3	7
3/17	己$_3$丑	4	7
3/18	庚$_3$寅	4	6
3/19	辛$_3$卯	4	6
3/20	壬$_2$辰	5	6
3/21	癸$_2$巳	5	5
3/22	甲$_1$午	5	5
3/23	乙$_1$未	6	5
3/24	丙$_2$申	6	4
3/25	丁$_3$酉	6	4
3/26	戊$_3$戌	7	4
3/27	己$_3$亥	7	3
3/28	庚$_3$子	7	3
3/29	辛$_3$丑	8	3
3/30	壬$_2$寅	8	2
3/31	癸$_3$卯	8	2
4/1	甲$_1$辰	9	2
4/2	乙$_1$巳	9	1
4/3	丙$_1$午	9	1
4/4	丁$_2$未	10	1
4/5	戊$_3$申	10	0
4/6	己$_3$酉	10	0

丙辰（4月6日 3:46～ ／ 5月6日21:38）

生日	日柱	男	女
4/6	己$_1$酉	0	10
4/7	庚$_3$戌	0	10
4/8	辛$_3$亥	1	9
4/9	壬$_3$子	1	9
4/10	癸$_2$丑	1	9
4/11	甲$_1$寅	2	8
4/12	乙$_1$卯	2	8
4/13	丙$_2$辰	2	8
4/14	丁$_1$巳	3	7
4/15	戊$_1$午	3	7
4/16	己$_1$未	3	7
4/17	庚$_2$申	4	7
4/18	辛$_3$酉	4	6
4/19	壬$_3$戌	4	6
4/20	癸$_3$亥	5	5
4/21	甲$_1$子	5	5
4/22	乙$_1$丑	5	5
4/23	丙$_2$寅	6	5
4/24	丁$_3$卯	6	5
4/25	戊$_3$辰	6	4
4/26	己$_1$巳	7	3
4/27	庚$_3$午	7	3
4/28	辛$_3$未	7	3
4/29	壬$_3$申	8	2
4/30	癸$_3$酉	8	2
5/1	甲$_1$戌	8	2
5/2	乙$_1$亥	9	1
5/3	丙$_2$子	9	1
5/4	丁$_3$丑	9	1
5/5	戊$_3$寅	10	0
5/6	己$_3$卯	10	0

丁巳（5月6日21:39～ ／ 6月7日 2:14）

生日	日柱	男	女
5/6	己$_1$卯	0	11
5/7	庚$_3$辰	0	10
5/8	辛$_3$巳	1	10
5/9	壬$_2$午	1	9
5/10	癸$_2$未	1	9
5/11	甲$_1$申	2	9
5/12	乙$_2$酉	2	8
5/13	丙$_1$戌	2	8
5/14	丁$_1$亥	3	8
5/15	戊$_1$子	3	7
5/16	己$_1$丑	3	7
5/17	庚$_3$寅	4	7
5/18	辛$_3$卯	4	7
5/19	壬$_3$辰	4	6
5/20	癸$_3$巳	5	6
5/21	甲$_2$午	5	5
5/22	乙$_2$未	5	5
5/23	丙$_1$申	6	5
5/24	丁$_3$酉	6	4
5/25	戊$_3$戌	6	4
5/26	己$_3$亥	7	4
5/27	庚$_3$子	7	3
5/28	辛$_3$丑	7	3
5/29	壬$_3$寅	8	3
5/30	癸$_3$卯	8	3
5/31	甲$_1$辰	8	2
6/1	乙$_2$巳	9	2
6/2	丙$_1$午	9	2
6/3	丁$_1$未	9	1
6/4	戊$_1$申	10	1
6/5	己$_2$酉	10	1
6/6	庚$_3$戌	10	0
6/7	辛$_3$亥	11	0

戊午（6月7日 2:15～ ／ 7月8日12:41）

生日	日柱	男	女
6/7	辛$_3$亥	0	10
6/8	壬$_1$子	0	10
6/9	癸$_2$丑	1	10
6/10	甲$_1$寅	1	9
6/11	乙$_1$卯	1	9
6/12	丙$_2$辰	2	9
6/13	丁$_1$巳	2	8
6/14	戊$_1$午	2	8
6/15	己$_1$未	3	8
6/16	庚$_1$申	3	7
6/17	辛$_1$酉	3	7
6/18	壬$_1$戌	4	7
6/19	癸$_2$亥	4	6
6/20	甲$_1$子	4	6
6/21	乙$_1$丑	5	5
6/22	丙$_1$寅	5	5
6/23	丁$_1$卯	6	5
6/24	戊$_1$辰	6	4
6/25	己$_1$巳	6	4
6/26	庚$_1$午	6	4
6/27	辛$_1$未	7	3
6/28	壬$_1$申	7	3
6/29	癸$_2$酉	7	3
6/30	甲$_1$戌	8	2
7/1	乙$_1$亥	8	2
7/2	丙$_1$子	8	2
7/3	丁$_1$丑	9	2
7/4	戊$_1$寅	9	1
7/5	己$_1$卯	9	1
7/6	庚$_3$辰	10	1
7/7	辛$_3$巳	10	0
7/8	壬$_3$午	10	0

己未（7月8日12:42～ ／ 8月8日22:24）

生日	日柱	男	女
7/8	壬$_1$午	0	10
7/9	癸$_2$未	0	10
7/10	甲$_2$申	1	10
7/11	乙$_1$酉	1	9
7/12	丙$_1$戌	1	9
7/13	丁$_3$亥	2	9
7/14	戊$_3$子	2	8
7/15	己$_1$丑	2	8
7/16	庚$_2$寅	3	8
7/17	辛$_3$卯	3	7
7/18	壬$_3$辰	3	7
7/19	癸$_3$巳	4	7
7/20	甲$_3$午	4	6
7/21	乙$_3$未	4	6
7/23	丁$_3$酉	5	5
7/24	戊$_3$戌	5	5
7/26	庚$_3$子	6	5
7/27	辛$_3$丑	6	4
7/28	壬$_3$寅	6	4
7/30	甲$_3$辰	7	4
7/31	乙$_3$巳	7	3
8/1	丙$_3$午	7	3
8/2	丁$_3$未	8	3
8/3	戊$_3$申	8	2
8/4	己$_3$酉	8	2
8/5	庚$_3$戌	9	1
8/6	辛$_3$亥	10	1
8/7	壬$_3$子	10	0
8/8	癸$_3$丑	10	0

大運表

歳	甲寅 男	甲寅 女	乙卯 男	乙卯 女	丙辰 男	丙辰 女	丁巳 男	丁巳 女	戊午 男	戊午 女	己未 男	己未 女
0	癸丑	乙卯	甲寅	丙辰	乙卯	丁巳	丙辰	戊午	丁巳	己未	戊午	庚申
10	壬子	丙辰	癸丑	丁巳	甲寅	戊午	乙卯	己未	丙辰	庚申	丁巳	辛酉
20	辛亥	丁巳	壬子	戊午	癸丑	己未	甲寅	庚申	乙卯	辛酉	丙辰	壬戌
30	庚戌	戊午	辛亥	己未	壬子	庚申	癸丑	辛酉	甲寅	壬戌	乙卯	癸亥
40	己酉	己未	庚戌	庚申	辛亥	辛酉	壬子	壬戌	癸丑	癸亥	甲寅	甲子
50	戊申	庚申	己酉	辛酉	庚戌	壬戌	辛亥	癸亥	壬子	甲子	癸丑	乙丑
60	丁未	辛酉	戊申	壬戌	己酉	癸亥	庚戌	甲子	辛亥	乙丑	壬子	丙寅
70	丙午	壬戌	丁未	癸亥	戊申	甲子	己酉	乙丑	庚戌	丙寅	辛亥	丁卯
80	乙巳	癸亥	丙午	甲子	丁未	乙丑	戊申	丙寅	己酉	丁卯	庚戌	戊辰

～1924年（大正13年）2月5日9時49分

月柱 庚申	月柱 辛酉	月柱 壬戌	月柱 癸亥	月柱 甲子	月柱 乙丑
8月8日22:25～9月9日0:57	9月9日0:58～10月9日16:03	10月9日16:04～11月8日18:40	11月8日18:41～12月8日11:04	12月8日11:05～1月6日22:05	1月6日22:06～2月5日9:49

月柱 庚申

生日	日柱	男	女
8 8	癸丑	0	11
8 9	甲寅	0	10
8 10	乙卯	1	10
8 11	丙辰	1	10
8 12	丁巳	1	9
8 13	戊午	2	9
8 14	己未	2	9
8 15	庚申	2	8
8 16	辛酉	3	8
8 17	壬戌	3	8
8 18	癸亥	3	7
8 19	甲子	4	7
8 20	乙丑	4	7
8 21	丙寅	4	6
8 22	丁卯	5	6
8 23	戊辰	5	6
8 24	己巳	5	5
8 25	庚午	6	5
8 26	辛未	6	5
8 27	壬申	6	4
8 28	癸酉	7	4
8 29	甲戌	7	3
8 30	乙亥	7	3
8 31	丙子	8	3
9 1	丁丑	8	2
9 2	戊寅	8	2
9 3	己卯	9	2
9 4	庚辰	9	2
9 5	辛巳	9	1
9 6	壬午	10	1
9 7	癸未	10	1
9 8	甲申	10	0
9 9	乙酉	11	0

月柱 辛酉

生日	日柱	男	女
9 9	乙酉	0	10
9 10	丙戌	0	10
9 11	丁亥	1	9
9 12	戊子	1	9
9 13	己丑	2	8
9 14	庚寅	2	8
9 15	辛卯	2	8
9 16	壬辰	2	8
9 17	癸巳	3	7
9 18	甲午	3	7
9 19	乙未	4	6
9 20	丙申	4	6
9 21	丁酉	4	5
9 22	戊戌	5	5
9 23	己亥	5	5
9 24	庚子	5	4
9 25	辛丑	6	4
9 26	壬寅	6	4
9 27	癸卯	6	4
9 28	甲辰	7	3
9 29	乙巳	7	3
9 30	丙午	7	3
10 1	丁未	8	2
10 2	戊申	8	2
10 3	己酉	8	2
10 4	庚戌	9	2
10 5	辛亥	9	1
10 6	壬子	9	1
10 7	癸丑	10	0
10 8	甲寅	10	0
10 9	乙卯	10	0

月柱 壬戌

生日	日柱	男	女
10 9	乙卯	0	10
10 10	丙辰	0	10
10 11	丁巳	1	9
10 12	戊午	1	9
10 13	己未	1	9
10 14	庚申	2	8
10 15	辛酉	2	8
10 16	壬戌	2	8
10 17	癸亥	3	7
10 18	甲子	3	7
10 19	乙丑	3	7
10 20	丙寅	4	6
10 21	丁卯	4	6
10 22	戊辰	4	6
10 23	己巳	5	5
10 24	庚午	5	5
10 25	辛未	5	5
10 26	壬申	6	4
10 27	癸酉	6	4
10 28	甲戌	6	4
10 29	乙亥	7	3
10 30	丙子	7	3
10 31	丁丑	8	2
11 1	戊寅	8	2
11 2	己卯	8	2
11 3	庚辰	9	1
11 4	辛巳	9	1
11 5	壬午	9	1
11 6	癸未	9	1
11 7	甲申	10	0
11 8	乙酉	10	0

月柱 癸亥

生日	日柱	男	女
11 8	乙酉	0	10
11 9	丙戌	0	10
11 10	丁亥	1	9
11 11	戊子	1	9
11 12	己丑	1	9
11 13	庚寅	2	8
11 14	辛卯	2	8
11 15	壬辰	2	8
11 16	癸巳	3	7
11 17	甲午	3	7
11 18	乙未	3	6
11 19	丙申	4	6
11 20	丁酉	4	6
11 21	戊戌	4	6
11 22	己亥	5	5
11 23	庚子	5	5
11 24	辛丑	6	4
11 25	壬寅	6	4
11 26	癸卯	6	4
11 27	甲辰	6	3
11 28	乙巳	7	3
11 29	丙午	7	3
11 30	丁未	7	3
12 1	戊申	8	2
12 2	己酉	8	2
12 3	庚戌	8	2
12 4	辛亥	9	1
12 5	壬子	9	1
12 6	癸丑	9	1
12 7	甲寅	10	0
12 8	乙卯	10	0

月柱 甲子

生日	日柱	男	女
12 8	乙卯	0	10
12 9	丙辰	0	9
12 10	丁巳	1	9
12 11	戊午	1	9
12 12	己未	1	9
12 13	庚申	2	8
12 14	辛酉	2	8
12 15	壬戌	2	7
12 16	癸亥	3	7
12 17	甲子	3	7
12 18	乙丑	3	6
12 19	丙寅	4	6
12 20	丁卯	4	6
12 21	戊辰	4	5
12 22	己巳	5	5
12 23	庚午	5	5
12 24	辛未	5	5
12 25	壬申	6	4
12 26	癸酉	6	4
12 27	甲戌	6	3
12 28	乙亥	7	3
12 29	丙子	7	3
12 30	丁丑	7	3
12 31	戊寅	8	2
1 1	己卯	8	2
1 2	庚辰	8	2
1 3	辛巳	9	1
1 4	壬午	9	1
1 5	癸未	9	1
1 6	甲申	10	0

月柱 乙丑

生日	日柱	男	女
1 6	甲申	0	0
1 7	乙酉	0	10
1 8	丙戌	1	9
1 9	丁亥	1	9
1 10	戊子	1	9
1 11	己丑	2	8
1 12	庚寅	2	8
1 13	辛卯	2	8
1 14	壬辰	3	7
1 15	癸巳	3	7
1 16	甲午	3	7
1 17	乙未	4	6
1 18	丙申	4	6
1 19	丁酉	4	6
1 20	戊戌	5	5
1 21	己亥	5	5
1 22	庚子	5	5
1 23	辛丑	6	4
1 24	壬寅	6	4
1 25	癸卯	6	4
1 26	甲辰	7	3
1 27	乙巳	7	3
1 28	丙午	7	3
1 29	丁未	8	2
1 30	戊申	8	2
1 31	己酉	8	2
2 1	庚戌	9	1
2 2	辛亥	9	1
2 3	壬子	9	1
2 4	癸丑	10	0
2 5	甲寅	10	0

大運表

歳	男	歳	女	歳	男	歳	女	歳	男	歳	女	歳	男	歳	女	歳	男	歳	女	歳	男	歳	女
0	己未	0	辛酉	0	庚申	0	壬戌	0	辛酉	0	癸亥	0	壬戌	0	甲子	0	癸亥	0	乙丑	0	甲子	0	丙寅
10	戊午	10	壬戌	10	己未	10	癸亥	10	庚申	10	甲子	10	辛酉	10	乙丑	10	壬戌	10	丙寅	10	癸亥	10	丁卯
20	丁巳	20	癸亥	20	戊午	20	甲子	20	己未	20	乙丑	20	庚申	20	丙寅	20	辛酉	20	丁卯	20	壬戌	20	戊辰
30	丙辰	30	甲子	30	丁巳	30	乙丑	30	戊午	30	丙寅	30	己未	30	丁卯	30	庚申	30	戊辰	30	辛酉	30	己巳
40	乙卯	40	乙丑	40	丙辰	40	丙寅	40	丁巳	40	丁卯	40	戊午	40	戊辰	40	己未	40	己巳	40	庚申	40	庚午
50	甲寅	50	丙寅	50	乙卯	50	丁卯	50	丙辰	50	戊辰	50	丁巳	50	己巳	50	戊午	50	庚午	50	己未	50	辛未
60	癸丑	60	丁卯	60	甲寅	60	戊辰	60	乙卯	60	己巳	60	丙辰	60	庚午	60	丁巳	60	辛未	60	戊午	60	壬申
70	壬子	70	戊辰	70	癸丑	70	己巳	70	甲寅	70	庚午	70	乙卯	70	辛未	70	丙辰	70	壬申	70	丁巳	70	癸酉
80	辛亥	80	己巳	80	壬子	80	庚午	80	癸丑	80	辛未	80	甲寅	80	壬申	80	乙卯	80	癸酉	80	丙辰	80	甲戌

年柱 甲子

1924年（大正13年）2月5日9時50分～

月柱	期間	立運年齢
丙寅	2月5日 9:50～ 3月6日 4:12	
丁卯	3月6日 4:13～ 4月5日 9:33	
戊辰	4月5日 9:34～ 5月6日 3:25	
己巳	5月6日 3:26～ 6月6日 8:01	
庚午	6月6日 8:02～ 7月7日18:29	
辛未	7月7日18:30～ 8月8日 4:12	

月柱 丙寅

生日	日柱	男	女
2:5	甲寅	10	0
2:6	乙卯	10	0
2:7	丙辰	9	1
2:8	丁巳	9	1
2:9	戊午	9	1
2:10	己未	8	2
2:11	庚申	8	2
2:12	辛酉	8	2
2:13	壬戌	7	3
2:14	癸亥	7	3
2:15	甲子	7	3
2:16	乙丑	6	4
2:17	丙寅	6	4
2:18	丁卯	6	4
2:19	戊辰	5	5
2:20	己巳	5	5
2:21	庚午	5	5
2:22	辛未	4	6
2:23	壬申	4	6
2:24	癸酉	4	6
2:25	甲戌	3	7
2:26	乙亥	3	7
2:27	丙子	3	7
2:28	丁丑	2	8
2:29	戊寅	2	8
3:1	己卯	2	8
3:2	庚辰	1	9
3:3	辛巳	1	9
3:4	壬午	1	9
3:5	癸未	0	10
3:6	甲申	0	10

月柱 丁卯

生日	日柱	男	女
3:6	甲申	10	0
3:7	乙酉	10	0
3:8	丙戌	9	1
3:9	丁亥	9	1
3:10	戊子	9	1
3:11	己丑	8	2
3:12	庚寅	8	2
3:13	辛卯	8	2
3:14	壬辰	7	3
3:15	癸巳	7	3
3:16	甲午	7	3
3:17	乙未	6	4
3:18	丙申	6	4
3:19	丁酉	6	4
3:20	戊戌	5	5
3:21	己亥	5	5
3:22	庚子	5	5
3:23	辛丑	4	6
3:24	壬寅	4	6
3:25	癸卯	4	6
3:26	甲辰	3	7
3:27	乙巳	3	7
3:28	丙午	3	7
3:29	丁未	2	8
3:30	戊申	2	8
3:31	己酉	2	8
4:1	庚戌	1	9
4:2	辛亥	1	9
4:3	壬子	1	9
4:4	癸丑	0	10
4:5	甲寅	0	10

月柱 戊辰

生日	日柱	男	女
4:5	甲寅	10	0
4:6	乙卯	10	0
4:7	丙辰	10	1
4:8	丁巳	10	1
4:9	戊午	10	1
4:10	己未	9	2
4:11	庚申	9	2
4:12	辛酉	9	2
4:13	壬戌	8	3
4:14	癸亥	8	3
4:15	甲子	8	3
4:16	乙丑	7	4
4:17	丙寅	7	4
4:18	丁卯	7	4
4:19	戊辰	6	5
4:20	己巳	6	5
4:21	庚午	6	5
4:22	辛未	5	6
4:23	壬申	5	6
4:24	癸酉	5	6
4:25	甲戌	4	7
4:26	乙亥	4	7
4:27	丙子	4	7
4:28	丁丑	3	8
4:29	戊寅	3	8
4:30	己卯	3	8
5:1	庚辰	2	9
5:2	辛巳	2	9
5:3	壬午	2	9
5:4	癸未	1	10
5:5	甲申	1	10
5:6	乙酉	0	10

月柱 己巳

生日	日柱	男	女
5:6	乙酉	10	0
5:7	丙戌	10	0
5:8	丁亥	10	1
5:9	戊子	10	1
5:10	己丑	9	1
5:11	庚寅	9	2
5:12	辛卯	9	2
5:13	壬辰	8	2
5:14	癸巳	8	3
5:15	甲午	8	3
5:16	乙未	7	3
5:17	丙申	7	4
5:18	丁酉	7	4
5:19	戊戌	6	4
5:20	己亥	6	5
5:21	庚子	6	5
5:22	辛丑	5	5
5:23	壬寅	5	6
5:24	癸卯	5	6
5:25	甲辰	4	6
5:26	乙巳	4	7
5:27	丙午	4	7
5:28	丁未	3	7
5:29	戊申	3	8
5:30	己酉	3	8
5:31	庚戌	2	8
6:1	辛亥	2	9
6:2	壬子	2	9
6:3	癸丑	1	9
6:4	甲寅	1	10
6:5	乙卯	1	10
6:6	丙辰	0	10

月柱 庚午

生日	日柱	男	女
6:6	丙辰	10	0
6:7	丁巳	10	0
6:8	戊午	10	1
6:9	己未	9	1
6:10	庚申	9	1
6:11	辛酉	9	2
6:12	壬戌	8	2
6:13	癸亥	8	2
6:14	甲子	8	3
6:15	乙丑	7	3
6:16	丙寅	7	3
6:17	丁卯	7	4
6:18	戊辰	6	4
6:19	己巳	6	4
6:20	庚午	6	5
6:21	辛未	5	5
6:22	壬申	5	5
6:23	癸酉	5	6
6:24	甲戌	4	6
6:25	乙亥	4	6
6:26	丙子	4	7
6:27	丁丑	3	7
6:28	戊寅	3	7
6:29	己卯	3	8
6:30	庚辰	2	8
7:1	辛巳	2	9
7:2	壬午	2	9
7:3	癸未	1	9
7:4	甲申	1	9
7:5	乙酉	1	10
7:6	丙戌	0	10
7:7	丁亥	0	10

月柱 辛未

生日	日柱	男	女
7:7	丁亥	11	0
7:8	戊子	10	0
7:9	己丑	10	1
7:10	庚寅	10	1
7:11	辛卯	9	1
7:12	壬辰	9	2
7:13	癸巳	9	2
7:14	甲午	8	2
7:15	乙未	8	3
7:16	丙申	8	3
7:17	丁酉	7	3
7:18	戊戌	7	4
7:19	己亥	7	4
7:20	庚子	6	4
7:21	辛丑	6	5
7:22	壬寅	6	5
7:23	癸卯	5	5
7:24	甲辰	5	6
7:25	乙巳	5	6
7:26	丙午	4	6
7:27	丁未	4	7
7:28	戊申	4	7
7:29	己酉	3	7
7:30	庚戌	3	8
7:31	辛亥	3	8
8:1	壬子	2	8
8:2	癸丑	2	9
8:3	甲寅	2	9
8:4	乙卯	1	9
8:5	丙辰	1	10
8:6	丁巳	0	10
8:7	戊午	0	10
8:8	己未	0	11

大運

歳	丙寅 男	丙寅 女	丁卯 男	丁卯 女	戊辰 男	戊辰 女	己巳 男	己巳 女	庚午 男	庚午 女	辛未 男	辛未 女
0	丁卯	乙丑	戊辰	丙寅	己巳	丁卯	庚午	戊辰	辛未	己巳	壬申	庚午
10	戊辰	甲子	己巳	乙丑	庚午	丙寅	辛未	丁卯	壬申	戊辰	癸酉	己巳
20	己巳	癸亥	庚午	甲子	辛未	乙丑	壬申	丙寅	癸酉	丁卯	甲戌	戊辰
30	庚午	壬戌	辛未	癸亥	壬申	甲子	癸酉	乙丑	甲戌	丙寅	乙亥	丁卯
40	辛未	辛酉	壬申	壬戌	癸酉	癸亥	甲戌	甲子	乙亥	乙丑	丙子	丙寅
50	壬申	庚申	癸酉	辛酉	甲戌	壬戌	乙亥	癸亥	丙子	甲子	丁丑	乙丑
60	癸酉	己未	甲戌	庚申	乙亥	辛酉	丙子	壬戌	丁丑	癸亥	戊寅	甲子
70	甲戌	戊午	乙亥	己未	丙子	庚申	丁丑	辛酉	戊寅	壬戌	己卯	癸亥
80	乙亥	丁巳	丙子	戊午	丁丑	己未	戊寅	庚申	己卯	辛酉	庚辰	壬戌

～1925年（大正14年）2月4日15時36分

月柱	壬申			月柱	癸酉			月柱	甲戌			月柱	乙亥			月柱	丙子			月柱	丁丑		
	8月8日 4:13～9月8日 6:45				9月8日 6:46～10月8日21:52				10月8日21:53～11月8日 1:25				11月8日 1:26～12月7日16:53				12月7日16:54～1月6日 3:53				1月6日 3:54～2月4日15:36		
生日	日柱	男	女	生日	日柱	男	女	生日	日柱	男	女	生日	日柱	男	女	生日	日柱	男	女	生日	日柱	男	女
8 8	$己_1未$	10	0	9 8	$庚_1寅$	10	0	10 8	$庚_1申$	10	0	11 8	$辛_1卯$	10	0	12 7	$庚_1申$	10	0	1 6	$庚_1寅$	10	0
8 9	$庚_1申$	10	0	9 9	$辛_1卯$	10	0	10 9	$辛_1酉$	10	0	11 9	$壬_1辰$	9	0	12 8	$辛_1酉$	10	0	1 7	$辛_3卯$	9	0
8 10	$辛_3酉$	10	1	9 10	$壬_1辰$	9	1	10 10	$壬_3戌$	10	1	11 10	$癸_1巳$	9	1	12 9	$壬_1戌$	9	1	1 8	$壬_2辰$	9	1
8 11	$壬_1戌$	9	1	9 11	$癸_1巳$	9	1	10 11	$癸_2亥$	9	1	11 11	$甲_1午$	9	1	12 10	$癸_1亥$	9	1	1 9	$癸_2巳$	9	1
8 12	$癸_1亥$	9	1	9 12	$甲_1午$	9	1	10 12	$甲_1子$	9	1	11 12	$乙_1未$	8	1	12 11	$甲_1子$	9	1	1 10	$甲_2午$	8	1
8 13	$甲_1子$	9	2	9 13	$乙_1未$	8	2	10 13	$乙_1丑$	9	2	11 13	$丙_1申$	8	2	12 12	$乙_1丑$	8	2	1 11	$乙_2未$	8	2
8 14	$乙_1丑$	8	2	9 14	$丙_3申$	8	2	10 14	$丙_1寅$	8	2	11 14	$丁_1酉$	8	2	12 13	$丙_1寅$	8	2	1 12	$丙_2申$	8	2
8 15	$丙_1寅$	8	2	9 15	$丁_3酉$	8	2	10 15	$丁_1卯$	8	2	11 15	$戊_1戌$	7	3	12 14	$丁_1卯$	8	2	1 13	$丁_2酉$	7	2
8 16	$丁_1卯$	8	3	9 16	$戊_3戌$	7	3	10 16	$戊_1辰$	8	3	11 16	$己_1亥$	7	3	12 15	$戊_2辰$	7	3	1 14	$戊_1戌$	7	3
8 17	$戊_3辰$	8	3	9 17	$己_1亥$	7	3	10 17	$己_1巳$	7	3	11 17	$庚_1子$	6	3	12 16	$己_1巳$	7	3	1 15	$己_1亥$	7	3
8 18	$己_1巳$	7	3	9 18	$庚_1子$	7	3	10 18	$庚_1午$	7	3	11 18	$辛_1丑$	6	3	12 17	$庚_1午$	7	3	1 16	$庚_3子$	6	3
8 19	$庚_2午$	7	4	9 19	$辛_1丑$	6	4	10 19	$辛_1未$	7	4	11 19	$壬_1寅$	6	4	12 18	$辛_1未$	6	4	1 17	$辛_1丑$	6	4
8 20	$辛_2未$	6	4	9 20	$壬_1寅$	6	4	10 20	$壬_2申$	7	4	11 20	$癸_1卯$	5	4	12 19	$壬_1申$	6	4	1 18	$壬_2寅$	6	4
8 21	$壬_1申$	6	4	9 21	$癸_1卯$	5	4	10 21	$癸_2酉$	6	4	11 21	$甲_1辰$	5	4	12 20	$癸_1酉$	5	4	1 19	$癸_2卯$	5	4
8 22	$癸_1酉$	6	5	9 22	$甲_1辰$	5	5	10 22	$甲_1戌$	6	5	11 22	$乙_1巳$	5	5	12 21	$甲_1戌$	5	5	1 20	$甲_2辰$	5	5
8 23	$甲_1戌$	5	5	9 23	$乙_1巳$	5	5	10 23	$乙_1亥$	5	5	11 23	$丙_1午$	5	5	12 22	$乙_1亥$	5	5	1 21	$乙_1巳$	5	5
8 24	$乙_1亥$	5	5	9 24	$丙_2午$	5	5	10 24	$丙_2子$	5	5	11 24	$丁_1未$	4	5	12 23	$丙_2子$	5	5	1 22	$丙_1午$	4	5
8 25	$丙_1子$	5	6	9 25	$丁_1未$	4	6	10 25	$丁_2丑$	5	6	11 25	$戊_1申$	4	6	12 24	$丁_1丑$	4	6	1 23	$丁_1未$	4	6
8 26	$丁_1丑$	4	6	9 26	$戊_3申$	4	6	10 26	$戊_2寅$	4	6	11 26	$己_1酉$	3	6	12 25	$戊_2寅$	4	6	1 24	$戊_1申$	3	6
8 27	$戊_1寅$	4	6	9 27	$己_1酉$	3	6	10 27	$己_2卯$	4	6	11 27	$庚_1戌$	3	6	12 26	$己_1卯$	3	6	1 25	$己_2酉$	3	6
8 28	$己_1卯$	4	7	9 28	$庚_1戌$	3	7	10 28	$庚_1辰$	4	7	11 28	$辛_1亥$	3	7	12 27	$庚_1辰$	3	7	1 26	$庚_1戌$	3	7
8 29	$庚_1辰$	3	7	9 29	$辛_1亥$	3	7	10 29	$辛_1巳$	3	7	11 29	$壬_1子$	3	7	12 28	$辛_1巳$	3	7	1 27	$辛_1亥$	3	7
8 30	$辛_2巳$	3	7	9 30	$壬_1子$	3	7	10 30	$壬_1午$	3	7	11 30	$癸_1丑$	2	7	12 29	$壬_1午$	3	7	1 28	$壬_1子$	2	8
8 31	$壬_1午$	3	8	10 1	$癸_1丑$	2	8	10 31	$癸_3未$	3	8	12 1	$甲_1寅$	2	8	12 30	$癸_1未$	3	7	1 29	$癸_2丑$	2	8
9 1	$癸_1未$	2	8	10 2	$甲_1寅$	2	8	11 1	$甲_1申$	2	8	12 2	$乙_1卯$	2	8	12 31	$甲_1申$	2	8	1 30	$甲_1寅$	2	8
9 2	$甲_1申$	2	8	10 3	$乙_1卯$	2	8	11 2	$乙_1酉$	2	8	12 3	$丙_2辰$	1	8	1 1	$乙_1酉$	2	8	1 31	$乙_1卯$	1	8
9 3	$乙_1酉$	2	9	10 4	$丙_1辰$	1	9	11 3	$丙_2戌$	2	9	12 4	$丁_1巳$	1	9	1 2	$丙_1戌$	1	9	2 1	$丙_2辰$	1	9
9 4	$丙_1戌$	1	9	10 5	$丁_1巳$	1	9	11 4	$丁_2亥$	1	9	12 5	$戊_1午$	1	9	1 3	$丁_1亥$	1	9	2 2	$丁_1巳$	1	9
9 5	$丁_1亥$	1	9	10 6	$戊_3午$	1	9	11 5	$戊_2子$	1	9	12 6	$己_3未$	0	9	1 4	$戊_3子$	1	9	2 3	$戊_1午$	0	9
9 6	$戊_3子$	1	10	10 7	$己_1未$	0	10	11 6	$己_1丑$	1	10	12 7	$庚_1申$	0	10	1 5	$己_1丑$	0	9	2 4	$己_1未$	0	10
9 7	$己_1丑$	0	10	10 8	$庚_1申$	0	10	11 7	$庚_1寅$	0	10					1 6	$庚_3寅$	0	10				
9 8	$庚_2寅$	0	10					11 8	$辛_2卯$	0	10												

歳	男	歳	女	歳	男	歳	女	歳	男	歳	女	歳	男	歳	女	歳	男	歳	女	歳	男	歳	女
0	癸酉	0	辛未	0	甲戌	0	壬申	0	乙亥	0	癸酉	0	丙子	0	甲戌	0	丁丑	0	乙亥	0	戊寅	0	丙子
10	甲戌	10	庚午	10	乙亥	10	辛未	10	丙子	10	壬申	10	丁丑	10	癸酉	10	戊寅	10	甲戌	10	己卯	10	乙亥
20	乙亥	20	己巳	20	丙子	20	庚午	20	丁丑	20	辛未	20	戊寅	20	壬申	20	己卯	20	癸酉	20	庚辰	20	甲戌
30	丙子	30	戊辰	30	丁丑	30	己巳	30	戊寅	30	庚午	30	己卯	30	辛未	30	庚辰	30	壬申	30	辛巳	30	癸酉
40	丁丑	40	丁卯	40	戊寅	40	戊辰	40	己卯	40	己巳	40	庚辰	40	庚午	40	辛巳	40	辛未	40	壬午	40	壬申
50	戊寅	50	丙寅	50	己卯	50	丁卯	50	庚辰	50	戊辰	50	辛巳	50	己巳	50	壬午	50	庚午	50	癸未	50	辛未
60	己卯	60	乙丑	60	庚辰	60	丙寅	60	辛巳	60	丁卯	60	壬午	60	戊辰	60	癸未	60	己巳	60	甲申	60	庚午
70	庚辰	70	甲子	70	辛巳	70	乙丑	70	壬午	70	丙寅	70	癸未	70	丁卯	70	甲申	70	戊辰	70	乙酉	70	己巳
80	辛巳	80	癸亥	80	壬午	80	甲子	80	癸未	80	乙丑	80	甲申	80	丙寅	80	乙酉	80	丁卯	80	丙戌	80	戊辰

年柱 乙丑 — 1925年（大正14年）2月4日15時37分～

2月4日15:37～ 3月6日 9:59	3月6日10:00～ 4月5日15:22	4月5日15:23～ 5月6日 9:17	5月6日 9:18～ 6月6日14:04	6月6日14:05～ 7月8日 0:24	7月8日 0:25～ 8月8日10:07
月柱 **戊寅**	月柱 **己卯**	月柱 **庚辰**	月柱 **辛巳**	月柱 **壬午**	月柱 **癸未**

（各欄：生日／日柱／立運年齢 男／女）

生日	日柱	男	女	生日	日柱	男	女	生日	日柱	男	女	生日	日柱	男	女	生日	日柱	男	女	生日	日柱	男	女
2 4	己$_1$未	0	10	3 6	己$_1$丑	0	10	4 5	己$_1$未	0	10	5 6	庚$_2$寅	0	10	6 6	辛$_2$酉	0	11	7 8	癸$_3$巳	0	10
2 5	庚$_1$申	0	10	3 7	庚$_1$寅	0	10	4 6	庚$_1$申	0	10	5 7	辛$_2$卯	0	10	6 7	壬$_3$戌	0	10	7 9	甲$_2$午	0	10
2 6	辛$_1$酉	1	9	3 8	辛$_1$卯	1	9	4 7	辛$_1$酉	1	10	5 8	壬$_3$辰	1	10	6 8	癸$_3$亥	1	10	7 10	乙$_2$未	1	10
2 7	壬$_1$戌	1	9	3 9	壬$_1$辰	1	9	4 8	壬$_1$戌	1	9	5 9	癸$_3$巳	1	9	6 9	甲$_1$子	1	10	7 11	丙$_2$申	1	9
2 8	癸$_1$亥	1	9	3 10	癸$_2$巳	1	9	4 9	癸$_2$亥	1	9	5 10	甲$_3$午	1	9	6 10	乙$_1$丑	1	9	7 12	丁$_2$酉	1	9
2 9	甲$_1$子	2	8	3 11	甲$_1$午	2	8	4 10	甲$_1$子	2	9	5 11	乙$_3$未	2	9	6 11	丙$_1$寅	2	9	7 13	戊$_2$戌	2	9
2 10	乙$_1$丑	2	8	3 12	乙$_1$未	2	8	4 11	乙$_2$丑	2	8	5 12	丙$_2$申	2	8	6 12	丁$_1$卯	2	9	7 14	己$_2$亥	2	8
2 11	丙$_1$寅	2	8	3 13	丙$_1$申	2	8	4 12	丙$_2$寅	2	8	5 13	丁$_2$酉	2	8	6 13	戊$_1$辰	2	8	7 15	庚$_2$子	2	8
2 12	丁$_1$卯	3	7	3 14	丁$_1$酉	3	7	4 13	丁$_1$卯	3	8	5 14	戊$_3$戌	3	8	6 14	己$_1$巳	3	8	7 16	辛$_2$丑	3	8
2 13	戊$_1$辰	3	7	3 15	戊$_1$戌	3	7	4 14	戊$_1$辰	3	7	5 15	己$_3$亥	3	7	6 15	庚$_2$午	3	7	7 17	壬$_2$寅	3	7
2 14	己$_1$巳	3	7	3 16	己$_1$亥	3	7	4 15	己$_1$巳	3	7	5 16	庚$_3$子	3	7	6 16	辛$_2$未	3	7	7 18	癸$_3$卯	3	7
2 15	庚$_2$午	4	6	3 17	庚$_2$子	4	6	4 16	庚$_2$午	4	7	5 17	辛$_3$丑	4	7	6 17	壬$_2$申	4	7	7 19	甲$_2$辰	4	7
2 16	辛$_2$未	4	6	3 18	辛$_2$丑	4	6	4 17	辛$_2$未	4	6	5 18	壬$_3$寅	4	6	6 18	癸$_2$酉	4	6	7 20	乙$_2$巳	4	6
2 17	壬$_2$申	5	5	3 19	壬$_2$寅	5	5	4 18	壬$_2$申	4	6	5 19	癸$_3$卯	4	6	6 19	甲$_2$戌	4	6	7 21	丙$_1$午	4	6
2 18	癸$_2$酉	5	5	3 20	癸$_2$卯	5	5	4 19	癸$_2$酉	5	6	5 20	甲$_3$辰	5	6	6 20	乙$_2$亥	5	6	7 22	丁$_1$未	5	6
2 19	甲$_2$戌	5	5	3 21	甲$_2$辰	5	5	4 20	甲$_2$戌	5	5	5 21	乙$_3$巳	5	5	6 21	丙$_2$子	5	5	7 23	戊$_1$申	5	5
2 20	乙$_2$亥	5	5	3 22	乙$_2$巳	5	5	4 21	乙$_2$亥	5	5	5 22	丙$_3$午	5	5	6 22	丁$_1$丑	5	5	7 24	己$_1$酉	5	5
2 21	丙$_2$子	6	4	3 23	丙$_2$午	6	4	4 22	丙$_2$子	6	5	5 23	丁$_2$未	6	5	6 23	戊$_1$寅	6	5	7 25	庚$_1$戌	6	5
2 22	丁$_1$丑	6	4	3 24	丁$_1$未	6	4	4 23	丁$_1$丑	6	5	5 24	戊$_3$申	6	4	6 24	己$_1$卯	6	4	7 26	辛$_2$亥	6	4
2 23	戊$_1$寅	6	4	3 25	戊$_1$申	6	4	4 24	戊$_1$寅	6	4	5 25	己$_3$酉	6	4	6 25	庚$_1$辰	6	4	7 27	壬$_2$子	6	4
2 24	己$_1$卯	7	3	3 26	己$_1$酉	7	3	4 25	己$_1$卯	7	4	5 26	庚$_3$戌	7	4	6 26	辛$_1$巳	7	4	7 28	癸$_3$丑	7	4
2 25	庚$_1$辰	7	3	3 27	庚$_1$戌	7	3	4 26	庚$_1$辰	7	4	5 27	辛$_2$亥	7	3	6 27	壬$_2$午	7	3	7 29	甲$_2$寅	7	3
2 26	辛$_1$巳	7	3	3 28	辛$_1$亥	7	3	4 27	辛$_1$巳	7	3	5 28	壬$_3$子	7	3	6 28	癸$_2$未	8	3	7 30	乙$_2$卯	7	3
2 27	壬$_2$午	8	2	3 29	壬$_2$子	8	2	4 28	壬$_2$午	8	3	5 29	癸$_3$丑	8	3	6 29	甲$_2$申	8	3	7 31	丙$_2$辰	8	3
2 28	癸$_2$未	8	2	3 30	癸$_2$丑	8	2	4 29	癸$_2$未	8	3	5 30	甲$_3$寅	8	2	6 30	乙$_2$酉	8	2	8 1	丁$_1$巳	8	2
3 1	甲$_2$申	8	2	3 31	甲$_2$寅	8	2	4 30	甲$_2$申	8	2	5 31	乙$_2$卯	8	2	7 1	丙$_2$戌	8	2	8 2	戊$_1$午	8	2
3 2	乙$_2$酉	9	1	4 1	乙$_2$卯	9	1	5 1	乙$_2$酉	8	2	6 1	丙$_1$辰	9	2	7 2	丁$_1$亥	9	2	8 3	己$_2$未	9	2
3 3	丙$_2$戌	9	1	4 2	丙$_2$辰	9	1	5 2	丙$_2$戌	9	2	6 2	丁$_1$巳	9	1	7 3	戊$_1$子	9	1	8 4	庚$_1$申	9	1
3 4	丁$_1$亥	9	1	4 3	丁$_1$巳	9	1	5 3	丁$_1$亥	9	1	6 3	戊$_1$午	9	1	7 4	己$_1$丑	9	1	8 5	辛$_1$酉	9	1
3 5	戊$_1$子	10	0	4 4	戊$_1$午	10	0	5 4	戊$_1$子	10	1	6 4	己$_1$未	10	1	7 5	庚$_1$寅	10	1	8 6	壬$_3$戌	10	1
3 6	己$_1$丑	10	0	4 5	己$_1$未	10	0	5 5	己$_1$丑	10	0	6 5	庚$_1$申	10	0	7 6	辛$_1$卯	10	1	8 7	癸$_3$亥	10	0
								5 6	庚$_2$寅	10	0	6 6	辛$_1$酉	10	0	7 7	壬$_3$辰	10	0	8 8	甲$_1$子	10	0
																7 8	癸$_3$巳	11	0				

歳	男	歳	女	歳	男	歳	女	歳	男	歳	女	歳	男	歳	女	歳	男	歳	女	歳	男	歳	女
0	丁丑	0	己卯	0	戊寅	0	庚辰	0	己卯	0	辛巳	0	庚辰	0	壬午	0	辛巳	0	癸未	0	壬午	0	甲申
10	丙子	10	庚辰	10	丁丑	10	辛巳	10	戊寅	10	壬午	10	己卯	10	癸未	10	庚辰	10	甲申	10	辛巳	10	乙酉
20	乙亥	20	辛巳	20	丙子	20	壬午	20	丁丑	20	癸未	20	戊寅	20	甲申	20	己卯	20	乙酉	20	庚辰	20	丙戌
30	甲戌	30	壬午	30	乙亥	30	癸未	30	丙子	30	甲申	30	丁丑	30	乙酉	30	戊寅	30	丙戌	30	己卯	30	丁亥
40	癸酉	40	癸未	40	甲戌	40	甲申	40	乙亥	40	乙酉	40	丙子	40	丙戌	40	丁丑	40	丁亥	40	戊寅	40	戊子
50	壬申	50	甲申	50	癸酉	50	乙酉	50	甲戌	50	丙戌	50	乙亥	50	丁亥	50	丙子	50	戊子	50	丁丑	50	己丑
60	辛未	60	乙酉	60	壬申	60	丙戌	60	癸酉	60	丁亥	60	甲戌	60	戊子	60	乙亥	60	己丑	60	丙子	60	庚寅
70	庚午	70	丙戌	70	辛未	70	丁亥	70	壬申	70	戊子	70	癸酉	70	己丑	70	甲戌	70	庚寅	70	乙亥	70	辛卯
80	己巳	80	丁亥	80	庚午	80	戊子	80	辛未	80	己丑	80	壬申	80	庚寅	80	癸酉	80	辛卯	80	甲戌	80	壬辰

～1926年（大正15年）2月4日21時38分

月柱 甲申				月柱 乙酉				月柱 丙戌				月柱 丁亥				月柱 戊子				月柱 己丑			
8月8日10:08～ 9月8日12:39				9月8日12:40～ 10月9日 3:47				10月9日 3:48～ 11月8日 6:26				11月8日 6:27～ 12月7日22:52				12月7日22:53～ 1月6日 9:54				1月6日 9:55～ 2月4日21:38			
生日	日柱	男	女	生日	日柱	男	女	生日	日柱	男	女	生日	日柱	男	女	生日	日柱	男	女	生日	日柱	男	女
8 8	甲1子	0	10	9 8	乙2未	0	10	10 9	丙1寅	0	10	11 8	丙2申	0	10	12 7	乙1丑	0	10	1 6	乙3未	0	10
8 9	乙2丑	0	10	9 9	丙2申	0	10	10 10	丁1卯	0	10	11 9	丁2酉	0	9	12 8	丙2寅	0	10	1 7	丙3申	0	9
8 10	丙1寅	1	10	9 10	丁1酉	1	10	10 11	戊1辰	1	9	11 10	戊1戌	1	9	12 9	丁1卯	1	9	1 8	丁3酉	1	9
8 11	丁1卯	1	9	9 11	戊2戌	1	9	10 12	己1巳	1	9	11 11	己2亥	1	9	12 10	戊1辰	1	9	1 9	戊1戌	1	9
8 12	戊2辰	1	9	9 12	己3亥	1	9	10 13	庚1午	1	9	11 12	庚1子	1	8	12 11	己1巳	1	9	1 10	己1亥	1	8
8 13	己2巳	2	9	9 13	庚1子	2	9	10 14	辛1未	2	8	11 13	辛1丑	2	8	12 12	庚2午	2	8	1 11	庚1子	2	8
8 14	庚1午	2	8	9 14	辛1丑	2	8	10 15	壬1申	2	8	11 14	壬1寅	2	8	12 13	辛1未	2	8	1 12	辛1丑	2	8
8 15	辛1未	2	8	9 15	壬1寅	2	8	10 16	癸1酉	2	8	11 15	癸2卯	2	7	12 14	壬1申	2	8	1 13	壬1寅	2	7
8 16	壬2申	3	8	9 16	癸1卯	3	8	10 17	甲1戌	3	7	11 16	甲1辰	3	7	12 15	癸1酉	3	7	1 14	癸2卯	3	7
8 17	癸2酉	3	7	9 17	甲1辰	3	7	10 18	乙1亥	3	7	11 17	乙1巳	3	7	12 16	甲2戌	3	7	1 15	甲3辰	3	7
8 18	甲2戌	3	7	9 18	乙2巳	3	7	10 19	丙1子	3	7	11 18	丙1午	3	6	12 17	乙2亥	3	7	1 16	乙2巳	3	6
8 19	乙2亥	4	7	9 19	丙2午	4	7	10 20	丁2丑	4	6	11 19	丁2未	4	6	12 18	丙2子	4	6	1 17	丙2午	4	6
8 20	丙1子	4	7	9 20	丁2未	4	7	10 21	戊1寅	4	6	11 20	戊1申	4	6	12 19	丁1丑	4	6	1 18	丁1未	4	6
8 21	丁1丑	4	6	9 21	戊3申	4	6	10 22	己1卯	4	6	11 21	己2酉	4	5	12 20	戊1寅	5	5	1 19	戊1申	4	5
8 22	戊1寅	5	6	9 22	己2酉	5	6	10 23	庚1辰	5	5	11 22	庚1戌	5	5	12 21	己1卯	5	5	1 20	己1酉	5	5
8 23	己1卯	5	6	9 23	庚1戌	5	6	10 24	辛1巳	5	5	11 23	辛1亥	5	5	12 22	庚2辰	5	5	1 21	庚1戌	5	5
8 24	庚1辰	5	5	9 24	辛1亥	5	5	10 25	壬1午	5	5	11 24	壬1子	5	4	12 23	辛2巳	6	4	1 22	辛1亥	5	4
8 25	辛1巳	6	5	9 25	壬2子	6	5	10 26	癸1未	6	5	11 25	癸1丑	6	4	12 24	壬2午	6	4	1 23	壬2子	6	4
8 26	壬3午	6	5	9 26	癸2丑	6	4	10 27	甲1申	6	4	11 26	甲1寅	6	4	12 25	癸2未	6	4	1 24	癸3丑	6	4
8 27	癸2未	6	4	9 27	甲1寅	6	4	10 28	乙1酉	7	4	11 27	乙1卯	6	3	12 26	甲1申	7	3	1 25	甲1寅	6	3
8 28	甲1申	7	4	9 28	乙2卯	7	4	10 29	丙1戌	7	3	11 28	丙1辰	7	3	12 27	乙2酉	7	3	1 26	乙1卯	7	3
8 29	乙2酉	7	3	9 29	丙2辰	7	3	10 30	丁1亥	7	3	11 29	丁1巳	7	2	12 28	丙2戌	7	3	1 27	丙1辰	7	3
8 30	丙2戌	7	3	9 30	丁2巳	7	3	10 31	戊1子	8	3	11 30	戊1午	7	2	12 29	丁1亥	8	2	1 28	丁1巳	7	2
8 31	丁1亥	8	3	10 1	戊2午	8	3	11 1	己1丑	8	3	12 1	己1未	8	2	12 30	戊1子	8	2	1 29	戊1午	8	2
9 1	戊3子	8	2	10 2	己2未	8	2	11 2	庚1寅	8	2	12 2	庚1申	8	1	12 31	己1丑	8	1	1 30	己1未	8	2
9 2	己1丑	8	2	10 3	庚1申	8	2	11 3	辛1卯	9	2	12 3	辛2酉	8	1	1 1	庚2寅	9	1	1 31	庚1申	8	1
9 3	庚1寅	9	2	10 4	辛1酉	9	2	11 4	壬3辰	9	1	12 4	壬3戌	9	1	1 2	辛1卯	9	1	2 1	辛1酉	9	1
9 4	辛1卯	9	1	10 5	壬1戌	9	1	11 5	癸1巳	9	1	12 5	癸2亥	9	1	1 3	壬1辰	9	1	2 2	壬1戌	9	1
9 5	壬1辰	9	1	10 6	癸2亥	9	1	11 6	甲3午	9	1	12 6	甲1子	9	0	1 4	癸2巳	9	1	2 3	癸2亥	9	0
9 6	癸3巳	10	1	10 7	甲1子	10	1	11 7	乙1未	10	0	12 7	乙1丑	10	0	1 5	甲2午	10	0	2 4	甲2子	10	0
9 7	甲2午	10	0	10 8	乙2丑	10	0	11 8	丙2申	10	0					1 6	乙1未	10	0				
9 8	乙2未	10	0	10 9	丙1寅	10	0									1 6	乙2未	10	0				

歳	男	歳	女	歳	男	歳	女	歳	男	歳	女	歳	男	歳	女	歳	男	歳	女	歳	男	歳	女
0	癸未	0	乙酉	0	甲申	0	丙戌	0	乙酉	0	丁亥	0	丙戌	0	戊子	0	丁亥	0	己丑	0	戊子	0	庚寅
10	壬午	10	丙戌	10	癸未	10	丁亥	10	甲申	10	戊子	10	乙酉	10	己丑	10	丙戌	10	庚寅	10	丁亥	10	辛卯
20	辛巳	20	丁亥	20	壬午	20	戊子	20	癸未	20	己丑	20	甲申	20	庚寅	20	乙酉	20	辛卯	20	丙戌	20	壬辰
30	庚辰	30	戊子	30	辛巳	30	己丑	30	壬午	30	庚寅	30	癸未	30	辛卯	30	甲申	30	壬辰	30	乙酉	30	癸巳
40	己卯	40	己丑	40	庚辰	40	庚寅	40	辛巳	40	辛卯	40	壬午	40	壬辰	40	癸未	40	癸巳	40	甲申	40	甲午
50	戊寅	50	庚寅	50	己卯	50	辛卯	50	庚辰	50	壬辰	50	辛巳	50	癸巳	50	壬午	50	甲午	50	癸未	50	乙未
60	丁丑	60	辛卯	60	戊寅	60	壬辰	60	己卯	60	癸巳	60	庚辰	60	甲午	60	辛巳	60	乙未	60	壬午	60	丙申
70	丙子	70	壬辰	70	丁丑	70	癸巳	70	戊寅	70	甲午	70	己卯	70	乙未	70	庚辰	70	丙申	70	辛巳	70	丁酉
80	乙亥	80	癸巳	80	丙子	80	甲午	80	丁丑	80	乙未	80	戊寅	80	丙申	80	己卯	80	丁酉	80	庚辰	80	戊戌

年柱 丙寅　1926年（大正15年）2月4日21時39分～

2月4日21:39～3月6日15:59　月柱 庚寅

生日	日柱	男	女
2/4	甲子	10	0
2/5	乙丑	10	0
2/6	丙寅	9	1
2/7	丁卯	9	1
2/8	戊辰	9	1
2/9	己巳	8	2
2/10	庚午	8	2
2/11	辛未	8	2
2/12	壬申	7	3
2/13	癸酉	7	3
2/14	甲戌	7	3
2/15	乙亥	6	4
2/16	丙子	6	4
2/17	丁丑	6	4
2/18	戊寅	5	5
2/19	己卯	5	5
2/20	庚辰	5	5
2/21	辛巳	4	6
2/22	壬午	4	6
2/23	癸未	4	6
2/24	甲申	3	7
2/25	乙酉	3	7
2/26	丙戌	3	7
2/27	丁亥	2	8
2/28	戊子	2	8
3/1	己丑	2	8
3/2	庚寅	1	9
3/3	辛卯	1	9
3/4	壬辰	1	9
3/5	癸巳	0	10
3/6	甲午	0	10

3月6日16:00～4月5日21:18　月柱 辛卯

生日	日柱	男	女
3/6	甲午	10	0
3/7	乙未	10	0
3/8	丙申	9	1
3/9	丁酉	9	1
3/10	戊戌	9	1
3/11	己亥	8	2
3/12	庚子	8	2
3/13	辛丑	8	2
3/14	壬寅	7	3
3/15	癸卯	7	3
3/16	甲辰	7	3
3/17	乙巳	6	4
3/18	丙午	6	4
3/19	丁未	6	4
3/20	戊申	5	5
3/21	己酉	5	5
3/22	庚戌	5	5
3/23	辛亥	4	6
3/24	壬子	4	6
3/25	癸丑	4	6
3/26	甲寅	3	7
3/27	乙卯	3	7
3/28	丙辰	3	7
3/29	丁巳	2	8
3/30	戊午	2	8
3/31	己未	2	8
4/1	庚申	1	9
4/2	辛酉	1	9
4/3	壬戌	1	9
4/4	癸亥	0	10
4/5	甲子	0	10

4月5日21:19～5月6日15:08　月柱 壬辰

生日	日柱	男	女
4/5	甲子	10	0
4/6	乙丑	10	0
4/7	丙寅	10	1
4/8	丁卯	9	1
4/9	戊辰	9	1
4/10	己巳	9	2
4/11	庚午	8	2
4/12	辛未	8	2
4/13	壬申	8	3
4/14	癸酉	7	3
4/15	甲戌	7	3
4/16	乙亥	7	4
4/17	丙子	6	4
4/18	丁丑	6	4
4/19	戊寅	6	5
4/20	己卯	5	5
4/21	庚辰	5	5
4/22	辛巳	5	6
4/23	壬午	4	6
4/24	癸未	4	6
4/25	甲申	4	7
4/26	乙酉	3	7
4/27	丙戌	3	7
4/28	丁亥	3	8
4/29	戊子	2	8
4/30	己丑	2	8
5/1	庚寅	2	9
5/2	辛卯	1	9
5/3	壬辰	1	9
5/4	癸巳	1	10
5/5	甲午	0	10
5/6	乙未	0	10

5月6日15:09～6月6日19:41　月柱 癸巳

生日	日柱	男	女
5/6	乙未	10	0
5/7	丙申	10	0
5/8	丁酉	10	1
5/9	戊戌	10	1
5/10	己亥	9	2
5/11	庚子	9	2
5/12	辛丑	9	2
5/13	壬寅	8	3
5/14	癸卯	8	3
5/15	甲辰	8	3
5/16	乙巳	7	3
5/17	丙午	7	4
5/18	丁未	6	4
5/19	戊申	6	4
5/20	己酉	6	5
5/21	庚戌	6	5
5/22	辛亥	5	5
5/23	壬子	5	6
5/24	癸丑	4	6
5/25	甲寅	4	6
5/26	乙卯	4	7
5/27	丙辰	3	7
5/28	丁巳	3	7
5/29	戊午	3	8
5/30	己未	3	8
5/31	庚申	2	8
6/1	辛酉	2	9
6/2	壬戌	1	9
6/3	癸亥	1	9
6/4	甲子	1	10
6/5	乙丑	0	10
6/6	丙寅	0	10

6月6日19:42～7月8日6:05　月柱 甲午

生日	日柱	男	女
6/6	丙寅	11	0
6/7	丁卯	10	0
6/8	戊辰	10	1
6/9	己巳	10	1
6/10	庚午	9	1
6/11	辛未	9	2
6/12	壬申	9	2
6/13	癸酉	8	2
6/14	甲戌	8	3
6/15	乙亥	8	3
6/16	丙子	7	3
6/17	丁丑	7	4
6/18	戊寅	7	4
6/19	己卯	6	4
6/20	庚辰	6	5
6/21	辛巳	6	5
6/22	壬午	5	5
6/23	癸未	5	6
6/24	甲申	4	6
6/25	乙酉	4	6
6/26	丙戌	4	7
6/27	丁亥	3	7
6/28	戊子	3	7
6/29	己丑	3	8
6/30	庚寅	3	8
7/1	辛卯	2	8
7/2	壬辰	2	9
7/3	癸巳	2	9
7/4	甲午	1	9
7/5	乙未	1	10
7/6	丙申	1	10
7/7	丁酉	0	10
7/8	戊戌	0	11

7月8日6:06～8月8日15:44　月柱 乙未

生日	日柱	男	女
7/8	戊戌	10	0
7/9	己亥	10	0
7/10	庚子	10	1
7/11	辛丑	9	1
7/12	壬寅	9	1
7/13	癸卯	9	2
7/14	甲辰	8	2
7/15	乙巳	8	2
7/16	丙午	8	3
7/17	丁未	7	3
7/18	戊申	7	3
7/19	己酉	7	4
7/20	庚戌	6	4
7/21	辛亥	6	4
7/22	壬子	6	5
7/23	癸丑	5	5
7/24	甲寅	5	5
7/25	乙卯	5	6
7/26	丙辰	4	6
7/27	丁巳	4	6
7/28	戊午	4	7
7/29	己未	3	7
7/30	庚申	3	7
7/31	辛酉	2	8
8/1	壬戌	2	8
8/2	癸亥	2	8
8/3	甲子	2	9
8/4	乙丑	1	9
8/5	丙寅	1	9
8/6	丁卯	1	10
8/7	戊辰	0	10
8/8	己巳	0	10

立運

歳	男	歳	女	歳	男	歳	女	歳	男	歳	女	歳	男	歳	女	歳	男	歳	女	歳	男	歳	女
0	辛卯	0	己丑	0	壬辰	0	庚寅	0	癸巳	0	辛卯	0	甲午	0	壬辰	0	乙未	0	癸巳	0	丙申	0	甲午
10	壬辰	10	戊子	10	癸巳	10	己丑	10	甲午	10	庚寅	10	乙未	10	辛卯	10	丙申	10	壬辰	10	丁酉	10	癸巳
20	癸巳	20	丁亥	20	甲午	20	戊子	20	乙未	20	己丑	20	丙申	20	庚寅	20	丁酉	20	辛卯	20	戊戌	20	壬辰
30	甲午	30	丙戌	30	乙未	30	丁亥	30	丙申	30	戊子	30	丁酉	30	己丑	30	戊戌	30	庚寅	30	己亥	30	辛卯
40	乙未	40	乙酉	40	丙申	40	丙戌	40	丁酉	40	丁亥	40	戊戌	40	戊子	40	己亥	40	己丑	40	庚子	40	庚寅
50	丙申	50	甲申	50	丁酉	50	乙酉	50	戊戌	50	丙戌	50	己亥	50	丁亥	50	庚子	50	戊子	50	辛丑	50	己丑
60	丁酉	60	癸未	60	戊戌	60	甲申	60	己亥	60	乙酉	60	庚子	60	丙戌	60	辛丑	60	丁亥	60	壬寅	60	戊子
70	戊戌	70	壬午	70	己亥	70	癸未	70	庚子	70	甲申	70	辛丑	70	乙酉	70	壬寅	70	丙戌	70	癸卯	70	丁亥
80	己亥	80	辛巳	80	庚子	80	壬午	80	辛丑	80	癸未	80	壬寅	80	甲申	80	癸卯	80	乙酉	80	甲辰	80	丙戌

～1927年（昭和2年）2月5日3時30分

月柱	丙申	丁酉	戊戌	己亥	庚子	辛丑
期間	8月8日15:45～9月8日18:15	9月8日18:16～10月9日9:24	10月9日9:25～11月8日12:07	11月8日12:08～12月8日4:38	12月8日4:39～1月6日15:44	1月6日15:45～2月5日3:30

丙申（8月8日15:45～9月8日18:15）

生日	日柱	男	女
8 8	己$_1$巳	10	0
8 9	庚$_2$午	10	0
8 10	辛$_3$未	10	1
8 11	壬$_1$申	9	1
8 12	癸$_2$酉	9	1
8 13	甲$_3$戌	9	2
8 14	乙$_1$亥	8	2
8 15	丙$_2$子	8	2
8 16	丁$_3$丑	8	3
8 17	戊$_1$寅	7	3
8 18	己$_2$卯	7	3
8 19	庚$_3$辰	7	4
8 20	辛$_1$巳	6	4
8 21	壬$_2$午	6	4
8 22	癸$_3$未	6	5
8 23	甲$_1$申	5	5
8 24	乙$_2$酉	5	5
8 25	丙$_3$戌	5	6
8 26	丁$_1$亥	4	6
8 27	戊$_2$子	4	6
8 28	己$_3$丑	4	7
8 29	庚$_1$寅	3	7
8 30	辛$_2$卯	3	7
8 31	壬$_3$辰	3	8
9 1	癸$_1$巳	2	8
9 2	甲$_2$午	2	8
9 3	乙$_3$未	2	9
9 4	丙$_1$申	1	9
9 5	丁$_2$酉	1	9
9 6	戊$_3$戌	1	10
9 7	己$_1$亥	0	10
9 8	庚$_2$子	0	10

丁酉（9月8日18:16～10月9日9:24）

生日	日柱	男	女
9 8	庚$_2$子	10	0
9 9	辛$_3$丑	10	0
9 10	壬$_1$寅	10	1
9 11	癸$_2$卯	9	1
9 12	甲$_3$辰	9	1
9 13	乙$_1$巳	9	2
9 14	丙$_2$午	8	2
9 15	丁$_3$未	8	2
9 16	戊$_1$申	8	3
9 17	己$_2$酉	7	3
9 18	庚$_3$戌	7	3
9 19	辛$_1$亥	7	4
9 20	壬$_2$子	6	4
9 21	癸$_3$丑	6	4
9 22	甲$_1$寅	6	5
9 23	乙$_2$卯	5	5
9 24	丙$_3$辰	5	5
9 25	丁$_1$巳	5	6
9 26	戊$_2$午	4	6
9 27	己$_3$未	4	6
9 28	庚$_1$申	4	7
9 29	辛$_2$酉	3	7
9 30	壬$_3$戌	3	7
10 1	癸$_1$亥	3	8
10 2	甲$_2$子	2	8
10 3	乙$_3$丑	2	8
10 4	丙$_1$寅	2	9
10 5	丁$_2$卯	1	9
10 6	戊$_3$辰	1	9
10 7	己$_1$巳	1	10
10 8	庚$_2$午	0	10
10 9	辛$_3$未	0	10

戊戌（10月9日9:25～11月8日12:07）

生日	日柱	男	女
10 9	辛$_3$未	10	0
10 10	壬$_1$申	10	0
10 11	癸$_2$酉	9	1
10 12	甲$_3$戌	9	1
10 13	乙$_1$亥	9	1
10 14	丙$_2$子	8	2
10 15	丁$_3$丑	8	2
10 16	戊$_1$寅	8	2
10 17	己$_2$卯	7	3
10 18	庚$_3$辰	7	3
10 19	辛$_1$巳	7	3
10 20	壬$_2$午	6	4
10 21	癸$_3$未	6	4
10 22	甲$_1$申	6	4
10 23	乙$_2$酉	5	5
10 24	丙$_3$戌	5	5
10 25	丁$_1$亥	4	6
10 26	戊$_2$子	4	6
10 27	己$_3$丑	4	6
10 28	庚$_1$寅	3	7
10 29	辛$_2$卯	3	7
10 30	壬$_3$辰	3	7
10 31	癸$_1$巳	2	8
11 1	甲$_2$午	2	8
11 2	乙$_3$未	2	8
11 3	丙$_1$申	2	8
11 4	丁$_2$酉	1	9
11 5	戊$_3$戌	1	9
11 6	己$_1$亥	1	9
11 7	庚$_2$子	0	10
11 8	辛$_3$丑	0	10

己亥（11月8日12:08～12月8日4:38）

生日	日柱	男	女
11 8	辛$_3$丑	10	0
11 9	壬$_1$寅	10	0
11 10	癸$_2$卯	9	1
11 11	甲$_3$辰	9	1
11 12	乙$_1$巳	9	1
11 13	丙$_2$午	8	2
11 14	丁$_3$未	8	2
11 15	戊$_1$申	8	2
11 16	己$_2$酉	7	3
11 17	庚$_3$戌	7	3
11 18	辛$_1$亥	7	3
11 19	壬$_2$子	6	4
11 20	癸$_3$丑	6	4
11 21	甲$_1$寅	6	4
11 22	乙$_2$卯	5	5
11 23	丙$_3$辰	5	5
11 24	丁$_1$巳	5	5
11 25	戊$_2$午	4	6
11 26	己$_3$未	4	6
11 27	庚$_1$申	4	6
11 28	辛$_2$酉	3	7
11 29	壬$_3$戌	3	7
11 30	癸$_1$亥	3	7
12 1	甲$_2$子	2	8
12 2	乙$_3$丑	2	8
12 3	丙$_1$寅	2	8
12 4	丁$_2$卯	1	9
12 5	戊$_3$辰	1	9
12 6	己$_1$巳	1	9
12 7	庚$_2$午	0	10
12 8	辛$_3$未	0	10

庚子（12月8日4:39～1月6日15:44）

生日	日柱	男	女
12 8	辛$_3$未	10	0
12 9	壬$_1$申	9	0
12 10	癸$_2$酉	9	0
12 11	甲$_3$戌	9	0
12 12	乙$_1$亥	8	1
12 13	丙$_2$子	8	1
12 14	丁$_3$丑	8	1
12 15	戊$_1$寅	7	2
12 16	己$_2$卯	7	2
12 17	庚$_3$辰	7	2
12 18	辛$_1$巳	6	3
12 19	壬$_2$午	6	3
12 20	癸$_3$未	6	3
12 21	甲$_1$申	5	4
12 22	乙$_2$酉	5	4
12 23	丙$_3$戌	5	4
12 24	丁$_1$亥	4	5
12 25	戊$_2$子	4	5
12 26	己$_3$丑	4	5
12 27	庚$_1$寅	3	6
12 28	辛$_2$卯	3	6
12 29	壬$_3$辰	3	6
12 30	癸$_1$巳	2	7
12 31	甲$_2$午	2	7
1 1	乙$_3$未	2	7
1 2	丙$_1$申	1	8
1 3	丁$_2$酉	1	8
1 4	戊$_3$戌	1	8
1 5	己$_1$亥	0	9
1 6	庚$_2$子	0	10

辛丑（1月6日15:45～2月5日3:30）

生日	日柱	男	女
1 6	庚$_2$子	10	0
1 7	辛$_3$丑	10	0
1 8	壬$_1$寅	9	1
1 9	癸$_2$卯	9	1
1 10	甲$_3$辰	9	1
1 11	乙$_1$巳	8	2
1 12	丙$_2$午	8	2
1 13	丁$_3$未	8	2
1 14	戊$_1$申	7	3
1 15	己$_2$酉	7	3
1 16	庚$_3$戌	7	3
1 17	辛$_1$亥	6	4
1 18	壬$_2$子	6	4
1 19	癸$_3$丑	6	4
1 20	甲$_1$寅	5	5
1 21	乙$_2$卯	5	5
1 22	丙$_3$辰	5	5
1 23	丁$_1$巳	4	6
1 24	戊$_2$午	4	6
1 25	己$_3$未	4	6
1 26	庚$_1$申	3	7
1 27	辛$_2$酉	3	7
1 28	壬$_3$戌	3	7
1 29	癸$_1$亥	2	8
1 30	甲$_2$子	2	8
1 31	乙$_3$丑	2	8
2 1	丙$_1$寅	1	9
2 2	丁$_2$卯	1	9
2 3	戊$_3$辰	1	9
2 4	己$_1$巳	0	10
2 5	庚$_2$午	0	10

大運表

丙申

歳	男	歳	女
0	丁酉	0	乙未
10	戊戌	10	甲午
20	己亥	20	癸巳
30	庚子	30	壬辰
40	辛丑	40	辛卯
50	壬寅	50	庚寅
60	癸卯	60	己丑
70	甲辰	70	戊子
80	乙巳	80	丁亥

丁酉

歳	男	歳	女
0	戊戌	0	丙申
10	己亥	10	乙未
20	庚子	20	甲午
30	辛丑	30	癸巳
40	壬寅	40	壬辰
50	癸卯	50	辛卯
60	甲辰	60	庚寅
70	乙巳	70	己丑
80	丙午	80	戊子

戊戌

歳	男	歳	女
0	己亥	0	丁酉
10	庚子	10	丙申
20	辛丑	20	乙未
30	壬寅	30	甲午
40	癸卯	40	癸巳
50	甲辰	50	壬辰
60	乙巳	60	辛卯
70	丙午	70	庚寅
80	丁未	80	己丑

己亥

歳	男	歳	女
0	庚子	0	戊戌
10	辛丑	10	丁酉
20	壬寅	20	丙申
30	癸卯	30	乙未
40	甲辰	40	甲午
50	乙巳	50	癸巳
60	丙午	60	壬辰
70	丁未	70	辛卯
80	戊申	80	庚寅

庚子

歳	男	歳	女
0	辛丑	0	己亥
10	壬寅	10	戊戌
20	癸卯	20	丁酉
30	甲辰	30	丙申
40	乙巳	40	乙未
50	丙午	50	甲午
60	丁未	60	癸巳
70	戊申	70	壬辰
80	己酉	80	辛卯

辛丑

歳	男	歳	女
0	壬寅	0	庚子
10	癸卯	10	己亥
20	甲辰	20	戊戌
30	乙巳	30	丁酉
40	丙午	40	丙申
50	丁未	50	乙未
60	戊申	60	甲午
70	己酉	70	癸巳
80	庚戌	80	壬辰

年柱 丁卯　1927年（昭和2年）2月5日3時31分～

2月5日 3:31～ 3月6日21:50				3月6日21:51～ 4月6日 3:06				4月6日 3:07～ 5月6日20:53				5月6日20:54～ 6月7日 1:24				6月7日 1:25～ 7月8日11:49				7月8日11:50～ 8月8日21:31			
月柱 壬寅		立運年齢		月柱 癸卯		立運年齢		月柱 甲辰		立運年齢		月柱 乙巳		立運年齢		月柱 丙午		立運年齢		月柱 丁未		立運年齢	
生日	日柱	男	女	生日	日柱	男	女	生日	日柱	男	女	生日	日柱	男	女	生日	日柱	男	女	生日	日柱	男	女
2/5	庚$_3$午	0	10	3/6	己$_3$亥	0	10	4/6	庚$_3$午	0	10	5/6	庚$_3$子	0	11	6/7	壬$_3$申	0	10	7/8	癸$_3$卯	0	10
2/6	辛$_3$未	0	9	3/7	庚$_3$子	0	10	4/7	辛$_3$未	0	10	5/7	辛$_3$丑	0	10	6/8	癸$_3$酉	0	10	7/9	甲$_3$辰	0	10
2/7	壬$_2$申	1	9	3/8	辛$_3$丑	1	10	4/8	壬$_3$申	1	9	5/8	壬$_3$寅	1	10	6/9	甲$_3$戌	1	10	7/10	乙$_3$巳	1	10
2/8	癸$_1$酉	1	9	3/9	壬$_3$寅	1	9	4/9	癸$_3$酉	1	9	5/9	癸$_3$卯	1	10	6/10	乙$_2$亥	1	9	7/11	丙$_3$午	1	9
2/9	甲$_1$戌	1	8	3/10	癸$_3$卯	1	9	4/10	甲$_3$戌	1	9	5/10	甲$_2$辰	1	9	6/11	丙$_3$子	1	9	7/12	丁$_3$未	1	9
2/10	乙$_3$亥	2	8	3/11	甲$_3$辰	2	9	4/11	乙$_3$亥	2	8	5/11	乙$_2$巳	2	9	6/12	丁$_3$丑	2	9	7/13	戊$_3$申	2	9
2/11	丙$_3$子	2	8	3/12	乙$_3$巳	2	8	4/12	丙$_3$子	2	8	5/12	丙$_1$午	2	9	6/13	戊$_3$寅	2	8	7/14	己$_3$酉	2	8
2/12	丁$_3$丑	2	7	3/13	丙$_3$午	2	8	4/13	丁$_3$丑	2	8	5/13	丁$_3$未	2	8	6/14	己$_3$卯	2	8	7/15	庚$_3$戌	2	8
2/13	戊$_3$寅	3	7	3/14	丁$_3$未	2	8	4/14	戊$_3$寅	3	8	5/14	戊$_3$申	3	8	6/15	庚$_3$辰	3	8	7/16	辛$_3$亥	3	8
2/14	己$_3$卯	3	7	3/15	戊$_3$申	3	7	4/15	己$_3$卯	3	7	5/15	己$_3$酉	3	7	6/16	辛$_3$巳	3	7	7/17	壬$_3$子	3	7
2/15	庚$_3$辰	3	6	3/16	己$_3$酉	3	7	4/16	庚$_2$辰	3	7	5/16	庚$_3$戌	3	7	6/17	壬$_3$午	3	7	7/18	癸$_3$丑	3	7
2/16	辛$_3$巳	4	6	3/17	庚$_3$戌	4	7	4/17	辛$_3$巳	4	7	5/17	辛$_3$亥	4	7	6/18	癸$_3$未	4	7	7/19	甲$_3$寅	4	7
2/17	壬$_3$午	4	6	3/18	辛$_3$亥	4	6	4/18	壬$_3$午	4	6	5/18	壬$_3$子	4	7	6/19	甲$_3$申	4	6	7/20	乙$_3$卯	4	6
2/18	癸$_3$未	3	6	3/19	壬$_2$子	4	6	4/19	癸$_3$未	4	6	5/19	癸$_3$丑	4	6	6/20	乙$_3$酉	4	6	7/21	丙$_1$辰	4	6
2/19	甲$_1$申	5	5	3/20	癸$_3$丑	5	6	4/20	甲$_1$申	5	6	5/20	甲$_1$寅	5	6	6/21	丙$_3$戌	5	6	7/22	丁$_3$巳	5	6
2/20	乙$_1$酉	5	5	3/21	甲$_3$寅	5	5	4/21	乙$_3$酉	5	5	5/21	乙$_3$卯	5	6	6/22	丁$_3$亥	5	5	7/23	戊$_3$午	5	5
2/21	丙$_1$戌	5	4	3/22	乙$_3$卯	5	5	4/22	丙$_3$戌	5	5	5/22	丙$_3$辰	5	5	6/23	戊$_3$子	5	5	7/24	己$_3$未	5	5
2/22	丁$_3$亥	6	4	3/23	丙$_3$辰	6	5	4/23	丁$_3$亥	6	5	5/23	丁$_3$巳	6	5	6/24	己$_3$丑	6	5	7/25	庚$_3$申	6	5
2/23	戊$_3$子	6	4	3/24	丁$_3$巳	6	4	4/24	戊$_3$子	6	4	5/24	戊$_3$午	6	5	6/25	庚$_3$寅	6	4	7/26	辛$_3$酉	6	4
2/24	己$_2$丑	6	3	3/25	戊$_2$午	6	4	4/25	己$_3$丑	6	4	5/25	己$_3$未	6	4	6/26	辛$_3$卯	6	4	7/27	壬$_3$戌	6	4
2/25	庚$_3$寅	7	3	3/26	己$_3$未	7	4	4/26	庚$_3$寅	7	4	5/26	庚$_3$申	7	4	6/27	壬$_3$辰	7	4	7/28	癸$_3$亥	7	4
2/26	辛$_3$卯	7	3	3/27	庚$_3$申	7	3	4/27	辛$_3$卯	7	3	5/27	辛$_3$酉	7	4	6/28	癸$_3$巳	7	3	7/29	甲$_3$子	7	3
2/27	壬$_3$辰	7	2	3/28	辛$_3$酉	7	3	4/28	壬$_3$辰	7	3	5/28	壬$_3$戌	7	3	6/29	甲$_3$午	7	3	7/30	乙$_3$丑	7	3
2/28	癸$_3$巳	8	2	3/29	壬$_3$戌	8	2	4/29	癸$_3$巳	8	3	5/29	癸$_3$亥	8	3	6/30	乙$_3$未	8	3	7/31	丙$_3$寅	8	3
3/1	甲$_1$午	8	2	3/30	癸$_3$亥	8	2	4/30	甲$_1$午	8	2	5/30	甲$_3$子	8	3	7/1	丙$_3$申	8	2	8/1	丁$_3$卯	8	2
3/2	乙$_1$未	8	1	3/31	甲$_1$子	8	2	5/1	乙$_1$未	8	2	5/31	乙$_3$丑	8	2	7/2	丁$_3$酉	8	2	8/2	戊$_1$辰	8	2
3/3	丙$_3$申	9	1	4/1	乙$_1$丑	9	2	5/2	丙$_1$申	9	2	6/1	丙$_3$寅	9	2	7/3	戊$_1$戌	9	2	8/3	己$_1$巳	9	2
3/4	丁$_3$酉	9	1	4/2	丙$_1$寅	9	1	5/3	丁$_1$酉	9	1	6/2	丁$_3$卯	9	2	7/4	己$_3$亥	9	1	8/4	庚$_3$午	9	1
3/5	戊$_2$戌	9	0	4/3	丁$_1$卯	9	1	5/4	戊$_1$戌	9	1	6/3	戊$_1$辰	9	1	7/5	庚$_3$子	9	1	8/5	辛$_3$未	9	1
3/6	己$_3$亥	10	0	4/4	戊$_1$辰	10	1	5/5	己$_1$亥	10	1	6/4	己$_1$巳	10	1	7/6	辛$_3$丑	10	1	8/6	壬$_3$申	10	1
				4/5	己$_2$巳	10	0	5/6	庚$_1$子	10	0	6/5	庚$_1$午	10	1	7/7	壬$_3$寅	10	0	8/7	癸$_3$酉	10	0
				4/6	庚$_1$午	10	0					6/6	辛$_1$未	10	0	7/8	癸$_3$卯	10	0	8/8	甲$_3$戌	10	0
												6/7	壬$_3$申	11	0								

歳	男	歳	女	歳	男	歳	女	歳	男	歳	女	歳	男	歳	女	歳	男	歳	女	歳	男	歳	女
0	辛丑	0	癸卯	0	壬寅	0	甲辰	0	癸卯	0	乙巳	0	甲辰	0	丙午	0	乙巳	0	丁未	0	丙午	0	戊申
10	庚子	10	甲辰	10	辛丑	10	乙巳	10	壬寅	10	丙午	10	癸卯	10	丁未	10	甲辰	10	戊申	10	乙巳	10	己酉
20	己亥	20	乙巳	20	庚子	20	丙午	20	辛丑	20	丁未	20	壬寅	20	戊申	20	癸卯	20	己酉	20	甲辰	20	庚戌
30	戊戌	30	丙午	30	己亥	30	丁未	30	庚子	30	戊申	30	辛丑	30	己酉	30	壬寅	30	庚戌	30	癸卯	30	辛亥
40	丁酉	40	丁未	40	戊戌	40	戊申	40	己亥	40	己酉	40	庚子	40	庚戌	40	辛丑	40	辛亥	40	壬寅	40	壬子
50	丙申	50	戊申	50	丁酉	50	己酉	50	戊戌	50	庚戌	50	己亥	50	辛亥	50	庚子	50	壬子	50	辛丑	50	癸丑
60	乙未	60	己酉	60	丙申	60	庚戌	60	丁酉	60	辛亥	60	戊戌	60	壬子	60	己亥	60	癸丑	60	庚子	60	甲寅
70	甲午	70	庚戌	70	乙未	70	辛亥	70	丙申	70	壬子	70	丁酉	70	癸丑	70	戊戌	70	甲寅	70	己亥	70	乙卯
80	癸巳	80	辛亥	80	甲午	80	壬子	80	乙未	80	癸丑	80	丙申	80	甲寅	80	丁酉	80	乙卯	80	戊戌	80	丙辰

～1928年（昭和3年）2月5日9時16分

月柱 戊申（8月8日21:32～9月9日0:05）

生日	日柱	男(立運年齢)	女(立運年齢)
8/8	甲2戌	0	11
8/9	乙2亥	0	10
8/10	丙2子	1	10
8/11	丁2丑	1	10
8/12	戊1寅	1	9
8/13	己2卯	2	9
8/14	庚1辰	2	9
8/15	辛1巳	2	8
8/16	壬3午	3	8
8/17	癸3未	3	8
8/18	甲3申	3	7
8/19	乙2酉	4	7
8/20	丙2戌	4	6
8/21	丁2亥	4	6
8/22	戊2子	5	6
8/23	己2丑	5	6
8/24	庚1寅	5	5
8/25	辛1卯	6	5
8/26	壬3辰	6	5
8/27	癸2巳	6	4
8/28	甲3午	7	4
8/29	乙2未	7	3
8/30	丙2申	7	3
8/31	丁2酉	8	3
9/1	戊1戌	8	3
9/2	己2亥	8	2
9/3	庚1子	9	2
9/4	辛1丑	9	2
9/5	壬3寅	9	1
9/6	癸2卯	10	1
9/7	甲3辰	10	1
9/8	乙3巳	10	0
9/9	丙1午	11	0

月柱 己酉（9月9日0:06～10月9日15:15）

生日	日柱	男	女
9/9	丙1午	0	10
9/10	丁2未	0	10
9/11	戊2申	1	9
9/12	己2酉	1	9
9/13	庚1戌	1	9
9/14	辛1亥	2	8
9/15	壬2子	2	8
9/16	癸1丑	2	8
9/17	甲2寅	3	7
9/18	乙2卯	3	7
9/19	丙2辰	3	7
9/20	丁1巳	4	6
9/21	戊1午	4	6
9/22	己1未	4	6
9/23	庚1申	5	5
9/24	辛1酉	5	5
9/25	壬3戌	5	5
9/26	癸1亥	6	4
9/27	甲2子	6	4
9/28	乙1丑	6	4
9/29	丙2寅	7	3
9/30	丁1卯	7	3
10/1	戊1辰	7	3
10/2	己1巳	8	2
10/3	庚1午	8	2
10/4	辛1未	8	2
10/5	壬2申	9	1
10/6	癸1酉	9	1
10/7	甲3戌	9	1
10/8	乙2亥	10	0
10/9	丙1子	10	0

月柱 庚戌（10月9日15:16～11月8日17:56）

生日	日柱	男	女
10/9	丙2子	0	10
10/10	丁2丑	0	10
10/11	戊2寅	1	9
10/12	己1卯	1	9
10/13	庚1辰	1	9
10/14	辛1巳	2	8
10/15	壬3午	2	8
10/16	癸2未	2	8
10/17	甲3申	3	7
10/18	乙2酉	3	7
10/19	丙2戌	3	7
10/20	丁2亥	4	6
10/21	戊2子	4	6
10/22	己1丑	4	6
10/23	庚1寅	5	5
10/24	辛1卯	5	5
10/25	壬3辰	5	5
10/26	癸2巳	6	4
10/27	甲3午	6	4
10/28	乙1未	6	4
10/29	丙2申	7	3
10/30	丁2酉	7	3
10/31	戊1戌	7	3
11/1	己2亥	8	2
11/2	庚1子	8	2
11/3	辛1丑	8	2
11/4	壬2寅	9	1
11/5	癸1卯	9	1
11/6	甲3辰	9	1
11/7	乙2巳	10	0
11/8	丙1午	10	0

月柱 辛亥（11月8日17:57～12月8日10:26）

生日	日柱	男	女
11/8	丙1午	0	10
11/9	丁2未	0	10
11/10	戊2申	1	9
11/11	己2酉	1	9
11/12	庚2戌	1	8
11/13	辛2亥	2	8
11/14	壬1子	2	8
11/15	癸1丑	2	7
11/16	甲2寅	3	7
11/17	乙1卯	3	7
11/18	丙2辰	3	6
11/19	丁1巳	4	6
11/20	戊2午	4	6
11/21	己2未	4	6
11/22	庚2申	5	5
11/23	辛2酉	5	5
11/24	壬2戌	5	4
11/25	癸1亥	6	4
11/26	甲2子	6	4
11/27	乙1丑	6	3
11/28	丙2寅	7	3
11/29	丁2卯	7	3
11/30	戊2辰	7	2
12/1	己2巳	8	2
12/2	庚2午	8	2
12/3	辛2未	8	2
12/4	壬2申	9	1
12/5	癸1酉	9	1
12/6	甲2戌	9	1
12/7	乙2亥	10	0
12/8	丙2子	10	0

月柱 壬子（12月8日10:27～1月6日21:31）

生日	日柱	男	女
12/8	丙2子	0	10
12/9	丁2丑	0	9
12/10	戊2寅	1	9
12/11	己2卯	1	9
12/12	庚2辰	1	8
12/13	辛2巳	2	8
12/14	壬1午	2	8
12/15	癸1未	2	7
12/16	甲2申	3	7
12/17	乙2酉	3	7
12/18	丙2戌	3	6
12/19	丁2亥	4	6
12/20	戊2子	4	6
12/21	己2丑	4	5
12/22	庚2寅	5	5
12/23	辛2卯	5	5
12/24	壬2辰	5	4
12/25	癸1巳	6	4
12/26	甲2午	6	3
12/27	乙1未	6	3
12/28	丙2申	7	3
12/29	丁2酉	7	2
12/30	戊2戌	7	2
12/31	己2亥	8	2
1/1	庚2子	8	1
1/2	辛1丑	8	1
1/3	壬2寅	9	1
1/4	癸1卯	9	1
1/5	甲2辰	9	0
1/6	乙2巳	10	0

月柱 癸丑（1月6日21:32～2月5日9:16）

生日	日柱	男	女
1/6	乙2巳	0	10
1/7	丙1午	0	10
1/8	丁2未	1	9
1/9	戊2申	1	9
1/10	己2酉	1	9
1/11	庚2戌	2	8
1/12	辛2亥	2	8
1/13	壬2子	2	8
1/14	癸2丑	3	7
1/15	甲2寅	3	7
1/16	乙1卯	3	7
1/17	丙2辰	4	6
1/18	丁1巳	4	6
1/19	戊1午	4	6
1/20	己1未	5	5
1/21	庚2申	5	5
1/22	辛2酉	5	5
1/23	壬2戌	6	4
1/24	癸2亥	6	4
1/25	甲1子	6	4
1/26	乙2丑	7	3
1/27	丙2寅	7	3
1/28	丁1卯	7	3
1/29	戊1辰	8	2
1/30	己1巳	8	2
1/31	庚3午	8	2
2/1	辛2未	9	1
2/2	壬1申	9	1
2/3	癸1酉	9	1
2/4	甲2戌	10	0
2/5	乙1亥	10	0

立運表

歳	戊申 男	歳	戊申 女	歳	己酉 男	歳	己酉 女	歳	庚戌 男	歳	庚戌 女	歳	辛亥 男	歳	辛亥 女	歳	壬子 男	歳	壬子 女	歳	癸丑 男	歳	癸丑 女
0	丁未	0	己酉	0	戊申	0	庚戌	0	己酉	0	辛亥	0	庚戌	0	壬子	0	辛亥	0	癸丑	0	壬子	0	甲寅
10	丙午	10	庚戌	10	丁未	10	辛亥	10	戊申	10	壬子	10	己酉	10	癸丑	10	庚戌	10	甲寅	10	辛亥	10	乙卯
20	乙巳	20	辛亥	20	丙午	20	壬子	20	丁未	20	癸丑	20	戊申	20	甲寅	20	己酉	20	乙卯	20	庚戌	20	丙辰
30	甲辰	30	壬子	30	乙巳	30	癸丑	30	丙午	30	甲寅	30	丁未	30	乙卯	30	戊申	30	丙辰	30	己酉	30	丁巳
40	癸卯	40	癸丑	40	甲辰	40	甲寅	40	乙巳	40	乙卯	40	丙午	40	丙辰	40	丁未	40	丁巳	40	戊申	40	戊午
50	壬寅	50	甲寅	50	癸卯	50	乙卯	50	甲辰	50	丙辰	50	乙巳	50	丁巳	50	丙午	50	戊午	50	丁未	50	己未
60	辛丑	60	乙卯	60	壬寅	60	丙辰	60	癸卯	60	丁巳	60	甲辰	60	戊午	60	乙巳	60	己未	60	丙午	60	庚申
70	庚子	70	丙辰	70	辛丑	70	丁巳	70	壬寅	70	戊午	70	癸卯	70	己未	70	甲辰	70	庚申	70	乙巳	70	辛酉
80	己亥	80	丁巳	80	庚子	80	戊午	80	辛丑	80	己未	80	壬寅	80	庚申	80	癸卯	80	辛酉	80	甲辰	80	壬戌

年柱 戊辰　1928年（昭和3年）2月5日9時17分～

月柱別 日柱・立運年齢表

月柱 甲寅（2月5日 9:17～3月6日 3:37）

生日	日柱	男	女
2:5	乙2亥	10	0
2:6	丙2子	10	0
2:7	丁2丑	9	1
2:8	戊2寅	9	1
2:9	己2卯	9	1
2:10	庚2辰	8	2
2:11	辛2巳	8	2
2:12	壬2午	8	2
2:13	癸2未	7	3
2:14	甲2申	7	3
2:15	乙2酉	7	3
2:16	丙2戌	6	4
2:17	丁2亥	6	4
2:18	戊2子	6	4
2:19	己2丑	5	5
2:20	庚2寅	5	5
2:21	辛2卯	5	5
2:22	壬3辰	4	6
2:23	癸2巳	4	6
2:24	甲2午	4	6
2:25	乙2未	3	7
2:26	丙2申	3	7
2:27	丁2酉	3	7
2:28	戊1戌	2	8
2:29	己2亥	2	8
3:1	庚2子	2	8
3:2	辛3丑	1	9
3:3	壬3寅	1	9
3:4	癸3卯	1	9
3:5	甲1辰	0	10
3:6	乙1巳	0	10

月柱 乙卯（3月6日 3:38～4月5日 8:54）

生日	日柱	男	女
3:6	乙1巳	10	0
3:7	丙1午	10	0
3:8	丁1未	9	1
3:9	戊1申	9	1
3:10	己2酉	9	1
3:11	庚1戌	8	2
3:12	辛1亥	8	2
3:13	壬1子	8	2
3:14	癸1丑	7	3
3:15	甲1寅	7	3
3:16	乙1卯	7	3
3:17	丙1辰	6	4
3:18	丁1巳	6	4
3:19	戊1午	6	4
3:20	己1未	5	5
3:21	庚1申	5	5
3:22	辛1酉	5	5
3:23	壬1戌	4	6
3:24	癸1亥	4	6
3:25	甲1子	4	6
3:26	乙1丑	3	7
3:27	丙1寅	3	7
3:28	丁1卯	3	7
3:29	戊1辰	2	8
3:30	己1巳	2	8
3:31	庚1午	2	8
4:1	辛1未	1	9
4:2	壬1申	1	9
4:3	癸1酉	1	9
4:4	甲1戌	0	10
4:5	乙1亥	0	10

月柱 丙辰（4月5日 8:55～5月6日 2:43）

生日	日柱	男	女
4:5	乙1亥	10	0
4:6	丙3子	10	0
4:7	丁1丑	10	1
4:8	戊1寅	9	1
4:9	己1卯	9	1
4:10	庚1辰	9	2
4:11	辛1巳	8	2
4:12	壬3午	8	2
4:13	癸1未	7	3
4:14	甲1申	7	3
4:15	乙1酉	7	3
4:16	丙1戌	6	4
4:17	丁1亥	6	4
4:18	戊1子	6	4
4:19	己1丑	5	5
4:20	庚1寅	5	5
4:21	辛1卯	5	5
4:22	壬1辰	4	6
4:23	癸1巳	4	6
4:24	甲1午	4	6
4:25	乙1未	3	7
4:26	丙1申	3	7
4:27	丁1酉	3	7
4:28	戊1戌	3	8
4:29	己1亥	2	8
4:30	庚1子	2	8
5:1	辛1丑	2	9
5:2	壬1寅	1	9
5:3	癸1卯	1	9
5:4	甲1辰	1	10
5:5	乙1巳	0	10
5:6	丙2午	0	10

月柱 丁巳（5月6日 2:44～6月6日 7:17）

生日	日柱	男	女
5:6	丙1午	10	0
5:7	丁1未	10	0
5:8	戊1申	9	1
5:9	己1酉	9	1
5:10	庚1戌	9	1
5:11	辛2亥	9	2
5:12	壬3子	8	2
5:13	癸3丑	8	2
5:14	甲1寅	8	3
5:15	乙1卯	7	3
5:16	丙1辰	7	3
5:17	丁1巳	7	4
5:18	戊1午	6	4
5:19	己1未	6	4
5:20	庚1申	6	5
5:21	辛1酉	5	5
5:22	壬1戌	5	5
5:23	癸1亥	5	6
5:24	甲1子	4	6
5:25	乙1丑	4	6
5:26	丙1寅	4	7
5:27	丁1卯	3	7
5:28	戊1辰	3	7
5:29	己1巳	3	8
5:30	庚1午	2	8
5:31	辛1未	2	8
6:1	壬3申	2	9
6:2	癸3酉	2	9
6:3	甲3戌	1	9
6:4	乙3亥	1	9
6:5	丙1子	1	10
6:6	丁1丑	0	10

月柱 戊午（6月6日 7:18～7月7日 17:44）

生日	日柱	男	女
6:6	丁2丑	10	0
6:7	戊2寅	10	0
6:8	己2卯	10	1
6:9	庚2辰	9	1
6:10	辛2巳	9	1
6:11	壬3午	9	2
6:12	癸3未	8	2
6:13	甲2申	8	2
6:14	乙2酉	8	3
6:15	丙2戌	7	3
6:16	丁2亥	7	3
6:17	戊2子	7	4
6:18	己2丑	6	4
6:19	庚2寅	6	4
6:20	辛2卯	6	5
6:21	壬3辰	5	5
6:22	癸3巳	5	5
6:23	甲3午	5	6
6:24	乙3未	4	6
6:25	丙2申	4	6
6:26	丁2酉	4	7
6:27	戊2戌	3	7
6:28	己2亥	3	7
6:29	庚2子	3	8
6:30	辛3丑	2	8
7:1	壬3寅	2	8
7:2	癸3卯	2	9
7:3	甲3辰	1	9
7:4	乙3巳	1	9
7:5	丙2午	1	10
7:6	丁2未	0	10
7:7	戊1申	0	10

月柱 己未（7月7日 17:45～8月8日 3:27）

生日	日柱	男	女
7:7	戊1申	11	0
7:8	己1酉	10	0
7:9	庚1戌	10	1
7:10	辛1亥	10	1
7:11	壬1子	9	1
7:12	癸1丑	9	2
7:13	甲1寅	9	2
7:14	乙1卯	8	2
7:15	丙1辰	8	3
7:16	丁1巳	8	3
7:17	戊1午	7	3
7:18	己1未	7	4
7:19	庚1申	7	4
7:20	辛1酉	6	4
7:21	壬1戌	6	5
7:22	癸1亥	6	5
7:23	甲1子	5	5
7:24	乙1丑	5	6
7:25	丙1寅	5	6
7:26	丁1卯	4	6
7:27	戊1辰	4	7
7:28	己1巳	4	7
7:29	庚1午	3	7
7:30	辛1未	3	8
7:31	壬1申	3	8
8:1	癸1酉	2	8
8:2	甲1戌	2	9
8:3	乙1亥	2	9
8:4	丙1子	1	9
8:5	丁1丑	1	10
8:6	戊1寅	1	10
8:7	己1卯	0	10
8:8	庚1辰	0	11

大運表（歳・男・女）

月柱 甲寅

歳	男	歳	女
0	乙卯	0	癸丑
10	丙辰	10	壬子
20	丁巳	20	辛亥
30	戊午	30	庚戌
40	己未	40	己酉
50	庚申	50	戊申
60	辛酉	60	丁未
70	壬戌	70	丙午
80	癸亥	80	乙巳

月柱 乙卯

歳	男	歳	女
0	丙辰	0	甲寅
10	丁巳	10	癸丑
20	戊午	20	壬子
30	己未	30	辛亥
40	庚申	40	庚戌
50	辛酉	50	己酉
60	壬戌	60	戊申
70	癸亥	70	丁未
80	甲子	80	丙午

月柱 丙辰

歳	男	歳	女
0	丁巳	0	乙卯
10	戊午	10	甲寅
20	己未	20	癸丑
30	庚申	30	壬子
40	辛酉	40	辛亥
50	壬戌	50	庚戌
60	癸亥	60	己酉
70	甲子	70	戊申
80	乙丑	80	丁未

月柱 丁巳

歳	男	歳	女
0	戊午	0	丙辰
10	己未	10	乙卯
20	庚申	20	甲寅
30	辛酉	30	癸丑
40	壬戌	40	壬子
50	癸亥	50	辛亥
60	甲子	60	庚戌
70	乙丑	70	己酉
80	丙寅	80	戊申

月柱 戊午

歳	男	歳	女
0	己未	0	丁巳
10	庚申	10	丙辰
20	辛酉	20	乙卯
30	壬戌	30	甲寅
40	癸亥	40	癸丑
50	甲子	50	壬子
60	乙丑	60	辛亥
70	丙寅	70	庚戌
80	丁卯	80	己酉

月柱 己未

歳	男	歳	女
0	庚申	0	戊午
10	辛酉	10	丁巳
20	壬戌	20	丙辰
30	癸亥	30	乙卯
40	甲子	40	甲寅
50	乙丑	50	癸丑
60	丙寅	60	壬子
70	丁卯	70	辛亥
80	戊辰	80	庚戌

～1929年（昭和4年）2月4日15時08分

月柱 庚申 （8月8日 3:28～ 9月8日 6:01）

生日	日柱	男	女
8 8	庚₁辰	10	0
8 9	辛₁巳	10	0
8 10	壬₂午	10	1
8 11	癸₁未	9	1
8 12	甲₁申	9	1
8 13	乙₁酉	9	2
8 14	丙₁戌	8	2
8 15	丁₁亥	8	2
8 16	戊₂子	8	3
8 17	己₁丑	7	3
8 18	庚₁寅	7	3
8 19	辛₁卯	7	4
8 20	壬₁辰	6	4
8 21	癸₂巳	6	4
8 22	甲₁午	6	5
8 23	乙₁未	5	5
8 24	丙₁申	5	5
8 25	丁₁酉	5	6
8 26	戊₁戌	4	6
8 27	己₁亥	4	6
8 28	庚₁子	4	7
8 29	辛₁丑	3	7
8 30	壬₁寅	3	7
8 31	癸₁卯	3	8
9 1	甲₁辰	2	8
9 2	乙₁巳	2	8
9 3	丙₁午	2	9
9 4	丁₁未	1	9
9 5	戊₁申	1	9
9 6	己₁酉	1	10
9 7	庚₁戌	0	10
9 8	辛₁亥	0	10

月柱 辛酉 （9月8日 6:02～ 10月8日21:10）

生日	日柱	男	女
9 8	辛₁亥	10	0
9 9	壬₁子	10	0
9 10	癸₂丑	9	1
9 11	甲₁寅	9	1
9 12	乙₃卯	9	1
9 13	丙₃辰	8	2
9 14	丁₁巳	8	2
9 15	戊₁午	8	2
9 16	己₁未	7	3
9 17	庚₁申	7	3
9 18	辛₁酉	7	3
9 19	壬₁戌	6	4
9 20	癸₁亥	6	4
9 21	甲₁子	6	4
9 22	乙₁丑	5	5
9 23	丙₁寅	5	5
9 24	丁₁卯	5	5
9 25	戊₁辰	4	6
9 26	己₁巳	4	6
9 27	庚₁午	4	6
9 28	辛₁未	3	7
9 29	壬₁申	3	7
9 30	癸₁酉	3	7
10 1	甲₁戌	2	8
10 2	乙₁亥	2	8
10 3	丙₁子	2	8
10 4	丁₁丑	1	9
10 5	戊₁寅	1	9
10 6	己₁卯	1	9
10 7	庚₁辰	0	10
10 8	辛₁巳	0	10

月柱 壬戌 （10月8日21:11～ 11月7日23:49）

生日	日柱	男	女
10 8	辛₁巳	10	0
10 9	壬₃午	10	0
10 10	癸₃未	9	1
10 11	甲₃申	9	1
10 12	乙₃酉	9	1
10 13	丙₃戌	8	2
10 14	丁₃亥	8	2
10 15	戊₃子	8	2
10 16	己₁丑	7	3
10 17	庚₁寅	7	3
10 18	辛₁卯	7	3
10 19	壬₁辰	6	4
10 20	癸₁巳	6	4
10 21	甲₁午	6	4
10 22	乙₁未	5	5
10 23	丙₁申	5	5
10 24	丁₃酉	5	5
10 25	戊₁戌	4	6
10 26	己₁亥	4	6
10 27	庚₁子	4	6
10 28	辛₁丑	3	7
10 29	壬₁寅	3	7
10 30	癸₃卯	3	7
10 31	甲₃辰	2	8
11 1	乙₁巳	2	8
11 2	丙₃午	2	8
11 3	丁₃未	1	9
11 4	戊₁申	1	9
11 5	己₁酉	1	9
11 6	庚₃戌	0	10
11 7	辛₁亥	0	10

月柱 癸亥 （11月7日23:50～ 12月7日16:17）

生日	日柱	男	女
11 7	辛₁亥	10	0
11 8	壬₁子	10	0
11 9	癸₁丑	9	1
11 10	甲₁寅	9	1
11 11	乙₁卯	9	1
11 12	丙₁辰	8	2
11 13	丁₁巳	8	2
11 14	戊₁午	8	2
11 15	己₁未	7	3
11 16	庚₁申	7	3
11 17	辛₁酉	7	3
11 18	壬₁戌	6	4
11 19	癸₁亥	6	4
11 20	甲₁子	6	4
11 21	乙₁丑	5	5
11 22	丙₁寅	5	5
11 23	丁₁卯	5	5
11 24	戊₁辰	4	6
11 25	己₁巳	4	6
11 26	庚₁午	4	6
11 27	辛₁未	3	7
11 28	壬₁申	3	7
11 29	癸₁酉	3	7
11 30	甲₂戌	2	8
12 1	乙₁亥	2	8
12 2	丙₃子	2	8
12 3	丁₁丑	1	9
12 4	戊₁寅	1	9
12 5	己₂卯	1	9
12 6	庚₁辰	0	10
12 7	辛₂巳	0	10

月柱 甲子 （12月7日16:18～ 1月6日 3:22）

生日	日柱	男	女
12 7	辛₂亥	10	0
12 8	壬₂子	10	0
12 9	癸₁丑	9	1
12 10	甲₂寅	9	1
12 11	乙₂卯	9	1
12 12	丙₁辰	8	2
12 13	丁₂巳	8	2
12 14	戊₁午	8	2
12 15	己₁未	7	3
12 16	庚₁申	7	3
12 17	辛₂酉	7	3
12 18	壬₂戌	6	4
12 19	癸₂亥	6	4
12 20	甲₂子	6	4
12 21	乙₂丑	5	5
12 22	丙₂寅	5	5
12 23	丁₂卯	5	5
12 24	戊₁辰	4	6
12 25	己₂巳	4	6
12 26	庚₂午	4	6
12 27	辛₁未	3	7
12 28	壬₂申	3	7
12 29	癸₃酉	3	7
12 30	甲₂戌	2	8
12 31	乙₂亥	2	8
1 1	丙₂子	2	8
1 2	丁₁丑	1	9
1 3	戊₁寅	1	9
1 4	己₂卯	1	9
1 5	庚₁辰	0	10
1 6	辛₂巳	0	10

月柱 乙丑 （1月6日 3:23～ 2月4日15:08）

生日	日柱	男	女
1 6	辛₁亥	10	0
1 7	壬₂子	9	0
1 8	癸₃丑	9	1
1 9	甲₂寅	9	1
1 10	乙₂卯	8	1
1 11	丙₃辰	8	2
1 12	丁₂巳	7	2
1 13	戊₁午	7	2
1 14	己₁未	7	3
1 15	庚₁申	7	3
1 16	辛₁酉	6	3
1 17	壬₃戌	6	4
1 18	癸₂亥	6	4
1 19	甲₂子	5	4
1 20	乙₃丑	5	5
1 21	丙₂寅	5	5
1 22	丁₂卯	4	5
1 23	戊₁辰	4	6
1 24	己₂巳	4	6
1 25	庚₁午	3	6
1 26	辛₁未	3	7
1 27	壬₁申	3	7
1 28	癸₂酉	2	7
1 29	甲₃戌	2	8
1 30	乙₂亥	2	8
1 31	丙₃子	1	8
2 1	丁₁丑	1	9
2 2	戊₁寅	1	9
2 3	己₁卯	0	9
2 4	庚₁辰	0	10

大運表

月柱 庚申

歳	男	歳	女
0	辛酉	0	己未
10	壬戌	10	戊午
20	癸亥	20	丁巳
30	甲子	30	丙辰
40	乙丑	40	乙卯
50	丙寅	50	甲寅
60	丁卯	60	癸丑
70	戊辰	70	壬子
80	己巳	80	辛亥

月柱 辛酉

歳	男	歳	女
0	壬戌	0	庚申
10	癸亥	10	己未
20	甲子	20	戊午
30	乙丑	30	丁巳
40	丙寅	40	丙辰
50	丁卯	50	乙卯
60	戊辰	60	甲寅
70	己巳	70	癸丑
80	庚午	80	壬子

月柱 壬戌

歳	男	歳	女
0	癸亥	0	辛酉
10	甲子	10	庚申
20	乙丑	20	己未
30	丙寅	30	戊午
40	丁卯	40	丁巳
50	戊辰	50	丙辰
60	己巳	60	乙卯
70	庚午	70	甲寅
80	辛未	80	癸丑

月柱 癸亥

歳	男	歳	女
0	甲子	0	壬戌
10	乙丑	10	辛酉
20	丙寅	20	庚申
30	丁卯	30	己未
40	戊辰	40	戊午
50	己巳	50	丁巳
60	庚午	60	丙辰
70	辛未	70	乙卯
80	壬申	80	甲寅

月柱 甲子

歳	男	歳	女
0	乙丑	0	癸亥
10	丙寅	10	壬戌
20	丁卯	20	辛酉
30	戊辰	30	庚申
40	己巳	40	己未
50	庚午	50	戊午
60	辛未	60	丁巳
70	壬申	70	丙辰
80	癸酉	80	乙卯

月柱 乙丑

歳	男	歳	女
0	丙寅	0	甲子
10	丁卯	10	癸亥
20	戊辰	20	壬戌
30	己巳	30	辛酉
40	庚午	40	庚申
50	辛未	50	己未
60	壬申	60	戊午
70	癸酉	70	丁巳
80	甲戌	80	丙辰

年柱 己巳　1929年（昭和4年）2月4日15時09分～

月柱	丙寅	丁卯	戊辰	己巳	庚午	辛未
期間	2月4日15:09～3月6日9:31	3月6日9:32～4月5日14:51	4月5日14:52～5月6日8:40	5月6日8:41～6月6日13:10	6月6日13:11～7月7日23:31	7月7日23:32～8月8日9:08

丙寅

生日	日柱	男	女
2/4	庚辰	0	10
2/5	辛巳	0	10
2/6	壬午	1	9
2/7	癸未	1	9
2/8	甲申	1	9
2/9	乙酉	2	8
2/10	丙戌	2	8
2/11	丁亥	2	8
2/12	戊子	3	7
2/13	己丑	3	7
2/14	庚寅	3	7
2/15	辛卯	4	6
2/16	壬辰	4	6
2/17	癸巳	4	6
2/18	甲午	5	5
2/19	乙未	5	5
2/20	丙申	5	5
2/21	丁酉	6	4
2/22	戊戌	6	4
2/23	己亥	7	3
2/24	庚子	7	3
2/25	辛丑	7	3
2/26	壬寅	7	3
2/27	癸卯	8	2
2/28	甲辰	8	2
3/1	乙巳	8	2
3/2	丙午	9	1
3/3	丁未	9	1
3/4	戊申	9	1
3/5	己酉	10	0
3/6	庚戌	10	0

丁卯

生日	日柱	男	女
3/6	庚戌	0	10
3/7	辛亥	0	10
3/8	壬子	1	9
3/9	癸丑	1	9
3/10	甲寅	1	9
3/11	乙卯	2	8
3/12	丙辰	2	8
3/13	丁巳	2	8
3/14	戊午	3	7
3/15	己未	3	7
3/16	庚申	3	7
3/17	辛酉	4	6
3/18	壬戌	4	6
3/19	癸亥	4	6
3/20	甲子	5	5
3/21	乙丑	5	5
3/22	丙寅	5	5
3/23	丁卯	6	4
3/24	戊辰	6	4
3/25	己巳	7	3
3/26	庚午	7	3
3/27	辛未	7	3
3/28	壬申	7	3
3/29	癸酉	8	2
3/30	甲戌	8	2
3/31	乙亥	8	2
4/1	丙子	9	1
4/2	丁丑	9	1
4/3	戊寅	9	1
4/4	己卯	10	0
4/5	庚辰	10	0

戊辰

生日	日柱	男	女
4/5	庚辰	0	10
4/6	辛巳	0	10
4/7	壬午	1	10
4/8	癸未	1	9
4/9	甲申	1	9
4/10	乙酉	2	9
4/11	丙戌	2	8
4/12	丁亥	2	8
4/13	戊子	3	8
4/14	己丑	3	7
4/15	庚寅	3	7
4/16	辛卯	4	7
4/17	壬辰	4	6
4/18	癸巳	4	6
4/19	甲午	5	6
4/20	乙未	5	5
4/21	丙申	5	5
4/22	丁酉	6	5
4/23	戊戌	6	4
4/24	己亥	6	4
4/25	庚子	7	4
4/26	辛丑	7	3
4/27	壬寅	7	3
4/28	癸卯	8	3
4/29	甲辰	8	2
4/30	乙巳	8	2
5/1	丙午	9	2
5/2	丁未	9	1
5/3	戊申	9	1
5/4	己酉	10	1
5/5	庚戌	10	1
5/6	辛亥	10	0

己巳

生日	日柱	男	女
5/6	辛亥	0	10
5/7	壬子	0	10
5/8	癸丑	1	10
5/9	甲寅	1	9
5/10	乙卯	1	9
5/11	丙辰	2	9
5/12	丁巳	2	8
5/13	戊午	2	8
5/14	己未	3	8
5/15	庚申	3	7
5/16	辛酉	3	7
5/17	壬戌	4	7
5/18	癸亥	4	6
5/19	甲子	4	6
5/20	乙丑	5	6
5/21	丙寅	5	5
5/22	丁卯	5	5
5/23	戊辰	6	5
5/24	己巳	6	4
5/25	庚午	6	4
5/26	辛未	7	4
5/27	壬申	7	3
5/28	癸酉	7	3
5/29	甲戌	8	3
5/30	乙亥	8	2
5/31	丙子	8	2
6/1	丁丑	9	2
6/2	戊寅	9	1
6/3	己卯	9	1
6/4	庚辰	10	1
6/5	辛巳	10	1
6/6	壬午	10	0

庚午

生日	日柱	男	女
6/6	壬午	0	10
6/7	癸未	0	10
6/8	甲申	1	10
6/9	乙酉	1	9
6/10	丙戌	1	9
6/11	丁亥	2	9
6/12	戊子	2	8
6/13	己丑	2	8
6/14	庚寅	3	8
6/15	辛卯	3	7
6/16	壬辰	3	7
6/17	癸巳	4	7
6/18	甲午	4	6
6/19	乙未	4	6
6/20	丙申	5	6
6/21	丁酉	5	5
6/22	戊戌	5	5
6/23	己亥	6	5
6/24	庚子	6	4
6/25	辛丑	6	4
6/26	壬寅	7	4
6/27	癸卯	7	3
6/28	甲辰	7	3
6/29	乙巳	8	3
6/30	丙午	8	2
7/1	丁未	8	2
7/2	戊申	9	2
7/3	己酉	9	1
7/4	庚戌	9	1
7/5	辛亥	10	1
7/6	壬子	10	1
7/7	癸丑	10	0

辛未

生日	日柱	男	女
7/7	癸丑	0	11
7/8	甲寅	0	10
7/9	乙卯	1	10
7/10	丙辰	1	9
7/11	丁巳	1	9
7/12	戊午	2	9
7/13	己未	2	9
7/14	庚申	2	8
7/15	辛酉	3	8
7/16	壬戌	3	7
7/17	癸亥	3	7
7/18	甲子	4	7
7/19	乙丑	4	6
7/20	丙寅	4	6
7/21	丁卯	5	6
7/22	戊辰	5	5
7/23	己巳	5	5
7/24	庚午	6	5
7/25	辛未	6	4
7/26	壬申	6	4
7/27	癸酉	7	4
7/28	甲戌	7	3
7/29	乙亥	7	3
7/30	丙子	8	3
7/31	丁丑	8	2
8/1	戊寅	8	2
8/2	己卯	9	2
8/3	庚辰	9	1
8/4	辛巳	9	1
8/5	壬午	10	1
8/6	癸未	10	1
8/7	甲申	10	0
8/8	乙酉	11	0

大運

歳	丙寅 男	丙寅 女	丁卯 男	丁卯 女	戊辰 男	戊辰 女	己巳 男	己巳 女	庚午 男	庚午 女	辛未 男	辛未 女
0	乙丑	丁卯	丙寅	戊辰	丁卯	己巳	戊辰	庚午	己巳	辛未	庚午	壬申
10	甲子	戊辰	乙丑	己巳	丙寅	庚午	丁卯	辛未	戊辰	壬申	己巳	癸酉
20	癸亥	己巳	甲子	庚午	乙丑	辛未	丙寅	壬申	丁卯	癸酉	戊辰	甲戌
30	壬戌	庚午	癸亥	辛未	甲子	壬申	乙丑	癸酉	丙寅	甲戌	丁卯	乙亥
40	辛酉	辛未	壬戌	壬申	癸亥	癸酉	甲子	甲戌	乙丑	乙亥	丙寅	丙子
50	庚申	壬申	辛酉	癸酉	壬戌	甲戌	癸亥	乙亥	甲子	丙子	乙丑	丁丑
60	己未	癸酉	庚申	甲戌	辛酉	乙亥	壬戌	丙子	癸亥	丁丑	甲子	戊寅
70	戊午	甲戌	己未	乙亥	庚申	丙子	辛酉	丁丑	壬戌	戊寅	癸亥	己卯
80	丁巳	乙亥	戊午	丙子	己未	丁丑	庚申	戊寅	辛酉	己卯	壬戌	庚辰

～1930年（昭和5年）2月4日20時51分

期間	月柱
8月8日 9:09～9月8日11:39	壬申
9月8日11:40～10月9日 2:47	癸酉
10月9日 2:48～11月8日 5:27	甲戌
11月8日 5:28～12月7日21:56	乙亥
12月7日21:57～1月6日 9:02	丙子
1月6日 9:03～2月4日20:51	丁丑

月柱 壬申（8月8日 9:09～9月8日11:39）

生日	日柱	立運年齢 男	立運年齢 女
8/8	乙酉	0	10
8/9	丙戌	0	10
8/10	丁亥	1	10
8/11	戊子	1	9
8/12	己丑	1	9
8/13	庚寅	2	9
8/14	辛卯	2	8
8/15	壬辰	2	8
8/16	癸巳	3	8
8/17	甲午	3	7
8/18	乙未	3	7
8/19	丙申	4	7
8/20	丁酉	4	6
8/21	戊戌	4	6
8/22	己亥	5	6
8/23	庚子	5	5
8/24	辛丑	5	5
8/25	壬寅	6	5
8/26	癸卯	6	4
8/27	甲辰	6	4
8/28	乙巳	7	4
8/29	丙午	7	3
8/30	丁未	7	3
8/31	戊申	8	3
9/1	己酉	8	2
9/2	庚戌	8	2
9/3	辛亥	9	1
9/4	壬子	9	1
9/5	癸丑	9	1
9/6	甲寅	10	1
9/7	乙卯	10	0
9/8	丙辰	10	0

月柱 癸酉（9月8日11:40～10月9日 2:47）

生日	日柱	立運年齢 男	立運年齢 女
9/8	丙辰	0	10
9/9	丁巳	0	10
9/10	戊午	1	10
9/11	己未	1	9
9/12	庚申	1	9
9/13	辛酉	2	9
9/14	壬戌	2	8
9/15	癸亥	2	8
9/16	甲子	3	8
9/17	乙丑	3	7
9/18	丙寅	3	7
9/19	丁卯	4	7
9/20	戊辰	4	6
9/21	己巳	4	6
9/22	庚午	5	6
9/23	辛未	5	5
9/24	壬申	5	5
9/25	癸酉	6	5
9/26	甲戌	6	4
9/27	乙亥	6	4
9/28	丙子	7	4
9/29	丁丑	7	3
9/30	戊寅	7	3
10/1	己卯	8	3
10/2	庚辰	8	2
10/3	辛巳	8	2
10/4	壬午	9	1
10/5	癸未	9	1
10/6	甲申	9	1
10/7	乙酉	10	1
10/8	丙戌	10	0
10/9	丁亥	10	0

月柱 甲戌（10月9日 2:48～11月8日 5:27）

生日	日柱	立運年齢 男	立運年齢 女
10/9	丁亥	0	10
10/10	戊子	0	10
10/11	己丑	1	9
10/12	庚寅	1	9
10/13	辛卯	1	9
10/14	壬辰	2	8
10/15	癸巳	2	8
10/16	甲午	2	8
10/17	乙未	3	7
10/18	丙申	3	7
10/19	丁酉	3	7
10/20	戊戌	4	6
10/21	己亥	4	6
10/22	庚子	4	6
10/23	辛丑	5	5
10/24	壬寅	5	5
10/25	癸卯	5	5
10/26	甲辰	6	4
10/27	乙巳	6	4
10/28	丙午	6	4
10/29	丁未	7	3
10/30	戊申	7	3
10/31	己酉	7	3
11/1	庚戌	8	2
11/2	辛亥	8	2
11/3	壬子	8	2
11/4	癸丑	9	1
11/5	甲寅	9	1
11/6	乙卯	9	1
11/7	丙辰	10	0
11/8	丁巳	10	0

月柱 乙亥（11月8日 5:28～12月7日21:56）

生日	日柱	立運年齢 男	立運年齢 女
11/8	丁巳	0	10
11/9	戊午	0	10
11/10	己未	1	9
11/11	庚申	1	9
11/12	辛酉	1	8
11/13	壬戌	2	8
11/14	癸亥	2	8
11/15	甲子	2	7
11/16	乙丑	3	7
11/17	丙寅	3	6
11/18	丁卯	3	6
11/19	戊辰	4	6
11/20	己巳	4	5
11/21	庚午	4	5
11/22	辛未	5	5
11/23	壬申	5	4
11/24	癸酉	5	4
11/25	甲戌	6	4
11/26	乙亥	6	3
11/27	丙子	6	3
11/28	丁丑	7	3
11/29	戊寅	7	2
11/30	己卯	7	2
12/1	庚辰	8	2
12/2	辛巳	8	1
12/3	壬午	8	1
12/4	癸未	9	1
12/5	甲申	9	0
12/6	乙酉	9	0
12/7	丙戌	10	0

月柱 丙子（12月7日21:57～1月6日 9:02）

生日	日柱	立運年齢 男	立運年齢 女
12/7	丙戌	0	10
12/8	丁亥	0	10
12/9	戊子	1	9
12/10	己丑	1	9
12/11	庚寅	1	9
12/12	辛卯	2	8
12/13	壬辰	2	8
12/14	癸巳	2	8
12/15	甲午	3	7
12/16	乙未	3	7
12/17	丙申	3	7
12/18	丁酉	4	6
12/19	戊戌	4	6
12/20	己亥	4	6
12/21	庚子	5	5
12/22	辛丑	5	5
12/23	壬寅	5	5
12/24	癸卯	6	4
12/25	甲辰	6	4
12/26	乙巳	6	4
12/27	丙午	7	3
12/28	丁未	7	3
12/29	戊申	7	3
12/30	己酉	8	2
12/31	庚戌	8	2
1/1	辛亥	8	2
1/2	壬子	9	1
1/3	癸丑	9	1
1/4	甲寅	9	1
1/5	乙卯	10	0
1/6	丙辰	10	0

月柱 丁丑（1月6日 9:03～2月4日20:51）

生日	日柱	立運年齢 男	立運年齢 女
1/6	丙辰	0	10
1/7	丁巳	0	9
1/8	戊午	1	9
1/9	己未	1	9
1/10	庚申	1	8
1/11	辛酉	2	8
1/12	壬戌	2	8
1/13	癸亥	2	7
1/14	甲子	3	7
1/15	乙丑	3	7
1/16	丙寅	3	6
1/17	丁卯	4	6
1/18	戊辰	4	6
1/19	己巳	4	5
1/20	庚午	5	5
1/21	辛未	5	5
1/22	壬申	5	4
1/23	癸酉	6	4
1/24	甲戌	6	3
1/25	乙亥	6	3
1/26	丙子	7	3
1/27	丁丑	7	2
1/28	戊寅	7	2
1/29	己卯	8	2
1/30	庚辰	8	1
1/31	辛巳	8	1
2/1	壬午	9	1
2/2	癸未	9	1
2/3	甲申	9	0
2/4	乙酉	10	0

大運表

月柱 壬申

歳	男	歳	女
0	辛未	0	癸酉
10	庚午	10	壬申
20	己巳	20	辛未
30	戊辰	30	庚午
40	丁卯	40	己巳
50	丙寅	50	戊辰
60	乙丑	60	丁卯
70	甲子	70	丙寅
80	癸亥	80	乙丑

月柱 癸酉

歳	男	歳	女
0	壬申	0	甲戌
10	辛未	10	癸酉
20	庚午	20	壬申
30	己巳	30	辛未
40	戊辰	40	庚午
50	丁卯	50	己巳
60	丙寅	60	戊辰
70	乙丑	70	丁卯
80	甲子	80	丙寅

月柱 甲戌

歳	男	歳	女
0	癸酉	0	乙亥
10	壬申	10	甲戌
20	辛未	20	癸酉
30	庚午	30	壬申
40	己巳	40	辛未
50	戊辰	50	庚午
60	丁卯	60	己巳
70	丙寅	70	戊辰
80	乙丑	80	丁卯

月柱 乙亥

歳	男	歳	女
0	甲戌	0	丙子
10	癸酉	10	乙亥
20	壬申	20	甲戌
30	辛未	30	癸酉
40	庚午	40	壬申
50	己巳	50	辛未
60	戊辰	60	庚午
70	丁卯	70	己巳
80	丙寅	80	戊辰

月柱 丙子

歳	男	歳	女
0	乙亥	0	丁丑
10	甲戌	10	丙子
20	癸酉	20	乙亥
30	壬申	30	甲戌
40	辛未	40	癸酉
50	庚午	50	壬申
60	己巳	60	辛未
70	戊辰	70	庚午
80	丁卯	80	己巳

月柱 丁丑

歳	男	歳	女
0	丙子	0	戊寅
10	乙亥	10	丁丑
20	甲戌	20	丙子
30	癸酉	30	乙亥
40	壬申	40	甲戌
50	辛未	50	癸酉
60	庚午	60	壬申
70	己巳	70	辛未
80	戊辰	80	庚午

年柱 庚午 — 1930年（昭和5年）2月4日20時52分〜

月柱 戊寅（2月4日20:52〜3月6日15:16）

生日	日柱	立運年齢 男	立運年齢 女
2 4	乙2酉	10	0
2 5	丙2戌	10	0
2 6	丁2亥	9	1
2 7	戊2子	9	1
2 8	己1丑	9	1
2 9	庚1寅	8	2
2 10	辛1卯	8	2
2 11	壬1辰	8	2
2 12	癸1巳	7	3
2 13	甲1午	7	3
2 14	乙1未	7	3
2 15	丙1申	6	4
2 16	丁1酉	6	4
2 17	戊1戌	6	4
2 18	己2亥	5	5
2 19	庚1子	5	5
2 20	辛1丑	5	5
2 21	壬1寅	4	6
2 22	癸1卯	4	6
2 23	甲1辰	3	7
2 24	乙1巳	3	7
2 25	丙1午	3	7
2 26	丁1未	2	8
2 27	戊2申	2	8
2 28	己2酉	2	8
3 1	庚1戌	2	8
3 2	辛1亥	1	9
3 3	壬1子	1	9
3 4	癸1丑	1	9
3 5	甲1寅	0	10
3 6	乙1卯	0	10

月柱 己卯（3月6日15:17〜4月5日20:37）

生日	日柱	立運年齢 男	立運年齢 女
3 6	乙2卯	10	0
3 7	丙2辰	10	0
3 8	丁1巳	9	1
3 9	戊2午	9	1
3 10	己1未	9	1
3 11	庚1申	8	2
3 12	辛1酉	8	2
3 13	壬1戌	8	2
3 14	癸1亥	7	3
3 15	甲1子	7	3
3 16	乙1丑	7	3
3 17	丙1寅	6	4
3 18	丁1卯	6	4
3 19	戊1辰	6	4
3 20	己1巳	5	5
3 21	庚1午	5	5
3 22	辛1未	5	5
3 23	壬1申	4	6
3 24	癸1酉	4	6
3 25	甲1戌	4	6
3 26	乙1亥	3	7
3 27	丙1子	3	7
3 28	丁1丑	3	7
3 29	戊1寅	2	8
3 30	己1卯	2	8
3 31	庚1辰	2	8
4 1	辛1巳	1	9
4 2	壬1午	1	9
4 3	癸1未	1	9
4 4	甲1申	0	10
4 5	乙1酉	0	10

月柱 庚辰（4月5日20:38〜5月6日14:27）

生日	日柱	立運年齢 男	立運年齢 女
4 5	乙2酉	10	0
4 6	丙2戌	10	0
4 7	丁2亥	10	1
4 8	戊2子	9	1
4 9	己1丑	9	1
4 10	庚1寅	9	2
4 11	辛1卯	8	2
4 12	壬1辰	8	2
4 13	癸1巳	8	3
4 14	甲1午	8	3
4 15	乙1未	7	3
4 16	丙1申	7	3
4 17	丁1酉	7	4
4 18	戊1戌	6	4
4 19	己1亥	6	4
4 20	庚1子	6	5
4 21	辛1丑	5	5
4 22	壬1寅	5	5
4 23	癸1卯	4	6
4 24	甲3辰	4	6
4 25	乙1巳	3	7
4 26	丙1午	3	7
4 27	丁1未	3	7
4 28	戊1申	2	8
4 29	己1酉	2	8
4 30	庚1戌	2	8
5 1	辛1亥	2	9
5 2	壬1子	1	9
5 3	癸2丑	1	9
5 4	甲1寅	1	10
5 5	乙1卯	0	10
5 6	丙3辰	0	10

月柱 辛巳（5月6日14:28〜6月6日18:57）

生日	日柱	立運年齢 男	立運年齢 女
5 6	丙1辰	10	0
5 7	丁1巳	10	0
5 8	戊1午	10	1
5 9	己1未	9	1
5 10	庚1申	9	1
5 11	辛1酉	9	2
5 12	壬2戌	8	2
5 13	癸1亥	8	2
5 14	甲3子	8	3
5 15	乙1丑	8	3
5 16	丙1寅	7	3
5 17	丁1卯	7	4
5 18	戊1辰	6	4
5 19	己1巳	6	4
5 20	庚2午	6	5
5 21	辛1未	5	5
5 22	壬1申	5	5
5 23	癸1酉	5	6
5 24	甲3戌	4	6
5 25	乙1亥	4	6
5 26	丙1子	4	7
5 27	丁1丑	3	7
5 28	戊1寅	3	7
5 29	己1卯	3	8
5 30	庚1辰	2	8
5 31	辛1巳	2	8
6 1	壬2午	2	9
6 2	癸2未	1	9
6 3	甲3申	1	9
6 4	乙2酉	1	10
6 5	丙1戌	1	10
6 6	丁1亥	0	10

月柱 壬午（6月6日18:58〜7月8日5:19）

生日	日柱	立運年齢 男	立運年齢 女
6 6	丁1亥	11	0
6 7	戊1子	10	0
6 8	己1丑	10	1
6 9	庚3寅	10	1
6 10	辛1卯	9	1
6 11	壬1辰	9	2
6 12	癸1巳	9	2
6 13	甲1午	8	2
6 14	乙1未	8	3
6 15	丙1申	8	3
6 16	丁1酉	7	3
6 17	戊1戌	7	4
6 18	己1亥	7	4
6 19	庚1子	7	4
6 20	辛1丑	6	5
6 21	壬1寅	6	5
6 22	癸1卯	5	5
6 23	甲3辰	5	6
6 24	乙1巳	5	6
6 25	丙1午	4	6
6 26	丁1未	4	7
6 27	戊1申	3	7
6 28	己1酉	3	7
6 29	庚1戌	3	8
6 30	辛1亥	3	8
7 1	壬1子	2	8
7 2	癸1丑	2	9
7 3	甲2寅	2	9
7 4	乙1卯	1	9
7 5	丙1辰	1	10
7 6	丁1巳	1	10
7 7	戊1午	0	10
7 8	己1未	0	11

月柱 癸未（7月8日5:20〜8月8日14:57）

生日	日柱	立運年齢 男	立運年齢 女
7 8	己1未	10	0
7 9	庚1申	10	0
7 10	辛1酉	10	1
7 11	壬1戌	9	1
7 12	癸1亥	9	1
7 13	甲1子	9	2
7 14	乙1丑	8	2
7 15	丙1寅	8	2
7 16	丁1卯	8	3
7 17	戊1辰	7	3
7 18	己1巳	7	3
7 19	庚1午	7	4
7 20	辛1未	6	4
7 21	壬1申	6	4
7 22	癸1酉	6	5
7 23	甲1戌	5	5
7 24	乙1亥	5	5
7 25	丙1子	5	6
7 26	丁1丑	4	6
7 27	戊1寅	4	6
7 28	己1卯	4	7
7 29	庚1辰	3	7
7 30	辛1巳	3	7
7 31	壬1午	3	8
8 1	癸1未	2	8
8 2	甲1申	2	8
8 3	乙1酉	2	9
8 4	丙1戌	1	9
8 5	丁1亥	1	9
8 6	戊1子	1	10
8 7	己1丑	0	10
8 8	庚2寅	0	10

立運（歳 男／女）

歳	戊寅 男	戊寅 女	己卯 男	己卯 女	庚辰 男	庚辰 女	辛巳 男	辛巳 女	壬午 男	壬午 女	癸未 男	癸未 女
0	己卯	丁丑	庚辰	戊寅	辛巳	己卯	壬午	庚辰	癸未	辛巳	甲申	壬午
10	庚辰	丙子	辛巳	丁丑	壬午	戊寅	癸未	己卯	甲申	庚辰	乙酉	辛巳
20	辛巳	乙亥	壬午	丙子	癸未	丁丑	甲申	戊寅	乙酉	己卯	丙戌	庚辰
30	壬午	甲戌	癸未	乙亥	甲申	丙子	乙酉	丁丑	丙戌	戊寅	丁亥	己卯
40	癸未	癸酉	甲申	甲戌	乙酉	乙亥	丙戌	丙子	丁亥	丁丑	戊子	戊寅
50	甲申	壬申	乙酉	癸酉	丙戌	甲戌	丁亥	乙亥	戊子	丙子	己丑	丁丑
60	乙酉	辛未	丙戌	壬申	丁亥	癸酉	戊子	甲戌	己丑	乙亥	庚寅	丙子
70	丙戌	庚午	丁亥	辛未	戊子	壬申	己丑	癸酉	庚寅	甲戌	辛卯	乙亥
80	丁亥	己巳	戊子	庚午	己丑	辛未	庚寅	壬申	辛卯	癸酉	壬辰	甲戌

～1931年（昭和6年）2月5日2時40分

甲申（8月8日14:58～9月8日17:28）

生日(月)	生日(日)	日柱	男	女
8	8	庚$_1$寅	10	0
8	9	辛$_1$卯	10	0
8	10	壬$_1$辰	10	1
8	11	癸$_1$巳	9	1
8	12	甲$_1$午	9	1
8	13	乙$_1$未	9	2
8	14	丙$_1$申	8	2
8	15	丁$_1$酉	8	2
8	16	戊$_2$戌	8	3
8	17	己$_1$亥	7	3
8	18	庚$_1$子	7	3
8	19	辛$_1$丑	7	4
8	20	壬$_1$寅	6	4
8	21	癸$_1$卯	6	4
8	22	甲$_1$辰	6	5
8	23	乙$_1$巳	5	5
8	24	丙$_1$午	5	5
8	25	丁$_1$未	5	6
8	26	戊$_1$申	4	6
8	27	己$_1$酉	4	6
8	28	庚$_1$戌	4	7
8	29	辛$_1$亥	3	7
8	30	壬$_1$子	3	8
8	31	癸$_2$丑	3	8
9	1	甲$_1$寅	3	8
9	2	乙$_1$卯	2	9
9	3	丙$_1$辰	2	9
9	4	丁$_1$巳	1	9
9	5	戊$_2$午	1	9
9	6	己$_1$未	1	10
9	7	庚$_1$申	0	10
9	8	辛$_1$酉	0	10

乙酉（9月8日17:29～10月9日8:37）

生日(月)	生日(日)	日柱	男	女
9	8	辛$_1$酉	10	0
9	9	壬$_2$戌	10	0
9	10	癸$_1$亥	10	1
9	11	甲$_2$子	9	1
9	12	乙$_3$丑	9	1
9	13	丙$_1$寅	9	2
9	14	丁$_1$卯	8	2
9	15	戊$_2$辰	8	2
9	16	己$_1$巳	8	3
9	17	庚$_1$午	7	3
9	18	辛$_1$未	7	3
9	19	壬$_1$申	7	4
9	20	癸$_1$酉	6	4
9	21	甲$_1$戌	6	4
9	22	乙$_3$亥	6	5
9	23	丙$_1$子	5	5
9	24	丁$_1$丑	5	5
9	25	戊$_1$寅	5	6
9	26	己$_1$卯	4	6
9	27	庚$_1$辰	4	6
9	28	辛$_1$巳	4	7
9	29	壬$_1$午	3	7
9	30	癸$_1$未	3	8
10	1	甲$_1$申	3	8
10	2	乙$_3$酉	3	8
10	3	丙$_1$戌	2	8
10	4	丁$_1$亥	2	9
10	5	戊$_1$子	1	9
10	6	己$_1$丑	1	9
10	7	庚$_1$寅	1	10
10	8	辛$_1$卯	0	10
10	9	壬$_2$辰	0	10

丙戌（10月9日8:38～11月8日11:20）

生日(月)	生日(日)	日柱	男	女
10	9	壬$_3$辰	10	0
10	10	癸$_3$巳	10	0
10	11	甲$_3$午	9	1
10	12	乙$_3$未	9	1
10	13	丙$_2$申	9	1
10	14	丁$_2$酉	8	2
10	15	戊$_2$戌	8	2
10	16	己$_2$亥	8	2
10	17	庚$_1$子	7	3
10	18	辛$_1$丑	7	3
10	19	壬$_1$寅	7	3
10	20	癸$_3$卯	6	4
10	21	甲$_3$辰	6	4
10	22	乙$_3$巳	6	4
10	23	丙$_1$午	5	5
10	24	丁$_2$未	5	5
10	25	戊$_1$申	5	5
10	26	己$_1$酉	4	6
10	27	庚$_1$戌	4	6
10	28	辛$_1$亥	4	6
10	29	壬$_1$子	3	7
10	30	癸$_3$丑	3	7
10	31	甲$_2$寅	3	8
11	1	乙$_3$卯	3	8
11	2	丙$_2$辰	2	8
11	3	丁$_1$巳	2	8
11	4	戊$_1$午	1	9
11	5	己$_1$未	1	9
11	6	庚$_1$申	1	9
11	7	辛$_1$酉	0	10
11	8	壬$_3$戌	0	10

丁亥（11月8日11:21～12月8日3:50）

生日(月)	生日(日)	日柱	男	女
11	8	壬$_1$戌	10	0
11	9	癸$_1$亥	10	0
11	10	甲$_2$子	9	1
11	11	乙$_1$丑	9	1
11	12	丙$_1$寅	9	1
11	13	丁$_1$卯	8	2
11	14	戊$_1$辰	8	2
11	15	己$_1$巳	8	2
11	16	庚$_1$午	7	3
11	17	辛$_1$未	7	3
11	18	壬$_1$申	6	3
11	19	癸$_1$酉	6	4
11	20	甲$_3$戌	6	4
11	21	乙$_2$亥	6	4
11	22	丙$_2$子	5	5
11	23	丁$_1$丑	5	5
11	24	戊$_1$寅	5	5
11	25	己$_2$卯	4	6
11	26	庚$_1$辰	4	6
11	27	辛$_1$巳	4	6
11	28	壬$_1$午	3	7
11	29	癸$_1$未	3	7
11	30	甲$_1$申	3	8
12	1	乙$_3$酉	2	8
12	2	丙$_2$戌	2	8
12	3	丁$_2$亥	2	8
12	4	戊$_1$子	1	9
12	5	己$_1$丑	1	9
12	6	庚$_1$寅	1	9
12	7	辛$_1$卯	0	10
12	8	壬$_1$辰	0	10

戊子（12月8日3:51～1月6日14:55）

生日(月)	生日(日)	日柱	男	女
12	8	壬$_1$辰	10	0
12	9	癸$_1$巳	9	0
12	10	甲$_1$午	9	1
12	11	乙$_1$未	9	1
12	12	丙$_1$申	8	1
12	13	丁$_1$酉	8	2
12	14	戊$_1$戌	8	2
12	15	己$_1$亥	7	2
12	16	庚$_1$子	7	3
12	17	辛$_1$丑	7	3
12	18	壬$_1$寅	6	3
12	19	癸$_1$卯	6	4
12	20	甲$_3$辰	6	4
12	21	乙$_3$巳	6	4
12	22	丙$_2$午	5	5
12	23	丁$_1$未	5	5
12	24	戊$_1$申	4	5
12	25	己$_1$酉	4	6
12	26	庚$_1$戌	4	6
12	27	辛$_1$亥	4	6
12	28	壬$_1$子	3	7
12	29	癸$_1$丑	3	7
12	30	甲$_2$寅	3	8
12	31	乙$_3$卯	2	8
1	1	丙$_3$辰	2	8
1	2	丁$_2$巳	1	8
1	3	戊$_1$午	1	9
1	4	己$_1$未	1	9
1	5	庚$_1$申	0	9
1	6	辛$_1$酉	0	10

己丑（1月6日14:56～2月5日2:40）

生日(月)	生日(日)	日柱	男	女
1	6	辛$_1$酉	10	0
1	7	壬$_2$戌	10	0
1	8	癸$_1$亥	9	1
1	9	甲$_3$子	9	1
1	10	乙$_3$丑	9	1
1	11	丙$_2$寅	8	2
1	12	丁$_2$卯	8	2
1	13	戊$_1$辰	8	2
1	14	己$_1$巳	7	3
1	15	庚$_1$午	7	3
1	16	辛$_1$未	7	3
1	17	壬$_1$申	6	4
1	18	癸$_1$酉	6	4
1	19	甲$_1$戌	6	4
1	20	乙$_3$亥	5	5
1	21	丙$_1$子	5	5
1	22	丁$_1$丑	5	5
1	23	戊$_1$寅	4	6
1	24	己$_1$卯	4	6
1	25	庚$_1$辰	4	6
1	26	辛$_1$巳	3	7
1	27	壬$_2$午	3	7
1	28	癸$_1$未	2	8
1	29	甲$_1$申	2	8
1	30	乙$_3$酉	2	8
1	31	丙$_3$戌	2	8
2	1	丁$_2$亥	1	9
2	2	戊$_1$子	1	9
2	3	己$_1$丑	1	9
2	4	庚$_1$寅	0	10
2	5	辛$_1$卯	0	10

大運

歳	男	歳	女	歳	男	歳	女	歳	男	歳	女	歳	男	歳	女	歳	男	歳	女	歳	男	歳	女
0	乙酉	0	癸未	0	丙戌	0	甲申	0	丁亥	0	乙酉	0	戊子	0	丙戌	0	己丑	0	丁亥	0	庚寅	0	戊子
10	丙戌	10	壬午	10	丁亥	10	癸未	10	戊子	10	甲申	10	己丑	10	乙酉	10	庚寅	10	丙戌	10	辛卯	10	丁亥
20	丁亥	20	辛巳	20	戊子	20	壬午	20	己丑	20	癸未	20	庚寅	20	甲申	20	辛卯	20	乙酉	20	壬辰	20	丙戌
30	戊子	30	庚辰	30	己丑	30	辛巳	30	庚寅	30	壬午	30	辛卯	30	癸未	30	壬辰	30	甲申	30	癸巳	30	乙酉
40	己丑	40	己卯	40	庚寅	40	庚辰	40	辛卯	40	辛巳	40	壬辰	40	壬午	40	癸巳	40	癸未	40	甲午	40	甲申
50	庚寅	50	戊寅	50	辛卯	50	己卯	50	壬辰	50	庚辰	50	癸巳	50	辛巳	50	甲午	50	壬午	50	乙未	50	癸未
60	辛卯	60	丁丑	60	壬辰	60	戊寅	60	癸巳	60	己卯	60	甲午	60	庚辰	60	乙未	60	辛巳	60	丙申	60	壬午
70	壬辰	70	丙子	70	癸巳	70	丁丑	70	甲午	70	戊寅	70	乙未	70	己卯	70	丙申	70	庚辰	70	丁酉	70	辛巳
80	癸巳	80	乙亥	80	甲午	80	丙子	80	乙未	80	丁丑	80	丙申	80	戊寅	80	丁酉	80	己卯	80	戊戌	80	庚辰

年柱 辛未 1931年（昭和6年）2月5日2時41分〜

月柱	期間
庚寅	2月5日 2:41〜 3月6日21:02
辛卯	3月6日21:03〜 4月6日 2:20
壬辰	4月6日 2:21〜 5月6日20:09
癸巳	5月6日20:10〜 6月7日 0:41
甲午	6月7日 0:42〜 7月8日11:05
乙未	7月8日11:06〜 8月8日20:44

月柱 庚寅（立運年齢 男／女）

生日	日柱	男	女
2 5	辛3卯	0	10
2 6	壬2辰	0	9
2 7	癸1巳	1	9
2 8	甲2午	1	9
2 9	乙2未	1	8
2 10	丙3申	2	8
2 11	丁2酉	2	8
2 12	戊1戌	2	7
2 13	己2亥	3	7
2 14	庚1子	3	6
2 15	辛1丑	3	6
2 16	壬2寅	4	6
2 17	癸2卯	4	6
2 18	甲2辰	4	6
2 19	乙2巳	5	5
2 20	丙2午	5	5
2 21	丁3未	5	4
2 22	戊2申	6	4
2 23	己2酉	6	4
2 24	庚1戌	6	4
2 25	辛1亥	7	3
2 26	壬1子	7	3
2 27	癸1丑	7	2
2 28	甲1寅	8	2
3 1	乙1卯	8	1
3 2	丙3辰	8	1
3 3	丁2巳	9	1
3 4	戊1午	9	1
3 5	己2未	9	0
3 6	庚1申	10	0

月柱 辛卯（立運年齢 男／女）

生日	日柱	男	女
3 6	庚1申	0	10
3 7	辛1酉	0	10
3 8	壬2戌	1	10
3 9	癸1亥	1	9
3 10	甲1子	1	9
3 11	乙1丑	2	9
3 12	丙2寅	2	8
3 13	丁1卯	2	8
3 14	戊1辰	3	8
3 15	己1巳	3	7
3 16	庚1午	3	7
3 17	辛1未	4	7
3 18	壬1申	4	6
3 19	癸1酉	4	6
3 20	甲1戌	5	6
3 21	乙1亥	5	5
3 22	丙1子	5	5
3 23	丁1丑	6	5
3 24	戊1寅	6	4
3 25	己1卯	6	4
3 26	庚1辰	7	4
3 27	辛1巳	7	3
3 28	壬1午	7	3
3 29	癸1未	8	3
3 30	甲1申	8	2
3 31	乙1酉	8	2
4 1	丙1戌	9	2
4 2	丁1亥	9	1
4 3	戊1子	9	1
4 4	己2丑	10	1
4 5	庚1寅	10	0
4 6	辛1卯	10	0

月柱 壬辰（立運年齢 男／女）

生日	日柱	男	女
4 6	辛1卯	0	10
4 7	壬2辰	0	10
4 8	癸1巳	1	9
4 9	甲2午	1	9
4 10	乙1未	1	9
4 11	丙3申	2	8
4 12	丁2酉	2	8
4 13	戊1戌	2	8
4 14	己1亥	3	7
4 15	庚1子	3	7
4 16	辛1丑	3	7
4 17	壬2寅	4	7
4 18	癸1卯	4	6
4 19	甲1辰	4	6
4 20	乙1巳	5	6
4 21	丙1午	5	5
4 22	丁1未	5	5
4 23	戊1申	6	5
4 24	己1酉	6	4
4 25	庚1戌	6	4
4 26	辛1亥	7	4
4 27	壬2子	7	3
4 28	癸2丑	7	3
4 29	甲1寅	8	3
4 30	乙1卯	8	2
5 1	丙1辰	8	2
5 2	丁1巳	9	2
5 3	戊1午	9	1
5 4	己1未	9	1
5 5	庚1申	10	1
5 6	辛1酉	10	0

月柱 癸巳（立運年齢 男／女）

生日	日柱	男	女
5 6	辛1酉	0	11
5 7	壬2戌	0	10
5 8	癸1亥	1	10
5 9	甲2子	1	10
5 10	乙3丑	1	9
5 11	丙2寅	2	9
5 12	丁1卯	2	9
5 13	戊1辰	2	8
5 14	己1巳	3	8
5 15	庚1午	3	8
5 16	辛1未	3	7
5 17	壬1申	4	7
5 18	癸1酉	4	7
5 19	甲3戌	4	6
5 20	乙1亥	5	6
5 21	丙2子	5	6
5 22	丁2丑	5	5
5 23	戊2寅	6	5
5 24	己1卯	6	5
5 25	庚1辰	6	4
5 26	辛1巳	7	4
5 27	壬2午	7	4
5 28	癸1未	7	3
5 29	甲1申	8	3
5 30	乙1酉	8	3
5 31	丙1戌	8	2
6 1	丁1亥	9	2
6 2	戊1子	9	2
6 3	己1丑	9	1
6 4	庚2寅	10	1
6 5	辛1卯	10	1
6 6	壬2辰	10	0
6 7	癸1巳	11	0

月柱 甲午（立運年齢 男／女）

生日	日柱	男	女
6 7	癸3巳	0	10
6 8	甲3午	0	10
6 9	乙3未	1	10
6 10	丙3申	1	9
6 11	丁1酉	1	9
6 12	戊1戌	2	9
6 13	己1亥	2	8
6 14	庚2子	2	8
6 15	辛1丑	3	8
6 16	壬1寅	3	7
6 17	癸1卯	3	7
6 18	甲1辰	4	7
6 19	乙1巳	4	6
6 20	丙1午	4	6
6 21	丁1未	5	6
6 22	戊1申	5	5
6 23	己1酉	5	5
6 24	庚1戌	6	5
6 25	辛1亥	6	4
6 26	壬1子	6	4
6 27	癸1丑	7	4
6 28	甲1寅	7	3
6 29	乙1卯	7	3
6 30	丙1辰	8	3
7 1	丁1巳	8	2
7 2	戊1午	8	2
7 3	己1未	9	2
7 4	庚1申	9	1
7 5	辛1酉	9	1
7 6	壬3戌	10	1
7 7	癸3亥	10	0
7 8	甲1子	10	0

月柱 乙未（立運年齢 男／女）

生日	日柱	男	女
7 8	甲3子	0	10
7 9	乙1丑	0	10
7 10	丙1寅	1	10
7 11	丁1卯	1	9
7 12	戊1辰	1	9
7 13	己1巳	2	9
7 14	庚1午	2	8
7 15	辛1未	2	8
7 16	壬1申	3	8
7 17	癸1酉	3	7
7 18	甲1戌	3	7
7 19	乙1亥	4	7
7 20	丙1子	4	6
7 21	丁1丑	4	6
7 22	戊1寅	5	6
7 23	己1卯	5	5
7 24	庚1辰	5	5
7 25	辛1巳	6	5
7 26	壬1午	6	4
7 27	癸1未	6	4
7 28	甲1申	7	4
7 29	乙1酉	7	3
7 30	丙1戌	7	3
7 31	丁1亥	8	3
8 1	戊1子	8	2
8 2	己1丑	8	2
8 3	庚1寅	9	2
8 4	辛1卯	9	1
8 5	壬1辰	9	1
8 6	癸1巳	10	1
8 7	甲3午	10	0
8 8	乙1未	10	0

立運年齢対応表

歳	男	歳	女	歳	男	歳	女	歳	男	歳	女	歳	男	歳	女	歳	男	歳	女	歳	男	歳	女
0	己丑	0	辛卯	0	庚寅	0	壬辰	0	辛卯	0	癸巳	0	壬辰	0	甲午	0	癸巳	0	乙未	0	甲午	0	丙申
10	戊子	10	庚寅	10	己丑	10	辛卯	10	庚寅	10	壬辰	10	辛卯	10	癸巳	10	壬辰	10	甲午	10	癸巳	10	乙未
20	丁亥	20	己丑	20	戊子	20	庚寅	20	己丑	20	辛卯	20	庚寅	20	壬辰	20	辛卯	20	癸巳	20	壬辰	20	甲午
30	丙戌	30	戊子	30	丁亥	30	己丑	30	戊子	30	庚寅	30	己丑	30	辛卯	30	庚寅	30	壬辰	30	辛卯	30	癸巳
40	乙酉	40	丁亥	40	丙戌	40	戊子	40	丁亥	40	己丑	40	戊子	40	庚寅	40	己丑	40	辛卯	40	庚寅	40	壬辰
50	甲申	50	丙戌	50	乙酉	50	丁亥	50	丙戌	50	戊子	50	丁亥	50	己丑	50	戊子	50	庚寅	50	己丑	50	辛卯
60	癸未	60	乙酉	60	甲申	60	丙戌	60	乙酉	60	丁亥	60	丙戌	60	戊子	60	丁亥	60	己丑	60	戊子	60	庚寅
70	壬午	70	甲申	70	癸未	70	乙酉	70	甲申	70	丙戌	70	乙酉	70	丁亥	70	丙戌	70	戊子	70	丁亥	70	己丑
80	辛巳	80	癸未	80	壬午	80	甲申	80	癸未	80	乙酉	80	甲申	80	丙戌	80	乙酉	80	丁亥	80	丙戌	80	戊子

～1932年（昭和7年）2月5日8時29分

月柱 丙申 8月8日20:45～ 9月8日23:17		立運年齢 男 女	月柱 丁酉 9月8日23:18～ 10月9日14:26		立運年齢 男 女	月柱 戊戌 10月9日14:27～ 11月8日17:09		立運年齢 男 女	月柱 己亥 11月8日17:10～ 12月8日9:40		立運年齢 男 女	月柱 庚子 12月8日9:41～ 1月6日20:45		立運年齢 男 女	月柱 辛丑 1月6日20:46～ 2月5日8:29		立運年齢 男 女
生日	日柱	男 女	生日	日柱	男 女	生日	日柱	男 女	生日	日柱	男 女	生日	日柱	男 女	生日	日柱	男 女
8 8	乙₃未	0 10	9 8	丙₃寅	0 10	10 9	丁₃酉	0 10	11 8	丁₃卯	0 10	12 8	丁₃酉	0 10	1 6	丙₃寅	0 10
8 9	丙₃申	0 10	9 9	丁₃卯	0 10	10 10	戊₁戌	0 10	11 9	戊₁辰	0 10	12 9	戊₂戌	0 9	1 7	丁₃卯	0 10
8 10	丁₁酉	1 10	9 10	戊₁辰	1 10	10 11	己₁亥	1 9	11 10	己₁巳	1 9	12 10	己₁亥	1 9	1 8	戊₁辰	1 9
8 11	戊₁戌	1 9	9 11	己₁巳	1 9	10 12	庚₁子	1 9	11 11	庚₁午	1 9	12 11	庚₁子	1 9	1 9	己₁巳	1 9
8 12	己₁亥	1 9	9 12	庚₁午	1 9	10 13	辛₁丑	1 9	11 12	辛₁未	1 9	12 12	辛₁丑	1 8	1 10	庚₁午	1 9
8 13	庚₁子	2 9	9 13	辛₁未	2 9	10 14	壬₁寅	2 8	11 13	壬₁申	2 8	12 13	壬₁寅	2 8	1 11	辛₁未	2 8
8 14	辛₁丑	2 8	9 14	壬₁申	2 8	10 15	癸₁卯	2 8	11 14	癸₁酉	2 8	12 14	癸₁卯	2 8	1 12	壬₁申	2 8
8 15	壬₂寅	2 8	9 15	癸₁酉	2 8	10 16	甲₃辰	2 8	11 15	甲₃戌	2 8	12 15	甲₃辰	2 7	1 13	癸₁酉	2 8
8 16	癸₂卯	3 8	9 16	甲₃戌	3 8	10 17	乙₃巳	3 7	11 16	乙₃亥	3 7	12 16	乙₃巳	3 7	1 14	甲₃戌	3 7
8 17	甲₃辰	3 7	9 17	乙₃亥	3 7	10 18	丙₃午	3 7	11 17	丙₃子	3 7	12 17	丙₃午	3 7	1 15	乙₃亥	3 7
8 18	乙₃巳	3 7	9 18	丙₃子	3 7	10 19	丁₃未	3 7	11 18	丁₃丑	3 7	12 18	丁₃未	3 6	1 16	丙₃子	3 7
8 19	丙₂午	4 7	9 19	丁₁丑	4 7	10 20	戊₃申	4 6	11 19	戊₃寅	4 6	12 19	戊₃申	4 6	1 17	丁₃丑	4 6
8 20	丁₁未	4 6	9 20	戊₂寅	4 6	10 21	己₁酉	4 6	11 20	己₁卯	4 6	12 20	己₁酉	4 6	1 18	戊₃寅	4 6
8 21	戊₂申	4 6	9 21	己₂卯	4 6	10 22	庚₁戌	4 6	11 21	庚₁辰	4 6	12 21	庚₁戌	4 5	1 19	己₂卯	4 6
8 22	己₂酉	5 6	9 22	庚₁辰	5 6	10 23	辛₁亥	5 5	11 22	辛₁巳	5 5	12 22	辛₁亥	5 5	1 20	庚₁辰	5 5
8 23	庚₁戌	5 5	9 23	辛₁巳	5 5	10 24	壬₂子	5 5	11 23	壬₂午	5 5	12 23	壬₂子	5 5	1 21	辛₁巳	5 5
8 24	辛₁亥	5 5	9 24	壬₂午	5 5	10 25	癸₁丑	5 5	11 24	癸₁未	5 5	12 24	癸₁丑	5 4	1 22	壬₂午	5 5
8 25	壬₂子	6 5	9 25	癸₂未	6 5	10 26	甲₃寅	6 4	11 25	甲₃申	6 4	12 25	甲₃寅	6 4	1 23	癸₂未	6 4
8 26	癸₂丑	6 4	9 26	甲₃申	6 4	10 27	乙₃卯	6 4	11 26	乙₃酉	6 4	12 26	乙₃卯	6 4	1 24	甲₃申	6 4
8 27	甲₃寅	7 4	9 27	乙₃酉	7 4	10 28	丙₃辰	7 3	11 27	丙₃戌	7 3	12 27	丙₃辰	7 3	1 25	乙₃酉	7 3
8 28	乙₃卯	7 4	9 28	丙₃戌	7 4	10 29	丁₃巳	7 3	11 28	丁₃亥	7 3	12 28	丁₃巳	7 3	1 26	丙₃戌	7 3
8 29	丙₂辰	7 3	9 29	丁₃亥	7 3	10 30	戊₃午	7 3	11 29	戊₃子	7 3	12 29	戊₃午	7 2	1 27	丁₃亥	7 3
8 30	丁₃巳	7 3	9 30	戊₂子	7 3	10 31	己₁未	7 3	11 30	己₁丑	7 3	12 30	己₁未	7 3	1 28	戊₂子	7 3
8 31	戊₁午	8 3	10 1	己₁丑	8 3	11 1	庚₁申	8 2	12 1	庚₁寅	8 2	12 31	庚₁申	8 2	1 29	己₁丑	8 2
9 1	己₁未	8 2	10 2	庚₁寅	8 2	11 2	辛₁酉	8 2	12 2	辛₁卯	8 2	1 1	辛₁酉	8 1	1 30	庚₁寅	8 2
9 2	庚₁申	8 2	10 3	辛₁卯	8 2	11 3	壬₃戌	8 2	12 3	壬₃辰	8 2	1 2	壬₃戌	8 1	1 31	辛₁卯	8 2
9 3	辛₁酉	9 2	10 4	壬₃辰	9 2	11 4	癸₃亥	9 1	12 4	癸₃巳	9 1	1 3	癸₃亥	9 1	2 1	壬₃辰	9 1
9 4	壬₃戌	9 1	10 5	癸₃巳	9 1	11 5	甲₃子	9 1	12 5	甲₃午	9 1	1 4	甲₃子	9 1	2 2	癸₃巳	9 1
9 5	癸₃亥	9 1	10 6	甲₃午	9 1	11 6	乙₃丑	9 1	12 6	乙₃未	9 1	1 5	乙₃丑	9 0	2 3	甲₃午	9 1
9 6	甲₃子	10 1	10 7	乙₃未	10 1	11 7	丙₃寅	10 0	12 7	丙₃申	10 0	1 6	丙₃寅	10 0	2 4	乙₃未	10 0
9 7	乙₃丑	10 0	10 8	丙₃申	10 0	11 8	丁₃卯	10 0	12 8	丁₃酉	10 0				2 5	丙₃申	10 0
9 8	丙₂寅	10 0	10 9	丁₃酉	10 0												

歳	男	歳	女	歳	男	歳	女	歳	男	歳	女	歳	男	歳	女	歳	男	歳	女	歳	男	歳	女
0	乙未	0	丁酉	0	丙申	0	戊戌	0	丁酉	0	己亥	0	戊戌	0	庚子	0	己亥	0	辛丑	0	庚子	0	壬寅
10	甲午	10	戊戌	10	乙未	10	己亥	10	丙申	10	庚子	10	丁酉	10	辛丑	10	戊戌	10	壬寅	10	己亥	10	癸卯
20	癸巳	20	己亥	20	甲午	20	庚子	20	乙未	20	辛丑	20	丙申	20	壬寅	20	丁酉	20	癸卯	20	戊戌	20	甲辰
30	壬辰	30	庚子	30	癸巳	30	辛丑	30	甲午	30	壬寅	30	乙未	30	癸卯	30	丙申	30	甲辰	30	丁酉	30	乙巳
40	辛卯	40	辛丑	40	壬辰	40	壬寅	40	癸巳	40	癸卯	40	甲午	40	甲辰	40	乙未	40	乙巳	40	丙申	40	丙午
50	庚寅	50	壬寅	50	辛卯	50	癸卯	50	壬辰	50	甲辰	50	癸巳	50	乙巳	50	甲午	50	丙午	50	乙未	50	丁未
60	己丑	60	癸卯	60	庚寅	60	甲辰	60	辛卯	60	乙巳	60	壬辰	60	丙午	60	癸巳	60	丁未	60	甲午	60	戊申
70	戊子	70	甲辰	70	己丑	70	乙巳	70	庚寅	70	丙午	70	辛卯	70	丁未	70	壬辰	70	戊申	70	癸巳	70	己酉
80	丁亥	80	乙巳	80	戊子	80	丙午	80	己丑	80	丁未	80	庚寅	80	戊申	80	辛卯	80	己酉	80	壬辰	80	庚戌

年柱 壬申 1932年（昭和7年）2月5日8時30分～

月柱	期間
壬寅	2月5日 8:30～ 3月6日 2:49
癸卯	3月6日 2:50～ 4月5日 8:06
甲辰	4月5日 8:07～ 5月6日 1:54
乙巳	5月6日 1:55～ 6月6日 6:27
丙午	6月6日 6:28～ 7月7日16:52
丁未	7月7日16:53～ 8月8日 2:31

生日	壬寅 日柱	男	女	生日	癸卯 日柱	男	女	生日	甲辰 日柱	男	女	生日	乙巳 日柱	男	女	生日	丙午 日柱	男	女	生日	丁未 日柱	男	女
2/5	丙3申	10	0	3/6	丙2寅	10	0	4/5	丙3申	10	0	5/6	丁3卯	10	0	6/6	戊3戌	10	0	7/7	己1巳	11	0
2/6	丁3酉	10	0	3/7	丁2卯	10	0	4/6	丁3酉	10	0	5/7	戊3辰	10	0	6/7	己1亥	10	0	7/8	庚1午	10	0
2/7	戊3戌	9	1	3/8	戊3辰	9	1	4/7	戊3戌	10	0	5/8	己1巳	10	0	6/8	庚3子	9	1	7/9	辛1未	10	1
2/8	己3亥	9	1	3/9	己3巳	9	1	4/8	己3亥	9	1	5/9	庚3午	9	1	6/9	辛1丑	9	1	7/10	壬1申	9	1
2/9	庚3子	9	1	3/10	庚3午	9	1	4/9	庚3子	9	1	5/10	辛2未	9	1	6/10	壬1寅	9	1	7/11	癸1酉	9	1
2/10	辛3丑	8	2	3/11	辛3未	8	2	4/10	辛1丑	9	2	5/11	壬1申	9	2	6/11	癸1卯	9	2	7/12	甲3戌	9	2
2/11	壬3寅	8	2	3/12	壬3申	8	2	4/11	壬1寅	8	2	5/12	癸1酉	8	2	6/12	甲3辰	8	2	7/13	乙1亥	9	2
2/12	癸3卯	8	2	3/13	癸3酉	8	2	4/12	癸1卯	8	2	5/13	甲2戌	8	2	6/13	乙1巳	8	2	7/14	丙2子	8	2
2/13	甲3辰	7	3	3/14	甲3戌	7	3	4/13	甲1辰	7	3	5/14	乙2亥	8	3	6/14	丙1午	8	3	7/15	丁1丑	8	3
2/14	乙3巳	7	3	3/15	乙3亥	7	3	4/14	乙1巳	7	3	5/15	丙2子	7	3	6/15	丁1未	7	3	7/16	戊2寅	8	3
2/15	丙2午	7	3	3/16	丙3子	7	3	4/15	丙2午	7	3	5/16	丁1丑	7	3	6/16	戊1申	7	3	7/17	己2卯	7	3
2/16	丁3未	6	4	3/17	丁3丑	6	4	4/16	丁1未	6	4	5/17	戊2寅	6	4	6/17	己1酉	7	4	7/18	庚2辰	7	4
2/17	戊3申	6	4	3/18	戊3寅	6	4	4/17	戊2申	6	4	5/18	己2卯	6	4	6/18	庚2戌	6	4	7/19	辛2巳	7	4
2/18	己3酉	6	4	3/19	己3卯	6	4	4/18	己1酉	6	4	5/19	庚2辰	6	4	6/19	辛1亥	6	4	7/20	壬1午	6	4
2/19	庚2戌	5	5	3/20	庚3辰	5	5	4/19	庚1戌	5	5	5/20	辛2巳	5	5	6/20	壬1子	5	5	7/21	癸2未	6	5
2/20	辛3亥	5	5	3/21	辛3巳	5	5	4/20	辛1亥	5	5	5/21	壬2午	5	5	6/21	癸1丑	5	5	7/22	甲2申	6	5
2/21	壬1子	5	5	3/22	壬1午	5	5	4/21	壬1子	5	5	5/22	癸2未	5	5	6/22	甲2寅	5	5	7/23	乙1酉	5	5
2/22	癸1丑	4	6	3/23	癸1未	4	6	4/22	癸2丑	4	6	5/23	甲2申	4	6	6/23	乙2卯	5	6	7/24	丙2戌	5	6
2/23	甲1寅	4	6	3/24	甲1申	4	6	4/23	甲1寅	4	6	5/24	乙2酉	4	6	6/24	丙1辰	4	6	7/25	丁1亥	5	6
2/24	乙1卯	4	6	3/25	乙1酉	4	6	4/24	乙1卯	4	6	5/25	丙1戌	4	7	6/25	丁1巳	4	6	7/26	戊2子	4	6
2/25	丙3辰	3	7	3/26	丙3戌	3	7	4/25	丙3辰	3	7	5/26	丁1亥	3	7	6/26	戊1午	4	7	7/27	己1丑	4	7
2/26	丁3巳	3	7	3/27	丁3亥	3	7	4/26	丁1巳	3	7	5/27	戊1子	3	7	6/27	己1未	3	7	7/28	庚2寅	4	7
2/27	戊3午	3	7	3/28	戊3子	3	7	4/27	戊1午	3	7	5/28	己1丑	3	7	6/28	庚2申	3	7	7/29	辛2卯	3	7
2/28	己3未	2	8	3/29	己3丑	2	8	4/28	己1未	2	8	5/29	庚2寅	2	8	6/29	辛2酉	2	8	7/30	壬2辰	3	8
2/29	庚2申	2	8	3/30	庚3寅	2	8	4/29	庚1申	2	8	5/30	辛2卯	2	8	6/30	壬2戌	2	8	7/31	癸2巳	3	8
3/1	辛2酉	1	9	3/31	辛3卯	2	8	4/30	辛1酉	2	8	5/31	壬2辰	2	8	7/1	癸2亥	2	8	8/1	甲3午	2	8
3/2	壬1戌	1	9	4/1	壬1辰	1	9	5/1	壬1戌	1	9	6/1	癸2巳	2	8	7/2	甲2子	2	9	8/2	乙2未	2	9
3/3	癸1亥	1	9	4/2	癸1巳	1	9	5/2	癸2亥	1	9	6/2	甲2午	1	9	7/3	乙3丑	1	9	8/3	丙2申	2	9
3/4	甲1子	1	9	4/3	甲1午	1	9	5/3	甲1子	1	9	6/3	乙2未	1	9	7/4	丙2寅	1	9	8/4	丁2酉	1	9
3/5	乙1丑	0	10	4/4	乙1未	0	10	5/4	乙1丑	1	10	6/4	丙1申	1	10	7/5	丁1卯	1	10	8/5	戊1戌	1	10
3/6	丙1寅	0	10	4/5	丙3申	0	10	5/5	丙2寅	0	10	6/5	丁1酉	0	10	7/6	戊1辰	0	10	8/6	己1亥	1	10
								5/6	丁2卯	0	10	6/6	戊3戌	0	10	7/7	己1巳	0	10	8/7	庚2子	0	10
																				8/8	辛1丑	0	11

歳	壬寅 男	壬寅 女	癸卯 男	癸卯 女	甲辰 男	甲辰 女	乙巳 男	乙巳 女	丙午 男	丙午 女	丁未 男	丁未 女
0	癸卯	辛丑	甲辰	壬寅	乙巳	癸卯	丙午	甲辰	丁未	乙巳	戊申	丙午
10	甲辰	庚子	乙巳	辛丑	丙午	壬寅	丁未	癸卯	戊申	甲辰	己酉	乙巳
20	乙巳	己亥	丙午	庚子	丁未	辛丑	戊申	壬寅	己酉	癸卯	庚戌	甲辰
30	丙午	戊戌	丁未	己亥	戊申	庚子	己酉	辛丑	庚戌	壬寅	辛亥	癸卯
40	丁未	丁酉	戊申	戊戌	己酉	己亥	庚戌	庚子	辛亥	辛丑	壬子	壬寅
50	戊申	丙申	己酉	丁酉	庚戌	戊戌	辛亥	己亥	壬子	庚子	癸丑	辛丑
60	己酉	乙未	庚戌	丙申	辛亥	丁酉	壬子	戊戌	癸丑	己亥	甲寅	庚子
70	庚戌	甲午	辛亥	乙未	壬子	丙申	癸丑	丁酉	甲寅	戊戌	乙卯	己亥
80	辛亥	癸巳	壬子	甲午	癸丑	乙未	甲寅	丙申	乙卯	丁酉	丙辰	戊戌

～1933年（昭和8年）2月4日14時09分

月柱 戊申（8月8日 2:32～9月8日 5:02）　立運年齢

生日	日柱	男	女
8.8	辛$_1$丑	10	0
8.9	壬$_1$寅	10	0
8.10	癸$_1$卯	10	1
8.11	甲$_3$辰	9	1
8.12	乙$_3$巳	9	1
8.13	丙$_3$午	9	2
8.14	丁$_3$未	8	2
8.15	戊$_3$申	8	2
8.16	己$_1$酉	8	3
8.17	庚$_1$戌	7	3
8.18	辛$_1$亥	7	3
8.19	壬$_1$子	7	4
8.20	癸$_1$丑	6	4
8.21	甲$_1$寅	6	4
8.22	乙$_2$卯	6	5
8.23	丙$_3$辰	5	5
8.24	丁$_1$巳	5	5
8.25	戊$_2$午	5	6
8.26	己$_1$未	4	6
8.27	庚$_1$申	4	6
8.28	辛$_1$酉	4	7
8.29	壬$_1$戌	3	7
8.30	癸$_1$亥	3	7
8.31	甲$_2$子	3	8
9.1	乙$_1$丑	2	8
9.2	丙$_1$寅	2	8
9.3	丁$_1$卯	2	9
9.4	戊$_1$辰	1	9
9.5	己$_1$巳	1	9
9.6	庚$_1$午	1	10
9.7	辛$_1$未	0	10
9.8	壬$_1$申	0	10

月柱 己酉（9月8日 5:03～10月8日21:20）　立運年齢

生日	日柱	男	女
9.8	壬$_1$申	10	0
9.9	癸$_1$酉	10	0
9.10	甲$_3$戌	9	1
9.11	乙$_2$亥	9	1
9.12	丙$_3$子	9	1
9.13	丁$_3$丑	8	2
9.14	戊$_3$寅	8	2
9.15	己$_1$卯	8	2
9.16	庚$_1$辰	7	3
9.17	辛$_1$巳	7	3
9.18	壬$_1$午	7	3
9.19	癸$_1$未	6	4
9.20	甲$_1$申	6	4
9.21	乙$_2$酉	6	4
9.22	丙$_3$戌	5	5
9.23	丁$_1$亥	5	5
9.24	戊$_3$子	5	5
9.25	己$_2$丑	4	6
9.26	庚$_1$寅	4	6
9.27	辛$_1$卯	4	6
9.28	壬$_1$辰	3	7
9.29	癸$_1$巳	3	7
9.30	甲$_1$午	3	7
10.1	乙$_1$未	2	8
10.2	丙$_1$申	2	8
10.3	丁$_1$酉	2	8
10.4	戊$_1$戌	1	9
10.5	己$_1$亥	1	9
10.6	庚$_1$子	1	10
10.7	辛$_1$丑	0	10
10.8	壬$_1$寅	0	10

月柱 庚戌（10月8日21:21～11月7日22:49）　立運年齢

生日	日柱	男	女
10.8	壬$_1$寅	10	0
10.9	癸$_1$卯	10	0
10.10	甲$_3$辰	9	1
10.11	乙$_3$巳	9	1
10.12	丙$_3$午	9	1
10.13	丁$_3$未	8	2
10.14	戊$_3$申	8	2
10.15	己$_2$酉	8	2
10.16	庚$_1$戌	7	3
10.17	辛$_1$亥	7	3
10.18	壬$_1$子	7	3
10.19	癸$_1$丑	6	4
10.20	甲$_2$寅	6	4
10.21	乙$_2$卯	5	5
10.22	丙$_3$辰	5	5
10.23	丁$_1$巳	5	5
10.24	戊$_1$午	5	5
10.25	己$_1$未	4	6
10.26	庚$_1$申	4	6
10.27	辛$_1$酉	4	6
10.28	壬$_1$戌	3	7
10.29	癸$_1$亥	3	7
10.30	甲$_1$子	3	7
10.31	乙$_3$丑	2	8
11.1	丙$_3$寅	2	8
11.2	丁$_3$卯	2	8
11.3	戊$_1$辰	1	9
11.4	己$_1$巳	1	9
11.5	庚$_1$午	1	9
11.6	辛$_1$未	0	10
11.7	壬$_1$申	0	10

月柱 辛亥（11月7日22:50～12月7日15:18）　立運年齢

生日	日柱	男	女
11.7	壬$_1$申	10	0
11.8	癸$_1$酉	10	0
11.9	甲$_2$戌	9	1
11.10	乙$_1$亥	9	1
11.11	丙$_3$子	9	1
11.12	丁$_1$丑	8	2
11.13	戊$_3$寅	8	2
11.14	己$_1$卯	8	2
11.15	庚$_1$辰	7	3
11.16	辛$_1$巳	7	3
11.17	壬$_1$午	7	3
11.18	癸$_1$未	6	4
11.19	甲$_1$申	6	4
11.20	乙$_2$酉	6	4
11.21	丙$_3$戌	5	5
11.22	丁$_1$亥	5	5
11.23	戊$_1$子	5	5
11.24	己$_1$丑	4	6
11.25	庚$_1$寅	4	6
11.26	辛$_1$卯	4	6
11.27	壬$_1$辰	3	7
11.28	癸$_1$巳	3	7
11.29	甲$_1$午	3	7
11.30	乙$_1$未	2	8
12.1	丙$_3$申	2	8
12.2	丁$_3$酉	2	8
12.3	戊$_3$戌	1	9
12.4	己$_1$亥	1	9
12.5	庚$_1$子	1	9
12.6	辛$_1$丑	0	10
12.7	壬$_1$寅	0	10

月柱 壬子（12月7日15:19～1月6日 2:23）　立運年齢

生日	日柱	男	女
12.7	壬$_1$寅	10	0
12.8	癸$_1$卯	10	0
12.9	甲$_3$辰	9	1
12.10	乙$_1$巳	9	1
12.11	丙$_3$午	9	1
12.12	丁$_3$未	8	2
12.13	戊$_3$申	8	2
12.14	己$_2$酉	8	2
12.15	庚$_2$戌	7	3
12.16	辛$_1$亥	7	3
12.17	壬$_1$子	7	3
12.18	癸$_1$丑	6	4
12.19	甲$_2$寅	6	4
12.20	乙$_1$卯	5	5
12.21	丙$_3$辰	5	5
12.22	丁$_1$巳	5	5
12.23	戊$_3$午	4	5
12.24	己$_1$未	4	6
12.25	庚$_2$申	4	6
12.26	辛$_1$酉	3	6
12.27	壬$_1$戌	3	7
12.28	癸$_1$亥	3	7
12.29	甲$_2$子	2	7
12.30	乙$_2$丑	2	8
12.31	丙$_3$寅	2	8
1.1	丁$_3$卯	1	8
1.2	戊$_3$辰	1	9
1.3	己$_1$巳	1	9
1.4	庚$_3$午	1	9
1.5	辛$_2$未	0	10
1.6	壬$_1$申	0	10

月柱 癸丑（1月6日 2:24～2月4日14:09）　立運年齢

生日	日柱	男	女
1.6	壬$_1$申	10	0
1.7	癸$_1$酉	9	0
1.8	甲$_2$戌	9	1
1.9	乙$_1$亥	9	1
1.10	丙$_3$子	8	1
1.11	丁$_3$丑	8	2
1.12	戊$_3$寅	8	2
1.13	己$_1$卯	7	2
1.14	庚$_1$辰	7	3
1.15	辛$_2$巳	7	3
1.16	壬$_1$午	6	3
1.17	癸$_1$未	6	4
1.18	甲$_2$申	6	4
1.19	乙$_2$酉	5	4
1.20	丙$_3$戌	5	5
1.21	丁$_1$亥	5	5
1.22	戊$_3$子	4	5
1.23	己$_2$丑	4	6
1.24	庚$_2$寅	4	6
1.25	辛$_1$卯	3	6
1.26	壬$_1$辰	3	7
1.27	癸$_1$巳	3	7
1.28	甲$_1$午	2	7
1.29	乙$_2$未	2	8
1.30	丙$_3$申	2	8
1.31	丁$_3$酉	1	8
2.1	戊$_2$戌	1	9
2.2	己$_1$亥	1	9
2.3	庚$_2$子	0	9
2.4	辛$_1$丑	0	10

立運表

歳	男	歳	女	歳	男	歳	女	歳	男	歳	女	歳	男	歳	女	歳	男	歳	女	歳	男	歳	女
0	己酉	0	丁未	0	庚戌	0	戊申	0	辛亥	0	己酉	0	壬子	0	庚戌	0	癸丑	0	辛亥	0	甲寅	0	壬子
10	庚戌	10	丙午	10	辛亥	10	丁未	10	壬子	10	戊申	10	癸丑	10	己酉	10	甲寅	10	庚戌	10	乙卯	10	辛亥
20	辛亥	20	乙巳	20	壬子	20	丙午	20	癸丑	20	丁未	20	甲寅	20	戊申	20	乙卯	20	己酉	20	丙辰	20	庚戌
30	壬子	30	甲辰	30	癸丑	30	乙巳	30	甲寅	30	丙午	30	乙卯	30	丁未	30	丙辰	30	戊申	30	丁巳	30	己酉
40	癸丑	40	癸卯	40	甲寅	40	甲辰	40	乙卯	40	乙巳	40	丙辰	40	丙午	40	丁巳	40	丁未	40	戊午	40	戊申
50	甲寅	50	壬寅	50	乙卯	50	癸卯	50	丙辰	50	甲辰	50	丁巳	50	乙巳	50	戊午	50	丙午	50	己未	50	丁未
60	乙卯	60	辛丑	60	丙辰	60	壬寅	60	丁巳	60	癸卯	60	戊午	60	甲辰	60	己未	60	乙巳	60	庚申	60	丙午
70	丙辰	70	庚子	70	丁巳	70	辛丑	70	戊午	70	壬寅	70	己未	70	癸卯	70	庚申	70	甲辰	70	辛酉	70	乙巳
80	丁巳	80	己亥	80	戊午	80	庚子	80	己未	80	辛丑	80	庚申	80	壬寅	80	辛酉	80	癸卯	80	壬戌	80	甲辰

年柱 癸酉　1933年（昭和8年）2月4日14時10分～

月柱 甲寅　2月4日14:10～3月6日8:27

生日	日柱	男	女
2 4	辛$_1$丑	0	10
2 5	壬$_1$寅	0	10
2 6	癸$_2$卯	1	9
2 7	甲$_1$辰	1	9
2 8	乙$_1$巳	1	9
2 9	丙$_2$午	2	8
2 10	丁$_1$未	2	8
2 11	戊$_3$申	2	8
2 12	己$_2$酉	3	7
2 13	庚$_1$戌	3	7
2 14	辛$_2$亥	3	7
2 15	壬$_1$子	4	6
2 16	癸$_1$丑	4	6
2 17	甲$_1$寅	4	6
2 18	乙$_1$卯	5	5
2 19	丙$_2$辰	5	5
2 20	丁$_1$巳	5	5
2 21	戊$_1$午	6	4
2 22	己$_2$未	6	4
2 23	庚$_2$申	6	4
2 24	辛$_3$酉	7	3
2 25	壬$_1$戌	7	3
2 26	癸$_1$亥	7	3
2 27	甲$_1$子	8	2
2 28	乙$_1$丑	8	2
3 1	丙$_1$寅	8	2
3 2	丁$_1$卯	9	1
3 3	戊$_3$辰	9	1
3 4	己$_3$巳	9	1
3 5	庚$_2$午	10	0
3 6	辛$_2$未	10	0

月柱 乙卯　3月6日8:28～4月5日13:50

生日	日柱	男	女
3 6	辛$_1$未	0	10
3 7	壬$_1$申	0	10
3 8	癸$_2$酉	1	9
3 9	甲$_1$戌	1	9
3 10	乙$_1$亥	1	9
3 11	丙$_2$子	2	8
3 12	丁$_1$丑	2	8
3 13	戊$_3$寅	2	8
3 14	己$_2$卯	3	7
3 15	庚$_1$辰	3	7
3 16	辛$_2$巳	3	7
3 17	壬$_2$午	4	6
3 18	癸$_2$未	4	6
3 19	甲$_1$申	4	6
3 20	乙$_1$酉	5	5
3 21	丙$_2$戌	5	5
3 22	丁$_2$亥	5	5
3 23	戊$_2$子	6	4
3 24	己$_2$丑	6	4
3 25	庚$_2$寅	6	4
3 26	辛$_1$卯	7	3
3 27	壬$_1$辰	7	3
3 28	癸$_1$巳	7	3
3 29	甲$_1$午	8	2
3 30	乙$_1$未	8	2
3 31	丙$_1$申	8	2
4 1	丁$_2$酉	9	1
4 2	戊$_3$戌	9	1
4 3	己$_3$亥	9	1
4 4	庚$_2$子	10	0
4 5	辛$_1$丑	10	0

月柱 丙辰　4月5日13:51～5月6日7:47

生日	日柱	男	女
4 5	辛$_1$丑	0	10
4 6	壬$_1$寅	0	10
4 7	癸$_2$卯	1	9
4 8	甲$_1$辰	1	9
4 9	乙$_2$巳	1	9
4 10	丙$_2$午	2	8
4 11	丁$_1$未	2	8
4 12	戊$_1$申	2	8
4 13	己$_1$酉	3	8
4 14	庚$_2$戌	3	8
4 15	辛$_2$亥	3	7
4 16	壬$_1$子	4	7
4 17	癸$_2$丑	4	6
4 18	甲$_1$寅	4	6
4 19	乙$_1$卯	5	6
4 20	丙$_2$辰	5	5
4 21	丁$_1$巳	5	5
4 22	戊$_1$午	6	5
4 23	己$_1$未	6	4
4 24	庚$_2$申	6	4
4 25	辛$_1$酉	6	4
4 26	壬$_2$戌	7	3
4 27	癸$_2$亥	7	3
4 28	甲$_2$子	7	3
4 29	乙$_2$丑	8	3
4 30	丙$_2$寅	8	2
5 1	丁$_1$卯	9	2
5 2	戊$_2$辰	9	1
5 3	己$_1$巳	9	1
5 4	庚$_2$午	10	1
5 5	辛$_1$未	10	0
5 6	壬$_1$申	10	0

月柱 丁巳　5月6日7:48～6月6日12:17

生日	日柱	男	女
5 6	壬$_1$申	0	10
5 7	癸$_1$酉	0	10
5 8	甲$_3$戌	1	10
5 9	乙$_2$亥	1	9
5 10	丙$_1$子	1	9
5 11	丁$_1$丑	2	9
5 12	戊$_1$寅	2	8
5 13	己$_1$卯	2	8
5 14	庚$_3$辰	3	8
5 15	辛$_3$巳	3	7
5 16	壬$_2$午	3	7
5 17	癸$_2$未	4	7
5 18	甲$_2$申	4	6
5 19	乙$_3$酉	4	6
5 20	丙$_1$戌	5	6
5 21	丁$_2$亥	5	5
5 22	戊$_2$子	5	5
5 23	己$_1$丑	6	5
5 24	庚$_3$寅	6	4
5 25	辛$_2$卯	6	4
5 26	壬$_2$辰	6	4
5 27	癸$_2$巳	7	3
5 28	甲$_2$午	7	3
5 29	乙$_2$未	8	3
5 30	丙$_2$申	8	2
5 31	丁$_3$酉	8	2
6 1	戊$_1$戌	9	2
6 2	己$_1$亥	9	1
6 3	庚$_3$子	9	1
6 4	辛$_2$丑	10	1
6 5	壬$_2$寅	10	0
6 6	癸$_3$卯	10	0

月柱 戊午　6月6日12:18～7月7日22:44

生日	日柱	男	女
6 6	癸$_3$卯	0	10
6 7	甲$_3$辰	0	10
6 8	乙$_3$巳	1	10
6 9	丙$_1$午	1	9
6 10	丁$_2$未	1	9
6 11	戊$_2$申	2	9
6 12	己$_1$酉	2	8
6 13	庚$_3$戌	2	8
6 14	辛$_3$亥	3	8
6 15	壬$_3$子	3	7
6 16	癸$_1$丑	3	7
6 17	甲$_2$寅	4	7
6 18	乙$_2$卯	4	6
6 19	丙$_2$辰	4	6
6 20	丁$_1$巳	5	6
6 21	戊$_3$午	5	5
6 22	己$_3$未	5	5
6 23	庚$_3$申	6	5
6 24	辛$_2$酉	6	4
6 25	壬$_2$戌	6	4
6 26	癸$_3$亥	7	4
6 27	甲$_1$子	7	3
6 28	乙$_3$丑	7	3
6 29	丙$_3$寅	8	3
6 30	丁$_3$卯	8	2
7 1	戊$_1$辰	8	2
7 2	己$_1$巳	9	2
7 3	庚$_2$午	9	1
7 4	辛$_3$未	9	1
7 5	壬$_1$申	10	1
7 6	癸$_3$酉	10	0
7 7	甲$_3$戌	10	0

月柱 己未　7月7日22:45～8月8日8:25

生日	日柱	男	女
7 7	甲$_1$戌	0	11
7 8	乙$_2$亥	0	10
7 9	丙$_3$子	1	10
7 10	丁$_1$丑	1	10
7 11	戊$_1$寅	2	9
7 12	己$_1$卯	2	9
7 13	庚$_1$辰	2	9
7 14	辛$_1$巳	3	8
7 15	壬$_1$午	3	8
7 16	癸$_1$未	3	8
7 17	甲$_1$申	3	7
7 18	乙$_3$酉	4	7
7 19	丙$_3$戌	4	6
7 20	丁$_3$亥	4	6
7 21	戊$_1$子	5	6
7 22	己$_1$丑	5	6
7 23	庚$_1$寅	5	5
7 24	辛$_1$卯	6	5
7 25	壬$_1$辰	6	4
7 26	癸$_3$巳	6	4
7 27	甲$_1$午	7	4
7 28	乙$_1$未	7	3
7 29	丙$_1$申	7	3
7 30	丁$_1$酉	8	3
7 31	戊$_1$戌	8	3
8 1	己$_1$亥	8	2
8 2	庚$_1$子	9	2
8 3	辛$_1$丑	9	1
8 4	壬$_1$寅	9	1
8 5	癸$_1$卯	10	1
8 6	甲$_1$辰	10	1
8 7	乙$_1$巳	10	0
8 8	丙$_1$午	11	0

歳	男	歳	女	歳	男	歳	女	歳	男	歳	女	歳	男	歳	女	歳	男	歳	女	歳	男	歳	女
0	癸丑	0	乙卯	0	甲寅	0	丙辰	0	乙卯	0	丁巳	0	丙辰	0	戊午	0	丁巳	0	己未	0	戊午	0	庚申
10	壬子	10	丙辰	10	癸丑	10	丁巳	10	甲寅	10	戊午	10	乙卯	10	己未	10	丙辰	10	庚申	10	丁巳	10	辛酉
20	辛亥	20	丁巳	20	壬子	20	戊午	20	癸丑	20	己未	20	甲寅	20	庚申	20	乙卯	20	辛酉	20	丙辰	20	壬戌
30	庚戌	30	戊午	30	辛亥	30	己未	30	壬子	30	庚申	30	癸丑	30	辛酉	30	甲寅	30	壬戌	30	乙卯	30	癸亥
40	己酉	40	己未	40	庚戌	40	庚申	40	辛亥	40	辛酉	40	壬子	40	壬戌	40	癸丑	40	癸亥	40	甲寅	40	甲子
50	戊申	50	庚申	50	己酉	50	辛酉	50	庚戌	50	壬戌	50	辛亥	50	癸亥	50	壬子	50	甲子	50	癸丑	50	乙丑
60	丁未	60	辛酉	60	戊申	60	壬戌	60	己酉	60	癸亥	60	庚戌	60	甲子	60	辛亥	60	乙丑	60	壬子	60	丙寅
70	丙午	70	壬戌	70	丁未	70	癸亥	70	戊申	70	甲子	70	己酉	70	乙丑	70	庚戌	70	丙寅	70	辛亥	70	丁卯
80	乙巳	80	癸亥	80	丙午	80	甲子	80	丁未	80	乙丑	80	戊申	80	丙寅	80	己酉	80	丁卯	80	庚戌	80	戊辰

～1934年（昭和9年）2月4日20時03分

庚申（8月8日 8:26～ / 9月8日10:57）

生日	日柱	男	女
8月8日	丙3午	0	10
8月9日	丁3未	0	10
8月10日	戊3申	1	10
8月11日	己3酉	1	9
8月12日	庚1戌	1	9
8月13日	辛1亥	2	9
8月14日	壬1子	2	8
8月15日	癸1丑	3	8
8月16日	甲2寅	3	8
8月17日	乙2卯	3	7
8月18日	丙3辰	3	7
8月19日	丁3巳	4	7
8月20日	戊3午	4	6
8月21日	己3未	4	6
8月22日	庚1申	5	6
8月23日	辛1酉	5	5
8月24日	壬1戌	5	5
8月25日	癸1亥	6	5
8月26日	甲2子	6	4
8月27日	乙1丑	6	4
8月28日	丙1寅	7	4
8月29日	丁1卯	7	3
8月30日	戊1辰	8	3
8月31日	己1巳	8	3
9月1日	庚1午	8	2
9月2日	辛1未	8	2
9月3日	壬1申	9	2
9月4日	癸1酉	9	1
9月5日	甲3戌	9	1
9月6日	乙3亥	10	1
9月7日	丙3子	10	0
9月8日	丁3丑	10	0

辛酉（9月8日10:58～ / 10月9日 2:03）

生日	日柱	男	女
9月8日	丁3丑	0	10
9月9日	戊3寅	0	10
9月10日	己3卯	1	10
9月11日	庚1辰	1	9
9月12日	辛1巳	1	9
9月13日	壬1午	2	9
9月14日	癸1未	2	8
9月15日	甲3申	2	8
9月16日	乙3酉	3	8
9月17日	丙3戌	3	7
9月18日	丁3亥	3	7
9月19日	戊3子	4	7
9月20日	己3丑	4	6
9月21日	庚1寅	5	6
9月22日	辛1卯	5	6
9月23日	壬1辰	5	6
9月24日	癸1巳	5	5
9月25日	甲3午	6	5
9月26日	乙3未	6	4
9月27日	丙1申	6	4
9月28日	丁1酉	7	4
9月29日	戊3戌	7	4
9月30日	己3亥	8	3
10月1日	庚1子	8	3
10月2日	辛1丑	8	2
10月3日	壬1寅	9	2
10月4日	癸1卯	9	2
10月5日	甲3辰	9	1
10月6日	乙3巳	9	1
10月7日	丙3午	10	1
10月8日	丁3未	10	0
10月9日	戊3申	10	0

壬戌（10月9日 2:04～ / 11月8日 4:43）

生日	日柱	男	女
10月9日	戊3申	0	10
10月10日	己3酉	0	10
10月11日	庚1戌	1	9
10月12日	辛1亥	1	9
10月13日	壬1子	1	9
10月14日	癸1丑	2	8
10月15日	甲1寅	2	8
10月16日	乙1卯	2	8
10月17日	丙3辰	3	7
10月18日	丁3巳	3	7
10月19日	戊3午	3	6
10月20日	己3未	4	6
10月21日	庚1申	4	6
10月22日	辛1酉	5	6
10月23日	壬1戌	5	5
10月24日	癸1亥	5	5
10月25日	甲1子	6	5
10月26日	乙2丑	6	4
10月27日	丙1寅	6	4
10月28日	丁1卯	7	4
10月29日	戊1辰	7	4
10月30日	己1巳	7	3
10月31日	庚1午	8	3
11月1日	辛1未	8	2
11月2日	壬1申	8	2
11月3日	癸1酉	9	2
11月4日	甲2戌	9	1
11月5日	乙1亥	9	1
11月6日	丙3子	9	0
11月7日	丁1丑	10	0
11月8日	戊1寅	10	0

癸亥（11月8日 4:44～ / 12月7日21:11）

生日	日柱	男	女
11月8日	戊1寅	0	10
11月9日	己3卯	0	9
11月10日	庚2辰	1	9
11月11日	辛1巳	1	9
11月12日	壬1午	1	9
11月13日	癸1未	2	8
11月14日	甲1申	2	8
11月15日	乙1酉	2	7
11月16日	丙1戌	3	7
11月17日	丁1亥	3	7
11月18日	戊1子	3	6
11月19日	己1丑	4	6
11月20日	庚1寅	4	6
11月21日	辛1卯	4	6
11月22日	壬1辰	5	5
11月23日	癸1巳	5	5
11月24日	甲1午	5	5
11月25日	乙1未	6	5
11月26日	丙1申	6	4
11月27日	丁1酉	6	4
11月28日	戊1戌	7	3
11月29日	己1亥	7	3
11月30日	庚1子	8	3
12月1日	辛2丑	8	2
12月2日	壬1寅	8	2
12月3日	癸1卯	8	2
12月4日	甲2辰	9	1
12月5日	乙1巳	9	1
12月6日	丙3午	9	0
12月7日	丁1未	10	0

甲子（12月7日21:12～ / 1月6日 8:16）

生日	日柱	男	女
12月7日	丁3未	0	10
12月8日	戊3申	0	10
12月9日	己3酉	1	9
12月10日	庚2戌	1	9
12月11日	辛1亥	2	8
12月12日	壬1子	2	8
12月13日	癸1丑	2	8
12月14日	甲2寅	2	8
12月15日	乙3卯	3	7
12月16日	丙3辰	3	7
12月17日	丁3巳	4	6
12月18日	戊3午	4	6
12月19日	己3未	4	6
12月20日	庚2申	5	5
12月21日	辛1酉	5	5
12月22日	壬1戌	5	5
12月23日	癸1亥	6	5
12月24日	甲2子	6	4
12月25日	乙1丑	6	4
12月26日	丙2寅	7	3
12月27日	丁1卯	7	3
12月28日	戊1辰	7	3
12月29日	己1巳	7	2
12月30日	庚1午	8	2
12月31日	辛1未	8	2
1月1日	壬1申	8	2
1月2日	癸1酉	9	1
1月3日	甲1戌	9	1
1月4日	乙1亥	9	1
1月5日	丙3子	10	0
1月6日	丁3丑	10	0

乙丑（1月6日 8:17～ / 2月4日20:03）

生日	日柱	男	女
1月6日	丁3丑	0	10
1月7日	戊3寅	0	9
1月8日	己3卯	1	9
1月9日	庚1辰	1	9
1月10日	辛2巳	1	8
1月11日	壬1午	2	8
1月12日	癸1未	2	8
1月13日	甲2申	2	7
1月14日	乙2酉	3	7
1月15日	丙3戌	3	7
1月16日	丁3亥	3	6
1月17日	戊3子	4	6
1月18日	己3丑	4	6
1月19日	庚2寅	4	5
1月20日	辛1卯	5	5
1月21日	壬1辰	5	5
1月22日	癸1巳	5	5
1月23日	甲2午	6	4
1月24日	乙2未	6	4
1月25日	丙3申	6	3
1月26日	丁3酉	7	3
1月27日	戊2戌	7	3
1月28日	己2亥	7	2
1月29日	庚2子	8	2
1月30日	辛2丑	8	2
1月31日	壬2寅	8	1
2月1日	癸1卯	9	1
2月2日	甲2辰	9	1
2月3日	乙2巳	9	0
2月4日	丙2午	10	0

立運年齢表

歳	庚申 男	庚申 女	辛酉 男	辛酉 女	壬戌 男	壬戌 女	癸亥 男	癸亥 女	甲子 男	甲子 女	乙丑 男	乙丑 女
0	己未	辛酉	庚申	壬戌	辛酉	癸亥	壬戌	甲子	癸亥	乙丑	甲子	丙寅
10	戊戌	壬戌	己未	癸亥	庚申	甲子	辛酉	乙丑	壬戌	丙寅	癸亥	丁卯
20	丁巳	癸亥	戊午	甲子	己未	乙丑	庚申	丙寅	辛酉	丁卯	壬戌	戊辰
30	丙辰	甲子	丁巳	乙丑	戊午	丙寅	己未	丁卯	庚申	戊辰	辛酉	己巳
40	乙卯	乙丑	丙辰	丙寅	丁巳	丁卯	戊午	戊辰	己未	己巳	庚申	庚午
50	甲寅	丙寅	乙卯	丁卯	丙辰	戊辰	丁巳	己巳	戊午	庚午	己未	辛未
60	癸丑	丁卯	甲寅	戊辰	乙卯	己巳	丙辰	庚午	丁巳	辛未	戊午	壬申
70	壬子	戊辰	癸丑	己巳	甲寅	庚午	乙卯	辛未	丙辰	壬申	丁巳	癸酉
80	辛亥	己巳	壬子	庚午	癸丑	辛未	甲寅	壬申	乙卯	癸酉	丙辰	甲戌

年柱 甲戌 1934年（昭和9年）2月4日20時04分～

月柱	丙寅	丁卯	戊辰	己巳	庚午	辛未
期間	2月4日20:04～3月6日14:26	3月6日14:27～4月5日19:43	4月5日19:44～5月6日13:30	5月6日13:31～6月6日18:01	6月6日18:02～7月8日4:24	7月8日4:25～8月8日14:03

生日	日柱	男	女	生日	日柱	男	女	生日	日柱	男	女	生日	日柱	男	女	生日	日柱	男	女	生日	日柱	男	女
2 4	丙2午	10	0	3 6	丙2子	10	0	4 5	丙2午	10	0	5 6	丁2丑	10	0	6 6	戊2申	11	0	7 8	庚2辰	10	0
2 5	丁1未	10	0	3 7	丁1丑	10	0	4 6	丁1未	10	0	5 7	戊2寅	10	0	6 7	己2酉	10	0	7 9	辛1巳	10	0
2 6	戊2申	9	1	3 8	戊2寅	9	1	4 7	戊2申	10	1	5 8	己2卯	10	1	6 8	庚2戌	10	1	7 10	壬1午	10	1
2 7	己2酉	9	1	3 9	己2卯	9	1	4 8	己2酉	9	1	5 9	庚2辰	9	1	6 9	辛2亥	10	1	7 11	癸1未	9	1
2 8	庚2戌	9	1	3 10	庚2辰	9	1	4 9	庚2戌	9	1	5 10	辛2巳	9	1	6 10	壬3子	9	1	7 12	甲1申	9	1
2 9	辛3亥	8	2	3 11	辛3巳	8	2	4 10	辛3亥	8	2	5 11	壬3午	9	2	6 11	癸3丑	9	2	7 13	乙3酉	9	2
2 10	壬3子	8	2	3 12	壬3午	8	2	4 11	壬3子	8	2	5 12	癸3未	8	2	6 12	甲2寅	9	2	7 14	丙1戌	8	2
2 11	癸3丑	8	2	3 13	癸3未	8	2	4 12	癸3丑	8	2	5 13	甲1申	8	3	6 13	乙2卯	8	2	7 15	丁3亥	8	2
2 12	甲1寅	7	3	3 14	甲1申	7	3	4 13	甲1寅	7	3	5 14	乙1酉	8	3	6 14	丙1辰	8	3	7 16	戊1子	8	3
2 13	乙1卯	7	3	3 15	乙1酉	7	3	4 14	乙1卯	7	3	5 15	丙1戌	8	3	6 15	丁1巳	8	3	7 17	己1丑	7	3
2 14	丙1辰	7	3	3 16	丙1戌	7	3	4 15	丙3辰	7	3	5 16	丁1亥	7	3	6 16	戊1午	7	3	7 18	庚1寅	7	3
2 15	丁1巳	6	4	3 17	丁1亥	6	4	4 16	丁2巳	7	4	5 17	戊1子	7	4	6 17	己1未	7	4	7 19	辛1卯	7	4
2 16	戊1午	6	4	3 18	戊1子	6	4	4 17	戊1午	6	4	5 18	己1丑	6	4	6 18	庚1申	7	4	7 20	壬3辰	6	4
2 17	己1未	6	4	3 19	己1丑	6	4	4 18	己1未	6	4	5 19	庚2寅	6	4	6 19	辛1酉	6	4	7 21	癸3巳	6	4
2 18	庚2申	5	5	3 20	庚2寅	5	5	4 19	庚1申	6	5	5 20	辛2卯	6	5	6 20	壬3戌	6	5	7 22	甲1午	6	5
2 19	辛2酉	5	5	3 21	辛2卯	5	5	4 20	辛2酉	5	5	5 21	壬3辰	5	5	6 21	癸2亥	5	5	7 23	乙1未	5	5
2 20	壬3戌	4	6	3 22	壬3辰	4	6	4 21	壬3戌	5	5	5 22	癸3巳	5	5	6 22	甲2子	5	5	7 24	丙1申	5	5
2 21	癸3亥	4	6	3 23	癸3巳	4	6	4 22	癸3亥	4	6	5 23	甲2午	4	6	6 23	乙1丑	5	6	7 25	丁1酉	4	6
2 22	甲1子	4	6	3 24	甲1午	4	6	4 23	甲1子	4	6	5 24	乙3未	4	6	6 24	丙1寅	5	6	7 26	戊1戌	4	6
2 23	乙1丑	4	6	3 25	乙1未	4	6	4 24	乙1丑	4	6	5 25	丙1申	4	6	6 25	丁1卯	4	6	7 27	己1亥	4	6
2 24	丙1寅	3	7	3 26	丙1申	3	7	4 25	丙2寅	3	7	5 26	丁1酉	3	7	6 26	戊1辰	4	7	7 28	庚1子	3	7
2 25	丁1卯	3	7	3 27	丁1酉	3	7	4 26	丁1卯	3	7	5 27	戊1戌	3	7	6 27	己1巳	4	7	7 29	辛1丑	3	7
2 26	戊1辰	3	7	3 28	戊1戌	3	7	4 27	戊1辰	3	7	5 28	己1亥	3	7	6 28	庚1午	3	7	7 30	壬3寅	3	7
2 27	己1巳	2	8	3 29	己1亥	2	8	4 28	己1巳	3	8	5 29	庚2子	3	8	6 29	辛1未	3	8	7 31	癸3卯	3	8
2 28	庚1午	2	8	3 30	庚1子	2	8	4 29	庚1午	2	8	5 30	辛1丑	2	8	6 30	壬3申	3	8	8 1	甲3辰	2	8
3 1	辛1未	2	8	3 31	辛1丑	2	8	4 30	辛1未	2	8	5 31	壬3寅	2	8	7 1	癸2酉	2	8	8 2	乙3巳	2	8
3 2	壬3申	1	9	4 1	壬3寅	1	9	5 1	壬3申	1	9	6 1	癸3卯	2	9	7 2	甲3戌	1	9	8 3	丙1午	2	9
3 3	癸1酉	1	9	4 2	癸1卯	1	9	5 2	癸3酉	1	9	6 2	甲3辰	1	9	7 3	乙2亥	1	9	8 4	丁2未	1	9
3 4	甲1戌	1	9	4 3	甲1辰	1	9	5 3	甲2戌	1	9	6 3	乙2巳	1	9	7 4	丙1子	1	9	8 5	戊1申	1	9
3 5	乙1亥	0	10	4 4	乙1巳	0	10	5 4	乙1亥	1	10	6 4	丙1午	1	10	7 5	丁1丑	1	10	8 6	己1酉	1	10
3 6	丙1子	0	10	4 5	丙1午	0	10	5 5	丙1子	0	10	6 5	丁1未	0	10	7 6	戊1寅	1	10	8 7	庚1戌	0	10
								5 6	丁1丑	0	10	6 6	戊1申	0	10	7 7	己1卯	0	10	8 8	辛1亥	0	10
																7 8	庚1辰	0	11				

歳	男	歳	女	歳	男	歳	女	歳	男	歳	女	歳	男	歳	女	歳	男	歳	女	歳	男	歳	女
0	丁卯	0	乙丑	0	戊辰	0	丙寅	0	己巳	0	丁卯	0	庚午	0	戊辰	0	辛未	0	己巳	0	壬申	0	庚午
10	戊辰	10	甲子	10	己巳	10	乙丑	10	庚午	10	丙寅	10	辛未	10	丁卯	10	壬申	10	戊辰	10	癸酉	10	己巳
20	己巳	20	癸亥	20	庚午	20	甲子	20	辛未	20	乙丑	20	壬申	20	丙寅	20	癸酉	20	丁卯	20	甲戌	20	戊辰
30	庚午	30	壬戌	30	辛未	30	癸亥	30	壬申	30	甲子	30	癸酉	30	乙丑	30	甲戌	30	丙寅	30	乙亥	30	丁卯
40	辛未	40	辛酉	40	壬申	40	壬戌	40	癸酉	40	癸亥	40	甲戌	40	甲子	40	乙亥	40	乙丑	40	丙子	40	丙寅
50	壬申	50	庚申	50	癸酉	50	辛酉	50	甲戌	50	壬戌	50	乙亥	50	癸亥	50	丙子	50	甲子	50	丁丑	50	乙丑
60	癸酉	60	己未	60	甲戌	60	庚申	60	乙亥	60	辛酉	60	丙子	60	壬戌	60	丁丑	60	癸亥	60	戊寅	60	甲子
70	甲戌	70	戊午	70	乙亥	70	己未	70	丙子	70	庚申	70	丁丑	70	辛酉	70	戊寅	70	壬戌	70	己卯	70	癸亥
80	乙亥	80	丁巳	80	丙子	80	戊午	80	丁丑	80	己未	80	戊寅	80	庚申	80	己卯	80	辛酉	80	庚辰	80	壬戌

～1935年（昭和10年）2月5日1時48分

月柱 壬申（8月8日14:04～9月8日16:36）

生日	日柱	立運年齢 男	立運年齢 女
8 8	辛₁亥	10	0
8 9	壬₁子	10	0
8 10	癸₂丑	10	1
8 11	甲₂寅	9	1
8 12	乙₂卯	9	1
8 13	丙₃辰	9	2
8 14	丁₂巳	8	2
8 15	戊₂午	8	2
8 16	己₁未	8	3
8 17	庚₁申	7	3
8 18	辛₁酉	7	3
8 19	壬₂戌	7	4
8 20	癸₂亥	6	4
8 21	甲₂子	6	4
8 22	乙₂丑	6	5
8 23	丙₃寅	5	5
8 24	丁₂卯	5	5
8 25	戊₂辰	5	6
8 26	己₂巳	4	6
8 27	庚₁午	4	6
8 28	辛₁未	4	7
8 29	壬₁申	3	7
8 30	癸₂酉	3	7
8 31	甲₂戌	3	8
9 1	乙₂亥	2	8
9 2	丙₃子	2	8
9 3	丁₂丑	2	9
9 4	戊₁寅	1	9
9 5	己₁卯	1	9
9 6	庚₁辰	1	10
9 7	辛₁巳	0	10
9 8	壬₂午	0	10

月柱 癸酉（9月8日16:37～10月9日7:44）

生日	日柱	男	女
9 8	壬₁午	10	0
9 9	癸₃未	10	0
9 10	甲₂申	10	1
9 11	乙₂酉	9	1
9 12	丙₃戌	9	1
9 13	丁₃亥	9	2
9 14	戊₃子	8	2
9 15	己₂丑	8	2
9 16	庚₃寅	8	3
9 17	辛₃卯	7	3
9 18	壬₂辰	7	3
9 19	癸₂巳	7	4
9 20	甲₂午	6	4
9 21	乙₂未	6	4
9 22	丙₂申	6	5
9 23	丁₃酉	5	5
9 24	戊₂戌	5	5
9 25	己₂亥	5	6
9 26	庚₁子	4	6
9 27	辛₁丑	4	6
9 28	壬₂寅	4	7
9 29	癸₃卯	3	7
9 30	甲₂辰	3	7
10 1	乙₂巳	3	8
10 2	丙₂午	2	8
10 3	丁₂未	2	8
10 4	戊₃申	2	9
10 5	己₂酉	1	9
10 6	庚₁戌	1	9
10 7	辛₁亥	1	10
10 8	壬₁子	0	10
10 9	癸₂丑	0	10

月柱 甲戌（10月9日7:45～11月8日10:26）

生日	日柱	男	女
10 9	癸₁丑	10	0
10 10	甲₁寅	10	0
10 11	乙₁卯	9	1
10 12	丙₂辰	9	1
10 13	丁₁巳	9	1
10 14	戊₁午	8	2
10 15	己₁未	8	2
10 16	庚₁申	8	2
10 17	辛₁酉	7	3
10 18	壬₁戌	7	3
10 19	癸₁亥	7	3
10 20	甲₁子	6	4
10 21	乙₁丑	6	4
10 22	丙₂寅	6	4
10 23	丁₁卯	5	5
10 24	戊₁辰	5	5
10 25	己₁巳	5	5
10 26	庚₁午	4	6
10 27	辛₁未	4	6
10 28	壬₁申	4	6
10 29	癸₁酉	3	7
10 30	甲₁戌	3	7
10 31	乙₁亥	3	7
11 1	丙₁子	2	8
11 2	丁₁丑	2	8
11 3	戊₁寅	2	8
11 4	己₁卯	1	9
11 5	庚₁辰	1	9
11 6	辛₁巳	1	9
11 7	壬₁午	0	10
11 8	癸₃未	0	10

月柱 乙亥（11月8日10:27～12月8日2:56）

生日	日柱	男	女
11 8	癸₃未	10	0
11 9	甲₃申	10	0
11 10	乙₂酉	9	1
11 11	丙₂戌	9	1
11 12	丁₁亥	9	1
11 13	戊₃子	8	2
11 14	己₂丑	8	2
11 15	庚₂寅	8	2
11 16	辛₃卯	7	3
11 17	壬₃辰	7	3
11 18	癸₂巳	7	3
11 19	甲₃午	6	4
11 20	乙₂未	6	4
11 21	丙₂申	5	4
11 22	丁₁酉	5	5
11 23	戊₁戌	5	5
11 24	己₃亥	4	5
11 25	庚₃子	4	6
11 26	辛₂丑	4	6
11 27	壬₃寅	3	6
11 28	癸₃卯	3	7
11 29	甲₃辰	3	7
11 30	乙₃巳	2	7
12 1	丙₂午	2	8
12 2	丁₁未	2	8
12 3	戊₃申	1	8
12 4	己₂酉	1	9
12 5	庚₂戌	1	9
12 6	辛₃亥	1	9
12 7	壬₃子	0	10
12 8	癸₃丑	0	10

月柱 丙子（12月8日2:57～1月6日14:02）

生日	日柱	男	女
12 8	癸₂丑	10	0
12 9	甲₂寅	9	0
12 10	乙₂卯	9	1
12 11	丙₂辰	9	1
12 12	丁₁巳	8	1
12 13	戊₁午	8	2
12 14	己₁未	8	2
12 15	庚₁申	7	2
12 16	辛₁酉	7	3
12 17	壬₁戌	7	3
12 18	癸₁亥	6	3
12 19	甲₁子	6	4
12 20	乙₁丑	6	4
12 21	丙₁寅	5	4
12 22	丁₁卯	5	5
12 23	戊₁辰	5	5
12 24	己₁巳	4	5
12 25	庚₃午	4	6
12 26	辛₁未	4	6
12 27	壬₁申	3	6
12 28	癸₁酉	3	7
12 29	甲₁戌	3	7
12 30	乙₁亥	2	7
12 31	丙₁子	2	8
1 1	丁₁丑	2	8
1 2	戊₁寅	1	8
1 3	己₂卯	1	9
1 4	庚₁辰	1	9
1 5	辛₁巳	1	9
1 6	壬₁午	0	10

月柱 丁丑（1月6日14:03～2月5日1:48）

生日	日柱	男	女
1 6	壬₁午	10	0
1 7	癸₃未	10	0
1 8	甲₃申	9	1
1 9	乙₃酉	9	1
1 10	丙₂戌	9	1
1 11	丁₁亥	8	2
1 12	戊₁子	8	2
1 13	己₁丑	8	2
1 14	庚₁寅	7	3
1 15	辛₁卯	7	3
1 16	壬₃辰	6	3
1 17	癸₃巳	6	4
1 18	甲₃午	6	4
1 19	乙₃未	6	4
1 20	丙₂申	5	5
1 21	丁₁酉	5	5
1 22	戊₁戌	4	5
1 23	己₃亥	4	6
1 24	庚₂子	4	6
1 25	辛₁丑	4	6
1 26	壬₃寅	3	7
1 27	癸₃卯	3	7
1 28	甲₃辰	3	7
1 29	乙₃巳	2	8
1 30	丙₁午	2	8
1 31	丁₂未	2	8
2 1	戊₁申	1	9
2 2	己₁酉	1	9
2 3	庚₁戌	1	9
2 4	辛₂亥	0	10
2 5	壬₂子	0	10

立運（歳・男／歳・女）

歳	男	歳	女	歳	男	歳	女	歳	男	歳	女	歳	男	歳	女	歳	男	歳	女	歳	男	歳	女
0	癸酉	0	辛未	0	甲戌	0	壬申	0	乙亥	0	癸酉	0	丙子	0	甲戌	0	丁丑	0	乙亥	0	戊寅	0	丙子
10	甲戌	10	庚午	10	乙亥	10	辛未	10	丙子	10	壬申	10	丁丑	10	癸酉	10	戊寅	10	甲戌	10	己卯	10	乙亥
20	乙亥	20	己巳	20	丙子	20	庚午	20	丁丑	20	辛未	20	戊寅	20	壬申	20	己卯	20	癸酉	20	庚辰	20	甲戌
30	丙子	30	戊辰	30	丁丑	30	己巳	30	戊寅	30	庚午	30	己卯	30	辛未	30	庚辰	30	壬申	30	辛巳	30	癸酉
40	丁丑	40	丁卯	40	戊寅	40	戊辰	40	己卯	40	己巳	40	庚辰	40	庚午	40	辛巳	40	辛未	40	壬午	40	壬申
50	戊寅	50	丙寅	50	己卯	50	丁卯	50	庚辰	50	戊辰	50	辛巳	50	己巳	50	壬午	50	庚午	50	癸未	50	辛未
60	己卯	60	乙丑	60	庚辰	60	丙寅	60	辛巳	60	丁卯	60	壬午	60	戊辰	60	癸未	60	己巳	60	甲申	60	庚午
70	庚辰	70	甲子	70	辛巳	70	乙丑	70	壬午	70	丙寅	70	癸未	70	丁卯	70	甲申	70	戊辰	70	乙酉	70	己巳
80	辛巳	80	癸亥	80	壬午	80	甲子	80	癸未	80	乙丑	80	甲申	80	丙寅	80	乙酉	80	丁卯	80	丙戌	80	戊辰

年柱 乙亥 — 1935年（昭和10年）2月5日1時49分〜

月柱	期間	立運年齢 男 女
戊寅	2月5日 1:49〜3月6日20:10	
己卯	3月6日20:11〜4月6日 1:26	
庚辰	4月6日 1:27〜5月6日19:11	
辛巳	5月6日19:12〜6月6日23:41	
壬午	6月6日23:42〜7月8日10:05	
癸未	7月8日10:06〜8月8日19:47	

生日	日柱(戊寅)	男	女	生日	日柱(己卯)	男	女	生日	日柱(庚辰)	男	女	生日	日柱(辛巳)	男	女	生日	日柱(壬午)	男	女	生日	日柱(癸未)	男	女
2·5	壬子	0	10	3·6	辛巳	0	10	4·6	壬子	0	10	5·6	壬午	0	10	6·6	癸丑	0	11	7·8	乙酉	0	10
2·6	癸丑	0	9	3·7	壬午	0	10	4·7	癸丑	0	10	5·7	癸未	0	10	6·7	甲寅	0	10	7·9	丙戌	0	10
2·7	甲寅	1	9	3·8	癸未	1	10	4·8	甲寅	1	9	5·8	甲申	1	10	6·8	乙卯	1	10	7·10	丁亥	1	10
2·8	乙卯	1	8	3·9	甲申	1	9	4·9	乙卯	1	9	5·9	乙酉	1	9	6·9	丙辰	1	10	7·11	戊子	1	9
2·9	丙辰	1	8	3·10	乙酉	1	9	4·10	丙辰	1	9	5·10	丙戌	1	9	6·10	丁巳	1	9	7·12	己丑	1	9
2·10	丁巳	2	8	3·11	丙戌	2	9	4·11	丁巳	2	8	5·11	丁亥	2	9	6·11	戊午	2	9	7·13	庚寅	2	9
2·11	戊午	2	8	3·12	丁亥	2	8	4·12	戊午	2	8	5·12	戊子	2	8	6·12	己未	2	9	7·14	辛卯	2	8
2·12	己未	2	7	3·13	戊子	2	8	4·13	己未	2	8	5·13	己丑	2	8	6·13	庚申	2	8	7·15	壬辰	2	8
2·13	庚申	3	7	3·14	己丑	3	8	4·14	庚申	3	7	5·14	庚寅	3	8	6·14	辛酉	3	8	7·16	癸巳	3	8
2·14	辛酉	3	7	3·15	庚寅	3	7	4·15	辛酉	3	7	5·15	辛卯	3	7	6·15	壬戌	3	7	7·17	甲午	3	7
2·15	壬戌	3	6	3·16	辛卯	3	7	4·16	壬戌	3	7	5·16	壬辰	3	7	6·16	癸亥	3	7	7·18	乙未	3	7
2·16	癸亥	4	6	3·17	壬辰	4	7	4·17	癸亥	4	6	5·17	癸巳	4	7	6·17	甲子	4	7	7·19	丙申	4	7
2·17	甲子	4	6	3·18	癸巳	4	6	4·18	甲子	4	6	5·18	甲午	4	6	6·18	乙丑	4	7	7·20	丁酉	4	6
2·18	乙丑	4	5	3·19	甲午	4	6	4·19	乙丑	4	6	5·19	乙未	4	6	6·19	丙寅	4	6	7·21	戊戌	4	6
2·19	丙寅	5	5	3·20	乙未	5	6	4·20	丙寅	5	5	5·20	丙申	5	6	6·20	丁卯	5	6	7·22	己亥	5	6
2·20	丁卯	5	5	3·21	丙申	5	5	4·21	丁卯	5	5	5·21	丁酉	5	5	6·21	戊辰	5	6	7·23	庚子	5	5
2·21	戊辰	5	4	3·22	丁酉	5	5	4·22	戊辰	5	5	5·22	戊戌	5	5	6·22	己巳	5	5	7·24	辛丑	5	5
2·22	己巳	6	4	3·23	戊戌	6	5	4·23	己巳	6	4	5·23	己亥	6	5	6·23	庚午	6	5	7·25	壬寅	6	5
2·23	庚午	6	4	3·24	己亥	6	4	4·24	庚午	6	4	5·24	庚子	6	4	6·24	辛未	6	5	7·26	癸卯	6	4
2·24	辛未	6	3	3·25	庚子	6	4	4·25	辛未	6	4	5·25	辛丑	6	4	6·25	壬申	6	4	7·27	甲辰	6	4
2·25	壬申	7	3	3·26	辛丑	7	4	4·26	壬申	7	3	5·26	壬寅	7	4	6·26	癸酉	7	4	7·28	乙巳	7	4
2·26	癸酉	7	2	3·27	壬寅	7	3	4·27	癸酉	7	3	5·27	癸卯	7	3	6·27	甲戌	7	3	7·29	丙午	7	3
2·27	甲戌	7	2	3·28	癸卯	7	3	4·28	甲戌	7	2	5·28	甲辰	7	3	6·28	乙亥	7	3	7·30	丁未	7	3
2·28	乙亥	8	2	3·29	甲辰	8	3	4·29	乙亥	8	2	5·29	乙巳	8	3	6·29	丙子	8	3	7·31	戊申	8	3
3·1	丙子	8	2	3·30	乙巳	8	2	4·30	丙子	8	2	5·30	丙午	8	2	6·30	丁丑	8	3	8·1	己酉	8	2
3·2	丁丑	8	1	3·31	丙午	8	2	5·1	丁丑	8	1	5·31	丁未	8	2	7·1	戊寅	8	2	8·2	庚戌	8	2
3·3	戊寅	9	1	4·1	丁未	9	2	5·2	戊寅	9	1	6·1	戊申	9	2	7·2	己卯	9	2	8·3	辛亥	9	2
3·4	己卯	9	1	4·2	戊申	9	1	5·3	己卯	9	1	6·2	己酉	9	1	7·3	庚辰	9	1	8·4	壬子	9	1
3·5	庚辰	9	0	4·3	己酉	9	1	5·4	庚辰	9	0	6·3	庚戌	9	1	7·4	辛巳	9	1	8·5	癸丑	9	1
3·6	辛巳	10	0	4·4	庚戌	10	1	5·5	辛巳	10	0	6·4	辛亥	10	1	7·5	壬午	10	1	8·6	甲寅	10	1
				4·5	辛亥	10	0	5·6	壬午	10	0	6·5	壬子	10	0	7·6	癸未	10	1	8·7	乙卯	10	0
				4·6	壬子	10	0					6·6	癸丑	10	0	7·7	甲申	10	0	8·8	丙辰	10	0
																7·8	乙酉	11	0				

歳	男	歳	女	歳	男	歳	女	歳	男	歳	女	歳	男	歳	女	歳	男	歳	女	歳	男	歳	女
0	丁丑	0	己卯	0	戊寅	0	庚辰	0	己卯	0	辛巳	0	庚辰	0	壬午	0	辛巳	0	癸未	0	壬午	0	甲申
10	丙子	10	庚辰	10	丁丑	10	辛巳	10	戊寅	10	壬午	10	己卯	10	癸未	10	庚辰	10	甲申	10	辛巳	10	乙酉
20	乙亥	20	辛巳	20	丙子	20	壬午	20	丁丑	20	癸未	20	戊寅	20	甲申	20	己卯	20	乙酉	20	庚辰	20	丙戌
30	甲戌	30	壬午	30	乙亥	30	癸未	30	丙子	30	甲申	30	丁丑	30	乙酉	30	戊寅	30	丙戌	30	己卯	30	丁亥
40	癸酉	40	癸未	40	甲戌	40	甲申	40	乙亥	40	乙酉	40	丙子	40	丙戌	40	丁丑	40	丁亥	40	戊寅	40	戊子
50	壬申	50	甲申	50	癸酉	50	乙酉	50	甲戌	50	丙戌	50	乙亥	50	丁亥	50	丙子	50	戊子	50	丁丑	50	己丑
60	辛未	60	乙酉	60	壬申	60	丙戌	60	癸酉	60	丁亥	60	甲戌	60	戊子	60	乙亥	60	己丑	60	丙子	60	庚寅
70	庚午	70	丙戌	70	辛未	70	丁亥	70	壬申	70	戊子	70	癸酉	70	己丑	70	甲戌	70	庚寅	70	乙亥	70	辛卯
80	己巳	80	丁亥	80	庚午	80	戊子	80	辛未	80	己丑	80	壬申	80	庚寅	80	癸酉	80	辛卯	80	甲戌	80	壬辰

～1936年（昭和11年）2月5日7時29分

月柱 甲申（8月8日19:48～9月8日22:24）

生日	日柱	立運年齢 男	立運年齢 女
8 8	丙₂辰	0	10
8 9	丁₁巳	0	10
8 10	戊₃午	1	10
8 11	己₁未	1	9
8 12	庚₂申	1	9
8 13	辛₁酉	2	9
8 14	壬₂戌	2	8
8 15	癸₁亥	2	8
8 16	甲₁子	3	8
8 17	乙₁丑	3	7
8 18	丙₁寅	3	7
8 19	丁₁卯	4	7
8 20	戊₃辰	4	6
8 21	己₃巳	4	6
8 22	庚₂午	5	6
8 23	辛₁未	5	5
8 24	壬₁申	5	5
8 25	癸₁酉	6	5
8 26	甲₁戌	6	4
8 27	乙₁亥	6	4
8 28	丙₂子	7	4
8 29	丁₁丑	7	3
8 30	戊₃寅	7	3
8 31	己₃卯	8	3
9 1	庚₂辰	8	2
9 2	辛₁巳	8	2
9 3	壬₂午	9	1
9 4	癸₁未	9	1
9 5	甲₁申	9	1
9 6	乙₁酉	10	1
9 7	丙₂戌	10	0
9 8	丁₂亥	10	0

月柱 乙酉（9月8日22:25～10月9日13:35）

生日	日柱	立運年齢 男	立運年齢 女
9 8	丁₂亥	0	10
9 9	戊₃子	0	10
9 10	己₁丑	1	10
9 11	庚₂寅	1	9
9 12	辛₁卯	1	9
9 13	壬₂辰	2	9
9 14	癸₁巳	2	8
9 15	甲₁午	2	8
9 16	乙₁未	3	8
9 17	丙₁申	3	7
9 18	丁₁酉	3	7
9 19	戊₃戌	4	7
9 20	己₃亥	4	6
9 21	庚₂子	4	6
9 22	辛₁丑	5	6
9 23	壬₂寅	5	5
9 24	癸₂卯	5	5
9 25	甲₁辰	6	5
9 26	乙₁巳	6	4
9 27	丙₂午	6	4
9 28	丁₁未	7	4
9 29	戊₃申	7	3
9 30	己₃酉	7	3
10 1	庚₁戌	8	3
10 2	辛₁亥	8	2
10 3	壬₂子	8	2
10 4	癸₂丑	9	2
10 5	甲₁寅	9	1
10 6	乙₁卯	9	1
10 7	丙₂辰	10	1
10 8	丁₁巳	10	0
10 9	戊₃午	10	0

月柱 丙戌（10月9日13:36～11月8日16:17）

生日	日柱	立運年齢 男	立運年齢 女
10 9	戊₁午	0	10
10 10	己₁未	0	10
10 11	庚₁申	1	9
10 12	辛₁酉	1	9
10 13	壬₁戌	1	9
10 14	癸₂亥	2	8
10 15	甲₁子	2	8
10 16	乙₁丑	2	8
10 17	丙₁寅	3	7
10 18	丁₁卯	3	7
10 19	戊₁辰	3	7
10 20	己₁巳	4	6
10 21	庚₂午	4	6
10 22	辛₂未	4	6
10 23	壬₁申	5	5
10 24	癸₂酉	5	5
10 25	甲₂戌	5	4
10 26	乙₂亥	6	4
10 27	丙₂子	6	4
10 28	丁₁丑	6	3
10 29	戊₂寅	7	3
10 30	己₁卯	7	3
10 31	庚₃辰	8	2
11 1	辛₃巳	8	2
11 2	壬₃午	8	2
11 3	癸₃未	8	2
11 4	甲₂申	9	1
11 5	乙₂酉	9	1
11 6	丙₂戌	9	1
11 7	丁₃亥	10	0
11 8	戊₁子	10	0

月柱 丁亥（11月8日16:18～12月8日8:44）

生日	日柱	立運年齢 男	立運年齢 女
11 8	戊₂子	0	10
11 9	己₂丑	0	10
11 10	庚₁寅	1	9
11 11	辛₁卯	1	9
11 12	壬₁辰	1	9
11 13	癸₁巳	2	8
11 14	甲₁午	2	8
11 15	乙₁未	2	7
11 16	丙₂申	3	7
11 17	丁₁酉	3	7
11 18	戊₂戌	3	6
11 19	己₂亥	4	6
11 20	庚₂子	4	6
11 21	辛₂丑	4	6
11 22	壬₂寅	5	5
11 23	癸₃卯	5	5
11 24	甲₁辰	5	4
11 25	乙₁巳	6	4
11 26	丙₁午	6	4
11 27	丁₁未	6	3
11 28	戊₁申	7	3
11 29	己₁酉	7	3
11 30	庚₃戌	7	2
12 1	辛₁亥	8	2
12 2	壬₁子	8	2
12 3	癸₃丑	8	2
12 4	甲₂寅	9	1
12 5	乙₂卯	9	1
12 6	丙₂辰	9	1
12 7	丁₂巳	10	0
12 8	戊₂午	10	0

月柱 戊子（12月8日8:45～1月6日19:46）

生日	日柱	立運年齢 男	立運年齢 女
12 8	戊₂午	0	10
12 9	己₂未	0	9
12 10	庚₂申	1	9
12 11	辛₂酉	1	8
12 12	壬₂戌	1	8
12 13	癸₂亥	2	8
12 14	甲₂子	2	8
12 15	乙₁丑	2	7
12 16	丙₂寅	3	7
12 17	丁₂卯	3	7
12 18	戊₂辰	3	6
12 19	己₂巳	4	6
12 20	庚₂午	4	6
12 21	辛₂未	4	5
12 22	壬₂申	5	5
12 23	癸₂酉	5	4
12 24	甲₁戌	5	4
12 25	乙₂亥	6	4
12 26	丙₃子	6	3
12 27	丁₁丑	6	3
12 28	戊₂寅	7	3
12 29	己₃卯	7	2
12 30	庚₂辰	7	2
12 31	辛₂巳	8	2
1 1	壬₁午	8	1
1 2	癸₁未	8	1
1 3	甲₁申	9	1
1 4	乙₁酉	9	1
1 5	丙₃戌	9	0
1 6	丁₁亥	10	0

月柱 己丑（1月6日19:47～2月5日7:29）

生日	日柱	立運年齢 男	立運年齢 女
1 6	丁₃亥	0	10
1 7	戊₂子	0	10
1 8	己₁丑	1	9
1 9	庚₂寅	1	9
1 10	辛₂卯	1	9
1 11	壬₂辰	2	8
1 12	癸₂巳	2	8
1 13	甲₂午	2	8
1 14	乙₁未	3	7
1 15	丙₃申	3	7
1 16	丁₁酉	3	7
1 17	戊₁戌	4	6
1 18	己₁亥	4	6
1 19	庚₂子	4	6
1 20	辛₁丑	5	5
1 21	壬₁寅	5	5
1 22	癸₂卯	5	5
1 23	甲₂辰	6	4
1 24	乙₂巳	6	4
1 25	丙₂午	6	4
1 26	丁₃未	7	3
1 27	戊₃申	7	3
1 28	己₂酉	7	3
1 29	庚₁戌	8	2
1 30	辛₁亥	8	2
1 31	壬₁子	8	2
2 1	癸₂丑	9	1
2 2	甲₂寅	9	1
2 3	乙₁卯	9	1
2 4	丙₃辰	10	0
2 5	丁₂巳	10	0

立運表

歳	男	歳	女	歳	男	歳	女	歳	男	歳	女	歳	男	歳	女	歳	男	歳	女	歳	男	歳	女
0	癸未	0	乙酉	0	甲申	0	丙戌	0	乙酉	0	丁亥	0	丙戌	0	戊子	0	丁亥	0	己丑	0	戊子	0	庚寅
10	壬午	10	丙戌	10	癸未	10	丁亥	10	甲申	10	戊子	10	乙酉	10	己丑	10	丙戌	10	庚寅	10	丁亥	10	辛卯
20	辛巳	20	丁亥	20	壬午	20	戊子	20	癸未	20	己丑	20	甲申	20	庚寅	20	乙酉	20	辛卯	20	丙戌	20	壬辰
30	庚辰	30	戊子	30	辛巳	30	己丑	30	壬午	30	庚寅	30	癸未	30	辛卯	30	甲申	30	壬辰	30	乙酉	30	癸巳
40	己卯	40	己丑	40	庚辰	40	庚寅	40	辛巳	40	辛卯	40	壬午	40	壬辰	40	癸未	40	癸巳	40	甲申	40	甲午
50	戊寅	50	庚寅	50	己卯	50	辛卯	50	庚辰	50	壬辰	50	辛巳	50	癸巳	50	壬午	50	甲午	50	癸未	50	乙未
60	丁丑	60	辛卯	60	戊寅	60	壬辰	60	己卯	60	癸巳	60	庚辰	60	甲午	60	辛巳	60	乙未	60	壬午	60	丙申
70	丙子	70	壬辰	70	丁丑	70	癸巳	70	戊寅	70	甲午	70	己卯	70	乙未	70	庚辰	70	丙申	70	辛巳	70	丁酉
80	乙亥	80	癸巳	80	丙子	80	甲午	80	丁丑	80	乙未	80	戊寅	80	丙申	80	己卯	80	丁酉	80	庚辰	80	戊戌

年柱 丙子 　1936年（昭和11年）2月5日7時30分～

月柱 庚寅 2月5日 7:30～ 3月6日 1:49				月柱 辛卯 3月6日 1:50～ 4月5日 7:16				月柱 壬辰 4月5日 7:17～ 5月6日 0:56				月柱 癸巳 5月6日 0:57～ 6月6日 5:30				月柱 甲午 6月6日 5:31～ 7月7日15:58				月柱 乙未 7月7日15:59～ 8月8日 1:42			
生日	日柱	男	女	生日	日柱	男	女	生日	日柱	男	女	生日	日柱	男	女	生日	日柱	男	女	生日	日柱	男	女
2:5	丁₂巳	10	0	3:6	丁₂亥	10	0	4:5	丁₂巳	10	0	5:6	戊₁子	10	0	6:6	己₁未	10	0	7:7	庚₃寅	11	0
2:6	戊₂午	10	0	3:7	戊₂子	10	0	4:6	戊₂午	10	0	5:7	己₁丑	10	0	6:7	庚₃申	10	0	7:8	辛₃卯	10	0
2:7	己₂未	9	1	3:8	己₂丑	9	1	4:7	己₂未	10	1	5:8	庚₂寅	10	1	6:8	辛₃酉	10	1	7:9	壬₃辰	10	1
2:8	庚₂申	9	1	3:9	庚₂寅	9	1	4:8	庚₂申	9	1	5:9	辛₂卯	9	1	6:9	壬₃戌	9	1	7:10	癸₃巳	10	1
2:9	辛₂酉	9	1	3:10	辛₂卯	9	1	4:9	辛₂酉	9	1	5:10	壬₂辰	9	1	6:10	癸₃亥	9	1	7:11	甲₃午	9	1
2:10	壬₂戌	8	2	3:11	壬₂辰	8	2	4:10	壬₂戌	9	2	5:11	癸₂巳	9	2	6:11	甲₁子	9	2	7:12	乙₃未	9	2
2:11	癸₁亥	8	2	3:12	癸₂巳	8	2	4:11	癸₂亥	8	2	5:12	甲₂午	8	2	6:12	乙₁丑	8	2	7:13	丙₃申	9	2
2:12	甲₁子	8	2	3:13	甲₂午	8	2	4:12	甲₁子	8	2	5:13	乙₂未	8	2	6:13	丙₂寅	8	2	7:14	丁₃酉	8	2
2:13	乙₁丑	7	3	3:14	乙₁未	7	3	4:13	乙₁丑	8	3	5:14	丙₂申	8	3	6:14	丁₂卯	8	3	7:15	戊₃戌	8	3
2:14	丙₂寅	7	3	3:15	丙₂申	7	3	4:14	丙₂寅	7	3	5:15	丁₂酉	7	3	6:15	戊₂辰	8	3	7:16	己₃亥	8	3
2:15	丁₂卯	7	3	3:16	丁₂酉	7	3	4:15	丁₂卯	7	3	5:16	戊₂戌	7	3	6:16	己₂巳	7	3	7:17	庚₃子	7	3
2:16	戊₂辰	6	4	3:17	戊₂戌	6	4	4:16	戊₁辰	7	4	5:17	己₂亥	7	4	6:17	庚₂午	7	4	7:18	辛₃丑	7	4
2:17	己₂巳	6	4	3:18	己₂亥	6	4	4:17	己₁巳	6	4	5:18	庚₃子	6	4	6:18	辛₃未	7	4	7:19	壬₃寅	7	4
2:18	庚₃午	6	4	3:19	庚₃子	6	4	4:18	庚₃午	6	4	5:19	辛₃丑	6	4	6:19	壬₃申	6	4	7:20	癸₃卯	6	4
2:19	辛₂未	5	5	3:20	辛₂丑	5	5	4:19	辛₂未	6	5	5:20	壬₂寅	6	5	6:20	癸₃酉	6	5	7:21	甲₂辰	6	5
2:20	壬₁申	5	5	3:21	壬₂寅	5	5	4:20	壬₁申	5	5	5:21	癸₂卯	5	5	6:21	甲₂戌	6	5	7:22	乙₂巳	6	5
2:21	癸₂酉	5	5	3:22	癸₂卯	5	5	4:21	癸₂酉	5	5	5:22	甲₂辰	5	5	6:22	乙₁亥	5	5	7:23	丙₂午	5	5
2:22	甲₁戌	4	6	3:23	甲₁辰	4	6	4:22	甲₁戌	5	6	5:23	乙₁巳	5	6	6:23	丙₁子	5	6	7:24	丁₁未	5	6
2:23	乙₂亥	4	6	3:24	乙₂巳	4	6	4:23	乙₂亥	4	6	5:24	丙₁午	4	6	6:24	丁₁丑	4	6	7:25	戊₁申	5	6
2:24	丙₂子	4	6	3:25	丙₁午	4	6	4:24	丙₂子	4	6	5:25	丁₁未	4	6	6:25	戊₂寅	4	6	7:26	己₁酉	4	6
2:25	丁₁丑	3	7	3:26	丁₂未	3	7	4:25	丁₁丑	4	7	5:26	戊₂申	4	7	6:26	己₁卯	4	7	7:27	庚₂戌	4	7
2:26	戊₂寅	3	7	3:27	戊₂申	3	7	4:26	戊₂寅	3	7	5:27	己₁酉	3	7	6:27	庚₂辰	3	7	7:28	辛₃亥	4	7
2:27	己₂卯	3	7	3:28	己₂酉	3	7	4:27	己₂卯	3	7	5:28	庚₂戌	3	7	6:28	辛₃巳	3	7	7:30	壬₂子	3	8
2:28	庚₂辰	2	8	3:29	庚₂戌	2	8	4:28	庚₂辰	3	8	5:29	辛₃亥	3	8	6:29	壬₃午	3	8	7:31	甲₂寅	3	8
2:29	辛₃巳	2	8	3:30	辛₃亥	2	8	4:29	辛₃巳	2	8	5:30	壬₂子	2	8	6:30	癸₃未	2	8	8:1	乙₁卯	2	8
3:1	壬₂午	2	8	3:31	壬₁子	2	8	4:30	壬₂午	2	8	5:31	癸₂丑	2	8	7:1	甲₁申	2	8	8:2	丙₁辰	2	9
3:2	癸₂未	1	9	4:1	癸₁丑	1	9	5:1	癸₂未	2	9	6:1	甲₁寅	2	9	7:2	乙₂酉	2	9	8:2	丙₁辰	2	9
3:3	甲₁申	1	9	4:2	甲₁寅	1	9	5:2	甲₁申	1	9	6:2	乙₁卯	1	9	7:3	丙₁戌	1	9	8:3	丁₁巳	2	9
3:4	乙₁酉	1	9	4:3	乙₁卯	1	9	5:3	乙₁酉	1	9	6:3	丙₁辰	1	9	7:4	丁₁亥	1	9	8:4	戊₁午	1	9
3:5	丙₂戌	0	10	4:4	丙₁辰	0	10	5:4	丙₁戌	1	10	6:4	丁₁巳	1	10	7:5	戊₁子	1	10	8:5	己₁未	1	10
3:6	丁₂亥	0	10	4:5	丁₁巳	0	10	5:5	丁₁亥	0	10	6:5	戊₁午	0	10	7:6	己₁丑	0	10	8:6	庚₁申	1	10
								5:6	戊₁子	0	10	6:6	己₁未	0	10	7:7	庚₃寅	0	10	8:7	辛₃酉	0	10
																				8:8	壬₃戌	0	11

歳	男	歳	女	歳	男	歳	女	歳	男	歳	女	歳	男	歳	女	歳	男	歳	女	歳	男	歳	女
0	辛卯	0	己丑	0	壬辰	0	戊子	0	癸巳	0	庚寅	0	甲午	0	辛卯	0	乙未	0	癸巳	0	丙申	0	甲午
10	壬辰	10	戊子	10	癸巳	10	丁亥	10	甲午	10	己丑	10	乙未	10	庚寅	10	丙申	10	壬辰	10	丁酉	10	癸巳
20	癸巳	20	丁亥	20	甲午	20	丙戌	20	乙未	20	戊子	20	丙申	20	己丑	20	丁酉	20	辛卯	20	戊戌	20	壬辰
30	甲午	30	丙戌	30	乙未	30	乙酉	30	丙申	30	丁亥	30	丁酉	30	戊子	30	戊戌	30	庚寅	30	己亥	30	辛卯
40	乙未	40	乙酉	40	丙申	40	甲申	40	丁酉	40	丙戌	40	戊戌	40	丁亥	40	己亥	40	己丑	40	庚子	40	庚寅
50	丙申	50	甲申	50	丁酉	50	癸未	50	戊戌	50	乙酉	50	己亥	50	丙戌	50	庚子	50	戊子	50	辛丑	50	己丑
60	丁酉	60	癸未	60	戊戌	60	壬午	60	己亥	60	甲申	60	庚子	60	乙酉	60	辛丑	60	丁亥	60	壬寅	60	戊子
70	戊戌	70	壬午	70	己亥	70	辛巳	70	庚子	70	癸未	70	辛丑	70	甲申	70	壬寅	70	丙戌	70	癸卯	70	丁亥
80	己亥	80	辛巳	80	庚子	80	庚辰	80	辛丑	80	壬午	80	壬寅	80	癸未	80	癸卯	80	乙酉	80	甲辰	80	丙戌

～1937年（昭和12年）2月4日13時25分

月柱 丙申 8月8日 1:43～ 9月8日 4:20				月柱 丁酉 9月8日 4:21～ 10月8日19:32				月柱 戊戌 10月8日19:33～ 11月7日22:14				月柱 己亥 11月7日22:15～ 12月7日14:42				月柱 庚子 12月7日14:43～ 1月6日 1:43				月柱 辛丑 1月6日 1:44～ 2月4日13:25			
生日	日柱	男	女	生日	日柱	男	女	生日	日柱	男	女	生日	日柱	男	女	生日	日柱	男	女	生日	日柱	男	女
8:8	壬2戌	10	0	9:8	癸2巳	10	0	10:8	癸2亥	10	0	11:7	癸1巳	10	0	12:7	癸3亥	10	0	1:6	癸1巳	10	0
8:9	癸2亥	10	0	9:9	甲3午	10	0	10:9	甲2子	10	0	11:8	甲1午	10	0	12:8	甲1子	10	0	1:7	甲3午	9	0
8:10	甲3子	10	1	9:10	乙3未	9	1	10:10	乙3丑	9	1	11:9	乙1未	9	1	12:9	乙2丑	9	1	1:8	乙3未	9	1
8:11	乙3丑	9	1	9:11	丙2申	9	1	10:11	丙2寅	9	1	11:10	丙1申	9	1	12:10	丙2寅	9	1	1:9	丙3申	9	1
8:12	丙2寅	9	1	9:12	丁2酉	9	1	10:12	丁2卯	9	1	11:11	丁1酉	9	1	12:11	丁1卯	9	1	1:10	丁3酉	8	1
8:13	丁1卯	9	2	9:13	戊1戌	8	2	10:13	戊2辰	8	2	11:12	戊2戌	8	2	12:12	戊1辰	8	2	1:11	戊1戌	8	2
8:14	戊1辰	8	2	9:14	己2亥	8	2	10:14	己2巳	8	2	11:13	己2亥	8	2	12:13	己2巳	8	2	1:12	己2亥	8	2
8:15	己2巳	8	2	9:15	庚2子	8	2	10:15	庚2午	8	2	11:14	庚3子	8	2	12:14	庚3午	8	2	1:13	庚3子	7	2
8:16	庚2午	8	3	9:16	辛1丑	7	3	10:16	辛2未	7	3	11:15	辛1丑	7	3	12:15	辛2未	7	3	1:14	辛1丑	7	3
8:17	辛1未	7	3	9:17	壬2寅	7	3	10:17	壬2申	7	3	11:16	壬2寅	7	3	12:16	壬1申	7	3	1:15	壬2寅	7	3
8:18	壬1申	7	3	9:18	癸2卯	7	3	10:18	癸3酉	7	3	11:17	癸3卯	7	3	12:17	癸2酉	7	3	1:16	癸2卯	6	3
8:19	癸1酉	7	4	9:19	甲3辰	6	4	10:19	甲3戌	6	4	11:18	甲2辰	6	4	12:18	甲2戌	6	4	1:17	甲3辰	6	4
8:20	甲3戌	6	4	9:20	乙2巳	6	4	10:20	乙2亥	6	4	11:19	乙2巳	6	4	12:19	乙2亥	6	4	1:18	乙3巳	5	4
8:21	乙1亥	6	4	9:21	丙1午	6	5	10:21	丙3子	6	5	11:20	丙2午	6	5	12:20	丙3子	6	4	1:19	丙2午	5	4
8:22	丙2子	6	5	9:22	丁2未	5	5	10:22	丁2丑	5	5	11:21	丁2未	5	5	12:21	丁3丑	5	5	1:20	丁3未	5	5
8:23	丁3丑	5	5	9:23	戊2申	5	5	10:23	戊1寅	5	5	11:22	戊3申	5	5	12:22	戊2寅	5	5	1:21	戊2申	5	5
8:24	戊2寅	5	5	9:24	己2酉	5	5	10:24	己1卯	5	5	11:23	己2酉	5	6	12:23	己2卯	5	5	1:22	己3酉	4	5
8:25	己3卯	5	6	9:25	庚1戌	4	6	10:25	庚1辰	4	6	11:24	庚2戌	4	6	12:24	庚3辰	4	6	1:23	庚1戌	4	6
8:26	庚1辰	4	6	9:26	辛1亥	4	6	10:26	辛1巳	4	6	11:25	辛2亥	4	6	12:25	辛1亥	4	6	1:24	辛1亥	3	6
8:27	辛1巳	4	6	9:27	壬1子	4	6	10:27	壬1午	4	6	11:26	壬2子	4	7	12:26	壬1午	4	6	1:25	壬1子	3	6
8:28	壬2午	4	7	9:28	癸2丑	3	7	10:28	癸1未	3	7	11:27	癸1丑	3	7	12:27	癸1未	3	7	1:26	癸1丑	3	7
8:29	癸3未	3	7	9:29	甲1寅	3	7	10:29	甲1申	3	7	11:28	甲1寅	3	7	12:28	甲1寅	3	7	1:27	甲2寅	3	7
8:30	甲3申	3	8	9:30	乙2卯	3	7	10:30	乙1酉	3	7	11:29	乙1卯	2	7	12:29	乙1卯	2	7	1:28	乙3卯	2	7
8:31	乙3酉	3	8	10:1	丙2辰	2	8	10:31	丙3戌	2	8	11:30	丙3辰	2	8	12:30	丙2戌	2	8	1:29	丙3辰	2	8
9:1	丙2戌	2	8	10:2	丁1巳	2	8	11:1	丁3亥	2	8	12:1	丁2巳	2	8	12:31	丁3亥	2	8	1:30	丁2巳	2	8
9:2	丁2亥	2	8	10:3	戊1午	2	8	11:2	戊1子	2	8	12:2	戊3午	2	8	1:1	戊3子	2	8	1:31	戊1午	1	8
9:3	戊2子	2	9	10:4	己1未	1	9	11:3	己1丑	1	9	12:3	己1未	1	9	1:2	己2丑	1	9	2:1	己1未	1	9
9:4	己1丑	1	9	10:5	庚1申	1	9	11:4	庚1寅	1	9	12:4	庚1申	1	9	1:3	庚3寅	1	9	2:2	庚1申	1	9
9:5	庚2寅	1	9	10:6	辛1酉	1	9	11:5	辛1卯	1	9	12:5	辛1酉	1	9	1:4	辛1卯	1	9	2:3	辛1酉	0	9
9:6	辛1卯	1	10	10:7	壬2戌	0	10	11:6	壬3辰	0	10	12:6	壬1戌	0	10	1:5	壬1辰	0	10	2:4	壬2戌	0	10
9:7	壬2辰	0	10	10:8	癸3亥	0	10	11:7	癸3巳	0	10	12:7	癸1亥	0	10	1:6	癸1巳	0	10				
9:8	癸2巳	0	10																				

歳	男	歳	女	歳	男	歳	女	歳	男	歳	女	歳	男	歳	女	歳	男	歳	女	歳	男	歳	女
0	丁酉	0	乙未	0	戊戌	0	丙申	0	己亥	0	丁酉	0	庚子	0	戊戌	0	辛丑	0	己亥	0	壬寅	0	庚子
10	戊戌	10	甲午	10	己亥	10	乙未	10	庚子	10	丙申	10	辛丑	10	丁酉	10	壬寅	10	戊戌	10	癸卯	10	己亥
20	己亥	20	癸巳	20	庚子	20	甲午	20	辛丑	20	乙未	20	壬寅	20	丙申	20	癸卯	20	丁酉	20	甲辰	20	戊戌
30	庚子	30	壬辰	30	辛丑	30	癸巳	30	壬寅	30	甲午	30	癸卯	30	乙未	30	甲辰	30	丙申	30	乙巳	30	丁酉
40	辛丑	40	辛卯	40	壬寅	40	壬辰	40	癸卯	40	癸巳	40	甲辰	40	甲午	40	乙巳	40	乙未	40	丙午	40	丙申
50	壬寅	50	庚寅	50	癸卯	50	辛卯	50	甲辰	50	壬辰	50	乙巳	50	癸巳	50	丙午	50	甲午	50	丁未	50	乙未
60	癸卯	60	己丑	60	甲辰	60	庚寅	60	乙巳	60	辛卯	60	丙午	60	壬辰	60	丁未	60	癸巳	60	戊申	60	甲午
70	甲辰	70	戊子	70	乙巳	70	己丑	70	丙午	70	庚寅	70	丁未	70	辛卯	70	戊申	70	壬辰	70	己酉	70	癸巳
80	乙巳	80	丁亥	80	丙午	80	戊子	80	丁未	80	己丑	80	戊申	80	庚寅	80	己酉	80	辛卯	80	庚戌	80	壬辰

年柱 丁丑 — 1937年（昭和12年）2月4日13時26分～

月柱 壬寅				月柱 癸卯				月柱 甲辰				月柱 乙巳				月柱 丙午				月柱 丁未			
2月4日13:26～ 3月6日7:44				3月6日7:45～ 4月5日13:01				4月5日13:02～ 5月6日6:50				5月6日6:51～ 6月6日11:22				6月6日11:23～ 7月7日21:45				7月7日21:46～ 8月8日7:25			
生日	日柱	男	女	生日	日柱	男	女	生日	日柱	男	女	生日	日柱	男	女	生日	日柱	男	女	生日	日柱	男	女
2/4	壬$_3$戌	0	10	3/6	壬$_3$辰	0	10	4/5	壬$_3$戌	0	10	5/6	癸$_3$巳	0	10	6/6	甲$_3$子	0	10	7/7	乙$_3$未	0	11
2/5	癸$_2$亥	0	10	3/7	癸$_3$巳	0	10	4/6	癸$_3$亥	0	10	5/7	甲$_3$午	0	10	6/7	乙$_3$丑	0	10	7/8	丙$_1$申	0	10
2/6	甲$_1$子	1	9	3/8	甲$_1$午	1	9	4/7	甲$_1$子	1	9	5/8	乙$_3$未	1	10	6/8	丙$_1$寅	1	10	7/9	丁$_1$酉	1	10
2/7	乙$_1$丑	1	9	3/9	乙$_1$未	1	9	4/8	乙$_1$丑	1	9	5/9	丙$_1$申	1	9	6/9	丁$_1$卯	1	9	7/10	戊$_1$戌	1	10
2/8	丙$_1$寅	1	9	3/10	丙$_1$申	1	9	4/9	丙$_1$寅	1	9	5/10	丁$_1$酉	1	9	6/10	戊$_1$辰	1	9	7/11	己$_1$亥	1	9
2/9	丁$_1$卯	2	8	3/11	丁$_1$酉	2	8	4/10	丁$_1$卯	2	9	5/11	戊$_1$戌	2	9	6/11	己$_1$巳	2	9	7/12	庚$_1$子	2	9
2/10	戊$_1$辰	2	8	3/12	戊$_1$戌	2	8	4/11	戊$_1$辰	2	8	5/12	己$_1$亥	2	8	6/12	庚$_1$午	2	8	7/13	辛$_1$丑	2	9
2/11	己$_1$巳	2	8	3/13	己$_1$亥	2	8	4/12	己$_1$巳	2	8	5/13	庚$_1$子	2	8	6/13	辛$_1$未	2	8	7/14	壬$_1$寅	2	8
2/12	庚$_2$午	3	7	3/14	庚$_2$子	3	7	4/13	庚$_2$午	3	7	5/14	辛$_2$丑	3	8	6/14	壬$_1$申	3	8	7/15	癸$_1$卯	3	8
2/13	辛$_2$未	3	7	3/15	辛$_2$丑	3	7	4/14	辛$_2$未	3	7	5/15	壬$_2$寅	3	7	6/15	癸$_1$酉	3	7	7/16	甲$_1$辰	3	8
2/14	壬$_2$申	3	7	3/16	壬$_2$寅	3	7	4/15	壬$_2$申	3	7	5/16	癸$_2$卯	3	7	6/16	甲$_1$戌	3	7	7/17	乙$_1$巳	3	7
2/15	癸$_3$酉	4	6	3/17	癸$_3$卯	4	6	4/16	癸$_3$酉	4	6	5/17	甲$_3$辰	4	7	6/17	乙$_1$亥	4	7	7/18	丙$_1$午	4	7
2/16	甲$_1$戌	4	6	3/18	甲$_1$辰	4	6	4/17	甲$_1$戌	4	6	5/18	乙$_1$巳	4	6	6/18	丙$_1$子	4	6	7/19	丁$_1$未	4	6
2/17	乙$_1$亥	4	6	3/19	乙$_1$巳	4	6	4/18	乙$_1$亥	4	6	5/19	丙$_1$午	4	6	6/19	丁$_1$丑	4	6	7/20	戊$_1$申	4	6
2/18	丙$_2$子	5	5	3/20	丙$_1$午	5	5	4/19	丙$_2$子	5	5	5/20	丁$_1$未	5	5	6/20	戊$_1$寅	5	5	7/21	己$_1$酉	5	5
2/19	丁$_2$丑	5	5	3/21	丁$_2$未	5	5	4/20	丁$_1$丑	5	5	5/21	戊$_1$申	5	5	6/21	己$_1$卯	5	5	7/22	庚$_1$戌	5	6
2/20	戊$_2$寅	5	5	3/22	戊$_1$申	5	5	4/21	戊$_1$寅	5	5	5/22	己$_1$酉	5	5	6/22	庚$_1$辰	5	5	7/23	辛$_1$亥	5	5
2/21	己$_2$卯	6	4	3/23	己$_2$酉	6	4	4/22	己$_1$卯	6	4	5/23	庚$_2$戌	6	4	6/23	辛$_1$巳	6	5	7/24	壬$_1$子	6	5
2/22	庚$_2$辰	6	4	3/24	庚$_2$戌	6	4	4/23	庚$_2$辰	6	4	5/24	辛$_2$亥	6	4	6/24	壬$_1$午	6	4	7/25	癸$_1$丑	6	5
2/23	辛$_2$巳	6	4	3/25	辛$_2$亥	6	4	4/24	辛$_2$巳	6	4	5/25	壬$_2$子	6	4	6/25	癸$_1$未	6	4	7/26	甲$_1$寅	6	4
2/24	壬$_3$午	7	3	3/26	壬$_2$子	7	3	4/25	壬$_3$午	7	3	5/26	癸$_3$丑	7	4	6/26	甲$_1$申	7	4	7/27	乙$_1$卯	7	4
2/25	癸$_3$未	7	3	3/27	癸$_3$丑	7	3	4/26	癸$_3$未	7	3	5/27	甲$_3$寅	7	3	6/27	乙$_1$酉	7	3	7/28	丙$_1$辰	7	3
2/26	甲$_1$申	7	3	3/28	甲$_1$寅	7	3	4/27	甲$_1$申	7	3	5/28	乙$_1$卯	7	3	6/28	丙$_1$戌	7	3	7/29	丁$_1$巳	7	3
2/27	乙$_2$酉	7	3	3/29	乙$_1$卯	7	3	4/28	乙$_2$酉	7	3	5/29	丙$_1$辰	7	3	6/29	丁$_1$亥	7	3	7/30	戊$_1$午	7	3
2/28	丙$_2$戌	8	2	3/30	丙$_2$辰	8	2	4/29	丙$_2$戌	8	2	5/30	丁$_1$巳	8	2	6/30	戊$_1$子	8	2	7/31	己$_1$未	8	3
3/1	丁$_2$亥	8	2	3/31	丁$_1$巳	8	2	4/30	丁$_2$亥	8	2	5/31	戊$_1$午	8	2	7/1	己$_1$丑	8	2	8/1	庚$_1$申	8	2
3/2	戊$_2$子	9	1	4/1	戊$_1$午	9	1	5/1	戊$_1$子	9	2	6/1	己$_1$未	9	2	7/2	庚$_3$寅	9	2	8/2	辛$_1$酉	9	2
3/3	己$_1$丑	9	1	4/2	己$_1$未	9	1	5/2	己$_1$丑	9	1	6/2	庚$_2$申	9	1	7/3	辛$_1$卯	9	1	8/3	壬$_1$戌	9	1
3/4	庚$_2$寅	9	1	4/3	庚$_1$申	9	1	5/3	庚$_2$寅	9	1	6/3	辛$_1$酉	9	1	7/4	壬$_1$辰	9	1	8/4	癸$_1$亥	9	1
3/5	辛$_2$卯	10	0	4/4	辛$_1$酉	10	0	5/4	辛$_1$卯	10	1	6/4	壬$_3$戌	10	1	7/5	癸$_1$巳	10	1	8/5	甲$_1$子	10	1
3/6	壬$_3$辰	10	0	4/5	壬$_1$戌	10	0	5/5	壬$_3$辰	10	0	6/5	癸$_3$亥	10	0	7/6	甲$_1$午	10	0	8/6	乙$_1$丑	10	1
												6/6	甲$_2$子	10	0	7/7	乙$_3$未	10	0	8/7	丙$_1$寅	10	0
																				8/8	丁$_1$卯	11	0

歳	男	歳	女	歳	男	歳	女	歳	男	歳	女	歳	男	歳	女	歳	男	歳	女	歳	男	歳	女
0	辛丑	0	癸卯	0	壬寅	0	甲辰	0	癸卯	0	乙巳	0	甲辰	0	丙午	0	乙巳	0	丁未	0	丙午	0	戊申
10	庚子	10	甲辰	10	辛丑	10	乙巳	10	壬寅	10	丙午	10	癸卯	10	丁未	10	甲辰	10	戊申	10	乙巳	10	己酉
20	己亥	20	乙巳	20	庚子	20	丙午	20	辛丑	20	丁未	20	壬寅	20	戊申	20	癸卯	20	己酉	20	甲辰	20	庚戌
30	戊戌	30	丙午	30	己亥	30	丁未	30	庚子	30	戊申	30	辛丑	30	己酉	30	壬寅	30	庚戌	30	癸卯	30	辛亥
40	丁酉	40	丁未	40	戊戌	40	戊申	40	己亥	40	己酉	40	庚子	40	庚戌	40	辛丑	40	辛亥	40	壬寅	40	壬子
50	丙申	50	戊申	50	丁酉	50	己酉	50	戊戌	50	庚戌	50	己亥	50	辛亥	50	庚子	50	壬子	50	辛丑	50	癸丑
60	乙未	60	己酉	60	丙申	60	庚戌	60	丁酉	60	辛亥	60	戊戌	60	壬子	60	己亥	60	癸丑	60	庚子	60	甲寅
70	甲午	70	庚戌	70	乙未	70	辛亥	70	丙申	70	壬子	70	丁酉	70	癸丑	70	戊戌	70	甲寅	70	己亥	70	乙卯
80	癸巳	80	辛亥	80	甲午	80	壬子	80	乙未	80	癸丑	80	丙申	80	甲寅	80	丁酉	80	乙卯	80	戊戌	80	丙辰

～1938年（昭和13年）2月4日19時14分

月柱 戊申（8月8日 7:26～9月8日 9:59）

生日	日柱	立運年齢 男	女
8/8	丁$_1$卯	0	10
8/9	戊$_1$辰	0	10
8/10	己$_1$巳	1	10
8/11	庚$_1$午	1	9
8/12	辛$_2$未	1	9
8/13	壬$_2$申	2	9
8/14	癸$_2$酉	2	8
8/15	甲$_3$戌	2	8
8/16	乙$_3$亥	3	8
8/17	丙$_3$子	3	7
8/18	丁$_3$丑	3	7
8/19	戊$_1$寅	4	7
8/20	己$_1$卯	4	6
8/21	庚$_1$辰	4	6
8/22	辛$_1$巳	5	6
8/23	壬$_2$午	5	5
8/24	癸$_2$未	5	5
8/25	甲$_3$申	6	5
8/26	乙$_3$酉	6	4
8/27	丙$_3$戌	6	4
8/28	丁$_3$亥	7	4
8/29	戊$_1$子	7	3
8/30	己$_1$丑	7	3
8/31	庚$_1$寅	8	3
9/1	辛$_1$卯	8	2
9/2	壬$_2$辰	8	2
9/3	癸$_2$巳	9	2
9/4	甲$_3$午	9	1
9/5	乙$_3$未	9	1
9/6	丙$_2$申	10	1
9/7	丁$_2$酉	10	0
9/8	戊$_1$戌	10	0

月柱 己酉（9月8日10:00～10月9日 1:10）

生日	日柱	立運年齢 男	女
9/8	戊$_1$戌	0	10
9/9	己$_1$亥	0	10
9/10	庚$_1$子	1	10
9/11	辛$_1$丑	1	9
9/12	壬$_2$寅	1	9
9/13	癸$_2$卯	2	9
9/14	甲$_3$辰	2	8
9/15	乙$_3$巳	2	8
9/16	丙$_2$午	3	8
9/17	丁$_2$未	3	7
9/18	戊$_3$申	3	7
9/19	己$_3$酉	4	7
9/20	庚$_1$戌	4	6
9/21	辛$_1$亥	4	6
9/22	壬$_2$子	5	6
9/23	癸$_3$丑	5	5
9/24	甲$_2$寅	5	5
9/25	乙$_3$卯	6	5
9/26	丙$_2$辰	6	4
9/27	丁$_2$巳	6	4
9/28	戊$_3$午	7	4
9/29	己$_1$未	7	3
9/30	庚$_1$申	7	3
10/1	辛$_1$酉	8	3
10/2	壬$_1$戌	8	2
10/3	癸$_2$亥	8	2
10/4	甲$_3$子	9	2
10/5	乙$_3$丑	9	1
10/6	丙$_2$寅	9	1
10/7	丁$_2$卯	10	1
10/8	戊$_1$辰	10	0
10/9	己$_1$巳	10	0

月柱 庚戌（10月9日 1:11～11月8日 3:55）

生日	日柱	立運年齢 男	女
10/9	己$_1$巳	0	10
10/10	庚$_1$午	0	10
10/11	辛$_1$未	1	9
10/12	壬$_1$申	1	9
10/13	癸$_1$酉	1	9
10/14	甲$_3$戌	2	8
10/15	乙$_3$亥	2	8
10/16	丙$_3$子	2	8
10/17	丁$_3$丑	3	7
10/18	戊$_3$寅	3	7
10/19	己$_3$卯	3	7
10/20	庚$_1$辰	4	6
10/21	辛$_1$巳	4	6
10/22	壬$_3$午	4	6
10/23	癸$_3$未	5	6
10/24	甲$_3$申	5	5
10/25	乙$_3$酉	5	5
10/26	丙$_3$戌	6	4
10/27	丁$_3$亥	6	4
10/28	戊$_3$子	6	4
10/29	己$_3$丑	7	3
10/30	庚$_1$寅	7	3
10/31	辛$_1$卯	7	3
11/1	壬$_3$辰	8	2
11/2	癸$_3$巳	8	2
11/3	甲$_3$午	8	2
11/4	乙$_3$未	9	1
11/5	丙$_3$申	9	1
11/6	丁$_3$酉	9	1
11/7	戊$_3$戌	10	0
11/8	己$_3$亥	10	0

月柱 辛亥（11月8日 3:56～12月7日20:26）

生日	日柱	立運年齢 男	女
11/8	己$_2$亥	0	10
11/9	庚$_1$子	0	9
11/10	辛$_1$丑	1	9
11/11	壬$_1$寅	1	9
11/12	癸$_2$卯	1	8
11/13	甲$_2$辰	2	8
11/14	乙$_2$巳	2	8
11/15	丙$_2$午	2	8
11/16	丁$_2$未	3	7
11/17	戊$_2$申	3	7
11/18	己$_2$酉	3	6
11/19	庚$_1$戌	4	6
11/20	辛$_1$亥	4	6
11/21	壬$_2$子	4	6
11/22	癸$_2$丑	5	5
11/23	甲$_2$寅	5	5
11/24	乙$_2$卯	5	5
11/25	丙$_2$辰	6	4
11/26	丁$_2$巳	6	4
11/27	戊$_1$午	6	4
11/28	己$_1$未	7	3
11/29	庚$_1$申	7	3
11/30	辛$_1$酉	7	3
12/1	壬$_1$戌	8	2
12/2	癸$_2$亥	8	2
12/3	甲$_2$子	8	1
12/4	乙$_2$丑	9	1
12/5	丙$_2$寅	9	1
12/6	丁$_2$卯	9	0
12/7	戊$_1$辰	10	0

月柱 壬子（12月7日20:27～1月6日 7:31）

生日	日柱	立運年齢 男	女
12/7	戊$_1$辰	0	10
12/8	己$_1$巳	0	10
12/9	庚$_3$午	1	9
12/10	辛$_2$未	1	9
12/11	壬$_1$申	1	9
12/12	癸$_1$酉	2	8
12/13	甲$_2$戌	2	8
12/14	乙$_2$亥	2	8
12/15	丙$_3$子	3	7
12/16	丁$_2$丑	3	7
12/17	戊$_2$寅	3	7
12/18	己$_2$卯	4	6
12/19	庚$_1$辰	4	6
12/20	辛$_2$巳	4	6
12/21	壬$_2$午	5	5
12/22	癸$_2$未	5	5
12/23	甲$_2$申	6	4
12/24	乙$_2$酉	6	4
12/25	丙$_2$戌	6	4
12/26	丁$_2$亥	7	3
12/27	戊$_2$子	7	3
12/28	己$_1$丑	7	3
12/29	庚$_1$寅	7	2
12/30	辛$_1$卯	8	2
12/31	壬$_1$辰	8	2
1/1	癸$_1$巳	9	1
1/2	甲$_2$午	9	1
1/3	乙$_3$未	9	1
1/4	丙$_3$申	9	0
1/5	丁$_3$酉	10	0
1/6	戊$_1$戌	10	0

月柱 癸丑（1月6日 7:32～2月4日19:14）

生日	日柱	立運年齢 男	女
1/6	戊$_1$戌	0	10
1/7	己$_1$亥	0	9
1/8	庚$_2$子	1	9
1/9	辛$_1$丑	1	9
1/10	壬$_2$寅	1	8
1/11	癸$_1$卯	2	8
1/12	甲$_3$辰	2	8
1/13	乙$_3$巳	2	8
1/14	丙$_2$午	3	7
1/15	丁$_2$未	3	7
1/16	戊$_1$申	3	6
1/17	己$_1$酉	4	6
1/18	庚$_1$戌	4	6
1/19	辛$_2$亥	4	5
1/20	壬$_2$子	5	5
1/21	癸$_2$丑	5	5
1/22	甲$_2$寅	5	4
1/23	乙$_3$卯	6	4
1/24	丙$_3$辰	6	4
1/25	丁$_2$巳	6	4
1/26	戊$_1$午	7	3
1/27	己$_1$未	7	2
1/28	庚$_1$申	7	2
1/29	辛$_1$酉	8	2
1/30	壬$_2$戌	8	2
1/31	癸$_1$亥	8	1
2/1	甲$_2$子	9	1
2/2	乙$_3$丑	9	1
2/3	丙$_2$寅	9	0
2/4	丁$_2$卯	10	0

大運表

歳	男	歳	女	歳	男	歳	女	歳	男	歳	女	歳	男	歳	女	歳	男	歳	女	歳	男	歳	女
0	丁未	0	己酉	0	戊申	0	庚戌	0	己酉	0	辛亥	0	庚戌	0	壬子	0	辛亥	0	癸丑	0	壬子	0	甲寅
10	丙午	10	庚戌	10	丁未	10	辛亥	10	戊申	10	壬子	10	己酉	10	癸丑	10	庚戌	10	甲寅	10	辛亥	10	乙卯
20	乙巳	20	辛亥	20	丙午	20	壬子	20	丁未	20	癸丑	20	戊申	20	甲寅	20	己酉	20	乙卯	20	庚戌	20	丙辰
30	甲辰	30	壬子	30	乙巳	30	癸丑	30	丙午	30	甲寅	30	丁未	30	乙卯	30	戊申	30	丙辰	30	己酉	30	丁巳
40	癸卯	40	癸丑	40	甲辰	40	甲寅	40	乙巳	40	乙卯	40	丙午	40	丙辰	40	丁未	40	丁巳	40	戊申	40	戊午
50	壬寅	50	甲寅	50	癸卯	50	乙卯	50	甲辰	50	丙辰	50	乙巳	50	丁巳	50	丙午	50	戊午	50	丁未	50	己未
60	辛丑	60	乙卯	60	壬寅	60	丙辰	60	癸卯	60	丁巳	60	甲辰	60	戊午	60	乙巳	60	己未	60	丙午	60	庚申
70	庚子	70	丙辰	70	辛丑	70	丁巳	70	壬寅	70	戊午	70	癸卯	70	己未	70	甲辰	70	庚申	70	乙巳	70	辛酉
80	己亥	80	丁巳	80	庚子	80	戊午	80	辛丑	80	己未	80	壬寅	80	庚申	80	癸卯	80	辛酉	80	甲辰	80	壬戌

年柱 戊寅　1938年（昭和13年）2月4日19時15分〜

2月4日19:15〜3月6日13:33	3月6日13:34〜4月5日18:48	4月5日18:49〜5月6日12:35	5月6日12:36〜6月6日17:06	6月6日17:07〜7月8日3:31	7月8日3:32〜8月8日13:12

月柱 甲寅

生日	日柱	男	女
2:4	丁1卯	10	0
2:5	戊2辰	10	0
2:6	己2巳	9	1
2:7	庚3午	9	1
2:8	辛3未	9	1
2:9	壬3申	8	2
2:10	癸1酉	8	2
2:11	甲1戌	8	2
2:12	乙2亥	7	3
2:13	丙2子	7	3
2:14	丁2丑	7	3
2:15	戊3寅	6	4
2:16	己3卯	6	4
2:17	庚2辰	6	4
2:18	辛1巳	5	5
2:19	壬1午	5	5
2:20	癸2未	5	5
2:21	甲2申	4	6
2:22	乙2酉	4	6
2:23	丙3戌	3	7
2:24	丁3亥	3	7
2:25	戊1子	3	7
2:26	己1丑	2	8
2:27	庚3寅	2	8
2:28	辛3卯	2	8
3:1	壬3辰	2	8
3:2	癸3巳	1	9
3:3	甲1午	1	9
3:4	乙1未	1	9
3:5	丙3申	0	10
3:6	丁3酉	0	10

月柱 乙卯

生日	日柱	男	女
3:6	丁1酉	10	0
3:7	戊1戌	10	0
3:8	己3亥	9	1
3:9	庚3子	9	1
3:10	辛3丑	9	1
3:11	壬2寅	8	2
3:12	癸3卯	8	2
3:13	甲3辰	8	2
3:14	乙3巳	7	3
3:15	丙3午	7	3
3:16	丁3未	7	3
3:17	戊3申	6	4
3:18	己1酉	6	4
3:19	庚3戌	6	4
3:20	辛3亥	5	5
3:21	壬3子	5	5
3:22	癸3丑	5	5
3:23	甲2寅	4	6
3:24	乙2卯	4	6
3:25	丙2辰	3	7
3:26	丁3巳	3	7
3:27	戊3午	3	7
3:28	己1未	2	8
3:29	庚3申	2	8
3:30	辛3酉	2	8
3:31	壬3戌	2	8
4:1	癸1亥	1	9
4:2	甲1子	1	9
4:3	乙1丑	1	9
4:4	丙2寅	0	10
4:5	丁1卯	0	10

月柱 丙辰

生日	日柱	男	女
4:5	丁1卯	10	0
4:6	戊2辰	10	0
4:7	己2巳	10	1
4:8	庚3午	9	1
4:9	辛3未	9	1
4:10	壬3申	9	2
4:11	癸1酉	8	2
4:12	甲1戌	8	2
4:13	乙2亥	7	3
4:14	丙2子	7	3
4:15	丁2丑	7	3
4:16	戊3寅	6	4
4:17	己3卯	6	4
4:18	庚3辰	6	4
4:19	辛1巳	5	5
4:20	壬1午	5	5
4:21	癸2未	5	5
4:22	甲2申	5	5
4:23	乙2酉	4	6
4:24	丙2戌	4	6
4:25	丁3亥	4	7
4:26	戊1子	3	7
4:27	己1丑	3	7
4:28	庚3寅	3	8
4:29	辛3卯	2	8
4:30	壬3辰	2	8
5:1	癸3巳	2	8
5:2	甲2午	1	9
5:3	乙2未	1	9
5:4	丙2申	1	10
5:5	丁2酉	0	10
5:6	戊3戌	0	10

月柱 丁巳

生日	日柱	男	女
5:6	戊1戌	10	0
5:7	己3亥	10	0
5:8	庚3子	10	1
5:9	辛2丑	9	1
5:10	壬2寅	9	1
5:11	癸3卯	9	2
5:12	甲3辰	8	2
5:13	乙3巳	8	2
5:14	丙3午	8	3
5:15	丁3未	7	3
5:16	戊3申	7	3
5:17	己1酉	7	4
5:18	庚3戌	6	4
5:19	辛3亥	6	4
5:20	壬3子	6	5
5:21	癸3丑	5	5
5:22	甲2寅	5	5
5:23	乙3卯	5	6
5:24	丙1辰	4	6
5:25	丁1巳	4	6
5:26	戊1午	4	7
5:27	己3未	3	7
5:28	庚1申	3	8
5:29	辛2酉	3	8
5:30	壬3戌	2	8
5:31	癸2亥	2	8
6:1	甲3子	2	9
6:2	乙3丑	1	9
6:3	丙2寅	1	9
6:4	丁1卯	1	10
6:5	戊1辰	0	10
6:6	己1巳	0	10

月柱 戊午

生日	日柱	男	女
6:6	己1巳	11	0
6:7	庚2午	10	0
6:8	辛3未	10	1
6:9	壬3申	10	1
6:10	癸3酉	9	1
6:11	甲3戌	9	2
6:12	乙2亥	9	2
6:13	丙1子	8	2
6:14	丁1丑	8	3
6:15	戊3寅	8	3
6:16	己3卯	7	3
6:17	庚3辰	7	4
6:18	辛3巳	7	4
6:19	壬3午	6	4
6:20	癸3未	6	5
6:21	甲3申	6	5
6:22	乙3酉	5	5
6:23	丙1戌	5	6
6:24	丁1亥	5	6
6:25	戊3子	4	6
6:26	己1丑	4	7
6:27	庚3寅	4	7
6:28	辛3卯	3	8
6:29	壬3辰	3	8
7:1	癸3巳	2	8
7:2	甲2午	2	9
7:3	乙3未	2	9
7:4	丙1申	1	9
7:5	丁3酉	1	10
7:6	戊1戌	1	10
7:7	己1亥	0	10
7:8	庚1子	0	10
7:8	辛1丑	0	11

月柱 己未

生日	日柱	男	女
7:8	辛1丑	10	0
7:9	壬3寅	10	0
7:10	癸3卯	10	1
7:11	甲3辰	9	1
7:12	乙3巳	9	1
7:13	丙3午	9	2
7:14	丁2未	8	2
7:15	戊1申	8	3
7:16	己1酉	8	3
7:17	庚3戌	7	3
7:18	辛3亥	7	3
7:19	壬3子	7	4
7:20	癸2丑	6	4
7:21	甲2寅	6	5
7:22	乙2卯	6	5
7:23	丙1辰	5	5
7:24	丁1巳	5	5
7:25	戊1午	5	6
7:26	己3未	4	6
7:27	庚1申	4	6
7:28	辛1酉	4	7
7:29	壬3戌	3	8
7:30	癸3亥	3	8
7:31	甲2子	3	8
8:1	乙3丑	2	8
8:2	丙3寅	2	8
8:3	丁1卯	2	9
8:4	戊3辰	1	9
8:5	己1巳	1	9
8:6	庚1午	1	10
8:7	辛1未	0	10
8:8	壬1申	0	10

歳	男	歳	女	歳	男	歳	女	歳	男	歳	女	歳	男	歳	女	歳	男	歳	女	歳	男	歳	女
0	乙卯	0	癸丑	0	丙辰	0	甲寅	0	丁巳	0	乙卯	0	戊午	0	丙辰	0	己未	0	丁巳	0	庚申	0	戊午
10	丙辰	10	壬子	10	丁巳	10	癸丑	10	戊午	10	甲寅	10	己未	10	乙卯	10	庚申	10	丙辰	10	辛酉	10	丁巳
20	丁巳	20	辛亥	20	戊午	20	壬子	20	己未	20	癸丑	20	庚申	20	甲寅	20	辛酉	20	乙卯	20	壬戌	20	丙辰
30	戊午	30	庚戌	30	己未	30	辛亥	30	庚申	30	壬子	30	辛酉	30	癸丑	30	壬戌	30	甲寅	30	癸亥	30	乙卯
40	己未	40	己酉	40	庚申	40	庚戌	40	辛酉	40	辛亥	40	壬戌	40	壬子	40	癸亥	40	癸丑	40	甲子	40	甲寅
50	庚申	50	戊申	50	辛酉	50	己酉	50	壬戌	50	庚戌	50	癸亥	50	辛亥	50	甲子	50	壬子	50	乙丑	50	癸丑
60	辛酉	60	丁未	60	壬戌	60	戊申	60	癸亥	60	己酉	60	甲子	60	庚戌	60	乙丑	60	辛亥	60	丙寅	60	壬子
70	壬戌	70	丙午	70	癸亥	70	丁未	70	甲子	70	戊申	70	乙丑	70	己酉	70	丙寅	70	庚戌	70	丁卯	70	辛亥
80	癸亥	80	乙巳	80	甲子	80	丙午	80	乙丑	80	丁未	80	丙寅	80	戊申	80	丁卯	80	己酉	80	戊辰	80	庚戌

～1939年（昭和14年）2月5日1時13分

月柱 庚申（8月8日13:13～9月8日15:48）

生日	日柱	立運年齢 男	女
8 8	壬申	10	0
8 9	癸酉	10	0
8 10	甲戌	10	1
8 11	乙亥	9	1
8 12	丙子	9	1
8 13	丁丑	9	2
8 14	戊寅	8	2
8 15	己卯	8	2
8 16	庚辰	8	3
8 17	辛巳	7	3
8 18	壬午	7	3
8 19	癸未	7	4
8 20	甲申	6	4
8 21	乙酉	6	4
8 22	丙戌	6	5
8 23	丁亥	5	5
8 24	戊子	5	5
8 25	己丑	5	6
8 26	庚寅	4	6
8 27	辛卯	4	6
8 28	壬辰	4	7
8 29	癸巳	3	7
8 30	甲午	3	7
8 31	乙未	3	8
9 1	丙申	2	8
9 2	丁酉	2	8
9 3	戊戌	2	9
9 4	己亥	1	9
9 5	庚子	1	9
9 6	辛丑	1	10
9 7	壬寅	0	10
9 8	癸卯	0	10

月柱 辛酉（9月8日15:49～10月9日7:01）

生日	日柱	立運年齢 男	女
9 8	癸卯	10	0
9 9	甲辰	10	0
9 10	乙巳	10	1
9 11	丙午	9	1
9 12	丁未	9	1
9 13	戊申	9	2
9 14	己酉	8	2
9 15	庚戌	8	2
9 16	辛亥	8	3
9 17	壬子	7	3
9 18	癸丑	7	3
9 19	甲寅	7	4
9 20	乙卯	6	4
9 21	丙辰	6	4
9 22	丁巳	6	5
9 23	戊午	5	5
9 24	己未	5	5
9 25	庚申	5	6
9 26	辛酉	4	6
9 27	壬戌	4	6
9 28	癸亥	4	7
9 29	甲子	3	7
9 30	乙丑	3	7
10 1	丙寅	3	8
10 2	丁卯	2	8
10 3	戊辰	2	8
10 4	己巳	2	9
10 5	庚午	1	9
10 6	辛未	1	9
10 7	壬申	1	10
10 8	癸酉	0	10
10 9	甲戌	0	10

月柱 壬戌（10月9日7:02～11月8日9:48）

生日	日柱	立運年齢 男	女
10 9	甲戌	10	0
10 10	乙亥	10	0
10 11	丙子	9	1
10 12	丁丑	9	1
10 13	戊寅	9	1
10 14	己卯	8	2
10 15	庚辰	8	2
10 16	辛巳	8	2
10 17	壬午	7	3
10 18	癸未	7	3
10 19	甲申	7	3
10 20	乙酉	6	4
10 21	丙戌	6	4
10 22	丁亥	6	4
10 23	戊子	5	5
10 24	己丑	5	5
10 25	庚寅	5	5
10 26	辛卯	4	6
10 27	壬辰	4	6
10 28	癸巳	4	6
10 29	甲午	3	7
10 30	乙未	3	7
10 31	丙申	3	7
11 1	丁酉	2	8
11 2	戊戌	2	8
11 3	己亥	2	8
11 4	庚子	1	9
11 5	辛丑	1	9
11 6	壬寅	1	9
11 7	癸卯	0	10
11 8	甲辰	0	10

月柱 癸亥（11月8日9:49～12月8日2:22）

生日	日柱	立運年齢 男	女
11 8	甲辰	10	0
11 9	乙巳	10	0
11 10	丙午	9	1
11 11	丁未	9	1
11 12	戊申	8	1
11 13	己酉	8	2
11 14	庚戌	8	2
11 15	辛亥	8	2
11 16	壬子	7	3
11 17	癸丑	7	3
11 18	甲寅	7	3
11 19	乙卯	6	4
11 20	丙辰	6	4
11 21	丁巳	5	4
11 22	戊午	5	5
11 23	己未	5	5
11 24	庚申	5	5
11 25	辛酉	4	6
11 26	壬戌	4	6
11 27	癸亥	3	6
11 28	甲子	3	7
11 29	乙丑	3	7
11 30	丙寅	3	7
12 1	丁卯	2	8
12 2	戊辰	2	8
12 3	己巳	2	8
12 4	庚午	1	9
12 5	辛未	1	9
12 6	壬申	1	9
12 7	癸酉	0	10
12 8	甲戌	0	10

月柱 甲子（12月8日2:23～1月6日13:27）

生日	日柱	立運年齢 男	女
12 8	甲戌	10	0
12 9	乙亥	9	0
12 10	丙子	9	1
12 11	丁丑	8	1
12 12	戊寅	8	1
12 13	己卯	8	2
12 14	庚辰	8	2
12 15	辛巳	7	2
12 16	壬午	7	3
12 17	癸未	6	3
12 18	甲申	6	3
12 19	乙酉	6	4
12 20	丙戌	6	4
12 21	丁亥	5	4
12 22	戊子	5	5
12 23	己丑	5	5
12 24	庚寅	5	5
12 25	辛卯	4	6
12 26	壬辰	4	6
12 27	癸巳	3	6
12 28	甲午	3	7
12 29	乙未	3	7
12 30	丙申	2	7
12 31	丁酉	2	8
1 1	戊戌	2	8
1 2	己亥	2	8
1 3	庚子	1	9
1 4	辛丑	1	9
1 5	壬寅	0	9
1 6	癸卯	0	10

月柱 乙丑（1月6日13:28～2月5日1:13）

生日	日柱	立運年齢 男	女
1 6	癸卯	10	0
1 7	甲辰	10	0
1 8	乙巳	9	1
1 9	丙午	9	1
1 10	丁未	9	1
1 11	戊申	8	2
1 12	己酉	8	2
1 13	庚戌	8	2
1 14	辛亥	7	3
1 15	壬子	7	3
1 16	癸丑	7	3
1 17	甲寅	6	4
1 18	乙卯	6	4
1 19	丙辰	6	4
1 20	丁巳	5	5
1 21	戊午	5	5
1 22	己未	5	5
1 23	庚申	4	6
1 24	辛酉	4	6
1 25	壬戌	4	6
1 26	癸亥	3	7
1 27	甲子	3	7
1 28	乙丑	3	7
1 29	丙寅	2	8
1 30	丁卯	2	8
1 31	戊辰	2	8
2 1	己巳	1	9
2 2	庚午	1	9
2 3	辛未	1	9
2 4	壬申	0	10
2 5	癸酉	0	10

大運表

歳	庚申 男	歳	庚申 女	歳	辛酉 男	歳	辛酉 女	歳	壬戌 男	歳	壬戌 女	歳	癸亥 男	歳	癸亥 女	歳	甲子 男	歳	甲子 女	歳	乙丑 男	歳	乙丑 女
0	辛酉	0	己未	0	壬戌	0	庚申	0	癸亥	0	辛酉	0	甲子	0	壬戌	0	乙丑	0	癸亥	0	丙寅	0	甲子
10	壬戌	10	戊午	10	癸亥	10	己未	10	甲子	10	庚申	10	乙丑	10	辛酉	10	丙寅	10	壬戌	10	丁卯	10	癸亥
20	癸亥	20	丁巳	20	甲子	20	戊午	20	乙丑	20	己未	20	丙寅	20	庚申	20	丁卯	20	辛酉	20	戊辰	20	壬戌
30	甲子	30	丙辰	30	乙丑	30	丁巳	30	丙寅	30	戊午	30	丁卯	30	己未	30	戊辰	30	庚申	30	己巳	30	辛酉
40	乙丑	40	乙卯	40	丙寅	40	丙辰	40	丁卯	40	丁巳	40	戊辰	40	戊午	40	己巳	40	己未	40	庚午	40	庚申
50	丙寅	50	甲寅	50	丁卯	50	乙卯	50	戊辰	50	丙辰	50	己巳	50	丁巳	50	庚午	50	戊午	50	辛未	50	己未
60	丁卯	60	癸丑	60	戊辰	60	甲寅	60	己巳	60	乙卯	60	庚午	60	丙辰	60	辛未	60	丁巳	60	壬申	60	戊午
70	戊辰	70	壬子	70	己巳	70	癸丑	70	庚午	70	甲寅	70	辛未	70	乙卯	70	壬申	70	丙辰	70	癸酉	70	丁巳
80	己巳	80	辛亥	80	庚午	80	壬子	80	辛未	80	癸丑	80	壬申	80	甲寅	80	癸酉	80	乙卯	80	甲戌	80	丙辰

年柱 己卯 1939年(昭和14年)2月5日1時14分～

月柱	丙寅 2月5日 1:14～3月6日19:26			丁卯 3月6日19:27～4月6日 0:37			戊辰 4月6日 0:38～5月6日18:20			己巳 5月6日18:21～6月6日22:51			庚午 6月6日22:52～7月8日 9:18			辛未 7月8日 9:19～8月8日19:03		
生日/日柱/男/女	生日 日柱 男 女			生日 日柱 男 女			生日 日柱 男 女			生日 日柱 男 女			生日 日柱 男 女			生日 日柱 男 女		
	2 5 癸$_1$酉 0 10			3 6 壬$_1$寅 0 10			4 6 癸$_1$酉 0 10			5 6 癸$_1$卯 0 10			6 6 甲$_1$戌 0 11			7 8 丙$_1$午 0 10		
	2 6 甲$_1$戌 0 9			3 7 癸$_1$卯 0 10			4 7 甲$_1$戌 0 10			5 7 甲$_1$辰 0 10			6 7 乙$_1$亥 0 10			7 9 丁$_1$未 0 10		
	2 7 乙$_1$亥 1 9			3 8 甲$_1$辰 1 10			4 8 乙$_1$亥 1 9			5 8 乙$_1$巳 1 10			6 8 丙$_1$子 1 10			7 10 戊$_1$申 1 10		
	2 8 丙$_1$子 1 9			3 9 乙$_1$巳 1 9			4 9 丙$_1$子 1 9			5 9 丙$_1$午 1 9			6 9 丁$_1$丑 1 10			7 11 己$_1$酉 1 10		
	2 9 丁$_1$丑 1 8			3 10 丙$_1$午 1 9			4 10 丁$_3$丑 1 9			5 10 丁$_1$未 1 9			6 10 戊$_1$寅 1 9			7 12 庚$_1$戌 1 9		
	2 10 戊$_2$寅 2 8			3 11 丁$_1$未 2 9			4 11 戊$_2$寅 2 8			5 11 戊$_1$申 2 8			6 11 己$_1$卯 2 9			7 13 辛$_1$亥 2 9		
	2 11 己$_2$卯 2 8			3 12 戊$_2$申 2 8			4 12 己$_2$卯 2 8			5 12 己$_1$酉 2 8			6 12 庚$_1$辰 2 9			7 14 壬$_1$子 2 8		
	2 12 庚$_2$辰 2 7			3 13 己$_2$酉 2 8			4 13 庚$_1$辰 2 8			5 13 庚$_1$戌 2 8			6 13 辛$_1$巳 2 8			7 15 癸$_3$丑 2 8		
	2 13 辛$_1$巳 3 7			3 14 庚$_1$戌 3 8			4 14 辛$_1$巳 3 7			5 14 辛$_2$亥 3 7			6 14 壬$_1$午 3 8			7 16 甲$_1$寅 3 8		
	2 14 壬$_3$午 3 7			3 15 辛$_1$亥 3 7			4 15 壬$_3$午 3 7			5 15 壬$_1$子 3 7			6 15 癸$_3$未 3 7			7 17 乙$_1$卯 3 7		
	2 15 癸$_3$未 3 6			3 16 壬$_1$子 3 7			4 16 癸$_3$未 3 7			5 16 癸$_1$丑 3 7			6 16 甲$_1$申 3 7			7 18 丙$_1$辰 3 7		
	2 16 甲$_1$申 4 6			3 17 癸$_1$丑 4 7			4 17 甲$_1$申 4 6			5 17 甲$_2$寅 4 7			6 17 乙$_1$酉 4 7			7 19 丁$_1$巳 4 7		
	2 17 乙$_1$酉 4 6			3 18 甲$_1$寅 4 6			4 18 乙$_1$酉 4 6			5 18 乙$_1$卯 4 6			6 18 丙$_1$戌 4 6			7 20 戊$_1$午 4 6		
	2 18 丙$_1$戌 4 5			3 19 乙$_1$卯 4 6			4 19 丙$_1$戌 4 6			5 19 丙$_1$辰 4 6			6 19 丁$_1$亥 4 6			7 21 己$_1$未 4 6		
	2 19 丁$_1$亥 5 5			3 20 丙$_1$辰 5 6			4 20 丁$_1$亥 5 5			5 20 丁$_1$巳 5 6			6 20 戊$_1$子 5 6			7 22 庚$_1$申 5 6		
	2 20 戊$_2$子 5 5			3 21 丁$_3$巳 5 5			4 21 戊$_2$子 5 5			5 21 戊$_1$午 5 5			6 21 己$_1$丑 5 5			7 23 辛$_1$酉 5 5		
	2 21 己$_1$丑 5 4			3 22 戊$_3$午 5 5			4 22 己$_1$丑 5 5			5 22 己$_1$未 5 5			6 22 庚$_2$寅 5 5			7 24 壬$_1$戌 5 5		
	2 22 庚$_2$寅 6 4			3 23 己$_1$未 6 5			4 23 庚$_1$寅 6 4			5 23 庚$_1$申 6 5			6 23 辛$_1$卯 6 5			7 25 癸$_3$亥 5 5		
	2 23 辛$_1$卯 6 4			3 24 庚$_1$申 6 4			4 24 辛$_1$卯 6 4			5 24 辛$_1$酉 6 4			6 24 壬$_1$辰 6 5			7 26 甲$_1$子 6 4		
	2 24 壬$_1$辰 6 3			3 25 辛$_1$酉 6 4			4 25 壬$_2$辰 6 3			5 25 壬$_3$戌 6 4			6 25 癸$_3$巳 6 4			7 27 乙$_1$丑 6 4		
	2 25 癸$_3$巳 7 3			3 26 壬$_2$戌 6 3			4 26 癸$_3$巳 7 3			5 26 癸$_3$亥 7 3			6 26 甲$_1$午 7 4			7 28 丙$_1$寅 7 4		
	2 26 甲$_1$午 7 3			3 27 癸$_3$亥 7 3			4 27 甲$_2$午 7 3			5 27 甲$_2$子 7 3			6 27 乙$_1$未 7 3			7 29 丁$_1$卯 7 3		
	2 27 乙$_1$未 7 2			3 28 甲$_1$子 7 3			4 28 乙$_1$未 7 2			5 28 乙$_1$丑 7 3			6 28 丙$_1$申 7 3			7 30 戊$_1$辰 7 3		
	2 28 丙$_1$申 8 2			3 29 乙$_1$丑 8 3			4 29 丙$_1$申 8 2			5 29 丙$_1$寅 8 3			6 29 丁$_1$酉 8 3			7 31 己$_1$巳 8 3		
	3 1 丁$_1$酉 8 2			3 30 丙$_1$寅 8 2			4 30 丁$_1$酉 8 2			5 30 丁$_1$卯 8 2			6 30 戊$_1$戌 8 3			8 1 庚$_1$午 8 2		
	3 2 戊$_2$戌 8 1			3 31 丁$_1$卯 8 2			5 1 戊$_3$戌 8 1			5 31 戊$_3$辰 8 2			7 1 己$_1$亥 8 2			8 2 辛$_1$未 8 2		
	3 3 己$_2$亥 9 1			4 1 戊$_3$辰 9 2			5 2 己$_1$亥 9 1			6 1 己$_1$巳 9 1			7 2 庚$_2$子 9 2			8 3 壬$_1$申 9 2		
	3 4 庚$_3$子 9 1			4 2 己$_1$巳 9 1			5 3 庚$_1$子 9 1			6 2 庚$_2$午 9 1			7 3 辛$_1$丑 9 2			8 4 癸$_3$酉 9 1		
	3 5 辛$_3$丑 9 0			4 3 庚$_3$午 9 1			5 4 辛$_1$丑 9 0			6 3 辛$_1$未 9 1			7 4 壬$_3$寅 9 1			8 5 甲$_3$戌 9 1		
	3 6 壬$_3$寅 10 0			4 4 辛$_1$未 10 1			5 5 壬$_1$寅 10 0			6 4 壬$_1$申 10 0			7 5 癸$_3$卯 10 1			8 6 乙$_2$亥 10 1		
				4 5 壬$_1$申 10 0			5 6 癸$_1$卯 10 0			6 5 癸$_3$酉 10 0			7 6 甲$_3$辰 10 1			8 7 丙$_2$子 10 0		
				4 6 癸$_1$酉 10 0						6 6 甲$_3$戌 10 0			7 7 乙$_3$巳 10 0			8 8 丁$_1$丑 10 0		
													7 8 丙$_1$午 11 0					

歳	男	歳	女	歳	男	歳	女	歳	男	歳	女	歳	男	歳	女	歳	男	歳	女	歳	男	歳	女
0	乙丑	0	丁卯	0	丙寅	0	戊辰	0	丁卯	0	己巳	0	戊辰	0	庚午	0	己巳	0	辛未	0	庚午	0	壬申
10	甲子	10	戊辰	10	乙丑	10	己巳	10	丙寅	10	庚午	10	丁卯	10	辛未	10	戊辰	10	壬申	10	己巳	10	癸酉
20	癸亥	20	己巳	20	甲子	20	庚午	20	乙丑	20	辛未	20	丙寅	20	壬申	20	丁卯	20	癸酉	20	戊辰	20	甲戌
30	壬戌	30	庚午	30	癸亥	30	辛未	30	甲子	30	壬申	30	乙丑	30	癸酉	30	丙寅	30	甲戌	30	丁卯	30	乙亥
40	辛酉	40	辛未	40	壬戌	40	壬申	40	癸亥	40	癸酉	40	甲子	40	甲戌	40	乙丑	40	乙亥	40	丙寅	40	丙子
50	庚申	50	壬申	50	辛酉	50	癸酉	50	壬戌	50	甲戌	50	癸亥	50	乙亥	50	甲子	50	丙子	50	乙丑	50	丁丑
60	己未	60	癸酉	60	庚申	60	甲戌	60	辛酉	60	乙亥	60	壬戌	60	丙子	60	癸亥	60	丁丑	60	甲子	60	戊寅
70	戊午	70	甲戌	70	己未	70	乙亥	70	庚申	70	丙子	70	辛酉	70	丁丑	70	壬戌	70	戊寅	70	癸亥	70	己卯
80	丁巳	80	乙亥	80	戊午	80	丙子	80	己未	80	丁丑	80	庚申	80	戊寅	80	辛酉	80	己卯	80	壬戌	80	庚辰

～1940年（昭和15年）2月5日7時07分

月柱 壬申（8月8日19:04～ / 9月8日21:41）

生日	日柱	男	女
8/8	丁$_1$丑	0	10
8/9	戊$_3$寅	0	10
8/10	己$_3$卯	1	10
8/11	庚$_1$辰	1	9
8/12	辛$_1$巳	1	9
8/13	壬$_2$午	2	9
8/14	癸$_2$未	2	8
8/15	甲$_2$申	2	8
8/16	乙$_3$酉	3	8
8/17	丙$_3$戌	3	7
8/18	丁$_1$亥	3	7
8/19	戊$_3$子	4	7
8/20	己$_1$丑	4	6
8/21	庚$_1$寅	4	6
8/22	辛$_1$卯	5	6
8/23	壬$_1$辰	5	5
8/24	癸$_1$巳	5	5
8/25	甲$_1$午	6	5
8/26	乙$_1$未	6	4
8/27	丙$_1$申	6	4
8/28	丁$_1$酉	7	4
8/29	戊$_3$戌	7	3
8/30	己$_1$亥	7	3
8/31	庚$_1$子	8	3
9/1	辛$_1$丑	8	2
9/2	壬$_1$寅	8	2
9/3	癸$_1$卯	9	2
9/4	甲$_1$辰	9	1
9/5	乙$_1$巳	9	1
9/6	丙$_1$午	10	1
9/7	丁$_1$未	10	0
9/8	戊$_3$申	10	0

月柱 癸酉（9月8日21:42～ / 10月9日12:56）

生日	日柱	男	女
9/8	戊$_3$申	0	10
9/9	己$_3$酉	0	10
9/10	庚$_1$戌	1	10
9/11	辛$_1$亥	1	9
9/12	壬$_1$子	1	9
9/13	癸$_2$丑	2	9
9/14	甲$_2$寅	2	8
9/15	乙$_1$卯	2	8
9/16	丙$_3$辰	3	8
9/17	丁$_1$巳	3	7
9/18	戊$_2$午	3	7
9/19	己$_1$未	4	7
9/20	庚$_1$申	4	6
9/21	辛$_1$酉	4	6
9/22	壬$_2$戌	5	6
9/23	癸$_2$亥	5	5
9/24	甲$_1$子	5	5
9/25	乙$_1$丑	6	5
9/26	丙$_2$寅	6	4
9/27	丁$_1$卯	6	4
9/28	戊$_2$辰	7	4
9/29	己$_1$巳	7	3
9/30	庚$_1$午	7	3
10/1	辛$_1$未	8	3
10/2	壬$_1$申	8	2
10/3	癸$_3$酉	8	2
10/4	甲$_1$戌	9	2
10/5	乙$_1$亥	9	1
10/6	丙$_1$子	9	1
10/7	丁$_1$丑	10	1
10/8	戊$_1$寅	10	0
10/9	己$_3$卯	10	0

月柱 甲戌（10月9日12:57～ / 11月8日15:39）

生日	日柱	男	女
10/9	己$_1$卯	0	10
10/10	庚$_1$辰	0	10
10/11	辛$_1$巳	1	10
10/12	壬$_3$午	1	9
10/13	癸$_3$未	1	9
10/14	甲$_2$申	2	9
10/15	乙$_2$酉	2	8
10/16	丙$_2$戌	2	8
10/17	丁$_2$亥	3	8
10/18	戊$_1$子	3	7
10/19	己$_1$丑	3	7
10/20	庚$_2$寅	4	7
10/21	辛$_1$卯	4	6
10/22	壬$_1$辰	4	6
10/23	癸$_3$巳	5	6
10/24	甲$_2$午	5	5
10/25	乙$_2$未	5	5
10/26	丙$_2$申	6	5
10/27	丁$_2$酉	6	4
10/28	戊$_1$戌	6	4
10/29	己$_1$亥	7	4
10/30	庚$_1$子	7	3
10/31	辛$_1$丑	7	3
11/1	壬$_3$寅	8	3
11/2	癸$_3$卯	8	2
11/3	甲$_1$辰	8	2
11/4	乙$_2$巳	9	2
11/5	丙$_1$午	9	1
11/6	丁$_2$未	9	1
11/7	戊$_1$申	10	0
11/8	己$_1$酉	10	0

月柱 乙亥（11月8日15:40～ / 12月8日 8:17）

生日	日柱	男	女
11/8	己$_2$酉	0	10
11/9	庚$_2$戌	0	10
11/10	辛$_2$亥	1	10
11/11	壬$_3$子	1	9
11/12	癸$_1$丑	1	9
11/13	甲$_1$寅	2	9
11/14	乙$_2$卯	2	8
11/15	丙$_2$辰	2	8
11/16	丁$_2$巳	3	8
11/17	戊$_1$午	3	7
11/18	己$_2$未	3	7
11/19	庚$_2$申	4	7
11/20	辛$_2$酉	4	6
11/21	壬$_2$戌	4	6
11/22	癸$_1$亥	5	6
11/23	甲$_1$子	5	5
11/24	乙$_1$丑	5	5
11/25	丙$_2$寅	6	5
11/26	丁$_2$卯	6	4
11/27	戊$_2$辰	6	4
11/28	己$_2$巳	7	4
11/29	庚$_2$午	7	3
11/30	辛$_2$未	7	3
12/1	壬$_1$申	8	3
12/2	癸$_3$酉	8	2
12/3	甲$_1$戌	8	2
12/4	乙$_1$亥	9	2
12/5	丙$_2$子	9	1
12/6	丁$_2$丑	9	1
12/7	戊$_1$寅	10	0
12/8	己$_1$卯	10	0

月柱 丙子（12月8日 8:18～ / 1月6日19:23）

生日	日柱	男	女
12/8	己$_2$卯	0	10
12/9	庚$_2$辰	0	10
12/10	辛$_1$巳	1	10
12/11	壬$_2$午	1	9
12/12	癸$_2$未	1	9
12/13	甲$_1$申	2	9
12/14	乙$_2$酉	2	8
12/15	丙$_2$戌	2	8
12/16	丁$_2$亥	3	8
12/17	戊$_2$子	3	7
12/18	己$_1$丑	3	7
12/19	庚$_2$寅	4	7
12/20	辛$_2$卯	4	6
12/21	壬$_2$辰	4	6
12/22	癸$_1$巳	5	6
12/23	甲$_2$午	5	5
12/24	乙$_2$未	5	5
12/25	丙$_2$申	6	5
12/26	丁$_2$酉	6	4
12/27	戊$_1$戌	6	4
12/28	己$_2$亥	7	4
12/29	庚$_2$子	7	3
12/30	辛$_2$丑	7	3
12/31	壬$_2$寅	8	3
1/1	癸$_2$卯	8	2
1/2	甲$_1$辰	8	2
1/3	乙$_2$巳	9	2
1/4	丙$_1$午	9	1
1/5	丁$_2$未	9	0
1/6	戊$_2$申	10	0

月柱 丁丑（1月6日19:24～ / 2月5日 7:07）

生日	日柱	男	女
1/6	戊$_1$申	0	10
1/7	己$_1$酉	0	10
1/8	庚$_1$戌	1	10
1/9	辛$_1$亥	1	9
1/10	壬$_2$子	1	9
1/11	癸$_3$丑	2	9
1/12	甲$_2$寅	2	8
1/13	乙$_2$卯	2	8
1/14	丙$_2$辰	3	8
1/15	丁$_1$巳	3	7
1/16	戊$_1$午	3	7
1/17	己$_1$未	4	7
1/18	庚$_1$申	4	6
1/19	辛$_1$酉	4	6
1/20	壬$_2$戌	5	6
1/21	癸$_2$亥	5	5
1/22	甲$_2$子	5	5
1/23	乙$_3$丑	6	4
1/24	丙$_2$寅	6	4
1/25	丁$_1$卯	6	4
1/26	戊$_1$辰	7	3
1/27	己$_1$巳	7	3
1/28	庚$_1$午	7	3
1/29	辛$_1$未	8	2
1/30	壬$_2$申	8	2
1/31	癸$_2$酉	8	2
2/1	甲$_1$戌	9	1
2/2	乙$_1$亥	9	1
2/3	丙$_1$子	9	0
2/4	丁$_1$丑	10	0
2/5	戊$_1$寅	10	0

歳	男	歳	女	歳	男	歳	女	歳	男	歳	女	歳	男	歳	女	歳	男	歳	女	歳	男	歳	女
0	辛未	0	癸酉	0	壬申	0	甲戌	0	癸酉	0	乙亥	0	甲戌	0	丙子	0	乙亥	0	丁丑	0	丙子	0	戊寅
10	庚午	10	甲戌	10	辛未	10	乙亥	10	壬申	10	丙子	10	癸酉	10	丁丑	10	甲戌	10	戊寅	10	乙亥	10	己卯
20	己巳	20	乙亥	20	庚午	20	丙子	20	辛未	20	丁丑	20	壬申	20	戊寅	20	癸酉	20	己卯	20	甲戌	20	庚辰
30	戊辰	30	丙子	30	己巳	30	丁丑	30	庚午	30	戊寅	30	辛未	30	己卯	30	壬申	30	庚辰	30	癸酉	30	辛巳
40	丁卯	40	丁丑	40	戊辰	40	戊寅	40	己巳	40	己卯	40	庚午	40	庚辰	40	辛未	40	辛巳	40	壬申	40	壬午
50	丙寅	50	戊寅	50	丁卯	50	己卯	50	戊辰	50	庚辰	50	己巳	50	辛巳	50	庚午	50	壬午	50	辛未	50	癸未
60	乙丑	60	己卯	60	丙寅	60	庚辰	60	丁卯	60	辛巳	60	戊辰	60	壬午	60	己巳	60	癸未	60	庚午	60	甲申
70	甲子	70	庚辰	70	乙丑	70	辛巳	70	丙寅	70	壬午	70	丁卯	70	癸未	70	戊辰	70	甲申	70	己巳	70	乙酉
80	癸亥	80	辛巳	80	甲子	80	壬午	80	乙丑	80	癸未	80	丙寅	80	甲申	80	丁卯	80	乙酉	80	戊辰	80	丙戌

年柱 庚辰 — 1940年（昭和15年）2月5日7時08分～

2月5日 7:08～ 3月6日 1:24				3月6日 1:25～ 4月5日 6:34				4月5日 6:35～ 5月6日 0:15				5月6日 0:16～ 6月6日 4:43				6月6日 4:44～ 7月7日15:07				7月7日15:08～ 8月8日 0:51			
月柱 戊寅		立運年齢		**月柱 己卯**		立運年齢		**月柱 庚辰**		立運年齢		**月柱 辛巳**		立運年齢		**月柱 壬午**		立運年齢		**月柱 癸未**		立運年齢	
生日	日柱	男	女	生日	日柱	男	女	生日	日柱	男	女	生日	日柱	男	女	生日	日柱	男	女	生日	日柱	男	女
2/5	戊$_2$寅	10	0	3/6	戊$_1$申	10	0	4/5	戊$_1$寅	10	0	5/6	己$_1$酉	10	0	6/6	庚$_1$辰	10	0	7/7	辛$_2$亥	11	0
2/6	己$_2$卯	10	0	3/7	己$_2$酉	10	0	4/6	己$_1$卯	10	0	5/7	庚$_1$戌	10	0	6/7	辛$_1$巳	10	0	7/8	壬$_1$子	10	1
2/7	庚$_1$辰	9	1	3/8	庚$_1$戌	9	1	4/7	庚$_1$辰	10	1	5/8	辛$_1$亥	10	1	6/8	壬$_1$午	10	1	7/9	癸$_2$丑	10	1
2/8	辛$_1$巳	9	1	3/9	辛$_1$亥	9	1	4/8	辛$_1$巳	9	1	5/9	壬$_2$子	9	1	6/9	癸$_3$未	9	1	7/10	甲$_1$寅	10	1
2/9	壬$_3$午	9	1	3/10	壬$_1$子	9	1	4/9	壬$_2$午	9	2	5/10	癸$_2$丑	9	1	6/10	甲$_3$申	9	1	7/11	乙$_1$卯	9	1
2/10	癸$_3$未	8	2	3/11	癸$_1$丑	8	2	4/10	癸$_2$未	9	2	5/11	甲$_3$寅	9	2	6/11	乙$_3$酉	9	2	7/12	丙$_3$辰	9	2
2/11	甲$_2$申	8	2	3/12	甲$_1$寅	8	2	4/11	甲$_1$申	8	2	5/12	乙$_3$卯	8	2	6/12	丙$_3$戌	8	2	7/13	丁$_1$巳	9	2
2/12	乙$_2$酉	8	2	3/13	乙$_1$卯	8	2	4/12	乙$_2$酉	8	2	5/13	丙$_2$辰	8	2	6/13	丁$_2$亥	8	2	7/14	戊$_2$午	8	2
2/13	丙$_2$戌	7	3	3/14	丙$_1$辰	7	3	4/13	丙$_2$戌	7	3	5/14	丁$_1$巳	7	3	6/14	戊$_3$子	8	3	7/15	己$_1$未	8	3
2/14	丁$_3$亥	7	3	3/15	丁$_1$巳	7	3	4/14	丁$_1$亥	7	3	5/15	戊$_3$午	7	3	6/15	己$_1$丑	7	3	7/16	庚$_1$申	8	3
2/15	戊$_3$子	7	3	3/16	戊$_1$午	7	3	4/15	戊$_1$子	7	3	5/16	己$_1$未	7	3	6/16	庚$_1$寅	7	3	7/17	辛$_1$酉	7	3
2/16	己$_1$丑	6	4	3/17	己$_1$未	6	4	4/16	己$_1$丑	7	4	5/17	庚$_1$申	7	4	6/17	辛$_1$卯	7	4	7/18	壬$_1$戌	7	4
2/17	庚$_1$寅	6	4	3/18	庚$_1$申	6	4	4/17	庚$_1$寅	6	4	5/18	辛$_1$酉	6	4	6/18	壬$_1$辰	6	4	7/19	癸$_3$亥	7	4
2/18	辛$_1$卯	6	4	3/19	辛$_1$酉	6	4	4/18	辛$_1$卯	6	4	5/19	壬$_1$戌	6	4	6/19	癸$_3$巳	6	4	7/20	甲$_2$子	6	4
2/19	壬$_3$辰	5	5	3/20	壬$_3$戌	5	5	4/19	壬$_3$辰	6	5	5/20	癸$_3$亥	6	5	6/20	甲$_3$午	6	5	7/21	乙$_3$丑	6	5
2/20	癸$_3$巳	5	5	3/21	癸$_3$亥	5	5	4/20	癸$_3$巳	5	5	5/21	甲$_3$子	5	5	6/21	乙$_3$未	5	5	7/22	丙$_2$寅	5	5
2/21	甲$_2$午	5	5	3/22	甲$_1$子	5	5	4/21	甲$_2$午	5	5	5/22	乙$_3$丑	5	5	6/22	丙$_2$申	5	5	7/23	丁$_1$卯	5	5
2/22	乙$_2$未	4	6	3/23	乙$_1$丑	4	6	4/22	乙$_2$未	4	6	5/23	丙$_2$寅	4	6	6/23	丁$_2$酉	5	6	7/24	戊$_2$辰	5	6
2/23	丙$_2$申	4	6	3/24	丙$_1$寅	4	6	4/23	丙$_1$申	4	6	5/24	丁$_1$卯	4	6	6/24	戊$_2$戌	4	6	7/25	己$_1$巳	5	6
2/24	丁$_1$酉	4	6	3/25	丁$_1$卯	4	6	4/24	丁$_1$酉	4	6	5/25	戊$_1$辰	4	6	6/25	己$_1$亥	4	6	7/26	庚$_1$午	4	6
2/25	戊$_1$戌	3	7	3/26	戊$_1$辰	3	7	4/25	戊$_1$戌	3	7	5/26	己$_1$巳	3	7	6/26	庚$_1$子	3	7	7/27	辛$_1$未	4	7
2/26	己$_2$亥	3	7	3/27	己$_1$巳	3	7	4/26	己$_1$亥	3	7	5/27	庚$_1$午	3	7	6/27	辛$_1$丑	3	7	7/28	壬$_1$申	3	7
2/27	庚$_2$子	3	7	3/28	庚$_1$午	3	7	4/27	庚$_1$子	3	7	5/28	辛$_1$未	3	8	6/28	壬$_1$寅	3	7	7/29	癸$_2$酉	3	7
2/28	辛$_1$丑	2	8	3/29	辛$_1$未	2	8	4/28	辛$_1$丑	2	8	5/29	壬$_1$申	3	8	6/29	癸$_2$卯	3	8	7/30	甲$_1$戌	3	8
2/29	壬$_2$寅	2	8	3/30	壬$_1$申	2	8	4/29	壬$_2$寅	2	8	5/30	癸$_2$酉	2	8	6/30	甲$_3$辰	2	8	7/31	乙$_3$亥	3	8
3/1	癸$_2$卯	1	9	3/31	癸$_1$酉	1	9	4/30	癸$_2$卯	2	9	5/31	甲$_3$戌	2	9	7/1	乙$_1$巳	2	8	8/1	丙$_3$子	2	8
3/2	甲$_2$辰	1	9	4/1	甲$_1$戌	1	9	5/1	甲$_3$辰	1	9	6/1	乙$_3$亥	1	9	7/2	丙$_1$午	2	9	8/2	丁$_1$丑	2	9
3/3	乙$_2$巳	1	9	4/2	乙$_1$亥	1	9	5/2	乙$_3$巳	1	9	6/2	丙$_1$子	1	9	7/3	丁$_2$未	1	9	8/3	戊$_1$寅	2	9
3/4	丙$_2$午	1	9	4/3	丙$_1$子	1	9	5/3	丙$_3$午	1	9	6/3	丁$_2$丑	1	9	7/4	戊$_1$申	1	9	8/4	己$_1$卯	1	9
3/5	丁$_1$未	0	10	4/4	丁$_1$丑	0	10	5/4	丁$_1$未	0	10	6/4	戊$_1$寅	0	10	7/5	己$_1$酉	1	10	8/5	庚$_1$辰	1	10
3/6	戊$_2$申	0	10	4/5	戊$_2$寅	0	10	5/5	戊$_1$申	0	10	6/5	己$_1$卯	0	10	7/6	庚$_1$戌	0	10	8/6	辛$_1$巳	1	10
								5/6	己$_1$酉	0	10	6/6	庚$_1$辰	0	11	7/7	辛$_1$亥	0	10	8/7	壬$_2$午	0	10
																				8/8	癸$_2$未	0	11

歳	男	歳	女	歳	男	歳	女	歳	男	歳	女	歳	男	歳	女	歳	男	歳	女	歳	男	歳	女
0	己卯	0	丁丑	0	庚辰	0	戊寅	0	辛巳	0	己卯	0	壬午	0	庚辰	0	癸未	0	辛巳	0	甲申	0	壬午
10	庚辰	10	丙子	10	辛巳	10	丁丑	10	壬午	10	戊寅	10	癸未	10	己卯	10	甲申	10	庚辰	10	乙酉	10	辛巳
20	辛巳	20	乙亥	20	壬午	20	丙子	20	癸未	20	丁丑	20	甲申	20	戊寅	20	乙酉	20	己卯	20	丙戌	20	庚辰
30	壬午	30	甲戌	30	癸未	30	乙亥	30	甲申	30	丙子	30	乙酉	30	丁丑	30	丙戌	30	戊寅	30	丁亥	30	己卯
40	癸未	40	癸酉	40	甲申	40	甲戌	40	乙酉	40	乙亥	40	丙戌	40	丙子	40	丁亥	40	丁丑	40	戊子	40	戊寅
50	甲申	50	壬申	50	乙酉	50	癸酉	50	丙戌	50	甲戌	50	丁亥	50	乙亥	50	戊子	50	丙子	50	己丑	50	丁丑
60	乙酉	60	辛未	60	丙戌	60	壬申	60	丁亥	60	癸酉	60	戊子	60	甲戌	60	己丑	60	乙亥	60	庚寅	60	丙子
70	丙戌	70	庚午	70	丁亥	70	辛未	70	戊子	70	壬申	70	己丑	70	癸酉	70	庚寅	70	甲戌	70	辛卯	70	乙亥
80	丁亥	80	己巳	80	戊子	80	庚午	80	己丑	80	辛未	80	庚寅	80	壬申	80	辛卯	80	癸酉	80	壬辰	80	甲戌

～1941年（昭和16年）2月4日12時49分

月柱 甲申 8月8日 0:52～ 9月8日 3:29				月柱 乙酉 9月8日 3:30～ 10月8日18:42				月柱 丙戌 10月8日18:43～ 11月7日21:37				月柱 丁亥 11月7日21:38～ 12月7日14:51				月柱 戊子 12月7日14:52～ 1月6日 1:03				月柱 己丑 1月6日 1:04～ 2月4日12:49			
生日	日柱	男	女	生日	日柱	男	女	生日	日柱	男	女	生日	日柱	男	女	生日	日柱	男	女	生日	日柱	男	女
8 8	癸3未	10	0	9 8	甲3寅	10	0	10 8	甲3申	10	0	11 7	甲2寅	10	0	12 7	甲3申	10	0	1 6	甲3寅	10	0
8 9	甲3申	10	0	9 9	乙3卯	10	0	10 9	乙3酉	10	0	11 8	乙3卯	10	0	12 8	乙3酉	10	0	1 7	乙3卯	9	0
8 10	乙3酉	10	1	9 10	丙3辰	9	1	10 10	丙3戌	9	1	11 9	丙3辰	9	1	12 9	丙3戌	9	1	1 8	丙3辰	9	1
8 11	丙3戌	9	1	9 11	丁2巳	9	1	10 11	丁3亥	9	1	11 10	丁3巳	9	1	12 10	丁3亥	9	1	1 9	丁3巳	9	1
8 12	丁3亥	9	1	9 12	戊2午	9	1	10 12	戊3子	9	1	11 11	戊3午	9	1	12 11	戊2子	9	1	1 10	戊1午	8	1
8 13	戊3子	9	2	9 13	己2未	8	2	10 13	己1丑	8	2	11 12	己1未	8	2	12 12	己1丑	8	2	1 11	己1未	8	2
8 14	己2丑	8	2	9 14	庚1申	8	2	10 14	庚1寅	8	2	11 13	庚1申	8	2	12 13	庚1寅	8	2	1 12	庚1申	8	2
8 15	庚1寅	8	2	9 15	辛1酉	8	2	10 15	辛1卯	8	2	11 14	辛1酉	8	2	12 14	辛1卯	8	2	1 13	辛1酉	7	2
8 16	辛1卯	8	3	9 16	壬2戌	7	3	10 16	壬2辰	7	3	11 15	壬2戌	7	3	12 15	壬2辰	7	3	1 14	壬2戌	7	3
8 17	壬2辰	7	3	9 17	癸3亥	7	3	10 17	癸3巳	7	3	11 16	癸3亥	7	3	12 16	癸3巳	7	3	1 15	癸3亥	7	3
8 18	癸3巳	7	3	9 18	甲3子	7	3	10 18	甲3午	7	3	11 17	甲3子	7	3	12 17	甲3午	7	3	1 16	甲3子	6	3
8 19	甲3午	7	4	9 19	乙3丑	6	4	10 19	乙3未	6	4	11 18	乙3丑	6	4	12 18	乙3未	6	4	1 17	乙3丑	6	4
8 20	乙3未	6	4	9 20	丙3寅	6	4	10 20	丙3申	6	4	11 19	丙3寅	6	4	12 19	丙3申	6	4	1 18	丙3寅	6	4
8 21	丙3申	6	4	9 21	丁3卯	6	4	10 21	丁3酉	6	4	11 20	丁2卯	6	4	12 20	丁3酉	6	4	1 19	丁3卯	5	4
8 22	丁3酉	6	4	9 22	戊2辰	5	5	10 22	戊1戌	5	5	11 21	戊3辰	5	5	12 21	戊1戌	5	5	1 20	戊2辰	5	5
8 23	戊2戌	5	5	9 23	己2巳	5	5	10 23	己1亥	5	5	11 22	己1巳	5	5	12 22	己2亥	5	5	1 21	己2巳	5	5
8 24	己2亥	5	5	9 24	庚1午	5	5	10 24	庚1子	5	5	11 23	庚1午	5	5	12 23	庚1子	5	5	1 22	庚1午	4	5
8 25	庚1子	5	6	9 25	辛1未	4	6	10 25	辛1丑	4	6	11 24	辛1未	4	6	12 24	辛1丑	4	6	1 23	辛1未	4	6
8 26	辛1丑	4	6	9 26	壬2申	4	6	10 26	壬2寅	4	6	11 25	壬2申	4	6	12 25	壬2寅	4	6	1 24	壬2申	4	6
8 27	壬2寅	4	6	9 27	癸3酉	4	6	10 27	癸3卯	4	6	11 26	癸3酉	4	6	12 26	癸3卯	4	6	1 25	癸3酉	3	6
8 28	癸3卯	4	7	9 28	甲3戌	3	7	10 28	甲3辰	3	7	11 27	甲3戌	3	7	12 27	甲3辰	3	7	1 26	甲3戌	3	7
8 29	甲3辰	3	7	9 29	乙3亥	3	7	10 29	乙3巳	3	7	11 28	乙3亥	3	7	12 28	乙3巳	3	7	1 27	乙3亥	3	7
8 30	乙3巳	3	7	9 30	丙3子	3	7	10 30	丙2午	3	7	11 29	丙3子	3	7	12 29	丙3午	3	7	1 28	丙3子	2	7
8 31	丙2午	3	8	10 1	丁3丑	2	8	10 31	丁3未	2	8	11 30	丁3丑	2	8	12 30	丁3未	2	8	1 29	丁3丑	2	8
9 1	丁3未	2	8	10 2	戊3寅	2	8	11 1	戊3申	2	8	12 1	戊3寅	2	8	12 31	戊2申	2	8	1 30	戊2寅	2	8
9 2	戊3申	2	8	10 3	己3卯	2	8	11 2	己3酉	2	8	12 2	己3卯	2	8	1 1	己2酉	2	8	1 31	己1卯	1	8
9 3	己3酉	2	9	10 4	庚1辰	1	9	11 3	庚1戌	1	9	12 3	庚1辰	1	9	1 2	庚1戌	1	9	2 1	庚1辰	1	9
9 4	庚1戌	1	9	10 5	辛1巳	1	9	11 4	辛1亥	1	9	12 4	辛1巳	1	9	1 3	辛1亥	1	9	2 2	辛1巳	1	9
9 5	辛1亥	1	9	10 6	壬2午	1	9	11 5	壬2子	1	9	12 5	壬1午	1	9	1 4	壬1子	1	9	2 3	壬2午	0	9
9 6	壬2子	1	10	10 7	癸3未	0	10	11 6	癸3丑	0	10	12 6	癸1未	0	10	1 5	癸1丑	0	10	2 4	癸1未	0	10
9 7	癸2丑	0	10	10 8	甲3申	0	10	11 7	甲3寅	0	10	12 7	甲3申	0	10	1 6	甲2寅	0	10				
9 8	甲2寅	0	10																				

歳	男	歳	女	歳	男	歳	女	歳	男	歳	女	歳	男	歳	女	歳	男	歳	女	歳	男	歳	女
0	乙酉	0	癸未	0	丙戌	0	甲申	0	丁亥	0	乙酉	0	戊子	0	丙戌	0	己丑	0	丁亥	0	庚寅	0	戊子
10	丙戌	10	壬午	10	丁亥	10	癸未	10	戊子	10	甲申	10	己丑	10	乙酉	10	庚寅	10	丙戌	10	辛卯	10	丁亥
20	丁亥	20	辛巳	20	戊子	20	壬午	20	己丑	20	癸未	20	庚寅	20	甲申	20	辛卯	20	乙酉	20	壬辰	20	丙戌
30	戊子	30	庚辰	30	己丑	30	辛巳	30	庚寅	30	壬午	30	辛卯	30	癸未	30	壬辰	30	甲申	30	癸巳	30	乙酉
40	己丑	40	己卯	40	庚寅	40	庚辰	40	辛卯	40	辛巳	40	壬辰	40	壬午	40	癸巳	40	癸未	40	甲午	40	甲申
50	庚寅	50	戊寅	50	辛卯	50	己卯	50	壬辰	50	庚辰	50	癸巳	50	辛巳	50	甲午	50	壬午	50	乙未	50	癸未
60	辛卯	60	丁丑	60	壬辰	60	戊寅	60	癸巳	60	己卯	60	甲午	60	庚辰	60	乙未	60	辛巳	60	丙申	60	壬午
70	壬辰	70	丙子	70	癸巳	70	丁丑	70	甲午	70	戊寅	70	乙未	70	己卯	70	丙申	70	庚辰	70	丁酉	70	辛巳
80	癸巳	80	乙亥	80	甲午	80	丙子	80	乙未	80	丁丑	80	丙申	80	戊寅	80	丁酉	80	己卯	80	戊戌	80	庚辰

年柱 辛巳　1941年（昭和16年）2月4日12時50分〜

2月4日12:50〜 3月6日7:09	3月6日7:10〜 4月5日12:24	4月5日12:25〜 5月6日6:09	5月6日6:10〜 6月6日10:39	6月6日10:40〜 7月7日21:02	7月7日21:03〜 8月8日6:45
月柱 庚寅	月柱 辛卯	月柱 壬辰	月柱 癸巳	月柱 甲午	月柱 乙未

各欄：生日｜日柱｜立運年齢（男・女）

生日	日柱	男	女	生日	日柱	男	女	生日	日柱	男	女	生日	日柱	男	女	生日	日柱	男	女	生日	日柱	男	女
2 4	癸$_2$未	0	10	3 6	癸$_2$丑	0	10	4 5	癸$_2$未	0	10	5 6	甲$_1$寅	0	10	6 6	乙$_3$酉	0	10	7 7	丙$_1$辰	0	11
2 5	甲$_1$申	0	10	3 7	甲$_1$寅	0	10	4 6	甲$_1$申	0	10	5 7	乙$_2$卯	0	10	6 7	丙$_1$戌	0	10	7 8	丁$_1$巳	0	10
2 6	乙$_2$酉	1	9	3 8	乙$_2$卯	1	9	4 7	乙$_2$酉	1	10	5 8	丙$_1$辰	1	10	6 8	丁$_1$亥	1	10	7 9	戊$_1$午	1	10
2 7	丙$_1$戌	1	9	3 9	丙$_1$辰	1	9	4 8	丙$_3$戌	1	9	5 9	丁$_1$巳	1	9	6 9	戊$_1$子	1	9	7 10	己$_1$未	1	10
2 8	丁$_2$亥	1	9	3 10	丁$_2$巳	1	9	4 9	丁$_2$亥	1	9	5 10	戊$_1$午	1	9	6 10	己$_1$丑	1	9	7 11	庚$_1$申	1	9
2 9	戊$_3$子	2	8	3 11	戊$_3$午	2	8	4 10	戊$_1$子	2	9	5 11	己$_1$未	2	9	6 11	庚$_1$寅	2	9	7 12	辛$_1$酉	2	9
2 10	己$_2$丑	2	8	3 12	己$_2$未	2	8	4 11	己$_1$丑	2	8	5 12	庚$_2$申	2	8	6 12	辛$_1$卯	2	8	7 13	壬$_1$戌	2	9
2 11	庚$_1$寅	2	8	3 13	庚$_1$申	2	8	4 12	庚$_2$寅	2	8	5 13	辛$_2$酉	2	8	6 13	壬$_1$辰	2	8	7 14	癸$_1$亥	2	8
2 12	辛$_1$卯	3	7	3 14	辛$_1$酉	3	7	4 13	辛$_1$卯	3	8	5 14	壬$_2$戌	3	8	6 14	癸$_1$巳	3	8	7 15	甲$_1$子	3	8
2 13	壬$_2$辰	3	7	3 15	壬$_2$戌	3	7	4 14	壬$_2$辰	3	7	5 15	癸$_2$亥	3	7	6 15	甲$_1$午	3	8	7 16	乙$_1$丑	3	8
2 14	癸$_1$巳	3	7	3 16	癸$_1$亥	3	7	4 15	癸$_1$巳	3	7	5 16	甲$_1$子	3	7	6 16	乙$_1$未	3	7	7 17	丙$_1$寅	3	7
2 15	甲$_2$午	4	6	3 17	甲$_2$子	4	6	4 16	甲$_2$午	4	7	5 17	乙$_2$丑	4	7	6 17	丙$_1$申	4	7	7 18	丁$_1$卯	4	7
2 16	乙$_2$未	4	6	3 18	乙$_2$丑	4	6	4 17	乙$_2$未	4	6	5 18	丙$_1$寅	4	6	6 18	丁$_1$酉	4	7	7 19	戊$_1$辰	4	7
2 17	丙$_2$申	4	6	3 19	丙$_2$寅	4	6	4 18	丙$_3$申	4	6	5 19	丁$_1$卯	4	6	6 19	戊$_1$戌	4	6	7 20	己$_1$巳	4	6
2 18	丁$_2$酉	5	5	3 20	丁$_2$卯	5	5	4 19	丁$_2$酉	5	6	5 20	戊$_1$辰	5	6	6 20	己$_1$亥	5	6	7 21	庚$_1$午	5	6
2 19	戊$_2$戌	5	5	3 21	戊$_2$辰	5	5	4 20	戊$_1$戌	5	5	5 21	己$_1$巳	5	5	6 21	庚$_1$子	5	5	7 22	辛$_1$未	5	5
2 20	己$_3$亥	5	5	3 22	己$_3$巳	5	5	4 21	己$_1$亥	5	5	5 22	庚$_3$午	5	5	6 22	辛$_1$丑	5	5	7 23	壬$_1$申	5	5
2 21	庚$_1$子	6	4	3 23	庚$_1$午	6	4	4 22	庚$_1$子	5	5	5 23	辛$_2$未	6	5	6 23	壬$_1$寅	6	5	7 24	癸$_1$酉	6	5
2 22	辛$_1$丑	6	4	3 24	辛$_1$未	6	4	4 23	辛$_1$丑	6	4	5 24	壬$_1$申	6	4	6 24	癸$_1$卯	6	4	7 25	甲$_1$戌	6	5
2 23	壬$_1$寅	6	4	3 25	壬$_1$申	6	4	4 24	壬$_1$寅	6	4	5 25	癸$_2$酉	6	4	6 25	甲$_1$辰	6	4	7 26	乙$_1$亥	6	4
2 24	癸$_1$卯	7	3	3 26	癸$_2$酉	7	3	4 25	癸$_1$卯	7	4	5 26	甲$_1$戌	7	4	6 26	乙$_1$巳	7	4	7 27	丙$_1$子	7	4
2 25	甲$_1$辰	7	3	3 27	甲$_1$戌	7	3	4 26	甲$_1$辰	7	3	5 27	乙$_2$亥	7	3	6 27	丙$_1$午	7	3	7 28	丁$_1$丑	7	4
2 26	乙$_2$巳	7	3	3 28	乙$_2$亥	7	3	4 27	乙$_2$巳	7	3	5 28	丙$_1$子	7	3	6 28	丁$_1$未	7	3	7 29	戊$_1$寅	7	3
2 27	丙$_1$午	8	2	3 29	丙$_2$子	8	2	4 28	丙$_1$午	8	3	5 29	丁$_1$丑	8	3	6 29	戊$_1$申	8	3	7 30	己$_1$卯	8	3
2 28	丁$_2$未	8	2	3 30	丁$_1$丑	8	2	4 29	丁$_2$未	8	2	5 30	戊$_1$寅	8	2	6 30	己$_1$酉	8	2	7 31	庚$_1$辰	8	3
3 1	戊$_3$申	8	2	3 31	戊$_1$寅	8	2	4 30	戊$_1$申	8	2	5 31	己$_1$卯	8	2	7 1	庚$_1$戌	8	2	8 1	辛$_1$巳	8	2
3 2	己$_3$酉	9	1	4 1	己$_3$卯	9	1	5 1	己$_1$酉	9	2	6 1	庚$_2$辰	9	2	7 2	辛$_1$亥	9	2	8 2	壬$_3$午	9	2
3 3	庚$_2$戌	9	1	4 2	庚$_2$辰	9	1	5 2	庚$_2$戌	9	1	6 2	辛$_3$巳	9	1	7 3	壬$_1$子	9	1	8 3	癸$_1$未	9	1
3 4	辛$_2$亥	9	1	4 3	辛$_2$巳	9	1	5 3	辛$_2$亥	9	1	6 3	壬$_2$午	9	1	7 4	癸$_1$丑	9	1	8 4	甲$_1$申	9	1
3 5	壬$_2$子	10	0	4 4	壬$_2$午	10	0	5 4	壬$_1$子	10	1	6 4	癸$_2$未	10	1	7 5	甲$_1$寅	10	1	8 5	乙$_1$酉	10	1
3 6	癸$_2$丑	10	0	4 5	癸$_2$未	10	0	5 5	癸$_2$丑	10	0	6 5	甲$_1$申	10	0	7 6	乙$_1$卯	10	0	8 6	丙$_1$戌	10	1
								5 6	甲$_1$寅	10	0	6 6	乙$_3$酉	10	0	7 7	丙$_1$辰	10	0	8 7	丁$_1$亥	10	0
																				8 8	戊$_1$子	11	0

立運年齢表（歳・男・女）

歳	男	歳	女	歳	男	歳	女	歳	男	歳	女	歳	男	歳	女	歳	男	歳	女	歳	男	歳	女
0	己丑	0	辛卯	0	庚寅	0	壬辰	0	辛卯	0	癸巳	0	壬辰	0	甲午	0	癸巳	0	乙未	0	甲午	0	丙申
10	戊子	10	壬辰	10	己丑	10	癸巳	10	庚寅	10	甲午	10	辛卯	10	乙未	10	壬辰	10	丙申	10	癸巳	10	丁酉
20	丁亥	20	癸巳	20	戊子	20	甲午	20	己丑	20	乙未	20	庚寅	20	丙申	20	辛卯	20	丁酉	20	壬辰	20	戊戌
30	丙戌	30	甲午	30	丁亥	30	乙未	30	戊子	30	丙申	30	己丑	30	丁酉	30	庚寅	30	戊戌	30	辛卯	30	己亥
40	乙酉	40	乙未	40	丙戌	40	丙申	40	丁亥	40	丁酉	40	戊子	40	戊戌	40	己丑	40	己亥	40	庚寅	40	庚子
50	甲申	50	丙申	50	乙酉	50	丁酉	50	丙戌	50	戊戌	50	丁亥	50	己亥	50	戊子	50	庚子	50	己丑	50	辛丑
60	癸未	60	丁酉	60	甲申	60	戊戌	60	乙酉	60	己亥	60	丙戌	60	庚子	60	丁亥	60	辛丑	60	戊子	60	壬寅
70	壬午	70	戊戌	70	癸未	70	己亥	70	甲申	70	庚子	70	乙酉	70	辛丑	70	丙戌	70	壬寅	70	丁亥	70	癸卯
80	辛巳	80	己亥	80	壬午	80	庚子	80	癸未	80	辛丑	80	甲申	80	壬寅	80	乙酉	80	癸卯	80	丙戌	80	甲辰

～1942年（昭和17年）2月4日18時48分

丙申（8月8日 6:46～9月8日 9:23）

生日	日柱	立運年齢 男	女
8 8	戊2子	0	10
8 9	己1丑	0	10
8 10	庚1寅	1	10
8 11	辛1卯	1	9
8 12	壬2辰	1	9
8 13	癸2巳	2	9
8 14	甲3午	2	8
8 15	乙3未	2	8
8 16	丙2申	3	8
8 17	丁2酉	3	7
8 18	戊2戌	3	7
8 19	己1亥	4	7
8 20	庚1子	4	6
8 21	辛1丑	4	6
8 22	壬1寅	5	6
8 23	癸1卯	5	5
8 24	甲1辰	5	5
8 25	乙2巳	6	5
8 26	丙1午	6	4
8 27	丁1未	6	4
8 28	戊2申	7	4
8 29	己2酉	7	3
8 30	庚1戌	7	3
8 31	辛1亥	8	3
9 1	壬1子	8	2
9 2	癸2丑	8	2
9 3	甲1寅	9	2
9 4	乙1卯	9	1
9 5	丙2辰	9	1
9 6	丁1巳	10	1
9 7	戊1午	10	0
9 8	己1未	10	0

丁酉（9月8日 9:24～10月9日 0:38）

生日	日柱	立運年齢 男	女
9 8	己1未	0	10
9 9	庚1申	0	10
9 10	辛1酉	1	10
9 11	壬2戌	1	9
9 12	癸1亥	1	9
9 13	甲3子	2	9
9 14	乙3丑	2	8
9 15	丙1寅	2	8
9 16	丁1卯	3	8
9 17	戊1辰	3	7
9 18	己1巳	3	7
9 19	庚1午	4	7
9 20	辛1未	4	6
9 21	壬1申	4	6
9 22	癸1酉	5	6
9 23	甲3戌	5	5
9 24	乙3亥	5	5
9 25	丙2子	6	5
9 26	丁2丑	6	4
9 27	戊2寅	6	4
9 28	己2卯	7	4
9 29	庚1辰	7	3
9 30	辛1巳	7	3
10 1	壬1午	8	3
10 2	癸2未	8	2
10 3	甲3申	8	2
10 4	乙3酉	9	2
10 5	丙2戌	9	1
10 6	丁2亥	9	1
10 7	戊2子	10	1
10 8	己1丑	10	0
10 9	庚1寅	10	0

戊戌（10月9日 0:39～11月8日 3:24）

生日	日柱	立運年齢 男	女
10 9	庚1寅	0	10
10 10	辛1卯	0	10
10 11	壬3辰	1	10
10 12	癸1巳	1	9
10 13	甲3午	1	9
10 14	乙3未	2	8
10 15	丙1申	2	8
10 16	丁1酉	2	8
10 17	戊1戌	3	7
10 18	己1亥	3	7
10 19	庚1子	3	6
10 20	辛1丑	4	6
10 21	壬1寅	4	6
10 22	癸1卯	4	5
10 23	甲3辰	5	5
10 24	乙3巳	5	5
10 25	丙1午	5	4
10 26	丁1未	6	4
10 27	戊1申	6	4
10 28	己1酉	6	3
10 29	庚1戌	7	3
10 30	辛1亥	7	3
10 31	壬1子	7	2
11 1	癸1丑	8	2
11 2	甲1寅	8	2
11 3	乙3卯	8	1
11 4	丙1辰	9	1
11 5	丁1巳	9	1
11 6	戊1午	9	1
11 7	己1未	10	0
11 8	庚1申	10	0

己亥（11月8日 3:25～12月7日19:56）

生日	日柱	立運年齢 男	女
11 8	庚1申	0	10
11 9	辛1酉	0	9
11 10	壬1戌	1	9
11 11	癸1亥	1	9
11 12	甲1子	1	9
11 13	乙1丑	2	8
11 14	丙1寅	2	8
11 15	丁2卯	2	7
11 16	戊1辰	3	7
11 17	己1巳	3	7
11 18	庚2午	3	6
11 19	辛1未	4	6
11 20	壬1申	4	6
11 21	癸1酉	4	5
11 22	甲1戌	5	5
11 23	乙3亥	5	5
11 24	丙1子	5	4
11 25	丁1丑	6	4
11 26	戊1寅	6	4
11 27	己1卯	6	3
11 28	庚1辰	7	3
11 29	辛2巳	7	2
11 30	壬1午	7	2
12 1	癸1未	8	2
12 2	甲1申	8	1
12 3	乙3酉	8	1
12 4	丙1戌	9	1
12 5	丁1亥	9	0
12 6	戊2子	9	0
12 7	己1丑	10	0

庚子（12月7日19:57～1月6日 7:18）

生日	日柱	立運年齢 男	女
12 7	己1丑	0	10
12 8	庚2寅	0	10
12 9	辛2卯	1	9
12 10	壬1辰	1	9
12 11	癸1巳	1	9
12 12	甲3午	2	8
12 13	乙3未	2	8
12 14	丙3申	3	7
12 15	丁3酉	3	7
12 16	戊2戌	3	7
12 17	己1亥	3	6
12 18	庚2子	4	6
12 19	辛1丑	4	6
12 20	壬1寅	5	5
12 21	癸1卯	5	5
12 22	甲3辰	5	5
12 23	乙3巳	5	4
12 24	丙2午	6	4
12 25	丁3未	6	4
12 26	戊3申	6	3
12 27	己3酉	7	3
12 28	庚1戌	7	3
12 29	辛1亥	7	2
12 30	壬1子	8	2
12 31	癸1丑	8	2
1 1	甲1寅	8	1
1 2	乙3卯	9	1
1 3	丙1辰	9	1
1 4	丁1巳	9	1
1 5	戊2午	10	0
1 6	己2未	10	0

辛丑（1月6日 7:19～2月4日18:48）

生日	日柱	立運年齢 男	女
1 6	己1未	0	10
1 7	庚1申	0	9
1 8	辛1酉	1	9
1 9	壬1戌	1	9
1 10	癸1亥	1	9
1 11	甲1子	2	8
1 12	乙3丑	2	8
1 13	丙2寅	2	7
1 14	丁2卯	3	7
1 15	戊1辰	3	7
1 16	己1巳	3	6
1 17	庚1午	4	6
1 18	辛1未	4	6
1 19	壬1申	4	5
1 20	癸1酉	5	5
1 21	甲3戌	5	5
1 22	乙3亥	5	4
1 23	丙3子	6	4
1 24	丁1丑	6	4
1 25	戊2寅	6	3
1 26	己2卯	7	3
1 27	庚1辰	7	2
1 28	辛1巳	7	2
1 29	壬1午	8	2
1 30	癸1未	8	1
1 31	甲1申	8	1
2 1	乙3酉	9	1
2 2	丙3戌	9	1
2 3	丁3亥	9	0
2 4	戊2子	10	0

大運

歳	男	歳	女	歳	男	歳	女	歳	男	歳	女	歳	男	歳	女	歳	男	歳	女	歳	男	歳	女
0	乙未	0	丁酉	0	丙申	0	戊戌	0	丁酉	0	己亥	0	戊戌	0	庚子	0	己亥	0	辛丑	0	庚子	0	壬寅
10	甲午	10	戊戌	10	乙未	10	己亥	10	丙申	10	庚子	10	丁酉	10	辛丑	10	戊戌	10	壬寅	10	己亥	10	癸卯
20	癸巳	20	己亥	20	甲午	20	庚子	20	乙未	20	辛丑	20	丙申	20	壬寅	20	丁酉	20	癸卯	20	戊戌	20	甲辰
30	壬辰	30	庚子	30	癸巳	30	辛丑	30	甲午	30	壬寅	30	乙未	30	癸卯	30	丙申	30	甲辰	30	丁酉	30	乙巳
40	辛卯	40	辛丑	40	壬辰	40	壬寅	40	癸巳	40	癸卯	40	甲午	40	甲辰	40	乙未	40	乙巳	40	丙申	40	丙午
50	庚寅	50	壬寅	50	辛卯	50	癸卯	50	壬辰	50	甲辰	50	癸巳	50	乙巳	50	甲午	50	丙午	50	乙未	50	丁未
60	己丑	60	癸卯	60	庚寅	60	甲辰	60	辛卯	60	乙巳	60	壬辰	60	丙午	60	癸巳	60	丁未	60	甲午	60	戊申
70	戊子	70	甲辰	70	己丑	70	乙巳	70	庚寅	70	丙午	70	辛卯	70	丁未	70	壬辰	70	戊申	70	癸巳	70	己酉
80	丁亥	80	乙巳	80	戊子	80	丙午	80	己丑	80	丁未	80	庚寅	80	戊申	80	辛卯	80	己酉	80	壬辰	80	庚戌

年柱 壬午 — 1942年（昭和17年）2月4日18時49分～

月柱	節入り期間
壬寅	2月4日18:49～3月6日13:09
癸卯	3月6日13:10～4月5日18:23
甲辰	4月5日18:24～5月6日12:06
乙巳	5月6日12:07～6月6日16:36
丙午	6月6日16:37～7月8日2:51
丁未	7月8日2:52～8月8日12:30

立運年齢（男・女）

壬寅 生日	日柱	男	女	癸卯 生日	日柱	男	女	甲辰 生日	日柱	男	女	乙巳 生日	日柱	男	女	丙午 生日	日柱	男	女	丁未 生日	日柱	男	女
2:4	戊3子	10	0	3:6	戊3午	10	0	4:5	戊3子	10	0	5:6	己3未	10	0	6:6	庚3寅	11	0	7:8	壬3戌	10	0
2:5	己3丑	10	0	3:7	己3未	10	0	4:6	己3丑	10	0	5:7	庚3申	10	0	6:7	辛3卯	10	0	7:9	癸3亥	10	0
2:6	庚3寅	9	1	3:8	庚3申	9	1	4:7	庚3寅	10	1	5:8	辛3酉	10	1	6:8	壬3辰	10	1	7:10	甲2子	10	1
2:7	辛3卯	9	1	3:9	辛3酉	9	1	4:8	辛3卯	9	1	5:9	壬3戌	9	1	6:9	癸3巳	10	1	7:11	乙3丑	9	1
2:8	壬2辰	9	1	3:10	壬2戌	9	1	4:9	壬3辰	9	1	5:10	癸3亥	9	1	6:10	甲3午	9	1	7:12	丙3寅	9	1
2:9	癸2巳	8	2	3:11	癸2亥	8	2	4:10	癸3巳	9	2	5:11	甲1子	9	2	6:11	乙3未	9	2	7:13	丁3卯	9	2
2:10	甲1午	8	2	3:12	甲1子	8	2	4:11	甲1午	8	2	5:12	乙2丑	8	2	6:12	丙3申	9	2	7:14	戊3辰	8	2
2:11	乙1未	8	2	3:13	乙1丑	8	2	4:12	乙1未	8	2	5:13	丙2寅	8	2	6:13	丁1酉	8	2	7:15	己3巳	8	2
2:12	丙2申	7	3	3:14	丙1寅	7	3	4:13	丙3申	8	3	5:14	丁3卯	8	3	6:14	戊1戌	8	3	7:16	庚3午	8	3
2:13	丁2酉	7	3	3:15	丁1卯	7	3	4:14	丁3酉	7	3	5:15	戊3辰	7	3	6:15	己1亥	8	3	7:17	辛3未	7	3
2:14	戊2戌	7	3	3:16	戊1辰	7	3	4:15	戊3戌	7	3	5:16	己1巳	7	3	6:16	庚3子	7	3	7:18	壬3申	7	3
2:15	己3亥	6	4	3:17	己1巳	6	4	4:16	己3亥	7	4	5:17	庚1午	7	4	6:17	辛3丑	7	4	7:19	癸3酉	7	4
2:16	庚3子	6	4	3:18	庚1午	6	4	4:17	庚3子	6	4	5:18	辛2未	6	4	6:18	壬3寅	7	4	7:20	甲3戌	6	4
2:17	辛3丑	6	4	3:19	辛1未	6	4	4:18	辛2丑	6	4	5:19	壬2申	6	4	6:19	癸3卯	6	4	7:21	乙3亥	6	4
2:18	壬2寅	5	5	3:20	壬1申	5	5	4:19	壬2寅	6	5	5:20	癸2酉	6	5	6:20	甲3辰	6	5	7:22	丙1子	6	5
2:19	癸2卯	5	5	3:21	癸1酉	5	5	4:20	癸2卯	5	5	5:21	甲3戌	5	5	6:21	乙3巳	6	5	7:23	丁1丑	5	5
2:20	甲1辰	5	5	3:22	甲1戌	5	5	4:21	甲1辰	5	5	5:22	乙3亥	5	5	6:22	丙3午	5	5	7:24	戊1寅	5	5
2:21	乙1巳	4	6	3:23	乙1亥	4	6	4:22	乙1巳	5	6	5:23	丙1子	5	6	6:23	丁3未	5	6	7:25	己1卯	5	6
2:22	丙1午	4	6	3:24	丙1子	4	6	4:23	丙1午	4	6	5:24	丁1丑	4	6	6:24	戊3申	5	6	7:26	庚1辰	4	6
2:23	丁2未	4	6	3:25	丁1丑	4	6	4:24	丁1未	4	6	5:25	戊2寅	4	6	6:25	己3酉	4	6	7:27	辛1巳	4	6
2:24	戊3申	3	7	3:26	戊2寅	3	7	4:25	戊3申	4	7	5:26	己3卯	4	7	6:26	庚3戌	4	7	7:28	壬1午	4	7
2:25	己3酉	3	7	3:27	己2卯	3	7	4:26	己3酉	3	7	5:27	庚3辰	3	7	6:27	辛3亥	4	7	7:29	癸1未	3	7
2:26	庚3戌	3	7	3:28	庚3辰	3	7	4:27	庚3戌	3	7	5:28	辛3巳	3	7	6:28	壬3子	3	7	7:30	甲1申	3	7
2:27	辛2亥	2	8	3:29	辛3巳	2	8	4:28	辛3亥	3	8	5:29	壬3午	3	8	6:29	癸3丑	3	8	7:31	乙3酉	3	8
2:28	壬2子	2	8	3:30	壬3午	2	8	4:29	壬3子	2	8	5:30	癸3未	2	8	6:30	甲3寅	3	8	8:1	丙3戌	2	8
3:1	癸2丑	2	8	3:31	癸3未	2	8	4:30	癸3丑	2	8	5:31	甲1申	2	8	7:1	乙3卯	2	8	8:2	丁3亥	2	8
3:2	甲2寅	1	9	4:1	甲1申	1	9	5:1	甲2寅	2	9	6:1	乙2酉	2	9	7:2	丙3辰	2	9	8:3	戊1子	2	9
3:3	乙1卯	1	9	4:2	乙1酉	1	9	5:2	乙1卯	1	9	6:2	丙1戌	1	9	7:3	丁3巳	2	9	8:4	己1丑	1	9
3:4	丙2辰	1	9	4:3	丙2戌	1	9	5:3	丙1辰	1	9	6:3	丁1亥	1	9	7:4	戊3午	1	9	8:5	庚3寅	1	9
3:5	丁2巳	0	10	4:4	丁2亥	0	10	5:4	丁1巳	1	10	6:4	戊1子	1	10	7:5	己3未	1	10	8:6	辛1卯	1	10
3:6	戊2午	0	10	4:5	戊2子	0	10	5:5	戊1午	0	10	6:5	己1丑	1	10	7:6	庚3申	1	10	8:7	壬3辰	1	10
								5:6	己1未	0	10	6:6	庚1寅	0	10	7:7	辛3酉	0	10	8:8	癸3巳	0	10
																7:8	壬3戌	0	11				

大運

歳	壬寅 男	壬寅 女	癸卯 男	癸卯 女	甲辰 男	甲辰 女	乙巳 男	乙巳 女	丙午 男	丙午 女	丁未 男	丁未 女
0	癸卯	辛丑	甲辰	壬寅	乙巳	癸卯	丙午	甲辰	丁未	乙巳	戊申	丙午
10	甲辰	庚子	乙巳	辛丑	丙午	壬寅	丁未	癸卯	戊申	甲辰	己酉	乙巳
20	乙巳	己亥	丙午	庚子	丁未	辛丑	戊申	壬寅	己酉	癸卯	庚戌	甲辰
30	丙午	戊戌	丁未	己亥	戊申	庚子	己酉	辛丑	庚戌	壬寅	辛亥	癸卯
40	丁未	丁酉	戊申	戊戌	己酉	己亥	庚戌	庚子	辛亥	辛丑	壬子	壬寅
50	戊申	丙申	己酉	丁酉	庚戌	戊戌	辛亥	己亥	壬子	庚子	癸丑	辛丑
60	己酉	乙未	庚戌	丙申	辛亥	丁酉	壬子	戊戌	癸丑	己亥	甲寅	庚子
70	庚戌	甲午	辛亥	乙未	壬子	丙申	癸丑	丁酉	甲寅	戊戌	乙卯	己亥
80	辛亥	癸巳	壬子	甲午	癸丑	乙未	甲寅	丙申	乙卯	丁酉	丙辰	戊戌

～1943年（昭和18年）2月5日0時40分

月柱	期間
戊申	8月8日12:31～ 9月8日15:06
己酉	9月8日15:07～ 10月9日 6:21
庚戌	10月9日 6:22～ 11月8日 9:11
辛亥	11月8日 9:12～ 12月8日 1:46
壬子	12月8日 1:47～ 1月6日12:54
癸丑	1月6日12:55～ 2月5日 0:40

各欄：生日／日柱／立運年齢（男・女）

月柱 戊申

生日	日柱	男	女
8 8	癸2巳	10	0
8 9	甲3午	10	0
8 10	乙3未	10	1
8 11	丙3申	9	1
8 12	丁3酉	9	1
8 13	戊1戌	9	2
8 14	己1亥	8	2
8 15	庚1子	8	2
8 16	辛1丑	8	3
8 17	壬2寅	7	3
8 18	癸2卯	7	3
8 19	甲3辰	7	4
8 20	乙3巳	6	4
8 21	丙2午	6	4
8 22	丁2未	6	5
8 23	戊1申	5	5
8 24	己1酉	5	6
8 25	庚1戌	5	6
8 26	辛1亥	4	6
8 27	壬1子	4	7
8 28	癸2丑	4	7
8 29	甲2寅	3	7
8 30	乙2卯	3	8
8 31	丙2辰	3	8
9 1	丁2巳	2	8
9 2	戊1午	2	8
9 3	己1未	2	9
9 4	庚1申	1	9
9 5	辛1酉	1	9
9 6	壬1戌	1	10
9 7	癸3亥	0	10
9 8	甲2子	0	10

月柱 己酉

生日	日柱	男	女
9 8	甲2子	10	0
9 9	乙3丑	10	0
9 10	丙2寅	10	1
9 11	丁2卯	9	1
9 12	戊1辰	9	1
9 13	己1巳	9	2
9 14	庚1午	8	2
9 15	辛1未	8	2
9 16	壬1申	8	3
9 17	癸2酉	7	3
9 18	甲3戌	7	3
9 19	乙3亥	7	4
9 20	丙3子	6	4
9 21	丁3丑	6	4
9 22	戊2寅	6	5
9 23	己2卯	5	5
9 24	庚1辰	5	6
9 25	辛1巳	5	6
9 26	壬2午	4	6
9 27	癸2未	4	7
9 28	甲1申	4	7
9 29	乙2酉	3	7
9 30	丙3戌	3	7
10 1	丁3亥	3	8
10 2	戊2子	2	8
10 3	己1丑	2	8
10 4	庚1寅	2	9
10 5	辛1卯	1	9
10 6	壬2辰	1	9
10 7	癸2巳	1	10
10 8	甲3午	0	10
10 9	乙3未	0	10

月柱 庚戌

生日	日柱	男	女
10 9	乙3未	10	0
10 10	丙3申	10	0
10 11	丁3酉	9	1
10 12	戊3戌	9	1
10 13	己1亥	9	1
10 14	庚1子	8	2
10 15	辛1丑	8	2
10 16	壬2寅	8	2
10 17	癸3卯	7	3
10 18	甲3辰	7	3
10 19	乙3巳	7	3
10 20	丙3午	6	4
10 21	丁3未	6	4
10 22	戊1申	6	4
10 23	己1酉	5	5
10 24	庚1戌	5	5
10 25	辛1亥	4	6
10 26	壬1子	4	6
10 27	癸1丑	4	6
10 28	甲2寅	3	7
10 29	乙2卯	3	7
10 30	丙3辰	3	7
10 31	丁2巳	2	8
11 1	戊1午	2	8
11 2	己1未	2	8
11 3	庚1申	1	9
11 4	辛2酉	1	9
11 5	壬2戌	1	9
11 6	癸1亥	0	10
11 7	甲2子	0	10
11 8	乙1丑	0	10

月柱 辛亥

生日	日柱	男	女
11 8	乙1丑	10	0
11 9	丙2寅	10	0
11 10	丁2卯	9	1
11 11	戊2辰	9	1
11 12	己2巳	9	1
11 13	庚3午	8	2
11 14	辛1未	8	2
11 15	壬1申	8	2
11 16	癸1酉	7	3
11 17	甲1戌	7	3
11 18	乙1亥	7	3
11 19	丙3子	6	4
11 20	丁2丑	6	4
11 21	戊2寅	6	4
11 22	己1卯	5	5
11 23	庚1辰	5	5
11 24	辛1巳	4	6
11 25	壬1午	4	6
11 26	癸1未	4	6
11 27	甲1申	3	7
11 28	乙2酉	3	7
11 29	丙3戌	3	7
11 30	丁3亥	2	8
12 1	戊3子	2	8
12 2	己2丑	2	8
12 3	庚3寅	1	9
12 4	辛2卯	1	9
12 5	壬2辰	1	9
12 6	癸2巳	1	9
12 7	甲2午	0	10
12 8	乙2未	0	10

月柱 壬子

生日	日柱	男	女
12 8	乙1未	10	0
12 9	丙3申	9	0
12 10	丁3酉	9	1
12 11	戊2戌	9	1
12 12	己3亥	8	1
12 13	庚3子	8	2
12 14	辛3丑	8	2
12 15	壬3寅	7	2
12 16	癸3卯	7	3
12 17	甲1辰	7	3
12 18	乙2巳	6	3
12 19	丙2午	6	4
12 20	丁2未	6	4
12 21	戊1申	6	4
12 22	己2酉	5	5
12 23	庚2戌	5	5
12 24	辛1亥	4	6
12 25	壬1子	4	6
12 26	癸1丑	4	6
12 27	甲1寅	3	7
12 28	乙1卯	3	7
12 29	丙1辰	3	7
12 30	丁1巳	2	8
12 31	戊3午	2	8
1 1	己1未	2	8
1 2	庚1申	2	8
1 3	辛1酉	1	9
1 4	壬1戌	1	9
1 5	癸1亥	0	9
1 6	甲1子	0	10

月柱 癸丑

生日	日柱	男	女
1 6	甲1子	10	0
1 7	乙2丑	10	0
1 8	丙2寅	9	1
1 9	丁2卯	9	1
1 10	戊1辰	9	1
1 11	己1巳	8	2
1 12	庚3午	8	2
1 13	辛1未	8	2
1 14	壬1申	7	3
1 15	癸1酉	7	3
1 16	甲2戌	7	3
1 17	乙2亥	6	4
1 18	丙2子	6	4
1 19	丁2丑	6	4
1 20	戊2寅	5	5
1 21	己2卯	5	5
1 22	庚2辰	4	6
1 23	辛3巳	4	6
1 24	壬3午	4	6
1 25	癸2未	3	7
1 26	甲1申	3	7
1 27	乙2酉	3	7
1 28	丙3戌	2	8
1 29	丁3亥	2	8
1 30	戊2子	2	8
1 31	己1丑	2	8
2 1	庚3寅	1	9
2 2	辛2卯	1	9
2 3	壬1辰	1	9
2 4	癸1巳	0	10
2 5	甲2午	0	10

大運表

歳	戊申 男	戊申 女	己酉 男	己酉 女	庚戌 男	庚戌 女	辛亥 男	辛亥 女	壬子 男	壬子 女	癸丑 男	癸丑 女
0	己酉	丁未	庚戌	戊申	辛亥	己酉	壬子	庚戌	癸丑	辛亥	甲寅	壬子
10	庚戌	丙午	辛亥	丁未	壬子	戊申	癸丑	己酉	甲寅	庚戌	乙卯	辛亥
20	辛亥	乙巳	壬子	丙午	癸丑	丁未	甲寅	戊申	乙卯	己酉	丙辰	庚戌
30	壬子	甲辰	癸丑	乙巳	甲寅	丙午	乙卯	丁未	丙辰	戊申	丁巳	己酉
40	癸丑	癸卯	甲寅	甲辰	乙卯	乙巳	丙辰	丙午	丁巳	丁未	戊午	戊申
50	甲寅	壬寅	乙卯	癸卯	丙辰	甲辰	丁巳	乙巳	戊午	丙午	己未	丁未
60	乙卯	辛丑	丙辰	壬寅	丁巳	癸卯	戊午	甲辰	己未	乙巳	庚申	丙午
70	丙辰	庚子	丁巳	辛丑	戊午	壬寅	己未	癸卯	庚申	甲辰	辛酉	乙巳
80	丁巳	己亥	戊午	庚子	己未	辛丑	庚申	壬寅	辛酉	癸卯	壬戌	甲辰

年柱 癸未 — 1943年（昭和18年）2月5日0時41分～

月柱	期間	立運年齢
甲寅	2月5日 0:41～3月6日18:58	
乙卯	3月6日18:59～4月6日 0:11	
丙辰	4月6日 0:12～5月6日17:53	
丁巳	5月6日17:54～6月6日22:18	
戊午	6月6日22:19～7月8日 8:38	
己未	7月8日 8:39～8月8日18:18	

月柱 甲寅

生日	日柱	男	女
2 5	甲$_2$午	0	10
2 6	乙$_1$未	0	9
2 7	丙$_2$申	1	9
2 8	丁$_2$酉	1	8
2 9	戊$_2$戌	1	8
2 10	己$_3$亥	2	8
2 11	庚$_3$子	2	8
2 12	辛$_1$丑	2	7
2 13	壬$_1$寅	3	7
2 14	癸$_3$卯	3	7
2 15	甲$_1$辰	3	6
2 16	乙$_1$巳	4	6
2 17	丙$_1$午	4	6
2 18	丁$_2$未	4	5
2 19	戊$_3$申	5	5
2 20	己$_2$酉	5	5
2 21	庚$_2$戌	5	4
2 22	辛$_3$亥	6	4
2 23	壬$_2$子	6	4
2 24	癸$_1$丑	6	3
2 25	甲$_1$寅	7	3
2 26	乙$_1$卯	7	3
2 27	丙$_2$辰	7	2
2 28	丁$_1$巳	8	2
3 1	戊$_2$午	8	2
3 2	己$_2$未	8	1
3 3	庚$_2$申	9	1
3 4	辛$_2$酉	9	1
3 5	壬$_3$戌	9	0
3 6	癸$_2$亥	10	0

月柱 乙卯

生日	日柱	男	女
3 6	癸$_1$亥	0	10
3 7	甲$_1$子	0	10
3 8	乙$_1$丑	1	10
3 9	丙$_1$寅	1	9
3 10	丁$_1$卯	1	9
3 11	戊$_2$辰	2	9
3 12	己$_2$巳	2	8
3 13	庚$_1$午	2	8
3 14	辛$_1$未	3	8
3 15	壬$_1$申	3	7
3 16	癸$_3$酉	3	7
3 17	甲$_1$戌	4	7
3 18	乙$_2$亥	4	6
3 19	丙$_2$子	4	6
3 20	丁$_2$丑	5	6
3 21	戊$_1$寅	5	5
3 22	己$_3$卯	5	5
3 23	庚$_1$辰	6	5
3 24	辛$_1$巳	6	4
3 25	壬$_2$午	6	4
3 26	癸$_3$未	7	4
3 27	甲$_1$申	7	3
3 28	乙$_2$酉	7	3
3 29	丙$_3$戌	8	3
3 30	丁$_2$亥	8	2
3 31	戊$_3$子	8	2
4 1	己$_2$丑	9	2
4 2	庚$_1$寅	9	1
4 3	辛$_1$卯	9	1
4 4	壬$_2$辰	10	1
4 5	癸$_1$巳	10	0
4 6	甲$_1$午	10	0

月柱 丙辰

生日	日柱	男	女
4 6	甲$_2$午	0	10
4 7	乙$_1$未	0	10
4 8	丙$_1$申	1	9
4 9	丁$_1$酉	1	9
4 10	戊$_1$戌	1	8
4 11	己$_2$亥	2	8
4 12	庚$_2$子	2	8
4 13	辛$_1$丑	2	7
4 14	壬$_1$寅	3	7
4 15	癸$_3$卯	3	7
4 16	甲$_1$辰	3	6
4 17	乙$_1$巳	4	6
4 18	丙$_2$午	4	6
4 19	丁$_1$未	4	5
4 20	戊$_1$申	5	5
4 21	己$_1$酉	5	5
4 22	庚$_1$戌	5	4
4 23	辛$_2$亥	6	4
4 24	壬$_1$子	6	4
4 25	癸$_1$丑	6	3
4 26	甲$_1$寅	7	3
4 27	乙$_1$卯	7	3
4 28	丙$_1$辰	7	2
4 29	丁$_1$巳	8	2
4 30	戊$_1$午	8	2
5 1	己$_1$未	8	1
5 2	庚$_1$申	9	1
5 3	辛$_1$酉	9	1
5 4	壬$_1$戌	9	0
5 5	癸$_2$亥	10	0
5 6	甲$_1$子	10	0

月柱 丁巳

生日	日柱	男	女
5 6	甲$_1$子	0	10
5 7	乙$_1$丑	0	10
5 8	丙$_1$寅	1	10
5 9	丁$_1$卯	1	9
5 10	戊$_1$辰	1	9
5 11	己$_1$巳	2	9
5 12	庚$_3$午	2	8
5 13	辛$_2$未	2	8
5 14	壬$_1$申	3	8
5 15	癸$_2$酉	3	7
5 16	甲$_1$戌	3	7
5 17	乙$_2$亥	4	7
5 18	丙$_1$子	4	6
5 19	丁$_1$丑	4	6
5 20	戊$_1$寅	5	6
5 21	己$_1$卯	5	5
5 22	庚$_1$辰	5	5
5 23	辛$_1$巳	6	5
5 24	壬$_1$午	6	4
5 25	癸$_1$未	6	4
5 26	甲$_1$申	7	4
5 27	乙$_1$酉	7	3
5 28	丙$_1$戌	7	3
5 29	丁$_1$亥	8	3
5 30	戊$_1$子	8	2
5 31	己$_1$丑	8	2
6 1	庚$_2$寅	9	2
6 2	辛$_1$卯	9	1
6 3	壬$_3$辰	9	1
6 4	癸$_1$巳	10	1
6 5	甲$_1$午	10	0
6 6	乙$_1$未	10	0

月柱 戊午

生日	日柱	男	女
6 6	乙$_1$未	0	11
6 7	丙$_1$申	0	10
6 8	丁$_2$酉	1	10
6 9	戊$_1$戌	1	10
6 10	己$_1$亥	1	9
6 11	庚$_2$子	2	9
6 12	辛$_1$丑	2	9
6 13	壬$_1$寅	2	8
6 14	癸$_3$卯	3	8
6 15	甲$_3$辰	3	8
6 16	乙$_3$巳	3	7
6 17	丙$_1$午	4	7
6 18	丁$_1$未	4	7
6 19	戊$_1$申	4	6
6 20	己$_2$酉	5	6
6 21	庚$_1$戌	5	6
6 22	辛$_1$亥	5	5
6 23	壬$_2$子	6	5
6 24	癸$_3$丑	6	5
6 25	甲$_2$寅	6	4
6 26	乙$_2$卯	7	4
6 27	丙$_2$辰	7	4
6 28	丁$_1$巳	7	3
6 29	戊$_1$午	8	3
6 30	己$_1$未	8	3
7 1	庚$_1$申	8	2
7 2	辛$_1$酉	9	2
7 3	壬$_3$戌	9	2
7 4	癸$_3$亥	9	1
7 5	甲$_1$子	10	1
7 6	乙$_3$丑	10	1
7 7	丙$_1$寅	10	0
7 8	丁$_1$卯	11	0

月柱 己未

生日	日柱	男	女
7 8	丁$_1$卯	0	10
7 9	戊$_1$辰	0	10
7 10	己$_1$巳	1	10
7 11	庚$_1$午	1	9
7 12	辛$_1$未	1	9
7 13	壬$_2$申	2	9
7 14	癸$_3$酉	2	8
7 15	甲$_3$戌	2	8
7 16	乙$_2$亥	3	8
7 17	丙$_3$子	3	7
7 18	丁$_1$丑	3	7
7 19	戊$_1$寅	4	7
7 20	己$_1$卯	4	6
7 21	庚$_1$辰	4	6
7 23	壬$_1$午	5	5
7 24	癸$_3$未	5	5
7 25	甲$_1$申	6	5
7 26	乙$_2$酉	6	4
7 27	丙$_3$戌	6	4
7 28	丁$_2$亥	7	4
7 29	戊$_2$子	7	3
7 30	己$_2$丑	7	3
7 31	庚$_1$寅	8	3
8 1	辛$_1$卯	8	2
8 2	壬$_3$辰	8	2
8 3	癸$_3$巳	9	2
8 4	甲$_3$午	9	1
8 5	乙$_2$未	9	1
8 6	丙$_2$申	10	1
8 7	丁$_2$酉	10	0
8 8	戊$_1$戌	10	0

大運表

歳	甲寅 男	甲寅 女	乙卯 男	乙卯 女	丙辰 男	丙辰 女	丁巳 男	丁巳 女	戊午 男	戊午 女	己未 男	己未 女
0	癸丑	乙卯	甲寅	丙辰	乙卯	丁巳	丙辰	戊午	丁巳	己未	戊午	庚申
10	壬子	丙辰	癸丑	丁巳	甲寅	戊午	乙卯	己未	丙辰	庚申	丁巳	辛酉
20	辛亥	丁巳	壬子	戊午	癸丑	己未	甲寅	庚申	乙卯	辛酉	丙辰	壬戌
30	庚戌	戊午	辛亥	己未	壬子	庚申	癸丑	辛酉	甲寅	壬戌	乙卯	癸亥
40	己酉	己未	庚戌	庚申	辛亥	辛酉	壬子	壬戌	癸丑	癸亥	甲寅	甲子
50	戊申	庚申	己酉	辛酉	庚戌	壬戌	辛亥	癸亥	壬子	甲子	癸丑	乙丑
60	丁未	辛酉	戊申	壬戌	己酉	癸亥	庚戌	甲子	辛亥	乙丑	壬子	丙寅
70	丙午	壬戌	丁未	癸亥	戊申	甲子	己酉	乙丑	庚戌	丙寅	辛亥	丁卯
80	乙巳	癸亥	丙午	甲子	丁未	乙丑	戊申	丙寅	己酉	丁卯	庚戌	戊辰

～1944年（昭和19年）2月5日6時22分

8月8日18:19～ 9月8日20:55	9月8日20:56～ 10月9日12:10	10月9日12:11～ 11月8日14:58	11月8日14:59～ 12月8日7:32	12月8日7:33～ 1月6日18:39	1月6日18:40～ 2月5日6:22
月柱 **庚申** 立運年齢	月柱 **辛酉** 立運年齢	月柱 **壬戌** 立運年齢	月柱 **癸亥** 立運年齢	月柱 **甲子** 立運年齢	月柱 **乙丑** 立運年齢

生日	日柱	男	女	生日	日柱	男	女	生日	日柱	男	女	生日	日柱	男	女	生日	日柱	男	女	生日	日柱	男	女
8.8	戊2戌	0	10	9.8	己1巳	0	10	10.9	庚1子	0	10	11.8	庚3午	0	10	12.8	庚3子	0	10	1.6	己1巳	0	10
8.9	己1亥	0	10	9.9	庚1午	0	10	10.10	辛1丑	0	10	11.9	辛1未	0	10	12.9	辛1丑	0	9	1.7	庚2午	0	10
8.10	庚1子	1	10	9.10	辛1未	1	10	10.11	壬1寅	1	9	11.10	壬1申	1	9	12.10	壬1寅	1	9	1.8	辛1未	1	9
8.11	辛1丑	1	9	9.11	壬1申	1	9	10.12	癸1卯	1	9	11.11	癸1酉	1	9	12.11	癸1卯	1	9	1.9	壬1申	1	9
8.12	壬1寅	1	9	9.12	癸1酉	1	9	10.13	甲1辰	1	9	11.12	甲1戌	1	9	12.12	甲1辰	1	8	1.10	癸1酉	1	9
8.13	癸1卯	2	9	9.13	甲3戌	2	9	10.14	乙1巳	2	8	11.13	乙1亥	2	8	12.13	乙1巳	2	8	1.11	甲2戌	2	8
8.14	甲3辰	2	8	9.14	乙2亥	2	8	10.15	丙1午	2	8	11.14	丙2子	2	8	12.14	丙2午	2	8	1.12	乙1亥	2	8
8.15	乙1巳	2	8	9.15	丙3子	2	8	10.16	丁1未	2	8	11.15	丁1丑	2	7	12.15	丁1未	2	7	1.13	丙2子	2	8
8.16	丙3午	3	8	9.16	丁1丑	3	8	10.17	戊1申	3	7	11.16	戊1寅	3	7	12.16	戊3申	3	7	1.14	丁1丑	3	7
8.17	丁1未	3	7	9.17	戊1寅	3	7	10.18	己1酉	3	7	11.17	己1卯	3	7	12.17	己3酉	3	7	1.15	戊2寅	3	7
8.18	戊3申	3	7	9.18	己1卯	3	7	10.19	庚1戌	3	7	11.18	庚1辰	3	7	12.18	庚1戌	3	6	1.16	己2卯	3	7
8.19	己1酉	4	7	9.19	庚1辰	4	7	10.20	辛1亥	4	6	11.19	辛1巳	4	6	12.19	辛3亥	4	6	1.17	庚1辰	4	6
8.20	庚1戌	4	6	9.20	辛1巳	4	6	10.21	壬1子	4	6	11.20	壬1午	4	6	12.20	壬1子	4	6	1.18	辛2巳	4	6
8.21	辛1亥	4	6	9.21	壬1午	4	6	10.22	癸2丑	5	6	11.21	癸1未	5	6	12.21	癸1丑	5	6	1.19	壬2午	4	6
8.22	壬1子	5	6	9.22	癸1未	5	6	10.23	甲1寅	5	5	11.22	甲1申	5	5	12.22	甲1寅	5	5	1.20	癸2未	5	6
8.23	癸1丑	5	5	9.23	甲1申	5	5	10.24	乙1卯	5	5	11.23	乙1酉	5	5	12.23	乙1卯	5	5	1.21	甲1申	5	5
8.24	甲1寅	5	5	9.24	乙3酉	5	5	10.25	丙1辰	6	5	11.24	丙1戌	5	4	12.24	丙1辰	5	4	1.22	乙2酉	5	5
8.25	乙2卯	6	5	9.25	丙3戌	6	5	10.27	戊1午	6	4	11.25	丁1亥	6	4	12.25	丁1巳	6	4	1.23	丙3戌	6	4
8.26	丙3辰	6	4	9.26	丁1亥	6	4	10.28	己1未	6	3	11.26	戊1子	6	4	12.26	戊2午	6	4	1.24	丁3亥	6	4
8.27	丁1巳	6	4	9.27	戊1子	6	4	10.29	庚1申	7	3	11.27	己1丑	6	3	12.27	己2未	6	3	1.25	戊2子	6	4
8.28	戊2午	7	4	9.28	己1丑	7	4	10.30	辛1酉	7	3	11.28	庚1寅	7	3	12.28	庚1申	7	3	1.26	己1丑	7	3
8.29	己1未	7	3	9.29	庚1寅	7	3	10.31	壬1戌	7	3	11.29	辛1卯	7	3	12.29	辛1酉	7	3	1.27	庚2寅	7	3
8.30	庚1申	7	3	9.30	辛1卯	7	3	11.1	癸1亥	8	2	11.30	壬1戌	7	3	12.30	壬1戌	7	3	1.28	辛2卯	7	3
8.31	辛1酉	8	3	10.1	壬1辰	8	3	11.2	甲1子	8	2	12.1	癸1亥	8	2	12.31	癸1亥	8	2	1.29	壬2辰	8	3
9.1	壬1戌	8	2	10.2	癸1巳	8	2	11.3	乙2丑	8	2	12.2	甲1子	8	2	1.1	甲1子	8	2	1.30	癸2巳	8	2
9.2	癸1亥	8	2	10.3	甲3午	8	2	11.4	丙1寅	9	1	12.3	乙2丑	8	2	1.2	乙1丑	8	2	1.31	甲2午	8	2
9.3	甲2子	9	2	10.4	乙3未	9	2	11.5	丁1卯	9	1	12.4	丙1寅	9	1	1.3	丙1寅	9	1	2.1	乙2未	9	1
9.4	乙3丑	9	1	10.5	丙3申	9	1	11.6	戊1辰	9	1	12.5	丁1卯	9	1	1.4	丁1卯	9	1	2.2	丙3申	9	1
9.5	丙1寅	9	1	10.6	丁1酉	9	1	11.7	己1巳	10	0	12.6	戊1辰	9	1	1.5	戊2辰	9	0	2.3	丁3酉	9	1
9.6	丁1卯	10	1	10.7	戊2戌	10	1	11.8	庚1午	10	0	12.7	己1巳	10	0	1.6	己2巳	10	0	2.4	戊1戌	10	0
9.7	戊2辰	10	0	10.8	己3亥	10	0					12.8	庚3午	10	0					2.5	己2亥	10	0
9.8	己2巳	10	0	10.9	庚1子	10	0																

歳	男	歳	女	歳	男	歳	女	歳	男	歳	女	歳	男	歳	女	歳	男	歳	女	歳	男	歳	女
0	己未	0	辛酉	0	庚申	0	壬戌	0	辛酉	0	癸亥	0	壬戌	0	甲子	0	癸亥	0	乙丑	0	甲子	0	丙寅
10	戊午	10	壬戌	10	己未	10	癸亥	10	庚申	10	甲子	10	辛酉	10	乙丑	10	壬戌	10	丙寅	10	癸亥	10	丁丑
20	丁巳	20	癸亥	20	戊午	20	甲子	20	己未	20	乙丑	20	庚申	20	丙寅	20	辛酉	20	丁卯	20	壬戌	20	戊寅
30	丙辰	30	甲子	30	丁巳	30	乙丑	30	戊午	30	丙寅	30	己未	30	丁卯	30	庚申	30	戊辰	30	辛酉	30	己卯
40	乙卯	40	乙丑	40	丙辰	40	丙寅	40	丁巳	40	丁卯	40	戊午	40	戊辰	40	己未	40	己巳	40	庚申	40	庚辰
50	甲寅	50	丙寅	50	乙卯	50	丁卯	50	丙辰	50	戊辰	50	丁巳	50	己巳	50	戊午	50	庚午	50	己未	50	辛巳
60	癸丑	60	丁卯	60	甲寅	60	戊辰	60	乙卯	60	己巳	60	丙辰	60	庚午	60	丁巳	60	辛未	60	戊午	60	壬午
70	壬子	70	戊辰	70	癸丑	70	己巳	70	甲寅	70	庚午	70	乙卯	70	辛未	70	丙辰	70	壬申	70	丁巳	70	癸酉
80	辛亥	80	己巳	80	壬子	80	庚午	80	癸丑	80	辛未	80	甲寅	80	壬申	80	乙卯	80	癸酉	80	丙辰	80	甲戌

年柱 甲申 — 1944年（昭和19年）2月5日6時23分〜

期間	月柱
2月5日 6:23〜 3月6日 0:40	丙寅
3月6日 0:41〜 4月5日 5:53	丁卯
4月5日 5:54〜 5月5日 23:39	戊辰
5月5日 23:40〜 6月6日 4:19	己巳
6月6日 4:20〜 7月7日 14:36	庚午
7月7日 14:37〜 8月8日 0:18	辛未

月柱 丙寅（立運年齢）

生日	日柱	男	女
2/5	己$_3$亥	10	0
2/6	庚$_3$子	10	0
2/7	辛$_2$丑	9	1
2/8	壬$_3$寅	9	1
2/9	癸$_3$卯	9	1
2/10	甲$_1$辰	8	2
2/11	乙$_1$巳	8	2
2/12	丙$_1$午	8	2
2/13	丁$_1$未	7	3
2/14	戊$_1$申	7	3
2/15	己$_1$酉	7	3
2/16	庚$_1$戌	6	4
2/17	辛$_1$亥	6	4
2/18	壬$_2$子	6	4
2/19	癸$_3$丑	5	5
2/20	甲$_1$寅	5	5
2/21	乙$_1$卯	5	5
2/22	丙$_1$辰	4	6
2/23	丁$_1$巳	4	6
2/24	戊$_1$午	4	6
2/25	己$_2$未	3	7
2/26	庚$_1$申	3	7
2/27	辛$_1$酉	3	7
2/28	壬$_1$戌	2	8
2/29	癸$_2$亥	2	8
3/1	甲$_1$子	2	8
3/2	乙$_1$丑	1	9
3/3	丙$_1$寅	1	9
3/4	丁$_1$卯	1	9
3/5	戊$_2$辰	0	10
3/6	己$_2$巳	0	10

月柱 丁卯（立運年齢）

生日	日柱	男	女
3/6	己$_1$巳	10	0
3/7	庚$_3$午	10	0
3/8	辛$_1$未	9	1
3/9	壬$_1$申	9	1
3/10	癸$_3$酉	9	1
3/11	甲$_1$戌	8	2
3/12	乙$_1$亥	8	2
3/13	丙$_1$子	8	2
3/14	丁$_1$丑	7	3
3/15	戊$_1$寅	7	3
3/16	己$_1$卯	7	3
3/17	庚$_1$辰	6	4
3/18	辛$_1$巳	6	4
3/19	壬$_3$午	6	4
3/20	癸$_1$未	5	5
3/21	甲$_1$申	5	5
3/22	乙$_1$酉	5	5
3/23	丙$_1$戌	4	6
3/24	丁$_1$亥	4	6
3/25	戊$_1$子	4	6
3/26	己$_1$丑	3	7
3/27	庚$_1$寅	3	7
3/28	辛$_1$卯	3	7
3/29	壬$_3$辰	2	8
3/30	癸$_3$巳	2	8
3/31	甲$_1$午	2	8
4/1	乙$_1$未	1	9
4/2	丙$_1$申	1	9
4/3	丁$_1$酉	1	9
4/4	戊$_1$戌	0	10
4/5	己$_1$亥	0	10

月柱 戊辰（立運年齢）

生日	日柱	男	女
4/5	己$_1$亥	10	0
4/6	庚$_1$子	10	0
4/7	辛$_1$丑	9	1
4/8	壬$_1$寅	9	1
4/9	癸$_1$卯	9	1
4/10	甲$_1$辰	8	2
4/11	乙$_1$巳	8	2
4/12	丙$_2$午	8	2
4/13	丁$_1$未	7	3
4/14	戊$_1$申	7	3
4/15	己$_1$酉	7	3
4/16	庚$_1$戌	6	4
4/17	辛$_1$亥	6	4
4/18	壬$_1$子	6	4
4/19	癸$_1$丑	5	5
4/20	甲$_1$寅	5	5
4/21	乙$_1$卯	5	5
4/22	丙$_2$辰	4	6
4/23	丁$_1$巳	4	6
4/24	戊$_1$午	4	6
4/25	己$_1$未	4	6
4/26	庚$_1$申	3	7
4/27	辛$_1$酉	3	7
4/28	壬$_3$戌	3	7
4/29	癸$_3$亥	3	7
4/30	甲$_2$子	2	8
5/1	乙$_1$丑	1	9
5/2	丙$_2$寅	1	9
5/3	丁$_1$卯	1	9
5/4	戊$_2$辰	0	10
5/5	己$_1$巳	0	10

月柱 己巳（立運年齢）

生日	日柱	男	女
5/5	己$_1$巳	11	0
5/6	庚$_1$午	10	0
5/7	辛$_1$未	10	1
5/8	壬$_1$申	10	1
5/9	癸$_1$酉	9	1
5/10	甲$_1$戌	9	2
5/11	乙$_1$亥	9	2
5/12	丙$_1$子	8	2
5/13	丁$_1$丑	8	3
5/14	戊$_1$寅	8	3
5/15	己$_1$卯	7	3
5/16	庚$_1$辰	7	4
5/17	辛$_1$巳	7	4
5/18	壬$_1$午	6	4
5/19	癸$_1$未	6	5
5/20	甲$_1$申	6	5
5/21	乙$_1$酉	5	5
5/22	丙$_1$戌	5	6
5/23	丁$_1$亥	5	6
5/24	戊$_1$子	4	6
5/25	己$_1$丑	4	7
5/26	庚$_1$寅	4	7
5/27	辛$_1$卯	3	7
5/28	壬$_1$辰	3	8
5/29	癸$_1$巳	3	8
5/30	甲$_1$午	2	8
5/31	乙$_1$未	2	9
6/1	丙$_1$申	2	9
6/2	丁$_1$酉	1	9
6/3	戊$_1$戌	1	10
6/4	己$_1$亥	1	10
6/5	庚$_2$子	0	10
6/6	辛$_1$丑	0	11

月柱 庚午（立運年齢）

生日	日柱	男	女
6/6	辛$_1$丑	10	0
6/7	壬$_2$寅	10	0
6/8	癸$_2$卯	10	1
6/9	甲$_3$辰	9	1
6/10	乙$_3$巳	9	1
6/11	丙$_1$午	9	2
6/12	丁$_1$未	8	2
6/13	戊$_1$申	8	2
6/14	己$_2$酉	8	3
6/15	庚$_1$戌	7	3
6/16	辛$_2$亥	7	3
6/17	壬$_1$子	7	4
6/18	癸$_1$丑	6	4
6/19	甲$_2$寅	6	4
6/20	乙$_2$卯	6	5
6/21	丙$_1$辰	5	5
6/22	丁$_1$巳	5	5
6/23	戊$_1$午	5	6
6/24	己$_1$未	4	6
6/25	庚$_1$申	4	6
6/26	辛$_1$酉	4	7
6/27	壬$_2$戌	3	7
6/28	癸$_3$亥	3	7
6/29	甲$_2$子	3	8
6/30	乙$_3$丑	2	8
7/1	丙$_1$寅	2	8
7/2	丁$_1$卯	2	9
7/3	戊$_1$辰	1	9
7/4	己$_1$巳	1	9
7/5	庚$_2$午	1	10
7/6	辛$_1$未	0	10
7/7	壬$_1$申	0	10

月柱 辛未（立運年齢）

生日	日柱	男	女
7/7	壬$_2$申	11	0
7/8	癸$_3$酉	10	0
7/9	甲$_3$戌	10	1
7/10	乙$_3$亥	10	1
7/11	丙$_3$子	9	1
7/12	丁$_1$丑	9	2
7/13	戊$_2$寅	9	2
7/14	己$_2$卯	8	2
7/15	庚$_3$辰	8	3
7/16	辛$_3$巳	8	3
7/17	壬$_3$午	7	3
7/18	癸$_3$未	7	4
7/19	甲$_3$申	7	4
7/20	乙$_3$酉	6	4
7/21	丙$_3$戌	6	5
7/22	丁$_3$亥	6	5
7/23	戊$_2$子	5	5
7/24	己$_2$丑	5	6
7/25	庚$_2$寅	5	6
7/26	辛$_2$卯	4	6
7/27	壬$_2$辰	4	7
7/28	癸$_3$巳	4	7
7/29	甲$_3$午	3	7
7/30	乙$_3$未	3	8
7/31	丙$_2$申	3	8
8/1	丁$_2$酉	2	8
8/2	戊$_1$戌	2	9
8/3	己$_2$亥	2	9
8/4	庚$_1$子	1	9
8/5	辛$_1$丑	1	10
8/6	壬$_2$寅	1	10
8/7	癸$_3$卯	0	10
8/8	甲$_3$辰	0	11

大運表

歳	丙寅 男	丙寅 女	丁卯 男	丁卯 女	戊辰 男	戊辰 女	己巳 男	己巳 女	庚午 男	庚午 女	辛未 男	辛未 女
0	丁卯	乙丑	戊辰	丙寅	己巳	丁卯	庚午	戊辰	辛未	己巳	壬申	庚午
10	戊辰	甲子	己巳	乙丑	庚午	丙寅	辛未	丁卯	壬申	戊辰	癸酉	己巳
20	己巳	癸亥	庚午	甲子	辛未	乙丑	壬申	丙寅	癸酉	丁卯	甲戌	戊辰
30	庚午	壬戌	辛未	癸亥	壬申	甲子	癸酉	乙丑	甲戌	丙寅	乙亥	丁卯
40	辛未	辛酉	壬申	壬戌	癸酉	癸亥	甲戌	甲子	乙亥	乙丑	丙子	丙寅
50	壬申	庚申	癸酉	辛酉	甲戌	壬戌	乙亥	癸亥	丙子	甲子	丁丑	乙丑
60	癸酉	己未	甲戌	庚申	乙亥	辛酉	丙子	壬戌	丁丑	癸亥	戊寅	甲子
70	甲戌	戊午	乙亥	己未	丙子	庚申	丁丑	辛酉	戊寅	壬戌	己卯	癸亥
80	乙亥	丁巳	丙子	戊午	丁丑	己未	戊寅	庚申	己卯	辛酉	庚辰	壬戌

～1945年（昭和20年）2月4日12時19分

月柱 壬申 (8月8日 0:19～9月8日 2:55)				月柱 癸酉 (9月8日 2:56～10月8日18:08)				月柱 甲戌 (10月8日18:09～11月7日20:54)				月柱 乙亥 (11月7日20:55～12月7日13:27)				月柱 丙子 (12月7日13:28～1月6日 0:34)				月柱 丁丑 (1月6日 0:35～2月4日12:19)			
生日	日柱	男	女	生日	日柱	男	女	生日	日柱	男	女	生日	日柱	男	女	生日	日柱	男	女	生日	日柱	男	女
8 8	甲$_2$辰	10	0	9 8	乙$_2$亥	10	0	10 8	乙$_2$巳	10	0	11 7	乙$_2$亥	10	0	12 7	乙$_2$巳	10	0	1 6	乙$_2$亥	10	0
8 9	乙$_2$巳	10	0	9 9	丙$_3$子	10	0	10 9	丙$_1$午	10	0	11 8	丙$_2$子	10	0	12 8	丙$_1$午	10	0	1 7	丙$_2$子	9	0
8 10	丙$_2$午	10	1	9 10	丁$_3$丑	9	1	10 10	丁$_2$未	9	1	11 9	丁$_1$丑	9	1	12 9	丁$_1$未	9	1	1 8	丁$_1$丑	9	1
8 11	丁$_1$未	9	1	9 11	戊$_3$寅	9	1	10 11	戊$_1$申	9	1	11 10	戊$_1$寅	9	1	12 10	戊$_1$申	9	1	1 9	戊$_2$寅	9	1
8 12	戊$_3$申	9	1	9 12	己$_3$卯	9	1	10 12	己$_2$酉	9	1	11 11	己$_1$卯	9	1	12 11	己$_1$酉	9	1	1 10	己$_1$卯	8	1
8 13	己$_1$酉	9	2	9 13	庚$_1$辰	8	2	10 13	庚$_1$戌	8	2	11 12	庚$_1$辰	8	2	12 12	庚$_1$戌	8	2	1 11	庚$_1$辰	8	2
8 14	庚$_1$戌	8	2	9 14	辛$_1$巳	8	2	10 14	辛$_1$亥	8	2	11 13	辛$_1$巳	8	2	12 13	辛$_1$亥	8	2	1 12	辛$_2$巳	8	2
8 15	辛$_1$亥	8	2	9 15	壬$_1$午	8	2	10 15	壬$_1$子	8	2	11 14	壬$_1$午	8	2	12 14	壬$_1$子	8	2	1 13	壬$_2$午	7	2
8 16	壬$_1$子	8	3	9 16	癸$_1$未	7	3	10 16	癸$_1$丑	7	3	11 15	癸$_1$未	7	3	12 15	癸$_1$丑	7	3	1 14	癸$_2$未	7	3
8 17	癸$_1$丑	7	3	9 17	甲$_1$申	7	3	10 17	甲$_1$寅	7	3	11 16	甲$_1$申	7	3	12 16	甲$_1$寅	7	3	1 15	甲$_1$申	7	3
8 18	甲$_1$寅	7	3	9 18	乙$_2$酉	7	3	10 18	乙$_1$卯	7	3	11 17	乙$_1$酉	7	3	12 17	乙$_1$卯	7	3	1 16	乙$_3$酉	6	3
8 19	乙$_1$卯	7	4	9 19	丙$_3$戌	6	4	10 19	丙$_2$辰	6	4	11 18	丙$_2$戌	6	4	12 18	丙$_2$辰	6	4	1 17	丙$_2$戌	6	4
8 20	丙$_3$辰	6	4	9 20	丁$_3$亥	6	4	10 20	丁$_1$巳	6	4	11 19	丁$_1$亥	6	4	12 19	丁$_1$巳	6	4	1 18	丁$_1$亥	6	4
8 21	丁$_3$巳	6	4	9 21	戊$_3$子	6	4	10 21	戊$_1$午	6	4	11 20	戊$_1$子	6	4	12 20	戊$_2$午	5	4	1 19	戊$_2$子	5	4
8 22	戊$_3$午	5	4	9 22	己$_3$丑	5	5	10 22	己$_1$未	5	4	11 21	己$_1$丑	5	4	12 21	己$_2$未	5	4	1 20	己$_1$丑	5	5
8 23	己$_1$未	5	5	9 23	庚$_1$寅	5	5	10 23	庚$_1$申	5	5	11 22	庚$_1$寅	5	5	12 22	庚$_1$申	5	5	1 21	庚$_2$寅	5	5
8 24	庚$_1$申	5	5	9 24	辛$_1$卯	5	5	10 24	辛$_1$酉	5	5	11 23	辛$_1$卯	5	5	12 23	辛$_1$酉	5	5	1 22	辛$_1$卯	4	5
8 25	辛$_1$酉	5	6	9 25	壬$_1$辰	4	6	10 25	壬$_3$戌	4	6	11 24	壬$_1$辰	4	6	12 24	壬$_1$戌	4	6	1 23	壬$_2$辰	4	6
8 26	壬$_1$戌	4	6	9 26	癸$_1$巳	4	6	10 26	癸$_1$亥	4	6	11 25	癸$_1$巳	4	6	12 25	癸$_1$亥	4	6	1 24	癸$_2$巳	4	6
8 27	癸$_1$亥	4	6	9 27	甲$_2$午	4	6	10 27	甲$_1$子	4	6	11 26	甲$_1$午	4	6	12 26	甲$_1$子	4	6	1 25	甲$_3$午	3	6
8 28	甲$_1$子	3	7	9 28	乙$_2$未	3	7	10 28	乙$_1$丑	3	7	11 27	乙$_1$未	3	7	12 27	乙$_1$丑	3	7	1 26	乙$_1$未	3	7
8 29	乙$_2$丑	3	7	9 29	丙$_1$申	3	7	10 29	丙$_1$寅	3	7	11 28	丙$_1$申	3	7	12 28	丙$_1$寅	3	7	1 27	丙$_1$申	3	7
8 30	丙$_2$寅	3	7	9 30	丁$_1$酉	3	7	10 30	丁$_1$卯	3	7	11 29	丁$_1$酉	3	7	12 29	丁$_1$卯	3	7	1 28	丁$_2$酉	2	7
8 31	丁$_2$卯	3	8	10 1	戊$_1$戌	2	8	10 31	戊$_1$辰	2	8	11 30	戊$_3$戌	2	7	12 30	戊$_2$辰	2	8	1 29	戊$_1$戌	2	8
9 1	戊$_2$辰	2	8	10 2	己$_1$亥	2	8	11 1	己$_1$巳	2	8	12 1	己$_1$亥	2	8	12 31	己$_1$巳	2	8	1 30	己$_2$亥	2	8
9 2	己$_2$巳	2	8	10 3	庚$_1$子	2	8	11 2	庚$_1$午	2	8	12 2	庚$_1$子	2	8	1 1	庚$_3$午	1	8	1 31	庚$_2$子	1	8
9 3	庚$_2$午	1	9	10 4	辛$_1$丑	1	9	11 3	辛$_1$未	1	9	12 3	辛$_1$丑	1	9	1 2	辛$_1$未	1	9	2 1	辛$_1$丑	1	9
9 4	辛$_2$未	1	9	10 5	壬$_1$寅	1	9	11 4	壬$_1$申	1	9	12 4	壬$_1$寅	1	9	1 3	壬$_1$申	1	9	2 2	壬$_1$寅	1	9
9 5	壬$_1$申	1	9	10 6	癸$_1$卯	1	9	11 5	癸$_2$酉	1	9	12 5	癸$_1$卯	1	9	1 4	癸$_1$酉	1	9	2 3	癸$_2$卯	0	9
9 6	癸$_1$酉	1	10	10 7	甲$_2$辰	0	10	11 6	甲$_2$戌	0	10	12 6	甲$_2$辰	0	10	1 5	甲$_2$戌	0	10	2 4	甲$_3$辰	0	10
9 7	甲$_1$戌	0	10	10 8	乙$_1$巳	0	10	11 7	乙$_1$亥	0	10	12 7	乙$_1$巳	0	10	1 6	乙$_1$亥	0	10				
9 8	乙$_1$亥	0	10																				

歳	男	歳	女	歳	男	歳	女	歳	男	歳	女	歳	男	歳	女	歳	男	歳	女	歳	男	歳	女
0	癸酉	0	辛未	0	甲戌	0	壬申	0	乙亥	0	壬申	0	丙子	0	癸酉	0	丁丑	0	癸酉	0	戊寅	0	丙子
10	甲戌	10	庚午	10	乙亥	10	辛未	10	丙子	10	辛未	10	丁丑	10	壬申	10	戊寅	10	壬申	10	己卯	10	乙亥
20	乙亥	20	己巳	20	丙子	20	庚午	20	丁丑	20	庚午	20	戊寅	20	辛未	20	己卯	20	辛未	20	庚辰	20	甲戌
30	丙子	30	戊辰	30	丁丑	30	己巳	30	戊寅	30	己巳	30	己卯	30	庚午	30	庚辰	30	庚午	30	辛巳	30	癸酉
40	丁丑	40	丁卯	40	戊寅	40	戊辰	40	己卯	40	戊辰	40	庚辰	40	己巳	40	辛巳	40	己巳	40	壬午	40	壬申
50	戊寅	50	丙寅	50	己卯	50	丁卯	50	庚辰	50	丁卯	50	辛巳	50	戊辰	50	壬午	50	戊辰	50	癸未	50	辛未
60	己卯	60	乙丑	60	庚辰	60	丙寅	60	辛巳	60	丙寅	60	壬午	60	丁卯	60	癸未	60	丁卯	60	甲申	60	庚午
70	庚辰	70	甲子	70	辛巳	70	乙丑	70	壬午	70	乙丑	70	癸未	70	丙寅	70	甲申	70	丙寅	70	乙酉	70	己巳
80	辛巳	80	癸亥	80	壬午	80	甲子	80	癸未	80	甲子	80	甲申	80	乙丑	80	乙酉	80	乙丑	80	丙戌	80	戊辰

年柱 乙酉 　1945年（昭和20年）2月4日12時20分～

月柱 戊寅 2/4 12:20～3/6 6:37				月柱 己卯 3/6 6:38～4/5 11:51				月柱 庚辰 4/5 11:52～5/6 5:36				月柱 辛巳 5/6 5:37～6/6 10:05				月柱 壬午 6/6 10:06～7/7 20:26				月柱 癸未 7/7 20:27～8/8 6:05			
生日	日柱	男	女	生日	日柱	男	女	生日	日柱	男	女	生日	日柱	男	女	生日	日柱	男	女	生日	日柱	男	女
2/4	甲$_1$辰	0	10	3/6	甲$_1$戌	0	10	4/5	甲$_1$辰	0	10	5/6	乙$_1$亥	0	10	6/6	丙$_1$午	0	10	7/7	丁$_1$丑	0	11
2/5	乙$_1$巳	0	10	3/7	乙$_1$亥	0	10	4/6	乙$_2$巳	0	10	5/7	丙$_1$子	0	10	6/7	丁$_1$未	0	10	7/8	戊$_1$寅	0	10
2/6	丙$_1$午	1	9	3/8	丙$_2$子	1	9	4/7	丙$_1$午	1	10	5/8	丁$_1$丑	1	10	6/8	戊$_2$申	1	10	7/9	己$_1$卯	1	10
2/7	丁$_2$未	1	9	3/9	丁$_2$丑	1	9	4/8	丁$_2$未	1	9	5/9	戊$_1$寅	1	9	6/9	己$_2$酉	1	9	7/10	庚$_1$辰	1	10
2/8	戊$_3$申	1	9	3/10	戊$_2$寅	1	9	4/9	戊$_1$申	1	9	5/10	己$_1$卯	1	9	6/10	庚$_2$戌	1	9	7/11	辛$_1$巳	1	10
2/9	己$_3$酉	2	8	3/11	己$_3$卯	2	8	4/10	己$_2$酉	2	9	5/11	庚$_1$辰	2	9	6/11	辛$_3$亥	2	9	7/12	壬$_1$午	2	9
2/10	庚$_1$戌	2	8	3/12	庚$_1$辰	2	8	4/11	庚$_1$戌	2	8	5/12	辛$_2$巳	2	8	6/12	壬$_1$子	2	8	7/13	癸$_1$未	2	9
2/11	辛$_1$亥	2	8	3/13	辛$_1$巳	2	8	4/12	辛$_2$亥	2	8	5/13	壬$_2$午	2	8	6/13	癸$_1$丑	2	8	7/14	甲$_2$申	2	8
2/12	壬$_1$子	3	7	3/14	壬$_1$午	3	7	4/13	壬$_1$子	3	8	5/14	癸$_1$未	3	8	6/14	甲$_2$寅	3	8	7/15	乙$_1$酉	3	8
2/13	癸$_1$丑	3	7	3/15	癸$_1$未	3	7	4/14	癸$_2$丑	3	7	5/15	甲$_1$申	3	7	6/15	乙$_1$卯	3	7	7/16	丙$_1$戌	3	8
2/14	甲$_1$寅	3	7	3/16	甲$_1$申	3	7	4/15	甲$_2$寅	3	7	5/16	乙$_1$酉	3	7	6/16	丙$_1$辰	3	7	7/17	丁$_2$亥	3	7
2/15	乙$_1$卯	4	6	3/17	乙$_1$酉	4	6	4/16	乙$_2$卯	4	7	5/17	丙$_1$戌	4	7	6/17	丁$_1$巳	4	7	7/18	戊$_1$子	4	7
2/16	丙$_1$辰	4	6	3/18	丙$_1$戌	4	6	4/17	丙$_3$辰	4	6	5/18	丁$_1$亥	4	6	6/18	戊$_1$午	4	6	7/19	己$_1$丑	4	7
2/17	丁$_1$巳	4	6	3/19	丁$_1$亥	4	6	4/18	丁$_2$巳	4	6	5/19	戊$_1$子	4	6	6/19	己$_1$未	4	6	7/20	庚$_1$寅	4	6
2/18	戊$_2$午	5	5	3/20	戊$_2$子	5	6	4/19	戊$_1$午	5	6	5/20	己$_1$丑	5	6	6/20	庚$_1$申	5	6	7/21	辛$_2$卯	5	6
2/19	己$_2$未	5	5	3/21	己$_2$丑	5	5	4/20	己$_2$未	5	5	5/21	庚$_1$寅	5	5	6/21	辛$_1$酉	5	5	7/22	壬$_1$辰	5	6
2/20	庚$_1$申	5	5	3/22	庚$_1$寅	5	5	4/21	庚$_1$申	5	5	5/22	辛$_1$卯	5	5	6/22	壬$_2$戌	5	5	7/23	癸$_1$巳	5	5
2/21	辛$_1$酉	6	4	3/23	辛$_1$卯	6	4	4/22	辛$_2$酉	6	5	5/23	壬$_2$辰	6	5	6/23	癸$_2$亥	6	5	7/24	甲$_1$午	6	5
2/22	壬$_3$戌	6	4	3/24	壬$_1$辰	6	4	4/23	壬$_3$戌	6	4	5/24	癸$_3$巳	6	4	6/24	甲$_1$子	6	4	7/25	乙$_2$未	6	5
2/23	癸$_1$亥	6	4	3/25	癸$_1$巳	6	4	4/24	癸$_2$亥	6	4	5/25	甲$_3$午	6	4	6/25	乙$_2$丑	6	4	7/26	丙$_2$申	6	4
2/24	甲$_1$子	7	3	3/26	甲$_1$午	7	4	4/25	甲$_1$子	7	4	5/26	乙$_1$未	7	4	6/26	丙$_2$寅	7	4	7/27	丁$_2$酉	7	4
2/25	乙$_2$丑	7	3	3/27	乙$_1$未	7	3	4/26	乙$_3$丑	7	3	5/27	丙$_1$申	7	3	6/27	丁$_2$卯	7	3	7/28	戊$_1$戌	7	4
2/26	丙$_1$寅	7	3	3/28	丙$_1$申	7	3	4/27	丙$_2$寅	7	3	5/28	丁$_1$酉	7	3	6/28	戊$_1$辰	7	3	7/29	己$_1$亥	7	3
2/27	丁$_2$卯	8	2	3/29	丁$_1$酉	8	2	4/28	丁$_2$卯	8	3	5/29	戊$_1$戌	8	3	6/29	己$_1$巳	8	3	7/30	庚$_2$子	8	3
2/28	戊$_2$辰	8	2	3/30	戊$_2$戌	8	2	4/29	戊$_1$辰	8	2	5/30	己$_1$亥	8	2	6/30	庚$_2$午	8	3	7/31	辛$_1$丑	8	3
3/1	己$_2$巳	8	2	3/31	己$_2$亥	8	2	4/30	己$_2$巳	8	2	5/31	庚$_2$子	8	2	7/1	辛$_2$未	8	2	8/1	壬$_1$寅	8	2
3/2	庚$_1$午	9	1	4/1	庚$_1$子	9	1	5/1	庚$_2$午	9	2	6/1	辛$_1$丑	9	2	7/2	壬$_1$申	9	2	8/2	癸$_1$卯	9	2
3/3	辛$_1$未	9	1	4/2	辛$_1$丑	9	1	5/2	辛$_1$未	9	1	6/2	壬$_2$寅	9	1	7/3	癸$_1$酉	9	1	8/3	甲$_2$辰	9	2
3/4	壬$_2$申	9	1	4/3	壬$_1$寅	9	1	5/3	壬$_2$申	9	1	6/3	癸$_2$卯	9	1	7/4	甲$_2$戌	9	1	8/4	乙$_1$巳	9	1
3/5	癸$_1$酉	10	0	4/4	癸$_1$卯	10	0	5/4	癸$_2$酉	10	1	6/4	甲$_1$辰	10	1	7/5	乙$_1$亥	10	1	8/5	丙$_1$午	10	1
3/6	甲$_1$戌	10	0	4/5	甲$_1$辰	10	0	5/5	甲$_3$戌	10	0	6/5	乙$_3$巳	10	0	7/6	丙$_2$子	10	1	8/6	丁$_1$未	10	1
								5/6	乙$_2$亥	10	0	6/6	丙$_1$午	10	0	7/7	丁$_1$丑	10	0	8/7	戊$_1$申	10	0
																				8/8	己$_2$酉	11	0

歳	男	歳	女	歳	男	歳	女	歳	男	歳	女	歳	男	歳	女	歳	男	歳	女	歳	男	歳	女
0	丁丑	0	己卯	0	戊寅	0	庚辰	0	己卯	0	辛巳	0	庚辰	0	壬午	0	辛巳	0	癸未	0	壬午	0	甲申
10	丙子	10	庚辰	10	丁丑	10	辛巳	10	戊寅	10	壬午	10	己卯	10	癸未	10	庚辰	10	甲申	10	辛巳	10	乙酉
20	乙亥	20	辛巳	20	丙子	20	壬午	20	丁丑	20	癸未	20	戊寅	20	甲申	20	己卯	20	乙酉	20	庚辰	20	丙戌
30	甲戌	30	壬午	30	乙亥	30	癸未	30	丙子	30	甲申	30	丁丑	30	乙酉	30	戊寅	30	丙戌	30	己卯	30	丁亥
40	癸酉	40	癸未	40	甲戌	40	甲申	40	乙亥	40	乙酉	40	丙子	40	丙戌	40	丁丑	40	丁亥	40	戊寅	40	戊子
50	壬申	50	甲申	50	癸酉	50	乙酉	50	甲戌	50	丙戌	50	乙亥	50	丁亥	50	丙子	50	戊子	50	丁丑	50	己丑
60	辛未	60	乙酉	60	壬申	60	丙戌	60	癸酉	60	丁亥	60	甲戌	60	戊子	60	乙亥	60	己丑	60	丙子	60	庚寅
70	庚午	70	丙戌	70	辛未	70	丁亥	70	壬申	70	戊子	70	癸酉	70	己丑	70	甲戌	70	庚寅	70	乙亥	70	辛卯
80	己巳	80	丁亥	80	庚午	80	戊子	80	辛未	80	己丑	80	壬申	80	庚寅	80	癸酉	80	辛卯	80	甲戌	80	壬辰

～1946年（昭和21年）2月4日18時04分

甲申（8月8日 6:06～ 9月8日 8:38）

生日	日柱	男	女
8 8	己3酉	0	10
8 9	庚1戌	0	10
8 10	辛1亥	1	10
8 11	壬1子	1	9
8 12	癸2丑	1	9
8 13	甲1寅	2	9
8 14	乙2卯	2	8
8 15	丙2辰	3	8
8 16	丁1巳	3	8
8 17	戊3午	3	7
8 18	己1未	3	7
8 19	庚1申	4	7
8 20	辛1酉	4	6
8 21	壬1戌	4	6
8 22	癸1亥	5	6
8 23	甲1子	5	5
8 24	乙1丑	5	5
8 25	丙1寅	6	5
8 26	丁1卯	6	4
8 27	戊3辰	6	4
8 28	己1巳	7	4
8 29	庚1午	7	3
8 30	辛1未	7	3
8 31	壬1申	8	3
9 1	癸1酉	8	2
9 2	甲1戌	8	2
9 3	乙1亥	9	2
9 4	丙2子	9	1
9 5	丁1丑	9	1
9 6	戊1寅	10	1
9 7	己1卯	10	0
9 8	庚1辰	10	0

乙酉（9月8日 8:39～ 10月8日23:49）

生日	日柱	男	女
9 8	庚1辰	0	10
9 9	辛1巳	0	10
9 10	壬2午	1	9
9 11	癸2未	1	9
9 12	甲2申	1	9
9 13	乙2酉	2	8
9 14	丙2戌	2	8
9 15	丁2亥	2	8
9 16	戊2子	3	7
9 17	己1丑	3	7
9 18	庚1寅	3	7
9 19	辛1卯	4	6
9 20	壬1辰	4	6
9 21	癸2巳	4	6
9 22	甲2午	5	5
9 23	乙2未	5	5
9 24	丙2申	5	5
9 25	丁2酉	6	4
9 26	戊3戌	6	4
9 27	己2亥	6	4
9 28	庚1子	7	3
9 29	辛2丑	7	3
9 30	壬2寅	7	3
10 1	癸2卯	8	2
10 2	甲2辰	8	2
10 3	乙2巳	8	2
10 4	丙1午	9	1
10 5	丁2未	9	1
10 6	戊3申	9	1
10 7	己3酉	10	0
10 8	庚1戌	10	0

丙戌（10月8日23:50～ 11月8日 2:34）

生日	日柱	男	女
10 8	庚1戌	0	10
10 9	辛1亥	0	10
10 10	壬2子	1	9
10 11	癸2丑	1	9
10 12	甲2寅	1	9
10 13	乙2卯	2	9
10 14	丙1辰	2	8
10 15	丁2巳	2	8
10 16	戊2午	3	8
10 17	己1未	3	7
10 18	庚1申	3	7
10 19	辛1酉	4	7
10 20	壬1戌	4	6
10 21	癸2亥	4	6
10 22	甲2子	5	6
10 23	乙3丑	5	5
10 24	丙1寅	5	5
10 25	丁1卯	6	5
10 26	戊1辰	6	4
10 27	己1巳	6	4
10 28	庚1午	7	4
10 29	辛1未	7	3
10 30	壬1申	7	3
10 31	癸2酉	8	3
11 1	甲3戌	8	2
11 2	乙2亥	8	2
11 3	丙2子	9	2
11 4	丁2丑	9	1
11 5	戊2寅	9	1
11 6	己1卯	10	1
11 7	庚1辰	10	0
11 8	辛1巳	10	0

丁亥（11月8日 2:35～ 12月7日19:07）

生日	日柱	男	女
11 8	辛3巳	0	10
11 9	壬1午	0	9
11 10	癸1未	1	9
11 11	甲1申	1	9
11 12	乙1酉	1	8
11 13	丙1戌	2	8
11 14	丁1亥	2	8
11 15	戊3子	2	7
11 16	己1丑	3	7
11 17	庚1寅	3	7
11 18	辛1卯	3	6
11 19	壬1辰	4	6
11 20	癸1巳	4	6
11 21	甲1午	4	5
11 22	乙1未	5	5
11 23	丙1申	5	5
11 24	丁1酉	5	4
11 25	戊1戌	6	4
11 26	己1亥	6	4
11 27	庚1子	6	3
11 28	辛1丑	7	3
11 29	壬1寅	7	3
11 30	癸1卯	7	2
12 1	甲1辰	8	2
12 2	乙1巳	8	2
12 3	丙1午	8	1
12 4	丁2未	9	1
12 5	戊3申	9	1
12 6	己3酉	9	0
12 7	庚1戌	10	0

戊子（12月7日19:08～ 1月6日 6:16）

生日	日柱	男	女
12 7	庚1戌	0	10
12 8	辛1亥	0	10
12 9	壬1子	1	9
12 10	癸1丑	1	9
12 11	甲1寅	1	9
12 12	乙1卯	2	8
12 13	丙3辰	2	8
12 14	丁2巳	2	8
12 15	戊2午	3	7
12 16	己1未	3	7
12 17	庚1申	3	7
12 18	辛1酉	4	6
12 19	壬1戌	4	6
12 20	癸1亥	4	5
12 21	甲1子	5	5
12 22	乙1丑	5	5
12 23	丙1寅	5	4
12 24	丁1卯	6	4
12 25	戊1辰	6	4
12 26	己1巳	6	3
12 27	庚2午	7	3
12 28	辛1未	7	3
12 29	壬1申	7	2
12 30	癸1酉	8	2
12 31	甲1戌	8	2
1 1	乙1亥	8	1
1 2	丙3子	9	1
1 3	丁1丑	9	1
1 4	戊1寅	9	0
1 5	己1卯	10	0
1 6	庚1辰	10	0

己丑（1月6日 6:17～ 2月4日18:04）

生日	日柱	男	女
1 6	庚1辰	0	10
1 7	辛1巳	0	9
1 8	壬2午	1	9
1 9	癸2未	1	9
1 10	甲3申	1	8
1 11	乙3酉	2	8
1 12	丙3戌	2	8
1 13	丁3亥	2	7
1 14	戊2子	3	7
1 15	己1丑	3	7
1 16	庚1寅	3	6
1 17	辛1卯	4	6
1 18	壬2辰	4	6
1 19	癸2巳	4	5
1 20	甲3午	5	5
1 21	乙2未	5	5
1 22	丙3申	5	4
1 23	丁3酉	6	4
1 24	戊1戌	6	4
1 25	己2亥	6	3
1 26	庚1子	7	3
1 27	辛1丑	7	3
1 28	壬2寅	7	2
1 29	癸2卯	8	2
1 30	甲2辰	8	2
1 31	乙1巳	8	1
2 1	丙2午	9	1
2 2	丁1未	9	1
2 3	戊2申	9	0
2 4	己2酉	10	0

大運表

歳	男	歳	女	歳	男	歳	女	歳	男	歳	女	歳	男	歳	女	歳	男	歳	女	歳	男	歳	女
0	癸亥	0	乙酉	0	甲申	0	丙戌	0	乙酉	0	丁亥	0	丙戌	0	戊子	0	丁亥	0	己丑	0	戊子	0	庚寅
10	壬戌	10	丙戌	10	癸未	10	丁亥	10	甲申	10	戊子	10	乙酉	10	己丑	10	丙戌	10	庚寅	10	丁亥	10	辛卯
20	辛酉	20	丁亥	20	壬午	20	戊子	20	癸未	20	己丑	20	甲申	20	庚寅	20	乙酉	20	辛卯	20	丙戌	20	壬辰
30	庚辰	30	戊子	30	辛巳	30	己丑	30	壬午	30	庚寅	30	癸未	30	辛卯	30	甲申	30	壬辰	30	乙酉	30	癸巳
40	己卯	40	己丑	40	庚辰	40	庚寅	40	辛巳	40	辛卯	40	壬午	40	壬辰	40	癸未	40	癸巳	40	甲申	40	甲午
50	戊寅	50	庚寅	50	己卯	50	辛卯	50	庚辰	50	壬辰	50	辛巳	50	癸巳	50	壬午	50	甲午	50	癸未	50	乙未
60	丁丑	60	辛卯	60	戊寅	60	壬辰	60	己卯	60	癸巳	60	庚辰	60	甲午	60	辛巳	60	乙未	60	壬午	60	丙申
70	丙子	70	壬辰	70	丁丑	70	癸巳	70	戊寅	70	甲午	70	己卯	70	乙未	70	庚辰	70	丙申	70	辛巳	70	丁酉
80	乙亥	80	癸巳	80	丙子	80	甲午	80	丁丑	80	乙未	80	戊寅	80	丙申	80	己卯	80	丁酉	80	庚辰	80	戊戌

年柱 丙戌 — 1946年（昭和21年）2月4日18時05分〜

庚寅（2月4日18:05〜3月6日12:24）

生日	日柱	男	女
2/4	己$_2$酉	10	0
2/5	庚$_1$戌	10	0
2/6	辛$_2$亥	9	1
2/7	壬$_2$子	9	1
2/8	癸$_1$丑	8	2
2/9	甲$_1$寅	8	2
2/10	乙$_2$卯	8	2
2/11	丙$_2$辰	8	2
2/12	丁$_1$巳	7	3
2/13	戊$_2$午	7	3
2/14	己$_1$未	7	3
2/15	庚$_2$申	6	4
2/16	辛$_2$酉	6	4
2/17	壬$_2$戌	6	4
2/18	癸$_2$亥	5	5
2/19	甲$_1$子	5	5
2/20	乙$_2$丑	5	5
2/21	丙$_1$寅	4	6
2/22	丁$_1$卯	4	6
2/23	戊$_2$辰	4	6
2/24	己$_1$巳	3	7
2/25	庚$_2$午	3	7
2/26	辛$_1$未	3	7
2/27	壬$_2$申	2	8
2/28	癸$_1$酉	2	8
3/1	甲$_2$戌	2	8
3/2	乙$_1$亥	1	9
3/3	丙$_2$子	1	9
3/4	丁$_2$丑	1	9
3/5	戊$_1$寅	0	10
3/6	己$_2$卯	0	10

辛卯（3月6日12:25〜4月5日17:38）

生日	日柱	男	女
3/6	己$_1$卯	10	0
3/7	庚$_1$辰	10	0
3/8	辛$_2$巳	9	1
3/9	壬$_2$午	9	1
3/10	癸$_1$未	8	2
3/11	甲$_1$申	8	2
3/12	乙$_2$酉	8	2
3/13	丙$_2$戌	8	2
3/14	丁$_1$亥	7	3
3/15	戊$_2$子	7	3
3/16	己$_1$丑	7	3
3/17	庚$_2$寅	6	4
3/18	辛$_2$卯	6	4
3/19	壬$_2$辰	6	4
3/20	癸$_3$巳	5	5
3/21	甲$_1$午	5	5
3/22	乙$_2$未	5	5
3/23	丙$_2$申	4	6
3/24	丁$_2$酉	4	6
3/25	戊$_2$戌	4	6
3/26	己$_2$亥	3	7
3/27	庚$_1$子	3	7
3/28	辛$_1$丑	3	7
3/29	壬$_2$寅	2	8
3/30	癸$_2$卯	2	8
3/31	甲$_1$辰	2	8
4/1	乙$_1$巳	1	9
4/2	丙$_1$午	1	9
4/3	丁$_2$未	1	9
4/4	戊$_1$申	0	10
4/5	己$_2$酉	0	10

壬辰（4月5日17:39〜5月6日11:21）

生日	日柱	男	女
4/5	己$_1$酉	10	0
4/6	庚$_1$戌	10	0
4/7	辛$_2$亥	10	1
4/8	壬$_1$子	9	1
4/9	癸$_3$丑	9	1
4/10	甲$_1$寅	9	2
4/11	乙$_2$卯	8	2
4/12	丙$_2$辰	8	2
4/13	丁$_1$巳	8	3
4/14	戊$_1$午	7	3
4/15	己$_1$未	7	3
4/16	庚$_1$申	7	4
4/17	辛$_2$酉	6	4
4/18	壬$_3$戌	6	4
4/19	癸$_3$亥	6	4
4/20	甲$_1$子	5	5
4/21	乙$_2$丑	5	5
4/22	丙$_2$寅	4	6
4/23	丁$_2$卯	4	6
4/24	戊$_1$辰	4	6
4/25	己$_2$巳	4	7
4/26	庚$_1$午	3	7
4/27	辛$_1$未	3	7
4/28	壬$_2$申	3	8
4/29	癸$_2$酉	2	8
4/30	甲$_2$戌	2	8
5/1	乙$_1$亥	1	9
5/2	丙$_1$子	1	9
5/3	丁$_1$丑	1	9
5/4	戊$_1$寅	1	10
5/5	己$_2$卯	0	10
5/6	庚$_3$辰	0	10

癸巳（5月6日11:22〜6月6日15:48）

生日	日柱	男	女
5/6	庚$_1$辰	10	0
5/7	辛$_1$巳	10	0
5/8	壬$_3$午	10	1
5/9	癸$_1$未	9	1
5/10	甲$_1$申	9	1
5/11	乙$_3$酉	9	2
5/12	丙$_1$戌	8	2
5/13	丁$_1$亥	8	2
5/14	戊$_1$子	8	3
5/15	己$_1$丑	7	3
5/16	庚$_1$寅	7	3
5/17	辛$_3$卯	7	4
5/18	壬$_3$辰	6	4
5/19	癸$_3$巳	6	4
5/20	甲$_3$午	6	4
5/21	乙$_3$未	5	5
5/22	丙$_1$申	5	5
5/23	丁$_1$酉	4	6
5/24	戊$_1$戌	4	6
5/25	己$_1$亥	4	6
5/26	庚$_2$子	4	7
5/27	辛$_3$丑	3	7
5/28	壬$_1$寅	3	7
5/29	癸$_3$卯	3	8
5/30	甲$_3$辰	2	8
5/31	乙$_2$巳	2	8
6/1	丙$_1$午	1	9
6/2	丁$_1$未	1	9
6/3	戊$_1$申	1	9
6/4	己$_1$酉	1	10
6/5	庚$_2$戌	0	10
6/6	辛$_3$亥	0	10

甲午（6月6日15:49〜7月8日2:10）

生日	日柱	男	女
6/6	辛$_2$亥	11	0
6/7	壬$_2$子	10	0
6/8	癸$_3$丑	10	1
6/9	甲$_2$寅	10	1
6/10	乙$_2$卯	9	1
6/11	丙$_2$辰	9	2
6/12	丁$_1$巳	9	2
6/13	戊$_1$午	8	2
6/14	己$_1$未	8	3
6/15	庚$_2$申	8	3
6/16	辛$_2$酉	7	3
6/17	壬$_2$戌	7	4
6/18	癸$_3$亥	7	4
6/19	甲$_2$子	6	4
6/20	乙$_3$丑	6	4
6/21	丙$_1$寅	6	5
6/22	丁$_2$卯	5	5
6/23	戊$_2$辰	5	5
6/24	己$_1$巳	5	6
6/25	庚$_2$午	4	6
6/26	辛$_1$未	4	6
6/27	壬$_1$申	4	7
6/28	癸$_2$酉	3	7
6/29	甲$_2$戌	3	7
6/30	乙$_2$亥	3	8
7/1	丙$_1$子	2	8
7/2	丁$_1$丑	2	9
7/3	戊$_2$寅	2	9
7/4	己$_1$卯	1	9
7/5	庚$_3$辰	1	10
7/6	辛$_1$巳	1	10
7/7	壬$_2$午	0	10
7/8	癸$_3$未	0	11

乙未（7月8日2:11〜8月8日11:51）

生日	日柱	男	女
7/8	癸$_3$未	10	0
7/9	甲$_2$申	10	0
7/10	乙$_2$酉	10	0
7/11	丙$_2$戌	9	1
7/12	丁$_1$亥	9	1
7/13	戊$_2$子	9	2
7/14	己$_1$丑	8	2
7/15	庚$_2$寅	8	2
7/16	辛$_2$卯	8	3
7/17	壬$_3$辰	7	3
7/18	癸$_3$巳	7	3
7/19	甲$_3$午	7	4
7/20	乙$_2$未	6	4
7/21	丙$_2$申	6	4
7/22	丁$_2$酉	6	5
7/23	戊$_1$戌	5	5
7/24	己$_2$亥	5	5
7/25	庚$_2$子	5	6
7/26	辛$_1$丑	4	6
7/27	壬$_2$寅	4	6
7/28	癸$_3$卯	4	7
7/29	甲$_3$辰	3	7
7/30	乙$_2$巳	3	7
7/31	丙$_2$午	3	8
8/1	丁$_1$未	2	8
8/2	戊$_1$申	2	8
8/3	己$_1$酉	2	9
8/4	庚$_1$戌	1	9
8/5	辛$_2$亥	1	9
8/6	壬$_2$子	1	10
8/7	癸$_3$丑	0	10
8/8	甲$_2$寅	0	10

立運表

歳	庚寅 男	庚寅 女	辛卯 男	辛卯 女	壬辰 男	壬辰 女	癸巳 男	癸巳 女	甲午 男	甲午 女	乙未 男	乙未 女
0	辛卯	己丑	壬辰	庚寅	癸巳	辛卯	甲午	壬辰	乙未	癸巳	丙申	甲午
10	壬辰	戊子	癸巳	己丑	甲午	庚寅	乙未	辛卯	丙申	壬辰	丁酉	癸巳
20	癸巳	丁亥	甲午	戊子	乙未	己丑	丙申	庚寅	丁酉	辛卯	戊戌	壬辰
30	甲午	丙戌	乙未	丁亥	丙申	戊子	丁酉	己丑	戊戌	庚寅	己亥	辛卯
40	乙未	乙酉	丙申	丙戌	丁酉	丁亥	戊戌	戊子	己亥	己丑	庚子	庚寅
50	丙申	甲申	丁酉	乙酉	戊戌	丙戌	己亥	丁亥	庚子	戊子	辛丑	己丑
60	丁酉	癸未	戊戌	甲申	己亥	乙酉	庚子	丙戌	辛丑	丁亥	壬寅	戊子
70	戊戌	壬午	己亥	癸未	庚子	甲申	辛丑	乙酉	壬寅	丙戌	癸卯	丁亥
80	己亥	辛巳	庚子	壬午	辛丑	癸未	壬寅	甲申	癸卯	乙酉	甲辰	丙戌

～1947年（昭和22年）2月4日23時50分

月柱	期間	月柱	期間
丙申	8月8日11:52～9月8日14:27	己亥	11月8日8:28～12月8日1:00
丁酉	9月8日14:28～10月9日5:41	庚子	12月8日1:01～1月6日12:10
戊戌	10月9日5:42～11月8日8:27	辛丑	1月6日12:11～2月4日23:50

立運年齢（男・女）

丙申				丁酉				戊戌				己亥				庚子				辛丑			
生日	日柱	男	女	生日	日柱	男	女	生日	日柱	男	女	生日	日柱	男	女	生日	日柱	男	女	生日	日柱	男	女
8.8	甲3寅	10	0	9.8	乙3酉	10	0	10.9	丙3辰	10	0	11.8	丙3戌	10	0	12.8	丙3辰	10	0	1.6	乙3酉	10	0
8.9	乙3卯	10	0	9.9	丙3戌	10	0	10.10	丁2巳	10	0	11.9	丁3亥	10	0	12.9	丁3巳	9	0	1.7	丙3戌	9	0
8.10	丙3辰	10	1	9.10	丁3亥	10	1	10.11	戊2午	10	1	11.10	戊1子	9	1	12.10	戊3午	9	1	1.8	丁3亥	9	1
8.11	丁2巳	9	1	9.11	戊2子	9	1	10.12	己2未	9	1	11.11	己1丑	9	1	12.11	己2未	9	1	1.9	戊2子	9	1
8.12	戊2午	9	1	9.12	己2丑	9	1	10.13	庚2申	9	1	11.12	庚1寅	9	1	12.12	庚2申	8	1	1.10	己1丑	8	1
8.13	己2未	9	2	9.13	庚2寅	9	2	10.14	辛1酉	8	2	11.13	辛1卯	8	2	12.13	辛2酉	8	2	1.11	庚2寅	8	2
8.14	庚1申	8	2	9.14	辛1卯	8	2	10.15	壬1戌	8	2	11.14	壬1辰	8	2	12.14	壬2戌	8	2	1.12	辛1卯	8	2
8.15	辛1酉	8	2	9.15	壬3辰	8	2	10.16	癸1亥	8	2	11.15	癸1巳	8	2	12.15	癸2亥	7	2	1.13	壬2辰	7	2
8.16	壬1戌	8	3	9.16	癸3巳	8	3	10.17	甲2子	7	3	11.16	甲1午	7	3	12.16	甲2子	7	3	1.14	癸2巳	7	3
8.17	癸2亥	7	3	9.17	甲3午	7	3	10.18	乙1丑	7	3	11.17	乙1未	7	3	12.17	乙1丑	7	3	1.15	甲3午	7	3
8.18	甲3子	7	3	9.18	乙3未	7	3	10.19	丙2寅	7	3	11.18	丙1申	7	3	12.18	丙1寅	6	3	1.16	乙3未	6	3
8.19	乙3丑	7	4	9.19	丙2申	7	4	10.20	丁1卯	6	4	11.19	丁1酉	6	4	12.19	丁1卯	6	4	1.17	丙3申	6	4
8.20	丙3寅	6	4	9.20	丁2酉	6	4	10.21	戊1辰	6	4	11.20	戊1戌	6	4	12.20	戊1辰	6	4	1.18	丁3酉	6	4
8.21	丁3卯	6	4	9.21	戊1戌	6	4	10.22	己1巳	6	4	11.21	己1亥	6	4	12.21	己1巳	5	4	1.19	戊1戌	5	4
8.22	戊1辰	6	5	9.22	己1亥	6	5	10.23	庚1午	5	5	11.22	庚2子	5	5	12.22	庚2午	5	5	1.20	己1亥	5	5
8.23	己1巳	5	5	9.23	庚1子	5	5	10.24	辛1未	5	5	11.23	辛1丑	5	5	12.23	辛1未	5	5	1.21	庚2子	5	5
8.24	庚1午	5	5	9.24	辛1丑	5	5	10.25	壬3申	5	5	11.24	壬1寅	4	5	12.24	壬1申	4	5	1.22	辛1丑	4	5
8.25	辛1未	5	6	9.25	壬3寅	5	6	10.26	癸3酉	4	6	11.25	癸1卯	4	6	12.25	癸1酉	4	6	1.23	壬1寅	4	6
8.26	壬1申	4	6	9.26	癸3卯	4	6	10.27	甲3戌	4	6	11.26	甲1辰	4	6	12.26	甲1戌	4	6	1.24	癸2卯	4	6
8.27	癸1酉	4	6	9.27	甲3辰	4	6	10.28	乙3亥	4	6	11.27	乙1巳	4	6	12.27	乙1亥	3	6	1.25	甲1辰	3	6
8.28	甲3戌	4	7	9.28	乙3巳	4	7	10.29	丙3子	3	7	11.28	丙1午	3	7	12.28	丙1子	3	7	1.26	乙1巳	3	7
8.29	乙3亥	3	7	9.29	丙2午	3	7	10.30	丁1丑	3	7	11.29	丁1未	3	7	12.29	丁1丑	3	7	1.27	丙2午	3	7
8.30	丙2子	3	7	9.30	丁1未	3	7	10.31	戊1寅	3	7	11.30	戊1申	3	7	12.30	戊1寅	2	7	1.28	丁1未	2	7
8.31	丁1丑	3	8	10.1	戊1申	3	8	11.1	己1卯	2	8	12.1	己1酉	2	8	12.31	己1卯	2	8	1.29	戊1申	2	8
9.1	戊1寅	2	8	10.2	己1酉	2	8	11.2	庚1辰	2	8	12.2	庚1戌	2	8	1.1	庚1辰	2	8	1.30	己1酉	2	8
9.2	己1卯	2	8	10.3	庚1戌	2	8	11.3	辛1巳	2	8	12.3	辛1亥	2	8	1.2	辛1巳	1	8	1.31	庚1戌	1	8
9.3	庚1辰	2	9	10.4	辛1亥	2	9	11.4	壬3午	1	9	12.4	壬3子	1	9	1.3	壬1午	1	9	2.1	辛1亥	1	9
9.4	辛1巳	1	9	10.5	壬3子	1	9	11.5	癸3未	1	9	12.5	癸3丑	1	9	1.4	癸1未	1	9	2.2	壬1子	1	9
9.5	壬1午	1	9	10.6	癸3丑	1	9	11.6	甲3申	1	9	12.6	甲3寅	1	9	1.5	甲1申	1	9	2.3	癸2丑	0	9
9.6	癸3未	1	10	10.7	甲3寅	1	10	11.7	乙3酉	0	10	12.7	乙3卯	0	10	1.6	乙3酉	0	10	2.4	甲3寅	0	10
9.7	甲3申	0	10	10.8	乙3卯	0	10	11.8	丙3戌	0	10	12.8	丙3辰	0	10								
9.8	乙3酉	0	10	10.9	丙2辰	0	10																

大運

歳	男	歳	女	歳	男	歳	女	歳	男	歳	女	歳	男	歳	女	歳	男	歳	女	歳	男	歳	女
0	丁酉	0	乙未	0	戊戌	0	丙申	0	己亥	0	丁酉	0	庚子	0	戊戌	0	辛丑	0	己亥	0	壬寅	0	庚子
10	戊戌	10	甲午	10	己亥	10	乙未	10	庚子	10	丙申	10	辛丑	10	丁酉	10	壬寅	10	戊戌	10	癸卯	10	己亥
20	己亥	20	癸巳	20	庚子	20	甲午	20	辛丑	20	乙未	20	壬寅	20	丙申	20	癸卯	20	丁酉	20	甲辰	20	戊戌
30	庚子	30	壬辰	30	辛丑	30	癸巳	30	壬寅	30	甲午	30	癸卯	30	乙未	30	甲辰	30	丙申	30	乙巳	30	丁酉
40	辛丑	40	辛卯	40	壬寅	40	壬辰	40	癸卯	40	癸巳	40	甲辰	40	甲午	40	乙巳	40	乙未	40	丙午	40	丙申
50	壬寅	50	庚寅	50	癸卯	50	辛卯	50	甲辰	50	壬辰	50	乙巳	50	癸巳	50	丙午	50	甲午	50	丁未	50	乙未
60	癸卯	60	己丑	60	甲辰	60	庚寅	60	乙巳	60	辛卯	60	丙午	60	壬辰	60	丁未	60	癸巳	60	戊申	60	甲午
70	甲辰	70	戊子	70	乙巳	70	己丑	70	丙午	70	庚寅	70	丁未	70	辛卯	70	戊申	70	壬辰	70	己酉	70	癸巳
80	乙巳	80	丁亥	80	丙午	80	戊子	80	丁未	80	己丑	80	戊申	80	庚寅	80	己酉	80	辛卯	80	庚戌	80	壬辰

年柱 丁亥 — 1947年（昭和22年）2月4日23時51分〜

月柱別 日柱・立運年齢表

月柱 壬寅（2月4日23:51〜3月6日18:11）

生日	日柱	男	女
2 4	甲2寅	0	10
2 5	乙0卯	0	10
2 6	丙2辰	1	9
2 7	丁1巳	1	9
2 8	戊1午	1	9
2 9	己2未	2	8
2 10	庚1申	2	8
2 11	辛2酉	2	8
2 12	壬1戌	3	7
2 13	癸1亥	3	7
2 14	甲1子	3	7
2 15	乙1丑	4	6
2 16	丙1寅	4	6
2 17	丁1卯	4	6
2 18	戊2辰	5	5
2 19	己2巳	5	5
2 20	庚3午	5	5
2 21	辛3未	6	4
2 22	壬3申	6	4
2 23	癸3酉	6	4
2 24	甲3戌	7	3
2 25	乙3亥	7	3
2 26	丙3子	7	3
2 27	丁3丑	8	2
2 28	戊3寅	8	2
3 1	己3卯	8	2
3 2	庚3辰	9	1
3 3	辛3巳	9	1
3 4	壬3午	9	1
3 5	癸2未	10	0
3 6	甲3申	10	0

月柱 癸卯（3月6日18:12〜4月5日23:14）

生日	日柱	男	女
3 6	甲3申	0	10
3 7	乙3酉	0	10
3 8	丙3戌	1	9
3 9	丁3亥	1	9
3 10	戊3子	1	9
3 11	己3丑	2	8
3 12	庚3寅	2	8
3 13	辛3卯	2	8
3 14	壬3辰	3	7
3 15	癸3巳	3	7
3 16	甲3午	3	7
3 17	乙3未	4	6
3 18	丙3申	4	6
3 19	丁3酉	4	6
3 20	戊3戌	5	5
3 21	己3亥	5	5
3 22	庚3子	5	5
3 23	辛3丑	6	4
3 24	壬3寅	6	4
3 25	癸3卯	6	4
3 26	甲3辰	7	3
3 27	乙3巳	7	3
3 28	丙3午	7	3
3 29	丁3未	8	2
3 30	戊3申	8	2
3 31	己3酉	8	2
4 1	庚3戌	9	1
4 2	辛3亥	9	1
4 3	壬3子	9	1
4 4	癸3丑	10	0
4 5	甲3寅	10	0

月柱 甲辰（4月5日23:15〜5月6日17:04）

生日	日柱	男	女
4 5	甲1寅	0	10
4 6	乙1卯	0	10
4 7	丙1辰	1	9
4 8	丁1巳	1	9
4 9	戊1午	1	9
4 10	己1未	2	9
4 11	庚1申	2	8
4 12	辛2酉	2	8
4 13	壬3戌	3	8
4 14	癸3亥	3	7
4 15	甲3子	3	7
4 16	乙1丑	4	7
4 17	丙1寅	4	6
4 18	丁1卯	4	6
4 19	戊1辰	5	6
4 20	己1巳	5	5
4 21	庚3午	5	5
4 22	辛3未	6	5
4 23	壬3申	6	4
4 24	癸3酉	6	4
4 25	甲1戌	7	4
4 26	乙3亥	7	3
4 27	丙3子	7	3
4 28	丁1丑	8	3
4 29	戊3寅	8	2
4 30	己1卯	8	2
5 1	庚3辰	9	2
5 2	辛3巳	9	1
5 3	壬3午	9	1
5 4	癸3未	10	1
5 5	甲3申	10	0
5 6	乙1酉	10	0

月柱 乙巳（5月6日17:05〜6月6日21:32）

生日	日柱	男	女
5 6	乙0酉	0	10
5 7	丙0戌	0	10
5 8	丁0亥	1	10
5 9	戊0子	1	9
5 10	己1丑	1	9
5 11	庚3寅	2	9
5 12	辛3卯	2	9
5 13	壬3辰	2	8
5 14	癸3巳	3	8
5 15	甲2午	3	8
5 16	乙2未	3	7
5 17	丙2申	4	7
5 18	丁1酉	4	6
5 19	戊2戌	4	6
5 20	己1亥	5	6
5 21	庚3子	5	5
5 22	辛3丑	5	5
5 23	壬3寅	6	5
5 24	癸3卯	6	4
5 25	甲2辰	6	4
5 26	乙2巳	7	4
5 27	丙1午	7	4
5 28	丁1未	7	3
5 29	戊1申	8	3
5 30	己1酉	8	2
5 31	庚3戌	8	2
6 1	辛3亥	9	2
6 2	壬2子	9	1
6 3	癸3丑	9	1
6 4	甲1寅	10	1
6 5	乙1卯	10	0
5 6	乙1酉	10	0

月柱 丙午（6月6日21:33〜7月8日7:55）

生日	日柱	男	女
6 6	丙0辰	0	11
6 7	丁1巳	1	10
6 8	戊1午	1	10
6 9	己1未	1	10
6 10	庚1申	1	9
6 11	辛3酉	2	9
6 12	壬3戌	2	9
6 13	癸3亥	2	8
6 14	甲3子	3	8
6 15	乙3丑	3	8
6 16	丙3寅	3	7
6 17	丁3卯	4	7
6 18	戊3辰	4	7
6 19	己3巳	4	6
6 20	庚3午	5	6
6 21	辛3未	5	6
6 22	壬3申	5	5
6 23	癸3酉	6	5
6 24	甲3戌	6	5
6 25	乙3亥	6	4
6 26	丙3子	7	4
6 27	丁3丑	7	3
6 28	戊3寅	7	3
6 29	己3卯	8	3
6 30	庚3辰	8	2
7 1	辛3巳	8	2
7 2	壬3午	9	2
7 3	癸3未	9	2
7 4	甲3申	9	1
7 5	乙3酉	10	1
7 6	丙3戌	10	1
7 7	丁3亥	10	0
7 8	戊1子	11	0

月柱 丁未（7月8日7:56〜8月8日17:38）

生日	日柱	男	女
7 8	戊1子	0	10
7 9	己1丑	0	10
7 10	庚1寅	1	10
7 11	辛1卯	1	9
7 12	壬1辰	1	9
7 13	癸1巳	2	9
7 14	甲3午	2	8
7 15	乙3未	2	8
7 16	丙3申	3	8
7 17	丁3酉	3	7
7 18	戊3戌	3	7
7 19	己3亥	4	7
7 20	庚3子	4	6
7 21	辛3丑	4	6
7 22	壬3寅	5	6
7 23	癸3卯	5	5
7 24	甲3辰	5	5
7 25	乙3巳	6	5
7 26	丙3午	6	4
7 27	丁3未	6	4
7 28	戊3申	7	4
7 29	己3酉	7	3
7 30	庚3戌	7	3
7 31	辛3亥	8	3
8 1	壬3子	8	2
8 2	癸3丑	8	2
8 3	甲3寅	9	2
8 4	乙3卯	9	1
8 5	丙3辰	9	1
8 6	丁3巳	10	1
8 7	戊3午	10	1
8 8	己1未	10	0

大運（歳・干支）表

歳	男	歳	女	男	女	男	女	男	女	男	女
0	辛丑	0	癸卯	壬寅	甲辰	癸卯	乙巳	甲辰	丙午	乙巳	丁未
10	壬寅	10	甲辰	癸卯	乙巳	甲辰	丙午	乙巳	丁未	丙午	戊申
20	己亥	20	乙巳	庚子	丙午	辛丑	丁未	壬寅	戊申	癸卯	己酉
30	戊戌	30	丙午	己亥	丁未	庚子	戊申	辛丑	己酉	壬寅	庚戌
40	丁酉	40	丁未	戊戌	戊申	己亥	己酉	庚子	庚戌	辛丑	辛亥
50	丙申	50	戊申	丁酉	己酉	戊戌	庚戌	己亥	辛亥	庚子	壬子
60	乙未	60	己酉	丙申	庚戌	丁酉	辛亥	戊戌	壬子	己亥	癸丑
70	甲午	70	庚戌	乙未	辛亥	丙申	壬子	丁酉	癸丑	戊戌	甲寅
80	癸巳	80	辛亥	甲午	壬子	乙未	癸丑	丙申	甲寅	丁酉	乙卯

歳	男	歳	女
0	丙午	0	戊申
10	丁未	10	己酉
20	甲辰	20	庚戌
30	癸卯	30	辛亥
40	壬寅	40	壬子
50	辛丑	50	癸丑
60	庚子	60	甲寅
70	己亥	70	乙卯
80	戊戌	80	丙辰

～1948年（昭和23年）2月5日5時42分

期間	月柱
8月8日17:39～9月8日20:16	戊申
9月8日20:17～10月9日11:31	己酉
10月9日11:32～11月8日14:18	庚戌
11月8日14:19～12月8日6:52	辛亥
12月8日6:53～1月6日18:18	壬子
1月6日18:19～2月5日5:42	癸丑

月柱 戊申

生日	日柱	男	女
8/8	己$_1$未	0	10
8/9	庚$_1$申	0	10
8/10	辛$_1$酉	1	10
8/11	壬$_1$戌	1	9
8/12	癸$_1$亥	1	9
8/13	甲$_1$子	2	9
8/14	乙$_1$丑	2	8
8/15	丙$_1$寅	2	8
8/16	丁$_1$卯	3	8
8/17	戊$_1$辰	3	7
8/18	己$_1$巳	3	7
8/19	庚$_1$午	4	7
8/20	辛$_1$未	4	6
8/21	壬$_1$申	4	6
8/22	癸$_1$酉	5	5
8/23	甲$_1$戌	5	5
8/24	乙$_1$亥	5	5
8/25	丙$_1$子	6	5
8/26	丁$_1$丑	6	4
8/27	戊$_1$寅	6	4
8/28	己$_1$卯	7	4
8/29	庚$_1$辰	7	3
8/30	辛$_1$巳	7	3
8/31	壬$_2$午	8	3
9/1	癸$_2$未	8	2
9/2	甲$_2$申	8	2
9/3	乙$_2$酉	9	2
9/4	丙$_2$戌	9	1
9/5	丁$_2$亥	9	1
9/6	戊$_2$子	10	1
9/7	己$_2$丑	10	0
9/8	庚$_2$寅	10	0

月柱 己酉

生日	日柱	男	女
9/8	庚$_2$寅	0	10
9/9	辛$_2$卯	0	10
9/10	壬$_2$辰	1	10
9/11	癸$_2$巳	1	9
9/12	甲$_3$午	1	9
9/13	乙$_3$未	2	9
9/14	丙$_3$申	2	8
9/15	丁$_3$酉	2	8
9/16	戊$_3$戌	3	8
9/17	己$_3$亥	3	7
9/18	庚$_3$子	3	7
9/19	辛$_3$丑	4	7
9/20	壬$_3$寅	4	6
9/21	癸$_3$卯	4	6
9/22	甲$_3$辰	5	5
9/23	乙$_3$巳	5	5
9/24	丙$_2$午	5	5
9/25	丁$_2$未	6	5
9/26	戊$_2$申	6	4
9/27	己$_2$酉	6	4
9/28	庚$_2$戌	7	4
9/29	辛$_2$亥	7	3
9/30	壬$_2$子	7	3
10/1	癸$_2$丑	8	3
10/2	甲$_2$寅	8	2
10/3	乙$_2$卯	8	2
10/4	丙$_2$辰	9	2
10/5	丁$_1$巳	9	1
10/6	戊$_1$午	9	1
10/7	己$_1$未	10	1
10/8	庚$_1$申	10	0
10/9	辛$_1$酉	10	0

月柱 庚戌

生日	日柱	男	女
10/9	辛$_1$酉	0	10
10/10	壬$_2$戌	0	10
10/11	癸$_1$亥	1	10
10/12	甲$_2$子	1	9
10/13	乙$_3$丑	1	9
10/14	丙$_2$寅	2	8
10/15	丁$_1$卯	2	8
10/16	戊$_1$辰	2	8
10/17	己$_1$巳	3	7
10/18	庚$_1$午	3	7
10/19	辛$_1$未	3	7
10/20	壬$_1$申	4	6
10/21	癸$_1$酉	4	6
10/22	甲$_3$戌	5	5
10/23	乙$_2$亥	5	5
10/24	丙$_3$子	5	5
10/25	丁$_3$丑	6	4
10/26	戊$_2$寅	6	4
10/27	己$_1$卯	6	4
10/28	庚$_2$辰	7	3
10/29	辛$_1$巳	7	3
10/30	壬$_1$午	7	3
10/31	癸$_1$未	8	3
11/1	甲$_1$申	8	2
11/2	乙$_2$酉	8	2
11/3	丙$_3$戌	8	2
11/4	丁$_1$亥	9	1
11/5	戊$_1$子	9	1
11/6	己$_1$丑	9	1
11/7	庚$_1$寅	10	0
11/8	辛$_1$卯	10	0

月柱 辛亥

生日	日柱	男	女
11/8	辛$_3$卯	0	10
11/9	壬$_2$辰	0	10
11/10	癸$_1$巳	1	9
11/11	甲$_2$午	1	9
11/12	乙$_1$未	1	9
11/13	丙$_2$申	2	8
11/14	丁$_2$酉	2	8
11/15	戊$_2$戌	2	8
11/16	己$_2$亥	3	7
11/17	庚$_3$子	3	7
11/18	辛$_2$丑	3	6
11/19	壬$_2$寅	4	6
11/20	癸$_2$卯	4	6
11/21	甲$_2$辰	5	5
11/22	乙$_2$巳	5	5
11/23	丙$_2$午	5	5
11/24	丁$_1$未	6	5
11/25	戊$_1$申	6	4
11/26	己$_1$酉	6	4
11/27	庚$_1$戌	7	4
11/28	辛$_1$亥	7	3
11/29	壬$_1$子	7	3
11/30	癸$_1$丑	8	3
12/1	甲$_1$寅	8	2
12/2	乙$_1$卯	8	2
12/3	丙$_3$辰	8	2
12/4	丁$_2$巳	9	1
12/5	戊$_2$午	9	1
12/6	己$_2$未	9	1
12/7	庚$_2$申	10	0
12/8	辛$_2$酉	10	0

月柱 壬子

生日	日柱	男	女
12/8	辛$_1$酉	0	10
12/9	壬$_1$戌	0	9
12/10	癸$_1$亥	1	9
12/11	甲$_1$子	1	9
12/12	乙$_1$丑	1	8
12/13	丙$_1$寅	2	8
12/14	丁$_1$卯	2	8
12/15	戊$_2$辰	2	7
12/16	己$_1$巳	3	7
12/17	庚$_3$午	3	7
12/18	辛$_3$未	3	6
12/19	壬$_3$申	4	6
12/20	癸$_3$酉	4	6
12/21	甲$_3$戌	5	5
12/22	乙$_3$亥	5	5
12/23	丙$_3$子	5	5
12/24	丁$_3$丑	6	5
12/25	戊$_2$寅	6	4
12/26	己$_1$卯	6	4
12/27	庚$_1$辰	7	4
12/28	辛$_1$巳	7	3
12/29	壬$_1$午	7	3
12/30	癸$_1$未	8	3
12/31	甲$_1$申	8	2
1/1	乙$_1$酉	8	2
1/2	丙$_3$戌	8	2
1/3	丁$_2$亥	9	1
1/4	戊$_2$子	9	1
1/5	己$_1$丑	9	0
1/6	庚$_2$寅	10	0

月柱 癸丑

生日	日柱	男	女
1/6	庚$_2$寅	0	10
1/7	辛$_3$卯	0	10
1/8	壬$_1$辰	1	9
1/9	癸$_1$巳	1	9
1/10	甲$_2$午	1	9
1/11	乙$_2$未	2	8
1/12	丙$_3$申	2	8
1/13	丁$_3$酉	2	8
1/14	戊$_3$戌	3	7
1/15	己$_3$亥	3	7
1/16	庚$_3$子	3	7
1/17	辛$_2$丑	4	6
1/18	壬$_1$寅	4	6
1/19	癸$_1$卯	4	6
1/20	甲$_3$辰	5	5
1/21	乙$_2$巳	5	5
1/22	丙$_2$午	5	5
1/23	丁$_1$未	6	4
1/24	戊$_2$申	6	4
1/25	己$_2$酉	6	4
1/26	庚$_2$戌	7	3
1/27	辛$_2$亥	7	3
1/28	壬$_1$子	7	3
1/29	癸$_1$丑	8	2
1/30	甲$_1$寅	8	2
1/31	乙$_1$卯	8	2
2/1	丙$_3$辰	9	1
2/2	丁$_1$巳	9	1
2/3	戊$_1$午	9	1
2/4	己$_1$未	10	0
2/5	庚$_2$申	10	0

大運表

歳	男(戊申)	女(戊申)	男(己酉)	女(己酉)	男(庚戌)	女(庚戌)	男(辛亥)	女(辛亥)	男(壬子)	女(壬子)	男(癸丑)	女(癸丑)
0	丁未	己酉	戊申	庚戌	己酉	辛亥	庚戌	壬子	辛亥	癸丑	壬子	甲寅
10	丙午	庚戌	丁未	辛亥	戊申	壬子	己酉	癸丑	庚戌	甲寅	辛亥	乙卯
20	乙巳	辛亥	丙午	壬子	丁未	癸丑	戊申	甲寅	己酉	乙卯	庚戌	丙辰
30	甲辰	壬子	乙巳	癸丑	丙午	甲寅	丁未	乙卯	戊申	丙辰	己酉	丁巳
40	癸卯	癸丑	甲辰	甲寅	乙巳	乙卯	丙午	丙辰	丁未	丁巳	戊申	戊午
50	壬寅	甲寅	癸卯	乙卯	甲辰	丙辰	乙巳	丁巳	丙午	戊午	丁未	己未
60	辛丑	乙卯	壬寅	丙辰	癸卯	丁巳	甲辰	戊午	乙巳	己未	丙午	庚申
70	庚子	丙辰	辛丑	丁巳	壬寅	戊午	癸卯	己未	甲辰	庚申	乙巳	辛酉
80	己亥	丁巳	庚子	戊午	辛丑	己未	壬寅	庚申	癸卯	辛酉	甲辰	壬戌

年柱 戊子　**1948年（昭和23年）2月5日5時43分～**

月柱	期間
甲寅	2月5日 5:43～ 3月5日23:57
乙卯	3月5日23:58～ 4月5日 5:09
丙辰	4月5日 5:10～ 5月5日22:52
丁巳	5月5日22:53～ 6月6日 3:20
戊午	6月6日 3:21～ 7月7日13:43
己未	7月7日13:44～ 8月7日23:26

月柱 甲寅

生日	日柱	男	女
2:5	庚1申	10	0
2:6	辛2酉	9	0
2:7	壬3戌	9	1
2:8	癸3亥	9	1
2:9	甲1子	8	1
2:10	乙1丑	8	2
2:11	丙1寅	8	2
2:12	丁1卯	7	2
2:13	戊1辰	7	3
2:14	己1巳	7	3
2:15	庚1午	6	3
2:16	辛1未	6	4
2:17	壬1申	6	4
2:18	癸2酉	5	4
2:19	甲1戌	5	5
2:20	乙1亥	5	5
2:21	丙2子	4	5
2:22	丁1丑	4	6
2:23	戊1寅	4	6
2:24	己1卯	3	6
2:25	庚1辰	3	7
2:26	辛1巳	2	7
2:27	壬1午	2	7
2:28	癸1未	2	8
2:29	甲1申	1	8
3:1	乙1酉	1	8
3:2	丙2戌	1	9
3:3	丁2亥	1	9
3:4	戊3子	0	9
3:5	己2丑	0	10

月柱 乙卯

生日	日柱	男	女
3:5	己1丑	10	0
3:6	庚3寅	10	0
3:7	辛1卯	10	1
3:8	壬1辰	9	1
3:9	癸3巳	9	1
3:10	甲1午	9	2
3:11	乙1未	8	2
3:12	丙1申	8	2
3:13	丁2酉	8	3
3:14	戊1戌	7	3
3:15	己1亥	7	3
3:16	庚3子	7	4
3:17	辛2丑	6	4
3:18	壬2寅	6	4
3:19	癸2卯	6	5
3:20	甲1辰	5	5
3:21	乙1巳	5	5
3:22	丙1午	4	6
3:23	丁1未	4	6
3:24	戊1申	4	6
3:25	己1酉	4	7
3:26	庚1戌	3	7
3:27	辛1亥	3	7
3:28	壬1子	3	8
3:29	癸1丑	2	8
3:30	甲1寅	2	9
3:31	乙1卯	2	9
4:1	丙1辰	1	9
4:2	丁1巳	1	9
4:3	戊2午	1	10
4:4	己1未	0	10
4:5	庚1申	0	10

月柱 丙辰

生日	日柱	男	女
4:5	庚1申	10	0
4:6	辛1酉	10	0
4:7	壬1戌	10	1
4:8	癸1亥	9	1
4:9	甲1子	9	1
4:10	乙1丑	8	2
4:11	丙1寅	8	2
4:12	丁1卯	8	2
4:13	戊1辰	7	3
4:14	己1巳	7	3
4:15	庚2午	6	3
4:16	辛1未	6	4
4:17	壬1申	6	4
4:18	癸2酉	6	4
4:19	甲1戌	5	5
4:20	乙1亥	5	5
4:21	丙2子	4	5
4:22	丁1丑	4	6
4:23	戊1寅	4	6
4:24	己1卯	3	6
4:25	庚1辰	3	7
4:26	辛1巳	3	7
4:27	壬1午	2	7
4:28	癸1未	2	8
4:29	甲1申	2	8
4:30	乙1酉	1	8
5:1	丙2戌	1	9
5:2	丁2亥	1	9
5:3	戊1子	0	9
5:4	己1丑	0	10
5:5	庚2寅	0	10

月柱 丁巳

生日	日柱	男	女
5:5	庚1寅	11	0
5:6	辛1卯	10	0
5:7	壬1辰	10	1
5:8	癸1巳	10	1
5:9	甲3午	9	1
5:10	乙3未	8	2
5:11	丙1申	8	2
5:12	丁1酉	8	2
5:13	戊1戌	7	3
5:14	己1亥	7	3
5:15	庚1子	7	3
5:16	辛1丑	7	4
5:17	壬1寅	6	4
5:18	癸1卯	6	4
5:19	甲1辰	6	5
5:20	乙3巳	5	5
5:21	丙1午	5	5
5:22	丁1未	4	6
5:23	戊1申	4	6
5:24	己1酉	4	6
5:25	庚2戌	4	7
5:26	辛1亥	3	7
5:27	壬1子	3	7
5:28	癸1丑	3	8
5:29	甲1寅	2	8
5:30	乙1卯	2	8
5:31	丙1辰	1	9
6:1	丁1巳	2	9
6:2	戊1午	1	9
6:3	己1未	1	10
6:4	庚1申	1	10
6:5	辛2酉	0	10
6:6	壬3戌	0	11

月柱 戊午

生日	日柱	男	女
6:6	壬1戌	10	0
6:7	癸3亥	10	0
6:8	甲2子	10	1
6:9	乙3丑	9	1
6:10	丙1寅	9	1
6:11	丁1卯	9	2
6:12	戊1辰	8	2
6:13	己1巳	8	2
6:14	庚1午	8	3
6:15	辛1未	7	3
6:16	壬1申	7	3
6:17	癸1酉	7	4
6:18	甲1戌	6	4
6:19	乙2亥	6	4
6:20	丙2子	6	5
6:21	丁1丑	5	5
6:22	戊1寅	5	5
6:23	己1卯	5	6
6:24	庚1辰	4	6
6:25	辛1巳	4	6
6:26	壬1午	4	7
6:27	癸1未	3	7
6:28	甲1申	3	7
6:29	乙2酉	3	8
6:30	丙2戌	3	8
7:1	丁1亥	2	8
7:2	戊1子	2	9
7:3	己1丑	1	9
7:4	庚2寅	1	9
7:5	辛1卯	1	10
7:6	壬1辰	0	10
7:7	癸1巳	0	10

月柱 己未

生日	日柱	男	女
7:7	癸1巳	10	0
7:8	甲3午	10	0
7:9	乙3未	10	1
7:10	丙1申	9	1
7:11	丁1酉	9	1
7:12	戊1戌	9	2
7:13	己1亥	8	2
7:14	庚1子	8	2
7:15	辛1丑	8	3
7:16	壬1寅	7	3
7:17	癸1卯	7	3
7:18	甲1辰	7	4
7:19	乙1巳	6	4
7:20	丙1午	6	4
7:21	丁1未	6	5
7:22	戊1申	5	5
7:23	己1酉	5	5
7:24	庚1戌	4	6
7:25	辛1亥	4	6
7:26	壬1子	4	6
7:27	癸1丑	4	7
7:28	甲1寅	3	7
7:29	乙1卯	3	7
7:30	丙3巳	3	8
7:31	丁1巳	2	8
8:1	戊1午	2	8
8:2	己1未	2	9
8:3	庚1申	1	9
8:4	辛1酉	1	9
8:5	壬1戌	1	10
8:6	癸3亥	0	10
8:7	甲1子	0	10

立運表

歳	男	歳	女	歳	男	歳	女	歳	男	歳	女	歳	男	歳	女	歳	男	歳	女	歳	男	歳	女
0	乙卯	0	癸丑	0	丙辰	0	甲寅	0	丁巳	0	乙卯	0	戊午	0	丙辰	0	己未	0	丁巳	0	庚申	0	戊午
10	丙辰	10	壬子	10	丁巳	10	癸丑	10	戊午	10	甲寅	10	己未	10	乙卯	10	庚申	10	丙辰	10	辛酉	10	丁巳
20	丁巳	20	辛亥	20	戊午	20	壬子	20	己未	20	癸丑	20	庚申	20	甲寅	20	辛酉	20	乙卯	20	壬戌	20	丙辰
30	戊午	30	庚戌	30	己未	30	辛亥	30	庚申	30	壬子	30	辛酉	30	癸丑	30	壬戌	30	甲寅	30	癸亥	30	乙卯
40	己未	40	己酉	40	庚申	40	庚戌	40	辛酉	40	辛亥	40	壬戌	40	壬子	40	癸亥	40	癸丑	40	甲子	40	甲寅
50	庚申	50	戊申	50	辛酉	50	己酉	50	壬戌	50	庚戌	50	癸亥	50	辛亥	50	甲子	50	壬子	50	乙丑	50	癸丑
60	辛酉	60	丁未	60	壬戌	60	戊申	60	癸亥	60	己酉	60	甲子	60	庚戌	60	乙丑	60	辛亥	60	丙寅	60	壬子
70	壬戌	70	丙午	70	癸亥	70	丁未	70	甲子	70	戊申	70	乙丑	70	己酉	70	丙寅	70	庚戌	70	丁卯	70	辛亥
80	癸亥	80	乙巳	80	甲子	80	丙午	80	乙丑	80	丁未	80	丙寅	80	戊申	80	丁卯	80	己酉	80	戊辰	80	庚戌

～1949年（昭和24年）2月4日11時22分

月柱・日柱・立運年齢表

庚申 8/7 23:27〜9/8 2:05				辛酉 9/8 2:06〜10/8 17:20				壬戌 10/8 17:21〜11/7 20:06				癸亥 11/7 20:07〜12/7 12:37				甲子 12/7 12:38〜1/5 23:41				乙丑 1/5 23:42〜2/4 11:22			
生日	日柱	男	女	生日	日柱	男	女	生日	日柱	男	女	生日	日柱	男	女	生日	日柱	男	女	生日	日柱	男	女
8/7	甲₂子	11	0	9/8	丙₃申	10	0	10/8	丙₃寅	10	0	11/7	丙₃申	10	0	12/7	丙₃寅	10	0	1/5	乙₂未	10	0
8/8	乙₁丑	10	0	9/9	丁₁酉	10	0	10/9	丁₃卯	10	0	11/8	丁₃酉	10	0	12/8	丁₃卯	9	0	1/6	丙₃申	10	0
8/9	丙₁寅	10	1	9/10	戊₂戌	9	1	10/10	戊₁辰	9	1	11/9	戊₂戌	9	1	12/9	戊₁辰	9	1	1/7	丁₁酉	9	1
8/10	丁₁卯	10	1	9/11	己₁亥	9	1	10/11	己₁巳	9	1	11/10	己₃亥	9	1	12/10	己₁巳	9	1	1/8	戊₁戌	9	1
8/11	戊₁辰	9	1	9/12	庚₁子	9	1	10/12	庚₁午	9	1	11/11	庚₁子	9	1	12/11	庚₁午	8	1	1/9	己₂亥	9	1
8/12	己₁巳	9	2	9/13	辛₁丑	8	2	10/13	辛₁未	8	2	11/12	辛₁丑	8	2	12/12	辛₁未	8	2	1/10	庚₂子	8	2
8/13	庚₁午	9	2	9/14	壬₁寅	8	2	10/14	壬₁申	8	2	11/13	壬₁寅	8	2	12/13	壬₁申	8	2	1/11	辛₂丑	8	2
8/14	辛₁未	8	2	9/15	癸₁卯	8	2	10/15	癸₁酉	8	2	11/14	癸₁卯	8	2	12/14	癸₁酉	7	2	1/12	壬₂寅	8	2
8/15	壬₁申	8	3	9/16	甲₁辰	7	3	10/16	甲₂戌	7	3	11/15	甲₁辰	7	3	12/15	甲₁戌	7	3	1/13	癸₂卯	7	3
8/16	癸₁酉	8	3	9/17	乙₁巳	7	3	10/17	乙₁亥	7	3	11/16	乙₁巳	7	3	12/16	乙₁亥	6	3	1/14	甲₂辰	7	3
8/17	甲₁戌	7	3	9/18	丙₃午	7	3	10/18	丙₁子	7	3	11/17	丙₃午	7	3	12/17	丙₁子	6	3	1/15	乙₁巳	7	3
8/18	乙₂亥	7	4	9/19	丁₁未	6	4	10/19	丁₁丑	6	4	11/18	丁₁未	6	4	12/18	丁₁丑	6	4	1/16	丙₂午	6	4
8/19	丙₂子	7	4	9/20	戊₁申	6	4	10/20	戊₁寅	6	4	11/19	戊₁申	6	4	12/19	戊₃寅	6	4	1/17	丁₁未	6	4
8/20	丁₁丑	6	4	9/21	己₁酉	6	4	10/21	己₁卯	6	4	11/20	己₃酉	6	4	12/20	己₃卯	5	4	1/18	戊₂申	6	4
8/21	戊₁寅	6	5	9/22	庚₁戌	5	5	10/22	庚₁辰	5	5	11/21	庚₁戌	5	5	12/21	庚₁辰	5	5	1/19	己₁酉	5	5
8/22	己₁卯	6	5	9/23	辛₁亥	5	5	10/23	辛₁巳	5	5	11/22	辛₁亥	5	5	12/22	辛₁巳	5	5	1/20	庚₂戌	5	5
8/23	庚₁辰	5	5	9/24	壬₁子	4	6	10/24	壬₂午	4	6	11/23	壬₁子	5	5	12/23	壬₁午	4	5	1/21	辛₂亥	5	5
8/24	辛₁巳	5	6	9/25	癸₁丑	4	6	10/25	癸₁未	4	6	11/24	癸₁丑	4	6	12/24	癸₁未	4	6	1/22	壬₁子	4	6
8/25	壬₁午	5	6	9/26	甲₁寅	4	6	10/26	甲₁申	4	6	11/25	甲₁寅	4	6	12/25	甲₁申	4	6	1/23	癸₂丑	4	6
8/26	癸₁未	4	6	9/27	乙₁卯	4	6	10/27	乙₁酉	4	6	11/26	乙₁卯	4	6	12/26	乙₁酉	3	6	1/24	甲₁寅	4	6
8/27	甲₁申	4	7	9/28	丙₁辰	3	7	10/28	丙₃戌	3	7	11/27	丙₁辰	3	7	12/27	丙₃戌	3	7	1/25	乙₂卯	3	7
8/28	乙₁酉	3	7	9/29	丁₁巳	3	7	10/29	丁₁亥	3	7	11/28	丁₁巳	3	7	12/28	丁₃亥	3	7	1/26	丙₃辰	3	7
8/29	丙₁戌	3	7	9/30	戊₁午	3	7	10/30	戊₁子	3	7	11/29	戊₁午	3	7	12/29	戊₁子	2	7	1/27	丁₁巳	3	7
8/30	丁₃亥	3	8	10/1	己₁未	2	8	10/31	己₁丑	2	8	11/30	己₂未	2	8	12/30	己₁丑	2	8	1/28	戊₁午	2	8
8/31	戊₁子	2	8	10/2	庚₁申	2	8	11/1	庚₁寅	2	8	12/1	庚₂申	2	8	12/31	庚₂寅	2	8	1/29	己₁未	2	8
9/1	己₂丑	2	9	10/3	辛₁酉	2	8	11/2	辛₁卯	2	8	12/2	辛₁酉	2	8	1/1	辛₁卯	1	8	1/30	庚₂申	2	8
9/2	庚₁寅	2	9	10/4	壬₁戌	1	9	11/3	壬₂辰	1	9	12/3	壬₂戌	1	9	1/2	壬₁辰	1	9	1/31	辛₁酉	1	9
9/3	辛₁卯	1	9	10/5	癸₁亥	1	9	11/4	癸₂巳	1	9	12/4	癸₂亥	1	9	1/3	癸₁巳	1	9	2/1	壬₁戌	1	9
9/4	壬₁辰	1	9	10/6	甲₂子	1	9	11/5	甲₁午	1	9	12/5	甲₁子	1	9	1/4	甲₀午	0	9	2/2	癸₂亥	1	9
9/5	癸₁巳	1	10	10/7	乙₁丑	0	10	11/6	乙₂未	0	10	12/6	乙₁丑	0	10	1/5	乙₁未	0	10	2/3	甲₁子	0	10
9/6	甲₁午	1	10	10/8	丙₁寅	0	10	11/7	丙₃申	0	10	12/7	丙₃寅	0	10					2/4	乙₂丑	0	10
9/7	乙₁未	0	10																				
9/8	丙₁申	0	11																				

大運表

歳	男	歳	女	歳	男	歳	女	歳	男	歳	女	歳	男	歳	女	歳	男	歳	女	歳	男	歳	女
0	辛酉	0	己未	0	壬戌	0	庚申	0	癸亥	0	辛酉	0	甲子	0	壬戌	0	乙丑	0	癸亥	0	丙寅	0	甲子
10	壬戌	10	戊午	10	癸亥	10	己未	10	甲子	10	庚申	10	乙丑	10	辛酉	10	丙寅	10	壬戌	10	丁卯	10	癸亥
20	癸亥	20	丁巳	20	甲子	20	戊午	20	乙丑	20	己未	20	丙寅	20	庚申	20	丁卯	20	辛酉	20	戊辰	20	壬戌
30	甲子	30	丙辰	30	乙丑	30	丁巳	30	丙寅	30	戊午	30	丁卯	30	己未	30	戊辰	30	庚申	30	己巳	30	辛酉
40	乙丑	40	乙卯	40	丙寅	40	丙辰	40	丁卯	40	丁巳	40	戊辰	40	戊午	40	己巳	40	己未	40	庚午	40	庚申
50	丙寅	50	甲寅	50	丁卯	50	乙卯	50	戊辰	50	丙辰	50	己巳	50	丁巳	50	庚午	50	戊午	50	辛未	50	己未
60	丁卯	60	癸丑	60	戊辰	60	甲寅	60	己巳	60	乙卯	60	庚午	60	丙辰	60	辛未	60	丁巳	60	壬申	60	戊午
70	戊辰	70	壬子	70	己巳	70	癸丑	70	庚午	70	甲寅	70	辛未	70	乙卯	70	壬申	70	丙辰	70	癸酉	70	丁巳
80	己巳	80	辛亥	80	庚午	80	壬子	80	辛未	80	癸丑	80	壬申	80	甲寅	80	癸酉	80	乙卯	80	甲戌	80	丙辰

年柱 **己丑** 　**1949年（昭和24年）2月4日11時23分～**

月柱	期間（立運の基準）
丙寅	2月4日11:23～3月6日 5:39
丁卯	3月6日 5:40～4月5日10:51
戊辰	4月5日10:52～5月6日 4:36
己巳	5月6日 4:37～6月6日 9:06
庚午	6月6日 9:07～7月7日19:31
辛未	7月7日19:32～8月8日 5:15

月柱 丙寅（立運年齢）

生日	日柱	男	女
2/4	乙$_2$丑	0	10
2/5	丙$_1$寅	0	10
2/6	丁$_1$卯	1	9
2/7	戊$_1$辰	1	9
2/8	己$_1$巳	1	9
2/9	庚$_1$午	2	8
2/10	辛$_1$未	2	8
2/11	壬$_1$申	2	8
2/12	癸$_1$酉	3	7
2/13	甲$_1$戌	3	7
2/14	乙$_1$亥	3	7
2/15	丙$_2$子	4	6
2/16	丁$_2$丑	4	6
2/17	戊$_1$寅	4	6
2/18	己$_1$卯	5	5
2/19	庚$_1$辰	5	5
2/20	辛$_1$巳	5	5
2/21	壬$_1$午	6	4
2/22	癸$_1$未	6	4
2/23	甲$_1$申	6	4
2/24	乙$_1$酉	7	3
2/25	丙$_1$戌	7	3
2/26	丁$_1$亥	7	3
2/27	戊$_1$子	8	2
2/28	己$_1$丑	8	2
3/1	庚$_1$寅	8	2
3/2	辛$_1$卯	9	1
3/3	壬$_1$辰	9	1
3/4	癸$_3$巳	9	1
3/5	甲$_1$午	10	0
3/6	乙$_1$未	10	0

月柱 丁卯（立運年齢）

生日	日柱	男	女
3/6	乙$_2$未	0	10
3/7	丙$_1$申	0	10
3/8	丁$_1$酉	1	9
3/9	戊$_1$戌	1	9
3/10	己$_1$亥	1	9
3/11	庚$_1$子	2	8
3/12	辛$_1$丑	2	8
3/13	壬$_1$寅	2	8
3/14	癸$_3$卯	3	7
3/15	甲$_1$辰	3	7
3/16	乙$_3$巳	3	7
3/17	丙$_1$午	4	6
3/18	丁$_2$未	4	6
3/19	戊$_1$申	4	6
3/20	己$_1$酉	5	5
3/21	庚$_1$戌	5	5
3/22	辛$_1$亥	5	5
3/23	壬$_1$子	6	4
3/24	癸$_1$丑	6	4
3/25	甲$_1$寅	6	4
3/26	乙$_1$卯	7	3
3/27	丙$_1$辰	7	3
3/28	丁$_1$巳	7	3
3/29	戊$_1$午	8	2
3/30	己$_1$未	8	2
3/31	庚$_1$申	8	2
4/1	辛$_1$酉	9	1
4/2	壬$_1$戌	9	1
4/3	癸$_3$亥	9	1
4/4	甲$_1$子	10	0
4/5	乙$_1$丑	10	0

月柱 戊辰（立運年齢）

生日	日柱	男	女
4/5	乙$_2$丑	0	10
4/6	丙$_3$寅	0	10
4/7	丁$_1$卯	1	10
4/8	戊$_1$辰	1	9
4/9	己$_1$巳	1	9
4/10	庚$_1$午	2	9
4/11	辛$_1$未	2	8
4/12	壬$_1$申	2	8
4/13	癸$_3$酉	3	8
4/14	甲$_1$戌	3	7
4/15	乙$_3$亥	3	7
4/16	丙$_2$子	4	7
4/17	丁$_1$丑	4	6
4/18	戊$_1$寅	4	6
4/19	己$_1$卯	5	6
4/20	庚$_1$辰	5	5
4/21	辛$_1$巳	5	5
4/22	壬$_3$午	6	5
4/23	癸$_1$未	6	4
4/24	甲$_1$申	6	4
4/25	乙$_1$酉	7	4
4/26	丙$_1$戌	7	3
4/27	丁$_1$亥	7	3
4/28	戊$_1$子	8	3
4/29	己$_1$丑	8	2
4/30	庚$_1$寅	8	2
5/1	辛$_1$卯	9	2
5/2	壬$_1$辰	9	1
5/3	癸$_3$巳	9	1
5/4	甲$_3$午	10	1
5/5	乙$_1$未	10	0
5/6	丙$_3$申	10	0

月柱 己巳（立運年齢）

生日	日柱	男	女
5/6	丙$_2$申	0	10
5/7	丁$_2$酉	0	10
5/8	戊$_1$戌	1	10
5/9	己$_1$亥	1	9
5/10	庚$_1$子	1	9
5/11	辛$_1$丑	2	9
5/12	壬$_1$寅	2	8
5/13	癸$_3$卯	2	8
5/14	甲$_3$辰	3	8
5/15	乙$_3$巳	3	7
5/16	丙$_3$午	3	7
5/17	丁$_1$未	4	7
5/18	戊$_1$申	4	6
5/19	己$_1$酉	4	6
5/20	庚$_1$戌	5	6
5/21	辛$_1$亥	5	5
5/22	壬$_3$子	5	5
5/23	癸$_1$丑	6	5
5/24	甲$_1$寅	6	4
5/25	乙$_1$卯	6	4
5/26	丙$_2$辰	7	4
5/27	丁$_1$巳	7	3
5/28	戊$_1$午	7	3
5/29	己$_1$未	8	3
5/30	庚$_1$申	8	2
5/31	辛$_1$酉	8	2
6/1	壬$_3$戌	9	2
6/2	癸$_3$亥	9	1
6/3	甲$_3$子	9	1
6/4	乙$_3$丑	10	1
6/5	丙$_3$寅	10	0
6/6	丁$_1$卯	10	0

月柱 庚午（立運年齢）

生日	日柱	男	女
6/6	丁$_1$卯	0	10
6/7	戊$_1$辰	0	10
6/8	己$_1$巳	1	10
6/9	庚$_1$午	1	9
6/10	辛$_1$未	1	9
6/11	壬$_1$申	2	9
6/12	癸$_1$酉	2	8
6/13	甲$_1$戌	2	8
6/14	乙$_1$亥	3	8
6/15	丙$_1$子	3	7
6/16	丁$_1$丑	3	7
6/17	戊$_1$寅	4	7
6/18	己$_1$卯	4	6
6/19	庚$_1$辰	4	6
6/20	辛$_1$巳	5	6
6/21	壬$_1$午	5	5
6/22	癸$_1$未	5	5
6/23	甲$_1$申	6	5
6/24	乙$_1$酉	6	4
6/25	丙$_1$戌	6	4
6/26	丁$_1$亥	7	4
6/27	戊$_1$子	7	3
6/28	己$_1$丑	7	3
6/29	庚$_1$寅	8	3
6/30	辛$_1$卯	8	2
7/1	壬$_1$辰	8	2
7/2	癸$_1$巳	9	2
7/3	甲$_3$午	9	1
7/4	乙$_3$未	9	1
7/5	丙$_1$申	10	1
7/6	丁$_1$酉	10	0
7/7	戊$_1$戌	10	0

月柱 辛未（立運年齢）

生日	日柱	男	女
7/7	戊$_1$戌	0	11
7/8	己$_1$亥	0	10
7/9	庚$_1$子	1	10
7/10	辛$_1$丑	1	10
7/11	壬$_1$寅	1	9
7/12	癸$_1$卯	2	9
7/13	甲$_1$辰	2	9
7/14	乙$_1$巳	2	8
7/15	丙$_1$午	3	8
7/16	丁$_1$未	3	8
7/17	戊$_1$申	3	7
7/18	己$_1$酉	4	7
7/19	庚$_1$戌	4	7
7/20	辛$_1$亥	4	6
7/21	壬$_1$子	5	6
7/22	癸$_3$丑	5	6
7/23	甲$_1$寅	5	5
7/24	乙$_1$卯	6	5
7/25	丙$_1$辰	6	5
7/26	丁$_1$巳	6	4
7/27	戊$_1$午	7	4
7/28	己$_1$未	7	3
7/29	庚$_1$申	7	3
7/30	辛$_1$酉	8	3
7/31	壬$_1$戌	8	2
8/1	癸$_1$亥	8	2
8/2	甲$_1$子	9	2
8/3	乙$_1$丑	9	1
8/4	丙$_1$寅	9	1
8/5	丁$_1$卯	10	1
8/6	戊$_1$辰	10	1
8/7	己$_1$巳	10	0
8/8	庚$_1$午	11	0

大運（歳：男／女）

歳	丙寅 男	丙寅 女	丁卯 男	丁卯 女	戊辰 男	戊辰 女	己巳 男	己巳 女	庚午 男	庚午 女	辛未 男	辛未 女
0	乙丑	丁卯	丙寅	戊辰	丁卯	己巳	戊辰	庚午	己巳	辛未	庚午	壬申
10	甲子	戊辰	乙丑	己巳	丙寅	庚午	丁卯	辛未	戊辰	壬申	己巳	癸酉
20	癸亥	己巳	甲子	庚午	乙丑	辛未	丙寅	壬申	丁卯	癸酉	戊辰	甲戌
30	壬戌	庚午	癸亥	辛未	甲子	壬申	乙丑	癸酉	丙寅	甲戌	丁卯	乙亥
40	辛酉	辛未	壬戌	壬申	癸亥	癸酉	甲子	甲戌	乙丑	乙亥	丙寅	丙子
50	庚申	壬申	辛酉	癸酉	壬戌	甲戌	癸亥	乙亥	甲子	丙子	乙丑	丁丑
60	己未	癸酉	庚申	甲戌	辛酉	乙亥	壬戌	丙子	癸亥	丁丑	甲子	戊寅
70	戊午	甲戌	己未	乙亥	庚申	丙子	辛酉	丁丑	壬戌	戊寅	癸亥	己卯
80	丁巳	乙亥	戊午	丙子	己未	丁丑	庚申	戊寅	辛酉	己卯	壬戌	庚辰

～1950年（昭和25年）2月4日17時20分

月柱 壬申（8月8日 5:16～9月8日 7:54）／立運年齢

生日	日柱	男	女
8 8	庚1午	0	10
8 9	辛1未	0	10
8 10	壬1申	1	10
8 11	癸1酉	1	9
8 12	甲1戌	1	9
8 13	乙1亥	2	9
8 14	丙1子	2	8
8 15	丁3丑	2	8
8 16	戊1寅	3	8
8 17	己2卯	3	7
8 18	庚1辰	4	7
8 19	辛1巳	4	7
8 20	壬1午	4	6
8 21	癸2未	4	6
8 22	甲1申	5	5
8 23	乙1酉	5	5
8 24	丙3戌	5	5
8 25	丁1亥	6	5
8 26	戊2子	6	4
8 27	己1丑	6	4
8 28	庚1寅	7	4
8 29	辛1卯	7	3
8 30	壬2辰	7	3
8 31	癸3巳	8	3
9 1	甲3午	8	2
9 2	乙1未	8	2
9 3	丙1申	9	2
9 4	丁1酉	9	1
9 5	戊1戌	9	1
9 6	己1亥	10	1
9 7	庚1子	10	0
9 8	辛1丑	10	0

月柱 癸酉（9月8日 7:55～10月8日23:11）／立運年齢

生日	日柱	男	女
9 8	辛1丑	0	10
9 9	壬1寅	0	10
9 10	癸2卯	0	10
9 11	甲3辰	1	9
9 12	乙1巳	1	9
9 13	丙3午	2	8
9 14	丁1未	2	8
9 15	戊2申	2	8
9 16	己2酉	3	7
9 17	庚1戌	3	7
9 18	辛1亥	3	7
9 19	壬1子	4	6
9 20	癸2丑	4	6
9 21	甲1寅	4	6
9 22	乙1卯	5	5
9 23	丙1辰	5	5
9 24	丁1巳	5	5
9 25	戊1午	6	4
9 26	己1未	6	4
9 27	庚1申	6	4
9 28	辛1酉	7	3
9 29	壬1戌	7	3
9 30	癸3亥	7	3
10 1	甲2子	8	2
10 2	乙3丑	8	2
10 3	丙1寅	8	2
10 4	丁1卯	9	1
10 5	戊1辰	9	1
10 6	己1巳	9	1
10 7	庚1午	10	0
10 8	辛1未	10	0

月柱 甲戌（10月8日23:12～11月8日 1:59）／立運年齢

生日	日柱	男	女
10 8	辛1未	0	10
10 9	壬3申	0	10
10 10	癸1酉	1	10
10 11	甲1戌	1	9
10 12	乙2亥	1	9
10 13	丙3子	2	9
10 14	丁1丑	2	8
10 15	戊1寅	2	8
10 16	己1卯	3	8
10 17	庚1辰	3	7
10 18	辛1巳	3	7
10 19	壬3午	4	7
10 20	癸1未	4	6
10 21	甲1寅	4	6
10 22	乙3酉	5	5
10 23	丙3戌	5	5
10 24	丁3亥	5	5
10 25	戊1子	6	5
10 26	己1丑	6	4
10 27	庚1寅	6	4
10 28	辛1卯	7	4
10 29	壬1辰	7	3
10 30	癸1巳	7	3
10 31	甲1午	8	2
11 1	乙3未	8	2
11 2	丙3申	8	2
11 3	丁3酉	9	1
11 4	戊1戌	9	1
11 5	己1亥	9	1
11 6	庚1子	10	1
11 7	辛1丑	10	0
11 8	壬3寅	10	0

月柱 乙亥（11月8日 2:00～12月7日18:33）／立運年齢

生日	日柱	男	女
11 8	壬1寅	0	10
11 9	癸3卯	0	10
11 10	甲1辰	1	9
11 11	乙1巳	1	9
11 12	丙1午	1	8
11 13	丁1未	2	8
11 14	戊1申	2	8
11 15	己1酉	2	7
11 16	庚1戌	3	7
11 17	辛1亥	3	7
11 18	壬1子	3	6
11 19	癸1丑	4	6
11 20	甲1寅	4	6
11 21	乙1卯	4	6
11 22	丙3辰	5	5
11 23	丁1巳	5	5
11 24	戊1午	5	5
11 25	己1未	6	4
11 26	庚1申	6	4
11 27	辛1酉	6	4
11 28	壬1戌	7	3
11 29	癸1亥	7	3
11 30	甲1子	7	2
12 1	乙2丑	8	2
12 2	丙1寅	8	2
12 3	丁1卯	8	1
12 4	戊1辰	9	1
12 5	己1巳	9	1
12 6	庚1午	9	0
12 7	辛1未	10	0

月柱 丙子（12月7日18:34～1月6日 5:38）／立運年齢

生日	日柱	男	女
12 7	辛1未	0	10
12 8	壬1申	0	10
12 9	癸1酉	1	10
12 10	甲1戌	1	9
12 11	乙1亥	1	9
12 12	丙1子	2	8
12 13	丁1丑	2	8
12 14	戊1寅	2	8
12 15	己1卯	3	7
12 16	庚1辰	3	7
12 17	辛1巳	3	7
12 18	壬1午	4	6
12 19	癸1未	4	6
12 20	甲1申	5	5
12 21	乙1酉	5	5
12 22	丙1戌	5	5
12 23	丁1亥	5	5
12 24	戊1子	6	4
12 25	己1丑	6	4
12 26	庚1寅	6	4
12 27	辛1卯	7	3
12 28	壬2辰	7	3
12 29	癸1巳	8	2
12 30	甲2午	8	2
12 31	乙1未	8	2
1 1	丙3申	9	1
1 2	丁1酉	9	1
1 3	戊1戌	9	1
1 4	己1亥	9	1
1 5	庚2子	10	0
1 6	辛1丑	10	0

月柱 丁丑（1月6日 5:39～2月4日17:20）／立運年齢

生日	日柱	男	女
1 6	辛1丑	0	10
1 7	壬1寅	0	9
1 8	癸3卯	1	9
1 9	甲1辰	1	9
1 10	乙3巳	1	8
1 11	丙2午	2	8
1 12	丁1未	2	8
1 13	戊1申	2	7
1 14	己1酉	3	7
1 15	庚1戌	3	7
1 16	辛1亥	3	6
1 17	壬1子	4	6
1 18	癸1丑	4	6
1 19	甲1寅	4	5
1 20	乙1卯	5	5
1 21	丙1辰	5	5
1 22	丁2巳	5	4
1 23	戊1午	6	4
1 24	己1未	6	4
1 25	庚1申	6	3
1 26	辛1酉	7	3
1 27	壬3戌	7	3
1 28	癸3亥	7	2
1 29	甲3子	8	2
1 30	乙2丑	8	2
1 31	丙2寅	8	1
2 1	丁2卯	9	1
2 2	戊1辰	9	1
2 3	己1巳	9	0
2 4	庚1午	10	0

立運（歳・男／歳・女）

歳	壬申男	女	癸酉男	女	甲戌男	女	乙亥男	女	丙子男	女	丁丑男	女
0	辛未	癸酉	壬申	甲戌	癸酉	乙亥	甲戌	丙子	乙亥	丁丑	丙子	戊寅
10	庚午	甲戌	辛未	乙亥	壬申	丙子	癸酉	丁丑	甲戌	戊寅	乙亥	己卯
20	己巳	乙亥	庚午	丙子	辛未	丁丑	壬申	戊寅	癸酉	己卯	甲戌	庚辰
30	戊辰	丙子	己巳	丁丑	庚午	戊寅	辛未	己卯	壬申	庚辰	癸酉	辛巳
40	丁卯	丁丑	戊辰	戊寅	己巳	己卯	庚午	庚辰	辛未	辛巳	壬申	壬午
50	丙寅	戊寅	丁卯	己卯	戊辰	庚辰	己巳	辛巳	庚午	壬午	辛未	癸未
60	乙丑	己卯	丙寅	庚辰	丁卯	辛巳	戊辰	壬午	己巳	癸未	庚午	甲申
70	甲子	庚辰	乙丑	辛巳	丙寅	壬午	丁卯	癸未	戊辰	甲申	己巳	乙酉
80	癸亥	辛巳	甲子	壬午	乙丑	癸未	丙寅	甲申	丁卯	乙酉	戊辰	丙戌

年柱 **庚寅** 1950年（昭和25年）2月4日17時21分～

月柱 戊寅				月柱 己卯				月柱 庚辰				月柱 辛巳				月柱 壬午				月柱 癸未			
2月4日17:21～3月6日11:35				3月6日11:36～4月5日16:44				4月5日16:45～5月6日10:24				5月6日10:25～6月6日14:51				6月6日14:52～7月8日1:13				7月8日1:14～8月8日10:55			
生日	日柱	男	女	生日	日柱	男	女	生日	日柱	男	女	生日	日柱	男	女	生日	日柱	男	女	生日	日柱	男	女
2/4	庚2午	10	0	3/6	庚1子	10	0	4/5	庚1午	10	0	5/6	辛1丑	10	0	6/6	壬1申	11	0	7/8	甲2辰	10	0
2/5	辛1未	10	0	3/7	辛1丑	10	0	4/6	辛1未	10	0	5/7	壬1寅	10	0	6/7	癸2酉	10	0	7/9	乙2巳	10	0
2/6	壬2申	9	1	3/8	壬3寅	9	1	4/7	壬1申	10	1	5/8	癸2卯	10	1	6/8	甲2戌	10	1	7/10	丙2午	10	1
2/7	癸1酉	9	1	3/9	癸1卯	9	1	4/8	癸1酉	9	1	5/9	甲3辰	9	1	6/9	乙1亥	10	1	7/11	丁1未	9	1
2/8	甲1戌	9	1	3/10	甲1辰	9	1	4/9	甲2戌	9	1	5/10	乙3巳	9	1	6/10	丙1子	9	1	7/12	戊2申	9	1
2/9	乙1亥	8	2	3/11	乙1巳	8	2	4/10	乙1亥	9	2	5/11	丙1午	9	2	6/11	丁1丑	9	2	7/13	己2酉	9	2
2/10	丙2子	8	2	3/12	丙1午	8	2	4/11	丙3子	8	2	5/12	丁1未	8	2	6/12	戊2寅	9	2	7/14	庚2戌	8	2
2/11	丁1丑	8	2	3/13	丁1未	8	2	4/12	丁1丑	8	2	5/13	戊1申	8	2	6/13	己2卯	8	2	7/15	辛1亥	8	2
2/12	戊2寅	7	3	3/14	戊1申	7	3	4/13	戊1寅	8	3	5/14	己2酉	8	3	6/14	庚2辰	8	3	7/16	壬1子	8	3
2/13	己3卯	7	3	3/15	己1酉	7	3	4/14	己1卯	7	3	5/15	庚1戌	8	3	6/15	辛1巳	8	3	7/17	癸1丑	8	3
2/14	庚1辰	7	3	3/16	庚1戌	7	3	4/15	庚1辰	7	3	5/16	辛2亥	7	3	6/16	壬1午	7	3	7/18	甲1寅	7	3
2/15	辛1巳	6	4	3/17	辛1亥	6	4	4/16	辛1巳	7	4	5/17	壬1子	7	4	6/17	癸2未	7	4	7/19	乙1卯	7	4
2/16	壬2午	6	4	3/18	壬1子	6	4	4/17	壬1午	6	4	5/18	癸1丑	7	4	6/18	甲1申	7	4	7/20	丙2辰	7	4
2/17	癸2未	6	4	3/19	癸3丑	6	4	4/18	癸3未	6	4	5/19	甲2寅	6	4	6/19	乙1酉	6	4	7/21	丁1巳	6	4
2/18	甲1申	5	5	3/20	甲1寅	5	5	4/19	甲1申	6	5	5/20	乙3卯	6	5	6/20	丙1戌	6	5	7/22	戊1午	6	5
2/19	乙1酉	5	5	3/21	乙1卯	5	5	4/20	乙1酉	5	5	5/21	丙1辰	6	5	6/21	丁1亥	6	5	7/23	己1未	6	5
2/20	丙2戌	5	5	3/22	丙1辰	5	5	4/21	丙1戌	5	5	5/22	丁1巳	5	5	6/22	戊2子	5	5	7/24	庚1申	5	5
2/21	丁2亥	4	6	3/23	丁1巳	4	6	4/22	丁1亥	5	6	5/23	戊1午	5	6	6/23	己1丑	5	6	7/25	辛1酉	5	6
2/22	戊2子	4	6	3/24	戊1午	4	6	4/23	戊2子	4	6	5/24	己1未	5	6	6/24	庚2寅	5	6	7/26	壬2戌	4	6
2/23	己2丑	4	6	3/25	己1未	4	6	4/24	己1丑	4	6	5/25	庚1申	4	6	6/25	辛1卯	4	6	7/27	癸2亥	4	6
2/24	庚2寅	3	7	3/26	庚1申	3	7	4/25	庚1寅	4	7	5/26	辛1酉	4	7	6/26	壬2辰	4	7	7/28	甲1子	4	7
2/25	辛2卯	3	7	3/27	辛1酉	3	7	4/26	辛1卯	3	7	5/27	壬2戌	4	7	6/27	癸2巳	4	7	7/29	乙2丑	4	7
2/26	壬2辰	3	7	3/28	壬1戌	3	7	4/27	壬2辰	3	7	5/28	癸1亥	3	7	6/28	甲1午	3	7	7/30	丙2寅	3	7
2/27	癸2巳	2	8	3/29	癸1亥	2	8	4/28	癸2巳	3	8	5/29	甲1子	3	8	6/29	乙1未	3	8	7/31	丁1卯	3	8
2/28	甲1午	2	8	3/30	甲1子	2	8	4/29	甲2午	2	8	5/30	乙3丑	3	8	6/30	丙1申	3	8	8/1	戊1辰	3	8
3/1	乙1未	2	8	3/31	乙1丑	2	8	4/30	乙1未	2	8	5/31	丙1寅	2	8	7/1	丁1酉	2	8	8/2	己1巳	2	8
3/2	丙2申	1	9	4/1	丙1寅	1	9	5/1	丙3申	2	9	6/1	丁1卯	2	9	7/2	戊1戌	2	9	8/3	庚2午	2	9
3/3	丁2酉	1	9	4/2	丁1卯	1	9	5/2	丁2酉	1	9	6/2	戊1辰	2	9	7/3	己2亥	2	9	8/4	辛1未	1	9
3/4	戊2戌	1	9	4/3	戊1辰	1	9	5/3	戊1戌	1	9	6/3	己1巳	1	9	7/4	庚3子	1	9	8/5	壬1申	1	9
3/5	己3亥	0	10	4/4	己2巳	0	10	5/4	己2亥	1	10	6/4	庚2午	1	10	7/5	辛1丑	1	10	8/6	癸1酉	1	10
3/6	庚1子	0	10	4/5	庚1午	0	10	5/5	庚1子	1	10	6/5	辛1未	1	10	7/6	壬1寅	1	10	8/7	甲2戌	0	10
								5/6	辛1丑	0	10	6/6	壬1申	0	10	7/7	癸2卯	0	10	8/8	乙1亥	0	10
																7/8	甲2辰	0	11				

歳	男	歳	女	歳	男	歳	女	歳	男	歳	女	歳	男	歳	女	歳	男	歳	女	歳	男	歳	女
0	己卯	0	丁丑	0	庚辰	0	戊寅	0	辛巳	0	戊寅	0	壬午	0	庚辰	0	癸未	0	辛巳	0	甲申	0	壬午
10	庚辰	10	丙子	10	辛巳	10	丁丑	10	壬午	10	丁丑	10	癸未	10	己卯	10	甲申	10	庚辰	10	乙酉	10	辛巳
20	辛巳	20	乙亥	20	壬午	20	丙子	20	癸未	20	丙子	20	甲申	20	戊寅	20	乙酉	20	己卯	20	丙戌	20	庚辰
30	壬午	30	甲戌	30	癸未	30	乙亥	30	甲申	30	乙亥	30	乙酉	30	丁丑	30	丙戌	30	戊寅	30	丁亥	30	己卯
40	癸未	40	癸酉	40	甲申	40	甲戌	40	乙酉	40	甲戌	40	丙戌	40	丙子	40	丁亥	40	丁丑	40	戊子	40	戊寅
50	甲申	50	壬申	50	乙酉	50	癸酉	50	丙戌	50	癸酉	50	丁亥	50	乙亥	50	戊子	50	丙子	50	己丑	50	丁丑
60	乙酉	60	辛未	60	丙戌	60	壬申	60	丁亥	60	壬申	60	戊子	60	甲戌	60	己丑	60	乙亥	60	庚寅	60	丙子
70	丙戌	70	庚午	70	丁亥	70	辛未	70	戊子	70	辛未	70	己丑	70	癸酉	70	庚寅	70	甲戌	70	辛卯	70	乙亥
80	丁亥	80	己巳	80	戊子	80	庚午	80	己丑	80	庚午	80	庚寅	80	壬申	80	辛卯	80	癸酉	80	壬辰	80	甲戌

～1951年（昭和26年）2月4日23時13分

月柱 甲申（8月8日10:56～9月8日13:33）

生日	日柱	立運年齢 男	立運年齢 女
8 8	乙$_2$亥	10	0
8 9	丙$_2$子	10	0
8 10	丁$_1$丑	10	1
8 11	戊$_1$寅	9	1
8 12	己$_1$卯	9	1
8 13	庚$_1$辰	9	2
8 14	辛$_1$巳	8	2
8 15	壬$_2$午	8	2
8 16	癸$_1$未	8	3
8 17	甲$_2$申	7	3
8 18	乙$_1$酉	7	3
8 19	丙$_2$戌	7	4
8 20	丁$_2$亥	6	4
8 21	戊$_3$子	6	4
8 22	己$_1$丑	6	5
8 23	庚$_1$寅	5	5
8 24	辛$_1$卯	5	5
8 25	壬$_2$辰	5	6
8 26	癸$_2$巳	4	6
8 27	甲$_2$午	4	6
8 28	乙$_1$未	4	7
8 29	丙$_1$申	3	7
8 30	丁$_2$酉	3	7
8 31	戊$_3$戌	3	8
9 1	己$_2$亥	3	8
9 2	庚$_1$子	2	8
9 3	辛$_1$丑	2	9
9 4	壬$_1$寅	1	9
9 5	癸$_2$卯	1	9
9 6	甲$_1$辰	1	10
9 7	乙$_1$巳	0	10
9 8	丙$_1$午	0	10

月柱 乙酉（9月8日13:34～10月9日4:51）

生日	日柱	立運年齢 男	立運年齢 女
9 8	丙$_2$午	10	0
9 9	丁$_2$未	10	0
9 10	戊$_3$申	10	1
9 11	己$_2$酉	9	1
9 12	庚$_1$戌	9	1
9 13	辛$_1$亥	9	2
9 14	壬$_1$子	8	2
9 15	癸$_2$丑	8	2
9 16	甲$_1$寅	8	3
9 17	乙$_2$卯	7	3
9 18	丙$_2$辰	7	3
9 19	丁$_1$巳	7	4
9 20	戊$_3$午	6	4
9 21	己$_1$未	6	4
9 22	庚$_1$申	6	5
9 23	辛$_1$酉	5	5
9 24	壬$_2$戌	5	5
9 25	癸$_1$亥	5	6
9 26	甲$_1$子	4	6
9 27	乙$_2$丑	4	6
9 28	丙$_1$寅	4	7
9 29	丁$_1$卯	3	7
9 30	戊$_3$辰	3	7
10 1	己$_1$巳	3	8
10 2	庚$_1$午	3	8
10 3	辛$_1$未	2	8
10 4	壬$_1$申	2	9
10 5	癸$_1$酉	1	9
10 6	甲$_2$戌	1	9
10 7	乙$_1$亥	1	10
10 8	丙$_2$子	0	10
10 9	丁$_2$丑	0	10

月柱 丙戌（10月9日4:52～11月8日7:43）

生日	日柱	立運年齢 男	立運年齢 女
10 9	丁$_1$丑	10	0
10 10	戊$_1$寅	10	0
10 11	己$_1$卯	9	1
10 12	庚$_1$辰	9	1
10 13	辛$_1$巳	9	1
10 14	壬$_1$午	8	2
10 15	癸$_1$未	8	2
10 16	甲$_1$申	8	2
10 17	乙$_1$酉	7	3
10 18	丙$_1$戌	7	3
10 19	丁$_1$亥	7	3
10 20	戊$_1$子	6	4
10 21	己$_1$丑	6	4
10 22	庚$_1$寅	6	4
10 23	辛$_1$卯	5	5
10 24	壬$_3$辰	5	5
10 25	癸$_1$巳	5	5
10 26	甲$_3$午	4	6
10 27	乙$_1$未	4	6
10 28	丙$_1$申	4	6
10 29	丁$_1$酉	3	7
10 30	戊$_1$戌	3	7
10 31	己$_1$亥	3	7
11 1	庚$_1$子	2	8
11 2	辛$_1$丑	2	8
11 3	壬$_3$寅	2	8
11 4	癸$_3$卯	1	9
11 5	甲$_3$辰	1	9
11 6	乙$_3$巳	1	9
11 7	丙$_3$午	0	10
11 8	丁$_1$未	0	10

月柱 丁亥（11月8日7:44～12月8日0:21）

生日	日柱	立運年齢 男	立運年齢 女
11 8	丁$_1$未	10	0
11 9	戊$_1$申	10	0
11 10	己$_1$酉	9	1
11 11	庚$_1$戌	9	1
11 12	辛$_1$亥	9	1
11 13	壬$_1$子	8	2
11 14	癸$_1$丑	8	2
11 15	甲$_1$寅	8	2
11 16	乙$_1$卯	7	3
11 17	丙$_2$辰	7	3
11 18	丁$_1$巳	7	3
11 19	戊$_2$午	6	4
11 20	己$_1$未	6	4
11 21	庚$_1$申	6	4
11 22	辛$_1$酉	5	5
11 23	壬$_1$戌	5	5
11 24	癸$_1$亥	5	5
11 25	甲$_1$子	4	6
11 26	乙$_1$丑	4	6
11 27	丙$_1$寅	4	6
11 28	丁$_1$卯	3	7
11 29	戊$_2$辰	3	7
11 30	己$_1$巳	3	7
12 1	庚$_1$午	2	8
12 2	辛$_1$未	2	8
12 3	壬$_1$申	2	8
12 4	癸$_1$酉	1	9
12 5	甲$_1$戌	1	9
12 6	乙$_1$亥	1	9
12 7	丙$_1$子	0	10
12 8	丁$_1$丑	0	10

月柱 戊子（12月8日0:22～1月6日11:30）

生日	日柱	立運年齢 男	立運年齢 女
12 8	丁$_1$丑	10	0
12 9	戊$_1$寅	9	0
12 10	己$_1$卯	9	1
12 11	庚$_1$辰	9	1
12 12	辛$_2$巳	8	1
12 13	壬$_1$午	8	2
12 14	癸$_1$未	7	2
12 15	甲$_2$申	7	2
12 16	乙$_2$酉	7	3
12 17	丙$_2$戌	6	3
12 18	丁$_1$亥	6	3
12 19	戊$_2$子	6	4
12 20	己$_1$丑	5	4
12 21	庚$_1$寅	5	4
12 22	辛$_1$卯	4	5
12 23	壬$_2$辰	4	5
12 24	癸$_1$巳	4	5
12 25	甲$_2$午	3	6
12 26	乙$_1$未	3	6
12 27	丙$_1$申	3	6
12 28	丁$_1$酉	2	7
12 29	戊$_2$戌	2	7
12 30	己$_1$亥	2	7
12 31	庚$_1$子	1	8
1 1	辛$_1$丑	1	8
1 2	壬$_1$寅	1	8
1 3	癸$_1$卯	0	9
1 4	甲$_1$辰	0	9
1 5	乙$_2$巳	0	9
1 6	丙$_2$午	0	10

月柱 己丑（1月6日11:31～2月4日23:13）

生日	日柱	立運年齢 男	立運年齢 女
1 6	丙$_2$午	10	0
1 7	丁$_3$未	9	0
1 8	戊$_2$申	9	1
1 9	己$_2$酉	9	1
1 10	庚$_1$戌	8	1
1 11	辛$_1$亥	8	2
1 12	壬$_1$子	7	2
1 13	癸$_2$丑	7	2
1 14	甲$_2$寅	7	3
1 15	乙$_2$卯	6	3
1 16	丙$_3$辰	6	3
1 17	丁$_2$巳	6	4
1 18	戊$_1$午	6	4
1 19	己$_1$未	6	4
1 20	庚$_1$申	5	5
1 21	辛$_1$酉	5	5
1 22	壬$_2$戌	4	5
1 23	癸$_1$亥	4	6
1 24	甲$_2$子	4	6
1 25	乙$_3$丑	3	6
1 26	丙$_2$寅	3	7
1 27	丁$_1$卯	3	7
1 28	戊$_1$辰	2	7
1 29	己$_1$巳	2	8
1 30	庚$_1$午	2	8
1 31	辛$_1$未	1	8
2 1	壬$_2$申	1	8
2 2	癸$_1$酉	1	9
2 3	甲$_3$戌	0	9
2 4	乙$_2$亥	0	10

立運年齢早見表

歳	男	歳	女	歳	男	歳	女	歳	男	歳	女	歳	男	歳	女	歳	男	歳	女	歳	男	歳	女
0	乙酉	0	癸未	0	丙戌	0	甲申	0	丁亥	0	乙酉	0	戊子	0	丙戌	0	己丑	0	丁亥	0	庚寅	0	戊子
10	丙戌	10	壬午	10	丁亥	10	癸未	10	戊子	10	甲申	10	己丑	10	乙酉	10	庚寅	10	丙戌	10	辛卯	10	丁亥
20	丁亥	20	辛巳	20	戊子	20	壬午	20	己丑	20	癸未	20	庚寅	20	甲申	20	辛卯	20	乙酉	20	壬辰	20	丙戌
30	戊子	30	庚辰	30	己丑	30	辛巳	30	庚寅	30	壬午	30	辛卯	30	癸未	30	壬辰	30	甲申	30	癸巳	30	乙酉
40	己丑	40	己卯	40	庚寅	40	庚辰	40	辛卯	40	辛巳	40	壬辰	40	壬午	40	癸巳	40	癸未	40	甲午	40	甲申
50	庚寅	50	戊寅	50	辛卯	50	己卯	50	壬辰	50	庚辰	50	癸巳	50	辛巳	50	甲午	50	壬午	50	乙未	50	癸未
60	辛卯	60	丁丑	60	壬辰	60	戊寅	60	癸巳	60	己卯	60	甲午	60	庚辰	60	乙未	60	辛巳	60	丙申	60	壬午
70	壬辰	70	丙子	70	癸巳	70	丁丑	70	甲午	70	戊寅	70	乙未	70	己卯	70	丙申	70	庚辰	70	丁酉	70	辛巳
80	癸巳	80	乙亥	80	甲午	80	丙子	80	乙未	80	丁丑	80	丙申	80	戊寅	80	丁酉	80	己卯	80	戊戌	80	庚辰

年柱 辛卯　1951年（昭和26年）2月4日23時14分～

月柱 庚寅	月柱 辛卯	月柱 壬辰	月柱 癸巳	月柱 甲午	月柱 乙未
2月4日23:14～ 3月6日17:26	3月6日17:27～ 4月5日22:32	4月5日22:33～ 5月6日16:09	5月6日16:10～ 6月6日23:32	6月6日23:33～ 7月8日6:53	7月8日6:54～ 8月8日16:37

立運年齢：男／女（各欄）

生日	日柱	男	女	生日	日柱	男	女	生日	日柱	男	女	生日	日柱	男	女	生日	日柱	男	女	生日	日柱	男	女
2/4	乙1亥	0	10	3/6	乙1巳	0	10	4/5	乙1亥	0	10	5/6	丙1午	0	10	6/6	丁1丑	0	11	7/8	己1酉	0	10
2/5	丙1子	0	10	3/7	丙1午	0	10	4/6	丙1子	0	10	5/7	丁1未	0	10	6/7	戊2寅	0	10	7/9	庚1戌	0	10
2/6	丁2丑	1	9	3/8	丁2未	1	9	4/7	丁1丑	1	10	5/8	戊2申	1	10	6/8	己2卯	1	10	7/10	辛1亥	1	9
2/7	戊3寅	1	9	3/9	戊3申	1	9	4/8	戊1寅	1	9	5/9	己1酉	1	9	6/9	庚1辰	1	10	7/11	壬1子	1	9
2/8	己3卯	1	9	3/10	己3酉	1	9	4/9	己1卯	1	9	5/10	庚2戌	1	9	6/10	辛1巳	1	9	7/12	癸1丑	1	9
2/9	庚1辰	2	8	3/11	庚1戌	2	8	4/10	庚1辰	2	8	5/11	辛3亥	2	9	6/11	壬1午	2	9	7/13	甲1寅	2	9
2/10	辛1巳	2	8	3/12	辛1亥	2	8	4/11	辛2巳	2	8	5/12	壬1子	2	8	6/12	癸1未	2	9	7/14	乙1卯	2	8
2/11	壬2午	2	8	3/13	壬2子	2	8	4/12	壬2午	2	8	5/13	癸1丑	2	8	6/13	甲1申	2	8	7/15	丙1辰	2	8
2/12	癸2未	3	7	3/14	癸2丑	3	7	4/13	癸2未	3	8	5/14	甲1寅	3	8	6/14	乙1酉	3	8	7/16	丁1巳	3	8
2/13	甲1申	3	7	3/15	甲1寅	3	7	4/14	甲1申	3	7	5/15	乙1卯	3	7	6/15	丙1戌	3	8	7/17	戊1午	3	7
2/14	乙1酉	3	7	3/16	乙1卯	3	7	4/15	乙1酉	3	7	5/16	丙1辰	3	7	6/16	丁1亥	3	7	7/18	己1未	3	7
2/15	丙1戌	4	6	3/17	丙1辰	4	6	4/16	丙1戌	4	7	5/17	丁1巳	4	7	6/17	戊1子	4	7	7/19	庚1申	4	6
2/16	丁1亥	4	6	3/18	丁1巳	4	6	4/17	丁1亥	4	6	5/18	戊1午	4	6	6/18	己1丑	4	7	7/20	辛1酉	4	6
2/17	戊3子	4	6	3/19	戊3午	4	6	4/18	戊1子	4	6	5/19	己1未	4	6	6/19	庚1寅	4	6	7/21	壬3戌	4	6
2/18	己3丑	5	5	3/20	己3未	5	5	4/19	己1丑	5	5	5/20	庚1申	5	6	6/20	辛1卯	5	6	7/22	癸2亥	5	5
2/19	庚2寅	5	5	3/21	庚2申	5	5	4/20	庚2寅	5	5	5/21	辛2酉	5	5	6/21	壬1辰	5	5	7/23	甲1子	5	5
2/20	辛1卯	5	5	3/22	辛1酉	5	5	4/21	辛1卯	5	5	5/22	壬2戌	5	5	6/22	癸1巳	5	5	7/24	乙1丑	5	5
2/21	壬2辰	6	4	3/23	壬2戌	6	4	4/22	壬2辰	6	5	5/23	癸1亥	6	5	6/23	甲1午	6	5	7/25	丙1寅	6	5
2/22	癸2巳	6	4	3/24	癸2亥	6	4	4/23	癸2巳	6	4	5/24	甲1子	6	4	6/24	乙1未	6	5	7/26	丁1卯	6	4
2/23	甲1午	6	4	3/25	甲1子	6	4	4/24	甲1午	6	4	5/25	乙1丑	6	4	6/25	丙1申	6	4	7/27	戊1辰	6	4
2/24	乙1未	7	3	3/26	乙1丑	7	3	4/25	乙1未	7	4	5/26	丙1寅	7	4	6/26	丁1酉	7	4	7/28	己1巳	7	4
2/25	丙1申	7	3	3/27	丙1寅	7	3	4/26	丙1申	7	3	5/27	丁1卯	7	3	6/27	戊1戌	7	3	7/29	庚1午	7	3
2/26	丁1酉	7	3	3/28	丁1卯	7	3	4/27	丁1酉	7	3	5/28	戊1辰	7	3	6/28	己1亥	7	3	7/30	辛1未	7	3
2/27	戊3戌	8	2	3/29	戊3辰	8	2	4/28	戊1戌	8	3	5/29	己1巳	8	3	6/29	庚1子	8	3	7/31	壬1申	8	3
2/28	己3亥	8	2	3/30	己3巳	8	2	4/29	己1亥	8	2	5/30	庚1午	8	3	6/30	辛1丑	8	3	8/1	癸2酉	8	2
3/1	庚2子	8	2	3/31	庚2午	8	2	4/30	庚2子	8	2	5/31	辛1未	8	2	7/1	壬3寅	8	2	8/2	甲1戌	8	2
3/2	辛1丑	9	1	4/1	辛1未	9	1	5/1	辛1丑	9	2	6/1	壬1申	9	2	7/2	癸3卯	9	2	8/3	乙1亥	9	2
3/3	壬2寅	9	1	4/2	壬2申	9	1	5/2	壬2寅	9	1	6/2	癸1酉	9	1	7/3	甲2辰	9	2	8/4	丙1子	9	1
3/4	癸2卯	9	1	4/3	癸2酉	9	1	5/3	癸2卯	9	1	6/3	甲1戌	9	1	7/4	乙2巳	9	1	8/5	丁1丑	9	1
3/5	甲1辰	10	0	4/4	甲1戌	10	0	5/4	甲1辰	10	1	6/4	乙2亥	10	1	7/5	丙1午	10	1	8/6	戊1寅	10	1
3/6	乙1巳	10	0	4/5	乙1亥	10	0	5/5	乙1巳	10	0	6/5	丙1子	10	0	7/6	丁1未	10	1	8/7	己1卯	10	0
								5/6	丙2午	10	0	6/6	丁1丑	10	0	7/7	戊1申	10	0	8/8	庚1辰	10	0
																7/8	己2酉	11	0				

立運年齢表

歳	男	歳	女	歳	男	歳	女	歳	男	歳	女	歳	男	歳	女	歳	男	歳	女	歳	男	歳	女
0	己丑	0	辛卯	0	庚寅	0	壬辰	0	辛卯	0	癸巳	0	壬辰	0	甲午	0	癸巳	0	乙未	0	甲午	0	丙申
10	戊子	10	壬辰	10	己丑	10	癸巳	10	庚寅	10	甲午	10	辛卯	10	乙未	10	壬辰	10	丙申	10	癸巳	10	丁酉
20	丁亥	20	癸巳	20	戊子	20	甲午	20	己丑	20	乙未	20	庚寅	20	丙申	20	辛卯	20	丁酉	20	壬辰	20	戊戌
30	丙戌	30	甲午	30	丁亥	30	乙未	30	戊子	30	丙申	30	己丑	30	丁酉	30	庚寅	30	戊戌	30	辛卯	30	己亥
40	乙酉	40	乙未	40	丙戌	40	丙申	40	丁亥	40	丁酉	40	戊子	40	戊戌	40	己丑	40	己亥	40	庚寅	40	庚子
50	甲申	50	丙申	50	乙酉	50	丁酉	50	丙戌	50	戊戌	50	丁亥	50	己亥	50	戊子	50	庚子	50	己丑	50	辛丑
60	癸未	60	丁酉	60	甲申	60	戊戌	60	乙酉	60	己亥	60	丙戌	60	庚子	60	丁亥	60	辛丑	60	戊子	60	壬寅
70	壬午	70	戊戌	70	癸未	70	己亥	70	甲申	70	庚子	70	乙酉	70	辛丑	70	丙戌	70	壬寅	70	丁亥	70	癸卯
80	辛巳	80	己亥	80	壬午	80	庚子	80	癸未	80	辛丑	80	甲申	80	壬寅	80	乙酉	80	癸卯	80	丙戌	80	甲辰

～1952年（昭和27年）2月5日4時53分

期間					
8月8日16:38～ 9月8日19:18	9月8日19:19～ 10月9日10:36	10月9日10:37～ 11月8日13:26	11月8日13:27～ 12月8日6:02	12月8日6:03～ 1月6日17:09	1月6日17:10～ 2月5日4:53
月柱 **丙申**	月柱 **丁酉**	月柱 **戊戌**	月柱 **己亥**	月柱 **庚子**	月柱 **辛丑**

月柱 丙申（8月8日16:38～9月8日19:18）

生日	日柱	男	女
8/8	庚$_3$辰	0	10
8/9	辛$_3$巳	0	10
8/10	壬$_3$午	1	10
8/11	癸$_3$未	1	9
8/12	甲$_3$申	1	9
8/13	乙$_3$酉	2	9
8/14	丙$_2$戌	2	8
8/15	丁$_2$亥	2	8
8/16	戊$_2$子	3	8
8/17	己$_2$丑	3	7
8/18	庚$_2$寅	3	7
8/19	辛$_1$卯	4	7
8/20	壬$_1$辰	4	6
8/21	癸$_2$巳	4	6
8/22	甲$_3$午	5	6
8/23	乙$_3$未	5	5
8/24	丙$_2$申	5	5
8/25	丁$_2$酉	6	5
8/26	戊$_2$戌	6	4
8/27	己$_2$亥	7	4
8/28	庚$_2$子	7	4
8/29	辛$_1$丑	7	3
8/30	壬$_2$寅	8	3
8/31	癸$_3$卯	8	3
9/1	甲$_3$辰	8	2
9/2	乙$_3$巳	8	2
9/3	丙$_1$午	9	2
9/4	丁$_2$未	9	1
9/5	戊$_3$申	9	1
9/6	己$_3$酉	10	1
9/7	庚$_3$戌	10	0
9/8	辛$_3$亥	10	0

月柱 丁酉（9月8日19:19～10月9日10:36）

生日	日柱	男	女
9/8	辛$_3$亥	0	10
9/9	壬$_1$子	0	10
9/10	癸$_3$丑	1	10
9/11	甲$_2$寅	1	9
9/12	乙$_2$卯	1	9
9/13	丙$_2$辰	2	9
9/14	丁$_1$巳	2	8
9/15	戊$_3$午	2	8
9/16	己$_3$未	3	8
9/17	庚$_3$申	3	7
9/18	辛$_3$酉	3	7
9/19	壬$_1$戌	4	7
9/20	癸$_3$亥	4	6
9/21	甲$_2$子	4	6
9/22	乙$_3$丑	5	6
9/23	丙$_1$寅	5	5
9/24	丁$_1$卯	5	5
9/25	戊$_2$辰	6	5
9/26	己$_2$巳	6	4
9/27	庚$_2$午	7	4
9/28	辛$_2$未	7	4
9/29	壬$_1$申	7	3
9/30	癸$_2$酉	7	3
10/1	甲$_3$戌	8	3
10/2	乙$_2$亥	8	2
10/3	丙$_2$子	8	2
10/4	丁$_2$丑	9	2
10/5	戊$_3$寅	9	1
10/6	己$_3$卯	9	1
10/7	庚$_3$辰	10	1
10/8	辛$_3$巳	10	0
10/9	壬$_2$午	10	0

月柱 戊戌（10月9日10:37～11月8日13:26）

生日	日柱	男	女
10/9	壬$_3$午	0	10
10/10	癸$_3$未	0	10
10/11	甲$_3$申	1	9
10/12	乙$_3$酉	1	9
10/13	丙$_2$戌	1	9
10/14	丁$_2$亥	2	8
10/15	戊$_2$子	2	8
10/16	己$_2$丑	2	8
10/17	庚$_2$寅	3	7
10/18	辛$_2$卯	3	7
10/19	壬$_1$辰	3	7
10/20	癸$_2$巳	4	6
10/21	甲$_3$午	4	6
10/22	乙$_2$未	4	6
10/23	丙$_2$申	5	5
10/24	丁$_2$酉	5	5
10/25	戊$_2$戌	5	5
10/26	己$_2$亥	6	4
10/27	庚$_2$子	6	4
10/28	辛$_2$丑	7	4
10/29	壬$_1$寅	7	3
10/30	癸$_2$卯	7	3
10/31	甲$_3$辰	7	3
11/1	乙$_3$巳	8	2
11/2	丙$_2$午	8	2
11/3	丁$_2$未	8	2
11/4	戊$_3$申	9	1
11/5	己$_3$酉	9	1
11/6	庚$_3$戌	9	1
11/7	辛$_3$亥	10	0
11/8	壬$_2$子	10	0

月柱 己亥（11月8日13:27～12月8日6:02）

生日	日柱	男	女
11/8	壬$_1$子	0	10
11/9	癸$_3$丑	0	10
11/10	甲$_2$寅	1	9
11/11	乙$_2$卯	1	9
11/12	丙$_2$辰	1	9
11/13	丁$_1$巳	2	8
11/14	戊$_3$午	2	8
11/15	己$_3$未	2	8
11/16	庚$_3$申	3	7
11/17	辛$_3$酉	3	7
11/18	壬$_1$戌	3	7
11/19	癸$_3$亥	4	6
11/20	甲$_2$子	4	6
11/21	乙$_3$丑	4	6
11/22	丙$_2$寅	5	5
11/23	丁$_1$卯	5	5
11/24	戊$_2$辰	5	5
11/25	己$_2$巳	6	4
11/26	庚$_2$午	6	4
11/27	辛$_1$未	6	3
11/28	壬$_1$申	7	3
11/29	癸$_2$酉	7	3
11/30	甲$_2$戌	7	2
12/1	乙$_2$亥	8	2
12/2	丙$_2$子	8	2
12/3	丁$_1$丑	8	1
12/4	戊$_3$寅	9	1
12/5	己$_3$卯	9	1
12/6	庚$_1$辰	9	1
12/7	辛$_2$巳	10	0
12/8	壬$_1$午	10	0

月柱 庚子（12月8日6:03～1月6日17:09）

生日	日柱	男	女
12/8	壬$_1$午	0	10
12/9	癸$_1$未	0	9
12/10	甲$_2$申	1	9
12/11	乙$_2$酉	1	9
12/12	丙$_3$戌	1	8
12/13	丁$_3$亥	2	8
12/14	戊$_3$子	2	8
12/15	己$_2$丑	2	7
12/16	庚$_2$寅	3	7
12/17	辛$_2$卯	3	7
12/18	壬$_1$辰	3	6
12/19	癸$_1$巳	4	6
12/20	甲$_1$午	4	6
12/21	乙$_1$未	4	5
12/22	丙$_1$申	5	5
12/23	丁$_1$酉	5	5
12/24	戊$_1$戌	5	4
12/25	己$_1$亥	6	4
12/26	庚$_2$子	6	4
12/27	辛$_1$丑	6	3
12/28	壬$_1$寅	7	3
12/29	癸$_1$卯	7	2
12/30	甲$_2$辰	7	2
12/31	乙$_2$巳	8	2
1/1	丙$_2$午	8	1
1/2	丁$_1$未	8	1
1/3	戊$_3$申	9	1
1/4	己$_3$酉	9	1
1/5	庚$_1$戌	9	0
1/6	辛$_2$亥	10	0

月柱 辛丑（1月6日17:10～2月5日4:53）

生日	日柱	男	女
1/6	辛$_1$亥	0	10
1/7	壬$_1$子	0	10
1/8	癸$_1$丑	1	9
1/9	甲$_2$寅	1	9
1/10	乙$_2$卯	1	9
1/11	丙$_2$辰	2	8
1/12	丁$_2$巳	2	8
1/13	戊$_2$午	2	8
1/14	己$_2$未	3	7
1/15	庚$_2$申	3	7
1/16	辛$_2$酉	3	7
1/17	壬$_1$戌	4	6
1/18	癸$_1$亥	4	6
1/19	甲$_2$子	4	6
1/20	乙$_3$丑	5	5
1/21	丙$_2$寅	5	5
1/22	丁$_1$卯	5	5
1/23	戊$_2$辰	6	4
1/24	己$_2$巳	6	4
1/25	庚$_2$午	6	4
1/26	辛$_1$未	7	3
1/27	壬$_1$申	7	3
1/28	癸$_2$酉	7	3
1/29	甲$_3$戌	8	2
1/30	乙$_2$亥	8	2
1/31	丙$_3$子	8	2
2/1	丁$_3$丑	9	1
2/2	戊$_3$寅	9	1
2/3	己$_3$卯	9	1
2/4	庚$_1$辰	10	0
2/5	辛$_2$巳	10	0

大運表

歳	男(丙申)	女(丙申)	男(丁酉)	女(丁酉)	男(戊戌)	女(戊戌)	男(己亥)	女(己亥)	男(庚子)	女(庚子)	男(辛丑)	女(辛丑)
0	乙未	丁酉	丙申	戊戌	丁酉	己亥	戊戌	庚子	己亥	辛丑	庚子	壬寅
10	甲午	戊戌	乙未	己亥	丙申	庚子	丁酉	辛丑	戊戌	壬寅	己亥	癸卯
20	癸巳	己亥	甲午	庚子	乙未	辛丑	丙申	壬寅	丁酉	癸卯	戊戌	甲辰
30	壬辰	庚子	癸巳	辛丑	甲午	壬寅	乙未	癸卯	丙申	甲辰	丁酉	乙巳
40	辛卯	辛丑	壬辰	壬寅	癸巳	癸卯	甲午	甲辰	乙未	乙巳	丙申	丙午
50	庚寅	壬寅	辛卯	癸卯	壬辰	甲辰	癸巳	乙巳	甲午	丙午	乙未	丁未
60	己丑	癸卯	庚寅	甲辰	辛卯	乙巳	壬辰	丙午	癸巳	丁未	甲午	戊申
70	戊子	甲辰	己丑	乙巳	庚寅	丙午	辛卯	丁未	壬辰	戊申	癸巳	己酉
80	丁亥	乙巳	戊子	丙午	己丑	丁未	庚寅	戊申	辛卯	己酉	壬辰	庚戌

年柱 壬辰　1952年（昭和27年）2月5日4時54分～

2月5日 4:54～ 3月5日23:07	3月5日23:08～ 4月5日 4:15	4月5日 4:16～ 5月5日21:53	5月5日21:54～ 6月6日 2:20	6月6日 2:21～ 7月7日12:44	7月7日12:45～ 8月7日22:31
月柱 壬寅	月柱 癸卯	月柱 甲辰	月柱 乙巳	月柱 丙午	月柱 丁未

月柱 壬寅（2月5日 4:54～3月5日23:07）

生日	日柱	男	女
2 5	辛2巳	10	0
2 6	壬3午	9	0
2 7	癸2未	9	1
2 8	甲1申	9	1
2 9	乙2酉	8	1
2 10	丙3戌	8	2
2 11	丁3亥	8	2
2 12	戊3子	7	2
2 13	己2丑	7	3
2 14	庚1寅	7	3
2 15	辛3卯	7	3
2 16	壬3辰	6	4
2 17	癸3巳	6	4
2 18	甲1午	5	4
2 19	乙1未	5	5
2 20	丙3申	5	5
2 21	丁3酉	4	5
2 22	戊2戌	4	6
2 23	己3亥	4	6
2 24	庚2子	3	6
2 25	辛3丑	3	7
2 26	壬3寅	2	7
2 27	癸1卯	2	7
2 28	甲1辰	2	8
2 29	乙1巳	2	8
3 1	丙2午	1	8
3 2	丁3未	1	9
3 3	戊3申	1	9
3 4	己3酉	0	9
3 5	庚2戌	0	10

月柱 癸卯（3月5日23:08～4月5日 4:15）

生日	日柱	男	女
3 5	庚1戌	10	0
3 6	辛1亥	10	0
3 7	壬1子	10	1
3 8	癸1丑	9	1
3 9	甲1寅	9	1
3 10	乙1卯	9	2
3 11	丙1辰	8	2
3 12	丁1巳	8	2
3 13	戊1午	8	3
3 14	己1未	7	3
3 15	庚1申	7	3
3 16	辛1酉	7	4
3 17	壬1戌	6	4
3 18	癸1亥	6	4
3 19	甲1子	5	4
3 20	乙1丑	5	5
3 21	丙1寅	5	5
3 22	丁1卯	5	6
3 23	戊1辰	4	6
3 24	己1巳	4	6
3 25	庚1午	3	7
3 26	辛1未	3	7
3 27	壬1申	2	7
3 28	癸1酉	2	8
3 29	甲1戌	2	8
3 30	乙1亥	2	8
3 31	丙1子	2	9
4 1	丁1丑	1	9
4 2	戊1寅	1	9
4 3	己1卯	1	10
4 4	庚1辰	0	10
4 5	辛1巳	0	10

月柱 甲辰（4月5日 4:16～5月5日21:53）

生日	日柱	男	女
4 5	辛2巳	10	0
4 6	壬1午	10	0
4 7	癸2未	9	1
4 8	甲1申	9	1
4 9	乙2酉	9	1
4 10	丙3戌	8	2
4 11	丁2亥	8	2
4 12	戊1子	7	2
4 13	己2丑	7	3
4 14	庚2寅	7	3
4 15	辛3卯	7	3
4 16	壬3辰	6	4
4 17	癸3巳	6	4
4 18	甲1午	6	4
4 19	乙1未	5	5
4 20	丙3申	5	5
4 21	丁3酉	5	5
4 22	戊1戌	5	5
4 23	己1亥	4	6
4 24	庚2子	4	6
4 25	辛3丑	3	7
4 26	壬3寅	3	7
4 27	癸3卯	3	7
4 28	甲1辰	2	8
4 29	乙1巳	2	8
4 30	丙2午	1	8
5 1	丁3未	1	9
5 2	戊3申	1	9
5 3	己3酉	0	9
5 4	庚3戌	0	10
5 5	辛3亥	0	10

月柱 乙巳（5月5日21:54～6月6日 2:20）

生日	日柱	男	女
5 5	辛1亥	11	0
5 6	壬1子	10	0
5 7	癸3丑	10	1
5 8	甲1寅	10	1
5 9	乙2卯	9	1
5 10	丙3辰	9	2
5 11	丁1巳	9	2
5 12	戊1午	8	2
5 13	己1未	8	3
5 14	庚2申	8	3
5 15	辛3酉	7	3
5 16	壬3戌	7	4
5 17	癸3亥	7	4
5 18	甲1子	6	4
5 19	乙1丑	6	5
5 20	丙3寅	6	5
5 21	丁3卯	5	5
5 22	戊1辰	5	6
5 23	己1巳	5	6
5 24	庚2午	4	6
5 25	辛3未	4	7
5 26	壬3申	4	7
5 27	癸3酉	3	7
5 28	甲1戌	3	8
5 29	乙1亥	3	8
5 30	丙2子	2	8
5 31	丁3丑	2	9
6 1	戊3寅	2	9
6 2	己3卯	1	9
6 3	庚3辰	1	10
6 4	辛3巳	1	10
6 5	壬3午	0	10
6 6	癸3未	0	11

月柱 丙午（6月6日 2:21～7月7日12:44）

生日	日柱	男	女
6 6	癸3未	10	0
6 7	甲1申	10	0
6 8	乙2酉	10	1
6 9	丙3戌	9	1
6 10	丁3亥	9	1
6 11	戊3子	9	2
6 12	己2丑	8	2
6 13	庚1寅	8	2
6 14	辛3卯	8	3
6 15	壬3辰	7	3
6 16	癸3巳	7	3
6 17	甲1午	7	4
6 18	乙1未	6	4
6 19	丙3申	6	4
6 20	丁3酉	6	5
6 21	戊2戌	5	5
6 22	己3亥	5	5
6 23	庚2子	5	6
6 24	辛3丑	4	6
6 25	壬3寅	4	6
6 26	癸1卯	3	7
6 27	甲1辰	3	7
6 28	乙1巳	3	7
6 29	丙2午	2	8
6 30	丁3未	2	8
7 1	戊3申	2	8
7 2	己3酉	1	9
7 3	庚2戌	1	9
7 4	辛3亥	1	9
7 5	壬3子	1	10
7 6	癸3丑	0	10
7 7	甲1寅	0	11

月柱 丁未（7月7日12:45～8月7日22:31）

生日	日柱	男	女
7 7	甲1寅	10	0
7 8	乙2卯	10	0
7 9	丙3辰	10	1
7 10	丁2巳	9	1
7 11	戊1午	9	1
7 12	己2未	9	2
7 13	庚2申	8	2
7 14	辛3酉	8	2
7 15	壬3戌	8	3
7 16	癸3亥	7	3
7 17	甲1子	7	3
7 18	乙1丑	7	4
7 19	丙3寅	6	4
7 20	丁3卯	6	4
7 21	戊1辰	6	5
7 22	己1巳	5	5
7 23	庚2午	5	5
7 24	辛3未	5	6
7 25	壬3申	4	6
7 26	癸3酉	4	6
7 27	甲1戌	4	7
7 28	乙1亥	3	7
7 29	丙2子	3	7
7 30	丁3丑	3	8
7 31	戊3寅	2	8
8 1	己3卯	2	8
8 2	庚3辰	2	9
8 3	辛3巳	1	9
8 4	壬3午	1	9
8 5	癸3未	1	10
8 6	甲3申	0	10
8 7	乙3酉	0	10

大運表

歳	壬寅 男	壬寅 女	癸卯 男	癸卯 女	甲辰 男	甲辰 女	乙巳 男	乙巳 女	丙午 男	丙午 女	丁未 男	丁未 女
0	癸卯	辛丑	甲辰	壬寅	乙巳	癸卯	丙午	甲辰	丁未	乙巳	戊申	丙午
10	甲辰	庚子	乙巳	辛丑	丙午	壬寅	丁未	癸卯	戊申	甲辰	己酉	乙巳
20	乙巳	己亥	丙午	庚子	丁未	辛丑	戊申	壬寅	己酉	癸卯	庚戌	甲辰
30	丙午	戊戌	丁未	己亥	戊申	庚子	己酉	辛丑	庚戌	壬寅	辛亥	癸卯
40	丁未	丁酉	戊申	戊戌	己酉	己亥	庚戌	庚子	辛亥	辛丑	壬子	壬寅
50	戊申	丙申	己酉	丁酉	庚戌	戊戌	辛亥	己亥	壬子	庚子	癸丑	辛丑
60	己酉	乙未	庚戌	丙申	辛亥	丁酉	壬子	戊戌	癸丑	己亥	甲寅	庚子
70	庚戌	甲午	辛亥	乙未	壬子	丙申	癸丑	丁酉	甲寅	戊戌	乙卯	己亥
80	辛亥	癸巳	壬子	甲午	癸丑	乙未	甲寅	丙申	乙卯	丁酉	丙辰	戊戌

～1953年（昭和28年）2月4日10時45分

月柱	立運年齢 期間
戊申	8月7日22:32～ 9月8日1:13
己酉	9月8日1:14～ 10月8日16:32
庚戌	10月8日16:33～ 11月7日19:21
辛亥	11月7日19:22～ 12月7日11:55
壬子	12月7日11:56～ 1月5日23:02
癸丑	1月5日23:03～ 2月4日10:45

戊申

生日	日柱	男	女
8/7	乙3酉	11	0
8/8	丙1戌	10	0
8/9	丁1亥	10	1
8/10	戊2子	10	1
8/11	己1丑	9	1
8/12	庚1寅	9	2
8/13	辛1卯	9	2
8/14	壬2辰	8	2
8/15	癸2巳	8	3
8/16	甲3午	8	3
8/17	乙1未	7	3
8/18	丙1申	7	4
8/19	丁1酉	7	4
8/20	戊1戌	6	4
8/21	己2亥	6	5
8/22	庚1子	6	5
8/23	辛1丑	5	5
8/24	壬2寅	5	6
8/25	癸2卯	5	6
8/26	甲3辰	4	6
8/27	乙1巳	4	7
8/28	丙1午	4	7
8/29	丁3未	3	7
8/30	戊1申	3	8
8/31	己2酉	3	8
9/1	庚1戌	2	8
9/2	辛1亥	2	9
9/3	壬2子	2	9
9/4	癸2丑	1	9
9/5	甲3寅	1	10
9/6	乙1卯	1	10
9/7	丙3辰	0	10
9/8	丁1巳	0	11

己酉

生日	日柱	男	女
9/8	丁3巳	10	0
9/9	戊1午	10	0
9/10	己1未	9	1
9/11	庚1申	9	1
9/12	辛1酉	9	1
9/13	壬2戌	8	2
9/14	癸1亥	8	2
9/15	甲1子	8	2
9/16	乙1丑	7	3
9/17	丙1寅	7	3
9/18	丁1卯	7	3
9/19	戊1辰	6	4
9/20	己1巳	6	4
9/21	庚1午	6	4
9/22	辛1未	5	5
9/23	壬1申	5	5
9/24	癸1酉	4	6
9/25	甲3戌	4	6
9/26	乙1亥	4	6
9/27	丙3子	3	7
9/28	丁1丑	3	7
9/29	戊1寅	3	7
9/30	己1卯	2	8
10/1	庚1辰	2	8
10/2	辛1巳	2	8
10/3	壬2午	1	9
10/4	癸2未	1	9
10/5	甲3申	1	9
10/6	乙3酉	1	9
10/7	丙3戌	0	10
10/8	丁3亥	0	10

庚戌

生日	日柱	男	女
10/8	丁3亥	10	0
10/9	戊1子	10	0
10/10	己1丑	9	1
10/11	庚1寅	9	1
10/12	辛1卯	9	1
10/13	壬2辰	8	2
10/14	癸1巳	8	2
10/15	甲1午	8	2
10/16	乙1未	7	3
10/17	丙1申	7	3
10/18	丁1酉	7	3
10/19	戊1戌	6	4
10/20	己1亥	6	4
10/21	庚1子	6	4
10/22	辛1丑	5	5
10/23	壬1寅	5	5
10/24	癸1卯	5	5
10/25	甲3辰	4	6
10/26	乙1巳	4	6
10/27	丙1午	4	6
10/28	丁1未	3	7
10/29	戊1申	3	7
10/30	己1酉	3	7
10/31	庚1戌	2	8
11/1	辛1亥	2	8
11/2	壬1子	2	8
11/3	癸1丑	1	9
11/4	甲2寅	1	9
11/5	乙1卯	1	9
11/6	丙3辰	0	10
11/7	丁3巳	0	10

辛亥

生日	日柱	男	女
11/7	丁3巳	10	0
11/8	戊2午	10	0
11/9	己2未	9	1
11/10	庚1申	9	1
11/11	辛1酉	9	1
11/12	壬1戌	8	2
11/13	癸1亥	8	2
11/14	甲1子	8	2
11/15	乙1丑	7	3
11/16	丙1寅	7	3
11/17	丁1卯	7	3
11/18	戊2辰	6	4
11/19	己2巳	6	4
11/20	庚2午	6	4
11/21	辛1未	5	5
11/22	壬1申	5	5
11/23	癸1酉	5	5
11/24	甲1戌	4	6
11/25	乙1亥	4	6
11/26	丙3子	3	7
11/27	丁1丑	3	7
11/28	戊1寅	3	7
11/29	己2卯	2	8
11/30	庚1辰	2	8
12/1	辛1巳	2	8
12/2	壬1午	1	9
12/3	癸1未	1	9
12/4	甲2寅	1	9
12/5	乙2酉	1	9
12/6	丙3戌	0	10
12/7	丁3亥	0	10

壬子

生日	日柱	男	女
12/7	丁3亥	10	0
12/8	戊3子	9	0
12/9	己2丑	9	1
12/10	庚1寅	9	1
12/11	辛1卯	8	1
12/12	壬1辰	8	2
12/13	癸1巳	8	2
12/14	甲1午	8	2
12/15	乙1未	7	3
12/16	丙1申	7	3
12/17	丁1酉	6	3
12/18	戊1戌	6	4
12/19	己2亥	6	4
12/20	庚1子	6	4
12/21	辛1丑	5	5
12/22	壬1寅	5	5
12/23	癸1卯	5	5
12/24	甲1辰	4	6
12/25	乙1巳	4	6
12/26	丙3午	3	7
12/27	丁1未	3	7
12/28	戊1申	3	7
12/29	己1酉	3	7
12/30	庚2戌	2	8
12/31	辛1亥	2	8
1/1	壬1子	2	8
1/2	癸1丑	1	9
1/3	甲1寅	1	9
1/4	乙1卯	0	9
1/5	丙1辰	0	10

癸丑

生日	日柱	男	女
1/5	丙3辰	10	0
1/6	丁1巳	10	0
1/7	戊1午	9	1
1/8	己1未	9	1
1/9	庚1申	9	1
1/10	辛1酉	8	2
1/11	壬1戌	8	2
1/12	癸1亥	8	2
1/13	甲1子	7	3
1/14	乙1丑	7	3
1/15	丙1寅	7	3
1/16	丁1卯	6	4
1/17	戊1辰	6	4
1/18	己1巳	6	4
1/19	庚2午	5	5
1/20	辛1未	5	5
1/21	壬1申	5	5
1/22	癸1酉	4	6
1/23	甲2戌	4	6
1/24	乙2亥	4	6
1/25	丙3子	3	7
1/26	丁1丑	3	7
1/27	戊2寅	3	7
1/28	己1卯	2	8
1/29	庚1辰	2	8
1/30	辛2巳	2	8
1/31	壬1午	1	9
2/1	癸2未	1	9
2/2	甲2申	1	9
2/3	乙2酉	0	10
2/4	丙3戌	0	10

立運年齢表

歳	戊申 男	戊申 女	己酉 男	己酉 女	庚戌 男	庚戌 女	辛亥 男	辛亥 女	壬子 男	壬子 女	癸丑 男	癸丑 女
0	己酉	丁未	庚戌	戊申	辛亥	己酉	壬子	庚戌	癸丑	辛亥	甲寅	壬子
10	庚戌	丙午	辛亥	丁未	壬子	戊申	癸丑	己酉	甲寅	庚戌	乙卯	辛亥
20	辛亥	乙巳	壬子	丙午	癸丑	丁未	甲寅	戊申	乙卯	己酉	丙辰	庚戌
30	壬子	甲辰	癸丑	乙巳	甲寅	丙午	乙卯	丁未	丙辰	戊申	丁巳	己酉
40	癸丑	癸卯	甲寅	甲辰	乙卯	乙巳	丙辰	丙午	丁巳	丁未	戊午	戊申
50	甲寅	壬寅	乙卯	癸卯	丙辰	甲辰	丁巳	乙巳	戊午	丙午	己未	丁未
60	乙卯	辛丑	丙辰	壬寅	丁巳	癸卯	戊午	甲辰	己未	乙巳	庚申	丙午
70	丙辰	庚子	丁巳	辛丑	戊午	壬寅	己未	癸卯	庚申	甲辰	辛酉	乙巳
80	丁巳	己亥	戊午	庚子	己未	辛丑	庚申	壬寅	辛酉	癸卯	壬戌	甲辰

年柱 癸巳 1953年（昭和28年）2月4日10時46分～

月柱・日柱・立運年齢表

月柱 甲寅（2月4日10:46～3月6日5:02）

生日	日柱	立運年齢 男	立運年齢 女
2/4	丙$_3$戌	0	10
2/5	丁$_1$亥	0	10
2/6	戊$_3$子	1	9
2/7	己$_2$丑	1	9
2/8	庚$_3$寅	1	9
2/9	辛$_3$卯	2	8
2/10	壬$_3$辰	2	8
2/11	癸$_3$巳	2	8
2/12	甲$_1$午	3	7
2/13	乙$_1$未	3	7
2/14	丙$_3$申	3	7
2/15	丁$_3$酉	4	6
2/16	戊$_2$戌	4	6
2/17	己$_3$亥	4	6
2/18	庚$_3$子	5	5
2/19	辛$_3$丑	5	5
2/20	壬$_3$寅	5	5
2/21	癸$_3$卯	6	4
2/22	甲$_1$辰	6	4
2/23	乙$_1$巳	6	4
2/24	丙$_3$午	7	3
2/25	丁$_3$未	7	3
2/26	戊$_3$申	7	3
2/27	己$_3$酉	8	2
2/28	庚$_3$戌	8	2
3/1	辛$_3$亥	8	2
3/2	壬$_2$子	9	1
3/3	癸$_3$丑	9	1
3/4	甲$_1$寅	9	1
3/5	乙$_1$卯	10	0
3/6	丙$_1$辰	10	0

月柱 乙卯（3月6日5:03～4月5日10:12）

生日	日柱	立運年齢 男	立運年齢 女
3/6	丙$_1$辰	0	10
3/7	丁$_1$巳	0	10
3/8	戊$_2$午	1	9
3/9	己$_2$未	1	9
3/10	庚$_1$申	1	9
3/11	辛$_3$酉	2	8
3/12	壬$_3$戌	2	8
3/13	癸$_3$亥	2	8
3/14	甲$_1$子	3	7
3/15	乙$_1$丑	3	7
3/16	丙$_1$寅	3	7
3/17	丁$_1$卯	4	6
3/18	戊$_1$辰	4	6
3/19	己$_2$巳	4	6
3/20	庚$_3$午	5	5
3/21	辛$_3$未	5	5
3/22	壬$_3$申	5	5
3/23	癸$_3$酉	6	4
3/24	甲$_1$戌	6	4
3/25	乙$_1$亥	6	4
3/26	丙$_1$子	7	3
3/27	丁$_1$丑	7	3
3/28	戊$_2$寅	7	3
3/29	己$_2$卯	8	2
3/30	庚$_1$辰	8	2
3/31	辛$_1$巳	8	2
4/1	壬$_1$午	9	1
4/2	癸$_1$未	9	1
4/3	甲$_1$申	9	1
4/4	乙$_1$酉	10	0
4/5	丙$_1$戌	10	0

月柱 丙辰（4月5日10:13～5月6日3:52）

生日	日柱	立運年齢 男	立運年齢 女
4/5	丙$_2$戌	0	10
4/6	丁$_2$亥	0	10
4/7	戊$_1$子	1	10
4/8	己$_2$丑	1	9
4/9	庚$_1$寅	1	9
4/10	辛$_3$卯	2	9
4/11	壬$_3$辰	2	8
4/12	癸$_3$巳	2	8
4/13	甲$_2$午	3	8
4/14	乙$_1$未	3	7
4/15	丙$_1$申	3	7
4/16	丁$_1$酉	4	7
4/17	戊$_1$戌	4	6
4/18	己$_1$亥	4	6
4/19	庚$_1$子	5	6
4/20	辛$_1$丑	5	5
4/21	壬$_1$寅	5	5
4/22	癸$_3$卯	6	5
4/23	甲$_2$辰	6	4
4/24	乙$_2$巳	6	4
4/25	丙$_1$午	7	4
4/26	丁$_1$未	7	3
4/27	戊$_1$申	7	3
4/28	己$_1$酉	8	3
4/29	庚$_1$戌	8	2
4/30	辛$_1$亥	8	2
5/1	壬$_1$子	9	2
5/2	癸$_3$丑	9	1
5/3	甲$_1$寅	9	1
5/4	乙$_1$卯	10	1
5/5	丙$_1$辰	10	0
5/6	丁$_1$巳	10	0

月柱 丁巳（5月6日3:53～6月6日8:16）

生日	日柱	立運年齢 男	立運年齢 女
5/6	丁$_1$巳	0	10
5/7	戊$_1$午	0	10
5/8	己$_1$未	1	10
5/9	庚$_1$申	1	9
5/10	辛$_3$酉	1	9
5/11	壬$_3$戌	2	9
5/12	癸$_2$亥	2	8
5/13	甲$_2$子	2	8
5/14	乙$_3$丑	3	8
5/15	丙$_3$寅	3	7
5/16	丁$_3$卯	3	7
5/17	戊$_3$辰	4	7
5/18	己$_3$巳	4	6
5/19	庚$_3$午	4	6
5/20	辛$_3$未	5	6
5/21	壬$_3$申	5	5
5/22	癸$_3$酉	5	5
5/23	甲$_3$戌	6	5
5/24	乙$_2$亥	6	4
5/25	丙$_1$子	6	4
5/26	丁$_1$丑	7	4
5/27	戊$_1$寅	7	3
5/28	己$_1$卯	7	3
5/29	庚$_3$辰	8	3
5/30	辛$_3$巳	8	2
5/31	壬$_3$午	8	2
6/1	癸$_3$未	9	2
6/2	甲$_2$申	9	1
6/3	乙$_2$酉	9	1
6/4	丙$_1$戌	10	1
6/5	丁$_1$亥	10	0
6/6	戊$_1$子	10	0

月柱 戊午（6月6日8:17～7月7日18:35）

生日	日柱	立運年齢 男	立運年齢 女
6/6	戊$_1$子	0	10
6/7	己$_1$丑	0	10
6/8	庚$_3$寅	1	10
6/9	辛$_1$卯	1	9
6/10	壬$_3$辰	1	9
6/11	癸$_3$巳	2	9
6/12	甲$_1$午	2	8
6/13	乙$_2$未	2	8
6/14	丙$_3$申	3	8
6/15	丁$_3$酉	3	7
6/16	戊$_3$戌	3	7
6/17	己$_3$亥	4	7
6/18	庚$_3$子	4	6
6/19	辛$_2$丑	4	6
6/20	壬$_3$寅	5	6
6/21	癸$_3$卯	5	5
6/22	甲$_3$辰	5	5
6/23	乙$_2$巳	6	5
6/24	丙$_1$午	6	4
6/25	丁$_1$未	6	4
6/26	戊$_1$申	7	4
6/27	己$_1$酉	7	3
6/28	庚$_1$戌	7	3
6/29	辛$_1$亥	8	3
6/30	壬$_1$子	8	2
7/1	癸$_3$丑	8	2
7/2	甲$_2$寅	9	2
7/3	乙$_2$卯	9	1
7/4	丙$_1$辰	9	1
7/5	丁$_1$巳	10	1
7/6	戊$_1$午	10	0
7/7	己$_1$未	10	0

月柱 己未（7月7日18:36～8月8日4:14）

生日	日柱	立運年齢 男	立運年齢 女
7/7	己$_1$未	0	11
7/8	庚$_1$申	0	10
7/9	辛$_1$酉	1	10
7/10	壬$_1$戌	1	10
7/11	癸$_1$亥	1	9
7/12	甲$_1$子	2	9
7/13	乙$_1$丑	2	9
7/14	丙$_1$寅	2	8
7/15	丁$_1$卯	3	8
7/16	戊$_1$辰	3	8
7/17	己$_1$巳	3	7
7/18	庚$_1$午	4	7
7/19	辛$_1$未	4	7
7/20	壬$_1$申	4	6
7/21	癸$_1$酉	5	6
7/22	甲$_1$戌	5	6
7/23	乙$_1$亥	5	5
7/24	丙$_1$子	6	5
7/25	丁$_1$丑	6	5
7/26	戊$_1$寅	6	4
7/27	己$_1$卯	7	4
7/28	庚$_1$辰	7	4
7/29	辛$_1$巳	7	3
7/30	壬$_1$午	8	3
7/31	癸$_3$未	8	3
8/1	甲$_1$申	8	2
8/2	乙$_1$酉	9	2
8/3	丙$_2$戌	9	2
8/4	丁$_2$亥	9	1
8/5	戊$_1$子	10	1
8/6	己$_1$丑	10	1
8/7	庚$_2$寅	10	0
8/8	辛$_3$卯	11	0

大運表

歳	甲寅 男	甲寅 女	乙卯 男	乙卯 女	丙辰 男	丙辰 女	丁巳 男	丁巳 女	戊午 男	戊午 女	己未 男	己未 女
0	癸丑	乙卯	甲寅	丙辰	乙卯	丁巳	丙辰	戊午	丁巳	己未	戊午	庚申
10	壬子	丙辰	癸丑	丁巳	甲寅	戊午	乙卯	己未	丙辰	庚申	丁巳	辛酉
20	辛亥	丁巳	壬子	戊午	癸丑	己未	甲寅	庚申	乙卯	辛酉	丙辰	壬戌
30	庚戌	戊午	辛亥	己未	壬子	庚申	癸丑	辛酉	甲寅	壬戌	乙卯	癸亥
40	己酉	己未	庚戌	庚申	辛亥	辛酉	壬子	壬戌	癸丑	癸亥	甲寅	甲子
50	戊申	庚申	己酉	辛酉	庚戌	壬戌	辛亥	癸亥	壬子	甲子	癸丑	乙丑
60	丁未	辛酉	戊申	壬戌	己酉	癸亥	庚戌	甲子	辛亥	乙丑	壬子	丙寅
70	丙午	壬戌	丁未	癸亥	戊申	甲子	己酉	乙丑	庚戌	丙寅	辛亥	丁卯
80	乙巳	癸亥	丙午	甲子	丁未	乙丑	戊申	丙寅	己酉	丁卯	庚戌	戊辰

～1954年（昭和29年）2月4日16時30分

月柱	期間
庚申	8月8日 4:15～9月8日 6:53
辛酉	9月8日 6:54～10月8日22:10
壬戌	10月8日22:11～11月8日 1:01
癸亥	11月8日 1:02～12月7日17:37
甲子	12月7日17:38～1月6日 4:45
乙丑	1月6日 4:46～2月4日16:30

月柱 庚申

生日	日柱	立運年齢 男	立運年齢 女
8 8	辛卯	0	10
8 9	壬辰	0	10
8 10	癸巳	1	10
8 11	甲午	1	9
8 12	乙未	1	9
8 13	丙申	2	9
8 14	丁酉	2	8
8 15	戊戌	2	8
8 16	己亥	3	8
8 17	庚子	3	7
8 18	辛丑	3	7
8 19	壬寅	4	7
8 20	癸卯	4	6
8 21	甲辰	4	6
8 22	乙巳	5	6
8 23	丙午	5	5
8 24	丁未	5	5
8 25	戊申	6	5
8 26	己酉	6	4
8 27	庚戌	6	4
8 28	辛亥	7	4
8 29	壬子	7	3
8 30	癸丑	7	3
8 31	甲寅	8	3
9 1	乙卯	8	2
9 2	丙辰	8	2
9 3	丁巳	9	2
9 4	戊午	9	1
9 5	己未	9	1
9 6	庚申	10	1
9 7	辛酉	10	0
9 8	壬戌	10	0

月柱 辛酉

生日	日柱	立運年齢 男	立運年齢 女
9 8	壬戌	0	10
9 9	癸亥	0	10
9 10	甲子	1	9
9 11	乙丑	1	9
9 12	丙寅	1	9
9 13	丁卯	2	8
9 14	戊辰	2	8
9 15	己巳	2	8
9 16	庚午	3	7
9 17	辛未	3	7
9 18	壬申	3	7
9 19	癸酉	4	6
9 20	甲戌	4	6
9 21	乙亥	4	6
9 22	丙子	5	6
9 23	丁丑	5	5
9 24	戊寅	5	5
9 25	己卯	6	4
9 26	庚辰	6	4
9 27	辛巳	6	4
9 28	壬午	7	3
9 29	癸未	7	3
9 30	甲申	7	3
10 1	乙酉	8	2
10 2	丙戌	8	2
10 3	丁亥	8	2
10 4	戊子	9	1
10 5	己丑	9	1
10 6	庚寅	9	1
10 7	辛卯	10	0
10 8	壬辰	10	0

月柱 壬戌

生日	日柱	立運年齢 男	立運年齢 女
10 8	壬辰	0	10
10 9	癸巳	0	10
10 10	甲午	1	10
10 11	乙未	1	9
10 12	丙申	1	9
10 13	丁酉	2	9
10 14	戊戌	2	8
10 15	己亥	2	8
10 16	庚子	3	8
10 17	辛丑	3	7
10 18	壬寅	3	7
10 19	癸卯	4	7
10 20	甲辰	4	6
10 21	乙巳	4	6
10 22	丙午	5	6
10 23	丁未	5	5
10 24	戊申	5	5
10 25	己酉	6	5
10 26	庚戌	6	4
10 27	辛亥	6	4
10 28	壬子	7	4
10 29	癸丑	7	3
10 30	甲寅	7	3
10 31	乙卯	8	3
11 1	丙辰	8	2
11 2	丁巳	8	2
11 3	戊午	9	2
11 4	己未	9	1
11 5	庚申	9	1
11 6	辛酉	10	1
11 7	壬戌	10	0
11 8	癸亥	10	0

月柱 癸亥

生日	日柱	立運年齢 男	立運年齢 女
11 8	癸亥	0	10
11 9	甲子	0	9
11 10	乙丑	1	9
11 11	丙寅	1	9
11 12	丁卯	1	8
11 13	戊辰	2	8
11 14	己巳	2	8
11 15	庚午	3	7
11 16	辛未	3	7
11 17	壬申	3	6
11 18	癸酉	3	6
11 19	甲戌	4	6
11 20	乙亥	4	5
11 21	丙子	5	5
11 22	丁丑	5	5
11 23	戊寅	5	5
11 24	己卯	5	4
11 25	庚辰	6	4
11 26	辛巳	6	4
11 27	壬午	7	3
11 28	癸未	7	3
11 29	甲申	7	2
11 30	乙酉	8	2
12 1	丙戌	8	2
12 2	丁亥	8	1
12 3	戊子	8	1
12 4	己丑	9	1
12 5	庚寅	9	1
12 6	辛卯	9	0
12 7	壬辰	10	0

月柱 甲子

生日	日柱	立運年齢 男	立運年齢 女
12 7	壬辰	0	10
12 8	癸巳	0	10
12 9	甲午	1	9
12 10	乙未	1	9
12 11	丙申	1	9
12 12	丁酉	2	8
12 13	戊戌	2	8
12 14	己亥	2	8
12 15	庚子	3	7
12 16	辛丑	3	7
12 17	壬寅	3	7
12 18	癸卯	4	6
12 19	甲辰	4	6
12 20	乙巳	4	6
12 21	丙午	5	5
12 22	丁未	5	5
12 23	戊申	5	5
12 24	己酉	6	5
12 25	庚戌	6	4
12 26	辛亥	6	4
12 27	壬子	7	3
12 28	癸丑	7	3
12 29	甲寅	7	2
12 30	乙卯	8	2
12 31	丙辰	8	2
1 1	丁巳	8	1
1 2	戊午	9	1
1 3	己未	9	1
1 4	庚申	9	0
1 5	辛酉	10	0
1 6	壬戌	10	0

月柱 乙丑

生日	日柱	立運年齢 男	立運年齢 女
1 6	壬戌	0	10
1 7	癸亥	0	9
1 8	甲子	1	9
1 9	乙丑	1	9
1 10	丙寅	1	8
1 11	丁卯	2	8
1 12	戊辰	2	8
1 13	己巳	2	7
1 14	庚午	3	7
1 15	辛未	3	7
1 16	壬申	3	6
1 17	癸酉	4	6
1 18	甲戌	4	6
1 19	乙亥	4	5
1 20	丙子	5	5
1 21	丁丑	5	5
1 22	戊寅	5	4
1 23	己卯	6	4
1 24	庚辰	6	4
1 25	辛巳	6	3
1 26	壬午	7	3
1 27	癸未	7	3
1 28	甲申	7	2
1 29	乙酉	8	2
1 30	丙戌	8	2
1 31	丁亥	8	1
2 1	戊子	9	1
2 2	己丑	9	1
2 3	庚寅	9	0
2 4	辛卯	10	0

立運表

歳	男	歳	女	歳	男	歳	女	歳	男	歳	女	歳	男	歳	女	歳	男	歳	女	歳	男	歳	女
0	己未	0	辛酉	0	庚申	0	壬戌	0	辛酉	0	癸亥	0	壬戌	0	甲子	0	癸亥	0	乙丑	0	甲子	0	丙寅
10	戊午	10	壬戌	10	己未	10	癸亥	10	庚申	10	甲子	10	辛酉	10	乙丑	10	壬戌	10	丙寅	10	癸亥	10	丁卯
20	丁巳	20	癸亥	20	戊午	20	甲子	20	己未	20	乙丑	20	庚申	20	丙寅	20	辛酉	20	丁卯	20	壬戌	20	戊辰
30	丙辰	30	甲子	30	丁巳	30	乙丑	30	戊午	30	丙寅	30	己未	30	丁卯	30	庚申	30	戊辰	30	辛酉	30	己巳
40	乙卯	40	乙丑	40	丙辰	40	丙寅	40	丁巳	40	丁卯	40	戊午	40	戊辰	40	己未	40	己巳	40	庚申	40	庚午
50	甲寅	50	丙寅	50	乙卯	50	丁卯	50	丙辰	50	戊辰	50	丁巳	50	己巳	50	戊午	50	庚午	50	己未	50	辛未
60	癸丑	60	丁卯	60	甲寅	60	戊辰	60	乙卯	60	己巳	60	丙辰	60	庚午	60	丁巳	60	辛未	60	戊午	60	壬申
70	壬子	70	戊辰	70	癸丑	70	己巳	70	甲寅	70	庚午	70	乙卯	70	辛未	70	丙辰	70	壬申	70	丁巳	70	癸酉
80	辛亥	80	己巳	80	壬子	80	庚午	80	癸丑	80	辛未	80	甲寅	80	壬申	80	乙卯	80	癸酉	80	丙辰	80	甲戌

年柱 甲午　1954年（昭和29年）2月4日16時31分〜

月柱（立運年齢）

月柱	期間
丙寅	2月4日16:31〜 3月6日10:48
丁卯	3月6日10:49〜 4月5日15:59
戊辰	4月5日16:00〜 5月6日9:46
己巳	5月6日9:47〜 6月6日14:01
庚午	6月6日14:02〜 7月8日0:19
辛未	7月8日0:20〜 8月8日9:59

月柱 丙寅

生日	日柱	男	女
2/4	辛卯	10	0
2/5	壬辰	10	0
2/6	癸巳	9	1
2/7	甲午	9	1
2/8	乙未	9	1
2/9	丙申	8	2
2/10	丁酉	8	2
2/11	戊戌	8	2
2/12	己亥	7	3
2/13	庚子	7	3
2/14	辛丑	7	3
2/15	壬寅	6	4
2/16	癸卯	6	4
2/17	甲辰	6	4
2/18	乙巳	5	5
2/19	丙午	5	5
2/20	丁未	5	5
2/21	戊申	4	6
2/22	己酉	4	6
2/23	庚戌	4	6
2/24	辛亥	3	7
2/25	壬子	3	7
2/26	癸丑	3	7
2/27	甲寅	2	8
2/28	乙卯	2	8
3/1	丙辰	2	8
3/2	丁巳	1	9
3/3	戊午	1	9
3/4	己未	1	9
3/5	庚申	0	10
3/6	辛酉	0	10

月柱 丁卯

生日	日柱	男	女
3/6	辛酉	10	0
3/7	壬戌	10	0
3/8	癸亥	9	1
3/9	甲子	9	1
3/10	乙丑	9	1
3/11	丙寅	8	2
3/12	丁卯	8	2
3/13	戊辰	8	2
3/14	己巳	7	3
3/15	庚午	7	3
3/16	辛未	7	3
3/17	壬申	6	4
3/18	癸酉	6	4
3/19	甲戌	6	4
3/20	乙亥	5	5
3/21	丙子	5	5
3/22	丁丑	5	5
3/23	戊寅	4	6
3/24	己卯	4	6
3/25	庚辰	4	6
3/26	辛巳	3	7
3/27	壬午	3	7
3/28	癸未	3	7
3/29	甲申	2	8
3/30	乙酉	2	8
3/31	丙戌	2	8
4/1	丁亥	1	9
4/2	戊子	1	9
4/3	己丑	1	9
4/4	庚寅	0	10
4/5	辛卯	0	10

月柱 戊辰

生日	日柱	男	女
4/5	辛卯	10	0
4/6	壬辰	10	0
4/7	癸巳	9	1
4/8	甲午	9	1
4/9	乙未	9	1
4/10	丙申	8	2
4/11	丁酉	8	2
4/12	戊戌	8	2
4/13	己亥	7	3
4/14	庚子	7	3
4/15	辛丑	7	3
4/16	壬寅	6	4
4/17	癸卯	6	4
4/18	甲辰	6	4
4/19	乙巳	5	5
4/20	丙午	5	5
4/21	丁未	5	5
4/22	戊申	4	6
4/23	己酉	4	6
4/24	庚戌	4	6
4/25	辛亥	3	7
4/26	壬子	3	7
4/27	癸丑	3	7
4/28	甲寅	2	8
4/29	乙卯	2	8
4/30	丙辰	2	8
5/1	丁巳	1	9
5/2	戊午	1	9
5/3	己未	1	9
5/4	庚申	0	10
5/5	辛酉	0	10
5/6	壬戌	0	10

月柱 己巳

生日	日柱	男	女
5/6	壬戌	10	0
5/7	癸亥	10	0
5/8	甲子	9	1
5/9	乙丑	9	1
5/10	丙寅	9	1
5/11	丁卯	8	2
5/12	戊辰	8	2
5/13	己巳	8	2
5/14	庚午	7	3
5/15	辛未	7	3
5/16	壬申	7	3
5/17	癸酉	6	4
5/18	甲戌	6	4
5/19	乙亥	6	4
5/20	丙子	5	5
5/21	丁丑	5	5
5/22	戊寅	5	5
5/23	己卯	4	6
5/24	庚辰	4	6
5/25	辛巳	4	6
5/26	壬午	3	7
5/27	癸未	3	7
5/28	甲申	3	7
5/29	乙酉	2	8
5/30	丙戌	2	8
5/31	丁亥	2	8
6/1	戊子	1	9
6/2	己丑	1	9
6/3	庚寅	1	9
6/4	辛卯	0	10
6/5	壬辰	0	10
6/6	癸巳	0	10

月柱 庚午

生日	日柱	男	女
6/6	癸巳	11	0
6/7	甲午	10	1
6/8	乙未	10	1
6/9	丙申	10	1
6/10	丁酉	9	2
6/11	戊戌	9	2
6/12	己亥	9	2
6/13	庚子	8	3
6/14	辛丑	8	3
6/15	壬寅	8	3
6/16	癸卯	7	4
6/17	甲辰	7	4
6/18	乙巳	7	4
6/19	丙午	6	5
6/20	丁未	6	5
6/21	戊申	6	5
6/22	己酉	5	6
6/23	庚戌	5	6
6/24	辛亥	5	6
6/25	壬子	4	7
6/26	癸丑	4	7
6/27	甲寅	4	7
6/28	乙卯	3	8
6/29	丙辰	3	8
6/30	丁巳	3	8
7/1	戊午	2	9
7/2	己未	2	9
7/3	庚申	2	9
7/4	辛酉	1	10
7/5	壬戌	1	10
7/6	癸亥	1	10
7/7	甲子	0	10
7/8	乙丑	0	11

月柱 辛未

生日	日柱	男	女
7/8	乙丑	10	0
7/9	丙寅	10	0
7/10	丁卯	9	1
7/11	戊辰	9	1
7/12	己巳	9	1
7/13	庚午	8	2
7/14	辛未	8	2
7/15	壬申	8	2
7/16	癸酉	7	3
7/17	甲戌	7	3
7/18	乙亥	7	3
7/19	丙子	6	4
7/20	丁丑	6	4
7/21	戊寅	6	4
7/22	己卯	5	5
7/23	庚辰	5	5
7/24	辛巳	5	5
7/25	壬午	4	6
7/26	癸未	4	6
7/27	甲申	4	6
7/28	乙酉	3	7
7/29	丙戌	3	7
7/30	丁亥	3	7
7/31	戊子	2	8
8/1	己丑	2	8
8/2	庚寅	2	8
8/3	辛卯	1	9
8/4	壬辰	1	9
8/5	癸巳	1	9
8/6	甲午	0	10
8/7	乙未	0	10
8/8	丙申	0	10

大運

歳	丙寅 男	丙寅 女	丁卯 男	丁卯 女	戊辰 男	戊辰 女	己巳 男	己巳 女	庚午 男	庚午 女	辛未 男	辛未 女
0	丁卯	乙丑	戊辰	丙寅	己巳	丁卯	庚午	戊辰	辛未	己巳	壬申	庚午
10	戊辰	甲子	己巳	乙丑	庚午	丙寅	辛未	丁卯	壬申	戊辰	癸酉	己巳
20	己巳	癸亥	庚午	甲子	辛未	乙丑	壬申	丙寅	癸酉	丁卯	甲戌	戊辰
30	庚午	壬戌	辛未	癸亥	壬申	甲子	癸酉	乙丑	甲戌	丙寅	乙亥	丁卯
40	辛未	辛酉	壬申	壬戌	癸酉	癸亥	甲戌	甲子	乙亥	乙丑	丙子	丙寅
50	壬申	庚申	癸酉	辛酉	甲戌	壬戌	乙亥	癸亥	丙子	甲子	丁丑	乙丑
60	癸酉	己未	甲戌	庚申	乙亥	辛酉	丙子	壬戌	丁丑	癸亥	戊寅	甲子
70	甲戌	戊午	乙亥	己未	丙子	庚申	丁丑	辛酉	戊寅	壬戌	己卯	癸亥
80	乙亥	丁巳	丙子	戊午	丁丑	己未	戊寅	庚申	己卯	辛酉	庚辰	壬戌

～1955年（昭和30年）2月4日22時17分

月柱 壬申 8月8日10:00～9月8日12:38				月柱 癸酉 9月8日12:39～10月9日3:57				月柱 甲戌 10月9日3:58～11月8日6:50				月柱 乙亥 11月8日6:51～12月7日23:28				月柱 丙子 12月7日23:29～1月6日10:35				月柱 丁丑 1月6日10:36～2月4日22:17			
生日	日柱	男	女	生日	日柱	男	女	生日	日柱	男	女	生日	日柱	男	女	生日	日柱	男	女	生日	日柱	男	女
8 8	丙2申	10	0	9 8	丁2卯	10	0	10 9	戊2戌	10	0	11 8	戊2辰	10	0	12 7	丁1酉	10	0	1 6	丁1卯	10	0
8 9	丁2酉	10	0	9 9	戊2辰	10	0	10 10	己2亥	10	0	11 9	己2巳	9	0	12 8	戊1戌	10	0	1 7	戊1辰	9	0
8 10	戊2戌	10	1	9 10	己2巳	10	1	10 11	庚2子	10	1	11 10	庚3午	9	1	12 9	己1亥	9	1	1 8	己1巳	9	1
8 11	己2亥	9	1	9 11	庚2午	9	1	10 12	辛1丑	9	1	11 11	辛1未	9	1	12 10	庚3子	9	1	1 9	庚3午	9	1
8 12	庚2子	9	1	9 12	辛1未	9	1	10 13	壬1寅	9	1	11 12	壬1申	9	1	12 11	辛1丑	9	1	1 10	辛2未	8	1
8 13	辛1丑	9	2	9 13	壬1申	9	2	10 14	癸1卯	8	2	11 13	癸2酉	8	2	12 12	壬1寅	8	2	1 11	壬2申	8	2
8 14	壬2寅	8	2	9 14	癸2酉	8	2	10 15	甲2辰	8	2	11 14	甲1戌	8	2	12 13	癸1卯	8	2	1 12	癸2酉	8	2
8 15	癸2卯	8	2	9 15	甲2戌	8	3	10 16	乙1巳	8	2	11 15	乙1亥	7	2	12 14	甲1辰	8	3	1 13	甲3戌	7	2
8 16	甲2辰	8	3	9 16	乙1亥	8	3	10 17	丙1午	7	3	11 16	丙1子	7	3	12 15	乙1巳	7	3	1 14	乙2亥	7	3
8 17	乙1巳	7	3	9 17	丙1子	7	3	10 18	丁1未	7	3	11 17	丁1丑	7	3	12 16	丙1午	7	3	1 15	丙1子	7	3
8 18	丙1午	7	3	9 18	丁1丑	7	3	10 19	戊1申	7	3	11 18	戊1寅	6	3	12 17	丁1未	7	3	1 16	丁1丑	6	3
8 19	丁1未	7	4	9 19	戊3寅	7	4	10 20	己1酉	6	4	11 19	己1卯	6	4	12 18	戊2申	6	4	1 17	戊1寅	6	4
8 20	戊3申	6	4	9 20	己3卯	6	4	10 21	庚1戌	6	4	11 20	庚3辰	6	4	12 19	己2酉	6	4	1 18	己1卯	6	4
8 21	己3酉	6	4	9 21	庚1辰	6	4	10 22	辛2亥	6	4	11 21	辛3巳	6	4	12 20	庚3戌	6	4	1 19	庚3辰	5	4
8 23	辛1亥	6	5	9 22	辛1巳	6	5	10 24	癸1丑	5	5	11 22	壬3午	5	5	12 21	辛1亥	5	5	1 20	辛3巳	5	5
8 24	壬1子	5	5	9 23	壬1午	5	5	10 25	甲1寅	5	5	11 23	癸2未	5	5	12 22	壬1子	5	5	1 21	壬3午	5	5
8 25	癸2丑	5	6	9 24	癸2未	5	6	10 26	乙1卯	5	6	11 24	甲1申	5	5	12 23	癸1丑	4	5	1 22	癸2未	4	5
8 26	甲1寅	4	6	9 25	甲2申	5	6	10 27	丙1辰	4	6	11 25	乙1酉	4	5	12 24	甲1寅	4	6	1 23	甲3申	4	6
8 27	乙1卯	4	6	9 26	乙2酉	4	6	10 28	丁1巳	4	6	11 26	丙1戌	4	6	12 25	乙1卯	4	6	1 24	乙2酉	4	6
8 28	丙2辰	4	7	9 27	丙2戌	4	6	10 29	戊1午	3	7	11 27	丁1亥	4	6	12 26	丙1辰	3	6	1 25	丙1戌	3	6
8 29	丁1巳	3	7	9 28	丁1亥	4	7	10 30	己1未	3	7	11 28	戊1子	3	7	12 27	丁1巳	3	7	1 26	丁1亥	3	7
8 30	戊2午	3	7	9 29	戊1子	3	7	10 31	庚1申	3	7	11 29	己1丑	3	7	12 28	戊1午	3	7	1 27	戊1子	3	7
8 31	己1未	3	8	9 30	己2丑	3	7	11 1	辛1酉	2	8	11 30	庚1寅	3	7	12 29	己1未	2	7	1 28	己1丑	2	7
9 1	庚1申	2	8	10 1	庚1寅	3	8	11 2	壬3戌	2	8	12 1	辛1卯	2	8	12 30	庚1申	2	8	1 29	庚1寅	2	8
9 2	辛1酉	2	8	10 2	辛1卯	2	8	11 3	癸3亥	2	8	12 2	壬2辰	2	8	12 31	辛1酉	1	8	1 30	辛1卯	2	8
9 4	癸1亥	2	9	10 3	壬1辰	2	8	11 4	甲1子	1	9	12 3	癸2巳	1	8	1 1	壬1戌	1	9	1 31	壬1辰	1	8
9 5	甲1子	1	9	10 4	癸2巳	2	9	11 5	乙2丑	1	9	12 4	甲1午	1	9	1 2	癸1亥	1	9	2 1	癸3巳	1	9
9 6	乙1丑	1	10	10 5	甲2午	1	9	11 6	丙1寅	1	9	12 5	乙1未	1	9	1 3	甲1子	1	9	2 2	甲3午	1	9
9 7	丙1寅	0	10	10 6	乙2未	1	9	11 7	丁1卯	0	10	12 6	丙1申	0	9	1 4	乙1丑	0	9	2 3	乙3未	0	9
9 8	丁1卯	0	10	10 7	丙2申	1	10	11 8	戊1辰	0	10	12 7	丁1酉	0	10	1 5	丙1寅	0	10	2 4	丙1申	0	10
				10 8	丁2酉	0	10										1 6	丁1卯	0	10				
				10 9	戊2戌	0	10																	

歳	男	歳	女	歳	男	歳	女	歳	男	歳	女	歳	男	歳	女	歳	男	歳	女	歳	男	歳	女
0	癸酉	0	辛未	0	甲戌	0	壬申	0	乙亥	0	癸酉	0	丙子	0	甲戌	0	丁丑	0	乙亥	0	戊寅	0	丙子
10	甲戌	10	庚午	10	乙亥	10	辛未	10	丙子	10	壬申	10	丁丑	10	癸酉	10	戊寅	10	甲戌	10	己卯	10	乙亥
20	乙亥	20	己巳	20	丙子	20	庚午	20	丁丑	20	辛未	20	戊寅	20	壬申	20	己卯	20	癸酉	20	庚辰	20	甲戌
30	丙子	30	戊辰	30	丁丑	30	己巳	30	戊寅	30	庚午	30	己卯	30	辛未	30	庚辰	30	壬申	30	辛巳	30	癸酉
40	丁丑	40	丁卯	40	戊寅	40	戊辰	40	己卯	40	己巳	40	庚辰	40	庚午	40	辛巳	40	辛未	40	壬午	40	壬申
50	戊寅	50	丙寅	50	己卯	50	丁卯	50	庚辰	50	戊辰	50	辛巳	50	己巳	50	壬午	50	庚午	50	癸未	50	辛未
60	己卯	60	乙丑	60	庚辰	60	丙寅	60	辛巳	60	丁卯	60	壬午	60	戊辰	60	癸未	60	己巳	60	甲申	60	庚午
70	庚辰	70	甲子	70	辛巳	70	乙丑	70	壬午	70	丙寅	70	癸未	70	丁卯	70	甲申	70	戊辰	70	乙酉	70	己巳
80	辛巳	80	癸亥	80	壬午	80	甲子	80	癸未	80	乙丑	80	甲申	80	丙寅	80	乙酉	80	丁卯	80	丙戌	80	戊辰

年柱 乙未　1955年（昭和30年）2月4日22時18分～

月柱	期間
戊寅	2月4日22:18～ 3月6日16:31
己卯	3月6日16:32～ 4月5日21:38
庚辰	4月5日21:39～ 5月6日15:17
辛巳	5月6日15:18～ 6月6日19:43
壬午	6月6日19:44～ 7月8日 6:06
癸未	7月8日 6:07～ 8月8日15:49

月柱 戊寅（立運年齢 男／女）

生日	日柱	男	女
2/4	丙申	0	10
2/5	丁酉	0	10
2/6	戊戌	1	9
2/7	己亥	1	9
2/8	庚子	1	9
2/9	辛丑	2	8
2/10	壬寅	2	8
2/11	癸卯	2	8
2/12	甲辰	3	7
2/13	乙巳	3	7
2/14	丙午	3	7
2/15	丁未	4	6
2/16	戊申	4	6
2/17	己酉	4	6
2/18	庚戌	5	5
2/19	辛亥	5	5
2/20	壬子	5	5
2/21	癸丑	6	4
2/22	甲寅	6	4
2/23	乙卯	6	4
2/24	丙辰	7	3
2/25	丁巳	7	3
2/26	戊午	7	3
2/27	己未	8	2
2/28	庚申	8	2
3/1	辛酉	8	2
3/2	壬戌	9	1
3/3	癸亥	9	1
3/4	甲子	9	1
3/5	乙丑	10	0
3/6	丙寅	10	0

月柱 己卯（立運年齢 男／女）

生日	日柱	男	女
3/6	丙寅	0	10
3/7	丁卯	0	10
3/8	戊辰	1	9
3/9	己巳	1	9
3/10	庚午	1	9
3/11	辛未	2	8
3/12	壬申	2	8
3/13	癸酉	2	8
3/14	甲戌	3	7
3/15	乙亥	3	7
3/16	丙子	3	7
3/17	丁丑	4	6
3/18	戊寅	4	6
3/19	己卯	4	6
3/20	庚辰	5	5
3/21	辛巳	5	5
3/22	壬午	5	5
3/23	癸未	6	4
3/24	甲申	6	4
3/25	乙酉	6	4
3/26	丙戌	7	3
3/27	丁亥	7	3
3/28	戊子	7	3
3/29	己丑	8	2
3/30	庚寅	8	2
3/31	辛卯	8	2
4/1	壬辰	9	1
4/2	癸巳	9	1
4/3	甲午	9	1
4/4	乙未	10	0
4/5	丙申	10	0

月柱 庚辰（立運年齢 男／女）

生日	日柱	男	女
4/5	丙申	0	10
4/6	丁酉	0	10
4/7	戊戌	1	9
4/8	己亥	1	9
4/9	庚子	1	9
4/10	辛丑	2	8
4/11	壬寅	2	8
4/12	癸卯	2	8
4/13	甲辰	3	7
4/14	乙巳	3	7
4/15	丙午	3	7
4/16	丁未	4	6
4/17	戊申	4	6
4/18	己酉	4	6
4/19	庚戌	5	5
4/20	辛亥	5	5
4/21	壬子	5	5
4/22	癸丑	6	4
4/23	甲寅	6	4
4/24	乙卯	6	4
4/25	丙辰	7	3
4/26	丁巳	7	3
4/27	戊午	7	3
4/28	己未	8	2
4/29	庚申	8	2
4/30	辛酉	8	2
5/1	壬戌	9	1
5/2	癸亥	9	1
5/3	甲子	9	1
5/4	乙丑	10	0
5/5	丙寅	10	0
5/6	丁卯	10	0

月柱 辛巳（立運年齢 男／女）

生日	日柱	男	女
5/6	丁卯	0	10
5/7	戊辰	0	10
5/8	己巳	1	9
5/9	庚午	1	9
5/10	辛未	1	9
5/11	壬申	2	8
5/12	癸酉	2	8
5/13	甲戌	2	8
5/14	乙亥	3	7
5/15	丙子	3	7
5/16	丁丑	3	7
5/17	戊寅	4	6
5/18	己卯	4	6
5/19	庚辰	4	6
5/20	辛巳	5	5
5/21	壬午	5	5
5/22	癸未	5	5
5/23	甲申	6	4
5/24	乙酉	6	4
5/25	丙戌	6	4
5/26	丁亥	7	3
5/27	戊子	7	3
5/28	己丑	7	3
5/29	庚寅	8	2
5/30	辛卯	8	2
5/31	壬辰	8	2
6/1	癸巳	9	1
6/2	甲午	9	1
6/3	乙未	9	1
6/4	丙申	10	0
6/5	丁酉	10	0
6/6	戊戌	10	0

月柱 壬午（立運年齢 男／女）

生日	日柱	男	女
6/6	戊戌	0	11
6/7	己亥	0	10
6/8	庚子	1	10
6/9	辛丑	1	10
6/10	壬寅	1	9
6/11	癸卯	2	9
6/12	甲辰	2	9
6/13	乙巳	2	8
6/14	丙午	3	8
6/15	丁未	3	8
6/16	戊申	3	7
6/17	己酉	4	7
6/18	庚戌	4	6
6/19	辛亥	4	6
6/20	壬子	5	6
6/21	癸丑	5	6
6/22	甲寅	5	5
6/23	乙卯	6	5
6/24	丙辰	6	5
6/25	丁巳	6	4
6/26	戊午	7	4
6/27	己未	7	3
6/28	庚申	7	3
6/29	辛酉	8	3
6/30	壬戌	8	3
7/1	癸亥	8	2
7/2	甲子	9	2
7/3	乙丑	9	2
7/4	丙寅	9	1
7/5	丁卯	10	1
7/6	戊辰	10	0
7/7	己巳	10	0
7/8	庚午	11	0

月柱 癸未（立運年齢 男／女）

生日	日柱	男	女
7/8	庚午	0	10
7/9	辛未	0	10
7/10	壬申	1	10
7/11	癸酉	1	10
7/12	甲戌	1	9
7/13	乙亥	2	9
7/14	丙子	2	8
7/15	丁丑	2	8
7/16	戊寅	3	8
7/17	己卯	3	7
7/18	庚辰	3	7
7/19	辛巳	4	7
7/20	壬午	4	6
7/21	癸未	4	6
7/22	甲申	5	5
7/23	乙酉	5	5
7/24	丙戌	5	5
7/25	丁亥	6	4
7/26	戊子	6	4
7/27	己丑	6	4
7/28	庚寅	7	4
7/29	辛卯	7	3
7/30	壬辰	7	3
7/31	癸巳	8	3
8/1	甲午	8	3
8/2	乙未	8	2
8/3	丙申	9	2
8/4	丁酉	9	2
8/5	戊戌	9	1
8/6	己亥	10	1
8/7	庚子	10	0
8/8	辛丑	10	0

大運表（歳／男・女）

歳	戊寅 男	戊寅 女	己卯 男	己卯 女	庚辰 男	庚辰 女	辛巳 男	辛巳 女	壬午 男	壬午 女	癸未 男	癸未 女
0	丁丑	己卯	戊寅	庚辰	己卯	辛巳	庚辰	壬午	辛巳	癸未	壬午	甲申
10	丙子	庚辰	丁丑	辛巳	戊寅	壬午	己卯	癸未	庚辰	甲申	辛巳	乙酉
20	乙亥	辛巳	丙子	壬午	丁丑	癸未	戊寅	甲申	己卯	乙酉	庚辰	丙戌
30	甲戌	壬午	乙亥	癸未	丙子	甲申	丁丑	乙酉	戊寅	丙戌	己卯	丁亥
40	癸酉	癸未	甲戌	甲申	乙亥	乙酉	丙子	丙戌	丁丑	丁亥	戊寅	戊子
50	壬申	甲申	癸酉	乙酉	甲戌	丙戌	乙亥	丁亥	丙子	戊子	丁丑	己丑
60	辛未	乙酉	壬申	丙戌	癸酉	丁亥	甲戌	戊子	乙亥	己丑	丙子	庚寅
70	庚午	丙戌	辛未	丁亥	壬申	戊子	癸酉	己丑	甲戌	庚寅	乙亥	辛卯
80	己巳	丁亥	庚午	戊子	辛未	己丑	壬申	庚寅	癸酉	辛卯	甲戌	壬辰

～1956年（昭和31年）2月5日4時12分

月柱 甲申 8月8日15:50～9月8日18:31				月柱 乙酉 9月8日18:32～10月9日9:52				月柱 丙戌 10月9日9:53～11月8日12:45			
生日	日柱	男	女	生日	日柱	男	女	生日	日柱	男	女
8 8	辛$_3$丑	0	10	9 8	壬$_2$申	0	10	10 9	癸$_3$卯	0	10
8 9	壬$_3$寅	0	10	9 9	癸$_2$酉	0	10	10 10	甲$_3$辰	0	10
8 10	癸$_3$卯	1	10	9 10	甲$_3$戌	1	10	10 11	乙$_3$巳	1	9
8 11	甲$_3$辰	1	9	9 11	乙$_3$亥	1	9	10 12	丙$_1$午	1	9
8 12	乙$_3$巳	1	9	9 12	丙$_2$子	1	9	10 13	丁$_2$未	1	9
8 13	丙$_2$午	2	9	9 13	丁$_2$丑	2	9	10 14	戊$_1$申	2	9
8 14	丁$_2$未	2	8	9 14	戊$_2$寅	2	8	10 15	己$_1$酉	2	8
8 15	戊$_2$申	2	8	9 15	己$_1$卯	2	8	10 16	庚$_1$戌	2	8
8 16	己$_1$酉	3	8	9 16	庚$_1$辰	3	8	10 17	辛$_1$亥	3	7
8 17	庚$_1$戌	3	7	9 17	辛$_1$巳	3	7	10 18	壬$_3$子	3	7
8 18	辛$_1$亥	3	7	9 18	壬$_3$午	3	7	10 19	癸$_3$丑	3	7
8 19	壬$_3$子	4	7	9 19	癸$_3$未	4	7	10 20	甲$_2$寅	4	6
8 20	癸$_3$丑	4	6	9 20	甲$_2$申	4	6	10 21	乙$_3$卯	4	6
8 21	甲$_1$寅	4	6	9 21	乙$_3$酉	4	6	10 22	丙$_2$辰	4	6
8 22	乙$_3$卯	5	6	9 22	丙$_2$戌	5	6	10 23	丁$_1$巳	5	5
8 23	丙$_2$辰	5	5	9 23	丁$_3$亥	5	5	10 24	戊$_1$午	5	5
8 24	丁$_1$巳	5	5	9 24	戊$_1$子	5	5	10 25	己$_1$未	5	5
8 25	戊$_2$午	6	5	9 25	己$_1$丑	6	5	10 26	庚$_1$申	6	4
8 26	己$_1$未	6	4	9 26	庚$_1$寅	6	4	10 27	辛$_1$酉	6	4
8 27	庚$_1$申	6	4	9 27	辛$_1$卯	6	4	10 28	壬$_3$戌	6	4
8 28	辛$_1$酉	7	4	9 28	壬$_3$辰	7	4	10 29	癸$_3$亥	7	3
8 29	壬$_3$戌	7	3	9 29	癸$_3$巳	7	3	10 30	甲$_1$子	7	3
8 30	癸$_3$亥	7	3	9 30	甲$_1$午	7	3	10 31	乙$_1$丑	7	3
8 31	甲$_1$子	8	3	10 1	乙$_1$未	8	3	11 1	丙$_2$寅	8	2
9 1	乙$_1$丑	8	2	10 2	丙$_2$申	8	2	11 2	丁$_1$卯	8	2
9 2	丙$_2$寅	8	2	10 3	丁$_2$酉	8	2	11 3	戊$_1$辰	8	2
9 3	丁$_2$卯	9	2	10 4	戊$_2$戌	9	2	11 4	己$_1$巳	9	1
9 4	戊$_1$辰	9	1	10 5	己$_1$亥	9	1	11 5	庚$_1$午	9	1
9 5	己$_1$巳	9	1	10 6	庚$_1$子	9	1	11 6	辛$_1$未	9	1
9 6	庚$_1$午	10	1	10 7	辛$_1$丑	10	1	11 7	壬$_3$申	10	0
9 7	辛$_1$未	10	0	10 8	壬$_2$寅	10	0	11 8	癸$_3$酉	10	0
9 8	壬$_2$申	10	0	10 9	癸$_3$卯	10	0				

月柱 丁亥 11月8日12:46～12月8日5:22				月柱 戊子 12月8日5:23～1月6日16:30				月柱 己丑 1月6日16:31～2月5日4:12			
生日	日柱	男	女	生日	日柱	男	女	生日	日柱	男	女
11 8	癸$_3$酉	0	10	12 8	癸$_3$卯	0	10	1 6	壬$_2$申	0	10
11 9	甲$_3$戌	0	10	12 9	甲$_2$辰	0	9	1 7	癸$_2$酉	0	10
11 10	乙$_1$亥	1	9	12 10	乙$_2$巳	1	9	1 8	甲$_3$戌	1	9
11 11	丙$_1$子	1	9	12 11	丙$_2$午	1	9	1 9	乙$_2$亥	1	9
11 12	丁$_1$丑	1	9	12 12	丁$_2$未	1	8	1 10	丙$_3$子	2	8
11 13	戊$_2$寅	2	8	12 13	戊$_2$申	2	8	1 11	丁$_3$丑	2	8
11 14	己$_2$卯	2	8	12 14	己$_2$酉	2	8	1 12	戊$_1$寅	2	8
11 15	庚$_2$辰	2	8	12 15	庚$_2$戌	2	7	1 13	己$_1$卯	2	8
11 16	辛$_1$巳	3	7	12 16	辛$_2$亥	3	7	1 14	庚$_1$辰	3	7
11 17	壬$_1$午	3	7	12 17	壬$_2$子	3	7	1 15	辛$_1$巳	3	7
11 18	癸$_2$未	3	7	12 18	癸$_2$丑	3	6	1 16	壬$_3$午	3	7
11 19	甲$_2$申	4	6	12 19	甲$_2$寅	4	6	1 17	癸$_3$未	3	7
11 20	乙$_2$酉	4	6	12 20	乙$_2$卯	4	6	1 18	甲$_1$申	4	6
11 21	丙$_2$戌	4	6	12 21	丙$_2$辰	4	5	1 19	乙$_3$酉	4	6
11 22	丁$_2$亥	5	5	12 22	丁$_2$巳	5	5	1 20	丙$_2$戌	4	6
11 23	戊$_2$子	5	5	12 23	戊$_2$午	5	4	1 21	丁$_1$亥	4	6
11 24	己$_1$丑	5	4	12 24	己$_1$未	5	4	1 22	戊$_2$子	5	5
11 25	庚$_1$寅	6	4	12 25	庚$_1$申	6	4	1 23	己$_1$丑	5	5
11 26	辛$_1$卯	6	4	12 26	辛$_1$酉	6	3	1 24	庚$_1$寅	6	4
11 27	壬$_3$辰	6	4	12 27	壬$_3$戌	6	3	1 25	辛$_1$卯	6	4
11 28	癸$_3$巳	7	3	12 28	癸$_3$亥	7	3	1 26	壬$_3$辰	7	3
11 29	甲$_1$午	7	3	12 29	甲$_1$子	7	2	1 27	癸$_3$巳	7	3
11 30	乙$_1$未	7	3	12 30	乙$_1$丑	7	2	1 28	甲$_1$午	7	3
12 1	丙$_2$申	8	2	12 31	丙$_2$寅	8	2	1 29	乙$_1$未	8	2
12 2	丁$_2$酉	8	2	1 1	丁$_2$卯	8	1	1 30	丙$_3$申	8	2
12 3	戊$_1$戌	8	2	1 2	戊$_1$辰	8	1	1 31	丁$_3$酉	8	2
12 4	己$_2$亥	9	1	1 3	己$_1$巳	9	1	2 1	戊$_1$戌	9	1
12 5	庚$_2$子	9	1	1 4	庚$_2$午	9	1	2 2	己$_1$亥	9	1
12 6	辛$_2$丑	9	1	1 5	辛$_1$未	9	1	2 3	庚$_1$子	9	1
12 7	壬$_3$寅	10	0	1 6	壬$_1$申	10	0	2 4	辛$_1$丑	10	0
12 8	癸$_3$卯	10	0					2 5	壬$_2$寅	10	0

甲申				乙酉				丙戌				丁亥				戊子				己丑			
歳	男	歳	女	歳	男	歳	女	歳	男	歳	女	歳	男	歳	女	歳	男	歳	女	歳	男	歳	女
0	癸未	0	乙酉	0	甲申	0	丙戌	0	乙酉	0	丁亥	0	丙戌	0	戊子	0	丁亥	0	己丑	0	戊子	0	庚寅
10	壬午	10	丙戌	10	癸未	10	丁亥	10	甲申	10	戊子	10	乙酉	10	己丑	10	丙戌	10	庚寅	10	丁亥	10	辛卯
20	辛巳	20	丁亥	20	壬午	20	戊子	20	癸未	20	己丑	20	甲申	20	庚寅	20	乙酉	20	辛卯	20	丙戌	20	壬辰
30	庚辰	30	戊子	30	辛巳	30	己丑	30	壬午	30	庚寅	30	癸未	30	辛卯	30	甲申	30	壬辰	30	乙酉	30	癸巳
40	己卯	40	己丑	40	庚辰	40	庚寅	40	辛巳	40	辛卯	40	壬午	40	壬辰	40	癸未	40	癸巳	40	甲申	40	甲午
50	戊寅	50	庚寅	50	己卯	50	辛卯	50	庚辰	50	壬辰	50	辛巳	50	癸巳	50	壬午	50	甲午	50	癸未	50	乙未
60	丁丑	60	辛卯	60	戊寅	60	壬辰	60	己卯	60	癸巳	60	庚辰	60	甲午	60	辛巳	60	乙未	60	壬午	60	丙申
70	丙子	70	壬辰	70	丁丑	70	癸巳	70	戊寅	70	甲午	70	己卯	70	乙未	70	庚辰	70	丙申	70	辛巳	70	丁酉
80	乙亥	80	癸巳	80	丙子	80	甲午	80	丁丑	80	乙未	80	戊寅	80	丙申	80	己卯	80	丁酉	80	庚辰	80	戊戌

年柱 丙申 — 1956年（昭和31年）2月5日4時13分～

2月5日 4:13～3月5日22:24　月柱 庚寅

生日	日柱	男	女
2/5	壬$_2$寅	10	0
2/6	癸$_2$卯	9	0
2/7	甲$_2$辰	9	1
2/8	乙$_2$巳	9	1
2/9	丙$_1$午	8	1
2/10	丁$_2$未	8	2
2/11	戊$_2$申	8	2
2/12	己$_3$酉	7	2
2/13	庚$_1$戌	7	3
2/14	辛$_2$亥	7	3
2/15	壬$_1$子	6	3
2/16	癸$_2$丑	6	4
2/17	甲$_2$寅	6	4
2/18	乙$_2$卯	5	4
2/19	丙$_1$辰	5	5
2/20	丁$_1$巳	5	5
2/21	戊$_2$午	4	5
2/22	己$_2$未	4	6
2/23	庚$_1$申	4	6
2/24	辛$_2$酉	3	6
2/25	壬$_1$戌	3	7
2/26	癸$_1$亥	3	7
2/27	甲$_1$子	2	7
2/28	乙$_2$丑	2	8
2/29	丙$_1$寅	2	8
3/1	丁$_2$卯	1	8
3/2	戊$_2$辰	1	9
3/3	己$_2$巳	1	9
3/4	庚$_2$午	0	9
3/5	辛$_1$未	0	10

3月5日22:25～4月5日3:31　月柱 辛卯

生日	日柱	男	女
3/5	辛$_1$未	10	0
3/6	壬$_2$申	10	0
3/7	癸$_2$酉	10	1
3/8	甲$_2$戌	9	1
3/9	乙$_1$亥	9	1
3/10	丙$_2$子	9	2
3/11	丁$_2$丑	8	2
3/12	戊$_2$寅	8	2
3/13	己$_3$卯	8	3
3/14	庚$_2$辰	7	3
3/15	辛$_2$巳	7	3
3/16	壬$_2$午	7	4
3/17	癸$_2$未	6	4
3/18	甲$_2$申	6	4
3/19	乙$_2$酉	6	5
3/20	丙$_1$戌	5	5
3/21	丁$_1$亥	5	5
3/22	戊$_2$子	5	6
3/23	己$_2$丑	4	6
3/24	庚$_2$寅	4	6
3/25	辛$_2$卯	4	7
3/26	壬$_2$辰	3	7
3/27	癸$_2$巳	3	7
3/28	甲$_2$午	3	8
3/29	乙$_2$未	2	8
3/30	丙$_2$申	2	8
3/31	丁$_2$酉	2	9
4/1	戊$_1$戌	1	9
4/2	己$_1$亥	1	9
4/3	庚$_2$子	1	10
4/4	辛$_2$丑	0	10
4/5	壬$_2$寅	0	10

4月5日 3:32～5月5日21:10　月柱 壬辰

生日	日柱	男	女
4/5	壬$_2$寅	10	0
4/6	癸$_2$卯	10	0
4/7	甲$_2$辰	9	1
4/8	乙$_2$巳	9	1
4/9	丙$_1$午	9	1
4/10	丁$_2$未	8	2
4/11	戊$_2$申	8	2
4/12	己$_3$酉	8	2
4/13	庚$_1$戌	7	3
4/14	辛$_2$亥	7	3
4/15	壬$_1$子	6	3
4/16	癸$_2$丑	6	4
4/17	甲$_2$寅	6	4
4/18	乙$_2$卯	6	4
4/19	丙$_1$辰	5	5
4/20	丁$_1$巳	5	5
4/21	戊$_2$午	5	5
4/22	己$_2$未	4	6
4/23	庚$_1$申	4	6
4/24	辛$_2$酉	4	6
4/25	壬$_1$戌	3	7
4/26	癸$_1$亥	3	7
4/27	甲$_1$子	3	7
4/28	乙$_2$丑	2	8
4/29	丙$_1$寅	2	8
4/30	丁$_2$卯	2	8
5/1	戊$_2$辰	1	9
5/2	己$_2$巳	1	9
5/3	庚$_2$午	1	9
5/4	辛$_1$未	0	10
5/5	壬$_2$申	0	10

5月5日21:11～6月6日1:35　月柱 癸巳

生日	日柱	男	女
5/5	壬$_2$申	11	0
5/6	癸$_2$酉	10	0
5/7	甲$_2$戌	10	1
5/8	乙$_1$亥	10	1
5/9	丙$_2$子	9	1
5/10	丁$_2$丑	9	2
5/11	戊$_2$寅	9	2
5/12	己$_3$卯	8	2
5/13	庚$_2$辰	8	3
5/14	辛$_2$巳	8	3
5/15	壬$_2$午	7	3
5/16	癸$_2$未	7	4
5/17	甲$_2$申	7	4
5/18	乙$_2$酉	6	4
5/19	丙$_1$戌	6	5
5/20	丁$_1$亥	6	5
5/21	戊$_2$子	5	5
5/22	己$_2$丑	5	6
5/23	庚$_2$寅	5	6
5/24	辛$_2$卯	4	6
5/25	壬$_2$辰	4	7
5/26	癸$_2$巳	4	7
5/27	甲$_2$午	3	7
5/28	乙$_2$未	3	8
5/29	丙$_2$申	3	8
5/30	丁$_2$酉	2	8
5/31	戊$_1$戌	2	9
6/1	己$_1$亥	2	9
6/2	庚$_2$子	1	9
6/3	辛$_2$丑	1	10
6/4	壬$_2$寅	1	10
6/5	癸$_2$卯	0	10
6/6	甲$_2$辰	0	11

6月6日 1:36～7月7日11:58　月柱 甲午

生日	日柱	男	女
6/6	甲$_2$辰	10	0
6/7	乙$_2$巳	10	0
6/8	丙$_1$午	10	1
6/9	丁$_2$未	9	1
6/10	戊$_2$申	9	1
6/11	己$_3$酉	9	2
6/12	庚$_1$戌	8	2
6/13	辛$_2$亥	8	2
6/14	壬$_1$子	8	3
6/15	癸$_2$丑	7	3
6/16	甲$_2$寅	7	3
6/17	乙$_2$卯	7	4
6/18	丙$_1$辰	6	4
6/19	丁$_1$巳	6	4
6/20	戊$_2$午	6	5
6/21	己$_2$未	5	5
6/22	庚$_1$申	5	5
6/23	辛$_2$酉	5	6
6/24	壬$_1$戌	4	6
6/25	癸$_1$亥	4	6
6/26	甲$_1$子	4	7
6/27	乙$_2$丑	3	7
6/28	丙$_1$寅	3	7
6/29	丁$_2$卯	3	8
6/30	戊$_2$辰	2	8
7/1	己$_2$巳	2	8
7/2	庚$_2$午	2	9
7/3	辛$_1$未	1	9
7/4	壬$_2$申	1	9
7/5	癸$_2$酉	1	10
7/6	甲$_2$戌	0	10
7/7	乙$_1$亥	0	10

7月7日11:59～8月7日21:40　月柱 乙未

生日	日柱	男	女
7/7	乙$_1$亥	10	0
7/8	丙$_2$子	10	0
7/9	丁$_2$丑	10	1
7/10	戊$_2$寅	9	1
7/11	己$_3$卯	9	1
7/12	庚$_2$辰	9	2
7/13	辛$_2$巳	8	2
7/14	壬$_2$午	8	2
7/15	癸$_2$未	8	3
7/16	甲$_2$申	7	3
7/17	乙$_2$酉	7	3
7/18	丙$_1$戌	7	4
7/19	丁$_1$亥	6	4
7/20	戊$_2$子	6	4
7/21	己$_2$丑	6	5
7/22	庚$_2$寅	5	5
7/23	辛$_2$卯	5	5
7/24	壬$_2$辰	5	6
7/25	癸$_2$巳	4	6
7/26	甲$_2$午	4	6
7/27	乙$_2$未	4	7
7/28	丙$_2$申	3	7
7/29	丁$_2$酉	3	7
7/30	戊$_1$戌	3	8
7/31	己$_1$亥	2	8
8/1	庚$_2$子	2	8
8/2	辛$_2$丑	2	9
8/3	壬$_2$寅	1	9
8/4	癸$_2$卯	1	9
8/5	甲$_2$辰	1	10
8/6	乙$_2$巳	0	10
8/7	丙$_1$午	0	10

立運（大運）

歳	男	歳	女	歳	男	歳	女	歳	男	歳	女	歳	男	歳	女	歳	男	歳	女	歳	男	歳	女
0	辛卯	0	己丑	0	壬辰	0	庚寅	0	癸巳	0	辛卯	0	甲午	0	壬辰	0	乙未	0	癸巳	0	丙申	0	甲午
10	壬辰	10	戊子	10	癸巳	10	己丑	10	甲午	10	庚寅	10	乙未	10	辛卯	10	丙申	10	壬辰	10	丁酉	10	癸巳
20	癸巳	20	丁亥	20	甲午	20	戊子	20	乙未	20	己丑	20	丙申	20	庚寅	20	丁酉	20	辛卯	20	戊戌	20	壬辰
30	甲午	30	丙戌	30	乙未	30	丁亥	30	丙申	30	戊子	30	丁酉	30	己丑	30	戊戌	30	庚寅	30	己亥	30	辛卯
40	乙未	40	乙酉	40	丙申	40	丙戌	40	丁酉	40	丁亥	40	戊戌	40	戊子	40	己亥	40	己丑	40	庚子	40	庚寅
50	丙申	50	甲申	50	丁酉	50	乙酉	50	戊戌	50	丙戌	50	己亥	50	丁亥	50	庚子	50	戊子	50	辛丑	50	己丑
60	丁酉	60	癸未	60	戊戌	60	甲申	60	己亥	60	乙酉	60	庚子	60	丙戌	60	辛丑	60	丁亥	60	壬寅	60	戊子
70	戊戌	70	壬午	70	己亥	70	癸未	70	庚子	70	甲申	70	辛丑	70	乙酉	70	壬寅	70	丙戌	70	癸卯	70	丁亥
80	己亥	80	辛巳	80	庚子	80	壬午	80	辛丑	80	癸未	80	壬寅	80	甲申	80	癸卯	80	乙酉	80	甲辰	80	丙戌

～1957年（昭和32年）2月4日9時54分

月柱 丙申	月柱 丁酉	月柱 戊戌	月柱 己亥	月柱 庚子	月柱 辛丑
8月7日21:41～ 9月8日0:19	9月8日0:20～ 10月8日15:36	10月8日15:37～ 11月7日18:26	11月7日18:27～ 12月7日11:02	12月7日11:03～ 1月5日22:10	1月5日22:11～ 2月4日9:54

月柱 丙申

生日	日柱	男	女
8 7	丙$_3$午	11	0
8 8	丁$_2$未	10	0
8 9	戊$_1$申	10	1
8 10	己$_1$酉	10	1
8 11	庚$_1$戌	9	1
8 12	辛$_1$亥	9	2
8 13	壬$_1$子	9	2
8 14	癸$_2$丑	8	2
8 15	甲$_2$寅	8	3
8 16	乙$_2$卯	8	3
8 17	丙$_2$辰	7	3
8 18	丁$_1$巳	7	4
8 19	戊$_1$午	7	4
8 20	己$_1$未	6	4
8 21	庚$_1$申	6	5
8 22	辛$_1$酉	6	5
8 23	壬$_1$戌	5	5
8 24	癸$_2$亥	5	6
8 25	甲$_3$子	5	6
8 26	乙$_2$丑	4	6
8 27	丙$_2$寅	4	7
8 28	丁$_1$卯	3	7
8 29	戊$_1$辰	3	7
8 30	己$_1$巳	3	8
8 31	庚$_1$午	2	8
9 1	辛$_1$未	2	9
9 2	壬$_1$申	2	9
9 3	癸$_1$酉	2	9
9 4	甲$_1$戌	1	9
9 5	乙$_2$亥	1	10
9 6	丙$_1$子	1	10
9 7	丁$_1$丑	0	10
9 8	戊$_2$寅	0	11

月柱 丁酉

生日	日柱	男	女
9 8	戊$_2$寅	10	0
9 9	己$_2$卯	10	0
9 10	庚$_1$辰	9	1
9 11	辛$_1$巳	9	1
9 12	壬$_2$午	9	1
9 13	癸$_2$未	8	2
9 14	甲$_3$申	8	2
9 15	乙$_2$酉	8	2
9 16	丙$_2$戌	7	3
9 17	丁$_1$亥	7	3
9 18	戊$_2$子	7	3
9 19	己$_1$丑	6	4
9 20	庚$_1$寅	6	4
9 21	辛$_1$卯	6	4
9 22	壬$_1$辰	5	5
9 23	癸$_2$巳	5	5
9 24	甲$_3$午	5	5
9 25	乙$_1$未	4	6
9 26	丙$_1$申	4	6
9 27	丁$_1$酉	3	7
9 28	戊$_1$戌	3	7
9 29	己$_1$亥	3	7
9 30	庚$_1$子	3	7
10 1	辛$_1$丑	2	8
10 2	壬$_2$寅	2	8
10 3	癸$_1$卯	2	9
10 4	甲$_3$辰	1	9
10 5	乙$_2$巳	1	9
10 6	丙$_1$午	1	9
10 7	丁$_1$未	0	10
10 8	戊$_1$申	0	10

月柱 戊戌

生日	日柱	男	女
10 8	戊$_1$申	10	0
10 9	己$_1$酉	10	0
10 10	庚$_1$戌	9	1
10 11	辛$_1$亥	9	1
10 12	壬$_1$子	9	1
10 13	癸$_2$丑	8	2
10 14	甲$_3$寅	8	2
10 15	乙$_2$卯	8	2
10 16	丙$_3$辰	7	3
10 17	丁$_2$巳	7	3
10 18	戊$_1$午	7	3
10 19	己$_1$未	6	4
10 20	庚$_1$申	6	4
10 21	辛$_1$酉	6	4
10 22	壬$_3$戌	5	5
10 23	癸$_1$亥	5	5
10 24	甲$_3$子	5	5
10 25	乙$_2$丑	4	6
10 26	丙$_2$寅	4	6
10 27	丁$_1$卯	4	6
10 28	戊$_1$辰	3	7
10 29	己$_1$巳	3	7
10 30	庚$_1$午	3	7
10 31	辛$_1$未	3	7
11 1	壬$_2$申	2	8
11 2	癸$_2$酉	2	8
11 3	甲$_3$戌	1	9
11 4	乙$_2$亥	1	9
11 5	丙$_3$子	1	9
11 6	丁$_3$丑	0	10
11 7	戊$_2$寅	0	10

月柱 己亥

生日	日柱	男	女
11 7	戊$_2$寅	10	0
11 8	己$_2$卯	10	0
11 9	庚$_1$辰	9	1
11 10	辛$_1$巳	9	1
11 11	壬$_1$午	9	1
11 12	癸$_2$未	8	2
11 13	甲$_3$申	8	2
11 14	乙$_2$酉	8	2
11 15	丙$_3$戌	7	3
11 16	丁$_2$亥	7	3
11 17	戊$_2$子	7	3
11 18	己$_1$丑	6	4
11 19	庚$_2$寅	6	4
11 20	辛$_1$卯	6	4
11 21	壬$_1$辰	5	5
11 22	癸$_2$巳	5	5
11 23	甲$_3$午	5	5
11 24	乙$_1$未	4	6
11 25	丙$_1$申	4	6
11 26	丁$_1$酉	3	6
11 27	戊$_1$戌	3	7
11 28	己$_1$亥	3	7
11 29	庚$_1$子	2	7
11 30	辛$_1$丑	2	8
12 1	壬$_2$寅	2	8
12 2	癸$_2$卯	2	8
12 3	甲$_3$辰	1	9
12 4	乙$_3$巳	1	9
12 5	丙$_3$午	1	9
12 6	丁$_3$未	0	10
12 7	戊$_2$申	0	10

月柱 庚子

生日	日柱	男	女
12 7	戊$_2$申	10	0
12 8	己$_1$酉	9	0
12 9	庚$_1$戌	9	1
12 10	辛$_2$亥	9	1
12 11	壬$_1$子	8	1
12 12	癸$_1$丑	8	2
12 13	甲$_1$寅	7	2
12 14	乙$_2$卯	7	2
12 15	丙$_3$辰	7	3
12 16	丁$_1$巳	7	3
12 17	戊$_2$午	6	3
12 18	己$_1$未	6	4
12 19	庚$_1$申	6	4
12 20	辛$_1$酉	6	4
12 21	壬$_1$戌	5	5
12 22	癸$_1$亥	5	5
12 23	甲$_2$子	4	5
12 24	乙$_1$丑	4	6
12 25	丙$_2$寅	4	6
12 26	丁$_1$卯	3	6
12 27	戊$_2$辰	3	7
12 28	己$_1$巳	3	7
12 29	庚$_1$午	2	7
12 30	辛$_1$未	2	8
12 31	壬$_1$申	2	8
1 1	癸$_2$酉	2	8
1 2	甲$_3$戌	1	9
1 3	乙$_2$亥	1	9
1 4	丙$_3$子	0	9
1 5	丁$_3$丑	0	10

月柱 辛丑

生日	日柱	男	女
1 5	丁$_3$丑	10	0
1 6	戊$_2$寅	10	0
1 7	己$_2$卯	9	1
1 8	庚$_1$辰	9	1
1 9	辛$_1$巳	9	1
1 10	壬$_1$午	8	2
1 11	癸$_2$未	8	2
1 12	甲$_3$申	8	2
1 13	乙$_2$酉	7	3
1 14	丙$_3$戌	7	3
1 15	丁$_3$亥	7	3
1 16	戊$_2$子	6	4
1 17	己$_1$丑	6	4
1 18	庚$_1$寅	6	4
1 19	辛$_1$卯	5	5
1 20	壬$_1$辰	5	5
1 21	癸$_1$巳	5	5
1 22	甲$_3$午	4	6
1 23	乙$_1$未	4	6
1 24	丙$_1$申	4	6
1 25	丁$_3$酉	3	7
1 26	戊$_1$戌	3	7
1 27	己$_1$亥	3	7
1 28	庚$_1$子	2	8
1 29	辛$_1$丑	2	8
1 30	壬$_1$寅	1	9
1 31	癸$_1$卯	1	9
2 1	甲$_3$辰	1	9
2 2	乙$_2$巳	1	9
2 3	丙$_2$午	0	10
2 4	丁$_3$未	0	10

立運

歳	丙申 男	丙申 女	丁酉 男	丁酉 女	戊戌 男	戊戌 女	己亥 男	己亥 女	庚子 男	庚子 女	辛丑 男	辛丑 女
0	丁酉	乙未	戊戌	丙申	己亥	丁酉	庚子	戊戌	辛丑	己亥	壬寅	庚子
10	戊戌	甲午	己亥	乙未	庚子	丙申	辛丑	丁酉	壬寅	戊戌	癸卯	己亥
20	己亥	癸巳	庚子	甲午	辛丑	乙未	壬寅	丙申	癸卯	丁酉	甲辰	戊戌
30	庚子	壬辰	辛丑	癸巳	壬寅	甲午	癸卯	乙未	甲辰	丙申	乙巳	丁酉
40	辛丑	辛卯	壬寅	壬辰	癸卯	癸巳	甲辰	甲午	乙巳	乙未	丙午	丙申
50	壬寅	庚寅	癸卯	辛卯	甲辰	壬辰	乙巳	癸巳	丙午	甲午	丁未	乙未
60	癸卯	己丑	甲辰	庚寅	乙巳	辛卯	丙午	壬辰	丁未	癸巳	戊申	甲午
70	甲辰	戊子	乙巳	己丑	丙午	庚寅	丁未	辛卯	戊申	壬辰	己酉	癸巳
80	乙巳	丁亥	丙午	戊子	丁未	己丑	戊申	庚寅	己酉	辛卯	庚戌	壬辰

年柱 丁酉 — 1957年（昭和32年）2月4日9時55分～

月柱 壬寅 (2月4日 9:55～3月6日 4:10)				月柱 癸卯 (3月6日 4:11～4月5日 9:18)				月柱 甲辰 (4月5日 9:19～5月6日 2:58)				月柱 乙巳 (5月6日 2:59～6月6日 7:24)				月柱 丙午 (6月6日 7:25～7月7日17:48)				月柱 丁未 (7月7日17:49～8月8日 3:32)			
生日	日柱	男	女	生日	日柱	男	女	生日	日柱	男	女	生日	日柱	男	女	生日	日柱	男	女	生日	日柱	男	女
2/4	丁$_2$未	0	10	3/6	丁$_2$丑	0	10	4/5	丁$_2$未	0	10	5/6	戊$_1$寅	0	10	6/6	己$_1$酉	0	10	7/7	庚$_1$辰	0	11
2/5	戊$_1$申	0	10	3/7	戊$_2$寅	0	10	4/6	戊$_1$申	0	10	5/7	己$_1$卯	0	10	6/7	庚$_1$戌	0	10	7/8	辛$_1$巳	0	10
2/6	己$_3$酉	1	9	3/8	己$_3$卯	1	9	4/7	己$_1$酉	1	10	5/8	庚$_2$辰	1	10	6/8	辛$_1$亥	1	9	7/9	壬$_2$午	1	10
2/7	庚$_1$戌	1	9	3/9	庚$_1$辰	1	9	4/8	庚$_1$戌	1	9	5/9	辛$_3$巳	1	9	6/9	壬$_1$子	1	9	7/10	癸$_3$未	1	9
2/8	辛$_1$亥	1	9	3/10	辛$_1$巳	1	9	4/9	辛$_1$亥	1	9	5/10	壬$_3$午	1	9	6/10	癸$_1$丑	1	9	7/11	甲$_2$申	1	9
2/9	壬$_2$子	2	8	3/11	壬$_2$午	2	8	4/10	壬$_2$子	2	9	5/11	癸$_2$未	2	9	6/11	甲$_3$寅	2	8	7/12	乙$_2$酉	2	9
2/10	癸$_2$丑	2	8	3/12	癸$_2$未	2	8	4/11	癸$_3$丑	2	8	5/12	甲$_3$申	2	8	6/12	乙$_3$卯	2	8	7/13	丙$_1$戌	2	9
2/11	甲$_2$寅	2	8	3/13	甲$_1$申	2	8	4/12	甲$_2$寅	2	8	5/13	乙$_3$酉	2	8	6/13	丙$_1$辰	2	8	7/14	丁$_2$亥	2	8
2/12	乙$_3$卯	3	7	3/14	乙$_3$酉	3	7	4/13	乙$_1$卯	3	8	5/14	丙$_3$戌	3	8	6/14	丁$_1$巳	3	8	7/15	戊$_2$子	3	8
2/13	丙$_3$辰	3	7	3/15	丙$_3$戌	3	7	4/14	丙$_2$辰	3	7	5/15	丁$_3$亥	3	7	6/15	戊$_1$午	3	7	7/16	己$_1$丑	3	8
2/14	丁$_3$巳	3	7	3/16	丁$_2$亥	3	7	4/15	丁$_3$巳	3	7	5/16	戊$_3$子	3	7	6/16	己$_1$未	3	7	7/17	庚$_2$寅	3	7
2/15	戊$_2$午	4	6	3/17	戊$_3$子	4	6	4/16	戊$_1$午	4	7	5/17	己$_1$丑	4	7	6/17	庚$_2$申	4	7	7/18	辛$_1$卯	4	7
2/16	己$_2$未	4	6	3/18	己$_1$丑	4	6	4/17	己$_1$未	4	6	5/18	庚$_2$寅	4	6	6/18	辛$_1$酉	4	6	7/19	壬$_3$辰	4	7
2/17	庚$_3$申	4	6	3/19	庚$_2$寅	4	6	4/18	庚$_1$申	4	6	5/19	辛$_3$卯	4	6	6/19	壬$_3$戌	4	6	7/20	癸$_3$巳	4	6
2/18	辛$_1$酉	5	5	3/20	辛$_1$卯	5	5	4/19	辛$_1$酉	5	6	5/20	壬$_3$辰	5	6	6/20	癸$_3$亥	5	6	7/21	甲$_3$午	5	6
2/19	壬$_1$戌	5	5	3/21	壬$_3$辰	5	5	4/20	壬$_3$戌	5	5	5/21	癸$_3$巳	5	5	6/21	甲$_3$子	5	5	7/22	乙$_3$未	5	6
2/20	癸$_3$亥	5	5	3/22	癸$_3$巳	5	5	4/21	癸$_3$亥	5	5	5/22	甲$_3$午	5	5	6/22	乙$_3$丑	5	5	7/23	丙$_1$申	5	5
2/21	甲$_3$子	6	4	3/23	甲$_2$午	6	4	4/22	甲$_3$子	6	5	5/23	乙$_3$未	6	5	6/23	丙$_2$寅	6	5	7/24	丁$_1$酉	6	5
2/22	乙$_1$丑	6	4	3/24	乙$_1$未	6	4	4/23	乙$_1$丑	6	4	5/24	丙$_1$申	6	4	6/24	丁$_1$卯	6	4	7/25	戊$_1$戌	6	5
2/23	丙$_2$寅	6	4	3/25	丙$_1$申	6	4	4/24	丙$_2$寅	6	4	5/25	丁$_1$酉	6	4	6/25	戊$_3$辰	6	4	7/26	己$_1$亥	6	4
2/24	丁$_1$卯	7	3	3/26	丁$_2$酉	7	3	4/25	丁$_1$卯	7	4	5/26	戊$_3$戌	7	4	6/26	己$_1$巳	7	4	7/27	庚$_1$子	7	4
2/25	戊$_2$辰	7	3	3/27	戊$_2$戌	7	3	4/26	戊$_1$辰	7	3	5/27	己$_1$亥	7	3	6/27	庚$_1$午	7	3	7/28	辛$_1$丑	7	4
2/26	己$_2$巳	7	3	3/28	己$_3$亥	7	3	4/27	己$_1$巳	7	3	5/28	庚$_1$子	7	3	6/28	辛$_1$未	7	3	7/29	壬$_2$寅	7	3
2/27	庚$_2$午	8	2	3/29	庚$_2$子	8	2	4/28	庚$_2$午	8	3	5/29	辛$_1$丑	8	3	6/29	壬$_2$申	8	3	7/30	癸$_3$卯	8	3
2/28	辛$_1$未	8	2	3/30	辛$_1$丑	8	2	4/29	辛$_1$未	8	2	5/30	壬$_2$寅	8	2	6/30	癸$_3$酉	8	2	7/31	甲$_3$辰	8	3
3/1	壬$_1$申	8	2	3/31	壬$_2$寅	8	2	4/30	壬$_2$申	8	2	5/31	癸$_3$卯	8	2	7/1	甲$_3$戌	8	2	8/1	乙$_3$巳	8	2
3/2	癸$_1$酉	9	1	4/1	癸$_2$卯	9	1	5/1	癸$_3$酉	9	2	6/1	甲$_3$辰	9	2	7/2	乙$_3$亥	9	2	8/2	丙$_1$午	9	2
3/3	甲$_1$戌	9	1	4/2	甲$_3$辰	9	1	5/2	甲$_3$戌	9	1	6/2	乙$_3$巳	9	1	7/3	丙$_3$子	9	1	8/3	丁$_1$未	9	2
3/4	乙$_1$亥	9	1	4/3	乙$_1$巳	9	1	5/3	乙$_3$亥	9	1	6/3	丙$_3$午	9	1	7/4	丁$_1$丑	9	1	8/4	戊$_1$申	9	1
3/5	丙$_1$子	10	0	4/4	丙$_1$午	10	0	5/4	丙$_2$子	10	1	6/4	丁$_1$未	10	1	7/5	戊$_2$寅	10	1	8/5	己$_1$酉	10	1
3/6	丁$_2$丑	10	0	4/5	丁$_2$未	10	0	5/5	丁$_1$丑	10	0	6/5	戊$_2$申	10	0	7/6	己$_1$卯	10	0	8/6	庚$_1$戌	10	1
								5/6	戊$_2$寅	10	0	6/6	己$_1$酉	10	0	7/7	庚$_2$辰	10	0	8/7	辛$_1$亥	10	0
																				8/8	壬$_2$子	11	0

歳	男	歳	女	歳	男	歳	女	歳	男	歳	女	歳	男	歳	女	歳	男	歳	女	歳	男	歳	女
0	辛丑	0	癸卯	0	壬寅	0	甲辰	0	癸卯	0	乙巳	0	甲辰	0	丙午	0	乙巳	0	丁未	0	丙午	0	戊申
10	庚子	10	甲辰	10	辛丑	10	乙巳	10	壬寅	10	丙午	10	癸卯	10	丁未	10	甲辰	10	戊申	10	乙巳	10	己酉
20	己亥	20	乙巳	20	庚子	20	丙午	20	辛丑	20	丁未	20	壬寅	20	戊申	20	癸卯	20	己酉	20	甲辰	20	庚戌
30	戊戌	30	丙午	30	己亥	30	丁未	30	庚子	30	戊申	30	辛丑	30	己酉	30	壬寅	30	庚戌	30	癸卯	30	辛亥
40	丁酉	40	丁未	40	戊戌	40	戊申	40	己亥	40	己酉	40	庚子	40	庚戌	40	辛丑	40	辛亥	40	壬寅	40	壬子
50	丙申	50	戊申	50	丁酉	50	己酉	50	戊戌	50	庚戌	50	己亥	50	辛亥	50	庚子	50	壬子	50	辛丑	50	癸丑
60	乙未	60	己酉	60	丙申	60	庚戌	60	丁酉	60	辛亥	60	戊戌	60	壬子	60	己亥	60	癸丑	60	庚子	60	甲寅
70	甲午	70	庚戌	70	乙未	70	辛亥	70	丙申	70	壬子	70	丁酉	70	癸丑	70	戊戌	70	甲寅	70	己亥	70	乙卯
80	癸巳	80	辛亥	80	甲午	80	壬子	80	乙未	80	癸丑	80	丙申	80	甲寅	80	丁酉	80	乙卯	80	戊戌	80	丙辰

～1958年（昭和33年）2月4日15時49分

月柱と節入り期間

- 戊申：8月8日 3:33～9月8日 6:12
- 己酉：9月8日 6:13～10月8日21:30
- 庚戌：10月8日21:31～11月8日 0:20
- 辛亥：11月8日 0:21～12月7日16:56
- 壬子：12月7日16:57～1月6日 4:04
- 癸丑：1月6日 4:05～2月4日15:49

（各欄：生日／日柱／立運年齢 男・女）

戊申 生日	日柱	男	女	己酉 生日	日柱	男	女	庚戌 生日	日柱	男	女	辛亥 生日	日柱	男	女	壬子 生日	日柱	男	女	癸丑 生日	日柱	男	女
8 8	壬子	0	10	9 8	癸未	0	10	10 8	癸丑	0	10	11 8	甲申	0	10	12 7	癸丑	0	10	1 6	癸未	0	10
8 9	癸丑	0	10	9 9	甲申	0	10	10 9	甲寅	1	10	11 9	乙酉	0	9	12 8	甲寅	0	10	1 7	甲申	0	9
8 10	甲寅	1	10	9 10	乙酉	1	9	10 10	乙卯	1	10	11 10	丙戌	1	9	12 9	乙卯	1	9	1 8	乙酉	1	9
8 11	乙卯	1	9	9 11	丙戌	1	9	10 11	丙辰	1	9	11 11	丁亥	1	9	12 10	丙辰	1	9	1 9	丙戌	1	8
8 12	丙辰	1	9	9 12	丁亥	1	9	10 12	丁巳	1	9	11 12	戊子	1	8	12 11	丁巳	1	8	1 10	丁亥	1	8
8 13	丁巳	2	9	9 13	戊子	2	8	10 13	戊午	2	9	11 13	己丑	2	8	12 12	戊午	2	8	1 11	戊子	2	8
8 14	戊午	2	8	9 14	己丑	2	8	10 14	己未	2	8	11 14	庚寅	2	7	12 13	己未	2	8	1 12	己丑	2	8
8 15	己未	2	8	9 15	庚寅	2	8	10 15	庚申	2	8	11 15	辛卯	2	7	12 14	庚申	2	8	1 13	庚寅	2	7
8 16	庚申	3	8	9 16	辛卯	3	7	10 16	辛酉	3	8	11 16	壬辰	3	7	12 15	辛酉	3	7	1 14	辛卯	3	7
8 17	辛酉	3	7	9 17	壬辰	3	7	10 17	壬戌	3	7	11 17	癸巳	3	7	12 16	壬戌	3	7	1 15	壬辰	3	7
8 18	壬戌	3	7	9 18	癸巳	3	7	10 18	癸亥	3	7	11 18	甲午	3	6	12 17	癸亥	3	6	1 16	癸巳	3	6
8 19	癸亥	4	7	9 19	甲午	4	6	10 19	甲子	4	7	11 19	乙未	4	6	12 18	甲子	4	6	1 17	甲午	4	6
8 20	甲子	4	6	9 20	乙未	4	6	10 20	乙丑	4	6	11 20	丙申	4	6	12 19	乙丑	4	6	1 18	乙未	4	6
8 21	乙丑	4	6	9 21	丙申	4	6	10 21	丙寅	5	6	11 21	丁酉	5	5	12 20	丙寅	5	5	1 19	丙申	4	6
8 22	丙寅	5	6	9 22	丁酉	5	5	10 22	丁卯	5	6	11 22	戊戌	5	5	12 21	丁卯	5	5	1 20	丁酉	5	5
8 23	丁卯	5	5	9 23	戊戌	5	5	10 23	戊辰	5	5	11 23	己亥	5	5	12 22	戊辰	5	5	1 21	戊戌	5	5
8 24	戊辰	5	5	9 24	己亥	5	5	10 24	己巳	5	5	11 24	庚子	6	5	12 23	己巳	6	5	1 22	己亥	5	4
8 25	己巳	6	5	9 25	庚子	6	4	10 25	庚午	6	4	11 25	辛丑	6	4	12 24	庚午	6	4	1 23	庚子	6	4
8 26	庚午	6	4	9 26	辛丑	6	4	10 26	辛未	6	4	11 26	壬寅	6	4	12 25	辛未	6	4	1 24	辛丑	6	4
8 27	辛未	6	4	9 27	壬寅	6	4	10 27	壬申	7	4	11 27	癸卯	7	3	12 26	壬申	7	3	1 25	壬寅	6	3
8 28	壬申	7	4	9 28	癸卯	7	3	10 28	癸酉	7	3	11 28	甲辰	7	3	12 27	癸酉	7	3	1 26	癸卯	7	3
8 29	癸酉	7	3	9 29	甲辰	7	3	10 29	甲戌	7	3	11 29	乙巳	7	3	12 28	甲戌	7	3	1 27	甲辰	7	3
8 30	甲戌	7	3	9 30	乙巳	7	3	10 30	乙亥	8	3	11 30	丙午	8	2	12 29	乙亥	8	2	1 28	乙巳	7	2
8 31	乙亥	8	3	10 1	丙午	8	2	10 31	丙子	8	2	12 1	丁未	8	2	12 30	丙子	8	2	1 29	丙午	8	2
9 1	丙子	8	2	10 2	丁未	8	2	11 1	丁丑	8	2	12 2	戊申	8	1	12 31	丁丑	8	2	1 30	丁未	8	2
9 2	丁丑	8	2	10 3	戊申	8	2	11 2	戊寅	8	1	12 3	己酉	8	1	1 1	戊寅	9	1	1 31	戊申	8	1
9 3	戊寅	9	2	10 4	己酉	9	1	11 3	己卯	9	1	12 4	庚戌	9	1	1 2	己卯	9	1	2 1	己酉	9	1
9 4	己卯	9	1	10 5	庚戌	9	1	11 4	庚辰	9	1	12 5	辛亥	9	1	1 3	庚辰	9	1	2 2	庚戌	9	1
9 5	庚辰	9	1	10 6	辛亥	9	1	11 5	辛巳	9	1	12 6	壬子	9	0	1 4	辛巳	9	1	2 3	辛亥	9	0
9 6	辛巳	10	1	10 7	壬子	10	0	11 6	壬午	10	1	12 7	癸丑	10	0	1 5	壬午	9	0	2 4	壬子	10	0
9 7	壬午	10	0	10 8	癸丑	10	0	11 7	癸未	10	0					1 6	癸未	10	0				
9 8	癸未	10	0					11 8	甲申	10	0												

大運表

歳	戊申 男	歳	戊申 女	歳	己酉 男	歳	己酉 女	歳	庚戌 男	歳	庚戌 女	歳	辛亥 男	歳	辛亥 女	歳	壬子 男	歳	壬子 女	歳	癸丑 男	歳	癸丑 女
0	丁未	0	己酉	0	戊申	0	庚戌	0	己酉	0	辛亥	0	庚戌	0	壬子	0	辛亥	0	癸丑	0	壬子	0	甲寅
10	丙午	10	戊申	10	丁未	10	辛亥	10	戊申	10	壬子	10	己酉	10	癸丑	10	庚戌	10	甲寅	10	辛亥	10	乙卯
20	乙巳	20	丁未	20	丙午	20	壬子	20	丁未	20	癸丑	20	戊申	20	甲寅	20	己酉	20	乙卯	20	庚戌	20	丙辰
30	甲辰	30	丙午	30	乙巳	30	癸丑	30	丙午	30	甲寅	30	丁未	30	乙卯	30	戊申	30	丙辰	30	己酉	30	丁巳
40	癸卯	40	乙巳	40	甲辰	40	甲寅	40	乙巳	40	乙卯	40	丙午	40	丙辰	40	丁未	40	丁巳	40	戊申	40	戊午
50	壬寅	50	甲辰	50	癸卯	50	乙卯	50	甲辰	50	丙辰	50	乙巳	50	丁巳	50	丙午	50	戊午	50	丁未	50	己未
60	辛丑	60	癸卯	60	壬寅	60	丙辰	60	癸卯	60	丁巳	60	甲辰	60	戊午	60	乙巳	60	己未	60	丙午	60	庚申
70	庚子	70	壬寅	70	辛丑	70	丁巳	70	壬寅	70	戊午	70	癸卯	70	己未	70	甲辰	70	庚申	70	乙巳	70	辛酉
80	己亥	80	辛丑	80	庚子	80	戊午	80	辛丑	80	己未	80	壬寅	80	庚申	80	癸卯	80	辛酉	80	甲辰	80	壬戌

年柱 戊戌 　1958年（昭和33年）2月4日15時50分～

| 2月4日15:50～ 3月6日10:05 | 3月6日10:06～ 4月5日15:12 | 4月5日15:13～ 5月6日8:49 | 5月6日8:50～ 6月6日13:12 | 6月6日13:13～ 7月7日23:33 | 7月7日23:34～ 8月8日9:17 |

月柱 甲寅

生日	日柱	男	女
2 4	壬子	10	0
2 5	癸丑	10	0
2 6	甲$_1$寅	9	1
2 7	乙卯	9	1
2 8	丙$_2$辰	9	1
2 9	丁$_1$巳	8	2
2 10	戊午	8	2
2 11	己未	8	2
2 12	庚申	7	3
2 13	辛酉	7	3
2 14	壬戌	7	3
2 15	癸亥	6	4
2 16	甲子	6	4
2 17	乙丑	6	4
2 18	丙寅	5	5
2 19	丁卯	5	5
2 20	戊辰	5	5
2 21	己$_1$巳	4	6
2 22	庚午	4	6
2 23	辛未	3	7
2 24	壬申	3	7
2 25	癸酉	3	7
2 26	甲戌	3	7
2 27	乙亥	2	8
2 28	丙$_2$子	2	8
3 1	丁$_2$丑	2	8
3 2	戊$_2$寅	1	9
3 3	己$_2$卯	1	9
3 4	庚辰	1	9
3 5	辛$_3$巳	0	10
3 6	壬$_3$午	0	10

月柱 乙卯

生日	日柱	男	女
3 6	壬午	10	0
3 7	癸未	10	0
3 8	甲$_1$申	9	1
3 9	乙酉	9	1
3 10	丙戌	9	1
3 11	丁$_1$亥	8	2
3 12	戊子	8	2
3 13	己丑	8	2
3 14	庚寅	7	3
3 15	辛卯	7	3
3 16	壬辰	7	3
3 17	癸巳	6	4
3 18	甲午	6	4
3 19	乙$_1$未	6	4
3 20	丙申	5	5
3 21	丁酉	5	5
3 22	戊戌	5	5
3 23	己$_1$亥	4	6
3 24	庚子	4	6
3 25	辛丑	3	7
3 26	壬寅	3	7
3 27	癸卯	3	7
3 28	甲辰	3	7
3 29	乙巳	2	8
3 30	丙午	2	8
3 31	丁未	2	8
4 1	戊申	1	9
4 2	己$_2$酉	1	9
4 3	庚戌	1	9
4 4	辛亥	0	10
4 5	壬子	0	10

月柱 丙辰

生日	日柱	男	女
4 5	壬子	10	0
4 6	癸丑	10	0
4 7	甲$_1$寅	10	1
4 8	乙卯	9	1
4 9	丙辰	9	1
4 10	丁巳	9	2
4 11	戊午	8	2
4 12	己未	8	2
4 13	庚申	7	3
4 14	辛酉	7	3
4 15	壬戌	7	3
4 16	癸亥	6	4
4 17	甲子	6	4
4 18	乙丑	6	4
4 19	丙寅	5	5
4 20	丁卯	5	5
4 21	戊辰	5	5
4 22	己巳	4	6
4 23	庚午	4	6
4 24	辛未	4	6
4 25	壬申	3	7
4 26	癸酉	3	7
4 27	甲戌	3	7
4 28	乙亥	2	8
4 29	丙子	2	8
4 30	丁丑	2	8
5 1	戊寅	2	9
5 2	己卯	1	9
5 3	庚辰	1	9
5 4	辛巳	1	10
5 5	壬午	0	10
5 6	癸未	0	10

月柱 丁巳

生日	日柱	男	女
5 6	癸未	10	0
5 7	甲$_3$申	10	0
5 8	乙$_3$酉	10	0
5 9	丙戌	9	1
5 10	丁亥	9	1
5 11	戊子	9	2
5 12	己丑	8	2
5 13	庚寅	8	2
5 14	辛卯	8	2
5 15	壬辰	7	3
5 16	癸巳	7	3
5 17	甲$_3$午	7	4
5 18	乙未	6	4
5 19	丙申	6	4
5 20	丁酉	5	5
5 21	戊戌	5	5
5 22	己亥	5	5
5 23	庚子	5	6
5 24	辛丑	4	6
5 25	壬寅	4	6
5 26	癸卯	3	7
5 27	甲辰	3	7
5 28	乙巳	3	7
5 29	丙午	2	8
5 30	丁未	2	8
5 31	戊申	2	8
6 1	己酉	2	9
6 2	庚戌	1	9
6 3	辛亥	1	9
6 4	壬子	1	10
6 5	癸丑	0	10
6 6	甲$_3$寅	0	10

月柱 戊午

生日	日柱	男	女
6 6	甲寅	10	0
6 7	乙$_3$卯	10	0
6 8	丙$_2$辰	10	1
6 9	丁$_1$巳	9	1
6 10	戊午	9	1
6 11	己未	9	2
6 12	庚申	8	2
6 13	辛酉	8	2
6 14	壬戌	8	3
6 15	癸亥	7	3
6 16	甲子	7	3
6 17	乙丑	7	4
6 18	丙寅	6	4
6 19	丁卯	6	4
6 20	戊辰	5	5
6 21	己$_1$巳	5	5
6 22	庚午	5	5
6 23	辛未	5	6
6 24	壬申	4	6
6 25	癸酉	4	6
6 26	甲戌	4	7
6 27	乙亥	3	7
6 28	丙子	3	7
6 29	丁丑	3	8
6 30	戊寅	2	8
7 1	己卯	2	8
7 2	庚辰	2	9
7 3	辛巳	1	9
7 4	壬午	1	9
7 5	癸未	1	10
7 6	甲$_3$申	0	10

月柱 己未

生日	日柱	男	女
7 7	乙$_3$酉	11	0
7 8	丙$_3$戌	10	0
7 9	丁亥	10	1
7 10	戊子	10	1
7 11	己丑	9	1
7 12	庚寅	9	2
7 13	辛卯	9	2
7 14	壬辰	8	2
7 15	癸巳	8	3
7 16	甲午	8	3
7 17	乙未	7	3
7 18	丙申	7	4
7 19	丁酉	7	4
7 20	戊戌	6	4
7 21	己巳	6	5
7 22	庚子	6	5
7 23	辛丑	5	5
7 24	壬寅	5	6
7 25	癸卯	5	6
7 26	甲辰	4	7
7 27	乙巳	4	7
7 28	丙午	3	7
7 29	丁未	3	8
7 30	戊申	3	8
7 31	己酉	2	8
8 1	庚戌	2	8
8 2	辛亥	2	9
8 3	壬子	2	9
8 4	癸丑	1	9
8 5	甲寅	1	10
8 6	乙卯	1	10
8 7	丙辰	0	10
8 8	丁$_2$巳	0	11

大運表

歳	男	歳	女	歳	男	歳	女	歳	男	歳	女	歳	男	歳	女	歳	男	歳	女	歳	男	歳	女
0	乙卯	0	癸丑	0	丙辰	0	甲寅	0	丁巳	0	乙卯	0	戊午	0	丙辰	0	己未	0	丁巳	0	庚申	0	戊午
10	丙辰	10	壬子	10	丁巳	10	癸丑	10	戊午	10	甲寅	10	己未	10	乙卯	10	庚申	10	丙辰	10	辛酉	10	丁巳
20	丁巳	20	辛亥	20	戊午	20	壬子	20	己未	20	癸丑	20	庚申	20	甲寅	20	辛酉	20	乙卯	20	壬戌	20	丙辰
30	戊午	30	庚戌	30	己未	30	辛亥	30	庚申	30	壬子	30	辛酉	30	癸丑	30	壬戌	30	甲寅	30	癸亥	30	乙卯
40	己未	40	己酉	40	庚申	40	庚戌	40	辛酉	40	辛亥	40	壬戌	40	壬子	40	癸亥	40	癸丑	40	甲子	40	甲寅
50	庚申	50	戊申	50	辛酉	50	己酉	50	壬戌	50	庚戌	50	癸亥	50	辛亥	50	甲子	50	壬子	50	乙丑	50	癸丑
60	辛酉	60	丁未	60	壬戌	60	戊申	60	癸亥	60	己酉	60	甲子	60	庚戌	60	乙丑	60	辛亥	60	丙寅	60	壬子
70	壬戌	70	丙午	70	癸亥	70	丁未	70	甲子	70	戊申	70	乙丑	70	己酉	70	丙寅	70	庚戌	70	丁卯	70	辛亥
80	癸亥	80	乙巳	80	甲子	80	丙午	80	乙丑	80	丁未	80	丙寅	80	戊申	80	丁卯	80	己酉	80	戊辰	80	庚戌

～1959年（昭和34年）2月4日21時42分

月柱 庚申				月柱 辛酉				月柱 壬戌				月柱 癸亥				月柱 甲子				月柱 乙丑			
8月8日 9:18～9月8日11:59				9月8日12:00～10月9日 3:19				10月9日 3:20～11月8日 6:12				11月8日 6:13～12月7日22:49				12月7日22:50～1月6日 9:58				1月6日 9:59～2月4日21:42			
生日	日柱	男	女	生日	日柱	男	女	生日	日柱	男	女	生日	日柱	男	女	生日	日柱	男	女	生日	日柱	男	女
8 8	丁$_3$巳	10	0	9 8	戊$_2$子	10	0	10 9	己$_1$未	10	0	11 8	己$_1$丑	10	0	12 7	戊$_1$午	10	0	1 6	戊$_1$子	10	0
8 9	戊$_2$午	10	0	9 9	己$_1$丑	10	0	10 10	庚$_1$申	10	0	11 9	庚$_1$寅	9	0	12 8	己$_1$未	10	0	1 7	己$_1$丑	9	0
8 10	己$_1$未	10	1	9 10	庚$_1$寅	10	1	10 11	辛$_1$酉	9	1	11 10	辛$_1$卯	9	1	12 9	庚$_1$申	9	1	1 8	庚$_1$寅	9	1
8 11	庚$_1$申	9	1	9 11	辛$_1$卯	9	1	10 12	壬$_1$戌	9	1	11 11	壬$_1$辰	9	1	12 10	辛$_1$酉	9	1	1 9	辛$_1$卯	8	1
8 12	辛$_1$酉	9	1	9 12	壬$_2$辰	9	1	10 13	癸$_1$亥	9	1	11 12	癸$_1$巳	8	1	12 11	壬$_1$戌	8	1	1 10	壬$_3$辰	8	1
8 13	壬$_2$戌	9	2	9 13	癸$_2$巳	9	2	10 14	甲$_1$子	8	2	11 13	甲$_1$午	8	2	12 12	癸$_1$亥	8	2	1 11	癸$_3$巳	8	2
8 14	癸$_1$亥	8	2	9 14	甲$_3$午	8	2	10 15	乙$_1$丑	8	2	11 14	乙$_1$未	8	2	12 13	甲$_1$子	8	2	1 12	甲$_3$午	8	2
8 15	甲$_3$子	8	2	9 15	乙$_2$未	8	2	10 16	丙$_1$寅	8	2	11 15	丙$_1$申	7	2	12 14	乙$_2$丑	8	2	1 13	乙$_3$未	7	2
8 16	乙$_1$丑	8	3	9 16	丙$_3$申	8	3	10 17	丁$_1$卯	7	3	11 16	丁$_1$酉	7	3	12 15	丙$_2$寅	7	3	1 14	丙$_3$申	7	3
8 17	丙$_1$寅	7	3	9 17	丁$_3$酉	7	3	10 18	戊$_1$辰	7	3	11 17	戊$_1$戌	7	3	12 16	丁$_1$卯	7	3	1 15	丁$_3$酉	7	3
8 18	丁$_1$卯	7	3	9 18	戊$_3$戌	7	3	10 19	己$_1$巳	7	3	11 18	己$_1$亥	7	3	12 17	戊$_1$辰	7	3	1 16	戊$_1$戌	6	3
8 19	戊$_1$辰	7	4	9 19	己$_3$亥	7	4	10 20	庚$_2$午	6	4	11 19	庚$_2$子	6	4	12 18	己$_1$巳	6	4	1 17	己$_1$亥	6	4
8 20	己$_1$巳	6	4	9 20	庚$_1$子	6	4	10 21	辛$_1$未	6	4	11 20	辛$_1$丑	6	4	12 19	庚$_2$午	6	4	1 18	庚$_1$子	6	4
8 21	庚$_1$午	6	4	9 21	辛$_1$丑	6	4	10 22	壬$_2$申	5	5	11 21	壬$_1$寅	5	4	12 20	辛$_1$未	6	4	1 19	辛$_1$丑	5	4
8 22	辛$_1$未	6	4	9 22	壬$_2$寅	5	5	10 23	癸$_3$酉	5	5	11 22	癸$_1$卯	5	5	12 21	壬$_1$申	5	5	1 20	壬$_1$寅	5	5
8 23	壬$_1$申	5	5	9 23	癸$_2$卯	5	5	10 24	甲$_3$戌	5	5	11 23	甲$_1$辰	5	5	12 22	癸$_1$酉	5	5	1 21	癸$_3$卯	5	5
8 24	癸$_1$酉	5	5	9 24	甲$_3$辰	5	5	10 25	乙$_3$亥	5	5	11 24	乙$_1$巳	5	5	12 23	甲$_1$戌	4	5	1 22	甲$_3$辰	4	5
8 25	甲$_1$戌	5	6	9 25	乙$_3$巳	5	6	10 26	丙$_3$子	4	6	11 25	丙$_1$午	4	5	12 24	乙$_2$亥	4	6	1 23	乙$_3$巳	4	6
8 26	乙$_1$亥	4	6	9 26	丙$_3$午	4	6	10 27	丁$_1$丑	4	6	11 26	丁$_1$未	4	6	12 25	丙$_2$子	4	6	1 24	丙$_2$午	4	6
8 27	丙$_3$子	4	6	9 27	丁$_3$未	4	6	10 28	戊$_1$寅	4	7	11 27	戊$_1$申	4	6	12 26	丁$_1$丑	4	6	1 25	丁$_3$未	3	6
8 28	丁$_1$丑	4	7	9 28	戊$_3$申	3	7	10 29	己$_1$卯	3	7	11 28	己$_1$酉	3	7	12 27	戊$_1$寅	3	7	1 26	戊$_1$申	3	7
8 29	戊$_2$寅	3	7	9 29	己$_3$酉	3	7	10 30	庚$_1$辰	3	7	11 29	庚$_1$戌	3	7	12 28	己$_1$卯	3	7	1 27	己$_1$酉	3	7
8 30	己$_2$卯	3	7	9 30	庚$_1$戌	3	7	10 31	辛$_1$巳	3	8	11 30	辛$_1$亥	3	7	12 29	庚$_1$辰	3	7	1 28	庚$_1$戌	2	7
8 31	庚$_1$辰	3	8	10 1	辛$_1$亥	3	8	11 1	壬$_1$午	2	8	12 1	壬$_1$子	2	8	12 30	辛$_1$巳	2	8	1 29	辛$_1$亥	2	8
9 1	辛$_1$巳	2	8	10 2	壬$_1$子	2	8	11 2	癸$_3$未	2	8	12 2	癸$_1$丑	2	8	12 31	壬$_1$午	2	8	1 30	壬$_2$子	2	8
9 2	壬$_2$午	2	8	10 3	癸$_2$丑	2	8	11 3	甲$_3$申	2	9	12 3	甲$_1$寅	2	9	1 1	癸$_1$未	1	8	1 31	癸$_3$丑	1	8
9 3	癸$_2$未	2	9	10 4	甲$_1$寅	2	9	11 4	乙$_3$酉	1	9	12 4	乙$_1$卯	1	9	1 2	甲$_1$申	1	9	2 1	甲$_2$寅	1	9
9 4	甲$_3$申	1	9	10 5	乙$_3$卯	1	9	11 5	丙$_3$戌	1	9	12 5	丙$_1$辰	1	9	1 3	乙$_2$酉	1	9	2 2	乙$_2$卯	1	9
9 5	乙$_2$酉	1	9	10 6	丙$_3$辰	1	9	11 6	丁$_3$亥	1	9	12 6	丁$_1$巳	0	9	1 4	丙$_2$戌	1	9	2 3	丙$_3$辰	0	9
9 6	丙$_3$戌	1	10	10 7	丁$_3$巳	1	10	11 7	戊$_1$子	0	10	12 7	戊$_1$午	0	10	1 5	丁$_1$亥	0	10	2 4	丁$_2$巳	0	10
9 7	丁$_3$亥	0	10	10 8	戊$_1$午	0	10	11 8	己$_1$丑	0	10					1 6	戊$_2$子	0	10				
9 8	戊$_2$子	0	10	10 9	己$_1$未	0	10																

歳	男	歳	女	歳	男	歳	女	歳	男	歳	女	歳	男	歳	女	歳	男	歳	女	歳	男	歳	女
0	辛酉	0	己未	0	壬戌	0	庚申	0	癸亥	0	辛酉	0	甲子	0	壬戌	0	乙丑	0	癸亥	0	丙寅	0	甲子
10	壬戌	10	戊午	10	癸亥	10	己未	10	甲子	10	庚申	10	乙丑	10	辛酉	10	丙寅	10	壬戌	10	丁卯	10	癸亥
20	癸亥	20	丁巳	20	甲子	20	戊午	20	乙丑	20	己未	20	丙寅	20	庚申	20	丁卯	20	辛酉	20	戊辰	20	壬戌
30	甲子	30	丙辰	30	乙丑	30	丁巳	30	丙寅	30	戊午	30	丁卯	30	己未	30	戊辰	30	庚申	30	己巳	30	辛酉
40	乙丑	40	乙卯	40	丙寅	40	丙辰	40	丁卯	40	丁巳	40	戊辰	40	戊午	40	己巳	40	己未	40	庚午	40	庚申
50	丙寅	50	甲寅	50	丁卯	50	乙卯	50	戊辰	50	丙辰	50	己巳	50	丁巳	50	庚午	50	戊午	50	辛未	50	己未
60	丁卯	60	癸丑	60	戊辰	60	甲寅	60	己巳	60	乙卯	60	庚午	60	丙辰	60	辛未	60	丁巳	60	壬申	60	戊午
70	戊辰	70	壬子	70	己巳	70	癸丑	70	庚午	70	甲寅	70	辛未	70	乙卯	70	壬申	70	丙辰	70	癸酉	70	丁巳
80	己巳	80	辛亥	80	庚午	80	壬子	80	辛未	80	癸丑	80	壬申	80	甲寅	80	癸酉	80	乙卯	80	甲戌	80	丙辰

年柱　己亥　1959年（昭和34年）2月4日21時43分～

月柱	丙寅	丁卯	戊辰	己巳	庚午	辛未
期間	2月4日21:43～3月6日15:56	3月6日15:57～4月5日21:03	4月5日21:04～5月6日14:38	5月6日14:39～6月6日19:00	6月6日19:01～7月8日5:20	7月8日5:21～8月8日15:04

（各月柱ごとに「生日・日柱・立運年齢（男・女）」を示す。日柱の中の小さい数字はそのまま表記）

丙寅 生日	日柱	男	女	丁卯 生日	日柱	男	女	戊辰 生日	日柱	男	女	己巳 生日	日柱	男	女	庚午 生日	日柱	男	女	辛未 生日	日柱	男	女
2/4	丁3巳	0	10	3/6	丁2亥	0	10	4/5	丁3巳	0	10	5/6	戊1子	0	10	6/6	己1未	0	11	7/8	辛2卯	0	10
2/5	戊1午	0	10	3/7	戊2子	0	10	4/6	戊1午	0	10	5/7	己1丑	0	10	6/7	庚1申	0	10	7/9	壬2辰	0	10
2/6	己1未	1	9	3/8	己1丑	1	9	4/7	己1未	1	9	5/8	庚1寅	1	10	6/8	辛1酉	1	10	7/10	癸2巳	1	9
2/7	庚2申	1	9	3/9	庚2寅	1	9	4/8	庚1申	1	9	5/9	辛2卯	1	9	6/9	壬2戌	1	10	7/11	甲3午	1	9
2/8	辛1酉	1	9	3/10	辛1卯	1	9	4/9	辛1酉	1	9	5/10	壬3辰	1	9	6/10	癸1亥	1	9	7/12	乙1未	1	9
2/9	壬3戌	2	8	3/11	壬3辰	2	8	4/10	壬3戌	2	8	5/11	癸3巳	2	9	6/11	甲1子	2	9	7/13	丙3申	2	9
2/10	癸3亥	2	8	3/12	癸3巳	2	8	4/11	癸3亥	2	8	5/12	甲3午	2	9	6/12	乙1丑	2	9	7/14	丁1酉	2	8
2/11	甲1子	2	8	3/13	甲1午	2	8	4/12	甲1子	2	8	5/13	乙1未	2	8	6/13	丙1寅	2	8	7/15	戊2戌	2	8
2/12	乙1丑	3	7	3/14	乙1未	3	7	4/13	乙2丑	3	7	5/14	丙2申	3	8	6/14	丁1卯	3	8	7/16	己1亥	3	8
2/13	丙1寅	3	7	3/15	丙1申	3	7	4/14	丙1寅	3	7	5/15	丁1酉	3	8	6/15	戊1辰	3	8	7/17	庚2子	3	7
2/14	丁1卯	3	7	3/16	丁1酉	3	7	4/15	丁1卯	3	7	5/16	戊1戌	3	7	6/16	己1巳	3	7	7/18	辛1丑	3	7
2/15	戊1辰	4	6	3/17	戊1戌	4	6	4/16	戊1辰	4	6	5/17	己1亥	4	7	6/17	庚2午	4	7	7/19	壬3寅	4	6
2/16	己1巳	4	6	3/18	己1亥	4	6	4/17	己1巳	4	6	5/18	庚2子	4	6	6/18	辛1未	4	6	7/20	癸2卯	4	6
2/17	庚2午	4	6	3/19	庚3子	4	6	4/18	庚2午	4	6	5/19	辛1丑	4	6	6/19	壬1申	4	6	7/21	甲3辰	4	6
2/18	辛1未	5	5	3/20	辛1丑	5	5	4/19	辛1未	5	5	5/20	壬1寅	5	5	6/20	癸1酉	5	5	7/22	乙1巳	5	5
2/19	壬1申	5	5	3/21	壬3寅	5	5	4/20	壬1申	5	5	5/21	癸3卯	5	5	6/21	甲3戌	5	5	7/23	丙3午	5	5
2/20	癸1酉	5	5	3/22	癸3卯	5	5	4/21	癸1酉	5	5	5/22	甲3辰	5	5	6/22	乙1亥	5	5	7/24	丁1未	5	5
2/21	甲1戌	6	4	3/23	甲3辰	6	4	4/22	甲2戌	6	4	5/23	乙1巳	6	4	6/23	丙2子	6	5	7/25	戊1申	6	5
2/22	乙1亥	6	4	3/24	乙1巳	6	4	4/23	乙1亥	6	4	5/24	丙1午	6	4	6/24	丁1丑	6	5	7/26	己1酉	6	4
2/23	丙1子	6	4	3/25	丙1午	6	4	4/24	丙1子	6	4	5/25	丁1未	6	4	6/25	戊2寅	6	4	7/27	庚3戌	6	4
2/24	丁1丑	7	3	3/26	丁1未	7	3	4/25	丁1丑	7	3	5/26	戊1申	7	3	6/26	己1卯	7	4	7/28	辛1亥	7	4
2/25	戊1寅	7	3	3/27	戊1申	7	3	4/26	戊2寅	7	3	5/27	己1酉	7	3	6/27	庚1辰	7	3	7/29	壬1子	7	3
2/26	己1卯	7	3	3/28	己1酉	7	3	4/27	己1卯	7	3	5/28	庚1戌	7	3	6/28	辛1巳	7	3	7/30	癸2丑	7	3
2/27	庚2辰	8	2	3/29	庚3戌	8	2	4/28	庚1辰	8	2	5/29	辛1亥	8	2	6/29	壬1午	8	3	7/31	甲3寅	8	2
2/28	辛2巳	8	2	3/30	辛1亥	8	2	4/29	辛1巳	8	2	5/30	壬2子	8	2	6/30	癸2未	8	3	8/1	乙2卯	8	2
3/1	壬3午	8	2	3/31	壬3子	8	2	4/30	壬3午	8	2	5/31	癸3丑	8	2	7/1	甲3申	8	2	8/2	丙3辰	8	2
3/2	癸3未	9	1	4/1	癸3丑	9	1	5/1	癸3未	9	1	6/1	甲3寅	9	2	7/2	乙1酉	9	2	8/3	丁1巳	9	2
3/3	甲1申	9	1	4/2	甲1寅	9	1	5/2	甲1申	9	1	6/2	乙1卯	9	1	7/3	丙2戌	9	2	8/4	戊2午	9	1
3/4	乙1酉	9	1	4/3	乙1卯	9	1	5/3	乙2酉	9	1	6/3	丙2辰	9	1	7/4	丁1亥	9	1	8/5	己1未	9	1
3/5	丙2戌	10	0	4/4	丙1辰	10	0	5/4	丙1戌	10	0	6/4	丁1巳	10	1	7/5	戊1子	10	1	8/6	庚1申	10	1
3/6	丁3亥	10	0	4/5	丁1巳	10	0	5/5	丁3亥	10	0	6/5	戊1午	10	1	7/6	己1丑	10	1	8/7	辛2酉	10	0
								5/6	戊1子	10	0	6/6	己1未	10	0	7/7	庚2寅	10	0	8/8	壬2戌	10	0
																7/8	辛2卯	11	0				

大運（歳／男・女）

歳	丙寅 男	丙寅 女	丁卯 男	丁卯 女	戊辰 男	戊辰 女	己巳 男	己巳 女	庚午 男	庚午 女	辛未 男	辛未 女
0	乙丑	丁卯	丙寅	戊辰	丁卯	己巳	戊辰	庚午	己巳	辛未	庚午	壬申
10	甲子	戊辰	乙丑	己巳	丙寅	庚午	丁卯	辛未	戊辰	壬申	己巳	癸酉
20	癸亥	己巳	甲子	庚午	乙丑	辛未	丙寅	壬申	丁卯	癸酉	戊辰	甲戌
30	壬戌	庚午	癸亥	辛未	甲子	壬申	乙丑	癸酉	丙寅	甲戌	丁卯	乙亥
40	辛酉	辛未	壬戌	壬申	癸亥	癸酉	甲子	甲戌	乙丑	乙亥	丙寅	丙子
50	庚申	壬申	辛酉	癸酉	壬戌	甲戌	癸亥	乙亥	甲子	丙子	乙丑	丁丑
60	己未	癸酉	庚申	甲戌	辛酉	乙亥	壬戌	丙子	癸亥	丁丑	甲子	戊寅
70	戊午	甲戌	己未	乙亥	庚申	丙子	辛酉	丁丑	壬戌	戊寅	癸亥	己卯
80	丁巳	乙亥	戊午	丙子	己未	丁丑	庚申	戊寅	辛酉	己卯	壬戌	庚辰

～1960年（昭和35年）2月5日3時22分

月柱 壬申（8月8日15:05～9月8日17:48）

生日	日柱	男	女
8 8	壬$_1$戌	0	10
8 9	癸$_1$亥	0	10
8 10	甲$_1$子	1	10
8 11	乙$_2$丑	1	9
8 12	丙$_3$寅	1	9
8 13	丁$_3$卯	2	9
8 14	戊$_2$辰	2	8
8 15	己$_2$巳	2	8
8 16	庚$_1$午	3	8
8 17	辛$_1$未	3	7
8 18	壬$_1$申	3	7
8 19	癸$_1$酉	4	7
8 20	甲$_1$戌	4	6
8 21	乙$_1$亥	4	6
8 22	丙$_3$子	5	6
8 23	丁$_1$丑	5	5
8 24	戊$_1$寅	5	5
8 25	己$_1$卯	6	5
8 26	庚$_1$辰	6	4
8 27	辛$_1$巳	6	4
8 28	壬$_1$午	7	4
8 29	癸$_1$未	7	3
8 30	甲$_2$申	7	3
8 31	乙$_1$酉	8	3
9 1	丙$_3$戌	8	2
9 2	丁$_3$亥	8	2
9 3	戊$_3$子	9	2
9 4	己$_2$丑	9	1
9 5	庚$_1$寅	9	1
9 6	辛$_1$卯	10	1
9 7	壬$_1$辰	10	0
9 8	癸$_1$巳	10	0

月柱 癸酉（9月8日17:49～10月9日9:10）

生日	日柱	男	女
9 8	癸$_1$巳	0	10
9 9	甲$_2$午	0	10
9 10	乙$_2$未	1	10
9 11	丙$_3$申	1	9
9 12	丁$_3$酉	1	9
9 13	戊$_3$戌	2	9
9 14	己$_3$亥	2	8
9 15	庚$_1$子	2	8
9 16	辛$_1$丑	3	8
9 17	壬$_1$寅	3	7
9 18	癸$_1$卯	3	7
9 19	甲$_1$辰	4	7
9 20	乙$_2$巳	4	6
9 21	丙$_3$午	4	6
9 22	丁$_1$未	5	6
9 23	戊$_3$申	5	5
9 24	己$_3$酉	5	5
9 25	庚$_1$戌	6	5
9 26	辛$_1$亥	6	4
9 27	壬$_1$子	6	4
9 28	癸$_1$丑	7	4
9 29	甲$_1$寅	7	3
9 30	乙$_1$卯	7	3
10 1	丙$_3$辰	8	3
10 2	丁$_3$巳	8	2
10 3	戊$_2$午	8	2
10 4	己$_2$未	9	2
10 5	庚$_1$申	9	1
10 6	辛$_1$酉	9	1
10 7	壬$_1$戌	10	1
10 8	癸$_1$亥	10	0
10 9	甲$_1$子	10	0

月柱 甲戌（10月9日9:11～11月8日12:02）

生日	日柱	男	女
10 9	甲$_1$子	0	10
10 10	乙$_2$丑	0	10
10 11	丙$_3$寅	1	9
10 12	丁$_3$卯	1	9
10 13	戊$_1$辰	1	9
10 14	己$_1$巳	2	8
10 15	庚$_3$午	2	8
10 16	辛$_1$未	2	8
10 17	壬$_1$申	3	7
10 18	癸$_2$酉	3	7
10 19	甲$_1$戌	3	7
10 20	乙$_2$亥	4	6
10 21	丙$_1$子	4	6
10 22	丁$_1$丑	4	6
10 23	戊$_2$寅	5	5
10 24	己$_1$卯	5	5
10 25	庚$_2$辰	5	5
10 26	辛$_1$巳	6	4
10 27	壬$_1$午	6	4
10 28	癸$_1$未	6	4
10 29	甲$_1$申	7	3
10 30	乙$_2$酉	7	3
10 31	丙$_3$戌	7	3
11 1	丁$_1$亥	8	2
11 2	戊$_1$子	8	2
11 3	己$_1$丑	8	2
11 4	庚$_1$寅	9	1
11 5	辛$_1$卯	9	1
11 6	壬$_1$辰	9	1
11 7	癸$_1$巳	10	0
11 8	甲$_1$午	10	0

月柱 乙亥（11月8日12:03～12月8日4:37）

生日	日柱	男	女
11 8	甲$_1$午	0	10
11 9	乙$_1$未	0	10
11 10	丙$_3$申	1	9
11 11	丁$_1$酉	1	9
11 12	戊$_2$戌	1	9
11 13	己$_1$亥	2	8
11 14	庚$_3$子	2	8
11 15	辛$_2$丑	2	8
11 16	壬$_1$寅	3	7
11 17	癸$_1$卯	3	7
11 18	甲$_1$辰	3	7
11 19	乙$_1$巳	4	6
11 20	丙$_1$午	4	6
11 21	丁$_1$未	4	6
11 22	戊$_3$申	5	5
11 23	己$_1$酉	5	5
11 24	庚$_2$戌	5	4
11 25	辛$_1$亥	6	4
11 26	壬$_1$子	6	4
11 27	癸$_1$丑	6	4
11 28	甲$_1$寅	7	3
11 29	乙$_1$卯	7	3
11 30	丙$_1$辰	7	2
12 1	丁$_1$巳	8	2
12 2	戊$_2$午	8	2
12 3	己$_1$未	8	2
12 4	庚$_1$申	9	1
12 5	辛$_1$酉	9	1
12 6	壬$_1$戌	9	1
12 7	癸$_1$亥	10	0
12 8	甲$_1$子	10	0

月柱 丙子（12月8日4:38～1月6日15:42）

生日	日柱	男	女
12 8	甲$_1$子	0	10
12 9	乙$_2$丑	0	9
12 10	丙$_2$寅	1	9
12 11	丁$_1$卯	1	9
12 12	戊$_1$辰	1	8
12 13	己$_1$巳	2	8
12 14	庚$_3$午	2	8
12 15	辛$_2$未	2	7
12 16	壬$_1$申	3	7
12 17	癸$_2$酉	3	7
12 18	甲$_2$戌	3	6
12 19	乙$_2$亥	4	6
12 20	丙$_1$子	4	6
12 21	丁$_1$丑	4	5
12 22	戊$_2$寅	5	5
12 23	己$_2$卯	5	5
12 24	庚$_2$辰	5	4
12 25	辛$_2$巳	6	4
12 26	壬$_1$午	6	4
12 27	癸$_1$未	6	3
12 28	甲$_2$申	7	3
12 29	乙$_2$酉	7	3
12 30	丙$_1$戌	7	2
12 31	丁$_1$亥	8	2
1 1	戊$_2$子	8	2
1 2	己$_1$丑	8	1
1 3	庚$_1$寅	9	1
1 4	辛$_1$卯	9	1
1 5	壬$_1$辰	9	0
1 6	癸$_1$巳	10	0

月柱 丁丑（1月6日15:43～2月5日3:22）

生日	日柱	男	女
1 6	癸$_2$巳	0	10
1 7	甲$_3$午	0	10
1 8	乙$_3$未	1	9
1 9	丙$_3$申	1	9
1 10	丁$_3$酉	1	9
1 11	戊$_3$戌	2	8
1 12	己$_1$亥	2	8
1 13	庚$_2$子	2	8
1 14	辛$_1$丑	3	7
1 15	壬$_2$寅	3	7
1 16	癸$_2$卯	3	7
1 17	甲$_3$辰	4	6
1 18	乙$_3$巳	4	6
1 19	丙$_2$午	4	6
1 20	丁$_3$未	5	5
1 21	戊$_3$申	5	5
1 22	己$_1$酉	5	5
1 23	庚$_1$戌	6	4
1 24	辛$_2$亥	6	4
1 25	壬$_1$子	6	4
1 26	癸$_1$丑	7	3
1 27	甲$_1$寅	7	3
1 28	乙$_3$卯	7	3
1 29	丙$_3$辰	8	2
1 30	丁$_2$巳	8	2
1 31	戊$_1$午	8	2
2 1	己$_1$未	9	1
2 2	庚$_1$申	9	1
2 3	辛$_1$酉	9	1
2 4	壬$_2$戌	10	0
2 5	癸$_1$亥	10	0

大運表

歳	男	歳	女	歳	男	歳	女	歳	男	歳	女	歳	男	歳	女	歳	男	歳	女	歳	男	歳	女
0	辛未	0	癸酉	0	壬申	0	甲戌	0	癸酉	0	乙亥	0	甲戌	0	丙子	0	乙亥	0	丁丑	0	丙子	0	戊寅
10	庚午	10	甲戌	10	辛未	10	乙亥	10	壬申	10	丙子	10	癸酉	10	丁丑	10	甲戌	10	戊寅	10	乙亥	10	己卯
20	己巳	20	乙亥	20	庚午	20	丙子	20	辛未	20	丁丑	20	壬申	20	戊寅	20	癸酉	20	己卯	20	甲戌	20	庚辰
30	戊辰	30	丙子	30	己巳	30	丁丑	30	庚午	30	戊寅	30	辛未	30	己卯	30	壬申	30	庚辰	30	癸酉	30	辛巳
40	丁卯	40	丁丑	40	戊辰	40	戊寅	40	己巳	40	己卯	40	庚午	40	庚辰	40	辛未	40	辛巳	40	壬申	40	壬午
50	丙寅	50	戊寅	50	丁卯	50	己卯	50	戊辰	50	庚辰	50	己巳	50	辛巳	50	庚午	50	壬午	50	辛未	50	癸未
60	乙丑	60	己卯	60	丙寅	60	庚辰	60	丁卯	60	辛巳	60	戊辰	60	壬午	60	己巳	60	癸未	60	庚午	60	甲申
70	甲子	70	庚辰	70	乙丑	70	辛巳	70	丙寅	70	壬午	70	丁卯	70	癸未	70	戊辰	70	甲申	70	己巳	70	乙酉
80	癸亥	80	辛巳	80	甲子	80	壬午	80	乙丑	80	癸未	80	丙寅	80	甲申	80	丁卯	80	乙酉	80	戊辰	80	丙戌

年柱 庚子　1960年（昭和35年）2月5日3時23分～

月柱別 日柱・立運年齢表

月柱 戊寅（2月5日 3:23～3月5日21:35）

生日	日柱	男	女
2 5	癸1亥	10	0
2 6	甲1子	9	0
2 7	乙1丑	9	1
2 8	丙2寅	9	1
2 9	丁2卯	8	1
2 10	戊2辰	8	2
2 11	己2巳	8	2
2 12	庚2午	7	2
2 13	辛1未	7	2
2 14	壬1申	6	2
2 15	癸1酉	6	3
2 16	甲1戌	6	4
2 17	乙1亥	6	4
2 18	丙3子	3	5
2 19	丁3丑	5	5
2 20	戊3寅	5	5
2 21	己3卯	4	5
2 22	庚1辰	4	6
2 23	辛2巳	4	6
2 24	壬2午	3	6
2 25	癸2未	3	7
2 26	甲1申	2	7
2 27	乙1酉	2	7
2 28	丙3戌	2	8
2 29	丁3亥	1	8
3 1	戊3子	1	8
3 2	己3丑	1	9
3 3	庚2寅	1	9
3 4	辛2卯	0	9
3 5	壬2辰	0	10

月柱 己卯（3月5日21:36～4月5日 2:43）

生日	日柱	男	女
3 5	壬1辰	10	0
3 6	癸2巳	10	0
3 7	甲1午	10	1
3 8	乙1未	9	1
3 9	丙3申	9	1
3 10	丁3酉	9	2
3 11	戊3戌	8	2
3 12	己3亥	8	2
3 13	庚2子	7	2
3 14	辛1丑	7	3
3 15	壬1寅	7	3
3 16	癸1卯	7	4
3 17	甲1辰	6	4
3 18	乙1巳	6	4
3 19	丙2午	5	5
3 20	丁1未	5	5
3 21	戊3申	5	5
3 22	己1酉	4	6
3 23	庚2戌	4	6
3 24	辛2亥	4	6
3 25	壬2子	3	7
3 26	癸2丑	3	7
3 27	甲1寅	3	7
3 28	乙1卯	3	8
3 29	丙3辰	2	8
3 30	丁2巳	2	9
3 31	戊2午	2	9
4 1	己2未	1	9
4 2	庚1申	1	9
4 3	辛1酉	1	10
4 4	壬1戌	0	10
4 5	癸1亥	0	10

月柱 庚辰（4月5日 2:44～5月5日20:22）

生日	日柱	男	女
4 5	癸1亥	10	0
4 6	甲1子	10	0
4 7	乙1丑	9	1
4 8	丙2寅	9	1
4 9	丁2卯	9	1
4 10	戊2辰	8	2
4 11	己2巳	8	2
4 12	庚2午	8	2
4 13	辛1未	7	2
4 14	壬1申	7	3
4 15	癸1酉	7	3
4 16	甲1戌	6	4
4 17	乙1亥	6	4
4 18	丙3子	6	4
4 19	丁1丑	5	5
4 20	戊2寅	5	5
4 21	己2卯	5	5
4 22	庚1辰	4	6
4 23	辛2巳	4	6
4 24	壬1午	4	6
4 25	癸1未	3	7
4 26	甲1申	3	7
4 27	乙1酉	3	7
4 28	丙3戌	2	8
4 29	丁3亥	2	8
4 30	戊2子	2	8
5 1	己1丑	1	9
5 2	庚1寅	1	9
5 3	辛1卯	1	9
5 4	壬1辰	0	10
5 5	癸1巳	0	10

月柱 辛巳（5月5日20:23～6月6日 0:48）

生日	日柱	男	女
5 5	癸1巳	11	0
5 6	甲1午	10	0
5 7	乙1未	10	1
5 8	丙2申	10	1
5 9	丁2酉	9	1
5 10	戊1戌	9	2
5 11	己2亥	8	2
5 12	庚2子	8	2
5 13	辛1丑	8	3
5 14	壬1寅	7	3
5 15	癸1卯	7	3
5 16	甲1辰	7	4
5 17	乙1巳	6	4
5 18	丙1午	6	4
5 19	丁1未	6	5
5 20	戊1申	5	5
5 21	己1酉	5	5
5 22	庚1戌	5	6
5 23	辛1亥	4	6
5 24	壬1子	4	6
5 25	癸1丑	4	7
5 26	甲2寅	3	7
5 27	乙1卯	3	7
5 28	丙2辰	3	8
5 29	丁1巳	2	8
5 30	戊1午	2	8
5 31	己1未	2	9
6 1	庚1申	1	9
6 2	辛1酉	1	9
6 3	壬1戌	1	10
6 4	癸1亥	0	10
6 5	甲2子	0	10
6 6	乙3丑	0	11

月柱 壬午（6月6日 0:49～7月7日11:12）

生日	日柱	男	女
6 6	乙1丑	10	0
6 7	丙1寅	10	0
6 8	丁1卯	10	1
6 9	戊1辰	9	1
6 10	己1巳	9	1
6 11	庚3午	9	2
6 12	辛2未	8	2
6 13	壬1申	8	2
6 14	癸1酉	8	3
6 15	甲2戌	7	3
6 16	乙1亥	7	3
6 17	丙1子	7	4
6 18	丁1丑	6	4
6 19	戊2寅	6	4
6 20	己2卯	6	5
6 21	庚2辰	5	5
6 22	辛1巳	5	5
6 23	壬1午	5	6
6 24	癸1未	4	6
6 25	甲2申	4	6
6 26	乙2酉	4	7
6 27	丙2戌	3	7
6 28	丁2亥	3	7
6 29	戊2子	3	8
6 30	己1丑	2	8
7 1	庚2寅	2	8
7 2	辛1卯	2	9
7 3	壬1辰	1	9
7 4	癸1巳	1	9
7 5	甲2午	1	10
7 6	乙2未	0	10
7 7	丙1申	0	10

月柱 癸未（7月7日11:13～8月7日20:59）

生日	日柱	男	女
7 7	丙1申	10	0
7 8	丁3酉	10	0
7 9	戊1戌	10	1
7 10	己2亥	9	1
7 11	庚1子	9	1
7 12	辛1丑	9	2
7 13	壬1寅	8	2
7 14	癸1卯	8	2
7 15	甲1辰	8	3
7 16	乙2巳	7	3
7 17	丙1午	7	3
7 18	丁1未	7	4
7 19	戊1申	6	4
7 20	己2酉	6	4
7 21	庚1戌	6	5
7 22	辛1亥	5	5
7 23	壬1子	5	5
7 24	癸1丑	5	6
7 25	甲2寅	4	6
7 26	乙1卯	4	6
7 27	丙3辰	4	7
7 28	丁1巳	3	7
7 29	戊1午	3	7
7 30	己1未	3	8
7 31	庚1申	2	8
8 1	辛1酉	2	8
8 2	壬1戌	2	9
8 3	癸1亥	1	9
8 4	甲1子	1	9
8 5	乙2丑	1	10
8 6	丙2寅	0	10
8 7	丁3卯	0	10

大運表

歳	男	女	歳	男	女	歳	男	女	歳	男	女	歳	男	女	歳	男	女
0	己卯	丁丑	0	庚辰	戊寅	0	辛巳	己卯	0	壬午	庚辰	0	癸未	辛巳	0	甲申	壬午
10	庚辰	丙子	10	辛巳	丁丑	10	壬午	戊寅	10	癸未	己卯	10	甲申	庚辰	10	乙酉	辛巳
20	辛巳	乙亥	20	壬午	丙子	20	癸未	丁丑	20	甲申	戊寅	20	乙酉	己卯	20	丙戌	庚辰
30	壬午	甲戌	30	癸未	乙亥	30	甲申	丙子	30	乙酉	丁丑	30	丙戌	戊寅	30	丁亥	己卯
40	癸未	癸酉	40	甲申	甲戌	40	乙酉	乙亥	40	丙戌	丙子	40	丁亥	丁丑	40	戊子	戊寅
50	甲申	壬申	50	乙酉	癸酉	50	丙戌	甲戌	50	丁亥	乙亥	50	戊子	丙子	50	己丑	丁丑
60	乙酉	辛未	60	丙戌	壬申	60	丁亥	癸酉	60	戊子	甲戌	60	己丑	乙亥	60	庚寅	丙子
70	丙戌	庚午	70	丁亥	辛未	70	戊子	壬申	70	己丑	癸酉	70	庚寅	甲戌	70	辛卯	乙亥
80	丁亥	己巳	80	戊子	庚午	80	己丑	辛未	80	庚寅	壬申	80	辛卯	癸酉	80	壬辰	甲戌

～1961年（昭和36年）2月4日9時22分

月柱	甲申	立運年齢	
8月7日21:00～9月7日23:45			
生日	日柱	男	女
8/7	丁$_2$卯	10	0
8/8	戊$_3$辰	10	0
8/9	己$_1$巳	10	1
8/10	庚$_1$午	9	1
8/11	辛$_1$未	9	1
8/12	壬$_1$申	9	2
8/13	癸$_1$酉	8	2
8/14	甲$_2$戌	8	2
8/15	乙$_2$亥	8	3
8/16	丙$_3$子	7	3
8/17	丁$_3$丑	7	3
8/18	戊$_3$寅	7	4
8/19	己$_1$卯	6	4
8/20	庚$_1$辰	6	4
8/21	辛$_1$巳	6	5
8/22	壬$_1$午	5	5
8/23	癸$_1$未	5	6
8/24	甲$_1$申	4	6
8/25	乙$_3$酉	4	6
8/26	丙$_3$戌	4	6
8/27	丁$_3$亥	3	7
8/28	戊$_3$子	3	7
8/29	己$_1$丑	3	7
8/30	庚$_1$寅	2	8
8/31	辛$_1$卯	2	8
9/1	壬$_1$辰	2	9
9/2	癸$_2$巳	2	9
9/3	甲$_2$午	1	9
9/4	乙$_2$未	1	9
9/5	丙$_1$申	1	10
9/6	丁$_3$酉	0	10
9/7	戊$_3$戌	0	10

月柱	乙酉	立運年齢	
9月7日23:46～10月8日15:08			
生日	日柱	男	女
9/7	戊$_3$戌	10	0
9/8	己$_1$亥	10	0
9/9	庚$_1$子	10	1
9/10	辛$_1$丑	9	1
9/11	壬$_1$寅	9	1
9/12	癸$_1$卯	9	2
9/13	甲$_2$辰	8	2
9/14	乙$_2$巳	8	2
9/15	丙$_2$午	8	3
9/16	丁$_1$未	7	3
9/17	戊$_1$申	7	3
9/18	己$_1$酉	7	4
9/19	庚$_1$戌	6	4
9/20	辛$_1$亥	6	4
9/21	壬$_1$子	6	5
9/22	癸$_1$丑	5	5
9/23	甲$_2$寅	5	5
9/24	乙$_1$卯	5	6
9/25	丙$_3$辰	4	6
9/26	丁$_3$巳	4	6
9/27	戊$_3$午	3	7
9/28	己$_3$未	3	7
9/29	庚$_1$申	3	7
9/30	辛$_1$酉	3	8
10/1	壬$_1$戌	2	8
10/2	癸$_1$亥	2	8
10/3	甲$_1$子	1	9
10/4	乙$_1$丑	1	9
10/5	丙$_1$寅	1	9
10/6	丁$_1$卯	1	10
10/7	戊$_3$辰	0	10
10/8	己$_1$巳	0	10

月柱	丙戌	立運年齢	
10月8日15:09～11月7日18:01			
生日	日柱	男	女
10/8	己$_1$巳	10	0
10/9	庚$_1$午	10	0
10/10	辛$_1$未	9	1
10/11	壬$_1$申	9	1
10/12	癸$_1$酉	9	1
10/13	甲$_3$戌	8	2
10/14	乙$_3$亥	8	2
10/15	丙$_3$子	8	2
10/16	丁$_1$丑	7	3
10/17	戊$_1$寅	7	3
10/18	己$_1$卯	7	3
10/19	庚$_1$辰	6	4
10/20	辛$_1$巳	6	4
10/21	壬$_2$午	6	4
10/22	癸$_2$未	5	5
10/23	甲$_3$申	5	5
10/24	乙$_3$酉	4	5
10/25	丙$_3$戌	4	6
10/26	丁$_3$亥	4	6
10/27	戊$_1$子	3	7
10/28	己$_1$丑	3	7
10/29	庚$_1$寅	3	7
10/30	辛$_1$卯	2	8
10/31	壬$_1$辰	2	8
11/1	癸$_2$巳	2	8
11/2	甲$_3$午	1	9
11/3	乙$_3$未	1	9
11/4	丙$_3$申	1	9
11/5	丁$_3$酉	1	10
11/6	戊$_2$戌	0	10
11/7	己$_1$亥	0	10

月柱	丁亥	立運年齢	
11月7日18:02～12月7日10:37			
生日	日柱	男	女
11/7	己$_1$亥	10	0
11/8	庚$_1$子	10	0
11/9	辛$_1$丑	9	1
11/10	壬$_1$寅	9	1
11/11	癸$_1$卯	9	1
11/12	甲$_2$辰	8	2
11/13	乙$_2$巳	8	2
11/14	丙$_2$午	8	2
11/15	丁$_1$未	7	3
11/16	戊$_1$申	7	3
11/17	己$_1$酉	7	3
11/18	庚$_1$戌	6	4
11/19	辛$_1$亥	6	4
11/20	壬$_1$子	6	4
11/21	癸$_1$丑	5	5
11/22	甲$_2$寅	5	5
11/23	乙$_1$卯	5	5
11/24	丙$_3$辰	4	6
11/25	丁$_3$巳	4	6
11/26	戊$_3$午	3	7
11/27	己$_3$未	3	7
11/28	庚$_1$申	3	7
11/29	辛$_1$酉	2	8
11/30	壬$_1$戌	2	8
12/1	癸$_1$亥	2	8
12/2	甲$_1$子	1	9
12/3	乙$_2$丑	1	9
12/4	丙$_2$寅	1	9
12/5	丁$_1$卯	1	10
12/6	戊$_2$辰	0	10
12/7	己$_2$巳	0	10

月柱	戊子	立運年齢	
12月7日10:38～1月5日21:42			
生日	日柱	男	女
12/7	己$_1$巳	10	0
12/8	庚$_2$午	9	0
12/9	辛$_1$未	9	1
12/10	壬$_1$申	9	1
12/11	癸$_1$酉	8	1
12/12	甲$_2$戌	8	2
12/13	乙$_2$亥	8	2
12/14	丙$_3$子	7	2
12/15	丁$_3$丑	7	3
12/16	戊$_3$寅	7	3
12/17	己$_3$卯	6	3
12/18	庚$_1$辰	6	4
12/19	辛$_1$巳	6	4
12/20	壬$_1$午	6	4
12/21	癸$_1$未	5	5
12/22	甲$_1$申	5	5
12/23	乙$_1$酉	4	5
12/24	丙$_3$戌	4	6
12/25	丁$_3$亥	4	6
12/26	戊$_3$子	3	6
12/27	己$_1$丑	3	7
12/28	庚$_1$寅	3	7
12/29	辛$_1$卯	2	8
12/30	壬$_1$辰	2	8
12/31	癸$_1$巳	2	8
1/1	甲$_2$午	1	9
1/2	乙$_3$未	1	9
1/3	丙$_3$申	1	9
1/4	丁$_3$酉	1	9
1/5	戊$_3$戌	0	10

月柱	己丑	立運年齢	
1月5日21:43～2月4日9:22			
生日	日柱	男	女
1/5	戊$_1$戌	10	0
1/6	己$_1$亥	10	0
1/7	庚$_1$子	9	1
1/8	辛$_1$丑	9	1
1/9	壬$_1$寅	9	1
1/10	癸$_1$卯	8	2
1/11	甲$_3$辰	8	2
1/12	乙$_3$巳	8	2
1/13	丙$_3$午	7	3
1/14	丁$_3$未	7	3
1/15	戊$_2$申	7	3
1/16	己$_2$酉	6	4
1/17	庚$_1$戌	6	4
1/18	辛$_1$亥	6	4
1/19	壬$_1$子	5	5
1/20	癸$_1$丑	5	5
1/21	甲$_2$寅	5	5
1/22	乙$_2$卯	4	6
1/23	丙$_3$辰	4	6
1/24	丁$_3$巳	4	6
1/25	戊$_3$午	3	7
1/26	己$_1$未	3	7
1/27	庚$_1$申	3	7
1/28	辛$_1$酉	2	8
1/29	壬$_1$戌	2	8
1/30	癸$_1$亥	2	8
1/31	甲$_2$子	1	9
2/1	乙$_3$丑	1	9
2/2	丙$_3$寅	1	9
2/3	丁$_3$卯	0	10
2/4	戊$_3$辰	0	10

歳	男	歳	女	歳	男	歳	女	歳	男	歳	女	歳	男	歳	女	歳	男	歳	女	歳	男	歳	女
0	乙酉	0	癸未	0	丙戌	0	甲申	0	丁亥	0	甲申	0	戊子	0	乙酉	0	己丑	0	乙酉	0	庚寅	0	戊子
10	丙戌	10	壬午	10	丁亥	10	癸未	10	戊子	10	癸未	10	己丑	10	甲申	10	庚寅	10	甲申	10	辛卯	10	丁亥
20	丁亥	20	辛巳	20	戊子	20	壬午	20	己丑	20	壬午	20	庚寅	20	癸未	20	辛卯	20	癸未	20	壬辰	20	丙戌
30	戊子	30	庚辰	30	己丑	30	辛巳	30	庚寅	30	辛巳	30	辛卯	30	壬午	30	壬辰	30	壬午	30	癸巳	30	乙酉
40	己丑	40	己卯	40	庚寅	40	庚辰	40	辛卯	40	庚辰	40	壬辰	40	辛巳	40	癸巳	40	辛巳	40	甲午	40	甲申
50	庚寅	50	戊寅	50	辛卯	50	己卯	50	壬辰	50	己卯	50	癸巳	50	庚辰	50	甲午	50	庚辰	50	乙未	50	癸未
60	辛卯	60	丁丑	60	壬辰	60	戊寅	60	癸巳	60	戊寅	60	甲午	60	己卯	60	乙未	60	己卯	60	丙申	60	壬午
70	壬辰	70	丙子	70	癸巳	70	丁丑	70	甲午	70	丁丑	70	乙未	70	戊寅	70	丙申	70	戊寅	70	丁酉	70	辛巳
80	癸巳	80	乙亥	80	甲午	80	丙子	80	乙未	80	丙子	80	丙申	80	丁丑	80	丁酉	80	丁丑	80	戊戌	80	庚辰

年柱 辛丑 — 1961年（昭和36年）2月4日9時23分～

月柱	期間
庚寅	2月4日 9:23～3月6日 3:34
辛卯	3月6日 3:35～4月5日 8:41
壬辰	4月5日 8:42～5月6日 2:20
癸巳	5月6日 2:21～6月6日 6:45
甲午	6月6日 6:46～7月7日17:06
乙未	7月7日17:07～8月8日 2:48

（日柱の小数字は添え字）

庚寅 生日	日柱	男	女	辛卯 生日	日柱	男	女	壬辰 生日	日柱	男	女	癸巳 生日	日柱	男	女	甲午 生日	日柱	男	女	乙未 生日	日柱	男	女
2:4	戊1辰	0	10	3:6	戊2戌	0	10	4:5	戊1辰	0	10	5:6	己2亥	0	10	6:6	庚1午	0	10	7:7	辛1丑	0	11
2:5	己2巳	0	10	3:7	己2亥	0	10	4:6	己1巳	0	10	5:7	庚2子	0	10	6:7	辛1未	0	10	7:8	壬1寅	0	10
2:6	庚1午	1	9	3:8	庚1子	1	9	4:7	庚1午	1	10	5:8	辛1丑	1	10	6:8	壬1申	1	10	7:9	癸1卯	1	10
2:7	辛1未	1	9	3:9	辛1丑	1	9	4:8	辛1未	1	9	5:9	壬2寅	1	9	6:9	癸2酉	1	9	7:10	甲3辰	1	10
2:8	壬1申	1	9	3:10	壬1寅	1	9	4:9	壬1申	1	9	5:10	癸2卯	2	9	6:10	甲3戌	1	9	7:11	乙3巳	1	9
2:9	癸2酉	2	8	3:11	癸2卯	2	8	4:10	癸2酉	2	8	5:11	甲3辰	2	9	6:11	乙2亥	2	9	7:12	丙3午	2	9
2:10	甲3戌	2	8	3:12	甲3辰	2	8	4:11	甲3戌	2	8	5:12	乙3巳	2	8	6:12	丙1子	2	8	7:13	丁1未	2	9
2:11	乙3亥	2	8	3:13	乙3巳	2	8	4:12	乙3亥	2	8	5:13	丙1午	3	8	6:13	丁1丑	2	8	7:14	戊1申	2	8
2:12	丙1子	3	7	3:14	丙3午	3	7	4:13	丙3子	3	7	5:14	丁1未	3	8	6:14	戊1寅	3	8	7:15	己1酉	3	8
2:13	丁3丑	3	7	3:15	丁1未	3	7	4:14	丁1丑	3	7	5:15	戊1申	3	7	6:15	己1卯	3	7	7:16	庚1戌	3	8
2:14	戊3寅	3	7	3:16	戊3申	3	7	4:15	戊1寅	3	7	5:16	己1酉	3	7	6:16	庚1辰	3	7	7:17	辛1亥	3	7
2:15	己2卯	4	6	3:17	己3酉	4	6	4:16	己1卯	4	6	5:17	庚1戌	4	7	6:17	辛1巳	4	7	7:18	壬1子	4	7
2:16	庚3辰	4	6	3:18	庚3戌	4	6	4:17	庚1辰	4	6	5:18	辛2亥	4	6	6:18	壬1午	4	6	7:19	癸1丑	4	7
2:17	辛3巳	4	6	3:19	辛3亥	4	6	4:18	辛1巳	4	6	5:19	壬1子	4	6	6:19	癸1未	4	6	7:20	甲1寅	4	6
2:18	壬2午	5	5	3:20	壬1子	5	5	4:19	壬1午	5	5	5:20	癸2丑	5	6	6:20	甲1申	5	6	7:21	乙2卯	5	6
2:19	癸2未	5	5	3:21	癸1丑	5	5	4:20	癸1未	5	5	5:21	甲2寅	5	5	6:21	乙3酉	5	5	7:22	丙2辰	5	6
2:20	甲1申	5	5	3:22	甲1寅	5	5	4:21	甲1申	5	5	5:22	乙3卯	5	5	6:22	丙1戌	5	5	7:23	丁1巳	5	5
2:21	乙2酉	6	4	3:23	乙3卯	6	4	4:22	乙2酉	6	4	5:23	丙2辰	6	5	6:23	丁1亥	6	5	7:24	戊1午	6	5
2:22	丙3戌	6	4	3:24	丙3辰	6	4	4:23	丙3戌	6	4	5:24	丁1巳	6	4	6:24	戊1子	6	4	7:25	己1未	6	5
2:23	丁3亥	6	4	3:25	丁1巳	6	4	4:24	丁1亥	6	4	5:25	戊1午	6	4	6:25	己1丑	6	4	7:26	庚1申	6	4
2:24	戊1子	7	3	3:26	戊1午	7	3	4:25	戊1子	7	4	5:26	己1未	7	4	6:26	庚1寅	7	4	7:27	辛1酉	7	4
2:25	己1丑	7	3	3:27	己1未	7	3	4:26	己1丑	7	4	5:27	庚2申	7	3	6:27	辛1卯	7	3	7:28	壬1戌	7	4
2:26	庚1寅	7	3	3:28	庚1申	7	3	4:27	庚1寅	7	4	5:28	辛1酉	7	3	6:28	壬1辰	7	3	7:29	癸1亥	7	3
2:27	辛2卯	8	2	3:29	辛2酉	8	2	4:28	辛1卯	8	3	5:29	壬1戌	8	3	6:29	癸1巳	8	3	7:30	甲1子	8	3
2:28	壬2辰	8	2	3:30	壬2戌	8	2	4:29	壬2辰	8	2	5:30	癸1亥	8	2	6:30	甲1午	8	2	7:31	乙1丑	8	3
3:1	癸2巳	8	2	3:31	癸1亥	8	2	4:30	癸2巳	8	2	5:31	甲2子	8	2	7:1	乙1未	8	2	8:1	丙1寅	8	2
3:2	甲2午	9	1	4:1	甲1子	9	1	5:1	甲2午	9	1	6:1	乙1丑	9	2	7:2	丙1申	9	2	8:2	丁1卯	9	2
3:3	乙2未	9	1	4:2	乙1丑	9	1	5:2	乙2未	9	1	6:2	丙2寅	9	1	7:3	丁1酉	9	1	8:3	戊1辰	9	2
3:4	丙3申	9	1	4:3	丙1寅	9	1	5:3	丙1申	9	1	6:3	丁1卯	9	1	7:4	戊1戌	9	1	8:4	己1巳	9	1
3:5	丁3酉	10	0	4:4	丁1卯	10	0	5:4	丁1酉	10	0	6:4	戊1辰	10	1	7:5	己1亥	10	1	8:5	庚1午	10	1
3:6	戊2戌	10	0	4:5	戊1辰	10	0	5:5	戊1戌	10	0	6:5	己1巳	10	0	7:6	庚2子	10	0	8:6	辛1未	10	1
								5:6	己1亥	10	0	6:6	庚2午	10	0	7:7	辛1丑	10	0	8:7	壬1申	10	0
																				8:8	癸2酉	11	0

歳	男	歳	女	歳	男	歳	女	歳	男	歳	女	歳	男	歳	女	歳	男	歳	女	歳	男	歳	女
0	己丑	0	辛卯	0	庚寅	0	壬辰	0	辛卯	0	癸巳	0	壬辰	0	甲午	0	癸巳	0	乙未	0	甲午	0	丙申
10	戊子	10	壬辰	10	己丑	10	癸巳	10	庚寅	10	甲午	10	辛卯	10	乙未	10	壬辰	10	丙申	10	癸巳	10	丁酉
20	丁亥	20	癸巳	20	戊子	20	甲午	20	己丑	20	乙未	20	庚寅	20	丙申	20	辛卯	20	丁酉	20	壬辰	20	戊戌
30	丙戌	30	甲午	30	丁亥	30	乙未	30	戊子	30	丙申	30	己丑	30	丁酉	30	庚寅	30	戊戌	30	辛卯	30	己亥
40	乙酉	40	乙未	40	丙戌	40	丙申	40	丁亥	40	丁酉	40	戊子	40	戊戌	40	己丑	40	己亥	40	庚寅	40	庚子
50	甲申	50	丙申	50	乙酉	50	丁酉	50	丙戌	50	戊戌	50	丁亥	50	己亥	50	戊子	50	庚子	50	己丑	50	辛丑
60	癸未	60	丁酉	60	甲申	60	戊戌	60	乙酉	60	己亥	60	丙戌	60	庚子	60	丁亥	60	辛丑	60	戊子	60	壬寅
70	壬午	70	戊戌	70	癸未	70	己亥	70	甲申	70	庚子	70	乙酉	70	辛丑	70	丙戌	70	壬寅	70	丁亥	70	癸卯
80	辛巳	80	己亥	80	壬午	80	庚子	80	癸未	80	辛丑	80	甲申	80	壬寅	80	乙酉	80	癸卯	80	丙戌	80	甲辰

～1962年（昭和37年）2月4日15時17分

月柱 丙申（8月8日 2:49～9月8日 5:28）

生日	日柱	立運年齢 男	立運年齢 女
8 8	癸3酉	0	10
8 9	甲3戌	0	10
8 10	乙3亥	1	10
8 11	丙3子	1	9
8 12	丁3丑	1	9
8 13	戊3寅	2	9
8 14	己3卯	2	8
8 15	庚1辰	2	8
8 16	辛1巳	3	8
8 17	壬2午	3	7
8 18	癸2未	3	7
8 19	甲2申	4	7
8 20	乙2酉	4	6
8 21	丙2戌	4	6
8 22	丁2亥	5	6
8 23	戊2子	5	5
8 24	己2丑	5	5
8 25	庚2寅	6	5
8 26	辛2卯	6	4
8 27	壬2辰	6	4
8 28	癸2巳	7	4
8 29	甲2午	7	3
8 30	乙2未	7	3
8 31	丙2申	8	3
9 1	丁2酉	8	2
9 2	戊2戌	8	2
9 3	己2亥	9	2
9 4	庚2子	9	1
9 5	辛2丑	9	1
9 6	壬2寅	10	1
9 7	癸2卯	10	0
9 8	甲3辰	10	0

月柱 丁酉（9月8日 5:29～10月8日 20:50）

生日	日柱	立運年齢 男	立運年齢 女
9 8	甲3辰	0	10
9 9	乙3巳	0	10
9 10	丙2午	1	9
9 11	丁3未	1	9
9 12	戊2申	1	9
9 13	己2酉	2	8
9 14	庚1戌	2	8
9 15	辛1亥	2	8
9 16	壬1子	3	7
9 17	癸1丑	3	7
9 18	甲1寅	3	7
9 19	乙1卯	4	6
9 20	丙3辰	4	6
9 21	丁2巳	4	6
9 22	戊1午	5	5
9 23	己1未	5	5
9 24	庚1申	5	5
9 25	辛1酉	6	4
9 26	壬2戌	6	4
9 27	癸1亥	6	4
9 28	甲3子	7	3
9 29	乙3丑	7	3
9 30	丙2寅	7	3
10 1	丁3卯	8	2
10 2	戊1辰	8	2
10 3	己1巳	8	2
10 4	庚1午	9	1
10 5	辛1未	9	1
10 6	壬1申	9	1
10 7	癸1酉	10	0
10 8	甲3戌	10	0

月柱 戊戌（10月8日 20:51～11月7日 23:45）

生日	日柱	立運年齢 男	立運年齢 女
10 8	甲3戌	0	10
10 9	乙3亥	0	10
10 10	丙3子	1	9
10 11	丁3丑	1	9
10 12	戊3寅	1	9
10 13	己1卯	2	8
10 14	庚1辰	2	8
10 15	辛1巳	2	8
10 16	壬1午	3	7
10 17	癸1未	3	7
10 18	甲3申	3	7
10 19	乙3酉	4	6
10 20	丙3戌	4	6
10 21	丁3亥	4	6
10 22	戊1子	5	5
10 23	己1丑	5	5
10 24	庚1寅	5	5
10 25	辛1卯	6	4
10 26	壬1辰	6	4
10 27	癸1巳	6	4
10 28	甲3午	7	3
10 29	乙3未	7	3
10 30	丙3申	7	3
10 31	丁3酉	8	2
11 1	戊1戌	8	2
11 2	己1亥	8	2
11 3	庚1子	9	1
11 4	辛1丑	9	1
11 5	壬1寅	9	1
11 6	癸1卯	10	0
11 7	甲3辰	10	0

月柱 己亥（11月7日 23:46～12月7日 16:25）

生日	日柱	立運年齢 男	立運年齢 女
11 7	甲3辰	0	10
11 8	乙3巳	0	10
11 9	丙3午	1	9
11 10	丁3未	1	9
11 11	戊1申	1	9
11 12	己2酉	2	8
11 13	庚1戌	2	8
11 14	辛1亥	2	8
11 15	壬1子	3	7
11 16	癸1丑	3	7
11 17	甲3寅	3	7
11 18	乙3卯	4	6
11 19	丙3辰	4	6
11 20	丁3巳	4	6
11 21	戊1午	5	5
11 22	己1未	5	5
11 23	庚1申	5	5
11 24	辛1酉	6	4
11 25	壬1戌	6	4
11 26	癸1亥	6	4
11 27	甲1子	7	3
11 28	乙3丑	7	3
11 29	丙3寅	7	3
11 30	丁3卯	8	2
12 1	戊1辰	8	2
12 2	己1巳	8	2
12 3	庚1午	9	1
12 4	辛1未	9	1
12 5	壬1申	9	1
12 6	癸1酉	10	0
12 7	甲3戌	10	0

月柱 庚子（12月7日 16:26～1月6日 3:34）

生日	日柱	立運年齢 男	立運年齢 女
12 7	甲3戌	0	10
12 8	乙3亥	0	10
12 9	丙3子	1	9
12 10	丁3丑	1	9
12 11	戊3寅	1	9
12 12	己3卯	2	8
12 13	庚1辰	2	8
12 14	辛1巳	2	8
12 15	壬1午	3	7
12 16	癸1未	3	7
12 17	甲3申	3	7
12 18	乙3酉	4	6
12 19	丙3戌	4	6
12 20	丁3亥	4	6
12 21	戊1子	5	5
12 22	己1丑	5	5
12 23	庚1寅	5	5
12 24	辛1卯	6	4
12 25	壬1辰	6	4
12 26	癸1巳	6	4
12 27	甲3午	7	3
12 28	乙3未	7	3
12 29	丙3申	7	3
12 30	丁3酉	8	2
12 31	戊2戌	8	2
1 1	己1亥	8	2
1 2	庚1子	9	1
1 3	辛1丑	9	1
1 4	壬1寅	9	1
1 5	癸1卯	10	0
1 6	甲3辰	10	0

月柱 辛丑（1月6日 3:35～2月4日15:17）

生日	日柱	立運年齢 男	立運年齢 女
1 6	甲3辰	0	10
1 7	乙3巳	0	9
1 8	丙3午	1	9
1 9	丁3未	1	9
1 10	戊2申	1	8
1 11	己2酉	2	8
1 12	庚1戌	2	8
1 13	辛1亥	2	7
1 14	壬1子	3	7
1 15	癸1丑	3	7
1 16	甲3寅	3	6
1 17	乙3卯	4	6
1 18	丙3辰	4	6
1 19	丁3巳	4	5
1 20	戊1午	5	5
1 21	己1未	5	5
1 22	庚1申	5	4
1 23	辛1酉	6	4
1 24	壬1戌	6	4
1 25	癸1亥	6	3
1 26	甲3子	7	3
1 27	乙3丑	7	3
1 28	丙3寅	7	2
1 29	丁3卯	8	2
1 30	戊1辰	8	2
1 31	己1巳	8	1
2 1	庚1午	9	1
2 2	辛1未	9	1
2 3	壬1申	9	0
2 4	癸1酉	10	0

大運

歳	丙申 男	歳	丙申 女	歳	丁酉 男	歳	丁酉 女	歳	戊戌 男	歳	戊戌 女	歳	己亥 男	歳	己亥 女	歳	庚子 男	歳	庚子 女	歳	辛丑 男	歳	辛丑 女
0	乙未	0	丁酉	0	丙申	0	戊戌	0	丁酉	0	己亥	0	戊戌	0	庚子	0	己亥	0	辛丑	0	庚子	0	壬寅
10	甲午	10	戊戌	10	乙未	10	己亥	10	丙申	10	庚子	10	丁酉	10	辛丑	10	戊戌	10	壬寅	10	己亥	10	癸卯
20	癸巳	20	己亥	20	甲午	20	庚子	20	乙未	20	辛丑	20	丙申	20	壬寅	20	丁酉	20	癸卯	20	戊戌	20	甲辰
30	壬辰	30	庚子	30	癸巳	30	辛丑	30	甲午	30	壬寅	30	乙未	30	癸卯	30	丙申	30	甲辰	30	丁酉	30	乙巳
40	辛卯	40	辛丑	40	壬辰	40	壬寅	40	癸巳	40	癸卯	40	甲午	40	甲辰	40	乙未	40	乙巳	40	丙申	40	丙午
50	庚寅	50	壬寅	50	辛卯	50	癸卯	50	壬辰	50	甲辰	50	癸巳	50	乙巳	50	甲午	50	丙午	50	乙未	50	丁未
60	己丑	60	癸卯	60	庚寅	60	甲辰	60	辛卯	60	乙巳	60	壬辰	60	丙午	60	癸巳	60	丁未	60	甲午	60	戊申
70	戊子	70	甲辰	70	己丑	70	乙巳	70	庚寅	70	丙午	70	辛卯	70	丁未	70	壬辰	70	戊申	70	癸巳	70	己酉
80	丁亥	80	乙巳	80	戊子	80	丙午	80	己丑	80	丁未	80	庚寅	80	戊申	80	辛卯	80	己酉	80	壬辰	80	庚戌

年柱 壬寅　1962年（昭和37年）2月4日15時18分〜

月柱	壬寅	癸卯	甲辰	乙巳	丙午	丁未
期間	2月4日15:18〜3月6日 9:29	3月6日 9:30〜4月5日14:33	4月5日14:34〜5月6日 8:09	5月6日 8:10〜6月6日12:30	6月6日12:31〜7月7日22:50	7月7日22:51〜8月8日 8:33

立運年齢（男／女）

生日	日柱	男	女	生日	日柱	男	女	生日	日柱	男	女	生日	日柱	男	女	生日	日柱	男	女	生日	日柱	男	女
2/4	癸酉	10	0	3/6	癸卯	10	0	4/5	癸酉	10	0	5/6	甲辰	10	0	6/6	乙亥	10	0	7/7	丙午	11	0
2/5	甲戌	10	0	3/7	甲辰	10	0	4/6	甲戌	10	0	5/7	乙巳	10	0	6/7	丙子	10	0	7/8	丁未	10	0
2/6	乙亥	9	1	3/8	乙巳	9	1	4/7	乙亥	10	1	5/8	丙午	10	1	6/8	丁丑	10	1	7/9	戊申	10	1
2/7	丙子	9	1	3/9	丙午	9	1	4/8	丙子	9	1	5/9	丁未	9	1	6/9	戊寅	9	1	7/10	己酉	10	1
2/8	丁丑	9	1	3/10	丁未	9	1	4/9	丁丑	9	1	5/10	戊申	9	1	6/10	己卯	9	1	7/11	庚戌	9	1
2/9	戊寅	8	2	3/11	戊申	8	2	4/10	戊寅	8	2	5/11	己酉	9	2	6/11	庚辰	8	2	7/12	辛亥	9	2
2/10	己卯	8	2	3/12	己酉	8	2	4/11	己卯	8	2	5/12	庚戌	8	2	6/12	辛巳	8	2	7/13	壬子	9	2
2/11	庚辰	8	2	3/13	庚戌	8	2	4/12	庚辰	8	2	5/13	辛亥	8	2	6/13	壬午	8	2	7/14	癸丑	8	2
2/12	辛巳	7	3	3/14	辛亥	7	3	4/13	辛巳	7	3	5/14	壬子	8	3	6/14	癸未	8	3	7/15	甲寅	8	3
2/13	壬午	7	3	3/15	壬子	7	3	4/14	壬午	7	3	5/15	癸丑	7	3	6/15	甲申	7	3	7/16	乙卯	8	3
2/14	癸未	7	3	3/16	癸丑	7	3	4/15	癸未	7	3	5/16	甲寅	7	3	6/16	乙酉	7	3	7/17	丙辰	7	3
2/15	甲申	6	4	3/17	甲寅	6	4	4/16	甲申	6	4	5/17	乙卯	7	4	6/17	丙戌	7	4	7/18	丁巳	7	4
2/16	乙酉	6	4	3/18	乙卯	6	4	4/17	乙酉	6	4	5/18	丙辰	6	4	6/18	丁亥	6	4	7/19	戊午	7	4
2/17	丙戌	6	4	3/19	丙辰	6	4	4/18	丙戌	6	4	5/19	丁巳	6	4	6/19	戊子	6	4	7/20	己未	6	4
2/18	丁亥	5	5	3/20	丁巳	5	5	4/19	丁亥	6	5	5/20	戊午	6	5	6/20	己丑	6	5	7/21	庚申	6	5
2/19	戊子	5	5	3/21	戊午	5	5	4/20	戊子	5	5	5/21	己未	5	5	6/21	庚寅	5	5	7/22	辛酉	6	5
2/20	己丑	5	5	3/22	己未	5	5	4/21	己丑	5	5	5/22	庚申	5	5	6/22	辛卯	5	5	7/23	壬戌	5	5
2/21	庚寅	4	6	3/23	庚申	4	6	4/22	庚寅	4	6	5/23	辛酉	5	6	6/23	壬辰	5	6	7/24	癸亥	5	6
2/22	辛卯	4	6	3/24	辛酉	4	6	4/23	辛卯	4	6	5/24	壬戌	4	6	6/24	癸巳	4	6	7/25	甲子	5	6
2/23	壬辰	4	6	3/25	壬戌	4	6	4/24	壬辰	4	6	5/25	癸亥	4	6	6/25	甲午	4	6	7/26	乙丑	4	6
2/24	癸巳	3	7	3/26	癸亥	3	7	4/25	癸巳	4	7	5/26	甲子	4	7	6/26	乙未	4	7	7/27	丙寅	4	7
2/25	甲午	3	7	3/27	甲子	3	7	4/26	甲午	3	7	5/27	乙丑	3	7	6/27	丙申	3	7	7/28	丁卯	3	7
2/26	乙未	3	7	3/28	乙丑	3	7	4/27	乙未	3	7	5/28	丙寅	3	7	6/28	丁酉	3	7	7/29	戊辰	3	7
2/27	丙申	2	8	3/29	丙寅	2	8	4/28	丙申	3	8	5/29	丁卯	3	8	6/29	戊戌	3	8	7/30	己巳	3	8
2/28	丁酉	2	8	3/30	丁卯	2	8	4/29	丁酉	2	8	5/30	戊辰	2	8	6/30	己亥	2	8	7/31	庚午	3	8
3/1	戊戌	2	8	3/31	戊辰	2	8	4/30	戊戌	2	8	5/31	己巳	2	8	7/1	庚子	2	8	8/1	辛未	2	8
3/2	己亥	1	9	4/1	己巳	1	9	5/1	己亥	1	9	6/1	庚午	2	9	7/2	辛丑	2	9	8/2	壬申	2	9
3/3	庚子	1	9	4/2	庚午	1	9	5/2	庚子	1	9	6/2	辛未	1	9	7/3	壬寅	1	9	8/3	癸酉	1	9
3/4	辛丑	1	9	4/3	辛未	1	9	5/3	辛丑	1	9	6/3	壬申	1	9	7/4	癸卯	1	9	8/4	甲戌	1	9
3/5	壬寅	0	10	4/4	壬申	0	10	5/4	壬寅	1	10	6/4	癸酉	1	10	7/5	甲辰	1	10	8/5	乙亥	1	10
3/6	癸卯	0	10	4/5	癸酉	0	10	5/5	癸卯	0	10	6/5	甲戌	0	10	7/6	乙巳	0	10	8/6	丙子	0	10
								5/6	甲辰	0	10	6/6	乙亥	0	10	7/7	丙午	0	10	8/7	丁丑	0	10
																				8/8	戊寅	0	11

歳	男	歳	女	歳	男	歳	女	歳	男	歳	女	歳	男	歳	女	歳	男	歳	女	歳	男	歳	女
0	癸卯	0	辛丑	0	甲辰	0	壬寅	0	乙巳	0	癸卯	0	丙午	0	甲辰	0	丁未	0	乙巳	0	戊申	0	丙午
10	甲辰	10	庚子	10	乙巳	10	辛丑	10	丙午	10	壬寅	10	丁未	10	癸卯	10	戊申	10	甲辰	10	己酉	10	乙巳
20	乙巳	20	己亥	20	丙午	20	庚子	20	丁未	20	辛丑	20	戊申	20	壬寅	20	己酉	20	癸卯	20	庚戌	20	甲辰
30	丙午	30	戊戌	30	丁未	30	己亥	30	戊申	30	庚子	30	己酉	30	辛丑	30	庚戌	30	壬寅	30	辛亥	30	癸卯
40	丁未	40	丁酉	40	戊申	40	戊戌	40	己酉	40	己亥	40	庚戌	40	庚子	40	辛亥	40	辛丑	40	壬子	40	壬寅
50	戊申	50	丙申	50	己酉	50	丁酉	50	庚戌	50	戊戌	50	辛亥	50	己亥	50	壬子	50	庚子	50	癸丑	50	辛丑
60	己酉	60	乙未	60	庚戌	60	丙申	60	辛亥	60	丁酉	60	壬子	60	戊戌	60	癸丑	60	己亥	60	甲寅	60	庚子
70	庚戌	70	甲午	70	辛亥	70	乙未	70	壬子	70	丙申	70	癸丑	70	丁酉	70	甲寅	70	戊戌	70	乙卯	70	己亥
80	辛亥	80	癸巳	80	壬子	80	甲午	80	癸丑	80	乙未	80	甲寅	80	丙申	80	乙卯	80	丁酉	80	丙辰	80	戊戌

～1963年（昭和38年）2月4日21時07分

月柱 戊申（8月8日 8:34～ ／ 9月8日11:15）

生日	日柱	男	女
8 8	戊$_3$寅	10	0
8 9	己$_3$卯	10	0
8 10	庚$_3$辰	10	1
8 11	辛$_2$巳	9	1
8 12	壬$_2$午	9	1
8 13	癸$_2$未	9	2
8 14	甲$_2$申	8	2
8 15	乙$_2$酉	8	2
8 16	丙$_3$戌	8	3
8 17	丁$_3$亥	7	3
8 18	戊$_3$子	7	3
8 19	己$_3$丑	7	4
8 20	庚$_2$寅	6	4
8 21	辛$_2$卯	6	4
8 22	壬$_2$辰	6	5
8 23	癸$_2$巳	5	5
8 24	甲$_2$午	5	6
8 25	乙$_2$未	5	6
8 26	丙$_3$申	4	6
8 27	丁$_3$酉	4	7
8 28	戊$_2$戌	4	7
8 29	己$_2$亥	3	7
8 30	庚$_1$子	3	8
8 31	辛$_1$丑	3	8
9 1	壬$_1$寅	2	8
9 2	癸$_1$卯	2	8
9 3	甲$_2$辰	2	9
9 4	乙$_2$巳	1	9
9 5	丙$_2$午	1	9
9 6	丁$_1$未	1	10
9 7	戊$_3$申	0	10
9 8	己$_3$酉	0	10

月柱 己酉（9月8日11:16～ ／ 10月9日 2:37）

生日	日柱	男	女
9 8	己$_3$酉	10	0
9 9	庚$_1$戌	10	0
9 10	辛$_1$亥	10	1
9 11	壬$_1$子	9	1
9 12	癸$_1$丑	9	1
9 13	甲$_1$寅	8	2
9 14	乙$_1$卯	8	2
9 15	丙$_3$辰	8	2
9 16	丁$_2$巳	8	3
9 17	戊$_3$午	7	3
9 18	己$_3$未	7	3
9 19	庚$_3$申	7	4
9 20	辛$_3$酉	6	4
9 21	壬$_2$戌	6	4
9 22	癸$_3$亥	5	5
9 23	甲$_1$子	5	5
9 24	乙$_2$丑	5	6
9 25	丙$_2$寅	5	6
9 26	丁$_1$卯	4	6
9 27	戊$_1$辰	4	7
9 28	己$_2$巳	4	7
9 29	庚$_1$午	3	7
9 30	辛$_1$未	3	8
10 1	壬$_1$申	3	8
10 2	癸$_1$酉	2	8
10 3	甲$_2$戌	2	8
10 4	乙$_2$亥	1	9
10 5	丙$_3$子	1	9
10 6	丁$_3$丑	1	9
10 7	戊$_3$寅	1	10
10 8	己$_3$卯	0	10
10 9	庚$_1$辰	0	10

月柱 庚戌（10月9日 2:38～ ／ 11月8日 5:34）

生日	日柱	男	女
10 9	庚$_1$辰	10	0
10 10	辛$_1$巳	10	0
10 11	壬$_2$午	9	1
10 12	癸$_1$未	9	1
10 13	甲$_1$申	9	1
10 14	乙$_2$酉	8	2
10 15	丙$_3$戌	8	2
10 16	丁$_3$亥	8	2
10 17	戊$_3$子	7	3
10 18	己$_3$丑	7	3
10 19	庚$_1$寅	7	3
10 20	辛$_1$卯	6	4
10 21	壬$_1$辰	6	4
10 22	癸$_2$巳	5	5
10 23	甲$_2$午	5	5
10 24	乙$_2$未	5	5
10 25	丙$_1$申	4	6
10 26	丁$_3$酉	4	6
10 27	戊$_3$戌	4	6
10 28	己$_3$亥	3	7
10 29	庚$_1$子	3	7
10 30	辛$_1$丑	3	8
10 31	壬$_1$寅	2	8
11 1	癸$_1$卯	2	8
11 2	甲$_2$辰	2	8
11 3	乙$_2$巳	2	8
11 4	丙$_2$午	1	9
11 5	丁$_2$未	1	9
11 6	戊$_3$申	1	9
11 7	己$_2$酉	0	10
11 8	庚$_1$戌	0	10

月柱 辛亥（11月8日 5:35～ ／ 12月7日22:16）

生日	日柱	男	女
11 8	庚$_2$戌	10	0
11 9	辛$_1$亥	9	0
11 10	壬$_1$子	9	1
11 11	癸$_1$丑	8	1
11 12	甲$_1$寅	8	1
11 13	乙$_1$卯	8	2
11 14	丙$_1$辰	8	2
11 15	丁$_1$巳	7	2
11 16	戊$_3$午	7	3
11 17	己$_3$未	7	3
11 18	庚$_2$申	6	3
11 19	辛$_2$酉	6	4
11 20	壬$_1$戌	6	4
11 21	癸$_2$亥	5	5
11 22	甲$_1$子	5	5
11 23	乙$_1$丑	5	5
11 24	丙$_2$寅	4	6
11 25	丁$_3$卯	4	6
11 26	戊$_3$辰	4	6
11 27	己$_3$巳	3	7
11 28	庚$_1$午	3	7
11 29	辛$_1$未	2	7
11 30	壬$_1$申	2	8
12 1	癸$_1$酉	2	8
12 2	甲$_1$戌	1	8
12 3	乙$_2$亥	1	8
12 4	丙$_2$子	1	9
12 5	丁$_1$丑	1	9
12 6	戊$_3$寅	0	9
12 7	己$_3$卯	0	10

月柱 壬子（12月7日22:17～ ／ 1月6日 9:26）

生日	日柱	男	女
12 7	己$_3$卯	10	0
12 8	庚$_1$辰	10	0
12 9	辛$_3$巳	9	1
12 10	壬$_1$午	9	1
12 11	癸$_1$未	9	1
12 12	甲$_1$申	8	2
12 13	乙$_1$酉	8	2
12 14	丙$_3$戌	8	2
12 15	丁$_3$亥	7	3
12 16	戊$_3$子	7	3
12 17	己$_3$丑	7	3
12 18	庚$_2$寅	7	4
12 19	辛$_3$卯	6	4
12 20	壬$_1$辰	6	4
12 21	癸$_1$巳	5	5
12 22	甲$_1$午	5	5
12 23	乙$_2$未	4	5
12 24	丙$_3$申	4	6
12 25	丁$_3$酉	4	6
12 26	戊$_3$戌	3	7
12 27	己$_3$亥	3	7
12 28	庚$_1$子	3	7
12 29	辛$_1$丑	2	7
12 30	壬$_1$寅	2	8
12 31	癸$_1$卯	2	8
1 1	甲$_1$辰	1	8
1 2	乙$_1$巳	1	9
1 3	丙$_2$午	1	9
1 4	丁$_1$未	1	9
1 5	戊$_3$申	0	10
1 6	己$_3$酉	0	10

月柱 癸丑（1月6日 9:27～ ／ 2月4日21:07）

生日	日柱	男	女
1 6	己$_3$酉	10	0
1 7	庚$_2$戌	9	0
1 8	辛$_3$亥	9	1
1 9	壬$_1$子	8	1
1 10	癸$_1$丑	8	1
1 11	甲$_1$寅	8	2
1 12	乙$_1$卯	8	2
1 13	丙$_3$辰	7	2
1 14	丁$_2$巳	7	3
1 15	戊$_3$午	7	3
1 16	己$_2$未	6	3
1 17	庚$_2$申	6	4
1 18	辛$_2$酉	5	4
1 19	壬$_1$戌	5	4
1 20	癸$_1$亥	5	5
1 21	甲$_1$子	5	5
1 22	乙$_1$丑	4	5
1 23	丙$_2$寅	4	6
1 24	丁$_2$卯	3	6
1 25	戊$_3$辰	3	6
1 26	己$_2$巳	3	7
1 27	庚$_2$午	2	7
1 28	辛$_2$未	2	7
1 29	壬$_1$申	2	7
1 30	癸$_1$酉	1	8
1 31	甲$_1$戌	1	8
2 1	乙$_2$亥	1	9
2 2	丙$_3$子	1	9
2 3	丁$_3$丑	0	9
2 4	戊$_3$寅	0	10

大運（立運）

歳	戊申 男	戊申 女	己酉 男	己酉 女	庚戌 男	庚戌 女	辛亥 男	辛亥 女	壬子 男	壬子 女	癸丑 男	癸丑 女
0	己酉	丁未	庚戌	戊申	辛亥	己酉	壬子	庚戌	癸丑	辛亥	甲寅	壬子
10	庚戌	丙午	辛亥	丁未	壬子	戊申	癸丑	己酉	甲寅	庚戌	乙卯	辛亥
20	辛亥	乙巳	壬子	丙午	癸丑	丁未	甲寅	戊申	乙卯	己酉	丙辰	庚戌
30	壬子	甲辰	癸丑	乙巳	甲寅	丙午	乙卯	丁未	丙辰	戊申	丁巳	己酉
40	癸丑	癸卯	甲寅	甲辰	乙卯	乙巳	丙辰	丙午	丁巳	丁未	戊午	戊申
50	甲寅	壬寅	乙卯	癸卯	丙辰	甲辰	丁巳	乙巳	戊午	丙午	己未	丁未
60	乙卯	辛丑	丙辰	壬寅	丁巳	癸卯	戊午	甲辰	己未	乙巳	庚申	丙午
70	丙辰	庚子	丁巳	辛丑	戊午	壬寅	己未	癸卯	庚申	甲辰	辛酉	乙巳
80	丁巳	己亥	戊午	庚子	己未	辛丑	庚申	壬寅	辛酉	癸卯	壬戌	甲辰

年柱 癸卯 ── 1963年（昭和38年）2月4日21時08分〜

月柱 甲寅（2月4日21:08〜3月6日15:16）

生日	日柱	立運年齢 男	女
2/4	戊$_3$寅	0	10
2/5	己$_3$卯	0	10
2/6	庚$_3$辰	1	9
2/7	辛$_3$巳	1	9
2/8	壬$_3$午	1	9
2/9	癸$_3$未	2	8
2/10	甲$_1$申	2	8
2/11	乙$_1$酉	2	8
2/12	丙$_1$戌	3	7
2/13	丁$_1$亥	3	7
2/14	戊$_1$子	3	7
2/15	己$_1$丑	4	6
2/16	庚$_1$寅	4	6
2/17	辛$_1$卯	4	6
2/18	壬$_3$辰	5	5
2/19	癸$_3$巳	5	5
2/20	甲$_1$午	5	5
2/21	乙$_1$未	6	4
2/22	丙$_1$申	6	4
2/23	丁$_1$酉	6	4
2/24	戊$_1$戌	7	4
2/25	己$_1$亥	7	4
2/26	庚$_1$子	7	3
2/27	辛$_1$丑	8	2
2/28	壬$_3$寅	8	2
3/1	癸$_3$卯	8	2
3/2	甲$_1$辰	9	1
3/3	乙$_1$巳	9	1
3/4	丙$_1$午	9	1
3/5	丁$_3$未	10	0
3/6	戊$_3$申	10	0

月柱 乙卯（3月6日15:17〜4月5日20:18）

生日	日柱	立運年齢 男	女
3/6	戊$_3$申	0	10
3/7	己$_3$酉	0	10
3/8	庚$_1$戌	1	9
3/9	辛$_1$亥	1	9
3/10	壬$_1$子	1	9
3/11	癸$_3$丑	2	8
3/12	甲$_3$寅	2	8
3/13	乙$_3$卯	2	8
3/14	丙$_3$辰	3	7
3/15	丁$_3$巳	3	7
3/16	戊$_3$午	3	7
3/17	己$_3$未	4	6
3/18	庚$_1$申	4	6
3/19	辛$_3$酉	4	6
3/20	壬$_3$戌	5	5
3/21	癸$_3$亥	5	5
3/22	甲$_3$子	5	5
3/23	乙$_2$丑	6	4
3/24	丙$_3$寅	6	4
3/25	丁$_3$卯	6	4
3/26	戊$_3$辰	7	4
3/27	己$_3$巳	7	4
3/28	庚$_3$午	7	3
3/29	辛$_3$未	8	2
3/30	壬$_3$申	8	2
3/31	癸$_3$酉	8	2
4/1	甲$_1$戌	9	1
4/2	乙$_1$亥	9	1
4/3	丙$_1$子	9	1
4/4	丁$_1$丑	10	0
4/5	戊$_3$寅	10	0

月柱 丙辰（4月5日20:19〜5月6日13:51）

生日	日柱	立運年齢 男	女
4/5	戊$_3$寅	0	10
4/6	己$_1$卯	0	10
4/7	庚$_1$辰	1	9
4/8	辛$_1$巳	1	9
4/9	壬$_1$午	1	9
4/10	癸$_3$未	2	8
4/11	甲$_1$申	2	8
4/12	乙$_1$酉	2	8
4/13	丙$_1$戌	3	8
4/14	丁$_1$亥	3	7
4/15	戊$_1$子	3	7
4/16	己$_1$丑	4	7
4/17	庚$_1$寅	4	6
4/18	辛$_1$卯	4	6
4/19	壬$_3$辰	5	5
4/20	癸$_3$巳	5	5
4/21	甲$_1$午	5	5
4/22	乙$_1$未	6	4
4/23	丙$_1$申	6	4
4/24	丁$_1$酉	6	4
4/25	戊$_1$戌	7	4
4/26	己$_1$亥	7	4
4/27	庚$_1$子	7	3
4/28	辛$_2$丑	8	2
4/29	壬$_3$寅	8	2
4/30	癸$_3$卯	8	2
5/1	甲$_1$辰	9	1
5/2	乙$_1$巳	9	1
5/3	丙$_1$午	9	1
5/4	丁$_1$未	10	1
5/5	戊$_3$申	10	0
5/6	己$_3$酉	10	0

月柱 丁巳（5月6日13:52〜6月6日18:14）

生日	日柱	立運年齢 男	女
5/6	己$_3$酉	0	10
5/7	庚$_1$戌	0	10
5/8	辛$_1$亥	1	10
5/9	壬$_2$子	1	9
5/10	癸$_3$丑	1	9
5/11	甲$_1$寅	2	9
5/12	乙$_2$卯	2	8
5/13	丙$_1$辰	2	8
5/14	丁$_3$巳	3	8
5/15	戊$_1$午	3	7
5/16	己$_1$未	3	7
5/17	庚$_1$申	4	7
5/18	辛$_1$酉	4	6
5/19	壬$_3$戌	4	6
5/20	癸$_2$亥	5	5
5/21	甲$_1$子	5	5
5/22	乙$_2$丑	5	5
5/23	丙$_1$寅	6	4
5/24	丁$_1$卯	6	4
5/25	戊$_1$辰	6	4
5/26	己$_1$巳	7	4
5/27	庚$_1$午	7	4
5/28	辛$_1$未	7	3
5/29	壬$_2$申	8	2
5/30	癸$_2$酉	8	2
5/31	甲$_1$戌	8	2
6/1	乙$_1$亥	9	2
6/2	丙$_1$子	9	1
6/3	丁$_1$丑	9	1
6/4	戊$_1$寅	10	1
6/5	己$_1$卯	10	0
6/6	庚$_1$辰	10	0

月柱 戊午（6月6日18:15〜7月8日4:37）

生日	日柱	立運年齢 男	女
6/6	庚$_1$辰	0	11
6/7	辛$_1$巳	0	10
6/8	壬$_3$午	1	10
6/9	癸$_1$未	1	10
6/10	甲$_2$申	1	9
6/11	乙$_2$酉	2	9
6/12	丙$_1$戌	2	9
6/13	丁$_1$亥	2	8
6/14	戊$_1$子	3	8
6/15	己$_1$丑	3	8
6/16	庚$_1$寅	3	7
6/17	辛$_1$卯	4	7
6/18	壬$_3$辰	4	7
6/19	癸$_3$巳	4	6
6/20	甲$_2$午	5	6
6/21	乙$_1$未	5	5
6/22	丙$_1$申	5	5
6/23	丁$_1$酉	6	5
6/24	戊$_1$戌	6	4
6/25	己$_1$亥	6	4
6/26	庚$_1$子	7	4
6/27	辛$_1$丑	7	4
6/28	壬$_3$寅	7	3
6/29	癸$_3$卯	8	3
6/30	甲$_2$辰	8	2
7/1	乙$_2$巳	8	2
7/2	丙$_1$午	9	2
7/3	丁$_1$未	9	1
7/4	戊$_1$申	9	1
7/5	己$_1$酉	10	1
7/6	庚$_1$戌	10	1
7/7	辛$_1$亥	10	0
7/8	壬$_1$子	11	0

月柱 己未（7月8日4:38〜8月8日14:25）

生日	日柱	立運年齢 男	女
7/8	壬$_3$子	0	10
7/9	癸$_3$丑	0	10
7/10	甲$_1$寅	1	10
7/11	乙$_1$卯	1	9
7/12	丙$_1$辰	1	9
7/13	丁$_3$巳	2	9
7/14	戊$_1$午	2	8
7/15	己$_1$未	2	8
7/16	庚$_1$申	3	8
7/17	辛$_1$酉	3	7
7/18	壬$_3$戌	3	7
7/19	癸$_2$亥	4	7
7/20	甲$_1$子	4	6
7/21	乙$_2$丑	4	6
7/22	丙$_1$寅	5	6
7/23	丁$_1$卯	5	5
7/24	戊$_1$辰	5	5
7/25	己$_1$巳	6	5
7/26	庚$_1$午	6	4
7/27	辛$_1$未	6	4
7/28	壬$_3$申	7	4
7/29	癸$_2$酉	7	4
7/30	甲$_1$戌	7	3
7/31	乙$_1$亥	8	3
8/1	丙$_2$子	8	2
8/2	丁$_2$丑	8	2
8/3	戊$_1$寅	9	2
8/4	己$_1$卯	9	1
8/5	庚$_1$辰	9	1
8/6	辛$_1$巳	10	1
8/7	壬$_1$午	10	1
8/8	癸$_1$未	10	0

立運表

歳	甲寅 男	甲寅 女	乙卯 男	乙卯 女	丙辰 男	丙辰 女	丁巳 男	丁巳 女	戊午 男	戊午 女	己未 男	己未 女
0	癸丑	乙卯	甲寅	丙辰	乙卯	丁巳	丙辰	戊午	丁巳	己未	戊午	庚申
10	壬子	丙辰	癸丑	丁巳	甲寅	戊午	乙卯	己未	丙辰	庚申	丁巳	辛酉
20	辛亥	丁巳	壬子	戊午	癸丑	己未	甲寅	庚申	乙卯	辛酉	丙辰	壬戌
30	庚戌	戊午	辛亥	己未	壬子	庚申	癸丑	辛酉	甲寅	壬戌	乙卯	癸亥
40	己酉	己未	庚戌	庚申	辛亥	辛酉	壬子	壬戌	癸丑	癸亥	甲寅	甲子
50	戊申	庚申	己酉	辛酉	庚戌	壬戌	辛亥	癸亥	壬子	甲子	癸丑	乙丑
60	丁未	辛酉	戊申	壬戌	己酉	癸亥	庚戌	甲子	辛亥	乙丑	壬子	丙寅
70	丙午	壬戌	丁未	癸亥	戊申	甲子	己酉	乙丑	庚戌	丙寅	辛亥	丁卯
80	乙巳	癸亥	丙午	甲子	丁未	乙丑	戊申	丙寅	己酉	丁卯	庚戌	戊辰

～1964年（昭和39年）2月5日3時04分

月柱	期間
庚申	8月8日14:26～9月8日17:11
辛酉	9月8日17:12～10月9日 8:35
壬戌	10月9日 8:36～11月8日11:31
癸亥	11月8日11:32～12月8日 4:12
甲子	12月8日 4:13～1月6日15:21
乙丑	1月6日15:22～2月5日 3:04

月柱 庚申

生日	日柱	男	女
8/8	癸$_1$未	0	10
8/9	甲$_2$申	0	10
8/10	乙$_3$酉	1	10
8/11	丙$_3$戌	1	9
8/12	丁$_3$亥	1	9
8/13	戊$_3$子	2	9
8/14	己$_1$丑	2	8
8/15	庚$_1$寅	2	8
8/16	辛$_1$卯	3	8
8/17	壬$_1$辰	3	7
8/18	癸$_1$巳	3	7
8/19	甲$_2$午	4	7
8/20	乙$_3$未	4	6
8/21	丙$_3$申	4	6
8/22	丁$_1$酉	5	5
8/23	戊$_3$戌	5	5
8/24	己$_2$亥	5	5
8/25	庚$_1$子	6	5
8/26	辛$_1$丑	6	4
8/27	壬$_1$寅	6	4
8/28	癸$_1$卯	7	4
8/29	甲$_2$辰	7	3
8/30	乙$_3$巳	7	3
8/31	丙$_2$午	8	3
9/1	丁$_1$未	8	2
9/2	戊$_3$申	8	2
9/3	己$_2$酉	9	2
9/4	庚$_1$戌	9	1
9/5	辛$_1$亥	9	1
9/6	壬$_1$子	10	1
9/7	癸$_1$丑	10	0
9/8	甲$_2$寅	10	0

月柱 辛酉

生日	日柱	男	女
9/8	甲$_1$寅	0	10
9/9	乙$_1$卯	0	10
9/10	丙$_3$辰	1	10
9/11	丁$_2$巳	1	9
9/12	戊$_3$午	1	9
9/13	己$_3$未	2	9
9/14	庚$_1$申	2	8
9/15	辛$_1$酉	2	8
9/16	壬$_1$戌	3	8
9/17	癸$_1$亥	3	7
9/18	甲$_1$子	3	7
9/19	乙$_1$丑	4	7
9/20	丙$_2$寅	4	6
9/21	丁$_3$卯	4	6
9/22	戊$_3$辰	5	5
9/23	己$_3$巳	5	5
9/24	庚$_1$午	6	5
9/25	辛$_1$未	6	5
9/26	壬$_1$申	6	4
9/27	癸$_1$酉	6	4
9/28	甲$_3$戌	7	4
9/29	乙$_2$亥	7	3
9/30	丙$_3$子	7	3
10/1	丁$_3$丑	8	3
10/2	戊$_1$寅	8	2
10/3	己$_2$卯	8	2
10/4	庚$_1$辰	9	2
10/5	辛$_1$巳	9	1
10/6	壬$_1$午	9	1
10/7	癸$_1$未	10	1
10/8	甲$_2$申	10	0
10/9	乙$_2$酉	10	0

月柱 壬戌

生日	日柱	男	女
10/9	乙$_1$酉	0	10
10/10	丙$_3$戌	0	10
10/11	丁$_3$亥	1	9
10/12	戊$_3$子	1	9
10/13	己$_1$丑	1	9
10/14	庚$_1$寅	2	8
10/15	辛$_1$卯	2	8
10/16	壬$_1$辰	2	8
10/17	癸$_1$巳	3	7
10/18	甲$_1$午	3	7
10/19	乙$_1$未	3	6
10/20	丙$_1$申	4	6
10/21	丁$_1$酉	4	6
10/22	戊$_1$戌	5	5
10/23	己$_2$亥	5	5
10/24	庚$_1$子	5	5
10/25	辛$_1$丑	6	5
10/26	壬$_1$寅	6	4
10/27	癸$_1$卯	6	4
10/28	甲$_1$辰	7	4
10/29	乙$_1$巳	7	3
10/30	丙$_1$午	7	3
10/31	丁$_1$未	8	3
11/1	戊$_2$申	8	2
11/2	己$_2$酉	8	2
11/3	庚$_1$戌	8	2
11/4	辛$_2$亥	9	1
11/5	壬$_1$子	9	1
11/6	癸$_1$丑	9	1
11/7	甲$_1$寅	10	0
11/8	乙$_1$卯	10	0

月柱 癸亥

生日	日柱	男	女
11/8	乙$_1$卯	0	10
11/9	丙$_3$辰	0	10
11/10	丁$_3$巳	1	9
11/11	戊$_3$午	1	9
11/12	己$_1$未	1	9
11/13	庚$_1$申	2	8
11/14	辛$_1$酉	2	8
11/15	壬$_1$戌	2	8
11/16	癸$_1$亥	3	7
11/17	甲$_1$子	3	7
11/18	乙$_1$丑	3	6
11/19	丙$_2$寅	4	6
11/20	丁$_1$卯	4	6
11/21	戊$_1$辰	5	5
11/22	己$_2$巳	5	5
11/23	庚$_1$午	5	5
11/24	辛$_1$未	6	5
11/25	壬$_1$申	6	4
11/26	癸$_1$酉	6	4
11/27	甲$_1$戌	7	4
11/28	乙$_1$亥	7	3
11/29	丙$_2$子	7	3
11/30	丁$_1$丑	7	3
12/1	戊$_2$寅	8	2
12/2	己$_3$卯	8	2
12/3	庚$_1$辰	8	2
12/4	辛$_2$巳	9	1
12/5	壬$_1$午	9	1
12/6	癸$_1$未	9	1
12/7	甲$_1$申	10	0
12/8	乙$_1$酉	10	0

月柱 甲子

生日	日柱	男	女
12/8	乙$_1$酉	0	10
12/9	丙$_3$戌	0	10
12/10	丁$_3$亥	1	9
12/11	戊$_3$子	1	9
12/12	己$_1$丑	1	8
12/13	庚$_1$寅	2	8
12/14	辛$_1$卯	2	8
12/15	壬$_1$辰	2	7
12/16	癸$_1$巳	3	7
12/17	甲$_1$午	3	7
12/18	乙$_1$未	3	6
12/19	丙$_1$申	4	6
12/20	丁$_1$酉	4	6
12/21	戊$_1$戌	5	5
12/22	己$_2$亥	5	5
12/23	庚$_1$子	5	5
12/24	辛$_1$丑	6	4
12/25	壬$_1$寅	6	4
12/26	癸$_1$卯	6	4
12/27	甲$_1$辰	7	3
12/28	乙$_1$巳	7	3
12/29	丙$_1$午	7	3
12/30	丁$_1$未	7	2
12/31	戊$_2$申	8	2
1/1	己$_2$酉	8	2
1/2	庚$_1$戌	8	1
1/3	辛$_1$亥	9	1
1/4	壬$_1$子	9	1
1/5	癸$_1$丑	9	0
1/6	甲$_1$寅	10	0

月柱 乙丑

生日	日柱	男	女
1/6	甲$_1$寅	0	10
1/7	乙$_1$卯	0	10
1/8	丙$_2$辰	1	9
1/9	丁$_1$巳	1	9
1/10	戊$_2$午	1	9
1/11	己$_2$未	2	8
1/12	庚$_1$申	2	8
1/13	辛$_2$酉	2	8
1/14	壬$_1$戌	3	7
1/15	癸$_1$亥	3	7
1/16	甲$_1$子	3	7
1/17	乙$_1$丑	4	6
1/18	丙$_1$寅	4	6
1/19	丁$_1$卯	4	6
1/20	戊$_2$辰	5	5
1/21	己$_1$巳	5	5
1/22	庚$_3$午	5	5
1/23	辛$_2$未	6	4
1/24	壬$_1$申	6	4
1/25	癸$_1$酉	6	4
1/26	甲$_1$戌	7	3
1/27	乙$_1$亥	7	3
1/28	丙$_2$子	7	3
1/29	丁$_2$丑	8	2
1/30	戊$_2$寅	8	2
1/31	己$_2$卯	8	2
2/1	庚$_2$辰	9	1
2/2	辛$_3$巳	9	1
2/3	壬$_2$午	9	1
2/4	癸$_2$未	10	0
2/5	甲$_1$申	10	0

大運（歳 男／歳 女）

歳	庚申 男	庚申 女	辛酉 男	辛酉 女	壬戌 男	壬戌 女	癸亥 男	癸亥 女	甲子 男	甲子 女	乙丑 男	乙丑 女
0	己未	辛酉	庚申	壬戌	辛酉	癸亥	壬戌	甲子	癸亥	乙丑	甲子	丙寅
10	戊午	壬戌	己未	癸亥	庚申	甲子	辛酉	乙丑	壬戌	丙寅	癸亥	丁卯
20	丁巳	癸亥	戊午	甲子	己未	乙丑	庚申	丙寅	辛酉	丁卯	壬戌	戊辰
30	丙辰	甲子	丁巳	乙丑	戊午	丙寅	己未	丁卯	庚申	戊辰	辛酉	己巳
40	乙卯	乙丑	丙辰	丙寅	丁巳	丁卯	戊午	戊辰	己未	己巳	庚申	庚午
50	甲寅	丙寅	乙卯	丁卯	丙辰	戊辰	丁巳	己巳	戊午	庚午	己未	辛未
60	癸丑	丁卯	甲寅	戊辰	乙卯	己巳	丙辰	庚午	丁巳	辛未	戊午	壬申
70	壬子	戊辰	癸丑	己巳	甲寅	庚午	乙卯	辛未	丙辰	壬申	丁巳	癸酉
80	辛亥	己巳	壬子	庚午	癸丑	辛未	甲寅	壬申	乙卯	癸酉	丙辰	甲戌

年柱 甲辰 1964年（昭和39年）2月5日3時05分〜

2月5日 3:05〜3月5日21:15 ｜ 月柱 丙寅

生日	日柱	男	女
2 5	甲1申	10	0
2 6	乙1酉	9	0
2 7	丙1戌	9	1
2 8	丁1亥	9	1
2 9	戊2子	8	1
2 10	己1丑	8	2
2 11	庚1寅	8	2
2 12	辛1卯	7	2
2 13	壬1辰	7	3
2 14	癸1巳	7	3
2 15	甲1午	6	3
2 16	乙1未	6	4
2 17	丙1申	6	4
2 18	丁1酉	5	4
2 19	戊1戌	5	5
2 20	己2亥	5	5
2 21	庚1子	4	5
2 22	辛1丑	4	6
2 23	壬1寅	4	6
2 24	癸1卯	3	6
2 25	甲1辰	3	7
2 26	乙1巳	3	7
2 27	丙1午	2	7
2 28	丁1未	2	8
2 29	戊1申	2	8
3 1	己2酉	1	8
3 2	庚1戌	1	9
3 3	辛1亥	1	9
3 4	壬3子	0	9
3 5	癸3丑	0	10

3月5日21:16〜4月5日 2:17 ｜ 月柱 丁卯

生日	日柱	男	女
3 5	癸1丑	10	0
3 6	甲1寅	10	0
3 7	乙1卯	10	1
3 8	丙1辰	9	1
3 9	丁1巳	9	1
3 10	戊1午	9	2
3 11	己1未	8	2
3 12	庚1申	8	2
3 13	辛1酉	8	3
3 14	壬1戌	7	3
3 15	癸1亥	7	3
3 16	甲1子	7	4
3 17	乙1丑	6	4
3 18	丙1寅	6	4
3 19	丁1卯	6	5
3 20	戊1辰	5	5
3 21	己1巳	5	5
3 22	庚1午	5	6
3 23	辛1未	4	6
3 24	壬1申	4	6
3 25	癸1酉	4	7
3 26	甲1戌	3	7
3 27	乙1亥	3	7
3 28	丙1子	3	8
3 29	丁1丑	2	8
3 30	戊1寅	2	8
3 31	己1卯	2	9
4 1	庚1辰	1	9
4 2	辛1巳	1	9
4 3	壬1午	1	10
4 4	癸1未	0	10
4 5	甲1申	0	10

4月5日 2:18〜5月5日19:50 ｜ 月柱 戊辰

生日	日柱	男	女
4 5	甲1申	10	0
4 6	乙1酉	10	0
4 7	丙1戌	10	0
4 8	丁1亥	9	1
4 9	戊1子	9	1
4 10	己1丑	8	2
4 11	庚1寅	8	2
4 12	辛1卯	8	2
4 13	壬3辰	7	3
4 14	癸1巳	7	3
4 15	甲2午	7	3
4 16	乙1未	6	4
4 17	丙1申	6	4
4 18	丁1酉	6	5
4 19	戊1戌	5	5
4 20	己1亥	5	5
4 21	庚1子	5	5
4 22	辛1丑	4	6
4 23	壬1寅	4	6
4 24	癸1卯	4	6
4 25	甲1辰	4	7
4 26	乙1巳	3	7
4 27	丙1午	3	7
4 28	丁1未	3	8
4 29	戊1申	2	8
4 30	己1酉	2	8
5 1	庚1戌	2	9
5 2	辛1亥	1	9
5 3	壬1子	1	9
5 4	癸3丑	0	10
5 5	甲1寅	0	10

5月5日19:51〜6月6日 0:11 ｜ 月柱 己巳

生日	日柱	男	女
5 5	甲1寅	11	0
5 6	乙2卯	10	0
5 7	丙1辰	10	1
5 8	丁1巳	10	1
5 9	戊1午	9	1
5 10	己1未	9	2
5 11	庚1申	8	2
5 12	辛1酉	8	2
5 13	壬1戌	8	3
5 14	癸1亥	7	3
5 15	甲2子	7	3
5 16	乙1丑	7	4
5 17	丙1寅	6	4
5 18	丁1卯	6	4
5 19	戊1辰	6	5
5 20	己1巳	5	5
5 21	庚2午	5	5
5 22	辛1未	5	6
5 23	壬1申	4	6
5 24	癸1酉	4	6
5 25	甲3戌	4	7
5 26	乙2亥	3	7
5 27	丙1子	3	7
5 28	丁1丑	3	8
5 29	戊1寅	2	8
5 30	己1卯	2	8
5 31	庚1辰	2	9
6 1	辛2巳	2	9
6 2	壬3午	1	9
6 3	癸3未	1	10
6 4	甲3申	1	10
6 5	乙3酉	0	10
6 6	丙1戌	0	11

6月6日 0:12〜7月7日10:31 ｜ 月柱 庚午

生日	日柱	男	女
6 6	丙1戌	10	0
6 7	丁1亥	10	0
6 8	戊1子	9	1
6 9	己1丑	9	1
6 10	庚1寅	9	1
6 11	辛1卯	9	2
6 12	壬1辰	8	2
6 13	癸1巳	8	2
6 14	甲1午	8	3
6 15	乙1未	7	3
6 16	丙1申	7	3
6 17	丁1酉	7	4
6 18	戊1戌	6	4
6 19	己1亥	6	4
6 20	庚2子	6	5
6 21	辛1丑	5	5
6 22	壬1寅	5	5
6 23	癸1卯	5	6
6 24	甲1辰	4	6
6 25	乙1巳	4	6
6 26	丙1午	4	7
6 27	丁1未	3	7
6 28	戊1申	3	7
6 29	己1酉	3	8
6 30	庚1戌	2	8
7 1	辛1亥	2	8
7 2	壬2子	2	9
7 3	癸1丑	1	9
7 4	甲2寅	1	9
7 5	乙2卯	1	10
7 6	丙1辰	0	10
7 7	丁1巳	0	10

7月7日10:32〜8月7日20:15 ｜ 月柱 辛未

生日	日柱	男	女
7 7	丁1巳	10	0
7 8	戊1午	10	0
7 9	己1未	10	1
7 10	庚1申	9	1
7 11	辛1酉	9	1
7 12	壬1戌	9	2
7 13	癸1亥	8	2
7 14	甲1子	8	2
7 15	乙1丑	8	3
7 16	丙1寅	7	3
7 17	丁1卯	7	3
7 18	戊1辰	7	4
7 19	己1巳	6	4
7 20	庚1午	6	4
7 21	辛1未	6	5
7 22	壬1申	5	5
7 23	癸1酉	5	5
7 24	甲1戌	5	6
7 25	乙1亥	4	6
7 26	丙1子	4	6
7 27	丁1丑	4	7
7 28	戊1寅	3	7
7 29	己1卯	3	7
7 30	庚1辰	3	8
7 31	辛1巳	2	8
8 1	壬1午	2	8
8 2	癸1未	2	9
8 3	甲1申	1	9
8 4	乙1酉	1	9
8 5	丙1戌	1	10
8 6	丁1亥	0	10
8 7	戊1子	0	10

立運

歳	男	歳	女	歳	男	歳	女	歳	男	歳	女	歳	男	歳	女	歳	男	歳	女	歳	男	歳	女
0	丁卯	0	乙丑	0	戊辰	0	丙寅	0	己巳	0	丁卯	0	庚午	0	戊辰	0	辛未	0	己巳	0	壬申	0	庚午
10	戊辰	10	甲子	10	己巳	10	乙丑	10	庚午	10	丙寅	10	辛未	10	丁卯	10	壬申	10	戊辰	10	癸酉	10	己巳
20	己巳	20	癸亥	20	庚午	20	甲子	20	辛未	20	乙丑	20	壬申	20	丙寅	20	癸酉	20	丁卯	20	甲戌	20	戊辰
30	庚午	30	壬戌	30	辛未	30	癸亥	30	壬申	30	甲子	30	癸酉	30	乙丑	30	甲戌	30	丙寅	30	乙亥	30	丁卯
40	辛未	40	辛酉	40	壬申	40	壬戌	40	癸酉	40	癸亥	40	甲戌	40	甲子	40	乙亥	40	乙丑	40	丙子	40	丙寅
50	壬申	50	庚申	50	癸酉	50	辛酉	50	甲戌	50	壬戌	50	乙亥	50	癸亥	50	丙子	50	甲子	50	丁丑	50	乙丑
60	癸酉	60	己未	60	甲戌	60	庚申	60	乙亥	60	辛酉	60	丙子	60	壬戌	60	丁丑	60	癸亥	60	戊寅	60	甲子
70	甲戌	70	戊午	70	乙亥	70	己未	70	丙子	70	庚申	70	丁丑	70	辛酉	70	戊寅	70	壬戌	70	己卯	70	癸亥
80	乙亥	80	丁巳	80	丙子	80	戊午	80	丁丑	80	己未	80	戊寅	80	庚申	80	己卯	80	辛酉	80	庚辰	80	壬戌

～1965年（昭和40年）2月4日8時45分

月柱 壬申（8月7日20:16～9月7日22:59）

生日	日柱	男	女
8/7	戊3子	10	0
8/8	己1丑	10	0
8/9	庚1寅	10	1
8/10	辛1卯	9	1
8/11	壬1辰	9	1
8/12	癸2巳	9	2
8/13	甲2午	8	2
8/14	乙1未	8	2
8/15	丙1申	8	3
8/16	丁1酉	7	3
8/17	戊2戌	7	3
8/18	己1亥	7	4
8/19	庚1子	6	4
8/20	辛1丑	6	4
8/21	壬1寅	5	5
8/22	癸2卯	5	5
8/23	甲1辰	5	6
8/24	乙1巳	5	6
8/25	丙1午	4	6
8/26	丁1未	4	6
8/27	戊1申	4	7
8/28	己1酉	3	7
8/29	庚1戌	3	7
8/30	辛1亥	3	8
8/31	壬1子	2	8
9/1	癸2丑	2	9
9/2	甲1寅	2	9
9/3	乙1卯	1	9
9/4	丙3辰	1	9
9/5	丁2巳	1	10
9/6	戊2午	0	10
9/7	己2未	0	10

月柱 癸酉（9月7日23:00～10月8日14:21）

生日	日柱	男	女
9/7	庚2未	10	0
9/8	庚1申	10	0
9/9	辛1酉	10	1
9/10	壬2戌	9	1
9/11	癸1亥	9	1
9/12	甲1子	9	2
9/13	乙2丑	8	2
9/14	丙2寅	8	2
9/15	丁1卯	8	3
9/16	戊2辰	7	3
9/17	己巳	7	3
9/18	庚1午	7	4
9/19	辛1未	6	4
9/20	壬1申	6	4
9/21	癸1酉	5	5
9/22	甲1戌	5	5
9/23	乙1亥	5	6
9/24	丙3子	5	6
9/25	丁1丑	4	6
9/26	戊1寅	4	6
9/27	己1卯	4	7
9/28	庚1辰	3	7
9/29	辛1巳	3	7
9/30	壬1午	3	8
10/1	癸2未	2	8
10/2	甲1申	2	9
10/3	乙2酉	2	9
10/4	丙1戌	1	9
10/5	丁3亥	1	9
10/6	戊3子	1	10
10/7	己1丑	0	10
10/8	庚1寅	0	10

月柱 甲戌（10月8日14:22～11月7日17:14）

生日	日柱	男	女
10/8	庚2寅	10	0
10/9	辛1卯	10	0
10/10	壬3辰	9	1
10/11	癸1巳	9	1
10/12	甲1午	9	1
10/13	乙2未	8	2
10/14	丙2申	8	2
10/15	丁1酉	8	2
10/16	戊1戌	7	3
10/17	己1亥	7	3
10/18	庚1子	7	3
10/19	辛1丑	6	4
10/20	壬2寅	6	4
10/21	癸3卯	6	4
10/22	甲2辰	5	5
10/23	乙2巳	5	5
10/24	丙1午	5	5
10/25	丁2未	4	6
10/26	戊1申	4	6
10/27	己1酉	4	6
10/28	庚1戌	3	7
10/29	辛1亥	3	7
10/30	壬1子	3	8
10/31	癸2丑	2	8
11/1	甲1寅	2	8
11/2	乙1卯	2	8
11/3	丙2辰	1	9
11/4	丁1巳	1	9
11/5	戊1午	1	9
11/6	己1未	0	10
11/7	庚1申	0	10

月柱 乙亥（11月7日17:15～12月7日9:52）

生日	日柱	男	女
11/7	庚2申	10	0
11/8	辛2酉	9	0
11/9	壬2戌	9	1
11/10	癸2亥	9	1
11/11	甲1子	9	1
11/12	乙2丑	8	2
11/13	丙2寅	8	2
11/14	丁2卯	8	2
11/15	戊1辰	7	3
11/16	己2巳	7	3
11/17	庚2午	7	3
11/18	辛1未	6	4
11/19	壬1申	6	4
11/20	癸2酉	6	4
11/21	甲1戌	5	5
11/22	乙2亥	5	5
11/23	丙2子	5	5
11/24	丁1丑	4	6
11/25	戊2寅	4	6
11/26	己1卯	4	6
11/27	庚1辰	3	7
11/28	辛1巳	3	7
11/29	壬1午	2	8
11/30	癸2未	2	8
12/1	甲1申	2	8
12/2	乙1酉	2	8
12/3	丙2戌	1	9
12/4	丁1亥	1	9
12/5	戊1子	1	9
12/6	己1丑	0	10
12/7	庚2寅	0	10

月柱 丙子（12月7日9:53～1月5日21:01）

生日	日柱	男	女
12/7	庚2寅	10	0
12/8	辛1卯	9	0
12/9	壬1辰	9	1
12/10	癸2巳	9	1
12/11	甲2午	8	1
12/12	乙2未	8	2
12/13	丙2申	8	2
12/14	丁2酉	7	2
12/15	戊2戌	7	3
12/16	己1亥	7	3
12/17	庚2子	6	3
12/18	辛2丑	6	4
12/19	壬2寅	6	4
12/20	癸2卯	5	4
12/21	甲2辰	5	5
12/22	乙2巳	5	5
12/23	丙1午	5	5
12/24	丁2未	4	6
12/25	戊2申	4	6
12/26	己2酉	4	6
12/27	庚2戌	3	7
12/28	辛2亥	3	7
12/29	壬2子	3	7
12/30	癸2丑	2	8
12/31	甲2寅	2	8
1/1	乙1卯	2	8
1/2	丙2辰	1	9
1/3	丁1巳	1	9
1/4	戊1午	0	9
1/5	己1未	0	10

月柱 丁丑（1月5日21:02～2月4日8:45）

生日	日柱	男	女
1/5	己1未	10	0
1/6	庚1申	10	0
1/7	辛1酉	9	1
1/8	壬3戌	9	1
1/9	癸2亥	9	1
1/10	甲2子	8	2
1/11	乙3丑	8	2
1/12	丙1寅	8	2
1/13	丁1卯	7	3
1/14	戊1辰	7	3
1/15	己1巳	7	3
1/16	庚2午	6	4
1/17	辛1未	6	4
1/18	壬1申	6	4
1/19	癸2酉	5	5
1/20	甲1戌	5	5
1/21	乙2亥	5	5
1/22	丙2子	4	6
1/23	丁1丑	4	6
1/24	戊1寅	4	6
1/25	己1卯	3	7
1/26	庚1辰	3	7
1/27	辛1巳	3	7
1/28	壬3午	2	8
1/29	癸3未	2	8
1/30	甲3申	2	8
1/31	乙3酉	1	9
2/1	丙2戌	1	9
2/2	丁2亥	1	9
2/3	戊2子	0	10
2/4	己1丑	0	10

歳	男	歳	女	歳	男	歳	女	歳	男	歳	女	歳	男	歳	女	歳	男	歳	女	歳	男	歳	女
0	癸酉	0	壬申	0	甲戌	0	辛未	0	乙亥	0	癸酉	0	丙子	0	甲戌	0	丁丑	0	乙亥	0	戊寅	0	丙子
10	甲戌	10	庚午	10	乙亥	10	庚午	10	丙子	10	壬申	10	丁丑	10	癸酉	10	戊寅	10	甲戌	10	己卯	10	乙亥
20	乙亥	20	己巳	20	丙子	20	己巳	20	丁丑	20	辛未	20	戊寅	20	壬申	20	己卯	20	癸酉	20	庚辰	20	甲戌
30	丙子	30	戊辰	30	丁丑	30	戊辰	30	戊寅	30	庚午	30	己卯	30	辛未	30	庚辰	30	壬申	30	辛巳	30	癸酉
40	丁丑	40	丁卯	40	戊寅	40	丁卯	40	己卯	40	己巳	40	庚辰	40	庚午	40	辛巳	40	辛未	40	壬午	40	壬申
50	戊寅	50	丙寅	50	己卯	50	丙寅	50	庚辰	50	戊辰	50	辛巳	50	己巳	50	壬午	50	庚午	50	癸未	50	辛未
60	己卯	60	乙丑	60	庚辰	60	乙丑	60	辛巳	60	丁卯	60	壬午	60	戊辰	60	癸未	60	己巳	60	甲申	60	庚午
70	庚辰	70	甲子	70	辛巳	70	甲子	70	壬午	70	丙寅	70	癸未	70	丁卯	70	甲申	70	戊辰	70	乙酉	70	己巳
80	辛巳	80	癸亥	80	壬午	80	癸亥	80	癸未	80	乙丑	80	甲申	80	丙寅	80	乙酉	80	丁卯	80	丙戌	80	戊辰

年柱 乙巳 — 1965年（昭和40年）2月4日8時46分～

月柱 戊寅 — 2月4日 8:46～3月6日 3:00

生日	日柱	男	女
2:4	己$_1$丑	0	10
2:5	庚$_3$寅	0	10
2:6	辛$_3$卯	1	9
2:7	壬$_3$辰	1	9
2:8	癸$_3$巳	1	9
2:9	甲$_1$午	2	8
2:10	乙$_1$未	2	8
2:11	丙$_1$申	2	8
2:12	丁$_1$酉	3	7
2:13	戊$_1$戌	3	7
2:14	己$_1$亥	3	7
2:15	庚$_1$子	4	6
2:16	辛$_2$丑	4	6
2:17	壬$_3$寅	4	6
2:18	癸$_3$卯	5	5
2:19	甲$_1$辰	5	5
2:20	乙$_1$巳	5	5
2:21	丙$_1$午	6	4
2:22	丁$_1$未	6	4
2:23	戊$_1$申	6	4
2:24	己$_1$酉	7	3
2:25	庚$_3$戌	7	3
2:26	辛$_3$亥	7	3
2:27	壬$_3$子	8	2
2:28	癸$_3$丑	8	2
3:1	甲$_1$寅	8	2
3:2	乙$_1$卯	9	1
3:3	丙$_1$辰	9	1
3:4	丁$_1$巳	9	1
3:5	戊$_1$午	10	0
3:6	己$_1$未	10	0

月柱 己卯 — 3月6日 3:01～4月5日 8:06

生日	日柱	男	女
3:6	己$_1$未	0	10
3:7	庚$_2$申	0	10
3:8	辛$_2$酉	1	9
3:9	壬$_3$戌	1	9
3:10	癸$_3$亥	1	9
3:11	甲$_1$子	2	8
3:12	乙$_1$丑	2	8
3:13	丙$_1$寅	2	8
3:14	丁$_1$卯	3	7
3:15	戊$_1$辰	3	7
3:16	己$_1$巳	3	7
3:17	庚$_1$午	4	6
3:18	辛$_2$未	4	6
3:19	壬$_2$申	4	6
3:20	癸$_2$酉	5	5
3:21	甲$_1$戌	5	5
3:22	乙$_1$亥	5	5
3:23	丙$_1$子	6	4
3:24	丁$_1$丑	6	4
3:25	戊$_1$寅	6	4
3:26	己$_1$卯	7	3
3:27	庚$_3$辰	7	3
3:28	辛$_3$巳	7	3
3:29	壬$_1$午	8	2
3:30	癸$_1$未	8	2
3:31	甲$_1$申	8	2
4:1	乙$_1$酉	9	1
4:2	丙$_1$戌	9	1
4:3	丁$_1$亥	9	1
4:4	戊$_1$子	10	0
4:5	己$_1$丑	10	0

月柱 庚辰 — 4月5日 8:07～5月6日 1:41

生日	日柱	男	女
4:5	己$_1$丑	0	10
4:6	庚$_1$寅	0	10
4:7	辛$_1$卯	1	10
4:8	壬$_1$辰	1	9
4:9	癸$_3$巳	1	9
4:10	甲$_2$午	2	8
4:11	乙$_2$未	2	8
4:12	丙$_1$申	2	8
4:13	丁$_1$酉	3	7
4:14	戊$_1$戌	3	7
4:15	己$_1$亥	3	7
4:16	庚$_1$子	4	7
4:17	辛$_2$丑	4	6
4:18	壬$_2$寅	4	6
4:19	癸$_3$卯	5	5
4:20	甲$_3$辰	5	5
4:21	乙$_2$巳	5	5
4:22	丙$_1$午	6	4
4:23	丁$_1$未	6	4
4:24	戊$_1$申	6	4
4:25	己$_1$酉	7	4
4:26	庚$_3$戌	7	3
4:27	辛$_3$亥	7	3
4:28	壬$_3$子	8	3
4:29	癸$_3$丑	8	2
4:30	甲$_1$寅	8	2
5:1	乙$_1$卯	9	1
5:2	丙$_1$辰	9	1
5:3	丁$_1$巳	9	1
5:4	戊$_1$午	10	0
5:5	己$_1$未	10	0

月柱 辛巳 — 5月6日 1:42～6月6日 6:01

生日	日柱	男	女
5:6	庚$_1$申	0	10
5:7	辛$_1$酉	0	10
5:8	壬$_1$戌	1	10
5:9	癸$_2$亥	1	9
5:10	甲$_2$子	1	9
5:11	乙$_3$丑	2	9
5:12	丙$_1$寅	2	8
5:13	丁$_1$卯	2	8
5:14	戊$_1$辰	3	8
5:15	己$_1$巳	3	7
5:16	庚$_1$午	3	7
5:17	辛$_1$未	4	7
5:18	壬$_2$申	4	6
5:19	癸$_2$酉	4	6
5:20	甲$_3$戌	5	6
5:21	乙$_2$亥	5	5
5:22	丙$_1$子	5	5
5:23	丁$_1$丑	6	5
5:24	戊$_1$寅	6	4
5:25	己$_1$卯	6	4
5:26	庚$_2$辰	7	4
5:27	辛$_3$巳	7	3
5:28	壬$_1$午	7	3
5:29	癸$_1$未	8	3
5:30	甲$_1$申	8	2
5:31	乙$_1$酉	8	2
6:1	丙$_1$戌	9	2
6:2	丁$_1$亥	9	1
6:3	戊$_1$子	9	1
6:4	己$_1$丑	10	1
6:5	庚$_3$寅	10	0
6:6	辛$_3$卯	10	0

月柱 壬午 — 6月6日 6:02～7月7日 16:21

生日	日柱	男	女
6:6	辛$_1$卯	0	10
6:7	壬$_3$辰	0	10
6:8	癸$_1$巳	1	10
6:9	甲$_2$午	1	9
6:10	乙$_2$未	1	9
6:11	丙$_1$申	2	9
6:12	丁$_1$酉	2	8
6:13	戊$_1$戌	2	8
6:14	己$_1$亥	3	8
6:15	庚$_1$子	3	7
6:16	辛$_1$丑	3	7
6:17	壬$_1$寅	4	7
6:18	癸$_2$卯	4	6
6:19	甲$_2$辰	4	6
6:20	乙$_2$巳	5	6
6:21	丙$_1$午	5	5
6:22	丁$_1$未	5	5
6:23	戊$_1$申	6	5
6:24	己$_1$酉	6	4
6:25	庚$_3$戌	6	4
6:26	辛$_3$亥	7	4
6:27	壬$_3$子	7	3
6:28	癸$_3$丑	7	3
6:29	甲$_1$寅	8	3
6:30	乙$_1$卯	8	2
7:1	丙$_1$辰	8	2
7:2	丁$_1$巳	9	2
7:3	戊$_1$午	9	1
7:4	己$_1$未	9	1
7:5	庚$_1$申	10	1
7:6	辛$_1$酉	10	0
7:7	壬$_3$戌	10	0

月柱 癸未 — 7月7日 16:22～8月8日 2:04

生日	日柱	男	女
7:7	壬$_2$戌	0	11
7:8	癸$_2$亥	0	10
7:9	甲$_1$子	1	10
7:10	乙$_2$丑	1	9
7:11	丙$_1$寅	1	9
7:12	丁$_1$卯	2	9
7:13	戊$_1$辰	2	9
7:14	己$_1$巳	2	8
7:15	庚$_1$午	3	8
7:16	辛$_1$未	3	8
7:17	壬$_1$申	3	7
7:18	癸$_2$酉	4	7
7:19	甲$_2$戌	4	7
7:20	乙$_2$亥	4	6
7:21	丙$_1$子	5	6
7:22	丁$_1$丑	5	6
7:23	戊$_1$寅	5	5
7:24	己$_1$卯	6	5
7:25	庚$_3$辰	6	4
7:26	辛$_3$巳	6	4
7:27	壬$_1$午	7	4
7:28	癸$_1$未	7	3
7:29	甲$_1$申	7	3
7:30	乙$_1$酉	8	3
7:31	丙$_1$戌	8	2
8:1	丁$_1$亥	8	2
8:2	戊$_1$子	9	2
8:3	己$_1$丑	9	1
8:4	庚$_3$寅	9	1
8:5	辛$_1$卯	10	1
8:6	壬$_3$辰	10	0
8:7	癸$_2$巳	10	0
8:8	甲$_2$午	11	0

立運年齢（大運）表

歳	男	歳	女	歳	男	歳	女	歳	男	歳	女	歳	男	歳	女	歳	男	歳	女	歳	男	歳	女
0	丁丑	0	己卯	0	戊寅	0	庚辰	0	己卯	0	辛巳	0	庚辰	0	壬午	0	辛巳	0	癸未	0	壬午	0	甲申
10	丙子	10	庚辰	10	丁丑	10	辛巳	10	戊寅	10	壬午	10	己卯	10	癸未	10	庚辰	10	甲申	10	辛巳	10	乙酉
20	乙亥	20	辛巳	20	丙子	20	壬午	20	丁丑	20	癸未	20	戊寅	20	甲申	20	己卯	20	乙酉	20	庚辰	20	丙戌
30	甲戌	30	壬午	30	乙亥	30	癸未	30	丙子	30	甲申	30	丁丑	30	乙酉	30	戊寅	30	丙戌	30	己卯	30	丁亥
40	癸酉	40	癸未	40	甲戌	40	甲申	40	乙亥	40	乙酉	40	丙子	40	丙戌	40	丁丑	40	丁亥	40	戊寅	40	戊子
50	壬申	50	甲申	50	癸酉	50	乙酉	50	甲戌	50	丙戌	50	乙亥	50	丁亥	50	丙子	50	戊子	50	丁丑	50	己丑
60	辛未	60	乙酉	60	壬申	60	丙戌	60	癸酉	60	丁亥	60	甲戌	60	戊子	60	乙亥	60	己丑	60	丙子	60	庚寅
70	庚午	70	丙戌	70	辛未	70	丁亥	70	壬申	70	戊子	70	癸酉	70	己丑	70	甲戌	70	庚寅	70	乙亥	70	辛卯
80	己巳	80	丁亥	80	庚午	80	戊子	80	辛未	80	己丑	80	壬申	80	庚寅	80	癸酉	80	辛卯	80	甲戌	80	壬辰

～1966年（昭和41年）2月4日14時37分

甲申 8月8日 2:05～ 9月8日 4:47	乙酉 9月8日 4:48～ 10月8日20:10	丙戌 10月8日20:11～ 11月7日23:06	丁亥 11月7日23:07～ 12月7日15:45	戊子 12月7日15:46～ 1月6日 2:54	己丑 1月6日 2:55～ 2月4日14:37

表中：生日 ／ 日柱 ／ 立運年齢（男・女）

生日	日柱	男	女	生日	日柱	男	女	生日	日柱	男	女	生日	日柱	男	女	生日	日柱	男	女	生日	日柱	男	女
8 8	甲2午	0	10	9 8	乙1丑	0	10	10 8	乙1未	0	10	11 7	乙2丑	0	10	12 7	乙1未	0	10	1 6	乙3丑	0	10
8 9	乙2未	0	10	9 9	丙1寅	0	10	10 9	丙1申	0	10	11 8	丙1寅	0	10	12 8	丙1申	0	10	1 7	丙1寅	0	9
8 10	丙1申	1	10	9 10	丁1卯	1	9	10 10	丁1酉	1	9	11 9	丁1卯	1	9	12 9	丁2申	1	9	1 8	丁1卯	1	9
8 11	丁1酉	1	9	9 11	戊2辰	1	9	10 11	戊1戌	1	9	11 10	戊1辰	1	9	12 10	戊1戌	1	9	1 9	戊1辰	1	9
8 12	戊2戌	1	9	9 12	己2巳	1	9	10 12	己1亥	1	9	11 11	己1巳	1	9	12 11	己2亥	1	9	1 10	己1巳	1	8
8 13	己3亥	2	9	9 13	庚1午	2	8	10 13	庚2子	2	8	11 12	庚3子	2	8	12 12	庚3子	2	8	1 11	庚2午	2	8
8 14	庚2子	2	8	9 14	辛1未	2	8	10 14	辛1丑	2	8	11 13	辛1未	2	8	12 13	辛1丑	2	8	1 12	辛1未	2	8
8 15	辛1丑	2	8	9 15	壬1申	2	8	10 15	壬1寅	2	8	11 14	壬1寅	2	8	12 14	壬1寅	2	8	1 13	壬1申	2	7
8 16	壬2寅	3	8	9 16	癸1酉	3	7	10 16	癸1卯	3	7	11 15	癸1酉	3	7	12 15	癸3卯	3	7	1 14	癸1酉	3	7
8 17	癸3卯	3	7	9 17	甲1戌	3	7	10 17	甲1辰	3	7	11 16	甲2戌	3	7	12 16	甲2辰	3	7	1 15	甲3戌	3	7
8 18	甲2辰	3	7	9 18	乙1亥	3	7	10 18	乙1巳	3	7	11 17	乙1亥	3	7	12 17	乙1巳	3	7	1 16	乙2亥	3	6
8 19	乙2巳	4	7	9 19	丙1子	4	6	10 19	丙1午	4	6	11 18	丙1子	4	6	12 18	丙1午	4	6	1 17	丙2子	4	6
8 20	丙1午	4	6	9 20	丁1丑	4	6	10 20	丁1未	4	6	11 19	丁1丑	4	6	12 19	丁2未	4	6	1 18	丁1丑	4	6
8 21	丁2未	4	6	9 21	戊3寅	4	6	10 21	戊1申	4	6	11 20	戊2寅	4	6	12 20	戊1申	4	6	1 19	戊1寅	4	5
8 22	戊3申	5	6	9 22	己1卯	5	6	10 22	己1酉	5	5	11 21	己2卯	5	5	12 21	己1酉	5	5	1 20	己1卯	5	5
8 23	己2酉	5	5	9 23	庚1辰	5	5	10 23	庚1戌	5	5	11 22	庚3辰	5	5	12 22	庚2戌	5	5	1 21	庚1辰	5	5
8 24	庚3戌	5	5	9 24	辛2巳	5	5	10 24	辛2亥	5	5	11 23	辛2巳	5	5	12 23	辛3亥	5	5	1 22	辛2巳	5	4
8 25	辛2亥	6	5	9 25	壬3午	6	4	10 25	壬2子	6	4	11 24	壬2午	6	4	12 24	壬1子	6	4	1 23	壬3午	6	4
8 26	壬2子	6	4	9 26	癸3未	6	4	10 26	癸1丑	6	4	11 25	癸2未	6	4	12 25	癸2丑	6	4	1 24	癸2未	6	4
8 27	癸3丑	6	4	9 27	甲1申	6	4	10 27	甲1寅	6	4	11 26	甲2申	6	4	12 26	甲1寅	6	4	1 25	甲1申	6	3
8 28	甲1寅	7	4	9 28	乙2酉	7	3	10 28	乙1卯	7	3	11 27	乙2酉	7	3	12 27	乙1卯	7	3	1 26	乙3酉	7	3
8 29	乙1卯	7	3	9 29	丙1戌	7	3	10 29	丙1辰	7	3	11 28	丙1戌	7	3	12 28	丙1辰	7	3	1 27	丙2戌	7	2
8 30	丙1辰	7	3	9 30	丁1亥	7	2	10 30	丁1巳	7	2	11 29	丁1亥	7	2	12 29	丁1巳	7	2	1 28	丁1亥	7	2
8 31	丁1巳	8	3	10 1	戊1子	8	2	10 31	戊1午	8	2	11 30	戊1午	8	2	12 30	戊1午	8	2	1 29	戊1子	8	2
9 1	戊2午	8	2	10 2	己1丑	8	2	11 1	己1未	8	2	12 1	己1未	8	2	12 31	己1未	8	2	1 30	己1丑	8	2
9 2	己2未	8	2	10 3	庚2寅	8	2	11 2	庚1申	8	2	12 2	庚1申	8	2	1 1	庚2寅	8	2	1 31	庚2寅	8	1
9 3	庚1申	9	2	10 4	辛2卯	9	1	11 3	辛1酉	9	1	12 3	辛1酉	9	1	1 2	辛1酉	9	1	2 1	辛1酉	9	1
9 4	辛1酉	9	1	10 5	壬3辰	9	1	11 4	壬1戌	9	1	12 4	壬2辰	9	1	1 3	壬1戌	9	1	2 2	壬3辰	9	1
9 5	壬2戌	9	1	10 6	癸3巳	9	1	11 5	癸1亥	9	1	12 5	癸2巳	9	1	1 4	癸1亥	9	1	2 3	癸3巳	9	0
9 6	癸2亥	10	1	10 7	甲2午	10	0	11 6	甲2子	10	0	12 6	甲2午	10	0	1 5	甲1子	10	0	2 4	甲3午	10	0
9 7	甲1子	10	0	10 8	乙2未	10	0	11 7	乙1丑	10	0	12 7	乙2未	10	0	1 6	乙2丑	10	0				
9 8	乙2丑	10	0																				

歳	男	歳	女	歳	男	歳	女	歳	男	歳	女	歳	男	歳	女	歳	男	歳	女	歳	男	歳	女
0	癸未	0	乙酉	0	甲申	0	丙戌	0	乙酉	0	丁亥	0	丙戌	0	戊子	0	丁亥	0	己丑	0	戊子	0	庚寅
10	壬午	10	丙戌	10	癸未	10	丁亥	10	甲申	10	戊子	10	乙酉	10	己丑	10	丙戌	10	庚寅	10	丁亥	10	辛卯
20	辛巳	20	丁亥	20	壬午	20	戊子	20	癸未	20	己丑	20	甲申	20	庚寅	20	乙酉	20	辛卯	20	丙戌	20	壬辰
30	庚辰	30	戊子	30	辛巳	30	己丑	30	壬午	30	庚寅	30	癸未	30	辛卯	30	甲申	30	壬辰	30	乙酉	30	癸巳
40	己卯	40	己丑	40	庚辰	40	庚寅	40	辛巳	40	辛卯	40	壬午	40	壬辰	40	癸未	40	癸巳	40	甲申	40	甲午
50	戊寅	50	庚寅	50	己卯	50	辛卯	50	庚辰	50	壬辰	50	辛巳	50	癸巳	50	壬午	50	甲午	50	癸未	50	乙未
60	丁丑	60	辛卯	60	戊寅	60	壬辰	60	己卯	60	癸巳	60	庚辰	60	甲午	60	辛巳	60	乙未	60	壬午	60	丙申
70	丙子	70	壬辰	70	丁丑	70	癸巳	70	戊寅	70	甲午	70	己卯	70	乙未	70	庚辰	70	丙申	70	辛巳	70	丁酉
80	乙亥	80	癸巳	80	丙子	80	甲午	80	丁丑	80	乙未	80	戊寅	80	丙申	80	己卯	80	丁酉	80	庚辰	80	戊戌

年柱 **丙午** 1966年（昭和41年）2月4日14時38分〜

月柱	2月4日14:38〜 3月6日 8:50	3月6日 8:51〜 4月5日13:56	4月5日13:57〜 5月6日 7:30	5月6日 7:31〜 6月6日11:49	6月6日11:50〜 7月7日22:06	7月7日22:07〜 8月8日 7:48
	庚寅	辛卯	壬辰	癸巳	甲午	乙未

月柱 庚寅

生日	日柱	男	女
2:4	甲$_3$午	10	0
2:5	乙$_3$未	10	0
2:6	丙$_2$申	9	1
2:7	丁$_2$酉	9	1
2:8	戊$_1$戌	9	1
2:9	己$_2$亥	8	2
2:10	庚$_3$子	8	2
2:11	辛$_2$丑	8	2
2:12	壬$_3$寅	7	3
2:13	癸$_2$卯	7	3
2:14	甲$_2$辰	7	3
2:15	乙$_3$巳	6	4
2:16	丙$_3$午	6	4
2:17	丁$_2$未	6	4
2:18	戊$_2$申	5	5
2:19	己$_2$酉	5	5
2:20	庚$_2$戌	5	5
2:21	辛$_3$亥	4	6
2:22	壬$_2$子	4	6
2:23	癸$_3$丑	4	6
2:24	甲$_2$寅	3	7
2:25	乙$_3$卯	3	7
2:26	丙$_3$辰	3	7
2:27	丁$_2$巳	2	8
2:28	戊$_1$午	2	8
3:1	己$_2$未	2	8
3:2	庚$_2$申	1	9
3:3	辛$_2$酉	1	9
3:4	壬$_3$戌	1	9
3:5	癸$_2$亥	0	10
3:6	甲$_1$子	0	10

月柱 辛卯

生日	日柱	男	女
3:6	甲$_1$子	10	0
3:7	乙$_3$丑	10	0
3:8	丙$_2$寅	9	1
3:9	丁$_2$卯	9	1
3:10	戊$_1$辰	9	1
3:11	己$_1$巳	8	2
3:12	庚$_3$午	8	2
3:13	辛$_2$未	8	2
3:14	壬$_3$申	7	3
3:15	癸$_2$酉	7	3
3:16	甲$_2$戌	7	3
3:17	乙$_3$亥	6	4
3:18	丙$_3$子	6	4
3:19	丁$_2$丑	6	4
3:20	戊$_2$寅	5	5
3:21	己$_2$卯	5	5
3:22	庚$_2$辰	5	5
3:23	辛$_2$巳	4	6
3:24	壬$_2$午	4	6
3:25	癸$_3$未	4	6
3:26	甲$_2$申	3	7
3:27	乙$_3$酉	3	7
3:28	丙$_3$戌	3	7
3:29	丁$_2$亥	2	8
3:30	戊$_2$子	2	8
3:31	己$_1$丑	2	8
4:1	庚$_3$寅	1	9
4:2	辛$_2$卯	1	9
4:3	壬$_3$辰	1	9
4:4	癸$_2$巳	0	10
4:5	甲$_1$午	0	10

月柱 壬辰

生日	日柱	男	女
4:5	甲$_2$午	10	0
4:6	乙$_2$未	10	0
4:7	丙$_2$申	10	1
4:8	丁$_2$酉	10	1
4:9	戊$_2$戌	10	1
4:10	己$_1$亥	9	2
4:11	庚$_3$子	9	2
4:12	辛$_3$丑	8	2
4:13	壬$_3$寅	8	3
4:14	癸$_3$卯	7	3
4:15	甲$_2$辰	7	3
4:16	乙$_2$巳	7	4
4:17	丙$_2$午	6	4
4:18	丁$_2$未	6	4
4:19	戊$_2$申	6	5
4:20	己$_2$酉	5	5
4:21	庚$_2$戌	5	5
4:22	辛$_2$亥	5	5
4:23	壬$_2$子	4	6
4:24	癸$_3$丑	4	6
4:25	甲$_1$寅	4	7
4:26	乙$_2$卯	3	7
4:27	丙$_2$辰	3	7
4:28	丁$_1$巳	3	8
4:29	戊$_1$午	2	8
4:30	己$_1$未	2	8
5:1	庚$_2$申	1	9
5:2	辛$_2$酉	1	9
5:3	壬$_3$戌	1	9
5:4	癸$_2$亥	1	10
5:5	甲$_1$子	0	10
5:6	乙$_1$丑	0	10

月柱 癸巳

生日	日柱	男	女
5:6	乙$_3$丑	10	0
5:7	丙$_2$寅	10	0
5:8	丁$_2$卯	10	1
5:9	戊$_2$辰	10	1
5:10	己$_1$巳	9	1
5:11	庚$_2$午	9	2
5:12	辛$_2$未	9	2
5:13	壬$_2$申	8	2
5:14	癸$_3$酉	8	3
5:15	甲$_2$戌	7	3
5:16	乙$_2$亥	7	3
5:17	丙$_1$子	7	4
5:18	丁$_1$丑	6	4
5:19	戊$_1$寅	6	4
5:20	己$_1$卯	6	5
5:21	庚$_2$辰	5	5
5:22	辛$_2$巳	5	5
5:23	壬$_2$午	5	5
5:24	癸$_2$未	5	6
5:25	甲$_1$申	4	6
5:26	乙$_2$酉	4	7
5:27	丙$_1$戌	3	7
5:28	丁$_1$亥	3	7
5:29	戊$_1$子	3	8
5:30	己$_1$丑	2	8
5:31	庚$_1$寅	2	8
6:1	辛$_1$卯	2	9
6:2	壬$_3$辰	1	9
6:3	癸$_1$巳	1	9
6:4	甲$_2$午	1	10
6:5	乙$_3$未	0	10
6:6	丙$_1$申	0	10

月柱 甲午

生日	日柱	男	女
6:6	丙$_1$申	10	0
6:7	丁$_2$酉	10	0
6:8	戊$_2$戌	10	1
6:9	己$_2$亥	9	1
6:10	庚$_3$子	9	1
6:11	辛$_1$丑	9	2
6:12	壬$_3$寅	8	2
6:13	癸$_3$卯	8	2
6:14	甲$_3$辰	8	3
6:15	乙$_3$巳	7	3
6:16	丙$_1$午	7	3
6:17	丁$_1$未	7	4
6:18	戊$_1$申	7	4
6:19	己$_1$酉	6	4
6:20	庚$_1$戌	6	5
6:21	辛$_1$亥	6	5
6:22	壬$_2$子	6	5
6:23	癸$_1$丑	5	5
6:24	甲$_2$寅	5	6
6:25	乙$_2$卯	4	6
6:26	丙$_1$辰	4	7
6:27	丁$_1$巳	4	7
6:28	戊$_1$午	3	7
6:29	己$_1$未	3	8
6:30	庚$_1$申	3	8
7:1	辛$_1$酉	2	8
7:2	壬$_3$戌	2	9
7:3	癸$_1$亥	2	9
7:4	甲$_2$子	1	9
7:5	乙$_3$丑	1	10
7:6	丙$_1$寅	1	10
7:7	丁$_1$卯	0	10

月柱 乙未

生日	日柱	男	女
7:7	丁$_3$卯	11	0
7:8	戊$_3$辰	10	0
7:9	己$_2$巳	10	0
7:10	庚$_3$午	10	1
7:11	辛$_3$未	10	1
7:12	壬$_3$申	9	2
7:13	癸$_3$酉	9	2
7:14	甲$_3$戌	8	2
7:15	乙$_3$亥	8	3
7:16	丙$_3$子	8	3
7:17	丁$_3$丑	7	3
7:18	戊$_3$寅	7	4
7:19	己$_2$卯	7	4
7:20	庚$_3$辰	7	4
7:21	辛$_3$巳	6	5
7:22	壬$_3$午	6	5
7:23	癸$_3$未	5	5
7:24	甲$_2$申	5	6
7:25	乙$_3$酉	5	6
7:26	丙$_1$戌	4	6
7:27	丁$_3$亥	4	7
7:28	戊$_1$子	4	7
7:29	己$_1$丑	3	8
7:30	庚$_1$寅	3	8
7:31	辛$_1$卯	3	8
8:1	壬$_3$辰	2	8
8:2	癸$_3$巳	2	9
8:3	甲$_3$午	2	9
8:4	乙$_3$未	1	9
8:5	丙$_1$申	1	10
8:6	丁$_3$酉	1	10
8:7	戊$_3$戌	0	10
8:8	己$_3$亥	0	11

歳	男	歳	女	歳	男	歳	女	歳	男	歳	女	歳	男	歳	女	歳	男	歳	女	歳	男	歳	女
0	辛卯	0	己丑	0	壬辰	0	庚寅	0	癸巳	0	辛卯	0	甲午	0	壬辰	0	乙未	0	癸巳	0	丙申	0	甲午
10	壬辰	10	戊子	10	癸巳	10	己丑	10	甲午	10	庚寅	10	乙未	10	辛卯	10	丙申	10	壬辰	10	丁酉	10	癸巳
20	癸巳	20	丁亥	20	甲午	20	戊子	20	乙未	20	己丑	20	丙申	20	庚寅	20	丁酉	20	辛卯	20	戊戌	20	壬辰
30	甲午	30	丙戌	30	乙未	30	丁亥	30	丙申	30	戊子	30	丁酉	30	己丑	30	戊戌	30	庚寅	30	己亥	30	辛卯
40	乙未	40	乙酉	40	丙申	40	丙戌	40	丁酉	40	丁亥	40	戊戌	40	戊子	40	己亥	40	己丑	40	庚子	40	庚寅
50	丙申	50	甲申	50	丁酉	50	乙酉	50	戊戌	50	丙戌	50	己亥	50	丁亥	50	庚子	50	戊子	50	辛丑	50	己丑
60	丁酉	60	癸未	60	戊戌	60	甲申	60	己亥	60	乙酉	60	庚子	60	丙戌	60	辛丑	60	丁亥	60	壬寅	60	戊子
70	戊戌	70	壬午	70	己亥	70	癸未	70	庚子	70	甲申	70	辛丑	70	乙酉	70	壬寅	70	丙戌	70	癸卯	70	丁亥
80	己亥	80	辛巳	80	庚子	80	壬午	80	辛丑	80	癸未	80	壬寅	80	甲申	80	癸卯	80	乙酉	80	甲辰	80	丙戌

～1967年（昭和42年）2月4日20時30分

期間	月柱
8月8日 7:49～ 9月8日10:31	丙申
9月8日10:32～ 10月9日 1:56	丁酉
10月9日 1:57～ 11月8日 4:55	戊戌
11月8日 4:56～ 12月7日21:37	己亥
12月7日21:38～ 1月6日 8:47	庚子
1月6日 8:48～ 2月4日20:30	辛丑

丙申

生日	日柱	男	女
8 8	己₁亥	10	0
8 9	庚₂子	10	0
8 10	辛₁丑	10	1
8 11	壬₁寅	9	1
8 12	癸₁卯	9	1
8 13	甲₁辰	9	2
8 14	乙₁巳	8	2
8 15	丙₁午	8	2
8 16	丁₁未	8	3
8 17	戊₁申	7	3
8 18	己₁酉	7	3
8 19	庚₁戌	7	4
8 20	辛₁亥	7	4
8 21	壬₁子	6	4
8 22	癸₃丑	6	5
8 23	甲₁寅	5	5
8 24	乙₁卯	5	5
8 25	丙₁辰	5	6
8 26	丁₁巳	4	6
8 27	戊₁午	4	6
8 28	己₁未	4	7
8 29	庚₁申	3	7
8 30	辛₁酉	3	7
8 31	壬₁戌	3	8
9 1	癸₁亥	2	8
9 2	甲₁子	2	8
9 3	乙₁丑	2	9
9 4	丙₁寅	1	9
9 5	丁₁卯	1	9
9 6	戊₁辰	1	10
9 7	己₁巳	0	10
9 8	庚₂午	0	10

丁酉

生日	日柱	男	女
9 8	庚₁午	10	0
9 9	辛₁未	10	0
9 10	壬₂申	10	1
9 11	癸₁酉	9	1
9 12	甲₃戌	9	1
9 13	乙₃亥	9	2
9 14	丙₁子	8	2
9 15	丁₁丑	8	3
9 16	戊₁寅	8	3
9 17	己₁卯	7	3
9 18	庚₁辰	7	3
9 19	辛₁巳	7	4
9 20	壬₁午	6	4
9 21	癸₁未	6	4
9 22	甲₃申	5	5
9 23	乙₁酉	5	5
9 24	丙₁戌	5	5
9 25	丁₁亥	4	6
9 26	戊₁子	4	6
9 27	己₁丑	4	6
9 28	庚₁寅	4	7
9 29	辛₁卯	3	7
9 30	壬₃辰	3	7
10 1	癸₃巳	3	8
10 2	甲₁午	2	8
10 3	乙₃未	2	8
10 4	丙₁申	2	9
10 5	丁₁酉	1	9
10 6	戊₁戌	1	9
10 7	己₁亥	1	10
10 8	庚₂子	0	10
10 9	辛₁丑	0	10

戊戌

生日	日柱	男	女
10 9	辛₁丑	10	0
10 10	壬₁寅	10	0
10 11	癸₃卯	9	1
10 12	甲₃辰	9	1
10 13	乙₃巳	9	1
10 14	丙₁午	8	2
10 15	丁₁未	8	2
10 16	戊₁申	8	2
10 17	己₁酉	7	3
10 18	庚₁戌	7	3
10 19	辛₁亥	7	3
10 20	壬₁子	6	4
10 21	癸₁丑	6	4
10 22	甲₁寅	5	4
10 23	乙₃卯	5	5
10 24	丙₂辰	5	5
10 25	丁₁巳	5	5
10 26	戊₁午	4	6
10 27	己₁未	4	6
10 28	庚₁申	3	6
10 29	辛₁酉	3	7
10 30	壬₁戌	3	7
10 31	癸₁亥	2	7
11 1	甲₁子	2	8
11 2	乙₁丑	2	8
11 3	丙₁寅	1	8
11 4	丁₁卯	1	9
11 5	戊₁辰	1	9
11 6	己₁巳	1	9
11 7	庚₁午	0	10
11 8	辛₁未	0	10

己亥

生日	日柱	男	女
11 8	辛₁未	10	0
11 9	壬₁申	9	0
11 10	癸₁酉	9	1
11 11	甲₁戌	9	1
11 12	乙₃亥	9	1
11 13	丙₁子	8	2
11 14	丁₁丑	8	2
11 15	戊₁寅	7	2
11 16	己₁卯	7	3
11 17	庚₁辰	7	3
11 18	辛₁巳	6	3
11 19	壬₂午	6	4
11 20	癸₁未	5	4
11 21	甲₁申	5	5
11 22	乙₁酉	5	5
11 23	丙₂戌	4	5
11 24	丁₁亥	4	6
11 25	戊₁子	4	6
11 26	己₁丑	3	6
11 27	庚₁寅	3	6
11 28	辛₁卯	3	7
11 29	壬₁辰	2	7
11 30	癸₂巳	2	7
12 1	甲₁午	2	8
12 2	乙₁未	1	8
12 3	丙₁申	1	8
12 4	丁₁酉	1	9
12 5	戊₁戌	0	9
12 6	己₁亥	0	9
12 7	庚₁子	0	10

庚子

生日	日柱	男	女
12 7	庚₃子	10	0
12 8	辛₁丑	10	0
12 9	壬₁寅	9	1
12 10	癸₁卯	9	1
12 11	甲₁辰	9	1
12 12	乙₁巳	8	2
12 13	丙₁午	8	2
12 14	丁₂未	8	2
12 15	戊₂申	7	3
12 16	己₂酉	7	3
12 17	庚₁戌	7	3
12 18	辛₁亥	6	4
12 19	壬₁子	6	4
12 20	癸₁丑	5	4
12 21	甲₁寅	5	5
12 22	乙₂卯	5	5
12 23	丙₂辰	4	5
12 24	丁₁巳	4	6
12 25	戊₁午	4	6
12 26	己₁未	3	6
12 27	庚₁申	3	7
12 28	辛₁酉	3	7
12 29	壬₁戌	2	7
12 30	癸₁亥	2	8
12 31	甲₁子	2	8
1 1	乙₁丑	1	8
1 2	丙₁寅	1	9
1 3	丁₁卯	1	9
1 4	戊₁辰	0	9
1 5	己₁巳	0	10
1 6	庚₃午	0	10

辛丑

生日	日柱	男	女
1 6	庚₂午	10	0
1 7	辛₁未	9	0
1 8	壬₁申	9	1
1 9	癸₁酉	9	1
1 10	甲₃戌	8	1
1 11	乙₃亥	8	2
1 12	丙₂子	8	2
1 13	丁₂丑	7	2
1 14	戊₂寅	7	3
1 15	己₁卯	7	3
1 16	庚₁辰	6	3
1 17	辛₁巳	6	4
1 18	壬₂午	6	4
1 19	癸₂未	5	4
1 20	甲₃申	5	5
1 21	乙₃酉	5	5
1 22	丙₂戌	4	5
1 23	丁₂亥	4	6
1 24	戊₂子	4	6
1 25	己₁丑	3	6
1 26	庚₁寅	3	7
1 27	辛₁卯	3	7
1 28	壬₁辰	2	7
1 29	癸₂巳	2	8
1 30	甲₁午	2	8
1 31	乙₃未	2	8
2 1	丙₁申	1	9
2 2	丁₂酉	1	9
2 3	戊₁戌	0	9
2 4	己₁亥	0	10

立運年齢表

歳	男	歳	女	歳	男	歳	女	歳	男	歳	女	歳	男	歳	女	歳	男	歳	女	歳	男	歳	女
0	丁酉	0	乙未	0	戊戌	0	丙申	0	己亥	0	丁酉	0	庚子	0	戊戌	0	辛丑	0	己亥	0	壬寅	0	庚子
10	戊戌	10	甲午	10	己亥	10	乙未	10	庚子	10	丙申	10	辛丑	10	丁酉	10	壬寅	10	戊戌	10	癸卯	10	己亥
20	己亥	20	癸巳	20	庚子	20	甲午	20	辛丑	20	乙未	20	壬寅	20	丙申	20	癸卯	20	丁酉	20	甲辰	20	戊戌
30	庚子	30	壬辰	30	辛丑	30	癸巳	30	壬寅	30	甲午	30	癸卯	30	乙未	30	甲辰	30	丙申	30	乙巳	30	丁酉
40	辛丑	40	辛卯	40	壬寅	40	壬辰	40	癸卯	40	癸巳	40	甲辰	40	甲午	40	乙巳	40	乙未	40	丙午	40	丙申
50	壬寅	50	庚寅	50	癸卯	50	辛卯	50	甲辰	50	壬辰	50	乙巳	50	癸巳	50	丙午	50	甲午	50	丁未	50	乙未
60	癸卯	60	己丑	60	甲辰	60	庚寅	60	乙巳	60	辛卯	60	丙午	60	壬辰	60	丁未	60	癸巳	60	戊申	60	甲午
70	甲辰	70	戊子	70	乙巳	70	己丑	70	丙午	70	庚寅	70	丁未	70	辛卯	70	戊申	70	壬辰	70	己酉	70	癸巳
80	乙巳	80	丁亥	80	丙午	80	戊子	80	丁未	80	己丑	80	戊申	80	庚寅	80	己酉	80	辛卯	80	庚戌	80	壬辰

年柱 丁未　1967年（昭和42年）2月4日20時31分〜

2月4日20:31〜3月6日14:41				3月6日14:42〜4月5日19:44				4月5日19:45〜5月6日13:17				5月6日13:18〜6月6日17:35				6月6日17:36〜7月8日3:53				7月8日3:54〜8月8日13:34			
月柱 壬寅				月柱 癸卯				月柱 甲辰				月柱 乙巳				月柱 丙午				月柱 丁未			
生日	日柱	男	女	生日	日柱	男	女	生日	日柱	男	女	生日	日柱	男	女	生日	日柱	男	女	生日	日柱	男	女
2/4	己亥	0	10	3/6	己巳	0	10	4/5	己亥	0	10	5/6	庚午	0	10	6/6	辛丑	0	11	7/8	癸酉	0	10
2/5	庚子	0	10	3/7	庚午	0	10	4/6	庚子	0	10	5/7	辛未	0	10	6/7	壬寅	0	10	7/9	甲戌	0	10
2/6	辛丑	1	9	3/8	辛未	1	9	4/7	辛丑	1	10	5/8	壬申	1	10	6/8	癸卯	1	10	7/10	乙亥	1	10
2/7	壬寅	1	9	3/9	壬申	1	9	4/8	壬寅	1	9	5/9	癸酉	1	9	6/9	甲辰	1	10	7/11	丙子	1	9
2/8	癸卯	1	9	3/10	癸酉	1	9	4/9	癸卯	1	9	5/10	甲戌	1	9	6/10	乙巳	1	9	7/12	丁丑	1	9
2/9	甲辰	2	8	3/11	甲戌	2	8	4/10	甲辰	2	8	5/11	乙亥	2	9	6/11	丙午	2	9	7/13	戊寅	2	9
2/10	乙巳	2	8	3/12	乙亥	2	8	4/11	乙巳	2	8	5/12	丙子	2	8	6/12	丁未	2	9	7/14	己卯	2	8
2/11	丙午	2	8	3/13	丙子	2	8	4/12	丙午	2	8	5/13	丁丑	2	8	6/13	戊申	2	8	7/15	庚辰	2	8
2/12	丁未	3	7	3/14	丁丑	3	7	4/13	丁未	3	7	5/14	戊寅	3	8	6/14	己酉	3	8	7/16	辛巳	3	8
2/13	戊申	3	7	3/15	戊寅	3	7	4/14	戊申	3	7	5/15	己卯	3	7	6/15	庚戌	3	8	7/17	壬午	3	7
2/14	己酉	3	7	3/16	己卯	3	7	4/15	己酉	3	7	5/16	庚辰	3	7	6/16	辛亥	3	7	7/18	癸未	3	7
2/15	庚戌	4	6	3/17	庚辰	4	6	4/16	庚戌	4	7	5/17	辛巳	4	7	6/17	壬子	4	7	7/19	甲申	4	7
2/16	辛亥	4	6	3/18	辛巳	4	6	4/17	辛亥	4	6	5/18	壬午	4	6	6/18	癸丑	4	7	7/20	乙酉	4	6
2/17	壬子	4	6	3/19	壬午	4	6	4/18	壬子	4	6	5/19	癸未	4	6	6/19	甲寅	4	6	7/21	丙戌	4	6
2/18	癸丑	5	5	3/20	癸未	5	5	4/19	癸丑	5	6	5/20	甲申	5	6	6/20	乙卯	5	6	7/22	丁亥	5	6
2/19	甲寅	5	5	3/21	甲申	5	5	4/20	甲寅	5	5	5/21	乙酉	5	5	6/21	丙辰	5	5	7/23	戊子	5	5
2/20	乙卯	5	5	3/22	乙酉	5	5	4/21	乙卯	5	5	5/22	丙戌	5	5	6/22	丁巳	5	5	7/24	己丑	5	5
2/21	丙辰	6	4	3/23	丙戌	6	4	4/22	丙辰	6	5	5/23	丁亥	6	5	6/23	戊午	6	5	7/25	庚寅	6	5
2/22	丁巳	6	4	3/24	丁亥	6	4	4/23	丁巳	6	4	5/24	戊子	6	4	6/24	己未	6	5	7/26	辛卯	6	4
2/23	戊午	6	4	3/25	戊子	6	4	4/24	戊午	6	4	5/25	己丑	6	4	6/25	庚申	6	4	7/27	壬辰	6	4
2/24	己未	7	3	3/26	己丑	7	3	4/25	己未	7	4	5/26	庚寅	7	4	6/26	辛酉	7	4	7/28	癸巳	7	4
2/25	庚申	7	3	3/27	庚寅	7	3	4/26	庚申	7	3	5/27	辛卯	7	3	6/27	壬戌	7	3	7/29	甲午	7	3
2/26	辛酉	7	3	3/28	辛卯	7	3	4/27	辛酉	7	3	5/28	壬辰	7	3	6/28	癸亥	7	3	7/30	乙未	7	3
2/27	壬戌	8	2	3/29	壬辰	8	2	4/28	壬戌	8	3	5/29	癸巳	8	3	6/29	甲子	8	3	7/31	丙申	8	3
2/28	癸亥	8	2	3/30	癸巳	8	2	4/29	癸亥	8	2	5/30	甲午	8	2	6/30	乙丑	8	3	8/1	丁酉	8	2
3/1	甲子	8	2	3/31	甲午	8	2	4/30	甲子	8	2	5/31	乙未	8	2	7/1	丙寅	8	2	8/2	戊戌	8	2
3/2	乙丑	9	1	4/1	乙未	9	1	5/1	乙丑	9	2	6/1	丙申	9	2	7/2	丁卯	9	2	8/3	己亥	9	2
3/3	丙寅	9	1	4/2	丙申	9	1	5/2	丙寅	9	1	6/2	丁酉	9	2	7/3	戊辰	9	2	8/4	庚子	9	2
3/4	丁卯	9	1	4/3	丁酉	9	1	5/3	丁卯	9	1	6/3	戊戌	9	1	7/4	己巳	9	1	8/5	辛丑	9	1
3/5	戊辰	10	0	4/4	戊戌	10	0	5/4	戊辰	10	1	6/4	己亥	10	1	7/5	庚午	10	1	8/6	壬寅	10	1
3/6	己巳	10	0	4/5	己亥	10	0	5/5	己巳	10	0	6/5	庚子	10	0	7/6	辛未	10	1	8/7	癸卯	10	0
								5/6	庚午	10	0	6/6	辛丑	10	0	7/7	壬申	10	0	8/8	甲辰	10	0
																7/8	癸酉	11	0				

歳	男	歳	女	歳	男	歳	女	歳	男	歳	女	歳	男	歳	女	歳	男	歳	女	歳	男	歳	女
0	辛丑	0	癸卯	0	壬寅	0	甲辰	0	癸卯	0	乙巳	0	甲辰	0	丙午	0	乙巳	0	丁未	0	丙午	0	戊申
10	庚子	10	甲辰	10	辛丑	10	乙巳	10	壬寅	10	丙午	10	癸卯	10	丁未	10	甲辰	10	戊申	10	乙巳	10	己酉
20	己亥	20	乙巳	20	庚子	20	丙午	20	辛丑	20	丁未	20	壬寅	20	戊申	20	癸卯	20	己酉	20	甲辰	20	庚戌
30	戊戌	30	丙午	30	己亥	30	丁未	30	庚子	30	戊申	30	辛丑	30	己酉	30	壬寅	30	庚戌	30	癸卯	30	辛亥
40	丁酉	40	丁未	40	戊戌	40	戊申	40	己亥	40	己酉	40	庚子	40	庚戌	40	辛丑	40	辛亥	40	壬寅	40	壬子
50	丙申	50	戊申	50	丁酉	50	己酉	50	戊戌	50	庚戌	50	己亥	50	辛亥	50	庚子	50	壬子	50	辛丑	50	癸丑
60	乙未	60	己酉	60	丙申	60	庚戌	60	丁酉	60	辛亥	60	戊戌	60	壬子	60	己亥	60	癸丑	60	庚子	60	甲寅
70	甲午	70	庚戌	70	乙未	70	辛亥	70	丙申	70	壬子	70	丁酉	70	癸丑	70	戊戌	70	甲寅	70	己亥	70	乙卯
80	癸巳	80	辛亥	80	甲午	80	壬子	80	乙未	80	癸丑	80	丙申	80	甲寅	80	丁酉	80	乙卯	80	戊戌	80	丙辰

～1968年（昭和43年）2月5日2時07分

月柱別 日柱・立運年齢表

戊申（8月8日 13:35 ～ 9月8日 16:17）

生日	日柱	立運年齢 男	立運年齢 女
8 8	甲$_3$辰	0	10
8 9	乙$_3$巳	0	10
8 10	丙$_2$午	1	10
8 11	丁$_3$未	1	9
8 12	戊$_1$申	1	9
8 13	己$_1$酉	2	9
8 14	庚$_1$戌	2	8
8 15	辛$_1$亥	2	8
8 16	壬$_2$子	3	8
8 17	癸$_3$丑	3	7
8 18	甲$_3$寅	3	7
8 19	乙$_3$卯	4	7
8 20	丙$_3$辰	4	6
8 21	丁$_2$巳	4	6
8 22	戊$_1$午	5	6
8 23	己$_1$未	5	5
8 24	庚$_1$申	5	5
8 25	辛$_1$酉	6	5
8 26	壬$_1$戌	6	4
8 27	癸$_2$亥	6	4
8 28	甲$_1$子	7	4
8 29	乙$_1$丑	7	3
8 30	丙$_2$寅	7	3
8 31	丁$_1$卯	8	3
9 1	戊$_1$辰	8	2
9 2	己$_1$巳	8	2
9 3	庚$_1$午	9	2
9 4	辛$_1$未	9	1
9 5	壬$_2$申	9	1
9 6	癸$_2$酉	10	1
9 7	甲$_3$戌	10	0
9 8	乙$_3$亥	10	0

己酉（9月8日 16:18 ～ 10月9日 7:41）

生日	日柱	立運年齢 男	立運年齢 女
9 8	乙$_3$亥	0	10
9 9	丙$_3$子	0	10
9 10	丁$_3$丑	1	10
9 11	戊$_1$寅	1	9
9 12	己$_1$卯	1	9
9 13	庚$_1$辰	2	9
9 14	辛$_1$巳	2	8
9 15	壬$_1$午	2	8
9 16	癸$_3$未	3	8
9 17	甲$_3$申	3	7
9 18	乙$_3$酉	3	7
9 19	丙$_3$戌	4	7
9 20	丁$_3$亥	4	6
9 21	戊$_1$子	4	6
9 22	己$_1$丑	5	6
9 23	庚$_1$寅	5	5
9 24	辛$_1$卯	5	5
9 25	壬$_3$辰	6	5
9 26	癸$_3$巳	6	4
9 27	甲$_1$午	6	4
9 28	乙$_1$未	7	4
9 29	丙$_1$申	7	3
9 30	丁$_3$酉	7	3
10 1	戊$_3$戌	8	3
10 2	己$_1$亥	8	2
10 3	庚$_1$子	8	2
10 4	辛$_1$丑	9	2
10 5	壬$_3$寅	9	1
10 6	癸$_3$卯	9	1
10 7	甲$_3$辰	10	1
10 8	乙$_3$巳	10	0
10 9	丙$_2$午	10	0

庚戌（10月9日 7:42 ～ 11月8日 10:37）

生日	日柱	立運年齢 男	立運年齢 女
10 9	丙$_2$午	0	10
10 10	丁$_3$未	0	10
10 11	戊$_1$申	1	9
10 12	己$_1$酉	1	9
10 13	庚$_1$戌	2	8
10 14	辛$_1$亥	2	8
10 15	壬$_1$子	2	8
10 16	癸$_3$丑	3	7
10 17	甲$_1$寅	3	7
10 18	乙$_3$卯	3	7
10 19	丙$_3$辰	4	6
10 20	丁$_3$巳	4	6
10 21	戊$_1$午	4	6
10 22	己$_3$未	5	5
10 23	庚$_1$申	5	5
10 24	辛$_1$酉	5	5
10 25	壬$_1$戌	6	4
10 26	癸$_1$亥	6	4
10 27	甲$_1$子	6	4
10 28	乙$_1$丑	7	3
10 29	丙$_1$寅	7	3
10 30	丁$_1$卯	7	3
10 31	戊$_1$辰	8	2
11 1	己$_1$巳	8	2
11 2	庚$_1$午	8	2
11 3	辛$_1$未	9	1
11 4	壬$_1$申	9	1
11 5	癸$_3$酉	9	1
11 6	甲$_3$戌	10	0
11 7	乙$_3$亥	10	0
11 8	丙$_3$子	10	0

辛亥（11月8日 10:38 ～ 12月8日 3:17）

生日	日柱	立運年齢 男	立運年齢 女
11 8	丙$_3$子	0	10
11 9	丁$_3$丑	0	10
11 10	戊$_1$寅	1	9
11 11	己$_2$卯	1	9
11 12	庚$_1$辰	2	8
11 13	辛$_1$巳	2	8
11 14	壬$_1$午	2	8
11 15	癸$_1$未	3	7
11 16	甲$_1$申	3	7
11 17	乙$_1$酉	3	7
11 18	丙$_3$戌	4	6
11 19	丁$_1$亥	4	6
11 20	戊$_1$子	4	6
11 21	己$_1$丑	5	5
11 22	庚$_1$寅	5	5
11 23	辛$_1$卯	5	5
11 24	壬$_1$辰	6	4
11 25	癸$_1$巳	6	4
11 26	甲$_1$午	6	4
11 27	乙$_1$未	7	3
11 28	丙$_3$申	7	3
11 29	丁$_1$酉	7	3
11 30	戊$_1$戌	8	2
12 1	己$_1$亥	8	2
12 2	庚$_1$子	8	2
12 3	辛$_1$丑	9	1
12 4	壬$_1$寅	9	1
12 5	癸$_3$卯	9	1
12 6	甲$_1$辰	10	0
12 7	乙$_1$巳	10	0
12 8	丙$_3$午	10	0

壬子（12月8日 3:18 ～ 1月6日 14:25）

生日	日柱	立運年齢 男	立運年齢 女
12 8	丙$_2$午	0	10
12 9	丁$_3$未	0	9
12 10	戊$_2$申	1	9
12 11	己$_1$酉	1	9
12 12	庚$_2$戌	1	8
12 13	辛$_1$亥	2	8
12 14	壬$_1$子	2	8
12 15	癸$_1$丑	2	7
12 16	甲$_1$寅	3	7
12 17	乙$_1$卯	3	7
12 18	丙$_3$辰	3	6
12 19	丁$_1$巳	4	6
12 20	戊$_2$午	4	6
12 21	己$_1$未	4	5
12 22	庚$_2$申	5	5
12 23	辛$_2$酉	5	5
12 24	壬$_2$戌	5	4
12 25	癸$_2$亥	6	4
12 26	甲$_1$子	6	4
12 27	乙$_1$丑	6	3
12 28	丙$_2$寅	7	3
12 29	丁$_1$卯	7	3
12 30	戊$_1$辰	7	2
12 31	己$_1$巳	8	2
1 1	庚$_3$午	8	2
1 2	辛$_2$未	8	1
1 3	壬$_2$申	9	1
1 4	癸$_2$酉	9	1
1 5	甲$_3$戌	9	0
1 6	乙$_3$亥	10	0

癸丑（1月6日 14:26 ～ 2月5日 2:07）

生日	日柱	立運年齢 男	立運年齢 女
1 6	乙$_3$亥	0	10
1 7	丙$_3$子	0	10
1 8	丁$_3$丑	1	9
1 9	戊$_1$寅	1	9
1 10	己$_1$卯	2	8
1 11	庚$_1$辰	2	8
1 12	辛$_1$巳	2	8
1 13	壬$_1$午	3	7
1 14	癸$_1$未	3	7
1 15	甲$_1$申	3	7
1 16	乙$_1$酉	4	6
1 17	丙$_3$戌	4	6
1 18	丁$_1$亥	4	6
1 19	戊$_1$子	5	5
1 20	己$_1$丑	5	5
1 21	庚$_1$寅	5	5
1 22	辛$_1$卯	6	4
1 23	壬$_1$辰	6	4
1 24	癸$_2$巳	6	4
1 25	甲$_1$午	7	3
1 26	乙$_1$未	7	3
1 27	丙$_3$申	7	3
1 28	丁$_1$酉	8	2
1 29	戊$_1$戌	8	2
1 30	己$_1$亥	8	2
1 31	庚$_2$子	9	1
2 1	辛$_1$丑	9	1
2 2	壬$_1$寅	9	1
2 3	癸$_2$卯	10	0
2 4	甲$_3$辰	10	0
2 5	乙$_3$巳	10	0

大運表

歳	戊申 男	戊申 女	己酉 男	己酉 女	庚戌 男	庚戌 女	辛亥 男	辛亥 女	壬子 男	壬子 女	癸丑 男	癸丑 女
0	丁未	己酉	戊申	庚戌	己酉	辛亥	庚戌	壬子	辛亥	癸丑	壬子	甲寅
10	丙午	庚戌	丁未	辛亥	戊申	壬子	己酉	癸丑	庚戌	甲寅	辛亥	乙卯
20	乙巳	辛亥	丙午	壬子	丁未	癸丑	戊申	甲寅	己酉	乙卯	庚戌	丙辰
30	甲辰	壬子	乙巳	癸丑	丙午	甲寅	丁未	乙卯	戊申	丙辰	己酉	丁巳
40	癸卯	癸丑	甲辰	甲寅	乙巳	乙卯	丙午	丙辰	丁未	丁巳	戊申	戊午
50	壬寅	甲寅	癸卯	乙卯	甲辰	丙辰	乙巳	丁巳	丙午	戊午	丁未	己未
60	辛丑	乙卯	壬寅	丙辰	癸卯	丁巳	甲辰	戊午	乙巳	己未	丙午	庚申
70	庚子	丙辰	辛丑	丁巳	壬寅	戊午	癸卯	己未	甲辰	庚申	乙巳	辛酉
80	己亥	丁巳	庚子	戊午	辛丑	己未	壬寅	庚申	癸卯	辛酉	甲辰	壬戌

年柱 戊申 — 1968年（昭和43年）2月5日2時08分〜

月柱 甲寅	月柱 乙卯	月柱 丙辰	月柱 丁巳	月柱 戊午	月柱 己未
2月5日 2:08〜 3月5日20:17	3月5日20:18〜 4月5日 1:20	4月5日 1:21〜 5月5日18:55	5月5日18:56〜 6月5日23:18	6月5日23:19〜 7月7日 9:41	7月7日 9:42〜 8月7日19:26

立運年齢（男・女）

甲寅 生日	日柱	男	女	乙卯 生日	日柱	男	女	丙辰 生日	日柱	男	女	丁巳 生日	日柱	男	女	戊午 生日	日柱	男	女	己未 生日	日柱	男	女
2/5	乙$_1$巳	10	0	3/5	甲$_1$戌	10	0	4/5	乙$_1$巳	10	0	5/5	乙$_1$亥	10	0	6/5	丙$_1$午	11	0	7/7	戊$_1$寅	10	0
2/6	丙$_1$午	9	0	3/6	乙$_1$亥	10	0	4/6	丙$_1$午	10	0	5/6	丙$_1$子	10	0	6/6	丁$_1$未	10	0	7/8	己$_1$卯	10	0
2/7	丁$_1$未	9	1	3/7	丙$_1$子	10	1	4/7	丁$_1$未	9	1	5/7	丁$_1$丑	10	1	6/7	戊$_1$申	10	1	7/9	庚$_1$辰	10	1
2/8	戊$_1$申	9	1	3/8	丁$_1$丑	9	1	4/8	戊$_1$申	9	1	5/8	戊$_1$寅	9	1	6/8	己$_1$酉	10	1	7/10	辛$_1$巳	9	1
2/9	己$_3$酉	8	1	3/9	戊$_3$寅	9	1	4/9	己$_1$酉	9	1	5/9	己$_1$卯	9	1	6/9	庚$_1$戌	9	1	7/11	壬$_1$午	9	1
2/10	庚$_1$戌	8	1	3/10	己$_3$卯	9	2	4/10	庚$_1$戌	8	2	5/10	庚$_1$辰	9	2	6/10	辛$_1$亥	9	2	7/12	癸$_3$未	9	2
2/11	辛$_2$亥	7	2	3/11	庚$_1$辰	8	2	4/11	辛$_1$亥	8	2	5/11	辛$_2$巳	8	2	6/11	壬$_1$子	9	2	7/13	甲$_1$申	8	2
2/12	壬$_1$子	7	2	3/12	辛$_1$巳	8	2	4/12	壬$_1$子	7	2	5/12	壬$_3$午	8	2	6/12	癸$_1$丑	8	2	7/14	乙$_2$酉	8	2
2/13	癸$_3$丑	7	2	3/13	壬$_1$午	8	3	4/13	癸$_1$丑	7	2	5/13	癸$_1$未	8	3	6/13	甲$_1$寅	8	3	7/15	丙$_1$戌	8	3
2/14	甲$_1$寅	7	3	3/14	癸$_1$未	7	3	4/14	甲$_1$寅	7	3	5/14	甲$_3$申	7	3	6/14	乙$_2$卯	8	3	7/16	丁$_1$亥	7	3
2/15	乙$_1$卯	6	3	3/15	甲$_1$申	7	3	4/15	乙$_1$卯	7	3	5/15	乙$_1$酉	7	3	6/15	丙$_2$辰	7	3	7/17	戊$_1$子	7	3
2/16	丙$_2$辰	6	4	3/16	乙$_1$酉	7	4	4/16	丙$_1$辰	6	4	5/16	丙$_1$戌	7	4	6/16	丁$_1$巳	7	4	7/18	己$_1$丑	7	4
2/17	丁$_1$巳	6	4	3/17	丙$_1$戌	6	4	4/17	丁$_1$巳	6	4	5/17	丁$_1$亥	6	4	6/17	戊$_1$午	7	4	7/19	庚$_1$寅	6	4
2/18	戊$_2$午	5	4	3/18	丁$_1$亥	6	5	4/18	戊$_1$午	5	4	5/18	戊$_1$子	6	5	6/18	己$_1$未	6	4	7/20	辛$_1$卯	6	4
2/19	己$_2$未	5	5	3/19	戊$_1$子	6	5	4/19	己$_1$未	5	5	5/19	己$_1$丑	6	5	6/19	庚$_1$申	6	5	7/21	壬$_3$辰	5	5
2/20	庚$_1$申	5	5	3/20	己$_1$丑	5	5	4/20	庚$_1$申	5	5	5/20	庚$_2$寅	5	5	6/20	辛$_1$酉	6	5	7/22	癸$_3$巳	5	5
2/21	辛$_1$酉	5	5	3/21	庚$_2$寅	5	5	4/21	辛$_1$酉	5	5	5/21	辛$_1$卯	5	5	6/21	壬$_3$戌	5	5	7/23	甲$_3$午	5	5
2/22	壬$_3$戌	4	5	3/22	辛$_1$卯	4	5	4/22	壬$_3$戌	4	5	5/22	壬$_1$辰	4	6	6/22	癸$_2$亥	5	5	7/24	乙$_3$未	4	6
2/23	癸$_2$亥	4	6	3/23	壬$_3$辰	4	6	4/23	癸$_1$亥	4	6	5/23	癸$_1$巳	4	6	6/23	甲$_3$子	4	6	7/25	丙$_1$申	4	6
2/24	甲$_1$子	4	6	3/24	癸$_3$巳	4	6	4/24	甲$_1$子	4	6	5/24	甲$_3$午	4	6	6/24	乙$_3$丑	4	6	7/26	丁$_1$酉	4	6
2/25	乙$_1$丑	4	7	3/25	甲$_1$午	4	7	4/25	乙$_1$丑	4	7	5/25	乙$_1$未	4	7	6/25	丙$_1$寅	4	6	7/27	戊$_1$戌	3	7
2/26	丙$_1$寅	3	7	3/26	乙$_3$未	3	7	4/26	丙$_1$寅	3	7	5/26	丙$_1$申	3	7	6/26	丁$_1$卯	3	7	7/28	己$_3$亥	3	7
2/27	丁$_1$卯	2	7	3/27	丙$_1$申	2	7	4/27	丁$_1$卯	3	7	5/27	丁$_1$酉	3	7	6/27	戊$_1$辰	3	7	7/29	庚$_3$子	3	7
2/28	戊$_2$辰	2	8	3/28	丁$_1$酉	2	8	4/28	戊$_1$辰	3	8	5/28	戊$_1$戌	3	8	6/28	己$_1$巳	3	8	7/30	辛$_3$丑	3	8
2/29	己$_2$巳	2	8	3/29	戊$_3$戌	2	8	4/29	己$_1$巳	2	8	5/29	己$_1$亥	3	8	6/29	庚$_1$午	3	8	7/31	壬$_3$寅	3	8
3/1	庚$_1$午	1	8	3/30	己$_3$亥	2	8	4/30	庚$_1$午	2	8	5/30	庚$_2$子	2	8	6/30	辛$_1$未	2	8	8/1	癸$_3$卯	2	8
3/2	辛$_1$未	1	9	3/31	庚$_2$子	2	9	5/1	辛$_1$未	1	9	5/31	辛$_1$丑	2	9	7/1	壬$_2$申	2	9	8/2	甲$_3$辰	2	9
3/3	壬$_2$申	1	9	4/1	辛$_1$丑	1	9	5/2	壬$_1$申	1	9	6/1	壬$_2$寅	1	9	7/2	癸$_3$酉	2	9	8/3	乙$_3$巳	1	9
3/4	癸$_2$酉	0	9	4/2	壬$_3$寅	1	9	5/3	癸$_1$酉	1	9	6/2	癸$_1$卯	1	9	7/3	甲$_1$戌	1	9	8/4	丙$_3$午	1	9
3/5	甲$_1$戌	0	10	4/3	癸$_1$卯	1	9	5/4	甲$_3$戌	0	10	6/3	甲$_1$辰	1	10	7/4	乙$_3$亥	1	10	8/5	丁$_3$未	1	10
				4/4	甲$_1$辰	0	10	5/5	乙$_2$亥	0	10	6/4	乙$_1$巳	0	10	7/5	丙$_1$子	1	10	8/6	戊$_1$申	0	10
				4/5	乙$_1$巳	0	10					6/5	丙$_1$午	0	10	7/6	丁$_2$丑	0	10	8/7	己$_1$酉	0	10
																7/7	戊$_1$寅	0	11				

立運年齢（大運）

歳	男	歳	女	歳	男	歳	女	歳	男	歳	女	歳	男	歳	女	歳	男	歳	女	歳	男	歳	女
0	乙卯	0	癸丑	0	丙辰	0	甲寅	0	丁巳	0	乙卯	0	戊午	0	丙辰	0	己未	0	丁巳	0	庚申	0	戊午
10	丙辰	10	壬子	10	丁巳	10	癸丑	10	戊午	10	甲寅	10	己未	10	乙卯	10	庚申	10	丙辰	10	辛酉	10	丁巳
20	丁巳	20	辛亥	20	戊午	20	壬子	20	己未	20	癸丑	20	庚申	20	甲寅	20	辛酉	20	乙卯	20	壬戌	20	丙辰
30	戊午	30	庚戌	30	己未	30	辛亥	30	庚申	30	壬子	30	辛酉	30	癸丑	30	壬戌	30	甲寅	30	癸亥	30	乙卯
40	己未	40	己酉	40	庚申	40	庚戌	40	辛酉	40	辛亥	40	壬戌	40	壬子	40	癸亥	40	癸丑	40	甲子	40	甲寅
50	庚申	50	戊申	50	辛酉	50	己酉	50	壬戌	50	庚戌	50	癸亥	50	辛亥	50	甲子	50	壬子	50	乙丑	50	癸丑
60	辛酉	60	丁未	60	壬戌	60	戊申	60	癸亥	60	己酉	60	甲子	60	庚戌	60	乙丑	60	辛亥	60	丙寅	60	壬子
70	壬戌	70	丙午	70	癸亥	70	丁未	70	甲子	70	戊申	70	乙丑	70	己酉	70	丙寅	70	庚戌	70	丁卯	70	辛亥
80	癸亥	80	乙巳	80	甲子	80	丙午	80	乙丑	80	丁未	80	丙寅	80	戊申	80	丁卯	80	己酉	80	戊辰	80	庚戌

～1969年（昭和44年）2月4日7時58分

月柱ごとの節入り期間

月柱	期間
庚申	8月7日19:27 ～ 9月7日22:11
辛酉	9月7日22:12 ～ 10月8日13:34
壬戌	10月8日13:35 ～ 11月7日16:28
癸亥	11月7日16:29 ～ 12月7日9:08
甲子	12月7日9:09 ～ 1月5日20:16
乙丑	1月5日20:17 ～ 2月4日7:58

生日・日柱・立運年齢（男／女）

庚申 生日	日柱	男	女	辛酉 生日	日柱	男	女	壬戌 生日	日柱	男	女	癸亥 生日	日柱	男	女	甲子 生日	日柱	男	女	乙丑 生日	日柱	男	女
8 7	己3酉	10	0	9 7	庚1辰	10	0	10 8	辛3亥	10	0	11 7	辛2巳	10	0	12 7	辛2亥	10	0	1 5	庚1辰	10	0
8 8	庚1戌	10	0	9 8	辛1巳	10	0	10 9	壬1子	10	0	11 8	壬1午	10	0	12 8	壬1子	9	0	1 6	辛1巳	10	0
8 9	辛1亥	10	1	9 9	壬1午	10	1	10 10	癸1丑	9	1	11 9	癸1未	9	1	12 9	癸1丑	9	1	1 7	壬2午	9	1
8 10	壬1子	9	1	9 10	癸1未	9	1	10 11	甲1寅	9	1	11 10	甲1申	9	1	12 10	甲1寅	9	1	1 8	癸2未	9	1
8 11	癸1丑	9	1	9 11	甲3申	9	1	10 12	乙3卯	9	1	11 11	乙1酉	9	1	12 11	乙1卯	8	1	1 9	甲3申	9	1
8 12	甲1寅	9	2	9 12	乙3酉	9	2	10 13	丙3辰	8	2	11 12	丙3戌	8	2	12 12	丙3辰	8	2	1 10	乙3酉	8	2
8 13	乙3卯	8	2	9 13	丙3戌	8	2	10 14	丁3巳	8	2	11 13	丁3亥	8	2	12 13	丁2巳	8	2	1 11	丙3戌	8	2
8 14	丙3辰	8	2	9 14	丁3亥	8	2	10 15	戊3午	8	2	11 14	戊3子	8	2	12 14	戊2午	7	2	1 12	丁3亥	8	2
8 15	丁1巳	8	3	9 15	戊3子	8	3	10 16	己3未	7	3	11 15	己1丑	7	3	12 15	己2未	7	3	1 13	戊2子	7	3
8 16	戊2午	7	3	9 16	己1丑	7	3	10 17	庚1申	7	3	11 16	庚1寅	7	3	12 16	庚2申	6	3	1 14	己1丑	7	3
8 17	己1未	7	3	9 17	庚1寅	7	3	10 18	辛1酉	7	3	11 17	辛2卯	7	3	12 17	辛2酉	6	3	1 15	庚1寅	7	3
8 18	庚1申	7	4	9 18	辛1卯	7	4	10 19	壬1戌	6	4	11 18	壬1辰	6	4	12 18	壬1戌	6	4	1 16	辛2卯	6	4
8 19	辛1酉	6	4	9 19	壬1辰	6	4	10 20	癸3亥	6	4	11 19	癸1巳	6	4	12 19	癸1亥	6	4	1 17	壬2辰	6	4
8 20	壬1戌	6	4	9 20	癸1巳	6	4	10 21	甲2子	6	4	11 20	甲1午	6	4	12 20	甲1子	5	4	1 18	癸2巳	6	4
8 21	癸1亥	6	5	9 21	甲3午	6	5	10 22	乙3丑	5	5	11 21	乙3未	5	5	12 21	乙1丑	5	5	1 19	甲3午	5	5
8 22	甲1子	5	5	9 22	乙1未	5	5	10 23	丙3寅	5	5	11 22	丙3申	5	5	12 22	丙2寅	5	5	1 20	乙3未	5	5
8 23	乙1丑	5	5	9 23	丙1申	5	5	10 24	丁3卯	5	5	11 23	丁3酉	5	5	12 23	丁2卯	4	5	1 21	丙3申	5	5
8 24	丙1寅	5	6	9 24	丁3酉	5	6	10 25	戊2辰	4	6	11 24	戊2戌	4	6	12 24	戊2辰	4	6	1 22	丁3酉	4	6
8 25	丁1卯	4	6	9 25	戊2戌	4	6	10 26	己2巳	4	6	11 25	己2亥	4	6	12 25	己2巳	4	6	1 23	戊2戌	4	6
8 26	戊2辰	4	6	9 26	己3亥	4	6	10 27	庚2午	4	6	11 26	庚2子	4	6	12 26	庚2午	3	7	1 24	己2亥	4	6
8 27	己2巳	4	7	9 27	庚1子	3	7	10 28	辛1未	3	7	11 27	辛1丑	3	7	12 27	辛1未	3	7	1 25	庚1子	3	7
8 28	庚1午	3	7	9 28	辛1丑	3	7	10 29	壬1申	3	7	11 28	壬1寅	3	7	12 28	壬1申	3	7	1 26	辛1丑	3	7
8 29	辛1未	3	7	9 29	壬1寅	3	7	10 30	癸3酉	3	7	11 29	癸3卯	3	7	12 29	癸1酉	2	8	1 27	壬2寅	3	7
8 30	壬1申	3	8	9 30	癸3卯	3	8	10 31	甲2戌	2	8	11 30	甲2辰	2	8	12 30	甲2戌	2	8	1 28	癸2卯	2	8
8 31	癸1酉	2	8	10 1	甲3辰	2	8	11 1	乙3亥	2	8	12 1	乙2巳	2	8	12 31	乙2亥	2	8	1 29	甲3辰	2	8
9 1	甲1戌	2	8	10 2	乙3巳	2	8	11 2	丙3子	2	8	12 2	丙3午	2	8	1 1	丙3子	1	9	1 30	乙3巳	2	8
9 2	乙1亥	2	9	10 3	丙3午	1	9	11 3	丁3丑	1	9	12 3	丁1未	1	9	1 2	丁3丑	1	9	1 31	丙3午	1	9
9 3	丙1子	1	9	10 4	丁1未	1	9	11 4	戊3寅	1	9	12 4	戊3申	1	9	1 3	戊3寅	1	9	2 1	丁3未	1	9
9 4	丁1丑	1	9	10 5	戊3申	1	9	11 5	己3卯	1	9	12 5	己1酉	1	9	1 4	己3卯	0	9	2 2	戊2申	1	9
9 5	戊1寅	1	10	10 6	己3酉	1	10	11 6	庚1辰	0	10	12 6	庚2戌	0	10	1 5	庚1辰	0	10	2 3	己2酉	0	10
9 6	己3卯	0	10	10 7	庚1戌	0	10	11 7	辛1巳	0	10	12 7	辛2亥	0	10					2 4	庚1戌	0	10
9 7	庚1辰	0	10	10 8	辛1亥	0	10																

大運（歳・男／女）

歳	男	歳	女	歳	男	歳	女	歳	男	歳	女	歳	男	歳	女	歳	男	歳	女	歳	男	歳	女
0	辛酉	0	己未	0	壬戌	0	庚申	0	癸亥	0	庚申	0	甲子	0	壬戌	0	乙丑	0	癸亥	0	丙寅	0	甲子
10	壬戌	10	戊午	10	癸亥	10	己未	10	甲子	10	己未	10	乙丑	10	辛酉	10	丙寅	10	壬戌	10	丁卯	10	癸亥
20	癸亥	20	丁巳	20	甲子	20	戊午	20	乙丑	20	戊午	20	丙寅	20	庚申	20	丁卯	20	辛酉	20	戊辰	20	壬戌
30	甲子	30	丙辰	30	乙丑	30	丁巳	30	丙寅	30	丁巳	30	丁卯	30	己未	30	戊辰	30	庚申	30	己巳	30	辛酉
40	乙丑	40	乙卯	40	丙寅	40	丙辰	40	丁卯	40	丙辰	40	戊辰	40	戊午	40	己巳	40	己未	40	庚午	40	庚申
50	丙寅	50	甲寅	50	丁卯	50	乙卯	50	戊辰	50	乙卯	50	己巳	50	丁巳	50	庚午	50	戊午	50	辛未	50	己未
60	丁卯	60	癸丑	60	戊辰	60	甲寅	60	己巳	60	甲寅	60	庚午	60	丙辰	60	辛未	60	丁巳	60	壬申	60	戊午
70	戊辰	70	壬子	70	己巳	70	癸丑	70	庚午	70	癸丑	70	辛未	70	乙卯	70	壬申	70	丙辰	70	癸酉	70	丁巳
80	己巳	80	辛亥	80	庚午	80	壬子	80	辛未	80	壬子	80	壬申	80	甲寅	80	癸酉	80	乙卯	80	甲戌	80	丙辰

年柱 己酉　1969年（昭和44年）2月4日7時59分～

月柱	日付
丙寅	2月4日 7:59～ 3月6日 2:10
丁卯	3月6日 2:11～ 4月5日 7:14
戊辰	4月5日 7:15～ 5月6日 0:49
己巳	5月6日 0:50～ 6月6日 5:11
庚午	6月6日 5:12～ 7月7日15:31
辛未	7月7日15:32～ 8月8日 1:13

生日	丙寅 日柱	男	女	生日	丁卯 日柱	男	女	生日	戊辰 日柱	男	女	生日	己巳 日柱	男	女	生日	庚午 日柱	男	女	生日	辛未 日柱	男	女
2/4	庚$_2$戌	0	10	3/6	庚$_3$辰	0	10	4/5	庚$_1$戌	0	10	5/6	辛$_1$巳	0	10	6/6	壬$_2$子	0	10	7/7	癸$_2$未	0	11
2/5	辛$_2$亥	0	10	3/7	辛$_3$巳	0	10	4/6	辛$_1$亥	0	10	5/7	壬$_3$午	0	10	6/7	癸$_2$丑	0	10	7/8	甲$_3$申	0	10
2/6	壬$_2$子	1	9	3/8	壬$_3$午	1	9	4/7	壬$_2$子	1	10	5/8	癸$_3$未	1	10	6/8	甲$_1$寅	1	10	7/9	乙$_3$酉	1	10
2/7	癸$_3$丑	1	9	3/9	癸$_3$未	1	9	4/8	癸$_1$丑	1	9	5/9	甲$_1$申	1	9	6/9	乙$_1$卯	1	9	7/10	丙$_3$戌	1	10
2/8	甲$_1$寅	1	9	3/10	甲$_2$申	1	9	4/9	甲$_1$寅	1	9	5/10	乙$_2$酉	1	9	6/10	丙$_2$辰	1	9	7/11	丁$_3$亥	1	9
2/9	乙$_1$卯	2	8	3/11	乙$_2$酉	2	8	4/10	乙$_1$卯	2	9	5/11	丙$_2$戌	2	9	6/11	丁$_1$巳	2	9	7/12	戊$_3$子	1	9
2/10	丙$_2$辰	2	8	3/12	丙$_2$戌	2	8	4/11	丙$_1$辰	2	8	5/12	丁$_2$亥	2	8	6/12	戊$_1$午	2	8	7/13	己$_1$丑	2	9
2/11	丁$_1$巳	2	8	3/13	丁$_2$亥	2	8	4/12	丁$_1$巳	2	8	5/13	戊$_1$子	2	8	6/13	己$_1$未	2	8	7/14	庚$_1$寅	2	8
2/12	戊$_1$午	3	7	3/14	戊$_2$子	3	7	4/13	戊$_1$午	3	8	5/14	己$_1$丑	3	8	6/14	庚$_1$申	3	8	7/15	辛$_1$卯	3	8
2/13	己$_1$未	3	7	3/15	己$_2$丑	3	7	4/14	己$_1$未	3	7	5/15	庚$_1$寅	3	7	6/15	辛$_1$酉	3	7	7/16	壬$_2$辰	3	8
2/14	庚$_1$申	3	7	3/16	庚$_2$寅	3	7	4/15	庚$_1$申	3	7	5/16	辛$_1$卯	3	7	6/16	壬$_2$戌	3	7	7/17	癸$_2$巳	3	7
2/15	辛$_1$酉	4	6	3/17	辛$_2$卯	4	6	4/16	辛$_1$酉	4	7	5/17	壬$_3$辰	4	7	6/17	癸$_2$亥	4	7	7/18	甲$_1$午	4	7
2/16	壬$_3$戌	4	6	3/18	壬$_2$辰	4	6	4/17	壬$_1$戌	4	6	5/18	癸$_2$巳	4	6	6/18	甲$_1$子	4	6	7/19	乙$_2$未	4	6
2/17	癸$_2$亥	4	6	3/19	癸$_2$巳	4	6	4/18	癸$_2$亥	4	6	5/19	甲$_2$午	4	6	6/19	乙$_1$丑	4	6	7/20	丙$_3$申	4	6
2/18	甲$_1$子	5	5	3/20	甲$_2$午	5	5	4/19	甲$_1$子	5	6	5/20	乙$_2$未	5	6	6/20	丙$_1$寅	5	6	7/21	丁$_3$酉	5	6
2/19	乙$_2$丑	5	5	3/21	乙$_2$未	5	5	4/20	乙$_1$丑	5	5	5/21	丙$_1$申	5	5	6/21	丁$_1$卯	5	5	7/22	戊$_1$戌	5	5
2/20	丙$_1$寅	5	5	3/22	丙$_2$申	5	5	4/21	丙$_1$寅	5	5	5/22	丁$_2$酉	5	5	6/22	戊$_1$辰	5	5	7/23	己$_1$亥	5	5
2/21	丁$_1$卯	6	4	3/23	丁$_2$酉	6	4	4/22	丁$_1$卯	6	5	5/23	戊$_1$戌	6	5	6/23	己$_1$巳	6	5	7/24	庚$_1$子	6	5
2/22	戊$_1$辰	6	4	3/24	戊$_2$戌	6	4	4/23	戊$_1$辰	6	4	5/24	己$_1$亥	6	4	6/24	庚$_1$午	6	4	7/25	辛$_1$丑	6	5
2/23	己$_1$巳	6	4	3/25	己$_2$亥	6	4	4/24	己$_1$巳	6	4	5/25	庚$_1$子	6	4	6/25	辛$_1$未	6	4	7/26	壬$_1$寅	6	4
2/24	庚$_2$午	7	3	3/26	庚$_1$子	7	3	4/25	庚$_1$午	7	4	5/26	辛$_1$丑	7	4	6/26	壬$_1$申	7	4	7/27	癸$_2$卯	7	4
2/25	辛$_1$未	7	3	3/27	辛$_1$丑	7	3	4/26	辛$_1$未	7	3	5/27	壬$_1$寅	7	3	6/27	癸$_1$酉	7	3	7/28	甲$_3$辰	7	3
2/26	壬$_1$申	7	3	3/28	壬$_1$寅	7	3	4/27	壬$_1$申	7	3	5/28	癸$_1$卯	7	3	6/28	甲$_3$戌	7	3	7/29	乙$_2$巳	7	3
2/27	癸$_2$酉	8	2	3/29	癸$_1$卯	8	2	4/28	癸$_2$酉	8	3	5/29	甲$_3$辰	8	3	6/29	乙$_3$亥	8	3	7/30	丙$_2$午	8	3
2/28	甲$_2$戌	8	2	3/30	甲$_2$辰	8	2	4/29	甲$_1$戌	8	2	5/30	乙$_2$巳	8	2	6/30	丙$_2$子	8	2	7/31	丁$_2$未	8	3
3/1	乙$_2$亥	8	2	3/31	乙$_2$巳	8	2	4/30	乙$_2$亥	8	2	5/31	丙$_2$午	8	2	7/1	丁$_2$丑	8	2	8/1	戊$_1$申	8	2
3/2	丙$_2$子	9	1	4/1	丙$_1$午	9	1	5/1	丙$_1$子	9	2	6/1	丁$_2$未	9	2	7/2	戊$_1$寅	9	2	8/2	己$_1$酉	9	2
3/3	丁$_2$丑	9	1	4/2	丁$_1$未	9	1	5/2	丁$_1$丑	9	1	6/2	戊$_1$申	9	1	7/3	己$_1$卯	9	1	8/3	庚$_1$戌	9	1
3/4	戊$_2$寅	9	1	4/3	戊$_1$申	9	1	5/3	戊$_1$寅	9	1	6/3	己$_1$酉	9	1	7/4	庚$_1$辰	9	1	8/4	辛$_1$亥	9	1
3/5	己$_2$卯	10	0	4/4	己$_2$酉	10	0	5/4	己$_1$卯	10	1	6/4	庚$_1$戌	10	1	7/5	辛$_1$巳	10	1	8/5	壬$_2$子	10	1
3/6	庚$_1$辰	10	0	4/5	庚$_1$戌	10	0	5/5	庚$_1$辰	10	0	6/5	辛$_1$亥	10	0	7/6	壬$_2$午	10	0	8/6	癸$_3$丑	10	0
								5/6	辛$_1$巳	10	0	6/6	壬$_2$子	10	0	7/7	癸$_2$未	10	0	8/7	甲$_3$寅	10	0
																				8/8	乙$_3$卯	11	0

歳	男	歳	女	歳	男	歳	女	歳	男	歳	女	歳	男	歳	女	歳	男	歳	女	歳	男	歳	女
0	乙丑	0	丁卯	0	丙寅	0	戊辰	0	丁卯	0	己巳	0	戊辰	0	庚午	0	己巳	0	辛未	0	庚午	0	壬申
10	甲子	10	戊辰	10	乙丑	10	己巳	10	丙寅	10	庚午	10	丁卯	10	辛未	10	戊辰	10	壬申	10	己巳	10	癸酉
20	癸亥	20	己巳	20	甲子	20	庚午	20	乙丑	20	辛未	20	丙寅	20	壬申	20	丁卯	20	癸酉	20	戊辰	20	甲戌
30	壬戌	30	庚午	30	癸亥	30	辛未	30	甲子	30	壬申	30	乙丑	30	癸酉	30	丙寅	30	甲戌	30	丁卯	30	乙亥
40	辛酉	40	辛未	40	壬戌	40	壬申	40	癸亥	40	癸酉	40	甲子	40	甲戌	40	乙丑	40	乙亥	40	丙寅	40	丙子
50	庚申	50	壬申	50	辛酉	50	癸酉	50	壬戌	50	甲戌	50	癸亥	50	乙亥	50	甲子	50	丙子	50	乙丑	50	丁丑
60	己未	60	癸酉	60	庚申	60	甲戌	60	辛酉	60	乙亥	60	壬戌	60	丙子	60	癸亥	60	丁丑	60	甲子	60	戊寅
70	戊午	70	甲戌	70	己未	70	乙亥	70	庚申	70	丙子	70	辛酉	70	丁丑	70	壬戌	70	戊寅	70	癸亥	70	己卯
80	丁巳	80	乙亥	80	戊午	80	丙子	80	己未	80	丁丑	80	庚申	80	戊寅	80	辛酉	80	己卯	80	壬戌	80	庚辰

～1970年（昭和45年）2月4日13時45分

月柱 壬申（8月8日 1:14～ 9月8日 3:55）

生日	日柱	男	女
8.8	乙$_2$卯	0	10
8.9	丙$_3$辰	0	10
8.10	丁$_1$巳	1	10
8.11	戊$_2$午	1	9
8.12	己$_1$未	1	9
8.13	庚$_1$申	2	9
8.14	辛$_1$酉	2	8
8.15	壬$_1$戌	2	8
8.16	癸$_1$亥	3	8
8.17	甲$_2$子	3	7
8.18	乙$_1$丑	3	7
8.19	丙$_1$寅	4	7
8.20	丁$_1$卯	4	6
8.21	戊$_2$辰	4	6
8.22	己$_1$巳	5	5
8.23	庚$_1$午	5	5
8.24	辛$_1$未	5	5
8.25	壬$_1$申	6	5
8.26	癸$_1$酉	6	4
8.27	甲$_1$戌	6	4
8.28	乙$_1$亥	7	4
8.29	丙$_1$子	7	3
8.30	丁$_1$丑	7	3
8.31	戊$_1$寅	8	3
9.1	己$_3$卯	8	2
9.2	庚$_1$辰	8	2
9.3	辛$_1$巳	9	2
9.4	壬$_1$午	9	1
9.5	癸$_1$未	9	1
9.6	甲$_1$申	10	1
9.7	乙$_1$酉	10	0
9.8	丙$_3$戌	10	0

月柱 癸酉（9月8日 3:56～ 10月8日19:16）

生日	日柱	男	女
9.8	丙$_3$戌	0	10
9.9	丁$_3$亥	0	10
9.10	戊$_3$子	1	9
9.11	己$_1$丑	1	9
9.12	庚$_1$寅	1	9
9.13	辛$_1$卯	2	8
9.14	壬$_1$辰	2	8
9.15	癸$_1$巳	2	8
9.16	甲$_3$午	3	7
9.17	乙$_1$未	3	7
9.18	丙$_1$申	3	7
9.19	丁$_1$酉	4	6
9.20	戊$_1$戌	4	6
9.21	己$_1$亥	4	6
9.22	庚$_1$子	5	5
9.23	辛$_1$丑	5	5
9.24	壬$_1$寅	5	5
9.25	癸$_1$卯	6	4
9.26	甲$_1$辰	6	4
9.27	乙$_1$巳	6	4
9.28	丙$_3$午	7	3
9.29	丁$_1$未	7	3
9.30	戊$_1$申	7	3
10.1	己$_3$酉	8	2
10.2	庚$_1$戌	8	2
10.3	辛$_1$亥	8	2
10.4	壬$_1$子	9	1
10.5	癸$_1$丑	9	1
10.6	甲$_1$寅	9	1
10.7	乙$_2$卯	10	0
10.8	丙$_3$辰	10	0

月柱 甲戌（10月8日19:17～ 11月7日22:11）

生日	日柱	男	女
10.8	丙$_1$辰	0	10
10.9	丁$_1$巳	0	10
10.10	戊$_1$午	1	9
10.11	己$_1$未	1	9
10.12	庚$_1$申	1	9
10.13	辛$_1$酉	2	8
10.14	壬$_3$戌	2	8
10.15	癸$_1$亥	2	8
10.16	甲$_2$子	3	7
10.17	乙$_1$丑	3	7
10.18	丙$_1$寅	3	7
10.19	丁$_1$卯	4	6
10.20	戊$_1$辰	4	6
10.21	己$_1$巳	4	6
10.22	庚$_1$午	5	5
10.23	辛$_1$未	5	5
10.24	壬$_2$申	5	5
10.25	癸$_1$酉	6	4
10.26	甲$_3$戌	6	4
10.27	乙$_2$亥	6	4
10.28	丙$_1$子	7	3
10.29	丁$_1$丑	7	3
10.30	戊$_1$寅	7	3
10.31	己$_1$卯	8	2
11.1	庚$_1$辰	8	2
11.2	辛$_1$巳	8	2
11.3	壬$_3$午	9	1
11.4	癸$_1$未	9	1
11.5	甲$_3$申	9	1
11.6	乙$_3$酉	10	0
11.7	丙$_3$戌	10	0

月柱 乙亥（11月7日22:12～ 12月7日14:50）

生日	日柱	男	女
11.7	丙$_1$戌	0	10
11.8	丁$_3$亥	0	10
11.9	戊$_3$子	1	9
11.10	己$_1$丑	1	9
11.11	庚$_1$寅	1	9
11.12	辛$_1$卯	2	8
11.13	壬$_1$辰	2	8
11.14	癸$_1$巳	2	8
11.15	甲$_1$午	3	7
11.16	乙$_1$未	3	7
11.17	丙$_1$申	3	7
11.18	丁$_1$酉	4	6
11.19	戊$_1$戌	4	6
11.20	己$_1$亥	4	6
11.21	庚$_2$子	5	5
11.22	辛$_1$丑	5	5
11.23	壬$_1$寅	5	5
11.24	癸$_1$卯	6	4
11.25	甲$_2$辰	6	4
11.26	乙$_2$巳	6	4
11.27	丙$_2$午	7	3
11.28	丁$_1$未	7	3
11.29	戊$_1$申	7	3
11.30	己$_1$酉	8	2
12.1	庚$_1$戌	8	2
12.2	辛$_2$亥	8	2
12.3	壬$_1$子	9	1
12.4	癸$_1$丑	9	1
12.5	甲$_1$寅	9	1
12.6	乙$_1$卯	10	0
12.7	丙$_3$辰	10	0

月柱 丙子（12月7日14:51～ 1月6日 2:34）

生日	日柱	男	女
12.7	丙$_1$辰	0	10
12.8	丁$_2$巳	0	10
12.9	戊$_1$午	1	9
12.10	己$_1$未	1	9
12.11	庚$_1$申	1	9
12.12	辛$_1$酉	2	8
12.13	壬$_1$戌	2	8
12.14	癸$_1$亥	2	8
12.15	甲$_2$子	3	7
12.16	乙$_1$丑	3	7
12.17	丙$_2$寅	3	7
12.18	丁$_1$卯	4	6
12.19	戊$_1$辰	4	6
12.20	己$_1$巳	4	6
12.21	庚$_1$午	5	5
12.22	辛$_1$未	5	5
12.23	壬$_1$申	5	5
12.24	癸$_1$酉	6	4
12.25	甲$_1$戌	6	4
12.26	乙$_1$亥	6	4
12.27	丙$_3$子	7	3
12.28	丁$_1$丑	7	3
12.29	戊$_2$寅	7	3
12.30	己$_1$卯	8	2
12.31	庚$_1$辰	8	2
1.1	辛$_1$巳	8	2
1.2	壬$_1$午	9	1
1.3	癸$_1$未	9	1
1.4	甲$_1$申	9	1
1.5	乙$_2$酉	10	0
1.6	丙$_3$戌	10	0

月柱 丁丑（1月6日 2:35～ 2月4日13:45）

生日	日柱	男	女
1.6	丙$_3$戌	0	10
1.7	丁$_1$亥	0	9
1.8	戊$_1$子	1	9
1.9	己$_1$丑	1	9
1.10	庚$_1$寅	1	8
1.11	辛$_1$卯	2	8
1.12	壬$_2$辰	2	8
1.13	癸$_2$巳	2	7
1.14	甲$_3$午	3	7
1.15	乙$_1$未	3	7
1.16	丙$_3$申	3	6
1.17	丁$_1$酉	4	6
1.18	戊$_1$戌	4	6
1.19	己$_1$亥	4	5
1.20	庚$_1$子	5	5
1.21	辛$_1$丑	5	5
1.22	壬$_1$寅	5	4
1.23	癸$_2$卯	6	4
1.24	甲$_1$辰	6	4
1.25	乙$_1$巳	6	3
1.26	丙$_3$午	7	3
1.27	丁$_1$未	7	3
1.28	戊$_1$申	7	2
1.29	己$_1$酉	8	2
1.30	庚$_1$戌	8	2
1.31	辛$_1$亥	8	1
2.1	壬$_1$子	9	1
2.2	癸$_2$丑	9	1
2.3	甲$_2$寅	9	0
2.4	乙$_3$卯	10	0

大運表

歳	男	歳	女	歳	男	歳	女	歳	男	歳	女	歳	男	歳	女	歳	男	歳	女	歳	男	歳	女
0	辛未	0	癸酉	0	壬申	0	甲戌	0	癸酉	0	乙亥	0	甲戌	0	丙子	0	乙亥	0	丁丑	0	丙子	0	戊寅
10	庚午	10	甲戌	10	辛未	10	乙亥	10	壬申	10	丙子	10	癸酉	10	丁丑	10	甲戌	10	戊寅	10	乙亥	10	己卯
20	己巳	20	乙亥	20	庚午	20	丙子	20	辛未	20	丁丑	20	壬申	20	戊寅	20	癸酉	20	己卯	20	甲戌	20	庚辰
30	戊辰	30	丙子	30	己巳	30	丁丑	30	庚午	30	戊寅	30	辛未	30	己卯	30	壬申	30	庚辰	30	癸酉	30	辛巳
40	丁卯	40	丁丑	40	戊辰	40	戊寅	40	己巳	40	己卯	40	庚午	40	庚辰	40	辛未	40	辛巳	40	壬申	40	壬午
50	丙寅	50	戊寅	50	丁卯	50	己卯	50	戊辰	50	庚辰	50	己巳	50	辛巳	50	庚午	50	壬午	50	辛未	50	癸未
60	乙丑	60	己卯	60	丙寅	60	庚辰	60	丁卯	60	辛巳	60	戊辰	60	壬午	60	己巳	60	癸未	60	庚午	60	甲申
70	甲子	70	庚辰	70	乙丑	70	辛巳	70	丙寅	70	壬午	70	丁卯	70	癸未	70	戊辰	70	甲申	70	己巳	70	乙酉
80	癸亥	80	辛巳	80	甲子	80	壬午	80	乙丑	80	癸未	80	丙寅	80	甲申	80	丁卯	80	乙酉	80	戊辰	80	丙戌

年柱 庚戌 　1970年（昭和45年）2月4日13時46分〜

2月4日13:46〜 3月6日 7:54				3月6日 7:55〜 4月5日12:59				4月5日13:00〜 5月6日 6:42				5月6日 6:43〜 6月6日11:11				6月6日11:12〜 7月7日21:40				7月7日21:41〜 8月8日 7:39			
月柱 **戊寅**		立運年齢		月柱 **己卯**		立運年齢		月柱 **庚辰**		立運年齢		月柱 **辛巳**		立運年齢		月柱 **壬午**		立運年齢		月柱 **癸未**		立運年齢	
生日	日柱	男	女	生日	日柱	男	女	生日	日柱	男	女	生日	日柱	男	女	生日	日柱	男	女	生日	日柱	男	女
2/4	乙卯	10	0	3/6	乙酉	10	0	4/5	乙卯	10	0	5/6	丙戌	10	0	6/6	丁巳	10	0	7/7	戊子	11	0
2/5	丙辰	10	0	3/7	丙戌	10	0	4/6	丙辰	10	0	5/7	丁亥	10	0	6/7	戊午	10	0	7/8	己丑	10	0
2/6	丁巳	9	1	3/8	丁亥	9	1	4/7	丁巳	10	1	5/8	戊子	10	1	6/8	己未	10	1	7/9	庚寅	10	1
2/7	戊午	9	1	3/9	戊子	9	1	4/8	戊午	9	1	5/9	己丑	9	1	6/9	庚申	9	1	7/10	辛卯	10	1
2/8	己未	9	1	3/10	己丑	9	1	4/9	己未	9	1	5/10	庚寅	9	1	6/10	辛酉	9	1	7/11	壬辰	9	1
2/9	庚申	8	2	3/11	庚寅	8	2	4/10	庚申	9	2	5/11	辛卯	9	2	6/11	壬戌	9	2	7/12	癸巳	9	2
2/10	辛酉	8	2	3/12	辛卯	8	2	4/11	辛酉	8	2	5/12	壬辰	8	2	6/12	癸亥	8	2	7/13	甲午	9	2
2/11	壬戌	8	2	3/13	壬辰	8	2	4/12	壬戌	8	2	5/13	癸巳	8	2	6/13	甲子	8	2	7/14	乙未	8	2
2/12	癸亥	7	3	3/14	癸巳	7	3	4/13	癸亥	8	3	5/14	甲午	8	3	6/14	乙丑	8	3	7/15	丙申	8	3
2/13	甲子	7	3	3/15	甲午	7	3	4/14	甲子	7	3	5/15	乙未	7	3	6/15	丙寅	7	3	7/16	丁酉	8	3
2/14	乙丑	7	3	3/16	乙未	7	3	4/15	乙丑	7	3	5/16	丙申	7	3	6/16	丁卯	7	3	7/17	戊戌	7	3
2/15	丙寅	6	4	3/17	丙申	6	4	4/16	丙寅	7	4	5/17	丁酉	7	4	6/17	戊辰	7	4	7/18	己亥	7	4
2/16	丁卯	6	4	3/18	丁酉	6	4	4/17	丁卯	6	4	5/18	戊戌	6	4	6/18	己巳	6	4	7/19	庚子	7	4
2/17	戊辰	6	4	3/19	戊戌	6	4	4/18	戊辰	6	4	5/19	己亥	6	4	6/19	庚午	6	4	7/20	辛丑	6	4
2/18	己巳	5	5	3/20	己亥	5	5	4/19	己巳	6	5	5/20	庚子	6	5	6/20	辛未	6	5	7/21	壬寅	6	5
2/19	庚午	5	5	3/21	庚子	5	5	4/20	庚午	5	5	5/21	辛丑	5	5	6/21	壬申	5	5	7/22	癸卯	6	5
2/20	辛未	5	5	3/22	辛丑	5	5	4/21	辛未	5	5	5/22	壬寅	5	5	6/22	癸酉	5	5	7/23	甲辰	5	5
2/21	壬申	4	6	3/23	壬寅	4	6	4/22	壬申	5	6	5/23	癸卯	5	6	6/23	甲戌	5	6	7/24	乙巳	5	6
2/22	癸酉	4	6	3/24	癸卯	4	6	4/23	癸酉	4	6	5/24	甲辰	4	6	6/24	乙亥	4	6	7/25	丙午	5	6
2/23	甲戌	4	6	3/25	甲辰	4	6	4/24	甲戌	4	6	5/25	乙巳	4	6	6/25	丙子	4	6	7/26	丁未	4	6
2/24	乙亥	3	7	3/26	乙巳	3	7	4/25	乙亥	4	7	5/26	丙午	4	7	6/26	丁丑	4	7	7/27	戊申	4	7
2/25	丙子	3	7	3/27	丙午	3	7	4/26	丙子	3	7	5/27	丁未	3	7	6/27	戊寅	3	7	7/28	己酉	4	7
2/26	丁丑	3	7	3/28	丁未	3	7	4/27	丁丑	3	7	5/28	戊申	3	7	6/28	己卯	3	7	7/29	庚戌	3	7
2/27	戊寅	2	8	3/29	戊申	2	8	4/28	戊寅	3	8	5/29	己酉	3	8	6/29	庚辰	3	8	7/30	辛亥	3	8
2/28	己卯	2	8	3/30	己酉	2	8	4/29	己卯	2	8	5/30	庚戌	2	8	6/30	辛巳	2	8	7/31	壬子	3	8
3/1	庚辰	2	8	3/31	庚戌	2	8	4/30	庚辰	2	8	5/31	辛亥	2	8	7/1	壬午	2	8	8/1	癸丑	2	8
3/2	辛巳	1	9	4/1	辛亥	1	9	5/1	辛巳	2	9	6/1	壬子	2	9	7/2	癸未	2	9	8/2	甲寅	2	9
3/3	壬午	1	9	4/2	壬子	1	9	5/2	壬午	1	9	6/2	癸丑	1	9	7/3	甲申	1	9	8/3	乙卯	2	9
3/4	癸未	1	9	4/3	癸丑	1	9	5/3	癸未	1	9	6/3	甲寅	1	9	7/4	乙酉	1	9	8/4	丙辰	1	9
3/5	甲申	0	10	4/4	甲寅	0	10	5/4	甲申	1	10	6/4	乙卯	1	10	7/5	丙戌	1	10	8/5	丁巳	1	10
3/6	乙酉	0	10	4/5	乙卯	0	10	5/5	乙酉	0	10	6/5	丙辰	0	10	7/6	丁亥	0	10	8/6	戊午	0	10
								5/6	丙戌	0	10	6/6	丁巳	0	10	7/7	戊子	0	10	8/7	己未	0	10
																				8/8	庚申	0	11

歳	男	歳	女	歳	男	歳	女	歳	男	歳	女	歳	男	歳	女	歳	男	歳	女	歳	男	歳	女
0	己卯	0	丁丑	0	庚辰	0	戊寅	0	辛巳	0	己卯	0	壬午	0	庚辰	0	癸未	0	辛巳	0	甲申	0	壬午
10	庚辰	10	丙子	10	辛巳	10	丁丑	10	壬午	10	戊寅	10	癸未	10	己卯	10	甲申	10	庚辰	10	乙酉	10	辛巳
20	辛巳	20	乙亥	20	壬午	20	丙子	20	癸未	20	丁丑	20	甲申	20	戊寅	20	乙酉	20	己卯	20	丙戌	20	庚辰
30	壬午	30	甲戌	30	癸未	30	乙亥	30	甲申	30	丙子	30	乙酉	30	丁丑	30	丙戌	30	戊寅	30	丁亥	30	己卯
40	癸未	40	癸酉	40	甲申	40	甲戌	40	乙酉	40	乙亥	40	丙戌	40	丙子	40	丁亥	40	丁丑	40	戊子	40	戊寅
50	甲申	50	壬申	50	乙酉	50	癸酉	50	丙戌	50	甲戌	50	丁亥	50	乙亥	50	戊子	50	丙子	50	己丑	50	丁丑
60	乙酉	60	辛未	60	丙戌	60	壬申	60	丁亥	60	癸酉	60	戊子	60	甲戌	60	己丑	60	乙亥	60	庚寅	60	丙子
70	丙戌	70	庚午	70	丁亥	70	辛未	70	戊子	70	壬申	70	己丑	70	癸酉	70	庚寅	70	甲戌	70	辛卯	70	乙亥
80	丁亥	80	己巳	80	戊子	80	庚午	80	己丑	80	辛未	80	庚寅	80	壬申	80	辛卯	80	癸酉	80	壬辰	80	甲戌

～1971年（昭和46年）2月4日19時25分

月柱	甲申	乙酉	丙戌	丁亥	戊子	己丑
節入	8月8日 7:40～ 9月8日10:43	9月8日10:44～ 10月9日 1:23	10月9日 1:24～ 11月8日 4:19	11月8日 4:20～ 12月7日20:42	12月7日20:43～ 1月6日 7:24	1月6日 7:25～ 2月4日19:25

生日	日柱	男	女	生日	日柱	男	女	生日	日柱	男	女	生日	日柱	男	女	生日	日柱	男	女	生日	日柱	男	女
8/8	庚$_1$申	10	0	9/8	辛$_1$卯	10	0	10/9	壬$_2$戌	10	0	11/8	壬$_1$辰	10	0	12/7	辛$_1$酉	10	0	1/6	辛$_1$卯	10	0
8/9	辛$_1$酉	10	0	9/9	壬$_1$辰	10	0	10/10	癸$_3$亥	10	0	11/9	癸$_1$巳	9	0	12/8	壬$_1$戌	10	0	1/7	壬$_2$辰	9	0
8/10	壬$_2$戌	10	1	9/10	癸$_2$巳	10	1	10/11	甲$_1$子	9	1	11/10	甲$_3$午	9	1	12/9	癸$_3$亥	9	1	1/8	癸$_2$巳	9	1
8/11	癸$_3$亥	9	1	9/11	甲$_3$午	9	1	10/12	乙$_3$丑	9	1	11/11	乙$_3$未	9	1	12/10	甲$_2$子	9	1	1/9	甲$_3$午	9	1
8/12	甲$_1$子	9	1	9/12	乙$_3$未	9	1	10/13	丙$_2$寅	9	1	11/12	丙$_3$申	8	1	12/11	乙$_3$丑	9	1	1/10	乙$_3$未	8	1
8/13	乙$_1$丑	9	2	9/13	丙$_3$申	9	2	10/14	丁$_2$卯	8	2	11/13	丁$_3$酉	8	2	12/12	丙$_3$寅	8	2	1/11	丙$_3$申	8	2
8/14	丙$_1$寅	8	2	9/14	丁$_3$酉	8	2	10/15	戊$_1$辰	8	2	11/14	戊$_3$戌	8	2	12/13	丁$_2$卯	8	2	1/12	丁$_3$酉	8	2
8/15	丁$_1$卯	8	2	9/15	戊$_2$戌	8	2	10/16	己$_1$巳	8	2	11/15	己$_2$亥	7	2	12/14	戊$_3$辰	8	2	1/13	戊$_1$戌	7	2
8/16	戊$_2$辰	8	3	9/16	己$_1$亥	8	3	10/17	庚$_1$午	7	3	11/16	庚$_1$子	7	3	12/15	己$_2$巳	7	3	1/14	己$_1$亥	7	3
8/17	己$_2$巳	7	3	9/17	庚$_1$子	7	3	10/18	辛$_1$未	7	3	11/17	辛$_1$丑	7	3	12/16	庚$_1$午	7	3	1/15	庚$_1$子	7	3
8/18	庚$_1$午	7	3	9/18	辛$_1$丑	7	3	10/19	壬$_1$申	7	3	11/18	壬$_1$寅	7	3	12/17	辛$_1$未	7	3	1/16	辛$_1$丑	6	3
8/19	辛$_1$未	7	4	9/19	壬$_1$寅	7	4	10/20	癸$_1$酉	6	4	11/19	癸$_1$卯	6	4	12/18	壬$_1$申	6	4	1/17	壬$_2$寅	6	4
8/20	壬$_1$申	6	4	9/20	癸$_1$卯	6	4	10/21	甲$_1$戌	6	4	11/20	甲$_3$辰	6	4	12/19	癸$_1$酉	6	4	1/18	癸$_3$卯	6	4
8/21	癸$_1$酉	6	4	9/21	甲$_3$辰	6	4	10/22	乙$_1$亥	6	5	11/21	乙$_1$巳	6	4	12/20	甲$_3$戌	6	4	1/19	甲$_3$辰	5	4
8/22	甲$_1$戌	6	5	9/22	乙$_3$巳	6	5	10/23	丙$_1$子	5	5	11/22	丙$_2$午	5	5	12/21	乙$_3$亥	5	4	1/20	乙$_3$巳	5	5
8/23	乙$_1$亥	5	5	9/23	丙$_2$午	5	5	10/24	丁$_1$丑	5	5	11/23	丁$_1$未	5	5	12/22	丙$_3$子	5	5	1/21	丙$_3$午	5	5
8/24	丙$_1$子	5	5	9/24	丁$_1$未	5	6	10/25	戊$_2$寅	5	5	11/24	戊$_1$申	4	5	12/23	丁$_1$丑	5	5	1/22	丁$_1$未	4	5
8/25	丁$_1$丑	5	6	9/25	戊$_3$申	5	6	10/26	己$_1$卯	4	6	11/25	己$_2$酉	4	6	12/24	戊$_2$寅	4	5	1/23	戊$_1$申	4	6
8/26	戊$_2$寅	4	6	9/26	己$_3$酉	4	6	10/27	庚$_1$辰	4	6	11/26	庚$_1$戌	4	6	12/25	己$_3$卯	4	6	1/24	己$_1$酉	4	6
8/27	己$_2$卯	4	6	9/27	庚$_1$戌	4	6	10/28	辛$_1$巳	4	6	11/27	辛$_1$亥	3	6	12/26	庚$_1$辰	4	6	1/25	庚$_1$戌	3	6
8/28	庚$_1$辰	4	7	9/28	辛$_1$亥	4	7	10/29	壬$_1$午	3	7	11/28	壬$_1$子	3	7	12/27	辛$_1$巳	3	7	1/26	辛$_1$亥	3	7
8/29	辛$_1$巳	3	7	9/29	壬$_1$子	3	7	10/30	癸$_1$未	3	7	11/29	癸$_1$丑	3	7	12/28	壬$_1$午	3	7	1/27	壬$_1$子	3	7
8/30	壬$_2$午	3	7	9/30	癸$_1$丑	3	7	10/31	甲$_1$申	3	7	11/30	甲$_1$寅	2	7	12/29	癸$_3$未	2	7	1/28	癸$_1$丑	2	7
8/31	癸$_2$未	3	8	10/1	甲$_1$寅	3	8	11/1	乙$_1$酉	2	8	12/1	乙$_1$卯	2	8	12/30	甲$_3$申	2	8	1/29	甲$_3$寅	2	8
9/1	甲$_1$申	2	8	10/2	乙$_1$卯	2	8	11/2	丙$_3$戌	2	8	12/2	丙$_1$辰	2	8	12/31	乙$_3$酉	2	8	1/30	乙$_3$卯	2	8
9/2	乙$_1$酉	2	8	10/3	丙$_3$辰	2	8	11/3	丁$_3$亥	2	8	12/3	丁$_2$巳	1	8	1/1	丙$_3$戌	1	8	1/31	丙$_3$辰	1	8
9/3	丙$_1$戌	2	9	10/4	丁$_2$巳	2	9	11/4	戊$_1$子	1	9	12/4	戊$_1$午	1	9	1/2	丁$_3$亥	1	9	2/1	丁$_3$巳	1	9
9/4	丁$_1$亥	1	9	10/5	戊$_1$午	1	9	11/5	己$_1$丑	1	9	12/5	己$_1$未	1	9	1/3	戊$_2$子	1	9	2/2	戊$_1$午	1	9
9/5	戊$_3$子	1	9	10/6	己$_2$未	1	9	11/6	庚$_1$寅	1	9	12/6	庚$_1$申	1	9	1/4	己$_1$丑	1	9	2/3	己$_1$未	0	9
9/6	己$_1$丑	1	10	10/7	庚$_1$申	1	10	11/7	辛$_1$卯	0	10	12/7	辛$_1$酉	0	10	1/5	庚$_1$寅	0	10	2/4	庚$_1$申	0	10
9/7	庚$_1$寅	0	10	10/8	辛$_1$酉	0	10	11/8	壬$_3$辰	0	10					1/6	辛$_1$卯	0	10				
9/8	辛$_1$卯	0	10	10/9	壬$_2$戌	0	10																

歳	男	歳	女	歳	男	歳	女	歳	男	歳	女	歳	男	歳	女	歳	男	歳	女	歳	男	歳	女
0	乙酉	0	癸卯	0	丙戌	0	甲申	0	丁亥	0	乙酉	0	戊子	0	丙戌	0	己丑	0	丁亥	0	庚寅	0	戊子
10	丙戌	10	壬午	10	丁亥	10	癸未	10	戊子	10	甲申	10	己丑	10	乙酉	10	庚寅	10	丙戌	10	辛卯	10	丁亥
20	丁亥	20	辛巳	20	戊子	20	壬午	20	己丑	20	癸未	20	庚寅	20	甲申	20	辛卯	20	乙酉	20	壬辰	20	丙戌
30	戊子	30	庚辰	30	己丑	30	辛巳	30	庚寅	30	壬午	30	辛卯	30	癸未	30	壬辰	30	甲申	30	癸巳	30	乙酉
40	己丑	40	己卯	40	庚寅	40	庚辰	40	辛卯	40	辛巳	40	壬辰	40	壬午	40	癸巳	40	癸未	40	甲午	40	甲申
50	庚寅	50	戊寅	50	辛卯	50	己卯	50	壬辰	50	庚辰	50	癸巳	50	辛巳	50	甲午	50	壬午	50	乙未	50	癸未
60	辛卯	60	丁丑	60	壬辰	60	戊寅	60	癸巳	60	己卯	60	甲午	60	庚辰	60	乙未	60	辛巳	60	丙申	60	壬午
70	壬辰	70	丙子	70	癸巳	70	丁丑	70	甲午	70	戊寅	70	乙未	70	己卯	70	丙申	70	庚辰	70	丁酉	70	辛巳
80	癸巳	80	乙亥	80	甲午	80	丙子	80	乙未	80	丁丑	80	丙申	80	戊寅	80	丁酉	80	己卯	80	戊戌	80	庚辰

年柱 辛亥　1971年（昭和46年）2月4日19時26分～

月柱 庚寅 (2月4日19:26～3月6日13:34)				月柱 辛卯 (3月6日13:35～4月5日18:35)				月柱 壬辰 (4月5日18:36～5月6日12:07)				月柱 癸巳 (5月6日12:08～6月6日16:28)				月柱 甲午 (6月6日16:29～7月8日2:50)				月柱 乙未 (7月8日2:51～8月8日12:39)			
生日	日柱	男	女	生日	日柱	男	女	生日	日柱	男	女	生日	日柱	男	女	生日	日柱	男	女	生日	日柱	男	女
2/4	庚申	0	10	3/6	庚寅	0	10	4/5	庚申	0	10	5/6	辛卯	0	10	6/6	壬戌	0	11	7/8	甲午	0	10
2/5	辛酉	0	10	3/7	辛卯	0	10	4/6	辛酉	0	10	5/7	壬辰	0	10	6/7	癸亥	0	10	7/9	乙未	0	10
2/6	壬戌	1	9	3/8	壬辰	1	9	4/7	壬戌	1	10	5/8	癸巳	1	10	6/8	甲子	1	10	7/10	丙申	1	10
2/7	癸亥	1	9	3/9	癸巳	1	9	4/8	癸亥	1	9	5/9	甲午	1	9	6/9	乙丑	1	10	7/11	丁酉	1	9
2/8	甲子	1	9	3/10	甲午	1	9	4/9	甲子	1	9	5/10	乙未	1	9	6/10	丙寅	1	9	7/12	戊戌	1	9
2/9	乙丑	2	8	3/11	乙未	2	8	4/10	乙丑	2	9	5/11	丙申	2	9	6/11	丁卯	2	9	7/13	己亥	2	9
2/10	丙寅	2	8	3/12	丙申	2	8	4/11	丙寅	2	8	5/12	丁酉	2	8	6/12	戊辰	2	9	7/14	庚子	2	8
2/11	丁卯	2	8	3/13	丁酉	2	8	4/12	丁卯	2	8	5/13	戊戌	2	8	6/13	己巳	2	8	7/15	辛丑	2	8
2/12	戊辰	3	7	3/14	戊戌	3	7	4/13	戊辰	3	8	5/14	己亥	3	8	6/14	庚午	3	8	7/16	壬寅	3	8
2/13	己巳	3	7	3/15	己亥	3	7	4/14	己巳	3	7	5/15	庚子	3	7	6/15	辛未	3	8	7/17	癸卯	3	7
2/14	庚午	3	7	3/16	庚子	3	7	4/15	庚午	3	7	5/16	辛丑	3	7	6/16	壬申	3	7	7/18	甲辰	3	7
2/15	辛未	4	6	3/17	辛丑	4	6	4/16	辛未	4	7	5/17	壬寅	4	7	6/17	癸酉	4	7	7/19	乙巳	4	7
2/16	壬申	4	6	3/18	壬寅	4	6	4/17	壬申	4	6	5/18	癸卯	4	6	6/18	甲戌	4	7	7/20	丙午	4	6
2/17	癸酉	4	6	3/19	癸卯	4	6	4/18	癸酉	4	6	5/19	甲辰	4	6	6/19	乙亥	4	6	7/21	丁未	4	6
2/18	甲戌	5	5	3/20	甲辰	5	5	4/19	甲戌	5	6	5/20	乙巳	5	6	6/20	丙子	5	6	7/22	戊申	5	6
2/19	乙亥	5	5	3/21	乙巳	5	5	4/20	乙亥	5	5	5/21	丙午	5	5	6/21	丁丑	5	6	7/23	己酉	5	5
2/20	丙子	5	5	3/22	丙午	5	5	4/21	丙子	5	5	5/22	丁未	5	5	6/22	戊寅	5	5	7/24	庚戌	5	5
2/21	丁丑	6	4	3/23	丁未	6	4	4/22	丁丑	6	5	5/23	戊申	6	5	6/23	己卯	6	5	7/25	辛亥	6	5
2/22	戊寅	6	4	3/24	戊申	6	4	4/23	戊寅	6	4	5/24	己酉	6	4	6/24	庚辰	6	5	7/26	壬子	6	4
2/23	己卯	6	4	3/25	己酉	6	4	4/24	己卯	6	4	5/25	庚戌	6	4	6/25	辛巳	6	4	7/27	癸丑	6	4
2/24	庚辰	7	3	3/26	庚戌	7	3	4/25	庚辰	7	4	5/26	辛亥	7	4	6/26	壬午	7	4	7/28	甲寅	7	4
2/25	辛巳	7	3	3/27	辛亥	7	3	4/26	辛巳	7	3	5/27	壬子	7	3	6/27	癸未	7	4	7/29	乙卯	7	3
2/26	壬午	7	3	3/28	壬子	7	3	4/27	壬午	7	3	5/28	癸丑	7	3	6/28	甲申	7	3	7/30	丙辰	7	3
2/27	癸未	8	2	3/29	癸丑	8	2	4/28	癸未	8	3	5/29	甲寅	8	3	6/29	乙酉	8	3	7/31	丁巳	8	3
2/28	甲申	8	2	3/30	甲寅	8	2	4/29	甲申	8	2	5/30	乙卯	8	2	6/30	丙戌	8	3	8/1	戊午	8	2
3/1	乙酉	8	2	3/31	乙卯	8	2	4/30	乙酉	8	2	5/31	丙辰	8	2	7/1	丁亥	8	2	8/2	己未	8	2
3/2	丙戌	9	1	4/1	丙辰	9	1	5/1	丙戌	9	2	6/1	丁巳	9	2	7/2	戊子	9	2	8/3	庚申	9	2
3/3	丁亥	9	1	4/2	丁巳	9	1	5/2	丁亥	9	1	6/2	戊午	9	1	7/3	己丑	9	2	8/4	辛酉	9	1
3/4	戊子	9	1	4/3	戊午	9	1	5/3	戊子	9	1	6/3	己未	9	1	7/4	庚寅	9	1	8/5	壬戌	9	1
3/5	己丑	10	0	4/4	己未	10	0	5/4	己丑	10	1	6/4	庚申	10	1	7/5	辛卯	10	1	8/6	癸亥	10	1
3/6	庚寅	10	0	4/5	庚申	10	0	5/5	庚寅	10	0	6/5	辛酉	10	0	7/6	壬辰	10	1	8/7	甲子	10	0
								5/6	辛卯	10	0	6/6	壬戌	10	0	7/7	癸巳	10	0	8/8	乙丑	10	0
																7/8	甲午	11	0				

歳	男	歳	女	歳	男	歳	女	歳	男	歳	女	歳	男	歳	女	歳	男	歳	女	歳	男	歳	女
0	己丑	0	辛卯	0	庚寅	0	壬辰	0	辛卯	0	癸巳	0	壬辰	0	甲午	0	癸巳	0	乙未	0	甲午	0	丙申
10	戊子	10	壬辰	10	己丑	10	癸巳	10	庚寅	10	甲午	10	辛卯	10	乙未	10	壬辰	10	丙申	10	癸巳	10	丁酉
20	丁亥	20	癸巳	20	戊子	20	甲午	20	己丑	20	乙未	20	庚寅	20	丙申	20	辛卯	20	丁酉	20	壬辰	20	戊戌
30	丙戌	30	甲午	30	丁亥	30	乙未	30	戊子	30	丙申	30	己丑	30	丁酉	30	庚寅	30	戊戌	30	辛卯	30	己亥
40	乙酉	40	乙未	40	丙戌	40	丙申	40	丁亥	40	丁酉	40	戊子	40	戊戌	40	己丑	40	己亥	40	庚寅	40	庚子
50	甲申	50	丙申	50	乙酉	50	丁酉	50	丙戌	50	戊戌	50	丁亥	50	己亥	50	戊子	50	庚子	50	己丑	50	辛丑
60	癸未	60	丁酉	60	甲申	60	戊戌	60	乙酉	60	己亥	60	丙戌	60	庚子	60	丁亥	60	辛丑	60	戊子	60	壬寅
70	壬午	70	戊戌	70	癸未	70	己亥	70	甲申	70	庚子	70	乙酉	70	辛丑	70	丙戌	70	壬寅	70	丁亥	70	癸卯
80	辛巳	80	己亥	80	壬午	80	庚子	80	癸未	80	辛丑	80	甲申	80	壬寅	80	乙酉	80	癸卯	80	丙戌	80	甲辰

～1972年（昭和47年）2月5日1時19分

8月8日12:40～ 9月8日15:29				9月8日15:30～ 10月9日6:58				10月9日6:59～ 11月8日9:56				11月8日9:57～ 12月8日2:35				12月8日2:36～ 1月6日13:42				1月6日13:43～ 2月5日1:19			
月柱 丙申		立運年齢		月柱 丁酉		立運年齢		月柱 戊戌		立運年齢		月柱 己亥		立運年齢		月柱 庚子		立運年齢		月柱 辛丑		立運年齢	
生日	日柱	男	女	生日	日柱	男	女	生日	日柱	男	女	生日	日柱	男	女	生日	日柱	男	女	生日	日柱	男	女
8.8	乙$_3$丑	0	10	9.8	丙$_3$申	0	10	10.9	丁$_3$卯	0	10	11.8	丁$_3$酉	0	10	12.8	丁$_3$卯	0	10	1.6	丙$_3$申	0	10
8.9	丙$_2$寅	0	10	9.9	丁$_3$酉	0	10	10.10	戊$_3$辰	0	10	11.9	戊$_3$戌	0	10	12.9	戊$_3$辰	0	9	1.7	丁$_3$酉	0	10
8.10	丁$_3$卯	1	10	9.10	戊$_3$戌	1	10	10.11	己$_3$巳	1	9	11.10	己$_2$亥	1	9	12.10	己$_3$巳	1	9	1.8	戊$_2$戌	1	9
8.11	戊$_3$辰	1	9	9.11	己$_3$亥	1	9	10.12	庚$_1$午	1	9	11.11	庚$_1$子	1	9	12.11	庚$_1$午	1	9	1.9	己$_3$亥	1	9
8.12	己$_3$巳	1	9	9.12	庚$_1$子	1	9	10.13	辛$_1$未	1	9	11.12	辛$_1$丑	1	8	12.12	辛$_1$未	1	8	1.10	庚$_1$子	1	9
8.13	庚$_1$午	2	9	9.13	辛$_1$丑	2	9	10.14	壬$_1$申	2	8	11.13	壬$_1$寅	2	8	12.13	壬$_1$申	2	8	1.11	辛$_1$丑	2	8
8.14	辛$_1$未	2	8	9.14	壬$_1$寅	2	8	10.15	癸$_1$酉	2	8	11.14	癸$_1$卯	2	8	12.14	癸$_1$酉	2	8	1.12	壬$_1$寅	2	8
8.15	壬$_1$申	2	8	9.15	癸$_1$卯	2	8	10.16	甲$_3$戌	2	8	11.15	甲$_1$辰	2	8	12.15	甲$_1$戌	2	7	1.13	癸$_1$卯	2	8
8.16	癸$_1$酉	3	8	9.16	甲$_3$辰	3	8	10.17	乙$_2$亥	3	7	11.16	乙$_2$巳	3	7	12.16	乙$_1$亥	3	7	1.14	甲$_3$辰	3	7
8.17	甲$_3$戌	3	7	9.17	乙$_1$巳	3	7	10.18	丙$_3$子	3	7	11.17	丙$_3$午	3	7	12.17	丙$_1$子	3	7	1.15	乙$_1$巳	3	7
8.18	乙$_3$亥	3	7	9.18	丙$_2$午	3	7	10.19	丁$_3$丑	3	7	11.18	丁$_1$未	3	6	12.18	丁$_1$丑	3	6	1.16	丙$_3$午	3	7
8.19	丙$_3$子	4	7	9.19	丁$_1$未	4	7	10.20	戊$_3$寅	4	6	11.19	戊$_3$申	4	6	12.19	戊$_3$寅	4	6	1.17	丁$_3$未	4	6
8.20	丁$_3$丑	4	6	9.20	戊$_3$申	4	6	10.21	己$_3$卯	4	6	11.20	己$_3$酉	4	6	12.20	己$_3$卯	4	6	1.18	戊$_3$申	4	6
8.21	戊$_2$寅	4	6	9.21	己$_3$酉	4	6	10.22	庚$_1$辰	4	6	11.21	庚$_1$戌	4	6	12.21	庚$_1$辰	4	5	1.19	己$_3$酉	4	6
8.22	己$_3$卯	5	6	9.22	庚$_3$戌	5	6	10.23	辛$_1$巳	5	5	11.22	辛$_1$亥	5	5	12.22	辛$_1$巳	5	5	1.20	庚$_1$戌	5	5
8.23	庚$_1$辰	5	5	9.23	辛$_1$亥	5	5	10.24	壬$_2$午	5	5	11.23	壬$_1$子	5	5	12.23	壬$_1$午	5	5	1.21	辛$_1$亥	5	5
8.24	辛$_1$巳	5	5	9.24	壬$_1$子	5	5	10.25	癸$_1$未	5	5	11.24	癸$_1$丑	5	5	12.24	癸$_1$未	5	4	1.22	壬$_1$子	5	5
8.25	壬$_1$午	6	5	9.25	癸$_1$丑	6	5	10.26	甲$_1$申	6	4	11.25	甲$_1$寅	6	4	12.25	甲$_1$申	6	4	1.23	癸$_1$丑	6	4
8.26	癸$_1$未	6	4	9.26	甲$_1$寅	6	4	10.27	乙$_1$酉	6	4	11.26	乙$_1$卯	6	4	12.26	乙$_1$酉	6	4	1.24	甲$_2$寅	6	4
8.27	甲$_1$申	6	4	9.27	乙$_2$卯	6	4	10.28	丙$_3$戌	6	4	11.27	丙$_3$辰	6	4	12.27	丙$_3$戌	6	3	1.25	乙$_2$卯	6	4
8.28	乙$_1$酉	7	4	9.28	丙$_3$辰	7	4	10.29	丁$_3$亥	7	3	11.28	丁$_3$巳	7	3	12.28	丁$_3$亥	7	3	1.26	丙$_3$辰	7	3
8.29	丙$_3$戌	7	3	9.29	丁$_1$巳	7	3	10.30	戊$_3$子	7	3	11.29	戊$_3$午	7	3	12.29	戊$_3$子	7	3	1.27	丁$_3$巳	7	3
8.30	丁$_3$亥	7	3	9.30	戊$_2$午	7	3	10.31	己$_3$丑	7	3	11.30	己$_1$未	7	3	12.30	己$_3$丑	7	2	1.28	戊$_2$午	7	3
8.31	戊$_3$子	8	3	10.1	己$_1$未	8	3	11.1	庚$_1$寅	8	2	12.1	庚$_1$申	8	2	12.31	庚$_1$寅	8	2	1.29	己$_2$未	8	2
9.1	己$_3$丑	8	2	10.2	庚$_1$申	8	2	11.2	辛$_1$卯	8	2	12.2	辛$_1$酉	8	2	1.1	辛$_1$卯	8	2	1.30	庚$_1$申	8	2
9.2	庚$_1$寅	8	2	10.3	辛$_1$酉	8	2	11.3	壬$_1$辰	8	2	12.3	壬$_1$戌	8	1	1.2	壬$_1$辰	8	1	1.31	辛$_1$酉	8	2
9.3	辛$_1$卯	9	2	10.4	壬$_1$戌	9	1	11.4	癸$_2$巳	9	1	12.4	癸$_1$亥	9	1	1.3	癸$_1$巳	9	1	2.1	壬$_1$戌	9	1
9.4	壬$_1$辰	9	1	10.5	癸$_1$亥	9	1	11.5	甲$_1$午	9	1	12.5	甲$_1$子	9	1	1.4	甲$_2$午	9	1	2.2	癸$_1$亥	9	1
9.5	癸$_1$巳	9	1	10.6	甲$_1$子	9	1	11.6	乙$_3$未	9	1	12.6	乙$_1$丑	9	1	1.5	乙$_3$未	9	0	2.3	甲$_1$子	9	1
9.6	甲$_1$午	10	1	10.7	乙$_1$丑	10	1	11.7	丙$_3$申	10	0	12.7	丙$_3$寅	10	0	1.6	丙$_3$申	10	0	2.4	乙$_3$丑	10	0
9.7	乙$_1$未	10	0	10.8	丙$_1$寅	10	0	11.8	丁$_3$酉	10	0	12.8	丁$_3$卯	10	0					2.5	丙$_3$寅	10	0
9.8	丙$_3$申	10	0	10.9	丁$_2$卯	10	0																

歳	男	歳	女	歳	男	歳	女	歳	男	歳	女	歳	男	歳	女	歳	男	歳	女	歳	男	歳	女
0	乙未	0	丁酉	0	丙申	0	戊戌	0	丁酉	0	己亥	0	戊戌	0	庚子	0	己亥	0	辛丑	0	庚子	0	壬寅
10	甲午	10	戊戌	10	乙未	10	己亥	10	丙申	10	庚子	10	丁酉	10	辛丑	10	戊戌	10	壬寅	10	己亥	10	癸卯
20	癸巳	20	己亥	20	甲午	20	庚子	20	乙未	20	辛丑	20	丙申	20	壬寅	20	丁酉	20	癸卯	20	戊戌	20	甲辰
30	壬辰	30	庚子	30	癸巳	30	辛丑	30	甲午	30	壬寅	30	乙未	30	癸卯	30	丙申	30	甲辰	30	丁酉	30	乙巳
40	辛卯	40	辛丑	40	壬辰	40	壬寅	40	癸巳	40	癸卯	40	甲午	40	甲辰	40	乙未	40	乙巳	40	丙申	40	丙午
50	庚寅	50	壬寅	50	辛卯	50	癸卯	50	壬辰	50	甲辰	50	癸巳	50	乙巳	50	甲午	50	丙午	50	乙未	50	丁未
60	己丑	60	癸卯	60	庚寅	60	甲辰	60	辛卯	60	乙巳	60	壬辰	60	丙午	60	癸巳	60	丁未	60	甲午	60	戊申
70	戊子	70	甲辰	70	己丑	70	乙巳	70	庚寅	70	丙午	70	辛卯	70	丁未	70	壬辰	70	戊申	70	癸巳	70	己酉
80	丁亥	80	乙巳	80	戊子	80	丙午	80	己丑	80	丁未	80	庚寅	80	戊申	80	辛卯	80	己酉	80	壬辰	80	庚戌

年柱 壬子 　1972年（昭和47年）2月5日1時20分〜

月柱 壬寅（2月5日 1:20〜 3月5日19:27）

生日	日柱	立運年齢 男	女
2/5	丙$_2$寅	10	0
2/6	丁$_3$卯	9	0
2/7	戊$_3$辰	9	1
2/8	己$_1$巳	9	1
2/9	庚$_3$午	8	1
2/10	辛$_3$未	8	2
2/11	壬$_1$申	8	2
2/12	癸$_2$酉	7	2
2/13	甲$_1$戌	7	3
2/14	乙$_1$亥	7	3
2/15	丙$_1$子	6	3
2/16	丁$_1$丑	6	4
2/17	戊$_2$寅	6	4
2/18	己$_1$卯	5	4
2/19	庚$_2$辰	5	5
2/20	辛$_3$巳	5	5
2/21	壬$_1$午	4	5
2/22	癸$_1$未	4	6
2/23	甲$_1$申	4	6
2/24	乙$_1$酉	3	6
2/25	丙$_3$戌	3	7
2/26	丁$_1$亥	2	7
2/27	戊$_1$子	2	7
2/28	己$_1$丑	2	8
2/29	庚$_2$寅	2	8
3/1	辛$_1$卯	1	8
3/2	壬$_1$辰	1	9
3/3	癸$_1$巳	1	9
3/4	甲$_1$午	0	9
3/5	乙$_1$未	0	10

月柱 癸卯（3月5日19:28〜 4月5日 0:28）

生日	日柱	立運年齢 男	女
3/5	乙$_1$未	10	0
3/6	丙$_1$申	10	0
3/7	丁$_1$酉	10	1
3/8	戊$_3$戌	10	1
3/9	己$_3$亥	9	1
3/10	庚$_3$子	9	2
3/11	辛$_3$丑	8	2
3/12	壬$_1$寅	8	2
3/13	癸$_2$卯	8	3
3/14	甲$_3$辰	7	3
3/15	乙$_1$巳	7	3
3/16	丙$_1$午	7	4
3/17	丁$_1$未	6	4
3/18	戊$_1$申	6	4
3/19	己$_3$酉	6	5
3/20	庚$_3$戌	5	5
3/21	辛$_1$亥	5	5
3/22	壬$_1$子	5	6
3/23	癸$_1$丑	4	6
3/24	甲$_1$寅	4	6
3/25	乙$_1$卯	4	7
3/26	丙$_1$辰	3	7
3/27	丁$_1$巳	3	7
3/28	戊$_1$午	3	8
3/29	己$_1$未	2	8
3/30	庚$_1$申	2	8
3/31	辛$_1$酉	2	9
4/1	壬$_1$戌	1	9
4/2	癸$_1$亥	1	9
4/3	甲$_1$子	1	10
4/4	乙$_1$丑	0	10
4/5	丙$_1$寅	0	10

月柱 甲辰（4月5日 0:29〜 5月5日18:15）

生日	日柱	立運年齢 男	女
4/5	丙$_2$寅	10	0
4/6	丁$_1$卯	10	0
4/7	戊$_1$辰	9	1
4/8	己$_1$巳	9	1
4/9	庚$_3$午	9	1
4/10	辛$_3$未	8	2
4/11	壬$_1$申	8	2
4/12	癸$_1$酉	8	2
4/13	甲$_1$戌	7	3
4/14	乙$_1$亥	7	3
4/15	丙$_1$子	6	3
4/16	丁$_1$丑	6	4
4/17	戊$_2$寅	6	4
4/18	己$_2$卯	6	4
4/19	庚$_2$辰	5	5
4/20	辛$_3$巳	5	5
4/21	壬$_2$午	5	5
4/22	癸$_1$未	4	6
4/23	甲$_1$申	4	6
4/24	乙$_1$酉	4	6
4/25	丙$_3$戌	3	7
4/26	丁$_1$亥	3	7
4/27	戊$_1$子	3	7
4/28	己$_1$丑	3	8
4/29	庚$_1$寅	2	8
4/30	辛$_1$卯	2	8
5/1	壬$_2$辰	1	9
5/2	癸$_1$巳	1	9
5/3	甲$_1$午	1	9
5/4	乙$_1$未	0	10
5/5	丙$_1$申	0	10

月柱 乙巳（5月5日18:16〜 6月5日22:21）

生日	日柱	立運年齢 男	女
5/5	丙$_1$申	10	0
5/6	丁$_1$酉	10	0
5/7	戊$_2$戌	10	1
5/8	己$_2$亥	9	1
5/9	庚$_3$子	9	1
5/10	辛$_1$丑	9	2
5/11	壬$_1$寅	8	2
5/12	癸$_2$卯	8	2
5/13	甲$_1$辰	8	3
5/14	乙$_1$巳	7	3
5/15	丙$_1$午	7	3
5/16	丁$_1$未	7	4
5/17	戊$_1$申	6	4
5/18	己$_2$酉	6	4
5/19	庚$_1$戌	6	5
5/20	辛$_1$亥	5	5
5/21	壬$_2$子	5	5
5/22	癸$_1$丑	5	6
5/23	甲$_1$寅	4	6
5/24	乙$_1$卯	4	6
5/25	丙$_1$辰	4	7
5/26	丁$_1$巳	3	7
5/27	戊$_1$午	3	7
5/28	己$_1$未	3	8
5/29	庚$_1$申	2	8
5/30	辛$_2$酉	2	8
5/31	壬$_2$戌	2	9
6/1	癸$_1$亥	1	9
6/2	甲$_1$子	1	9
6/3	乙$_1$丑	1	10
6/4	丙$_1$寅	0	10
6/5	丁$_1$卯	0	10

月柱 丙午（6月5日22:22〜 7月7日 8:42）

生日	日柱	立運年齢 男	女
6/5	丁$_1$卯	11	0
6/6	戊$_1$辰	10	0
6/7	己$_1$巳	10	1
6/8	庚$_3$午	10	1
6/9	辛$_1$未	9	1
6/10	壬$_2$申	9	2
6/11	癸$_1$酉	9	2
6/12	甲$_2$戌	8	2
6/13	乙$_1$亥	8	3
6/14	丙$_1$子	8	3
6/15	丁$_1$丑	7	3
6/16	戊$_1$寅	7	4
6/17	己$_1$卯	7	4
6/18	庚$_1$辰	6	4
6/19	辛$_1$巳	6	5
6/20	壬$_2$午	6	5
6/21	癸$_2$未	5	5
6/22	甲$_2$申	5	6
6/23	乙$_1$酉	5	6
6/24	丙$_1$戌	4	6
6/25	丁$_1$亥	4	7
6/26	戊$_1$子	4	7
6/27	己$_1$丑	3	7
6/28	庚$_1$寅	3	8
6/29	辛$_1$卯	3	8
6/30	壬$_1$辰	2	8
7/1	癸$_2$巳	2	9
7/2	甲$_2$午	2	9
7/3	乙$_2$未	1	9
7/4	丙$_1$申	1	10
7/5	丁$_1$酉	1	10
7/6	戊$_1$戌	0	10
7/7	己$_1$亥	0	11

月柱 丁未（7月7日 8:43〜 8月7日18:28）

生日	日柱	立運年齢 男	女
7/7	己$_1$亥	10	0
7/8	庚$_1$子	10	0
7/9	辛$_1$丑	10	1
7/10	壬$_2$寅	9	1
7/11	癸$_1$卯	9	1
7/12	甲$_1$辰	9	2
7/13	乙$_1$巳	8	2
7/14	丙$_1$午	8	2
7/15	丁$_1$未	8	3
7/16	戊$_1$申	7	3
7/17	己$_1$酉	7	3
7/18	庚$_1$戌	7	4
7/19	辛$_1$亥	6	4
7/20	壬$_1$子	6	4
7/21	癸$_2$丑	6	5
7/22	甲$_1$寅	5	5
7/23	乙$_1$卯	5	5
7/24	丙$_1$辰	5	6
7/25	丁$_1$巳	4	6
7/26	戊$_1$午	4	6
7/27	己$_1$未	4	7
7/28	庚$_1$申	3	7
7/29	辛$_1$酉	3	7
7/30	壬$_1$戌	3	8
7/31	癸$_1$亥	3	8
8/1	甲$_1$子	2	8
8/2	乙$_1$丑	2	8
8/3	丙$_1$寅	1	9
8/4	丁$_1$卯	1	9
8/5	戊$_1$辰	1	10
8/6	己$_1$巳	1	10
8/7	庚$_1$午	0	10

大運

歳	男	歳	女	歳	男	歳	女	歳	男	歳	女	歳	男	歳	女	歳	男	歳	女	歳	男	歳	女
0	癸卯	0	辛丑	0	甲辰	0	壬寅	0	乙巳	0	癸卯	0	丙午	0	甲辰	0	丁未	0	乙巳	0	戊申	0	丙午
10	甲辰	10	庚子	10	乙巳	10	辛丑	10	丙午	10	壬寅	10	丁未	10	癸卯	10	戊申	10	甲辰	10	己酉	10	乙巳
20	乙巳	20	己亥	20	丙午	20	庚子	20	丁未	20	辛丑	20	戊申	20	壬寅	20	己酉	20	癸卯	20	庚戌	20	甲辰
30	丙午	30	戊戌	30	丁未	30	己亥	30	戊申	30	庚子	30	己酉	30	辛丑	30	庚戌	30	壬寅	30	辛亥	30	癸卯
40	丁未	40	丁酉	40	戊申	40	戊戌	40	己酉	40	己亥	40	庚戌	40	庚子	40	辛亥	40	辛丑	40	壬子	40	壬寅
50	戊申	50	丙申	50	己酉	50	丁酉	50	庚戌	50	戊戌	50	辛亥	50	己亥	50	壬子	50	庚子	50	癸丑	50	辛丑
60	己酉	60	乙未	60	庚戌	60	丙申	60	辛亥	60	丁酉	60	壬子	60	戊戌	60	癸丑	60	己亥	60	甲寅	60	庚子
70	庚戌	70	甲午	70	辛亥	70	乙未	70	壬子	70	丙申	70	癸丑	70	丁酉	70	甲寅	70	戊戌	70	乙卯	70	己亥
80	辛亥	80	癸巳	80	壬子	80	甲午	80	癸丑	80	乙未	80	甲寅	80	丙申	80	乙卯	80	丁酉	80	丙辰	80	戊戌

～1973年（昭和48年）2月4日7時03分

月柱 戊申 8月7日18:29～9月7日21:14		立運年齢		月柱 己酉 9月7日21:15～10月8日12:41		立運年齢		月柱 庚戌 10月8日12:42～11月7日15:39		立運年齢		月柱 辛亥 11月7日15:40～12月7日8:18		立運年齢		月柱 壬子 12月7日8:19～1月5日19:25		立運年齢		月柱 癸丑 1月5日19:26～2月4日7:03		立運年齢	
生日	日柱	男	女	生日	日柱	男	女	生日	日柱	男	女	生日	日柱	男	女	生日	日柱	男	女	生日	日柱	男	女
8/7	庚午	10	0	9/7	辛丑	10	0	10/8	壬申	10	0	11/7	壬寅	10	0	12/7	壬申	10	0	1/5	辛丑	10	0
8/8	辛未	10	0	9/8	壬寅	10	0	10/9	癸酉	10	0	11/8	癸卯	10	0	12/8	癸酉	9	0	1/6	壬寅	10	0
8/9	壬申	10	1	9/9	癸卯	10	1	10/10	甲戌	9	1	11/9	甲辰	9	1	12/9	甲戌	9	1	1/7	癸卯	9	1
8/10	癸酉	9	1	9/10	甲辰	9	1	10/11	乙亥	9	1	11/10	乙巳	9	1	12/10	乙亥	9	1	1/8	甲辰	9	1
8/11	甲戌	9	1	9/11	乙巳	9	1	10/12	丙子	9	1	11/11	丙午	9	1	12/11	丙子	8	1	1/9	乙巳	9	1
8/12	乙亥	9	2	9/12	丙午	9	2	10/13	丁丑	8	2	11/12	丁未	8	2	12/12	丁丑	8	2	1/10	丙午	8	2
8/13	丙子	8	2	9/13	丁未	8	2	10/14	戊寅	8	2	11/13	戊申	8	2	12/13	戊寅	8	2	1/11	丁未	8	2
8/14	丁丑	8	2	9/14	戊申	8	2	10/15	己卯	8	2	11/14	己酉	8	2	12/14	己卯	7	2	1/12	戊申	8	2
8/15	戊寅	8	3	9/15	己酉	8	3	10/16	庚辰	7	3	11/15	庚戌	7	3	12/15	庚辰	7	3	1/13	己酉	7	3
8/16	己卯	7	3	9/16	庚戌	7	3	10/17	辛巳	7	3	11/16	辛亥	7	3	12/16	辛巳	7	3	1/14	庚戌	7	3
8/17	庚辰	7	3	9/17	辛亥	7	3	10/18	壬午	7	3	11/17	壬子	7	3	12/17	壬午	6	3	1/15	辛亥	7	3
8/18	辛巳	7	4	9/18	壬子	7	4	10/19	癸未	6	4	11/18	癸丑	6	4	12/18	癸未	6	4	1/16	壬子	6	4
8/19	壬午	7	4	9/19	癸丑	7	4	10/20	甲申	6	4	11/19	甲寅	6	4	12/19	甲申	6	4	1/17	癸丑	6	4
8/20	癸未	6	4	9/20	甲寅	6	4	10/21	乙酉	6	4	11/20	乙卯	6	4	12/20	乙酉	5	4	1/18	甲寅	6	4
8/21	甲申	6	5	9/21	乙卯	6	5	10/22	丙戌	5	5	11/21	丙辰	5	5	12/21	丙戌	5	5	1/19	乙卯	5	5
8/22	乙酉	5	5	9/22	丙辰	5	5	10/23	丁亥	5	5	11/22	丁巳	5	5	12/22	丁亥	5	5	1/20	丙辰	5	5
8/23	丙戌	5	5	9/23	丁巳	5	5	10/24	戊子	5	5	11/23	戊午	5	5	12/23	戊子	4	5	1/21	丁巳	5	5
8/24	丁亥	5	6	9/24	戊午	5	6	10/25	己丑	4	6	11/24	己未	4	6	12/24	己丑	4	6	1/22	戊午	4	6
8/25	戊子	4	6	9/25	己未	4	6	10/26	庚寅	4	6	11/25	庚申	4	6	12/25	庚寅	3	6	1/24	庚申	4	6
8/26	己丑	4	6	9/26	庚申	4	6	10/27	辛卯	4	6	11/26	辛酉	3	6	12/26	辛卯	3	6	1/24	庚申	4	6
8/27	庚寅	4	7	9/27	辛酉	4	7	10/28	壬辰	3	7	11/27	壬戌	3	7	12/27	壬辰	3	7	1/25	辛酉	3	7
8/28	辛卯	3	7	9/28	壬戌	3	7	10/29	癸巳	3	7	11/28	癸亥	3	7	12/28	癸巳	2	7	1/26	壬戌	3	7
8/29	壬辰	3	7	9/29	癸亥	3	7	10/30	甲午	2	7	11/29	甲子	2	7	12/29	甲午	2	7	1/27	癸亥	3	7
8/30	癸巳	3	8	9/30	甲子	3	8	10/31	乙未	2	8	11/30	乙丑	2	8	12/30	乙未	2	8	1/28	甲子	2	8
8/31	甲午	2	8	10/1	乙丑	2	8	11/1	丙申	2	8	12/1	丙寅	2	8	12/31	丙申	1	8	1/29	乙丑	2	8
9/1	乙未	2	8	10/2	丙寅	2	8	11/2	丁酉	1	8	12/2	丁卯	2	8	1/1	丁酉	1	8	1/30	丙寅	1	9
9/2	丙申	2	9	10/3	丁卯	2	9	11/3	戊戌	1	9	11/3	戊辰	1	9	1/2	戊戌	1	9	1/31	丁卯	1	9
9/3	丁酉	1	9	10/4	戊辰	1	9	11/4	己亥	1	9	12/4	己巳	1	9	1/3	己亥	0	9	2/1	戊辰	1	9
9/4	戊戌	1	9	10/5	己巳	1	9	11/5	庚子	1	9	12/5	庚午	1	9	1/4	庚子	0	9	2/2	己巳	1	9
9/5	己亥	1	10	10/6	庚午	1	10	11/6	辛丑	0	10	12/6	辛未	0	10	1/5	辛丑	0	10	2/3	庚午	0	10
9/6	庚子	0	10	10/7	辛未	0	10	11/7	壬寅	0	10	12/7	壬申	0	10					2/4	辛未	0	10
9/7	辛丑	0	10	10/8	壬申	0	10																	

歳	男	歳	女	歳	男	歳	女	歳	男	歳	女	歳	男	歳	女	歳	男	歳	女	歳	男	歳	女
0	己酉	0	丁未	0	庚戌	0	戊申	0	辛亥	0	己酉	0	壬子	0	庚戌	0	癸丑	0	辛亥	0	甲寅	0	壬子
10	庚戌	10	丙午	10	辛亥	10	丁未	10	壬子	10	戊申	10	癸丑	10	己酉	10	甲寅	10	庚戌	10	乙卯	10	辛亥
20	辛亥	20	乙巳	20	壬子	20	丙午	20	癸丑	20	丁未	20	甲寅	20	戊申	20	乙卯	20	己酉	20	丙辰	20	庚戌
30	壬子	30	甲辰	30	癸丑	30	乙巳	30	甲寅	30	丙午	30	乙卯	30	丁未	30	丙辰	30	戊申	30	丁巳	30	己酉
40	癸丑	40	癸卯	40	甲寅	40	甲辰	40	乙卯	40	乙巳	40	丙辰	40	丙午	40	丁巳	40	丁未	40	戊午	40	戊申
50	甲寅	50	壬寅	50	乙卯	50	癸卯	50	丙辰	50	甲辰	50	丁巳	50	乙巳	50	戊午	50	丙午	50	己未	50	丁未
60	乙卯	60	辛丑	60	丙辰	60	壬寅	60	丁巳	60	癸卯	60	戊午	60	甲辰	60	己未	60	乙巳	60	庚申	60	丙午
70	丙辰	70	庚子	70	丁巳	70	辛丑	70	戊午	70	壬寅	70	己未	70	癸卯	70	庚申	70	甲辰	70	辛酉	70	乙巳
80	丁巳	80	己亥	80	戊午	80	庚子	80	己未	80	辛丑	80	庚申	80	壬寅	80	辛酉	80	癸卯	80	壬戌	80	甲辰

年柱 癸丑 — **1973年（昭和48年）2月4日7時04分～**

月柱 甲寅（2月4日 7:04～3月6日 1:12）

生日	日柱	男	女
2/4	辛$_2$未	0	10
2/5	壬$_2$申	0	10
2/6	癸$_2$酉	1	9
2/7	甲$_2$戌	1	9
2/8	乙$_2$亥	1	9
2/9	丙$_2$子	2	8
2/10	丁$_1$丑	2	8
2/11	戊$_1$寅	2	8
2/12	己$_1$卯	3	7
2/13	庚$_1$辰	3	7
2/14	辛$_1$巳	3	7
2/15	壬$_3$午	4	6
2/16	癸$_3$未	4	6
2/17	甲$_3$申	5	5
2/18	乙$_3$酉	5	5
2/19	丙$_3$戌	5	5
2/20	丁$_3$亥	5	5
2/21	戊$_2$子	6	4
2/22	己$_2$丑	6	4
2/23	庚$_2$寅	6	4
2/24	辛$_2$卯	7	3
2/25	壬$_2$辰	7	3
2/26	癸$_3$巳	7	3
2/27	甲$_1$午	8	2
2/28	乙$_1$未	8	2
3/1	丙$_1$申	8	2
3/2	丁$_1$酉	9	1
3/3	戊$_1$戌	9	1
3/4	己$_1$亥	9	1
3/5	庚$_1$子	10	0
3/6	辛$_1$丑	10	0

月柱 乙卯（3月6日 1:13～4月5日 6:13）

生日	日柱	男	女
3/6	辛$_2$丑	0	10
3/7	壬$_2$寅	0	10
3/8	癸$_2$卯	1	9
3/9	甲$_2$辰	1	9
3/10	乙$_1$巳	1	9
3/11	丙$_1$午	2	8
3/12	丁$_1$未	2	8
3/13	戊$_1$申	2	8
3/14	己$_1$酉	3	7
3/15	庚$_2$戌	3	7
3/16	辛$_2$亥	3	7
3/17	壬$_2$子	4	6
3/18	癸$_2$丑	4	6
3/19	甲$_2$寅	5	5
3/20	乙$_2$卯	5	5
3/21	丙$_3$辰	5	5
3/22	丁$_3$巳	5	5
3/23	戊$_2$午	6	4
3/24	己$_2$未	6	4
3/25	庚$_2$申	6	4
3/26	辛$_2$酉	7	3
3/27	壬$_2$戌	7	3
3/28	癸$_2$亥	7	3
3/29	甲$_3$子	8	2
3/30	乙$_3$丑	8	2
3/31	丙$_3$寅	8	2
4/1	丁$_3$卯	9	1
4/2	戊$_3$辰	9	1
4/3	己$_3$巳	9	1
4/4	庚$_3$午	10	0
4/5	辛$_3$未	10	0

月柱 丙辰（4月5日 6:14～5月5日 23:46）

生日	日柱	男	女
4/5	辛$_2$未	0	10
4/6	壬$_2$申	0	10
4/7	癸$_2$酉	1	9
4/8	甲$_2$戌	1	9
4/9	乙$_2$亥	1	9
4/10	丙$_3$子	2	8
4/11	丁$_1$丑	2	8
4/12	戊$_1$寅	2	8
4/13	己$_1$卯	3	7
4/14	庚$_1$辰	3	7
4/15	辛$_1$巳	3	7
4/16	壬$_3$午	4	6
4/17	癸$_3$未	4	6
4/18	甲$_2$申	5	5
4/19	乙$_2$酉	5	5
4/20	丙$_3$戌	5	5
4/21	丁$_1$亥	5	5
4/22	戊$_1$子	6	4
4/23	己$_1$丑	6	4
4/24	庚$_1$寅	6	4
4/25	辛$_1$卯	7	3
4/26	壬$_2$辰	7	3
4/27	癸$_2$巳	7	3
4/28	甲$_2$午	8	2
4/29	乙$_2$未	8	2
4/30	丙$_3$申	8	2
5/1	丁$_1$酉	9	1
5/2	戊$_1$戌	9	1
5/3	己$_1$亥	9	1
5/4	庚$_2$子	10	0
5/5	辛$_2$丑	10	0

月柱 丁巳（5月5日 23:47～6月6日 4:06）

生日	日柱	男	女
5/5	辛$_2$丑	0	11
5/6	壬$_3$寅	0	10
5/7	癸$_3$卯	1	10
5/8	甲$_3$辰	1	9
5/9	乙$_3$巳	1	9
5/10	丙$_1$午	2	9
5/11	丁$_1$未	2	8
5/12	戊$_1$申	2	8
5/13	己$_1$酉	3	8
5/14	庚$_1$戌	3	7
5/15	辛$_1$亥	3	7
5/16	壬$_2$子	4	7
5/17	癸$_2$丑	4	6
5/18	甲$_2$寅	4	6
5/19	乙$_2$卯	5	6
5/20	丙$_1$辰	5	5
5/21	丁$_1$巳	5	5
5/22	戊$_1$午	6	5
5/23	己$_1$未	6	4
5/24	庚$_1$申	6	4
5/25	辛$_2$酉	7	4
5/26	壬$_2$戌	7	3
5/27	癸$_2$亥	7	3
5/28	甲$_2$子	8	3
5/29	乙$_2$丑	8	2
5/30	丙$_1$寅	8	2
5/31	丁$_1$卯	9	2
6/1	戊$_1$辰	9	2
6/2	己$_1$巳	9	1
6/3	庚$_2$午	9	1
6/4	辛$_2$未	10	1
6/5	壬$_2$申	10	0
6/6	癸$_2$酉	11	0

月柱 戊午（6月6日 4:07～7月7日 14:27）

生日	日柱	男	女
6/6	癸$_2$酉	0	10
6/7	甲$_3$戌	0	10
6/8	乙$_2$亥	1	10
6/9	丙$_2$子	1	9
6/10	丁$_1$丑	1	9
6/11	戊$_1$寅	2	9
6/12	己$_1$卯	2	8
6/13	庚$_1$辰	2	8
6/14	辛$_1$巳	3	8
6/15	壬$_2$午	3	7
6/16	癸$_2$未	3	7
6/17	甲$_2$申	4	7
6/18	乙$_2$酉	4	6
6/19	丙$_1$戌	4	6
6/20	丁$_1$亥	5	6
6/21	戊$_1$子	5	5
6/22	己$_1$丑	5	5
6/23	庚$_2$寅	6	5
6/24	辛$_2$卯	6	4
6/25	壬$_2$辰	6	4
6/26	癸$_2$巳	7	4
6/27	甲$_1$午	7	3
6/28	乙$_1$未	7	3
6/29	丙$_2$申	8	3
6/30	丁$_1$酉	8	2
7/1	戊$_1$戌	8	2
7/2	己$_1$亥	9	2
7/3	庚$_2$子	9	1
7/4	辛$_1$丑	9	1
7/5	壬$_2$寅	10	1
7/6	癸$_2$卯	10	0
7/7	甲$_2$辰	11	0

月柱 己未（7月7日 14:28～8月8日 0:12）

生日	日柱	男	女
7/7	甲$_2$辰	0	11
7/8	乙$_2$巳	0	10
7/9	丙$_2$午	1	10
7/10	丁$_2$未	1	10
7/11	戊$_1$申	1	9
7/12	己$_1$酉	2	9
7/13	庚$_1$戌	2	9
7/14	辛$_1$亥	3	8
7/15	壬$_1$子	3	8
7/16	癸$_1$丑	3	7
7/17	甲$_2$寅	3	7
7/18	乙$_2$卯	4	7
7/19	丙$_2$辰	4	6
7/20	丁$_2$巳	4	6
7/21	戊$_1$午	5	6
7/22	己$_1$未	5	5
7/23	庚$_1$申	5	5
7/24	辛$_1$酉	6	5
7/25	壬$_2$戌	6	5
7/26	癸$_2$亥	6	4
7/27	甲$_2$子	7	4
7/28	乙$_2$丑	7	3
7/29	丙$_1$寅	7	3
7/30	丁$_2$卯	8	3
7/31	戊$_1$辰	8	2
8/1	己$_1$巳	8	2
8/2	庚$_1$午	9	2
8/3	辛$_1$未	9	2
8/4	壬$_1$申	9	1
8/5	癸$_2$酉	10	1
8/6	甲$_2$戌	10	1
8/7	乙$_2$亥	10	0
8/8	丙$_3$子	11	0

大運表

歳	甲寅 男	甲寅 女	乙卯 男	乙卯 女	丙辰 男	丙辰 女	丁巳 男	丁巳 女	戊午 男	戊午 女	己未 男	己未 女
0	癸丑	乙卯	甲寅	丙辰	乙卯	丁巳	丙辰	戊午	丁巳	己未	戊午	庚申
10	壬子	丙辰	癸丑	丁巳	甲寅	戊午	乙卯	己未	丙辰	庚申	丁巳	辛酉
20	辛亥	丁巳	壬子	戊午	癸丑	己未	甲寅	庚申	乙卯	辛酉	丙辰	壬戌
30	庚戌	戊午	辛亥	己未	壬子	庚申	癸丑	辛酉	甲寅	壬戌	乙卯	癸亥
40	己酉	己未	庚戌	庚申	辛亥	辛酉	壬子	壬戌	癸丑	癸亥	甲寅	甲子
50	戊申	庚申	己酉	辛酉	庚戌	壬戌	辛亥	癸亥	壬子	甲子	癸丑	乙丑
60	丁未	辛酉	戊申	壬戌	己酉	癸亥	庚戌	甲子	辛亥	乙丑	壬子	丙寅
70	丙午	壬戌	丁未	癸亥	戊申	甲子	己酉	乙丑	庚戌	丙寅	辛亥	丁卯
80	乙巳	癸亥	丙午	甲子	丁未	乙丑	戊申	丙寅	己酉	丁卯	庚戌	戊辰

～1974年（昭和49年）2月4日12時59分

月柱 庚申（8月8日 0:13～9月8日 2:59）

生日	日柱	男	女
8 8	丙3子	0	10
8 9	丁3丑	0	10
8 10	戊3寅	1	10
8 11	己3卯	1	9
8 12	庚1辰	1	9
8 13	辛1巳	2	9
8 14	壬1午	2	8
8 15	癸1未	2	8
8 16	甲1申	3	8
8 17	乙3酉	3	7
8 18	丙3戌	3	7
8 19	丁3亥	4	7
8 20	戊3子	4	6
8 21	己2丑	4	6
8 22	庚1寅	5	6
8 23	辛1卯	5	5
8 24	壬1辰	5	5
8 25	癸1巳	6	5
8 26	甲3午	6	4
8 27	乙3未	6	4
8 28	丙3申	7	4
8 29	丁3酉	7	3
8 30	戊2戌	7	3
8 31	己3亥	8	3
9 1	庚1子	8	2
9 2	辛1丑	8	2
9 3	壬1寅	9	2
9 4	癸3卯	9	1
9 5	甲3辰	9	1
9 6	乙3巳	10	1
9 7	丙3午	10	0
9 8	丁3未	10	0

月柱 辛酉（9月8日 3:00～10月8日18:26）

生日	日柱	男	女
9 8	丁3未	0	10
9 9	戊3申	0	10
9 10	己3酉	1	9
9 11	庚1戌	1	9
9 12	辛1亥	1	9
9 13	壬1子	2	8
9 14	癸1丑	2	8
9 15	甲2寅	2	8
9 16	乙3卯	3	7
9 17	丙3辰	3	7
9 18	丁3巳	3	7
9 19	戊2午	4	6
9 20	己3未	4	6
9 21	庚1申	4	6
9 22	辛1酉	5	5
9 23	壬1戌	5	5
9 24	癸1亥	5	5
9 25	甲2子	6	4
9 26	乙3丑	6	4
9 27	丙3寅	6	4
9 28	丁3卯	7	3
9 29	戊3辰	7	3
9 30	己2巳	7	3
10 1	庚1午	8	2
10 2	辛1未	8	2
10 3	壬1申	8	2
10 4	癸3酉	9	1
10 5	甲3戌	9	1
10 6	乙2亥	9	1
10 7	丙3子	10	0
10 8	丁3丑	10	0

月柱 壬戌（10月8日18:27～11月7日21:27）

生日	日柱	男	女
10 8	丁3丑	0	10
10 9	戊3寅	0	10
10 10	己1卯	1	9
10 11	庚1辰	1	9
10 12	辛1巳	1	9
10 13	壬1午	2	8
10 14	癸1未	2	8
10 15	甲1申	2	8
10 16	乙3酉	3	7
10 17	丙3戌	3	7
10 18	丁3亥	3	7
10 19	戊1子	4	6
10 20	己1丑	4	6
10 21	庚1寅	4	6
10 22	辛1卯	5	5
10 23	壬1辰	5	5
10 24	癸1巳	5	5
10 25	甲1午	6	4
10 26	乙1未	6	4
10 27	丙1申	6	4
10 28	丁1酉	7	3
10 29	戊1戌	7	3
10 30	己1亥	7	3
10 31	庚1子	8	2
11 1	辛1丑	8	2
11 2	壬2寅	8	2
11 3	癸3卯	9	1
11 4	甲2辰	9	1
11 5	乙2巳	9	1
11 6	丙2午	10	0
11 7	丁3未	10	0

月柱 癸亥（11月7日21:28～12月7日14:10）

生日	日柱	男	女
11 7	丁3未	0	10
11 8	戊3申	0	10
11 9	己3酉	1	9
11 10	庚3戌	1	9
11 11	辛3亥	1	9
11 12	壬1子	2	8
11 13	癸1丑	2	8
11 14	甲1寅	2	8
11 15	乙1卯	3	7
11 16	丙3辰	3	7
11 17	丁3巳	3	7
11 18	戊2午	4	6
11 19	己1未	4	6
11 20	庚1申	4	6
11 21	辛1酉	5	5
11 22	壬1戌	5	5
11 23	癸1亥	5	5
11 24	甲1子	6	4
11 25	乙1丑	6	4
11 26	丙1寅	6	4
11 27	丁1卯	7	3
11 28	戊1辰	7	3
11 29	己2巳	7	2
11 30	庚3午	8	2
12 1	辛2未	8	2
12 2	壬1申	8	2
12 3	癸3酉	9	1
12 4	甲2戌	9	1
12 5	乙2亥	9	1
12 6	丙2子	10	0
12 7	丁3丑	10	0

月柱 甲子（12月7日14:11～1月6日 1:19）

生日	日柱	男	女
12 7	丁3丑	0	10
12 8	戊3寅	0	10
12 9	己3卯	1	9
12 10	庚2辰	1	9
12 11	辛1巳	1	9
12 12	壬1午	2	8
12 13	癸1未	2	8
12 14	甲1申	2	8
12 15	乙1酉	3	7
12 16	丙3戌	3	7
12 17	丁3亥	3	7
12 18	戊2子	4	6
12 19	己1丑	4	6
12 20	庚1寅	4	6
12 21	辛1卯	5	5
12 22	壬1辰	5	5
12 23	癸1巳	5	5
12 24	甲1午	6	4
12 25	乙1未	6	4
12 26	丙1申	6	4
12 27	丁1酉	7	3
12 28	戊1戌	7	3
12 29	己1亥	7	2
12 30	庚1子	8	2
12 31	辛1丑	8	2
1 1	壬1寅	8	2
1 2	癸3卯	9	1
1 3	甲2辰	9	1
1 4	乙2巳	9	1
1 5	丙2午	10	0
1 6	丁3未	10	0

月柱 乙丑（1月6日 1:20～2月4日12:59）

生日	日柱	男	女
1 6	丁3未	0	10
1 7	戊2申	0	9
1 8	己2酉	1	9
1 9	庚1戌	1	9
1 10	辛2亥	1	8
1 11	壬1子	2	8
1 12	癸2丑	2	8
1 13	甲3寅	2	7
1 14	乙3卯	3	7
1 15	丙3辰	3	7
1 16	丁2巳	3	6
1 17	戊1午	4	6
1 18	己1未	4	6
1 19	庚1申	4	5
1 20	辛1酉	5	5
1 21	壬2戌	5	5
1 22	癸1亥	5	4
1 23	甲1子	6	4
1 24	乙1丑	6	4
1 25	丙2寅	6	3
1 26	丁1卯	7	3
1 27	戊1辰	7	2
1 28	己1巳	7	2
1 29	庚2午	8	2
1 30	辛1未	8	2
1 31	壬1申	8	2
2 1	癸1酉	9	1
2 2	甲2戌	9	1
2 3	乙3亥	9	0
2 4	丙3子	10	0

立運表

歳	男	歳	女	歳	男	歳	女	歳	男	歳	女	歳	男	歳	女	歳	男	歳	女	歳	男	歳	女
0	己未	0	辛酉	0	庚申	0	壬戌	0	辛酉	0	癸亥	0	壬戌	0	甲子	0	癸亥	0	乙丑	0	甲子	0	丙寅
10	戊午	10	壬戌	10	己未	10	癸亥	10	庚申	10	甲子	10	辛酉	10	乙丑	10	壬戌	10	丙寅	10	癸亥	10	丁卯
20	丁巳	20	癸亥	20	戊午	20	甲子	20	己未	20	乙丑	20	庚申	20	丙寅	20	辛酉	20	丁卯	20	壬戌	20	戊辰
30	丙辰	30	甲子	30	丁巳	30	乙丑	30	戊午	30	丙寅	30	己未	30	丁卯	30	庚申	30	戊辰	30	辛酉	30	己巳
40	乙卯	40	乙丑	40	丙辰	40	丙寅	40	丁巳	40	丁卯	40	戊午	40	戊辰	40	己未	40	己巳	40	庚申	40	庚午
50	甲寅	50	丙寅	50	乙卯	50	丁卯	50	丙辰	50	戊辰	50	丁巳	50	己巳	50	戊午	50	庚午	50	己未	50	辛未
60	癸丑	60	丁卯	60	甲寅	60	戊辰	60	乙卯	60	己巳	60	丙辰	60	庚午	60	丁巳	60	辛未	60	戊午	60	壬申
70	壬子	70	戊辰	70	癸丑	70	己巳	70	甲寅	70	庚午	70	乙卯	70	辛未	70	丙辰	70	壬申	70	丁巳	70	癸酉
80	辛亥	80	己巳	80	壬子	80	庚午	80	癸丑	80	辛未	80	甲寅	80	壬申	80	乙卯	80	癸酉	80	丙辰	80	甲戌

年柱 甲寅 1974年（昭和49年）2月4日13時00分～

月柱 丙寅	2月4日13:00～3月6日 7:06

生日	日柱	男	女
2 4	丙$_3$子	10	0
2 5	丁$_3$丑	10	0
2 6	戊$_3$寅	9	1
2 7	己$_3$卯	9	1
2 8	庚$_3$辰	9	1
2 9	辛$_3$巳	8	2
2 10	壬$_3$午	8	2
2 11	癸$_3$未	8	2
2 12	甲$_3$申	7	3
2 13	乙$_3$酉	7	3
2 14	丙$_3$戌	7	3
2 15	丁$_3$亥	6	4
2 16	戊$_3$子	6	4
2 17	己$_2$丑	6	4
2 18	庚$_3$寅	5	5
2 19	辛$_3$卯	5	5
2 20	壬$_3$辰	5	5
2 21	癸$_3$巳	4	6
2 22	甲$_1$午	4	6
2 23	乙$_3$未	4	6
2 24	丙$_3$申	3	7
2 25	丁$_3$酉	3	7
2 26	戊$_3$戌	3	7
2 27	己$_3$亥	2	8
2 28	庚$_3$子	2	8
3 1	辛$_3$丑	2	8
3 2	壬$_3$寅	1	9
3 3	癸$_3$卯	1	9
3 4	甲$_1$辰	1	9
3 5	乙$_1$巳	0	10
3 6	丙$_1$午	0	10

月柱 丁卯	3月6日 7:07～4月5日12:04

生日	日柱	男	女
3 6	丙$_3$午	10	0
3 7	丁$_3$未	10	0
3 8	戊$_3$申	9	1
3 9	己$_3$酉	9	1
3 10	庚$_3$戌	9	1
3 11	辛$_3$亥	8	2
3 12	壬$_3$子	8	2
3 13	癸$_3$丑	8	2
3 14	甲$_3$寅	7	3
3 15	乙$_3$卯	7	3
3 16	丙$_3$辰	7	3
3 17	丁$_3$巳	6	4
3 18	戊$_3$午	6	4
3 19	己$_3$未	6	4
3 20	庚$_3$申	5	5
3 21	辛$_3$酉	5	5
3 22	壬$_3$戌	5	5
3 23	癸$_3$亥	4	6
3 24	甲$_1$子	4	6
3 25	乙$_3$丑	4	6
3 26	丙$_3$寅	3	7
3 27	丁$_3$卯	3	7
3 28	戊$_3$辰	3	7
3 29	己$_3$巳	2	8
3 30	庚$_3$午	2	8
3 31	辛$_3$未	2	8
4 1	壬$_3$申	1	9
4 2	癸$_3$酉	1	9
4 3	甲$_1$戌	1	9
4 4	乙$_1$亥	0	10
4 5	丙$_1$子	0	10

月柱 戊辰	4月5日12:05～5月6日 5:33

生日	日柱	男	女
4 5	丙$_2$子	10	0
4 6	丁$_1$丑	10	0
4 7	戊$_1$寅	10	1
4 8	己$_1$卯	9	1
4 9	庚$_2$辰	9	1
4 10	辛$_2$巳	9	2
4 11	壬$_3$午	8	2
4 12	癸$_3$未	8	2
4 13	甲$_3$申	7	3
4 14	乙$_3$酉	7	3
4 15	丙$_3$戌	7	3
4 16	丁$_3$亥	6	4
4 17	戊$_3$子	6	4
4 18	己$_3$丑	6	4
4 19	庚$_3$寅	5	5
4 20	辛$_2$卯	5	5
4 21	壬$_3$辰	5	5
4 22	癸$_3$巳	4	6
4 23	甲$_1$午	4	6
4 24	乙$_3$未	4	6
4 25	丙$_3$申	3	7
4 26	丁$_3$酉	3	7
4 27	戊$_1$戌	3	7
4 28	己$_1$亥	2	8
4 29	庚$_2$子	2	8
4 30	辛$_2$丑	2	8
5 1	壬$_3$寅	1	9
5 2	癸$_3$卯	1	9
5 3	甲$_1$辰	1	9
5 4	乙$_1$巳	1	10
5 5	丙$_1$午	0	10
5 6	丁$_2$未	0	10

月柱 己巳	5月6日 5:34～6月6日 9:51

生日	日柱	男	女
5 6	丁$_1$未	10	0
5 7	戊$_1$申	10	0
5 8	己$_1$酉	10	1
5 9	庚$_2$戌	9	1
5 10	辛$_3$亥	9	1
5 11	壬$_3$子	9	2
5 12	癸$_3$丑	8	2
5 13	甲$_3$寅	8	3
5 14	乙$_3$卯	8	3
5 15	丙$_3$辰	7	3
5 16	丁$_3$巳	7	3
5 17	戊$_1$午	7	4
5 18	己$_1$未	6	4
5 19	庚$_2$申	6	4
5 20	辛$_3$酉	6	5
5 21	壬$_3$戌	5	5
5 22	癸$_3$亥	5	5
5 23	甲$_1$子	5	6
5 24	乙$_3$丑	4	6
5 25	丙$_3$寅	4	6
5 26	丁$_3$卯	4	7
5 27	戊$_1$辰	3	7
5 28	己$_1$巳	3	7
5 29	庚$_2$午	3	8
5 30	辛$_2$未	2	8
5 31	壬$_3$申	2	8
6 1	癸$_3$酉	2	9
6 2	甲$_1$戌	1	9
6 3	乙$_1$亥	1	9
6 4	丙$_1$子	1	10
6 5	丁$_1$丑	0	10
6 6	戊$_2$寅	0	10

月柱 庚午	6月6日 9:52～7月7日20:12

生日	日柱	男	女
6 6	戊$_2$寅	10	0
6 7	己$_2$卯	10	0
6 8	庚$_2$辰	10	1
6 9	辛$_2$巳	9	1
6 10	壬$_2$午	9	1
6 11	癸$_2$未	9	2
6 12	甲$_2$申	8	2
6 13	乙$_2$酉	8	2
6 14	丙$_2$戌	8	3
6 15	丁$_2$亥	7	3
6 16	戊$_2$子	7	3
6 17	己$_1$丑	7	4
6 18	庚$_2$寅	6	4
6 19	辛$_2$卯	6	4
6 20	壬$_3$辰	6	4
6 21	癸$_3$巳	5	5
6 22	甲$_2$午	5	5
6 23	乙$_2$未	5	6
6 24	丙$_2$申	4	6
6 25	丁$_2$酉	4	6
6 26	戊$_2$戌	4	7
6 27	己$_1$亥	3	7
6 28	庚$_2$子	3	7
6 29	辛$_2$丑	3	8
6 30	壬$_3$寅	2	8
7 1	癸$_3$卯	2	8
7 2	甲$_2$辰	2	9
7 3	乙$_2$巳	1	9
7 4	丙$_1$午	1	9
7 5	丁$_1$未	1	10
7 6	戊$_2$申	0	10
7 7	己$_2$酉	0	10

月柱 辛未	7月7日20:13～8月8日 5:56

生日	日柱	男	女
7 7	己$_2$酉	11	0
7 8	庚$_2$戌	10	0
7 9	辛$_2$亥	10	1
7 10	壬$_2$子	10	1
7 11	癸$_2$丑	9	1
7 12	甲$_2$寅	9	2
7 13	乙$_2$卯	9	2
7 14	丙$_2$辰	8	2
7 15	丁$_2$巳	8	3
7 16	戊$_2$午	8	3
7 17	己$_1$未	7	3
7 18	庚$_2$申	7	4
7 19	辛$_2$酉	7	4
7 20	壬$_3$戌	6	4
7 21	癸$_2$亥	6	5
7 22	甲$_1$子	6	5
7 23	乙$_1$丑	5	5
7 24	丙$_2$寅	5	6
7 25	丁$_2$卯	5	6
7 26	戊$_1$辰	4	6
7 27	己$_1$巳	4	7
7 28	庚$_2$午	4	7
7 29	辛$_2$未	3	7
7 30	壬$_2$申	3	8
7 31	癸$_2$酉	3	8
8 1	甲$_2$戌	2	8
8 2	乙$_2$亥	2	9
8 3	丙$_2$子	2	9
8 4	丁$_1$丑	1	9
8 5	戊$_2$寅	1	10
8 6	己$_2$卯	1	10
8 7	庚$_1$辰	0	10
8 8	辛$_2$巳	0	11

歳	男	歳	女	歳	男	歳	女	歳	男	歳	女	歳	男	歳	女	歳	男	歳	女	歳	男	歳	女
0	丁卯	0	乙丑	0	戊辰	0	丙寅	0	己巳	0	丁卯	0	庚午	0	戊辰	0	辛未	0	己巳	0	壬申	0	庚午
10	戊辰	10	甲子	10	己巳	10	乙丑	10	庚午	10	丙寅	10	辛未	10	丁卯	10	壬申	10	戊辰	10	癸酉	10	己巳
20	己巳	20	癸亥	20	庚午	20	甲子	20	辛未	20	乙丑	20	壬申	20	丙寅	20	癸酉	20	丁卯	20	甲戌	20	戊辰
30	庚午	30	壬戌	30	辛未	30	癸亥	30	壬申	30	甲子	30	癸酉	30	乙丑	30	甲戌	30	丙寅	30	乙亥	30	丁卯
40	辛未	40	辛酉	40	壬申	40	壬戌	40	癸酉	40	癸亥	40	甲戌	40	甲子	40	乙亥	40	乙丑	40	丙子	40	丙寅
50	壬申	50	庚申	50	癸酉	50	辛酉	50	甲戌	50	壬戌	50	乙亥	50	癸亥	50	丙子	50	甲子	50	丁丑	50	乙丑
60	癸酉	60	己未	60	甲戌	60	庚申	60	乙亥	60	辛酉	60	丙子	60	壬戌	60	丁丑	60	癸亥	60	戊寅	60	甲子
70	甲戌	70	戊午	70	乙亥	70	己未	70	丙子	70	庚申	70	丁丑	70	辛酉	70	戊寅	70	壬戌	70	己卯	70	癸亥
80	乙亥	80	丁巳	80	丙子	80	戊午	80	丁丑	80	己未	80	戊寅	80	庚申	80	己卯	80	辛酉	80	庚辰	80	壬戌

～1975年（昭和50年）2月4日18時58分

月柱 壬申（8月8日 5:57～ 9月8日 8:44）

生日	日柱	男	女
8 8	辛2巳	10	0
8 9	壬1午	10	0
8 10	癸2未	10	1
8 11	甲1申	9	1
8 12	乙1酉	9	1
8 13	丙2戌	9	2
8 14	丁1亥	8	2
8 15	戊3子	8	2
8 16	己2丑	8	3
8 17	庚3寅	7	3
8 18	辛1卯	7	3
8 19	壬2辰	7	4
8 20	癸2巳	6	4
8 21	甲1午	6	4
8 22	乙2未	6	5
8 23	丙1申	5	5
8 24	丁2酉	5	5
8 25	戊3戌	5	6
8 26	己2亥	4	6
8 27	庚2子	4	6
8 28	辛1丑	4	7
8 29	壬2寅	3	7
8 30	癸1卯	3	7
8 31	甲2辰	3	8
9 1	乙2巳	2	8
9 2	丙1午	2	8
9 3	丁2未	2	9
9 4	戊3申	1	9
9 5	己3酉	1	9
9 6	庚1戌	1	10
9 7	辛2亥	0	10
9 8	壬1子	0	10

月柱 癸酉（9月8日 8:45～ 10月9日 0:14）

生日	日柱	男	女
9 8	壬1子	10	0
9 9	癸2丑	10	0
9 10	甲1寅	10	1
9 11	乙1卯	9	1
9 12	丙2辰	9	1
9 13	丁1巳	9	2
9 14	戊3午	8	2
9 15	己1未	8	2
9 16	庚1申	8	3
9 17	辛1酉	7	3
9 18	壬1戌	7	3
9 19	癸1亥	7	4
9 20	甲1子	6	4
9 21	乙1丑	6	4
9 22	丙1寅	6	5
9 23	丁1卯	5	5
9 24	戊3辰	5	5
9 25	己3巳	5	6
9 26	庚2午	4	6
9 27	辛1未	4	6
9 28	壬1申	4	7
9 29	癸1酉	3	7
9 30	甲1戌	3	7
10 1	乙1亥	3	8
10 2	丙2子	2	8
10 3	丁2丑	2	8
10 4	戊3寅	2	9
10 5	己3卯	1	9
10 6	庚1辰	1	9
10 7	辛1巳	1	10
10 8	壬2午	0	10
10 9	癸2未	0	10

月柱 甲戌（10月9日 0:15～ 11月8日 3:17）

生日	日柱	男	女
10 9	癸3未	10	0
10 10	甲1申	10	0
10 11	乙1酉	9	1
10 12	丙1戌	9	1
10 13	丁1亥	9	1
10 14	戊3子	8	2
10 15	己1丑	8	2
10 16	庚1寅	8	2
10 17	辛1卯	7	3
10 18	壬1辰	7	3
10 19	癸1巳	7	3
10 20	甲1午	6	4
10 21	乙1未	6	4
10 22	丙1申	6	5
10 23	丁1酉	5	5
10 24	戊2戌	5	5
10 25	己2亥	5	5
10 26	庚2子	4	6
10 27	辛1丑	4	6
10 28	壬1寅	4	7
10 29	癸1卯	3	7
10 30	甲1辰	3	7
10 31	乙1巳	3	8
11 1	丙1午	2	8
11 2	丁1未	2	8
11 3	戊3申	2	9
11 4	己2酉	1	9
11 5	庚1戌	1	9
11 6	辛1亥	1	9
11 7	壬1子	0	10
11 8	癸1丑	0	10

月柱 乙亥（11月8日 3:18～ 12月7日 20:04）

生日	日柱	男	女
11 8	癸2丑	10	0
11 9	甲1寅	9	0
11 10	乙1卯	9	1
11 11	丙1辰	9	1
11 12	丁1巳	8	1
11 13	戊3午	8	2
11 14	己1未	8	2
11 15	庚1申	7	2
11 16	辛1酉	7	3
11 17	壬1戌	7	3
11 18	癸1亥	6	3
11 19	甲1子	6	4
11 20	乙1丑	6	4
11 21	丙2寅	5	4
11 22	丁1卯	5	5
11 23	戊3辰	5	5
11 24	己3巳	4	5
11 25	庚3午	4	6
11 26	辛1未	4	6
11 27	壬1申	3	6
11 28	癸1酉	3	7
11 29	甲1戌	3	7
11 30	乙1亥	2	7
12 1	丙1子	2	8
12 2	丁1丑	2	8
12 3	戊3寅	1	8
12 4	己2卯	1	9
12 5	庚1辰	1	9
12 6	辛3巳	0	9
12 7	壬1午	0	10

月柱 丙子（12月7日 20:05～ 1月6日 7:17）

生日	日柱	男	女
12 7	壬2午	10	0
12 8	癸2未	10	0
12 9	甲1申	9	1
12 10	乙2酉	9	1
12 11	丙1戌	9	1
12 12	丁2亥	8	2
12 13	戊3子	8	2
12 14	己2丑	8	2
12 15	庚3寅	7	3
12 16	辛3卯	7	3
12 17	壬2辰	7	3
12 18	癸2巳	6	4
12 19	甲1午	6	4
12 20	乙2未	6	4
12 21	丙1申	5	5
12 22	丁2酉	5	5
12 23	戊3戌	5	5
12 24	己2亥	4	6
12 25	庚3子	4	6
12 26	辛1丑	4	6
12 27	壬1寅	3	7
12 28	癸2卯	3	7
12 29	甲1辰	3	7
12 30	乙2巳	2	8
12 31	丙1午	2	8
1 1	丁2未	1	8
1 2	戊3申	1	9
1 3	己3酉	1	9
1 4	庚1戌	1	9
1 5	辛3亥	0	10
1 6	壬1子	0	10

月柱 丁丑（1月6日 7:18～ 2月4日 18:58）

生日	日柱	男	女
1 6	壬2子	10	0
1 7	癸3丑	9	0
1 8	甲1寅	9	1
1 9	乙1卯	9	1
1 10	丙1辰	8	1
1 11	丁1巳	8	2
1 12	戊1午	8	2
1 13	己1未	7	2
1 14	庚1申	7	3
1 15	辛1酉	7	3
1 16	壬3戌	6	3
1 17	癸2亥	6	4
1 18	甲1子	5	4
1 19	乙1丑	5	4
1 20	丙1寅	5	5
1 21	丁1卯	4	5
1 22	戊1辰	4	5
1 23	己1巳	4	6
1 24	庚3午	4	6
1 25	辛1未	3	6
1 26	壬1申	3	7
1 27	癸2酉	3	7
1 28	甲2戌	2	7
1 29	乙1亥	2	8
1 30	丙1子	1	8
1 31	丁1丑	1	8

大運表

歳	男	歳	女	歳	男	歳	女	歳	男	歳	女	歳	男	歳	女	歳	男	歳	女	歳	男	歳	女
0	癸酉	0	辛未	0	甲戌	0	壬申	0	乙亥	0	癸酉	0	丙子	0	甲戌	0	丁丑	0	乙亥	0	戊寅	0	丙子
10	甲戌	10	庚午	10	乙亥	10	辛未	10	丙子	10	壬申	10	丁丑	10	癸酉	10	戊寅	10	甲戌	10	己卯	10	乙亥
20	乙亥	20	己巳	20	丙子	20	庚午	20	丁丑	20	辛未	20	戊寅	20	壬申	20	己卯	20	癸酉	20	庚辰	20	甲戌
30	丙子	30	戊辰	30	丁丑	30	己巳	30	戊寅	30	庚午	30	己卯	30	辛未	30	庚辰	30	壬申	30	辛巳	30	癸酉
40	丁丑	40	丁卯	40	戊寅	40	戊辰	40	己卯	40	己巳	40	庚辰	40	庚午	40	辛巳	40	辛未	40	壬午	40	壬申
50	戊寅	50	丙寅	50	己卯	50	丁卯	50	庚辰	50	戊辰	50	辛巳	50	己巳	50	壬午	50	庚午	50	癸未	50	辛未
60	己卯	60	乙丑	60	庚辰	60	丙寅	60	辛巳	60	丁卯	60	壬午	60	戊辰	60	癸未	60	己巳	60	甲申	60	庚午
70	庚辰	70	甲子	70	辛巳	70	乙丑	70	壬午	70	丙寅	70	癸未	70	丁卯	70	甲申	70	戊辰	70	乙酉	70	己巳
80	辛巳	80	癸亥	80	壬午	80	甲子	80	癸未	80	乙丑	80	甲申	80	丙寅	80	乙酉	80	丁卯	80	丙戌	80	戊辰

年柱 乙卯 — 1975年（昭和50年）2月4日18時59分～

月柱	期間
戊寅	2月4日18:59～3月6日13:00
己卯	3月6日13:01～4月5日18:01
庚辰	4月5日18:02～5月6日11:26
辛巳	5月6日11:27～6月6日15:41
壬午	6月6日15:42～7月8日 1:59
癸未	7月8日 2:00～8月8日11:44

月柱 戊寅（立運年齢 男／女）

生日	日柱	男	女
2 4	辛$_2$巳	0	10
2 5	壬$_2$午	0	10
2 6	癸$_3$未	1	9
2 7	甲$_1$申	1	9
2 8	乙$_1$酉	1	9
2 9	丙$_1$戌	2	8
2 10	丁$_1$亥	2	8
2 11	戊$_3$子	2	8
2 12	己$_2$丑	3	7
2 13	庚$_1$寅	3	7
2 14	辛$_1$卯	3	7
2 15	壬$_1$辰	4	6
2 16	癸$_1$巳	4	6
2 17	甲$_1$午	4	6
2 18	乙$_1$未	5	5
2 19	丙$_1$申	5	5
2 20	丁$_1$酉	5	5
2 21	戊$_2$戌	6	4
2 22	己$_3$亥	6	4
2 23	庚$_1$子	6	4
2 24	辛$_1$丑	7	4
2 25	壬$_1$寅	7	3
2 26	癸$_1$卯	7	3
2 27	甲$_1$辰	8	2
2 28	乙$_1$巳	8	2
3 1	丙$_1$午	8	2
3 2	丁$_1$未	9	1
3 3	戊$_3$申	9	1
3 4	己$_3$酉	9	1
3 5	庚$_2$戌	10	0
3 6	辛$_3$亥	10	0

月柱 己卯（立運年齢 男／女）

生日	日柱	男	女
3 6	辛$_2$亥	0	10
3 7	壬$_2$子	0	10
3 8	癸$_3$丑	1	9
3 9	甲$_1$寅	1	9
3 10	乙$_1$卯	1	9
3 11	丙$_1$辰	2	8
3 12	丁$_1$巳	2	8
3 13	戊$_3$午	2	8
3 14	己$_2$未	3	7
3 15	庚$_1$申	3	7
3 16	辛$_1$酉	3	7
3 17	壬$_1$戌	4	6
3 18	癸$_1$亥	4	6
3 19	甲$_1$子	4	6
3 20	乙$_1$丑	5	5
3 21	丙$_1$寅	5	5
3 22	丁$_1$卯	5	5
3 23	戊$_1$辰	6	4
3 24	己$_2$巳	6	4
3 25	庚$_1$午	6	4
3 26	辛$_1$未	7	3
3 27	壬$_1$申	7	3
3 28	癸$_1$酉	7	3
3 29	甲$_1$戌	8	2
3 30	乙$_1$亥	8	2
3 31	丙$_1$子	8	2
4 1	丁$_1$丑	9	1
4 2	戊$_3$寅	9	1
4 3	己$_3$卯	9	1
4 4	庚$_2$辰	10	0
4 5	辛$_3$巳	10	0

月柱 庚辰（立運年齢 男／女）

生日	日柱	男	女
4 5	辛$_2$巳	0	10
4 6	壬$_2$午	0	10
4 7	癸$_3$未	1	9
4 8	甲$_1$申	1	9
4 9	乙$_1$酉	1	9
4 10	丙$_1$戌	2	9
4 11	丁$_1$亥	2	8
4 12	戊$_2$子	2	8
4 13	己$_1$丑	3	8
4 14	庚$_1$寅	3	7
4 15	辛$_1$卯	3	7
4 16	壬$_3$辰	4	7
4 17	癸$_3$巳	4	6
4 18	甲$_1$午	4	6
4 19	乙$_1$未	5	6
4 20	丙$_1$申	5	5
4 21	丁$_1$酉	5	5
4 22	戊$_3$戌	6	5
4 23	己$_2$亥	6	4
4 24	庚$_1$子	6	4
4 25	辛$_1$丑	7	4
4 26	壬$_3$寅	7	3
4 27	癸$_3$卯	7	3
4 28	甲$_1$辰	8	3
4 29	乙$_1$巳	8	2
4 30	丙$_1$午	8	2
5 1	丁$_1$未	9	2
5 2	戊$_3$申	9	1
5 3	己$_3$酉	9	1
5 4	庚$_2$戌	10	1
5 5	辛$_3$亥	10	0
5 6	壬$_3$子	10	0

月柱 辛巳（立運年齢 男／女）

生日	日柱	男	女
5 6	壬$_2$子	0	10
5 7	癸$_3$丑	0	10
5 8	甲$_1$寅	1	10
5 9	乙$_1$卯	1	9
5 10	丙$_1$辰	1	9
5 11	丁$_1$巳	2	9
5 12	戊$_1$午	2	8
5 13	己$_1$未	2	8
5 14	庚$_2$申	3	8
5 15	辛$_1$酉	3	7
5 16	壬$_3$戌	3	7
5 17	癸$_3$亥	4	7
5 18	甲$_1$子	4	6
5 19	乙$_2$丑	4	6
5 20	丙$_1$寅	5	6
5 21	丁$_1$卯	5	5
5 22	戊$_1$辰	5	5
5 23	己$_1$巳	6	5
5 24	庚$_3$午	6	4
5 25	辛$_1$未	6	4
5 26	壬$_1$申	7	4
5 27	癸$_3$酉	7	3
5 28	甲$_1$戌	7	3
5 29	乙$_1$亥	8	3
5 30	丙$_1$子	8	2
5 31	丁$_1$丑	8	2
6 1	戊$_2$寅	9	2
6 2	己$_3$卯	9	1
6 3	庚$_1$辰	9	1
6 4	辛$_1$巳	10	1
6 5	壬$_3$午	10	0
6 6	癸$_3$未	10	0

月柱 壬午（立運年齢 男／女）

生日	日柱	男	女
6 6	癸$_3$未	0	11
6 7	甲$_1$申	0	10
6 8	乙$_1$酉	1	10
6 9	丙$_1$戌	1	10
6 10	丁$_1$亥	1	9
6 11	戊$_2$子	2	9
6 12	己$_1$丑	2	9
6 13	庚$_1$寅	2	8
6 14	辛$_1$卯	3	8
6 15	壬$_3$辰	3	8
6 16	癸$_3$巳	3	7
6 17	甲$_1$午	4	7
6 18	乙$_1$未	4	7
6 19	丙$_1$申	4	6
6 20	丁$_1$酉	5	6
6 21	戊$_3$戌	5	6
6 22	己$_2$亥	5	5
6 23	庚$_3$子	6	5
6 24	辛$_1$丑	6	4
6 25	壬$_3$寅	6	4
6 26	癸$_3$卯	7	4
6 27	甲$_1$辰	7	3
6 28	乙$_1$巳	7	3
6 29	丙$_1$午	8	3
6 30	丁$_1$未	8	3
7 1	戊$_2$申	8	2
7 2	己$_2$酉	9	2
7 3	庚$_3$戌	9	1
7 4	辛$_1$亥	9	1
7 5	壬$_2$子	10	1
7 6	癸$_3$丑	10	1
7 7	甲$_1$寅	10	0
7 8	乙$_1$卯	11	0

月柱 癸未（立運年齢 男／女）

生日	日柱	男	女
7 8	乙$_1$卯	0	10
7 9	丙$_1$辰	0	10
7 10	丁$_1$巳	1	10
7 11	戊$_1$午	1	9
7 12	己$_1$未	1	9
7 13	庚$_1$申	2	9
7 14	辛$_1$酉	2	8
7 15	壬$_1$戌	2	8
7 16	癸$_3$亥	3	8
7 17	甲$_1$子	3	7
7 18	乙$_1$丑	3	7
7 19	丙$_1$寅	4	7
7 20	丁$_1$卯	4	6
7 21	戊$_1$辰	4	6
7 22	己$_1$巳	5	6
7 23	庚$_1$午	5	5
7 24	辛$_1$未	5	5
7 25	壬$_1$申	6	5
7 26	癸$_3$酉	6	4
7 27	甲$_1$戌	6	4
7 28	乙$_1$亥	7	4
7 29	丙$_1$子	7	3
7 30	丁$_1$丑	7	3
7 31	戊$_2$寅	8	3
8 1	己$_2$卯	8	2
8 2	庚$_2$辰	8	2
8 3	辛$_1$巳	9	2
8 4	壬$_1$午	9	1
8 5	癸$_3$未	9	1
8 6	甲$_1$申	10	1
8 7	乙$_1$酉	10	0
8 8	丙$_1$戌	10	0

大運（歳 男／女）

歳	戊寅 男	己卯 男	庚辰 男	辛巳 男	壬午 男	癸未 男	歳	戊寅 女	己卯 女	庚辰 女	辛巳 女	壬午 女	癸未 女
0	丁丑	戊寅	己卯	庚辰	辛巳	壬午	0	己卯	庚辰	辛巳	壬午	癸未	甲申
10	丙子	丁丑	戊寅	己卯	庚辰	辛巳	10	庚辰	辛巳	壬午	癸未	甲申	乙酉
20	乙亥	丙子	丁丑	戊寅	己卯	庚辰	20	辛巳	壬午	癸未	甲申	乙酉	丙戌
30	甲戌	乙亥	丙子	丁丑	戊寅	己卯	30	壬午	癸未	甲申	乙酉	丙戌	丁亥
40	癸酉	甲戌	乙亥	丙子	丁丑	戊寅	40	癸未	甲申	乙酉	丙戌	丁亥	戊子
50	壬申	癸酉	甲戌	乙亥	丙子	丁丑	50	甲申	乙酉	丙戌	丁亥	戊子	己丑
60	辛未	壬申	癸酉	甲戌	乙亥	丙子	60	乙酉	丙戌	丁亥	戊子	己丑	庚寅
70	庚午	辛未	壬申	癸酉	甲戌	乙亥	70	丙戌	丁亥	戊子	己丑	庚寅	辛卯
80	己巳	庚午	辛未	壬申	癸酉	甲戌	80	丁亥	戊子	己丑	庚寅	辛卯	壬辰

～1976年（昭和51年）2月5日0時39分

月柱 甲申（8月8日11:45～9月8日14:32）

生日	日柱	男	女
8 8	丙1戌	0	10
8 9	丁1亥	0	10
8 10	戊3戌	1	10
8 11	己3丑	1	9
8 12	庚1寅	1	9
8 13	辛2卯	2	9
8 14	壬3辰	2	8
8 15	癸1巳	2	8
8 16	甲1午	3	8
8 17	乙1未	3	7
8 18	丙1申	3	7
8 19	丁1酉	4	7
8 20	戊3戌	4	6
8 21	己1亥	4	6
8 22	庚2子	5	6
8 23	辛1丑	5	5
8 24	壬1寅	5	5
8 25	癸3卯	6	5
8 26	甲1辰	6	4
8 27	乙1巳	6	4
8 28	丙1午	7	4
8 29	丁1未	7	3
8 30	戊3申	7	3
8 31	己3酉	8	3
9 1	庚3戌	8	2
9 2	辛2亥	8	2
9 3	壬2子	9	2
9 4	癸3丑	9	1
9 5	甲1寅	9	1
9 6	乙1卯	10	1
9 7	丙1辰	10	0
9 8	丁1巳	10	0

月柱 乙酉（9月8日14:33～10月9日6:01）

生日	日柱	男	女
9 8	丁1巳	0	10
9 9	戊3午	0	10
9 10	己3未	1	10
9 11	庚1申	1	9
9 12	辛1酉	1	9
9 13	壬3戌	2	9
9 14	癸3亥	2	8
9 15	甲1子	2	8
9 16	乙1丑	3	8
9 17	丙1寅	3	7
9 18	丁1卯	3	7
9 19	戊3辰	4	7
9 20	己3巳	4	6
9 21	庚2午	4	6
9 22	辛1未	5	6
9 23	壬2申	5	5
9 24	癸3酉	5	5
9 25	甲1戌	6	5
9 26	乙1亥	6	4
9 27	丙1子	6	4
9 28	丁1丑	7	4
9 29	戊3寅	7	3
9 30	己3卯	7	3
10 1	庚1辰	8	3
10 2	辛2巳	8	2
10 3	壬2午	8	2
10 4	癸3未	9	2
10 5	甲1申	9	1
10 6	乙1酉	9	1
10 7	丙1戌	10	1
10 8	丁1亥	10	0
10 9	戊3子	10	0

月柱 丙戌（10月9日6:02～11月8日9:02）

生日	日柱	男	女
10 9	戊1子	0	10
10 10	己1丑	0	10
10 11	庚1寅	1	9
10 12	辛1卯	1	9
10 13	壬1辰	1	9
10 14	癸2巳	2	8
10 15	甲1午	2	8
10 16	乙2未	2	7
10 17	丙1申	3	7
10 18	丁1酉	3	7
10 19	戊1戌	3	7
10 20	己2亥	4	6
10 21	庚2子	4	6
10 22	辛2丑	4	5
10 23	壬2寅	5	5
10 24	癸2卯	5	5
10 25	甲2辰	5	5
10 26	乙2巳	6	4
10 27	丙1午	6	4
10 28	丁1未	7	3
10 29	戊3申	7	3
10 30	己3酉	7	3
10 31	庚3戌	8	2
11 1	辛3亥	8	2
11 2	壬2子	8	2
11 3	癸2丑	8	2
11 4	甲2寅	9	1
11 5	乙2卯	9	1
11 6	丙2辰	9	1
11 7	丁2巳	10	0
11 8	戊3午	10	0

月柱 丁亥（11月8日9:03～12月8日1:45）

生日	日柱	男	女
11 8	戊2午	0	10
11 9	己2未	0	10
11 10	庚1申	1	9
11 11	辛1酉	1	9
11 12	壬1戌	1	9
11 13	癸2亥	2	8
11 14	甲1子	2	8
11 15	乙1丑	2	8
11 16	丙1寅	3	7
11 17	丁1卯	3	7
11 18	戊2辰	3	7
11 19	己2巳	4	6
11 20	庚2午	4	6
11 21	辛2未	4	6
11 22	壬1申	5	5
11 23	癸1酉	5	5
11 24	甲1戌	5	4
11 25	乙1亥	6	4
11 26	丙1子	6	4
11 27	丁1丑	7	3
11 28	戊2寅	7	3
11 29	己2卯	7	2
11 30	庚2辰	7	2
12 1	辛2巳	8	2
12 2	壬1午	8	2
12 3	癸1未	8	1
12 4	甲1申	9	1
12 5	乙1酉	9	1
12 6	丙1戌	9	1
12 7	丁1亥	10	0
12 8	戊3子	10	0

月柱 戊子（12月8日1:46～1月6日12:58）

生日	日柱	男	女
12 8	戊3子	0	10
12 9	己2丑	0	9
12 10	庚1寅	1	9
12 11	辛3卯	1	9
12 12	壬2辰	1	8
12 13	癸2巳	2	8
12 14	甲1午	2	8
12 15	乙1未	2	7
12 16	丙2申	3	7
12 17	丁2酉	3	7
12 18	戊2戌	3	6
12 19	己2亥	4	6
12 20	庚2子	4	6
12 21	辛2丑	4	5
12 22	壬2寅	5	5
12 23	癸2卯	5	5
12 24	甲1辰	5	4
12 25	乙1巳	6	4
12 26	丙1午	6	4
12 27	丁2未	6	4
12 28	戊2申	7	3
12 29	己2酉	7	2
12 30	庚2戌	7	2
12 31	辛2亥	8	2
1 1	壬1子	8	2
1 2	癸1丑	8	1
1 3	甲1寅	9	1
1 4	乙1卯	9	1
1 5	丙1辰	9	0
1 6	丁1巳	10	0

月柱 己丑（1月6日12:59～2月5日0:39）

生日	日柱	男	女
1 6	丁1巳	0	10
1 7	戊1午	0	10
1 8	己1未	1	9
1 9	庚1申	1	9
1 10	辛1酉	1	9
1 11	壬3戌	2	8
1 12	癸3亥	2	8
1 13	甲1子	2	8
1 14	乙1丑	3	7
1 15	丙1寅	3	7
1 16	丁1卯	3	7
1 17	戊1辰	4	6
1 18	己1巳	4	6
1 19	庚2午	4	6
1 20	辛1未	5	5
1 21	壬2申	5	5
1 22	癸2酉	5	5
1 23	甲2戌	6	4
1 24	乙1亥	6	4
1 25	丙1子	6	4
1 26	丁1丑	7	3
1 27	戊2寅	7	3
1 28	己2卯	7	3
1 29	庚1辰	8	2
1 30	辛2巳	8	2
1 31	壬1午	8	1
2 1	癸1未	9	1
2 2	甲2申	9	1
2 3	乙2酉	9	1
2 4	丙2戌	10	0
2 5	丁2亥	10	0

大運表

歳	甲申 男	甲申 女	乙酉 男	乙酉 女	丙戌 男	丙戌 女	丁亥 男	丁亥 女	戊子 男	戊子 女	己丑 男	己丑 女
0	癸未	乙酉	甲申	丙戌	乙酉	丁亥	丙戌	戊子	丁亥	己丑	戊子	庚寅
10	壬午	丙戌	癸未	丁亥	甲申	戊子	乙酉	己丑	丙戌	庚寅	丁亥	辛卯
20	辛巳	丁亥	壬午	戊子	癸未	己丑	甲申	庚寅	乙酉	辛卯	丙戌	壬辰
30	庚辰	戊子	辛巳	己丑	壬午	庚寅	癸未	辛卯	甲申	壬辰	乙酉	癸巳
40	己卯	己丑	庚辰	庚寅	辛巳	辛卯	壬午	壬辰	癸未	癸巳	甲申	甲午
50	戊寅	庚寅	己卯	辛卯	庚辰	壬辰	辛巳	癸巳	壬午	甲午	癸未	乙未
60	丁丑	辛卯	戊寅	壬辰	己卯	癸巳	庚辰	甲午	辛巳	乙未	壬午	丙申
70	丙子	壬辰	丁丑	癸巳	戊寅	甲午	己卯	乙未	庚辰	丙申	辛巳	丁酉
80	乙亥	癸巳	丙子	甲午	丁丑	乙未	戊寅	丙申	己卯	丁酉	庚辰	戊戌

年柱 丙辰 — 1976年（昭和51年）2月5日0時40分～

月柱 庚寅（2月5日 0:40～3月5日18:47）

生日	日柱	男	女
2 5	丁$_1$亥	10	0
2 6	戊$_2$子	9	0
2 7	己$_1$丑	9	1
2 8	庚$_2$寅	8	1
2 9	辛$_2$卯	8	1
2 10	壬$_3$辰	8	2
2 11	癸$_3$巳	8	2
2 12	甲$_2$午	7	2
2 13	乙$_1$未	7	3
2 14	丙$_2$申	7	3
2 15	丁$_1$酉	6	3
2 16	戊$_2$戌	6	4
2 17	己$_1$亥	6	4
2 18	庚$_2$子	5	4
2 19	辛$_1$丑	5	5
2 20	壬$_2$寅	5	5
2 21	癸$_3$卯	4	5
2 22	甲$_2$辰	4	6
2 23	乙$_2$巳	4	6
2 24	丙$_1$午	3	6
2 25	丁$_1$未	3	7
2 26	戊$_2$申	3	7
2 27	己$_2$酉	2	7
2 28	庚$_1$戌	2	8
2 29	辛$_2$亥	2	8
3 1	壬$_2$子	1	8
3 2	癸$_3$丑	1	9
3 3	甲$_1$寅	1	9
3 4	乙$_1$卯	0	9
3 5	丙$_2$辰	0	10

月柱 辛卯（3月5日18:48～4月4日23:46）

生日	日柱	男	女
3 5	丙$_1$辰	10	0
3 6	丁$_1$巳	10	0
3 7	戊$_1$午	9	1
3 8	己$_1$未	9	1
3 9	庚$_1$申	9	1
3 10	辛$_1$酉	8	2
3 11	壬$_3$戌	8	2
3 12	癸$_3$亥	8	2
3 13	甲$_1$子	7	3
3 14	乙$_1$丑	7	3
3 15	丙$_1$寅	7	3
3 16	丁$_1$卯	6	4
3 17	戊$_1$辰	6	4
3 18	己$_1$巳	6	4
3 19	庚$_1$午	5	5
3 20	辛$_1$未	5	5
3 21	壬$_1$申	5	5
3 22	癸$_1$酉	4	6
3 23	甲$_1$戌	4	6
3 24	乙$_1$亥	4	6
3 25	丙$_1$子	3	7
3 26	丁$_1$丑	3	7
3 27	戊$_1$寅	3	7
3 28	己$_1$卯	2	8
3 29	庚$_1$辰	2	8
3 30	辛$_3$巳	1	9
3 31	壬$_3$午	1	9
4 1	癸$_3$未	1	9
4 2	甲$_2$申	1	9
4 3	乙$_2$酉	0	10
4 4	丙$_2$戌	0	10

月柱 壬辰（4月4日23:47～5月5日17:14）

生日	日柱	男	女
4 4	丙$_3$戌	10	0
4 5	丁$_3$亥	10	0
4 6	戊$_1$子	10	1
4 7	己$_1$丑	9	1
4 8	庚$_1$寅	9	1
4 9	辛$_1$卯	9	2
4 10	壬$_1$辰	8	2
4 11	癸$_1$巳	8	2
4 12	甲$_1$午	8	3
4 13	乙$_1$未	7	3
4 14	丙$_1$申	7	3
4 15	丁$_1$酉	7	4
4 16	戊$_1$戌	6	4
4 17	己$_1$亥	6	4
4 18	庚$_1$子	6	5
4 19	辛$_1$丑	5	5
4 20	壬$_1$寅	5	5
4 21	癸$_1$卯	5	6
4 22	甲$_1$辰	4	6
4 23	乙$_1$巳	4	6
4 24	丙$_1$午	4	7
4 25	丁$_1$未	3	7
4 26	戊$_1$申	3	7
4 27	己$_1$酉	3	8
4 28	庚$_1$戌	2	8
4 29	辛$_1$亥	2	8
4 30	壬$_1$子	2	9
5 1	癸$_1$丑	1	9
5 2	甲$_1$寅	1	9
5 3	乙$_1$卯	1	10
5 4	丙$_3$辰	0	10
5 5	丁$_3$巳	0	10

月柱 癸巳（5月5日17:15～6月5日21:30）

生日	日柱	男	女
5 5	丁$_1$巳	10	0
5 6	戊$_1$午	10	0
5 7	己$_1$未	10	1
5 8	庚$_1$申	9	1
5 9	辛$_1$酉	9	1
5 10	壬$_3$戌	9	2
5 11	癸$_3$亥	8	2
5 12	甲$_1$子	8	3
5 13	乙$_1$丑	8	3
5 14	丙$_1$寅	7	3
5 15	丁$_1$卯	7	3
5 16	戊$_1$辰	7	4
5 17	己$_1$巳	7	4
5 18	庚$_3$午	7	4
5 19	辛$_1$未	6	4
5 20	壬$_1$申	6	5
5 21	癸$_1$酉	5	5
5 22	甲$_1$戌	5	6
5 23	乙$_1$亥	5	6
5 24	丙$_1$子	4	6
5 25	丁$_1$丑	4	7
5 26	戊$_1$寅	4	7
5 27	己$_1$卯	3	7
5 28	庚$_1$辰	3	8
5 29	辛$_1$巳	3	8
5 30	壬$_1$午	2	9
5 31	癸$_1$未	2	9
6 1	甲$_1$申	2	9
6 2	乙$_1$酉	1	9
6 3	丙$_1$戌	1	10
6 4	丁$_1$亥	0	10
6 5	戊$_1$子	0	10

月柱 甲午（6月5日21:31～7月7日 7:50）

生日	日柱	男	女
6 5	戊$_1$子	11	0
6 6	己$_1$丑	11	0
6 7	庚$_3$寅	10	1
6 8	辛$_1$卯	10	1
6 9	壬$_3$辰	9	1
6 10	癸$_3$巳	9	2
6 11	甲$_1$午	9	2
6 12	乙$_3$未	8	2
6 13	丙$_1$申	8	3
6 14	丁$_1$酉	8	3
6 15	戊$_1$戌	7	3
6 16	己$_1$亥	7	4
6 17	庚$_1$子	7	4
6 18	辛$_2$丑	7	4
6 19	壬$_1$寅	6	4
6 20	癸$_3$卯	6	5
6 21	甲$_3$辰	5	5
6 22	乙$_3$巳	5	6
6 23	丙$_1$午	5	6
6 24	丁$_1$未	4	6
6 25	戊$_1$申	4	7
6 26	己$_1$酉	4	7
6 27	庚$_1$戌	3	7
6 28	辛$_1$亥	3	8
6 29	壬$_1$子	3	8
6 30	癸$_1$丑	2	8
7 1	甲$_1$寅	2	9
7 2	乙$_1$卯	2	9
7 3	丙$_1$辰	1	9
7 4	丁$_1$巳	1	10
7 5	戊$_1$午	1	10
7 6	己$_1$未	0	10
7 7	庚$_1$申	0	11

月柱 乙未（7月7日 7:51～8月7日17:37）

生日	日柱	男	女
7 7	庚$_1$申	10	0
7 8	辛$_1$酉	10	0
7 9	壬$_3$戌	10	1
7 10	癸$_3$亥	9	1
7 11	甲$_1$子	9	1
7 12	乙$_1$丑	9	2
7 13	丙$_1$寅	8	2
7 14	丁$_1$卯	8	2
7 15	戊$_1$辰	8	3
7 16	己$_1$巳	7	3
7 17	庚$_1$午	7	3
7 18	辛$_1$未	7	4
7 20	癸$_3$酉	6	4
7 21	壬$_3$戌	6	5
7 22	乙$_3$亥	5	5
7 23	丙$_1$子	5	5
7 24	丁$_1$丑	5	6
7 25	戊$_1$寅	4	6
7 26	己$_1$卯	4	6
7 27	庚$_1$辰	4	7
7 28	辛$_1$巳	3	7
7 30	癸$_3$未	3	8
7 31	甲$_3$未	3	8
8 1	乙$_3$酉	2	8
8 2	丙$_1$戌	2	9
8 3	丁$_1$亥	1	9
8 4	戊$_1$子	1	9
8 5	己$_1$丑	1	10
8 6	庚$_1$寅	0	10
8 7	辛$_1$卯	0	10

大運

歳	男	歳	女	歳	男	歳	女	歳	男	歳	女	歳	男	歳	女	歳	男	歳	女	歳	男	歳	女
0	辛卯	0	己丑	0	壬辰	0	庚寅	0	癸巳	0	辛卯	0	甲午	0	壬辰	0	乙未	0	癸巳	0	丙申	0	甲午
10	壬辰	10	戊子	10	癸巳	10	己丑	10	甲午	10	庚寅	10	乙未	10	辛卯	10	丙申	10	壬辰	10	丁酉	10	癸巳
20	癸巳	20	丁亥	20	甲午	20	戊子	20	乙未	20	己丑	20	丙申	20	庚寅	20	丁酉	20	辛卯	20	戊戌	20	壬辰
30	甲午	30	丙戌	30	乙未	30	丁亥	30	丙申	30	戊子	30	丁酉	30	己丑	30	戊戌	30	庚寅	30	己亥	30	辛卯
40	乙未	40	乙酉	40	丙申	40	丙戌	40	丁酉	40	丁亥	40	戊戌	40	戊子	40	己亥	40	己丑	40	庚子	40	庚寅
50	丙申	50	甲申	50	丁酉	50	乙酉	50	戊戌	50	丙戌	50	己亥	50	丁亥	50	庚子	50	戊子	50	辛丑	50	己丑
60	丁酉	60	癸未	60	戊戌	60	甲申	60	己亥	60	乙酉	60	庚子	60	丙戌	60	辛丑	60	丁亥	60	壬寅	60	戊子
70	戊戌	70	壬午	70	己亥	70	癸未	70	庚子	70	甲申	70	辛丑	70	乙酉	70	壬寅	70	丙戌	70	癸卯	70	丁亥
80	己亥	80	辛巳	80	庚子	80	壬午	80	辛丑	80	癸未	80	壬寅	80	甲申	80	癸卯	80	乙酉	80	甲辰	80	丙戌

～1977年（昭和52年）2月4日6時33分

月柱 丙申 8月7日17:38～9月7日20:27				月柱 丁酉 9月7日20:28～10月8日11:57				月柱 戊戌 10月8日11:58～11月7日14:58				月柱 己亥 11月7日14:59～12月7日7:40				月柱 庚子 12月7日7:41～1月5日18:50				月柱 辛丑 1月5日18:51～2月4日6:33			
生日	日柱	男	女	生日	日柱	男	女	生日	日柱	男	女	生日	日柱	男	女	生日	日柱	男	女	生日	日柱	男	女
8/7	辛1卯	10	0	9/7	壬3戌	10	0	10/8	癸1巳	10	0	11/7	癸3亥	10	0	12/7	癸1巳	10	0	1/5	壬1戌	10	0
8/8	壬1辰	10	0	9/8	癸2亥	10	0	10/9	甲3午	10	0	11/8	甲2子	10	0	12/8	甲2午	9	0	1/6	癸1亥	10	0
8/9	癸3巳	10	1	9/9	甲3子	10	1	10/10	乙3未	9	1	11/9	乙3丑	9	1	12/9	乙3未	9	1	1/7	甲3子	9	1
8/10	甲3午	9	1	9/10	乙3丑	9	1	10/11	丙3申	9	1	11/10	丙3寅	9	1	12/10	丙3申	9	1	1/8	乙3丑	9	1
8/11	乙3未	9	1	9/11	丙1寅	9	1	10/12	丁3酉	9	1	11/11	丁3卯	9	1	12/11	丁3酉	8	1	1/9	丙2寅	9	1
8/12	丙2申	9	2	9/12	丁1卯	9	2	10/13	戊3戌	8	2	11/12	戊2辰	8	2	12/12	戊1戌	8	2	1/10	丁2卯	8	2
8/13	丁2酉	8	2	9/13	戊1辰	8	2	10/14	己1亥	8	2	11/13	己1巳	8	2	12/13	己3亥	8	2	1/11	戊1辰	8	2
8/14	戊1戌	8	2	9/14	己2巳	8	2	10/15	庚2子	8	2	11/14	庚2午	8	2	12/14	庚2子	7	2	1/12	己1巳	8	2
8/15	己1亥	8	3	9/15	庚3午	8	3	10/16	辛1丑	7	3	11/15	辛3未	7	3	12/15	辛3丑	7	3	1/13	庚2午	7	3
8/16	庚2子	7	3	9/16	辛1未	7	3	10/17	壬2寅	7	3	11/16	壬2申	7	3	12/16	壬2寅	7	3	1/14	辛3未	7	3
8/17	辛3丑	7	3	9/17	壬2申	7	3	10/18	癸3卯	7	3	11/17	癸3酉	7	3	12/17	癸3卯	6	3	1/15	壬3申	7	3
8/18	壬3寅	7	3	9/18	癸2酉	7	4	10/19	甲3辰	6	4	11/18	甲3戌	6	4	12/18	甲3辰	6	4	1/16	癸3酉	6	4
8/19	癸3卯	7	4	9/19	甲3戌	6	4	10/20	乙3巳	6	4	11/19	乙3亥	6	4	12/19	乙3巳	6	4	1/17	甲3戌	6	4
8/20	甲3辰	6	4	9/20	乙2亥	6	4	10/21	丙2午	6	4	11/20	丙3子	6	4	12/20	丙3午	5	4	1/18	乙3亥	6	4
8/21	乙3巳	6	5	9/21	丙2子	5	5	10/22	丁3未	5	5	11/21	丁2丑	5	5	12/21	丁3未	5	5	1/19	丙3子	5	5
8/22	丙1午	5	5	9/22	丁1丑	5	5	10/23	戊3申	5	5	11/22	戊3寅	5	5	12/22	戊2申	5	5	1/20	丁3丑	5	5
8/23	丁2未	5	5	9/23	戊1寅	5	5	10/24	己1酉	5	5	11/23	己3卯	5	5	12/23	己3酉	4	5	1/21	戊3寅	5	5
8/24	戊3申	5	6	9/24	己1卯	5	6	10/25	庚1戌	4	6	11/24	庚3辰	4	6	12/24	庚1戌	4	6	1/22	己1卯	5	6
8/25	己1酉	4	6	9/25	庚1辰	4	6	10/26	辛1亥	4	6	11/25	辛2巳	4	6	12/25	辛3亥	4	6	1/23	庚1辰	4	6
8/26	庚1戌	4	6	9/26	辛1巳	4	6	10/27	壬1子	4	6	11/26	壬2午	4	6	12/26	壬3子	3	6	1/24	辛1巳	4	6
8/27	辛2亥	4	7	9/27	壬3午	4	7	10/28	癸3丑	3	7	11/27	癸3未	3	7	12/27	癸3丑	3	7	1/25	壬2午	4	7
8/28	壬2子	3	7	9/28	癸2未	3	7	10/29	甲1寅	3	7	11/28	甲3申	3	7	12/28	甲3寅	3	7	1/26	癸2未	3	7
8/29	癸3丑	3	7	9/29	甲1申	3	7	10/30	乙3卯	3	7	11/29	乙3酉	3	7	12/29	乙3卯	2	7	1/27	甲3申	3	7
8/30	甲1寅	3	8	9/30	乙3酉	3	8	10/31	丙3辰	2	8	11/30	丙3戌	2	8	12/30	丙3辰	2	8	1/28	乙3酉	2	8
8/31	乙3卯	2	8	10/1	丙2戌	2	8	11/1	丁2巳	2	8	12/1	丁2亥	2	8	12/31	丁3巳	2	8	1/29	丙3戌	2	8
9/1	丙2辰	2	8	10/2	丁3亥	2	9	11/2	戊1午	2	9	12/2	戊3子	2	9	1/1	戊1午	1	9	1/30	丁3亥	2	8
9/2	丁1巳	2	9	10/3	戊1子	2	9	11/3	己1未	1	9	12/3	己3丑	1	9	1/2	己3未	1	9	1/31	戊1子	1	9
9/3	戊3午	1	9	10/4	己1丑	1	9	11/4	庚3申	1	9	12/4	庚3寅	1	9	1/3	庚3申	1	9	2/1	己1丑	1	9
9/4	己3未	1	9	10/5	庚2寅	1	9	11/5	辛3酉	1	9	12/5	辛3卯	1	9	1/4	辛3酉	0	10	2/2	庚2寅	1	9
9/5	庚1申	1	10	10/6	辛1卯	1	10	11/6	壬3戌	0	10	12/6	壬3辰	0	10	1/5	壬3戌	0	10	2/3	辛3卯	0	10
9/6	辛2酉	0	10	10/7	壬3辰	0	10	11/7	癸3亥	0	10	12/7	癸3巳	0	10					2/4	壬2辰	0	10
9/7	壬3戌	0	10	10/8	癸3巳	0	10																

歳	男	歳	女	歳	男	歳	女	歳	男	歳	女	歳	男	歳	女	歳	男	歳	女	歳	男	歳	女
0	丁酉	0	乙未	0	戊戌	0	丙申	0	己亥	0	丁酉	0	庚子	0	戊戌	0	辛丑	0	己亥	0	壬寅	0	庚子
10	戊戌	10	甲午	10	己亥	10	乙未	10	庚子	10	丙申	10	辛丑	10	丁酉	10	壬寅	10	戊戌	10	癸卯	10	己亥
20	己亥	20	癸巳	20	庚子	20	甲午	20	辛丑	20	乙未	20	壬寅	20	丙申	20	癸卯	20	丁酉	20	甲辰	20	戊戌
30	庚子	30	壬辰	30	辛丑	30	癸巳	30	壬寅	30	甲午	30	癸卯	30	乙未	30	甲辰	30	丙申	30	乙巳	30	丁酉
40	辛丑	40	辛卯	40	壬寅	40	壬辰	40	癸卯	40	癸巳	40	甲辰	40	甲午	40	乙巳	40	乙未	40	丙午	40	丙申
50	壬寅	50	庚寅	50	癸卯	50	辛卯	50	甲辰	50	壬辰	50	乙巳	50	癸巳	50	丙午	50	甲午	50	丁未	50	乙未
60	癸卯	60	己丑	60	甲辰	60	庚寅	60	乙巳	60	辛卯	60	丙午	60	壬辰	60	丁未	60	癸巳	60	戊申	60	甲午
70	甲辰	70	戊子	70	乙巳	70	己丑	70	丙午	70	庚寅	70	丁未	70	辛卯	70	戊申	70	壬辰	70	己酉	70	癸巳
80	乙巳	80	丁亥	80	丙午	80	戊子	80	丁未	80	己丑	80	戊申	80	庚寅	80	己酉	80	辛卯	80	庚戌	80	壬辰

年柱 丁巳 1977年（昭和52年）2月4日6時34分～

月柱 壬寅				月柱 癸卯				月柱 甲辰				月柱 乙巳				月柱 丙午				月柱 丁未			
2月4日 6:34～ 3月6日 0:43				3月6日 0:44～ 4月5日 5:41				4月5日 5:42～ 5月5日23:15				5月5日23:16～ 6月6日 3:31				6月6日 3:32～ 7月7日13:47				7月7日13:48～ 8月7日23:29			
生日	日柱	男	女	生日	日柱	男	女	生日	日柱	男	女	生日	日柱	男	女	生日	日柱	男	女	生日	日柱	男	女
2 4	壬₃辰	0	10	3 6	壬₃戌	0	10	4 5	壬₃辰	0	10	5 5	壬₃戌	0	11	6 6	甲₃午	0	10	7 7	乙₃丑	0	10
2 5	癸₃巳	0	10	3 7	癸₃亥	0	10	4 6	癸₃巳	0	10	5 6	癸₃亥	0	10	6 7	乙₁未	0	10	7 8	丙₁寅	0	10
2 6	甲₃午	1	9	3 8	甲₁子	1	9	4 7	甲₂午	1	9	5 7	甲₂子	1	10	6 8	丙₁申	1	10	7 9	丁₁卯	1	10
2 7	乙₁未	1	9	3 9	乙₁丑	1	9	4 8	乙₁未	1	9	5 8	乙₁丑	1	10	6 9	丁₁酉	1	9	7 10	戊₁辰	1	9
2 8	丙₁申	1	9	3 10	丙₁寅	1	9	4 9	丙₁申	1	9	5 9	丙₁寅	1	9	6 10	戊₁戌	1	9	7 11	己₁巳	1	9
2 9	丁₁酉	2	8	3 11	丁₁卯	2	8	4 10	丁₁酉	2	8	5 10	丁₁卯	2	9	6 11	己₂亥	2	9	7 12	庚₃午	2	9
2 10	戊₁戌	2	8	3 12	戊₁辰	2	8	4 11	戊₁戌	2	8	5 11	戊₁辰	2	8	6 12	庚₃子	2	8	7 13	辛₁未	2	8
2 11	己₂亥	2	8	3 13	己₂巳	2	8	4 12	己₂亥	2	8	5 12	己₂巳	2	8	6 13	辛₁丑	2	8	7 14	壬₃申	2	8
2 12	庚₁子	3	7	3 14	庚₃午	3	7	4 13	庚₃子	3	7	5 13	庚₃午	3	8	6 14	壬₃寅	3	8	7 15	癸₃酉	3	8
2 13	辛₁丑	3	7	3 15	辛₁未	3	7	4 14	辛₁丑	3	7	5 14	辛₁未	3	7	6 15	癸₃卯	3	7	7 16	甲₃戌	3	7
2 14	壬₃寅	3	7	3 16	壬₃申	3	7	4 15	壬₃寅	3	7	5 15	壬₃申	3	7	6 16	甲₃辰	3	7	7 17	乙₃亥	3	7
2 15	癸₃卯	4	6	3 17	癸₃酉	4	6	4 16	癸₃卯	4	6	5 16	癸₃酉	4	7	6 17	乙₃巳	4	7	7 18	丙₁子	4	7
2 16	甲₃辰	4	6	3 18	甲₃戌	4	6	4 17	甲₃辰	4	6	5 17	甲₃戌	4	6	6 18	丙₁午	4	6	7 19	丁₁丑	4	6
2 17	乙₃巳	4	6	3 19	乙₃亥	4	6	4 18	乙₃巳	4	6	5 18	乙₃亥	4	6	6 19	丁₁未	4	6	7 20	戊₁寅	4	6
2 18	丙₁午	5	5	3 20	丙₁子	5	5	4 19	丙₁午	5	5	5 19	丙₁子	5	6	6 20	戊₂申	5	6	7 21	己₁卯	5	6
2 19	丁₁未	5	5	3 21	丁₁丑	5	5	4 20	丁₁未	5	5	5 20	丁₁丑	5	5	6 21	己₂酉	5	5	7 22	庚₃辰	5	5
2 20	戊₂申	5	5	3 22	戊₂寅	5	5	4 21	戊₂申	5	5	5 21	戊₂寅	5	5	6 22	庚₃戌	5	5	7 23	辛₃巳	5	5
2 21	己₂酉	6	4	3 23	己₂卯	6	4	4 22	己₂酉	6	4	5 22	己₂卯	6	5	6 23	辛₃亥	6	5	7 24	壬₃午	6	5
2 22	庚₃戌	6	4	3 24	庚₃辰	6	4	4 23	庚₃戌	6	4	5 23	庚₃辰	6	4	6 24	壬₃子	6	4	7 25	癸₃未	6	4
2 23	辛₃亥	6	4	3 25	辛₃巳	6	4	4 24	辛₃亥	6	4	5 24	辛₃巳	6	4	6 25	癸₃丑	6	4	7 26	甲₃申	6	4
2 24	壬₃子	7	3	3 26	壬₃午	7	3	4 25	壬₃子	7	3	5 25	壬₃午	7	4	6 26	甲₃寅	7	4	7 27	乙₃酉	7	4
2 25	癸₃丑	7	3	3 27	癸₃未	7	3	4 26	癸₃丑	7	3	5 26	癸₃未	7	3	6 27	乙₃卯	7	3	7 28	丙₃戌	7	3
2 26	甲₃寅	7	3	3 28	甲₃申	7	3	4 27	甲₃寅	7	3	5 27	甲₃申	7	3	6 28	丙₁辰	7	3	7 29	丁₁亥	7	3
2 27	乙₃卯	8	2	3 29	乙₃酉	8	2	4 28	乙₃卯	8	2	5 28	乙₃酉	8	3	6 29	丁₁巳	8	3	7 30	戊₁子	8	3
2 28	丙₃辰	8	2	3 30	丙₃戌	8	2	4 29	丙₃辰	8	2	5 29	丙₃戌	8	2	6 30	戊₁午	8	2	7 31	己₁丑	8	2
3 1	丁₁巳	8	2	3 31	丁₃亥	8	2	4 30	丁₃巳	8	2	5 30	丁₃亥	8	2	7 1	己₁未	8	2	8 1	庚₃寅	8	2
3 2	戊₁午	9	1	4 1	戊₁子	9	1	5 1	戊₁午	9	1	5 31	戊₁子	9	2	7 2	庚₃申	9	2	8 2	辛₃卯	9	2
3 3	己₁未	9	1	4 2	己₁丑	9	1	5 2	己₁未	9	1	6 1	己₁丑	9	1	7 3	辛₃酉	9	1	8 3	壬₃辰	9	1
3 4	庚₃申	9	1	4 3	庚₃寅	9	1	5 3	庚₂申	9	1	6 2	庚₃寅	9	1	7 4	壬₃戌	9	1	8 4	癸₃巳	9	1
3 5	辛₃酉	10	0	4 4	辛₃卯	10	0	5 4	辛₂酉	10	0	6 3	辛₃卯	10	1	7 5	癸₃亥	10	1	8 5	甲₃午	10	1
3 6	壬₃戌	10	0	4 5	壬₃辰	10	0	5 5	壬₃戌	10	0	6 4	壬₃辰	10	0	7 6	甲₃子	10	0	8 6	乙₃未	10	0
												6 5	癸₃巳	10	0	7 7	乙₃丑	10	0	8 7	丙₃申	10	0
												6 6	甲₃午	11	0								

歳	男	歳	女	歳	男	歳	女	歳	男	歳	女	歳	男	歳	女	歳	男	歳	女	歳	男	歳	女
0	辛丑	0	癸卯	0	壬寅	0	甲辰	0	癸卯	0	乙巳	0	甲辰	0	丙午	0	乙巳	0	丁未	0	丙午	0	戊申
10	庚子	10	甲辰	10	辛丑	10	乙巳	10	壬寅	10	丙午	10	癸卯	10	丁未	10	甲辰	10	戊申	10	乙巳	10	己酉
20	己亥	20	乙巳	20	庚子	20	丙午	20	辛丑	20	丁未	20	壬寅	20	戊申	20	癸卯	20	己酉	20	甲辰	20	庚戌
30	戊戌	30	丙午	30	己亥	30	丁未	30	庚子	30	戊申	30	辛丑	30	己酉	30	壬寅	30	庚戌	30	癸卯	30	辛亥
40	丁酉	40	丁未	40	戊戌	40	戊申	40	己亥	40	己酉	40	庚子	40	庚戌	40	辛丑	40	辛亥	40	壬寅	40	壬子
50	丙申	50	戊申	50	丁酉	50	己酉	50	戊戌	50	庚戌	50	己亥	50	辛亥	50	庚子	50	壬子	50	辛丑	50	癸丑
60	乙未	60	己酉	60	丙申	60	庚戌	60	丁酉	60	辛亥	60	戊戌	60	壬子	60	己亥	60	癸丑	60	庚子	60	甲寅
70	甲午	70	庚戌	70	乙未	70	辛亥	70	丙申	70	壬子	70	丁酉	70	癸丑	70	戊戌	70	甲寅	70	己亥	70	乙卯
80	癸巳	80	辛亥	80	甲午	80	壬子	80	乙未	80	癸丑	80	丙申	80	甲寅	80	丁酉	80	乙卯	80	戊戌	80	丙辰

～1978年（昭和53年）2月4日12時26分

月柱 戊申（8月7日23:30～9月8日2:15）

生日	日柱	男	女
8 7	丙2申	0	11
8 8	丁2酉	0	10
8 9	戊2戌	1	10
8 10	己2亥	1	10
8 11	庚1子	1	9
8 12	辛1丑	2	9
8 13	壬2寅	2	9
8 14	癸2卯	2	8
8 15	甲3辰	3	8
8 16	乙3巳	3	8
8 17	丙2午	3	7
8 18	丁1未	4	7
8 19	戊1申	4	7
8 20	己1酉	4	6
8 21	庚1戌	5	6
8 22	辛1亥	5	6
8 23	壬1子	5	5
8 24	癸1丑	6	5
8 25	甲1寅	6	5
8 26	乙3卯	6	4
8 27	丙2辰	7	4
8 28	丁2巳	7	4
8 29	戊3午	7	3
8 30	己3未	8	3
8 31	庚3申	8	3
9 1	辛3酉	8	2
9 2	壬3戌	9	2
9 3	癸3亥	9	2
9 4	甲3子	9	1
9 5	乙3丑	10	1
9 6	丙2寅	10	1
9 7	丁3卯	10	0
9 8	戊3辰	11	0

月柱 己酉（9月8日2:16～10月8日17:43）

生日	日柱	男	女
9 8	戊1辰	0	10
9 9	己1巳	0	10
9 10	庚1午	1	9
9 11	辛1未	1	9
9 12	壬2申	1	9
9 13	癸2酉	2	8
9 14	甲3戌	2	8
9 15	乙3亥	2	8
9 16	丙2子	3	7
9 17	丁1丑	3	7
9 18	戊2寅	3	7
9 19	己1卯	4	6
9 20	庚1辰	4	6
9 21	辛1巳	4	6
9 22	壬3午	5	5
9 23	癸3未	5	5
9 24	甲1申	5	5
9 25	乙3酉	6	4
9 26	丙2戌	6	4
9 27	丁1亥	6	4
9 28	戊1子	7	3
9 29	己1丑	7	3
9 30	庚1寅	7	3
10 1	辛1卯	8	2
10 2	壬3辰	8	2
10 3	癸3巳	8	2
10 4	甲3午	9	1
10 5	乙3未	9	1
10 6	丙2申	9	1
10 7	丁2酉	10	0
10 8	戊1戌	10	0

月柱 庚戌（10月8日17:44～11月7日20:45）

生日	日柱	男	女
10 8	戊1戌	0	10
10 9	己1亥	0	10
10 10	庚1子	1	9
10 11	辛1丑	1	9
10 12	壬1寅	1	9
10 13	癸2卯	2	8
10 14	甲3辰	2	8
10 15	乙2巳	2	8
10 16	丙1午	3	7
10 17	丁1未	3	7
10 18	戊1申	3	7
10 19	己2酉	4	6
10 20	庚1戌	4	6
10 21	辛1亥	4	6
10 22	壬2子	5	5
10 23	癸1丑	5	5
10 24	甲3寅	5	5
10 25	乙3卯	6	4
10 26	丙1辰	6	4
10 27	丁1巳	6	4
10 28	戊1午	7	3
10 29	己1未	7	3
10 30	庚1申	7	3
10 31	辛1酉	8	2
11 1	壬3戌	8	2
11 2	癸3亥	8	2
11 3	甲3子	9	1
11 4	乙3丑	9	1
11 5	丙2寅	9	1
11 6	丁2卯	10	0
11 7	戊1辰	10	0

月柱 辛亥（11月7日20:46～12月7日13:30）

生日	日柱	男	女
11 7	戊1辰	0	10
11 8	己1巳	0	10
11 9	庚1午	1	9
11 10	辛1未	1	9
11 11	壬1申	1	9
11 12	癸2酉	2	8
11 13	甲3戌	2	8
11 14	乙2亥	2	8
11 15	丙1子	3	7
11 16	丁1丑	3	7
11 17	戊1寅	3	7
11 18	己2卯	4	6
11 19	庚1辰	4	6
11 20	辛1巳	4	6
11 21	壬1午	5	5
11 22	癸1未	5	5
11 23	甲1申	5	5
11 24	乙3酉	6	4
11 25	丙1戌	6	4
11 26	丁1亥	6	4
11 27	戊1子	7	3
11 28	己1丑	7	3
11 29	庚1寅	7	3
11 30	辛1卯	8	2
12 1	壬3辰	8	2
12 2	癸1巳	8	2
12 3	甲3午	9	1
12 4	乙3未	9	1
12 5	丙2申	9	1
12 6	丁2酉	10	0
12 7	戊1戌	10	0

月柱 壬子（12月7日13:31～1月6日0:43）

生日	日柱	男	女
12 7	戊1戌	0	10
12 8	己1亥	0	10
12 9	庚3子	1	9
12 10	辛1丑	1	9
12 11	壬1寅	1	9
12 12	癸1卯	2	8
12 13	甲3辰	2	8
12 14	乙2巳	2	8
12 15	丙1午	3	7
12 16	丁1未	3	7
12 17	戊2申	3	7
12 18	己2酉	4	6
12 19	庚1戌	4	6
12 20	辛1亥	4	6
12 21	壬1子	5	5
12 22	癸1丑	5	5
12 23	甲1寅	5	5
12 24	乙3卯	6	4
12 25	丙2辰	6	4
12 26	丁1巳	6	4
12 27	戊1午	7	3
12 28	己1未	7	3
12 29	庚1申	7	3
12 30	辛1酉	8	2
12 31	壬1戌	8	2
1 1	癸1亥	8	2
1 2	甲1子	9	1
1 3	乙3丑	9	1
1 4	丙2寅	9	1
1 5	丁2卯	10	0
1 6	戊1辰	10	0

月柱 癸丑（1月6日0:44～2月4日12:26）

生日	日柱	男	女
1 6	戊1辰	0	10
1 7	己1巳	0	9
1 8	庚3午	1	9
1 9	辛2未	1	9
1 10	壬1申	1	8
1 11	癸1酉	2	8
1 12	甲3戌	2	8
1 13	乙2亥	2	7
1 14	丙2子	3	7
1 15	丁1丑	3	7
1 16	戊2寅	3	6
1 17	己1卯	4	6
1 18	庚1辰	4	6
1 19	辛3巳	4	5
1 20	壬2午	5	5
1 21	癸2未	5	5
1 22	甲1申	5	4
1 23	乙3酉	6	4
1 24	丙2戌	6	4
1 25	丁1亥	6	3
1 26	戊1子	7	3
1 27	己1丑	7	3
1 28	庚1寅	7	2
1 29	辛3卯	8	2
1 30	壬1辰	8	2
1 31	癸2巳	8	1
2 1	甲1午	9	1
2 2	乙3未	9	1
2 3	丙2申	9	0
2 4	丁2酉	10	0

大運

歳	戊申 男	戊申 女	己酉 男	己酉 女	庚戌 男	庚戌 女	辛亥 男	辛亥 女	壬子 男	壬子 女	癸丑 男	癸丑 女
0	丁未	己酉	戊申	庚戌	己酉	辛亥	庚戌	壬子	辛亥	癸丑	壬子	甲寅
10	丙午	庚戌	丁未	辛亥	戊申	壬子	己酉	癸丑	庚戌	甲寅	辛亥	乙卯
20	乙巳	辛亥	丙午	壬子	丁未	癸丑	戊申	甲寅	己酉	乙卯	庚戌	丙辰
30	甲辰	壬子	乙巳	癸丑	丙午	甲寅	丁未	乙卯	戊申	丙辰	己酉	丁巳
40	癸卯	癸丑	甲辰	甲寅	乙巳	乙卯	丙午	丙辰	丁未	丁巳	戊申	戊午
50	壬寅	甲寅	癸卯	乙卯	甲辰	丙辰	乙巳	丁巳	丙午	戊午	丁未	己未
60	辛丑	乙卯	壬寅	丙辰	癸卯	丁巳	甲辰	戊午	乙巳	己未	丙午	庚申
70	庚子	丙辰	辛丑	丁巳	壬寅	戊午	癸卯	己未	甲辰	庚申	乙巳	辛酉
80	己亥	丁巳	庚子	戊午	辛丑	己未	壬寅	庚申	癸卯	辛酉	甲辰	壬戌

年柱 戊午 1978年（昭和53年）2月4日12時27分～

月柱ごとの期間：

- 甲寅：2月4日12:27～3月6日6:37
- 乙卯：3月6日6:38～4月5日11:38
- 丙辰：4月5日11:39～5月6日5:08
- 丁巳：5月6日5:09～6月6日9:22
- 戊午：6月6日9:23～7月7日19:36
- 己未：7月7日19:37～8月8日5:17

月柱 甲寅

生日	日柱	男	女
2/4	丁2酉	10	0
2/5	戊1戌	10	0
2/6	己2亥	9	1
2/7	庚3子	9	1
2/8	辛1丑	9	1
2/9	壬3寅	8	2
2/10	癸3卯	8	2
2/11	甲1辰	8	2
2/12	乙1巳	7	3
2/13	丙1午	7	3
2/14	丁1未	7	3
2/15	戊1申	6	4
2/16	己1酉	6	4
2/17	庚2戌	6	4
2/18	辛3亥	5	5
2/19	壬1子	5	5
2/20	癸3丑	5	5
2/21	甲1寅	4	6
2/22	乙1卯	4	6
2/23	丙1辰	4	6
2/24	丁1巳	3	7
2/25	戊1午	3	7
2/26	己1未	3	7
2/27	庚2申	2	8
2/28	辛1酉	2	8
3/1	壬3戌	2	8
3/2	癸3亥	1	9
3/3	甲1子	1	9
3/4	乙1丑	1	9
3/5	丙1寅	0	10
3/6	丁1卯	0	10

月柱 乙卯

生日	日柱	男	女
3/6	丁2卯	10	0
3/7	戊1辰	10	0
3/8	己2巳	9	1
3/9	庚3午	9	1
3/10	辛1未	9	1
3/11	壬3申	8	2
3/12	癸3酉	8	2
3/13	甲1戌	8	2
3/14	乙1亥	7	3
3/15	丙1子	7	3
3/16	丁1丑	7	3
3/17	戊1寅	6	4
3/18	己1卯	6	4
3/19	庚2辰	6	4
3/20	辛3巳	5	5
3/21	壬1午	5	5
3/22	癸3未	5	5
3/23	甲1申	4	6
3/24	乙1酉	4	6
3/25	丙1戌	4	6
3/26	丁1亥	3	7
3/27	戊1子	3	7
3/28	己1丑	3	7
3/29	庚2寅	2	8
3/30	辛1卯	2	8
3/31	壬3辰	2	8
4/1	癸3巳	1	9
4/2	甲1午	1	9
4/3	乙1未	1	9
4/4	丙1申	0	10
4/5	丁1酉	0	10

月柱 丙辰

生日	日柱	男	女
4/5	丁2酉	10	0
4/6	戊1戌	10	0
4/7	己2亥	10	1
4/8	庚3子	9	1
4/9	辛1丑	9	1
4/10	壬3寅	8	2
4/11	癸3卯	8	2
4/12	甲1辰	8	2
4/13	乙2巳	8	3
4/14	丙1午	7	3
4/15	丁2未	7	3
4/16	戊1申	7	4
4/17	己1酉	6	4
4/18	庚1戌	6	4
4/19	辛1亥	6	5
4/20	壬3子	5	5
4/21	癸1丑	5	5
4/22	甲2寅	5	6
4/23	乙2卯	4	6
4/24	丙2辰	4	6
4/25	丁2巳	4	7
4/26	戊1午	3	7
4/27	己2未	3	7
4/28	庚1申	3	8
4/29	辛1酉	2	8
4/30	壬3戌	2	8
5/1	癸3亥	2	8
5/2	甲2子	1	9
5/3	乙1丑	1	9
5/4	丙2寅	1	10
5/5	丁2卯	0	10
5/6	戊1辰	0	10

月柱 丁巳

生日	日柱	男	女
5/6	戊1辰	10	0
5/7	己2巳	10	0
5/8	庚3午	10	1
5/9	辛2未	9	1
5/10	壬3申	9	1
5/11	癸3酉	9	2
5/12	甲2戌	8	2
5/13	乙3亥	8	2
5/14	丙3子	8	3
5/15	丁3丑	7	3
5/16	戊1寅	7	3
5/17	己1卯	7	4
5/18	庚1辰	6	4
5/19	辛3巳	6	4
5/20	壬3午	6	4
5/21	癸3未	5	5
5/22	甲3申	5	5
5/23	乙3酉	5	6
5/24	丙1戌	4	6
5/25	丁2亥	4	6
5/26	戊1子	4	7
5/27	己1丑	3	7
5/28	庚1寅	3	7
5/29	辛1卯	3	8
5/30	壬1辰	2	8
5/31	癸3巳	2	8
6/1	甲3午	2	9
6/2	乙3未	1	9
6/3	丙1申	1	9
6/4	丁1酉	1	10
6/5	戊1戌	0	10
6/6	己1亥	0	10

月柱 戊午

生日	日柱	男	女
6/6	己2亥	10	0
6/7	庚3子	10	0
6/8	辛1丑	10	1
6/9	壬3寅	9	1
6/10	癸3卯	9	1
6/11	甲3辰	9	2
6/12	乙3巳	8	2
6/13	丙1午	8	2
6/14	丁1未	8	3
6/15	戊1申	7	3
6/16	己1酉	7	3
6/17	庚1戌	7	4
6/18	辛1亥	6	4
6/19	壬1子	6	4
6/20	癸3丑	6	5
6/21	甲3寅	5	5
6/22	乙3卯	5	5
6/23	丙1辰	5	6
6/24	丁1巳	4	6
6/25	戊1午	4	6
6/26	己1未	4	7
6/27	庚1申	3	7
6/28	辛1酉	3	7
6/29	壬3戌	3	8
6/30	癸3亥	2	8
7/1	甲3子	2	8
7/2	乙3丑	2	9
7/3	丙1寅	1	9
7/4	丁1卯	1	9
7/5	戊1辰	1	10
7/6	己1巳	0	10
7/7	庚2午	0	10

月柱 己未

生日	日柱	男	女
7/7	庚2午	11	0
7/8	辛1未	10	0
7/9	壬3申	10	1
7/10	癸3酉	10	1
7/11	甲3戌	9	1
7/12	乙3亥	9	2
7/13	丙2子	9	2
7/14	丁2丑	8	2
7/15	戊1寅	8	3
7/16	己1卯	8	3
7/17	庚3辰	7	3
7/18	辛1巳	7	4
7/19	壬3午	7	4
7/20	癸3未	6	4
7/21	甲3申	6	5
7/22	乙3酉	6	5
7/23	丙1戌	5	5
7/24	丁2亥	5	6
7/25	戊1子	5	6
7/26	己1丑	4	6
7/27	庚2寅	4	7
7/28	辛1卯	4	7
7/29	壬3辰	3	7
7/30	癸3巳	3	8
7/31	甲3午	3	8
8/1	乙2未	2	8
8/2	丙1申	2	9
8/3	丁2酉	2	9
8/4	戊1戌	1	9
8/5	己1亥	1	10
8/6	庚2子	1	10
8/7	辛1丑	0	10
8/8	壬1寅	0	11

大運

歳	甲寅 男	甲寅 女	乙卯 男	乙卯 女	丙辰 男	丙辰 女	丁巳 男	丁巳 女	戊午 男	戊午 女	己未 男	己未 女
0	乙卯	癸丑	丙辰	甲寅	丁巳	乙卯	戊午	丙辰	己未	丁巳	庚申	戊午
10	丙辰	壬子	丁巳	癸丑	戊午	甲寅	己未	乙卯	庚申	丙辰	辛酉	丁巳
20	丁巳	辛亥	戊午	壬子	己未	癸丑	庚申	甲寅	辛酉	乙卯	壬戌	丙辰
30	戊午	庚戌	己未	辛亥	庚申	壬子	辛酉	癸丑	壬戌	甲寅	癸亥	乙卯
40	己未	己酉	庚申	庚戌	辛酉	辛亥	壬戌	壬子	癸亥	癸丑	甲子	甲寅
50	庚申	戊申	辛酉	己酉	壬戌	庚戌	癸亥	辛亥	甲子	壬子	乙丑	癸丑
60	辛酉	丁未	壬戌	戊申	癸亥	己酉	甲子	庚戌	乙丑	辛亥	丙寅	壬子
70	壬戌	丙午	癸亥	丁未	甲子	戊申	乙丑	己酉	丙寅	庚戌	丁卯	辛亥
80	癸亥	乙巳	甲子	丙午	乙丑	丁未	丙寅	戊申	丁卯	己酉	戊辰	庚戌

～1979年（昭和54年）2月4日18時12分

月柱 庚申 8月8日 5:18～ 9月8日 8:02				月柱 辛酉 9月8日 8:03～ 10月8日 23:30				月柱 壬戌 10月8日 23:31～ 11月8日 2:33				月柱 癸亥 11月8日 2:34～ 12月7日 19:19				月柱 甲子 12月7日 19:20～ 1月6日 6:31				月柱 乙丑 1月6日 6:32～ 2月4日 18:12			
生日	日柱	男	女	生日	日柱	男	女	生日	日柱	男	女	生日	日柱	男	女	生日	日柱	男	女	生日	日柱	男	女
8 8	壬寅$_2$	10	0	9 8	癸酉$_2$	10	0	10 8	癸卯$_2$	10	0	11 8	甲戌$_2$	10	0	12 7	癸卯$_2$	10	0	1 6	癸酉$_2$	10	0
8 9	癸卯$_2$	10	0	9 9	甲戌$_3$	10	0	10 9	甲辰$_3$	10	0	11 9	乙亥$_2$	9	0	12 8	甲辰$_2$	10	0	1 7	甲戌$_2$	9	0
8 10	甲辰$_3$	10	1	9 10	乙亥$_3$	9	1	10 10	乙巳$_3$	10	1	11 10	丙子$_2$	9	1	12 9	乙巳$_2$	9	1	1 8	乙亥$_2$	9	1
8 11	乙巳$_2$	9	1	9 11	丙子$_3$	9	1	10 11	丙午$_2$	9	1	11 11	丁丑$_2$	8	1	12 10	丙午$_1$	9	1	1 9	丙子$_2$	8	1
8 12	丙午$_2$	9	1	9 12	丁丑$_3$	8	2	10 12	丁未$_2$	9	2	11 12	戊寅$_2$	8	2	12 11	丁未$_1$	9	1	1 10	丁丑$_2$	8	1
8 13	丁未$_2$	9	2	9 13	戊寅$_2$	8	2	10 13	戊申$_2$	9	2	11 13	己卯$_2$	8	2	12 12	戊申$_2$	8	2	1 11	戊寅$_1$	8	2
8 14	戊申$_2$	8	2	9 14	己卯$_2$	8	2	10 14	己酉$_2$	8	2	11 14	庚辰$_2$	8	2	12 13	己酉$_2$	8	2	1 12	己卯$_1$	8	2
8 15	己酉$_2$	8	2	9 15	庚辰$_2$	8	2	10 15	庚戌$_2$	8	2	11 15	辛巳$_2$	7	2	12 14	庚戌$_2$	8	2	1 13	庚辰$_2$	7	2
8 16	庚戌$_1$	8	3	9 16	辛巳$_2$	7	3	10 16	辛亥$_2$	8	3	11 16	壬午$_1$	7	2	12 15	辛亥$_3$	7	3	1 14	辛巳$_2$	7	3
8 17	辛亥$_1$	7	3	9 17	壬午$_2$	7	3	10 17	壬子$_2$	7	3	11 17	癸未$_1$	7	3	12 16	壬子$_1$	7	3	1 15	壬午$_2$	7	3
8 18	壬子$_1$	7	3	9 18	癸未$_2$	7	3	10 18	癸丑$_2$	7	3	11 18	甲申$_1$	6	3	12 17	癸丑$_2$	7	3	1 16	癸未$_2$	6	3
8 19	癸丑$_2$	7	4	9 19	甲申$_3$	6	4	10 19	甲寅$_3$	7	4	11 19	乙酉$_2$	6	4	12 18	甲寅$_1$	6	4	1 17	甲申$_2$	6	4
8 20	甲寅$_3$	6	4	9 20	乙酉$_3$	6	4	10 20	乙卯$_2$	6	4	11 20	丙戌$_3$	6	4	12 19	乙卯$_2$	6	4	1 18	乙酉$_2$	6	4
8 21	乙卯$_2$	6	4	9 21	丙戌$_3$	6	4	10 21	丙辰$_3$	6	4	11 21	丁亥$_2$	5	4	12 20	丙辰$_2$	6	4	1 19	丙戌$_2$	5	4
8 22	丙辰$_3$	6	5	9 22	丁亥$_2$	5	4	10 22	丁巳$_2$	6	5	11 22	戊子$_2$	5	5	12 21	丁巳$_1$	5	5	1 20	丁亥$_2$	5	5
8 23	丁巳$_2$	5	5	9 23	戊子$_2$	5	5	10 23	戊午$_1$	5	5	11 23	己丑$_2$	5	5	12 22	戊午$_1$	5	5	1 21	戊子$_2$	5	5
8 24	戊午$_1$	5	5	9 24	己丑$_1$	5	5	10 24	己未$_1$	5	5	11 24	庚寅$_2$	5	5	12 23	己未$_1$	5	5	1 22	己丑$_1$	4	5
8 25	己未$_2$	5	6	9 25	庚寅$_1$	4	6	10 25	庚申$_1$	5	6	11 25	辛卯$_2$	4	5	12 24	庚申$_1$	5	6	1 23	庚寅$_2$	4	6
8 26	庚申$_1$	4	6	9 26	辛卯$_1$	4	6	10 26	辛酉$_1$	4	6	11 26	壬辰$_2$	4	5	12 25	辛酉$_1$	4	6	1 24	辛卯$_2$	4	6
8 27	辛酉$_1$	4	6	9 27	壬辰$_2$	4	6	10 27	壬戌$_2$	4	6	11 27	癸巳$_1$	3	6	12 26	壬戌$_2$	4	6	1 25	壬辰$_2$	3	6
8 28	壬戌$_2$	4	7	9 28	癸巳$_2$	3	7	10 28	癸亥$_2$	4	7	11 28	甲午$_2$	3	7	12 27	癸亥$_2$	3	7	1 26	癸巳$_2$	3	7
8 29	癸亥$_2$	3	7	9 29	甲午$_3$	3	7	10 29	甲子$_2$	3	7	11 29	乙未$_2$	3	7	12 28	甲子$_2$	3	7	1 27	甲午$_2$	2	7
8 30	甲子$_2$	3	7	9 30	乙未$_3$	2	7	10 30	乙丑$_3$	3	7	11 30	丙申$_1$	2	7	12 29	乙丑$_2$	3	7	1 28	乙未$_2$	2	7
8 31	乙丑$_3$	3	8	10 1	丙申$_2$	2	8	10 31	丙寅$_3$	3	8	12 1	丁酉$_1$	2	8	12 30	丙寅$_1$	2	8	1 29	丙申$_2$	2	8
9 1	丙寅$_2$	2	8	10 2	丁酉$_2$	2	8	11 1	丁卯$_2$	2	8	12 2	戊戌$_1$	2	8	12 31	丁卯$_1$	2	8	1 30	丁酉$_2$	2	8
9 2	丁卯$_2$	2	8	10 3	戊戌$_1$	1	9	11 2	戊辰$_1$	2	8	12 3	己亥$_1$	1	8	1 1	戊辰$_1$	2	8	1 31	戊戌$_1$	1	8
9 3	戊辰$_1$	2	9	10 4	己亥$_2$	1	9	11 3	己巳$_1$	2	9	12 4	庚子$_3$	1	9	1 2	己巳$_1$	1	9	2 1	己亥$_1$	1	9
9 4	己巳$_1$	1	9	10 5	庚子$_1$	1	9	11 4	庚午$_1$	1	9	12 5	辛丑$_2$	1	9	1 3	庚午$_3$	1	9	2 2	庚子$_2$	1	9
9 5	庚午$_1$	1	9	10 6	辛丑$_1$	1	9	11 5	辛未$_1$	1	9	12 6	壬寅$_1$	1	9	1 4	辛未$_2$	1	9	2 3	辛丑$_1$	0	9
9 6	辛未$_1$	1	10	10 7	壬寅$_1$	0	10	11 6	壬申$_1$	1	10	12 7	癸卯$_1$	0	10	1 5	壬申$_1$	0	10	2 4	壬寅$_3$	0	10
9 7	壬申$_1$	0	10	10 8	癸卯$_1$	0	10	11 7	癸酉$_1$	0	10					1 6	癸酉$_1$	0	10				
9 8	癸酉$_1$	0	10					11 8	甲戌$_3$	0	10												

歳	男	歳	女	歳	男	歳	女	歳	男	歳	女	歳	男	歳	女	歳	男	歳	女	歳	男	歳	女
0	辛酉	0	己未	0	壬戌	0	庚申	0	癸亥	0	辛酉	0	甲子	0	壬戌	0	乙丑	0	癸亥	0	丙寅	0	甲子
10	壬戌	10	戊午	10	癸亥	10	己未	10	甲子	10	庚申	10	乙丑	10	辛酉	10	丙寅	10	壬戌	10	丁卯	10	癸亥
20	癸亥	20	丁巳	20	甲子	20	戊午	20	乙丑	20	己未	20	丙寅	20	庚申	20	丁卯	20	辛酉	20	戊辰	20	壬戌
30	甲子	30	丙辰	30	乙丑	30	丁巳	30	丙寅	30	戊午	30	丁卯	30	己未	30	戊辰	30	庚申	30	己巳	30	辛酉
40	乙丑	40	乙卯	40	丙寅	40	丙辰	40	丁卯	40	丁巳	40	戊辰	40	戊午	40	己巳	40	己未	40	庚午	40	庚申
50	丙寅	50	甲寅	50	丁卯	50	乙卯	50	戊辰	50	丙辰	50	己巳	50	丁巳	50	庚午	50	戊午	50	辛未	50	己未
60	丁卯	60	癸丑	60	戊辰	60	甲寅	60	己巳	60	乙卯	60	庚午	60	丙辰	60	辛未	60	丁巳	60	壬申	60	戊午
70	戊辰	70	壬子	70	己巳	70	癸丑	70	庚午	70	甲寅	70	辛未	70	乙卯	70	壬申	70	丙辰	70	癸酉	70	丁巳
80	己巳	80	辛亥	80	庚午	80	壬子	80	辛未	80	癸丑	80	壬申	80	甲寅	80	癸酉	80	乙卯	80	甲戌	80	丙辰

年柱 己未 1979年（昭和54年）2月4日18時13分〜

月柱 丙寅 2月4日18:13〜 3月6日12:19				月柱 丁卯 3月6日12:20〜 4月5日17:17				月柱 戊辰 4月5日17:18〜 5月6日10:46				月柱 己巳 5月6日10:47〜 6月6日15:04				月柱 庚午 6月6日15:05〜 7月8日1:24				月柱 辛未 7月8日1:25〜 8月8日11:10			
生日	日柱	男	女	生日	日柱	男	女	生日	日柱	男	女	生日	日柱	男	女	生日	日柱	男	女	生日	日柱	男	女
2:4	壬寅	0	10	3:6	壬申	0	10	4:5	壬寅	0	10	5:6	癸酉	0	10	6:6	甲$_3$辰	0	11	7:8	丙$_2$子	0	10
2:5	癸卯	0	10	3:7	癸酉	0	10	4:6	癸卯	0	10	5:7	甲戌	0	10	6:7	乙巳	0	10	7:9	丁丑	0	10
2:6	甲$_2$辰	1	9	3:8	甲$_2$戌	1	9	4:7	甲辰	1	10	5:8	乙亥	1	10	6:8	丙午	1	10	7:10	戊寅	1	10
2:7	乙$_2$巳	1	9	3:9	乙$_2$亥	1	9	4:8	乙巳	1	9	5:9	丙$_2$子	1	9	6:9	丁$_2$未	1	10	7:11	己卯	1	9
2:8	丙$_1$午	1	9	3:10	丙$_1$子	1	9	4:9	丙$_3$午	1	9	5:10	丁丑	1	9	6:10	戊申	1	9	7:12	庚辰	1	9
2:9	丁$_2$未	2	8	3:11	丁$_1$丑	2	8	4:10	丁未	2	9	5:11	戊寅	2	9	6:11	己酉	2	9	7:13	辛巳	2	9
2:10	戊申	2	8	3:12	戊寅	2	8	4:11	戊申	2	8	5:12	己卯	2	8	6:12	庚戌	2	9	7:14	壬午	2	8
2:11	己酉	2	8	3:13	己卯	2	8	4:12	己酉	2	8	5:13	庚辰	2	8	6:13	辛亥	2	8	7:15	癸未	2	8
2:12	庚戌	3	7	3:14	庚辰	3	7	4:13	庚戌	3	8	5:14	辛巳	3	8	6:14	壬子	3	8	7:16	甲申	3	8
2:13	辛亥	3	7	3:15	辛巳	3	7	4:14	辛亥	3	7	5:15	壬午	3	7	6:15	癸丑	3	8	7:17	乙酉	3	7
2:14	壬子	3	7	3:16	壬午	3	7	4:15	壬子	3	7	5:16	癸未	3	7	6:16	甲寅	3	7	7:18	丙戌	3	7
2:15	癸丑	4	6	3:17	癸未	4	6	4:16	癸丑	4	7	5:17	甲申	4	7	6:17	乙卯	4	7	7:19	丁亥	4	7
2:16	甲寅	4	6	3:18	甲申	4	6	4:17	甲寅	4	6	5:18	乙酉	4	6	6:18	丙辰	4	6	7:20	戊子	4	6
2:17	乙卯	4	6	3:19	乙酉	4	6	4:18	乙$_2$卯	4	6	5:19	丙戌	4	6	6:19	丁巳	4	6	7:21	己丑	4	6
2:18	丙$_2$辰	5	5	3:20	丙$_2$戌	5	5	4:19	丙辰	5	6	5:20	丁亥	5	6	6:20	戊午	5	6	7:22	庚寅	5	6
2:19	丁巳	5	5	3:21	丁亥	5	5	4:20	丁巳	5	5	5:21	戊子	5	5	6:21	己未	5	5	7:23	辛卯	5	5
2:20	戊午	5	5	3:22	戊子	5	5	4:21	戊午	5	5	5:22	己丑	5	5	6:22	庚申	5	5	7:24	壬辰	5	5
2:21	己未	6	4	3:23	己丑	6	4	4:22	己未	6	5	5:23	庚寅	6	5	6:23	辛酉	6	5	7:25	癸巳	6	5
2:22	庚申	6	4	3:24	庚寅	6	4	4:23	庚申	6	4	5:24	辛卯	6	4	6:24	壬$_3$戌	6	4	7:26	甲午	6	4
2:23	辛酉	6	4	3:25	辛卯	6	4	4:24	辛酉	6	4	5:25	壬辰	6	4	6:25	癸亥	6	4	7:27	乙未	6	4
2:24	壬$_3$戌	7	3	3:26	壬辰	7	3	4:25	壬戌	7	4	5:26	癸巳	7	4	6:26	甲子	7	4	7:28	丙申	7	4
2:25	癸亥	7	3	3:27	癸巳	7	3	4:26	癸亥	7	3	5:27	甲午	7	3	6:27	乙丑	7	3	7:29	丁酉	7	3
2:26	甲子	7	3	3:28	甲午	7	3	4:27	甲子	7	3	5:28	乙未	7	3	6:28	丙寅	7	3	7:30	戊戌	7	3
2:27	乙丑	8	2	3:29	乙未	8	2	4:28	乙丑	8	3	5:29	丙申	8	3	6:29	丁卯	8	3	7:31	己亥	8	3
2:28	丙寅	8	2	3:30	丙申	8	2	4:29	丙寅	8	2	5:30	丁酉	8	2	6:30	戊辰	8	3	8:1	庚子	8	2
3:1	丁卯	9	1	3:31	丁酉	8	2	4:30	丁卯	8	2	5:31	戊戌	8	2	7:1	己巳	8	2	8:2	辛丑	8	2
3:2	戊辰	9	1	4:1	戊戌	9	1	5:1	戊辰	9	2	6:1	己亥	9	2	7:2	庚午	9	2	8:3	壬寅	9	2
3:3	己巳	9	1	4:2	己亥	9	1	5:2	己巳	9	1	6:2	庚子	9	1	7:3	辛未	9	1	8:4	癸卯	9	1
3:4	庚午	9	1	4:3	庚子	9	1	5:3	庚午	9	1	6:3	辛丑	9	1	7:4	壬$_2$申	9	1	8:5	甲辰	9	1
3:5	辛未	10	0	4:4	辛丑	10	0	5:4	辛未	10	1	6:4	壬寅	10	1	7:5	癸酉	10	1	8:6	乙巳	10	1
3:6	壬$_3$申	10	0	4:5	壬寅	10	0	5:5	壬申	10	0	6:5	癸卯	10	0	7:6	甲戌	10	1	8:7	丙午	10	0
								5:6	癸酉	10	0	6:6	甲$_3$辰	10	0	7:7	乙$_3$亥	10	0	8:8	丁未	10	0
																7:8	丙$_2$子	11	0				

歳	男	歳	女	歳	男	歳	女	歳	男	歳	女	歳	男	歳	女	歳	男	歳	女	歳	男	歳	女
0	乙丑	0	丁卯	0	丙寅	0	戊辰	0	丁卯	0	己巳	0	戊辰	0	庚午	0	己巳	0	辛未	0	庚午	0	壬申
10	甲子	10	戊辰	10	乙丑	10	己巳	10	丙寅	10	庚午	10	丁卯	10	辛未	10	戊辰	10	壬申	10	己巳	10	癸酉
20	癸亥	20	己巳	20	甲子	20	庚午	20	乙丑	20	辛未	20	丙寅	20	壬申	20	丁卯	20	癸酉	20	戊辰	20	甲戌
30	壬戌	30	庚午	30	癸亥	30	辛未	30	甲子	30	壬申	30	乙丑	30	癸酉	30	丙寅	30	甲戌	30	丁卯	30	乙亥
40	辛酉	40	辛未	40	壬戌	40	壬申	40	癸亥	40	癸酉	40	甲子	40	甲戌	40	乙丑	40	乙亥	40	丙寅	40	丙子
50	庚申	50	壬申	50	辛酉	50	癸酉	50	壬戌	50	甲戌	50	癸亥	50	乙亥	50	甲子	50	丙子	50	乙丑	50	丁丑
60	己未	60	癸酉	60	庚申	60	甲戌	60	辛酉	60	乙亥	60	壬戌	60	丙子	60	癸亥	60	丁丑	60	甲子	60	戊寅
70	戊午	70	甲戌	70	己未	70	乙亥	70	庚申	70	丙子	70	辛酉	70	丁丑	70	壬戌	70	戊寅	70	癸亥	70	己卯
80	丁巳	80	乙亥	80	戊午	80	丙子	80	己未	80	丁丑	80	庚申	80	戊寅	80	辛酉	80	己卯	80	壬戌	80	庚辰

～1980年（昭和55年）2月5日0時09分

月柱	壬申	癸酉	甲戌	乙亥	丙子	丁丑
期間	8月8日11:11～9月8日13:59	9月8日14:00～10月9日5:29	10月9日5:30～11月8日8:32	11月8日8:33～12月8日1:17	12月8日1:18～1月6日12:28	1月6日12:29～2月5日0:09

月柱 壬申

生日	日柱	男	女
8/8	丁未	0	10
8/9	戊申	0	10
8/10	己酉	1	10
8/11	庚戌	1	9
8/12	辛亥	2	9
8/13	壬子	2	9
8/14	癸丑	2	8
8/15	甲寅	2	8
8/16	乙卯	3	8
8/17	丙辰	3	7
8/18	丁巳	3	7
8/19	戊午	4	7
8/20	己未	4	6
8/21	庚申	4	6
8/22	辛酉	5	6
8/23	壬戌	5	5
8/24	癸亥	5	5
8/25	甲子	5	5
8/26	乙丑	6	4
8/27	丙寅	6	4
8/28	丁卯	7	4
8/29	戊辰	7	3
8/30	己巳	7	3
8/31	庚午	8	3
9/1	辛未	8	2
9/2	壬申	8	2
9/3	癸酉	9	2
9/4	甲戌	9	1
9/5	乙亥	9	1
9/6	丙子	10	1
9/7	丁丑	10	0
9/8	戊寅	10	0

月柱 癸酉

生日	日柱	男	女
9/8	戊寅	0	10
9/9	己卯	0	10
9/10	庚辰	1	10
9/11	辛巳	1	9
9/12	壬午	2	9
9/13	癸未	2	9
9/14	甲申	3	8
9/15	乙酉	3	8
9/16	丙戌	3	8
9/17	丁亥	3	7
9/18	戊子	3	7
9/19	己丑	4	7
9/20	庚寅	4	6
9/21	辛卯	4	6
9/22	壬辰	5	6
9/23	癸巳	5	5
9/24	甲午	5	5
9/25	乙未	6	5
9/26	丙申	6	4
9/27	丁酉	6	4
9/28	戊戌	7	4
9/29	己亥	7	3
9/30	庚子	7	3
10/1	辛丑	8	3
10/2	壬寅	8	2
10/3	癸卯	8	2
10/4	甲辰	9	2
10/5	乙巳	9	1
10/6	丙午	9	1
10/7	丁未	10	1
10/8	戊申	10	0
10/9	己酉	10	0

月柱 甲戌

生日	日柱	男	女
10/9	己酉	0	10
10/10	庚戌	0	10
10/11	辛亥	1	9
10/12	壬子	1	9
10/13	癸丑	1	9
10/14	甲寅	2	8
10/15	乙卯	2	8
10/16	丙辰	2	8
10/17	丁巳	3	7
10/18	戊午	3	7
10/19	己未	3	7
10/20	庚申	4	6
10/21	辛酉	4	6
10/22	壬戌	4	6
10/23	癸亥	5	5
10/24	甲子	5	5
10/25	乙丑	5	5
10/26	丙寅	6	4
10/27	丁卯	6	4
10/28	戊辰	6	4
10/29	己巳	7	3
10/30	庚午	7	3
10/31	辛未	7	3
11/1	壬申	8	2
11/2	癸酉	8	2
11/3	甲戌	8	2
11/4	乙亥	9	1
11/5	丙子	9	1
11/6	丁丑	9	1
11/7	戊寅	10	0
11/8	己卯	10	0

月柱 乙亥

生日	日柱	男	女
11/8	己卯	0	10
11/9	庚辰	0	10
11/10	辛巳	1	9
11/11	壬午	1	9
11/12	癸未	1	9
11/13	甲申	2	8
11/14	乙酉	2	8
11/15	丙戌	2	8
11/16	丁亥	3	7
11/17	戊子	3	7
11/18	己丑	3	6
11/19	庚寅	4	6
11/20	辛卯	4	6
11/21	壬辰	4	6
11/22	癸巳	5	5
11/23	甲午	5	5
11/24	乙未	5	5
11/25	丙申	6	4
11/26	丁酉	6	4
11/27	戊戌	6	3
11/28	己亥	7	3
11/29	庚子	7	3
11/30	辛丑	7	3
12/1	壬寅	8	2
12/2	癸卯	8	2
12/3	甲辰	8	2
12/4	乙巳	9	1
12/5	丙午	9	1
12/6	丁未	9	1
12/7	戊申	10	0
12/8	己酉	10	0

月柱 丙子

生日	日柱	男	女
12/8	己酉	0	10
12/9	庚戌	0	9
12/10	辛亥	1	9
12/11	壬子	1	9
12/12	癸丑	1	8
12/13	甲寅	2	8
12/14	乙卯	2	8
12/15	丙辰	2	7
12/16	丁巳	2	7
12/17	戊午	3	7
12/18	己未	3	6
12/19	庚申	4	6
12/20	辛酉	4	6
12/21	壬戌	4	5
12/22	癸亥	5	5
12/23	甲子	5	5
12/24	乙丑	6	5
12/25	丙寅	6	4
12/26	丁卯	6	4
12/27	戊辰	6	3
12/28	己巳	7	3
12/29	庚午	7	3
12/30	辛未	7	2
12/31	壬申	8	2
1/1	癸酉	8	2
1/2	甲戌	8	1
1/3	乙亥	9	1
1/4	丙子	9	1
1/5	丁丑	9	0
1/6	戊寅	10	0

月柱 丁丑

生日	日柱	男	女
1/6	戊寅	0	10
1/7	己卯	0	10
1/8	庚辰	1	9
1/9	辛巳	1	9
1/10	壬午	1	9
1/11	癸未	2	8
1/12	甲申	2	8
1/13	乙酉	2	8
1/14	丙戌	3	7
1/15	丁亥	3	7
1/16	戊子	3	7
1/17	己丑	4	6
1/18	庚寅	4	6
1/19	辛卯	4	6
1/20	壬辰	5	5
1/21	癸巳	5	5
1/22	甲午	5	5
1/23	乙未	6	4
1/24	丙申	6	4
1/25	丁酉	6	4
1/26	戊戌	7	3
1/27	己亥	7	3
1/28	庚子	7	3
1/29	辛丑	8	2
1/30	壬寅	8	2
1/31	癸卯	8	2
2/1	甲辰	9	1
2/2	乙巳	9	1
2/3	丙午	9	1
2/4	丁未	10	0
2/5	戊申	10	0

大運表

歳	壬申 男	壬申 女	癸酉 男	癸酉 女	甲戌 男	甲戌 女	乙亥 男	乙亥 女	丙子 男	丙子 女	丁丑 男	丁丑 女
0	辛未	癸酉	壬申	甲戌	癸酉	乙亥	甲戌	丙子	乙亥	丁丑	丙子	戊寅
10	庚午	甲戌	辛未	乙亥	壬申	丙子	癸酉	丁丑	甲戌	戊寅	乙亥	己卯
20	己巳	乙亥	庚午	丙子	辛未	丁丑	壬申	戊寅	癸酉	己卯	甲戌	庚辰
30	戊辰	丙子	己巳	丁丑	庚午	戊寅	辛未	己卯	壬申	庚辰	癸酉	辛巳
40	丁卯	丁丑	戊辰	戊寅	己巳	己卯	庚午	庚辰	辛未	辛巳	壬申	壬午
50	丙寅	戊寅	丁卯	己卯	戊辰	庚辰	己巳	辛巳	庚午	壬午	辛未	癸未
60	乙丑	己卯	丙寅	庚辰	丁卯	辛巳	戊辰	壬午	己巳	癸未	庚午	甲申
70	甲子	庚辰	乙丑	辛巳	丙寅	壬午	丁卯	癸未	戊辰	甲申	己巳	乙酉
80	癸亥	辛巳	甲子	壬午	乙丑	癸未	丙寅	甲申	丁卯	乙酉	戊辰	丙戌

年柱 庚申　1980年(昭和55年)2月5日0時10分～

月柱	期間
戊寅	2月5日 0:10～ 3月5日18:16
己卯	3月5日18:17～ 4月4日23:14
庚辰	4月4日23:15～ 5月5日16:44
辛巳	5月5日16:45～ 6月5日21:13
壬午	6月5日21:14～ 7月7日 7:23
癸未	7月7日 7:24～ 8月7日17:08

月柱 戊寅

生日	日柱	男	女
2:5	戊$_1$申	10	0
2:6	己$_1$酉	9	0
2:7	庚$_1$戌	9	1
2:8	辛$_1$亥	9	1
2:9	壬$_1$子	8	1
2:10	癸$_1$丑	8	2
2:11	甲$_1$寅	8	2
2:12	乙$_1$卯	7	2
2:13	丙$_1$辰	7	3
2:14	丁$_1$巳	7	3
2:15	戊$_2$午	6	3
2:16	己$_1$未	6	4
2:17	庚$_1$申	6	4
2:18	辛$_2$酉	5	4
2:19	壬$_2$戌	5	5
2:20	癸$_1$亥	5	5
2:21	甲$_1$子	4	5
2:22	乙$_1$丑	4	6
2:23	丙$_1$寅	4	6
2:24	丁$_1$卯	3	6
2:25	戊$_1$辰	3	7
2:26	己$_1$巳	3	7
2:27	庚$_1$午	2	7
2:28	辛$_1$未	2	8
2:29	壬$_1$申	2	8
3:1	癸$_1$酉	1	9
3:2	甲$_2$戌	1	9
3:3	乙$_1$亥	1	9
3:4	丙$_3$子	0	9
3:5	丁$_3$丑	0	10

月柱 己卯

生日	日柱	男	女
3:5	丁$_3$丑	10	0
3:6	戊$_1$寅	10	0
3:7	己$_1$卯	9	1
3:8	庚$_1$辰	9	1
3:9	辛$_1$巳	9	1
3:10	壬$_1$午	8	2
3:11	癸$_1$未	8	2
3:12	甲$_1$申	7	2
3:13	乙$_1$酉	7	3
3:14	丙$_1$戌	7	3
3:15	丁$_1$亥	6	3
3:16	戊$_1$子	6	4
3:17	己$_1$丑	6	4
3:18	庚$_1$寅	5	4
3:19	辛$_1$卯	5	5
3:20	壬$_2$辰	5	5
3:21	癸$_1$巳	5	5
3:22	甲$_1$午	4	6
3:23	乙$_1$未	4	6
3:24	丙$_1$申	3	6
3:25	丁$_1$酉	3	7
3:26	戊$_1$戌	3	7
3:27	己$_1$亥	2	7
3:28	庚$_1$子	2	8
3:29	辛$_1$丑	2	8
3:30	壬$_2$寅	1	9
3:31	癸$_1$卯	1	9
4:1	甲$_1$辰	1	9
4:2	乙$_1$巳	1	9
4:3	丙$_1$午	0	10
4:4	丁$_1$未	0	10

月柱 庚辰

生日	日柱	男	女
4:4	丁$_3$未	10	0
4:5	戊$_1$申	10	0
4:6	己$_1$酉	10	1
4:7	庚$_1$戌	9	1
4:8	辛$_1$亥	9	1
4:9	壬$_1$子	9	2
4:10	癸$_1$丑	8	2
4:11	甲$_1$寅	8	2
4:12	乙$_1$卯	8	3
4:13	丙$_3$辰	7	3
4:14	丁$_1$巳	7	4
4:15	戊$_1$午	7	4
4:16	己$_1$未	6	4
4:17	庚$_1$申	6	5
4:18	辛$_1$酉	6	5
4:19	壬$_1$戌	5	5
4:20	癸$_1$亥	5	5
4:21	甲$_1$子	5	6
4:22	乙$_1$丑	4	6
4:23	丙$_1$寅	4	7
4:24	丁$_1$卯	4	7
4:25	戊$_1$辰	3	7
4:26	己$_1$巳	3	8
4:27	庚$_1$午	3	8
4:28	辛$_1$未	2	8
4:29	壬$_1$申	2	9
4:30	癸$_1$酉	2	9
5:1	甲$_1$戌	1	9
5:2	乙$_1$亥	1	10
5:3	丙$_1$子	1	10
5:4	丁$_1$丑	0	10
5:5	戊$_2$寅	0	10

月柱 辛巳

生日	日柱	男	女
5:5	戊$_2$寅	10	0
5:6	己$_1$卯	10	0
5:7	庚$_1$辰	10	1
5:8	辛$_1$巳	9	1
5:9	壬$_1$午	9	1
5:10	癸$_1$未	8	2
5:11	甲$_3$申	8	2
5:12	乙$_3$酉	8	3
5:13	丙$_2$戌	8	3
5:14	丁$_2$亥	7	3
5:15	戊$_1$子	7	4
5:16	己$_1$丑	7	4
5:17	庚$_1$寅	6	4
5:18	辛$_1$卯	6	5
5:19	壬$_1$辰	6	5
5:20	癸$_1$巳	5	5
5:21	甲$_1$午	5	6
5:22	乙$_1$未	5	6
5:23	丙$_2$申	5	6
5:24	丁$_1$酉	4	7
5:25	戊$_1$戌	4	7
5:26	己$_1$亥	3	7
5:27	庚$_1$子	3	8
5:28	辛$_1$丑	3	8
5:29	壬$_1$寅	2	8
5:30	癸$_1$卯	2	9
5:31	甲$_1$辰	2	9
6:1	乙$_3$巳	1	9
6:2	丙$_1$午	1	9
6:3	丁$_2$未	1	9
6:4	戊$_1$申	0	10
6:5	己$_2$酉	0	10

月柱 壬午

生日	日柱	男	女
6:5	己$_1$酉	11	0
6:6	庚$_1$戌	10	0
6:7	辛$_1$亥	10	1
6:8	壬$_1$子	10	1
6:9	癸$_1$丑	9	1
6:10	甲$_2$寅	9	2
6:11	乙$_1$卯	9	2
6:12	丙$_1$辰	8	2
6:13	丁$_1$巳	8	3
6:14	戊$_1$午	8	3
6:15	己$_1$未	7	3
6:16	庚$_1$申	7	4
6:17	辛$_1$酉	7	4
6:18	壬$_1$戌	7	4
6:19	癸$_1$亥	6	5
6:20	甲$_2$子	6	5
6:21	乙$_3$丑	6	5
6:22	丙$_1$寅	5	6
6:23	丁$_1$卯	5	6
6:24	戊$_1$辰	4	6
6:25	己$_1$巳	4	7
6:26	庚$_1$午	4	7
6:27	辛$_1$未	3	7
6:28	壬$_1$申	3	8
6:29	癸$_1$酉	3	8
6:30	甲$_3$戌	2	8
7:1	乙$_2$亥	2	9
7:2	丙$_2$子	2	9
7:3	丁$_2$丑	1	9
7:4	戊$_1$寅	1	10
7:5	己$_2$卯	1	10
7:6	庚$_1$辰	0	10
7:7	辛$_1$巳	0	11

月柱 癸未

生日	日柱	男	女
7:7	辛$_1$巳	10	0
7:8	壬$_1$午	10	0
7:9	癸$_1$未	10	1
7:10	甲$_1$申	9	1
7:11	乙$_1$酉	9	1
7:12	丙$_1$戌	9	2
7:13	丁$_1$亥	8	2
7:14	戊$_1$子	8	3
7:15	己$_1$丑	8	3
7:16	庚$_1$寅	7	3
7:17	辛$_1$卯	7	3
7:18	壬$_1$辰	7	4
7:19	癸$_1$巳	6	4
7:20	甲$_3$午	6	5
7:21	乙$_1$未	6	5
7:22	丙$_1$申	5	5
7:23	丁$_1$酉	5	5
7:24	戊$_1$戌	5	6
7:25	己$_1$亥	4	6
7:26	庚$_1$子	4	6
7:27	辛$_1$丑	4	7
7:28	壬$_1$寅	3	7
7:29	癸$_1$卯	3	7
7:30	甲$_1$辰	3	8
7:31	乙$_2$巳	2	8
8:1	丙$_2$午	2	8
8:2	丁$_1$未	2	9
8:3	戊$_1$申	1	9
8:4	己$_2$酉	1	9
8:5	庚$_1$戌	1	10
8:6	辛$_1$亥	0	10
8:7	壬$_1$子	0	10

大運

歳	戊寅 男	戊寅 女	己卯 男	己卯 女	庚辰 男	庚辰 女	辛巳 男	辛巳 女	壬午 男	壬午 女	癸未 男	癸未 女
0	己卯	丁丑	庚辰	戊寅	辛巳	己卯	壬午	庚辰	癸未	辛巳	甲申	壬午
10	庚辰	丙子	辛巳	丁丑	壬午	戊寅	癸未	己卯	甲申	庚辰	乙酉	辛巳
20	辛巳	乙亥	壬午	丙子	癸未	丁丑	甲申	戊寅	乙酉	己卯	丙戌	庚辰
30	壬午	甲戌	癸未	乙亥	甲申	丙子	乙酉	丁丑	丙戌	戊寅	丁亥	己卯
40	癸未	癸酉	甲申	甲戌	乙酉	乙亥	丙戌	丙子	丁亥	丁丑	戊子	戊寅
50	甲申	壬申	乙酉	癸酉	丙戌	甲戌	丁亥	乙亥	戊子	丙子	己丑	丁丑
60	乙酉	辛未	丙戌	壬申	丁亥	癸酉	戊子	甲戌	己丑	乙亥	庚寅	丙子
70	丙戌	庚午	丁亥	辛未	戊子	壬申	己丑	癸酉	庚寅	甲戌	辛卯	乙亥
80	丁亥	己巳	戊子	庚午	己丑	辛未	庚寅	壬申	辛卯	癸酉	壬辰	甲戌

～1981年（昭和56年）2月4日5時55分

月柱	立運期間
甲申	8月7日17:09～9月7日19:53
乙酉	9月7日19:54～10月8日11:19
丙戌	10月8日11:20～11月7日14:18
丁亥	11月7日14:19～12月7日7:01
戊子	12月7日7:02～1月5日18:12
己丑	1月5日18:13～2月4日5:55

甲申				乙酉				丙戌				丁亥				戊子				己丑			
生日	日柱	男	女	生日	日柱	男	女	生日	日柱	男	女	生日	日柱	男	女	生日	日柱	男	女	生日	日柱	男	女
8/7	壬1子	10	0	9/7	癸1未	10	0	10/8	甲3寅	10	0	11/7	甲1申	10	0	12/7	甲1寅	10	0	1/5	癸1未	10	0
8/8	癸1丑	10	0	9/8	甲3申	10	0	10/9	乙3卯	10	0	11/8	乙3酉	10	0	12/8	乙2卯	9	0	1/6	甲3申	10	0
8/9	甲1寅	10	1	9/9	乙3酉	10	1	10/10	丙3辰	9	1	11/9	丙3戌	9	1	12/9	丙3辰	9	1	1/7	乙3酉	9	1
8/10	乙1卯	9	1	9/10	丙3戌	9	1	10/11	丁3巳	9	1	11/10	丁3亥	9	1	12/10	丁1巳	9	1	1/8	丙3戌	9	1
8/11	丙3辰	9	1	9/11	丁3亥	9	1	10/12	戊3午	9	1	11/11	戊3子	9	1	12/11	戊2午	8	1	1/9	丁3亥	9	1
8/12	丁2巳	9	2	9/12	戊3子	9	2	10/13	己1未	8	2	11/12	己3丑	8	2	12/12	己2未	8	2	1/10	戊2子	8	2
8/13	戊3午	8	2	9/13	己3丑	8	2	10/14	庚1申	8	2	11/13	庚3寅	8	2	12/13	庚1申	8	2	1/11	己1丑	8	2
8/14	己1未	8	2	9/14	庚1寅	8	2	10/15	辛1酉	8	2	11/14	辛1卯	8	2	12/14	辛1酉	7	2	1/12	庚1寅	8	2
8/15	庚1申	8	3	9/15	辛1卯	8	3	10/16	壬1戌	7	3	11/15	壬1辰	7	3	12/15	壬1戌	7	3	1/13	辛1卯	7	3
8/16	辛1酉	7	3	9/16	壬1辰	7	3	10/17	癸1亥	7	3	11/16	癸1巳	7	3	12/16	癸1亥	7	3	1/14	壬1辰	7	3
8/17	壬1戌	7	3	9/17	癸1巳	7	3	10/18	甲3子	7	3	11/17	甲3午	7	3	12/17	甲1子	6	3	1/15	癸1巳	7	3
8/18	癸1亥	7	4	9/18	甲3午	7	4	10/19	乙3丑	6	4	11/18	乙3未	6	4	12/18	乙1丑	6	4	1/16	甲3午	6	4
8/19	甲1子	7	4	9/19	乙3未	6	4	10/20	丙2寅	6	4	11/19	丙3申	6	4	12/19	丙1寅	6	4	1/17	乙3未	6	4
8/20	乙1丑	6	4	9/20	丙3申	6	4	10/21	丁3卯	6	4	11/20	丁3酉	6	4	12/20	丁1卯	5	4	1/18	丙3申	6	4
8/21	丙1寅	6	5	9/21	丁1酉	6	5	10/22	戊3辰	5	5	11/21	戊3戌	5	5	12/21	戊2辰	5	5	1/19	丁3酉	5	5
8/22	丁2卯	5	5	9/22	戊3戌	5	5	10/23	己1巳	5	5	11/22	己3亥	5	5	12/22	己1巳	5	5	1/20	戊1戌	5	5
8/23	戊3辰	5	5	9/23	己3亥	5	5	10/24	庚1午	5	5	11/23	庚3子	5	5	12/23	庚1午	4	5	1/21	己2亥	5	5
8/24	己1巳	5	6	9/24	庚1子	5	6	10/25	辛1未	4	6	11/24	辛1丑	4	6	12/24	辛1未	4	6	1/22	庚1子	4	6
8/25	庚1午	4	6	9/25	辛1丑	4	6	10/26	壬1申	4	6	11/25	壬1寅	4	6	12/25	壬1申	4	6	1/23	辛1丑	4	6
8/26	辛1未	4	6	9/26	壬1寅	4	6	10/27	癸1酉	4	6	11/26	癸1卯	4	6	12/26	癸1酉	3	6	1/24	壬1寅	4	6
8/27	壬1申	4	7	9/27	癸1卯	4	7	10/28	甲3戌	3	7	11/27	甲3辰	3	7	12/27	甲1戌	3	7	1/25	癸1卯	3	7
8/28	癸1酉	4	7	9/28	甲3辰	3	7	10/29	乙3亥	3	7	11/28	乙3巳	3	7	12/28	乙1亥	3	7	1/26	甲3辰	3	7
8/29	甲1戌	3	7	9/29	乙3巳	3	7	10/30	丙3子	3	7	11/29	丙2午	3	7	12/29	丙2子	2	7	1/27	乙3巳	3	7
8/30	乙1亥	3	8	9/30	丙2午	3	8	10/31	丁3丑	2	8	11/30	丁3未	2	8	12/30	丁1丑	2	8	1/28	丙3午	2	8
8/31	丙3子	2	8	10/1	丁3未	2	8	11/1	戊3寅	2	8	12/1	戊3申	2	8	12/31	戊2寅	2	8	1/29	丁3未	2	8
9/1	丁1丑	2	8	10/2	戊3申	2	8	11/2	己3卯	2	8	12/2	己3酉	2	8	1/1	己1卯	1	8	1/30	戊2申	2	8
9/2	戊3寅	2	8	10/3	己3酉	1	9	11/3	庚1辰	1	9	12/3	庚1戌	1	9	1/2	庚1辰	1	9	1/31	己2酉	1	9
9/3	己1卯	1	9	10/4	庚1戌	1	9	11/4	辛1巳	1	9	12/4	辛1亥	1	9	1/3	辛1巳	1	9	2/1	庚1戌	1	9
9/4	庚1辰	1	9	10/5	辛1亥	1	9	11/5	壬1午	1	9	12/5	壬1子	1	9	1/4	壬1午	0	9	2/2	辛1亥	1	9
9/5	辛1巳	1	10	10/6	壬1子	1	10	11/6	癸1未	0	10	12/6	癸1丑	0	10	1/5	癸1未	0	10	2/3	壬1子	0	10
9/6	壬1午	0	10	10/7	癸1丑	0	10	11/7	甲1申	0	10	12/7	甲1寅	0	10					2/4	癸1丑	0	10
9/7	癸1未	0	10	10/8	甲2寅	0	10																

歳	甲申 男	女	歳	乙酉 男	女	歳	丙戌 男	女	歳	丁亥 男	女	歳	戊子 男	女	歳	己丑 男	女
0	乙酉	癸未	0	丙戌	甲申	0	丁亥	乙酉	0	戊子	丙戌	0	己丑	丁亥	0	庚寅	戊子
10	丙戌	壬午	10	丁亥	癸未	10	戊子	甲申	10	己丑	乙酉	10	庚寅	丙戌	10	辛卯	丁亥
20	丁亥	辛巳	20	戊子	壬午	20	己丑	癸未	20	庚寅	甲申	20	辛卯	乙酉	20	壬辰	丙戌
30	戊子	庚辰	30	己丑	辛巳	30	庚寅	壬午	30	辛卯	癸未	30	壬辰	甲申	30	癸巳	乙酉
40	己丑	己卯	40	庚寅	庚辰	40	辛卯	辛巳	40	壬辰	壬午	40	癸巳	癸未	40	甲午	甲申
50	庚寅	戊寅	50	辛卯	己卯	50	壬辰	庚辰	50	癸巳	辛巳	50	甲午	壬午	50	乙未	癸未
60	辛卯	丁丑	60	壬辰	戊寅	60	癸巳	己卯	60	甲午	庚辰	60	乙未	辛巳	60	丙申	壬午
70	壬辰	丙子	70	癸巳	丁丑	70	甲午	戊寅	70	乙未	己卯	70	丙申	庚辰	70	丁酉	辛巳
80	癸巳	乙亥	80	甲午	丙子	80	乙未	丁丑	80	丙申	戊寅	80	丁酉	己卯	80	戊戌	庚辰

年柱 辛酉 1981年（昭和56年）2月4日5時56分～

2月4日 5:56～ 3月6日 0:04	3月6日 0:05～ 4月5日 5:04	4月5日 5:05～ 5月5日22:34	5月5日22:35～ 6月6日 2:52	6月6日 2:53～ 7月7日13:11	7月7日13:12～ 8月7日22:56

月柱 庚寅		立運 年齢	月柱 辛卯		立運 年齢	月柱 壬辰		立運 年齢	月柱 癸巳		立運 年齢	月柱 甲午		立運 年齢	月柱 乙未		立運 年齢
生日	日柱	男女	生日	日柱	男女	生日	日柱	男女	生日	日柱	男女	生日	日柱	男女	生日	日柱	男女
2 4	癸丑	0 10	3 6	癸未	0 10	4 5	癸丑	0 10	5 5	癸未	0 11	6 6	乙卯	0 10	7 7	丙戌	0 10
2 5	甲寅	0 10	3 7	甲申	0 10	4 6	甲寅	0 10	5 6	甲申	0 10	6 7	丙辰	0 10	7 8	丁亥	0 10
2 6	乙卯	1 9	3 8	乙酉	1 9	4 7	乙卯	1 9	5 7	乙酉	1 10	6 8	丁巳	1 10	7 9	戊子	1 10
2 7	丙辰	1 9	3 9	丙戌	1 9	4 8	丙辰	1 9	5 8	丙戌	1 10	6 9	戊午	1 9	7 10	己丑	1 9
2 8	丁巳	1 9	3 10	丁亥	1 9	4 9	丁巳	1 9	5 9	丁亥	1 9	6 10	己未	1 9	7 11	庚寅	1 9
2 9	戊午	2 8	3 11	戊子	2 8	4 10	戊午	2 8	5 10	戊子	2 9	6 11	庚申	2 9	7 12	辛卯	2 9
2 10	己未	2 8	3 12	己丑	2 8	4 11	己未	2 8	5 11	己丑	2 9	6 12	辛酉	2 8	7 13	壬辰	2 8
2 11	庚申	2 8	3 13	庚寅	2 8	4 12	庚申	2 8	5 12	庚寅	2 8	6 13	壬戌	2 8	7 14	癸巳	2 8
2 12	辛酉	3 7	3 14	辛卯	3 7	4 13	辛酉	3 7	5 13	辛卯	3 8	6 14	癸亥	3 8	7 15	甲午	3 8
2 13	壬戌	3 7	3 15	壬辰	3 7	4 14	壬戌	3 7	5 14	壬辰	3 8	6 15	甲子	3 7	7 16	乙未	3 7
2 14	癸亥	3 7	3 16	癸巳	3 7	4 15	癸亥	3 7	5 15	癸巳	3 7	6 16	乙丑	3 7	7 17	丙申	3 7
2 15	甲子	4 6	3 17	甲午	4 6	4 16	甲子	4 6	5 16	甲午	4 7	6 17	丙寅	4 7	7 18	丁酉	4 7
2 16	乙丑	4 6	3 18	乙未	4 6	4 17	乙丑	4 6	5 17	乙未	4 7	6 18	丁卯	4 6	7 19	戊戌	4 6
2 17	丙寅	4 6	3 19	丙申	4 6	4 18	丙寅	4 6	5 18	丙申	4 6	6 19	戊辰	4 6	7 20	己亥	4 6
2 18	丁卯	5 5	3 20	丁酉	5 5	4 19	丁卯	5 5	5 19	丁酉	5 6	6 20	己巳	5 6	7 21	庚子	5 6
2 19	戊辰	5 5	3 21	戊戌	5 5	4 20	戊辰	5 5	5 20	戊戌	5 6	6 21	庚午	5 5	7 22	辛丑	5 5
2 20	己巳	5 5	3 22	己亥	5 5	4 21	己巳	5 5	5 21	己亥	5 5	6 22	辛未	5 5	7 23	壬寅	5 5
2 21	庚午	6 4	3 23	庚子	6 4	4 22	庚午	6 4	5 22	庚子	6 5	6 23	壬申	6 5	7 24	癸卯	6 5
2 22	辛未	6 4	3 24	辛丑	6 4	4 23	辛未	6 4	5 23	辛丑	6 4	6 24	癸酉	6 4	7 25	甲辰	6 4
2 23	壬申	6 4	3 25	壬寅	6 4	4 24	壬申	6 4	5 24	壬寅	6 4	6 25	甲戌	6 4	7 26	乙巳	6 4
2 24	癸酉	7 3	3 26	癸卯	7 3	4 25	癸酉	7 3	5 25	癸卯	7 4	6 26	乙亥	7 4	7 27	丙午	7 4
2 25	甲戌	7 3	3 27	甲辰	7 3	4 26	甲戌	7 3	5 26	甲辰	7 3	6 27	丙子	7 3	7 28	丁未	7 3
2 26	乙亥	7 3	3 28	乙巳	7 3	4 27	乙亥	7 3	5 27	乙巳	7 3	6 28	丁丑	7 3	7 29	戊申	7 3
2 27	丙子	8 2	3 29	丙午	8 2	4 28	丙子	8 2	5 28	丙午	8 3	6 29	戊寅	8 3	7 30	己酉	8 3
2 28	丁丑	8 2	3 30	丁未	8 2	4 29	丁丑	8 2	5 29	丁未	8 2	6 30	己卯	8 2	7 31	庚戌	8 2
3 1	戊寅	8 2	3 31	戊申	8 2	4 30	戊寅	8 2	5 30	戊申	8 2	7 1	庚辰	8 2	8 1	辛亥	8 2
3 2	己卯	9 1	4 1	己酉	9 1	5 1	己卯	9 1	5 31	己酉	9 2	7 2	辛巳	9 2	8 2	壬子	9 2
3 3	庚辰	9 1	4 2	庚戌	9 1	5 2	庚辰	9 1	6 1	庚戌	9 2	7 3	壬午	9 1	8 3	癸丑	9 1
3 4	辛巳	9 1	4 3	辛亥	9 1	5 3	辛巳	9 1	6 2	辛亥	9 1	7 4	癸未	9 1	8 4	甲寅	9 1
3 5	壬午	10 0	4 4	壬子	10 0	5 4	壬午	10 0	6 3	壬子	10 1	7 5	甲申	10 1	8 5	乙卯	10 1
3 6	癸未	10 0	4 5	癸丑	10 0	5 5	癸未	10 0	6 4	癸丑	10 0	7 6	乙酉	10 0	8 6	丙辰	10 0
									6 5	甲寅	10 0	7 7	丙戌	10 0	8 7	丁巳	10 0
									6 6	乙卯	11 0						

歳	男	歳	女	歳	男	歳	女	歳	男	歳	女	歳	男	歳	女	歳	男	歳	女	歳	男	歳	女
0	己丑	0	辛酉	0	庚寅	0	壬辰	0	辛卯	0	癸巳	0	壬辰	0	甲午	0	癸巳	0	乙未	0	甲午	0	丙申
10	戊子	10	壬戌	10	己丑	10	癸巳	10	庚寅	10	甲午	10	辛卯	10	乙未	10	壬辰	10	丙申	10	癸巳	10	丁酉
20	丁亥	20	癸亥	20	戊子	20	甲午	20	己丑	20	乙未	20	庚寅	20	丙申	20	辛卯	20	丁酉	20	壬辰	20	戊戌
30	丙戌	30	甲子	30	丁亥	30	乙未	30	戊子	30	丙申	30	己丑	30	丁酉	30	庚寅	30	戊戌	30	辛卯	30	己亥
40	乙酉	40	乙丑	40	丙戌	40	丙申	40	丁亥	40	丁酉	40	戊子	40	戊戌	40	己丑	40	己亥	40	庚寅	40	庚子
50	甲申	50	丙寅	50	乙酉	50	丁酉	50	丙戌	50	戊戌	50	丁亥	50	己亥	50	戊子	50	庚子	50	己丑	50	辛丑
60	癸未	60	丁卯	60	甲申	60	戊戌	60	乙酉	60	己亥	60	丙戌	60	庚子	60	丁亥	60	辛丑	60	戊子	60	壬寅
70	壬午	70	戊辰	70	癸未	70	己亥	70	甲申	70	庚子	70	乙酉	70	辛丑	70	丙戌	70	壬寅	70	丁亥	70	癸卯
80	辛巳	80	己巳	80	壬午	80	庚子	80	癸未	80	辛丑	80	甲申	80	壬寅	80	乙酉	80	癸卯	80	丙戌	80	甲辰

～1982年（昭和57年）2月4日11時48分

月柱 丙申（8月7日22:57～9月8日1:42）

生日	日柱	男	女
8/7	丁$_2$巳	0	11
8/8	戊$_2$午	0	10
8/9	己$_2$未	1	10
8/10	庚$_1$申	1	10
8/11	辛$_1$酉	1	9
8/12	壬$_1$戌	2	9
8/13	癸$_1$亥	2	9
8/14	甲$_3$子	2	8
8/15	乙$_1$丑	3	8
8/16	丙$_2$寅	3	8
8/17	丁$_1$卯	3	7
8/18	戊$_2$辰	4	7
8/19	己$_2$巳	4	7
8/20	庚$_1$午	4	6
8/21	辛$_1$未	5	6
8/22	壬$_1$申	5	6
8/23	癸$_1$酉	5	5
8/24	甲$_3$戌	6	5
8/25	乙$_3$亥	6	5
8/26	丙$_3$子	6	4
8/27	丁$_3$丑	7	4
8/28	戊$_3$寅	7	4
8/29	己$_3$卯	7	3
8/30	庚$_1$辰	8	3
8/31	辛$_1$巳	8	3
9/1	壬$_1$午	8	2
9/2	癸$_1$未	9	2
9/3	甲$_3$申	9	2
9/4	乙$_3$酉	9	1
9/5	丙$_3$戌	10	1
9/6	丁$_3$亥	10	1
9/7	戊$_3$子	10	0
9/8	己$_2$丑	11	0

月柱 丁酉（9月8日1:43～10月8日17:09）

生日	日柱	男	女
9/8	己$_2$丑	0	11
9/9	庚$_1$寅	0	10
9/10	辛$_1$卯	1	9
9/11	壬$_1$辰	1	9
9/12	癸$_1$巳	1	9
9/13	甲$_3$午	2	8
9/14	乙$_3$未	2	8
9/15	丙$_1$申	2	8
9/16	丁$_1$酉	3	7
9/17	戊$_1$戌	3	7
9/18	己$_1$亥	3	7
9/19	庚$_1$子	4	6
9/20	辛$_1$丑	4	6
9/21	壬$_1$寅	4	6
9/22	癸$_1$卯	5	5
9/23	甲$_3$辰	5	5
9/24	乙$_3$巳	5	5
9/25	丙$_3$午	6	4
9/26	丁$_3$未	6	4
9/27	戊$_3$申	7	3
9/28	己$_3$酉	7	3
9/29	庚$_3$戌	7	3
9/30	辛$_3$亥	8	2
10/1	壬$_1$子	8	2
10/2	癸$_1$丑	8	2
10/3	甲$_3$寅	8	2
10/4	乙$_3$卯	9	1
10/5	丙$_3$辰	9	1
10/6	丁$_2$巳	9	1
10/7	戊$_1$午	10	0
10/8	己$_1$未	10	0

月柱 戊戌（10月8日17:10～11月7日20:08）

生日	日柱	男	女
10/8	己$_1$未	0	10
10/9	庚$_1$申	0	10
10/10	辛$_1$酉	1	9
10/11	壬$_1$戌	1	9
10/12	癸$_1$亥	1	9
10/13	甲$_3$子	2	8
10/14	乙$_1$丑	2	8
10/15	丙$_1$寅	2	8
10/16	丁$_1$卯	3	7
10/17	戊$_1$辰	3	7
10/18	己$_1$巳	3	7
10/19	庚$_1$午	4	6
10/20	辛$_1$未	4	6
10/21	壬$_1$申	4	6
10/22	癸$_1$酉	5	5
10/23	甲$_3$戌	5	5
10/24	乙$_3$亥	5	5
10/25	丙$_3$子	6	4
10/26	丁$_1$丑	6	4
10/27	戊$_1$寅	7	3
10/28	己$_1$卯	7	3
10/29	庚$_1$辰	7	3
10/30	辛$_1$巳	8	2
10/31	壬$_1$午	8	2
11/1	癸$_1$未	8	2
11/2	甲$_3$申	8	2
11/3	乙$_1$酉	9	1
11/4	丙$_3$戌	9	1
11/5	丁$_1$亥	9	1
11/6	戊$_1$子	10	0
11/7	己$_1$丑	10	0

月柱 己亥（11月7日20:09～12月7日12:51）

生日	日柱	男	女
11/7	己$_1$丑	0	10
11/8	庚$_1$寅	0	10
11/9	辛$_1$卯	1	9
11/10	壬$_1$辰	1	9
11/11	癸$_1$巳	1	9
11/12	甲$_3$午	2	8
11/13	乙$_1$未	2	8
11/14	丙$_1$申	2	8
11/15	丁$_1$酉	3	7
11/16	戊$_2$戌	3	7
11/17	己$_1$亥	3	7
11/18	庚$_1$子	4	6
11/19	辛$_1$丑	4	6
11/20	壬$_1$寅	4	6
11/21	癸$_1$卯	5	5
11/22	甲$_3$辰	5	5
11/23	乙$_1$巳	5	5
11/24	丙$_1$午	6	4
11/25	丁$_1$未	6	4
11/26	戊$_1$申	7	3
11/27	己$_1$酉	7	3
11/28	庚$_1$戌	7	3
11/29	辛$_1$亥	8	2
11/30	壬$_1$子	8	2
12/1	癸$_1$丑	8	2
12/2	甲$_1$寅	8	2
12/3	乙$_1$卯	9	1
12/4	丙$_3$辰	9	1
12/5	丁$_1$巳	9	1
12/6	戊$_2$子	10	0
12/7	己$_2$未	10	0

月柱 庚子（12月7日12:52～1月6日0:02）

生日	日柱	男	女
12/7	己$_3$丑	0	10
12/8	庚$_1$寅	0	10
12/9	辛$_1$酉	1	9
12/10	壬$_1$戌	1	9
12/11	癸$_1$亥	1	9
12/12	甲$_2$子	2	8
12/13	乙$_3$丑	2	8
12/14	丙$_1$寅	2	8
12/15	丁$_1$卯	3	7
12/16	戊$_1$辰	3	7
12/17	己$_1$巳	3	7
12/18	庚$_1$午	4	6
12/19	辛$_1$未	4	6
12/20	壬$_1$申	4	6
12/21	癸$_1$酉	5	5
12/22	甲$_1$戌	5	5
12/23	乙$_2$亥	5	5
12/24	丙$_1$子	6	4
12/25	丁$_1$丑	6	4
12/26	戊$_3$寅	7	3
12/27	己$_1$卯	7	3
12/28	庚$_1$辰	7	3
12/29	辛$_1$巳	8	2
12/30	壬$_1$午	8	2
12/31	癸$_1$未	8	2
1/1	甲$_1$申	8	2
1/2	乙$_2$酉	9	1
1/3	丙$_3$戌	9	1
1/4	丁$_1$亥	9	1
1/5	戊$_3$子	10	0
1/6	己$_1$丑	10	0

月柱 辛丑（1月6日0:03～2月4日11:48）

生日	日柱	男	女
1/6	己$_2$丑	0	10
1/7	庚$_1$寅	0	9
1/8	辛$_1$卯	1	9
1/9	壬$_1$辰	1	9
1/10	癸$_1$巳	1	8
1/11	甲$_3$午	2	8
1/12	乙$_3$未	2	8
1/13	丙$_3$申	2	7
1/14	丁$_1$酉	3	7
1/15	戊$_2$戌	3	7
1/16	己$_2$亥	3	6
1/17	庚$_1$子	4	6
1/18	辛$_1$丑	4	6
1/19	壬$_1$寅	4	5
1/20	癸$_1$卯	5	5
1/21	甲$_3$辰	5	5
1/22	乙$_1$巳	5	4
1/23	丙$_3$午	6	4
1/24	丁$_3$未	6	4
1/25	戊$_3$申	6	3
1/26	己$_3$酉	7	3
1/27	庚$_3$戌	7	3
1/28	辛$_1$亥	7	2
1/29	壬$_1$子	8	2
1/30	癸$_1$丑	8	2
1/31	壬$_3$寅	8	1
2/1	甲$_3$寅	8	1
2/2	乙$_3$卯	9	1
2/3	丁$_3$巳	9	0
2/4	戊$_1$午	10	0

立運年齢表

歳	男	歳	女	歳	男	歳	女	歳	男	歳	女	歳	男	歳	女	歳	男	歳	女	歳	男	歳	女
0	乙未	0	丁酉	0	丙申	0	戊戌	0	丁酉	0	己亥	0	戊戌	0	庚子	0	己亥	0	辛丑	0	庚子	0	壬寅
10	甲午	10	戊戌	10	乙未	10	己亥	10	丙申	10	庚子	10	丁酉	10	辛丑	10	戊戌	10	壬寅	10	己亥	10	癸卯
20	癸巳	20	己亥	20	甲午	20	庚子	20	乙未	20	辛丑	20	丙申	20	壬寅	20	丁酉	20	癸卯	20	戊戌	20	甲辰
30	壬辰	30	庚子	30	癸巳	30	辛丑	30	甲午	30	壬寅	30	乙未	30	癸卯	30	丙申	30	甲辰	30	丁酉	30	乙巳
40	辛卯	40	辛丑	40	壬辰	40	壬寅	40	癸巳	40	癸卯	40	甲午	40	甲辰	40	乙未	40	乙巳	40	丙申	40	丙午
50	庚寅	50	壬寅	50	辛卯	50	癸卯	50	壬辰	50	甲辰	50	癸巳	50	乙巳	50	甲午	50	丙午	50	乙未	50	丁未
60	己丑	60	癸卯	60	庚寅	60	甲辰	60	辛卯	60	乙巳	60	壬辰	60	丙午	60	癸巳	60	丁未	60	甲午	60	戊申
70	戊子	70	甲辰	70	己丑	70	乙巳	70	庚寅	70	丙午	70	辛卯	70	丁未	70	壬辰	70	戊申	70	癸巳	70	己酉
80	丁亥	80	乙巳	80	戊子	80	丙午	80	己丑	80	丁未	80	庚寅	80	戊申	80	辛卯	80	己酉	80	壬辰	80	庚戌

年柱 壬戌 — 1982年（昭和57年）2月4日11時49分～

月柱 壬寅（2月4日11:49～3月6日5:46）

生日	日柱	男	女
2 4	$戊_2$子	10	0
2 5	$己_2$丑	10	0
2 6	$庚_2$申	9	1
2 7	$辛_2$酉	9	1
2 8	$壬_2$戌	9	1
2 9	$癸_2$亥	8	2
2 10	$甲_1$子	8	2
2 11	$乙_1$丑	8	2
2 12	$丙_3$寅	7	3
2 13	$丁_3$卯	7	3
2 14	$戊_1$辰	7	3
2 15	$己_1$巳	6	4
2 16	$庚_2$午	6	4
2 17	$辛_2$未	6	4
2 18	$壬_1$申	5	5
2 19	$癸_2$酉	5	5
2 20	$甲_1$戌	5	5
2 21	$乙_1$亥	4	6
2 22	$丙_3$子	4	6
2 23	$丁_1$丑	4	6
2 24	$戊_3$寅	3	6
2 25	$己_3$卯	3	7
2 26	$庚_3$辰	3	7
2 27	$辛_2$巳	2	8
2 28	$壬_2$午	2	8
3 1	$癸_2$未	2	8
3 2	$甲_1$申	1	9
3 3	$乙_1$酉	1	9
3 4	$丙_3$戌	1	9
3 5	$丁_3$亥	0	10
3 6	$戊_3$子	0	10

月柱 癸卯（3月6日5:47～4月5日10:47）

生日	日柱	男	女
3 6	$戊_2$子	10	0
3 7	$己_2$丑	10	0
3 8	$庚_2$寅	9	1
3 9	$辛_2$卯	9	1
3 10	$壬_2$辰	9	1
3 11	$癸_2$巳	8	2
3 12	$甲_1$午	8	2
3 13	$乙_1$未	8	2
3 14	$丙_3$申	7	3
3 15	$丁_3$酉	7	3
3 16	$戊_1$戌	7	3
3 17	$己_1$亥	6	4
3 18	$庚_2$子	6	4
3 19	$辛_2$丑	6	4
3 20	$壬_1$寅	5	5
3 21	$癸_2$卯	5	5
3 22	$甲_1$辰	5	5
3 23	$乙_1$巳	4	6
3 24	$丙_3$午	4	6
3 25	$丁_1$未	4	6
3 26	$戊_3$申	3	6
3 27	$己_3$酉	3	7
3 28	$庚_3$戌	3	7
3 29	$辛_2$亥	2	8
3 30	$壬_2$子	2	8
3 31	$癸_2$丑	2	8
4 1	$甲_1$寅	1	9
4 2	$乙_1$卯	1	9
4 3	$丙_3$辰	1	9
4 4	$丁_2$巳	0	10
4 5	$戊_2$午	0	10

月柱 甲辰（4月5日10:48～5月6日4:24）

生日	日柱	男	女
4 5	$戊_1$午	10	0
4 6	$己_1$未	10	0
4 7	$庚_2$申	10	1
4 8	$辛_2$酉	9	1
4 9	$壬_3$戌	9	1
4 10	$癸_3$亥	9	2
4 11	$甲_1$子	8	2
4 12	$乙_1$丑	8	2
4 13	$丙_3$寅	7	3
4 14	$丁_3$卯	7	3
4 15	$戊_1$辰	7	3
4 16	$己_1$巳	6	4
4 17	$庚_2$午	6	4
4 18	$辛_2$未	6	4
4 19	$壬_2$申	5	5
4 20	$癸_2$酉	5	5
4 21	$甲_1$戌	5	5
4 22	$乙_1$亥	4	6
4 23	$丙_3$子	4	6
4 24	$丁_1$丑	4	6
4 25	$戊_2$寅	3	6
4 26	$己_1$卯	3	7
4 27	$庚_1$辰	3	7
4 28	$辛_2$巳	3	8
4 29	$壬_2$午	2	8
4 30	$癸_2$未	2	8
5 1	$甲_1$申	1	9
5 2	$乙_1$酉	1	9
5 3	$丙_3$戌	1	9
5 4	$丁_1$亥	1	10
5 5	$戊_1$子	0	10
5 6	$己_1$丑	0	10

月柱 乙巳（5月6日4:25～6月6日8:49）

生日	日柱	男	女
5 6	$己_1$丑	10	0
5 7	$庚_2$寅	10	0
5 8	$辛_2$卯	10	1
5 9	$壬_3$辰	9	1
5 10	$癸_3$巳	9	1
5 11	$甲_2$午	9	2
5 12	$乙_2$未	8	2
5 13	$丙_2$申	8	2
5 14	$丁_1$酉	8	3
5 15	$戊_1$戌	7	3
5 16	$己_1$亥	7	3
5 17	$庚_2$子	7	4
5 18	$辛_2$丑	6	4
5 19	$壬_2$寅	6	4
5 20	$癸_2$卯	6	5
5 21	$甲_2$辰	5	5
5 22	$乙_2$巳	5	5
5 23	$丙_1$午	5	5
5 24	$丁_1$未	4	6
5 25	$戊_1$申	4	6
5 26	$己_1$酉	4	6
5 27	$庚_2$戌	3	7
5 28	$辛_2$亥	3	7
5 29	$壬_3$子	3	8
5 30	$癸_3$丑	2	8
5 31	$甲_2$寅	2	8
6 1	$乙_1$卯	2	9
6 2	$丙_1$辰	1	9
6 3	$丁_1$巳	1	9
6 4	$戊_1$午	1	10
6 5	$己_1$未	1	10
6 6	$庚_2$申	0	10

月柱 丙午（6月6日8:50～7月7日19:17）

生日	日柱	男	女
6 6	$庚_2$申	10	0
6 7	$辛_2$酉	10	0
6 8	$壬_3$戌	10	1
6 9	$癸_2$亥	9	1
6 10	$甲_2$子	9	1
6 11	$乙_2$丑	9	2
6 12	$丙_2$寅	8	2
6 13	$丁_2$卯	8	2
6 14	$戊_3$辰	8	3
6 15	$己_1$巳	7	3
6 16	$庚_2$午	7	3
6 17	$辛_2$未	7	4
6 18	$壬_3$申	6	4
6 19	$癸_2$酉	6	4
6 20	$甲_3$戌	6	5
6 21	$乙_2$亥	5	5
6 22	$丙_1$子	5	5
6 23	$丁_1$丑	5	5
6 24	$戊_2$寅	4	6
6 25	$己_1$卯	4	6
6 26	$庚_2$辰	4	6
6 27	$辛_1$巳	3	7
6 28	$壬_2$午	3	7
6 29	$癸_2$未	3	8
6 30	$甲_3$申	2	8
7 1	$乙_3$酉	2	8
7 2	$丙_1$戌	2	9
7 3	$丁_1$亥	1	9
7 4	$戊_1$子	1	9
7 5	$己_2$丑	1	10
7 6	$庚_2$寅	0	10
7 7	$辛_2$卯	0	10

月柱 丁未（7月7日19:18～8月8日4:18）

生日	日柱	男	女
7 7	$辛_2$卯	11	0
7 8	$壬_3$辰	10	0
7 9	$癸_2$巳	10	1
7 10	$甲_3$午	10	1
7 11	$乙_2$未	9	1
7 12	$丙_2$申	9	2
7 13	$丁_2$酉	9	2
7 14	$戊_3$戌	8	3
7 15	$己_2$亥	8	3
7 16	$庚_2$子	8	3
7 17	$辛_2$丑	7	4
7 18	$壬_2$寅	7	4
7 19	$癸_2$卯	6	4
7 20	$甲_3$辰	6	5
7 21	$乙_2$巳	6	5
7 22	$丙_1$午	6	5
7 23	$丁_1$未	5	5
7 24	$戊_1$申	5	6
7 25	$己_2$酉	5	6
7 26	$庚_2$戌	4	6
7 27	$辛_2$亥	4	7
7 28	$壬_2$子	4	7
7 29	$癸_2$丑	3	7
7 30	$甲_2$寅	3	8
7 31	$乙_2$卯	3	8
8 1	$丙_2$辰	2	8
8 2	$丁_1$巳	2	9
8 3	$戊_3$午	2	9
8 4	$己_1$未	1	9
8 5	$庚_1$申	1	10
8 6	$辛_2$酉	1	10
8 7	$壬_2$戌	0	10
8 8	$癸_2$亥	0	11

大運

歳	壬寅 男	壬寅 女	癸卯 男	癸卯 女	甲辰 男	甲辰 女	乙巳 男	乙巳 女	丙午 男	丙午 女	丁未 男	丁未 女
0	癸卯	辛丑	甲辰	壬寅	乙巳	癸卯	丙午	甲辰	丁未	乙巳	戊申	丙午
10	甲辰	庚子	乙巳	辛丑	丙午	壬寅	丁未	癸卯	戊申	甲辰	己酉	乙巳
20	乙巳	己亥	丙午	庚子	丁未	辛丑	戊申	壬寅	己酉	癸卯	庚戌	甲辰
30	丙午	戊戌	丁未	己亥	戊申	庚子	己酉	辛丑	庚戌	壬寅	辛亥	癸卯
40	丁未	丁酉	戊申	戊戌	己酉	己亥	庚戌	庚子	辛亥	辛丑	壬子	壬寅
50	戊申	丙申	己酉	丁酉	庚戌	戊戌	辛亥	己亥	壬子	庚子	癸丑	辛丑
60	己酉	乙未	庚戌	丙申	辛亥	丁酉	壬子	戊戌	癸丑	己亥	甲寅	庚子
70	庚戌	甲午	辛亥	乙未	壬子	丙申	癸丑	丁酉	甲寅	戊戌	乙卯	己亥
80	辛亥	癸巳	壬子	甲午	癸丑	乙未	甲寅	丙申	乙卯	丁酉	丙辰	戊戌

～1983年（昭和58年）2月4日17時31分

戊申（月柱）　8月8日 4:19～9月8日 7:31

生日	日柱	男	女
8 8	癸$_1$亥	10	0
8 9	甲$_2$子	10	0
8 10	乙$_3$丑	10	1
8 11	丙$_1$寅	9	1
8 12	丁$_3$卯	9	1
8 13	戊$_1$辰	9	2
8 14	己$_1$巳	8	2
8 15	庚$_1$午	8	2
8 16	辛$_1$未	8	3
8 17	壬$_1$申	7	3
8 18	癸$_3$酉	7	3
8 19	甲$_3$戌	7	4
8 20	乙$_2$亥	6	4
8 21	丙$_2$子	6	4
8 22	丁$_3$丑	6	0
8 23	戊$_2$寅	5	5
8 24	己$_1$卯	5	5
8 25	庚$_1$辰	5	6
8 26	辛$_1$巳	4	6
8 27	壬$_2$午	4	7
8 28	癸$_2$未	4	7
8 29	甲$_1$申	3	7
8 30	乙$_3$酉	3	7
8 31	丙$_1$戌	3	8
9 1	丁$_1$亥	2	8
9 2	戊$_2$子	2	8
9 3	己$_1$丑	2	9
9 4	庚$_1$寅	1	9
9 5	辛$_1$卯	1	9
9 6	壬$_2$辰	1	10
9 7	癸$_2$巳	0	10
9 8	甲$_3$午	0	10

己酉（月柱）　9月8日 7:32～10月8日23:01

生日	日柱	男	女
9 8	甲$_3$午	10	0
9 9	乙$_3$未	10	0
9 10	丙$_3$申	9	1
9 11	丁$_3$酉	9	1
9 12	戊$_3$戌	9	1
9 13	己$_2$亥	8	2
9 14	庚$_1$子	8	2
9 15	辛$_1$丑	8	2
9 16	壬$_1$寅	7	3
9 17	癸$_1$卯	7	3
9 18	甲$_3$辰	7	3
9 19	乙$_3$巳	6	4
9 20	丙$_3$午	6	4
9 21	丁$_1$未	6	4
9 22	戊$_2$申	5	0
9 23	己$_2$酉	5	5
9 24	庚$_1$戌	5	5
9 25	辛$_1$亥	4	6
9 26	壬$_1$子	4	6
9 27	癸$_1$丑	4	6
9 28	甲$_1$寅	3	7
9 29	乙$_1$卯	3	7
9 30	丙$_1$辰	3	7
10 1	丁$_1$巳	2	8
10 2	戊$_1$午	2	8
10 3	己$_1$未	2	8
10 4	庚$_1$申	1	9
10 5	辛$_1$酉	1	9
10 6	壬$_1$戌	1	9
10 7	癸$_1$亥	0	10
10 8	甲$_2$子	0	10

庚戌（月柱）　10月8日23:02～11月8日 2:03

生日	日柱	男	女
10 8	甲$_3$子	10	0
10 9	乙$_3$丑	10	0
10 10	丙$_3$寅	9	1
10 11	丁$_3$卯	9	1
10 12	戊$_3$辰	9	1
10 13	己$_1$巳	9	2
10 14	庚$_1$午	8	2
10 15	辛$_1$未	8	2
10 16	壬$_1$申	8	3
10 17	癸$_1$酉	7	3
10 18	甲$_3$戌	7	3
10 19	乙$_3$亥	7	4
10 20	丙$_3$子	6	4
10 21	丁$_3$丑	6	4
10 22	戊$_2$寅	6	5
10 23	己$_2$卯	5	5
10 24	庚$_1$辰	5	5
10 25	辛$_1$巳	5	6
10 26	壬$_1$午	4	6
10 27	癸$_1$未	4	6
10 28	甲$_1$申	4	7
10 29	乙$_2$酉	3	7
10 30	丙$_3$戌	3	7
10 31	丁$_3$亥	2	8
11 1	戊$_1$子	2	8
11 2	己$_1$丑	2	8
11 3	庚$_1$寅	1	9
11 4	辛$_1$卯	1	9
11 5	壬$_1$辰	1	9
11 6	癸$_1$巳	1	10
11 7	甲$_3$午	0	10
11 8	乙$_3$未	0	10

辛亥（月柱）　11月8日 2:04～12月7日18:47

生日	日柱	男	女
11 8	乙$_3$未	10	0
11 9	丙$_3$申	9	0
11 10	丁$_3$酉	9	1
11 11	戊$_3$戌	9	1
11 12	己$_2$亥	8	1
11 13	庚$_2$子	8	2
11 14	辛$_1$丑	8	2
11 15	壬$_1$寅	7	2
11 16	癸$_1$卯	7	3
11 17	甲$_2$辰	7	3
11 18	乙$_3$巳	6	3
11 19	丙$_3$午	6	4
11 20	丁$_3$未	5	4
11 21	戊$_1$申	5	4
11 22	己$_2$酉	5	5
11 23	庚$_1$戌	5	5
11 24	辛$_1$亥	4	5
11 25	壬$_1$子	4	6
11 26	癸$_1$丑	4	6
11 27	甲$_2$寅	3	6
11 28	乙$_1$卯	3	7
11 29	丙$_1$辰	3	7
11 30	丁$_1$巳	2	7
12 1	戊$_2$午	2	8
12 2	己$_1$未	2	8
12 3	庚$_1$申	1	8
12 4	辛$_1$酉	1	9
12 5	壬$_1$戌	1	9
12 6	癸$_1$亥	0	9
12 7	甲$_1$子	0	10

壬子（月柱）　12月7日18:48～1月6日 5:58

生日	日柱	男	女
12 7	甲$_1$子	10	0
12 8	乙$_1$丑	10	0
12 9	丙$_1$寅	9	1
12 10	丁$_1$卯	9	1
12 11	戊$_2$辰	9	1
12 12	己$_2$巳	8	2
12 13	庚$_3$午	8	2
12 14	辛$_2$未	8	2
12 15	壬$_1$申	7	3
12 16	癸$_2$酉	7	3
12 17	甲$_1$戌	7	3
12 18	乙$_1$亥	6	4
12 19	丙$_1$子	6	4
12 20	丁$_3$丑	6	4
12 21	戊$_2$寅	6	5
12 22	己$_2$卯	5	5
12 23	庚$_2$辰	5	5
12 24	辛$_3$巳	5	6
12 25	壬$_1$午	4	6
12 26	癸$_1$未	4	6
12 27	甲$_1$申	3	7
12 28	乙$_1$酉	3	7
12 29	丙$_3$戌	3	7
12 30	丁$_3$亥	2	8
12 31	戊$_3$子	2	8
1 1	己$_2$丑	2	8
1 2	庚$_3$寅	1	9
1 3	辛$_3$卯	1	9
1 4	壬$_1$辰	1	9
1 5	癸$_1$巳	0	10
1 6	甲$_1$午	0	10

癸丑（月柱）　1月6日 5:59～2月4日17:31

生日	日柱	男	女
1 6	甲$_2$午	10	0
1 7	乙$_2$未	9	0
1 8	丙$_3$申	9	1
1 9	丁$_3$酉	9	1
1 10	戊$_1$戌	8	1
1 11	己$_2$亥	8	2
1 12	庚$_2$子	8	2
1 13	辛$_1$丑	7	2
1 14	壬$_1$寅	7	3
1 15	癸$_1$卯	7	3
1 16	甲$_2$辰	6	3
1 17	乙$_1$巳	6	4
1 18	丙$_1$午	6	4
1 19	丁$_1$未	5	4
1 20	戊$_2$申	5	5
1 21	己$_2$酉	5	5
1 22	庚$_1$戌	4	5
1 23	辛$_2$亥	4	6
1 24	壬$_1$子	4	6
1 25	癸$_1$丑	3	6
1 26	甲$_1$寅	3	7
1 27	乙$_1$卯	3	7
1 28	丙$_1$辰	2	7
1 29	丁$_1$巳	2	8
1 30	戊$_1$午	2	8
1 31	己$_1$未	1	8
2 1	庚$_1$申	1	9
2 2	辛$_1$酉	1	9
2 3	壬$_1$戌	0	9
2 4	癸$_1$亥	0	10

立運（歳・男／歳・女）

歳	男	歳	女	歳	男	歳	女	歳	男	歳	女	歳	男	歳	女	歳	男	歳	女	歳	男	歳	女
0	己酉	0	丁未	0	庚戌	0	戊申	0	辛亥	0	戊申	0	壬子	0	己酉	0	癸丑	0	辛亥	0	甲寅	0	辛亥
10	庚戌	10	丙午	10	辛亥	10	丁未	10	壬子	10	丁未	10	癸丑	10	戊申	10	甲寅	10	庚戌	10	乙卯	10	庚戌
20	辛亥	20	乙巳	20	壬子	20	丙午	20	癸丑	20	丙午	20	甲寅	20	丁未	20	乙卯	20	己酉	20	丙辰	20	己酉
30	壬子	30	甲辰	30	癸丑	30	乙巳	30	甲寅	30	乙巳	30	乙卯	30	丙午	30	丙辰	30	戊申	30	丁巳	30	己酉
40	癸丑	40	癸卯	40	甲寅	40	甲辰	40	乙卯	40	甲辰	40	丙辰	40	乙巳	40	丁巳	40	丁未	40	戊午	40	戊申
50	甲寅	50	壬寅	50	乙卯	50	癸卯	50	丙辰	50	癸卯	50	丁巳	50	甲辰	50	戊午	50	丙午	50	己未	50	丁未
60	乙卯	60	辛丑	60	丙辰	60	壬寅	60	丁巳	60	壬寅	60	戊午	60	癸卯	60	己未	60	乙巳	60	庚申	60	丙午
70	丙辰	70	庚子	70	丁巳	70	辛丑	70	戊午	70	辛丑	70	己未	70	壬寅	70	庚申	70	甲辰	70	辛酉	70	乙巳
80	丁巳	80	己亥	80	戊午	80	庚子	80	己未	80	庚子	80	庚申	80	辛丑	80	辛酉	80	癸卯	80	壬戌	80	辰

年柱 癸亥 1983年（昭和58年）2月4日17時32分～

月柱 甲寅	月柱 乙卯	月柱 丙辰	月柱 丁巳	月柱 戊午	月柱 己未
2月4日17:32～ 3月6日11:40	3月6日11:41～ 4月5日16:44	4月5日16:45～ 5月6日10:11	5月6日10:12～ 6月6日14:26	6月6日14:27～ 7月8日0:42	7月8日0:43～ 8月8日10:29

月柱 甲寅（2月4日17:32～3月6日11:40）

生日	日柱	男	女
2/4	癸$_2$亥	0	10
2/5	甲$_1$子	0	10
2/6	乙$_3$丑	1	9
2/7	丙$_3$寅	1	9
2/8	丁$_1$卯	1	9
2/9	戊$_3$辰	2	8
2/10	己$_3$巳	2	8
2/11	庚$_2$午	2	8
2/12	辛$_3$未	3	7
2/13	壬$_3$申	3	7
2/14	癸$_1$酉	3	7
2/15	甲$_3$戌	4	6
2/16	乙$_2$亥	4	6
2/17	丙$_1$子	4	6
2/18	丁$_3$丑	5	5
2/19	戊$_3$寅	5	5
2/20	己$_1$卯	5	5
2/21	庚$_3$辰	6	4
2/22	辛$_3$巳	6	4
2/23	壬$_2$午	6	4
2/24	癸$_3$未	7	3
2/25	甲$_3$申	7	3
2/26	乙$_1$酉	7	3
2/27	丙$_3$戌	8	2
2/28	丁$_2$亥	8	2
3/1	戊$_1$子	8	2
3/2	己$_3$丑	9	1
3/3	庚$_3$寅	9	1
3/4	辛$_1$卯	9	1
3/5	壬$_3$辰	10	0
3/6	癸$_3$巳	10	0

月柱 乙卯（3月6日11:41～4月5日16:44）

生日	日柱	男	女
3/6	癸$_3$巳	0	10
3/7	甲$_2$午	0	10
3/8	乙$_3$未	1	9
3/9	丙$_3$申	1	9
3/10	丁$_1$酉	1	9
3/11	戊$_3$戌	2	8
3/12	己$_2$亥	2	8
3/13	庚$_1$子	2	8
3/14	辛$_3$丑	3	7
3/15	壬$_3$寅	3	7
3/16	癸$_1$卯	3	7
3/17	甲$_3$辰	4	6
3/18	乙$_3$巳	4	6
3/19	丙$_2$午	4	6
3/20	丁$_3$未	5	5
3/21	戊$_3$申	5	5
3/22	己$_1$酉	5	5
3/23	庚$_3$戌	6	4
3/24	辛$_2$亥	6	4
3/25	壬$_1$子	6	4
3/26	癸$_3$丑	7	3
3/27	甲$_3$寅	7	3
3/28	乙$_1$卯	7	3
3/29	丙$_3$辰	8	2
3/30	丁$_3$巳	8	2
3/31	戊$_2$午	8	2
4/1	己$_3$未	9	1
4/2	庚$_3$申	9	1
4/3	辛$_1$酉	9	1
4/4	壬$_3$戌	10	0
4/5	癸$_2$亥	10	0

月柱 丙辰（4月5日16:45～5月6日10:11）

生日	日柱	男	女
4/5	癸$_2$亥	0	10
4/6	甲$_1$子	0	10
4/7	乙$_3$丑	1	10
4/8	丙$_3$寅	1	9
4/9	丁$_1$卯	1	9
4/10	戊$_3$辰	2	9
4/11	己$_3$巳	2	8
4/12	庚$_2$午	2	8
4/13	辛$_3$未	3	8
4/14	壬$_3$申	3	7
4/15	癸$_1$酉	3	7
4/16	甲$_3$戌	4	7
4/17	乙$_2$亥	4	6
4/18	丙$_1$子	4	6
4/19	丁$_3$丑	5	6
4/20	戊$_3$寅	5	5
4/21	己$_1$卯	5	5
4/22	庚$_3$辰	6	5
4/23	辛$_3$巳	6	4
4/24	壬$_2$午	6	4
4/25	癸$_3$未	7	4
4/26	甲$_3$申	7	3
4/27	乙$_1$酉	7	3
4/28	丙$_3$戌	8	3
4/29	丁$_2$亥	8	2
4/30	戊$_1$子	8	2
5/1	己$_3$丑	9	2
5/2	庚$_3$寅	9	1
5/3	辛$_1$卯	9	1
5/4	壬$_3$辰	10	1
5/5	癸$_3$巳	10	0
5/6	甲$_2$午	10	0

月柱 丁巳（5月6日10:12～6月6日14:26）

生日	日柱	男	女
5/6	甲$_2$午	0	10
5/7	乙$_3$未	0	10
5/8	丙$_3$申	1	10
5/9	丁$_1$酉	1	9
5/10	戊$_3$戌	1	9
5/11	己$_2$亥	2	9
5/12	庚$_1$子	2	8
5/13	辛$_3$丑	2	8
5/14	壬$_3$寅	3	8
5/15	癸$_1$卯	3	7
5/16	甲$_3$辰	3	7
5/17	乙$_3$巳	4	7
5/18	丙$_2$午	4	6
5/19	丁$_3$未	4	6
5/20	戊$_3$申	5	6
5/21	己$_1$酉	5	5
5/22	庚$_3$戌	5	5
5/23	辛$_2$亥	6	5
5/24	壬$_1$子	6	4
5/25	癸$_3$丑	6	4
5/26	甲$_3$寅	7	4
5/27	乙$_1$卯	7	3
5/28	丙$_3$辰	7	3
5/29	丁$_3$巳	8	3
5/30	戊$_2$午	8	2
5/31	己$_3$未	8	2
6/1	庚$_3$申	9	2
6/2	辛$_1$酉	9	1
6/3	壬$_3$戌	9	1
6/4	癸$_2$亥	10	1
6/5	甲$_1$子	10	0
6/6	乙$_3$丑	10	0

月柱 戊午（6月6日14:27～7月8日0:42）

生日	日柱	男	女
6/6	乙$_3$丑	0	11
6/7	丙$_3$寅	0	10
6/8	丁$_1$卯	1	10
6/9	戊$_3$辰	1	10
6/10	己$_3$巳	1	9
6/11	庚$_2$午	2	9
6/12	辛$_3$未	2	9
6/13	壬$_3$申	2	8
6/14	癸$_1$酉	3	8
6/15	甲$_3$戌	3	8
6/16	乙$_2$亥	3	7
6/17	丙$_1$子	4	7
6/18	丁$_3$丑	4	7
6/19	戊$_3$寅	4	6
6/20	己$_1$卯	5	6
6/21	庚$_3$辰	5	6
6/22	辛$_3$巳	5	5
6/23	壬$_2$午	6	5
6/24	癸$_3$未	6	5
6/25	甲$_3$申	6	4
6/26	乙$_1$酉	7	4
6/27	丙$_3$戌	7	4
6/28	丁$_2$亥	7	3
6/29	戊$_1$子	8	3
6/30	己$_3$丑	8	3
7/1	庚$_3$寅	8	2
7/2	辛$_1$卯	9	2
7/3	壬$_3$辰	9	2
7/4	癸$_3$巳	9	1
7/5	甲$_2$午	10	1
7/6	乙$_3$未	10	1
7/7	丙$_3$申	10	0
7/8	丁$_1$酉	11	0

月柱 己未（7月8日0:43～8月8日10:29）

生日	日柱	男	女
7/8	丁$_1$酉	0	10
7/9	戊$_3$戌	0	10
7/10	己$_2$亥	1	9
7/11	庚$_1$子	1	9
7/12	辛$_3$丑	1	9
7/13	壬$_3$寅	2	8
7/14	癸$_1$卯	2	8
7/15	甲$_3$辰	2	8
7/16	乙$_3$巳	3	8
7/17	丙$_2$午	3	7
7/18	丁$_3$未	3	7
7/19	戊$_3$申	4	7
7/20	己$_1$酉	4	6
7/21	庚$_3$戌	4	6
7/22	辛$_2$亥	5	6
7/23	壬$_1$子	5	5
7/24	癸$_3$丑	5	5
7/25	甲$_3$寅	6	5
7/26	乙$_1$卯	6	4
7/27	丙$_3$辰	6	4
7/28	丁$_3$巳	7	4
7/29	戊$_2$午	7	3
7/30	己$_3$未	7	3
7/31	庚$_3$申	8	3
8/1	辛$_1$酉	8	2
8/2	壬$_3$戌	8	2
8/3	癸$_2$亥	9	2
8/4	甲$_1$子	9	1
8/5	乙$_3$丑	9	1
8/6	丙$_3$寅	10	1
8/7	丁$_1$卯	10	0
8/8	戊$_3$辰	10	0

大運表

歳	甲寅 男	甲寅 女	乙卯 男	乙卯 女	丙辰 男	丙辰 女	丁巳 男	丁巳 女	戊午 男	戊午 女	己未 男	己未 女
0	癸丑	乙卯	甲寅	丙辰	乙卯	丁巳	丙辰	戊午	丁巳	己未	戊午	庚申
10	壬子	丙辰	癸丑	丁巳	甲寅	戊午	乙卯	己未	丙辰	庚申	丁巳	辛酉
20	辛亥	丁巳	壬子	戊午	癸丑	己未	甲寅	庚申	乙卯	辛酉	丙辰	壬戌
30	庚戌	戊午	辛亥	己未	壬子	庚申	癸丑	辛酉	甲寅	壬戌	乙卯	癸亥
40	己酉	己未	庚戌	庚申	辛亥	辛酉	壬子	壬戌	癸丑	癸亥	甲寅	甲子
50	戊申	庚申	己酉	辛酉	庚戌	壬戌	辛亥	癸亥	壬子	甲子	癸丑	乙丑
60	丁未	辛酉	戊申	壬戌	己酉	癸亥	庚戌	甲子	辛亥	乙丑	壬子	丙寅
70	丙午	壬戌	丁未	癸亥	戊申	甲子	己酉	乙丑	庚戌	丙寅	辛亥	丁卯
80	乙巳	癸亥	丙午	甲子	丁未	乙丑	戊申	丙寅	己酉	丁卯	庚戌	戊辰

～1984年（昭和59年）2月4日23時18分

月柱 庚申				月柱 辛酉				月柱 壬戌				月柱 癸亥				月柱 甲子				月柱 乙丑			
8月8日10:30～ 9月8日13:20				9月8日13:21～ 10月9日4:51				10月9日4:52～ 11月8日7:51				11月8日7:52～ 12月8日0:33				12月8日0:34～ 1月6日11:41				1月6日11:42～ 2月4日23:18			
生日	日柱	男	女	生日	日柱	男	女	生日	日柱	男	女	生日	日柱	男	女	生日	日柱	男	女	生日	日柱	男	女
8/8	戊辰3	0	10	9/8	己亥3	0	10	10/9	庚午2	0	10	11/8	庚子3	0	10	12/8	庚午3	0	10	1/6	己亥3	0	10
8/9	己巳3	0	10	9/9	庚子1	0	10	10/10	辛未1	0	10	11/9	辛丑3	0	10	12/9	辛未3	0	9	1/7	庚子1	0	9
8/10	庚午1	1	10	9/10	辛丑1	1	10	10/11	壬申1	1	9	11/10	壬寅1	1	9	12/10	壬申1	1	9	1/8	辛丑1	1	9
8/11	辛未1	1	9	9/11	壬寅1	1	9	10/12	癸酉1	1	9	11/11	癸卯1	1	9	12/11	癸酉1	1	9	1/9	壬寅1	1	9
8/12	壬申1	1	9	9/12	癸卯1	1	9	10/13	甲戌1	1	9	11/12	甲辰1	1	9	12/12	甲戌1	1	8	1/10	癸卯1	1	8
8/13	癸酉1	2	9	9/13	甲辰2	2	9	10/14	乙亥1	2	8	11/13	乙巳1	2	8	12/13	乙亥1	2	8	1/11	甲辰1	2	8
8/14	甲戌2	2	8	9/14	乙巳1	2	8	10/15	丙子1	2	8	11/14	丙午3	2	8	12/14	丙子3	2	8	1/12	乙巳1	2	8
8/15	乙亥1	2	8	9/15	丙午3	2	8	10/16	丁丑1	2	8	11/15	丁未1	2	8	12/15	丁丑1	2	7	1/13	丙午2	2	7
8/16	丙子3	3	8	9/16	丁未1	3	8	10/17	戊寅1	3	7	11/16	戊申1	3	7	12/16	戊寅3	3	7	1/14	丁未1	3	7
8/17	丁丑1	3	7	9/17	戊申1	3	7	10/18	己卯1	3	7	11/17	己酉1	3	7	12/17	己卯3	3	7	1/15	戊申1	3	6
8/18	戊寅1	3	7	9/18	己酉1	3	7	10/19	庚辰1	3	7	11/18	庚戌1	3	7	12/18	庚辰3	3	6	1/16	己酉1	3	6
8/19	己卯3	4	7	9/19	庚戌1	4	7	10/20	辛巳2	4	6	11/19	辛亥1	4	6	12/19	辛巳3	4	6	1/17	庚戌2	4	6
8/20	庚辰1	4	7	9/20	辛亥1	4	7	10/21	壬午1	4	6	11/20	壬子1	4	6	12/20	壬午1	4	6	1/18	辛亥1	4	5
8/21	辛巳1	4	6	9/21	壬子1	4	6	10/22	癸未1	4	6	11/21	癸丑1	4	6	12/21	癸未1	4	5	1/19	壬子1	4	5
8/22	壬午1	5	6	9/22	癸丑1	5	6	10/23	甲申1	5	5	11/22	甲寅1	5	5	12/22	甲申1	5	5	1/20	癸丑1	5	5
8/23	癸未1	5	5	9/23	甲寅1	5	5	10/24	乙酉1	5	5	11/23	乙卯1	5	5	12/23	乙酉1	5	5	1/21	甲寅1	5	5
8/24	甲申2	5	5	9/24	乙卯1	5	5	10/25	丙戌1	5	5	11/24	丙辰3	5	4	12/24	丙戌3	5	4	1/22	乙卯1	5	4
8/25	乙酉2	6	5	9/25	丙辰1	6	5	10/26	丁亥1	6	4	11/25	丁巳1	6	4	12/25	丁亥3	6	4	1/23	丙辰1	6	4
8/26	丙戌3	6	4	9/26	丁巳1	6	4	10/27	戊子1	6	4	11/26	戊午1	6	4	12/26	戊子3	6	4	1/24	丁巳1	6	4
8/27	丁亥3	6	4	9/27	戊午1	6	4	10/28	己丑1	6	4	11/27	己未1	6	3	12/27	己丑3	6	3	1/25	戊午1	6	3
8/28	戊子1	7	4	9/28	己未1	7	4	10/29	庚寅1	7	3	11/28	庚申1	7	3	12/28	庚寅1	7	3	1/26	己未1	7	3
8/29	己丑3	7	3	9/29	庚申1	7	3	10/30	辛卯1	7	3	11/29	辛酉1	7	3	12/29	辛卯3	7	3	1/27	庚申1	7	3
8/30	庚寅1	7	3	9/30	辛酉1	7	3	10/31	壬辰1	8	3	11/30	壬戌1	7	2	12/30	壬辰1	7	2	1/28	辛酉1	8	2
8/31	辛卯1	8	3	10/1	壬戌1	8	3	11/1	癸巳1	8	2	12/1	癸亥1	8	2	12/31	癸巳1	8	2	1/29	壬戌1	8	2
9/1	壬辰1	8	2	10/2	癸亥1	8	2	11/2	甲午1	8	2	12/2	甲子1	8	2	1/1	甲午1	8	2	1/30	癸亥1	8	2
9/2	癸巳1	8	2	10/3	甲子1	8	2	11/3	乙未1	8	2	12/3	乙丑1	8	1	1/2	乙未1	8	1	1/31	甲子1	8	1
9/3	甲午2	9	2	10/4	乙丑2	9	2	11/4	丙申1	9	1	12/4	丙寅1	9	1	1/3	丙申1	9	1	2/1	乙丑1	9	1
9/4	乙未2	9	1	10/5	丙寅3	9	1	11/5	丁酉1	9	1	12/5	丁卯1	9	1	1/4	丁酉3	9	1	2/2	丙寅1	9	1
9/5	丙申3	9	1	10/6	丁卯1	9	1	11/6	戊戌1	9	1	12/6	戊辰1	9	0	1/5	戊戌3	9	0	2/3	丁卯1	9	0
9/6	丁酉3	10	1	10/7	戊辰1	10	1	11/7	己亥1	10	0	12/7	己巳1	10	0	1/6	己亥3	10	0	2/4	戊辰1	10	0
9/7	戊戌3	10	0	10/8	己巳1	10	0	11/8	庚子2	10	0	12/8	庚午2	10	0								
9/8	己亥3	10	0	10/9	庚午1	10	0																

歳	男	歳	女	歳	男	歳	女	歳	男	歳	女	歳	男	歳	女	歳	男	歳	女	歳	男	歳	女
0	己未	0	辛酉	0	庚申	0	壬戌	0	辛酉	0	癸亥	0	壬戌	0	甲子	0	癸亥	0	乙丑	0	甲子	0	丙寅
10	戊午	10	壬戌	10	己未	10	癸亥	10	庚申	10	甲子	10	辛酉	10	乙丑	10	壬戌	10	丙寅	10	癸亥	10	丁卯
20	丁巳	20	癸亥	20	戊午	20	甲子	20	己未	20	乙丑	20	庚申	20	丙寅	20	辛酉	20	丁卯	20	壬戌	20	戊辰
30	丙辰	30	甲子	30	丁巳	30	乙丑	30	戊午	30	丙寅	30	己未	30	丁卯	30	庚申	30	戊辰	30	辛酉	30	己巳
40	乙卯	40	乙丑	40	丙辰	40	丙寅	40	丁巳	40	丁卯	40	戊午	40	戊辰	40	己未	40	己巳	40	庚申	40	庚午
50	甲寅	50	丙寅	50	乙卯	50	丁卯	50	丙辰	50	戊辰	50	丁巳	50	己巳	50	戊午	50	庚午	50	己未	50	辛未
60	癸丑	60	丁卯	60	甲寅	60	戊辰	60	乙卯	60	己巳	60	丙辰	60	庚午	60	丁巳	60	辛未	60	戊午	60	壬申
70	壬子	70	戊辰	70	癸丑	70	己巳	70	甲寅	70	庚午	70	乙卯	70	辛未	70	丙辰	70	壬申	70	丁巳	70	癸酉
80	辛亥	80	己巳	80	壬子	80	庚午	80	癸丑	80	辛未	80	甲寅	80	壬申	80	乙卯	80	癸酉	80	丙辰	80	甲戌

年柱 甲子 ― 1984年（昭和59年）2月4日23時19分～

月柱	期間
丙寅	2月4日23:19～3月5日17:25
丁卯	3月5日17:26～4月4日22:22
戊辰	4月4日22:23～5月5日16:01
己巳	5月5日16:02～6月5日20:08
庚午	6月5日20:09～7月7日6:29
辛未	7月7日6:30～8月7日16:18

月柱 丙寅

生日	日柱	男	女
2/4	戊2辰	10	0
2/5	己2巳	10	0
2/6	庚3午	9	1
2/7	辛3未	9	1
2/8	壬2申	9	1
2/9	癸2酉	8	2
2/10	甲1戌	8	2
2/11	乙1亥	8	2
2/12	丙1子	7	3
2/13	丁1丑	7	3
2/14	戊3寅	7	3
2/15	己3卯	6	4
2/16	庚3辰	6	4
2/17	辛3巳	6	4
2/18	壬3午	5	5
2/19	癸3未	5	5
2/20	甲1申	5	5
2/21	乙1酉	4	6
2/22	丙1戌	4	6
2/23	丁1亥	4	6
2/24	戊2子	3	7
2/25	己2丑	3	7
2/26	庚3寅	3	7
2/27	辛3卯	2	8
2/28	壬3辰	2	8
2/29	癸3巳	2	8
3/1	甲1午	1	9
3/2	乙1未	1	9
3/3	丙1申	1	9
3/4	丁1酉	0	10
3/5	戊2戌	0	10

月柱 丁卯

生日	日柱	男	女
3/5	戊2戌	10	0
3/6	己3亥	10	0
3/7	庚3子	9	1
3/8	辛3丑	9	1
3/9	壬2寅	9	1
3/10	癸2卯	8	2
3/11	甲1辰	8	2
3/12	乙2巳	8	2
3/13	丙1午	7	3
3/14	丁1未	7	3
3/15	戊3申	7	3
3/16	己3酉	6	4
3/17	庚3戌	6	4
3/18	辛3亥	6	4
3/19	壬2子	5	5
3/20	癸1丑	5	5
3/21	甲1寅	5	5
3/22	乙1卯	4	6
3/23	丙1辰	4	6
3/24	丁1巳	4	6
3/25	戊2午	3	7
3/26	己2未	3	7
3/27	庚3申	3	7
3/28	辛2酉	2	8
3/29	壬3戌	2	8
3/30	癸2亥	2	8
3/31	甲1子	1	9
4/1	乙1丑	1	9
4/2	丙1寅	1	9
4/3	丁1卯	0	10
4/4	戊2辰	0	10

月柱 戊辰

生日	日柱	男	女
4/4	戊1辰	10	0
4/5	己1巳	10	0
4/6	庚2午	9	1
4/7	辛1未	9	1
4/8	壬1申	9	1
4/9	癸2酉	8	2
4/10	甲1戌	8	2
4/11	乙2亥	8	2
4/12	丙1子	7	3
4/13	丁1丑	7	3
4/14	戊1寅	7	3
4/15	己1卯	7	4
4/16	庚3辰	6	4
4/17	辛2巳	6	4
4/18	壬2午	5	5
4/19	癸2未	5	5
4/20	甲1申	5	5
4/21	乙1酉	5	6
4/22	丙1戌	4	6
4/23	丁1亥	4	6
4/24	戊1子	4	7
4/25	己2丑	3	7
4/26	庚2寅	3	7
4/27	辛1卯	2	8
4/28	壬3辰	2	8
4/29	癸2巳	2	8
4/30	甲1午	1	9
5/1	乙1未	1	9
5/2	丙3申	1	9
5/3	丁3酉	1	10
5/4	戊2戌	0	10
5/5	己3亥	0	10

月柱 己巳

生日	日柱	男	女
5/5	己1亥	10	0
5/6	庚1子	10	0
5/7	辛1丑	10	1
5/8	壬1寅	9	1
5/9	癸1卯	9	1
5/10	甲1辰	9	2
5/11	乙2巳	8	2
5/12	丙1午	8	2
5/13	丁1未	8	3
5/14	戊1申	8	3
5/15	己1酉	7	3
5/16	庚2戌	7	4
5/17	辛2亥	7	4
5/18	壬2子	6	4
5/19	癸1丑	6	5
5/20	甲2寅	6	5
5/21	乙1卯	5	5
5/22	丙2辰	5	6
5/23	丁1巳	4	6
5/24	戊1午	4	6
5/25	己1未	4	7
5/26	庚2申	3	7
5/27	辛2酉	3	7
5/28	壬2戌	3	8
5/29	癸1亥	3	8
5/30	甲2子	2	8
5/31	乙1丑	2	9
6/1	丙2寅	1	9
6/2	丁1卯	1	9
6/3	戊1辰	1	10
6/4	己1巳	0	10
6/5	庚3午	0	10

月柱 庚午

生日	日柱	男	女
6/5	庚3午	11	0
6/6	辛2未	10	0
6/7	壬1申	10	1
6/8	癸2酉	9	1
6/9	甲2戌	9	1
6/10	乙2亥	9	2
6/11	丙1子	8	2
6/12	丁1丑	8	2
6/13	戊2寅	8	3
6/14	己2卯	8	3
6/15	庚2辰	7	3
6/16	辛2巳	7	4
6/17	壬2午	7	4
6/18	癸2未	7	4
6/19	甲2申	6	5
6/20	乙2酉	5	5
6/21	丙1戌	5	5
6/22	丁2亥	5	6
6/23	戊2子	5	6
6/24	己1丑	4	6
6/25	庚2寅	4	7
6/26	辛2卯	3	7
6/27	壬2辰	3	7
6/28	癸2巳	3	8
6/29	甲2午	3	8
6/30	乙2未	2	8
7/1	丙2申	2	9
7/2	丁2酉	2	9
7/3	戊1戌	1	9
7/4	己2亥	1	10
7/5	庚3子	1	10
7/6	辛1丑	0	10
7/7	壬2寅	0	11

月柱 辛未

生日	日柱	男	女
7/7	壬2寅	10	0
7/8	癸3卯	10	0
7/9	甲2辰	10	1
7/10	乙1巳	9	1
7/11	丙1午	9	1
7/12	丁2未	9	2
7/13	戊1申	8	2
7/14	己2酉	8	2
7/15	庚3戌	8	3
7/16	辛2亥	7	3
7/17	壬3子	7	3
7/18	癸1丑	7	4
7/19	甲2寅	6	4
7/20	乙1卯	6	4
7/21	丙2辰	5	5
7/22	丁1巳	5	5
7/23	戊2午	5	5
7/24	己1未	5	6
7/25	庚2申	4	6
7/26	辛1酉	4	6
7/27	壬2戌	4	7
7/28	癸3亥	3	7
7/29	甲2子	3	7
7/30	乙1丑	3	8
7/31	丙1寅	2	8
8/1	丁2卯	2	9
8/2	戊1辰	2	9
8/3	己1巳	1	9
8/4	庚2午	1	10
8/5	辛1未	1	10
8/6	壬1申	0	10
8/7	癸1酉	0	10

立運（大運）

歳	男	歳	女	歳	男	歳	女	歳	男	歳	女	歳	男	歳	女	歳	男	歳	女	歳	男	歳	女
0	丁卯	0	乙丑	0	戊辰	0	丙寅	0	己巳	0	丁卯	0	庚午	0	戊辰	0	辛未	0	己巳	0	壬申	0	庚午
10	戊辰	10	甲子	10	己巳	10	乙丑	10	庚午	10	丙寅	10	辛未	10	丁卯	10	壬申	10	戊辰	10	癸酉	10	己巳
20	己巳	20	癸亥	20	庚午	20	甲子	20	辛未	20	乙丑	20	壬申	20	丙寅	20	癸酉	20	丁卯	20	甲戌	20	戊辰
30	庚午	30	壬戌	30	辛未	30	癸亥	30	壬申	30	甲子	30	癸酉	30	乙丑	30	甲戌	30	丙寅	30	乙亥	30	丁卯
40	辛未	40	辛酉	40	壬申	40	壬戌	40	癸酉	40	癸亥	40	甲戌	40	甲子	40	乙亥	40	乙丑	40	丙子	40	丙寅
50	壬申	50	庚申	50	癸酉	50	辛酉	50	甲戌	50	壬戌	50	乙亥	50	癸亥	50	丙子	50	甲子	50	丁丑	50	乙丑
60	癸酉	60	己未	60	甲戌	60	庚申	60	乙亥	60	辛酉	60	丙子	60	壬戌	60	丁丑	60	癸亥	60	戊寅	60	甲子
70	甲戌	70	戊午	70	乙亥	70	己未	70	丙子	70	庚申	70	丁丑	70	辛酉	70	戊寅	70	壬戌	70	己卯	70	癸亥
80	乙亥	80	丁巳	80	丙子	80	戊午	80	丁丑	80	己未	80	戊寅	80	庚申	80	己卯	80	辛酉	80	庚辰	80	壬戌

～1985年（昭和60年）2月4日5時14分

月柱	時間帯
壬申	8月7日16:19～9月7日19:09
癸酉	9月7日19:10～10月8日10:43
甲戌	10月8日10:44～11月7日13:45
乙亥	11月7日13:46～12月7日6:27
丙子	12月7日6:28～1月5日17:32
丁丑	1月5日17:33～2月4日5:14

月柱 壬申（8月7日16:19～9月7日19:09）

生日	日柱	男	女
8/7	癸₁酉	10	0
8/8	甲₁戌	10	0
8/9	乙₁亥	10	1
8/10	丙₃子	9	1
8/11	丁₃丑	9	1
8/12	戊₃寅	9	2
8/13	己₃卯	8	2
8/14	庚₁辰	8	2
8/15	辛₂巳	8	3
8/16	壬₁午	7	3
8/17	癸₁未	7	3
8/18	甲₁申	7	4
8/19	乙₁酉	6	4
8/20	丙₃戌	6	4
8/21	丁₃亥	6	5
8/22	戊₃子	5	5
8/23	己₃丑	5	5
8/24	庚₂寅	5	6
8/25	辛₂卯	4	6
8/26	壬₁辰	4	6
8/27	癸₁巳	4	7
8/28	甲₁午	3	7
8/29	乙₁未	3	7
8/30	丙₃申	3	8
8/31	丁₁酉	2	8
9/1	戊₃戌	2	8
9/2	己₃亥	2	9
9/3	庚₂子	1	9
9/4	辛₁丑	1	9
9/5	壬₁寅	1	10
9/6	癸₁卯	0	10
9/7	甲₁辰	0	10

月柱 癸酉（9月7日19:10～10月8日10:43）

生日	日柱	男	女
9/7	甲₁辰	10	0
9/8	乙₁巳	10	0
9/9	丙₂午	10	1
9/10	丁₃未	9	1
9/11	戊₃申	9	1
9/12	己₃酉	9	2
9/13	庚₁戌	8	2
9/14	辛₁亥	8	2
9/15	壬₁子	8	3
9/16	癸₁丑	7	3
9/17	甲₁寅	7	3
9/18	乙₁卯	7	4
9/19	丙₁辰	6	4
9/20	丁₂巳	6	4
9/21	戊₃午	6	5
9/22	己₃未	5	5
9/23	庚₁申	5	5
9/24	辛₁酉	5	6
9/25	壬₁戌	4	6
9/26	癸₁亥	4	6
9/27	甲₁子	4	7
9/28	乙₁丑	3	7
9/29	丙₂寅	3	7
9/30	丁₃卯	3	8
10/1	戊₃辰	2	8
10/2	己₃巳	2	8
10/3	庚₂午	2	9
10/4	辛₁未	1	9
10/5	壬₁申	1	9
10/6	癸₁酉	1	10
10/7	甲₁戌	0	10
10/8	乙₁亥	0	10

月柱 甲戌（10月8日10:44～11月7日13:45）

生日	日柱	男	女
10/8	乙₁亥	10	0
10/9	丙₂子	10	0
10/10	丁₁丑	9	1
10/11	戊₃寅	9	1
10/12	己₃卯	9	1
10/13	庚₁辰	8	2
10/14	辛₂巳	8	2
10/15	壬₁午	8	2
10/16	癸₁未	7	3
10/17	甲₁申	7	3
10/18	乙₁酉	7	3
10/19	丙₂戌	6	4
10/20	丁₃亥	6	4
10/21	戊₃子	6	4
10/22	己₁丑	5	5
10/23	庚₁寅	5	5
10/24	辛₁卯	5	5
10/25	壬₁辰	4	6
10/26	癸₁巳	4	6
10/27	甲₁午	4	6
10/28	乙₁未	3	7
10/29	丙₃申	3	7
10/30	丁₃酉	3	7
10/31	戊₃戌	2	8
11/1	己₂亥	2	8
11/2	庚₃子	2	8
11/3	辛₁丑	1	9
11/4	壬₁寅	1	9
11/5	癸₁卯	1	9
11/6	甲₁辰	0	10
11/7	乙₁巳	0	10

月柱 乙亥（11月7日13:46～12月7日6:27）

生日	日柱	男	女
11/7	乙₁巳	10	0
11/8	丙₂午	10	0
11/9	丁₁未	9	1
11/10	戊₃申	9	1
11/11	己₃酉	9	1
11/12	庚₃戌	8	2
11/13	辛₁亥	8	2
11/14	壬₁子	8	2
11/15	癸₁丑	7	3
11/16	甲₁寅	7	3
11/17	乙₁卯	7	3
11/18	丙₂辰	6	4
11/19	丁₃巳	6	4
11/20	戊₃午	6	4
11/21	己₁未	5	5
11/22	庚₁申	5	5
11/23	辛₁酉	5	5
11/24	壬₁戌	4	6
11/25	癸₁亥	4	6
11/26	甲₁子	4	6
11/27	乙₁丑	3	7
11/28	丙₃寅	3	7
11/29	丁₃卯	3	7
11/30	戊₃辰	2	8
12/1	己₂巳	2	8
12/2	庚₃午	2	8
12/3	辛₁未	1	9
12/4	壬₁申	1	9
12/5	癸₁酉	1	9
12/6	甲₁戌	0	10
12/7	乙₁亥	0	10

月柱 丙子（12月7日6:28～1月5日17:32）

生日	日柱	男	女
12/7	乙₁亥	10	0
12/8	丙₂子	9	0
12/9	丁₂丑	9	1
12/10	戊₃寅	9	1
12/11	己₃卯	8	1
12/12	庚₃辰	8	2
12/13	辛₃巳	8	2
12/14	壬₁午	7	2
12/15	癸₁未	7	3
12/16	甲₁申	7	3
12/17	乙₁酉	6	3
12/18	丙₂戌	6	4
12/19	丁₃亥	6	4
12/20	戊₃子	5	4
12/21	己₂丑	5	5
12/22	庚₃寅	5	5
12/23	辛₃卯	4	5
12/24	壬₁辰	4	6
12/25	癸₁巳	4	6
12/26	甲₁午	3	6
12/27	乙₁未	3	7
12/28	丙₂申	3	7
12/29	丁₂酉	2	7
12/30	戊₂戌	2	8
12/31	己₂亥	2	8
1/1	庚₃子	1	8
1/2	辛₂丑	1	9
1/3	壬₁寅	1	9
1/4	癸₁卯	0	9
1/5	甲₁辰	0	10

月柱 丁丑（1月5日17:33～2月4日5:14）

生日	日柱	男	女
1/5	甲₂辰	10	0
1/6	乙₂巳	10	0
1/7	丙₁午	9	1
1/8	丁₂未	9	1
1/9	戊₂申	9	1
1/10	己₂酉	8	2
1/11	庚₃戌	8	2
1/12	辛₃亥	8	2
1/13	壬₃子	7	3
1/14	癸₃丑	7	3
1/15	甲₁寅	7	3
1/16	乙₁卯	6	4
1/17	丙₁辰	6	4
1/18	丁₁巳	6	4
1/19	戊₁午	5	5
1/20	己₁未	5	5
1/21	庚₁申	5	5
1/22	辛₁酉	4	6
1/23	壬₁戌	4	6
1/24	癸₁亥	4	6
1/25	甲₁子	3	7
1/26	乙₁丑	3	7
1/27	丙₁寅	3	7
1/28	丁₁卯	2	8
1/29	戊₁辰	2	8
1/30	己₁巳	2	8
1/31	庚₁午	1	9
2/1	辛₁未	1	9
2/2	壬₁申	1	9
2/3	癸₁酉	0	10
2/4	甲₂戌	0	10

大運

歳	壬申 男	壬申 女	癸酉 男	癸酉 女	甲戌 男	甲戌 女	乙亥 男	乙亥 女	丙子 男	丙子 女	丁丑 男	丁丑 女
0	癸酉	辛未	甲戌	壬申	乙亥	癸酉	丙子	甲戌	丁丑	乙亥	戊寅	丙子
10	甲戌	庚午	乙亥	辛未	丙子	壬申	丁丑	癸酉	戊寅	甲戌	己卯	乙亥
20	乙亥	己巳	丙子	庚午	丁丑	辛未	戊寅	壬申	己卯	癸酉	庚辰	甲戌
30	丙子	戊辰	丁丑	己巳	戊寅	庚午	己卯	辛未	庚辰	壬申	辛巳	癸酉
40	丁丑	丁卯	戊寅	戊辰	己卯	己巳	庚辰	庚午	辛巳	辛未	壬午	壬申
50	戊寅	丙寅	己卯	丁卯	庚辰	戊辰	辛巳	己巳	壬午	庚午	癸未	辛未
60	己卯	乙丑	庚辰	丙寅	辛巳	丁卯	壬午	戊辰	癸未	己巳	甲申	庚午
70	庚辰	甲子	辛巳	乙丑	壬午	丙寅	癸未	丁卯	甲申	戊辰	乙酉	己巳
80	辛巳	癸亥	壬午	甲子	癸未	乙丑	甲申	丙寅	乙酉	丁卯	丙戌	戊辰

年柱 乙丑　1985年（昭和60年）2月4日5時15分～

月柱 戊寅 2月4日 5:15～3月5日23:24				月柱 己卯 3月5日23:25～4月5日 4:27				月柱 庚辰 4月5日 4:28～5月5日22:01				月柱 辛巳 5月5日22:02～6月6日 2:23				月柱 壬午 6月6日 2:24～7月7日12:46				月柱 癸未 7月7日12:47～8月7日22:28			
生日	日柱	男	女	生日	日柱	男	女	生日	日柱	男	女	生日	日柱	男	女	生日	日柱	男	女	生日	日柱	男	女
2:4	甲$_1$戌	0	10	3:5	癸$_3$卯	0	10	4:5	甲$_1$戌	0	10	5:5	甲$_3$辰	0	11	6:6	丙$_1$子	0	10	7:7	丁$_1$未	0	10
2:5	乙$_1$亥	0	9	3:6	甲$_1$辰	0	10	4:6	乙$_1$亥	0	10	5:6	乙$_3$巳	0	10	6:7	丁$_1$丑	0	10	7:8	戊$_1$申	0	10
2:6	丙$_1$子	1	9	3:7	乙$_1$巳	1	10	4:7	丙$_3$子	1	9	5:7	丙$_1$午	1	10	6:8	戊$_1$寅	1	10	7:9	己$_1$酉	1	10
2:7	丁$_2$丑	1	9	3:8	丙$_1$午	1	9	4:8	丁$_1$丑	1	9	5:8	丁$_1$未	1	10	6:9	己$_1$卯	1	9	7:10	庚$_1$戌	1	9
2:8	戊$_2$寅	1	9	3:9	丁$_1$未	1	9	4:9	戊$_1$寅	1	9	5:9	戊$_1$申	1	9	6:10	庚$_2$辰	1	9	7:11	辛$_3$亥	1	9
2:9	己$_2$卯	2	8	3:10	戊$_2$申	2	9	4:10	己$_1$卯	2	8	5:10	己$_1$酉	2	9	6:11	辛$_3$巳	2	9	7:12	壬$_3$子	2	9
2:10	庚$_2$辰	2	8	3:11	己$_2$酉	2	8	4:11	庚$_1$辰	2	8	5:11	庚$_1$戌	2	9	6:12	壬$_1$午	2	8	7:13	癸$_3$丑	2	8
2:11	辛$_2$巳	2	7	3:12	庚$_2$戌	2	8	4:12	辛$_1$巳	2	8	5:12	辛$_2$亥	2	8	6:13	癸$_3$未	2	8	7:14	甲$_1$寅	2	8
2:12	壬$_3$午	3	7	3:13	辛$_3$亥	3	8	4:13	壬$_1$午	3	7	5:13	壬$_1$子	3	8	6:14	甲$_2$申	3	8	7:15	乙$_1$卯	3	8
2:13	癸$_3$未	3	7	3:14	壬$_3$子	3	8	4:14	癸$_1$未	3	7	5:14	癸$_1$丑	3	8	6:15	乙$_2$酉	3	7	7:16	丙$_2$辰	3	7
2:14	甲$_1$申	3	6	3:15	癸$_3$丑	3	7	4:15	甲$_1$申	3	7	5:15	甲$_1$寅	3	7	6:16	丙$_1$戌	3	7	7:17	丁$_1$巳	3	7
2:15	乙$_1$酉	4	6	3:16	甲$_1$寅	4	7	4:16	乙$_1$酉	4	7	5:16	乙$_1$卯	4	7	6:17	丁$_1$亥	4	7	7:18	戊$_1$午	4	7
2:16	丙$_1$戌	4	6	3:17	乙$_1$卯	4	6	4:17	丙$_1$戌	4	6	5:17	丙$_1$辰	4	7	6:18	戊$_1$子	4	6	7:19	己$_1$未	4	6
2:17	丁$_1$亥	4	5	3:18	丙$_1$辰	4	6	4:18	丁$_1$亥	4	6	5:18	丁$_1$巳	4	6	6:19	己$_1$丑	4	6	7:20	庚$_1$申	4	6
2:18	戊$_2$子	5	5	3:19	丁$_1$巳	5	6	4:19	戊$_1$子	5	6	5:19	戊$_1$午	5	6	6:20	庚$_2$寅	5	6	7:21	辛$_1$酉	5	6
2:19	己$_1$丑	5	5	3:20	戊$_1$午	5	5	4:20	己$_1$丑	5	5	5:20	己$_1$未	5	6	6:21	辛$_3$卯	5	5	7:22	壬$_3$戌	5	5
2:20	庚$_2$寅	5	4	3:21	己$_1$未	5	5	4:21	庚$_2$寅	5	5	5:21	庚$_1$申	5	5	6:22	壬$_3$辰	5	5	7:23	癸$_3$亥	5	5
2:21	辛$_3$卯	6	4	3:22	庚$_1$申	6	5	4:22	辛$_1$卯	6	5	5:22	辛$_2$酉	5	5	6:23	癸$_2$巳	6	5	7:24	甲$_1$子	6	5
2:22	壬$_3$辰	6	4	3:23	辛$_1$酉	6	4	4:23	壬$_1$辰	6	4	5:23	壬$_2$戌	6	5	6:24	甲$_2$午	6	4	7:25	乙$_2$丑	6	4
2:23	癸$_3$巳	6	3	3:24	壬$_1$戌	6	4	4:24	癸$_2$巳	6	4	5:24	癸$_2$亥	6	4	6:25	乙$_1$未	7	4	7:26	丙$_2$寅	6	4
2:24	甲$_1$午	7	3	3:25	癸$_3$亥	7	4	4:25	甲$_2$午	7	4	5:25	甲$_2$子	7	4	6:26	丙$_1$申	7	4	7:27	丁$_2$卯	7	4
2:25	乙$_1$未	7	3	3:26	甲$_1$子	7	3	4:26	乙$_1$未	7	3	5:26	乙$_1$丑	7	4	6:27	丁$_1$酉	7	3	7:28	戊$_3$辰	7	3
2:26	丙$_1$申	7	2	3:27	乙$_1$丑	7	3	4:27	丙$_1$申	7	3	5:27	丙$_1$寅	7	3	6:28	戊$_1$戌	8	3	7:29	己$_1$巳	7	3
2:27	丁$_2$酉	8	2	3:28	丙$_2$寅	8	3	4:28	丁$_1$酉	8	3	5:28	丁$_1$卯	8	3	6:29	己$_1$亥	8	3	7:30	庚$_1$午	8	3
2:28	戊$_2$戌	8	2	3:29	丁$_1$卯	8	2	4:29	戊$_1$戌	8	2	5:29	戊$_1$辰	8	3	6:30	庚$_2$子	8	2	7:31	辛$_1$未	8	2
3:1	己$_1$亥	8	1	3:30	戊$_2$辰	8	2	4:30	己$_1$亥	8	2	5:30	己$_1$巳	8	2	7:1	辛$_1$丑	8	2	8:1	壬$_1$申	8	2
3:2	庚$_2$子	8	1	3:31	己$_1$巳	9	2	5:1	庚$_1$子	9	2	5:31	庚$_2$午	9	2	7:2	壬$_1$寅	9	1	8:2	癸$_2$酉	9	2
3:3	辛$_1$丑	9	1	4:1	庚$_2$午	9	1	5:2	辛$_1$丑	9	1	6:1	辛$_1$未	9	1	7:3	癸$_2$卯	9	1	8:3	甲$_2$戌	9	1
3:4	壬$_3$寅	9	0	4:2	辛$_1$未	9	1	5:3	壬$_1$寅	9	1	6:2	壬$_1$申	9	1	7:4	甲$_2$辰	10	1	8:4	乙$_1$亥	9	1
3:5	癸$_3$卯	10	0	4:3	壬$_3$申	10	1	5:4	癸$_1$卯	10	1	6:3	癸$_2$酉	10	1	7:5	乙$_2$巳	10	1	8:5	丙$_2$子	10	1
				4:4	癸$_3$酉	10	0	5:5	甲$_1$辰	10	0	6:4	甲$_1$戌	10	1	7:6	丙$_1$午	10	0	8:6	丁$_2$丑	10	0
				4:5	甲$_1$戌	10	0					6:5	乙$_1$亥	10	0	7:7	丁$_1$未	10	0	8:7	戊$_1$寅	10	0
												6:6	丙$_1$子	11	0								

歳	男	歳	女	歳	男	歳	女	歳	男	歳	女	歳	男	歳	女	歳	男	歳	女	歳	男	歳	女
0	丁丑	0	己卯	0	戊寅	0	庚辰	0	己卯	0	辛巳	0	庚辰	0	壬午	0	辛巳	0	癸未	0	壬午	0	甲申
10	丙子	10	庚辰	10	丁丑	10	辛巳	10	戊寅	10	壬午	10	己卯	10	癸未	10	庚辰	10	甲申	10	辛巳	10	乙酉
20	乙亥	20	辛巳	20	丙子	20	壬午	20	丁丑	20	癸未	20	戊寅	20	甲申	20	己卯	20	乙酉	20	庚辰	20	丙戌
30	甲戌	30	壬午	30	乙亥	30	癸未	30	丙子	30	甲申	30	丁丑	30	乙酉	30	戊寅	30	丙戌	30	己卯	30	丁亥
40	癸酉	40	癸未	40	甲戌	40	甲申	40	乙亥	40	乙酉	40	丙子	40	丙戌	40	丁丑	40	丁亥	40	戊寅	40	戊子
50	壬申	50	甲申	50	癸酉	50	乙酉	50	甲戌	50	丙戌	50	乙亥	50	丁亥	50	丙子	50	戊子	50	丁丑	50	己丑
60	辛未	60	乙酉	60	壬申	60	丙戌	60	癸酉	60	丁亥	60	甲戌	60	戊子	60	乙亥	60	己丑	60	丙子	60	庚寅
70	庚午	70	丙戌	70	辛未	70	丁亥	70	壬申	70	戊子	70	癸酉	70	己丑	70	甲戌	70	庚寅	70	乙亥	70	辛卯
80	己巳	80	丁亥	80	庚午	80	戊子	80	辛未	80	己丑	80	壬申	80	庚寅	80	癸酉	80	辛卯	80	甲戌	80	壬辰

～1986年（昭和61年）2月4日11時02分

甲申 8月7日22:29～9月8日1:12				乙酉 9月8日1:13～10月8日16:36				丙戌 10月8日16:37～11月7日19:31				丁亥 11月7日19:32～12月7日12:11				戊子 12月7日12:12～1月5日23:20				己丑 1月5日23:21～2月4日11:02			
生日	日柱	男	女	生日	日柱	男	女	生日	日柱	男	女	生日	日柱	男	女	生日	日柱	男	女	生日	日柱	男	女
8/7	戊寅	0	11	9/8	庚戌	0	10	10/8	庚辰	0	10	11/7	庚戌	0	10	12/7	庚辰	0	10	1/5	己酉	0	10
8/8	己卯	0	10	9/9	辛亥	0	10	10/9	辛巳	0	10	11/8	辛亥	0	10	12/8	辛巳	0	9	1/6	庚戌	0	10
8/9	庚辰	1	10	9/10	壬子	1	9	10/10	壬午	1	9	11/9	壬子	1	9	12/9	壬午	1	9	1/7	辛亥	1	9
8/10	辛巳	1	10	9/11	癸丑	1	9	10/11	癸未	1	9	11/10	癸丑	1	9	12/10	癸未	1	9	1/8	壬子	1	9
8/11	壬午	1	9	9/12	甲寅	2	8	10/12	甲申	1	9	11/11	甲寅	1	9	12/11	甲申	1	9	1/9	癸丑	1	9
8/12	癸未	2	9	9/13	乙卯	2	8	10/13	乙酉	2	8	11/12	乙卯	2	8	12/12	乙酉	2	8	1/10	甲寅	2	8
8/13	甲申	2	9	9/14	丙辰	2	8	10/14	丙戌	2	8	11/13	丙辰	2	8	12/13	丙戌	2	8	1/11	乙卯	2	8
8/14	乙酉	2	8	9/15	丁巳	2	8	10/15	丁亥	2	8	11/14	丁巳	2	7	12/14	丁亥	2	7	1/12	丙辰	3	7
8/15	丙戌	3	8	9/16	戊午	3	7	10/16	戊子	3	7	11/15	戊午	3	7	12/15	戊子	3	7	1/13	丁巳	3	7
8/16	丁亥	3	8	9/17	己未	3	7	10/17	己丑	3	7	11/16	己未	3	7	12/16	己丑	3	6	1/14	戊午	3	7
8/17	戊子	3	7	9/18	庚申	3	6	10/18	庚寅	3	6	11/17	庚申	3	6	12/17	庚寅	3	6	1/15	己未	3	7
8/18	己丑	4	7	9/19	辛酉	4	6	10/19	辛卯	4	6	11/18	辛酉	4	6	12/18	辛卯	4	6	1/16	庚申	4	6
8/19	庚寅	4	7	9/20	壬戌	4	6	10/20	壬辰	4	6	11/19	壬戌	4	6	12/19	壬辰	4	5	1/17	辛酉	4	6
8/20	辛卯	4	6	9/21	癸亥	4	5	10/21	癸巳	4	6	11/20	癸亥	4	5	12/20	癸巳	4	5	1/18	壬戌	4	6
8/21	壬辰	5	6	9/22	甲子	5	5	10/22	甲午	5	5	11/21	甲子	5	5	12/21	甲午	5	5	1/19	癸亥	5	5
8/22	癸巳	5	6	9/23	乙丑	5	5	10/23	乙未	5	5	11/22	乙丑	5	5	12/22	乙未	5	4	1/20	甲子	5	5
8/23	甲午	5	5	9/24	丙寅	6	4	10/24	丙申	5	5	11/23	丙寅	5	4	12/23	丙申	5	4	1/21	乙丑	5	5
8/24	乙未	6	5	9/25	丁卯	6	4	10/25	丁酉	6	4	11/24	丁卯	6	4	12/24	丁酉	6	4	1/22	丙寅	6	4
8/25	丙申	6	4	9/26	戊辰	6	4	10/26	戊戌	6	4	11/25	戊辰	6	4	12/25	戊戌	6	3	1/23	丁卯	6	4
8/26	丁酉	6	4	9/27	己巳	6	4	10/27	己亥	6	4	11/26	己巳	6	3	12/26	己亥	6	3	1/24	戊辰	6	4
8/27	戊戌	7	4	9/28	庚午	7	3	10/28	庚子	7	3	11/27	庚午	7	3	12/27	庚子	7	3	1/25	己巳	7	3
8/28	己亥	7	3	9/29	辛未	7	3	10/29	辛丑	7	3	11/28	辛未	7	3	12/28	辛丑	7	2	1/26	庚午	7	3
8/29	庚子	7	3	9/30	壬申	7	3	10/30	壬寅	7	3	11/29	壬申	7	2	12/29	壬寅	7	2	1/27	辛未	7	3
8/30	辛丑	8	3	10/1	癸酉	8	2	10/31	癸卯	8	2	11/30	癸酉	8	2	12/30	癸卯	8	2	1/28	壬申	8	2
8/31	壬寅	8	2	10/2	甲戌	8	2	11/1	甲辰	8	2	12/1	甲戌	8	2	12/31	甲辰	8	2	1/29	癸酉	8	2
9/1	癸卯	8	2	10/3	乙亥	8	2	11/2	乙巳	8	2	12/2	乙亥	8	1	1/1	乙巳	8	1	1/30	甲戌	8	2
9/2	甲辰	9	2	10/4	丙子	9	1	11/3	丙午	9	1	12/3	丙子	9	1	1/2	丙午	9	1	1/31	乙亥	9	1
9/3	乙巳	9	2	10/5	丁丑	9	1	11/4	丁未	9	1	12/4	丁丑	9	1	1/3	丁未	9	1	2/1	丙子	9	1
9/4	丙午	9	1	10/6	戊寅	10	0	11/5	戊申	9	1	12/5	戊寅	9	1	1/4	戊申	9	1	2/2	丁丑	9	1
9/5	丁未	10	1	10/7	己卯	10	0	11/6	己酉	10	0	12/6	己卯	10	0	1/5	己酉	10	0	2/3	戊寅	10	0
9/6	戊申	10	1	10/8	庚辰	10	0	11/7	庚戌	10	0	12/7	庚辰	10	0					2/4	己卯	10	0
9/7	己酉	10	0																				
9/8	庚戌	11	0																				

歳	男	歳	女	歳	男	歳	女	歳	男	歳	女	歳	男	歳	女	歳	男	歳	女	歳	男	歳	女
0	癸未	0	乙酉	0	甲申	0	丙戌	0	乙酉	0	丁亥	0	丙戌	0	戊子	0	丁亥	0	己丑	0	戊子	0	庚寅
10	壬午	10	丙戌	10	癸未	10	丁亥	10	甲申	10	戊子	10	乙酉	10	己丑	10	丙戌	10	庚寅	10	丁亥	10	辛卯
20	辛巳	20	丁亥	20	壬午	20	戊子	20	癸未	20	己丑	20	甲申	20	庚寅	20	乙酉	20	辛卯	20	丙戌	20	壬辰
30	庚辰	30	戊子	30	辛巳	30	己丑	30	壬午	30	庚寅	30	癸未	30	辛卯	30	甲申	30	壬辰	30	乙酉	30	癸巳
40	己卯	40	己丑	40	庚辰	40	庚寅	40	辛巳	40	辛卯	40	壬午	40	壬辰	40	癸未	40	癸巳	40	甲申	40	甲午
50	戊寅	50	庚寅	50	己卯	50	辛卯	50	庚辰	50	壬辰	50	辛巳	50	癸巳	50	壬午	50	甲午	50	癸未	50	乙未
60	丁丑	60	辛卯	60	戊寅	60	壬辰	60	己卯	60	癸巳	60	庚辰	60	甲午	60	辛巳	60	乙未	60	壬午	60	丙申
70	丙子	70	壬辰	70	丁丑	70	癸巳	70	戊寅	70	甲午	70	己卯	70	乙未	70	庚辰	70	丙申	70	辛巳	70	丁酉
80	乙亥	80	癸巳	80	丙子	80	甲午	80	丁丑	80	乙未	80	戊寅	80	丙申	80	己卯	80	丁酉	80	庚辰	80	戊戌

年柱 丙寅 1986年（昭和61年）2月4日11時03分〜

2月4日11:03〜3月6日 5:12
3月6日 5:13〜4月5日10:15
4月5日10:16〜5月6日 3:49
5月6日 3:50〜6月6日 8:11
6月6日 8:12〜7月7日18:34
7月7日18:35〜8月8日 4:16

月柱：庚寅 ／ 辛卯 ／ 壬辰 ／ 癸巳 ／ 甲午 ／ 乙未　（各枠：生日・日柱・立運年齢 男・女）

生日	日柱	男	女	生日	日柱	男	女	生日	日柱	男	女	生日	日柱	男	女	生日	日柱	男	女	生日	日柱	男	女
2 4	己卯	10	0	3 6	己酉	10	0	4 5	己卯	10	0	5 6	庚戌	10	0	6 6	辛巳	10	0	7 7	壬子	11	0
2 5	庚辰	10	0	3 7	庚戌	10	0	4 6	庚辰	10	0	5 7	辛亥	10	0	6 7	壬午	10	0	7 8	癸丑	10	0
2 6	辛巳	9	1	3 8	辛亥	9	1	4 7	辛巳	10	1	5 8	壬子	10	1	6 8	癸未	10	1	7 9	甲寅	10	1
2 7	壬午	9	1	3 9	壬子	9	1	4 8	壬午	9	1	5 9	癸丑	9	1	6 9	甲申	9	1	7 10	乙卯	10	1
2 8	癸未	8	2	3 10	癸丑	8	2	4 9	癸未	9	2	5 10	甲寅	9	2	6 10	乙酉	9	2	7 11	丙辰	9	2
2 9	甲申	8	2	3 11	甲寅	8	2	4 10	甲申	9	2	5 11	乙卯	9	2	6 11	丙戌	9	2	7 12	丁巳	9	2
2 10	乙酉	8	2	3 12	乙卯	8	2	4 11	乙酉	8	2	5 12	丙辰	8	2	6 12	丁亥	8	2	7 13	戊午	9	2
2 11	丙戌	8	2	3 13	丙辰	8	2	4 12	丙戌	8	2	5 13	丁巳	8	2	6 13	戊子	8	2	7 14	己未	8	2
2 12	丁亥	7	3	3 14	丁巳	7	3	4 13	丁亥	8	3	5 14	戊午	8	3	6 14	己丑	8	3	7 15	庚申	8	3
2 13	戊子	7	3	3 15	戊午	7	3	4 14	戊子	7	3	5 15	己未	7	3	6 15	庚寅	7	3	7 16	辛酉	7	3
2 14	己丑	7	3	3 16	己未	7	3	4 15	己丑	7	3	5 16	庚申	7	3	6 16	辛卯	7	3	7 17	壬戌	7	3
2 15	庚寅	6	4	3 17	庚申	6	4	4 16	庚寅	7	4	5 17	辛酉	7	4	6 17	壬辰	7	4	7 18	癸亥	7	4
2 16	辛卯	6	4	3 18	辛酉	6	4	4 17	辛卯	6	4	5 18	壬戌	6	4	6 18	癸巳	6	4	7 19	甲子	7	4
2 17	壬辰	6	4	3 19	壬戌	6	4	4 18	壬辰	6	4	5 19	癸亥	6	4	6 19	甲午	6	4	7 20	乙丑	6	5
2 18	癸巳	6	4	3 20	癸亥	6	4	4 19	癸巳	6	4	5 20	甲子	6	4	6 20	乙未	6	5	7 21	丙寅	6	5
2 19	甲午	5	5	3 21	甲子	5	5	4 20	甲午	5	5	5 21	乙丑	5	5	6 21	丙申	5	5	7 22	丁卯	6	5
2 20	乙未	5	5	3 22	乙丑	5	5	4 21	乙未	5	5	5 22	丙寅	5	5	6 22	丁酉	5	5	7 23	戊辰	5	5
2 21	丙申	4	6	3 23	丙寅	4	6	4 22	丙申	5	6	5 23	丁卯	5	6	6 23	戊戌	5	6	7 24	己巳	5	6
2 22	丁酉	4	6	3 24	丁卯	4	6	4 23	丁酉	4	6	5 24	戊辰	4	6	6 24	己亥	4	6	7 25	庚午	5	6
2 23	戊戌	4	6	3 25	戊辰	4	6	4 24	戊戌	4	6	5 25	己巳	4	6	6 25	庚子	4	6	7 26	辛未	4	6
2 24	己亥	3	7	3 26	己巳	3	7	4 25	己亥	4	7	5 26	庚午	4	7	6 26	辛丑	4	7	7 27	壬申	4	7
2 25	庚子	3	7	3 27	庚午	3	7	4 26	庚子	3	7	5 27	辛未	3	7	6 27	壬寅	3	7	7 28	癸酉	3	7
2 26	辛丑	3	7	3 28	辛未	3	7	4 27	辛丑	3	7	5 28	壬申	3	7	6 28	癸卯	3	8	7 29	甲戌	3	7
2 27	壬寅	2	8	3 29	壬申	2	8	4 28	壬寅	3	8	5 29	癸酉	3	8	6 29	甲辰	3	8	7 30	乙亥	3	8
2 28	癸卯	2	8	3 30	癸酉	2	8	4 29	癸卯	2	8	5 30	甲戌	2	8	6 30	乙巳	2	8	7 31	丙子	2	8
3 1	甲辰	2	8	3 31	甲戌	2	8	4 30	甲辰	2	8	5 31	乙亥	2	8	7 1	丙午	2	9	8 1	丁丑	2	8
3 2	乙巳	1	9	4 1	乙亥	1	9	5 1	乙巳	2	9	6 1	丙子	2	9	7 2	丁未	2	9	8 2	戊寅	2	9
3 3	丙午	1	9	4 2	丙子	1	9	5 2	丙午	1	9	6 2	丁丑	1	9	7 3	戊申	1	9	8 3	己卯	2	9
3 4	丁未	1	9	4 3	丁丑	1	9	5 3	丁未	1	9	6 3	戊寅	1	9	7 4	己酉	1	10	8 4	庚辰	1	9
3 5	戊申	0	10	4 4	戊寅	0	10	5 4	戊申	1	10	6 4	己卯	1	10	7 5	庚戌	1	10	8 5	辛巳	1	10
3 6	己酉	0	10	4 5	己卯	0	10	5 5	己酉	0	10	6 5	庚辰	0	10	7 6	辛亥	0	10	8 6	壬午	0	10
								5 6	庚戌	0	10	6 6	辛巳	0	10	7 7	壬子	0	10	8 7	癸未	0	10
																				8 8	甲申	0	11

大運（立運年齢表）

歳	庚寅 男	庚寅 女	辛卯 男	辛卯 女	壬辰 男	壬辰 女	癸巳 男	癸巳 女	甲午 男	甲午 女	乙未 男	乙未 女
0	辛卯	己丑	壬辰	庚寅	癸巳	辛卯	甲午	壬辰	乙未	癸巳	丙申	甲午
10	壬辰	戊子	癸巳	己丑	甲午	庚寅	乙未	辛卯	丙申	壬辰	丁酉	癸巳
20	癸巳	丁亥	甲午	戊子	乙未	己丑	丙申	庚寅	丁酉	辛卯	戊戌	壬辰
30	甲午	丙戌	乙未	丁亥	丙申	戊子	丁酉	己丑	戊戌	庚寅	己亥	辛卯
40	乙未	乙酉	丙申	丙戌	丁酉	丁亥	戊戌	戊子	己亥	己丑	庚子	庚寅
50	丙申	甲申	丁酉	乙酉	戊戌	丙戌	己亥	丁亥	庚子	戊子	辛丑	己丑
60	丁酉	癸未	戊戌	甲申	己亥	乙酉	庚子	丙戌	辛丑	丁亥	壬寅	戊子
70	戊戌	壬午	己亥	癸未	庚子	甲申	辛丑	乙酉	壬寅	丙戌	癸卯	丁亥
80	己亥	辛巳	庚子	壬午	辛丑	癸未	壬寅	甲申	癸卯	乙酉	甲辰	丙戌

～1987年（昭和62年）2月4日16時49分

月柱 丙申（8月8日 4:17～9月8日 7:00）

生日	日柱	立運年齢 男	立運年齢 女
8.8	甲3申	10	0
8.9	乙3酉	10	0
8.10	丙2戌	10	1
8.11	丁1亥	9	1
8.12	戊2子	9	1
8.13	己1丑	9	2
8.14	庚1寅	8	2
8.15	辛2卯	8	2
8.16	壬3辰	8	3
8.17	癸1巳	7	3
8.18	甲3午	7	3
8.19	乙1未	7	4
8.20	丙1申	6	4
8.21	丁2酉	6	4
8.22	戊2戌	6	5
8.23	己3亥	5	5
8.24	庚1子	5	5
8.25	辛1丑	5	6
8.26	壬2寅	4	6
8.27	癸3卯	4	6
8.28	甲3辰	4	7
8.29	乙3巳	3	7
8.30	丙1午	3	7
8.31	丁1未	3	8
9.1	戊2申	2	8
9.2	己2酉	2	8
9.3	庚1戌	2	9
9.4	辛1亥	1	9
9.5	壬1子	1	9
9.6	癸1丑	1	10
9.7	甲1寅	0	10
9.8	乙2卯	0	10

月柱 丁酉（9月8日 7:01～10月8日22:24）

生日	日柱	立運年齢 男	立運年齢 女
9.8	乙3卯	10	0
9.9	丙1辰	10	0
9.10	丁1巳	9	1
9.11	戊1午	9	1
9.12	己1未	9	1
9.13	庚1申	8	2
9.14	辛1酉	8	2
9.15	壬3戌	8	2
9.16	癸3亥	7	3
9.17	甲3子	7	3
9.18	乙3丑	7	3
9.19	丙1寅	6	4
9.20	丁1卯	6	4
9.21	戊1辰	6	4
9.22	己1巳	5	5
9.23	庚2午	5	5
9.24	辛1未	5	5
9.25	壬2申	4	6
9.26	癸2酉	4	6
9.27	甲3戌	4	6
9.28	乙2亥	3	7
9.29	丙1子	3	7
9.30	丁1丑	3	7
10.1	戊2寅	2	8
10.2	己2卯	2	8
10.3	庚1辰	2	8
10.4	辛1巳	1	9
10.5	壬3午	1	9
10.6	癸3未	1	9
10.7	甲3申	0	10
10.8	乙3酉	0	10

月柱 戊戌（10月8日22:25～11月8日 1:19）

生日	日柱	立運年齢 男	立運年齢 女
10.8	乙3酉	10	0
10.9	丙2戌	10	0
10.10	丁2亥	10	1
10.11	戊1子	9	1
10.12	己1丑	9	1
10.13	庚1寅	9	2
10.14	辛1卯	8	2
10.15	壬2辰	8	2
10.16	癸3巳	8	3
10.17	甲3午	7	3
10.18	乙3未	7	3
10.19	丙1申	7	4
10.20	丁1酉	6	4
10.21	戊1戌	6	4
10.22	己1亥	6	5
10.23	庚3子	5	5
10.24	辛3丑	5	5
10.25	壬3寅	5	6
10.26	癸3卯	4	6
10.27	甲3辰	4	6
10.28	乙3巳	4	7
10.29	丙1午	3	7
10.30	丁1未	3	7
10.31	戊1申	3	8
11.1	己1酉	2	8
11.2	庚2戌	2	8
11.3	辛2亥	2	9
11.4	壬3子	1	9
11.5	癸3丑	1	9
11.6	甲2寅	1	10
11.7	乙2卯	0	10
11.8	丙2辰	0	10

月柱 己亥（11月8日 1:20～12月7日18:00）

生日	日柱	立運年齢 男	立運年齢 女
11.8	丙3辰	10	0
11.9	丁1巳	9	0
11.10	戊1午	9	1
11.11	己1未	9	1
11.12	庚1申	8	1
11.13	辛1酉	8	2
11.14	壬1戌	8	2
11.15	癸1亥	7	2
11.16	甲1子	7	3
11.17	乙1丑	7	3
11.18	丙1寅	6	3
11.19	丁1卯	6	4
11.20	戊1辰	6	4
11.21	己1巳	5	4
11.22	庚3午	5	5
11.23	辛1未	5	5
11.24	壬1申	4	5
11.25	癸1酉	4	6
11.26	甲1戌	4	6
11.27	乙3亥	3	6
11.28	丙1子	3	7
11.29	丁1丑	3	7
11.30	戊3寅	2	7
12.1	己3卯	2	8
12.2	庚3辰	2	8
12.3	辛1巳	1	8
12.4	壬1午	1	9
12.5	癸1未	1	9
12.6	甲1申	0	9
12.7	乙3酉	0	10

月柱 庚子（12月7日18:01～1月6日 5:08）

生日	日柱	立運年齢 男	立運年齢 女
12.7	乙3酉	10	0
12.8	丙3戌	10	0
12.9	丁3亥	9	1
12.10	戊3子	9	1
12.11	己1丑	9	1
12.12	庚1寅	8	2
12.13	辛1卯	8	2
12.14	壬1辰	8	2
12.15	癸1巳	7	3
12.16	甲2午	7	3
12.17	乙1未	7	3
12.18	丙2申	6	4
12.19	丁2酉	6	4
12.20	戊2戌	6	4
12.21	己1亥	5	5
12.22	庚2子	5	5
12.23	辛1丑	5	5
12.24	壬1寅	4	6
12.25	癸1卯	4	6
12.26	甲1辰	4	6
12.27	乙3巳	3	7
12.28	丙1午	3	7
12.29	丁1未	3	7
12.30	戊3申	2	8
12.31	己3酉	2	8
1.1	庚3戌	2	8
1.2	辛1亥	1	9
1.3	壬1子	1	9
1.4	癸1丑	1	9
1.5	甲1寅	0	10
1.6	乙1卯	0	10

月柱 辛丑（1月6日 5:09～2月4日16:49）

生日	日柱	立運年齢 男	立運年齢 女
1.6	乙2卯	10	0
1.7	丙2辰	9	0
1.8	丁1巳	9	1
1.9	戊1午	9	1
1.10	己1未	8	1
1.11	庚1申	8	2
1.12	辛1酉	8	2
1.13	壬2戌	7	2
1.14	癸2亥	7	3
1.15	甲2子	7	3
1.16	乙3丑	6	3
1.17	丙1寅	6	4
1.18	丁1卯	6	4
1.19	戊1辰	5	4
1.20	己1巳	5	5
1.21	庚2午	5	5
1.22	辛1未	4	5
1.23	壬1申	4	6
1.24	癸1酉	4	6
1.25	甲3戌	3	6
1.26	乙2亥	3	7
1.27	丙1子	3	7
1.28	丁1丑	2	7
1.29	戊2寅	2	8
1.30	己1卯	2	8
1.31	庚1辰	1	8
2.1	辛1巳	1	9
2.2	壬2午	1	9
2.3	癸2未	0	9
2.4	甲3申	0	10

大運表

歳	丙申 男	丙申 女	丁酉 男	丁酉 女	戊戌 男	戊戌 女	己亥 男	己亥 女	庚子 男	庚子 女	辛丑 男	辛丑 女
0	丁酉	乙未	戊戌	丙申	己亥	丁酉	庚子	戊戌	辛丑	己亥	壬寅	庚子
10	戊戌	甲午	己亥	乙未	庚子	丙申	辛丑	丁酉	壬寅	戊戌	癸卯	己亥
20	己亥	癸巳	庚子	甲午	辛丑	乙未	壬寅	丙申	癸卯	丁酉	甲辰	戊戌
30	庚子	壬辰	辛丑	癸巳	壬寅	甲午	癸卯	乙未	甲辰	丙申	乙巳	丁酉
40	辛丑	辛卯	壬寅	壬辰	癸卯	癸巳	甲辰	甲午	乙巳	乙未	丙午	丙申
50	壬寅	庚寅	癸卯	辛卯	甲辰	壬辰	乙巳	癸巳	丙午	甲午	丁未	乙未
60	癸卯	己丑	甲辰	庚寅	乙巳	辛卯	丙午	壬辰	丁未	癸巳	戊申	甲午
70	甲辰	戊子	乙巳	己丑	丙午	庚寅	丁未	辛卯	戊申	壬辰	己酉	癸巳
80	乙巳	丁亥	丙午	戊子	丁未	己丑	戊申	庚寅	己酉	辛卯	庚戌	壬辰

年柱 丁卯 1987年（昭和62年）2月4日16時50分～

2月4日16:50～3月6日10:58　月柱 壬寅

生日	日柱	男	女
2/4	甲申	0	10
2/5	乙酉	0	10
2/6	丙1戌	1	9
2/7	丁1亥	1	9
2/8	戊1子	1	9
2/9	己2丑	2	8
2/10	庚2寅	2	8
2/11	辛2卯	2	8
2/12	壬3辰	3	7
2/13	癸3巳	3	7
2/14	甲3午	3	7
2/15	乙3未	4	6
2/16	丙3申	4	6
2/17	丁3酉	4	6
2/18	戊2戌	5	5
2/19	己3亥	5	5
2/20	庚3子	5	5
2/21	辛3丑	6	4
2/22	壬3寅	6	4
2/23	癸3卯	6	4
2/24	甲3辰	7	3
2/25	乙3巳	7	3
2/26	丙3午	7	3
2/27	丁3未	8	2
2/28	戊3申	8	2
3/1	己3酉	8	2
3/2	庚3戌	9	1
3/3	辛3亥	9	1
3/4	壬2子	9	1
3/5	癸3丑	10	0
3/6	甲3寅	10	0

3月6日10:59～4月5日16:02　月柱 癸卯

生日	日柱	男	女
3/6	甲1寅	0	10
3/7	乙1卯	0	10
3/8	丙1辰	1	9
3/9	丁1巳	1	9
3/10	戊1午	1	9
3/11	己2未	2	8
3/12	庚2申	2	8
3/13	辛2酉	2	8
3/14	壬3戌	3	7
3/15	癸3亥	3	7
3/16	甲3子	3	7
3/17	乙3丑	4	6
3/18	丙3寅	4	6
3/19	丁3卯	4	6
3/20	戊3辰	5	5
3/21	己3巳	5	5
3/22	庚3午	5	5
3/23	辛3未	6	4
3/24	壬3申	6	4
3/25	癸3酉	6	4
3/26	甲3戌	7	3
3/27	乙3亥	7	3
3/28	丙3子	7	3
3/29	丁3丑	8	2
3/30	戊3寅	8	2
3/31	己3卯	8	2
4/1	庚3辰	9	1
4/2	辛3巳	9	1
4/3	壬3午	9	1
4/4	癸3未	10	0
4/5	甲3申	10	0

4月5日16:03～5月6日9:36　月柱 甲辰

生日	日柱	男	女
4/5	甲申	0	10
4/6	乙酉	0	10
4/7	丙1戌	1	10
4/8	丁1亥	1	9
4/9	戊1子	1	9
4/10	己1丑	2	9
4/11	庚1寅	2	8
4/12	辛1卯	2	8
4/13	壬3辰	3	8
4/14	癸3巳	3	7
4/15	甲1午	3	7
4/16	乙1未	4	7
4/17	丙1申	4	6
4/18	丁1酉	4	6
4/19	戊1戌	5	6
4/20	己1亥	5	5
4/21	庚1子	5	5
4/22	辛1丑	6	5
4/23	壬1寅	6	4
4/24	癸1卯	6	4
4/25	甲1辰	7	4
4/26	乙1巳	7	3
4/27	丙1午	7	3
4/28	丁1未	8	3
4/29	戊1申	8	2
4/30	己1酉	8	2
5/1	庚3戌	9	2
5/2	辛1亥	9	1
5/3	壬1子	9	1
5/4	癸1丑	10	1
5/5	甲1寅	10	0
5/6	乙1卯	10	0

5月6日9:37～6月6日13:58　月柱 乙巳

生日	日柱	男	女
5/6	乙卯	0	10
5/7	丙辰	0	10
5/8	丁1巳	1	10
5/9	戊1午	1	9
5/10	己1未	1	9
5/11	庚3申	2	9
5/12	辛1酉	2	8
5/13	壬1戌	2	8
5/14	癸3亥	3	8
5/15	甲1子	3	7
5/16	乙1丑	3	7
5/17	丙1寅	4	7
5/18	丁1卯	4	6
5/19	戊1辰	4	6
5/20	己1巳	5	6
5/21	庚3午	5	5
5/22	辛3未	5	5
5/23	壬1申	6	5
5/24	癸3酉	6	4
5/25	甲2戌	6	4
5/26	乙1亥	7	4
5/27	丙1子	7	3
5/28	丁1丑	7	3
5/29	戊1寅	8	3
5/30	己1卯	8	2
5/31	庚3辰	8	2
6/1	辛1巳	9	2
6/2	壬1午	9	1
6/3	癸3未	9	1
6/4	甲2申	10	1
6/5	乙2酉	10	0
6/6	丙1戌	10	0

6月6日13:59～7月8日0:21　月柱 丙午

生日	日柱	男	女
6/6	丙1戌	0	11
6/7	丁1亥	0	10
6/8	戊1子	1	10
6/9	己1丑	1	10
6/10	庚1寅	1	9
6/11	辛1卯	2	9
6/12	壬3辰	2	9
6/13	癸3巳	2	8
6/14	甲1午	3	8
6/15	乙1未	3	8
6/16	丙1申	3	7
6/17	丁1酉	4	7
6/18	戊1戌	4	7
6/19	己1亥	4	6
6/20	庚1子	5	6
6/21	辛1丑	5	6
6/22	壬1寅	5	5
6/23	癸3卯	6	5
6/24	甲2辰	6	5
6/25	乙1巳	6	4
6/26	丙1午	7	4
6/27	丁1未	7	3
6/28	戊1申	7	3
6/29	己1酉	8	3
6/30	庚3戌	8	2
7/1	辛1亥	8	2
7/2	壬3子	9	2
7/3	癸3丑	9	2
7/4	甲2寅	9	1
7/5	乙2卯	10	1
7/6	丙1辰	10	1
7/7	丁1巳	10	0
7/8	戊1午	11	0

7月8日0:22～8月8日10:03　月柱 丁未

生日	日柱	男	女
7/8	戊午	0	10
7/9	己未	0	10
7/10	庚2申	1	10
7/11	辛1酉	1	9
7/12	壬1戌	1	9
7/13	癸3亥	2	9
7/14	甲1子	2	8
7/15	乙1丑	2	8
7/16	丙1寅	3	8
7/17	丁1卯	3	7
7/18	戊1辰	3	7
7/19	己1巳	4	7
7/20	庚1午	4	6
7/21	辛1未	4	6
7/22	壬1申	5	6
7/23	癸3酉	5	5
7/24	甲1戌	5	5
7/25	乙1亥	6	5
7/26	丙1子	6	4
7/27	丁1丑	6	4
7/28	戊1寅	7	4
7/29	己1卯	7	3
7/30	庚3辰	7	3
7/31	辛1巳	8	3
8/1	壬1午	8	2
8/2	癸3未	8	2
8/3	甲1申	9	2
8/4	乙2酉	9	1
8/5	丙1戌	9	1
8/6	丁1亥	10	1
8/7	戊1子	10	0
8/8	己1丑	10	0

大運表

歳	男	歳	女	歳	男	歳	女	歳	男	歳	女	歳	男	歳	女	歳	男	歳	女	歳	男	歳	女
0	辛丑	0	癸卯	0	壬寅	0	甲辰	0	癸卯	0	乙巳	0	甲辰	0	丙午	0	乙巳	0	丁未	0	丙午	0	戊申
10	庚子	10	甲辰	10	辛丑	10	乙巳	10	壬寅	10	丙午	10	癸卯	10	丁未	10	甲辰	10	戊申	10	乙巳	10	己酉
20	己亥	20	乙巳	20	庚子	20	丙午	20	辛丑	20	丁未	20	壬寅	20	戊申	20	癸卯	20	己酉	20	甲辰	20	庚戌
30	戊戌	30	丙午	30	己亥	30	丁未	30	庚子	30	戊申	30	辛丑	30	己酉	30	壬寅	30	庚戌	30	癸卯	30	辛亥
40	丁酉	40	丁未	40	戊戌	40	戊申	40	己亥	40	己酉	40	庚子	40	庚戌	40	辛丑	40	辛亥	40	壬寅	40	壬子
50	丙申	50	戊申	50	丁酉	50	己酉	50	戊戌	50	庚戌	50	己亥	50	辛亥	50	庚子	50	壬子	50	辛丑	50	癸丑
60	乙未	60	己酉	60	丙申	60	庚戌	60	丁酉	60	辛亥	60	戊戌	60	壬子	60	己亥	60	癸丑	60	庚子	60	甲寅
70	甲午	70	庚戌	70	乙未	70	辛亥	70	丙申	70	壬子	70	丁酉	70	癸丑	70	戊戌	70	甲寅	70	己亥	70	乙卯
80	癸巳	80	辛亥	80	甲午	80	壬子	80	乙未	80	癸丑	80	丙申	80	甲寅	80	丁酉	80	乙卯	80	戊戌	80	丙辰

～1988年（昭和63年）2月4日22時37分

月柱 戊申（8月8日10:04～9月8日12:47）

生日	日柱	男	女
8 8	己1丑	0	10
8 9	庚1寅	0	10
8 10	辛1卯	1	10
8 11	壬1辰	1	9
8 12	癸3巳	1	9
8 13	甲1午	2	9
8 14	乙1未	2	8
8 15	丙2申	2	8
8 16	丁1酉	3	8
8 17	戊1戌	3	7
8 18	己2亥	3	7
8 19	庚1子	4	7
8 20	辛1丑	4	6
8 21	壬1寅	5	6
8 22	癸1卯	5	5
8 23	甲3辰	5	5
8 24	乙1巳	5	5
8 25	丙1午	6	5
8 26	丁2未	6	4
8 27	戊2申	6	4
8 28	己1酉	7	4
8 29	庚1戌	7	3
8 30	辛1亥	7	3
8 31	壬1子	8	3
9 1	癸3丑	8	2
9 2	甲1寅	8	2
9 3	乙1卯	9	2
9 4	丙1辰	9	1
9 5	丁1巳	9	1
9 6	戊1午	10	1
9 7	己1未	10	0
9 8	庚1申	10	0

月柱 己酉（9月8日12:48～10月9日4:11）

生日	日柱	男	女
9 8	庚1申	0	10
9 9	辛1酉	0	10
9 10	壬1戌	1	10
9 11	癸3亥	1	9
9 12	甲2子	1	9
9 13	乙1丑	2	9
9 14	丙2寅	2	8
9 15	丁2卯	2	8
9 16	戊1辰	3	8
9 17	己1巳	3	7
9 18	庚1午	3	7
9 19	辛1未	4	7
9 20	壬1申	4	6
9 21	癸1酉	4	6
9 22	甲1戌	5	6
9 23	乙1亥	5	5
9 24	丙1子	5	5
9 25	丁2丑	6	5
9 26	戊2寅	6	4
9 27	己1卯	6	4
9 28	庚1辰	7	4
9 29	辛1巳	7	3
9 30	壬1午	7	2
10 1	癸3未	8	2
10 2	甲2申	8	2
10 3	乙1酉	8	2
10 4	丙2戌	9	2
10 5	丁1亥	9	1
10 6	戊2子	9	1
10 7	己1丑	10	1
10 8	庚1寅	10	0
10 9	辛1卯	10	0

月柱 庚戌（10月9日4:12～11月8日7:06）

生日	日柱	男	女
10 9	辛3卯	0	10
10 10	壬3辰	0	10
10 11	癸3巳	1	9
10 12	甲3午	1	9
10 13	乙3未	2	9
10 14	丙2申	2	8
10 15	丁2酉	2	8
10 16	戊1戌	2	8
10 17	己1亥	3	7
10 18	庚1子	3	7
10 19	辛1丑	4	6
10 20	壬1寅	4	6
10 21	癸1卯	4	6
10 22	甲1辰	5	6
10 23	乙1巳	5	5
10 24	丙1午	5	5
10 25	丁2未	6	5
10 26	戊2申	6	4
10 27	己1酉	6	4
10 28	庚1戌	6	4
10 29	辛1亥	7	3
10 30	壬1子	7	3
10 31	癸3丑	8	2
11 1	甲1寅	8	2
11 2	乙1卯	8	2
11 3	丙1辰	9	1
11 4	丁2巳	9	1
11 5	戊1午	9	1
11 6	己1未	10	0
11 7	庚1申	10	0
11 8	辛1酉	10	0

月柱 辛亥（11月8日7:07～12月7日23:46）

生日	日柱	男	女
11 8	辛1酉	0	10
11 9	壬1戌	0	9
11 10	癸3亥	1	9
11 11	甲1子	1	9
11 12	乙1丑	2	9
11 13	丙1寅	2	8
11 14	丁1卯	2	8
11 15	戊1辰	2	7
11 16	己2巳	3	7
11 17	庚1午	3	7
11 18	辛1未	3	6
11 19	壬1申	4	6
11 20	癸1酉	4	6
11 21	甲1戌	4	5
11 22	乙1亥	5	5
11 23	丙1子	5	5
11 24	丁1丑	5	4
11 25	戊2寅	6	4
11 26	己1卯	6	4
11 27	庚1辰	6	3
11 28	辛1巳	7	3
11 29	壬1午	7	3
11 30	癸3未	7	2
12 1	甲1申	8	2
12 2	乙1酉	8	2
12 3	丙2戌	8	1
12 4	丁1亥	9	1
12 5	戊2子	9	1
12 6	己1丑	9	0
12 7	庚3寅	10	0

月柱 壬子（12月7日23:47～1月6日10:55）

生日	日柱	男	女
12 7	庚1寅	0	10
12 8	辛1卯	0	10
12 9	壬1辰	1	9
12 10	癸3巳	1	9
12 11	甲1午	1	9
12 12	乙1未	2	9
12 13	丙2申	2	8
12 14	丁1酉	2	8
12 15	戊1戌	3	7
12 16	己2亥	3	7
12 17	庚1子	3	7
12 18	辛1丑	4	6
12 19	壬1寅	4	6
12 20	癸1卯	4	5
12 21	甲1辰	5	5
12 22	乙1巳	5	5
12 23	丙1午	5	4
12 24	丁2未	6	4
12 25	戊2申	6	4
12 26	己1酉	6	3
12 27	庚3戌	7	3
12 28	辛1亥	7	2
12 29	壬1子	7	2
12 30	癸3丑	8	2
12 31	甲1寅	8	1
1 1	乙1卯	9	1
1 2	丙2辰	9	1
1 3	丁1巳	9	1
1 4	戊2午	9	1
1 5	己1未	10	0
1 6	庚3申	10	0

月柱 癸丑（1月6日10:56～2月4日22:37）

生日	日柱	男	女
1 6	庚1申	0	10
1 7	辛2酉	0	9
1 8	壬2戌	1	9
1 9	癸1亥	1	9
1 10	甲1子	1	8
1 11	乙2丑	2	8
1 12	丙2寅	2	8
1 13	丁1卯	2	7
1 14	戊1辰	3	7
1 15	己1巳	3	7
1 16	庚1午	3	6
1 17	辛1未	4	6
1 18	壬1申	4	6
1 19	癸1酉	4	5
1 20	甲2戌	5	5
1 21	乙1亥	5	5
1 22	丙1子	5	4
1 23	丁2丑	6	4
1 24	戊1寅	6	4
1 25	己1卯	6	3
1 26	庚1辰	7	3
1 27	辛1巳	7	3
1 28	壬2午	7	2
1 29	癸3未	8	2
1 30	甲1申	8	2
1 31	乙2酉	8	1
2 1	丙2戌	9	1
2 2	丁1亥	9	1
2 3	戊2子	9	0
2 4	己1丑	10	0

立運（歳／男・女）

歳	男	歳	女	歳	男	歳	女	歳	男	歳	女	歳	男	歳	女	歳	男	歳	女	歳	男	歳	女
0	丁未	0	己酉	0	戊申	0	庚戌	0	己酉	0	辛亥	0	庚戌	0	壬子	0	辛亥	0	癸丑	0	壬子	0	甲寅
10	丙午	10	庚戌	10	丁未	10	辛亥	10	戊申	10	壬子	10	己酉	10	癸丑	10	庚戌	10	甲寅	10	辛亥	10	乙卯
20	乙巳	20	辛亥	20	丙午	20	壬子	20	丁未	20	癸丑	20	戊申	20	甲寅	20	己酉	20	乙卯	20	庚戌	20	丙辰
30	甲辰	30	壬子	30	乙巳	30	癸丑	30	丙午	30	甲寅	30	丁未	30	乙卯	30	戊申	30	丙辰	30	己酉	30	丁巳
40	癸卯	40	癸丑	40	甲辰	40	甲寅	40	乙巳	40	乙卯	40	丙午	40	丙辰	40	丁未	40	丁巳	40	戊申	40	戊午
50	壬寅	50	甲寅	50	癸卯	50	乙卯	50	甲辰	50	丙辰	50	乙巳	50	丁巳	50	丙午	50	戊午	50	丁未	50	己未
60	辛丑	60	乙卯	60	壬寅	60	丙辰	60	癸卯	60	丁巳	60	甲辰	60	戊午	60	乙巳	60	己未	60	丙午	60	庚申
70	庚子	70	丙辰	70	辛丑	70	丁巳	70	壬寅	70	戊午	70	癸卯	70	己未	70	甲辰	70	庚申	70	乙巳	70	辛酉
80	己亥	80	丁巳	80	庚子	80	戊午	80	辛丑	80	己未	80	壬寅	80	庚申	80	癸卯	80	辛酉	80	甲辰	80	壬戌

年柱 戊辰 1988年（昭和63年）2月4日22時38分～

月柱	期間
甲寅	2月4日22:38～3月5日16:47
乙卯	3月5日16:48～4月4日21:50
丙辰	4月4日21:51～5月5日15:24
丁巳	5月5日15:25～6月5日19:46
戊午	6月5日19:47～7月7日6:09
己未	7月7日6:10～8月7日15:51

月柱 甲寅

生日	日柱	男	女
2 4	己丑	10	0
2 5	庚寅	10	0
2 6	辛卯	9	1
2 7	壬辰	9	1
2 8	癸巳	9	1
2 9	甲午	8	2
2 10	乙未	8	2
2 11	丙申	8	2
2 12	丁酉	7	3
2 13	戊戌	7	3
2 14	己亥	7	3
2 15	庚子	6	4
2 16	辛丑	6	4
2 17	壬寅	6	4
2 18	癸卯	5	5
2 19	甲辰	5	5
2 20	乙巳	5	5
2 21	丙午	4	6
2 22	丁未	4	6
2 23	戊申	4	6
2 24	己酉	3	7
2 25	庚戌	3	7
2 26	辛亥	3	7
2 27	壬子	2	8
2 28	癸丑	2	8
2 29	甲寅	2	8
3 1	乙卯	1	9
3 2	丙辰	1	9
3 3	丁巳	1	9
3 4	戊午	0	10
3 5	己未	0	10

月柱 乙卯

生日	日柱	男	女
3 5	己未	10	0
3 6	庚申	10	0
3 7	辛酉	9	1
3 8	壬戌	9	1
3 9	癸亥	9	1
3 10	甲子	8	2
3 11	乙丑	8	2
3 12	丙寅	8	2
3 13	丁卯	7	3
3 14	戊辰	7	3
3 15	己巳	7	3
3 16	庚午	6	4
3 17	辛未	6	4
3 18	壬申	6	4
3 19	癸酉	5	5
3 20	甲戌	5	5
3 21	乙亥	5	5
3 22	丙子	4	6
3 23	丁丑	4	6
3 24	戊寅	4	6
3 25	己卯	3	7
3 26	庚辰	3	7
3 27	辛巳	3	7
3 28	壬午	2	8
3 29	癸未	2	8
3 30	甲申	2	8
3 31	乙酉	1	9
4 1	丙戌	1	9
4 2	丁亥	1	9
4 3	戊子	0	10
4 4	己丑	0	10

月柱 丙辰

生日	日柱	男	女
4 4	己丑	10	0
4 5	庚寅	10	0
4 6	辛卯	10	1
4 7	壬辰	9	1
4 8	癸巳	9	1
4 9	甲午	9	2
4 10	乙未	8	2
4 11	丙申	8	2
4 12	丁酉	8	3
4 13	戊戌	7	3
4 14	己亥	7	3
4 15	庚子	7	4
4 16	辛丑	6	4
4 17	壬寅	6	4
4 18	癸卯	6	5
4 19	甲辰	5	5
4 20	乙巳	5	5
4 21	丙午	5	6
4 22	丁未	4	6
4 23	戊申	4	6
4 24	己酉	4	7
4 25	庚戌	3	7
4 26	辛亥	3	7
4 27	壬子	3	8
4 28	癸丑	2	8
4 29	甲寅	2	8
4 30	乙卯	1	9
5 1	丙辰	1	9
5 2	丁巳	1	9
5 3	戊午	0	10
5 4	己未	0	10

月柱 丁巳

生日	日柱	男	女
5 5	庚申	10	0
5 6	辛酉	10	0
5 7	壬戌	10	1
5 8	癸亥	9	1
5 9	甲子	9	1
5 10	乙丑	9	2
5 11	丙寅	8	2
5 12	丁卯	8	2
5 13	戊辰	8	3
5 14	己巳	7	3
5 15	庚午	7	3
5 16	辛未	7	4
5 17	壬申	6	4
5 18	癸酉	6	4
5 19	甲戌	6	5
5 20	乙亥	5	5
5 21	丙子	5	5
5 22	丁丑	5	6
5 23	戊寅	4	6
5 24	己卯	4	6
5 25	庚辰	4	7
5 26	辛巳	3	7
5 27	壬午	3	8
5 28	癸未	3	8
5 29	甲申	2	8
5 30	乙酉	2	8
5 31	丙戌	1	9
6 1	丁亥	1	9
6 2	戊子	1	9
6 3	己丑	0	10
6 4	庚寅	0	10
6 5	辛卯	0	10

月柱 戊午

生日	日柱	男	女
6 5	辛卯	11	0
6 6	壬辰	10	0
6 7	癸巳	10	1
6 8	甲午	10	1
6 9	乙未	9	1
6 10	丙申	9	2
6 11	丁酉	9	2
6 12	戊戌	8	2
6 13	己亥	8	3
6 14	庚子	8	3
6 15	辛丑	7	3
6 16	壬寅	7	4
6 17	癸卯	7	4
6 18	甲辰	6	4
6 19	乙巳	6	5
6 20	丙午	6	5
6 21	丁未	5	5
6 22	戊申	5	6
6 23	己酉	5	6
6 24	庚戌	4	6
6 25	辛亥	4	7
6 26	壬子	4	7
6 27	癸丑	3	7
6 28	甲寅	3	8
6 29	乙卯	3	8
6 30	丙辰	2	8
7 1	丁巳	2	9
7 2	戊午	2	9
7 3	己未	1	9
7 4	庚申	1	10
7 5	辛酉	1	10
7 6	壬戌	0	10
7 7	癸亥	0	11

月柱 己未

生日	日柱	男	女
7 7	癸亥	10	0
7 8	甲子	10	0
7 9	乙丑	10	1
7 10	丙寅	9	1
7 11	丁卯	9	1
7 12	戊辰	9	2
7 13	己巳	8	2
7 14	庚午	8	2
7 15	辛未	8	3
7 16	壬申	7	3
7 17	癸酉	7	3
7 18	甲戌	7	4
7 19	乙亥	6	4
7 20	丙子	6	4
7 21	丁丑	6	5
7 22	戊寅	5	5
7 23	己卯	5	5
7 24	庚辰	5	6
7 25	辛巳	4	6
7 26	壬午	4	6
7 27	癸未	4	7
7 28	甲申	3	7
7 29	乙酉	3	7
7 30	丙戌	3	8
7 31	丁亥	2	8
8 1	戊子	2	8
8 2	己丑	2	9
8 3	庚寅	1	9
8 4	辛卯	1	9
8 5	壬辰	1	10
8 6	癸巳	0	10
8 7	甲午	0	10

大運表

歳	男(甲寅)	歳	女(甲寅)	歳	男(乙卯)	歳	女(乙卯)	歳	男(丙辰)	歳	女(丙辰)	歳	男(丁巳)	歳	女(丁巳)	歳	男(戊午)	歳	女(戊午)	歳	男(己未)	歳	女(己未)
0	乙卯	0	癸丑	0	丙辰	0	甲寅	0	丁巳	0	乙卯	0	戊午	0	丙辰	0	己未	0	丁巳	0	庚申	0	戊午
10	丙辰	10	壬子	10	丁巳	10	癸丑	10	戊午	10	甲寅	10	己未	10	乙卯	10	庚申	10	丙辰	10	辛酉	10	丁巳
20	丁巳	20	辛亥	20	戊午	20	壬子	20	己未	20	癸丑	20	庚申	20	甲寅	20	辛酉	20	乙卯	20	壬戌	20	丙辰
30	戊午	30	庚戌	30	己未	30	辛亥	30	庚申	30	壬子	30	辛酉	30	癸丑	30	壬戌	30	甲寅	30	癸亥	30	乙卯
40	己未	40	己酉	40	庚申	40	庚戌	40	辛酉	40	辛亥	40	壬戌	40	壬子	40	癸亥	40	癸丑	40	甲子	40	甲寅
50	庚申	50	戊申	50	辛酉	50	己酉	50	壬戌	50	庚戌	50	癸亥	50	辛亥	50	甲子	50	壬子	50	乙丑	50	癸丑
60	辛酉	60	丁未	60	壬戌	60	戊申	60	癸亥	60	己酉	60	甲子	60	庚戌	60	乙丑	60	辛亥	60	丙寅	60	壬子
70	壬戌	70	丙午	70	癸亥	70	丁未	70	甲子	70	戊申	70	乙丑	70	己酉	70	丙寅	70	庚戌	70	丁卯	70	辛亥
80	癸亥	80	乙巳	80	甲子	80	丙午	80	乙丑	80	丁未	80	丙寅	80	戊申	80	丁卯	80	己酉	80	戊辰	80	庚戌

～1989年（平成元年）2月4日4時25分

月柱・立運年齢

期間	月柱
8月7日15:52～9月7日18:35	庚申
9月7日18:36～10月8日 9:59	辛酉
10月8日10:00～11月7日12:54	壬戌
11月7日12:55～12月7日 5:34	癸亥
12月7日 5:35～1月5日16:43	甲子
1月5日16:44～2月4日 4:25	乙丑

月柱 庚申

生日	日柱	男	女
8/7	甲3午	10	0
8/8	乙1未	10	0
8/9	丙2申	10	1
8/10	丁3酉	9	1
8/11	戊1戌	9	1
8/12	己3亥	9	2
8/13	庚1子	8	2
8/14	辛1丑	8	2
8/15	壬2寅	8	3
8/16	癸2卯	7	3
8/17	甲3辰	7	4
8/18	乙3巳	7	4
8/19	丙3午	6	4
8/20	丁2未	6	4
8/21	戊2申	6	5
8/22	己2酉	5	5
8/23	庚3戌	5	5
8/24	辛1亥	5	6
8/25	壬1子	4	6
8/26	癸2丑	4	6
8/27	甲1寅	4	7
8/28	乙3卯	3	7
8/29	丙3辰	3	7
8/30	丁1巳	3	8
8/31	戊1午	2	8
9/1	己1未	2	9
9/2	庚1申	2	9
9/3	辛1酉	1	9
9/4	壬2戌	1	10
9/5	癸1亥	1	10
9/6	甲3子	0	10
9/7	乙3丑	0	10

月柱 辛酉

生日	日柱	男	女
9/7	乙1丑	10	0
9/8	丙3寅	10	0
9/9	丁3卯	10	1
9/10	戊1辰	9	1
9/11	己1巳	9	1
9/12	庚1午	9	2
9/13	辛1未	8	2
9/14	壬1申	8	2
9/15	癸1酉	8	3
9/16	甲1戌	7	3
9/17	乙3亥	7	3
9/18	丙3子	7	4
9/19	丁1丑	6	4
9/20	戊1寅	6	4
9/21	己1卯	6	5
9/22	庚1辰	5	5
9/23	辛1巳	5	5
9/24	壬2午	5	6
9/25	癸1未	4	6
9/26	甲1申	4	6
9/27	乙3酉	4	7
9/28	丙3戌	3	7
9/29	丁3亥	3	7
9/30	戊1子	3	8
10/1	己1丑	2	8
10/2	庚1寅	2	9
10/3	辛1卯	2	9
10/4	壬1辰	1	9
10/5	癸1巳	1	10
10/6	甲3午	1	10
10/7	乙3未	0	10
10/8	丙3申	0	10

月柱 壬戌

生日	日柱	男	女
10/8	丙3申	10	0
10/9	丁3酉	10	0
10/10	戊1戌	9	1
10/11	己1亥	9	1
10/12	庚1子	9	1
10/13	辛1丑	8	2
10/14	壬1寅	8	2
10/15	癸1卯	8	2
10/16	甲1辰	7	3
10/17	乙1巳	7	3
10/18	丙1午	7	3
10/19	丁1未	6	4
10/20	戊1申	6	4
10/21	己1酉	6	4
10/22	庚1戌	5	5
10/23	辛1亥	5	5
10/24	壬1子	5	5
10/25	癸1丑	4	6
10/26	甲2寅	4	6
10/27	乙1卯	4	6
10/28	丙3辰	3	7
10/29	丁3巳	3	7
10/30	戊1午	3	8
10/31	己1未	2	8
11/1	庚1申	2	8
11/2	辛1酉	2	9
11/3	壬3戌	1	9
11/4	癸3亥	1	9
11/5	甲2子	1	9
11/6	乙3丑	0	10
11/7	丙3寅	0	10

月柱 癸亥

生日	日柱	男	女
11/7	丙3寅	10	0
11/8	丁3卯	10	0
11/9	戊1辰	9	1
11/10	己1巳	9	1
11/11	庚1午	9	1
11/12	辛1未	8	2
11/13	壬1申	8	2
11/14	癸1酉	8	2
11/15	甲1戌	7	3
11/16	乙1亥	7	3
11/17	丙1子	7	3
11/18	丁1丑	6	4
11/19	戊1寅	6	4
11/20	己2卯	6	4
11/21	庚1辰	5	5
11/22	辛1巳	5	5
11/23	壬1午	5	5
11/24	癸1未	4	6
11/25	甲1申	4	6
11/26	乙1酉	4	6
11/27	丙1戌	3	7
11/28	丁1亥	3	7
11/29	戊1子	3	7
11/30	己1丑	2	8
12/1	庚1寅	2	8
12/2	辛1卯	2	8
12/3	壬3辰	1	9
12/4	癸3巳	1	9
12/5	甲1午	1	9
12/6	乙3未	0	10
12/7	丙3申	0	10

月柱 甲子

生日	日柱	男	女
12/7	丙3申	10	0
12/8	丁3酉	9	0
12/9	戊1戌	9	1
12/10	己1亥	9	1
12/11	庚1子	8	1
12/12	辛1丑	8	1
12/13	壬1寅	8	2
12/14	癸2卯	7	2
12/15	甲2辰	7	2
12/16	乙2巳	7	3
12/17	丙2午	6	3
12/18	丁3未	6	4
12/19	戊3申	6	4
12/20	己3酉	5	4
12/21	庚1戌	5	5
12/22	辛1亥	4	5
12/23	壬1子	4	5
12/24	癸1丑	4	6
12/25	甲1寅	3	6
12/26	乙1卯	3	6
12/27	丙1辰	3	7
12/28	丁1巳	2	7
12/29	戊1午	2	7
12/30	己1未	2	8
12/31	庚1申	1	8
1/1	辛1酉	1	8
1/2	壬3戌	1	9
1/3	癸3亥	1	9
1/4	甲1子	0	9
1/5	乙3丑	0	10

月柱 乙丑

生日	日柱	男	女
1/5	乙3丑	10	0
1/6	丙2寅	10	0
1/7	丁2卯	9	1
1/8	戊1辰	9	1
1/9	己1巳	9	1
1/10	庚1午	8	2
1/11	辛1未	8	2
1/12	壬2申	8	2
1/13	癸3酉	7	3
1/14	甲3戌	7	3
1/15	乙2亥	7	3
1/16	丙3子	6	4
1/17	丁3丑	6	4
1/18	戊1寅	6	4
1/19	己1卯	5	5
1/20	庚1辰	5	5
1/21	辛1巳	5	5
1/22	壬3午	4	6
1/23	癸3未	4	6
1/24	甲3申	4	6
1/25	乙3酉	3	7
1/26	丙3戌	3	7
1/27	丁3亥	3	7
1/28	戊1子	2	8
1/29	己1丑	2	8
1/30	庚1寅	2	8
1/31	辛1卯	1	9
2/1	壬3辰	1	9
2/2	癸3巳	1	9
2/3	甲3午	0	10
2/4	乙3未	0	10

大運（歳／干支）

歳	庚申 男	庚申 女	辛酉 男	辛酉 女	壬戌 男	壬戌 女	癸亥 男	癸亥 女	甲子 男	甲子 女	乙丑 男	乙丑 女
0	辛酉	己未	壬戌	庚申	癸亥	辛酉	甲子	壬戌	乙丑	癸亥	丙寅	甲子
10	壬戌	戊午	癸亥	己未	甲子	庚申	乙丑	辛酉	丙寅	壬戌	丁卯	癸亥
20	癸亥	丁巳	甲子	戊午	乙丑	己未	丙寅	庚申	丁卯	辛酉	戊辰	壬戌
30	甲子	丙辰	乙丑	丁巳	丙寅	戊午	丁卯	己未	戊辰	庚申	己巳	辛酉
40	乙丑	乙卯	丙寅	丙辰	丁卯	丁巳	戊辰	戊午	己巳	己未	庚午	庚申
50	丙寅	甲寅	丁卯	乙卯	戊辰	丙辰	己巳	丁巳	庚午	戊午	辛未	己未
60	丁卯	癸丑	戊辰	甲寅	己巳	乙卯	庚午	丙辰	辛未	丁巳	壬申	戊午
70	戊辰	壬子	己巳	癸丑	庚午	甲寅	辛未	乙卯	壬申	丙辰	癸酉	丁巳
80	己巳	辛亥	庚午	壬子	辛未	癸丑	壬申	甲寅	癸酉	乙卯	甲戌	丙辰

年柱 己巳 — 1989年（平成元年）2月4日4時26分～

月柱 丙寅 — 2月4日 4:26～3月5日22:35

生日	日柱	男	女
2/4	乙₂未	0	10
2/5	丙₁申	0	9
2/6	丁₁酉	1	9
2/7	戊₁戌	1	9
2/8	己₁亥	1	8
2/9	庚₁子	2	8
2/10	辛₁丑	2	8
2/11	壬₁寅	2	7
2/12	癸₁卯	3	7
2/13	甲₁辰	3	6
2/14	乙₁巳	3	6
2/15	丙₁午	4	6
2/16	丁₁未	4	6
2/17	戊₁申	4	5
2/18	己₁酉	5	5
2/19	庚₁戌	5	5
2/20	辛₁亥	5	4
2/21	壬₁子	6	4
2/22	癸₁丑	6	4
2/23	甲₁寅	6	3
2/24	乙₁卯	7	3
2/25	丙₁辰	7	3
2/26	丁₁巳	7	2
2/27	戊₁午	8	2
2/28	己₁未	8	2
3/1	庚₁申	8	1
3/2	辛₁酉	9	1
3/3	壬₁戌	9	1
3/4	癸₁亥	9	0
3/5	甲₁子	10	0

月柱 丁卯 — 3月5日22:36～4月5日 3:38

生日	日柱	男	女
3/5	甲₂子	0	10
3/6	乙₁丑	0	10
3/7	丙₁寅	1	10
3/8	丁₁卯	1	9
3/9	戊₁辰	1	9
3/10	己₁巳	2	9
3/11	庚₁午	2	8
3/12	辛₁未	2	8
3/13	壬₁申	3	8
3/14	癸₁酉	3	7
3/15	甲₁戌	3	7
3/16	乙₁亥	4	7
3/17	丙₁子	4	6
3/18	丁₁丑	4	6
3/19	戊₁寅	5	6
3/20	己₁卯	5	5
3/21	庚₁辰	5	5
3/22	辛₁巳	6	5
3/23	壬₁午	6	4
3/24	癸₁未	6	4
3/25	甲₁申	7	4
3/26	乙₁酉	7	3
3/27	丙₁戌	7	3
3/28	丁₁亥	8	3
3/29	戊₁子	8	2
3/30	己₁丑	8	2
3/31	庚₁寅	9	2
4/1	辛₁卯	9	1
4/2	壬₁辰	9	1
4/3	癸₁巳	10	1
4/4	甲₂午	10	0
4/5	乙₁未	10	0

月柱 戊辰 — 4月5日 3:39～5月5日21:12

生日	日柱	男	女
4/5	乙₃未	0	10
4/6	丙₁申	0	10
4/7	丁₁酉	1	9
4/8	戊₁戌	1	9
4/9	己₁亥	1	9
4/10	庚₁子	2	8
4/11	辛₁丑	2	8
4/12	壬₁寅	2	8
4/13	癸₁卯	3	7
4/14	甲₁辰	3	7
4/15	乙₁巳	3	7
4/16	丙₂午	4	6
4/17	丁₁未	4	6
4/18	戊₁申	4	6
4/19	己₁酉	5	5
4/20	庚₁戌	5	5
4/21	辛₁亥	5	5
4/22	壬₁子	6	4
4/23	癸₁丑	6	4
4/24	甲₁寅	6	4
4/25	乙₁卯	7	3
4/26	丙₁辰	7	3
4/27	丁₁巳	7	3
4/28	戊₁午	8	2
4/29	己₁未	8	2
4/30	庚₁申	8	1
5/1	辛₁酉	9	1
5/2	壬₁戌	9	1
5/3	癸₁亥	9	1
5/4	甲₂子	10	0
5/5	乙₁丑	10	0

月柱 己巳 — 5月5日21:13～6月6日 1:34

生日	日柱	男	女
5/5	乙₃丑	0	11
5/6	丙₁寅	0	10
5/7	丁₁卯	1	10
5/8	戊₁辰	1	9
5/9	己₁巳	1	9
5/10	庚₂午	2	9
5/11	辛₁未	2	9
5/12	壬₃申	2	8
5/13	癸₁酉	3	8
5/14	甲₃戌	3	7
5/15	乙₃亥	3	7
5/16	丙₁子	4	7
5/17	丁₁丑	4	6
5/18	戊₁寅	4	6
5/19	己₁卯	5	6
5/20	庚₁辰	5	5
5/21	辛₂巳	5	5
5/22	壬₃午	6	5
5/23	癸₃未	6	4
5/24	甲₁申	6	4
5/25	乙₃酉	7	4
5/26	丙₁戌	7	3
5/27	丁₁亥	7	3
5/28	戊₁子	8	3
5/29	己₁丑	8	2
5/30	庚₂寅	8	2
5/31	辛₂卯	9	2
6/1	壬₃辰	9	1
6/2	癸₃巳	9	1
6/3	甲₃午	10	1
6/4	乙₃未	10	1
6/5	丙₁申	10	0
6/6	丁₁酉	11	0

月柱 庚午 — 6月6日 1:35～7月7日11:57

生日	日柱	男	女
6/6	丁₁酉	0	10
6/7	戊₁戌	0	10
6/8	己₁亥	1	10
6/9	庚₁子	1	9
6/10	辛₁丑	1	9
6/11	壬₁寅	2	9
6/12	癸₁卯	2	8
6/13	甲₁辰	2	8
6/14	乙₁巳	3	8
6/15	丙₁午	3	7
6/16	丁₁未	3	7
6/17	戊₁申	4	7
6/18	己₁酉	4	6
6/19	庚₁戌	4	6
6/20	辛₁亥	5	6
6/21	壬₁子	5	5
6/22	癸₁丑	5	5
6/23	甲₁寅	6	5
6/24	乙₁卯	6	4
6/25	丙₁辰	6	4
6/26	丁₁巳	7	4
6/27	戊₁午	7	3
6/28	己₁未	7	3
6/29	庚₁申	8	3
6/30	辛₁酉	8	2
7/1	壬₃戌	8	2
7/2	癸₃亥	9	2
7/3	甲₃子	9	1
7/4	乙₃丑	9	1
7/5	丙₁寅	10	1
7/6	丁₁卯	10	0
7/7	戊₁辰	10	0

月柱 辛未 — 7月7日11:58～8月7日21:40

生日	日柱	男	女
7/7	戊₁辰	0	10
7/8	己₁巳	0	10
7/9	庚₁午	1	10
7/10	辛₁未	1	9
7/11	壬₂申	1	9
7/12	癸₂酉	2	9
7/13	甲₁戌	2	8
7/14	乙₁亥	2	8
7/15	丙₂子	3	8
7/16	丁₂丑	3	7
7/17	戊₁寅	3	7
7/18	己₁卯	4	7
7/19	庚₁辰	4	6
7/20	辛₁巳	4	6
7/21	壬₁午	5	6
7/22	癸₁未	5	5
7/23	甲₁申	5	5
7/24	乙₁酉	6	5
7/25	丙₁戌	6	4
7/26	丁₁亥	6	4
7/27	戊₁子	7	4
7/28	己₁丑	7	3
7/29	庚₁寅	7	3
7/30	辛₁卯	8	3
7/31	壬₂辰	8	2
8/1	癸₃巳	8	2
8/2	甲₃午	9	2
8/3	乙₃未	9	1
8/4	丙₁申	9	1
8/5	丁₁酉	10	1
8/6	戊₁戌	10	0
8/7	己₁亥	10	0

立運（歳・男／女）

歳	丙寅 男	女	丁卯 男	女	戊辰 男	女	己巳 男	女	庚午 男	女	辛未 男	女
0	乙丑	丁卯	丙寅	戊辰	丁卯	己巳	戊辰	庚午	己巳	辛未	庚午	壬申
10	甲子	戊辰	乙丑	己巳	丙寅	庚午	丁卯	辛未	戊辰	壬申	己巳	癸酉
20	癸亥	己巳	甲子	庚午	乙丑	辛未	丙寅	壬申	丁卯	癸酉	戊辰	甲戌
30	壬戌	庚午	癸亥	辛未	甲子	壬申	乙丑	癸酉	丙寅	甲戌	丁卯	乙亥
40	辛酉	辛未	壬戌	壬申	癸亥	癸酉	甲子	甲戌	乙丑	乙亥	丙寅	丙子
50	庚申	壬申	辛酉	癸酉	壬戌	甲戌	癸亥	乙亥	甲子	丙子	乙丑	丁丑
60	己未	癸酉	庚申	甲戌	辛酉	乙亥	壬戌	丙子	癸亥	丁丑	甲子	戊寅
70	戊午	甲戌	己未	乙亥	庚申	丙子	辛酉	丁丑	壬戌	戊寅	癸亥	己卯
80	丁巳	乙亥	戊午	丙子	己未	丁丑	庚申	戊寅	辛酉	己卯	壬戌	庚辰

～1990年（平成2年）2月4日10時14分

期間	期間	期間	期間	期間	期間
8月7日21:41～9月8日0:24	9月8日0:25～10月8日15:48	10月8日15:49～11月7日18:43	11月7日18:44～12月7日11:23	12月7日11:24～1月5日22:32	1月5日22:33～2月4日10:14
月柱 壬申	月柱 癸酉	月柱 甲戌	月柱 乙亥	月柱 丙子	月柱 丁丑

生日	日柱	男	女	生日	日柱	男	女	生日	日柱	男	女	生日	日柱	男	女	生日	日柱	男	女	生日	日柱	男	女
8 7	己2亥	0	11	9 8	辛1未	0	10	10 8	辛1丑	0	10	11 7	辛1未	0	10	12 7	辛1丑	0	10	1 5	庚2午	0	10
8 8	庚1子	0	10	9 9	壬1申	0	10	10 9	壬3寅	0	10	11 8	壬1申	0	10	12 8	壬2寅	0	9	1 6	辛1未	0	10
8 9	辛1丑	1	10	9 10	癸1酉	1	9	10 10	癸3卯	1	9	11 9	癸2酉	1	9	12 9	癸2卯	1	9	1 7	壬2申	1	9
8 10	壬2寅	1	10	9 11	甲3戌	1	9	10 11	甲3辰	1	9	11 10	甲3戌	1	9	12 10	甲3辰	1	9	1 8	癸3酉	1	9
8 11	癸2卯	1	9	9 12	乙2亥	2	9	10 12	乙3巳	1	9	11 11	乙2亥	1	9	12 11	乙2巳	1	8	1 9	甲3戌	1	9
8 12	甲3辰	2	9	9 13	丙3子	2	8	10 13	丙3午	2	8	11 12	丙2子	2	8	12 12	丙1午	2	8	1 10	乙3亥	2	8
8 13	乙2巳	2	9	9 14	丁3丑	2	8	10 14	丁3未	2	8	11 13	丁2丑	2	8	12 13	丁1未	2	8	1 11	丙2子	2	8
8 14	丙2午	2	8	9 15	戊2寅	2	8	10 15	戊3申	2	8	11 14	戊2寅	2	8	12 14	戊1申	2	7	1 12	丁2丑	2	8
8 15	丁2未	3	8	9 16	己2卯	3	7	10 16	己3酉	3	7	11 15	己2卯	3	7	12 15	己1酉	3	7	1 13	戊2寅	3	7
8 16	戊2申	3	8	9 17	庚2辰	3	7	10 17	庚3戌	3	7	11 16	庚2辰	3	7	12 16	庚2戌	3	7	1 14	己2卯	3	7
8 17	己2酉	3	7	9 18	辛2巳	3	7	10 18	辛3亥	3	7	11 17	辛2巳	3	7	12 17	辛2亥	3	6	1 15	庚2辰	3	7
8 18	庚1戌	4	7	9 19	壬2午	4	6	10 19	壬3子	4	6	11 18	壬2午	4	6	12 18	壬1子	4	6	1 16	辛2巳	4	6
8 19	辛1亥	4	7	9 20	癸2未	4	6	10 20	癸3丑	4	6	11 19	癸2未	4	6	12 19	癸2丑	4	6	1 17	壬2午	4	6
8 20	壬1子	4	6	9 21	甲3申	4	6	10 21	甲3寅	4	6	11 20	甲2申	4	6	12 20	甲2寅	4	6	1 18	癸2未	4	6
8 21	癸2丑	5	6	9 22	乙2酉	5	5	10 22	乙2卯	5	5	11 21	乙2酉	5	5	12 21	乙2卯	5	5	1 19	甲2申	5	5
8 22	甲2寅	5	6	9 23	丙3戌	5	5	10 23	丙3辰	5	5	11 22	丙2戌	5	5	12 22	丙1辰	5	5	1 20	乙2酉	5	5
8 23	乙2卯	5	5	9 24	丁2亥	5	5	10 24	丁1巳	5	5	11 23	丁2亥	5	4	12 23	丁1巳	5	4	1 21	丙2戌	5	5
8 24	丙3辰	6	5	9 25	戊2子	6	4	10 25	戊1午	6	4	11 24	戊2子	6	4	12 24	戊1午	6	4	1 22	丁2亥	6	4
8 25	丁2巳	6	5	9 26	己1丑	6	4	10 26	己1未	6	4	11 25	己1丑	6	4	12 25	己1未	6	4	1 23	戊2子	6	4
8 26	戊1午	6	4	9 27	庚2寅	6	4	10 27	庚1申	6	4	11 26	庚2寅	6	3	12 26	庚1申	6	3	1 24	己1丑	6	4
8 27	己1未	7	4	9 28	辛1卯	7	3	10 28	辛1酉	7	3	11 27	辛2卯	7	3	12 27	辛2酉	7	3	1 25	庚2寅	7	3
8 28	庚1申	7	4	9 29	壬2辰	7	3	10 29	壬1戌	7	3	11 28	壬2辰	7	3	12 28	壬2戌	7	3	1 26	辛2卯	7	3
8 29	辛1酉	7	3	9 30	癸2巳	7	3	10 30	癸1亥	7	3	11 29	癸2巳	7	2	12 29	癸2亥	7	2	1 27	壬2辰	7	3
8 30	壬2戌	8	3	10 1	甲3午	8	2	10 31	甲1子	8	2	11 30	甲2午	8	2	12 30	甲2子	8	2	1 28	癸2巳	8	2
8 31	癸2亥	8	3	10 2	乙3未	8	2	11 1	乙3丑	8	2	12 1	乙2未	8	2	12 31	乙2丑	8	2	1 29	甲3午	8	2
9 1	甲2子	8	2	10 3	丙3申	8	2	11 2	丙1寅	8	2	12 2	丙2申	8	1	1 1	丙2寅	8	1	1 30	乙3未	8	2
9 2	乙3丑	9	2	10 4	丁3酉	9	1	11 3	丁1卯	9	1	12 3	丁2酉	9	1	1 2	丁2卯	9	1	1 31	丙2申	9	1
9 3	丙2寅	9	2	10 5	戊1戌	9	1	11 4	戊1辰	9	1	12 4	戊2戌	9	1	1 3	戊1辰	9	1	2 1	丁2酉	9	1
9 4	丁2卯	9	1	10 6	己2亥	9	1	11 5	己1巳	9	1	12 5	己2亥	9	0	1 4	己1巳	9	0	2 2	戊1戌	9	1
9 5	戊1辰	10	1	10 7	庚1子	10	0	11 6	庚1午	10	0	12 6	庚3子	10	0	1 5	庚3午	10	0	2 3	己1亥	10	0
9 6	己2巳	10	1	10 8	辛1丑	10	0	11 7	辛1未	10	0	12 7	辛2丑	10	0					2 4	庚1子	10	0
9 7	庚1午	10	0																				
9 8	辛1未	11	0																				

歳	男	歳	女	歳	男	歳	女	歳	男	歳	女	歳	男	歳	女	歳	男	歳	女	歳	男	歳	女
0	辛未	0	癸酉	0	壬申	0	甲戌	0	癸酉	0	乙亥	0	甲戌	0	丙子	0	乙亥	0	丁丑	0	丙子	0	戊寅
10	庚午	10	甲戌	10	辛未	10	乙亥	10	壬申	10	丙子	10	癸酉	10	丁丑	10	甲戌	10	戊寅	10	乙亥	10	己卯
20	己巳	20	乙亥	20	庚午	20	丙子	20	辛未	20	丁丑	20	壬申	20	戊寅	20	癸酉	20	己卯	20	甲戌	20	庚辰
30	戊辰	30	丙子	30	己巳	30	丁丑	30	庚午	30	戊寅	30	辛未	30	己卯	30	壬申	30	庚辰	30	癸酉	30	辛巳
40	丁卯	40	丁丑	40	戊辰	40	戊寅	40	己巳	40	己卯	40	庚午	40	庚辰	40	辛未	40	辛巳	40	壬申	40	壬午
50	丙寅	50	戊寅	50	丁卯	50	己卯	50	戊辰	50	庚辰	50	己巳	50	辛巳	50	庚午	50	壬午	50	辛未	50	癸未
60	乙丑	60	己卯	60	丙寅	60	庚辰	60	丁卯	60	辛巳	60	戊辰	60	壬午	60	己巳	60	癸未	60	庚午	60	甲申
70	甲子	70	庚辰	70	乙丑	70	辛巳	70	丙寅	70	壬午	70	丁卯	70	癸未	70	戊辰	70	甲申	70	己巳	70	乙酉
80	癸亥	80	辛巳	80	甲子	80	壬午	80	乙丑	80	癸未	80	丙寅	80	甲申	80	丁卯	80	乙酉	80	戊辰	80	丙戌

年柱 庚午 — 1990年（平成2年）2月4日10時15分～

月柱	節入期間
戊寅	2月4日10:15～3月6日4:24
己卯	3月6日4:25～4月5日9:27
庚辰	4月5日9:28～5月6日3:01
辛巳	5月6日3:02～6月6日7:23
壬午	6月6日7:24～7月7日17:46
癸未	7月7日17:47～8月8日3:29

月柱 戊寅（立運年齢 男／女）

生日	日柱	男	女
2 4	庚$_1$子	10	0
2 5	辛$_1$丑	10	0
2 6	壬$_1$寅	9	1
2 7	癸$_3$卯	9	1
2 8	甲$_2$辰	9	1
2 9	乙$_2$巳	8	2
2 10	丙$_1$午	8	2
2 11	丁$_2$未	8	2
2 12	戊$_2$申	7	3
2 13	己$_2$酉	7	3
2 14	庚$_1$戌	7	3
2 15	辛$_2$亥	6	4
2 16	壬$_1$子	6	4
2 17	癸$_1$丑	6	4
2 18	甲$_1$寅	5	5
2 19	乙$_1$卯	5	5
2 20	丙$_2$辰	5	5
2 21	丁$_1$巳	4	6
2 22	戊$_1$午	4	6
2 23	己$_1$未	4	6
2 24	庚$_1$申	3	7
2 25	辛$_1$酉	3	7
2 26	壬$_3$戌	3	7
2 27	癸$_2$亥	2	8
2 28	甲$_1$子	2	8
3 1	乙$_1$丑	2	8
3 2	丙$_1$寅	1	9
3 3	丁$_1$卯	1	9
3 4	戊$_1$辰	1	9
3 5	己$_1$巳	0	10
3 6	庚$_1$午	0	10

月柱 己卯（立運年齢 男／女）

生日	日柱	男	女
3 6	庚$_2$午	10	0
3 7	辛$_1$未	10	0
3 8	壬$_2$申	9	1
3 9	癸$_1$酉	9	1
3 10	甲$_2$戌	9	1
3 11	乙$_1$亥	8	2
3 12	丙$_1$子	8	2
3 13	丁$_1$丑	8	2
3 14	戊$_2$寅	7	3
3 15	己$_1$卯	7	3
3 16	庚$_1$辰	7	3
3 17	辛$_1$巳	6	4
3 18	壬$_1$午	6	4
3 19	癸$_1$未	6	4
3 20	甲$_2$申	5	5
3 21	乙$_2$酉	5	5
3 22	丙$_1$戌	5	5
3 23	丁$_1$亥	4	6
3 24	戊$_1$子	4	6
3 25	己$_1$丑	4	6
3 26	庚$_1$寅	3	7
3 27	辛$_1$卯	3	7
3 28	壬$_1$辰	3	7
3 29	癸$_1$巳	2	8
3 30	甲$_1$午	2	8
3 31	乙$_1$未	2	8
4 1	丙$_1$申	1	9
4 2	丁$_1$酉	1	9
4 3	戊$_1$戌	1	9
4 4	己$_1$亥	0	10
4 5	庚$_1$子	0	10

月柱 庚辰（立運年齢 男／女）

生日	日柱	男	女
4 5	庚$_1$子	10	0
4 6	辛$_1$丑	10	0
4 7	壬$_2$寅	10	1
4 8	癸$_1$卯	9	1
4 9	甲$_3$辰	9	1
4 10	乙$_2$巳	9	2
4 11	丙$_1$午	8	2
4 12	丁$_1$未	8	2
4 13	戊$_1$申	8	3
4 14	己$_1$酉	7	3
4 15	庚$_1$戌	7	3
4 16	辛$_1$亥	7	4
4 17	壬$_1$子	6	4
4 18	癸$_1$丑	6	4
4 19	甲$_1$寅	6	5
4 20	乙$_1$卯	5	5
4 21	丙$_1$辰	5	5
4 22	丁$_1$巳	5	6
4 23	戊$_1$午	4	6
4 24	己$_1$未	4	6
4 25	庚$_1$申	4	7
4 26	辛$_1$酉	3	7
4 27	壬$_1$戌	3	7
4 28	癸$_1$亥	3	8
4 29	甲$_1$子	2	8
4 30	乙$_1$丑	2	8
5 1	丙$_1$寅	2	9
5 2	丁$_1$卯	1	9
5 3	戊$_1$辰	1	9
5 4	己$_1$巳	1	10
5 5	庚$_1$午	0	10
5 6	辛$_1$未	0	10

月柱 辛巳（立運年齢 男／女）

生日	日柱	男	女
5 6	辛$_1$未	10	0
5 7	壬$_2$申	10	0
5 8	癸$_1$酉	10	1
5 9	甲$_3$戌	9	1
5 10	乙$_1$亥	9	1
5 11	丙$_1$子	9	2
5 12	丁$_1$丑	8	2
5 13	戊$_1$寅	8	2
5 14	己$_1$卯	8	3
5 15	庚$_1$辰	7	3
5 16	辛$_1$巳	7	3
5 17	壬$_1$午	7	4
5 18	癸$_1$未	6	4
5 19	甲$_1$申	6	4
5 20	乙$_1$酉	6	5
5 21	丙$_1$戌	5	5
5 22	丁$_1$亥	5	5
5 23	戊$_1$子	5	6
5 24	己$_1$丑	4	6
5 25	庚$_1$寅	4	6
5 26	辛$_1$卯	4	7
5 27	壬$_1$辰	3	7
5 28	癸$_1$巳	3	7
5 29	甲$_1$午	3	8
5 30	乙$_1$未	2	8
5 31	丙$_1$申	2	8
6 1	丁$_1$酉	2	9
6 2	戊$_1$戌	1	9
6 3	己$_1$亥	1	9
6 4	庚$_1$子	1	10
6 5	辛$_1$丑	0	10
6 6	壬$_1$寅	0	10

月柱 壬午（立運年齢 男／女）

生日	日柱	男	女
6 6	壬$_1$寅	10	0
6 7	癸$_1$卯	10	0
6 8	甲$_1$辰	10	1
6 9	乙$_3$巳	9	1
6 10	丙$_1$午	9	1
6 11	丁$_1$未	9	2
6 12	戊$_1$申	8	2
6 13	己$_1$酉	8	2
6 14	庚$_1$戌	8	3
6 15	辛$_1$亥	7	3
6 16	壬$_1$子	7	3
6 17	癸$_1$丑	7	4
6 18	甲$_1$寅	6	4
6 19	乙$_1$卯	6	4
6 20	丙$_1$辰	6	5
6 21	丁$_1$巳	5	5
6 22	戊$_1$午	5	5
6 23	己$_1$未	5	6
6 24	庚$_2$申	4	6
6 25	辛$_1$酉	4	6
6 26	壬$_2$戌	4	7
6 27	癸$_1$亥	3	7
6 28	甲$_1$子	3	7
6 29	乙$_1$丑	3	8
6 30	丙$_1$寅	2	8
7 1	丁$_1$卯	2	8
7 2	戊$_1$辰	2	9
7 3	己$_1$巳	1	9
7 4	庚$_1$午	1	9
7 5	辛$_1$未	1	10
7 6	壬$_1$申	0	10
7 7	癸$_1$酉	0	10

月柱 癸未（立運年齢 男／女）

生日	日柱	男	女
7 7	癸$_1$酉	10	0
7 8	甲$_1$戌	10	0
7 9	乙$_1$亥	10	1
7 10	丙$_2$子	9	1
7 11	丁$_1$丑	9	1
7 12	戊$_1$寅	9	2
7 13	己$_1$卯	8	2
7 14	庚$_1$辰	8	2
7 15	辛$_1$巳	8	3
7 16	壬$_1$午	7	3
7 17	癸$_1$未	7	3
7 18	甲$_1$申	7	4
7 19	乙$_1$酉	6	4
7 20	丙$_1$戌	6	4
7 21	丁$_1$亥	6	5
7 22	戊$_1$子	5	5
7 23	己$_1$丑	5	5
7 24	庚$_1$寅	5	6
7 25	辛$_1$卯	4	6
7 26	壬$_1$辰	4	6
7 27	癸$_1$巳	4	7
7 28	甲$_1$午	3	7
7 29	乙$_1$未	3	7
7 30	丙$_1$申	3	8
7 31	丁$_1$酉	2	8
8 1	戊$_1$戌	2	8
8 2	己$_1$亥	2	9
8 3	庚$_1$子	1	9
8 4	辛$_1$丑	1	9
8 5	壬$_1$寅	1	10
8 6	癸$_1$卯	0	10
8 7	甲$_3$辰	0	10
8 8	乙$_2$巳	0	11

大運（歳・男／女）

歳	戊寅 男	戊寅 女	己卯 男	己卯 女	庚辰 男	庚辰 女	辛巳 男	辛巳 女	壬午 男	壬午 女	癸未 男	癸未 女
0	己卯	丁丑	庚辰	戊寅	辛巳	己卯	壬午	庚辰	癸未	辛巳	甲申	壬午
10	庚辰	丙子	辛巳	丁丑	壬午	戊寅	癸未	己卯	甲申	庚辰	乙酉	辛巳
20	辛巳	乙亥	壬午	丙子	癸未	丁丑	甲申	戊寅	乙酉	己卯	丙戌	庚辰
30	壬午	甲戌	癸未	乙亥	甲申	丙子	乙酉	丁丑	丙戌	戊寅	丁亥	己卯
40	癸未	癸酉	甲申	甲戌	乙酉	乙亥	丙戌	丙子	丁亥	丁丑	戊子	戊寅
50	甲申	壬申	乙酉	癸酉	丙戌	甲戌	丁亥	乙亥	戊子	丙子	己丑	丁丑
60	乙酉	辛未	丙戌	壬申	丁亥	癸酉	戊子	甲戌	己丑	乙亥	庚寅	丙子
70	丙戌	庚午	丁亥	辛未	戊子	壬申	己丑	癸酉	庚寅	甲戌	辛卯	乙亥
80	丁亥	己巳	戊子	庚午	己丑	辛未	庚寅	壬申	辛卯	癸酉	壬辰	甲戌

～1991年（平成3年）2月4日16時03分

月柱 甲申　（8月8日 3:30～ 9月8日 6:13）

生日	日柱	男	女
8 8	乙3巳	10	0
8 9	丙1午	10	0
8 10	丁2未	10	1
8 11	戊3申	9	1
8 12	己1酉	9	1
8 13	庚2戌	9	2
8 14	辛3亥	8	2
8 15	壬1子	8	2
8 16	癸2丑	8	3
8 17	甲3寅	7	3
8 18	乙1卯	7	3
8 19	丙2辰	7	4
8 20	丁3巳	6	4
8 21	戊1午	6	4
8 22	己2未	6	4
8 23	庚3申	5	5
8 24	辛1酉	5	5
8 25	壬2戌	5	6
8 26	癸3亥	4	6
8 27	甲1子	4	6
8 28	乙3丑	4	7
8 29	丙1寅	3	7
8 30	丁2卯	3	7
8 31	戊3辰	3	8
9 1	己2巳	3	8
9 2	庚1午	2	9
9 3	辛2未	2	9
9 4	壬3申	1	9
9 5	癸1酉	1	9
9 6	甲2戌	1	10
9 7	乙3亥	0	10
9 8	丙2子	0	10

月柱 乙酉　（9月8日 6:14～ 10月8日21:37）

生日	日柱	男	女
9 8	丙1子	10	0
9 9	丁2丑	10	0
9 10	戊3寅	9	1
9 11	己3卯	9	1
9 12	庚1辰	9	1
9 13	辛2巳	8	2
9 14	壬3午	8	2
9 15	癸1未	8	2
9 16	甲3申	7	3
9 17	乙2酉	7	3
9 18	丙2戌	7	3
9 19	丁3亥	6	4
9 20	戊1子	6	4
9 21	己2丑	6	4
9 22	庚1寅	5	5
9 23	辛2卯	5	5
9 24	壬2辰	5	5
9 25	癸3巳	4	6
9 26	甲3午	4	6
9 27	乙2未	4	6
9 28	丙1申	4	7
9 29	丁2酉	3	7
9 30	戊3戌	3	7
10 1	己2亥	2	8
10 2	庚1子	2	8
10 3	辛2丑	2	8
10 4	壬2寅	1	9
10 5	癸2卯	1	9
10 6	甲3辰	1	9
10 7	乙3巳	0	10
10 8	丙1午	0	10

月柱 丙戌　（10月8日21:38～ 11月8日 0:32）

生日	日柱	男	女
10 8	丙2午	10	0
10 9	丁2未	10	0
10 10	戊1申	10	1
10 11	己1酉	9	1
10 12	庚2戌	9	1
10 13	辛3亥	9	2
10 14	壬1子	8	2
10 15	癸2丑	8	2
10 16	甲3寅	8	3
10 17	乙2卯	7	3
10 18	丙2辰	7	3
10 19	丁3巳	7	4
10 20	戊1午	6	4
10 21	己2未	6	4
10 22	庚3申	5	5
10 23	辛1酉	5	5
10 24	壬2戌	5	5
10 25	癸3亥	5	6
10 26	甲3子	4	6
10 27	乙2丑	4	6
10 28	丙1寅	4	7
10 29	丁2卯	3	7
10 30	戊3辰	3	7
10 31	己1巳	3	8
11 1	庚3午	2	8
11 2	辛1未	2	8
11 3	壬2申	2	9
11 4	癸2酉	1	9
11 5	甲3戌	1	9
11 6	乙3亥	1	10
11 7	丙2子	0	10
11 8	丁2丑	0	10

月柱 丁亥　（11月8日 0:33～ 12月7日17:12）

生日	日柱	男	女
11 8	丁2丑	10	0
11 9	戊2寅	9	0
11 10	己3卯	9	1
11 11	庚1辰	9	1
11 12	辛3巳	8	1
11 13	壬1午	8	2
11 14	癸2未	7	2
11 15	甲1申	7	2
11 16	乙2酉	7	3
11 17	丙3戌	6	3
11 18	丁2亥	6	3
11 19	戊2子	6	4
11 20	己1丑	6	4
11 21	庚2寅	5	4
11 22	辛3卯	5	5
11 23	壬1辰	5	5
11 24	癸2巳	4	5
11 25	甲1午	4	6
11 26	乙2未	4	6
11 27	丙3申	3	6
11 28	丁1酉	3	7
11 29	戊2戌	3	7
11 30	己3亥	2	7
12 1	庚3子	2	8
12 2	辛1丑	2	8
12 3	壬2寅	1	9
12 4	癸3卯	1	9
12 5	甲2辰	0	9
12 7	丙2午	0	10

月柱 戊子　（12月7日17:13～ 1月6日 5:00）

生日	日柱	男	女
12 7	丙2午	10	0
12 8	丁3未	10	0
12 9	戊2申	9	1
12 10	己2酉	9	1
12 11	庚1戌	9	1
12 12	辛2亥	8	2
12 13	壬1子	8	2
12 14	癸3丑	8	2
12 15	甲2寅	7	3
12 16	乙2卯	7	3
12 17	丙3辰	7	3
12 18	丁2巳	6	4
12 19	戊2午	6	4
12 20	己1未	6	4
12 21	庚1申	5	5
12 22	辛2酉	5	5
12 23	壬1戌	4	5
12 24	癸3亥	4	6
12 25	甲2子	4	6
12 26	乙2丑	4	6
12 27	丙3寅	3	7
12 28	丁2卯	3	7
12 29	戊1辰	3	7
12 30	己2巳	2	8
12 31	庚2午	2	8
1 1	辛1未	2	8
1 2	壬2申	1	9
1 3	癸2酉	1	9
1 4	甲3戌	0	9
1 5	乙2亥	0	10
1 6	丙3子	0	10

月柱 己丑　（1月6日 5:01～ 2月4日16:03）

生日	日柱	男	女
1 6	丙3子	10	0
1 7	丁3丑	9	0
1 8	戊2寅	9	1
1 9	己1卯	9	1
1 10	庚2辰	8	1
1 11	辛3巳	8	2
1 12	壬2午	7	2
1 13	癸2未	7	2
1 14	甲3申	7	3
1 15	乙3酉	6	3
1 16	丙3戌	6	3
1 17	丁2亥	6	4
1 18	戊1子	6	4
1 19	己2丑	6	4
1 20	庚2寅	5	5
1 21	辛2卯	5	5
1 22	壬2辰	4	5
1 23	癸2巳	4	6
1 24	甲3午	4	6
1 25	乙3未	3	6
1 26	丙3申	3	7
1 27	丁3酉	3	7
1 28	戊1戌	2	7
1 29	己1亥	2	8
1 30	庚1子	2	8
1 31	辛1丑	1	8
2 1	壬3寅	0	9
2 2	癸2卯	0	9
2 3	甲3辰	0	9
2 4	乙3巳	0	10

立運表

歳	男	歳	女	歳	男	歳	女	歳	男	歳	女	歳	男	歳	女	歳	男	歳	女	歳	男	歳	女
0	乙酉	0	癸未	0	丙戌	0	甲申	0	丁亥	0	乙酉	0	戊子	0	丙戌	0	己丑	0	丁亥	0	庚寅	0	戊子
10	丙戌	10	壬午	10	丁亥	10	癸未	10	戊子	10	甲申	10	己丑	10	乙酉	10	庚寅	10	丙戌	10	辛卯	10	丁亥
20	丁亥	20	辛巳	20	戊子	20	壬午	20	己丑	20	癸未	20	庚寅	20	甲申	20	辛卯	20	乙酉	20	壬辰	20	丙戌
30	戊子	30	庚辰	30	己丑	30	辛巳	30	庚寅	30	壬午	30	辛卯	30	癸未	30	壬辰	30	甲申	30	癸巳	30	乙酉
40	己丑	40	己卯	40	庚寅	40	庚辰	40	辛卯	40	辛巳	40	壬辰	40	壬午	40	癸巳	40	癸未	40	甲午	40	甲申
50	庚寅	50	戊寅	50	辛卯	50	己卯	50	壬辰	50	庚辰	50	癸巳	50	辛巳	50	甲午	50	壬午	50	乙未	50	癸未
60	辛卯	60	丁丑	60	壬辰	60	戊寅	60	癸巳	60	己卯	60	甲午	60	庚辰	60	乙未	60	辛巳	60	丙申	60	壬午
70	壬辰	70	丙子	70	癸巳	70	丁丑	70	甲午	70	戊寅	70	乙未	70	己卯	70	丙申	70	庚辰	70	丁酉	70	辛巳
80	癸巳	80	乙亥	80	甲午	80	丙子	80	乙未	80	丁丑	80	丙申	80	戊寅	80	丁酉	80	己卯	80	戊戌	80	庚辰

年柱 辛未 1991年（平成3年）2月4日16時04分～

期間	月柱
2月4日16:04～ 3月6日10:13	庚寅
3月6日10:14～ 4月5日15:16	辛卯
4月5日15:17～ 5月6日8:50	壬辰
5月6日8:51～ 6月6日13:13	癸巳
6月6日13:14～ 7月7日23:36	甲午
7月7日23:37～ 8月8日9:19	乙未

庚寅

生日	日柱	男	女
2/4	乙$_2$巳	0	10
2/5	丙$_2$午	0	10
2/6	丁$_3$未	1	9
2/7	戊$_3$申	1	9
2/8	己$_3$酉	1	9
2/9	庚$_2$戌	2	8
2/10	辛$_2$亥	2	8
2/11	壬$_2$子	2	8
2/12	癸$_2$丑	3	7
2/13	甲$_2$寅	3	7
2/14	乙$_2$卯	3	7
2/15	丙$_2$辰	4	6
2/16	丁$_2$巳	4	6
2/17	戊$_2$午	4	6
2/18	己$_2$未	5	5
2/19	庚$_2$申	5	5
2/20	辛$_2$酉	5	5
2/21	壬$_2$戌	6	4
2/22	癸$_2$亥	6	4
2/23	甲$_2$子	6	4
2/24	乙$_2$丑	7	3
2/25	丙$_2$寅	7	3
2/26	丁$_2$卯	7	3
2/27	戊$_2$辰	8	2
3/1	庚$_2$午	8	2
3/2	辛$_1$未	9	1
3/3	壬$_1$申	9	1
3/4	癸$_2$酉	9	1
3/5	甲$_2$戌	10	0
3/6	乙$_2$亥	10	0

辛卯

生日	日柱	男	女
3/6	乙$_2$亥	0	10
3/7	丙$_3$子	0	10
3/8	丁$_1$丑	1	9
3/9	戊$_1$寅	1	9
3/10	己$_1$卯	1	9
3/11	庚$_1$辰	2	8
3/12	辛$_1$巳	2	8
3/13	壬$_1$午	2	8
3/14	癸$_2$未	3	7
3/15	甲$_2$申	3	7
3/16	乙$_2$酉	3	7
3/17	丙$_2$戌	4	6
3/18	丁$_3$亥	4	6
3/19	戊$_3$子	4	6
3/20	己$_1$丑	5	5
3/21	庚$_1$寅	5	5
3/22	辛$_1$卯	5	5
3/23	壬$_1$辰	6	4
3/24	癸$_2$巳	6	4
3/25	甲$_2$午	6	4
3/26	乙$_2$未	7	3
3/27	丙$_2$申	7	3
3/28	丁$_3$酉	7	3
3/29	戊$_1$戌	8	2
3/30	己$_3$亥	8	2
3/31	庚$_1$子	8	2
4/1	辛$_1$丑	9	1
4/2	壬$_1$寅	9	1
4/3	癸$_1$卯	9	1
4/4	甲$_1$辰	10	0
4/5	乙$_1$巳	10	0

壬辰

生日	日柱	男	女
4/5	乙$_2$巳	0	10
4/6	丙$_2$午	0	10
4/7	丁$_1$未	1	9
4/8	戊$_1$申	1	9
4/9	己$_1$酉	1	9
4/10	庚$_1$戌	2	9
4/11	辛$_1$亥	2	8
4/12	壬$_1$子	2	8
4/13	癸$_2$丑	3	8
4/14	甲$_2$寅	3	7
4/15	乙$_2$卯	3	7
4/16	丙$_2$辰	4	7
4/17	丁$_1$巳	4	6
4/18	戊$_1$午	4	6
4/19	己$_1$未	5	6
4/20	庚$_1$申	5	5
4/21	辛$_1$酉	5	5
4/22	壬$_2$戌	6	5
4/23	癸$_2$亥	6	4
4/24	甲$_1$子	6	4
4/25	乙$_2$丑	7	4
4/26	丙$_2$寅	7	3
4/27	丁$_1$卯	7	3
4/28	戊$_2$辰	8	3
4/29	己$_1$巳	8	2
4/30	庚$_1$午	8	2
5/1	辛$_1$未	9	2
5/2	壬$_1$申	9	1
5/3	癸$_1$酉	9	1
5/4	甲$_2$戌	10	1
5/5	乙$_1$亥	10	0
5/6	丙$_3$子	10	0

癸巳

生日	日柱	男	女
5/6	丙$_2$子	0	10
5/7	丁$_2$丑	0	10
5/8	戊$_2$寅	1	10
5/9	己$_1$卯	1	9
5/10	庚$_1$辰	1	9
5/11	辛$_2$巳	2	9
5/12	壬$_2$午	2	8
5/13	癸$_2$未	3	8
5/14	甲$_1$申	3	8
5/15	乙$_2$酉	3	7
5/16	丙$_2$戌	3	7
5/17	丁$_2$亥	4	7
5/18	戊$_2$子	4	6
5/19	己$_1$丑	4	6
5/20	庚$_2$寅	5	6
5/21	辛$_2$卯	5	5
5/22	壬$_2$辰	5	5
5/23	癸$_2$巳	6	5
5/24	甲$_2$午	6	4
5/25	乙$_3$未	6	4
5/26	丙$_2$申	7	4
5/27	丁$_1$酉	7	3
5/28	戊$_3$戌	7	3
5/29	己$_2$亥	8	3
5/30	庚$_2$子	8	2
5/31	辛$_1$丑	8	2
6/1	壬$_2$寅	9	2
6/2	癸$_2$卯	9	2
6/3	甲$_3$辰	9	1
6/4	乙$_3$巳	10	1
6/5	丙$_1$午	10	1
6/6	丁$_2$未	10	0

甲午

生日	日柱	男	女
6/6	丁$_2$未	0	10
6/7	戊$_2$申	0	10
6/8	己$_1$酉	1	10
6/9	庚$_1$戌	1	9
6/10	辛$_1$亥	1	9
6/11	壬$_1$子	2	9
6/12	癸$_1$丑	2	8
6/13	甲$_2$寅	2	8
6/14	乙$_2$卯	3	8
6/15	丙$_1$辰	3	7
6/16	丁$_1$巳	3	7
6/17	戊$_1$午	4	7
6/18	己$_1$未	4	6
6/19	庚$_1$申	4	6
6/20	辛$_1$酉	5	6
6/21	壬$_3$戌	5	5
6/22	癸$_1$亥	5	5
6/23	甲$_2$子	6	5
6/24	乙$_1$丑	6	4
6/25	丙$_1$寅	6	4
6/26	丁$_1$卯	7	4
6/27	戊$_1$辰	7	3
6/28	己$_1$巳	7	3
6/29	庚$_1$午	8	3
6/30	辛$_1$未	8	2
7/1	壬$_1$申	8	2
7/2	癸$_1$酉	9	2
7/3	甲$_3$戌	9	1
7/4	乙$_2$亥	9	1
7/5	丙$_1$子	10	1
7/6	丁$_1$丑	10	0
7/7	戊$_1$寅	10	0

乙未

生日	日柱	男	女
7/7	戊$_2$寅	0	11
7/8	己$_1$卯	0	10
7/9	庚$_1$辰	1	10
7/10	辛$_1$巳	1	10
7/11	壬$_1$午	1	9
7/12	癸$_1$未	2	9
7/13	甲$_1$申	2	9
7/14	乙$_1$酉	2	8
7/15	丙$_1$戌	3	8
7/16	丁$_1$亥	3	8
7/17	戊$_1$子	3	7
7/18	己$_1$丑	4	7
7/19	庚$_1$寅	4	7
7/20	辛$_1$卯	4	6
7/21	壬$_1$辰	5	6
7/22	癸$_1$巳	5	6
7/23	甲$_1$午	5	5
7/24	乙$_1$未	6	5
7/25	丙$_1$申	6	5
7/26	丁$_1$酉	6	4
7/27	戊$_1$戌	7	4
7/28	己$_1$亥	7	4
7/29	庚$_1$子	7	3
7/30	辛$_3$丑	8	3
7/31	壬$_1$寅	8	3
8/1	癸$_1$卯	8	2
8/2	甲$_1$辰	9	2
8/3	乙$_1$巳	9	2
8/4	丙$_1$午	9	1
8/5	丁$_1$未	10	1
8/6	戊$_1$申	10	1
8/7	己$_1$酉	10	0
8/8	庚$_1$戌	11	0

立運（歳／男・歳／女）

歳	男	歳	女	歳	男	歳	女	歳	男	歳	女	歳	男	歳	女	歳	男	歳	女	歳	男	歳	女
0	己丑	0	辛卯	0	庚寅	0	壬辰	0	辛卯	0	癸巳	0	壬辰	0	甲午	0	癸巳	0	乙未	0	甲午	0	丙申
10	戊子	10	壬辰	10	己丑	10	癸巳	10	庚寅	10	甲午	10	辛卯	10	乙未	10	壬辰	10	丙申	10	癸巳	10	丁酉
20	丁亥	20	癸巳	20	戊子	20	甲午	20	己丑	20	乙未	20	庚寅	20	丙申	20	辛卯	20	丁酉	20	壬辰	20	戊戌
30	丙戌	30	甲午	30	丁亥	30	乙未	30	戊子	30	丙申	30	己丑	30	丁酉	30	庚寅	30	戊戌	30	辛卯	30	己亥
40	乙酉	40	乙未	40	丙戌	40	丙申	40	丁亥	40	丁酉	40	戊子	40	戊戌	40	己丑	40	己亥	40	庚寅	40	庚子
50	甲申	50	丙申	50	乙酉	50	丁酉	50	丙戌	50	戊戌	50	丁亥	50	己亥	50	戊子	50	庚子	50	己丑	50	辛丑
60	癸未	60	丁酉	60	甲申	60	戊戌	60	乙酉	60	己亥	60	丙戌	60	庚子	60	丁亥	60	辛丑	60	戊子	60	壬寅
70	壬午	70	戊戌	70	癸未	70	己亥	70	甲申	70	庚子	70	乙酉	70	辛丑	70	丙戌	70	壬寅	70	丁亥	70	癸卯
80	辛巳	80	己亥	80	壬午	80	庚子	80	癸未	80	辛丑	80	甲申	80	壬寅	80	乙酉	80	癸卯	80	丙戌	80	甲辰

～1992年（平成4年）2月4日21時53分

丙申　8月8日 9:20～9月8日12:03

生日	日柱	男	女
8 8	庚2戌	0	10
8 9	辛1亥	0	10
8 10	壬1子	1	10
8 11	癸2丑	1	9
8 12	甲3寅	1	9
8 13	乙3卯	2	9
8 14	丙3辰	2	8
8 15	丁2巳	2	8
8 16	戊1午	3	8
8 17	己1未	3	7
8 18	庚1申	3	7
8 19	辛1酉	4	7
8 20	壬1戌	4	6
8 21	癸1亥	4	6
8 22	甲1子	5	6
8 23	乙3丑	5	5
8 24	丙3寅	5	5
8 25	丁2卯	6	5
8 26	戊1辰	6	4
8 27	己1巳	6	4
8 28	庚1午	7	4
8 29	辛1未	7	3
8 30	壬1申	7	3
8 31	癸1酉	8	3
9 1	甲3戌	8	2
9 2	乙3亥	8	2
9 3	丙3子	9	2
9 4	丁1丑	9	1
9 5	戊1寅	9	1
9 6	己2卯	10	1
9 7	庚1辰	10	0
9 8	辛1巳	10	0

丁酉　9月8日12:04～10月9日 3:27

生日	日柱	男	女
9 8	辛1巳	0	10
9 9	壬2午	0	10
9 10	癸1未	1	10
9 11	甲1申	1	9
9 12	乙3酉	1	9
9 13	丙3戌	2	9
9 14	丁3亥	2	8
9 15	戊2子	2	8
9 16	己1丑	3	8
9 17	庚1寅	3	7
9 18	辛1卯	3	7
9 19	壬1辰	4	7
9 20	癸2巳	4	6
9 21	甲3午	4	6
9 22	乙1未	5	6
9 23	丙3申	5	5
9 24	丁3酉	5	5
9 25	戊2戌	6	5
9 26	己2亥	6	4
9 27	庚1子	6	4
9 28	辛1丑	7	4
9 29	壬1寅	7	3
9 30	癸1卯	7	3
10 1	甲3辰	8	3
10 2	乙3巳	8	2
10 3	丙2午	8	2
10 4	丁1未	9	2
10 5	戊2申	9	1
10 6	己2酉	9	1
10 7	庚1戌	10	1
10 8	辛1亥	10	0
10 9	壬1子	10	0

戊戌　10月9日 3:28～11月8日 6:22

生日	日柱	男	女
10 9	壬1子	0	10
10 10	癸1丑	0	10
10 11	甲1寅	1	9
10 12	乙1卯	1	9
10 13	丙3辰	1	9
10 14	丁3巳	2	8
10 15	戊3午	2	8
10 16	己1未	2	8
10 17	庚1申	3	7
10 18	辛1酉	3	7
10 19	壬1戌	3	7
10 20	癸3亥	4	6
10 21	甲3子	4	6
10 22	乙2丑	4	6
10 23	丙3寅	5	5
10 24	丁3卯	5	5
10 25	戊3辰	5	5
10 26	己1巳	6	4
10 27	庚1午	6	4
10 28	辛1未	6	3
10 29	壬1申	7	3
10 30	癸3酉	7	3
10 31	甲3戌	8	2
11 1	乙3亥	8	2
11 2	丙3子	8	2
11 3	丁1丑	8	2
11 4	戊3寅	9	1
11 5	己1卯	9	1
11 6	庚3辰	9	1
11 7	辛1巳	10	0
11 8	壬1午	10	0

己亥　11月8日 6:23～12月7日23:02

生日	日柱	男	女
11 8	壬1午	0	10
11 9	癸3未	0	9
11 10	甲3申	1	9
11 11	乙3酉	1	9
11 12	丙3戌	1	8
11 13	丁3亥	2	8
11 14	戊2子	2	8
11 15	己1丑	2	7
11 16	庚1寅	3	7
11 17	辛1卯	3	7
11 18	壬1辰	3	6
11 19	癸3巳	4	6
11 20	甲3午	4	6
11 21	乙1未	4	5
11 22	丙3申	5	5
11 23	丁3酉	5	5
11 24	戊1戌	5	4
11 25	己2亥	6	4
11 26	庚1子	6	4
11 27	辛1丑	6	3
11 28	壬1寅	7	3
11 29	癸3卯	7	3
11 30	甲3辰	7	2
12 1	乙3巳	8	2
12 2	丙3午	8	2
12 3	丁3未	8	1
12 4	戊2申	9	1
12 5	己2酉	9	1
12 6	庚1戌	9	0
12 7	辛1亥	10	0

庚子　12月7日23:03～1月6日10:11

生日	日柱	男	女
12 7	辛1亥	0	10
12 8	壬1子	0	10
12 9	癸1丑	1	9
12 10	甲2寅	1	9
12 11	乙2卯	1	9
12 12	丙3辰	2	8
12 13	丁3巳	2	8
12 14	戊2午	2	8
12 15	己1未	3	7
12 16	庚1申	3	7
12 17	辛1酉	3	7
12 18	壬1戌	4	6
12 19	癸1亥	4	6
12 20	甲2子	4	5
12 21	乙3丑	5	5
12 22	丙2寅	5	5
12 23	丁3卯	5	5
12 24	戊2辰	6	4
12 25	己2巳	6	4
12 26	庚1午	6	3
12 27	辛1未	7	3
12 28	壬1申	7	3
12 29	癸3酉	7	2
12 30	甲2戌	8	2
12 31	乙3亥	8	2
1 1	丙3子	8	1
1 2	丁3丑	9	1
1 3	戊2寅	9	1
1 4	己3卯	9	1
1 5	庚1辰	10	0
1 6	辛1巳	10	0

辛丑　1月6日10:12～2月4日21:53

生日	日柱	男	女
1 6	辛1巳	0	10
1 7	壬1午	0	9
1 8	癸1未	1	9
1 9	甲3申	1	9
1 10	乙3酉	1	8
1 11	丙3戌	2	8
1 12	丁3亥	2	8
1 13	戊2子	2	7
1 14	己1丑	3	7
1 15	庚1寅	3	7
1 16	辛1卯	3	6
1 17	壬1辰	4	6
1 18	癸3巳	4	6
1 19	甲3午	4	5
1 20	乙3未	5	5
1 21	丙3申	5	5
1 22	丁3酉	5	4
1 23	戊1戌	6	4
1 24	己2亥	6	4
1 25	庚1子	6	3
1 26	辛1丑	7	3
1 27	壬1寅	7	2
1 28	癸3卯	7	2
1 29	甲3辰	8	2
1 30	乙3巳	8	1
1 31	丙3午	8	1
2 1	丁3未	9	1
2 2	戊2申	9	1
2 3	己2酉	9	0
2 4	庚1戌	10	0

大運表

歳	男	歳	女	歳	男	歳	女	歳	男	歳	女	歳	男	歳	女	歳	男	歳	女	歳	男	歳	女
0	乙未	0	丁酉	0	丙申	0	戊戌	0	丁酉	0	己亥	0	戊戌	0	庚子	0	己亥	0	辛丑	0	庚子	0	壬寅
10	甲午	10	戊戌	10	乙未	10	己亥	10	丙申	10	庚子	10	丁酉	10	辛丑	10	戊戌	10	壬寅	10	己亥	10	癸卯
20	癸巳	20	己亥	20	甲午	20	庚子	20	乙未	20	辛丑	20	丙申	20	壬寅	20	丁酉	20	癸卯	20	戊戌	20	甲辰
30	壬辰	30	庚子	30	癸巳	30	辛丑	30	甲午	30	壬寅	30	乙未	30	癸卯	30	丙申	30	甲辰	30	丁酉	30	乙巳
40	辛卯	40	辛丑	40	壬辰	40	壬寅	40	癸巳	40	癸卯	40	甲午	40	甲辰	40	乙未	40	乙巳	40	丙申	40	丙午
50	庚寅	50	壬寅	50	辛卯	50	癸卯	50	壬辰	50	甲辰	50	癸巳	50	乙巳	50	甲午	50	丙午	50	乙未	50	丁未
60	己丑	60	癸卯	60	庚寅	60	甲辰	60	辛卯	60	乙巳	60	壬辰	60	丙午	60	癸巳	60	丁未	60	甲午	60	戊申
70	戊子	70	甲辰	70	己丑	70	乙巳	70	庚寅	70	丙午	70	辛卯	70	丁未	70	壬辰	70	戊申	70	癸巳	70	己酉
80	丁亥	80	乙巳	80	戊子	80	丙午	80	己丑	80	丁未	80	庚寅	80	戊申	80	辛卯	80	己酉	80	壬辰	80	庚戌

年柱 壬申 1992年（平成4年）2月4日21時54分～

月柱 壬寅			月柱 癸卯			月柱 甲辰			月柱 乙巳			月柱 丙午			月柱 丁未		
2月4日21:54～ 3月5日16:03			3月5日16:04～ 4月4日21:06			4月4日21:07～ 5月5日14:40			5月5日14:41～ 6月5日19:02			6月5日19:03～ 7月7日 5:25			7月7日 5:26～ 8月7日15:08		

立運年齢（男 / 女）

月柱 壬寅

生日	日柱	男	女
2/4	庚$_2$戌	10	0
2/5	辛$_3$亥	10	0
2/6	壬$_1$子	9	1
2/7	癸$_3$丑	9	1
2/8	甲$_1$寅	9	1
2/9	乙$_3$卯	8	2
2/10	丙$_3$辰	8	2
2/11	丁$_2$巳	8	2
2/12	戊$_2$午	7	3
2/13	己$_1$未	7	3
2/14	庚$_2$申	7	3
2/15	辛$_3$酉	6	4
2/16	壬$_1$戌	6	4
2/17	癸$_3$亥	6	4
2/18	甲$_1$子	5	5
2/19	乙$_1$丑	5	5
2/20	丙$_2$寅	5	5
2/21	丁$_2$卯	4	6
2/22	戊$_3$辰	4	6
2/23	己$_3$巳	4	6
2/24	庚$_2$午	3	7
2/25	辛$_1$未	3	7
2/26	壬$_1$申	3	7
2/27	癸$_1$酉	2	8
2/28	甲$_1$戌	2	8
2/29	乙$_1$亥	2	8
3/1	丙$_3$子	1	9
3/2	丁$_3$丑	1	9
3/3	戊$_3$寅	1	9
3/4	己$_3$卯	0	10
3/5	庚$_3$辰	0	10

月柱 癸卯

生日	日柱	男	女
3/5	庚$_2$戌	10	0
3/6	辛$_3$巳	10	0
3/7	壬$_1$午	9	1
3/8	癸$_3$未	9	1
3/9	甲$_1$申	9	1
3/10	乙$_3$酉	8	2
3/11	丙$_3$戌	8	2
3/12	丁$_2$亥	8	2
3/13	戊$_2$子	7	3
3/14	己$_1$丑	7	3
3/15	庚$_2$寅	7	3
3/16	辛$_3$卯	6	4
3/17	壬$_1$辰	6	4
3/18	癸$_3$巳	6	4
3/19	甲$_1$午	5	5
3/20	乙$_1$未	5	5
3/21	丙$_2$申	5	5
3/22	丁$_2$酉	4	6
3/23	戊$_3$戌	4	6
3/24	己$_3$亥	4	6
3/25	庚$_2$子	3	7
3/26	辛$_1$丑	3	7
3/27	壬$_1$寅	3	7
3/28	癸$_1$卯	2	8
3/29	甲$_1$辰	2	8
3/30	乙$_1$巳	2	8
3/31	丙$_3$午	1	9
4/1	丁$_3$未	1	9
4/2	戊$_3$申	1	9
4/3	己$_3$酉	0	10
4/4	庚$_3$戌	0	10

月柱 甲辰

生日	日柱	男	女
4/4	庚$_1$戌	10	0
4/5	辛$_1$亥	10	0
4/6	壬$_1$子	10	1
4/7	癸$_1$丑	10	1
4/8	甲$_2$寅	9	1
4/9	乙$_1$卯	9	2
4/10	丙$_2$辰	8	2
4/11	丁$_2$巳	8	2
4/12	戊$_1$午	8	2
4/13	己$_1$未	7	3
4/14	庚$_1$申	7	3
4/15	辛$_1$酉	7	3
4/16	壬$_2$戌	6	4
4/17	癸$_1$亥	6	4
4/18	甲$_1$子	5	5
4/19	乙$_1$丑	5	5
4/20	丙$_2$寅	5	5
4/21	丁$_2$卯	4	6
4/22	戊$_2$辰	4	6
4/23	己$_1$巳	4	6
4/24	庚$_2$午	3	7
4/25	辛$_1$未	3	7
4/26	壬$_1$申	3	7
4/27	癸$_1$酉	3	8
4/28	甲$_1$戌	2	8
4/29	乙$_1$亥	2	8
4/30	丙$_3$子	1	9
5/1	丁$_3$丑	1	9
5/2	戊$_3$寅	1	9
5/3	己$_3$卯	1	10
5/4	庚$_3$辰	0	10
5/5	辛$_2$巳	0	10

月柱 乙巳

生日	日柱	男	女
5/5	辛$_3$巳	10	0
5/6	壬$_2$午	10	0
5/7	癸$_2$未	10	1
5/8	甲$_2$申	9	1
5/9	乙$_2$酉	9	1
5/10	丙$_1$戌	9	2
5/11	丁$_2$亥	8	2
5/12	戊$_2$子	8	2
5/13	己$_1$丑	8	2
5/14	庚$_2$寅	7	3
5/15	辛$_1$卯	7	3
5/16	壬$_2$辰	7	4
5/17	癸$_2$巳	6	4
5/18	甲$_2$午	6	4
5/19	乙$_2$未	6	5
5/20	丙$_2$申	5	5
5/21	丁$_2$酉	5	6
5/22	戊$_1$戌	5	6
5/23	己$_2$亥	4	6
5/24	庚$_2$子	4	7
5/25	辛$_2$丑	4	7
5/26	壬$_2$寅	3	7
5/27	癸$_1$卯	3	8
5/28	甲$_2$辰	3	8
5/29	乙$_2$巳	2	8
5/30	丙$_1$午	2	9
5/31	丁$_2$未	2	9
6/1	戊$_2$申	1	9
6/2	己$_2$酉	1	10
6/3	庚$_2$戌	1	10
6/4	辛$_2$亥	0	10
6/5	壬$_2$子	0	10

月柱 丙午

生日	日柱	男	女
6/5	壬$_1$子	11	0
6/6	癸$_2$丑	10	0
6/7	甲$_2$寅	10	1
6/8	乙$_1$卯	10	1
6/9	丙$_1$辰	9	1
6/10	丁$_1$巳	9	2
6/11	戊$_1$午	9	2
6/12	己$_1$未	8	2
6/13	庚$_1$申	8	3
6/14	辛$_2$酉	8	3
6/15	壬$_1$戌	7	3
6/16	癸$_1$亥	7	4
6/17	甲$_1$子	7	4
6/18	乙$_3$丑	6	4
6/19	丙$_1$寅	6	5
6/20	丁$_1$卯	6	5
6/21	戊$_1$辰	5	5
6/22	己$_1$巳	5	6
6/23	庚$_1$午	5	6
6/24	辛$_1$未	4	6
6/25	壬$_1$申	4	7
6/26	癸$_2$酉	4	7
6/27	甲$_1$戌	3	7
6/28	乙$_2$亥	3	8
6/29	丙$_1$子	3	8
6/30	丁$_1$丑	2	8
7/1	戊$_2$寅	2	9
7/2	己$_1$卯	2	9
7/3	庚$_2$辰	1	9
7/4	辛$_1$巳	1	10
7/5	壬$_2$午	1	10
7/6	癸$_3$未	0	10
7/7	甲$_3$申	0	11

月柱 丁未

生日	日柱	男	女
7/7	甲$_3$申	10	0
7/8	乙$_3$酉	10	0
7/9	丙$_3$戌	10	1
7/10	丁$_1$亥	10	1
7/11	戊$_1$子	9	1
7/12	己$_1$丑	9	2
7/13	庚$_1$寅	8	2
7/14	辛$_1$卯	8	2
7/15	壬$_2$辰	8	2
7/16	癸$_2$巳	7	3
7/17	甲$_1$午	7	3
7/18	乙$_2$未	7	4
7/19	丙$_2$申	6	4
7/20	丁$_2$酉	6	4
7/21	戊$_1$戌	6	5
7/22	己$_1$亥	5	5
7/23	庚$_1$子	5	5
7/24	辛$_1$丑	5	6
7/25	壬$_2$寅	4	6
7/26	癸$_2$卯	4	6
7/27	甲$_1$辰	4	7
7/28	乙$_2$巳	3	7
7/29	丙$_1$午	3	7
7/30	丁$_1$未	3	8
7/31	戊$_1$申	2	8
8/1	己$_1$酉	2	8
8/2	庚$_1$戌	2	9
8/3	辛$_1$亥	1	9
8/4	壬$_1$子	1	9
8/5	癸$_1$丑	1	10
8/6	甲$_1$寅	0	10
8/7	乙$_3$卯	0	10

歳	男	歳	女	歳	男	歳	女	歳	男	歳	女	歳	男	歳	女	歳	男	歳	女	歳	男	歳	女
0	癸卯	0	辛丑	0	甲辰	0	壬寅	0	乙巳	0	癸卯	0	丙午	0	甲辰	0	丁未	0	乙巳	0	戊申	0	丙午
10	甲辰	10	庚子	10	乙巳	10	辛丑	10	丙午	10	壬寅	10	丁未	10	癸卯	10	戊申	10	甲辰	10	己酉	10	乙巳
20	乙巳	20	己亥	20	丙午	20	庚子	20	丁未	20	辛丑	20	戊申	20	壬寅	20	己酉	20	癸卯	20	庚戌	20	甲辰
30	丙午	30	戊戌	30	丁未	30	己亥	30	戊申	30	庚子	30	己酉	30	辛丑	30	庚戌	30	壬寅	30	辛亥	30	癸卯
40	丁未	40	丁酉	40	戊申	40	戊戌	40	己酉	40	己亥	40	庚戌	40	庚子	40	辛亥	40	辛丑	40	壬子	40	壬寅
50	戊申	50	丙申	50	己酉	50	丁酉	50	庚戌	50	戊戌	50	辛亥	50	己亥	50	壬子	50	庚子	50	癸丑	50	辛丑
60	己酉	60	乙未	60	庚戌	60	丙申	60	辛亥	60	丁酉	60	壬子	60	戊戌	60	癸丑	60	己亥	60	甲寅	60	庚子
70	庚戌	70	甲午	70	辛亥	70	乙未	70	壬子	70	丙申	70	癸丑	70	丁酉	70	甲寅	70	戊戌	70	乙卯	70	己亥
80	辛亥	80	癸巳	80	壬子	80	甲午	80	癸丑	80	乙未	80	甲寅	80	丙申	80	乙卯	80	丁酉	80	丙辰	80	戊戌

～1993年（平成5年）2月4日3時42分

月柱	戊申	己酉	庚戌	辛亥	壬子	癸丑
期間	8月7日15:09～9月7日17:52	9月7日17:53～10月8日9:16	10月8日9:17～11月7日12:11	11月7日12:12～12月7日4:51	12月7日4:52～1月5日16:00	1月5日16:01～2月4日3:42

戊申 生日	日柱	男	女	己酉 生日	日柱	男	女	庚戌 生日	日柱	男	女	辛亥 生日	日柱	男	女	壬子 生日	日柱	男	女	癸丑 生日	日柱	男	女
8/7	乙$_2$卯	10	0	9/7	丙$_2$戌	10	0	10/8	丁$_3$巳	10	0	11/7	丁$_3$亥	10	0	12/7	丁$_1$巳	10	0	1/5	丙$_3$戌	10	0
8/8	丙$_3$辰	10	0	9/8	丁$_3$亥	10	0	10/9	戊$_3$午	10	0	11/8	戊$_3$子	10	0	12/8	戊$_3$午	9	0	1/6	丁$_3$亥	10	0
8/9	丁$_3$巳	10	1	9/9	戊$_3$子	10	1	10/10	己$_1$未	9	1	11/9	己$_1$丑	9	1	12/9	己$_1$未	9	1	1/7	戊$_3$子	9	1
8/10	戊$_2$午	9	1	9/10	己$_2$丑	9	1	10/11	庚$_1$申	9	1	11/10	庚$_1$寅	9	1	12/10	庚$_2$申	9	1	1/8	己$_2$丑	9	1
8/11	己$_2$未	9	1	9/11	庚$_1$寅	9	1	10/12	辛$_1$酉	9	1	11/11	辛$_1$卯	9	1	12/11	辛$_2$酉	8	1	1/9	庚$_2$寅	9	1
8/12	庚$_1$申	9	2	9/12	辛$_1$卯	9	2	10/13	壬$_1$戌	8	2	11/12	壬$_1$辰	8	2	12/12	壬$_1$戌	8	2	1/10	辛$_2$卯	8	2
8/13	辛$_1$酉	8	2	9/13	壬$_1$辰	8	2	10/14	癸$_1$亥	8	2	11/13	癸$_1$巳	8	2	12/13	癸$_1$亥	8	2	1/11	壬$_1$辰	8	2
8/14	壬$_1$戌	8	2	9/14	癸$_1$巳	8	2	10/15	甲$_1$子	8	2	11/14	甲$_1$午	7	2	12/14	甲$_1$子	7	2	1/12	癸$_1$巳	8	2
8/15	癸$_1$亥	8	3	9/15	甲$_2$午	8	3	10/16	乙$_1$丑	7	3	11/15	乙$_1$未	7	3	12/15	乙$_1$丑	7	3	1/13	甲$_1$午	7	3
8/16	甲$_2$子	7	3	9/16	乙$_1$未	7	3	10/17	丙$_1$寅	7	3	11/16	丙$_1$申	7	3	12/16	丙$_2$寅	7	3	1/14	乙$_1$未	7	3
8/17	乙$_1$丑	7	3	9/17	丙$_3$申	7	3	10/18	丁$_3$卯	7	3	11/17	丁$_1$酉	7	3	12/17	丁$_1$卯	6	3	1/15	丙$_3$申	7	3
8/18	丙$_3$寅	7	3	9/18	丁$_3$酉	7	4	10/19	戊$_1$辰	6	4	11/18	戊$_3$戌	6	4	12/18	戊$_3$辰	6	4	1/16	丁$_3$酉	6	4
8/19	丁$_3$卯	6	4	9/19	戊$_2$戌	6	4	10/20	己$_1$巳	6	4	11/19	己$_2$亥	6	4	12/19	己$_2$巳	6	4	1/17	戊$_2$戌	6	4
8/20	戊$_2$辰	6	4	9/20	己$_2$亥	6	4	10/21	庚$_1$午	6	4	11/20	庚$_1$子	6	4	12/20	庚$_3$午	6	4	1/18	己$_3$亥	6	4
8/21	己$_2$巳	6	5	9/21	庚$_1$子	6	5	10/22	辛$_1$未	5	5	11/21	辛$_1$丑	5	5	12/21	辛$_2$未	5	5	1/19	庚$_2$子	5	5
8/22	庚$_1$午	5	5	9/22	辛$_1$丑	5	5	10/23	壬$_1$申	5	5	11/22	壬$_1$寅	5	5	12/22	壬$_1$申	5	5	1/20	辛$_1$丑	5	5
8/23	辛$_1$未	5	5	9/23	壬$_1$寅	5	5	10/24	癸$_1$酉	5	5	11/23	癸$_1$卯	5	5	12/23	癸$_1$酉	4	5	1/21	壬$_1$寅	5	5
8/24	壬$_1$申	5	6	9/24	癸$_1$卯	5	6	10/25	甲$_1$戌	4	6	11/24	甲$_1$辰	4	6	12/24	甲$_1$戌	4	6	1/22	癸$_1$卯	4	6
8/25	癸$_1$酉	4	6	9/25	甲$_3$辰	4	6	10/26	乙$_1$亥	4	6	11/25	乙$_1$巳	4	6	12/25	乙$_1$亥	4	6	1/23	甲$_2$辰	4	6
8/26	甲$_3$戌	4	6	9/26	乙$_3$巳	4	6	10/27	丙$_1$子	4	6	11/26	丙$_3$午	4	6	12/26	丙$_3$子	3	6	1/24	乙$_2$巳	4	6
8/27	乙$_2$亥	4	7	9/27	丙$_3$午	4	7	10/28	丁$_1$丑	3	7	11/27	丁$_1$未	3	7	12/27	丁$_1$丑	3	7	1/25	丙$_3$午	3	7
8/28	丙$_3$子	3	7	9/28	丁$_3$未	3	7	10/29	戊$_1$寅	3	7	11/28	戊$_1$申	3	7	12/28	戊$_1$寅	3	7	1/26	丁$_3$未	3	7
8/29	丁$_3$丑	3	7	9/29	戊$_3$申	3	7	10/30	己$_1$卯	3	7	11/29	己$_1$酉	3	7	12/29	己$_1$卯	2	7	1/27	戊$_3$申	3	7
8/30	戊$_2$寅	3	8	9/30	己$_3$酉	3	8	10/31	庚$_1$辰	2	8	11/30	庚$_1$戌	2	8	12/30	庚$_1$辰	2	8	1/28	己$_3$酉	2	8
8/31	己$_3$卯	2	8	10/1	庚$_1$戌	2	8	11/1	辛$_1$巳	2	8	12/1	辛$_1$亥	2	8	12/31	辛$_1$巳	2	8	1/29	庚$_1$戌	2	8
9/1	庚$_1$辰	2	8	10/2	辛$_1$亥	2	8	11/2	壬$_1$午	2	8	12/2	壬$_1$子	2	8	1/1	壬$_1$午	1	8	1/30	辛$_2$亥	2	8
9/2	辛$_1$巳	2	9	10/3	壬$_1$子	2	9	11/3	癸$_1$未	1	9	12/3	癸$_1$丑	1	9	1/2	癸$_1$未	1	9	1/31	壬$_1$子	1	9
9/3	壬$_1$午	1	9	10/4	癸$_1$丑	1	9	11/4	甲$_1$申	1	9	12/4	甲$_1$寅	1	9	1/3	甲$_1$申	1	9	2/1	癸$_1$丑	1	9
9/4	癸$_1$未	1	9	10/5	甲$_2$寅	1	9	11/5	乙$_1$酉	1	10	12/5	乙$_1$卯	1	9	1/4	乙$_1$酉	0	9	2/2	甲$_1$寅	1	9
9/5	甲$_1$申	1	10	10/6	乙$_2$卯	1	10	11/6	丙$_1$戌	0	10	12/6	丙$_3$辰	0	10	1/5	丙$_3$戌	0	10	2/3	乙$_1$卯	0	10
9/6	乙$_3$酉	0	10	10/7	丙$_3$辰	0	10	11/7	丁$_1$亥	0	10	12/7	丁$_1$巳	0	10					2/4	丙$_3$辰	0	10
9/7	丙$_3$戌	0	10	10/8	丁$_3$巳	0	10																

立運年齢

歳	男(戊申)	歳	女(戊申)	歳	男(己酉)	歳	女(己酉)	歳	男(庚戌)	歳	女(庚戌)	歳	男(辛亥)	歳	女(辛亥)	歳	男(壬子)	歳	女(壬子)	歳	男(癸丑)	歳	女(癸丑)
0	己酉	0	丁未	0	戊戌	0	戊申	0	辛亥	0	己酉	0	壬子	0	庚戌	0	癸丑	0	辛亥	0	甲寅	0	壬子
10	庚戌	10	丙午	10	辛亥	10	丁未	10	壬子	10	戊申	10	癸丑	10	己酉	10	甲寅	10	庚戌	10	乙卯	10	辛亥
20	辛亥	20	乙巳	20	壬子	20	丙午	20	癸丑	20	丁未	20	甲寅	20	戊申	20	乙卯	20	己酉	20	丙辰	20	庚戌
30	壬子	30	甲辰	30	癸丑	30	乙巳	30	甲寅	30	丙午	30	乙卯	30	丁未	30	丙辰	30	戊申	30	丁巳	30	己酉
40	癸丑	40	癸卯	40	甲寅	40	甲辰	40	乙卯	40	乙巳	40	丙辰	40	丙午	40	丁巳	40	丁未	40	戊午	40	戊申
50	甲寅	50	壬寅	50	乙卯	50	癸卯	50	丙辰	50	甲辰	50	丁巳	50	乙巳	50	戊午	50	丙午	50	己未	50	丁未
60	乙卯	60	辛丑	60	丙辰	60	壬寅	60	丁巳	60	癸卯	60	戊午	60	甲辰	60	己未	60	乙巳	60	庚申	60	丙午
70	丙辰	70	庚子	70	丁巳	70	辛丑	70	戊午	70	壬寅	70	己未	70	癸卯	70	庚申	70	甲辰	70	辛酉	70	乙巳
80	丁巳	80	己亥	80	戊午	80	庚子	80	己未	80	辛丑	80	庚申	80	壬寅	80	辛酉	80	癸卯	80	壬戌	80	甲辰

年柱 癸酉　1993年（平成5年）2月4日3時43分～

月柱 甲寅　2月4日 3:43～3月5日21:52

生日	日柱	立運年齢 男	立運年齢 女
2 4	丙2辰	0	10
2 5	丁1巳	0	9
2 6	戊3午	1	9
2 7	己3未	1	9
2 8	庚2申	1	8
2 9	辛2酉	2	8
2 10	壬2戌	2	8
2 11	癸2亥	2	7
2 12	甲1子	3	7
2 13	乙1丑	3	7
2 14	丙2寅	3	6
2 15	丁1卯	4	6
2 16	戊3辰	4	6
2 17	己1巳	4	5
2 18	庚3午	5	5
2 19	辛2未	5	5
2 20	壬1申	5	5
2 21	癸1酉	6	4
2 22	甲1戌	6	4
2 23	乙1亥	6	3
2 24	丙2子	7	3
2 25	丁2丑	7	3
2 26	戊3寅	7	2
2 27	己3卯	8	2
2 28	庚2辰	8	2
3 1	辛3巳	8	1
3 2	壬2午	9	1
3 3	癸3未	9	1
3 4	甲1申	9	0
3 5	乙1酉	10	0

月柱 乙卯　3月5日21:53～4月5日 2:55

生日	日柱	立運年齢 男	立運年齢 女
3 5	乙1酉	0	10
3 6	丙2戌	0	10
3 7	丁1亥	1	10
3 8	戊1子	1	9
3 9	己3丑	1	9
3 10	庚2寅	2	9
3 11	辛2卯	2	8
3 12	壬2辰	2	8
3 13	癸2巳	3	8
3 14	甲1午	3	7
3 15	乙1未	3	7
3 16	丙2申	4	7
3 17	丁1酉	4	6
3 18	戊2戌	4	6
3 19	己3亥	5	6
3 20	庚3子	5	5
3 21	辛1丑	5	5
3 22	壬2寅	6	5
3 23	癸3卯	6	4
3 24	甲1辰	6	4
3 25	乙1巳	7	4
3 26	丙1午	7	3
3 27	丁1未	7	3
3 28	戊3申	8	3
3 29	己1酉	8	2
3 30	庚2戌	8	2
3 31	辛3亥	9	2
4 1	壬1子	9	1
4 2	癸3丑	9	1
4 3	甲1寅	10	1
4 4	乙2卯	10	0
4 5	丙2辰	10	0

月柱 丙辰　4月5日 2:56～5月5日20:29

生日	日柱	立運年齢 男	立運年齢 女
4 5	丙2辰	0	10
4 6	丁2巳	0	10
4 7	戊1午	1	9
4 8	己1未	1	9
4 9	庚1申	1	9
4 10	辛2酉	2	8
4 11	壬1戌	2	8
4 12	癸2亥	2	8
4 13	甲1子	3	7
4 14	乙1丑	3	7
4 15	丙2寅	3	7
4 16	丁1卯	4	7
4 17	戊1辰	4	6
4 18	己1巳	4	6
4 19	庚2午	5	6
4 20	辛1未	5	5
4 21	壬1申	5	5
4 22	癸1酉	6	5
4 23	甲1戌	6	4
4 24	乙1亥	6	4
4 25	丙1子	7	3
4 26	丁1丑	7	3
4 27	戊1寅	7	3
4 28	己1卯	8	3
4 29	庚1辰	8	2
4 30	辛1巳	8	2
5 1	壬2午	9	2
5 2	癸2未	9	1
5 3	甲1申	9	1
5 4	乙2酉	10	0
5 5	丙2戌	10	0

月柱 丁巳　5月5日20:30～6月6日 0:51

生日	日柱	立運年齢 男	立運年齢 女
5 5	丙2戌	0	11
5 6	丁1亥	0	10
5 7	戊1子	1	10
5 8	己1丑	1	9
5 9	庚1寅	1	9
5 10	辛1卯	2	9
5 11	壬2辰	2	8
5 12	癸2巳	2	8
5 13	甲3午	3	8
5 14	乙1未	3	7
5 15	丙1申	3	7
5 16	丁1酉	4	7
5 17	戊1戌	4	7
5 18	己1亥	4	6
5 19	庚1子	5	6
5 20	辛1丑	5	5
5 21	壬1寅	5	5
5 22	癸1卯	6	5
5 23	甲3辰	6	4
5 24	乙1巳	6	4
5 25	丙1午	7	3
5 26	丁1未	7	3
5 27	戊1申	7	3
5 28	己1酉	8	3
5 29	庚1戌	8	2
5 30	辛1亥	8	2
5 31	壬1子	9	2
6 1	癸2丑	9	1
6 2	甲1寅	9	1
6 3	乙3卯	10	1
6 4	丙1辰	10	1
6 5	丁1巳	10	0
6 6	戊1午	11	0

月柱 戊午　6月6日 0:52～7月7日11:14

生日	日柱	立運年齢 男	立運年齢 女
6 6	戊1午	0	10
6 7	己1未	0	10
6 8	庚1申	1	10
6 9	辛1酉	1	9
6 10	壬2戌	1	9
6 11	癸1亥	2	9
6 12	甲2子	2	8
6 13	乙3丑	2	8
6 14	丙2寅	3	8
6 15	丁1卯	3	7
6 16	戊1辰	3	7
6 17	己1巳	4	7
6 18	庚1午	4	6
6 19	辛1未	4	6
6 20	壬1申	5	6
6 21	癸1酉	5	5
6 22	甲3戌	5	5
6 23	乙2亥	6	5
6 24	丙2子	6	4
6 25	丁2丑	6	4
6 26	戊3寅	7	3
6 27	己1卯	7	3
6 28	庚1辰	7	3
6 29	辛1巳	8	3
6 30	壬1午	8	2
7 1	癸2未	8	2
7 2	甲3申	9	2
7 3	乙3酉	9	1
7 4	丙2戌	9	1
7 5	丁2亥	10	1
7 6	戊1子	10	0
7 7	己1丑	10	0

月柱 己未　7月7日11:15～8月7日20:58

生日	日柱	立運年齢 男	立運年齢 女
7 7	己1丑	0	10
7 8	庚1寅	0	10
7 9	辛1卯	1	10
7 10	壬2辰	1	9
7 11	癸1巳	1	9
7 12	甲3午	2	9
7 13	乙1未	2	8
7 14	丙1申	2	8
7 15	丁1酉	3	8
7 16	戊1戌	3	7
7 17	己1亥	3	7
7 18	庚1子	4	7
7 19	辛1丑	4	6
7 20	壬1寅	4	6
7 21	癸1卯	5	6
7 22	甲3辰	5	5
7 23	乙1巳	5	5
7 24	丙2午	6	5
7 25	丁1未	6	4
7 26	戊1申	6	4
7 27	己1酉	7	3
7 28	庚1戌	7	3
7 29	辛1亥	7	3
7 30	壬1子	8	3
7 31	癸1丑	8	2
8 1	甲1寅	8	2
8 2	乙2卯	9	2
8 3	丙3辰	9	1
8 4	丁1巳	9	1
8 5	戊1午	10	1
8 6	己1未	10	0
8 7	庚1申	10	0

大運表

歳	男	歳	女	歳	男	歳	女	歳	男	歳	女	歳	男	歳	女	歳	男	歳	女	歳	男	歳	女
0	癸丑	0	乙卯	0	甲寅	0	丙辰	0	乙卯	0	丁巳	0	丙辰	0	戊午	0	丁巳	0	己未	0	戊午	0	庚申
10	壬子	10	丙辰	10	癸丑	10	丁巳	10	甲寅	10	戊午	10	乙卯	10	己未	10	丙辰	10	庚申	10	丁巳	10	辛酉
20	辛亥	20	丁巳	20	壬子	20	戊午	20	癸丑	20	己未	20	甲寅	20	庚申	20	乙卯	20	辛酉	20	丙辰	20	壬戌
30	庚戌	30	戊午	30	辛亥	30	己未	30	壬子	30	庚申	30	癸丑	30	辛酉	30	甲寅	30	壬戌	30	乙卯	30	癸亥
40	己酉	40	己未	40	庚戌	40	庚申	40	辛亥	40	辛酉	40	壬子	40	壬戌	40	癸丑	40	癸亥	40	甲寅	40	甲子
50	戊申	50	庚申	50	己酉	50	辛酉	50	庚戌	50	壬戌	50	辛亥	50	癸亥	50	壬子	50	甲子	50	癸丑	50	乙丑
60	丁未	60	辛酉	60	戊申	60	壬戌	60	己酉	60	癸亥	60	庚戌	60	甲子	60	辛亥	60	乙丑	60	壬子	60	丙寅
70	丙午	70	壬戌	70	丁未	70	癸亥	70	戊申	70	甲子	70	己酉	70	乙丑	70	庚戌	70	丙寅	70	辛亥	70	丁卯
80	乙巳	80	癸亥	80	丙午	80	甲子	80	丁未	80	乙丑	80	戊申	80	丙寅	80	己酉	80	丁卯	80	庚戌	80	戊辰

～1994年（平成6年）2月4日9時32分

月柱・立運年齢表

月柱	庚申（8月7日20:59～9月7日23:42）			辛酉（9月7日23:43～10月8日15:06）			壬戌（10月8日15:07～11月7日18:01）			癸亥（11月7日18:02～12月7日10:41）			甲子（12月7日10:42～1月5日21:50）			乙丑（1月5日21:51～2月4日9:32）		
生日	日柱	男	女	日柱	男	女	日柱	男	女	日柱	男	女	日柱	男	女	日柱	男	女
	庚申	0	10	辛卯	0	10	壬戌	0	10	壬辰	0	10	壬戌	0	10	辛卯	0	10
	辛酉	0	10	壬辰	0	10	癸亥	0	10	癸巳	1	10	癸亥	0	9	壬辰	0	10
	壬戌	1	10	癸巳	1	10	甲子	1	9	甲午	1	9	甲子	1	9	癸巳	1	9
	癸亥	1	9	甲午	1	9	乙丑	1	9	乙未	1	9	乙丑	1	9	甲午	1	9
	甲子	1	9	乙未	1	9	丙寅	1	9	丙申	2	9	丙寅	1	9	乙未	1	9
	乙丑	2	9	丙申	2	9	丁卯	2	8	丁酉	2	8	丁卯	2	8	丙申	2	8
	丙寅	2	8	丁酉	2	8	戊辰	2	8	戊戌	2	8	戊辰	2	8	丁酉	2	8
	丁卯	2	8	戊戌	2	8	己巳	2	8	己亥	2	8	己巳	2	7	戊戌	2	8
	戊辰	3	8	己亥	3	8	庚午	3	7	庚子	3	7	庚午	3	7	己亥	3	7
	己巳	3	7	庚子	3	7	辛未	3	7	辛丑	3	7	辛未	3	7	庚子	3	7
	庚午	3	7	辛丑	3	7	壬申	3	7	壬寅	3	7	壬申	3	6	辛丑	3	7
	辛未	4	7	壬寅	4	7	癸酉	4	6	癸卯	4	6	癸酉	4	6	壬寅	4	6
	壬申	4	6	癸卯	4	6	甲戌	4	6	甲辰	4	6	甲戌	4	6	癸卯	4	6
	癸酉	5	6	甲辰	5	6	乙亥	4	6	乙巳	4	6	乙亥	4	5	甲辰	4	6
	甲戌	5	5	乙巳	5	6	丙子	5	5	丙午	5	5	丙子	5	5	乙巳	5	5
	乙亥	5	5	丙午	5	5	丁丑	5	5	丁未	5	5	丁丑	5	5	丙午	5	5
	丙子	5	5	丁未	5	5	戊寅	5	5	戊申	5	5	戊寅	5	4	丁未	5	5
	丁丑	6	5	戊申	6	5	己卯	6	4	己酉	6	4	己卯	6	4	戊申	6	4
	戊寅	6	4	己酉	6	4	庚辰	6	4	庚戌	6	4	庚辰	6	4	己酉	6	4
	己卯	6	4	庚戌	6	4	辛巳	6	4	辛亥	6	3	辛巳	6	3	庚戌	6	4
	庚辰	7	4	辛亥	7	4	壬午	7	4	壬子	7	3	壬午	7	3	辛亥	7	3
	辛巳	7	3	壬子	7	3	癸未	7	3	癸丑	7	3	癸未	7	3	壬子	7	3
	壬午	7	3	癸丑	7	3	甲申	8	3	甲寅	7	3	甲申	7	2	癸丑	7	3
	癸未	8	3	甲寅	8	3	乙酉	8	2	乙卯	8	2	乙酉	8	2	甲寅	8	2
	甲申	8	2	乙卯	8	2	丙戌	8	2	丙辰	8	2	丙戌	8	2	乙卯	8	2
	乙酉	8	2	丙辰	8	2	丁亥	8	2	丁巳	8	1	丁亥	8	1	丙辰	8	2
	丙戌	9	2	丁巳	9	2	戊子	9	1	戊午	9	1	戊子	9	1	丁巳	9	1
	丁亥	9	1	戊午	9	1	己丑	9	1	己未	9	1	己丑	9	1	戊午	9	1
	戊子	9	1	己未	9	1	庚寅	9	1	庚申	9	0	庚寅	9	0	己未	9	1
	己丑	10	1	庚申	10	1	辛卯	10	0	辛酉	10	0	辛卯	10	0	庚申	10	0
	庚寅	10	0	辛酉	10	0	壬辰	10	0	壬戌	10	0				辛酉	10	0
	辛卯	10	0	壬戌	10	0												

立運年齢・大運表

歳	庚申 男	歳	庚申 女	歳	辛酉 男	歳	辛酉 女	歳	壬戌 男	歳	壬戌 女	歳	癸亥 男	歳	癸亥 女	歳	甲子 男	歳	甲子 女	歳	乙丑 男	歳	乙丑 女
0	己未	0	辛酉	0	庚申	0	壬戌	0	辛酉	0	癸亥	0	壬戌	0	甲子	0	癸亥	0	乙丑	0	甲子	0	丙寅
10	戊午	10	壬戌	10	己未	10	癸亥	10	庚申	10	甲子	10	辛酉	10	乙丑	10	壬戌	10	丙寅	10	癸亥	10	丁卯
20	丁巳	20	癸亥	20	戊午	20	甲子	20	己未	20	乙丑	20	庚申	20	丙寅	20	辛酉	20	丁卯	20	壬戌	20	戊辰
30	丙辰	30	甲子	30	丁巳	30	乙丑	30	戊午	30	丙寅	30	己未	30	丁卯	30	庚申	30	戊辰	30	辛酉	30	己巳
40	乙卯	40	乙丑	40	丙辰	40	丙寅	40	丁巳	40	丁卯	40	戊午	40	戊辰	40	己未	40	己巳	40	庚申	40	庚午
50	甲寅	50	丙寅	50	乙卯	50	丁卯	50	丙辰	50	戊辰	50	丁巳	50	己巳	50	戊午	50	庚午	50	己未	50	辛未
60	癸丑	60	丁卯	60	甲寅	60	戊辰	60	乙卯	60	己巳	60	丙辰	60	庚午	60	丁巳	60	辛未	60	戊午	60	壬申
70	壬子	70	戊辰	70	癸丑	70	己巳	70	甲寅	70	庚午	70	乙卯	70	辛未	70	丙辰	70	壬申	70	丁巳	70	癸酉
80	辛亥	80	己巳	80	壬子	80	庚午	80	癸丑	80	辛未	80	甲寅	80	壬申	80	乙卯	80	癸酉	80	丙辰	80	甲戌

年柱 甲戌 1994年（平成6年）2月4日9時33分～

月柱	2月4日 9:33～ 3月6日 3:42	3月6日 3:43～ 4月5日 8:45	4月5日 8:46～ 5月6日 2:19	5月6日 2:20～ 6月6日 6:42	6月6日 6:43～ 7月7日17:06	7月7日17:07～ 8月8日 2:49

月柱：丙寅 / 丁卯 / 戊辰 / 己巳 / 庚午 / 辛未

丙寅 生日	日柱	男	女	丁卯 生日	日柱	男	女	戊辰 生日	日柱	男	女	己巳 生日	日柱	男	女	庚午 生日	日柱	男	女	辛未 生日	日柱	男	女
2/4	辛$_3$酉	10	0	3/6	辛$_3$卯	10	0	4/5	辛$_3$酉	10	0	5/6	壬$_3$辰	10	0	6/6	癸$_3$亥	10	0	7/7	甲$_3$午	11	0
2/5	壬$_3$戌	10	0	3/7	壬$_3$辰	10	0	4/6	壬$_3$戌	10	0	5/7	癸$_3$巳	10	0	6/7	甲$_1$子	10	0	7/8	乙$_2$未	10	0
2/6	癸$_3$亥	9	1	3/8	癸$_3$巳	9	1	4/7	癸$_3$亥	10	1	5/8	甲$_3$午	10	1	6/8	乙$_1$丑	10	1	7/9	丙$_2$申	10	1
2/7	甲$_1$子	9	1	3/9	甲$_1$午	9	1	4/8	甲$_1$子	9	1	5/9	乙$_1$未	9	1	6/9	丙$_1$寅	9	1	7/10	丁$_2$酉	10	1
2/8	乙$_1$丑	9	1	3/10	乙$_1$未	9	1	4/9	乙$_1$丑	9	1	5/10	丙$_1$申	9	1	6/10	丁$_1$卯	9	1	7/11	戊$_1$戌	9	2
2/9	丙$_1$寅	8	2	3/11	丙$_1$申	8	2	4/10	丙$_1$寅	9	2	5/11	丁$_1$酉	9	2	6/11	戊$_1$辰	9	2	7/12	己$_1$亥	9	2
2/10	丁$_1$卯	8	2	3/12	丁$_1$酉	8	2	4/11	丁$_1$卯	8	2	5/12	戊$_1$戌	8	2	6/12	己$_1$巳	8	2	7/13	庚$_1$子	9	2
2/11	戊$_1$辰	8	2	3/13	戊$_1$戌	8	2	4/12	戊$_1$辰	8	2	5/13	己$_1$亥	8	2	6/13	庚$_2$午	8	2	7/14	辛$_1$丑	8	2
2/12	己$_1$巳	7	3	3/14	己$_2$亥	7	3	4/13	己$_1$巳	8	3	5/14	庚$_2$子	8	3	6/14	辛$_1$未	8	3	7/15	壬$_2$寅	8	3
2/13	庚$_2$午	7	3	3/15	庚$_1$子	7	3	4/14	庚$_2$午	7	3	5/15	辛$_1$丑	7	3	6/15	壬$_1$申	7	3	7/16	癸$_3$卯	8	3
2/14	辛$_2$未	7	3	3/16	辛$_1$丑	7	3	4/15	辛$_2$未	7	3	5/16	壬$_1$寅	7	3	6/16	癸$_1$酉	7	3	7/17	甲$_3$辰	7	3
2/15	壬$_1$申	6	4	3/17	壬$_1$寅	6	4	4/16	壬$_1$申	7	4	5/17	癸$_1$卯	7	4	6/17	甲$_1$戌	7	4	7/18	乙$_2$巳	7	4
2/16	癸$_1$酉	6	4	3/18	癸$_1$卯	6	4	4/17	癸$_1$酉	6	4	5/18	甲$_1$辰	6	4	6/18	乙$_1$亥	6	4	7/19	丙$_1$午	7	4
2/17	甲$_1$戌	6	4	3/19	甲$_1$辰	6	4	4/18	甲$_2$戌	6	4	5/19	乙$_1$巳	6	4	6/19	丙$_1$子	6	4	7/20	丁$_2$未	6	4
2/18	乙$_1$亥	5	5	3/20	乙$_1$巳	5	5	4/19	乙$_1$亥	6	5	5/20	丙$_1$午	6	5	6/20	丁$_1$丑	6	5	7/21	戊$_1$申	6	5
2/19	丙$_1$子	5	5	3/21	丙$_1$午	5	5	4/20	丙$_1$子	5	5	5/21	丁$_1$未	5	5	6/21	戊$_1$寅	5	5	7/22	己$_1$酉	6	5
2/20	丁$_1$丑	5	5	3/22	丁$_1$未	5	5	4/21	丁$_1$丑	5	5	5/22	戊$_1$申	5	5	6/22	己$_1$卯	5	5	7/23	庚$_1$戌	5	6
2/21	戊$_2$寅	4	6	3/23	戊$_1$申	4	6	4/22	戊$_2$寅	5	6	5/23	己$_1$酉	5	6	6/23	庚$_1$辰	5	6	7/24	辛$_1$亥	5	6
2/22	己$_2$卯	4	6	3/24	己$_2$酉	4	6	4/23	己$_1$卯	4	6	5/24	庚$_1$戌	4	6	6/24	辛$_1$巳	4	6	7/25	壬$_1$子	5	6
2/23	庚$_1$辰	4	6	3/25	庚$_1$戌	4	6	4/24	庚$_1$辰	4	6	5/25	辛$_2$亥	4	6	6/25	壬$_1$午	4	6	7/26	癸$_1$丑	4	6
2/24	辛$_1$巳	3	7	3/26	辛$_1$亥	3	7	4/25	辛$_1$巳	4	7	5/26	壬$_3$子	4	7	6/26	癸$_1$未	4	7	7/27	甲$_1$寅	4	7
2/25	壬$_1$午	3	7	3/27	壬$_1$子	3	7	4/26	壬$_1$午	3	7	5/27	癸$_3$丑	3	7	6/27	甲$_1$申	3	7	7/28	乙$_1$卯	4	7
2/26	癸$_1$未	3	7	3/28	癸$_1$丑	3	7	4/27	癸$_1$未	3	7	5/28	甲$_1$寅	3	7	6/28	乙$_1$酉	3	7	7/29	丙$_1$辰	3	7
2/27	甲$_1$申	2	8	3/29	甲$_1$寅	2	8	4/28	甲$_1$申	3	8	5/29	乙$_1$卯	3	8	6/29	丙$_1$戌	3	8	7/30	丁$_1$巳	3	8
2/28	乙$_1$酉	2	8	3/30	乙$_1$卯	2	8	4/29	乙$_1$酉	2	8	5/30	丙$_1$辰	2	8	6/30	丁$_1$亥	2	8	7/31	戊$_1$午	3	8
3/1	丙$_1$戌	2	8	3/31	丙$_1$辰	2	8	4/30	丙$_1$戌	2	8	5/31	丁$_1$巳	2	8	7/1	戊$_1$子	2	8	8/1	己$_1$未	2	8
3/2	丁$_1$亥	1	9	4/1	丁$_1$巳	1	9	5/1	丁$_1$亥	2	9	6/1	戊$_1$午	2	9	7/2	己$_1$丑	2	9	8/2	庚$_1$申	2	9
3/3	戊$_2$子	1	9	4/2	戊$_1$午	1	9	5/2	戊$_1$子	1	9	6/2	己$_1$未	1	9	7/3	庚$_2$寅	1	9	8/3	辛$_1$酉	2	9
3/4	己$_1$丑	1	9	4/3	己$_1$未	1	9	5/3	己$_1$丑	1	9	6/3	庚$_1$申	1	9	7/4	辛$_2$卯	1	9	8/4	壬$_1$戌	1	9
3/5	庚$_1$寅	0	10	4/4	庚$_1$申	0	10	5/4	庚$_1$寅	1	10	6/4	辛$_1$酉	1	10	7/5	壬$_3$辰	1	10	8/5	癸$_1$亥	1	10
3/6	辛$_1$卯	0	10	4/5	辛$_1$酉	0	10	5/5	辛$_1$卯	0	10	6/5	壬$_1$戌	0	10	7/6	癸$_3$巳	0	10	8/6	甲$_1$子	1	10
								5/6	壬$_1$辰	0	10	6/6	癸$_3$亥	0	10	7/7	甲$_1$午	0	10	8/7	乙$_2$丑	0	10
																				8/8	丙$_1$寅	0	11

歳	男	歳	女	歳	男	歳	女	歳	男	歳	女	歳	男	歳	女	歳	男	歳	女	歳	男	歳	女
0	丁卯	0	乙丑	0	戊辰	0	丙寅	0	己巳	0	丁卯	0	庚午	0	戊辰	0	辛未	0	己巳	0	壬申	0	庚午
10	戊辰	10	甲子	10	己巳	10	乙丑	10	庚午	10	丙寅	10	辛未	10	丁卯	10	壬申	10	戊辰	10	癸酉	10	己巳
20	己巳	20	癸亥	20	庚午	20	甲子	20	辛未	20	乙丑	20	壬申	20	丙寅	20	癸酉	20	丁卯	20	甲戌	20	戊辰
30	庚午	30	壬戌	30	辛未	30	癸亥	30	壬申	30	甲子	30	癸酉	30	乙丑	30	甲戌	30	丙寅	30	乙亥	30	丁卯
40	辛未	40	辛酉	40	壬申	40	壬戌	40	癸酉	40	癸亥	40	甲戌	40	甲子	40	乙亥	40	乙丑	40	丙子	40	丙寅
50	壬申	50	庚申	50	癸酉	50	辛酉	50	甲戌	50	壬戌	50	乙亥	50	癸亥	50	丙子	50	甲子	50	丁丑	50	乙丑
60	癸酉	60	己未	60	甲戌	60	庚申	60	乙亥	60	辛酉	60	丙子	60	壬戌	60	丁丑	60	癸亥	60	戊寅	60	甲子
70	甲戌	70	戊午	70	乙亥	70	己未	70	丙子	70	庚申	70	丁丑	70	辛酉	70	戊寅	70	壬戌	70	己卯	70	癸亥
80	乙亥	80	丁巳	80	丙子	80	戊午	80	丁丑	80	己未	80	戊寅	80	庚申	80	己卯	80	辛酉	80	庚辰	80	壬戌

～1995年（平成7年）2月4日15時23分

月柱 壬申 8月8日 2:50～9月8日 5:33		立運年齢 男	女	月柱 癸酉 9月8日 5:34～10月8日20:57		立運年齢 男	女	月柱 甲戌 10月8日20:58～11月7日23:52		立運年齢 男	女	月柱 乙亥 11月7日23:53～12月7日16:32		立運年齢 男	女	月柱 丙子 12月7日16:33～1月6日 3:41		立運年齢 男	女	月柱 丁丑 1月6日 3:42～2月4日15:23		立運年齢 男	女
8 8	丙2寅	10	0	9 8	丁2酉	10	0	10 8	丁2卯	10	0	11 7	丁2酉	10	0	12 7	丁1卯	10	0	1 6	丁2酉	10	0
8 9	丁2卯	10	0	9 9	戊2戌	10	0	10 9	戊1辰	10	0	11 8	戊2戌	10	0	12 8	戊2辰	10	0	1 7	戊1戌	9	0
8 10	戊2辰	10	1	9 10	己2亥	9	1	10 10	己1巳	9	1	11 9	己3亥	9	1	12 9	己3巳	9	1	1 8	己1亥	9	0
8 11	己2巳	9	1	9 11	庚1子	9	1	10 11	庚1午	9	1	11 10	庚3子	9	1	12 10	庚3午	9	1	1 9	庚2子	9	1
8 12	庚2午	9	1	9 12	辛1丑	9	1	10 12	辛1未	9	1	11 11	辛1丑	9	1	12 11	辛2未	9	1	1 10	辛1丑	8	1
8 13	辛1未	9	2	9 13	壬2寅	8	2	10 13	壬3申	8	2	11 12	壬2寅	8	2	12 12	壬1申	8	2	1 11	壬3寅	8	2
8 14	壬1申	8	2	9 14	癸2卯	8	2	10 14	癸3酉	8	2	11 13	癸2卯	8	2	12 13	癸1酉	8	2	1 12	癸3卯	8	2
8 15	癸1酉	8	2	9 15	甲2辰	8	2	10 15	甲1戌	8	2	11 14	甲1辰	8	2	12 14	甲1戌	8	2	1 13	甲3辰	7	2
8 16	甲2戌	8	3	9 16	乙2巳	7	3	10 16	乙1亥	7	3	11 15	乙1巳	7	3	12 15	乙1亥	7	3	1 14	乙3巳	7	3
8 17	乙1亥	7	3	9 17	丙2午	7	3	10 17	丙1子	7	3	11 16	丙1午	7	3	12 16	丙2子	7	3	1 15	丙1午	7	3
8 18	丙3子	7	3	9 18	丁3未	7	3	10 18	丁1丑	7	3	11 17	丁1未	7	3	12 17	丁1丑	7	3	1 16	丁1未	6	3
8 19	丁1丑	7	4	9 19	戊3申	6	4	10 19	戊2寅	6	4	11 18	戊1申	6	4	12 18	戊2寅	6	4	1 17	戊1申	6	4
8 20	戊3寅	6	4	9 20	己3酉	6	4	10 20	己2卯	6	4	11 19	己1酉	6	4	12 19	己2卯	6	4	1 18	己2酉	6	4
8 21	己3卯	6	4	9 21	庚1戌	6	4	10 21	庚1辰	6	4	11 20	庚2戌	6	4	12 20	庚1辰	6	4	1 19	庚1戌	5	4
8 22	庚1辰	6	4	9 22	辛1亥	5	5	10 22	辛1巳	5	5	11 21	辛1亥	5	5	12 21	辛1巳	5	5	1 20	辛2亥	5	5
8 23	辛1巳	5	5	9 23	壬1子	5	5	10 23	壬3午	5	5	11 22	壬1子	5	5	12 22	壬1午	5	5	1 21	壬1子	5	5
8 24	壬1午	5	5	9 24	癸2丑	4	6	10 24	癸3未	4	6	11 23	癸1丑	4	5	12 23	癸1未	4	5	1 22	癸3丑	4	5
8 25	癸2未	4	6	9 25	甲2寅	4	6	10 25	甲2申	4	6	11 24	甲1寅	4	6	12 24	甲1申	4	6	1 23	甲2寅	4	6
8 26	甲1申	4	6	9 26	乙1卯	4	6	10 26	乙1酉	4	6	11 25	乙1卯	4	6	12 25	乙1酉	4	6	1 24	乙2卯	4	6
8 27	乙2酉	4	6	9 27	丙3辰	4	6	10 27	丙2戌	4	6	11 26	丙1辰	4	6	12 26	丙1戌	4	6	1 25	丙2辰	3	6
8 28	丙3戌	4	7	9 28	丁2巳	3	7	10 28	丁2亥	3	7	11 27	丁1巳	3	7	12 27	丁1亥	3	7	1 26	丁1巳	3	7
8 29	丁3亥	3	7	9 29	戊1午	3	7	10 29	戊1子	3	7	11 28	戊1午	3	7	12 28	戊1子	3	7	1 27	戊1午	2	7
8 30	戊1子	3	7	9 30	己2未	3	8	10 30	己1丑	3	7	11 29	己1未	3	7	12 29	己1丑	3	7	1 28	己1未	2	7
8 31	己1丑	3	8	10 1	庚1申	2	8	10 31	庚1寅	2	8	11 30	庚2申	2	8	12 30	庚1寅	2	8	1 29	庚1申	2	8
9 1	庚1寅	2	8	10 2	辛1酉	2	8	11 1	辛1卯	2	8	12 1	辛1酉	2	8	12 31	辛1卯	2	8	1 30	辛1酉	2	8
9 2	辛1卯	2	8	10 3	壬2戌	1	9	11 2	壬3辰	1	9	12 2	壬3戌	1	9	1 1	壬2辰	1	9	1 31	壬1戌	1	8
9 3	壬1辰	2	9	10 4	癸1亥	1	9	11 3	癸3巳	1	9	12 3	癸1亥	1	9	1 2	癸1巳	1	9	2 1	癸2亥	1	9
9 4	癸2巳	1	9	10 5	甲1子	1	9	11 4	甲1午	1	9	12 4	甲1子	1	9	1 3	甲2午	1	9	2 2	甲1子	1	9
9 5	甲2午	1	9	10 6	乙2丑	1	9	11 5	乙2未	1	9	12 5	乙1丑	1	9	1 4	乙2未	1	9	2 3	乙1丑	0	9
9 6	乙1未	1	10	10 7	丙2寅	0	10	11 6	丙2申	0	10	12 6	丙1寅	0	10	1 5	丙2申	0	10	2 4	丙1寅	0	10
9 7	丙2申	0	10	10 8	丁2卯	0	10	11 7	丁2酉	0	10	12 7	丁1卯	0	10	1 6	丁2酉	0	10				
9 8	丁3酉	0	10																				

歳	男	歳	女	歳	男	歳	女	歳	男	歳	女	歳	男	歳	女	歳	男	歳	女	歳	男	歳	女
0	癸酉	0	辛未	0	甲戌	0	壬申	0	乙亥	0	癸酉	0	丙子	0	甲戌	0	丁丑	0	乙亥	0	戊寅	0	丙子
10	甲戌	10	庚午	10	乙亥	10	辛未	10	丙子	10	壬申	10	丁丑	10	癸酉	10	戊寅	10	甲戌	10	己卯	10	乙亥
20	乙亥	20	己巳	20	丙子	20	庚午	20	丁丑	20	辛未	20	戊寅	20	壬申	20	己卯	20	癸酉	20	庚辰	20	甲戌
30	丙子	30	戊辰	30	丁丑	30	己巳	30	戊寅	30	庚午	30	己卯	30	辛未	30	庚辰	30	壬申	30	辛巳	30	癸酉
40	丁丑	40	丁卯	40	戊寅	40	戊辰	40	己卯	40	己巳	40	庚辰	40	庚午	40	辛巳	40	辛未	40	壬午	40	壬申
50	戊寅	50	丙寅	50	己卯	50	丁卯	50	庚辰	50	戊辰	50	辛巳	50	己巳	50	壬午	50	庚午	50	癸未	50	辛未
60	己卯	60	乙丑	60	庚辰	60	丙寅	60	辛巳	60	丁卯	60	壬午	60	戊辰	60	癸未	60	己巳	60	甲申	60	庚午
70	庚辰	70	甲子	70	辛巳	70	乙丑	70	壬午	70	丙寅	70	癸未	70	丁卯	70	甲申	70	戊辰	70	乙酉	70	己巳
80	辛巳	80	癸亥	80	壬午	80	甲子	80	癸未	80	乙丑	80	甲申	80	丙寅	80	乙酉	80	丁卯	80	丙戌	80	戊辰

年柱 乙亥　1995年（平成7年）2月4日15時24分～

月柱	期間
戊寅	2月4日15:24～3月6日 9:33
己卯	3月6日 9:34～4月5日14:36
庚辰	4月5日14:37～5月6日 8:10
辛巳	5月6日 8:11～6月6日12:33
壬午	6月6日12:34～7月7日22:56
癸未	7月7日22:57～8月8日 8:40

各月柱欄：生日／日柱／立運年齢（男・女）

生日(戊寅)	日柱	男	女	生日(己卯)	日柱	男	女	生日(庚辰)	日柱	男	女	生日(辛巳)	日柱	男	女	生日(壬午)	日柱	男	女	生日(癸未)	日柱	男	女
2/4	丙2寅	0	10	3/6	丙1申	0	10	4/5	丙2寅	0	10	5/6	丁2酉	0	10	6/6	戊1辰	0	10	7/7	己2亥	0	11
2/5	丁2卯	0	10	3/7	丁3酉	0	10	4/6	丁1卯	0	10	5/7	戊1戌	0	10	6/7	己1巳	0	10	7/8	庚2子	0	10
2/6	戊1辰	1	9	3/8	戊3戌	1	9	4/7	戊1辰	1	10	5/8	己2亥	1	10	6/8	庚2午	1	10	7/9	辛2丑	1	10
2/7	己2巳	1	9	3/9	己3亥	1	9	4/8	己2巳	1	9	5/9	庚1子	1	9	6/9	辛2未	1	9	7/10	壬2寅	1	10
2/8	庚3午	1	9	3/10	庚1子	1	9	4/9	庚2午	1	9	5/10	辛2丑	1	9	6/10	壬2申	1	9	7/11	癸2卯	1	9
2/9	辛2未	2	8	3/11	辛1丑	2	8	4/10	辛1未	2	9	5/11	壬2寅	2	9	6/11	癸2酉	2	9	7/12	甲2辰	2	9
2/10	壬2申	2	8	3/12	壬2寅	2	8	4/11	壬1申	2	8	5/12	癸2卯	2	8	6/12	甲2戌	2	8	7/13	乙2巳	2	9
2/11	癸2酉	2	8	3/13	癸2卯	2	8	4/12	癸2酉	2	8	5/13	甲2辰	2	8	6/13	乙2亥	2	8	7/14	丙2午	2	8
2/12	甲3戌	3	7	3/14	甲1辰	3	7	4/13	甲1戌	3	8	5/14	乙2巳	3	8	6/14	丙2子	3	8	7/15	丁1未	3	8
2/13	乙2亥	3	7	3/15	乙2巳	3	7	4/14	乙2亥	3	7	5/15	丙2午	3	7	6/15	丁1丑	3	7	7/16	戊2申	3	8
2/14	丙2子	3	7	3/16	丙1午	3	7	4/15	丙3子	3	7	5/16	丁1未	3	7	6/16	戊2寅	3	7	7/17	己2酉	3	7
2/15	丁2丑	4	6	3/17	丁1未	4	6	4/16	丁1丑	4	7	5/17	戊2申	4	7	6/17	己2卯	4	7	7/18	庚2戌	4	7
2/16	戊2寅	4	6	3/18	戊2申	4	6	4/17	戊2寅	4	6	5/18	己2酉	4	6	6/18	庚2辰	4	6	7/19	辛2亥	4	7
2/17	己2卯	4	6	3/19	己2酉	4	6	4/18	己2卯	4	6	5/19	庚2戌	4	6	6/19	辛1巳	4	6	7/20	壬1子	4	6
2/18	庚2辰	5	5	3/20	庚2戌	5	5	4/19	庚2辰	5	6	5/20	辛2亥	5	6	6/20	壬2午	5	6	7/21	癸2丑	5	6
2/19	辛1巳	5	5	3/21	辛2亥	5	5	4/20	辛1巳	5	5	5/21	壬1子	5	5	6/21	癸1未	5	5	7/22	甲1寅	5	6
2/20	壬2午	5	5	3/22	壬2子	5	5	4/21	壬2午	5	5	5/22	癸2丑	5	5	6/22	甲1申	5	5	7/23	乙2卯	5	5
2/21	癸1未	6	4	3/23	癸2丑	6	4	4/22	癸2未	6	5	5/23	甲1寅	6	5	6/23	乙2酉	6	5	7/24	丙1辰	6	5
2/22	甲2申	6	4	3/24	甲1寅	6	4	4/23	甲2申	6	4	5/24	乙2卯	6	4	6/24	丙2戌	6	4	7/25	丁1巳	6	5
2/23	乙2酉	6	4	3/25	乙1卯	6	4	4/24	乙2酉	6	4	5/25	丙2辰	6	4	6/25	丁1亥	6	4	7/26	戊1午	6	4
2/24	丙2戌	7	3	3/26	丙2辰	7	3	4/25	丙2戌	7	4	5/26	丁1巳	7	4	6/26	戊1子	7	4	7/27	己1未	6	4
2/25	丁1亥	7	3	3/27	丁1巳	7	3	4/26	丁1亥	7	3	5/27	戊1午	7	3	6/27	己1丑	7	3	7/28	庚1申	7	3
2/26	戊2子	7	3	3/28	戊1午	7	3	4/27	戊2子	7	3	5/28	己1未	7	3	6/28	庚2寅	7	3	7/29	辛2酉	7	3
2/27	己1丑	8	2	3/29	己1未	8	2	4/28	己1丑	8	3	5/29	庚1申	8	3	6/29	辛1卯	8	3	7/30	壬1戌	7	2
2/28	庚2寅	8	2	3/30	庚2申	8	2	4/29	庚2寅	8	2	5/30	辛2酉	8	2	6/30	壬2辰	8	2	7/31	癸2亥	8	2
3/1	辛2卯	8	2	3/31	辛2酉	8	2	4/30	辛1卯	8	2	5/31	壬2戌	8	2	7/1	癸1巳	8	2	8/1	甲1子	8	2
3/2	壬3辰	9	1	4/1	壬3戌	9	1	5/1	壬3辰	9	2	6/1	癸1亥	9	2	7/2	甲1午	9	2	8/2	乙1丑	8	1
3/3	癸3巳	9	1	4/2	癸3亥	9	1	5/2	癸3巳	9	1	6/2	甲1子	9	1	7/3	乙1未	9	1	8/3	丙1寅	9	1
3/4	甲1午	9	1	4/3	甲1子	9	1	5/3	甲1午	9	1	6/3	乙2丑	9	1	7/4	丙1申	9	1	8/4	丁1卯	9	1
3/5	乙1未	10	0	4/4	乙1丑	10	0	5/4	乙1未	10	1	6/4	丙1寅	10	1	7/5	丁2酉	10	1	8/5	戊1辰	9	0
3/6	丙2申	10	0	4/5	丙2寅	10	0	5/5	丙1申	10	0	6/5	丁1卯	10	0	7/6	戊1戌	10	0	8/6	己1巳	10	0
								5/6	丁3酉	10	0	6/6	戊1辰	10	0	7/7	己2亥	10	0	8/7	庚1午	10	0
																				8/8	辛1未	11	0

大運表

歳	男(戊寅)	歳	女(戊寅)	歳	男(己卯)	歳	女(己卯)	歳	男(庚辰)	歳	女(庚辰)	歳	男(辛巳)	歳	女(辛巳)	歳	男(壬午)	歳	女(壬午)	歳	男(癸未)	歳	女(癸未)
0	丁丑	0	己卯	0	戊寅	0	庚辰	0	己卯	0	辛巳	0	庚辰	0	壬午	0	辛巳	0	癸未	0	壬午	0	甲申
10	丙子	10	庚辰	10	丁丑	10	辛巳	10	戊寅	10	壬午	10	己卯	10	癸未	10	庚辰	10	甲申	10	辛巳	10	乙酉
20	乙亥	20	辛巳	20	丙子	20	壬午	20	丁丑	20	癸未	20	戊寅	20	甲申	20	己卯	20	乙酉	20	庚辰	20	丙戌
30	甲戌	30	壬午	30	乙亥	30	癸未	30	丙子	30	甲申	30	丁丑	30	乙酉	30	戊寅	30	丙戌	30	己卯	30	丁亥
40	癸酉	40	癸未	40	甲戌	40	甲申	40	乙亥	40	乙酉	40	丙子	40	丙戌	40	丁丑	40	丁亥	40	戊寅	40	戊子
50	壬申	50	甲申	50	癸酉	50	乙酉	50	甲戌	50	丙戌	50	乙亥	50	丁亥	50	丙子	50	戊子	50	丁丑	50	己丑
60	辛未	60	乙酉	60	壬申	60	丙戌	60	癸酉	60	丁亥	60	甲戌	60	戊子	60	乙亥	60	己丑	60	丙子	60	庚寅
70	庚午	70	丙戌	70	辛未	70	丁亥	70	壬申	70	戊子	70	癸酉	70	己丑	70	甲戌	70	庚寅	70	乙亥	70	辛卯
80	己巳	80	丁亥	80	庚午	80	戊子	80	辛未	80	己丑	80	壬申	80	庚寅	80	癸酉	80	辛卯	80	甲戌	80	壬辰

～1996年（平成8年）2月4日21時14分

期間	8月8日 8:41〜 9月8日11:24	9月8日11:25〜 10月9日 2:48	10月9日 2:49〜 11月8日 5:43	11月8日 5:44〜 12月7日22:23	12月7日22:24〜 1月6日 9:32	1月6日 9:33〜 2月4日21:14
月柱	甲申	乙酉	丙戌	丁亥	戊子	己丑

生日	日柱	男	女	生日	日柱	男	女	生日	日柱	男	女	生日	日柱	男	女	生日	日柱	男	女	生日	日柱	男	女
8/8	辛未	0	10	9/8	壬$_2$寅	0	10	10/9	癸酉	0	10	11/8	癸卯	0	10	12/7	壬申	0	10	1/6	壬寅	0	10
8/9	壬申	0	10	9/9	癸$_2$卯	0	10	10/10	甲戌	0	10	11/9	甲辰	0	9	12/8	癸酉	0	10	1/7	癸卯	0	9
8/10	癸酉	1	10	9/10	甲$_2$辰	1	10	10/11	乙$_1$亥	1	10	11/10	乙$_1$巳	1	9	12/9	甲戌	1	9	1/8	甲辰	1	9
8/11	甲戌	1	9	9/11	乙$_1$巳	1	9	10/12	丙$_2$子	1	9	11/11	丙$_1$午	1	9	12/10	乙亥	1	9	1/9	乙$_2$巳	1	9
8/12	乙亥	1	9	9/12	丙$_1$午	1	9	10/13	丁$_2$丑	1	9	11/12	丁$_2$未	1	9	12/11	丙$_3$子	1	8	1/10	丙$_2$午	1	8
8/13	丙$_2$子	2	9	9/13	丁$_2$未	2	9	10/14	戊$_1$寅	2	8	11/13	戊$_2$申	2	8	12/12	丁$_2$丑	2	8	1/11	丁$_2$未	2	8
8/14	丁$_2$丑	2	8	9/14	戊$_3$申	2	8	10/15	己$_1$卯	2	8	11/14	己$_2$酉	2	8	12/13	戊$_2$寅	2	8	1/12	戊$_2$申	2	8
8/15	戊$_3$寅	2	8	9/15	己$_3$酉	2	8	10/16	庚$_2$辰	2	8	11/15	庚$_2$戌	2	7	12/14	己$_2$卯	2	8	1/13	己$_2$酉	2	7
8/16	己$_3$卯	3	8	9/16	庚$_1$戌	3	8	10/17	辛$_1$巳	3	7	11/16	辛$_1$亥	3	7	12/15	庚$_2$辰	3	7	1/14	庚$_1$戌	3	7
8/17	庚$_1$辰	3	7	9/17	辛$_1$亥	3	7	10/18	壬$_2$午	3	7	11/17	壬$_2$子	3	7	12/16	辛$_2$巳	3	7	1/15	辛$_2$亥	3	7
8/18	辛$_1$巳	3	7	9/18	壬$_2$子	3	7	10/19	癸$_2$未	3	7	11/18	癸$_2$丑	3	6	12/17	壬$_2$午	3	6	1/16	壬$_2$子	3	6
8/19	壬$_2$午	4	7	9/19	癸$_2$丑	4	7	10/20	甲$_2$申	4	6	11/19	甲$_2$寅	4	6	12/18	癸$_2$未	4	6	1/17	癸$_2$丑	4	6
8/20	癸$_2$未	4	6	9/20	甲$_1$寅	4	6	10/21	乙$_1$酉	4	6	11/20	乙$_1$卯	4	6	12/19	甲$_2$申	4	6	1/18	甲$_1$寅	4	6
8/21	甲$_1$申	4	6	9/21	乙$_1$卯	4	6	10/22	丙$_2$戌	5	6	11/21	丙$_2$辰	5	6	12/20	乙$_1$酉	4	6	1/19	乙$_2$卯	4	5
8/22	乙$_1$酉	5	6	9/22	丙$_2$辰	5	6	10/23	丁$_2$亥	5	5	11/22	丁$_1$巳	5	5	12/21	丙$_2$戌	5	5	1/20	丙$_2$辰	5	5
8/23	丙$_2$戌	5	5	9/23	丁$_2$巳	5	5	10/24	戊$_1$子	5	5	11/23	戊$_1$午	5	5	12/22	丁$_2$亥	5	5	1/21	丁$_2$巳	5	5
8/24	丁$_2$亥	5	5	9/24	戊$_3$午	5	5	10/25	己$_1$丑	6	5	11/24	己$_1$未	6	5	12/23	戊$_3$子	5	4	1/22	戊$_1$午	5	4
8/25	戊$_3$子	6	5	9/25	己$_3$未	6	5	10/26	庚$_2$寅	6	4	11/25	庚$_1$申	6	4	12/24	己$_2$丑	6	4	1/23	己$_2$未	6	4
8/26	己$_3$丑	6	4	9/26	庚$_1$申	6	4	10/27	辛$_1$卯	6	4	11/26	辛$_1$酉	6	4	12/25	庚$_2$寅	6	4	1/24	庚$_1$申	6	4
8/27	庚$_1$寅	6	4	9/27	辛$_1$酉	6	4	10/28	壬$_2$辰	6	4	11/27	壬$_1$戌	6	4	12/26	辛$_2$卯	6	4	1/25	辛$_2$酉	6	3
8/28	辛$_1$卯	7	4	9/28	壬$_2$戌	7	4	10/29	癸$_3$巳	7	3	11/28	癸$_1$亥	7	3	12/27	壬$_1$辰	7	3	1/26	壬$_2$戌	7	3
8/29	壬$_2$辰	7	3	9/29	癸$_2$亥	7	3	10/30	甲$_2$午	7	3	11/29	甲$_1$子	7	3	12/28	癸$_2$巳	7	3	1/27	癸$_2$亥	7	3
8/30	癸$_2$巳	7	3	9/30	甲$_2$子	7	3	10/31	乙$_1$未	7	3	11/30	乙$_1$丑	7	3	12/29	甲$_1$午	7	2	1/28	甲$_1$子	7	2
8/31	甲$_1$午	8	3	10/1	乙$_1$丑	8	3	11/1	丙$_2$申	8	2	12/1	丙$_2$寅	8	2	12/30	乙$_2$未	8	2	1/29	乙$_2$丑	8	2
9/1	乙$_1$未	8	2	10/2	丙$_1$寅	8	2	11/2	丁$_2$酉	8	2	12/2	丁$_2$卯	8	2	12/31	丙$_2$申	8	2	1/30	丙$_2$寅	8	2
9/2	丙$_2$申	8	2	10/3	丁$_2$卯	8	2	11/3	戊$_1$戌	8	2	12/3	戊$_2$辰	8	2	1/1	丁$_3$酉	8	2	1/31	丁$_3$卯	8	1
9/3	丁$_2$酉	9	2	10/4	戊$_3$辰	9	2	11/4	己$_1$亥	9	1	12/4	己$_2$巳	9	1	1/2	戊$_2$戌	9	1	2/1	戊$_1$辰	9	1
9/4	戊$_3$戌	9	1	10/5	己$_1$巳	9	1	11/5	庚$_2$子	9	1	12/5	庚$_2$午	9	1	1/3	己$_2$亥	9	1	2/2	己$_2$巳	9	1
9/5	己$_3$亥	9	1	10/6	庚$_2$午	9	1	11/6	辛$_1$丑	9	1	12/6	辛$_2$未	9	0	1/4	庚$_2$子	9	1	2/3	庚$_2$午	9	0
9/6	庚$_2$子	10	1	10/7	辛$_1$未	10	1	11/7	壬$_2$寅	10	0	12/7	壬$_2$申	10	0	1/5	辛$_2$丑	10	0	2/4	辛$_2$未	10	0
9/7	辛$_1$丑	10	0	10/8	壬$_1$申	10	0	11/8	癸$_3$卯	10	0					1/6	壬$_2$寅	10	0				
9/8	壬$_2$寅	10	0	10/9	癸$_3$酉	10	0																

大運表

歳	男	歳	女	歳	男	歳	女	歳	男	歳	女	歳	男	歳	女	歳	男	歳	女	歳	男	歳	女
0	癸未	0	乙酉	0	甲申	0	丙戌	0	乙酉	0	丁亥	0	丙戌	0	戊子	0	丁亥	0	己丑	0	戊子	0	庚寅
10	壬午	10	丙戌	10	癸未	10	丁亥	10	甲申	10	戊子	10	乙酉	10	己丑	10	丙戌	10	庚寅	10	丁亥	10	辛卯
20	辛巳	20	丁亥	20	壬午	20	戊子	20	癸未	20	己丑	20	甲申	20	庚寅	20	乙酉	20	辛卯	20	丙戌	20	壬辰
30	庚辰	30	戊子	30	辛巳	30	己丑	30	壬午	30	庚寅	30	癸未	30	辛卯	30	甲申	30	壬辰	30	乙酉	30	癸巳
40	己卯	40	己丑	40	庚辰	40	庚寅	40	辛巳	40	辛卯	40	壬午	40	壬辰	40	癸未	40	癸巳	40	甲申	40	甲午
50	戊寅	50	庚寅	50	己卯	50	辛卯	50	庚辰	50	壬辰	50	辛巳	50	癸巳	50	壬午	50	甲午	50	癸未	50	乙未
60	丁丑	60	辛卯	60	戊寅	60	壬辰	60	己卯	60	癸巳	60	庚辰	60	甲午	60	辛巳	60	乙未	60	壬午	60	丙申
70	丙子	70	壬辰	70	丁丑	70	癸巳	70	戊寅	70	甲午	70	己卯	70	乙未	70	庚辰	70	丙申	70	辛巳	70	丁酉
80	乙亥	80	癸巳	80	丙子	80	甲午	80	丁丑	80	乙未	80	戊寅	80	丙申	80	己卯	80	丁酉	80	庚辰	80	戊戌

年柱 丙子　1996年（平成8年）2月4日21時15分～

月柱 庚寅（2月4日21:15～3月5日15:24）

生日	日柱	立運年齢 男	立運年齢 女
2/4	辛未	10	0
2/5	壬申	10	0
2/6	癸酉	9	1
2/7	甲戌	9	1
2/8	乙亥	9	1
2/9	丙子	8	2
2/10	丁丑	8	2
2/11	戊寅	8	2
2/12	己卯	7	3
2/13	庚辰	7	3
2/14	辛巳	7	3
2/15	壬午	6	4
2/16	癸未	6	4
2/17	甲申	6	4
2/18	乙酉	5	5
2/19	丙戌	5	5
2/20	丁亥	5	5
2/21	戊子	4	6
2/22	己丑	4	6
2/23	庚寅	4	6
2/24	辛卯	3	7
2/25	壬辰	3	7
2/26	癸巳	3	7
2/27	甲午	2	8
2/28	乙未	2	8
2/29	丙申	2	8
3/1	丁酉	1	9
3/2	戊戌	1	9
3/3	己亥	1	9
3/4	庚子	0	10
3/5	辛丑	0	10

月柱 辛卯（3月5日15:25～4月4日20:27）

生日	日柱	立運年齢 男	立運年齢 女
3/5	辛丑	10	0
3/6	壬寅	10	0
3/7	癸卯	9	1
3/8	甲辰	9	1
3/9	乙巳	9	1
3/10	丙午	8	2
3/11	丁未	8	2
3/12	戊申	8	2
3/13	己酉	7	3
3/14	庚戌	7	3
3/15	辛亥	7	3
3/16	壬子	6	4
3/17	癸丑	6	4
3/18	甲寅	6	4
3/19	乙卯	5	5
3/20	丙辰	5	5
3/21	丁巳	5	5
3/22	戊午	4	6
3/23	己未	4	6
3/24	庚申	4	6
3/25	辛酉	3	7
3/26	壬戌	3	7
3/27	癸亥	3	7
3/28	甲子	2	8
3/29	乙丑	2	8
3/30	丙寅	2	8
3/31	丁卯	1	9
4/1	戊辰	1	9
4/2	己巳	1	9
4/3	庚午	0	10
4/4	辛未	0	10

月柱 壬辰（4月4日20:28～5月5日14:01）

生日	日柱	立運年齢 男	立運年齢 女
4/4	辛未	10	0
4/5	壬申	10	0
4/6	癸酉	10	0
4/7	甲戌	9	1
4/8	乙亥	9	1
4/9	丙子	9	2
4/10	丁丑	8	2
4/11	戊寅	8	2
4/12	己卯	8	3
4/13	庚辰	7	3
4/14	辛巳	7	3
4/15	壬午	7	4
4/16	癸未	6	4
4/17	甲申	6	4
4/18	乙酉	6	5
4/19	丙戌	5	5
4/20	丁亥	5	5
4/21	戊子	5	6
4/22	己丑	4	6
4/23	庚寅	4	6
4/24	辛卯	4	7
4/25	壬辰	3	7
4/26	癸巳	3	7
4/27	甲午	3	8
4/28	乙未	2	8
4/29	丙申	2	8
4/30	丁酉	1	9
5/1	戊戌	1	9
5/2	己亥	1	9
5/3	庚子	1	10
5/4	辛丑	0	10
5/5	壬寅	0	10

月柱 癸巳（5月5日14:02～6月5日18:23）

生日	日柱	立運年齢 男	立運年齢 女
5/5	壬寅	10	0
5/6	癸卯	10	0
5/7	甲辰	10	1
5/8	乙巳	10	1
5/9	丙午	9	2
5/10	丁未	9	2
5/11	戊申	9	2
5/12	己酉	8	2
5/13	庚戌	8	3
5/14	辛亥	8	3
5/15	壬子	7	3
5/16	癸丑	7	4
5/17	甲寅	7	4
5/18	乙卯	6	4
5/19	丙辰	6	5
5/20	丁巳	6	5
5/21	戊午	5	5
5/22	己未	5	6
5/23	庚申	5	6
5/24	辛酉	4	6
5/25	壬戌	4	7
5/26	癸亥	4	7
5/27	甲子	3	7
5/28	乙丑	3	8
5/29	丙寅	3	8
5/30	丁卯	2	8
5/31	戊辰	2	9
6/1	己巳	2	9
6/2	庚午	1	10
6/3	辛未	1	10
6/4	壬申	1	10
6/5	癸酉	0	10

月柱 甲午（6月5日18:24～7月7日 4:46）

生日	日柱	立運年齢 男	立運年齢 女
6/5	癸酉	11	0
6/6	甲戌	10	0
6/7	乙亥	10	1
6/8	丙子	10	1
6/9	丁丑	9	1
6/10	戊寅	9	2
6/11	己卯	9	2
6/12	庚辰	8	2
6/13	辛巳	8	3
6/14	壬午	8	3
6/15	癸未	7	3
6/16	甲申	7	4
6/17	乙酉	7	4
6/18	丙戌	6	4
6/19	丁亥	6	5
6/20	戊子	5	5
6/21	己丑	5	5
6/22	庚寅	5	6
6/23	辛卯	5	6
6/24	壬辰	4	6
6/25	癸巳	4	7
6/26	甲午	4	7
6/27	乙未	3	7
6/28	丙申	3	8
6/29	丁酉	3	8
6/30	戊戌	2	8
7/1	己亥	2	9
7/2	庚子	2	9
7/3	辛丑	1	9
7/4	壬寅	1	10
7/5	癸卯	1	10
7/6	甲辰	0	10
7/7	乙巳	0	11

月柱 乙未（7月7日 4:47～8月7日14:29）

生日	日柱	立運年齢 男	立運年齢 女
7/7	乙巳	10	0
7/8	丙午	10	0
7/9	丁未	10	1
7/10	戊申	9	1
7/11	己酉	9	1
7/12	庚戌	9	2
7/13	辛亥	8	2
7/14	壬子	8	2
7/15	癸丑	8	3
7/16	甲寅	7	3
7/17	乙卯	7	3
7/18	丙辰	7	4
7/19	丁巳	6	4
7/20	戊午	6	4
7/21	己未	6	5
7/22	庚申	5	5
7/23	辛酉	5	5
7/24	壬戌	5	6
7/25	癸亥	4	6
7/26	甲子	4	6
7/27	乙丑	4	7
7/28	丙寅	3	7
7/29	丁卯	3	7
7/30	戊辰	3	8
7/31	己巳	2	8
8/1	庚午	2	8
8/2	辛未	2	9
8/3	壬申	1	9
8/4	癸酉	1	10
8/5	甲戌	1	10
8/6	乙亥	0	10
8/7	丙子	0	10

大運（歳）

歳	庚寅 男	庚寅 女	辛卯 男	辛卯 女	壬辰 男	壬辰 女	癸巳 男	癸巳 女	甲午 男	甲午 女	乙未 男	乙未 女
0	辛卯	己丑	壬辰	庚寅	癸巳	辛卯	甲午	壬辰	乙未	癸巳	丙申	甲午
10	壬辰	戊子	癸巳	己丑	甲午	庚寅	乙未	辛卯	丙申	壬辰	丁酉	癸巳
20	癸巳	丁亥	甲午	戊子	乙未	己丑	丙申	庚寅	丁酉	辛卯	戊戌	壬辰
30	甲午	丙戌	乙未	丁亥	丙申	戊子	丁酉	己丑	戊戌	庚寅	己亥	辛卯
40	乙未	乙酉	丙申	丙戌	丁酉	丁亥	戊戌	戊子	己亥	己丑	庚子	庚寅
50	丙申	甲申	丁酉	乙酉	戊戌	丙戌	己亥	丁亥	庚子	戊子	辛丑	己丑
60	丁酉	癸未	戊戌	甲申	己亥	乙酉	庚子	丙戌	辛丑	丁亥	壬寅	戊子
70	戊戌	壬午	己亥	癸未	庚子	甲申	辛丑	乙酉	壬寅	丙戌	癸卯	丁亥
80	己亥	辛巳	庚子	壬午	辛丑	癸未	壬寅	甲申	癸卯	乙酉	甲辰	丙戌

〜1997年（平成9年）2月4日3時03分

月柱・立運年齢表

月柱	期間
丙申	8月7日14:30〜9月7日17:13
丁酉	9月7日17:14〜10月8日 8:37
戊戌	10月8日 8:38〜11月7日11:32
己亥	11月7日11:33〜12月7日 4:12
庚子	12月7日 4:13〜1月5日15:21
辛丑	1月5日15:22〜2月4日 3:03

各欄：生日｜日柱｜立運年齢 男｜女

生日	日柱(丙申)	男	女	生日	日柱(丁酉)	男	女	生日	日柱(戊戌)	男	女	生日	日柱(己亥)	男	女	生日	日柱(庚子)	男	女	生日	日柱(辛丑)	男	女
8/7	丙$_2$子	10	0	9/7	丁$_2$未	10	0	10/8	戊$_1$寅	10	0	11/7	戊$_1$申	10	0	12/7	戊$_1$寅	10	0	1/5	丁$_3$未	10	0
8/8	丁$_3$丑	10	0	9/8	戊$_2$申	10	0	10/9	己$_2$卯	10	0	11/8	己$_2$酉	10	0	12/8	己$_1$卯	9	0	1/6	戊$_2$申	10	0
8/9	戊$_3$寅	10	1	9/9	己$_1$酉	10	1	10/10	庚$_1$辰	9	1	11/9	庚$_1$戌	9	1	12/9	庚$_1$辰	9	1	1/7	己$_2$酉	9	1
8/10	己$_2$卯	9	1	9/10	庚$_1$戌	9	1	10/11	辛$_1$巳	9	1	11/10	辛$_1$亥	9	1	12/10	辛$_3$巳	9	1	1/8	庚$_1$戌	9	1
8/11	庚$_1$辰	9	1	9/11	辛$_2$亥	9	1	10/12	壬$_1$午	9	1	11/11	壬$_1$子	9	1	12/11	壬$_1$午	8	1	1/9	辛$_2$亥	9	1
8/12	辛$_2$巳	9	2	9/12	壬$_1$子	9	2	10/13	癸$_1$未	8	2	11/12	癸$_1$丑	8	2	12/12	癸$_1$未	8	2	1/10	壬$_1$子	8	2
8/13	壬$_2$午	8	2	9/13	癸$_1$丑	8	2	10/14	甲$_1$申	8	2	11/13	甲$_1$寅	8	2	12/13	甲$_2$申	8	2	1/11	癸$_1$丑	8	2
8/14	癸$_2$未	8	2	9/14	甲$_2$寅	8	2	10/15	乙$_1$酉	8	2	11/14	乙$_1$卯	8	2	12/14	乙$_1$酉	7	2	1/12	甲$_2$寅	8	2
8/15	甲$_2$申	8	3	9/15	乙$_2$卯	8	3	10/16	丙$_1$戌	7	3	11/15	丙$_1$辰	7	3	12/15	丙$_3$戌	7	3	1/13	乙$_1$卯	7	3
8/16	乙$_2$酉	7	3	9/16	丙$_2$辰	7	3	10/17	丁$_1$亥	7	3	11/16	丁$_1$巳	7	3	12/16	丁$_3$亥	7	3	1/14	丙$_3$辰	7	3
8/17	丙$_2$戌	7	3	9/17	丁$_1$巳	7	3	10/18	戊$_1$子	7	3	11/17	戊$_1$午	7	3	12/17	戊$_3$子	6	3	1/15	丁$_2$巳	7	3
8/18	丁$_1$亥	7	4	9/18	戊$_1$午	7	4	10/19	己$_1$丑	6	4	11/18	己$_1$未	6	4	12/18	己$_1$丑	6	4	1/16	戊$_1$午	6	4
8/19	戊$_2$子	7	4	9/19	己$_1$未	6	4	10/20	庚$_1$寅	6	4	11/19	庚$_1$申	6	4	12/19	庚$_1$寅	6	4	1/17	己$_1$未	6	4
8/20	己$_1$丑	6	4	9/20	庚$_1$申	6	4	10/21	辛$_1$卯	6	4	11/20	辛$_2$酉	6	4	12/20	辛$_1$卯	5	5	1/18	庚$_1$申	6	4
8/21	庚$_1$寅	6	5	9/21	辛$_1$酉	6	5	10/22	壬$_3$辰	5	5	11/21	壬$_3$戌	5	5	12/21	壬$_1$辰	5	5	1/19	辛$_1$酉	5	5
8/22	辛$_1$卯	5	5	9/22	壬$_2$戌	5	5	10/23	癸$_1$巳	5	5	11/22	癸$_1$亥	5	5	12/22	癸$_1$巳	5	5	1/20	壬$_1$戌	5	5
8/23	壬$_1$辰	5	5	9/23	癸$_1$亥	5	5	10/24	甲$_3$午	5	5	11/23	甲$_1$子	5	5	12/23	甲$_2$午	5	5	1/21	癸$_1$亥	5	5
8/24	癸$_1$巳	5	6	9/24	甲$_2$子	5	6	10/25	乙$_3$未	4	6	11/24	乙$_1$丑	4	6	12/24	乙$_1$未	4	6	1/22	甲$_2$子	4	6
8/25	甲$_3$午	4	6	9/25	乙$_2$丑	4	6	10/26	丙$_1$申	4	6	11/25	丙$_1$寅	4	6	12/25	丙$_1$申	4	6	1/23	乙$_1$丑	4	6
8/26	乙$_2$未	4	6	9/26	丙$_2$寅	4	6	10/27	丁$_1$酉	4	6	11/26	丁$_1$卯	4	6	12/26	丁$_3$酉	4	6	1/24	丙$_2$寅	4	6
8/27	丙$_2$申	4	7	9/27	丁$_1$卯	4	7	10/28	戊$_1$戌	3	7	11/27	戊$_1$辰	3	7	12/27	戊$_1$戌	3	7	1/25	丁$_3$卯	3	7
8/28	丁$_3$酉	3	7	9/28	戊$_1$辰	3	7	10/29	己$_1$亥	3	7	11/28	己$_1$巳	3	7	12/28	己$_1$亥	3	7	1/26	戊$_1$辰	3	7
8/29	戊$_2$戌	3	7	9/29	己$_1$巳	3	7	10/30	庚$_1$子	3	7	11/29	庚$_1$午	3	7	12/29	庚$_1$子	3	7	1/27	己$_1$巳	3	7
8/30	己$_1$亥	3	7	9/30	庚$_2$午	3	7	10/31	辛$_1$丑	2	8	11/30	辛$_1$未	2	8	12/30	辛$_1$丑	2	8	1/28	庚$_2$午	3	7
8/31	庚$_2$子	2	8	10/1	辛$_1$未	2	8	11/1	壬$_3$寅	2	8	12/1	壬$_1$寅	2	8	12/31	壬$_1$寅	2	8	1/29	辛$_1$未	2	8
9/1	辛$_1$丑	2	8	10/2	壬$_1$申	2	8	11/2	癸$_3$卯	2	8	12/2	癸$_3$酉	2	8	1/1	癸$_1$卯	2	8	1/30	壬$_1$申	2	8
9/2	壬$_1$寅	2	9	10/3	癸$_1$酉	2	9	11/3	甲$_3$辰	1	9	12/3	甲$_3$戌	1	9	1/2	甲$_1$辰	1	9	1/31	癸$_1$酉	1	9
9/3	癸$_3$卯	1	9	10/4	甲$_1$戌	1	9	11/4	乙$_3$巳	1	9	12/4	乙$_3$亥	1	9	1/3	乙$_1$巳	1	9	2/1	甲$_3$戌	1	9
9/4	甲$_3$辰	1	9	10/5	乙$_1$亥	1	9	11/5	丙$_3$午	1	9	12/5	丙$_3$子	1	9	1/4	丙$_1$午	0	9	2/2	乙$_2$亥	1	9
9/5	乙$_1$巳	1	10	10/6	丙$_2$子	1	10	11/6	丁$_3$未	0	10	12/6	丁$_1$丑	0	10	1/5	丁$_1$未	0	10	2/3	丙$_3$子	0	10
9/6	丙$_1$午	0	10	10/7	丁$_1$丑	0	10	11/7	戊$_1$申	0	10	12/7	戊$_2$寅	0	10					2/4	丁$_1$丑	0	10
9/7	丁$_2$未	0	10	10/8	戊$_2$寅	0	10																

立運年齢表

歳	男	歳	女	歳	男	歳	女	歳	男	歳	女	歳	男	歳	女	歳	男	歳	女	歳	男	歳	女
0	丁酉	0	乙未	0	戊戌	0	丙申	0	己亥	0	丁酉	0	庚子	0	戊戌	0	辛丑	0	己亥	0	壬寅	0	庚子
10	戊戌	10	甲午	10	己亥	10	乙未	10	庚子	10	丙申	10	辛丑	10	丁酉	10	壬寅	10	戊戌	10	癸卯	10	己亥
20	己亥	20	癸巳	20	庚子	20	甲午	20	辛丑	20	乙未	20	壬寅	20	丙申	20	癸卯	20	丁酉	20	甲辰	20	戊戌
30	庚子	30	壬辰	30	辛丑	30	癸巳	30	壬寅	30	甲午	30	癸卯	30	乙未	30	甲辰	30	丙申	30	乙巳	30	丁酉
40	辛丑	40	辛卯	40	壬寅	40	壬辰	40	癸卯	40	癸巳	40	甲辰	40	甲午	40	乙巳	40	乙未	40	丙午	40	丙申
50	壬寅	50	庚寅	50	癸卯	50	辛卯	50	甲辰	50	壬辰	50	乙巳	50	癸巳	50	丙午	50	甲午	50	丁未	50	乙未
60	癸卯	60	己丑	60	甲辰	60	庚寅	60	乙巳	60	辛卯	60	丙午	60	壬辰	60	丁未	60	癸巳	60	戊申	60	甲午
70	甲辰	70	戊子	70	乙巳	70	己丑	70	丙午	70	庚寅	70	丁未	70	辛卯	70	戊申	70	壬辰	70	己酉	70	癸巳
80	乙巳	80	丁亥	80	丙午	80	戊子	80	丁未	80	己丑	80	戊申	80	庚寅	80	己酉	80	辛卯	80	庚戌	80	壬辰

年柱 丁丑　1997年（平成9年）2月4日3時04分～

月柱	期間
壬寅	2月4日 3:04～ 3月5日21:13
癸卯	3月5日21:14～ 4月5日 2:16
甲辰	4月5日 2:17～ 5月5日19:50
乙巳	5月5日19:51～ 6月6日 0:12
丙午	6月6日 0:13～ 7月7日10:35
丁未	7月7日10:36～ 8月7日20:18

月柱 壬寅

生日	日柱	男	女
2 4	丁丑	0	10
2 5	戊寅	0	9
2 6	己卯	1	9
2 7	庚辰	1	9
2 8	辛巳	1	8
2 9	壬午	2	8
2 10	癸未	2	8
2 11	甲申	2	7
2 12	乙酉	3	7
2 13	丙戌	3	7
2 14	丁亥	3	6
2 15	戊子	4	6
2 16	己丑	4	6
2 17	庚寅	4	6
2 18	辛卯	5	5
2 19	壬辰	5	5
2 20	癸巳	5	4
2 21	甲午	6	4
2 22	乙未	6	4
2 23	丙申	6	3
2 24	丁酉	7	3
2 25	戊戌	7	3
2 26	己亥	7	2
2 27	庚子	8	2
2 28	辛丑	8	2
3 1	壬寅	8	1
3 2	癸卯	9	1
3 3	甲辰	9	1
3 4	乙巳	9	0
3 5	丙午	10	0

月柱 癸卯

生日	日柱	男	女
3 5	丙午	0	10
3 6	丁未	0	10
3 7	戊申	1	10
3 8	己酉	1	9
3 9	庚戌	1	9
3 10	辛亥	2	9
3 11	壬子	2	8
3 12	癸丑	2	8
3 13	甲寅	3	8
3 14	乙卯	3	7
3 15	丙辰	3	7
3 16	丁巳	4	7
3 17	戊午	4	6
3 18	己未	4	6
3 19	庚申	5	6
3 20	辛酉	5	5
3 21	壬戌	5	5
3 22	癸亥	6	5
3 23	甲子	6	4
3 24	乙丑	6	4
3 25	丙寅	7	4
3 26	丁卯	7	3
3 27	戊辰	7	3
3 28	己巳	7	2
3 29	庚午	8	2
3 30	辛未	8	2
3 31	壬申	9	2
4 1	癸酉	9	1
4 2	甲戌	9	1
4 3	乙亥	10	1
4 4	丙子	10	0
4 5	丁丑	10	0

月柱 甲辰

生日	日柱	男	女
4 5	丁丑	0	10
4 6	戊寅	0	10
4 7	己卯	1	9
4 8	庚辰	1	9
4 9	辛巳	1	8
4 10	壬午	2	8
4 11	癸未	2	8
4 12	甲申	2	7
4 13	乙酉	3	7
4 14	丙戌	3	7
4 15	丁亥	3	7
4 16	戊子	4	6
4 17	己丑	4	6
4 18	庚寅	4	6
4 19	辛卯	5	5
4 20	壬辰	5	5
4 21	癸巳	5	5
4 22	甲午	6	5
4 23	乙未	6	4
4 24	丙申	6	4
4 25	丁酉	7	4
4 26	戊戌	7	3
4 27	己亥	7	3
4 28	庚子	8	3
4 29	辛丑	8	2
4 30	壬寅	8	2
5 1	癸卯	9	1
5 2	甲辰	9	1
5 3	乙巳	9	1
5 4	丙午	10	0
5 5	丁未	10	0

月柱 乙巳

生日	日柱	男	女
5 5	丁未	0	11
5 6	戊申	0	10
5 7	己酉	1	10
5 8	庚戌	1	9
5 9	辛亥	1	9
5 10	壬子	2	9
5 11	癸丑	2	9
5 12	甲寅	2	8
5 13	乙卯	3	8
5 14	丙辰	3	7
5 15	丁巳	3	7
5 16	戊午	4	7
5 17	己未	4	6
5 18	庚申	4	6
5 19	辛酉	5	6
5 20	壬戌	5	5
5 21	癸亥	5	5
5 22	甲子	6	5
5 23	乙丑	6	5
5 24	丙寅	6	4
5 25	丁卯	7	4
5 26	戊辰	7	4
5 27	己巳	7	3
5 28	庚午	8	3
5 29	辛未	8	2
5 30	壬申	8	2
5 31	癸酉	9	2
6 1	甲戌	9	2
6 2	乙亥	9	1
6 3	丙子	10	1
6 4	丁丑	10	1
6 5	戊寅	10	0
6 6	己卯	11	0

月柱 丙午

生日	日柱	男	女
6 6	己卯	0	10
6 7	庚辰	0	10
6 8	辛巳	1	10
6 9	壬午	1	9
6 10	癸未	1	9
6 11	甲申	2	9
6 12	乙酉	2	8
6 13	丙戌	2	8
6 14	丁亥	3	8
6 15	戊子	3	7
6 16	己丑	3	7
6 17	庚寅	4	7
6 18	辛卯	4	6
6 19	壬辰	4	6
6 20	癸巳	5	6
6 21	甲午	5	5
6 22	乙未	5	5
6 23	丙申	6	5
6 24	丁酉	6	4
6 25	戊戌	6	4
6 26	己亥	7	4
6 27	庚子	7	3
6 28	辛丑	7	3
6 29	壬寅	8	3
6 30	癸卯	8	2
7 1	甲辰	8	2
7 2	乙巳	9	2
7 3	丙午	9	1
7 4	丁未	9	1
7 5	戊申	10	1
7 6	己酉	10	0
7 7	庚戌	10	0

月柱 丁未

生日	日柱	男	女
7 7	庚戌	0	10
7 8	辛亥	0	10
7 9	壬子	1	10
7 10	癸丑	1	9
7 11	甲寅	1	9
7 12	乙卯	2	9
7 13	丙辰	2	8
7 14	丁巳	2	8
7 15	戊午	3	8
7 16	己未	3	7
7 17	庚申	3	7
7 18	辛酉	4	7
7 19	壬戌	4	6
7 20	癸亥	4	6
7 21	甲子	5	6
7 22	乙丑	5	5
7 23	丙寅	5	5
7 24	丁卯	6	5
7 25	戊辰	6	4
7 26	己巳	6	4
7 27	庚午	7	4
7 28	辛未	7	3
7 29	壬申	7	3
7 31	甲戌	8	3
8 1	乙亥	8	2
8 2	丙子	9	2
8 3	丁丑	9	1
8 4	戊寅	9	1
8 5	己卯	10	1
8 6	庚辰	10	0
8 7	辛巳	10	0

大運表

歳	壬寅 男	壬寅 女	癸卯 男	癸卯 女	甲辰 男	甲辰 女	乙巳 男	乙巳 女	丙午 男	丙午 女	丁未 男	丁未 女
0	辛丑	癸卯	壬寅	甲辰	癸卯	乙巳	甲辰	丙午	乙巳	丁未	丙午	戊申
10	庚子	甲辰	辛丑	乙巳	壬寅	丙午	癸卯	丁未	甲辰	戊申	乙巳	己酉
20	己亥	乙巳	庚子	丙午	辛丑	丁未	壬寅	戊申	癸卯	己酉	甲辰	庚戌
30	戊戌	丙午	己亥	丁未	庚子	戊申	辛丑	己酉	壬寅	庚戌	癸卯	辛亥
40	丁酉	丁未	戊戌	戊申	己亥	己酉	庚子	庚戌	辛丑	辛亥	壬寅	壬子
50	丙申	戊申	丁酉	己酉	戊戌	庚戌	己亥	辛亥	庚子	壬子	辛丑	癸丑
60	乙未	己酉	丙申	庚戌	丁酉	辛亥	戊戌	壬子	己亥	癸丑	庚子	甲寅
70	甲午	庚戌	乙未	辛亥	丙申	壬子	丁酉	癸丑	戊戌	甲寅	己亥	乙卯
80	癸巳	辛亥	甲午	壬子	乙未	癸丑	丙申	甲寅	丁酉	乙卯	戊戌	丙辰

～1998年（平成10年）2月4日8時52分

月柱 戊申（8月7日20:19～9月7日23:02）

生日	日柱	男	女
8/7	辛巳 1	0	10
8/8	壬午 3	0	10
8/9	癸未 3	1	10
8/10	甲申 1	1	9
8/11	乙酉 1	1	9
8/12	丙戌 1	2	9
8/13	丁亥 1	2	8
8/14	戊子 1	2	8
8/15	己丑 1	3	8
8/16	庚寅 1	3	7
8/17	辛卯 1	3	7
8/18	壬辰 1	4	7
8/19	癸巳 1	4	6
8/20	甲午 3	4	6
8/21	乙未 1	5	5
8/22	丙申 1	5	5
8/23	丁酉 1	5	5
8/24	戊戌 1	6	5
8/25	己亥 1	6	4
8/26	庚子 1	6	4
8/27	辛丑 1	7	4
8/28	壬寅 1	7	3
8/29	癸卯 1	7	3
8/30	甲辰 3	8	3
8/31	乙巳 1	8	2
9/1	丙午 2	8	2
9/2	丁未 1	9	2
9/3	戊申 1	9	1
9/4	己酉 1	9	1
9/5	庚戌 1	10	1
9/6	辛亥 1	10	0
9/7	壬子 2	10	0

月柱 己酉（9月7日23:03～10月8日14:26）

生日	日柱	男	女
9/7	壬子 2	0	10
9/8	癸丑 3	0	10
9/9	甲寅 1	1	10
9/10	乙卯 1	1	9
9/11	丙辰 1	1	9
9/12	丁巳 2	2	9
9/13	戊午 1	2	8
9/14	己未 1	2	8
9/15	庚申 1	3	8
9/16	辛酉 1	3	7
9/17	壬戌 3	3	7
9/18	癸亥 2	4	7
9/19	甲子 1	4	6
9/20	乙丑 3	4	6
9/21	丙寅 1	5	5
9/22	丁卯 2	5	5
9/23	戊辰 1	5	5
9/24	己巳 1	6	5
9/25	庚午 1	6	4
9/26	辛未 1	6	4
9/27	壬申 1	7	4
9/28	癸酉 1	7	3
9/29	甲戌 1	7	3
9/30	乙亥 3	8	3
10/1	丙子 3	8	2
10/2	丁丑 1	8	2
10/3	戊寅 1	9	2
10/4	己卯 1	9	1
10/5	庚辰 1	9	1
10/6	辛巳 1	10	1
10/7	壬午 3	10	0
10/8	癸未 3	10	0

月柱 庚戌（10月8日14:27～11月7日17:21）

生日	日柱	男	女
10/8	癸未 3	0	10
10/9	甲申 3	0	10
10/10	乙酉 3	1	9
10/11	丙戌 3	1	9
10/12	丁亥 1	1	9
10/13	戊子 3	2	8
10/14	己丑 1	2	8
10/15	庚寅 1	3	7
10/16	辛卯 1	3	7
10/17	壬辰 1	4	7
10/18	癸巳 3	4	6
10/19	甲午 3	4	6
10/20	乙未 3	5	5
10/21	丙申 3	5	5
10/22	丁酉 3	5	5
10/23	戊戌 3	5	5
10/24	己亥 3	5	5
10/25	庚子 3	6	4
10/26	辛丑 3	6	4
10/27	壬寅 3	7	4
10/28	癸卯 1	7	3
10/29	甲辰 3	7	3
10/30	乙巳 2	8	3
10/31	丙午 3	8	2
11/1	丁未 3	8	2
11/2	戊申 3	9	2
11/3	己酉 1	9	1
11/4	庚戌 1	9	1
11/5	辛亥 1	9	1
11/6	壬子 3	10	0
11/7	癸丑 3	10	0

月柱 辛亥（11月7日17:22～12月7日10:01）

生日	日柱	男	女
11/7	癸丑 1	0	10
11/8	甲寅 1	0	10
11/9	乙卯 1	1	9
11/10	丙辰 1	1	9
11/11	丁巳 1	1	9
11/12	戊午 2	2	8
11/13	己未 1	2	8
11/14	庚申 1	2	8
11/15	辛酉 1	3	7
11/16	壬戌 1	3	7
11/17	癸亥 1	3	7
11/18	甲子 2	4	6
11/19	乙丑 1	4	6
11/20	丙寅 1	4	6
11/21	丁卯 1	5	5
11/22	戊辰 1	5	5
11/23	己巳 1	5	5
11/24	庚午 2	6	4
11/25	辛未 1	6	4
11/26	壬申 1	6	4
11/27	癸酉 1	7	3
11/28	甲戌 1	7	3
11/29	乙亥 2	7	3
11/30	丙子 3	8	2
12/1	丁丑 1	8	2
12/2	戊寅 1	8	2
12/3	己卯 1	9	1
12/4	庚辰 1	9	1
12/5	辛巳 1	9	1
12/6	壬午 1	10	0
12/7	癸未 1	10	0

月柱 壬子（12月7日10:02～1月5日21:10）

生日	日柱	男	女
12/7	癸未 3	0	10
12/8	甲申 1	0	9
12/9	乙酉 1	1	9
12/10	丙戌 1	1	9
12/11	丁亥 1	1	9
12/12	戊子 2	2	8
12/13	己丑 1	2	8
12/14	庚寅 1	2	7
12/15	辛卯 1	3	7
12/16	壬辰 1	3	7
12/17	癸巳 1	3	6
12/18	甲午 1	4	6
12/19	乙未 1	4	6
12/20	丙申 1	4	6
12/21	丁酉 1	5	5
12/22	戊戌 2	5	5
12/23	己亥 1	5	4
12/24	庚子 3	6	4
12/25	辛丑 1	6	4
12/26	壬寅 1	6	4
12/27	癸卯 1	7	3
12/28	甲辰 1	7	3
12/29	乙巳 2	7	2
12/30	丙午 1	8	2
12/31	丁未 1	8	2
1/1	戊申 2	8	1
1/2	己酉 1	9	1
1/3	庚戌 1	9	1
1/4	辛亥 1	9	0
1/5	壬子 2	10	0

月柱 癸丑（1月5日21:11～2月4日8:52）

生日	日柱	男	女
1/5	壬子 1	0	10
1/6	癸丑 2	0	10
1/7	甲寅 2	1	9
1/8	乙卯 2	1	9
1/9	丙辰 3	1	9
1/10	丁巳 2	2	8
1/11	戊午 1	2	8
1/12	己未 1	2	8
1/13	庚申 1	3	7
1/14	辛酉 1	3	7
1/15	壬戌 1	3	7
1/16	癸亥 1	4	6
1/17	甲子 1	4	6
1/18	乙丑 3	4	6
1/19	丙寅 2	5	5
1/20	丁卯 2	5	5
1/21	戊辰 1	5	5
1/22	己巳 1	6	4
1/23	庚午 1	6	4
1/24	辛未 1	6	4
1/25	壬申 1	7	3
1/26	癸酉 1	7	3
1/27	甲戌 1	7	3
1/28	乙亥 3	8	2
1/29	丙子 3	8	2
1/30	丁丑 3	8	2
1/31	戊寅 1	9	1
2/1	己卯 1	9	1
2/2	庚辰 1	9	1
2/3	辛巳 1	10	0
2/4	壬午 1	10	0

大運表

歳	男	歳	女	歳	男	歳	女	歳	男	歳	女	歳	男	歳	女	歳	男	歳	女	歳	男	歳	女
0	丁未	0	己酉	0	戊申	0	庚戌	0	己酉	0	辛亥	0	庚戌	0	壬子	0	辛亥	0	癸丑	0	壬子	0	甲寅
10	丙午	10	戊申	10	丁未	10	己酉	10	戊申	10	庚戌	10	己酉	10	辛亥	10	庚戌	10	壬子	10	辛亥	10	癸丑
20	乙巳	20	丁未	20	丙午	20	戊申	20	丁未	20	己酉	20	戊申	20	庚戌	20	己酉	20	辛亥	20	庚戌	20	壬子
30	甲辰	30	丙午	30	乙巳	30	丁未	30	丙午	30	戊申	30	丁未	30	己酉	30	戊申	30	庚戌	30	己酉	30	辛亥
40	癸卯	40	乙巳	40	甲辰	40	丙午	40	乙巳	40	丁未	40	丙午	40	戊申	40	丁未	40	己酉	40	戊申	40	庚戌
50	壬寅	50	甲辰	50	癸卯	50	乙巳	50	甲辰	50	丙午	50	乙巳	50	丁未	50	丙午	50	戊申	50	丁未	50	己酉
60	辛丑	60	癸卯	60	壬寅	60	甲辰	60	癸卯	60	乙巳	60	甲辰	60	丙午	60	乙巳	60	丁未	60	丙午	60	戊申
70	庚子	70	壬寅	70	辛丑	70	癸卯	70	壬寅	70	甲辰	70	癸卯	70	乙巳	70	甲辰	70	丙午	70	乙巳	70	丁未
80	己亥	80	辛丑	80	庚子	80	壬寅	80	辛丑	80	癸卯	80	壬寅	80	甲辰	80	癸卯	80	乙巳	80	甲辰	80	丙午

年柱 戊寅　1998年（平成10年）2月4日8時53分～

月柱 甲寅（2月4日 8:53～3月6日 3:02）

生日	日柱	男	女
2 4	壬$_3$午	10	0
2 5	癸$_3$未	10	0
2 6	甲$_3$申	9	1
2 7	乙$_1$酉	9	1
2 8	丙$_1$戌	9	1
2 9	丁$_1$亥	8	2
2 10	戊$_3$子	8	2
2 11	己$_2$丑	8	2
2 12	庚$_2$寅	7	3
2 13	辛$_1$卯	7	3
2 14	壬$_3$辰	7	3
2 15	癸$_3$巳	6	4
2 16	甲$_3$午	6	4
2 17	乙$_1$未	6	4
2 18	丙$_1$申	5	5
2 19	丁$_1$酉	5	5
2 20	戊$_2$戌	5	5
2 21	己$_3$亥	4	6
2 22	庚$_3$子	4	6
2 23	辛$_1$丑	4	6
2 24	壬$_3$寅	3	7
2 25	癸$_3$卯	3	7
2 26	甲$_1$辰	3	7
2 27	乙$_1$巳	2	8
2 28	丙$_1$午	2	8
3 1	丁$_1$未	2	8
3 2	戊$_3$申	1	9
3 3	己$_1$酉	1	9
3 4	庚$_2$戌	1	9
3 5	辛$_3$亥	0	10
3 6	壬$_3$子	0	10

月柱 乙卯（3月6日 3:03～4月5日 8:05）

生日	日柱	男	女
3 6	壬$_3$子	10	0
3 7	癸$_3$丑	10	0
3 8	甲$_3$寅	9	1
3 9	乙$_1$卯	9	1
3 10	丙$_1$辰	9	1
3 11	丁$_1$巳	8	2
3 12	戊$_3$午	8	2
3 13	己$_2$未	8	2
3 14	庚$_2$申	7	3
3 15	辛$_1$酉	7	3
3 16	壬$_3$戌	7	3
3 17	癸$_3$亥	6	4
3 18	甲$_3$子	6	4
3 19	乙$_1$丑	6	4
3 20	丙$_1$寅	5	5
3 21	丁$_1$卯	5	5
3 22	戊$_2$辰	5	5
3 23	己$_3$巳	4	6
3 24	庚$_3$午	4	6
3 25	辛$_1$未	4	6
3 26	壬$_3$申	3	7
3 27	癸$_3$酉	3	7
3 28	甲$_1$戌	3	7
3 29	乙$_1$亥	2	8
3 30	丙$_1$子	2	8
3 31	丁$_1$丑	2	8
4 1	戊$_3$寅	1	9
4 2	己$_1$卯	1	9
4 3	庚$_2$辰	1	9
4 4	辛$_3$巳	0	10
4 5	壬$_3$午	0	10

月柱 丙辰（4月5日 8:06～5月6日 1:39）

生日	日柱	男	女
4 5	壬$_3$午	10	0
4 6	癸$_3$未	10	0
4 7	甲$_2$申	10	1
4 8	乙$_1$酉	9	1
4 9	丙$_1$戌	9	1
4 10	丁$_1$亥	9	2
4 11	戊$_1$子	8	2
4 12	己$_1$丑	8	2
4 13	庚$_1$寅	8	3
4 14	辛$_2$卯	7	3
4 15	壬$_3$辰	7	3
4 16	癸$_3$巳	7	4
4 17	甲$_2$午	6	4
4 18	乙$_2$未	6	4
4 19	丙$_1$申	6	5
4 20	丁$_1$酉	5	5
4 21	戊$_1$戌	5	5
4 22	己$_1$亥	5	6
4 23	庚$_2$子	4	6
4 24	辛$_1$丑	4	6
4 25	壬$_3$寅	4	7
4 26	癸$_3$卯	3	7
4 27	甲$_2$辰	3	7
4 28	乙$_2$巳	3	8
4 29	丙$_1$午	2	8
4 30	丁$_1$未	2	8
5 1	戊$_1$申	2	9
5 2	己$_1$酉	1	9
5 3	庚$_2$戌	1	9
5 4	辛$_2$亥	1	10
5 5	壬$_3$子	0	10
5 6	癸$_3$丑	0	10

月柱 丁巳（5月6日 1:40～6月6日 6:01）

生日	日柱	男	女
5 6	癸$_3$丑	10	0
5 7	甲$_3$寅	10	0
5 8	乙$_2$卯	10	1
5 9	丙$_1$辰	9	1
5 10	丁$_1$巳	9	1
5 11	戊$_1$午	9	2
5 12	己$_1$未	8	2
5 13	庚$_2$申	8	2
5 14	辛$_2$酉	8	3
5 15	壬$_3$戌	7	3
5 16	癸$_3$亥	7	3
5 17	甲$_2$子	7	4
5 18	乙$_2$丑	6	4
5 19	丙$_1$寅	6	4
5 20	丁$_1$卯	6	5
5 21	戊$_1$辰	5	5
5 22	己$_1$巳	5	5
5 23	庚$_2$午	5	6
5 24	辛$_2$未	4	6
5 25	壬$_3$申	4	6
5 26	癸$_3$酉	4	7
5 27	甲$_2$戌	3	7
5 28	乙$_2$亥	3	7
5 29	丙$_1$子	3	8
5 30	丁$_1$丑	2	8
5 31	戊$_1$寅	2	8
6 1	己$_1$卯	2	9
6 2	庚$_1$辰	1	9
6 3	辛$_2$巳	1	9
6 4	壬$_3$午	1	10
6 5	癸$_3$未	0	10
6 6	甲$_2$申	0	10

月柱 戊午（6月6日 6:02～7月7日16:24）

生日	日柱	男	女
6 6	甲$_3$申	10	0
6 7	乙$_3$酉	10	0
6 8	丙$_1$戌	10	1
6 9	丁$_1$亥	9	1
6 10	戊$_1$子	9	1
6 11	己$_1$丑	9	2
6 12	庚$_2$寅	8	2
6 13	辛$_2$卯	8	2
6 14	壬$_3$辰	8	3
6 15	癸$_3$巳	7	3
6 16	甲$_3$午	7	3
6 17	乙$_1$未	7	4
6 18	丙$_1$申	6	4
6 19	丁$_1$酉	6	4
6 20	戊$_1$戌	6	5
6 21	己$_1$亥	5	5
6 22	庚$_2$子	5	5
6 23	辛$_2$丑	5	6
6 24	壬$_3$寅	4	6
6 25	癸$_3$卯	4	6
6 26	甲$_3$辰	4	7
6 27	乙$_1$巳	3	7
6 28	丙$_1$午	3	7
6 29	丁$_1$未	3	8
6 30	戊$_1$申	2	8
7 1	己$_1$酉	2	8
7 2	庚$_1$戌	2	9
7 3	辛$_2$亥	1	9
7 4	壬$_3$子	1	9
7 5	癸$_3$丑	1	10
7 6	甲$_2$寅	0	10
7 7	乙$_2$卯	0	10

月柱 己未（7月7日16:25～8月8日 2:07）

生日	日柱	男	女
7 7	乙$_2$卯	11	0
7 8	丙$_1$辰	10	0
7 9	丁$_1$巳	10	1
7 10	戊$_1$午	10	1
7 11	己$_1$未	9	1
7 12	庚$_1$申	9	2
7 13	辛$_2$酉	9	2
7 14	壬$_3$戌	8	2
7 15	癸$_3$亥	8	3
7 16	甲$_2$子	8	3
7 17	乙$_2$丑	7	3
7 18	丙$_1$寅	7	4
7 19	丁$_1$卯	7	4
7 20	戊$_1$辰	6	4
7 21	己$_1$巳	6	5
7 22	庚$_1$午	6	5
7 23	辛$_2$未	5	5
7 24	壬$_3$申	5	6
7 25	癸$_3$酉	5	6
7 26	甲$_2$戌	4	6
7 27	乙$_2$亥	4	7
7 28	丙$_1$子	4	7
7 29	丁$_1$丑	3	7
7 30	戊$_1$寅	3	8
7 31	己$_1$卯	3	8
8 1	庚$_1$辰	2	8
8 2	辛$_2$巳	2	9
8 3	壬$_3$午	2	9
8 4	癸$_3$未	1	9
8 5	甲$_2$申	1	10
8 6	乙$_3$酉	1	10
8 7	丙$_3$戌	0	10
8 8	丁$_3$亥	0	11

立運（大運）

歳	甲寅 男	甲寅 女	乙卯 男	乙卯 女	丙辰 男	丙辰 女	丁巳 男	丁巳 女	戊午 男	戊午 女	己未 男	己未 女
0	乙卯	癸丑	丙辰	甲寅	丁巳	乙卯	戊午	丙辰	己未	丁巳	庚申	戊午
10	丙辰	壬子	丁巳	癸丑	戊午	甲寅	己未	乙卯	庚申	丙辰	辛酉	丁巳
20	丁巳	辛亥	戊午	壬子	己未	癸丑	庚申	甲寅	辛酉	乙卯	壬戌	丙辰
30	戊午	庚戌	己未	辛亥	庚申	壬子	辛酉	癸丑	壬戌	甲寅	癸亥	乙卯
40	己未	己酉	庚申	庚戌	辛酉	辛亥	壬戌	壬子	癸亥	癸丑	甲子	甲寅
50	庚申	戊申	辛酉	己酉	壬戌	庚戌	癸亥	辛亥	甲子	壬子	乙丑	癸丑
60	辛酉	丁未	壬戌	戊申	癸亥	己酉	甲子	庚戌	乙丑	辛亥	丙寅	壬子
70	壬戌	丙午	癸亥	丁未	甲子	戊申	乙丑	己酉	丙寅	庚戌	丁卯	辛亥
80	癸亥	乙巳	甲子	丙午	乙丑	丁未	丙寅	戊申	丁卯	己酉	戊辰	庚戌

～1999年（平成11年）2月4日14時41分

月柱 庚申（8月8日 2:08～ ／ 9月8日 4:51）

生日	日柱	男	女
8 8	丁3亥	10	0
8 9	戊3子	10	0
8 10	己3丑	10	1
8 11	庚2寅	9	1
8 12	辛2卯	9	1
8 13	壬2辰	9	2
8 14	癸2巳	8	2
8 15	甲3午	8	2
8 16	乙3未	8	3
8 17	丙3申	7	3
8 18	丁3酉	7	3
8 19	戊2戌	7	4
8 20	己2亥	6	4
8 21	庚1子	6	4
8 22	辛1丑	6	5
8 23	壬1寅	5	5
8 24	癸2卯	5	5
8 25	甲3辰	5	6
8 26	乙2巳	4	6
8 27	丙2午	4	6
8 28	丁2未	4	7
8 29	戊3申	3	7
8 30	己3酉	3	7
8 31	庚1戌	3	8
9 1	辛1亥	2	8
9 2	壬1子	2	8
9 3	癸2丑	2	9
9 4	甲2寅	1	9
9 5	乙2卯	1	9
9 6	丙2辰	1	10
9 7	丁2巳	0	10
9 8	戊2午	0	10

月柱 辛酉（9月8日 4:52～ ／ 10月8日20:15）

生日	日柱	男	女
9 8	戊2午	10	0
9 9	己2未	10	0
9 10	庚1申	9	1
9 11	辛1酉	9	1
9 12	壬2戌	9	1
9 13	癸2亥	8	2
9 14	甲2子	8	2
9 15	乙2丑	8	2
9 16	丙1寅	7	3
9 17	丁1卯	7	3
9 18	戊1辰	7	3
9 19	己1巳	6	4
9 20	庚1午	6	4
9 21	辛1未	6	4
9 22	壬1申	5	5
9 23	癸1酉	5	5
9 24	甲3戌	5	5
9 25	乙2亥	4	6
9 26	丙3子	4	6
9 27	丁3丑	4	6
9 28	戊2寅	3	7
9 29	己2卯	3	7
9 30	庚2辰	3	7
10 1	辛1巳	2	8
10 2	壬2午	2	8
10 3	癸2未	2	8
10 4	甲3申	1	9
10 5	乙3酉	1	9
10 6	丙3戌	1	10
10 7	丁3亥	0	10
10 8	戊2子	0	10

月柱 壬戌（10月8日20:16～ ／ 11月7日23:10）

生日	日柱	男	女
10 8	戊1子	10	0
10 9	己1丑	10	0
10 10	庚1寅	9	1
10 11	辛1卯	9	1
10 12	壬1辰	9	1
10 13	癸1巳	8	2
10 14	甲1午	8	2
10 15	乙1未	8	2
10 16	丙1申	7	3
10 17	丁1酉	7	3
10 18	戊1戌	7	3
10 19	己1亥	6	4
10 20	庚1子	6	4
10 21	辛1丑	6	4
10 22	壬3寅	5	5
10 23	癸3卯	5	5
10 24	甲2辰	5	5
10 25	乙1巳	4	6
10 26	丙1午	4	6
10 27	丁1未	4	6
10 28	戊1申	3	7
10 29	己1酉	3	7
10 30	庚1戌	3	7
10 31	辛1亥	2	8
11 1	壬1子	2	8
11 2	癸1丑	2	8
11 3	甲2寅	1	9
11 4	乙1卯	1	9
11 5	丙1辰	1	9
11 6	丁1巳	0	10
11 7	戊1午	0	10

月柱 癸亥（11月7日23:11～ ／ 12月7日15:50）

生日	日柱	男	女
11 7	戊2午	10	0
11 8	己2未	10	0
11 9	庚2申	9	1
11 10	辛2酉	9	1
11 11	壬2戌	9	1
11 12	癸2亥	8	2
11 13	甲2子	8	2
11 14	乙2丑	8	2
11 15	丙2寅	7	3
11 16	丁2卯	7	3
11 17	戊2辰	7	3
11 18	己2巳	6	4
11 19	庚2午	6	4
11 20	辛2未	6	4
11 21	壬2申	5	5
11 22	癸2酉	5	5
11 23	甲1戌	5	5
11 24	乙2亥	4	6
11 25	丙2子	4	6
11 26	丁2丑	4	6
11 27	戊2寅	3	7
11 28	己2卯	3	7
11 29	庚2辰	3	7
11 30	辛2巳	2	8
12 1	壬1午	2	8
12 2	癸2未	2	8
12 3	甲2申	1	9
12 4	乙2酉	1	9
12 5	丙2戌	1	9
12 6	丁2亥	0	10
12 7	戊2子	0	10

月柱 甲子（12月7日15:51～ ／ 1月6日 2:59）

生日	日柱	男	女
12 7	戊3子	10	0
12 8	己2丑	10	0
12 9	庚2寅	9	1
12 10	辛2卯	9	1
12 11	壬2辰	9	1
12 12	癸2巳	8	2
12 13	甲1午	8	2
12 14	乙2未	8	2
12 15	丙2申	7	3
12 16	丁2酉	7	3
12 17	戊2戌	7	3
12 18	己2亥	6	4
12 19	庚2子	6	4
12 20	辛2丑	6	4
12 21	壬2寅	5	5
12 22	癸2卯	5	5
12 23	甲1辰	5	5
12 24	乙1巳	4	6
12 25	丙1午	4	6
12 26	丁1未	4	6
12 27	戊1申	3	7
12 28	己1酉	3	7
12 29	庚2戌	3	7
12 30	辛1亥	2	8
12 31	壬1子	2	8
1 1	癸2丑	2	8
1 2	甲2寅	1	9
1 3	乙2卯	1	9
1 4	丙2辰	1	9
1 5	丁2巳	0	10
1 6	戊2午	0	10

月柱 乙丑（1月6日 3:00～ ／ 2月4日14:41）

生日	日柱	男	女
1 6	戊1午	10	0
1 7	己1未	9	0
1 8	庚1申	9	1
1 9	辛1酉	9	1
1 10	壬3戌	8	1
1 11	癸2亥	8	2
1 12	甲1子	8	2
1 13	乙2丑	7	2
1 14	丙1寅	7	3
1 15	丁1卯	7	3
1 16	戊1辰	6	3
1 17	己1巳	6	4
1 18	庚1午	6	4
1 19	辛1未	5	4
1 20	壬2申	5	5
1 21	癸2酉	4	5
1 22	甲2戌	4	5
1 23	乙2亥	3	6
1 24	丙2子	3	6
1 25	丁2丑	3	6
1 26	戊2寅	3	7
1 27	己2卯	3	7
1 28	庚2辰	2	7
1 29	辛2巳	2	8
1 30	壬3午	1	8
1 31	癸3未	1	8
2 1	甲2申	1	9
2 2	乙2酉	1	9
2 3	丙2戌	0	9
2 4	丁2亥	0	10

立運表

歳	男	歳	女	歳	男	歳	女	歳	男	歳	女	歳	男	歳	女	歳	男	歳	女	歳	男	歳	女
0	辛酉	0	己未	0	壬戌	0	庚申	0	癸亥	0	庚申	0	甲子	0	辛酉	0	乙丑	0	癸亥	0	丙寅	0	甲子
10	壬戌	10	戊午	10	癸亥	10	己未	10	甲子	10	己未	10	乙丑	10	庚申	10	丙寅	10	壬戌	10	丁卯	10	癸亥
20	癸亥	20	丁巳	20	甲子	20	戊午	20	乙丑	20	戊午	20	丙寅	20	己未	20	丁卯	20	辛酉	20	戊辰	20	壬戌
30	甲子	30	丙辰	30	乙丑	30	丁巳	30	丙寅	30	丁巳	30	丁卯	30	戊午	30	戊辰	30	庚申	30	己巳	30	辛酉
40	乙丑	40	乙卯	40	丙寅	40	丙辰	40	丁卯	40	丙辰	40	戊辰	40	丁巳	40	己巳	40	己未	40	庚午	40	庚申
50	丙寅	50	甲寅	50	丁卯	50	乙卯	50	戊辰	50	乙卯	50	己巳	50	丙辰	50	庚午	50	戊午	50	辛未	50	己未
60	丁卯	60	癸丑	60	戊辰	60	甲寅	60	己巳	60	甲寅	60	庚午	60	乙卯	60	辛未	60	丁巳	60	壬申	60	戊午
70	戊辰	70	壬子	70	己巳	70	癸丑	70	庚午	70	癸丑	70	辛未	70	甲寅	70	壬申	70	丙辰	70	癸酉	70	丁巳
80	己巳	80	辛亥	80	庚午	80	壬子	80	辛未	80	壬子	80	壬申	80	甲寅	80	癸酉	80	乙卯	80	甲戌	80	丙辰

年柱 己卯 1999年（平成11年）2月4日14時42分～

2月4日14:42～3月6日8:51	3月6日8:52～4月5日13:54	4月5日13:55～5月6日7:28	5月6日7:29～6月6日11:50	6月6日11:51～7月7日22:13	7月7日22:14～8月8日7:56
月柱 **丙寅**	月柱 **丁卯**	月柱 **戊辰**	月柱 **己巳**	月柱 **庚午**	月柱 **辛未**

丙寅

生日	日柱	男	女
2:4	丁3亥	0	10
2:5	戊2子	0	10
2:6	己1丑	1	9
2:7	庚3寅	1	9
2:8	辛1卯	1	9
2:9	壬3辰	2	8
2:10	癸3巳	2	8
2:11	甲2午	2	8
2:12	乙1未	3	7
2:13	丙3申	3	7
2:14	丁1酉	3	7
2:15	戊3戌	4	6
2:16	己1亥	4	6
2:17	庚3子	4	6
2:18	辛3丑	5	5
2:19	壬3寅	5	5
2:20	癸3卯	5	5
2:21	甲1辰	6	4
2:22	乙3巳	6	4
2:23	丙1午	6	4
2:24	丁3未	7	3
2:25	戊1申	7	3
2:26	己1酉	7	3
2:27	庚2戌	8	2
2:28	辛3亥	8	2
3:1	壬3子	8	2
3:2	癸3丑	9	1
3:3	甲1寅	9	1
3:4	乙1卯	9	1
3:5	丙1辰	10	0
3:6	丁1巳	10	0

丁卯

生日	日柱	男	女
3:6	丁1巳	0	10
3:7	戊1午	0	10
3:8	己1未	1	9
3:9	庚1申	1	9
3:10	辛1酉	1	9
3:11	壬3戌	2	8
3:12	癸3亥	2	8
3:13	甲1子	2	8
3:14	乙1丑	3	7
3:15	丙1寅	3	7
3:16	丁1卯	3	7
3:17	戊1辰	4	6
3:18	己1巳	4	6
3:19	庚1午	4	6
3:20	辛1未	5	5
3:21	壬1申	5	5
3:22	癸1酉	5	5
3:23	甲1戌	6	4
3:24	乙1亥	6	4
3:25	丙1子	6	4
3:26	丁1丑	7	3
3:27	戊1寅	7	3
3:28	己1卯	7	3
3:29	庚1辰	8	2
3:30	辛1巳	8	2
3:31	壬1午	8	2
4:1	癸1未	9	1
4:2	甲1申	9	1
4:3	乙1酉	9	1
4:4	丙1戌	10	0
4:5	丁1亥	10	0

戊辰

生日	日柱	男	女
4:5	丁3亥	0	10
4:6	戊1子	0	10
4:7	己1丑	1	9
4:8	庚1寅	1	9
4:9	辛1卯	1	9
4:10	壬3辰	2	9
4:11	癸3巳	2	8
4:12	甲2午	2	8
4:13	乙1未	3	8
4:14	丙1申	3	7
4:15	丁1酉	3	7
4:16	戊1戌	4	6
4:17	己1亥	4	6
4:18	庚1子	4	6
4:19	辛1丑	5	6
4:20	壬1寅	5	5
4:21	癸3卯	5	5
4:22	甲1辰	6	5
4:23	乙2巳	6	4
4:24	丙2午	6	4
4:25	丁1未	6	4
4:26	戊1申	7	4
4:27	己1酉	7	3
4:28	庚1戌	8	3
4:29	辛1亥	8	2
4:30	壬1子	8	2
5:1	癸1丑	9	2
5:2	甲1寅	9	1
5:3	乙1卯	9	1
5:4	丙1辰	10	1
5:5	丁1巳	10	0
5:6	戊1午	10	0

己巳

生日	日柱	男	女
5:6	戊1午	0	10
5:7	己1未	0	10
5:8	庚1申	1	10
5:9	辛1酉	1	9
5:10	壬3戌	1	9
5:11	癸3亥	2	9
5:12	甲2子	2	8
5:13	乙1丑	2	8
5:14	丙2寅	3	8
5:15	丁1卯	3	7
5:16	戊1辰	3	7
5:17	己1巳	4	7
5:18	庚1午	4	6
5:19	辛1未	4	6
5:20	壬1申	5	6
5:21	癸1酉	5	5
5:22	甲1戌	5	5
5:23	乙2亥	6	5
5:24	丙1子	6	4
5:25	丁1丑	6	4
5:26	戊1寅	7	4
5:27	己1卯	7	3
5:28	庚1辰	7	3
5:29	辛1巳	8	3
5:30	壬3午	8	2
5:31	癸1未	8	2
6:1	甲1申	9	2
6:2	乙3酉	9	1
6:3	丙1戌	9	1
6:4	丁1亥	10	1
6:5	戊1子	10	0
6:6	己1丑	10	0

庚午

生日	日柱	男	女
6:6	己1丑	0	10
6:7	庚2寅	0	10
6:8	辛1卯	1	10
6:9	壬1辰	1	9
6:10	癸3巳	1	9
6:11	甲1午	2	9
6:12	乙3未	2	8
6:13	丙1申	2	8
6:14	丁1酉	3	8
6:15	戊1戌	3	7
6:16	己1亥	3	7
6:17	庚1子	4	7
6:18	辛1丑	4	6
6:19	壬1寅	4	6
6:20	癸3卯	5	6
6:21	甲3辰	5	5
6:22	乙2巳	5	5
6:23	丙1午	6	5
6:24	丁1未	6	4
6:25	戊1申	6	4
6:26	己1酉	7	4
6:27	庚1戌	7	3
6:28	辛1亥	7	3
6:29	壬1子	8	3
6:30	癸3丑	8	2
7:1	甲2寅	8	2
7:2	乙2卯	9	2
7:3	丙1辰	9	1
7:4	丁1巳	9	1
7:5	戊1午	10	1
7:6	己1未	10	0
7:7	庚1申	10	0

辛未

生日	日柱	男	女
7:7	庚1申	0	11
7:8	辛1酉	0	10
7:9	壬1戌	1	10
7:10	癸3亥	1	10
7:11	甲1子	1	9
7:12	乙1丑	2	9
7:13	丙1寅	2	9
7:14	丁1卯	2	8
7:15	戊1辰	3	8
7:16	己1巳	3	8
7:17	庚1午	3	7
7:18	辛1未	4	7
7:19	壬1申	4	7
7:20	癸2酉	4	6
7:21	甲3戌	5	6
7:22	乙3亥	5	6
7:23	丙2子	5	5
7:24	丁1丑	6	5
7:25	戊2寅	6	5
7:26	己1卯	6	4
7:27	庚1辰	7	4
7:28	辛1巳	7	4
7:29	壬1午	7	3
7:30	癸3未	8	3
7:31	甲1申	8	3
8:1	乙3酉	8	2
8:2	丙1戌	9	2
8:3	丁2亥	9	2
8:4	戊1子	9	1
8:5	己1丑	10	1
8:6	庚1寅	10	1
8:7	辛1卯	10	0
8:8	壬3辰	11	0

歳	男	歳	女	歳	男	歳	女	歳	男	歳	女	歳	男	歳	女	歳	男	歳	女	歳	男	歳	女
0	乙丑	0	丁卯	0	丙寅	0	戊辰	0	丁卯	0	己巳	0	戊辰	0	庚午	0	己巳	0	辛未	0	庚午	0	壬申
10	甲子	10	戊辰	10	乙丑	10	己巳	10	丙寅	10	庚午	10	丁卯	10	辛未	10	戊辰	10	壬申	10	己巳	10	癸酉
20	癸亥	20	己巳	20	甲子	20	庚午	20	乙丑	20	辛未	20	丙寅	20	壬申	20	丁卯	20	癸酉	20	戊辰	20	甲戌
30	壬戌	30	庚午	30	癸亥	30	辛未	30	甲子	30	壬申	30	乙丑	30	癸酉	30	丙寅	30	甲戌	30	丁卯	30	乙亥
40	辛酉	40	辛未	40	壬戌	40	壬申	40	癸亥	40	癸酉	40	甲子	40	甲戌	40	乙丑	40	乙亥	40	丙寅	40	丙子
50	庚申	50	壬申	50	辛酉	50	癸酉	50	壬戌	50	甲戌	50	癸亥	50	乙亥	50	甲子	50	丙子	50	乙丑	50	丁丑
60	己未	60	癸酉	60	庚申	60	甲戌	60	辛酉	60	乙亥	60	壬戌	60	丙子	60	癸亥	60	丁丑	60	甲子	60	戊寅
70	戊午	70	甲戌	70	己未	70	乙亥	70	庚申	70	丙子	70	辛酉	70	丁丑	70	壬戌	70	戊寅	70	癸亥	70	己卯
80	丁巳	80	乙亥	80	戊午	80	丙子	80	己未	80	丁丑	80	庚申	80	戊寅	80	辛酉	80	己卯	80	壬戌	80	庚辰

～2000年（平成12年）2月4日20時31分

壬申（月柱）8月8日 7:57～9月8日10:40

生日	日柱	男	女
8.8	壬2辰	0	10
8.9	癸2巳	0	10
8.10	甲2午	1	10
8.11	乙2未	1	9
8.12	丙3申	1	9
8.13	丁3酉	2	9
8.14	戊2戌	2	8
8.15	己3亥	3	8
8.16	庚1子	3	8
8.17	辛1丑	3	7
8.18	壬1寅	3	7
8.19	癸2卯	4	7
8.20	甲1辰	4	6
8.21	乙1巳	4	6
8.22	丙2午	5	6
8.23	丁3未	5	5
8.24	戊3申	5	5
8.25	己3酉	6	5
8.26	庚1戌	6	4
8.27	辛1亥	6	4
8.28	壬1子	7	4
8.29	癸1丑	7	3
8.30	甲1寅	7	3
8.31	乙1卯	8	3
9.1	丙3辰	8	2
9.2	丁2巳	8	2
9.3	戊2午	9	2
9.4	己2未	9	1
9.5	庚1申	9	1
9.6	辛1酉	10	1
9.7	壬2戌	10	0
9.8	癸1亥	10	0

癸酉（月柱）9月8日10:41～10月9日 2:04

生日	日柱	男	女
9.8	癸1亥	0	10
9.9	甲1子	0	10
9.10	乙2丑	1	10
9.11	丙2寅	1	9
9.12	丁2卯	1	9
9.13	戊2辰	2	9
9.14	己2巳	2	8
9.15	庚1午	2	8
9.16	辛1未	3	8
9.17	壬1申	3	7
9.18	癸2酉	3	7
9.19	甲2戌	4	7
9.20	乙1亥	4	6
9.21	丙3子	4	6
9.22	丁1丑	5	6
9.23	戊2寅	5	5
9.24	己3卯	5	5
9.25	庚2辰	6	5
9.26	辛1巳	6	4
9.27	壬1午	6	4
9.28	癸1未	7	4
9.29	甲1申	7	3
9.30	乙1酉	7	3
10.1	丙3戌	8	3
10.2	丁3亥	8	2
10.3	戊3子	8	2
10.4	己2丑	9	2
10.5	庚2寅	9	1
10.6	辛1卯	9	1
10.7	壬1辰	10	1
10.8	癸2巳	10	0
10.9	甲2午	10	0

甲戌（月柱）10月9日 2:05～11月8日 4:57

生日	日柱	男	女
10.9	甲2午	0	10
10.10	乙1未	0	10
10.11	丙1申	1	9
10.12	丁1酉	1	9
10.13	戊1戌	1	9
10.14	己1亥	2	8
10.15	庚1子	2	8
10.16	辛1丑	2	8
10.17	壬1寅	3	7
10.18	癸1卯	3	7
10.19	甲1辰	3	6
10.20	乙2巳	4	6
10.21	丙1午	4	6
10.22	丁1未	5	6
10.23	戊1申	5	5
10.24	己1酉	5	5
10.25	庚1戌	6	5
10.26	辛1亥	6	4
10.27	壬1子	6	4
10.28	癸1丑	6	4
10.29	甲1寅	7	3
10.30	乙1卯	7	3
10.31	丙2戌	7	3
11.1	丁1巳	8	2
11.2	戊2午	8	2
11.3	己2未	9	2
11.4	庚2申	9	1
11.5	辛2酉	9	1
11.6	壬2戌	9	1
11.7	癸2亥	10	0
11.8	甲2子	10	0

乙亥（月柱）11月8日 4:58～12月7日21:13

生日	日柱	男	女
11.8	甲1子	0	10
11.9	乙2丑	0	10
11.10	丙2寅	1	9
11.11	丁2卯	1	9
11.12	戊2辰	1	8
11.13	己2巳	2	8
11.14	庚3午	2	8
11.15	辛2未	2	8
11.16	壬2申	3	7
11.17	癸2酉	3	7
11.18	甲2戌	3	6
11.19	乙1亥	4	6
11.20	丙1子	4	6
11.21	丁1丑	4	5
11.22	戊2寅	5	5
11.23	己2卯	5	5
11.24	庚2辰	6	5
11.25	辛2巳	6	4
11.26	壬2午	6	4
11.27	癸2未	6	4
11.28	甲2申	7	3
11.29	乙2酉	7	3
11.30	丙2戌	7	3
12.1	丁2亥	8	2
12.2	戊2子	8	2
12.3	己2丑	8	2
12.4	庚2寅	9	1
12.5	辛2卯	9	1
12.6	壬2辰	9	0
12.7	癸2巳	10	0

丙子（月柱）12月7日21:14～1月6日 8:49

生日	日柱	男	女
12.7	癸2巳	0	10
12.8	甲2午	0	10
12.9	乙2未	1	9
12.10	丙2申	1	9
12.11	丁2酉	1	9
12.12	戊1戌	2	8
12.13	己2亥	2	8
12.14	庚2子	2	8
12.15	辛2丑	3	7
12.16	壬2寅	3	7
12.17	癸2卯	3	7
12.18	甲2辰	4	6
12.19	乙2巳	4	6
12.20	丙1午	4	5
12.21	丁2未	5	5
12.22	戊2申	5	5
12.23	己2酉	5	5
12.24	庚2戌	6	4
12.25	辛2亥	6	4
12.26	壬1子	6	4
12.27	癸2丑	7	3
12.28	甲2寅	7	3
12.29	乙1卯	7	3
12.30	丙2辰	8	2
12.31	丁1巳	8	2
1.1	戊1午	8	2
1.2	己1未	9	1
1.3	庚2申	9	1
1.4	辛2酉	9	1
1.5	壬2戌	10	0
1.6	癸1亥	10	0

丁丑（月柱）1月6日 8:50～2月4日20:31

生日	日柱	男	女
1.6	癸1亥	0	10
1.7	甲2子	0	10
1.8	乙3丑	1	9
1.9	丙1寅	1	9
1.10	丁1卯	1	8
1.11	戊1辰	2	8
1.12	己1巳	2	8
1.13	庚1午	2	7
1.14	辛1未	3	7
1.15	壬1申	3	7
1.16	癸1酉	3	6
1.17	甲3戌	4	6
1.18	乙2亥	4	6
1.19	丙1子	4	5
1.20	丁2丑	5	5
1.21	戊1寅	5	5
1.22	己1卯	5	4
1.23	庚1辰	6	4
1.24	辛1巳	6	4
1.25	壬1午	6	3
1.26	癸1未	7	3
1.27	甲1申	7	3
1.28	乙2酉	7	2
1.29	丙2戌	8	2
1.30	丁2亥	8	2
1.31	戊1子	8	1
2.1	己1丑	9	1
2.2	庚1寅	9	1
2.3	辛1卯	9	0
2.4	壬1辰	10	0

立運年齢表

歳	男	歳	女	歳	男	歳	女	歳	男	歳	女	歳	男	歳	女	歳	男	歳	女	歳	男	歳	女
0	辛未	0	癸酉	0	壬申	0	甲戌	0	癸酉	0	乙亥	0	甲戌	0	丙子	0	乙亥	0	丁丑	0	丙子	0	戊寅
10	庚午	10	甲戌	10	辛未	10	乙亥	10	壬申	10	丙子	10	癸酉	10	丁丑	10	甲戌	10	戊寅	10	乙亥	10	己卯
20	己巳	20	乙亥	20	庚午	20	丙子	20	辛未	20	丁丑	20	壬申	20	戊寅	20	癸酉	20	己卯	20	甲戌	20	庚辰
30	戊辰	30	丙子	30	己巳	30	丁丑	30	庚午	30	戊寅	30	辛未	30	己卯	30	壬申	30	庚辰	30	癸酉	30	辛巳
40	丁卯	40	丁丑	40	戊辰	40	戊寅	40	己巳	40	己卯	40	庚午	40	庚辰	40	辛未	40	辛巳	40	壬申	40	壬午
50	丙寅	50	戊寅	50	丁卯	50	己卯	50	戊辰	50	庚辰	50	己巳	50	辛巳	50	庚午	50	壬午	50	辛未	50	癸未
60	乙丑	60	己卯	60	丙寅	60	庚辰	60	丁卯	60	辛巳	60	戊辰	60	壬午	60	己巳	60	癸未	60	庚午	60	甲申
70	甲子	70	庚辰	70	乙丑	70	辛巳	70	丙寅	70	壬午	70	丁卯	70	癸未	70	戊辰	70	甲申	70	己巳	70	乙酉
80	癸亥	80	辛巳	80	甲子	80	壬午	80	乙丑	80	癸未	80	丙寅	80	甲申	80	丁卯	80	乙酉	80	戊辰	80	丙戌

年柱 庚辰 ｜ 2000年（平成12年）2月4日20時32分～

2月4日20:32～3月5日14:41
3月5日14:42～4月4日19:44
4月4日19:45～5月5日13:18
5月5日13:19～6月5日17:40
6月5日17:41～7月7日 4:03
7月7日 4:04～8月7日13:35

月柱 戊寅（立運年齢）

生日	日柱	男	女
2 4	壬$_3$辰	10	0
2 5	癸$_3$巳	10	0
2 6	甲$_2$午	9	1
2 7	乙$_2$未	9	1
2 8	丙$_3$申	9	1
2 9	丁$_3$酉	8	2
2 10	戊$_1$戌	8	2
2 11	己$_2$亥	8	2
2 12	庚$_1$子	7	3
2 13	辛$_1$丑	7	3
2 14	壬$_1$寅	7	3
2 15	癸$_3$卯	6	4
2 16	甲$_2$辰	6	4
2 17	乙$_2$巳	6	4
2 18	丙$_2$午	5	5
2 19	丁$_3$未	5	5
2 20	戊$_2$申	5	5
2 21	己$_2$酉	4	6
2 22	庚$_1$戌	4	6
2 23	辛$_2$亥	4	6
2 24	壬$_2$子	3	7
2 25	癸$_1$丑	3	7
2 26	甲$_1$寅	3	7
2 27	乙$_1$卯	2	8
2 28	丙$_3$辰	2	8
2 29	丁$_2$巳	2	8
3 1	戊$_1$午	1	9
3 2	己$_1$未	1	9
3 3	庚$_1$申	1	9
3 4	辛$_1$酉	0	10
3 5	壬$_3$戌	0	10

月柱 己卯（立運年齢）

生日	日柱	男	女
3 5	壬$_3$戌	10	0
3 6	癸$_2$亥	10	0
3 7	甲$_1$子	9	1
3 8	乙$_2$丑	9	1
3 9	丙$_2$寅	9	1
3 10	丁$_2$卯	8	2
3 11	戊$_2$辰	8	2
3 12	己$_1$巳	8	2
3 13	庚$_1$午	7	3
3 14	辛$_1$未	7	3
3 15	壬$_1$申	7	3
3 16	癸$_1$酉	6	4
3 17	甲$_1$戌	6	4
3 18	乙$_1$亥	6	4
3 19	丙$_3$子	5	5
3 20	丁$_1$丑	5	5
3 21	戊$_2$寅	5	5
3 22	己$_2$卯	4	6
3 23	庚$_1$辰	4	6
3 24	辛$_1$巳	4	6
3 25	壬$_1$午	3	7
3 26	癸$_1$未	3	7
3 27	甲$_1$申	3	7
3 28	乙$_2$酉	2	8
3 29	丙$_3$戌	2	8
3 30	丁$_3$亥	2	8
3 31	戊$_2$子	1	9
4 1	己$_1$丑	1	9
4 2	庚$_1$寅	1	9
4 3	辛$_1$卯	0	10
4 4	壬$_1$辰	0	10

月柱 庚辰（立運年齢）

生日	日柱	男	女
4 4	壬$_1$辰	10	0
4 5	癸$_1$巳	10	0
4 6	甲$_3$午	10	1
4 7	乙$_2$未	9	1
4 8	丙$_3$申	9	1
4 9	丁$_3$酉	9	2
4 10	戊$_1$戌	8	2
4 11	己$_2$亥	8	2
4 12	庚$_1$子	8	2
4 13	辛$_1$丑	7	3
4 14	壬$_1$寅	7	3
4 15	癸$_3$卯	7	4
4 16	甲$_2$辰	6	4
4 17	乙$_2$巳	6	4
4 18	丙$_3$午	6	4
4 19	丁$_1$未	5	5
4 20	戊$_1$申	5	5
4 21	己$_1$酉	5	5
4 22	庚$_1$戌	4	6
4 23	辛$_1$亥	4	6
4 24	壬$_1$子	4	6
4 25	癸$_1$丑	3	7
4 26	甲$_1$寅	3	7
4 27	乙$_1$卯	3	7
4 28	丙$_3$辰	2	8
4 29	丁$_3$巳	2	8
4 30	戊$_1$午	2	9
5 1	己$_1$未	1	9
5 2	庚$_1$申	1	9
5 3	辛$_1$酉	1	10
5 4	壬$_1$戌	0	10
5 5	癸$_1$亥	0	10

月柱 辛巳（立運年齢）

生日	日柱	男	女
5 5	癸$_3$亥	10	0
5 6	甲$_1$子	10	0
5 7	乙$_1$丑	10	1
5 8	丙$_2$寅	9	1
5 9	丁$_3$卯	9	1
5 10	戊$_1$辰	9	2
5 11	己$_1$巳	8	2
5 12	庚$_1$午	8	2
5 13	辛$_1$未	8	3
5 14	壬$_2$申	7	3
5 15	癸$_1$酉	7	3
5 16	甲$_1$戌	7	4
5 17	乙$_1$亥	6	4
5 18	丙$_2$子	6	4
5 19	丁$_1$丑	5	5
5 20	戊$_1$寅	5	5
5 21	己$_1$卯	5	5
5 22	庚$_1$辰	4	6
5 23	辛$_1$巳	4	6
5 24	壬$_2$午	4	6
5 25	癸$_1$未	3	7
5 26	甲$_1$申	3	7
5 27	乙$_2$酉	3	7
5 28	丙$_3$戌	2	8
5 29	丁$_3$亥	2	8
5 30	戊$_1$子	2	8
5 31	己$_1$丑	2	9
6 1	庚$_1$寅	1	9
6 2	辛$_1$卯	1	9
6 3	壬$_1$辰	1	10
6 4	癸$_2$巳	0	10
6 5	甲$_3$午	0	10

月柱 壬午（立運年齢）

生日	日柱	男	女
6 5	甲$_3$午	11	0
6 6	乙$_3$未	11	0
6 7	丙$_2$申	10	1
6 8	丁$_1$酉	10	1
6 9	戊$_1$戌	9	1
6 10	己$_1$亥	9	2
6 11	庚$_1$子	9	2
6 12	辛$_2$丑	8	2
6 13	壬$_2$寅	8	3
6 14	癸$_1$卯	8	3
6 15	甲$_1$辰	7	3
6 16	乙$_1$巳	7	4
6 17	丙$_2$午	7	4
6 18	丁$_1$未	6	4
6 19	戊$_1$申	6	5
6 20	己$_1$酉	6	5
6 21	庚$_1$戌	5	5
6 22	辛$_2$亥	5	6
6 23	壬$_1$子	5	6
6 24	癸$_1$丑	4	6
6 25	甲$_1$寅	4	7
6 26	乙$_2$卯	4	7
6 27	丙$_2$辰	3	7
6 28	丁$_1$巳	3	8
6 29	戊$_1$午	3	8
6 30	己$_1$未	2	8
7 1	庚$_1$申	2	9
7 2	辛$_1$酉	2	9
7 3	壬$_2$戌	1	9
7 4	癸$_2$亥	1	10
7 5	甲$_2$子	1	10
7 6	乙$_2$丑	0	10
7 7	丙$_1$寅	0	11

月柱 癸未（立運年齢）

生日	日柱	男	女
7 7	丙$_2$寅	10	0
7 8	丁$_2$卯	10	0
7 9	戊$_3$辰	10	1
7 10	己$_1$巳	9	1
7 11	庚$_1$午	9	1
7 12	辛$_1$未	9	2
7 13	壬$_1$申	8	2
7 14	癸$_1$酉	8	2
7 15	甲$_1$戌	8	3
7 16	乙$_1$亥	7	3
7 17	丙$_3$子	7	3
7 18	丁$_1$丑	7	4
7 19	戊$_2$寅	6	4
7 20	己$_1$卯	6	4
7 21	庚$_1$辰	6	5
7 22	辛$_1$巳	5	5
7 23	壬$_2$午	5	5
7 24	癸$_1$未	5	6
7 25	甲$_1$申	4	6
7 26	乙$_2$酉	4	6
7 27	丙$_3$戌	4	7
7 28	丁$_3$亥	3	7
7 29	戊$_1$子	3	7
7 30	己$_1$丑	3	8
7 31	庚$_1$寅	2	8
8 1	辛$_1$卯	2	8
8 2	壬$_1$辰	2	9
8 3	癸$_2$巳	1	9
8 4	甲$_3$午	1	9
8 5	乙$_2$未	1	10
8 6	丙$_3$申	0	10
8 7	丁$_2$酉	0	10

大運

歳	男	歳	女	歳	男	歳	女	歳	男	歳	女	歳	男	歳	女	歳	男	歳	女	歳	男	歳	女
0	己卯	0	丁丑	0	庚辰	0	戊寅	0	辛巳	0	己卯	0	壬午	0	庚辰	0	癸未	0	辛巳	0	甲申	0	壬午
10	庚辰	10	丙子	10	辛巳	10	丁丑	10	壬午	10	戊寅	10	癸未	10	己卯	10	甲申	10	庚辰	10	乙酉	10	辛巳
20	辛巳	20	乙亥	20	壬午	20	丙子	20	癸未	20	丁丑	20	甲申	20	戊寅	20	乙酉	20	己卯	20	丙戌	20	庚辰
30	壬午	30	甲戌	30	癸未	30	乙亥	30	甲申	30	丙子	30	乙酉	30	丁丑	30	丙戌	30	戊寅	30	丁亥	30	己卯
40	癸未	40	癸酉	40	甲申	40	甲戌	40	乙酉	40	乙亥	40	丙戌	40	丙子	40	丁亥	40	丁丑	40	戊子	40	戊寅
50	甲申	50	壬申	50	乙酉	50	癸酉	50	丙戌	50	甲戌	50	丁亥	50	乙亥	50	戊子	50	丙子	50	己丑	50	丁丑
60	乙酉	60	辛未	60	丙戌	60	壬申	60	丁亥	60	癸酉	60	戊子	60	甲戌	60	己丑	60	乙亥	60	庚寅	60	丙子
70	丙戌	70	庚午	70	丁亥	70	辛未	70	戊子	70	壬申	70	己丑	70	癸酉	70	庚寅	70	甲戌	70	辛卯	70	乙亥
80	丁亥	80	己巳	80	戊子	80	庚午	80	己丑	80	辛未	80	庚寅	80	壬申	80	辛卯	80	癸酉	80	壬辰	80	甲戌

～2001年（平成13年）2月4日2時19分

月柱 甲申				月柱 乙酉				月柱 丙戌				月柱 丁亥				月柱 戊子				月柱 己丑			
8月7日13:36～9月7日16:29		立運年齢		**9月7日16:30～10月8日7:53**		立運年齢		**10月8日7:54～11月7日10:48**		立運年齢		**11月7日10:49～12月7日3:28**		立運年齢		**12月7日3:29～1月5日14:37**		立運年齢		**1月5日14:38～2月4日2:19**		立運年齢	
生日	日柱	男	女	生日	日柱	男	女	生日	日柱	男	女	生日	日柱	男	女	生日	日柱	男	女	生日	日柱	男	女
8 7	丁$_2$酉	10	0	9 7	戊$_2$辰	10	0	10 8	己$_1$亥	10	0	11 7	己$_1$巳	10	0	12 7	己$_2$亥	10	0	1 5	戊$_1$辰	10	0
8 8	戊$_2$戌	10	0	9 8	己$_2$巳	10	0	10 9	庚$_1$子	10	0	11 8	庚$_1$午	10	0	12 8	庚$_1$子	9	0	1 6	己$_1$巳	10	0
8 9	己$_2$亥	10	1	9 9	庚$_1$午	10	1	10 10	辛$_1$丑	9	1	11 9	辛$_1$未	9	1	12 9	辛$_1$丑	9	1	1 7	庚$_1$午	9	1
8 10	庚$_1$子	9	1	9 10	辛$_1$未	9	1	10 11	壬$_1$寅	9	1	11 10	壬$_1$申	9	1	12 10	壬$_1$寅	9	1	1 8	辛$_1$未	9	1
8 11	辛$_1$丑	9	1	9 11	壬$_1$申	9	1	10 12	癸$_1$卯	9	1	11 11	癸$_1$酉	9	1	12 11	癸$_1$卯	8	1	1 9	壬$_1$申	9	1
8 12	壬$_1$寅	9	2	9 12	癸$_2$酉	9	2	10 13	甲$_3$辰	8	2	11 12	甲$_3$戌	8	2	12 12	甲$_3$辰	8	2	1 10	癸$_3$酉	8	2
8 13	癸$_2$卯	8	2	9 13	甲$_3$戌	8	2	10 14	乙$_3$巳	8	2	11 13	乙$_3$亥	8	2	12 13	乙$_3$巳	8	2	1 11	甲$_3$戌	8	2
8 14	甲$_3$辰	8	2	9 14	乙$_2$亥	8	2	10 15	丙$_1$午	7	3	11 14	丙$_3$子	7	2	12 14	丙$_3$午	7	2	1 12	乙$_3$亥	8	2
8 15	乙$_3$巳	8	3	9 15	丙$_3$子	8	3	10 16	丁$_1$未	7	3	11 15	丁$_1$丑	7	3	12 15	丁$_1$未	7	3	1 13	丙$_3$子	7	3
8 16	丙$_2$午	7	3	9 16	丁$_3$丑	7	3	10 17	戊$_1$申	7	3	11 16	戊$_2$寅	7	3	12 16	戊$_2$申	6	3	1 14	丁$_1$丑	7	3
8 17	丁$_3$未	7	3	9 17	戊$_2$寅	7	3	10 18	己$_1$酉	7	3	11 17	己$_2$卯	7	3	12 17	己$_2$酉	6	3	1 15	戊$_1$寅	7	3
8 18	戊$_3$申	7	4	9 18	己$_2$卯	7	4	10 19	庚$_1$戌	6	4	11 18	庚$_1$辰	6	4	12 18	庚$_1$戌	6	4	1 16	己$_1$卯	6	4
8 19	己$_2$酉	6	4	9 19	庚$_1$辰	6	4	10 20	辛$_1$亥	6	4	11 19	辛$_1$巳	6	4	12 19	辛$_1$亥	6	4	1 17	庚$_1$辰	6	4
8 20	庚$_1$戌	6	4	9 20	辛$_1$巳	6	4	10 21	壬$_2$子	5	5	11 20	壬$_2$午	5	5	12 20	壬$_1$子	6	4	1 18	辛$_1$巳	6	4
8 21	辛$_1$亥	6	4	9 21	壬$_2$午	6	5	10 22	癸$_1$丑	5	5	11 21	癸$_2$未	5	5	12 21	癸$_1$丑	5	5	1 19	壬$_2$午	5	5
8 22	壬$_1$子	6	5	9 22	癸$_2$未	5	5	10 23	甲$_1$寅	5	5	11 22	甲$_2$申	5	5	12 22	甲$_2$寅	5	5	1 20	癸$_2$未	5	5
8 23	癸$_2$丑	5	5	9 23	甲$_3$申	5	5	10 24	乙$_3$卯	5	5	11 23	乙$_3$酉	5	5	12 23	乙$_2$卯	4	5	1 21	甲$_3$申	5	5
8 24	甲$_3$寅	5	6	9 24	乙$_3$酉	5	6	10 25	丙$_3$辰	4	6	11 24	丙$_2$戌	4	6	12 24	丙$_3$辰	4	6	1 22	乙$_3$酉	4	6
8 25	乙$_2$卯	4	6	9 25	丙$_3$戌	4	6	10 26	丁$_3$巳	4	6	11 25	丁$_2$亥	4	6	12 25	丁$_3$巳	4	6	1 23	丙$_3$戌	4	6
8 26	丙$_3$辰	4	6	9 26	丁$_3$亥	4	6	10 27	戊$_2$午	3	7	11 26	戊$_2$子	3	7	12 26	戊$_1$午	3	6	1 24	丁$_3$亥	3	7
8 27	丁$_2$巳	4	7	9 27	戊$_2$子	3	7	10 28	己$_3$未	3	7	11 27	己$_1$丑	3	7	12 27	己$_1$未	3	7	1 25	戊$_2$子	3	7
8 28	戊$_2$午	3	7	9 28	己$_2$丑	3	7	10 29	庚$_1$申	3	7	11 28	庚$_1$寅	3	7	12 28	庚$_1$申	3	7	1 26	己$_1$丑	3	7
8 29	己$_1$未	3	7	9 29	庚$_1$寅	3	7	10 30	辛$_1$酉	2	8	11 29	辛$_1$卯	3	7	12 29	辛$_1$酉	3	7	1 27	庚$_1$寅	3	7
8 30	庚$_1$申	3	8	9 30	辛$_1$卯	3	8	10 31	壬$_2$戌	2	8	11 30	壬$_1$辰	2	8	12 30	壬$_1$戌	2	8	1 28	辛$_1$卯	2	8
8 31	辛$_1$酉	2	8	10 1	壬$_2$辰	2	8	11 1	癸$_2$亥	2	8	12 1	癸$_2$巳	2	8	12 31	癸$_1$亥	2	8	1 29	壬$_2$辰	2	8
9 1	壬$_2$戌	2	8	10 2	癸$_2$巳	2	8	11 2	甲$_3$子	2	8	12 2	甲$_3$午	2	8	1 1	甲$_2$子	2	8	1 30	癸$_2$巳	2	8
9 2	癸$_2$亥	2	9	10 3	甲$_3$午	2	9	11 3	乙$_3$丑	1	9	12 3	乙$_3$未	1	9	1 2	乙$_3$丑	1	9	1 31	甲$_3$午	1	9
9 3	甲$_2$子	1	9	10 4	乙$_3$未	1	9	11 4	丙$_3$寅	1	9	12 4	丙$_3$申	1	9	1 3	丙$_3$寅	1	9	2 1	乙$_3$未	1	9
9 4	乙$_3$丑	1	9	10 5	丙$_3$申	1	9	11 5	丁$_3$卯	1	9	12 5	丁$_3$酉	1	9	1 4	丁$_3$卯	0	9	2 2	丙$_3$申	1	9
9 5	丙$_3$寅	1	10	10 6	丁$_3$酉	1	10	11 6	戊$_3$辰	0	10	12 6	戊$_3$戌	0	10	1 5	戊$_1$辰	0	10	2 3	丁$_3$酉	0	10
9 6	丁$_3$卯	0	10	10 7	戊$_1$戌	0	10	11 7	己$_1$巳	0	10	12 7	己$_2$亥	0	10					2 4	戊$_1$戌	0	10
9 7	戊$_2$辰	0	10	10 8	己$_3$亥	0	10																	

歳	男	歳	女	歳	男	歳	女	歳	男	歳	女	歳	男	歳	女	歳	男	歳	女	歳	男	歳	女
0	乙酉	0	癸未	0	丙戌	0	甲申	0	丁亥	0	乙酉	0	戊子	0	丙戌	0	己丑	0	丁亥	0	庚寅	0	戊子
10	丙戌	10	壬午	10	丁亥	10	癸未	10	戊子	10	甲申	10	己丑	10	乙酉	10	庚寅	10	丙戌	10	辛卯	10	丁亥
20	丁亥	20	辛巳	20	戊子	20	壬午	20	己丑	20	癸未	20	庚寅	20	甲申	20	辛卯	20	乙酉	20	壬辰	20	丙戌
30	戊子	30	庚辰	30	己丑	30	辛巳	30	庚寅	30	壬午	30	辛卯	30	癸未	30	壬辰	30	甲申	30	癸巳	30	乙酉
40	己丑	40	己卯	40	庚寅	40	庚辰	40	辛卯	40	辛巳	40	壬辰	40	壬午	40	癸巳	40	癸未	40	甲午	40	甲申
50	庚寅	50	戊寅	50	辛卯	50	己卯	50	壬辰	50	庚辰	50	癸巳	50	辛巳	50	甲午	50	壬午	50	乙未	50	癸未
60	辛卯	60	丁丑	60	壬辰	60	戊寅	60	癸巳	60	己卯	60	甲午	60	庚辰	60	乙未	60	辛巳	60	丙申	60	壬午
70	壬辰	70	丙子	70	癸巳	70	丁丑	70	甲午	70	戊寅	70	乙未	70	己卯	70	丙申	70	庚辰	70	丁酉	70	辛巳
80	癸巳	80	乙亥	80	甲午	80	丙子	80	乙未	80	丁丑	80	丙申	80	戊寅	80	丁酉	80	己卯	80	戊戌	80	庚辰

年柱 辛巳 2001年(平成13年)2月4日2時20分～

月柱	期間	立運年齢(男/女)
庚寅	2月4日 2:20～ 3月5日20:29	
辛卯	3月5日20:30～ 4月5日 1:32	
壬辰	4月5日 1:33～ 5月5日19:06	
癸巳	5月5日19:07～ 6月5日23:28	
甲午	6月5日23:29～ 7月7日 9:51	
乙未	7月7日 9:52～ 8月7日19:33	

月柱 庚寅／辛卯／壬辰／癸巳／甲午／乙未

庚寅 生日	日柱	男	女	辛卯 生日	日柱	男	女	壬辰 生日	日柱	男	女	癸巳 生日	日柱	男	女	甲午 生日	日柱	男	女	乙未 生日	日柱	男	女
2/4	戊2戌	0	10	3/5	丁2卯	0	10	4/5	戊2戌	0	10	5/5	戊2辰	0	10	6/5	己2亥	0	11	7/7	辛1未	0	10
2/5	己2亥	0	9	3/6	戊2辰	0	10	4/6	己2亥	0	10	5/6	己1巳	0	10	6/6	庚2子	0	10	7/8	壬1申	0	10
2/6	庚2子	1	9	3/7	己2巳	1	10	4/7	庚2子	1	9	5/7	庚3午	1	10	6/7	辛1丑	1	10	7/9	癸2酉	1	10
2/7	辛1丑	1	9	3/8	庚2午	1	9	4/8	辛1丑	1	9	5/8	辛2未	1	9	6/8	壬3寅	1	10	7/10	甲3戌	1	9
2/8	壬1寅	1	8	3/9	辛1未	1	9	4/9	壬1寅	1	9	5/9	壬1申	1	9	6/9	癸3卯	1	9	7/11	乙3亥	1	9
2/9	癸2卯	2	8	3/10	壬1申	2	9	4/10	癸2卯	2	8	5/10	癸2酉	2	9	6/10	甲3辰	2	9	7/12	丙1子	2	9
2/10	甲2辰	2	8	3/11	癸2酉	2	8	4/11	甲2辰	2	8	5/11	甲3戌	2	8	6/11	乙3巳	2	9	7/13	丁1丑	2	8
2/11	乙2巳	2	7	3/12	甲2戌	2	8	4/12	乙2巳	2	8	5/12	乙2亥	2	8	6/12	丙3午	2	8	7/14	戊2寅	2	8
2/12	丙2午	3	7	3/13	乙2亥	3	8	4/13	丙2午	3	7	5/13	丙2子	3	8	6/13	丁1未	3	8	7/15	己1卯	3	8
2/13	丁2未	3	7	3/14	丙2子	3	7	4/14	丁1未	3	7	5/14	丁1丑	3	7	6/14	戊3申	3	8	7/16	庚1辰	3	7
2/14	戊1申	3	6	3/15	丁1丑	3	7	4/15	戊1申	3	7	5/15	戊1寅	3	7	6/15	己1酉	3	7	7/17	辛1巳	3	7
2/15	己2酉	4	6	3/16	戊2寅	4	7	4/16	己1酉	4	6	5/16	己1卯	4	7	6/16	庚3戌	4	7	7/18	壬1午	4	7
2/16	庚2戌	4	6	3/17	己2卯	4	6	4/17	庚2戌	4	6	5/17	庚2辰	4	6	6/17	辛3亥	4	6	7/19	癸3未	4	6
2/17	辛1亥	4	6	3/18	庚1辰	4	6	4/18	辛1亥	4	6	5/18	辛1巳	4	6	6/18	壬3子	4	6	7/20	甲1申	4	6
2/18	壬1子	5	5	3/19	辛2巳	5	6	4/19	壬1子	5	5	5/19	壬2午	5	6	6/19	癸3丑	5	6	7/21	乙3酉	5	6
2/19	癸2丑	5	5	3/20	壬1午	5	5	4/20	癸2丑	5	5	5/20	癸2未	5	5	6/20	甲2寅	5	5	7/22	丙3戌	5	5
2/20	甲1寅	5	4	3/21	癸2未	5	5	4/21	甲1寅	5	4	5/21	甲3申	5	5	6/21	乙2卯	5	5	7/23	丁1亥	5	5
2/21	乙2卯	6	4	3/22	甲1申	6	5	4/22	乙2卯	6	4	5/22	乙3酉	6	5	6/22	丙1辰	6	5	7/24	戊1子	6	5
2/22	丙2辰	6	4	3/23	乙2酉	6	4	4/23	丙2辰	6	4	5/23	丙2戌	6	4	6/23	丁1巳	6	5	7/25	己1丑	6	4
2/23	丁1巳	6	3	3/24	丙2戌	6	4	4/24	丁1巳	6	3	5/24	丁1亥	6	4	6/24	戊1午	6	4	7/26	庚2寅	6	4
2/24	戊1午	7	3	3/25	丁1亥	7	4	4/25	戊1午	7	3	5/25	戊1子	7	4	6/25	己1未	7	4	7/27	辛2卯	7	4
2/25	己1未	7	3	3/26	戊2子	7	3	4/26	己1未	7	3	5/26	己1丑	7	3	6/26	庚2申	7	3	7/28	壬1辰	7	3
2/26	庚1申	7	2	3/27	己1丑	7	3	4/27	庚1申	7	3	5/27	庚2寅	7	3	6/27	辛2酉	7	3	7/29	癸3巳	7	3
2/27	辛1酉	8	2	3/28	庚2寅	8	3	4/28	辛1酉	8	2	5/28	辛3卯	8	3	6/28	壬2戌	8	3	7/30	甲2午	8	3
2/28	壬1戌	8	2	3/29	辛1卯	8	2	4/29	壬1戌	8	2	5/29	壬2辰	8	2	6/29	癸2亥	8	2	7/31	乙1未	8	2
3/1	癸1亥	8	1	3/30	壬1辰	8	2	4/30	癸2亥	8	1	5/30	癸2巳	8	2	6/30	甲2子	8	2	8/1	丙1申	8	2
3/2	甲1子	9	1	3/31	癸2巳	9	2	5/1	甲1子	9	1	5/31	甲3午	9	2	7/1	乙3丑	9	2	8/2	丁2酉	9	1
3/3	乙2丑	9	1	4/1	甲1午	9	1	5/2	乙2丑	9	1	6/1	乙3未	9	1	7/2	丙1寅	9	2	8/3	戊2戌	9	1
3/4	丙1寅	9	0	4/2	乙2未	9	1	5/3	丙2寅	9	1	6/2	丙1申	9	1	7/3	丁1卯	9	1	8/4	己1亥	9	1
3/5	丁1卯	10	0	4/3	丙2申	10	1	5/4	丁2卯	10	0	6/3	丁1酉	10	1	7/4	戊1辰	10	1	8/5	庚2子	10	1
				4/4	丁1酉	10	0	5/5	戊2辰	10	0	6/4	戊1戌	10	0	7/5	己1巳	10	1	8/6	辛1丑	10	0
				4/5	戊2戌	10	0					6/5	己2亥	10	0	7/6	庚2午	10	0	8/7	壬2寅	10	0
																7/7	辛1未	11	0				

立運年齢表

庚寅 歳	男	歳	女	辛卯 歳	男	歳	女	壬辰 歳	男	歳	女	癸巳 歳	男	歳	女	甲午 歳	男	歳	女	乙未 歳	男	歳	女
0	己丑	0	辛卯	0	庚寅	0	壬辰	0	辛卯	0	癸巳	0	壬辰	0	甲午	0	癸巳	0	乙未	0	甲午	0	丙申
10	戊子	10	壬辰	10	己丑	10	癸巳	10	庚寅	10	甲午	10	辛卯	10	乙未	10	壬辰	10	丙申	10	癸巳	10	丁酉
20	丁亥	20	癸巳	20	戊子	20	甲午	20	己丑	20	乙未	20	庚寅	20	丙申	20	辛卯	20	丁酉	20	壬辰	20	戊戌
30	丙戌	30	甲午	30	丁亥	30	乙未	30	戊子	30	丙申	30	己丑	30	丁酉	30	庚寅	30	戊戌	30	辛卯	30	己亥
40	乙酉	40	乙未	40	丙戌	40	丙申	40	丁亥	40	丁酉	40	戊子	40	戊戌	40	己丑	40	己亥	40	庚寅	40	庚子
50	甲申	50	丙申	50	乙酉	50	丁酉	50	丙戌	50	戊戌	50	丁亥	50	己亥	50	戊子	50	庚子	50	己丑	50	辛丑
60	癸未	60	丁酉	60	甲申	60	戊戌	60	乙酉	60	己亥	60	丙戌	60	庚子	60	丁亥	60	辛丑	60	戊子	60	壬寅
70	壬午	70	戊戌	70	癸未	70	己亥	70	甲申	70	庚子	70	乙酉	70	辛丑	70	丙戌	70	壬寅	70	丁亥	70	癸卯
80	辛巳	80	己亥	80	壬午	80	庚子	80	癸未	80	辛丑	80	甲申	80	壬寅	80	乙酉	80	癸卯	80	丙戌	80	甲辰

～2002年（平成14年）2月4日8時07分

月柱 丙申　8月7日19:34～9月7日22:17

生日	日柱	男	女
8/7	壬2寅	0	10
8/8	癸3卯	0	10
8/9	甲3辰	1	10
8/10	乙3巳	1	9
8/11	丙1午	1	9
8/12	丁2未	2	9
8/13	戊2申	2	8
8/14	己2酉	2	8
8/15	庚1戌	3	8
8/16	辛1亥	3	7
8/17	壬1子	3	7
8/18	癸2丑	4	7
8/19	甲1寅	4	6
8/20	乙1卯	4	6
8/21	丙1辰	0	6
8/22	丁1巳	5	5
8/23	戊1午	5	5
8/24	己1未	6	5
8/25	庚1申	6	4
8/26	辛1酉	6	4
8/27	壬2戌	7	4
8/28	癸2亥	7	3
8/29	甲3子	7	3
8/30	乙3丑	8	3
8/31	丙2寅	8	2
9/1	丁3卯	8	2
9/2	戊3辰	9	2
9/3	己3巳	9	1
9/4	庚3午	9	1
9/5	辛3未	10	1
9/6	壬3申	10	0
9/7	癸1酉	10	0

月柱 丁酉　9月7日22:18～10月8日13:41

生日	日柱	男	女
9/7	癸1酉	0	10
9/8	甲3戌	0	10
9/9	乙3亥	1	10
9/10	丙2子	1	9
9/11	丁2丑	1	9
9/12	戊2寅	2	9
9/13	己2卯	2	8
9/14	庚1辰	2	8
9/15	辛1巳	3	8
9/16	壬2午	3	7
9/17	癸2未	3	7
9/18	甲2申	4	7
9/19	乙2酉	4	6
9/20	丙2戌	4	6
9/21	丁2亥	0	6
9/22	戊2子	5	5
9/23	己1丑	5	5
9/24	庚2寅	6	5
9/25	辛1卯	6	4
9/26	壬2辰	6	4
9/27	癸2巳	7	4
9/28	甲3午	7	3
9/29	乙3未	7	3
9/30	丙3申	8	3
10/1	丁2酉	8	2
10/2	戊3戌	8	2
10/3	己3亥	9	2
10/4	庚3子	9	1
10/5	辛3丑	9	1
10/6	壬2寅	10	1
10/7	癸2卯	10	0
10/8	甲3辰	10	0

月柱 戊戌　10月8日13:42～11月7日16:36

生日	日柱	男	女
10/8	甲3辰	0	10
10/9	乙3巳	0	10
10/10	丙3午	1	9
10/11	丁3未	1	9
10/12	戊3申	1	9
10/13	己1酉	2	8
10/14	庚1戌	2	8
10/15	辛1亥	2	8
10/16	壬1子	3	7
10/17	癸1丑	3	7
10/18	甲1寅	3	7
10/19	乙1卯	4	6
10/20	丙1辰	4	6
10/21	丁1巳	4	6
10/22	戊1午	5	5
10/23	己1未	5	5
10/24	庚1申	5	5
10/25	辛1酉	6	4
10/26	壬1戌	6	4
10/27	癸1亥	6	4
10/28	甲1子	7	3
10/29	乙1丑	7	3
10/30	丙1寅	7	3
10/31	丁1卯	8	2
11/1	戊1辰	8	2
11/2	己1巳	8	2
11/3	庚1午	9	1
11/4	辛1未	9	1
11/5	壬1申	9	1
11/6	癸1酉	10	0
11/7	甲3戌	10	0

月柱 己亥　11月7日16:37～12月7日9:16

生日	日柱	男	女
11/7	甲2戌	0	10
11/8	乙2亥	0	10
11/9	丙3子	1	9
11/10	丁3丑	1	9
11/11	戊3寅	1	9
11/12	己1卯	2	8
11/13	庚1辰	2	8
11/14	辛1巳	2	8
11/15	壬1午	3	7
11/16	癸1未	3	7
11/17	甲1申	3	7
11/18	乙1酉	4	6
11/19	丙1戌	4	6
11/20	丁3亥	4	6
11/21	戊1子	5	5
11/22	己1丑	5	5
11/23	庚1寅	5	5
11/24	辛1卯	6	4
11/25	壬1辰	6	4
11/26	癸1巳	6	4
11/27	甲1午	7	3
11/28	乙1未	7	3
11/29	丙1申	7	3
11/30	丁1酉	8	2
12/1	戊1戌	8	2
12/2	己2亥	8	2
12/3	庚1子	9	1
12/4	辛1丑	9	1
12/5	壬1寅	9	1
12/6	癸1卯	10	0
12/7	甲3辰	10	0

月柱 庚子　12月7日9:17～1月5日20:25

生日	日柱	男	女
12/7	甲1辰	0	10
12/8	乙2巳	0	9
12/9	丙2午	1	9
12/10	丁2未	1	9
12/11	戊3申	1	8
12/12	己2酉	2	8
12/13	庚1戌	2	8
12/14	辛1亥	2	7
12/15	壬1子	3	7
12/16	癸1丑	3	7
12/17	甲1寅	3	6
12/18	乙2卯	4	6
12/19	丙2辰	4	6
12/20	丁3巳	4	5
12/21	戊2午	5	5
12/22	己1未	5	5
12/23	庚1申	6	4
12/24	辛1酉	6	4
12/25	壬1戌	6	4
12/26	癸1亥	7	3
12/27	甲1子	7	3
12/28	乙1丑	7	3
12/29	丙2寅	8	2
12/30	丁2卯	8	2
12/31	戊2辰	8	1
1/1	己1巳	8	1
1/2	庚2午	9	1
1/3	辛1未	9	1
1/4	壬1申	9	0
1/5	癸1酉	10	0

月柱 辛丑　1月5日20:26～2月4日8:07

生日	日柱	男	女
1/5	癸1酉	0	10
1/6	甲3戌	0	10
1/7	乙3亥	1	9
1/8	丙3子	1	9
1/9	丁3丑	1	9
1/10	戊2寅	2	8
1/11	己2卯	2	8
1/12	庚1辰	2	8
1/13	辛1巳	3	7
1/14	壬1午	3	7
1/15	癸2未	3	7
1/16	甲3申	4	6
1/17	乙3酉	4	6
1/18	丙3戌	4	6
1/19	丁3亥	5	5
1/20	戊2子	5	5
1/21	己1丑	5	5
1/22	庚2寅	6	4
1/23	辛1卯	6	4
1/24	壬2辰	6	4
1/25	癸2巳	7	3
1/26	甲3午	7	3
1/27	乙3未	7	3
1/28	丙3申	8	2
1/29	丁3酉	8	2
1/30	戊1戌	8	2
1/31	己1亥	9	1
2/1	庚1子	9	1
2/2	辛1丑	9	1
2/3	壬1寅	10	0
2/4	癸1卯	10	0

立運年齢表

歳	男	歳	女	歳	男	歳	女	歳	男	歳	女	歳	男	歳	女	歳	男	歳	女	歳	男	歳	女
0	乙未	0	丁酉	0	丁酉	0	戊戌	0	戊戌	0	己亥	0	己亥	0	庚子	0	庚子	0	辛丑	0	庚子	0	壬寅
10	甲午	10	戊戌	10	丙申	10	己亥	10	丁酉	10	庚子	10	戊戌	10	辛丑	10	己亥	10	壬寅	10	己亥	10	癸卯
20	癸巳	20	己亥	20	乙未	20	庚子	20	丙申	20	辛丑	20	丁酉	20	壬寅	20	戊戌	20	癸卯	20	戊戌	20	甲辰
30	壬辰	30	庚子	30	甲午	30	辛丑	30	乙未	30	壬寅	30	丙申	30	癸卯	30	丁酉	30	甲辰	30	丁酉	30	乙巳
40	辛卯	40	辛丑	40	癸巳	40	壬寅	40	甲午	40	癸卯	40	乙未	40	甲辰	40	丙申	40	乙巳	40	丙申	40	丙午
50	庚寅	50	壬寅	50	壬辰	50	癸卯	50	癸巳	50	甲辰	50	甲午	50	乙巳	50	乙未	50	丙午	50	乙未	50	丁未
60	己丑	60	癸卯	60	辛卯	60	甲辰	60	壬辰	60	乙巳	60	癸巳	60	丙午	60	甲午	60	丁未	60	甲午	60	戊申
70	戊子	70	甲辰	70	庚寅	70	乙巳	70	辛卯	70	丙午	70	壬辰	70	丁未	70	癸巳	70	戊申	70	癸巳	70	己酉
80	丁亥	80	乙巳	80	己丑	80	丙午	80	庚寅	80	丁未	80	辛卯	80	戊申	80	壬辰	80	己酉	80	壬辰	80	庚戌

年柱 壬午　2002年（平成14年）2月4日8時08分～

月柱	壬寅	癸卯	甲辰	乙巳	丙午	丁未
期間	2月4日 8:08～3月6日 2:17	3月6日 2:18～4月5日 7:20	4月5日 7:21～5月6日 0:54	5月6日 0:55～6月6日 5:16	6月6日 5:17～7月7日15:39	7月7日15:40～8月8日 1:22

月柱 壬寅

生日	日柱	男	女
2:4	癸$_3$卯	10	0
2:5	甲$_1$辰	10	0
2:6	乙$_1$巳	9	1
2:7	丙$_1$午	9	1
2:8	丁$_2$未	9	1
2:9	戊$_3$申	8	2
2:10	己$_3$酉	8	2
2:11	庚$_3$戌	8	2
2:12	辛$_1$亥	7	3
2:13	壬$_1$子	7	3
2:14	癸$_1$丑	7	3
2:15	甲$_1$寅	6	4
2:16	乙$_2$卯	6	4
2:17	丙$_2$辰	6	4
2:18	丁$_1$巳	5	5
2:19	戊$_2$午	5	5
2:20	己$_2$未	5	5
2:21	庚$_1$申	4	6
2:22	辛$_1$酉	4	6
2:23	壬$_1$戌	4	6
2:24	癸$_1$亥	3	7
2:25	甲$_1$子	3	7
2:26	乙$_1$丑	3	7
2:27	丙$_1$寅	2	8
2:28	丁$_1$卯	2	8
3:1	戊$_2$辰	2	8
3:2	己$_2$巳	1	9
3:3	庚$_1$午	1	9
3:4	辛$_1$未	1	9
3:5	壬$_1$申	0	10
3:6	癸$_1$酉	0	10

月柱 癸卯

生日	日柱	男	女
3:6	癸$_3$酉	10	0
3:7	甲$_1$戌	10	0
3:8	乙$_1$亥	9	1
3:9	丙$_1$子	9	1
3:10	丁$_1$丑	9	1
3:11	戊$_2$寅	8	2
3:12	己$_3$卯	8	2
3:13	庚$_3$辰	8	2
3:14	辛$_3$巳	7	3
3:15	壬$_1$午	7	3
3:16	癸$_1$未	7	3
3:17	甲$_1$申	6	4
3:18	乙$_1$酉	6	4
3:19	丙$_2$戌	6	4
3:20	丁$_1$亥	5	5
3:21	戊$_1$子	5	5
3:22	己$_2$丑	5	5
3:23	庚$_2$寅	4	6
3:24	辛$_1$卯	4	6
3:25	壬$_1$辰	4	6
3:26	癸$_1$巳	3	7
3:27	甲$_1$午	3	7
3:28	乙$_1$未	3	7
3:29	丙$_1$申	2	8
3:30	丁$_2$酉	2	8
3:31	戊$_1$戌	2	8
4:1	己$_1$亥	1	9
4:2	庚$_1$子	1	9
4:3	辛$_1$丑	1	9
4:4	壬$_1$寅	0	10
4:5	癸$_1$卯	0	10

月柱 甲辰

生日	日柱	男	女
4:5	癸$_3$卯	10	0
4:6	甲$_1$辰	10	0
4:7	乙$_1$巳	10	1
4:8	丙$_1$午	9	1
4:9	丁$_2$未	9	1
4:10	戊$_1$申	9	2
4:11	己$_1$酉	8	2
4:12	庚$_1$戌	8	2
4:13	辛$_1$亥	8	2
4:14	壬$_1$子	7	3
4:15	癸$_1$丑	7	3
4:16	甲$_1$寅	7	4
4:17	乙$_1$卯	6	4
4:18	丙$_1$辰	6	4
4:19	丁$_1$巳	6	5
4:20	戊$_1$午	5	5
4:21	己$_1$未	5	5
4:22	庚$_2$申	5	6
4:23	辛$_1$酉	4	6
4:24	壬$_3$戌	4	6
4:25	癸$_3$亥	4	7
4:26	甲$_1$子	3	7
4:27	乙$_1$丑	3	7
4:28	丙$_1$寅	3	8
4:29	丁$_1$卯	2	8
4:30	戊$_1$辰	2	8
5:1	己$_1$巳	2	9
5:2	庚$_3$午	1	9
5:3	辛$_1$未	1	9
5:4	壬$_2$申	1	10
5:5	癸$_1$酉	0	10
5:6	甲$_1$戌	0	10

月柱 乙巳

生日	日柱	男	女
5:6	甲$_1$戌	10	0
5:7	乙$_1$亥	10	0
5:8	丙$_1$子	10	1
5:9	丁$_1$丑	9	1
5:10	戊$_1$寅	9	2
5:11	己$_1$卯	9	2
5:12	庚$_3$辰	8	2
5:13	辛$_3$巳	8	2
5:14	壬$_1$午	8	3
5:15	癸$_3$未	7	3
5:16	甲$_1$申	7	3
5:17	乙$_2$酉	7	4
5:18	丙$_2$戌	6	4
5:19	丁$_1$亥	6	4
5:20	戊$_1$子	6	5
5:21	己$_1$丑	5	5
5:22	庚$_3$寅	5	5
5:23	辛$_3$卯	5	6
5:24	壬$_3$辰	4	6
5:25	癸$_3$巳	4	6
5:26	甲$_2$午	4	7
5:27	乙$_2$未	3	7
5:28	丙$_1$申	3	7
5:29	丁$_1$酉	3	8
5:30	戊$_1$戌	2	8
5:31	己$_1$亥	2	8
6:1	庚$_3$子	2	9
6:2	辛$_3$丑	1	9
6:3	壬$_3$寅	1	9
6:4	癸$_3$卯	1	10
6:5	甲$_2$辰	0	10
6:6	乙$_2$巳	0	10

月柱 丙午

生日	日柱	男	女
6:6	乙$_1$巳	10	0
6:7	丙$_1$午	10	0
6:8	丁$_1$未	9	1
6:9	戊$_1$申	9	1
6:10	己$_1$酉	9	1
6:11	庚$_1$戌	9	2
6:12	辛$_1$亥	8	2
6:13	壬$_1$子	8	2
6:14	癸$_1$丑	8	3
6:15	甲$_1$寅	7	3
6:16	乙$_1$卯	7	3
6:17	丙$_1$辰	7	4
6:18	丁$_1$巳	6	4
6:19	戊$_1$午	6	4
6:20	己$_1$未	6	5
6:21	庚$_2$申	5	5
6:22	辛$_2$酉	5	5
6:23	壬$_2$戌	5	6
6:24	癸$_2$亥	4	6
6:25	甲$_2$子	4	6
6:26	乙$_1$丑	4	7
6:27	丙$_2$寅	3	7
6:28	丁$_2$卯	3	7
6:29	戊$_1$辰	3	8
6:30	己$_1$巳	2	8
7:1	庚$_3$午	2	8
7:2	辛$_2$未	2	9
7:3	壬$_1$申	1	9
7:4	癸$_1$酉	1	9
7:5	甲$_1$戌	1	10
7:6	乙$_2$亥	0	10
7:7	丙$_1$子	0	10

月柱 丁未

生日	日柱	男	女
7:7	丙$_1$子	11	0
7:8	丁$_1$丑	10	0
7:9	戊$_1$寅	10	1
7:10	己$_1$卯	10	1
7:11	庚$_1$辰	9	1
7:12	辛$_3$巳	9	2
7:13	壬$_3$午	9	2
7:14	癸$_1$未	8	2
7:15	甲$_1$申	8	3
7:16	乙$_1$酉	8	3
7:17	丙$_1$戌	7	3
7:18	丁$_1$亥	7	4
7:19	戊$_1$子	7	4
7:20	己$_1$丑	6	4
7:21	庚$_1$寅	6	5
7:22	辛$_1$卯	6	5
7:23	壬$_3$辰	5	5
7:24	癸$_1$巳	5	6
7:25	甲$_1$午	5	6
7:26	乙$_1$未	4	6
7:27	丙$_1$申	4	7
7:28	丁$_1$酉	3	7
7:29	戊$_1$戌	3	7
7:30	己$_1$亥	3	8
7:31	庚$_1$子	2	8
8:1	辛$_1$丑	2	8
8:2	壬$_1$寅	2	9
8:3	癸$_1$卯	2	9
8:4	甲$_1$辰	1	9
8:5	乙$_1$巳	1	10
8:6	丙$_1$午	1	10
8:7	丁$_1$未	0	10
8:8	戊$_1$申	0	11

大運表

歳	男	女	男	女	男	女	男	女	男	女	男	女
0	癸卯	辛丑	甲辰	壬寅	乙巳	癸卯	丙午	甲辰	丁未	乙巳	戊申	丙午
10	甲辰	庚子	乙巳	辛丑	丙午	壬寅	丁未	癸卯	戊申	甲辰	己酉	乙巳
20	乙巳	己亥	丙午	庚子	丁未	辛丑	戊申	壬寅	己酉	癸卯	庚戌	甲辰
30	丙午	戊戌	丁未	己亥	戊申	庚子	己酉	辛丑	庚戌	壬寅	辛亥	癸卯
40	丁未	丁酉	戊申	戊戌	己酉	己亥	庚戌	庚子	辛亥	辛丑	壬子	壬寅
50	戊申	丙申	己酉	丁酉	庚戌	戊戌	辛亥	己亥	壬子	庚子	癸丑	辛丑
60	己酉	乙未	庚戌	丙申	辛亥	丁酉	壬子	戊戌	癸丑	己亥	甲寅	庚子
70	庚戌	甲午	辛亥	乙未	壬子	丙申	癸丑	丁酉	甲寅	戊戌	乙卯	己亥
80	辛亥	癸巳	壬子	甲午	癸丑	乙未	甲寅	丙申	乙卯	丁酉	丙辰	戊戌

～2003年（平成15年）2月4日13時56分

8月8日 1:23～ 9月8日 4:06				9月8日 4:07～ 10月8日19:30				10月8日19:31～ 11月7日22:25				11月7日22:26～ 12月7日15:05				12月7日15:06～ 1月6日 2:14				1月6日 2:15～ 2月4日13:56			
月柱 戊申		立運年齢 男 女		月柱 己酉		立運年齢 男 女		月柱 庚戌		立運年齢 男 女		月柱 辛亥		立運年齢 男 女		月柱 壬子		立運年齢 男 女		月柱 癸丑		立運年齢 男 女	
生日	日柱	男	女	生日	日柱	男	女	生日	日柱	男	女	生日	日柱	男	女	生日	日柱	男	女	生日	日柱	男	女
8 8	戊2申	10	0	9 8	己2卯	10	0	10 8	己2酉	10	0	11 7	己2卯	10	0	12 7	己2酉	10	0	1 6	己2卯	10	0
8 9	己2酉	10	0	9 9	庚1辰	10	0	10 9	庚1戌	10	0	11 8	庚1辰	10	0	12 8	庚1戌	10	0	1 7	庚2辰	9	0
8 10	庚1戌	10	1	9 10	辛1巳	9	1	10 10	辛1亥	9	1	11 9	辛1巳	9	1	12 9	辛1亥	9	1	1 8	辛3巳	9	1
8 11	辛1亥	9	1	9 11	壬2午	9	1	10 11	壬1子	9	1	11 10	壬1午	9	1	12 10	壬1子	9	1	1 9	壬1午	9	1
8 12	壬1子	9	1	9 12	癸2未	9	1	10 12	癸2丑	9	1	11 11	癸1未	9	1	12 11	癸1丑	9	1	1 10	癸2未	8	1
8 13	癸2丑	9	2	9 13	甲3申	8	2	10 13	甲3寅	8	2	11 12	甲1申	8	2	12 12	甲1寅	8	2	1 11	甲2申	8	2
8 14	甲3寅	8	2	9 14	乙3酉	8	2	10 14	乙3卯	8	2	11 13	乙1酉	8	2	12 13	乙1卯	8	2	1 12	乙2酉	8	2
8 15	乙2卯	8	2	9 15	丙3戌	8	2	10 15	丙3辰	8	2	11 14	丙1戌	8	2	12 14	丙1辰	8	2	1 13	丙3戌	7	2
8 16	丙3辰	8	3	9 16	丁3亥	7	3	10 16	丁2巳	7	3	11 15	丁1亥	7	3	12 15	丁1巳	7	3	1 14	丁3亥	7	3
8 17	丁2巳	7	3	9 17	戊3子	7	3	10 17	戊2午	7	3	11 16	戊3子	7	3	12 16	戊2午	7	3	1 15	戊2子	7	3
8 18	戊1午	7	3	9 18	己2丑	7	3	10 18	己1未	7	3	11 17	己2丑	7	3	12 17	己1未	7	3	1 16	己2丑	6	3
8 19	己1未	7	4	9 19	庚2寅	6	4	10 19	庚1申	6	4	11 18	庚1寅	6	4	12 18	庚3申	6	4	1 17	庚2寅	6	4
8 20	庚1申	6	4	9 20	辛2卯	6	4	10 20	辛1酉	6	4	11 19	辛1卯	6	4	12 19	辛1酉	6	4	1 18	辛2卯	6	4
8 21	辛1酉	6	4	9 21	壬2辰	6	4	10 21	壬2戌	6	4	11 20	壬1辰	6	4	12 20	壬1戌	6	4	1 19	壬1辰	5	4
8 22	壬1戌	6	4	9 22	癸2巳	5	5	10 22	癸1亥	6	4	11 21	癸1巳	6	4	12 21	癸1亥	5	5	1 20	癸1巳	5	4
8 23	癸1亥	5	5	9 23	甲3午	5	5	10 23	甲2子	5	5	11 22	甲1午	5	5	12 22	甲1子	5	5	1 21	甲2午	5	5
8 24	甲2子	5	5	9 24	乙3未	5	5	10 24	乙3丑	5	5	11 23	乙1未	5	5	12 23	乙1丑	5	5	1 22	乙2未	4	5
8 25	乙1丑	5	5	9 25	丙3申	4	6	10 25	丙2寅	4	6	11 24	丙1申	4	6	12 24	丙2寅	4	6	1 23	丙3申	4	6
8 26	丙2寅	4	6	9 26	丁3酉	4	6	10 26	丁1卯	4	6	11 25	丁1酉	4	6	12 25	丁1卯	4	6	1 24	丁1酉	4	6
8 27	丁2卯	4	6	9 27	戊3戌	3	7	10 27	戊1辰	4	6	11 26	戊1戌	3	7	12 26	戊2辰	3	7	1 25	戊1戌	3	6
8 28	戊1辰	4	6	9 28	己2亥	3	7	10 28	己1巳	3	7	11 27	己1亥	3	7	12 27	己1巳	3	7	1 26	己2亥	3	7
8 29	己1巳	3	7	9 29	庚3子	3	7	10 29	庚1午	3	7	11 28	庚1子	3	7	12 28	庚1午	3	7	1 27	庚1子	3	7
8 30	庚1午	3	7	9 30	辛3丑	3	7	10 30	辛1未	3	7	11 29	辛1丑	2	7	12 29	辛1未	2	7	1 28	辛1丑	2	7
8 31	辛1未	3	8	10 1	壬2寅	2	8	10 31	壬1申	2	8	11 30	壬1寅	2	8	12 30	壬1申	2	8	1 29	壬1寅	2	8
9 1	壬1申	2	8	10 2	癸2卯	2	8	11 1	癸1酉	2	8	12 1	癸1卯	2	8	12 31	癸1酉	2	8	1 30	癸1卯	2	8
9 2	癸1酉	2	8	10 3	甲3辰	2	8	11 2	甲3戌	2	8	12 2	甲1辰	2	8	1 1	甲1戌	2	8	1 31	甲1辰	1	8
9 3	甲2戌	2	9	10 4	乙3巳	1	9	11 3	乙2亥	1	9	12 3	乙1巳	1	9	1 2	乙1亥	1	9	2 1	乙2巳	1	9
9 4	乙1亥	1	9	10 5	丙2午	1	9	11 4	丙3子	1	9	12 4	丙1午	1	9	1 3	丙1子	1	9	2 2	丙2午	1	9
9 5	丙1子	1	9	10 6	丁3未	1	9	11 5	丁3丑	1	9	12 5	丁1未	1	9	1 4	丁1丑	1	9	2 3	丁1未	0	9
9 6	丁1丑	1	10	10 7	戊2申	0	10	11 6	戊2寅	0	10	12 6	戊1申	0	10	1 5	戊2寅	0	10	2 4	戊2申	0	10
9 7	戊2寅	0	10	10 8	己2酉	0	10	11 7	己1卯	0	10	12 7	己1酉	0	10	1 6	己3卯	0	10				
9 8	己2卯	0	10																				

歳	男	歳	女	歳	男	歳	女	歳	男	歳	女	歳	男	歳	女	歳	男	歳	女	歳	男	歳	女
0	己酉	0	丁未	0	庚戌	0	戊申	0	辛亥	0	己酉	0	壬子	0	庚戌	0	癸丑	0	辛亥	0	甲寅	0	壬子
10	庚戌	10	丙午	10	辛亥	10	丁未	10	壬子	10	戊申	10	癸丑	10	己酉	10	甲寅	10	庚戌	10	乙卯	10	辛亥
20	辛亥	20	乙巳	20	壬子	20	丙午	20	癸丑	20	丁未	20	甲寅	20	戊申	20	乙卯	20	己酉	20	丙辰	20	庚戌
30	壬子	30	甲辰	30	癸丑	30	乙巳	30	甲寅	30	丙午	30	乙卯	30	丁未	30	丙辰	30	戊申	30	丁巳	30	己酉
40	癸丑	40	癸卯	40	甲寅	40	甲辰	40	乙卯	40	乙巳	40	丙辰	40	丙午	40	丁巳	40	丁未	40	戊午	40	戊申
50	甲寅	50	壬寅	50	乙卯	50	癸卯	50	丙辰	50	甲辰	50	丁巳	50	乙巳	50	戊午	50	丙午	50	己未	50	丁未
60	乙卯	60	辛丑	60	丙辰	60	壬寅	60	丁巳	60	癸卯	60	戊午	60	甲辰	60	己未	60	乙巳	60	庚申	60	丙午
70	丙辰	70	庚子	70	丁巳	70	辛丑	70	戊午	70	壬寅	70	己未	70	癸卯	70	庚申	70	甲辰	70	辛酉	70	乙巳
80	丁巳	80	己亥	80	戊午	80	庚子	80	己未	80	辛丑	80	庚申	80	壬寅	80	辛酉	80	癸卯	80	壬戌	80	甲辰

年柱 癸未 2003年（平成15年）2月4日13時57分～

月柱 甲寅 (2/4 13:57～3/6 8:06)				月柱 乙卯 (3/6 8:07～4/5 13:09)				月柱 丙辰 (4/5 13:10～5/6 6:43)				月柱 丁巳 (5/6 6:44～6/6 11:05)				月柱 戊午 (6/6 11:06～7/7 21:28)				月柱 己未 (7/7 21:29～8/8 7:11)			
生日	日柱	男	女	生日	日柱	男	女	生日	日柱	男	女	生日	日柱	男	女	生日	日柱	男	女	生日	日柱	男	女
2/4	戊$_3$申	0	10	3/6	戊$_3$寅	0	10	4/5	戊$_1$申	0	10	5/6	己$_1$卯	0	10	6/6	庚$_1$戌	0	10	7/7	辛$_1$巳	0	11
2/5	己$_3$酉	0	10	3/7	己$_3$卯	0	10	4/6	己$_1$酉	0	10	5/7	庚$_2$辰	0	10	6/7	辛$_1$亥	0	10	7/8	壬$_1$午	0	10
2/6	庚$_2$戌	1	9	3/8	庚$_3$辰	1	9	4/7	庚$_2$戌	1	9	5/8	辛$_2$巳	1	10	6/8	壬$_2$子	1	10	7/9	癸$_2$未	1	10
2/7	辛$_2$亥	1	9	3/9	辛$_3$巳	1	9	4/8	辛$_2$亥	1	9	5/9	壬$_3$午	1	10	6/9	癸$_3$丑	1	9	7/10	甲$_3$申	1	10
2/8	壬$_2$子	1	9	3/10	壬$_3$午	1	9	4/9	壬$_2$子	1	9	5/10	癸$_3$未	2	9	6/10	甲$_2$寅	1	9	7/11	乙$_3$酉	1	9
2/9	癸$_1$丑	2	8	3/11	癸$_3$未	2	8	4/10	癸$_3$丑	2	8	5/11	甲$_1$申	2	9	6/11	乙$_2$卯	2	9	7/12	丙$_3$戌	2	9
2/10	甲$_1$寅	2	8	3/12	甲$_1$申	2	8	4/11	甲$_1$寅	2	8	5/12	乙$_3$酉	2	8	6/12	丙$_2$辰	2	8	7/13	丁$_1$亥	2	9
2/11	乙$_1$卯	2	8	3/13	乙$_1$酉	2	8	4/12	乙$_1$卯	2	8	5/13	丙$_1$戌	2	8	6/13	丁$_1$巳	2	8	7/14	戊$_1$子	2	8
2/12	丙$_1$辰	3	7	3/14	丙$_1$戌	3	7	4/13	丙$_1$辰	3	7	5/14	丁$_1$亥	3	7	6/14	戊$_3$午	3	8	7/15	己$_1$丑	3	8
2/13	丁$_1$巳	3	7	3/15	丁$_1$亥	3	7	4/14	丁$_1$巳	3	7	5/15	戊$_1$子	3	7	6/15	己$_1$未	3	7	7/16	庚$_2$寅	3	7
2/14	戊$_1$午	3	7	3/16	戊$_1$子	3	7	4/15	戊$_1$午	3	7	5/16	己$_1$丑	3	7	6/16	庚$_1$申	3	7	7/17	辛$_2$卯	3	7
2/15	己$_1$未	4	6	3/17	己$_1$丑	4	6	4/16	己$_1$未	4	6	5/17	庚$_2$寅	4	7	6/17	辛$_1$酉	4	6	7/18	壬$_2$辰	4	6
2/16	庚$_1$申	4	6	3/18	庚$_1$寅	4	6	4/17	庚$_1$申	4	6	5/18	辛$_2$卯	4	6	6/18	壬$_1$戌	4	6	7/19	癸$_3$巳	4	6
2/17	辛$_2$酉	4	6	3/19	辛$_2$卯	4	6	4/18	辛$_2$酉	4	6	5/19	壬$_3$辰	4	6	6/19	癸$_3$亥	4	6	7/20	甲$_3$午	4	6
2/18	壬$_3$戌	5	5	3/20	壬$_3$辰	5	5	4/19	壬$_3$戌	5	5	5/20	癸$_3$巳	5	6	6/20	甲$_2$子	5	6	7/21	乙$_2$未	5	6
2/19	癸$_3$亥	5	5	3/21	癸$_3$巳	5	5	4/20	癸$_3$亥	5	5	5/21	甲$_3$午	5	6	6/21	乙$_3$丑	5	5	7/22	丙$_1$申	5	6
2/20	甲$_1$子	5	5	3/22	甲$_1$午	5	5	4/21	甲$_1$子	5	5	5/22	乙$_3$未	5	5	6/22	丙$_1$寅	5	5	7/23	丁$_1$酉	5	5
2/21	乙$_1$丑	6	4	3/23	乙$_1$未	6	4	4/22	乙$_1$丑	6	4	5/23	丙$_1$申	6	5	6/23	丁$_1$卯	6	5	7/24	戊$_3$戌	6	5
2/22	丙$_1$寅	6	4	3/24	丙$_1$申	6	4	4/23	丙$_1$寅	6	4	5/24	丁$_1$酉	6	4	6/24	戊$_3$辰	6	4	7/25	己$_2$亥	6	4
2/23	丁$_1$卯	6	4	3/25	丁$_1$酉	6	4	4/24	丁$_1$卯	6	4	5/25	戊$_3$戌	6	4	6/25	己$_1$巳	6	4	7/26	庚$_1$子	6	4
2/24	戊$_3$辰	7	3	3/26	戊$_3$戌	7	3	4/25	戊$_1$辰	7	3	5/26	己$_1$亥	7	3	6/26	庚$_2$午	7	4	7/27	辛$_1$丑	7	4
2/25	己$_2$巳	7	3	3/27	己$_2$亥	7	3	4/26	己$_1$巳	7	3	5/27	庚$_2$子	7	3	6/27	辛$_1$未	7	3	7/28	壬$_2$寅	7	3
2/26	庚$_2$午	7	3	3/28	庚$_2$子	7	3	4/27	庚$_2$午	7	3	5/28	辛$_2$丑	7	3	6/28	壬$_2$申	7	3	7/29	癸$_3$卯	7	3
2/27	辛$_2$未	8	2	3/29	辛$_2$丑	8	2	4/28	辛$_1$未	8	2	5/29	壬$_3$寅	8	3	6/29	癸$_3$酉	8	3	7/30	甲$_3$辰	8	3
2/28	壬$_2$申	8	2	3/30	壬$_2$寅	8	2	4/29	壬$_2$申	8	2	5/30	癸$_3$卯	8	2	6/30	甲$_3$戌	8	2	7/31	乙$_3$巳	8	3
3/1	癸$_3$酉	8	2	3/31	癸$_3$卯	8	2	4/30	癸$_3$酉	8	2	5/31	甲$_3$辰	8	2	7/1	乙$_2$亥	8	2	8/1	丙$_2$午	8	2
3/2	甲$_1$戌	9	1	4/1	甲$_1$辰	9	1	5/1	甲$_2$戌	9	2	6/1	乙$_3$巳	9	2	7/2	丙$_2$子	9	2	8/2	丁$_1$未	9	2
3/3	乙$_1$亥	9	1	4/2	乙$_1$巳	9	1	5/2	乙$_1$亥	9	1	6/2	丙$_1$午	9	1	7/3	丁$_2$丑	9	1	8/3	戊$_3$申	9	1
3/4	丙$_2$子	9	1	4/3	丙$_2$午	9	1	5/3	丙$_2$子	9	1	6/3	丁$_1$未	9	1	7/4	戊$_1$寅	9	1	8/4	己$_1$酉	9	1
3/5	丁$_2$丑	10	0	4/4	丁$_2$未	10	0	5/4	丁$_1$丑	10	0	6/4	戊$_1$申	10	1	7/5	己$_1$卯	10	1	8/5	庚$_1$戌	10	1
3/6	戊$_3$寅	10	0	4/5	戊$_3$申	10	0	5/5	戊$_2$寅	10	0	6/5	己$_1$酉	10	0	7/6	庚$_1$辰	10	0	8/6	辛$_1$亥	10	1
												6/6	庚$_2$戌	10	0	7/7	辛$_1$巳	10	0	8/7	壬$_2$子	10	0
																				8/8	癸$_3$丑	11	0

歳	男	歳	女	歳	男	歳	女	歳	男	歳	女	歳	男	歳	女	歳	男	歳	女	歳	男	歳	女
0	癸丑	0	乙卯	0	甲寅	0	丙辰	0	乙卯	0	丁巳	0	丙辰	0	戊午	0	丁巳	0	己未	0	戊午	0	庚申
10	壬子	10	丙辰	10	癸丑	10	丁巳	10	甲寅	10	戊午	10	乙卯	10	己未	10	丙辰	10	庚申	10	丁巳	10	辛酉
20	辛亥	20	丁巳	20	壬子	20	戊午	20	癸丑	20	己未	20	甲寅	20	庚申	20	乙卯	20	辛酉	20	丙辰	20	壬戌
30	庚戌	30	戊午	30	辛亥	30	己未	30	壬子	30	庚申	30	癸丑	30	辛酉	30	甲寅	30	壬戌	30	乙卯	30	癸亥
40	己酉	40	己未	40	庚戌	40	庚申	40	辛亥	40	辛酉	40	壬子	40	壬戌	40	癸丑	40	癸亥	40	甲寅	40	甲子
50	戊申	50	庚申	50	己酉	50	辛酉	50	庚戌	50	壬戌	50	辛亥	50	癸亥	50	壬子	50	甲子	50	癸丑	50	乙丑
60	丁未	60	辛酉	60	戊申	60	壬戌	60	己酉	60	癸亥	60	庚戌	60	甲子	60	辛亥	60	乙丑	60	壬子	60	丙寅
70	丙午	70	壬戌	70	丁未	70	癸亥	70	戊申	70	甲子	70	己酉	70	乙丑	70	庚戌	70	丙寅	70	辛亥	70	丁卯
80	乙巳	80	癸亥	80	丙午	80	甲子	80	丁未	80	乙丑	80	戊申	80	丙寅	80	己酉	80	丁卯	80	庚戌	80	戊辰

～2004年（平成16年）2月4日19時45分

月柱	期間（立運年齢）
庚申	8月8日 7:12～9月8日 9:55
辛酉	9月8日 9:56～10月9日 1:19
壬戌	10月9日 1:20～11月8日 4:14
癸亥	11月8日 4:15～12月7日 20:54
甲子	12月7日 20:55～1月6日 8:03
乙丑	1月6日 8:04～2月4日 19:45

月柱 庚申

生日	日柱	男	女
8 8	癸$_1$丑	0	10
8 9	甲$_1$寅	0	10
8 10	乙$_3$卯	1	10
8 11	丙$_3$辰	1	9
8 12	丁$_3$巳	1	9
8 13	戊$_2$午	2	9
8 14	己$_1$未	2	8
8 15	庚$_1$申	2	8
8 16	辛$_1$酉	3	8
8 17	壬$_1$戌	3	7
8 18	癸$_1$亥	3	7
8 19	甲$_2$子	4	7
8 20	乙$_1$丑	4	6
8 21	丙$_1$寅	4	6
8 22	丁$_3$卯	5	6
8 23	戊$_1$辰	5	5
8 24	己$_1$巳	5	5
8 25	庚$_1$午	6	5
8 26	辛$_1$未	6	4
8 27	壬$_1$申	6	4
8 28	癸$_1$酉	7	4
8 29	甲$_3$戌	7	3
8 30	乙$_2$亥	7	3
8 31	丙$_3$子	8	3
9 1	丁$_3$丑	8	2
9 2	戊$_1$寅	8	2
9 3	己$_2$卯	9	2
9 4	庚$_1$辰	9	1
9 5	辛$_1$巳	9	1
9 6	壬$_1$午	10	1
9 7	癸$_1$未	10	0
9 8	甲$_3$申	10	0

月柱 辛酉

生日	日柱	男	女
9 8	甲$_3$申	0	10
9 9	乙$_3$酉	0	10
9 10	丙$_3$戌	1	10
9 11	丁$_3$亥	1	9
9 12	戊$_3$子	1	9
9 13	己$_2$丑	2	9
9 14	庚$_1$寅	2	8
9 15	辛$_1$卯	2	8
9 16	壬$_1$辰	3	8
9 17	癸$_1$巳	3	7
9 18	甲$_1$午	3	7
9 19	乙$_1$未	4	7
9 20	丙$_3$申	4	6
9 21	丁$_3$酉	4	6
9 22	戊$_2$戌	5	6
9 23	己$_1$亥	5	5
9 24	庚$_1$子	5	5
9 25	辛$_1$丑	6	5
9 26	壬$_1$寅	6	4
9 27	癸$_1$卯	6	4
9 28	甲$_3$辰	7	4
9 29	乙$_3$巳	7	3
9 30	丙$_3$午	7	3
10 1	丁$_3$未	8	3
10 2	戊$_3$申	8	2
10 3	己$_3$酉	8	2
10 4	庚$_1$戌	9	2
10 5	辛$_1$亥	9	1
10 6	壬$_1$子	9	1
10 7	癸$_1$丑	10	1
10 8	甲$_1$寅	10	0
10 9	乙$_2$卯	10	0

月柱 壬戌

生日	日柱	男	女
10 9	乙$_3$卯	0	10
10 10	丙$_3$辰	0	10
10 11	丁$_3$巳	1	9
10 12	戊$_1$午	1	9
10 13	己$_1$未	1	9
10 14	庚$_1$申	2	8
10 15	辛$_1$酉	2	8
10 16	壬$_1$戌	2	8
10 17	癸$_1$亥	3	8
10 18	甲$_1$子	3	7
10 19	乙$_1$丑	3	7
10 20	丙$_1$寅	4	6
10 21	丁$_1$卯	4	6
10 22	戊$_1$辰	4	6
10 23	己$_1$巳	5	6
10 24	庚$_1$午	5	5
10 25	辛$_1$未	5	5
10 26	壬$_1$申	6	5
10 27	癸$_1$酉	6	4
10 28	甲$_2$戌	7	4
10 29	乙$_1$亥	7	4
10 30	丙$_1$子	7	3
10 31	丁$_1$丑	8	3
11 1	戊$_1$寅	8	2
11 2	己$_1$卯	8	2
11 3	庚$_1$辰	9	2
11 4	辛$_1$巳	9	1
11 5	壬$_2$午	9	1
11 6	癸$_1$未	10	1
11 7	甲$_1$申	10	0
11 8	乙$_2$酉	10	0

月柱 癸亥

生日	日柱	男	女
11 8	乙$_1$酉	0	10
11 9	丙$_3$戌	0	9
11 10	丁$_1$亥	1	9
11 11	戊$_1$子	1	9
11 12	己$_2$丑	1	8
11 13	庚$_1$寅	2	8
11 14	辛$_1$卯	2	8
11 15	壬$_1$辰	2	7
11 16	癸$_1$巳	3	7
11 17	甲$_1$午	3	7
11 18	乙$_3$未	3	6
11 19	丙$_1$申	4	6
11 20	丁$_1$酉	4	6
11 21	戊$_2$戌	4	5
11 22	己$_3$亥	5	5
11 23	庚$_1$子	5	5
11 24	辛$_1$丑	5	4
11 25	壬$_1$寅	6	4
11 26	癸$_1$卯	6	4
11 27	甲$_1$辰	6	3
11 28	乙$_2$巳	7	3
11 29	丙$_3$午	7	3
11 30	丁$_1$未	7	2
12 1	戊$_1$申	8	2
12 2	己$_1$酉	8	2
12 3	庚$_2$戌	8	1
12 4	辛$_3$亥	9	1
12 5	壬$_1$子	9	1
12 6	癸$_1$丑	9	0
12 7	甲$_1$寅	10	0

月柱 甲子

生日	日柱	男	女
12 7	甲$_1$寅	0	10
12 8	乙$_1$卯	0	10
12 9	丙$_1$辰	1	9
12 10	丁$_2$巳	1	9
12 11	戊$_2$午	1	9
12 12	己$_1$未	2	8
12 13	庚$_2$申	2	8
12 14	辛$_2$酉	3	8
12 15	壬$_1$戌	3	7
12 16	癸$_3$亥	3	7
12 17	甲$_1$子	3	7
12 18	乙$_1$丑	4	6
12 19	丙$_2$寅	4	6
12 20	丁$_1$卯	4	6
12 21	戊$_3$辰	5	5
12 22	己$_1$巳	5	5
12 23	庚$_3$午	5	5
12 24	辛$_1$未	5	4
12 25	壬$_1$申	6	4
12 26	癸$_3$酉	6	4
12 27	甲$_1$戌	7	3
12 28	乙$_1$亥	7	3
12 29	丙$_1$子	7	2
12 30	丁$_1$丑	8	2
12 31	戊$_1$寅	8	1
1 1	己$_1$卯	9	1
1 2	庚$_1$辰	9	1
1 3	辛$_1$巳	9	1
1 4	壬$_1$午	9	1
1 5	癸$_1$未	10	0
1 6	甲$_1$申	10	0

月柱 乙丑

生日	日柱	男	女
1 6	甲$_2$申	0	10
1 7	乙$_2$酉	0	9
1 8	丙$_3$戌	1	9
1 9	丁$_3$亥	1	9
1 10	戊$_2$子	1	8
1 11	己$_1$丑	2	8
1 12	庚$_2$寅	2	8
1 13	辛$_2$卯	2	7
1 14	壬$_2$辰	3	7
1 15	癸$_3$巳	3	7
1 16	甲$_2$午	3	6
1 17	乙$_2$未	4	6
1 18	丙$_3$申	4	6
1 19	丁$_3$酉	4	5
1 20	戊$_1$戌	5	5
1 21	己$_2$亥	5	5
1 22	庚$_2$子	5	4
1 23	辛$_1$丑	6	4
1 24	壬$_2$寅	6	4
1 25	癸$_3$卯	6	3
1 26	甲$_2$辰	7	3
1 27	乙$_2$巳	7	3
1 28	丙$_2$午	7	2
1 29	丁$_3$未	8	2
1 30	戊$_2$申	8	1
1 31	己$_2$酉	8	1
2 1	庚$_1$戌	9	1
2 2	辛$_2$亥	9	1
2 3	壬$_1$子	9	0
2 4	癸$_2$丑	10	0

立運早見表

歳	庚申 男	歳	庚申 女	歳	辛酉 男	歳	辛酉 女	歳	壬戌 男	歳	壬戌 女	歳	癸亥 男	歳	癸亥 女	歳	甲子 男	歳	甲子 女	歳	乙丑 男	歳	乙丑 女
0	己未	0	辛酉	0	庚申	0	壬戌	0	辛酉	0	癸亥	0	壬戌	0	甲子	0	癸亥	0	乙丑	0	甲子	0	丙寅
10	戊午	10	壬戌	10	己未	10	癸亥	10	庚申	10	甲子	10	辛酉	10	乙丑	10	壬戌	10	丙寅	10	癸亥	10	丁卯
20	丁巳	20	癸亥	20	戊午	20	甲子	20	己未	20	乙丑	20	庚申	20	丙寅	20	辛酉	20	丁卯	20	壬戌	20	戊辰
30	丙辰	30	甲子	30	丁巳	30	乙丑	30	戊午	30	丙寅	30	己未	30	丁卯	30	庚申	30	戊辰	30	辛酉	30	己巳
40	乙卯	40	乙丑	40	丙辰	40	丙寅	40	丁巳	40	丁卯	40	戊午	40	戊辰	40	己未	40	己巳	40	庚申	40	庚午
50	甲寅	50	丙寅	50	乙卯	50	丁卯	50	丙辰	50	戊辰	50	丁巳	50	己巳	50	戊午	50	庚午	50	己未	50	辛未
60	癸丑	60	丁卯	60	甲寅	60	戊辰	60	乙卯	60	己巳	60	丙辰	60	庚午	60	丁巳	60	辛未	60	戊午	60	壬申
70	壬子	70	戊辰	70	癸丑	70	己巳	70	甲寅	70	庚午	70	乙卯	70	辛未	70	丙辰	70	壬申	70	丁巳	70	癸酉
80	辛亥	80	己巳	80	壬子	80	庚午	80	癸丑	80	辛未	80	甲寅	80	壬申	80	乙卯	80	癸酉	80	丙辰	80	甲戌

年柱　甲申　2004年（平成16年）2月4日19時46分～

月柱	丙寅	丁卯	戊辰	己巳	庚午	辛未
期間	2月4日19:46～ 3月5日13:55	3月5日13:56～ 4月4日18:58	4月4日18:59～ 5月5日12:32	5月5日12:33～ 6月5日16:54	6月5日16:55～ 7月7日 3:17	7月7日 3:18～ 8月7日12:58

月柱 丙寅（2/4 19:46～3/5 13:55）

生日	日柱	男	女
2/4	癸丑	10	0
2/5	甲寅	10	0
2/6	乙卯	9	1
2/7	丙辰	9	1
2/8	丁巳	9	1
2/9	戊午	8	2
2/10	己未	8	2
2/11	庚申	8	2
2/12	辛酉	7	3
2/13	壬戌	7	3
2/14	癸亥	7	3
2/15	甲子	6	4
2/16	乙丑	6	4
2/17	丙寅	6	4
2/18	丁卯	5	5
2/19	戊辰	5	5
2/20	己巳	5	5
2/21	庚午	4	6
2/22	辛未	4	6
2/23	壬申	4	6
2/24	癸酉	3	7
2/25	甲戌	3	7
2/26	乙亥	3	7
2/27	丙子	2	8
2/28	丁丑	2	8
2/29	戊寅	2	8
3/1	己卯	1	9
3/2	庚辰	1	9
3/3	辛巳	1	9
3/4	壬午	0	10
3/5	癸未	0	10

月柱 丁卯（3/5 13:56～4/4 18:58）

生日	日柱	男	女
3/5	癸未	10	0
3/6	甲申	10	0
3/7	乙酉	9	1
3/8	丙戌	9	1
3/9	丁亥	9	1
3/10	戊子	8	2
3/11	己丑	8	2
3/12	庚寅	8	2
3/13	辛卯	7	3
3/14	壬辰	7	3
3/15	癸巳	7	3
3/16	甲午	6	4
3/17	乙未	6	4
3/18	丙申	6	4
3/19	丁酉	5	5
3/20	戊戌	5	5
3/21	己亥	5	5
3/22	庚子	4	6
3/23	辛丑	4	6
3/24	壬寅	4	6
3/25	癸卯	3	7
3/26	甲辰	3	7
3/27	乙巳	3	7
3/28	丙午	2	8
3/29	丁未	2	8
3/30	戊申	2	8
3/31	己酉	1	9
4/1	庚戌	1	9
4/2	辛亥	1	9
4/3	壬子	0	10
4/4	癸丑	0	10

月柱 戊辰（4/4 18:59～5/5 12:32）

生日	日柱	男	女
4/4	癸丑	10	0
4/5	甲寅	10	0
4/6	乙卯	10	1
4/7	丙辰	9	1
4/8	丁巳	9	1
4/9	戊午	9	2
4/10	己未	8	2
4/11	庚申	8	2
4/12	辛酉	8	2
4/13	壬戌	7	3
4/14	癸亥	7	3
4/15	甲子	7	4
4/16	乙丑	6	4
4/17	丙寅	6	4
4/18	丁卯	6	5
4/19	戊辰	5	5
4/20	己巳	5	5
4/21	庚午	5	6
4/22	辛未	4	6
4/23	壬申	4	6
4/24	癸酉	4	7
4/25	甲戌	3	7
4/26	乙亥	3	7
4/27	丙子	3	8
4/28	丁丑	2	8
4/29	戊寅	2	8
4/30	己卯	2	9
5/1	庚辰	1	9
5/2	辛巳	1	9
5/3	壬午	1	10
5/4	癸未	0	10
5/5	甲申	0	10

月柱 己巳（5/5 12:33～6/5 16:54）

生日	日柱	男	女
5/5	甲申	10	0
5/6	乙酉	10	0
5/7	丙戌	10	1
5/8	丁亥	9	1
5/9	戊子	9	1
5/10	己丑	9	2
5/11	庚寅	8	2
5/12	辛卯	8	2
5/13	壬辰	8	3
5/14	癸巳	8	3
5/15	甲午	7	3
5/16	乙未	7	4
5/17	丙申	6	4
5/18	丁酉	6	4
5/19	戊戌	6	5
5/20	己亥	5	5
5/21	庚子	5	5
5/22	辛丑	5	6
5/23	壬寅	4	6
5/24	癸卯	4	6
5/25	甲辰	4	7
5/26	乙巳	3	7
5/27	丙午	3	7
5/28	丁未	3	8
5/29	戊申	3	8
5/30	己酉	2	8
5/31	庚戌	2	9
6/1	辛亥	1	9
6/2	壬子	1	9
6/3	癸丑	1	10
6/4	甲寅	0	10
6/5	乙卯	0	10

月柱 庚午（6/5 16:55～7/7 3:17）

生日	日柱	男	女
6/5	乙卯	11	0
6/6	丙辰	10	0
6/7	丁巳	10	1
6/8	戊午	10	1
6/9	己未	9	1
6/10	庚申	9	2
6/11	辛酉	9	2
6/12	壬戌	8	2
6/13	癸亥	8	3
6/14	甲子	8	3
6/15	乙丑	7	3
6/16	丙寅	7	4
6/17	丁卯	7	4
6/18	戊辰	6	4
6/19	己巳	6	5
6/20	庚午	6	5
6/21	辛未	5	5
6/22	壬申	5	6
6/23	癸酉	5	6
6/24	甲戌	4	6
6/25	乙亥	4	7
6/26	丙子	4	7
6/27	丁丑	3	7
6/28	戊寅	3	8
6/29	己卯	3	8
6/30	庚辰	2	8
7/1	辛巳	2	9
7/2	壬午	2	9
7/3	癸未	1	9
7/4	甲申	1	10
7/5	乙酉	1	10
7/6	丙戌	0	10
7/7	丁亥	0	11

月柱 辛未（7/7 3:18～8/7 12:58）

生日	日柱	男	女
7/7	丁亥	10	0
7/8	戊子	10	0
7/9	己丑	10	1
7/10	庚寅	9	1
7/11	辛卯	9	1
7/12	壬辰	9	2
7/13	癸巳	8	2
7/14	甲午	8	2
7/15	乙未	8	3
7/16	丙申	7	3
7/17	丁酉	7	3
7/18	戊戌	7	4
7/19	己亥	6	4
7/20	庚子	6	4
7/21	辛丑	6	5
7/22	壬寅	5	5
7/23	癸卯	5	6
7/24	甲辰	5	6
7/25	乙巳	4	6
7/26	丙午	4	7
7/27	丁未	4	7
7/28	戊申	3	8
7/29	己酉	3	8
7/30	庚戌	3	8
7/31	辛亥	2	9
8/1	壬子	2	9
8/2	癸丑	2	9
8/3	甲寅	1	9
8/4	乙卯	1	9
8/5	丙辰	1	10
8/6	丁巳	0	10
8/7	戊午	0	10

大運（歳・男・女）

歳	男(丙寅)	女	男(丁卯)	女	男(戊辰)	女	男(己巳)	女	男(庚午)	女	男(辛未)	女
0	丁卯	乙丑	戊辰	丙寅	己巳	丁卯	庚午	戊辰	辛未	己巳	壬申	庚午
10	戊辰	甲子	己巳	乙丑	庚午	丙寅	辛未	丁卯	壬申	戊辰	癸酉	己巳
20	己巳	癸亥	庚午	甲子	辛未	乙丑	壬申	丙寅	癸酉	丁卯	甲戌	戊辰
30	庚午	壬戌	辛未	癸亥	壬申	甲子	癸酉	乙丑	甲戌	丙寅	乙亥	丁卯
40	辛未	辛酉	壬申	壬戌	癸酉	癸亥	甲戌	甲子	乙亥	乙丑	丙子	丙寅
50	壬申	庚申	癸酉	辛酉	甲戌	壬戌	乙亥	癸亥	丙子	甲子	丁丑	乙丑
60	癸酉	己未	甲戌	庚申	乙亥	辛酉	丙子	壬戌	丁丑	癸亥	戊寅	甲子
70	甲戌	戊午	乙亥	己未	丙子	庚申	丁丑	辛酉	戊寅	壬戌	己卯	癸亥
80	乙亥	丁巳	丙子	戊午	丁丑	己未	戊寅	庚申	己卯	辛酉	庚辰	壬戌

～2005年（平成17年）2月4日1時33分

月柱 壬申（8月7日12:59～9月7日15:43） ／ 立運年齢

生日	日柱	男	女
8 7	戊3午	10	0
8 8	己3未	10	0
8 9	庚1申	10	1
8 10	辛1酉	9	1
8 11	壬1戌	9	1
8 12	癸1亥	9	2
8 13	甲1子	8	2
8 14	乙2丑	8	2
8 15	丙2寅	8	3
8 16	丁1卯	7	3
8 17	戊3辰	7	3
8 18	己1巳	6	4
8 19	庚1午	6	4
8 20	辛1未	6	4
8 21	壬1申	5	5
8 22	癸1酉	5	5
8 23	甲2戌	5	6
8 24	乙1亥	5	6
8 25	丙3子	4	6
8 26	丁1丑	4	6
8 27	戊1寅	4	7
8 28	己1卯	3	7
8 29	庚1辰	3	7
8 30	辛1巳	3	8
8 31	壬1午	2	8
9 1	癸1未	2	8
9 2	甲2申	2	9
9 3	乙1酉	1	9
9 4	丙1戌	1	9
9 5	丁1亥	1	10
9 6	戊3子	0	10
9 7	己3丑	0	10

月柱 癸酉（9月7日15:44～10月8日7:07） ／ 立運年齢

生日	日柱	男	女
9 7	己3丑	10	0
9 8	庚1寅	10	0
9 9	辛1卯	10	1
9 10	壬1辰	9	1
9 11	癸1巳	9	1
9 12	甲2午	9	2
9 13	乙1未	8	2
9 14	丙3申	8	2
9 15	丁1酉	8	3
9 16	戊3戌	7	3
9 17	己3亥	7	3
9 18	庚1子	7	4
9 19	辛1丑	6	4
9 20	壬1寅	6	4
9 21	癸1卯	6	5
9 22	甲2辰	5	5
9 23	乙1巳	5	5
9 24	丙2午	5	6
9 25	丁1未	4	6
9 26	戊3申	4	6
9 27	己1酉	4	7
9 28	庚1戌	3	7
9 29	辛1亥	3	7
9 30	壬1子	3	8
10 1	癸1丑	2	8
10 2	甲1寅	2	8
10 3	乙1卯	2	9
10 4	丙3辰	1	9
10 5	丁1巳	1	9
10 6	戊3午	1	10
10 7	己1未	0	10
10 8	庚1申	0	10

月柱 甲戌（10月8日7:08～11月7日10:02） ／ 立運年齢

生日	日柱	男	女
10 8	庚1申	10	0
10 9	辛1酉	10	0
10 10	壬1戌	9	1
10 11	癸1亥	9	1
10 12	甲1子	9	1
10 13	乙1丑	8	2
10 14	丙2寅	8	2
10 15	丁1卯	8	2
10 16	戊3辰	7	3
10 17	己1巳	7	3
10 18	庚1午	7	3
10 19	辛1未	6	4
10 20	壬1申	6	4
10 21	癸1酉	5	5
10 22	甲2戌	5	5
10 23	乙1亥	5	5
10 24	丙2子	5	5
10 25	丁2丑	4	6
10 26	戊1寅	4	6
10 27	己1卯	4	7
10 28	庚1辰	3	7
10 29	辛1巳	3	7
10 30	壬1午	3	8
10 31	癸1未	2	8
11 1	甲2申	2	8
11 2	乙2酉	2	9
11 3	丙2戌	1	9
11 4	丁2亥	1	9
11 5	戊1子	1	10
11 6	己1丑	0	10
11 7	庚1寅	0	10

月柱 乙亥（11月7日10:03～12月7日2:42） ／ 立運年齢

生日	日柱	男	女
11 7	庚1寅	10	0
11 8	辛1卯	10	0
11 9	壬1辰	9	1
11 10	癸1巳	9	1
11 11	甲1午	9	1
11 12	乙1未	8	2
11 13	丙1申	8	2
11 14	丁1酉	8	2
11 15	戊3戌	7	3
11 16	己1亥	7	3
11 17	庚1子	6	3
11 18	辛1丑	6	4
11 19	壬1寅	6	4
11 20	癸1卯	6	4
11 21	甲1辰	5	5
11 22	乙1巳	5	5
11 23	丙1午	5	5
11 24	丁1未	4	6
11 25	戊1申	4	6
11 26	己1酉	4	6
11 27	庚1戌	3	7
11 28	辛1亥	3	7
11 29	壬1子	3	7
11 30	癸1丑	2	8
12 1	甲1寅	2	8
12 2	乙2卯	2	8
12 3	丙2辰	1	9
12 4	丁1巳	1	9
12 5	戊1午	1	9
12 6	己1未	0	10
12 7	庚1申	0	10

月柱 丙子（12月7日2:43～1月5日13:51） ／ 立運年齢

生日	日柱	男	女
12 7	庚1申	10	0
12 8	辛1酉	9	0
12 9	壬1戌	9	1
12 10	癸1亥	9	1
12 11	甲1子	8	1
12 12	乙2丑	8	2
12 13	丙1寅	8	2
12 14	丁1卯	7	2
12 15	戊2辰	7	3
12 16	己1巳	7	3
12 17	庚3午	6	3
12 18	辛1未	6	4
12 19	壬1申	6	4
12 20	癸1酉	5	4
12 21	甲1戌	5	5
12 22	乙1亥	5	5
12 23	丙1子	4	5
12 24	丁1丑	4	6
12 25	戊1寅	3	6
12 26	己1卯	3	6
12 27	庚1辰	3	7
12 28	辛1巳	2	7
12 29	壬1午	2	7
12 30	癸1未	2	8
12 31	甲1申	2	8
1 1	乙1酉	2	8
1 2	丙2戌	1	9
1 3	丁1亥	1	9
1 4	戊2子	0	9
1 5	己2丑	0	10

月柱 丁丑（1月5日13:52～2月4日1:33） ／ 立運年齢

生日	日柱	男	女
1 5	己1丑	10	0
1 6	庚2寅	10	0
1 7	辛2卯	9	1
1 8	壬2辰	9	1
1 9	癸2巳	9	1
1 10	甲3午	8	2
1 11	乙3未	8	2
1 12	丙2申	8	2
1 13	丁2酉	7	3
1 14	戊1戌	7	3
1 15	己2亥	7	3
1 16	庚2子	6	4
1 17	辛1丑	6	4
1 18	壬2寅	6	4
1 19	癸2卯	5	5
1 20	甲3辰	5	5
1 21	乙3巳	5	5
1 22	丙1午	4	6
1 23	丁1未	4	6
1 24	戊1申	4	6
1 25	己2酉	3	7
1 26	庚1戌	3	7
1 27	辛2亥	3	7
1 28	壬1子	2	8
1 29	癸2丑	2	8
1 30	甲2寅	2	8
1 31	乙2卯	1	9
2 1	丙2辰	1	9
2 2	丁1巳	1	9
2 3	戊1午	0	10
2 4	己1丑	0	10

歳	男	歳	女	歳	男	歳	女	歳	男	歳	女	歳	男	歳	女	歳	男	歳	女	歳	男	歳	女
0	癸酉	0	辛未	0	甲戌	0	壬申	0	乙亥	0	癸酉	0	丙子	0	甲戌	0	丁丑	0	乙亥	0	戊寅	0	丙子
10	甲戌	10	庚午	10	乙亥	10	辛未	10	丙子	10	壬申	10	丁丑	10	癸酉	10	戊寅	10	甲戌	10	己卯	10	乙亥
20	乙亥	20	己巳	20	丙子	20	庚午	20	丁丑	20	辛未	20	戊寅	20	壬申	20	己卯	20	癸酉	20	庚辰	20	甲戌
30	丙子	30	戊辰	30	丁丑	30	己巳	30	戊寅	30	庚午	30	己卯	30	辛未	30	庚辰	30	壬申	30	辛巳	30	癸酉
40	丁丑	40	丁卯	40	戊寅	40	戊辰	40	己卯	40	己巳	40	庚辰	40	庚午	40	辛巳	40	辛未	40	壬午	40	壬申
50	戊寅	50	丙寅	50	己卯	50	丁卯	50	庚辰	50	戊辰	50	辛巳	50	己巳	50	壬午	50	庚午	50	癸未	50	辛未
60	己卯	60	乙丑	60	庚辰	60	丙寅	60	辛巳	60	丁卯	60	壬午	60	戊辰	60	癸未	60	己巳	60	甲申	60	庚午
70	庚辰	70	甲子	70	辛巳	70	乙丑	70	壬午	70	丙寅	70	癸未	70	丁卯	70	甲申	70	戊辰	70	乙酉	70	己巳
80	辛巳	80	癸亥	80	壬午	80	甲子	80	癸未	80	乙丑	80	甲申	80	丙寅	80	乙酉	80	丁卯	80	丙戌	80	戊辰

年柱 乙酉　2005年（平成17年）2月4日1時34分～

月柱	立運年齢期間
戊寅	2月4日 1:34～ 3月5日19:44
己卯	3月5日19:45～ 4月5日 0:47
庚辰	4月5日 0:48～ 5月5日18:22
辛巳	5月5日18:23～ 6月5日22:44
壬午	6月5日22:45～ 7月7日 9:07
癸未	7月7日 9:08～ 8月7日18:50

戊寅				己卯				庚辰				辛巳				壬午				癸未			
生日	日柱	男	女	生日	日柱	男	女	生日	日柱	男	女	生日	日柱	男	女	生日	日柱	男	女	生日	日柱	男	女
2/4	己$_2$未	0	10	3/5	戊$_3$子	0	10	4/5	己$_1$未	0	10	5/5	己$_1$丑	0	10	6/5	庚$_2$申	0	11	7/7	壬$_2$辰	0	10
2/5	庚$_1$申	0	9	3/6	己$_2$丑	0	10	4/6	庚$_1$申	0	10	5/6	庚$_2$寅	0	10	6/6	辛$_2$酉	0	10	7/8	癸$_2$巳	0	10
2/6	辛$_1$酉	1	9	3/7	庚$_1$寅	1	10	4/7	辛$_1$酉	1	9	5/7	辛$_2$卯	1	10	6/7	壬$_1$戌	1	10	7/9	甲$_2$午	1	10
2/7	壬$_3$戌	1	9	3/8	辛$_1$卯	1	9	4/8	壬$_2$戌	1	9	5/8	壬$_2$辰	1	9	6/8	癸$_2$亥	1	10	7/10	乙$_2$未	1	9
2/8	癸$_1$亥	1	8	3/9	壬$_1$辰	1	9	4/9	癸$_1$亥	1	9	5/9	癸$_2$巳	1	9	6/9	甲$_1$子	1	9	7/11	丙$_2$申	1	9
2/9	甲$_1$子	2	8	3/10	癸$_2$巳	2	9	4/10	甲$_1$子	2	8	5/10	甲$_3$午	2	9	6/10	乙$_1$丑	2	9	7/12	丁$_2$酉	2	9
2/10	乙$_1$丑	2	8	3/11	甲$_1$午	2	8	4/11	乙$_2$丑	2	8	5/11	乙$_3$未	2	8	6/11	丙$_1$寅	2	9	7/13	戊$_2$戌	2	8
2/11	丙$_1$寅	2	7	3/12	乙$_1$未	2	8	4/12	丙$_2$寅	2	8	5/12	丙$_1$申	2	8	6/12	丁$_1$卯	2	8	7/14	己$_2$亥	2	8
2/12	丁$_1$卯	3	7	3/13	丙$_1$申	3	7	4/13	丁$_1$卯	3	7	5/13	丁$_1$酉	3	8	6/13	戊$_1$辰	3	8	7/15	庚$_2$子	3	8
2/13	戊$_1$辰	3	7	3/14	丁$_1$酉	3	7	4/14	戊$_1$辰	3	7	5/14	戊$_1$戌	3	7	6/14	己$_1$巳	3	7	7/16	辛$_1$丑	3	7
2/14	己$_1$巳	3	6	3/15	戊$_1$戌	3	7	4/15	己$_1$巳	3	7	5/15	己$_2$亥	3	7	6/15	庚$_1$午	3	7	7/17	壬$_1$寅	3	7
2/15	庚$_2$午	4	6	3/16	己$_2$亥	4	7	4/16	庚$_1$午	4	6	5/16	庚$_1$子	4	7	6/16	辛$_1$未	4	7	7/18	癸$_2$卯	4	7
2/16	辛$_1$未	4	6	3/17	庚$_1$子	4	6	4/17	辛$_1$未	4	6	5/17	辛$_1$丑	4	6	6/17	壬$_1$申	4	6	7/19	甲$_1$辰	4	6
2/17	壬$_1$申	4	5	3/18	辛$_1$丑	4	5	4/18	壬$_1$申	4	6	5/18	壬$_2$寅	4	6	6/18	癸$_1$酉	4	6	7/20	乙$_2$巳	4	6
2/18	癸$_1$酉	5	5	3/19	壬$_1$寅	5	5	4/19	癸$_1$酉	5	5	5/19	癸$_2$卯	5	6	6/19	甲$_2$戌	5	6	7/21	丙$_1$午	5	6
2/19	甲$_1$戌	5	5	3/20	癸$_2$卯	5	5	4/20	甲$_2$戌	5	5	5/20	甲$_3$辰	5	5	6/20	乙$_1$亥	5	6	7/22	丁$_1$未	5	5
2/20	乙$_1$亥	5	4	3/21	甲$_1$辰	5	4	4/21	乙$_3$亥	5	5	5/21	乙$_3$巳	5	5	6/21	丙$_1$子	5	5	7/23	戊$_2$申	5	5
2/21	丙$_1$子	6	4	3/22	乙$_1$巳	6	5	4/22	丙$_1$子	6	4	5/22	丙$_1$午	6	5	6/22	丁$_1$丑	6	5	7/24	己$_1$酉	6	5
2/22	丁$_1$丑	6	4	3/23	丙$_1$午	6	4	4/23	丁$_1$丑	6	4	5/23	丁$_1$未	6	4	6/23	戊$_2$寅	6	4	7/25	庚$_2$戌	6	4
2/23	戊$_1$寅	6	3	3/24	丁$_1$未	6	3	4/24	戊$_2$寅	6	4	5/24	戊$_2$申	6	4	6/24	己$_2$卯	6	4	7/26	辛$_1$亥	6	4
2/24	己$_1$卯	7	3	3/25	戊$_1$申	7	3	4/25	己$_1$卯	7	3	5/25	己$_2$酉	7	4	6/25	庚$_2$辰	7	4	7/27	壬$_1$子	7	4
2/25	庚$_1$辰	7	3	3/26	己$_1$酉	7	3	4/26	庚$_1$辰	7	3	5/26	庚$_2$戌	7	3	6/26	辛$_2$巳	7	3	7/28	癸$_1$丑	7	3
2/26	辛$_2$巳	7	2	3/27	庚$_1$戌	7	2	4/27	辛$_1$巳	7	2	5/27	辛$_2$亥	7	3	6/27	壬$_1$午	7	3	7/29	甲$_1$寅	7	3
2/27	壬$_3$午	8	2	3/28	辛$_1$亥	8	2	4/28	壬$_2$午	8	2	5/28	壬$_1$子	8	3	6/28	癸$_2$未	8	3	7/30	乙$_2$卯	8	3
2/28	癸$_2$未	8	2	3/29	壬$_1$子	8	2	4/29	癸$_2$未	8	2	5/29	癸$_2$丑	8	2	6/29	甲$_2$申	8	2	7/31	丙$_2$辰	8	2
3/1	甲$_1$申	8	1	3/30	癸$_1$丑	8	1	4/30	甲$_1$申	8	2	5/30	甲$_1$寅	8	2	6/30	乙$_2$酉	8	2	8/1	丁$_1$巳	8	2
3/2	乙$_1$酉	9	1	3/31	甲$_1$寅	9	1	5/1	乙$_2$酉	9	1	5/31	乙$_2$卯	9	2	7/1	丙$_1$戌	9	2	8/2	戊$_1$午	9	1
3/3	丙$_2$戌	9	1	4/1	乙$_1$卯	9	1	5/2	丙$_2$戌	9	1	6/1	丙$_1$辰	9	1	7/2	丁$_1$亥	9	2	8/3	己$_1$未	9	1
3/4	丁$_1$亥	9	0	4/2	丙$_1$辰	9	1	5/3	丁$_1$亥	9	1	6/2	丁$_1$巳	9	1	7/3	戊$_1$子	9	1	8/4	庚$_1$申	9	1
3/5	戊$_3$子	10	0	4/3	丁$_1$巳	10	1	5/4	戊$_2$子	10	0	6/3	戊$_1$午	10	1	7/4	己$_1$丑	10	1	8/5	辛$_1$酉	10	1
				4/4	戊$_2$午	10	0	5/5	己$_1$丑	10	0	6/4	己$_1$未	10	0	7/5	庚$_2$寅	10	1	8/6	壬$_2$戌	10	0
				4/5	己$_2$未	10	0					6/5	庚$_2$申	10	0	7/6	辛$_1$卯	10	0	8/7	癸$_2$亥	10	0
																7/7	壬$_2$辰	11	0				

歳	男	歳	女	歳	男	歳	女	歳	男	歳	女	歳	男	歳	女	歳	男	歳	女	歳	男	歳	女
0	丁丑	0	己卯	0	戊寅	0	庚辰	0	己卯	0	辛巳	0	庚辰	0	壬午	0	辛巳	0	癸未	0	壬午	0	甲申
10	丙子	10	庚辰	10	丁丑	10	辛巳	10	戊寅	10	壬午	10	己卯	10	癸未	10	庚辰	10	甲申	10	辛巳	10	乙酉
20	乙亥	20	辛巳	20	丙子	20	壬午	20	丁丑	20	癸未	20	戊寅	20	甲申	20	己卯	20	乙酉	20	庚辰	20	丙戌
30	甲戌	30	壬午	30	乙亥	30	癸未	30	丙子	30	甲申	30	丁丑	30	乙酉	30	戊寅	30	丙戌	30	己卯	30	丁亥
40	癸酉	40	癸未	40	甲戌	40	甲申	40	乙亥	40	乙酉	40	丙子	40	丙戌	40	丁丑	40	丁亥	40	戊寅	40	戊子
50	壬申	50	甲申	50	癸酉	50	乙酉	50	甲戌	50	丙戌	50	乙亥	50	丁亥	50	丙子	50	戊子	50	丁丑	50	己丑
60	辛未	60	乙酉	60	壬申	60	丙戌	60	癸酉	60	丁亥	60	甲戌	60	戊子	60	乙亥	60	己丑	60	丙子	60	庚寅
70	庚午	70	丙戌	70	辛未	70	丁亥	70	壬申	70	戊子	70	癸酉	70	己丑	70	甲戌	70	庚寅	70	乙亥	70	辛卯
80	己巳	80	丁亥	80	庚午	80	戊子	80	辛未	80	己丑	80	壬申	80	庚寅	80	癸酉	80	辛卯	80	甲戌	80	壬辰

～2006年（平成18年）2月4日7時24分

月柱 甲申　8月7日18:51～9月7日21:34

生日	日柱	男	女
8/7	癸1亥	0	10
8/8	甲1子	0	10
8/9	乙1丑	1	10
8/10	丙1寅	1	9
8/11	丁1卯	1	9
8/12	戊3辰	2	9
8/13	己3巳	2	8
8/14	庚1午	2	8
8/15	辛1未	3	8
8/16	壬1申	3	7
8/17	癸1酉	3	7
8/18	甲2戌	4	7
8/19	乙2亥	4	6
8/20	丙2子	4	6
8/21	丁1丑	5	6
8/22	戊2寅	5	5
8/23	己3卯	5	5
8/24	庚1辰	6	5
8/25	辛1巳	6	4
8/26	壬2午	6	4
8/27	癸1未	7	4
8/28	甲1申	7	3
8/29	乙2酉	7	3
8/30	丙2戌	8	3
8/31	丁1亥	8	2
9/1	戊3子	8	2
9/2	己1丑	9	2
9/3	庚1寅	9	1
9/4	辛1卯	9	1
9/5	壬1辰	10	1
9/6	癸2巳	10	0
9/7	甲2午	10	0

月柱 乙酉　9月7日21:35～10月8日12:58

生日	日柱	男	女
9/7	甲2午	0	10
9/8	乙2未	0	10
9/9	丙2申	1	10
9/10	丁2酉	1	9
9/11	戊3戌	1	9
9/12	己3亥	2	9
9/13	庚1子	2	8
9/14	辛1丑	2	8
9/15	壬2寅	3	8
9/16	癸2卯	3	7
9/17	甲2辰	3	7
9/18	乙2巳	4	7
9/19	丙1午	4	6
9/20	丁2未	4	6
9/21	戊3申	5	6
9/22	己2酉	5	5
9/23	庚1戌	5	5
9/24	辛1亥	6	5
9/25	壬1子	6	4
9/26	癸2丑	6	4
9/27	甲2寅	7	4
9/28	乙2卯	7	3
9/29	丙2辰	7	3
9/30	丁1巳	8	3
10/1	戊3午	8	2
10/2	己3未	8	2
10/3	庚1申	9	2
10/4	辛1酉	9	1
10/5	壬2戌	9	1
10/6	癸2亥	10	1
10/7	甲1子	10	0
10/8	乙2丑	10	0

月柱 丙戌　10月8日12:59～11月7日15:53

生日	日柱	男	女
10/8	乙3丑	0	10
10/9	丙1寅	0	10
10/10	丁1卯	1	9
10/11	戊1辰	1	9
10/12	己1巳	1	9
10/13	庚1午	2	8
10/14	辛1未	2	8
10/15	壬1申	2	8
10/16	癸2酉	3	7
10/17	甲2戌	3	7
10/18	乙2亥	3	7
10/19	丙2子	4	6
10/20	丁2丑	4	6
10/21	戊2寅	4	6
10/22	己1卯	5	5
10/23	庚2辰	5	5
10/24	辛2巳	5	5
10/25	壬2午	6	4
10/26	癸2未	6	4
10/27	甲1申	7	3
10/28	乙2酉	7	3
10/29	丙2戌	7	3
10/30	丁1亥	8	3
10/31	戊2子	8	2
11/1	己1丑	8	2
11/2	庚1寅	8	2
11/3	辛1卯	9	1
11/4	壬1辰	9	1
11/5	癸1巳	9	1
11/6	甲1午	10	0
11/7	乙1未	10	0

月柱 丁亥　11月7日15:54～12月7日8:33

生日	日柱	男	女
11/7	乙1未	0	10
11/8	丙1申	0	10
11/9	丁1酉	1	9
11/10	戊1戌	1	9
11/11	己1亥	1	9
11/12	庚1子	2	8
11/13	辛1丑	2	8
11/14	壬1寅	2	8
11/15	癸1卯	3	7
11/16	甲2辰	3	7
11/17	乙1巳	3	7
11/18	丙1午	4	6
11/19	丁1未	4	6
11/20	戊2申	4	6
11/21	己2酉	5	5
11/22	庚2戌	5	5
11/23	辛2亥	5	5
11/24	壬1子	6	4
11/25	癸1丑	6	4
11/26	甲2寅	7	3
11/27	乙2卯	7	3
11/28	丙2辰	7	3
11/29	丁1巳	8	2
11/30	戊2午	8	2
12/1	己2未	8	2
12/2	庚2申	8	2
12/3	辛2酉	9	1
12/4	壬2戌	9	1
12/5	癸1亥	9	1
12/6	甲1子	10	0
12/7	乙2丑	10	0

月柱 戊子　12月7日8:34～1月5日19:42

生日	日柱	男	女
12/7	乙2丑	0	10
12/8	丙1寅	0	9
12/9	丁2卯	1	9
12/10	戊2辰	1	9
12/11	己2巳	1	8
12/12	庚2午	2	8
12/13	辛2未	2	8
12/14	壬1申	2	7
12/15	癸2酉	3	7
12/16	甲2戌	3	7
12/17	乙2亥	3	6
12/18	丙2子	4	6
12/19	丁2丑	4	6
12/20	戊2寅	4	5
12/21	己2卯	5	5
12/22	庚2辰	5	5
12/23	辛2巳	5	4
12/24	壬1午	6	4
12/25	癸2未	6	4
12/26	甲2申	6	3
12/27	乙2酉	7	3
12/28	丙2戌	7	3
12/29	丁2亥	7	2
12/30	戊2子	8	2
12/31	己2丑	8	2
1/1	庚2寅	8	1
1/2	辛2卯	9	1
1/3	壬2辰	9	1
1/4	癸2巳	9	0
1/5	甲2午	10	0

月柱 己丑　1月5日19:43～2月4日7:24

生日	日柱	男	女
1/5	甲3午	0	10
1/6	乙3未	0	10
1/7	丙3申	1	9
1/8	丁3酉	1	9
1/9	戊3戌	1	9
1/10	己2亥	2	8
1/11	庚2子	2	8
1/12	辛2丑	2	8
1/13	壬2寅	3	7
1/14	癸2卯	3	7
1/15	甲3辰	3	7
1/16	乙2巳	4	6
1/17	丙2午	4	6
1/18	丁3未	4	6
1/19	戊2申	5	5
1/20	己2酉	5	5
1/21	庚2戌	5	5
1/22	辛2亥	6	4
1/23	壬2子	6	4
1/24	癸2丑	6	4
1/25	甲2寅	7	3
1/26	乙2卯	7	3
1/27	丙2辰	7	3
1/28	丁2巳	8	2
1/29	戊1午	8	2
1/30	己1未	8	2
1/31	庚1申	9	1
2/1	辛1酉	9	1
2/2	壬2戌	9	1
2/3	癸1亥	10	0
2/4	甲1子	10	0

大運表

歳	男	歳	女	歳	男	歳	女	歳	男	歳	女	歳	男	歳	女	歳	男	歳	女	歳	男	歳	女
0	癸未	0	乙酉	0	甲申	0	丙戌	0	乙酉	0	丁亥	0	丙戌	0	戊子	0	丁亥	0	己丑	0	戊子	0	庚寅
10	壬午	10	丙戌	10	癸未	10	丁亥	10	甲申	10	戊子	10	乙酉	10	己丑	10	丙戌	10	庚寅	10	丁亥	10	辛卯
20	辛巳	20	丁亥	20	壬午	20	戊子	20	癸未	20	己丑	20	甲申	20	庚寅	20	乙酉	20	辛卯	20	丙戌	20	壬辰
30	庚辰	30	戊子	30	辛巳	30	己丑	30	壬午	30	庚寅	30	癸未	30	辛卯	30	甲申	30	壬辰	30	乙酉	30	癸巳
40	己卯	40	己丑	40	庚辰	40	庚寅	40	辛巳	40	辛卯	40	壬午	40	壬辰	40	癸未	40	癸巳	40	甲申	40	甲午
50	戊寅	50	庚寅	50	己卯	50	辛卯	50	庚辰	50	壬辰	50	辛巳	50	癸巳	50	壬午	50	甲午	50	癸未	50	乙未
60	丁丑	60	辛卯	60	戊寅	60	壬辰	60	己卯	60	癸巳	60	庚辰	60	甲午	60	辛巳	60	乙未	60	壬午	60	丙申
70	丙子	70	壬辰	70	丁丑	70	癸巳	70	戊寅	70	甲午	70	己卯	70	乙未	70	庚辰	70	丙申	70	辛巳	70	丁酉
80	乙亥	80	癸巳	80	丙子	80	甲午	80	丁丑	80	乙未	80	戊寅	80	丙申	80	己卯	80	丁酉	80	庚辰	80	戊戌

年柱 丙戌 — 2006年（平成18年）2月4日7時25分～

月柱別 期間：

- 庚寅：2月4日 7:25～3月6日 1:34
- 辛卯：3月6日 1:35～4月5日 6:37
- 壬辰：4月5日 6:38～5月6日 0:11
- 癸巳：5月6日 0:12～6月6日 4:33
- 甲午：6月6日 4:34～7月7日14:56
- 乙未：7月7日14:57～8月8日 0:39

月柱 庚寅

生日	日柱	立運年齢 男	立運年齢 女
2/4	甲子	10	0
2/5	乙丑	10	0
2/6	丙寅	9	1
2/7	丁卯	9	1
2/8	戊辰	9	1
2/9	己巳	8	2
2/10	庚午	8	2
2/11	辛未	8	2
2/12	壬申	7	3
2/13	癸酉	7	3
2/14	甲戌	7	3
2/15	乙亥	6	4
2/16	丙子	6	4
2/17	丁丑	6	4
2/18	戊寅	5	5
2/19	己卯	5	5
2/20	庚辰	5	5
2/21	辛巳	4	6
2/22	壬午	4	6
2/23	癸未	4	6
2/24	甲申	3	7
2/25	乙酉	3	7
2/26	丙戌	3	7
2/27	丁亥	2	8
2/28	戊子	2	8
3/1	己丑	2	8
3/2	庚寅	1	9
3/3	辛卯	1	9
3/4	壬辰	1	9
3/5	癸巳	0	10
3/6	甲午	0	10

月柱 辛卯

生日	日柱	立運年齢 男	立運年齢 女
3/6	甲午	10	0
3/7	乙未	10	0
3/8	丙申	9	1
3/9	丁酉	9	1
3/10	戊戌	9	1
3/11	己亥	8	2
3/12	庚子	8	2
3/13	辛丑	8	2
3/14	壬寅	7	3
3/15	癸卯	7	3
3/16	甲辰	7	3
3/17	乙巳	6	4
3/18	丙午	6	4
3/19	丁未	6	4
3/20	戊申	5	5
3/21	己酉	5	5
3/22	庚戌	5	5
3/23	辛亥	4	6
3/24	壬子	4	6
3/25	癸丑	4	6
3/26	甲寅	3	7
3/27	乙卯	3	7
3/28	丙辰	3	7
3/29	丁巳	2	8
3/30	戊午	2	8
3/31	己未	2	8
4/1	庚申	1	9
4/2	辛酉	1	9
4/3	壬戌	1	9
4/4	癸亥	0	10
4/5	甲子	0	10

月柱 壬辰

生日	日柱	立運年齢 男	立運年齢 女
4/5	甲子	10	0
4/6	乙丑	10	0
4/7	丙寅	10	1
4/8	丁卯	9	1
4/9	戊辰	9	1
4/10	己巳	9	2
4/11	庚午	8	2
4/12	辛未	8	2
4/13	壬申	8	3
4/14	癸酉	7	3
4/15	甲戌	7	3
4/16	乙亥	7	4
4/17	丙子	6	4
4/18	丁丑	6	4
4/19	戊寅	6	5
4/20	己卯	5	5
4/21	庚辰	5	5
4/22	辛巳	5	6
4/23	壬午	4	6
4/24	癸未	4	7
4/25	甲申	4	7
4/26	乙酉	3	7
4/27	丙戌	3	8
4/28	丁亥	3	8
4/29	戊子	2	8
4/30	己丑	2	8
5/1	庚寅	2	9
5/2	辛卯	1	9
5/3	壬辰	1	9
5/4	癸巳	1	10
5/5	甲午	0	10
5/6	乙未	0	10

月柱 癸巳

生日	日柱	立運年齢 男	立運年齢 女
5/6	乙未	10	0
5/7	丙申	10	0
5/8	丁酉	10	1
5/9	戊戌	9	1
5/10	己亥	9	1
5/11	庚子	9	2
5/12	辛丑	8	2
5/13	壬寅	8	2
5/14	癸卯	8	3
5/15	甲辰	7	3
5/16	乙巳	7	3
5/17	丙午	7	4
5/18	丁未	6	4
5/19	戊申	6	4
5/20	己酉	6	5
5/21	庚戌	5	5
5/22	辛亥	5	5
5/23	壬子	5	6
5/24	癸丑	4	6
5/25	甲寅	4	7
5/26	乙卯	4	7
5/27	丙辰	3	7
5/28	丁巳	3	8
5/29	戊午	3	8
5/30	己未	2	8
5/31	庚申	2	8
6/1	辛酉	2	9
6/2	壬戌	1	9
6/3	癸亥	1	9
6/4	甲子	1	10
6/5	乙丑	0	10
6/6	丙寅	0	10

月柱 甲午

生日	日柱	立運年齢 男	立運年齢 女
6/6	丙寅	10	0
6/7	丁卯	10	0
6/8	戊辰	10	1
6/9	己巳	9	1
6/10	庚午	9	1
6/11	辛未	9	2
6/12	壬申	8	2
6/13	癸酉	8	2
6/14	甲戌	8	3
6/15	乙亥	7	3
6/16	丙子	7	3
6/17	丁丑	7	4
6/18	戊寅	6	4
6/19	己卯	6	4
6/20	庚辰	6	5
6/21	辛巳	5	5
6/22	壬午	5	5
6/23	癸未	5	6
6/24	甲申	4	6
6/25	乙酉	4	6
6/26	丙戌	4	7
6/27	丁亥	3	7
6/28	戊子	3	7
6/29	己丑	3	8
6/30	庚寅	2	8
7/1	辛卯	2	8
7/2	壬辰	2	9
7/3	癸巳	1	9
7/4	甲午	1	9
7/5	乙未	1	10
7/6	丙申	0	10
7/7	丁酉	0	10

月柱 乙未

生日	日柱	立運年齢 男	立運年齢 女
7/7	丁酉	11	0
7/8	戊戌	10	0
7/9	己亥	10	1
7/10	庚子	10	1
7/11	辛丑	9	1
7/12	壬寅	9	2
7/13	癸卯	9	2
7/14	甲辰	8	2
7/15	乙巳	8	3
7/16	丙午	8	3
7/17	丁未	7	3
7/18	戊申	7	4
7/19	己酉	7	4
7/20	庚戌	6	4
7/21	辛亥	6	5
7/22	壬子	6	5
7/23	癸丑	5	5
7/24	甲寅	5	6
7/25	乙卯	5	6
7/26	丙辰	4	6
7/27	丁巳	4	7
7/28	戊午	4	7
7/29	己未	3	7
7/30	庚申	3	8
7/31	辛酉	3	8
8/1	壬戌	2	8
8/2	癸亥	2	9
8/3	甲子	2	9
8/4	乙丑	1	9
8/5	丙寅	1	10
8/6	丁卯	1	10
8/7	戊辰	0	10
8/8	己巳	0	11

大運表

歳	庚寅 男	庚寅 女	辛卯 男	辛卯 女	壬辰 男	壬辰 女	癸巳 男	癸巳 女	甲午 男	甲午 女	乙未 男	乙未 女
0	辛卯	己丑	壬辰	庚寅	癸巳	辛卯	甲午	壬辰	乙未	癸巳	丙申	甲午
10	壬辰	戊子	癸巳	己丑	甲午	庚寅	乙未	辛卯	丙申	壬辰	丁酉	癸巳
20	癸巳	丁亥	甲午	戊子	乙未	己丑	丙申	庚寅	丁酉	辛卯	戊戌	壬辰
30	甲午	丙戌	乙未	丁亥	丙申	戊子	丁酉	己丑	戊戌	庚寅	己亥	辛卯
40	乙未	乙酉	丙申	丙戌	丁酉	丁亥	戊戌	戊子	己亥	己丑	庚子	庚寅
50	丙申	甲申	丁酉	乙酉	戊戌	丙戌	己亥	丁亥	庚子	戊子	辛丑	己丑
60	丁酉	癸未	戊戌	甲申	己亥	乙酉	庚子	丙戌	辛丑	丁亥	壬寅	戊子
70	戊戌	壬午	己亥	癸未	庚子	甲申	辛丑	乙酉	壬寅	丙戌	癸卯	丁亥
80	己亥	辛巳	庚子	壬午	辛丑	癸未	壬寅	甲申	癸卯	乙酉	甲辰	丙戌

～2007年（平成19年）2月4日13時13分

月柱	丙申		丁酉		戊戌		己亥		庚子		辛丑	
期間	8月8日 0:40～ 9月8日 3:23		9月8日 3:24～ 10月8日18:47		10月8日18:48～ 11月7日21:42		11月7日21:43～ 12月7日14:42		12月7日14:43～ 1月6日 1:31		1月6日 1:32～ 2月4日13:13	
立運年齢	男	女	男	女	男	女	男	女	男	女	男	女

月柱 丙申（8月8日 0:40～9月8日 3:23）

生日	日柱	男	女
8/8	己巳	10	0
8/9	庚$_1$午	10	0
8/10	辛$_1$未	10	1
8/11	壬$_3$申	9	1
8/12	癸$_3$酉	9	1
8/13	甲$_3$戌	9	2
8/14	乙$_3$亥	8	2
8/15	丙$_2$子	8	2
8/16	丁$_2$丑	8	3
8/17	戊$_1$寅	7	3
8/18	己$_1$卯	7	3
8/19	庚$_1$辰	7	4
8/20	辛$_2$巳	6	4
8/21	壬$_3$午	6	4
8/22	癸$_3$未	6	5
8/23	甲$_3$申	5	5
8/24	乙$_3$酉	5	5
8/25	丙$_2$戌	5	6
8/26	丁$_1$亥	4	6
8/27	戊$_1$子	4	6
8/28	己$_1$丑	4	7
8/29	庚$_1$寅	3	7
8/30	辛$_1$卯	3	8
8/31	壬$_1$辰	3	8
9/1	癸$_3$巳	2	8
9/2	甲$_3$午	2	8
9/3	乙$_3$未	2	9
9/4	丙$_2$申	1	9
9/5	丁$_1$酉	1	9
9/6	戊$_1$戌	1	10
9/7	己$_1$亥	0	10
9/8	庚$_1$子	0	10

月柱 丁酉（9月8日 3:24～10月8日18:47）

生日	日柱	男	女
9/8	庚$_1$子	10	0
9/9	辛$_1$丑	10	0
9/10	壬$_3$寅	9	1
9/11	癸$_3$卯	9	1
9/12	甲$_3$辰	9	1
9/13	乙$_3$巳	8	2
9/14	丙$_2$午	8	2
9/15	丁$_2$未	8	2
9/16	戊$_1$申	7	3
9/17	己$_1$酉	7	3
9/18	庚$_1$戌	7	3
9/19	辛$_1$亥	6	4
9/20	壬$_2$子	6	4
9/21	癸$_3$丑	6	4
9/22	甲$_3$寅	5	5
9/23	乙$_3$卯	5	5
9/24	丙$_2$辰	5	5
9/25	丁$_1$巳	4	6
9/26	戊$_1$午	4	6
9/27	己$_1$未	4	6
9/28	庚$_1$申	3	7
9/29	辛$_1$酉	3	7
9/30	壬$_2$戌	3	7
10/1	癸$_2$亥	2	8
10/2	甲$_3$子	2	8
10/3	乙$_3$丑	2	8
10/4	丙$_2$寅	1	9
10/5	丁$_1$卯	1	9
10/6	戊$_1$辰	1	9
10/7	己$_1$巳	0	10
10/8	庚$_1$午	0	10

月柱 戊戌（10月8日18:48～11月7日21:42）

生日	日柱	男	女
10/8	庚$_1$午	10	0
10/9	辛$_1$未	10	0
10/10	壬$_3$申	9	1
10/11	癸$_3$酉	9	1
10/12	甲$_3$戌	9	1
10/13	乙$_3$亥	8	2
10/14	丙$_2$子	8	2
10/15	丁$_2$丑	8	2
10/16	戊$_1$寅	7	3
10/17	己$_1$卯	7	3
10/18	庚$_1$辰	7	3
10/19	辛$_2$巳	6	4
10/20	壬$_2$午	6	4
10/21	癸$_3$未	5	5
10/22	甲$_3$申	5	5
10/23	乙$_3$酉	5	5
10/24	丙$_3$戌	4	5
10/25	丁$_3$亥	4	6
10/26	戊$_1$子	4	6
10/27	己$_1$丑	3	7
10/28	庚$_1$寅	3	7
10/29	辛$_2$卯	3	7
10/30	壬$_2$辰	2	8
10/31	癸$_1$巳	2	8
11/1	甲$_3$午	2	8
11/2	乙$_3$未	2	8
11/3	丙$_3$申	1	9
11/4	丁$_2$酉	1	9
11/5	戊$_1$戌	1	9
11/6	己$_1$亥	0	10
11/7	庚$_2$子	0	10

月柱 己亥（11月7日21:43～12月7日14:42）

生日	日柱	男	女
11/7	庚$_2$午	10	0
11/8	辛$_1$丑	10	0
11/9	壬$_3$寅	9	1
11/10	癸$_3$卯	9	1
11/11	甲$_3$辰	9	1
11/12	乙$_3$巳	8	2
11/13	丙$_2$午	8	2
11/14	丁$_1$未	8	2
11/15	戊$_1$申	7	3
11/16	己$_1$酉	7	3
11/17	庚$_1$戌	7	3
11/18	辛$_2$亥	6	4
11/19	壬$_1$子	6	4
11/20	癸$_1$丑	6	4
11/21	甲$_3$寅	5	5
11/22	乙$_2$卯	5	5
11/23	丙$_3$辰	5	5
11/24	丁$_1$巳	4	6
11/25	戊$_1$午	4	6
11/26	己$_1$未	4	6
11/27	庚$_1$申	3	7
11/28	辛$_1$酉	3	7
11/29	壬$_1$戌	3	7
11/30	癸$_1$亥	2	8
12/1	甲$_1$子	2	8
12/2	乙$_3$丑	2	8
12/3	丙$_2$寅	1	9
12/4	丁$_1$卯	1	9
12/5	戊$_1$辰	1	9
12/6	己$_1$巳	0	10
12/7	庚$_2$午	0	10

月柱 庚子（12月7日14:43～1月6日 1:31）

生日	日柱	男	女
12/7	庚$_2$午	10	0
12/8	辛$_1$未	10	0
12/9	壬$_3$申	9	1
12/10	癸$_3$酉	9	1
12/11	甲$_3$戌	9	1
12/12	乙$_2$亥	8	2
12/13	丙$_3$子	8	2
12/14	丁$_1$丑	8	2
12/15	戊$_2$寅	7	3
12/16	己$_1$卯	7	3
12/17	庚$_1$辰	7	3
12/18	辛$_2$巳	6	4
12/19	壬$_1$午	6	4
12/20	癸$_1$未	6	4
12/21	甲$_1$申	5	5
12/22	乙$_2$酉	5	5
12/23	丙$_3$戌	4	5
12/24	丁$_1$亥	4	6
12/25	戊$_2$子	4	6
12/26	己$_1$丑	3	7
12/27	庚$_1$寅	3	7
12/28	辛$_1$卯	3	7
12/29	壬$_1$辰	2	8
12/30	癸$_1$巳	2	8
12/31	甲$_1$午	2	8
1/1	乙$_3$未	2	8
1/2	丙$_1$申	1	9
1/3	丁$_1$酉	1	9
1/4	戊$_1$戌	1	9
1/5	己$_1$亥	0	10
1/6	庚$_2$子	0	10

月柱 辛丑（1月6日 1:32～2月4日13:13）

生日	日柱	男	女
1/6	庚$_1$子	10	0
1/7	辛$_1$丑	9	0
1/8	壬$_2$寅	9	1
1/9	癸$_3$卯	9	1
1/10	甲$_3$辰	8	1
1/11	乙$_3$巳	8	2
1/12	丙$_2$午	8	2
1/13	丁$_1$未	7	2
1/14	戊$_1$申	7	3
1/15	己$_1$酉	7	3
1/16	庚$_1$戌	6	3
1/17	辛$_2$亥	6	4
1/18	壬$_1$子	6	4
1/19	癸$_2$丑	5	4
1/20	甲$_3$寅	5	5
1/21	乙$_3$卯	5	5
1/22	丙$_3$辰	4	5
1/23	丁$_2$巳	4	6
1/24	戊$_1$午	4	6
1/25	己$_1$未	3	6
1/26	庚$_1$申	3	7
1/27	辛$_1$酉	3	7
1/28	壬$_1$戌	2	7
1/29	癸$_1$亥	2	8
1/30	甲$_1$子	2	8
1/31	乙$_3$丑	2	8
2/1	丙$_2$寅	1	9
2/2	丁$_1$卯	1	9
2/3	戊$_1$辰	0	9
2/4	己$_1$巳	0	10

大運表

歳	男	女	男	女	男	女	男	女	男	女	男	女
0	丁酉	乙未	戊戌	丙申	己亥	丁酉	庚子	戊戌	辛丑	己亥	壬寅	庚子
10	戊戌	甲午	己亥	乙未	庚子	丙申	辛丑	丁酉	壬寅	戊戌	癸卯	己亥
20	己亥	癸巳	庚子	甲午	辛丑	乙未	壬寅	丙申	癸卯	丁酉	甲辰	戊戌
30	庚子	壬辰	辛丑	癸巳	壬寅	甲午	癸卯	乙未	甲辰	丙申	乙巳	丁酉
40	辛丑	辛卯	壬寅	壬辰	癸卯	癸巳	甲辰	甲午	乙巳	乙未	丙午	丙申
50	壬寅	庚寅	癸卯	辛卯	甲辰	壬辰	乙巳	癸巳	丙午	甲午	丁未	乙未
60	癸卯	己丑	甲辰	庚寅	乙巳	辛卯	丙午	壬辰	丁未	癸巳	戊申	甲午
70	甲辰	戊子	乙巳	己丑	丙午	庚寅	丁未	辛卯	戊申	壬辰	己酉	癸巳
80	乙巳	丁亥	丙午	戊子	丁未	己丑	戊申	庚寅	己酉	辛卯	庚戌	壬辰

年柱 丁亥 2007年（平成19年）2月4日13時14分～

月柱 壬寅	月柱 癸卯	月柱 甲辰	月柱 乙巳	月柱 丙午	月柱 丁未
2月4日13:14～3月6日7:23	3月6日7:24～4月5日12:26	4月5日12:27～5月6日6:00	5月6日6:01～6月6日10:22	6月6日10:23～7月7日20:45	7月7日20:46～8月8日6:28

生日	日柱	男	女	生日	日柱	男	女	生日	日柱	男	女	生日	日柱	男	女	生日	日柱	男	女	生日	日柱	男	女
2/4	己$_3$巳	0	10	3/6	己$_3$亥	0	10	4/5	己$_3$巳	0	10	5/6	庚$_3$子	0	10	6/6	辛$_3$未	0	10	7/7	壬$_3$寅	0	11
2/5	庚$_3$午	0	10	3/7	庚$_3$子	0	10	4/6	庚$_3$午	0	10	5/7	辛$_3$丑	0	10	6/7	壬$_3$申	0	10	7/8	癸$_3$卯	0	10
2/6	辛$_3$未	1	9	3/8	辛$_3$丑	1	9	4/7	辛$_3$未	1	9	5/8	壬$_3$寅	1	10	6/8	癸$_3$酉	1	10	7/9	甲$_3$辰	1	10
2/7	壬$_3$申	1	9	3/9	壬$_2$寅	1	9	4/8	壬$_3$申	1	9	5/9	癸$_3$卯	1	9	6/9	甲$_3$戌	1	9	7/10	乙$_1$巳	1	10
2/8	癸$_3$酉	1	9	3/10	癸$_3$卯	1	9	4/9	癸$_3$酉	1	9	5/10	甲$_2$辰	1	9	6/10	乙$_2$亥	1	9	7/11	丙$_1$午	1	9
2/9	甲$_1$戌	2	8	3/11	甲$_1$辰	2	8	4/10	甲$_1$戌	2	8	5/11	乙$_2$巳	2	9	6/11	丙$_1$子	2	9	7/12	丁$_1$未	2	9
2/10	乙$_3$亥	2	8	3/12	乙$_3$巳	2	8	4/11	乙$_3$亥	2	8	5/12	丙$_3$午	2	8	6/12	丁$_2$丑	2	8	7/13	戊$_3$申	2	9
2/11	丙$_2$子	2	8	3/13	丙$_3$午	2	8	4/12	丙$_2$子	2	8	5/13	丁$_3$未	2	8	6/13	戊$_2$寅	2	8	7/14	己$_1$酉	2	8
2/12	丁$_3$丑	3	7	3/14	丁$_3$未	3	7	4/13	丁$_3$丑	3	7	5/14	戊$_3$申	3	8	6/14	己$_3$卯	3	8	7/15	庚$_3$戌	3	8
2/13	戊$_3$寅	3	7	3/15	戊$_3$申	3	7	4/14	戊$_3$寅	3	7	5/15	己$_3$酉	3	7	6/15	庚$_3$辰	3	7	7/16	辛$_3$亥	3	7
2/14	己$_3$卯	3	7	3/16	己$_3$酉	3	7	4/15	己$_3$卯	3	7	5/16	庚$_3$戌	3	7	6/16	辛$_3$巳	3	7	7/17	壬$_3$子	3	7
2/15	庚$_3$辰	4	6	3/17	庚$_3$戌	4	6	4/16	庚$_2$辰	4	6	5/17	辛$_3$亥	4	7	6/17	壬$_3$午	4	7	7/18	癸$_3$丑	4	7
2/16	辛$_3$巳	4	6	3/18	辛$_3$亥	4	6	4/17	辛$_3$巳	4	6	5/18	壬$_3$子	4	6	6/18	癸$_3$未	4	6	7/19	甲$_3$寅	4	6
2/17	壬$_2$午	4	6	3/19	壬$_2$子	4	6	4/18	壬$_2$午	4	6	5/19	癸$_3$丑	4	6	6/19	甲$_3$申	4	6	7/20	乙$_2$卯	4	6
2/18	癸$_2$未	5	5	3/20	癸$_3$丑	5	5	4/19	癸$_3$未	5	5	5/20	甲$_1$寅	5	6	6/20	乙$_3$酉	5	6	7/21	丙$_1$辰	5	6
2/19	甲$_1$申	5	5	3/21	甲$_1$寅	5	5	4/20	甲$_1$申	5	5	5/21	乙$_1$卯	5	5	6/21	丙$_1$戌	5	5	7/22	丁$_1$巳	5	5
2/20	乙$_1$酉	5	5	3/22	乙$_1$卯	5	5	4/21	乙$_1$酉	5	5	5/22	丙$_2$辰	5	5	6/22	丁$_3$亥	5	5	7/23	戊$_3$午	5	5
2/21	丙$_2$戌	6	4	3/23	丙$_2$辰	6	4	4/22	丙$_2$戌	6	4	5/23	丁$_1$巳	6	5	6/23	戊$_3$子	6	5	7/24	己$_1$未	6	5
2/22	丁$_2$亥	6	4	3/24	丁$_1$巳	6	4	4/23	丁$_2$亥	6	4	5/24	戊$_3$午	6	4	6/24	己$_1$丑	6	4	7/25	庚$_3$申	6	5
2/23	戊$_3$子	6	4	3/25	戊$_3$午	6	4	4/24	戊$_1$子	6	4	5/25	己$_1$未	6	4	6/25	庚$_3$寅	6	4	7/26	辛$_3$酉	6	4
2/24	己$_2$丑	7	3	3/26	己$_3$未	7	3	4/25	己$_1$丑	7	3	5/26	庚$_3$申	7	4	6/26	辛$_3$卯	7	4	7/27	壬$_3$戌	7	4
2/25	庚$_3$寅	7	3	3/27	庚$_3$申	7	3	4/26	庚$_2$寅	7	3	5/27	辛$_3$酉	7	3	6/27	壬$_3$辰	7	3	7/28	癸$_3$亥	7	3
2/26	辛$_3$卯	7	3	3/28	辛$_3$酉	7	3	4/27	辛$_3$卯	7	3	5/28	壬$_3$戌	7	3	6/28	癸$_3$巳	7	3	7/29	甲$_1$子	7	3
2/27	壬$_2$辰	8	2	3/29	壬$_2$戌	8	2	4/28	壬$_3$辰	8	2	5/29	癸$_3$亥	8	3	6/29	甲$_3$午	8	3	7/30	乙$_1$丑	8	3
2/28	癸$_2$巳	8	2	3/30	癸$_1$亥	8	2	4/29	癸$_3$巳	8	2	5/30	甲$_1$子	8	2	6/30	乙$_3$未	8	2	7/31	丙$_1$寅	8	2
3/1	甲$_1$午	8	2	3/31	甲$_1$子	8	2	4/30	甲$_1$午	8	2	5/31	乙$_1$丑	8	2	7/1	丙$_3$申	8	2	8/1	丁$_1$卯	8	2
3/2	乙$_1$未	9	1	4/1	乙$_1$丑	9	1	5/1	乙$_1$未	9	2	6/1	丙$_1$寅	9	2	7/2	丁$_1$酉	9	2	8/2	戊$_3$辰	9	2
3/3	丙$_2$申	9	1	4/2	丙$_2$寅	9	1	5/2	丙$_2$申	9	1	6/2	丁$_1$卯	9	1	7/3	戊$_3$戌	9	1	8/3	己$_1$巳	9	2
3/4	丁$_2$酉	9	1	4/3	丁$_2$卯	9	1	5/3	丁$_2$酉	9	1	6/3	戊$_3$辰	9	1	7/4	己$_1$亥	9	1	8/4	庚$_3$午	9	1
3/5	戊$_3$戌	10	0	4/4	戊$_3$辰	10	0	5/4	戊$_3$戌	10	1	6/4	己$_1$巳	10	1	7/5	庚$_3$子	10	1	8/5	辛$_3$未	10	1
3/6	己$_3$亥	10	0	4/5	己$_3$巳	10	0	5/5	己$_3$亥	10	0	6/5	庚$_3$午	10	0	7/6	辛$_3$丑	10	0	8/6	壬$_3$申	10	1
								5/6	庚$_3$子	10	0	6/6	辛$_3$未	10	0	7/7	壬$_3$寅	10	0	8/7	癸$_3$酉	10	0
																				8/8	甲$_3$戌	11	0

歳	男	歳	女	歳	男	歳	女	歳	男	歳	女	歳	男	歳	女	歳	男	歳	女	歳	男	歳	女
0	辛丑	0	癸卯	0	壬寅	0	甲辰	0	癸卯	0	乙巳	0	甲辰	0	丙午	0	乙巳	0	丁未	0	丙午	0	戊申
10	庚子	10	壬寅	10	辛丑	10	癸卯	10	壬寅	10	甲辰	10	癸卯	10	乙巳	10	甲辰	10	丙午	10	乙巳	10	丁未
20	己亥	20	辛丑	20	庚子	20	壬寅	20	辛丑	20	癸卯	20	壬寅	20	甲辰	20	癸卯	20	乙巳	20	甲辰	20	丙午
30	戊戌	30	庚子	30	己亥	30	辛丑	30	庚子	30	壬寅	30	辛丑	30	癸卯	30	壬寅	30	甲辰	30	癸卯	30	乙巳
40	丁酉	40	己亥	40	戊戌	40	庚子	40	己亥	40	辛丑	40	庚子	40	壬寅	40	辛丑	40	癸卯	40	壬寅	40	甲辰
50	丙申	50	戊戌	50	丁酉	50	己亥	50	戊戌	50	庚子	50	己亥	50	辛丑	50	庚子	50	壬寅	50	辛丑	50	癸卯
60	乙未	60	丁酉	60	丙申	60	戊戌	60	丁酉	60	己亥	60	戊戌	60	庚子	60	己亥	60	辛丑	60	庚子	60	壬寅
70	甲午	70	丙申	70	乙未	70	丁酉	70	丙申	70	戊戌	70	丁酉	70	己亥	70	戊戌	70	庚子	70	己亥	70	辛丑
80	癸巳	80	乙未	80	甲午	80	丙申	80	乙未	80	丁酉	80	丙申	80	戊戌	80	丁酉	80	己亥	80	戊戌	80	庚子

〜2008年（平成20年）2月4日19時02分

戊申　8月8日 6:29〜9月8日 9:12

生日	日柱	男	女
8 8	甲3戌	0	10
8 9	乙2亥	0	10
8 10	丙3子	1	10
8 11	丁3丑	1	9
8 12	戊2寅	1	9
8 13	己2卯	2	9
8 14	庚3辰	2	8
8 15	辛3巳	2	8
8 16	壬3午	3	8
8 17	癸3未	3	7
8 18	甲3申	3	7
8 19	乙3酉	4	7
8 20	丙3戌	4	6
8 21	丁3亥	5	6
8 22	戊2子	5	6
8 23	己2丑	5	5
8 24	庚2寅	5	5
8 25	辛1卯	6	5
8 26	壬2辰	6	4
8 27	癸2巳	6	4
8 28	甲3午	7	4
8 29	乙2未	7	3
8 30	丙3申	7	3
8 31	丁3酉	8	3
9 1	戊1戌	8	2
9 2	己2亥	8	2
9 3	庚1子	9	2
9 4	辛1丑	9	1
9 5	壬1寅	9	1
9 6	癸2卯	10	1
9 7	甲3辰	10	0
9 8	乙3巳	10	0

己酉　9月8日 9:13〜10月9日 0:36

生日	日柱	男	女
9 8	乙3巳	0	10
9 9	丙2午	0	10
9 10	丁3未	1	10
9 11	戊3申	1	9
9 12	己2酉	1	9
9 13	庚3戌	2	9
9 14	辛3亥	2	8
9 15	壬3子	2	8
9 16	癸3丑	3	8
9 17	甲3寅	3	7
9 18	乙3卯	3	7
9 19	丙3辰	4	7
9 20	丁2巳	4	6
9 21	戊1午	4	6
9 22	己1未	5	6
9 23	庚1申	5	5
9 24	辛1酉	5	5
9 25	壬1戌	6	5
9 26	癸1亥	6	4
9 27	甲1子	6	4
9 28	乙1丑	7	4
9 29	丙1寅	7	3
9 30	丁1卯	7	3
10 1	戊1辰	8	3
10 2	己1巳	8	2
10 3	庚1午	8	2
10 4	辛1未	9	2
10 5	壬1申	9	1
10 6	癸1酉	9	1
10 7	甲3戌	10	1
10 8	乙2亥	10	0
10 9	丙3子	10	0

庚戌　10月9日 0:37〜11月8日 3:31

生日	日柱	男	女
10 9	丙3子	0	10
10 10	丁3丑	0	10
10 11	戊3寅	1	9
10 12	己3卯	1	9
10 13	庚3辰	1	9
10 14	辛3巳	2	8
10 15	壬3午	2	8
10 16	癸3未	2	7
10 17	甲3申	3	7
10 18	乙3酉	3	7
10 19	丙3戌	3	6
10 20	丁3亥	4	6
10 21	戊1子	4	6
10 22	己1丑	5	6
10 23	庚2寅	5	5
10 24	辛2卯	5	5
10 25	壬2辰	5	5
10 26	癸2巳	6	4
10 27	甲2午	6	4
10 28	乙2未	7	4
10 29	丙3申	7	3
10 30	丁2酉	7	3
10 31	戊1戌	8	3
11 1	己1亥	8	2
11 2	庚1子	8	2
11 3	辛1丑	8	2
11 4	壬1寅	9	1
11 5	癸1卯	9	1
11 6	甲1辰	9	0
11 7	乙1巳	10	0
11 8	丙2午	10	0

辛亥　11月8日 3:32〜12月7日 20:11

生日	日柱	男	女
11 8	丙2午	0	10
11 9	丁2未	0	9
11 10	戊3申	1	9
11 11	己3酉	1	9
11 12	庚2戌	1	8
11 13	辛3亥	2	8
11 14	壬3子	2	8
11 15	癸3丑	2	7
11 16	甲3寅	3	7
11 17	乙3卯	3	6
11 18	丙3辰	3	6
11 19	丁2巳	4	6
11 20	戊3午	4	6
11 21	己2未	5	5
11 22	庚2申	5	5
11 23	辛2酉	5	5
11 24	壬1戌	5	5
11 25	癸2亥	6	4
11 26	甲2子	6	4
11 27	乙2丑	6	3
11 28	丙2寅	7	3
11 29	丁2卯	7	3
11 30	戊2辰	7	2
12 1	己2巳	8	2
12 2	庚2午	8	2
12 3	辛2未	8	1
12 4	壬2申	9	1
12 5	癸2酉	9	1
12 6	甲2戌	9	0
12 7	乙2亥	10	0

壬子　12月7日 20:12〜1月6日 7:20

生日	日柱	男	女
12 7	乙1亥	0	10
12 8	丙2子	0	10
12 9	丁3丑	1	9
12 10	戊3寅	1	9
12 11	己3卯	1	9
12 12	庚3辰	2	8
12 13	辛3巳	2	8
12 14	壬3午	2	8
12 15	癸3未	3	7
12 16	甲3申	3	7
12 17	乙3酉	3	7
12 18	丙3戌	4	6
12 19	丁3亥	4	6
12 20	戊3子	4	6
12 21	己1丑	5	5
12 22	庚2寅	5	5
12 23	辛2卯	5	5
12 24	壬1辰	6	4
12 25	癸2巳	6	4
12 26	甲1午	6	4
12 27	乙1未	7	3
12 28	丙1申	7	3
12 29	丁1酉	7	2
12 30	戊2戌	8	2
12 31	己1亥	8	2
1 1	庚1子	8	2
1 2	辛1丑	8	1
1 3	壬1寅	9	1
1 4	癸1卯	9	1
1 5	甲1辰	10	0
1 6	乙1巳	10	0

癸丑　1月6日 7:21〜2月4日 19:02

生日	日柱	男	女
1 6	乙2巳	0	10
1 7	丙2午	0	9
1 8	丁3未	1	9
1 9	戊3申	1	9
1 10	己2酉	1	8
1 11	庚3戌	2	8
1 12	辛3亥	2	8
1 13	壬3子	2	7
1 14	癸3丑	3	7
1 15	甲3寅	3	6
1 16	乙3卯	3	6
1 17	丙3辰	4	6
1 18	丁3巳	4	6
1 19	戊3午	4	5
1 20	己1未	5	5
1 21	庚2申	5	5
1 22	辛2酉	5	4
1 23	壬1戌	6	4
1 24	癸2亥	6	4
1 25	甲1子	6	3
1 26	乙2丑	7	3
1 27	丙2寅	7	3
1 28	丁2卯	7	2
1 29	戊2辰	8	2
1 30	己2巳	8	2
1 31	庚3午	8	1
2 1	辛3未	9	1
2 2	壬1申	9	1
2 3	癸1酉	9	0
2 4	甲2戌	10	0

立運（歳・男・女）

歳	戊申 男	戊申 女	己酉 男	己酉 女	庚戌 男	庚戌 女	辛亥 男	辛亥 女	壬子 男	壬子 女	癸丑 男	癸丑 女
0	丁未	己酉	戊申	庚戌	己酉	辛亥	庚戌	壬子	辛亥	癸丑	壬子	甲寅
10	丙午	庚戌	丁未	辛亥	戊申	壬子	己酉	癸丑	庚戌	甲寅	辛亥	乙卯
20	乙巳	辛亥	丙午	壬子	丁未	癸丑	戊申	甲寅	己酉	乙卯	庚戌	丙辰
30	甲辰	壬子	乙巳	癸丑	丙午	甲寅	丁未	乙卯	戊申	丙辰	己酉	丁巳
40	癸卯	癸丑	甲辰	甲寅	乙巳	乙卯	丙午	丙辰	丁未	丁巳	戊申	戊午
50	壬寅	甲寅	癸卯	乙卯	甲辰	丙辰	乙巳	丁巳	丙午	戊午	丁未	己未
60	辛丑	乙卯	壬寅	丙辰	癸卯	丁巳	甲辰	戊午	乙巳	己未	丙午	庚申
70	庚子	丙辰	辛丑	丁巳	壬寅	戊午	癸卯	己未	甲辰	庚申	乙巳	辛酉
80	己亥	丁巳	庚子	戊午	辛丑	己未	壬寅	庚申	癸卯	辛酉	甲辰	壬戌

年柱 戊子　2008年（平成20年）2月4日19時03分～

月柱 甲寅 2/4 19:03～3/5 13:12				月柱 乙卯 3/5 13:13～4/4 18:15				月柱 丙辰 4/4 18:16～5/5 11:49				月柱 丁巳 5/5 11:50～6/5 16:11				月柱 戊午 6/5 16:12～7/7 2:34				月柱 己未 7/7 2:35～8/7 12:17			
生日	日柱	男	女	生日	日柱	男	女	生日	日柱	男	女	生日	日柱	男	女	生日	日柱	男	女	生日	日柱	男	女
2/4	甲1戌	10	0	3/5	甲1辰	10	0	4/4	甲2戌	10	0	5/5	乙3巳	10	0	6/5	丙1子	11	0	7/7	戊1申	10	0
2/5	乙1亥	10	0	3/6	乙1巳	10	0	4/5	乙1亥	10	0	5/6	丙1午	10	0	6/6	丁2丑	10	0	7/8	己1酉	10	0
2/6	丙2子	9	1	3/7	丙1午	9	1	4/6	丙3子	10	1	5/7	丁1未	10	1	6/7	戊1寅	10	1	7/9	庚1戌	10	1
2/7	丁2丑	9	1	3/8	丁2未	9	1	4/7	丁2丑	10	1	5/8	戊1申	10	1	6/8	己1卯	10	1	7/10	辛1亥	9	1
2/8	戊3寅	9	1	3/9	戊3申	9	1	4/8	戊2寅	9	1	5/9	己1酉	9	1	6/9	庚1辰	9	1	7/11	壬1子	9	1
2/9	己3卯	8	2	3/10	己3酉	8	2	4/9	己3卯	9	2	5/10	庚1戌	9	2	6/10	辛1巳	9	2	7/12	癸1丑	9	2
2/10	庚3辰	8	2	3/11	庚3戌	8	2	4/10	庚3辰	8	2	5/11	辛1亥	8	2	6/11	壬1午	9	2	7/13	甲1寅	8	2
2/11	辛3巳	8	2	3/12	辛3亥	8	2	4/11	辛2巳	8	2	5/12	壬1子	8	2	6/12	癸1未	8	2	7/14	乙1卯	8	2
2/12	壬2午	7	3	3/13	壬3子	7	3	4/12	壬3午	7	3	5/13	癸1丑	7	3	6/13	甲1申	8	3	7/15	丙1辰	8	3
2/13	癸2未	7	3	3/14	癸2丑	7	3	4/13	癸3未	7	3	5/14	甲1寅	7	3	6/14	乙1酉	8	3	7/16	丁1巳	7	3
2/14	甲1申	7	3	3/15	甲1寅	7	3	4/14	甲1申	7	3	5/15	乙1卯	7	3	6/15	丙1戌	7	3	7/17	戊1午	7	3
2/15	乙1酉	6	4	3/16	乙1卯	6	4	4/15	乙2酉	7	3	5/16	丙1辰	7	4	6/16	丁1亥	7	4	7/18	己1未	7	4
2/16	丙1戌	6	4	3/17	丙1辰	6	4	4/16	丙1戌	6	4	5/17	丁1巳	6	4	6/17	戊1子	7	4	7/19	庚1申	6	4
2/17	丁2亥	6	4	3/18	丁1巳	6	4	4/17	丁1亥	6	4	5/18	戊1午	6	4	6/18	己1丑	6	4	7/20	辛1酉	6	4
2/18	戊3子	5	5	3/19	戊2午	5	5	4/18	戊1子	5	5	5/19	己1未	6	5	6/19	庚2寅	6	5	7/21	壬1戌	6	5
2/19	己2丑	5	5	3/20	己2未	5	5	4/19	己1丑	5	5	5/20	庚1申	5	5	6/20	辛3卯	6	5	7/22	癸3亥	5	5
2/20	庚3寅	5	5	3/21	庚3申	5	5	4/20	庚2寅	5	5	5/21	辛1酉	5	5	6/21	壬3辰	5	5	7/23	甲3子	5	5
2/21	辛1卯	4	6	3/22	辛2酉	4	6	4/21	辛2卯	4	6	5/22	壬1戌	5	6	6/22	癸3巳	5	6	7/24	乙3丑	5	6
2/22	壬3辰	4	6	3/23	壬3戌	4	6	4/22	壬3辰	4	6	5/23	癸1亥	4	6	6/23	甲3午	5	6	7/25	丙3寅	4	6
2/23	癸3巳	4	6	3/24	癸3亥	4	6	4/23	癸3巳	4	6	5/24	甲1子	4	6	6/24	乙3未	4	6	7/26	丁3卯	4	6
2/24	甲1午	3	7	3/25	甲1子	3	7	4/24	甲2午	3	7	5/25	乙1丑	4	7	6/25	丙3申	4	7	7/27	戊3辰	4	7
2/25	乙1未	3	7	3/26	乙1丑	3	7	4/25	乙2未	3	7	5/26	丙1寅	3	7	6/26	丁2酉	4	7	7/28	己3巳	3	7
2/26	丙1申	3	7	3/27	丙2寅	3	7	4/26	丙3申	3	7	5/27	丁1卯	3	7	6/27	戊3戌	3	7	7/29	庚3午	3	7
2/27	丁2酉	2	8	3/28	丁2卯	2	8	4/27	丁3酉	2	8	5/28	戊1辰	3	8	6/28	己3亥	3	8	7/30	辛3未	3	8
2/28	戊2戌	2	8	3/29	戊2辰	2	8	4/28	戊2戌	2	8	5/29	己1巳	2	8	6/29	庚2子	3	8	7/31	壬3申	2	8
2/29	己3亥	2	8	3/30	己2巳	2	8	4/29	己2亥	2	8	5/30	庚3午	2	8	6/30	辛1丑	2	8	8/1	癸3酉	2	8
3/1	庚3子	1	9	3/31	庚3午	1	9	4/30	庚2子	1	9	5/31	辛1未	2	9	7/1	壬3寅	2	9	8/2	甲3戌	2	9
3/2	辛2丑	1	9	4/1	辛1未	1	9	5/1	辛1丑	1	9	6/1	壬1申	1	9	7/2	癸3卯	2	9	8/3	乙2亥	1	9
3/3	壬3寅	1	9	4/2	壬2申	1	9	5/2	壬3寅	1	9	6/2	癸1酉	1	9	7/3	甲3辰	1	9	8/4	丙3子	1	9
3/4	癸3卯	0	10	4/3	癸2酉	0	10	5/3	癸3卯	1	10	6/3	甲1戌	1	10	7/4	乙3巳	1	10	8/5	丁1丑	1	10
3/5	甲1辰	0	10	4/4	甲1戌	0	10	5/4	甲3辰	0	10	6/4	乙1亥	0	10	7/5	丙1午	1	10	8/6	戊2寅	1	10
								5/5	乙2巳	0	10	6/5	丙1子	0	10	7/6	丁1未	0	10	8/7	己1卯	0	10
																7/7	戊1申	0	11				

歳	男	歳	女	歳	男	歳	女	歳	男	歳	女	歳	男	歳	女	歳	男	歳	女	歳	男	歳	女
0	乙卯	0	癸丑	0	丙辰	0	甲寅	0	丁巳	0	乙卯	0	戊午	0	丙辰	0	己未	0	丁巳	0	庚申	0	戊午
10	丙辰	10	壬子	10	丁巳	10	癸丑	10	戊午	10	甲寅	10	己未	10	乙卯	10	庚申	10	丙辰	10	辛酉	10	丁巳
20	丁巳	20	辛亥	20	戊午	20	壬子	20	己未	20	癸丑	20	庚申	20	甲寅	20	辛酉	20	乙卯	20	壬戌	20	丙辰
30	戊午	30	庚戌	30	己未	30	辛亥	30	庚申	30	壬子	30	辛酉	30	癸丑	30	壬戌	30	甲寅	30	癸亥	30	乙卯
40	己未	40	己酉	40	庚申	40	庚戌	40	辛酉	40	辛亥	40	壬戌	40	壬子	40	癸亥	40	癸丑	40	甲子	40	甲寅
50	庚申	50	戊申	50	辛酉	50	己酉	50	壬戌	50	庚戌	50	癸亥	50	辛亥	50	甲子	50	壬子	50	乙丑	50	癸丑
60	辛酉	60	丁未	60	壬戌	60	戊申	60	癸亥	60	己酉	60	甲子	60	庚戌	60	乙丑	60	辛亥	60	丙寅	60	壬子
70	壬戌	70	丙午	70	癸亥	70	丁未	70	甲子	70	戊申	70	乙丑	70	己酉	70	丙寅	70	庚戌	70	丁卯	70	辛亥
80	癸亥	80	乙巳	80	甲子	80	丙午	80	乙丑	80	丁未	80	丙寅	80	戊申	80	丁卯	80	己酉	80	戊辰	80	庚戌

～2009年（平成21年）2月4日0時51分

8月7日12:18～9月7日15:01　月柱：庚申

生日	日柱	立運年齢 男	立運年齢 女
8/7	己卯	10	0
8/8	庚辰	10	0
8/9	辛巳	10	1
8/10	壬午	9	1
8/11	癸未	9	1
8/12	甲申	9	2
8/13	乙酉	8	2
8/14	丙戌	8	2
8/15	丁亥	8	3
8/16	戊子	7	3
8/17	己丑	7	3
8/18	庚寅	7	4
8/19	辛卯	6	4
8/20	壬辰	6	4
8/21	癸巳	6	5
8/22	甲午	5	5
8/23	乙未	5	5
8/24	丙申	5	6
8/25	丁酉	4	6
8/26	戊戌	4	6
8/27	己亥	4	7
8/28	庚子	3	7
8/29	辛丑	3	7
8/30	壬寅	3	8
8/31	癸卯	2	8
9/1	甲辰	2	8
9/2	乙巳	2	9
9/3	丙午	1	9
9/4	丁未	1	9
9/5	戊申	1	10
9/6	己酉	0	10
9/7	庚戌	0	10

9月7日15:02～10月8日6:25　月柱：辛酉

生日	日柱	立運年齢 男	立運年齢 女
9/7	庚戌	10	0
9/8	辛亥	10	0
9/9	壬子	10	1
9/10	癸丑	9	1
9/11	甲寅	9	1
9/12	乙卯	9	2
9/13	丙辰	8	2
9/14	丁巳	8	2
9/15	戊午	8	3
9/16	己未	7	3
9/17	庚申	7	3
9/18	辛酉	7	4
9/19	壬戌	6	4
9/20	癸亥	6	4
9/21	甲子	6	5
9/22	乙丑	5	5
9/23	丙寅	5	5
9/24	丁卯	5	6
9/25	戊辰	4	6
9/26	己巳	4	6
9/27	庚午	4	7
9/28	辛未	3	7
9/29	壬申	3	7
9/30	癸酉	3	8
10/1	甲戌	2	8
10/2	乙亥	2	8
10/3	丙子	2	9
10/4	丁丑	1	9
10/5	戊寅	1	9
10/6	己卯	1	10
10/7	庚辰	0	10
10/8	辛巳	0	10

10月8日6:26～11月7日9:20　月柱：壬戌

生日	日柱	立運年齢 男	立運年齢 女
10/8	辛巳	10	0
10/9	壬午	10	0
10/10	癸未	10	1
10/11	甲申	9	1
10/12	乙酉	9	1
10/13	丙戌	8	2
10/14	丁亥	8	2
10/15	戊子	8	2
10/16	己丑	7	3
10/17	庚寅	7	3
10/18	辛卯	7	3
10/19	壬辰	6	4
10/20	癸巳	6	4
10/21	甲午	6	4
10/22	乙未	5	5
10/23	丙申	5	5
10/24	丁酉	5	5
10/25	戊戌	4	6
10/26	己亥	4	6
10/27	庚子	4	6
10/28	辛丑	3	7
10/29	壬寅	3	7
10/30	癸卯	3	7
10/31	甲辰	2	8
11/1	乙巳	2	8
11/2	丙午	2	8
11/3	丁未	1	9
11/4	戊申	1	9
11/5	己酉	1	9
11/6	庚戌	0	10
11/7	辛亥	0	10

11月7日9:21～12月7日2:00　月柱：癸亥

生日	日柱	立運年齢 男	立運年齢 女
11/7	辛亥	10	0
11/8	壬子	10	0
11/9	癸丑	9	1
11/10	甲寅	9	1
11/11	乙卯	9	1
11/12	丙辰	8	2
11/13	丁巳	8	2
11/14	戊午	8	2
11/15	己未	7	3
11/16	庚申	7	3
11/17	辛酉	7	3
11/18	壬戌	6	4
11/19	癸亥	6	4
11/20	甲子	6	4
11/21	乙丑	5	5
11/22	丙寅	5	5
11/23	丁卯	5	5
11/24	戊辰	4	6
11/25	己巳	4	6
11/26	庚午	3	6
11/27	辛未	3	7
11/28	壬申	3	7
11/29	癸酉	3	7
11/30	甲戌	2	8
12/1	乙亥	2	8
12/2	丙子	1	8
12/3	丁丑	1	9
12/4	戊寅	1	9
12/5	己卯	1	9
12/6	庚辰	0	10
12/7	辛巳	0	10

12月7日2:01～1月5日13:09　月柱：甲子

生日	日柱	立運年齢 男	立運年齢 女
12/7	辛巳	10	0
12/8	壬午	9	0
12/9	癸未	9	1
12/10	甲申	9	1
12/11	乙酉	9	1
12/12	丙戌	8	2
12/13	丁亥	8	2
12/14	戊子	7	2
12/15	己丑	7	3
12/16	庚寅	7	3
12/17	辛卯	6	3
12/18	壬辰	6	4
12/19	癸巳	5	4
12/20	甲午	5	4
12/21	乙未	5	5
12/22	丙申	5	5
12/23	丁酉	4	5
12/24	戊戌	4	6
12/25	己亥	4	6
12/26	庚子	3	6
12/27	辛丑	3	7
12/28	壬寅	3	7
12/29	癸卯	2	7
12/30	甲辰	2	8
12/31	乙巳	2	8
1/1	丙午	1	8
1/2	丁未	1	9
1/3	戊申	0	9
1/4	己酉	0	9
1/5	庚戌	0	10

1月5日13:10～2月4日0:51　月柱：乙丑

生日	日柱	立運年齢 男	立運年齢 女
1/5	庚戌	10	0
1/6	辛亥	10	0
1/7	壬子	9	1
1/8	癸丑	9	1
1/9	甲寅	9	1
1/10	乙卯	8	2
1/11	丙辰	8	2
1/12	丁巳	8	2
1/13	戊午	7	3
1/14	己未	7	3
1/15	庚申	7	3
1/16	辛酉	6	4
1/17	壬戌	6	4
1/18	癸亥	6	4
1/19	甲子	5	5
1/20	乙丑	5	5
1/21	丙寅	5	5
1/22	丁卯	4	6
1/23	戊辰	4	6
1/24	己巳	4	6
1/25	庚午	3	7
1/26	辛未	3	7
1/27	壬申	3	7
1/28	癸酉	2	8
1/29	甲戌	2	8
1/30	乙亥	2	8
1/31	丙子	1	9
2/1	丁丑	1	9
2/2	戊寅	1	9
2/3	己卯	0	10
2/4	庚辰	0	10

立運（大運）表

歳	庚申 男	庚申 女	辛酉 男	辛酉 女	壬戌 男	壬戌 女	癸亥 男	癸亥 女	甲子 男	甲子 女	乙丑 男	乙丑 女
0	辛酉	己未	壬戌	庚申	癸亥	庚申	甲子	辛酉	甲子	壬戌	乙丑	甲子
10	壬戌	戊午	癸亥	己未	甲子	己未	乙丑	庚申	丙寅	辛酉	丙寅	癸亥
20	癸亥	丁巳	甲子	戊午	乙丑	戊午	丙寅	己未	丁卯	庚申	丁卯	壬戌
30	甲子	丙辰	乙丑	丁巳	丙寅	丁巳	丁卯	戊午	戊辰	己未	戊辰	辛酉
40	乙丑	乙卯	丙寅	丙辰	丁卯	丙辰	戊辰	丁巳	己巳	戊午	己巳	庚申
50	丙寅	甲寅	丁卯	乙卯	戊辰	乙卯	己巳	丙辰	庚午	丁巳	庚午	己未
60	丁卯	癸丑	戊辰	甲寅	己巳	甲寅	庚午	乙卯	辛未	丙辰	壬申	戊午
70	戊辰	壬子	己巳	癸丑	庚午	癸丑	辛未	甲寅	壬申	乙卯	癸酉	丁巳
80	己巳	辛亥	庚午	壬子	辛未	壬子	壬申	癸丑	癸酉	甲寅	甲戌	丙辰

年柱 己丑　2009年（平成21年）2月4日0時52分～

期間	月柱
2月4日 0:52～ 3月5日19:01	丙寅
3月5日19:02～ 4月5日 0:04	丁卯
4月5日 0:05～ 5月5日17:38	戊辰
5月5日17:39～ 6月5日22:00	己巳
6月5日22:01～ 7月7日 8:23	庚午
7月7日 8:24～ 8月7日18:06	辛未

月柱 丙寅（2月4日0:52～3月5日19:01）

生日	日柱	男	女
2/4	庚$_3$辰	0	10
2/5	辛$_3$巳	0	9
2/6	壬$_3$午	1	9
2/7	癸$_3$未	1	9
2/8	甲$_2$申	1	8
2/9	乙$_2$酉	2	8
2/10	丙$_2$戌	2	8
2/11	丁$_2$亥	2	7
2/12	戊$_1$子	3	7
2/13	己$_1$丑	3	7
2/14	庚$_1$寅	3	6
2/15	辛$_1$卯	4	6
2/16	壬$_1$辰	4	6
2/17	癸$_3$巳	4	5
2/18	甲$_2$午	5	5
2/19	乙$_2$未	5	5
2/20	丙$_2$申	5	4
2/21	丁$_1$酉	6	4
2/22	戊$_1$戌	6	4
2/23	己$_1$亥	6	3
2/24	庚$_1$子	7	3
2/25	辛$_1$丑	7	3
2/26	壬$_1$寅	7	2
2/27	癸$_3$卯	8	2
2/28	甲$_2$辰	8	2
3/1	乙$_2$巳	8	1
3/2	丙$_1$午	9	1
3/3	丁$_2$未	9	1
3/4	戊$_1$申	9	0
3/5	己$_1$酉	10	0

月柱 丁卯（3月5日19:02～4月5日0:04）

生日	日柱	男	女
3/5	己$_1$酉	0	10
3/6	庚$_1$戌	0	10
3/7	辛$_2$亥	1	10
3/8	壬$_3$子	1	9
3/9	癸$_3$丑	1	9
3/10	甲$_2$寅	2	9
3/11	乙$_2$卯	2	8
3/12	丙$_2$辰	2	8
3/13	丁$_1$巳	3	8
3/14	戊$_1$午	3	7
3/15	己$_1$未	3	7
3/16	庚$_1$申	4	7
3/17	辛$_1$酉	4	6
3/18	壬$_3$戌	4	6
3/19	癸$_3$亥	5	6
3/20	甲$_1$子	5	5
3/21	乙$_2$丑	5	5
3/22	丙$_2$寅	6	5
3/23	丁$_2$卯	6	4
3/24	戊$_1$辰	6	4
3/25	己$_1$巳	7	4
3/26	庚$_1$午	7	3
3/27	辛$_1$未	7	3
3/28	壬$_3$申	8	3
3/29	癸$_3$酉	8	2
3/30	甲$_2$戌	8	2
3/31	乙$_1$亥	9	2
4/1	丙$_1$子	9	1
4/2	丁$_1$丑	9	1
4/3	戊$_1$寅	10	1
4/4	己$_1$卯	10	0
4/5	庚$_1$辰	10	0

月柱 戊辰（4月5日0:05～5月5日17:38）

生日	日柱	男	女
4/5	庚$_1$辰	0	10
4/6	辛$_1$巳	0	10
4/7	壬$_3$午	1	10
4/8	癸$_3$未	1	9
4/9	甲$_3$申	1	9
4/10	乙$_2$酉	2	9
4/11	丙$_2$戌	2	8
4/12	丁$_2$亥	2	8
4/13	戊$_1$子	3	8
4/14	己$_1$丑	3	7
4/15	庚$_1$寅	3	7
4/16	辛$_1$卯	4	7
4/17	壬$_1$辰	4	6
4/18	癸$_3$巳	4	6
4/19	甲$_3$午	5	6
4/20	乙$_2$未	5	5
4/21	丙$_2$申	5	5
4/22	丁$_2$酉	6	5
4/23	戊$_1$戌	6	4
4/24	己$_1$亥	6	4
4/25	庚$_1$子	7	4
4/26	辛$_1$丑	7	3
4/27	壬$_2$寅	7	3
4/28	癸$_3$卯	8	3
4/29	甲$_3$辰	8	2
4/30	乙$_2$巳	8	2
5/1	丙$_1$午	9	2
5/2	丁$_2$未	9	1
5/3	戊$_1$申	9	1
5/4	己$_1$酉	10	1
5/5	庚$_1$戌	10	0

月柱 己巳（5月5日17:39～6月5日22:00）

生日	日柱	男	女
5/5	庚$_1$戌	0	10
5/6	辛$_1$亥	0	10
5/7	壬$_3$子	1	10
5/8	癸$_3$丑	1	9
5/9	甲$_3$寅	1	9
5/10	乙$_3$卯	2	9
5/11	丙$_2$辰	2	8
5/12	丁$_2$巳	2	8
5/13	戊$_1$午	3	8
5/14	己$_1$未	3	7
5/15	庚$_1$申	3	7
5/16	辛$_2$酉	4	7
5/17	壬$_3$戌	4	6
5/18	癸$_3$亥	4	6
5/19	甲$_3$子	5	6
5/20	乙$_3$丑	5	5
5/21	丙$_2$寅	5	5
5/22	丁$_2$卯	6	5
5/23	戊$_1$辰	6	4
5/24	己$_1$巳	6	4
5/25	庚$_1$午	7	4
5/26	辛$_2$未	7	3
5/27	壬$_3$申	7	3
5/28	癸$_3$酉	8	3
5/29	甲$_3$戌	8	2
5/30	乙$_3$亥	8	2
6/1	丙$_1$子	9	2
6/2	丁$_2$丑	9	1
6/3	戊$_1$寅	9	1
6/4	己$_1$卯	10	0
6/5	庚$_1$辰	10	0

月柱 庚午（6月5日22:01～7月7日8:23）

生日	日柱	男	女
6/5	辛$_1$巳	0	11
6/6	壬$_3$午	0	10
6/7	癸$_3$未	1	10
6/8	甲$_3$申	1	10
6/9	乙$_3$酉	1	9
6/10	丙$_2$戌	2	9
6/11	丁$_2$亥	2	9
6/12	戊$_1$子	2	8
6/13	己$_1$丑	3	8
6/14	庚$_1$寅	3	8
6/15	辛$_1$卯	3	7
6/16	壬$_1$辰	4	7
6/17	癸$_3$巳	4	7
6/18	甲$_3$午	4	6
6/19	乙$_3$未	5	6
6/20	丙$_2$申	5	6
6/21	丁$_2$酉	5	5
6/22	戊$_1$戌	6	5
6/23	己$_1$亥	6	5
6/24	庚$_1$子	6	4
6/25	辛$_1$丑	7	4
6/26	壬$_1$寅	7	4
6/27	癸$_3$卯	7	3
6/28	甲$_3$辰	8	3
6/29	乙$_3$巳	8	3
6/30	丙$_1$午	8	2
7/1	丁$_2$未	9	2
7/2	戊$_1$申	9	1
7/3	己$_1$酉	9	1
7/4	庚$_1$戌	10	1
7/5	辛$_1$亥	10	0
7/6	壬$_1$子	10	0
7/7	癸$_3$丑	11	0

月柱 辛未（7月7日8:24～8月7日18:06）

生日	日柱	男	女
7/7	癸$_3$丑	0	10
7/8	甲$_3$寅	0	10
7/9	乙$_3$卯	1	10
7/10	丙$_3$辰	1	9
7/11	丁$_2$巳	1	9
7/12	戊$_1$午	2	9
7/13	己$_1$未	2	8
7/14	庚$_1$申	2	8
7/15	辛$_1$酉	3	8
7/16	壬$_2$戌	3	7
7/17	癸$_3$亥	3	7
7/18	甲$_3$子	4	7
7/19	乙$_3$丑	4	6
7/20	丙$_3$寅	4	6
7/21	丁$_3$卯	5	6
7/22	戊$_1$辰	5	5
7/23	己$_1$巳	5	5
7/24	庚$_1$午	6	5
7/25	辛$_1$未	6	4
7/26	壬$_2$申	6	4
7/27	癸$_3$酉	7	4
7/28	甲$_3$戌	7	3
7/29	乙$_3$亥	7	3
7/30	丙$_3$子	8	3
7/31	丁$_1$丑	8	2
8/1	戊$_1$寅	8	2
8/2	己$_1$卯	9	2
8/3	庚$_1$辰	9	1
8/4	辛$_1$巳	9	1
8/5	壬$_1$午	10	1
8/6	癸$_3$未	10	0
8/7	甲$_3$申	10	0

大運表

歳	丙寅 男	丙寅 女	丁卯 男	丁卯 女	戊辰 男	戊辰 女	己巳 男	己巳 女	庚午 男	庚午 女	辛未 男	辛未 女
0	乙丑	丁卯	丙寅	戊辰	丁卯	己巳	戊辰	庚午	己巳	辛未	庚午	壬申
10	甲子	戊辰	乙丑	己巳	丙寅	庚午	丁卯	辛未	戊辰	壬申	己巳	癸酉
20	癸亥	己巳	甲子	庚午	乙丑	辛未	丙寅	壬申	丁卯	癸酉	戊辰	甲戌
30	壬戌	庚午	癸亥	辛未	甲子	壬申	乙丑	癸酉	丙寅	甲戌	丁卯	乙亥
40	辛酉	辛未	壬戌	壬申	癸亥	癸酉	甲子	甲戌	乙丑	乙亥	丙寅	丙子
50	庚申	壬申	辛酉	癸酉	壬戌	甲戌	癸亥	乙亥	甲子	丙子	乙丑	丁丑
60	己未	癸酉	庚申	甲戌	辛酉	乙亥	壬戌	丙子	癸亥	丁丑	甲子	戊寅
70	戊午	甲戌	己未	乙亥	庚申	丙子	辛酉	丁丑	壬戌	戊寅	癸亥	己卯
80	丁巳	乙亥	戊午	丙子	己未	丁丑	庚申	戊寅	辛酉	己卯	壬戌	庚辰

～2010年（平成22年）2月4日6時41分

月柱 壬申（8月7日18:07～9月7日20:50）

生日	日柱	男	女
8 7	甲3申	0	10
8 8	乙3酉	0	10
8 9	丙3戌	1	10
8 10	丁2亥	1	9
8 11	戊2子	1	9
8 12	己1丑	2	9
8 13	庚1寅	2	8
8 14	辛1卯	2	8
8 15	壬2辰	3	8
8 16	癸3巳	3	7
8 17	甲3午	3	7
8 18	乙3未	4	7
8 19	丙3申	4	6
8 20	丁3酉	4	6
8 21	戊1戌	5	6
8 22	己3亥	5	5
8 23	庚1子	5	5
8 24	辛1丑	6	5
8 25	壬2寅	6	4
8 26	癸2卯	6	4
8 27	甲3辰	7	4
8 28	乙3巳	7	3
8 29	丙3午	8	3
8 30	丁3未	8	3
8 31	戊2申	8	2
9 1	己2酉	8	2
9 2	庚1戌	9	2
9 3	辛1亥	9	1
9 4	壬1子	9	1
9 5	癸1丑	10	1
9 6	甲1寅	10	0
9 7	乙2卯	10	0

月柱 癸酉（9月7日20:51～10月8日12:14）

生日	日柱	男	女
9 7	乙2卯	0	10
9 8	丙3辰	0	10
9 9	丁1巳	1	10
9 10	戊1午	1	9
9 11	己1未	1	9
9 12	庚1申	2	9
9 13	辛1酉	2	8
9 14	壬2戌	2	8
9 15	癸3亥	3	8
9 16	甲2子	3	7
9 17	乙3丑	3	7
9 18	丙3寅	4	7
9 19	丁1卯	4	6
9 20	戊1辰	4	6
9 21	己1巳	5	6
9 22	庚1午	5	5
9 23	辛1未	5	5
9 24	壬1申	6	5
9 25	癸2酉	6	4
9 26	甲3戌	6	4
9 27	乙2亥	7	4
9 28	丙3子	7	3
9 29	丁3丑	7	3
9 30	戊3寅	8	3
10 1	己3卯	8	2
10 2	庚1辰	8	2
10 3	辛1巳	9	2
10 4	壬2午	9	1
10 5	癸3未	9	1
10 6	甲1申	10	1
10 7	乙3酉	10	0
10 8	丙3戌	10	0

月柱 甲戌（10月8日12:15～11月7日15:09）

生日	日柱	男	女
10 8	丙3戌	0	10
10 9	丁3亥	0	10
10 10	戊1子	1	9
10 11	己1丑	1	9
10 12	庚1寅	1	9
10 13	辛1卯	2	8
10 14	壬1辰	2	8
10 15	癸3巳	2	8
10 16	甲3午	3	7
10 17	乙3未	3	7
10 18	丙3申	3	7
10 19	丁1酉	4	6
10 20	戊1戌	4	6
10 21	己1亥	4	6
10 22	庚1子	5	5
10 23	辛1丑	5	5
10 24	壬1寅	5	5
10 25	癸3卯	6	4
10 26	甲1辰	6	4
10 27	乙3巳	6	4
10 28	丙1午	7	3
10 29	丁1未	7	3
10 30	戊1申	7	3
10 31	己1酉	8	2
11 1	庚1戌	8	2
11 2	辛1亥	8	2
11 3	壬1子	9	1
11 4	癸1丑	9	1
11 5	甲2寅	9	1
11 6	乙3卯	10	0
11 7	丙3辰	10	0

月柱 乙亥（11月7日15:10～12月7日7:52）

生日	日柱	男	女
11 7	丙3辰	0	10
11 8	丁1巳	0	10
11 9	戊1午	1	9
11 10	己1未	1	9
11 11	庚1申	1	9
11 12	辛1酉	2	8
11 13	壬1戌	2	8
11 14	癸3亥	2	8
11 15	甲1子	3	7
11 16	乙1丑	3	7
11 17	丙1寅	3	7
11 18	丁1卯	4	6
11 19	戊1辰	4	6
11 20	己1巳	4	6
11 21	庚1午	5	5
11 22	辛1未	5	5
11 23	壬1申	5	5
11 24	癸1酉	6	4
11 25	甲1戌	6	4
11 26	乙3亥	6	4
11 27	丙3子	7	3
11 28	丁3丑	7	3
11 29	戊3寅	8	2
11 30	己1卯	8	2
12 1	庚1辰	8	2
12 2	辛1巳	8	2
12 3	壬1午	9	1
12 4	癸1未	9	1
12 5	甲2申	9	1
12 6	乙3酉	10	0
12 7	丙3戌	10	0

月柱 丙子（12月7日7:53～1月5日18:59）

生日	日柱	男	女
12 7	丙3戌	0	10
12 8	丁3亥	0	9
12 9	戊1子	1	9
12 10	己1丑	1	9
12 11	庚1寅	1	8
12 12	辛2卯	2	8
12 13	壬2辰	2	8
12 14	癸3巳	2	7
12 15	甲3午	3	7
12 16	乙3未	3	7
12 17	丙3申	3	6
12 18	丁1酉	4	6
12 19	戊1戌	4	6
12 20	己1亥	4	5
12 21	庚2子	5	5
12 22	辛1丑	5	5
12 23	壬2寅	5	4
12 24	癸1卯	6	4
12 25	甲1辰	6	4
12 26	乙3巳	6	3
12 27	丙3午	7	3
12 28	丁1未	7	3
12 29	戊1申	7	2
12 30	己1酉	8	2
12 31	庚1戌	8	2
1 1	辛1亥	8	1
1 2	壬1子	9	1
1 3	癸1丑	9	1
1 4	甲2寅	9	0
1 5	乙3卯	10	0

月柱 丁丑（1月5日19:00～2月4日6:41）

生日	日柱	男	女
1 5	乙2卯	0	10
1 6	丙3辰	0	10
1 7	丁2巳	1	9
1 8	戊1午	1	9
1 9	己1未	1	9
1 10	庚1申	2	8
1 11	辛1酉	2	8
1 12	壬3戌	2	8
1 13	癸3亥	3	7
1 14	甲3子	3	7
1 15	乙3丑	3	7
1 16	丙1寅	4	6
1 17	丁1卯	4	6
1 18	戊1辰	4	6
1 19	己1巳	5	5
1 20	庚1午	5	5
1 21	辛1未	5	5
1 22	壬2申	6	4
1 23	癸2酉	6	4
1 24	甲3戌	6	4
1 25	乙3亥	7	3
1 26	丙3子	7	3
1 27	丁1丑	7	3
1 28	戊1寅	8	2
1 29	己2卯	8	2
1 30	庚1辰	8	1
1 31	辛1巳	9	1
2 1	壬3午	9	1
2 2	癸3未	9	1
2 3	甲3申	10	0
2 4	乙3酉	10	0

大運表

歳	壬申 男	壬申 女	癸酉 男	癸酉 女	甲戌 男	甲戌 女	乙亥 男	乙亥 女	丙子 男	丙子 女	丁丑 男	丁丑 女
0	辛未	癸酉	壬申	甲戌	癸酉	乙亥	甲戌	丙子	乙亥	丁丑	丙子	戊寅
10	庚午	甲戌	辛未	乙亥	壬申	丙子	癸酉	丁丑	甲戌	戊寅	乙亥	己卯
20	己巳	乙亥	庚午	丙子	辛未	丁丑	壬申	戊寅	癸酉	己卯	甲戌	庚辰
30	戊辰	丙子	己巳	丁丑	庚午	戊寅	辛未	己卯	壬申	庚辰	癸酉	辛巳
40	丁卯	丁丑	戊辰	戊寅	己巳	己卯	庚午	庚辰	辛未	辛巳	壬申	壬午
50	丙寅	戊寅	丁卯	己卯	戊辰	庚辰	己巳	辛巳	庚午	壬午	辛未	癸未
60	乙丑	己卯	丙寅	庚辰	丁卯	辛巳	戊辰	壬午	己巳	癸未	庚午	甲申
70	甲子	庚辰	乙丑	辛巳	丙寅	壬午	丁卯	癸未	戊辰	甲申	己巳	乙酉
80	癸亥	辛巳	甲子	壬午	乙丑	癸未	丙寅	甲申	丁卯	乙酉	戊辰	丙戌

年柱 庚寅 2010年（平成22年）2月4日6時42分～

	戊寅		己卯		庚辰		辛巳		壬午		癸未
期間	2月4日 6:42～ 3月6日 0:51		3月6日 0:52～ 4月5日 5:54		4月5日 5:55～ 5月5日 23:28		5月5日 23:29～ 6月6日 3:50		6月6日 3:51～ 7月7日 14:13		7月7日 14:14～ 8月7日 23:56

月柱 戊寅（2月）

生日	日柱	男	女
2 4	乙酉	10	0
2 5	丙戌	10	0
2 6	丁亥	9	1
2 7	戊子	9	1
2 8	己丑	9	1
2 9	庚寅	8	2
2 10	辛卯	8	2
2 11	壬辰	8	2
2 12	癸巳	7	3
2 13	甲午	7	3
2 14	乙未	7	3
2 15	丙申	6	4
2 16	丁酉	6	4
2 17	戊戌	6	4
2 18	己亥	5	5
2 19	庚子	5	5
2 20	辛丑	5	5
2 21	壬寅	4	6
2 22	癸卯	4	6
2 23	甲辰	4	6
2 24	乙巳	3	7
2 25	丙午	3	7
2 26	丁未	3	7
2 27	戊申	2	8
2 28	己酉	2	8
3 1	庚戌	2	8
3 2	辛亥	1	9
3 3	壬子	1	9
3 4	癸丑	1	9
3 5	甲寅	0	10
3 6	乙卯	0	10

月柱 己卯（3月）

生日	日柱	男	女
3 6	乙卯	10	0
3 7	丙辰	10	0
3 8	丁巳	9	1
3 9	戊午	9	1
3 10	己未	9	1
3 11	庚申	8	2
3 12	辛酉	8	2
3 13	壬戌	8	2
3 14	癸亥	7	3
3 15	甲子	7	3
3 16	乙丑	7	3
3 17	丙寅	6	4
3 18	丁卯	6	4
3 19	戊辰	6	4
3 20	己巳	5	5
3 21	庚午	5	5
3 22	辛未	5	5
3 23	壬申	4	6
3 24	癸酉	4	6
3 25	甲戌	4	6
3 26	乙亥	3	7
3 27	丙子	3	7
3 28	丁丑	3	7
3 29	戊寅	2	8
3 30	己卯	2	8
3 31	庚辰	2	8
4 1	辛巳	1	9
4 2	壬午	1	9
4 3	癸未	1	9
4 4	甲申	0	10
4 5	乙酉	0	10

月柱 庚辰（4月）

生日	日柱	男	女
4 5	乙酉	10	0
4 6	丙戌	10	0
4 7	丁亥	9	1
4 8	戊子	9	1
4 9	己丑	9	1
4 10	庚寅	8	2
4 11	辛卯	8	2
4 12	壬辰	8	2
4 13	癸巳	7	3
4 14	甲午	7	3
4 15	乙未	7	3
4 16	丙申	6	4
4 17	丁酉	6	4
4 18	戊戌	6	4
4 19	己亥	5	5
4 20	庚子	5	5
4 21	辛丑	5	5
4 22	壬寅	4	6
4 23	癸卯	4	6
4 24	甲辰	4	6
4 25	乙巳	3	7
4 26	丙午	3	7
4 27	丁未	3	7
4 28	戊申	2	8
4 29	己酉	2	8
4 30	庚戌	2	8
5 1	辛亥	1	9
5 2	壬子	1	9
5 3	癸丑	1	9
5 4	甲寅	0	10
5 5	乙卯	0	10

月柱 辛巳（5月）

生日	日柱	男	女
5 5	乙卯	11	0
5 6	丙辰	10	0
5 7	丁巳	10	1
5 8	戊午	9	1
5 9	己未	9	1
5 10	庚申	8	2
5 11	辛酉	8	2
5 12	壬戌	8	2
5 13	癸亥	7	3
5 14	甲子	7	3
5 15	乙丑	7	3
5 16	丙寅	7	4
5 17	丁卯	6	4
5 18	戊辰	6	4
5 19	己巳	6	5
5 20	庚午	5	5
5 21	辛未	5	5
5 22	壬申	5	6
5 23	癸酉	4	6
5 24	甲戌	4	6
5 25	乙亥	4	7
5 26	丙子	3	7
5 27	丁丑	3	7
5 28	戊寅	3	8
5 29	己卯	2	8
5 30	庚辰	2	8
5 31	辛巳	2	9
6 1	壬午	1	9
6 2	癸未	1	9
6 3	甲申	1	10
6 4	乙酉	1	10
6 5	丙戌	0	10
6 6	丁亥	0	11

月柱 壬午（6月）

生日	日柱	男	女
6 6	丁亥	10	0
6 7	戊子	10	0
6 8	己丑	10	1
6 9	庚寅	9	1
6 10	辛卯	9	1
6 11	壬辰	9	2
6 12	癸巳	8	2
6 13	甲午	8	2
6 14	乙未	8	3
6 15	丙申	7	3
6 16	丁酉	7	3
6 17	戊戌	7	4
6 18	己亥	6	4
6 19	庚子	6	4
6 20	辛丑	6	5
6 21	壬寅	5	5
6 22	癸卯	5	5
6 23	甲辰	5	6
6 24	乙巳	4	6
6 25	丙午	4	6
6 26	丁未	4	7
6 27	戊申	3	7
6 28	己酉	3	7
6 29	庚戌	3	8
6 30	辛亥	2	8
7 1	壬子	2	8
7 2	癸丑	2	9
7 3	甲寅	1	9
7 4	乙卯	1	9
7 5	丙辰	1	10
7 6	丁巳	0	10
7 7	戊午	0	10

月柱 癸未（7月）

生日	日柱	男	女
7 7	戊午	10	0
7 8	己未	10	0
7 9	庚申	10	1
7 10	辛酉	9	1
7 11	壬戌	9	1
7 12	癸亥	9	2
7 13	甲子	8	2
7 14	乙丑	8	2
7 15	丙寅	8	3
7 16	丁卯	7	3
7 17	戊辰	7	3
7 18	己巳	7	4
7 19	庚午	6	4
7 20	辛未	6	4
7 21	壬申	6	5
7 22	癸酉	5	5
7 23	甲戌	5	5
7 24	乙亥	5	6
7 25	丙子	4	6
7 26	丁丑	4	6
7 27	戊寅	4	7
7 28	己卯	3	7
7 29	庚辰	3	7
7 30	辛巳	3	8
7 31	壬午	2	8
8 1	癸未	2	8
8 2	甲申	2	9
8 3	乙酉	1	9
8 4	丙戌	1	9
8 5	丁亥	1	10
8 6	戊子	0	10
8 7	己丑	0	10

大運表

歳	男	歳	女	歳	男	歳	女	歳	男	歳	女	歳	男	歳	女	歳	男	歳	女	歳	男	歳	女
0	己卯	0	丁丑	0	庚辰	0	戊寅	0	辛巳	0	己卯	0	壬午	0	庚辰	0	癸未	0	辛巳	0	甲申	0	壬午
10	庚辰	10	丙子	10	辛巳	10	丁丑	10	壬午	10	戊寅	10	癸未	10	己卯	10	甲申	10	庚辰	10	乙酉	10	辛巳
20	辛巳	20	乙亥	20	壬午	20	丙子	20	癸未	20	丁丑	20	甲申	20	戊寅	20	乙酉	20	己卯	20	丙戌	20	庚辰
30	壬午	30	甲戌	30	癸未	30	乙亥	30	甲申	30	丙子	30	乙酉	30	丁丑	30	丙戌	30	戊寅	30	丁亥	30	己卯
40	癸未	40	癸酉	40	甲申	40	甲戌	40	乙酉	40	乙亥	40	丙戌	40	丙子	40	丁亥	40	丁丑	40	戊子	40	戊寅
50	甲申	50	壬申	50	乙酉	50	癸酉	50	丙戌	50	甲戌	50	丁亥	50	乙亥	50	戊子	50	丙子	50	己丑	50	丁丑
60	乙酉	60	辛未	60	丙戌	60	壬申	60	丁亥	60	癸酉	60	戊子	60	甲戌	60	己丑	60	乙亥	60	庚寅	60	丙子
70	丙戌	70	庚午	70	丁亥	70	辛未	70	戊子	70	壬申	70	己丑	70	癸酉	70	庚寅	70	甲戌	70	辛卯	70	乙亥
80	丁亥	80	己巳	80	戊子	80	庚午	80	己丑	80	辛未	80	庚寅	80	壬申	80	辛卯	80	癸酉	80	壬辰	80	甲戌

～2011年（平成23年）2月4日12時31分

甲申　8月7日23:57～9月8日 2:40

生日	日柱	男	女
8 7	己丑	11	0
8 8	庚寅	10	0
8 9	辛卯	10	1
8 10	壬辰	10	1
8 11	癸巳	9	1
8 12	甲午	9	2
8 13	乙未	9	2
8 14	丙申	8	2
8 15	丁酉	8	3
8 16	戊戌	8	3
8 17	己亥	7	3
8 18	庚子	7	4
8 19	辛丑	7	4
8 20	壬寅	6	4
8 21	癸卯	6	5
8 22	甲辰	6	5
8 23	乙巳	5	5
8 24	丙午	5	6
8 25	丁未	5	6
8 26	戊申	4	6
8 27	己酉	4	7
8 28	庚戌	4	7
8 29	辛亥	3	7
8 30	壬子	3	8
8 31	癸丑	3	8
9 1	甲寅	2	8
9 2	乙卯	2	9
9 3	丙辰	2	9
9 4	丁巳	1	9
9 5	戊午	1	10
9 6	己未	1	10
9 7	庚申	0	10
9 8	辛酉	0	11

乙酉　9月8日 2:41～10月8日18:04

生日	日柱	男	女
9 8	辛酉	10	0
9 9	壬戌	10	0
9 10	癸亥	9	1
9 11	甲子	9	1
9 12	乙丑	9	1
9 13	丙寅	8	2
9 14	丁卯	8	2
9 15	戊辰	8	2
9 16	己巳	7	3
9 17	庚午	7	3
9 18	辛未	7	3
9 19	壬申	6	4
9 20	癸酉	6	4
9 21	甲戌	6	4
9 22	乙亥	5	5
9 23	丙子	5	5
9 24	丁丑	5	5
9 25	戊寅	4	6
9 26	己卯	4	6
9 27	庚辰	4	6
9 28	辛巳	3	7
9 29	壬午	3	7
9 30	癸未	3	7
10 1	甲申	2	8
10 2	乙酉	2	8
10 3	丙戌	2	8
10 4	丁亥	1	9
10 5	戊子	1	9
10 6	己丑	1	9
10 7	庚寅	0	10
10 8	辛卯	0	10

丙戌　10月8日18:05～11月7日21:00

生日	日柱	男	女
10 8	辛卯	10	0
10 9	壬辰	10	0
10 10	癸巳	9	1
10 11	甲午	9	1
10 12	乙未	9	1
10 13	丙申	8	2
10 14	丁酉	8	2
10 15	戊戌	8	2
10 16	己亥	7	3
10 17	庚子	7	3
10 18	辛丑	7	3
10 19	壬寅	6	4
10 20	癸卯	6	4
10 21	甲辰	6	4
10 22	乙巳	5	5
10 23	丙午	5	5
10 24	丁未	4	5
10 25	戊申	4	6
10 26	己酉	4	6
10 27	庚戌	3	7
10 28	辛亥	3	7
10 29	壬子	3	7
10 30	癸丑	2	8
10 31	甲寅	2	8
11 1	乙卯	2	8
11 2	丙辰	1	9
11 3	丁巳	1	9
11 4	戊午	1	9
11 5	己未	0	10
11 6	庚申	0	10
11 7	辛酉	0	10

丁亥　11月7日21:01～12月7日13:40

生日	日柱	男	女
11 7	辛酉	10	0
11 8	壬戌	10	0
11 9	癸亥	9	1
11 10	甲子	9	1
11 11	乙丑	9	1
11 12	丙寅	8	2
11 13	丁卯	8	2
11 14	戊辰	8	2
11 15	己巳	7	3
11 16	庚午	7	3
11 17	辛未	7	3
11 18	壬申	6	4
11 19	癸酉	6	4
11 20	甲戌	5	5
11 21	乙亥	5	5
11 22	丙子	5	5
11 23	丁丑	4	5
11 24	戊寅	4	6
11 25	己卯	4	6
11 26	庚辰	3	7
11 27	辛巳	3	7
11 28	壬午	3	7
11 29	癸未	2	7
11 30	甲申	2	8
12 1	乙酉	2	8
12 2	丙戌	2	8
12 3	丁亥	1	9
12 4	戊子	1	9
12 5	己丑	1	9
12 6	庚寅	0	10
12 7	辛卯	0	10

戊子　12月7日13:41～1月6日 0:49

生日	日柱	男	女
12 7	辛卯	10	0
12 8	壬辰	10	0
12 9	癸巳	9	1
12 10	甲午	9	1
12 11	乙未	9	1
12 12	丙申	8	2
12 13	丁酉	8	2
12 14	戊戌	8	2
12 15	己亥	7	3
12 16	庚子	7	3
12 17	辛丑	7	3
12 18	壬寅	6	4
12 19	癸卯	6	4
12 20	甲辰	5	5
12 21	乙巳	5	5
12 22	丙午	5	5
12 23	丁未	4	5
12 24	戊申	4	6
12 25	己酉	4	6
12 26	庚戌	4	6
12 27	辛亥	3	7
12 28	壬子	3	7
12 29	癸丑	2	7
12 30	甲寅	2	8
12 31	乙卯	2	8
1 1	丙辰	2	8
1 2	丁巳	1	9
1 3	戊午	1	9
1 4	己未	1	9
1 5	庚申	0	10
1 6	辛酉	0	10

己丑　1月6日 0:50～2月4日12:31

生日	日柱	男	女
1 6	辛酉	10	0
1 7	壬戌	9	0
1 8	癸亥	9	1
1 9	甲子	9	1
1 10	乙丑	8	1
1 11	丙寅	8	2
1 12	丁卯	8	2
1 13	戊辰	7	2
1 14	己巳	7	3
1 15	庚午	7	3
1 16	辛未	6	3
1 17	壬申	6	4
1 18	癸酉	6	4
1 19	甲戌	5	5
1 20	乙亥	5	5
1 21	丙子	5	5
1 22	丁丑	4	5
1 23	戊寅	4	6
1 24	己卯	4	6
1 25	庚辰	3	6
1 26	辛巳	3	7
1 27	壬午	3	7
1 28	癸未	2	7
1 29	甲申	2	8
1 30	乙酉	2	8
1 31	丙戌	1	8
2 1	丁亥	1	9
2 2	戊子	1	9
2 3	己丑	0	9
2 4	庚寅	0	10

大運表

甲申

歳	男	歳	女
0	乙酉	0	癸未
10	丙戌	10	壬午
20	丁亥	20	辛巳
30	戊子	30	庚辰
40	己丑	40	己卯
50	庚寅	50	戊寅
60	辛卯	60	丁丑
70	壬辰	70	丙子
80	癸巳	80	乙亥

乙酉

歳	男	歳	女
0	丙戌	0	甲申
10	丁亥	10	癸未
20	戊子	20	壬午
30	己丑	30	辛巳
40	庚寅	40	庚辰
50	辛卯	50	己卯
60	壬辰	60	戊寅
70	癸巳	70	丁丑
80	甲午	80	丙子

丙戌

歳	男	歳	女
0	丁亥	0	乙酉
10	戊子	10	甲申
20	己丑	20	癸未
30	庚寅	30	壬午
40	辛卯	40	辛巳
50	壬辰	50	庚辰
60	癸巳	60	己卯
70	甲午	70	戊寅
80	乙未	80	丁丑

丁亥

歳	男	歳	女
0	戊子	0	丙戌
10	己丑	10	乙酉
20	庚寅	20	甲申
30	辛卯	30	癸未
40	壬辰	40	壬午
50	癸巳	50	辛巳
60	甲午	60	庚辰
70	乙未	70	己卯
80	丙申	80	戊寅

戊子

歳	男	歳	女
0	己丑	0	丁亥
10	庚寅	10	丙戌
20	辛卯	20	乙酉
30	壬辰	30	甲申
40	癸巳	40	癸未
50	甲午	50	壬午
60	乙未	60	辛巳
70	丙申	70	庚辰
80	丁酉	80	己卯

己丑

歳	男	歳	女
0	庚寅	0	戊子
10	辛卯	10	丁亥
20	壬辰	20	丙戌
30	癸巳	30	乙酉
40	甲午	40	甲申
50	乙未	50	癸未
60	丙申	60	壬午
70	丁酉	70	辛巳
80	戊戌	80	庚辰

年柱 辛卯　2011年（平成23年）2月4日12時32分～

期間	月柱
2月4日12:32～3月6日 6:42	庚寅
3月6日 6:43～4月5日11:45	辛卯
4月5日11:46～5月6日 5:19	壬辰
5月6日 5:20～6月6日 9:42	癸巳
6月6日 9:43～7月7日20:05	甲午
7月7日20:06～8月8日 5:48	乙未

月柱 庚寅（2月4日12:32～3月6日 6:42）

生日	日柱	男	女
2/4	庚2寅	0	10
2/5	辛2卯	0	10
2/6	壬2辰	1	9
2/7	癸2巳	1	9
2/8	甲2午	1	9
2/9	乙1未	2	8
2/10	丙2申	2	8
2/11	丁2酉	2	8
2/12	戊3戌	3	7
2/13	己3亥	3	7
2/14	庚2子	3	7
2/15	辛1丑	4	6
2/16	壬2寅	4	6
2/17	癸2卯	4	6
2/18	甲1辰	5	5
2/19	乙1巳	5	5
2/20	丙2午	5	5
2/21	丁2未	6	4
2/22	戊3申	6	4
2/23	己3酉	6	4
2/24	庚2戌	7	3
2/25	辛2亥	7	3
2/26	壬1子	7	3
2/27	癸2丑	8	2
2/28	甲1寅	8	2
3/1	乙1卯	8	2
3/2	丙2辰	9	1
3/3	丁1巳	9	1
3/4	戊3午	9	1
3/5	己3未	10	0
3/6	庚1申	10	0

月柱 辛卯（3月6日 6:43～4月5日11:45）

生日	日柱	男	女
3/6	庚2申	0	10
3/7	辛2酉	0	10
3/8	壬2戌	1	9
3/9	癸2亥	1	9
3/10	甲2子	1	9
3/11	乙1丑	2	8
3/12	丙2寅	2	8
3/13	丁2卯	2	8
3/14	戊3辰	3	7
3/15	己2巳	3	7
3/16	庚2午	3	7
3/17	辛1未	4	6
3/18	壬1申	4	6
3/19	癸2酉	4	6
3/20	甲1戌	5	5
3/21	乙1亥	5	5
3/22	丙2子	5	5
3/23	丁1丑	6	4
3/24	戊2寅	6	4
3/25	己1卯	6	4
3/26	庚2辰	7	3
3/27	辛2巳	7	3
3/28	壬2午	7	3
3/29	癸2未	8	2
3/30	甲1申	8	2
3/31	乙1酉	8	2
4/1	丙2戌	9	1
4/2	丁1亥	9	1
4/3	戊2子	9	1
4/4	己3丑	10	0
4/5	庚2寅	10	0

月柱 壬辰（4月5日11:46～5月6日 5:19）

生日	日柱	男	女
4/5	庚2寅	0	10
4/6	辛1卯	0	10
4/7	壬2辰	1	9
4/8	癸2巳	1	9
4/9	甲2午	1	9
4/10	乙1未	2	9
4/11	丙3申	2	8
4/12	丁2酉	2	8
4/13	戊1戌	3	8
4/14	己2亥	3	7
4/15	庚2子	3	7
4/16	辛1丑	4	7
4/17	壬2寅	4	6
4/18	癸2卯	4	6
4/19	甲1辰	5	6
4/20	乙2巳	5	5
4/21	丙2午	5	5
4/22	丁2未	6	5
4/23	戊2申	6	4
4/24	己2酉	6	4
4/25	庚2戌	7	4
4/26	辛2亥	7	3
4/27	壬1子	7	3
4/28	癸2丑	8	3
4/29	甲2寅	8	2
4/30	乙1卯	8	2
5/1	丙2辰	9	2
5/2	丁2巳	9	1
5/3	戊2午	9	1
5/4	己2未	10	1
5/5	庚3申	10	0
5/6	辛2酉	10	0

月柱 癸巳（5月6日 5:20～6月6日 9:42）

生日	日柱	男	女
5/6	辛2酉	0	10
5/7	壬2戌	0	10
5/8	癸1亥	1	10
5/9	甲2子	1	9
5/10	乙2丑	1	9
5/11	丙2寅	2	9
5/12	丁2卯	2	8
5/13	戊2辰	2	8
5/14	己3巳	3	8
5/15	庚2午	3	7
5/16	辛2未	3	7
5/17	壬1申	4	7
5/18	癸2酉	4	6
5/19	甲2戌	4	6
5/20	乙2亥	5	6
5/21	丙2子	5	5
5/22	丁2丑	5	5
5/23	戊2寅	6	5
5/24	己2卯	6	4
5/25	庚2辰	6	4
5/26	辛2巳	7	4
5/27	壬2午	7	3
5/28	癸2未	7	3
5/29	甲2申	8	3
5/30	乙2酉	8	2
5/31	丙2戌	8	2
6/1	丁1亥	9	2
6/2	戊2子	9	1
6/3	己2丑	9	1
6/4	庚3寅	10	1
6/5	辛2卯	10	0
6/6	壬2辰	10	0

月柱 甲午（6月6日 9:43～7月7日20:05）

生日	日柱	男	女
6/6	壬2辰	0	10
6/7	癸2巳	0	10
6/8	甲2午	1	10
6/9	乙2未	1	9
6/10	丙2申	1	9
6/11	丁2酉	2	9
6/12	戊2戌	2	8
6/13	己2亥	2	8
6/14	庚2子	3	8
6/15	辛2丑	3	7
6/16	壬2寅	3	7
6/17	癸2卯	4	7
6/18	甲2辰	4	6
6/19	乙2巳	4	6
6/20	丙1午	5	6
6/21	丁2未	5	5
6/22	戊2申	5	5
6/23	己2酉	6	5
6/24	庚2戌	6	4
6/25	辛2亥	6	4
6/26	壬2子	7	4
6/27	癸2丑	7	3
6/28	甲2寅	7	3
6/29	乙1卯	8	3
6/30	丙2辰	8	2
7/1	丁2巳	8	2
7/2	戊2午	9	2
7/3	己2未	9	1
7/4	庚2申	9	1
7/5	辛2酉	10	1
7/6	壬2戌	10	0
7/7	癸2亥	10	0

月柱 乙未（7月7日20:06～8月8日 5:48）

生日	日柱	男	女
7/7	癸2亥	0	11
7/8	甲2子	0	10
7/9	乙2丑	1	10
7/10	丙2寅	1	10
7/11	丁2卯	1	9
7/12	戊2辰	2	9
7/13	己2巳	2	9
7/14	庚2午	2	8
7/15	辛2未	3	8
7/16	壬2申	3	8
7/17	癸2酉	3	7
7/18	甲2戌	4	7
7/19	乙2亥	4	7
7/20	丙2子	4	6
7/21	丁2丑	5	6
7/22	戊2寅	5	6
7/23	己2卯	5	5
7/24	庚2辰	6	5
7/25	辛2巳	6	5
7/26	壬2午	6	4
7/27	癸2未	7	4
7/28	甲2申	7	4
7/29	乙2酉	7	3
7/30	丙2戌	8	3
7/31	丁2亥	8	3
8/1	戊2子	8	2
8/2	己2丑	9	2
8/3	庚2寅	9	2
8/4	辛2卯	9	1
8/5	壬2辰	10	1
8/6	癸2巳	10	1
8/7	甲2午	10	0
8/8	乙2未	11	0

大運表

歳	庚寅 男	庚寅 女	辛卯 男	辛卯 女	壬辰 男	壬辰 女	癸巳 男	癸巳 女	甲午 男	甲午 女	乙未 男	乙未 女
0	己丑	辛卯	庚寅	壬辰	辛卯	癸巳	壬辰	甲午	癸巳	乙未	甲午	丙申
10	戊子	壬辰	己丑	癸巳	庚寅	甲午	辛卯	乙未	壬辰	丙申	癸巳	丁酉
20	丁亥	癸巳	戊子	甲午	己丑	乙未	庚寅	丙申	辛卯	丁酉	壬辰	戊戌
30	丙戌	甲午	丁亥	乙未	戊子	丙申	己丑	丁酉	庚寅	戊戌	辛卯	己亥
40	乙酉	乙未	丙戌	丙申	丁亥	丁酉	戊子	戊戌	己丑	己亥	庚寅	庚子
50	甲申	丙申	乙酉	丁酉	丙戌	戊戌	丁亥	己亥	戊子	庚子	己丑	辛丑
60	癸未	丁酉	甲申	戊戌	乙酉	己亥	丙戌	庚子	丁亥	辛丑	戊子	壬寅
70	壬午	戊戌	癸未	己亥	甲申	庚子	乙酉	辛丑	丙戌	壬寅	丁亥	癸卯
80	辛巳	己亥	壬午	庚子	癸未	辛丑	甲申	壬寅	乙酉	癸卯	丙戌	甲辰

～2012年（平成24年）2月4日18時39分

8月8日 5:49～ 9月8日 8:32 月柱 丙申				9月8日 8:33～ 10月8日23:56 月柱 丁酉				10月8日23:57～ 11月8日 2:51 月柱 戊戌				11月8日 2:52～ 12月7日19:31 月柱 己亥				12月7日19:32～ 1月6日 6:40 月柱 庚子				1月6日 6:41～ 2月4日18:39 月柱 辛丑			
生日	日柱	男	女	生日	日柱	男	女	生日	日柱	男	女	生日	日柱	男	女	生日	日柱	男	女	生日	日柱	男	女
8 8	乙未	0	10	9 8	丙寅	0	10	10 8	丙申	0	10	11 8	丁卯	0	10	12 7	丙申	0	10	1 6	丙寅	0	10
8 9	丙申	0	10	9 9	丁卯	0	10	10 9	丁酉	0	10	11 9	戊辰	0	9	12 8	丁酉	0	10	1 7	丁卯	0	9
8 10	丁酉	1	10	9 10	戊辰	1	9	10 10	戊戌	1	10	11 10	己巳	1	9	12 9	戊戌	1	9	1 8	戊辰	1	9
8 11	戊戌	1	9	9 11	己巳	1	9	10 11	己亥	1	9	11 11	庚午	1	9	12 10	己亥	1	9	1 9	己巳	1	9
8 12	己亥	1	9	9 12	庚午	1	9	10 12	庚子	1	9	11 12	辛未	1	8	12 11	庚子	1	9	1 10	庚午	1	8
8 13	庚子	2	9	9 13	辛未	2	8	10 13	辛丑	2	9	11 13	壬申	2	8	12 12	辛丑	2	8	1 11	辛未	2	8
8 14	辛丑	2	8	9 14	壬申	2	8	10 14	壬寅	2	8	11 14	癸酉	2	8	12 13	壬寅	2	8	1 12	壬申	2	8
8 15	壬寅	2	8	9 15	癸酉	2	8	10 15	癸卯	2	8	11 15	甲戌	2	7	12 14	癸卯	2	8	1 13	癸酉	2	7
8 16	癸卯	3	8	9 16	甲戌	3	7	10 16	甲辰	3	8	11 16	乙亥	3	7	12 15	甲辰	3	7	1 14	甲戌	3	7
8 17	甲辰	3	7	9 17	乙亥	3	7	10 17	乙巳	3	7	11 17	丙子	3	7	12 16	乙巳	3	7	1 15	乙亥	3	7
8 18	乙巳	3	7	9 18	丙子	3	7	10 18	丙午	3	7	11 18	丁丑	3	6	12 17	丙午	3	7	1 16	丙子	3	6
8 19	丙午	4	7	9 19	丁丑	4	6	10 19	丁未	4	7	11 19	戊寅	4	6	12 18	丁未	4	6	1 17	丁丑	4	6
8 20	丁未	4	6	9 20	戊寅	4	6	10 20	戊申	4	6	11 20	己卯	4	6	12 19	戊申	4	6	1 18	戊寅	4	6
8 21	戊申	4	6	9 21	己卯	4	6	10 21	己酉	4	6	11 21	庚辰	4	5	12 20	己酉	4	6	1 19	己卯	4	5
8 22	己酉	5	6	9 22	庚辰	5	5	10 22	庚戌	5	6	11 22	辛巳	5	5	12 21	庚戌	5	5	1 20	庚辰	5	5
8 23	庚戌	5	5	9 23	辛巳	5	5	10 23	辛亥	5	5	11 23	壬午	5	5	12 22	辛亥	5	5	1 21	辛巳	5	5
8 24	辛亥	5	5	9 24	壬午	5	5	10 24	壬子	5	5	11 24	癸未	5	4	12 23	壬子	5	5	1 22	壬午	5	4
8 25	壬子	6	5	9 25	癸未	6	4	10 25	癸丑	6	5	11 25	甲申	6	4	12 24	癸丑	6	4	1 23	癸未	6	4
8 26	癸丑	6	4	9 26	甲申	6	4	10 26	甲寅	6	4	11 26	乙酉	6	4	12 25	甲寅	6	4	1 24	甲申	6	4
8 27	甲寅	6	4	9 27	乙酉	6	4	10 27	乙卯	6	4	11 27	丙戌	6	3	12 26	乙卯	6	4	1 25	乙酉	6	3
8 28	乙卯	7	4	9 28	丙戌	7	3	10 28	丙辰	7	4	11 28	丁亥	7	3	12 27	丙辰	7	3	1 26	丙戌	7	3
8 29	丙辰	7	3	9 29	丁亥	7	3	10 29	丁巳	7	3	11 29	戊子	7	3	12 28	丁巳	7	3	1 27	丁亥	7	3
8 30	丁巳	7	3	9 30	戊子	7	3	10 30	戊午	7	3	11 30	己丑	7	2	12 29	戊午	7	3	1 28	戊子	7	2
8 31	戊午	8	3	10 1	己丑	8	3	10 31	己未	8	3	12 1	庚寅	8	2	12 30	己未	8	3	1 29	己丑	8	2
9 1	己未	8	2	10 2	庚寅	8	2	11 1	庚申	8	2	12 2	辛卯	8	2	12 31	庚申	8	2	1 30	庚寅	8	2
9 2	庚申	8	2	10 3	辛卯	8	2	11 2	辛酉	8	2	12 3	壬辰	8	1	1 1	辛酉	8	2	1 31	辛卯	8	1
9 3	辛酉	9	2	10 4	壬辰	9	1	11 3	壬戌	9	2	12 4	癸巳	9	1	1 2	壬戌	9	1	2 1	壬辰	9	1
9 4	壬戌	9	1	10 5	癸巳	9	1	11 4	癸亥	9	1	12 5	甲午	9	1	1 3	癸亥	9	1	2 2	癸巳	9	1
9 5	癸亥	9	1	10 6	甲午	9	1	11 5	甲子	9	1	12 6	乙未	9	0	1 4	甲子	9	1	2 3	甲午	9	0
9 6	甲子	10	1	10 7	乙未	10	0	11 6	乙丑	10	1	12 7	丙申	10	0	1 5	乙丑	10	0	2 4	乙未	10	0
9 7	乙丑	10	0	10 8	丙申	10	0	11 7	丙寅	10	0					1 6	丙寅	10	0				
9 8	丙寅	10	0					11 8	丁卯	10	0												

歳	男	歳	女	歳	男	歳	女	歳	男	歳	女	歳	男	歳	女	歳	男	歳	女	歳	男	歳	女
0	乙未	0	丁酉	0	丙申	0	戊戌	0	丁酉	0	己亥	0	戊戌	0	庚子	0	己亥	0	辛丑	0	庚子	0	壬寅
10	甲午	10	戊戌	10	乙未	10	己亥	10	丙申	10	庚子	10	丁酉	10	辛丑	10	戊戌	10	壬寅	10	己亥	10	癸卯
20	癸巳	20	己亥	20	甲午	20	庚子	20	乙未	20	辛丑	20	丙申	20	壬寅	20	丁酉	20	癸卯	20	戊戌	20	甲辰
30	壬辰	30	庚子	30	癸巳	30	辛丑	30	甲午	30	壬寅	30	乙未	30	癸卯	30	丙申	30	甲辰	30	丁酉	30	乙巳
40	辛卯	40	辛丑	40	壬辰	40	壬寅	40	癸巳	40	癸卯	40	甲午	40	甲辰	40	乙未	40	乙巳	40	丙申	40	丙午
50	庚寅	50	壬寅	50	辛卯	50	癸卯	50	壬辰	50	甲辰	50	癸巳	50	乙巳	50	甲午	50	丙午	50	乙未	50	丁未
60	己丑	60	癸卯	60	庚寅	60	甲辰	60	辛卯	60	乙巳	60	壬辰	60	丙午	60	癸巳	60	丁未	60	甲午	60	戊申
70	戊子	70	甲辰	70	己丑	70	乙巳	70	庚寅	70	丙午	70	辛卯	70	丁未	70	壬辰	70	戊申	70	癸巳	70	己酉
80	丁亥	80	乙巳	80	戊子	80	丙午	80	己丑	80	丁未	80	庚寅	80	戊申	80	辛卯	80	己酉	80	壬辰	80	庚戌

年柱 壬辰 2012年（平成24年）2月4日18時40分～

月柱	期間
壬寅	2月4日18:40～ 3月5日12:27
癸卯	3月5日12:28～ 4月4日17:15
甲辰	4月4日17:16～ 5月5日10:39
乙巳	5月5日10:40～ 6月5日14:49
丙午	6月5日14:50～ 7月7日 1:20
丁未	7月7日 1:21～ 8月7日11:25

月柱 壬寅

生日	日柱	男	女
2:4	乙$_3$未	10	0
2:5	丙$_3$申	10	0
2:6	丁$_3$酉	9	1
2:7	戊$_2$戌	9	1
2:8	己$_3$亥	9	1
2:9	庚$_3$子	8	2
2:10	辛$_3$丑	8	2
2:11	壬$_3$寅	8	2
2:12	癸$_2$卯	7	3
2:13	甲$_1$辰	7	3
2:14	乙$_1$巳	7	3
2:15	丙$_2$午	6	4
2:16	丁$_3$未	6	4
2:17	戊$_3$申	6	4
2:18	己$_3$酉	5	5
2:19	庚$_2$戌	5	5
2:20	辛$_3$亥	5	5
2:21	壬$_1$子	4	6
2:22	癸$_1$丑	4	6
2:23	甲$_1$寅	4	6
2:24	乙$_3$卯	3	7
2:25	丙$_3$辰	3	7
2:26	丁$_1$巳	3	7
2:27	戊$_3$午	2	8
2:28	己$_3$未	2	8
2:29	庚$_3$申	2	8
3:1	辛$_3$酉	1	9
3:2	壬$_2$戌	1	9
3:3	癸$_3$亥	1	9
3:4	甲$_1$子	0	10
3:5	乙$_1$丑	0	10

月柱 癸卯

生日	日柱	男	女
3:5	乙$_1$丑	10	0
3:6	丙$_2$寅	10	0
3:7	丁$_3$卯	9	1
3:8	戊$_3$辰	9	1
3:9	己$_2$巳	9	1
3:10	庚$_3$午	8	2
3:11	辛$_3$未	8	2
3:12	壬$_3$申	8	2
3:13	癸$_3$酉	7	3
3:14	甲$_1$戌	7	3
3:15	乙$_3$亥	7	3
3:16	丙$_3$子	6	4
3:17	丁$_3$丑	6	4
3:18	戊$_3$寅	6	4
3:19	己$_3$卯	5	5
3:20	庚$_3$辰	5	5
3:21	辛$_3$巳	5	5
3:22	壬$_3$午	4	6
3:23	癸$_3$未	4	6
3:24	甲$_1$申	4	6
3:25	乙$_3$酉	3	7
3:26	丙$_3$戌	3	7
3:27	丁$_3$亥	3	7
3:28	戊$_3$子	2	8
3:29	己$_3$丑	2	8
3:30	庚$_3$寅	2	8
3:31	辛$_3$卯	1	9
4:1	壬$_3$辰	1	9
4:2	癸$_3$巳	1	9
4:3	甲$_1$午	0	10
4:4	乙$_3$未	0	10

月柱 甲辰

生日	日柱	男	女
4:4	乙$_1$未	10	0
4:5	丙$_3$申	10	0
4:6	丁$_3$酉	10	1
4:7	戊$_3$戌	9	1
4:8	己$_3$亥	9	1
4:9	庚$_2$子	9	2
4:10	辛$_3$丑	8	2
4:11	壬$_1$寅	8	2
4:12	癸$_3$卯	8	3
4:13	甲$_1$辰	7	3
4:14	乙$_3$巳	7	3
4:15	丙$_3$午	7	4
4:16	丁$_1$未	6	4
4:17	戊$_3$申	6	4
4:18	己$_3$酉	6	5
4:19	庚$_3$戌	5	5
4:20	辛$_3$亥	5	5
4:21	壬$_3$子	5	6
4:22	癸$_3$丑	4	6
4:23	甲$_3$寅	4	6
4:24	乙$_1$卯	4	7
4:25	丙$_3$辰	3	7
4:26	丁$_3$巳	3	7
4:27	戊$_3$午	3	8
4:28	己$_1$未	2	8
4:29	庚$_1$申	2	8
4:30	辛$_3$酉	2	9
5:1	壬$_3$戌	1	9
5:2	癸$_3$亥	1	9
5:3	甲$_1$子	1	10
5:4	乙$_1$丑	0	10

月柱 乙巳

生日	日柱	男	女
5:5	丙$_1$寅	10	0
5:6	丁$_1$卯	10	0
5:7	戊$_1$辰	10	1
5:8	己$_1$巳	9	1
5:9	庚$_3$午	9	1
5:10	辛$_1$未	9	2
5:11	壬$_2$申	8	2
5:12	癸$_3$酉	8	2
5:13	甲$_3$戌	8	3
5:14	乙$_3$亥	7	3
5:15	丙$_1$子	7	3
5:16	丁$_1$丑	7	4
5:17	戊$_3$寅	6	4
5:18	己$_1$卯	6	4
5:19	庚$_2$辰	6	5
5:20	辛$_2$巳	5	5
5:21	壬$_3$午	5	5
5:22	癸$_3$未	5	6
5:23	甲$_1$申	4	6
5:24	乙$_2$酉	4	6
5:25	丙$_1$戌	4	7
5:26	丁$_1$亥	3	7
5:27	戊$_2$子	3	7
5:28	己$_1$丑	3	8
5:29	庚$_2$寅	2	8
5:30	辛$_1$卯	2	8
5:31	壬$_3$辰	2	9
6:1	癸$_3$巳	1	9
6:2	甲$_1$午	1	9
6:3	乙$_2$未	1	10
6:4	丙$_1$申	0	10
6:5	丁$_1$酉	0	10

月柱 丙午

生日	日柱	男	女
6:5	丁$_1$酉	11	0
6:6	戊$_1$戌	10	0
6:7	己$_1$亥	10	1
6:8	庚$_1$子	10	1
6:9	辛$_3$丑	9	1
6:10	壬$_1$寅	9	2
6:11	癸$_3$卯	9	2
6:12	甲$_3$辰	8	2
6:13	乙$_1$巳	8	3
6:14	丙$_3$午	8	3
6:15	丁$_1$未	7	3
6:16	戊$_1$申	7	4
6:17	己$_1$酉	7	4
6:18	庚$_2$戌	6	4
6:19	辛$_3$亥	6	5
6:20	壬$_2$子	6	5
6:21	癸$_3$丑	5	5
6:22	甲$_2$寅	5	6
6:23	乙$_3$卯	5	6
6:24	丙$_1$辰	4	6
6:25	丁$_1$巳	4	7
6:26	戊$_3$午	4	7
6:27	己$_1$未	3	7
6:28	庚$_1$申	3	8
6:29	辛$_3$酉	3	8
6:30	壬$_3$戌	2	8
7:1	癸$_3$亥	2	9
7:2	甲$_2$子	2	9
7:3	乙$_3$丑	1	9
7:4	丙$_1$寅	1	10
7:5	丁$_1$卯	1	10
7:6	戊$_3$辰	0	10
7:7	己$_1$巳	0	11

月柱 丁未

生日	日柱	男	女
7:7	己$_1$巳	10	0
7:8	庚$_2$午	10	0
7:9	辛$_1$未	10	1
7:10	壬$_3$申	9	1
7:11	癸$_3$酉	9	1
7:12	甲$_3$戌	9	2
7:13	乙$_3$亥	9	2
7:14	丙$_1$子	8	2
7:15	丁$_1$丑	8	3
7:16	戊$_3$寅	8	3
7:17	己$_1$卯	7	3
7:18	庚$_1$辰	7	4
7:19	辛$_1$巳	7	4
7:20	壬$_3$午	6	4
7:21	癸$_3$未	6	5
7:22	甲$_1$申	6	5
7:23	乙$_3$酉	5	5
7:24	丙$_3$戌	5	6
7:25	丁$_1$亥	4	6
7:26	戊$_3$子	4	6
7:27	己$_1$丑	4	7
7:28	庚$_2$寅	3	7
7:29	辛$_3$卯	3	7
7:30	壬$_3$辰	3	8
7:31	癸$_3$巳	2	8
8:1	甲$_1$午	2	8
8:2	乙$_3$未	2	9
8:3	丙$_3$申	1	9
8:4	丁$_3$酉	1	9
8:5	戊$_3$戌	1	10
8:6	己$_3$亥	0	10
8:7	庚$_2$子	0	10

大運表

歳	壬寅 男	壬寅 女	癸卯 男	癸卯 女	甲辰 男	甲辰 女	乙巳 男	乙巳 女	丙午 男	丙午 女	丁未 男	丁未 女
0	癸卯	辛丑	甲辰	壬寅	乙巳	癸卯	丙午	甲辰	丁未	乙巳	戊申	丙午
10	甲辰	庚子	乙巳	辛丑	丙午	壬寅	丁未	癸卯	戊申	甲辰	己酉	乙巳
20	乙巳	己亥	丙午	庚子	丁未	辛丑	戊申	壬寅	己酉	癸卯	庚戌	甲辰
30	丙午	戊戌	丁未	己亥	戊申	庚子	己酉	辛丑	庚戌	壬寅	辛亥	癸卯
40	丁未	丁酉	戊申	戊戌	己酉	己亥	庚戌	庚子	辛亥	辛丑	壬子	壬寅
50	戊申	丙申	己酉	丁酉	庚戌	戊戌	辛亥	己亥	壬子	庚子	癸丑	辛丑
60	己酉	乙未	庚戌	丙申	辛亥	丁酉	壬子	戊戌	癸丑	己亥	甲寅	庚子
70	庚戌	甲午	辛亥	乙未	壬子	丙申	癸丑	丁酉	甲寅	戊戌	乙卯	己亥
80	辛亥	癸巳	壬子	甲午	癸丑	乙未	甲寅	丙申	乙卯	丁酉	丙辰	戊戌

～2013年（平成25年）2月4日0時30分

月柱 戊申（8月7日11:26～9月7日14:43）

生日	日柱	立運年齢 男	女
8.7	庚$_1$子	10	0
8.8	辛$_1$丑	10	0
8.9	壬$_2$寅	10	1
8.10	癸$_2$卯	9	1
8.11	甲$_3$辰	9	1
8.12	乙$_3$巳	9	2
8.13	丙$_3$午	8	2
8.14	丁$_1$未	8	2
8.15	戊$_2$申	8	3
8.16	己$_1$酉	7	3
8.17	庚$_1$戌	7	3
8.18	辛$_1$亥	7	4
8.19	壬$_2$子	6	4
8.20	癸$_2$丑	6	4
8.21	甲$_2$寅	6	5
8.22	乙$_1$卯	5	5
8.23	丙$_3$辰	5	6
8.24	丁$_1$巳	5	6
8.25	戊$_1$午	4	6
8.26	己$_1$未	4	6
8.27	庚$_1$申	3	7
8.28	辛$_2$酉	3	7
8.29	壬$_2$戌	3	7
8.30	癸$_2$亥	3	8
8.31	甲$_2$子	2	8
9.1	乙$_1$丑	2	8
9.2	丙$_1$寅	2	9
9.3	丁$_1$卯	1	9
9.4	戊$_1$辰	1	9
9.5	己$_1$巳	1	10
9.6	庚$_1$午	0	10
9.7	辛$_1$未	0	10

月柱 己酉（9月7日14:44～10月8日 6:41）

生日	日柱	立運年齢 男	女
9.7	辛$_1$未	10	0
9.8	壬$_1$申	10	0
9.9	癸$_1$酉	10	1
9.10	甲$_3$戌	9	1
9.11	乙$_2$亥	9	1
9.12	丙$_3$子	9	2
9.13	丁$_1$丑	8	2
9.14	戊$_1$寅	8	2
9.15	己$_2$卯	8	3
9.16	庚$_1$辰	7	3
9.17	辛$_1$巳	7	3
9.18	壬$_1$午	7	4
9.19	癸$_1$未	6	4
9.20	甲$_3$申	6	4
9.21	乙$_2$酉	6	5
9.22	丙$_3$戌	5	5
9.23	丁$_1$亥	5	6
9.24	戊$_2$子	5	6
9.25	己$_1$丑	4	6
9.26	庚$_1$寅	4	6
9.27	辛$_1$卯	3	7
9.28	壬$_2$辰	3	7
9.29	癸$_2$巳	3	7
9.30	甲$_3$午	3	8
10.1	乙$_3$未	2	8
10.2	丙$_3$申	2	8
10.3	丁$_1$酉	2	9
10.4	戊$_2$戌	1	9
10.5	己$_2$亥	1	9
10.6	庚$_1$子	1	10
10.7	辛$_1$丑	0	10
10.8	壬$_2$寅	0	10

月柱 庚戌（10月8日 6:42～11月7日 9:55）

生日	日柱	立運年齢 男	女
10.8	壬$_2$寅	10	0
10.9	癸$_2$卯	10	0
10.10	甲$_3$辰	9	1
10.11	乙$_3$巳	9	1
10.12	丙$_3$午	9	1
10.13	丁$_1$未	8	2
10.14	戊$_1$申	8	2
10.15	己$_2$酉	8	2
10.16	庚$_1$戌	7	3
10.17	辛$_1$亥	7	3
10.18	壬$_1$子	7	3
10.19	癸$_1$丑	6	4
10.20	甲$_3$寅	6	4
10.21	乙$_2$卯	6	4
10.22	丙$_3$辰	5	5
10.23	丁$_1$巳	5	5
10.24	戊$_1$午	5	6
10.25	己$_1$未	4	6
10.26	庚$_1$申	4	6
10.27	辛$_1$酉	3	7
10.28	壬$_1$戌	3	7
10.29	癸$_1$亥	3	7
10.30	甲$_2$子	3	8
10.31	乙$_1$丑	2	8
11.1	丙$_3$寅	2	8
11.2	丁$_1$卯	2	8
11.3	戊$_3$辰	1	9
11.4	己$_1$巳	1	9
11.5	庚$_1$午	1	9
11.6	辛$_1$未	0	10
11.7	壬$_1$申	0	10

月柱 辛亥（11月7日 9:56～12月7日 2:31）

生日	日柱	立運年齢 男	女
11.7	壬$_1$申	10	0
11.8	癸$_1$酉	10	0
11.9	甲$_1$戌	9	1
11.10	乙$_2$亥	9	1
11.11	丙$_3$子	9	1
11.12	丁$_1$丑	8	2
11.13	戊$_1$寅	8	2
11.14	己$_1$卯	8	2
11.15	庚$_1$辰	7	3
11.16	辛$_2$巳	7	3
11.17	壬$_1$午	7	3
11.18	癸$_1$未	6	4
11.19	甲$_1$申	6	4
11.20	乙$_2$酉	6	4
11.21	丙$_3$戌	5	5
11.22	丁$_1$亥	5	5
11.23	戊$_1$子	5	6
11.24	己$_1$丑	4	6
11.25	庚$_1$寅	4	6
11.26	辛$_1$卯	3	7
11.27	壬$_1$辰	3	7
11.28	癸$_1$巳	3	7
11.29	甲$_2$午	3	8
11.30	乙$_2$未	2	8
12.1	丙$_2$申	2	8
12.2	丁$_1$酉	2	8
12.3	戊$_2$戌	1	9
12.4	己$_2$亥	1	9
12.5	庚$_1$子	0	9
12.6	辛$_1$丑	0	10
12.7	壬$_1$寅	0	10

月柱 壬子（12月7日 2:32～1月5日12:33）

生日	日柱	立運年齢 男	女
12.7	壬$_1$寅	10	0
12.8	癸$_1$卯	9	0
12.9	甲$_1$辰	9	1
12.10	乙$_1$巳	9	1
12.11	丙$_3$午	8	1
12.12	丁$_1$未	8	2
12.13	戊$_3$申	8	2
12.14	己$_1$酉	7	2
12.15	庚$_1$戌	7	3
12.16	辛$_1$亥	7	3
12.17	壬$_1$子	7	3
12.18	癸$_1$丑	6	4
12.19	甲$_1$寅	6	4
12.20	乙$_1$卯	6	4
12.21	丙$_3$辰	5	5
12.22	丁$_1$巳	5	5
12.23	戊$_2$午	5	6
12.24	己$_1$未	4	6
12.25	庚$_2$申	4	6
12.26	辛$_1$酉	3	7
12.27	壬$_1$戌	3	7
12.28	癸$_1$亥	3	7
12.29	甲$_1$子	3	8
12.30	乙$_1$丑	2	8
12.31	丙$_3$寅	2	8
1.1	丁$_1$卯	2	8
1.2	戊$_2$辰	1	9
1.3	己$_1$巳	1	9
1.4	庚$_1$午	0	9
1.5	辛$_2$未	0	10

月柱 癸丑（1月5日12:34～2月4日 0:30）

生日	日柱	立運年齢 男	女
1.5	辛$_1$未	10	0
1.6	壬$_1$申	10	0
1.7	癸$_1$酉	9	1
1.8	甲$_2$戌	9	1
1.9	乙$_1$亥	9	1
1.10	丙$_3$子	8	2
1.11	丁$_1$丑	8	2
1.12	戊$_2$寅	8	2
1.13	己$_2$卯	7	3
1.14	庚$_1$辰	7	3
1.15	辛$_1$巳	7	3
1.16	壬$_1$午	6	4
1.17	癸$_1$未	6	4
1.18	甲$_1$申	6	4
1.19	乙$_2$酉	5	5
1.20	丙$_3$戌	5	5
1.21	丁$_3$亥	5	6
1.22	戊$_2$子	4	6
1.23	己$_1$丑	4	6
1.24	庚$_2$寅	4	6
1.25	辛$_1$卯	3	7
1.26	壬$_1$辰	3	7
1.27	癸$_1$巳	3	7
1.28	甲$_2$午	2	8
1.29	乙$_2$未	2	8
1.30	丙$_3$申	2	8
1.31	丁$_1$酉	1	9
2.1	戊$_1$戌	1	9
2.2	己$_1$亥	1	9
2.3	庚$_2$子	0	10
2.4	辛$_1$丑	0	10

大運表

歳	男	歳	女	歳	男	歳	女	歳	男	歳	女	歳	男	歳	女	歳	男	歳	女	歳	男	歳	女
0	己酉	0	丁未	0	庚戌	0	戊申	0	辛亥	0	戊申	0	壬子	0	庚戌	0	癸丑	0	辛亥	0	甲寅	0	壬子
10	庚戌	10	丙午	10	辛亥	10	丁未	10	壬子	10	丁未	10	癸丑	10	己酉	10	甲寅	10	庚戌	10	乙卯	10	辛亥
20	辛亥	20	乙巳	20	壬子	20	丙午	20	癸丑	20	丙午	20	甲寅	20	戊申	20	乙卯	20	己酉	20	丙辰	20	庚戌
30	壬子	30	甲辰	30	癸丑	30	乙巳	30	甲寅	30	乙巳	30	乙卯	30	丁未	30	丙辰	30	戊申	30	丁巳	30	己酉
40	癸丑	40	癸卯	40	甲寅	40	甲辰	40	乙卯	40	甲辰	40	丙辰	40	丙午	40	丁巳	40	丁未	40	戊午	40	戊申
50	甲寅	50	壬寅	50	乙卯	50	癸卯	50	丙辰	50	癸卯	50	丁巳	50	乙巳	50	戊午	50	丙午	50	己未	50	丁未
60	乙卯	60	辛丑	60	丙辰	60	壬寅	60	丁巳	60	壬寅	60	戊午	60	甲辰	60	己未	60	乙巳	60	庚申	60	丙午
70	丙辰	70	庚子	70	丁巳	70	辛丑	70	戊午	70	辛丑	70	己未	70	癸卯	70	庚申	70	甲辰	70	辛酉	70	乙巳
80	丁巳	80	己亥	80	戊午	80	庚子	80	己未	80	庚子	80	庚申	80	壬寅	80	辛酉	80	癸卯	80	壬戌	80	甲辰

年柱 癸巳 2013年（平成25年）2月4日0時31分〜

月柱	期間	立運年齢（男・女の基準）
甲寅	2月4日 0:31〜 3月5日18:18	
乙卯	3月5日18:19〜 4月4日23:04	
丙辰	4月4日23:05〜 5月5日16:27	
丁巳	5月5日16:28〜 6月5日20:43	
戊午	6月5日20:44〜 7月7日 7:08	
己未	7月7日 7:09〜 8月7日17:13	

月柱 甲寅

生日	日柱	男	女
2/4	辛3丑	0	10
2/5	壬3寅	0	9
2/6	癸3卯	1	9
2/7	甲3辰	1	9
2/8	乙3巳	1	8
2/9	丙3午	2	8
2/10	丁3未	2	8
2/11	戊3申	2	7
2/12	己3酉	3	7
2/13	庚3戌	3	7
2/14	辛3亥	3	6
2/15	壬3子	4	6
2/16	癸3丑	4	6
2/17	甲3寅	4	5
2/18	乙1卯	5	5
2/19	丙1辰	5	5
2/20	丁1巳	5	4
2/21	戊2午	6	4
2/22	己2未	6	4
2/23	庚3申	6	3
2/24	辛3酉	7	3
2/25	壬3戌	7	2
2/26	癸3亥	7	2
2/27	甲3子	8	2
2/28	乙3丑	8	2
3/1	丙1寅	8	1
3/2	丁1卯	9	1
3/3	戊1辰	9	1
3/4	己2巳	9	0
3/5	庚3午	10	0

月柱 乙卯

生日	日柱	男	女
3/5	庚3午	0	10
3/6	辛3未	0	10
3/7	壬2申	1	9
3/8	癸3酉	1	9
3/9	甲3戌	1	9
3/10	乙3亥	2	8
3/11	丙3子	2	8
3/12	丁3丑	2	8
3/13	戊3寅	3	7
3/14	己1卯	3	7
3/15	庚1辰	3	7
3/16	辛1巳	4	6
3/17	壬3午	4	6
3/18	癸3未	4	6
3/19	甲1申	5	5
3/20	乙1酉	5	5
3/21	丙3戌	5	4
3/22	丁3亥	6	4
3/23	戊3子	6	4
3/24	己3丑	6	4
3/25	庚3寅	7	3
3/26	辛3卯	7	3
3/27	壬3辰	7	2
3/28	癸3巳	8	2
3/29	甲1午	8	2
3/30	乙3未	8	2
3/31	丙3申	9	1
4/1	丁3酉	9	1
4/2	戊2戌	9	0
4/3	己3亥	10	0
4/4	庚3子	10	0

月柱 丙辰

生日	日柱	男	女
4/4	庚3子	0	10
4/5	辛3丑	0	10
4/6	壬3寅	1	10
4/7	癸3卯	1	9
4/8	甲3辰	1	9
4/9	乙3巳	2	9
4/10	丙1午	2	8
4/11	丁2未	2	8
4/12	戊1申	3	8
4/13	己1酉	3	7
4/14	庚3戌	3	7
4/15	辛3亥	4	6
4/16	壬3子	4	6
4/17	癸1丑	4	6
4/18	甲1寅	5	5
4/19	乙1卯	5	5
4/20	丙2辰	5	5
4/21	丁3巳	6	4
4/22	戊1午	6	4
4/23	己3未	6	4
4/24	庚3申	7	3
4/25	辛3酉	7	3
4/26	壬3戌	7	2
4/27	癸3亥	8	3
4/28	甲1子	8	2
4/29	乙3丑	8	2
4/30	丙3寅	9	2
5/1	丁3卯	9	1
5/2	戊3辰	9	1
5/3	己3巳	10	1
5/4	庚3午	10	0
5/5	辛2未	10	0

月柱 丁巳

生日	日柱	男	女
5/5	辛3未	0	10
5/6	壬3申	0	10
5/7	癸2酉	1	10
5/8	甲3戌	1	9
5/9	乙2亥	1	9
5/10	丙1子	2	9
5/11	丁1丑	2	8
5/12	戊1寅	2	8
5/13	己1卯	3	8
5/14	庚3辰	3	7
5/15	辛3巳	3	7
5/16	壬3午	4	7
5/17	癸3未	4	6
5/18	甲1申	4	6
5/19	乙3酉	5	5
5/20	丙3戌	5	5
5/21	丁1亥	5	4
5/22	戊1子	6	4
5/23	己3丑	6	4
5/24	庚3寅	6	4
5/25	辛3卯	7	4
5/26	壬3辰	7	3
5/27	癸3巳	7	3
5/28	甲3午	8	3
5/29	乙3未	8	2
5/30	丙3申	8	2
5/31	丁3酉	9	2
6/1	戊1戌	9	1
6/2	己1亥	9	1
6/3	庚3子	10	1
6/4	辛3丑	10	0
6/5	壬3寅	10	0

月柱 戊午

生日	日柱	男	女
6/5	壬3寅	0	11
6/6	癸3卯	0	10
6/7	甲3辰	1	10
6/8	乙3巳	1	10
6/9	丙3午	1	9
6/10	丁1未	2	9
6/11	戊3申	2	9
6/12	己1酉	2	8
6/13	庚3戌	3	8
6/14	辛3亥	3	7
6/15	壬3子	3	7
6/16	癸3丑	4	7
6/17	甲3寅	4	7
6/18	乙1卯	4	6
6/19	丙1辰	5	6
6/20	丁1巳	5	5
6/21	戊3午	5	5
6/22	己1未	6	5
6/23	庚3申	6	5
6/24	辛3酉	6	4
6/25	壬3戌	7	4
6/26	癸3亥	7	3
6/27	甲3子	7	3
6/28	乙3丑	8	3
6/29	丙3寅	8	3
6/30	丁1卯	8	2
7/1	戊3辰	9	2
7/2	己1巳	9	2
7/3	庚3午	9	1
7/4	辛3未	10	1
7/5	壬3申	10	1
7/6	癸3酉	10	0
7/7	甲3戌	11	0

月柱 己未

生日	日柱	男	女
7/7	甲3戌	0	10
7/8	乙3亥	0	10
7/9	丙2子	0	10
7/10	丁1丑	1	9
7/11	戊1寅	1	9
7/12	己1卯	2	9
7/13	庚1辰	2	8
7/14	辛2巳	2	8
7/15	壬3午	3	8
7/16	癸3未	3	7
7/17	甲3申	3	7
7/18	乙3酉	4	7
7/19	丙2戌	4	6
7/20	丁1亥	4	6
7/21	戊1子	5	6
7/22	己1丑	5	5
7/23	庚1寅	5	5
7/24	辛3卯	6	5
7/25	壬3辰	6	4
7/26	癸3巳	6	4
7/27	甲3午	7	4
7/28	乙3未	7	3
7/29	丙3申	7	3
7/30	丁3酉	8	3
7/31	戊1戌	8	2
8/1	己1亥	8	2
8/2	庚1子	9	2
8/3	辛1丑	9	1
8/4	壬1寅	9	1
8/5	癸3卯	10	1
8/6	甲3辰	10	0
8/7	乙3巳	10	0

立運（大運）

歳	甲寅 男	女	乙卯 男	女	丙辰 男	女	丁巳 男	女	戊午 男	女	己未 男	女
0	癸丑	乙卯	甲寅	丙辰	乙卯	丁巳	丙辰	戊午	丁巳	己未	戊午	庚申
10	壬子	丙辰	癸丑	丁巳	甲寅	戊午	乙卯	己未	丙辰	庚申	丁巳	辛酉
20	辛亥	丁巳	壬子	戊午	癸丑	己未	甲寅	庚申	乙卯	辛酉	丙辰	壬戌
30	庚戌	戊午	辛亥	己未	壬子	庚申	癸丑	辛酉	甲寅	壬戌	乙卯	癸亥
40	己酉	己未	庚戌	庚申	辛亥	辛酉	壬子	壬戌	癸丑	癸亥	甲寅	甲子
50	戊申	庚申	己酉	辛酉	庚戌	壬戌	辛亥	癸亥	壬子	甲子	癸丑	乙丑
60	丁未	辛酉	戊申	壬戌	己酉	癸亥	庚戌	甲子	辛亥	乙丑	壬子	丙寅
70	丙午	壬戌	丁未	癸亥	戊申	甲子	己酉	乙丑	庚戌	丙寅	辛亥	丁卯
80	乙巳	癸亥	丙午	甲子	丁未	乙丑	戊申	丙寅	己酉	丁卯	庚戌	戊辰

～2014年（平成26年）2月4日6時20分

月柱	庚申 8/7 17:14～9/7 20:32			辛酉 9/7 20:33～10/8 12:30			壬戌 10/8 12:31～11/7 15:44			癸亥 11/7 15:45～12/7 8:20			甲子 12/7 8:21～1/5 18:35			乙丑 1/5 18:36～2/4 6:20		
生日 日柱 男 女	生日	男	女	生日	男	女	生日	男	女	生日	男	女	生日	男	女	生日	男	女
	8/7 乙巳	0	10	9/7 丙子	0	10	10/8 丁未	0	10	11/7 丁丑	0	10	12/7 丁未	0	10	1/5 丙子	0	10
	8/8 丙午	0	10	9/8 丁丑	0	10	10/9 戊申	0	10	11/8 戊寅	0	10	12/8 戊申	0	9	1/6 丁丑	0	9
	8/9 丁未	1	10	9/9 戊寅	1	10	10/10 己酉	1	10	11/9 己卯	1	9	12/9 己酉	1	9	1/7 戊寅	1	9
	8/10 戊申	1	9	9/10 己卯	1	9	10/11 庚戌	1	9	11/10 庚辰	1	9	12/10 庚戌	1	9	1/8 己卯	1	9
	8/11 己酉	1	9	9/11 庚辰	1	9	10/12 辛亥	1	9	11/11 辛巳	1	8	12/11 辛亥	1	8	1/9 庚辰	1	9
	8/12 庚戌	2	9	9/12 辛巳	2	9	10/13 壬子	2	8	11/12 壬午	2	8	12/12 壬子	2	8	1/10 辛巳	2	8
	8/13 辛亥	2	8	9/13 壬午	2	8	10/14 癸丑	2	8	11/13 癸未	2	8	12/13 癸丑	2	8	1/11 壬午	2	8
	8/14 壬子	2	8	9/14 癸未	2	8	10/15 甲寅	2	7	11/14 甲申	2	7	12/14 甲寅	2	7	1/12 癸未	2	8
	8/15 癸丑	3	8	9/15 甲申	3	8	10/16 乙卯	3	7	11/15 乙酉	3	7	12/15 乙卯	3	7	1/13 甲申	3	7
	8/16 甲寅	3	7	9/16 乙酉	3	7	10/17 丙辰	3	7	11/16 丙戌	3	7	12/16 丙辰	3	7	1/14 乙酉	3	7
	8/17 乙卯	3	7	9/17 丙戌	3	7	10/18 丁巳	3	7	11/17 丁亥	3	6	12/17 丁巳	3	6	1/15 丙戌	3	7
	8/18 丙辰	4	7	9/18 丁亥	4	7	10/19 戊午	4	6	11/18 戊子	4	6	12/18 戊午	4	6	1/16 丁亥	4	6
	8/19 丁巳	4	6	9/19 戊子	4	6	10/20 己未	4	5	11/19 己丑	4	6	12/19 己未	4	6	1/17 戊子	4	6
	8/20 戊午	4	6	9/20 己丑	4	6	10/21 庚申	4	5	11/20 庚寅	4	5	12/20 庚申	4	5	1/18 己丑	4	5
	8/21 己未	5	6	9/21 庚寅	5	6	10/22 辛酉	5	5	11/21 辛卯	5	5	12/21 辛酉	5	5	1/19 庚寅	5	5
	8/22 庚申	5	5	9/22 辛卯	5	5	10/23 壬戌	5	5	11/22 壬辰	5	5	12/22 壬戌	5	5	1/20 辛卯	5	5
	8/23 辛酉	5	5	9/23 壬辰	5	5	10/24 癸亥	6	4	11/23 癸巳	5	5	12/23 癸亥	5	5	1/21 壬辰	5	5
	8/24 壬戌	6	5	9/24 癸巳	6	5	10/25 甲子	6	4	11/24 甲午	6	4	12/24 甲子	6	4	1/22 癸巳	6	4
	8/25 癸亥	6	4	9/25 甲午	6	4	10/26 乙丑	6	4	11/25 乙未	6	4	12/25 乙丑	6	4	1/23 甲午	6	4
	8/26 甲子	6	4	9/26 乙未	6	4	10/27 丙寅	6	4	11/26 丙申	6	3	12/26 丙寅	6	3	1/24 乙未	6	4
	8/27 乙丑	7	4	9/27 丙申	7	4	10/28 丁卯	7	3	11/27 丁酉	7	3	12/27 丁卯	7	3	1/25 丙申	7	3
	8/28 丙寅	7	4	9/28 丁酉	7	4	10/29 戊辰	7	3	11/28 戊戌	7	3	12/28 戊辰	7	3	1/26 丁酉	7	3
	8/29 丁卯	7	3	9/29 戊戌	7	3	10/30 己巳	7	2	11/29 己亥	7	3	12/29 己巳	7	3	1/27 戊戌	7	3
	8/30 戊辰	8	3	9/30 己亥	8	3	10/31 庚午	8	2	11/30 庚子	8	2	12/30 庚午	8	2	1/28 己亥	8	2
	8/31 己巳	8	2	10/1 庚子	8	2	11/1 辛未	8	2	12/1 辛丑	8	2	12/31 辛未	8	2	1/29 庚子	8	2
	9/1 庚午	9	2	10/2 辛丑	9	2	11/2 壬申	8	1	12/2 壬寅	8	1	1/1 壬申	8	1	1/30 辛丑	8	2
	9/2 辛未	9	2	10/3 壬寅	9	2	11/3 癸酉	9	1	12/3 癸卯	9	1	1/2 癸酉	9	1	1/31 壬寅	9	1
	9/3 壬申	9	1	10/4 癸卯	9	1	11/4 甲戌	9	1	12/4 甲辰	9	1	1/3 甲戌	9	1	2/1 癸卯	9	1
	9/4 癸酉	9	1	10/5 甲辰	9	1	11/5 乙亥	9	1	12/5 乙巳	9	1	1/4 乙亥	9	0	2/2 甲辰	9	1
	9/5 甲戌	10	1	10/6 乙巳	10	1	11/6 丙子	10	0	12/6 丙午	10	0	1/5 丙子	10	0	2/3 乙巳	10	0
	9/6 乙亥	10	0	10/7 丙午	10	0	11/7 丁丑	10	0	12/7 丁未	10	0				2/4 丙午	10	0
	9/7 丙子	10	0	10/8 丁未	10	0												

歳	男	歳	女	歳	男	歳	女	歳	男	歳	女	歳	男	歳	女	歳	男	歳	女	歳	男	歳	女
0	己未	0	辛酉	0	庚申	0	壬戌	0	辛酉	0	癸亥	0	壬戌	0	甲子	0	癸亥	0	乙丑	0	甲子	0	丙寅
10	戊午	10	壬戌	10	己未	10	癸亥	10	庚申	10	甲子	10	辛酉	10	乙丑	10	壬戌	10	丙寅	10	癸亥	10	丁卯
20	丁巳	20	癸亥	20	戊午	20	甲子	20	己未	20	乙丑	20	庚申	20	丙寅	20	辛酉	20	丁卯	20	壬戌	20	戊辰
30	丙辰	30	甲子	30	丁巳	30	乙丑	30	戊午	30	丙寅	30	己未	30	丁卯	30	庚申	30	戊辰	30	辛酉	30	己巳
40	乙卯	40	乙丑	40	丙辰	40	丙寅	40	丁巳	40	丁卯	40	戊午	40	戊辰	40	己未	40	己巳	40	庚申	40	庚午
50	甲寅	50	丙寅	50	乙卯	50	丁卯	50	丙辰	50	戊辰	50	丁巳	50	己巳	50	戊午	50	庚午	50	己未	50	辛未
60	癸丑	60	丁卯	60	甲寅	60	戊辰	60	乙卯	60	己巳	60	丙辰	60	庚午	60	丁巳	60	辛未	60	戊午	60	壬申
70	壬子	70	戊辰	70	癸丑	70	己巳	70	甲寅	70	庚午	70	乙卯	70	辛未	70	丙辰	70	壬申	70	丁巳	70	癸酉
80	辛亥	80	己巳	80	壬子	80	庚午	80	癸丑	80	辛未	80	甲寅	80	壬申	80	乙卯	80	癸酉	80	丙辰	80	甲戌

年柱 甲午 2014年（平成26年）2月4日6時21分～

2月4日 6:21～ 3月6日 0:06	3月6日 0:07～ 4月5日 4:53	4月5日 4:54～ 5月5日22:15	5月5日22:16～ 6月6日 2:31	6月6日 2:32～ 7月7日12:56	7月7日12:57～ 8月7日23:01
月柱 丙寅	月柱 丁卯	月柱 戊辰	月柱 己巳	月柱 庚午	月柱 辛未

丙寅

生日	日柱	男	女
2 4	丙$_1$午	10	0
2 5	丁$_2$未	10	0
2 6	戊$_2$申	9	1
2 7	己$_2$酉	9	1
2 8	庚$_3$戌	9	1
2 9	辛$_3$亥	8	2
2 10	壬$_3$子	8	2
2 11	癸$_3$丑	8	2
2 12	甲$_1$寅	7	3
2 13	乙$_1$卯	7	3
2 14	丙$_1$辰	7	3
2 15	丁$_1$巳	6	4
2 16	戊$_1$午	6	4
2 17	己$_1$未	6	4
2 18	庚$_1$申	5	5
2 19	辛$_3$酉	5	5
2 20	壬$_3$戌	5	5
2 21	癸$_3$亥	4	6
2 22	甲$_1$子	4	6
2 23	乙$_1$丑	4	6
2 24	丙$_1$寅	3	7
2 25	丁$_1$卯	3	7
2 26	戊$_1$辰	3	7
2 27	己$_1$巳	2	8
2 28	庚$_1$午	2	8
3 1	辛$_1$未	2	8
3 2	壬$_1$申	1	9
3 3	癸$_3$酉	1	9
3 4	甲$_1$戌	1	9
3 5	乙$_1$亥	0	10
3 6	丙$_1$子	0	10

丁卯

生日	日柱	男	女
3 6	丙$_1$子	10	0
3 7	丁$_1$丑	10	0
3 8	戊$_1$寅	9	1
3 9	己$_1$卯	9	1
3 10	庚$_3$辰	9	1
3 11	辛$_3$巳	8	2
3 12	壬$_3$午	8	2
3 13	癸$_3$未	8	2
3 14	甲$_1$申	7	3
3 15	乙$_1$酉	7	3
3 16	丙$_1$戌	7	3
3 17	丁$_1$亥	6	4
3 18	戊$_1$子	6	4
3 19	己$_1$丑	6	4
3 20	庚$_1$寅	5	5
3 21	辛$_3$卯	5	5
3 22	壬$_3$辰	5	5
3 23	癸$_3$巳	4	6
3 24	甲$_1$午	4	6
3 25	乙$_1$未	4	6
3 26	丙$_1$申	3	7
3 27	丁$_1$酉	3	7
3 28	戊$_1$戌	3	7
3 29	己$_1$亥	2	8
3 30	庚$_1$子	2	8
3 31	辛$_1$丑	2	8
4 1	壬$_1$寅	1	9
4 2	癸$_1$卯	1	9
4 3	甲$_1$辰	1	9
4 4	乙$_1$巳	0	10
4 5	丙$_1$午	0	10

戊辰

生日	日柱	男	女
4 5	丙$_1$午	10	0
4 6	丁$_2$未	10	0
4 7	戊$_2$申	9	1
4 8	己$_2$酉	9	1
4 9	庚$_3$戌	9	1
4 10	辛$_3$亥	8	2
4 11	壬$_3$子	8	2
4 12	癸$_3$丑	8	2
4 13	甲$_1$寅	7	3
4 14	乙$_1$卯	7	3
4 15	丙$_1$辰	7	3
4 16	丁$_1$巳	6	4
4 17	戊$_1$午	6	4
4 18	己$_1$未	6	4
4 19	庚$_1$申	5	5
4 20	辛$_3$酉	5	5
4 21	壬$_3$戌	5	5
4 22	癸$_3$亥	4	6
4 23	甲$_1$子	4	6
4 24	乙$_1$丑	4	6
4 25	丙$_1$寅	3	7
4 26	丁$_1$卯	3	7
4 27	戊$_1$辰	3	7
4 28	己$_1$巳	2	8
4 29	庚$_2$午	2	8
4 30	辛$_1$未	2	8
5 1	壬$_1$申	1	9
5 2	癸$_1$酉	1	9
5 3	甲$_2$戌	1	9
5 4	乙$_1$亥	0	10
5 5	丙$_2$子	0	10

己巳

生日	日柱	男	女
5 5	丙$_1$子	11	0
5 6	丁$_1$丑	10	0
5 7	戊$_2$寅	10	1
5 8	己$_2$卯	10	1
5 9	庚$_2$辰	9	1
5 10	辛$_3$巳	9	2
5 11	壬$_3$午	8	2
5 12	癸$_3$未	8	2
5 13	甲$_1$申	7	3
5 14	乙$_3$酉	7	3
5 15	丙$_1$戌	7	3
5 16	丁$_1$亥	7	4
5 17	戊$_1$子	7	4
5 18	己$_1$丑	6	4
5 19	庚$_2$寅	6	5
5 20	辛$_3$卯	6	5
5 21	壬$_3$辰	5	5
5 22	癸$_3$巳	5	6
5 23	甲$_3$午	5	6
5 24	乙$_3$未	4	6
5 25	丙$_1$申	4	7
5 26	丁$_1$酉	4	7
5 27	戊$_1$戌	3	7
5 28	己$_1$亥	3	8
5 29	庚$_2$子	3	8
5 30	辛$_2$丑	2	8
5 31	壬$_2$寅	2	9
6 1	癸$_2$卯	1	9
6 2	甲$_3$辰	1	9
6 3	乙$_3$巳	1	10
6 4	丙$_1$午	0	10
6 5	丁$_1$未	0	10
6 6	戊$_1$申	0	11

庚午

生日	日柱	男	女
6 6	戊$_1$申	10	0
6 7	己$_1$酉	10	0
6 8	庚$_3$戌	10	1
6 9	辛$_3$亥	9	1
6 10	壬$_2$子	9	1
6 11	癸$_3$丑	9	2
6 12	甲$_2$寅	8	2
6 13	乙$_2$卯	8	2
6 14	丙$_1$辰	8	3
6 15	丁$_1$巳	7	3
6 16	戊$_1$午	7	3
6 17	己$_1$未	7	4
6 18	庚$_1$申	6	4
6 19	辛$_1$酉	6	4
6 20	壬$_1$戌	6	5
6 21	癸$_2$亥	5	5
6 22	甲$_2$子	5	5
6 23	乙$_2$丑	5	6
6 24	丙$_1$寅	4	6
6 25	丁$_1$卯	4	6
6 26	戊$_1$辰	4	7
6 27	己$_1$巳	3	7
6 28	庚$_1$午	3	7
6 29	辛$_1$未	3	8
6 30	壬$_1$申	2	8
7 1	癸$_2$酉	2	8
7 2	甲$_3$戌	2	9
7 3	乙$_2$亥	1	9
7 4	丙$_1$子	1	9
7 5	丁$_1$丑	1	10
7 6	戊$_1$寅	0	10
7 7	己$_1$卯	0	10

辛未

生日	日柱	男	女
7 7	己$_1$卯	10	0
7 8	庚$_3$辰	10	0
7 9	辛$_2$巳	10	1
7 10	壬$_3$午	9	1
7 11	癸$_3$未	9	1
7 12	甲$_3$申	9	2
7 13	乙$_2$酉	8	2
7 14	丙$_1$戌	8	2
7 15	丁$_1$亥	8	3
7 16	戊$_1$子	7	3
7 17	己$_1$丑	7	3
7 18	庚$_1$寅	7	4
7 19	辛$_1$卯	6	4
7 20	壬$_1$辰	6	4
7 21	癸$_1$巳	6	5
7 22	甲$_3$午	5	5
7 23	乙$_3$未	5	5
7 24	丙$_1$申	5	6
7 25	丁$_1$酉	4	6
7 26	戊$_1$戌	4	6
7 27	己$_1$亥	4	7
7 28	庚$_1$子	3	7
7 29	辛$_1$丑	3	7
7 30	壬$_1$寅	3	8
7 31	癸$_3$卯	2	8
8 1	甲$_3$辰	2	8
8 2	乙$_3$巳	2	9
8 3	丙$_1$午	1	9
8 4	丁$_1$未	1	9
8 5	戊$_1$申	1	10
8 6	己$_1$酉	0	10
8 7	庚$_1$戌	0	10

大運

歳	丙寅 男	丙寅 女	丁卯 男	丁卯 女	戊辰 男	戊辰 女	己巳 男	己巳 女	庚午 男	庚午 女	辛未 男	辛未 女
0	丁卯	乙丑	戊辰	丙寅	己巳	丁卯	庚午	戊辰	辛未	己巳	壬申	庚午
10	戊辰	甲子	己巳	乙丑	庚午	丙寅	辛未	丁卯	壬申	戊辰	癸酉	己巳
20	己巳	癸亥	庚午	甲子	辛未	乙丑	壬申	丙寅	癸酉	丁卯	甲戌	戊辰
30	庚午	壬戌	辛未	癸亥	壬申	甲子	癸酉	乙丑	甲戌	丙寅	乙亥	丁卯
40	辛未	辛酉	壬申	壬戌	癸酉	癸亥	甲戌	甲子	乙亥	乙丑	丙子	丙寅
50	壬申	庚申	癸酉	辛酉	甲戌	壬戌	乙亥	癸亥	丙子	甲子	丁丑	乙丑
60	癸酉	己未	甲戌	庚申	乙亥	辛酉	丙子	壬戌	丁丑	癸亥	戊寅	甲子
70	甲戌	戊午	乙亥	己未	丙子	庚申	丁丑	辛酉	戊寅	壬戌	己卯	癸亥
80	乙亥	丁巳	丙子	戊午	丁丑	己未	戊寅	庚申	己卯	辛酉	庚辰	壬戌

～2015年（平成27年）2月4日12時08分

月柱別 日柱・立運年齢表

壬申（8月7日23:02～9月8日2:20）

生日	日柱	男	女
8/7	庚$_2$戌	11	0
8/8	辛$_2$亥	10	0
8/9	壬$_1$子	10	1
8/10	癸$_2$丑	10	1
8/11	甲$_2$寅	9	1
8/12	乙$_1$卯	9	2
8/13	丙$_2$辰	9	2
8/14	丁$_1$巳	8	2
8/15	戊$_2$午	8	3
8/16	己$_1$未	8	3
8/17	庚$_2$申	7	3
8/18	辛$_1$酉	7	4
8/19	壬$_2$戌	7	4
8/20	癸$_1$亥	6	4
8/21	甲$_1$子	6	5
8/22	乙$_2$丑	6	5
8/23	丙$_1$寅	5	5
8/24	丁$_2$卯	5	6
8/25	戊$_2$辰	5	6
8/26	己$_1$巳	4	6
8/27	庚$_2$午	4	7
8/28	辛$_1$未	4	7
8/29	壬$_2$申	3	7
8/30	癸$_1$酉	3	8
8/31	甲$_2$戌	3	8
9/1	乙$_2$亥	2	8
9/2	丙$_2$子	2	9
9/3	丁$_1$丑	2	9
9/4	戊$_2$寅	1	9
9/5	己$_1$卯	1	10
9/6	庚$_1$辰	1	10
9/7	辛$_2$巳	0	10
9/8	壬$_2$午	0	11

癸酉（9月8日2:21～10月8日18:19）

生日	日柱	男	女
9/8	壬$_2$午	10	0
9/9	癸$_3$未	10	0
9/10	甲$_2$申	9	1
9/11	乙$_3$酉	9	1
9/12	丙$_2$戌	9	1
9/13	丁$_3$亥	8	2
9/14	戊$_2$子	8	2
9/15	己$_2$丑	8	2
9/16	庚$_3$寅	7	3
9/17	辛$_2$卯	7	3
9/18	壬$_3$辰	7	3
9/19	癸$_2$巳	6	4
9/20	甲$_3$午	6	4
9/21	乙$_2$未	6	4
9/22	丙$_3$申	5	5
9/23	丁$_2$酉	5	5
9/24	戊$_2$戌	5	5
9/25	己$_3$亥	4	6
9/26	庚$_2$子	4	6
9/27	辛$_3$丑	4	6
9/28	壬$_2$寅	3	7
9/29	癸$_3$卯	3	7
9/30	甲$_2$辰	3	7
10/1	乙$_2$巳	2	8
10/2	丙$_1$午	2	8
10/3	丁$_2$未	2	8
10/4	戊$_3$申	1	9
10/5	己$_3$酉	1	9
10/6	庚$_1$戌	1	9
10/7	辛$_2$亥	0	10
10/8	壬$_1$子	0	10

甲戌（10月8日18:20～11月7日21:35）

生日	日柱	男	女
10/8	壬$_1$子	10	0
10/9	癸$_3$丑	10	0
10/10	甲$_2$寅	9	1
10/11	乙$_3$卯	9	1
10/12	丙$_3$辰	9	1
10/13	丁$_3$巳	8	2
10/14	戊$_3$午	8	2
10/15	己$_2$未	8	2
10/16	庚$_3$申	7	3
10/17	辛$_2$酉	7	3
10/18	壬$_3$戌	7	3
10/19	癸$_3$亥	6	4
10/20	甲$_3$子	6	4
10/21	乙$_2$丑	6	4
10/22	丙$_2$寅	5	5
10/23	丁$_2$卯	5	5
10/24	戊$_2$辰	5	5
10/25	己$_2$巳	4	6
10/26	庚$_2$午	4	6
10/27	辛$_2$未	4	6
10/28	壬$_2$申	3	7
10/29	癸$_3$酉	3	7
10/30	甲$_3$戌	3	7
10/31	乙$_3$亥	2	8
11/1	丙$_1$子	2	8
11/2	丁$_1$丑	2	8
11/3	戊$_3$寅	1	9
11/4	己$_1$卯	1	9
11/5	庚$_3$辰	1	9
11/6	辛$_1$巳	0	10
11/7	壬$_3$午	0	10

乙亥（11月7日21:36～12月7日14:10）

生日	日柱	男	女
11/7	壬$_3$午	10	0
11/8	癸$_2$未	10	0
11/9	甲$_1$申	9	1
11/10	乙$_2$酉	9	1
11/11	丙$_1$戌	9	1
11/12	丁$_1$亥	8	2
11/13	戊$_3$子	8	2
11/14	己$_1$丑	8	2
11/15	庚$_2$寅	7	3
11/16	辛$_2$卯	7	3
11/17	壬$_2$辰	7	3
11/18	癸$_2$巳	6	4
11/19	甲$_1$午	6	4
11/20	乙$_2$未	6	4
11/21	丙$_2$申	5	5
11/22	丁$_1$酉	5	5
11/23	戊$_3$戌	5	5
11/24	己$_1$亥	4	6
11/25	庚$_2$子	4	6
11/26	辛$_1$丑	4	6
11/27	壬$_2$寅	3	7
11/28	癸$_2$卯	3	7
11/29	甲$_1$辰	3	7
11/30	乙$_2$巳	2	8
12/1	丙$_1$午	2	8
12/2	丁$_1$未	2	8
12/3	戊$_3$申	1	9
12/4	己$_1$酉	1	9
12/5	庚$_3$戌	1	9
12/6	辛$_1$亥	0	10
12/7	壬$_1$子	0	10

丙子（12月7日14:11～1月6日0:25）

生日	日柱	男	女
12/7	壬$_1$子	10	0
12/8	癸$_2$丑	10	0
12/9	甲$_1$寅	9	1
12/10	乙$_2$卯	9	1
12/11	丙$_1$辰	9	1
12/12	丁$_1$巳	8	2
12/13	戊$_3$午	8	2
12/14	己$_1$未	8	2
12/15	庚$_3$申	7	3
12/16	辛$_2$酉	7	3
12/17	壬$_2$戌	7	3
12/18	癸$_1$亥	6	4
12/19	甲$_1$子	6	4
12/20	乙$_1$丑	6	4
12/21	丙$_1$寅	5	5
12/22	丁$_1$卯	5	5
12/23	戊$_1$辰	5	5
12/24	己$_1$巳	4	6
12/25	庚$_3$午	4	6
12/26	辛$_1$未	4	6
12/27	壬$_1$申	3	7
12/28	癸$_2$酉	3	7
12/29	甲$_3$戌	3	7
12/30	乙$_2$亥	2	8
12/31	丙$_2$子	2	8
1/1	丁$_1$丑	2	8
1/2	戊$_1$寅	1	9
1/3	己$_1$卯	1	9
1/4	庚$_3$辰	1	9
1/5	辛$_3$巳	0	10
1/6	壬$_2$午	0	10

丁丑（1月6日0:26～2月4日12:08）

生日	日柱	男	女
1/6	壬$_3$午	10	0
1/7	癸$_3$未	9	0
1/8	甲$_3$申	9	1
1/9	乙$_3$酉	9	1
1/10	丙$_3$戌	8	1
1/11	丁$_1$亥	8	2
1/12	戊$_2$子	8	2
1/13	己$_1$丑	7	2
1/14	庚$_2$寅	7	3
1/15	辛$_2$卯	7	3
1/16	壬$_3$辰	6	3
1/17	癸$_3$巳	6	4
1/18	甲$_2$午	6	4
1/19	乙$_3$未	5	4
1/20	丙$_1$申	5	5
1/21	丁$_2$酉	5	5
1/22	戊$_1$戌	4	5
1/23	己$_1$亥	4	6
1/24	庚$_3$子	4	6
1/25	辛$_1$丑	3	6
1/26	壬$_3$寅	3	7
1/27	癸$_3$卯	3	7
1/28	甲$_3$辰	2	7
1/29	乙$_3$巳	2	8
1/30	丙$_2$午	2	8
1/31	丁$_1$未	1	8

立運（大運）表

歳	壬申 男	壬申 女	癸酉 男	癸酉 女	甲戌 男	甲戌 女	乙亥 男	乙亥 女	丙子 男	丙子 女	丁丑 男	丁丑 女
0	癸酉	辛未	甲戌	壬申	乙亥	癸酉	丙子	甲戌	丁丑	乙亥	戊寅	丙子
10	甲戌	庚午	乙亥	辛未	丙子	壬申	丁丑	癸酉	戊寅	甲戌	己卯	乙亥
20	乙亥	己巳	丙子	庚午	丁丑	辛未	戊寅	壬申	己卯	癸酉	庚辰	甲戌
30	丙子	戊辰	丁丑	己巳	戊寅	庚午	己卯	辛未	庚辰	壬申	辛巳	癸酉
40	丁丑	丁卯	戊寅	戊辰	己卯	己巳	庚辰	庚午	辛巳	辛未	壬午	壬申
50	戊寅	丙寅	己卯	丁卯	庚辰	戊辰	辛巳	己巳	壬午	庚午	癸未	辛未
60	己卯	乙丑	庚辰	丙寅	辛巳	丁卯	壬午	戊辰	癸未	己巳	甲申	庚午
70	庚辰	甲子	辛巳	乙丑	壬午	丙寅	癸未	丁卯	甲申	戊辰	乙酉	己巳
80	辛巳	癸亥	壬午	甲子	癸未	乙丑	甲申	丙寅	乙酉	丁卯	丙戌	戊辰

年柱 乙未 2015年（平成27年）2月4日12時09分～

2月4日12:09～ 3月6日 5:55				3月6日 5:56～ 4月5日10:57				4月5日10:58～ 5月6日 4:04				5月6日 4:05～ 6月6日 8:19				6月6日 8:20～ 7月7日18:29				7月7日18:30～ 8月8日 4:50			
月柱 戊寅		立運年齢		月柱 己卯		立運年齢		月柱 庚辰		立運年齢		月柱 辛巳		立運年齢		月柱 壬午		立運年齢		月柱 癸未		立運年齢	
生日	日柱	男	女	生日	日柱	男	女	生日	日柱	男	女	生日	日柱	男	女	生日	日柱	男	女	生日	日柱	男	女
2 4	辛$_2$亥	0	10	3 6	辛$_2$巳	0	10	4 5	辛$_2$亥	0	10	5 6	壬$_2$午	0	10	6 6	癸$_2$丑	0	10	7 7	甲$_2$申	0	11
2 5	壬$_2$子	0	10	3 7	壬$_2$午	0	10	4 6	壬$_2$子	0	10	5 7	癸$_2$未	0	10	6 7	甲$_1$寅	0	10	7 8	乙$_2$酉	0	10
2 6	癸$_3$丑	1	9	3 8	癸$_3$未	0	9	4 7	癸$_3$丑	1	9	5 8	甲$_2$申	1	10	6 8	乙$_1$卯	1	10	7 9	丙$_2$戌	1	10
2 7	甲$_1$寅	1	9	3 9	甲$_1$申	1	9	4 8	甲$_1$寅	1	9	5 9	乙$_2$酉	1	9	6 9	丙$_1$辰	1	9	7 10	丁$_2$亥	1	10
2 8	乙$_1$卯	1	9	3 10	乙$_1$酉	1	9	4 9	乙$_1$卯	1	9	5 10	丙$_1$戌	1	9	6 10	丁$_1$巳	1	9	7 11	戊$_2$子	1	9
2 9	丙$_2$辰	2	8	3 11	丙$_1$戌	2	8	4 10	丙$_2$辰	2	9	5 11	丁$_1$亥	2	9	6 11	戊$_1$午	2	9	7 12	己$_1$丑	2	9
2 10	丁$_1$巳	2	8	3 12	丁$_1$亥	2	8	4 11	丁$_2$巳	2	8	5 12	戊$_1$子	2	8	6 12	己$_1$未	2	8	7 13	庚$_2$寅	2	9
2 11	戊$_1$午	2	8	3 13	戊$_1$子	2	8	4 12	戊$_1$午	2	8	5 13	己$_1$丑	2	8	6 13	庚$_2$申	2	8	7 14	辛$_2$卯	2	8
2 12	己$_1$未	3	7	3 14	己$_1$丑	3	7	4 13	己$_1$未	3	8	5 14	庚$_2$寅	3	8	6 14	辛$_2$酉	3	8	7 15	壬$_2$辰	3	8
2 13	庚$_2$申	3	7	3 15	庚$_1$寅	3	7	4 14	庚$_1$申	3	7	5 15	辛$_2$卯	3	7	6 15	壬$_3$戌	3	8	7 16	癸$_3$巳	3	8
2 14	辛$_2$酉	3	7	3 16	辛$_1$卯	3	7	4 15	辛$_2$酉	3	7	5 16	壬$_3$辰	3	7	6 16	癸$_2$亥	3	7	7 17	甲$_2$午	3	7
2 15	壬$_2$戌	4	6	3 17	壬$_1$辰	4	6	4 16	壬$_3$戌	4	6	5 17	癸$_3$巳	4	7	6 17	甲$_1$子	4	7	7 18	乙$_2$未	4	7
2 16	癸$_3$亥	4	6	3 18	癸$_3$巳	4	6	4 17	癸$_2$亥	4	6	5 18	甲$_3$午	4	6	6 18	乙$_2$丑	4	6	7 19	丙$_2$申	4	6
2 17	甲$_1$子	4	6	3 19	甲$_1$午	4	6	4 18	甲$_1$子	4	6	5 19	乙$_1$未	4	6	6 19	丙$_1$寅	4	6	7 20	丁$_2$酉	4	6
2 18	乙$_1$丑	5	5	3 20	乙$_1$未	5	5	4 19	乙$_1$丑	5	6	5 20	丙$_1$申	5	6	6 20	丁$_1$卯	5	6	7 21	戊$_2$戌	5	6
2 19	丙$_1$寅	5	5	3 21	丙$_1$申	5	5	4 20	丙$_2$寅	5	5	5 21	丁$_1$酉	5	5	6 21	戊$_1$辰	5	5	7 22	己$_1$亥	5	6
2 20	丁$_1$卯	5	5	3 22	丁$_1$酉	5	5	4 21	丁$_1$卯	5	5	5 22	戊$_1$戌	5	5	6 22	己$_1$巳	5	5	7 23	庚$_2$子	5	5
2 21	戊$_1$辰	6	4	3 23	戊$_1$戌	6	4	4 22	戊$_1$辰	6	4	5 23	己$_1$亥	6	5	6 23	庚$_2$午	6	5	7 24	辛$_2$丑	6	5
2 22	己$_1$巳	6	4	3 24	己$_2$亥	6	4	4 23	己$_1$巳	6	4	5 24	庚$_2$子	6	4	6 24	辛$_1$未	6	4	7 25	壬$_2$寅	6	5
2 23	庚$_2$午	6	4	3 25	庚$_2$子	6	4	4 24	庚$_1$午	6	4	5 25	辛$_1$丑	6	4	6 25	壬$_2$申	6	4	7 26	癸$_3$卯	6	4
2 24	辛$_1$未	7	3	3 26	辛$_1$丑	7	3	4 25	辛$_1$未	7	4	5 26	壬$_2$寅	7	4	6 26	癸$_3$酉	7	4	7 27	甲$_2$辰	7	4
2 25	壬$_2$申	7	3	3 27	壬$_2$寅	7	3	4 26	壬$_2$申	7	3	5 27	癸$_3$卯	7	3	6 27	甲$_2$戌	7	3	7 28	乙$_2$巳	7	3
2 26	癸$_3$酉	7	3	3 28	癸$_3$卯	7	3	4 27	癸$_3$酉	7	3	5 28	甲$_3$辰	7	3	6 28	乙$_1$亥	7	3	7 29	丙$_1$午	7	3
2 27	甲$_3$戌	8	2	3 29	甲$_3$辰	8	2	4 28	甲$_3$戌	8	3	5 29	乙$_3$巳	8	3	6 29	丙$_1$子	8	3	7 30	丁$_1$未	8	3
2 28	乙$_1$亥	8	3	3 30	乙$_1$巳	8	3	4 29	乙$_1$亥	8	2	5 30	丙$_1$午	8	2	6 30	丁$_1$丑	8	2	7 31	戊$_1$申	8	3
3 1	丙$_2$子	9	1	3 31	丙$_1$午	9	1	4 30	丙$_2$子	9	1	5 31	丁$_1$未	9	1	7 1	戊$_1$寅	9	2	8 1	己$_1$酉	9	2
3 2	丁$_1$丑	9	1	4 1	丁$_1$未	9	1	5 1	丁$_1$丑	9	1	6 1	戊$_1$申	9	2	7 2	己$_1$卯	9	2	8 2	庚$_2$戌	9	2
3 3	戊$_1$寅	9	1	4 2	戊$_1$申	9	1	5 2	戊$_1$寅	9	1	6 2	己$_1$酉	9	1	7 3	庚$_2$辰	9	1	8 3	辛$_2$亥	9	2
3 4	己$_2$卯	9	1	4 3	己$_2$酉	9	1	5 3	己$_1$卯	9	1	6 3	庚$_2$戌	9	1	7 4	辛$_2$巳	9	1	8 4	壬$_2$子	9	1
3 5	庚$_2$辰	10	0	4 4	庚$_2$戌	10	0	5 4	庚$_2$辰	10	1	6 4	辛$_2$亥	10	1	7 5	壬$_2$午	10	1	8 5	癸$_3$丑	10	1
3 6	辛$_2$巳	10	0	4 5	辛$_2$亥	10	0	5 5	辛$_2$巳	10	0	6 5	壬$_2$子	10	0	7 6	癸$_3$未	10	0	8 6	甲$_2$寅	10	1
								5 6	壬$_3$午	10	0	6 6	癸$_3$丑	10	0	7 7	甲$_1$申	10	0	8 7	乙$_1$卯	10	0
																				8 8	丙$_2$辰	11	0

歳	男	歳	女	歳	男	歳	女	歳	男	歳	女	歳	男	歳	女	歳	男	歳	女	歳	男	歳	女
0	丁丑	0	己卯	0	戊寅	0	庚辰	0	己卯	0	辛巳	0	庚辰	0	壬午	0	辛巳	0	癸未	0	壬午	0	甲申
10	丙子	10	庚辰	10	丁丑	10	辛巳	10	戊寅	10	壬午	10	己卯	10	癸未	10	庚辰	10	甲申	10	辛巳	10	乙酉
20	乙亥	20	辛巳	20	丙子	20	壬午	20	丁丑	20	癸未	20	戊寅	20	甲申	20	己卯	20	乙酉	20	庚辰	20	丙戌
30	甲戌	30	壬午	30	乙亥	30	癸未	30	丙子	30	甲申	30	丁丑	30	乙酉	30	戊寅	30	丙戌	30	己卯	30	丁亥
40	癸酉	40	癸未	40	甲戌	40	甲申	40	乙亥	40	乙酉	40	丙子	40	丙戌	40	丁丑	40	丁亥	40	戊寅	40	戊子
50	壬申	50	甲申	50	癸酉	50	乙酉	50	甲戌	50	丙戌	50	乙亥	50	丁亥	50	丙子	50	戊子	50	丁丑	50	己丑
60	辛未	60	乙酉	60	壬申	60	丙戌	60	癸酉	60	丁亥	60	甲戌	60	戊子	60	乙亥	60	己丑	60	丙子	60	庚寅
70	庚午	70	丙戌	70	辛未	70	丁亥	70	壬申	70	戊子	70	癸酉	70	己丑	70	甲戌	70	庚寅	70	乙亥	70	辛卯
80	己巳	80	丁亥	80	庚午	80	戊子	80	辛未	80	己丑	80	壬申	80	庚寅	80	癸酉	80	辛卯	80	甲戌	80	壬辰

～2016年（平成28年）2月4日17時59分

月柱 甲申（8月8日 4:51～ 9月8日 8:09）

生日	日柱	立運年齢 男	女
8 8	丙$_2$辰	0	10
8 9	丁$_1$巳	0	10
8 10	戊$_2$午	1	10
8 11	己$_2$未	1	9
8 12	庚$_1$申	1	9
8 13	辛$_1$酉	2	9
8 14	壬$_3$戌	2	8
8 15	癸$_2$亥	2	8
8 16	甲$_1$子	3	8
8 17	乙$_2$丑	3	7
8 18	丙$_1$寅	3	7
8 19	丁$_1$卯	4	7
8 20	戊$_1$辰	4	6
8 21	己$_2$巳	4	6
8 22	庚$_1$午	5	6
8 23	辛$_1$未	5	5
8 24	壬$_2$申	5	5
8 25	癸$_2$酉	6	5
8 26	甲$_2$戌	6	4
8 27	乙$_2$亥	6	4
8 28	丙$_2$子	7	4
8 29	丁$_2$丑	7	3
8 30	戊$_3$寅	7	3
8 31	己$_3$卯	8	3
9 1	庚$_1$辰	8	2
9 2	辛$_1$巳	8	2
9 3	壬$_3$午	9	2
9 4	癸$_3$未	9	1
9 5	甲$_1$申	9	1
9 6	乙$_2$酉	10	1
9 7	丙$_2$戌	10	0
9 8	丁$_2$亥	10	0

月柱 乙酉（9月8日 8:10～ 10月9日 0:08）

生日	日柱	立運年齢 男	女
9 8	丁$_2$亥	0	10
9 9	戊$_2$子	0	10
9 10	己$_2$丑	1	10
9 11	庚$_1$寅	1	9
9 12	辛$_1$卯	1	9
9 13	壬$_3$辰	2	9
9 14	癸$_3$巳	2	8
9 15	甲$_1$午	2	8
9 16	乙$_2$未	3	8
9 17	丙$_1$申	3	7
9 18	丁$_2$酉	3	7
9 19	戊$_3$戌	4	7
9 20	己$_2$亥	4	6
9 21	庚$_1$子	4	6
9 22	辛$_1$丑	5	6
9 23	壬$_3$寅	5	5
9 24	癸$_3$卯	5	5
9 25	甲$_2$辰	6	5
9 26	乙$_2$巳	6	4
9 27	丙$_1$午	6	4
9 28	丁$_2$未	7	4
9 29	戊$_3$申	7	3
9 30	己$_2$酉	7	3
10 1	庚$_1$戌	8	3
10 2	辛$_1$亥	8	2
10 3	壬$_2$子	8	2
10 4	癸$_3$丑	9	2
10 5	甲$_1$寅	9	1
10 6	乙$_1$卯	9	1
10 7	丙$_2$辰	10	1
10 8	丁$_1$巳	10	0
10 9	戊$_2$午	10	0

月柱 丙戌（10月9日 0:09～ 11月8日 3:24）

生日	日柱	立運年齢 男	女
10 9	戊$_1$午	0	10
10 10	己$_1$未	1	10
10 11	庚$_1$申	1	9
10 12	辛$_1$酉	1	9
10 13	壬$_2$戌	2	9
10 14	癸$_2$亥	2	8
10 15	甲$_2$子	2	8
10 16	乙$_1$丑	2	8
10 17	丙$_2$寅	3	7
10 18	丁$_1$卯	3	7
10 19	戊$_1$辰	3	7
10 20	己$_1$巳	4	7
10 21	庚$_1$午	4	6
10 22	辛$_1$未	4	6
10 23	壬$_1$申	5	6
10 24	癸$_1$酉	5	5
10 25	甲$_1$戌	5	5
10 26	乙$_1$亥	6	5
10 27	丙$_2$子	6	4
10 28	丁$_1$丑	6	4
10 29	戊$_1$寅	7	4
10 30	己$_1$卯	7	3
10 31	庚$_1$辰	8	3
11 1	辛$_1$巳	8	2
11 2	壬$_1$午	8	2
11 3	癸$_1$未	8	2
11 4	甲$_1$申	9	2
11 5	乙$_1$酉	9	1
11 6	丙$_1$戌	9	1
11 7	丁$_1$亥	10	0
11 8	戊$_1$子	10	0

月柱 丁亥（11月8日 3:25～ 12月7日 20:00）

生日	日柱	立運年齢 男	女
11 8	戊$_2$子	0	10
11 9	己$_1$丑	1	10
11 10	庚$_1$寅	1	9
11 11	辛$_1$卯	1	9
11 12	壬$_1$辰	2	9
11 13	癸$_1$巳	2	8
11 14	甲$_2$午	2	8
11 15	乙$_1$未	2	7
11 16	丙$_2$申	3	6
11 17	丁$_1$酉	3	6
11 18	戊$_1$戌	3	6
11 19	己$_2$亥	4	6
11 20	庚$_1$子	4	5
11 21	辛$_1$丑	4	5
11 22	壬$_1$寅	5	5
11 23	癸$_1$卯	5	5
11 24	甲$_2$辰	5	5
11 25	乙$_1$巳	6	5
11 26	丙$_1$午	6	4
11 27	丁$_1$未	6	4
11 28	戊$_1$申	7	3
11 29	己$_2$酉	7	3
11 30	庚$_1$戌	7	3
12 1	辛$_1$亥	8	2
12 2	壬$_1$子	8	2
12 3	癸$_1$丑	8	2
12 4	甲$_1$寅	9	1
12 5	乙$_1$卯	9	1
12 6	丙$_2$辰	9	0
12 7	丁$_1$巳	10	0

月柱 戊子（12月7日 20:01～ 1月6日 6:46）

生日	日柱	立運年齢 男	女
12 7	丁$_1$巳	0	10
12 8	戊$_1$午	0	10
12 9	己$_1$未	1	10
12 10	庚$_1$申	1	9
12 11	辛$_1$酉	1	9
12 12	壬$_2$戌	2	9
12 13	癸$_1$亥	2	8
12 14	甲$_1$子	2	8
12 15	乙$_1$丑	3	7
12 16	丙$_2$寅	3	7
12 17	丁$_1$卯	3	7
12 18	戊$_1$辰	4	6
12 19	己$_1$巳	4	6
12 20	庚$_2$午	4	5
12 21	辛$_1$未	5	5
12 22	壬$_1$申	5	5
12 23	癸$_1$酉	5	5
12 24	甲$_2$戌	6	4
12 25	乙$_1$亥	6	4
12 26	丙$_3$子	6	3
12 27	丁$_1$丑	7	3
12 28	戊$_1$寅	7	3
12 29	己$_1$卯	7	2
12 30	庚$_1$辰	8	2
12 31	辛$_1$巳	8	1
1 1	壬$_2$午	8	1
1 2	癸$_2$未	9	1
1 3	甲$_1$申	9	1
1 4	乙$_2$酉	9	0
1 5	丙$_3$戌	10	0
1 6	丁$_3$亥	10	0

月柱 己丑（1月6日 6:47～ 2月4日17:59）

生日	日柱	立運年齢 男	女
1 6	丁$_1$亥	0	10
1 7	戊$_1$子	0	9
1 8	己$_1$丑	1	9
1 9	庚$_1$寅	1	9
1 10	辛$_1$卯	1	8
1 11	壬$_1$辰	2	8
1 12	癸$_1$巳	2	8
1 13	甲$_2$午	2	7
1 14	乙$_1$未	3	7
1 15	丙$_1$申	3	6
1 16	丁$_1$酉	3	6
1 17	戊$_1$戌	4	6
1 18	己$_1$亥	4	5
1 19	庚$_1$子	4	5
1 20	辛$_1$丑	5	5
1 21	壬$_1$寅	5	5
1 22	癸$_1$卯	5	4
1 23	甲$_3$辰	6	4
1 24	乙$_3$巳	6	4
1 25	丙$_1$午	6	3
1 26	丁$_1$未	7	3
1 27	戊$_1$申	7	3
1 28	己$_1$酉	7	2
1 29	庚$_1$戌	8	2
1 30	辛$_1$亥	8	1
1 31	壬$_2$子	8	1
2 1	癸$_1$丑	9	1
2 2	甲$_2$寅	9	1
2 3	乙$_2$卯	9	0
2 4	丙$_3$辰	10	0

立運（大運）

歳	甲申 男	歳	甲申 女	歳	乙酉 男	歳	乙酉 女	歳	丙戌 男	歳	丙戌 女	歳	丁亥 男	歳	丁亥 女	歳	戊子 男	歳	戊子 女	歳	己丑 男	歳	己丑 女
0	癸未	0	乙酉	0	甲申	0	丙戌	0	乙酉	0	丁亥	0	丙戌	0	戊子	0	丁亥	0	己丑	0	戊子	0	庚寅
10	壬午	10	丙戌	10	癸未	10	丁亥	10	甲申	10	戊子	10	乙酉	10	己丑	10	丙戌	10	庚寅	10	丁亥	10	辛卯
20	辛巳	20	丁亥	20	壬午	20	戊子	20	癸未	20	己丑	20	甲申	20	庚寅	20	乙酉	20	辛卯	20	丙戌	20	壬辰
30	庚辰	30	戊子	30	辛巳	30	己丑	30	壬午	30	庚寅	30	癸未	30	辛卯	30	甲申	30	壬辰	30	乙酉	30	癸巳
40	己卯	40	己丑	40	庚辰	40	庚寅	40	辛巳	40	辛卯	40	壬午	40	壬辰	40	癸未	40	癸巳	40	甲申	40	甲午
50	戊寅	50	庚寅	50	己卯	50	辛卯	50	庚辰	50	壬辰	50	辛巳	50	癸巳	50	壬午	50	甲午	50	癸未	50	乙未
60	丁丑	60	辛卯	60	戊寅	60	壬辰	60	己卯	60	癸巳	60	庚辰	60	甲午	60	辛巳	60	乙未	60	壬午	60	丙申
70	丙子	70	壬辰	70	丁丑	70	癸巳	70	戊寅	70	甲午	70	己卯	70	乙未	70	庚辰	70	丙申	70	辛巳	70	丁酉
80	乙亥	80	癸巳	80	丙子	80	甲午	80	丁丑	80	乙未	80	戊寅	80	丙申	80	己卯	80	丁酉	80	庚辰	80	戊戌

年柱 丙申 **2016年（平成28年）2月4日18時00分～**

月柱	庚寅 2/4 18:00～3/5 11:45			辛卯 3/5 11:46～4/4 16:31			壬辰 4/4 16:32～5/5 9:53			癸巳 5/5 9:54～6/5 14:08			甲午 6/5 14:09～7/7 0:32			乙未 7/7 0:33～8/7 10:38		
生日	日柱	男	女	日柱	男	女	日柱	男	女	日柱	男	女	日柱	男	女	日柱	男	女
2 4 / 3 5 / 4 4 / 5 5 / 6 5 / 7 7	丙1辰	10	0	丙1戌	10	0	丙1辰	10	0	丁1亥	10	0	戊1午	11	0	庚1寅	10	0
2 5 / 3 6 / 4 5 / 5 6 / 6 6 / 7 8	丁1巳	10	0	丁2亥	10	0	丁2巳	10	0	戊1子	10	0	己2未	10	0	辛1卯	10	0
2 6 / 3 7 / 4 6 / 5 7 / 6 7 / 7 9	戊2午	9	1	戊3子	9	1	戊1午	10	1	己1丑	10	1	庚2申	10	1	壬2辰	10	1
2 7 / 3 8 / 4 7 / 5 8 / 6 8 / 7 10	己2未	9	1	己2丑	9	1	己1未	10	1	庚2寅	9	1	辛2酉	10	1	癸3巳	9	1
2 8 / 3 9 / 4 8 / 5 9 / 6 9 / 7 11	庚1申	9	1	庚1寅	9	1	庚1申	9	1	辛1卯	9	1	壬3戌	9	1	甲3午	9	1
2 9 / 3 10 / 4 9 / 5 10 / 6 10 / 7 12	辛1酉	8	2	辛1卯	8	2	辛1酉	9	2	壬2辰	9	2	癸3亥	9	2	乙3未	9	2
2 10 / 3 11 / 4 10 / 5 11 / 6 11 / 7 13	壬2戌	8	2	壬1辰	8	2	壬2戌	8	2	癸2巳	8	2	甲2子	8	2	丙2申	8	2
2 11 / 3 12 / 4 11 / 5 12 / 6 12 / 7 14	癸1亥	8	2	癸2巳	8	2	癸1亥	8	2	甲3午	8	2	乙3丑	8	2	丁1酉	8	2
2 12 / 3 13 / 4 12 / 5 13 / 6 13 / 7 15	甲1子	7	3	甲2午	7	3	甲1子	8	3	乙1未	8	3	丙2寅	8	3	戊3戌	8	3
2 13 / 3 14 / 4 13 / 5 14 / 6 14 / 7 16	乙1丑	7	3	乙2未	7	3	乙1丑	7	3	丙1申	7	3	丁2卯	8	3	己1亥	7	3
2 14 / 3 15 / 4 14 / 5 15 / 6 15 / 7 17	丙1寅	7	3	丙2申	7	3	丙1寅	7	3	丁1酉	7	3	戊3辰	7	3	庚2子	7	3
2 15 / 3 16 / 4 15 / 5 16 / 6 16 / 7 18	丁1卯	6	4	丁1酉	6	4	丁1卯	7	4	戊1戌	7	4	己2巳	7	4	辛1丑	7	4
2 16 / 3 17 / 4 16 / 5 17 / 6 17 / 7 19	戊1辰	6	4	戊2戌	6	4	戊1辰	6	4	己1亥	6	4	庚2午	7	4	壬2寅	6	4
2 17 / 3 18 / 4 17 / 5 18 / 6 18 / 7 20	己1巳	6	4	己2亥	6	4	己1巳	6	4	庚2子	6	4	辛2未	6	4	癸3卯	6	4
2 18 / 3 19 / 4 18 / 5 19 / 6 19 / 7 21	庚2午	5	5	庚2子	5	5	庚1午	6	5	辛1丑	6	5	壬2申	6	5	甲3辰	6	5
2 19 / 3 20 / 4 19 / 5 20 / 6 20 / 7 22	辛1未	5	5	辛1丑	5	5	辛1未	5	5	壬2寅	5	5	癸2酉	6	5	乙3巳	5	5
2 20 / 3 21 / 4 20 / 5 21 / 6 21 / 7 23	壬1申	5	5	壬2寅	5	5	壬1申	5	5	癸2卯	5	5	甲3戌	5	5	丙1午	5	5
2 21 / 3 22 / 4 21 / 5 22 / 6 22 / 7 24	癸1酉	4	6	癸2卯	4	6	癸1酉	5	6	甲2辰	5	6	乙2亥	5	6	丁1未	5	6
2 22 / 3 23 / 4 22 / 5 23 / 6 23 / 7 25	甲2戌	4	6	甲2辰	4	6	甲1戌	4	6	乙1巳	4	6	丙1子	5	6	戊1申	4	6
2 23 / 3 24 / 4 23 / 5 24 / 6 24 / 7 26	乙1亥	4	6	乙2巳	4	6	乙1亥	4	6	丙1午	4	6	丁1丑	4	6	己1酉	4	6
2 24 / 3 25 / 4 24 / 5 25 / 6 25 / 7 27	丙2子	3	7	丙1午	3	7	丙1子	4	7	丁1未	4	7	戊2寅	4	7	庚1戌	4	7
2 25 / 3 26 / 4 25 / 5 26 / 6 26 / 7 28	丁1丑	3	7	丁1未	3	7	丁1丑	3	7	戊1申	3	7	己1卯	4	7	辛1亥	3	7
2 26 / 3 27 / 4 26 / 5 27 / 6 27 / 7 29	戊1寅	3	7	戊1申	3	7	戊1寅	3	7	己1酉	3	7	庚2辰	3	7	壬1子	3	7
2 27 / 3 28 / 4 27 / 5 28 / 6 28 / 7 30	己3卯	2	8	己1酉	2	8	己1卯	3	8	庚1戌	3	8	辛3巳	3	8	癸3丑	3	8
2 28 / 3 29 / 4 28 / 5 29 / 6 29 / 7 31	庚1辰	2	8	庚1戌	2	8	庚1辰	2	8	辛1亥	2	8	壬2午	3	8	甲1寅	2	8
2 29 / 3 30 / 4 29 / 5 30 / 6 30 / 8 1	辛2巳	2	8	辛1亥	2	8	辛2巳	2	8	壬1子	2	8	癸3未	2	8	乙2卯	2	8
3 1 / 3 31 / 4 30 / 5 31 / 7 1 / 8 2	壬2午	1	9	壬1子	1	9	壬1午	2	9	癸2丑	2	9	甲3申	2	9	丙1辰	2	9
3 2 / 4 1 / 5 1 / 6 1 / 7 2 / 8 3	癸2未	1	9	癸1丑	1	9	癸1未	1	9	甲2寅	1	9	乙3酉	2	9	丁1巳	1	9
3 3 / 4 2 / 5 2 / 6 2 / 7 3 / 8 4	甲2申	1	9	甲1寅	1	9	甲1申	1	9	乙3卯	1	9	丙1戌	1	9	戊1午	1	9
3 4 / 4 3 / 5 3 / 6 3 / 7 4 / 8 5	乙2酉	0	10	乙1卯	0	10	乙2酉	1	10	丙1辰	1	10	丁1亥	1	10	己1未	1	10
3 5 / 4 4 / 5 4 / 6 4 / 7 5 / 8 6	丙2戌	0	10	丙1辰	0	10	丙1戌	0	10	丁1巳	0	10	戊1子	1	10	庚1申	0	10
5 5 / 6 5 / 7 6 / 8 7							丁1亥	0	10	戊1午	0	10	己1丑	0	10	辛1酉	0	10
7 7													庚3寅	0	11			

立運年齢表

	歳 男	歳 女	歳 男	歳 女	歳 男	歳 女	歳 男	歳 女	歳 男	歳 女	歳 男	歳 女
0	辛卯	己丑	壬辰	庚寅	癸巳	辛卯	甲午	壬辰	乙未	癸巳	丙申	甲午
10	壬辰	戊子	癸巳	己丑	甲午	庚寅	乙未	辛卯	丙申	壬辰	丁酉	癸巳
20	癸巳	丁亥	甲午	戊子	乙未	己丑	丙申	庚寅	丁酉	辛卯	戊戌	壬辰
30	甲午	丙戌	乙未	丁亥	丙申	戊子	丁酉	己丑	戊戌	庚寅	己亥	辛卯
40	乙未	乙酉	丙申	丙戌	丁酉	丁亥	戊戌	戊子	己亥	己丑	庚子	庚寅
50	丙申	甲申	丁酉	乙酉	戊戌	丙戌	己亥	丁亥	庚子	戊子	辛丑	己丑
60	丁酉	癸未	戊戌	甲申	己亥	乙酉	庚子	丙戌	辛丑	丁亥	壬寅	戊子
70	戊戌	壬午	己亥	癸未	庚子	甲申	辛丑	乙酉	壬寅	丙戌	癸卯	丁亥
80	己亥	辛巳	庚子	壬午	辛丑	癸未	壬寅	甲申	癸卯	乙酉	甲辰	丙戌

～2017年（平成29年）2月3日23時48分

丙申　8月7日10:39〜9月7日13:47

生日	日柱	男	女
8/7	辛$_2$酉	10	0
8/8	壬$_2$戌	10	0
8/9	癸$_1$亥	10	1
8/10	甲$_3$子	9	1
8/11	乙$_3$丑	9	1
8/12	丙$_1$寅	9	2
8/13	丁$_2$卯	8	2
8/14	戊$_1$辰	8	2
8/15	己$_1$巳	8	3
8/16	庚$_1$午	7	3
8/17	辛$_1$未	7	3
8/18	壬$_1$申	7	4
8/19	癸$_2$酉	6	4
8/20	甲$_3$戌	6	4
8/21	乙$_3$亥	6	5
8/22	丙$_2$子	5	5
8/23	丁$_2$丑	5	5
8/24	戊$_1$寅	5	6
8/25	己$_2$卯	4	6
8/26	庚$_1$辰	4	6
8/27	辛$_1$巳	4	7
8/28	壬$_1$午	3	7
8/29	癸$_2$未	3	7
8/30	甲$_3$申	3	8
8/31	乙$_3$酉	2	8
9/1	丙$_2$戌	2	8
9/2	丁$_1$亥	2	9
9/3	戊$_2$子	1	9
9/4	己$_1$丑	1	9
9/5	庚$_2$寅	1	10
9/6	辛$_1$卯	0	10
9/7	壬$_2$辰	0	10

歳	男	歳	女
0	丁酉	0	乙未
10	戊戌	10	甲午
20	己亥	20	癸巳
30	庚子	30	壬辰
40	辛丑	40	辛卯
50	壬寅	50	庚寅
60	癸卯	60	己丑
70	甲辰	70	戊子
80	乙巳	80	丁亥

丁酉　9月7日13:48〜10月8日 5:58

生日	日柱	男	女
9/7	壬$_2$辰	10	0
9/8	癸$_2$巳	10	0
9/9	甲$_3$午	10	1
9/10	乙$_3$未	9	1
9/11	丙$_1$申	9	1
9/12	丁$_2$酉	9	2
9/13	戊$_1$戌	8	2
9/14	己$_1$亥	8	2
9/15	庚$_1$子	8	3
9/16	辛$_1$丑	7	3
9/17	壬$_1$寅	7	3
9/18	癸$_2$卯	7	4
9/19	甲$_3$辰	6	4
9/20	乙$_3$巳	6	4
9/21	丙$_1$午	6	5
9/22	丁$_2$未	5	5
9/23	戊$_1$申	5	5
9/24	己$_2$酉	5	6
9/25	庚$_1$戌	4	6
9/26	辛$_1$亥	4	6
9/27	壬$_1$子	4	7
9/28	癸$_2$丑	3	7
9/29	甲$_3$寅	3	7
9/30	乙$_3$卯	3	8
10/1	丙$_1$辰	2	8
10/2	丁$_2$巳	2	8
10/3	戊$_1$午	2	9
10/4	己$_2$未	1	9
10/5	庚$_1$申	1	9
10/6	辛$_1$酉	1	10
10/7	壬$_2$戌	0	10
10/8	癸$_1$亥	0	10

歳	男	歳	女
0	戊戌	0	丙申
10	己亥	10	乙未
20	庚子	20	甲午
30	辛丑	30	癸巳
40	壬寅	40	壬辰
50	癸卯	50	辛卯
60	甲辰	60	庚寅
70	乙巳	70	己丑
80	丙午	80	戊子

戊戌　10月8日 5:59〜11月7日 9:13

生日	日柱	男	女
10/8	癸$_1$亥	10	0
10/9	甲$_3$子	10	0
10/10	乙$_3$丑	9	1
10/11	丙$_1$寅	9	1
10/12	丁$_2$卯	9	1
10/13	戊$_1$辰	8	2
10/14	己$_1$巳	8	2
10/15	庚$_1$午	8	2
10/16	辛$_1$未	7	3
10/17	壬$_1$申	7	3
10/18	癸$_2$酉	7	3
10/19	甲$_3$戌	6	4
10/20	乙$_3$亥	6	4
10/21	丙$_2$子	6	4
10/22	丁$_2$丑	5	5
10/23	戊$_1$寅	5	5
10/24	己$_2$卯	5	5
10/25	庚$_1$辰	4	6
10/26	辛$_1$巳	4	6
10/27	壬$_1$午	4	6
10/28	癸$_2$未	3	7
10/29	甲$_3$申	3	7
10/30	乙$_3$酉	3	7
10/31	丙$_2$戌	2	8
11/1	丁$_1$亥	2	8
11/2	戊$_2$子	2	8
11/3	己$_1$丑	1	9
11/4	庚$_2$寅	1	9
11/5	辛$_1$卯	1	9
11/6	壬$_2$辰	0	10
11/7	癸$_2$巳	0	10

歳	男	歳	女
0	己亥	0	丁酉
10	庚子	10	丙申
20	辛丑	20	乙未
30	壬寅	30	甲午
40	癸卯	40	癸巳
50	甲辰	50	壬辰
60	乙巳	60	辛卯
70	丙午	70	庚寅
80	丁未	80	己丑

己亥　11月7日 9:14〜12月7日 1:53

生日	日柱	男	女
11/7	癸$_2$巳	10	0
11/8	甲$_3$午	10	0
11/9	乙$_3$未	9	1
11/10	丙$_1$申	9	1
11/11	丁$_2$酉	9	1
11/12	戊$_1$戌	8	2
11/13	己$_1$亥	8	2
11/14	庚$_1$子	8	2
11/15	辛$_1$丑	7	3
11/16	壬$_1$寅	7	3
11/17	癸$_2$卯	7	3
11/18	甲$_3$辰	6	4
11/19	乙$_3$巳	6	4
11/20	丙$_1$午	6	4
11/21	丁$_2$未	5	5
11/22	戊$_1$申	5	5
11/23	己$_2$酉	5	5
11/24	庚$_1$戌	4	6
11/25	辛$_1$亥	4	6
11/26	壬$_1$子	4	6
11/27	癸$_2$丑	3	7
11/28	甲$_3$寅	3	7
11/29	乙$_3$卯	3	7
11/30	丙$_1$辰	2	8
12/1	丁$_2$巳	2	8
12/2	戊$_1$午	2	8
12/3	己$_2$未	1	9
12/4	庚$_1$申	1	9
12/5	辛$_1$酉	1	9
12/6	壬$_2$戌	0	10
12/7	癸$_1$亥	0	10

歳	男	歳	女
0	庚子	0	戊戌
10	辛丑	10	丁酉
20	壬寅	20	丙申
30	癸卯	30	乙未
40	甲辰	40	甲午
50	乙巳	50	癸巳
60	丙午	60	壬辰
70	丁未	70	辛卯
80	戊申	80	庚寅

庚子　12月7日 1:54〜1月5日12:35

生日	日柱	男	女
12/7	癸$_1$亥	10	0
12/8	甲$_3$子	9	0
12/9	乙$_3$丑	9	1
12/10	丙$_1$寅	9	1
12/11	丁$_2$卯	8	1
12/12	戊$_1$辰	8	2
12/13	己$_1$巳	8	2
12/14	庚$_1$午	7	3
12/15	辛$_1$未	7	3
12/16	壬$_1$申	7	3
12/17	癸$_2$酉	6	3
12/18	甲$_3$戌	6	4
12/19	乙$_3$亥	6	4
12/20	丙$_2$子	5	4
12/21	丁$_2$丑	5	5
12/22	戊$_1$寅	5	5
12/23	己$_2$卯	4	5
12/24	庚$_1$辰	4	6
12/25	辛$_1$巳	4	6
12/26	壬$_1$午	3	6
12/27	癸$_2$未	3	7
12/28	甲$_3$申	3	7
12/29	乙$_3$酉	2	7
12/30	丙$_2$戌	2	8
12/31	丁$_1$亥	2	8
1/1	戊$_3$子	1	8
1/2	己$_1$丑	1	9
1/3	庚$_2$寅	1	9
1/4	辛$_2$卯	0	9
1/5	壬$_2$辰	0	10

歳	男	歳	女
0	辛丑	0	己亥
10	壬寅	10	戊戌
20	癸卯	20	丁酉
30	甲辰	30	丙申
40	乙巳	40	乙未
50	丙午	50	甲午
60	丁未	60	癸巳
70	戊申	70	壬辰
80	己酉	80	辛卯

辛丑　1月5日12:36〜2月3日23:48

生日	日柱	男	女
1/5	壬$_2$辰	10	0
1/6	癸$_2$巳	9	0
1/7	甲$_3$午	9	1
1/8	乙$_3$未	9	1
1/9	丙$_1$申	8	1
1/10	丁$_2$酉	8	2
1/11	戊$_1$戌	8	2
1/12	己$_1$亥	7	2
1/13	庚$_1$子	7	3
1/14	辛$_1$丑	7	3
1/15	壬$_1$寅	6	3
1/16	癸$_2$卯	6	4
1/17	甲$_3$辰	6	4
1/18	乙$_3$巳	5	4
1/19	丙$_1$午	5	5
1/20	丁$_2$未	5	5
1/21	戊$_1$申	4	5
1/22	己$_2$酉	4	6
1/23	庚$_1$戌	4	6
1/24	辛$_1$亥	3	6
1/25	壬$_1$子	3	7
1/26	癸$_2$丑	3	7
1/27	甲$_3$寅	2	7
1/28	乙$_3$卯	2	8
1/29	丙$_1$辰	2	8
1/30	丁$_2$巳	1	8
1/31	戊$_1$午	1	9
2/1	己$_2$未	1	9
2/2	庚$_1$申	0	9
2/3	辛$_2$酉	0	10

歳	男	歳	女
0	壬寅	0	庚子
10	癸卯	10	己亥
20	甲辰	20	戊戌
30	乙巳	30	丁酉
40	丙午	40	丙申
50	丁未	50	乙未
60	戊申	60	甲午
70	己酉	70	癸巳
80	庚戌	80	壬辰

年柱 丁酉 2017年（平成29年）2月3日23時49分～

月柱	期間
壬寅	2月3日23:49～ 3月5日17:35
癸卯	3月5日17:36～ 4月4日22:19
甲辰	4月4日22:20～ 5月5日15:41
乙巳	5月5日15:42～ 6月5日19:56
丙午	6月5日19:57～ 7月7日 6:20
丁未	7月7日 6:21～ 8月7日16:26

月柱 壬寅

生日	日柱	男	女
2 3	辛$_1$酉	0	10
2 4	壬$_2$戌	0	10
2 5	癸$_1$亥	1	9
2 6	甲$_1$子	1	9
2 7	乙$_1$丑	1	9
2 8	丙$_1$寅	2	8
2 9	丁$_1$卯	2	8
2 10	戊$_1$辰	2	8
2 11	己$_2$巳	3	7
2 12	庚$_1$午	3	7
2 13	辛$_1$未	3	7
2 14	壬$_1$申	4	6
2 15	癸$_1$酉	4	6
2 16	甲$_1$戌	4	6
2 17	乙$_1$亥	5	5
2 18	丙$_2$子	5	5
2 19	丁$_2$丑	5	5
2 20	戊$_2$寅	6	4
2 21	己$_3$卯	6	4
2 22	庚$_2$辰	6	4
2 23	辛$_3$巳	7	3
2 24	壬$_2$午	7	3
2 25	癸$_2$未	7	3
2 26	甲$_1$申	8	2
2 27	乙$_1$酉	8	2
2 28	丙$_2$戌	8	2
3 1	丁$_2$亥	9	1
3 2	戊$_3$子	9	1
3 3	己$_2$丑	9	1
3 4	庚$_1$寅	10	0
3 5	辛$_1$卯	10	0

月柱 癸卯

生日	日柱	男	女
3 5	辛$_1$卯	0	10
3 6	壬$_2$辰	0	10
3 7	癸$_2$巳	1	9
3 8	甲$_1$午	1	9
3 9	乙$_1$未	1	9
3 10	丙$_1$申	2	8
3 11	丁$_1$酉	2	8
3 12	戊$_2$戌	2	8
3 13	己$_2$亥	3	7
3 14	庚$_1$子	3	7
3 15	辛$_1$丑	3	7
3 16	壬$_1$寅	4	6
3 17	癸$_1$卯	4	6
3 18	甲$_1$辰	4	6
3 19	乙$_1$巳	5	5
3 20	丙$_1$午	5	5
3 21	丁$_1$未	5	5
3 22	戊$_1$申	6	4
3 23	己$_2$酉	6	4
3 24	庚$_1$戌	6	4
3 25	辛$_1$亥	7	3
3 26	壬$_1$子	7	3
3 27	癸$_1$丑	7	3
3 28	甲$_1$寅	8	2
3 29	乙$_1$卯	8	2
3 30	丙$_2$辰	8	2
3 31	丁$_1$巳	9	1
4 1	戊$_1$午	9	1
4 2	己$_2$未	9	1
4 3	庚$_1$申	10	0
4 4	辛$_1$酉	10	0

月柱 甲辰

生日	日柱	男	女
4 4	辛$_1$酉	0	10
4 5	壬$_2$戌	0	10
4 6	癸$_1$亥	1	10
4 7	甲$_1$子	1	9
4 8	乙$_1$丑	1	9
4 9	丙$_1$寅	2	9
4 10	丁$_1$卯	2	8
4 11	戊$_1$辰	2	8
4 12	己$_1$巳	3	8
4 13	庚$_1$午	3	8
4 14	辛$_1$未	3	7
4 15	壬$_1$申	4	7
4 16	癸$_1$酉	4	6
4 17	甲$_2$戌	4	6
4 18	乙$_1$亥	5	6
4 19	丙$_2$子	5	5
4 20	丁$_1$丑	5	5
4 21	戊$_1$寅	6	5
4 22	己$_1$卯	6	4
4 23	庚$_1$辰	6	4
4 24	辛$_1$巳	7	4
4 25	壬$_1$午	7	3
4 26	癸$_1$未	7	3
4 27	甲$_1$申	8	3
4 28	乙$_1$酉	8	2
4 29	丙$_2$戌	8	2
4 30	丁$_1$亥	9	2
5 1	戊$_1$子	9	1
5 2	己$_1$丑	9	1
5 3	庚$_2$寅	10	1
5 4	辛$_2$卯	10	0
5 5	壬$_3$辰	10	0

月柱 乙巳

生日	日柱	男	女
5 5	壬$_3$辰	0	10
5 6	癸$_3$巳	0	10
5 7	甲$_3$午	1	10
5 8	乙$_3$未	1	9
5 9	丙$_1$申	1	9
5 10	丁$_1$酉	2	9
5 11	戊$_1$戌	2	8
5 12	己$_1$亥	2	8
5 13	庚$_2$子	3	8
5 14	辛$_1$丑	3	8
5 15	壬$_1$寅	3	7
5 16	癸$_3$卯	4	7
5 17	甲$_3$辰	4	6
5 18	乙$_3$巳	4	6
5 19	丙$_1$午	5	6
5 20	丁$_1$未	5	5
5 21	戊$_1$申	5	5
5 22	己$_1$酉	6	5
5 23	庚$_2$戌	6	4
5 24	辛$_2$亥	6	4
5 25	壬$_3$子	7	4
5 26	癸$_3$丑	7	3
5 27	甲$_2$寅	7	3
5 28	乙$_3$卯	8	3
5 29	丙$_3$辰	8	2
5 30	丁$_1$巳	8	2
5 31	戊$_1$午	9	2
6 1	己$_1$未	9	1
6 2	庚$_2$申	9	1
6 3	辛$_2$酉	10	1
6 4	壬$_2$戌	10	0
6 5	癸$_2$亥	10	0

月柱 丙午

生日	日柱	男	女
6 5	癸$_2$亥	0	11
6 6	甲$_3$子	0	10
6 7	乙$_3$丑	1	10
6 8	丙$_1$寅	1	10
6 9	丁$_1$卯	1	9
6 10	戊$_1$辰	2	9
6 11	己$_1$巳	2	9
6 12	庚$_3$午	2	8
6 13	辛$_2$未	3	8
6 14	壬$_1$申	3	8
6 15	癸$_2$酉	3	7
6 16	甲$_1$戌	4	7
6 17	乙$_2$亥	4	7
6 18	丙$_1$子	4	6
6 19	丁$_1$丑	5	6
6 20	戊$_1$寅	5	6
6 21	己$_1$卯	5	5
6 22	庚$_2$辰	6	5
6 23	辛$_2$巳	6	5
6 24	壬$_2$午	6	4
6 25	癸$_2$未	7	4
6 26	甲$_1$申	7	3
6 27	乙$_1$酉	7	3
6 28	丙$_1$戌	8	3
6 29	丁$_1$亥	8	3
6 30	戊$_1$子	8	2
7 1	己$_1$丑	9	2
7 2	庚$_3$寅	9	2
7 3	辛$_3$卯	9	1
7 4	壬$_2$辰	10	1
7 5	癸$_2$巳	10	1
7 6	甲$_1$午	10	0

月柱 丁未

生日	日柱	男	女
7 7	乙$_1$未	0	10
7 8	丙$_1$申	0	10
7 9	丁$_1$酉	1	10
7 10	戊$_1$戌	1	9
7 11	己$_1$亥	1	9
7 12	庚$_1$子	2	9
7 13	辛$_1$丑	2	8
7 14	壬$_1$寅	2	8
7 15	癸$_1$卯	3	8
7 16	甲$_1$辰	3	7
7 17	乙$_1$巳	3	7
7 18	丙$_1$午	4	7
7 19	丁$_1$未	4	6
7 20	戊$_1$申	4	6
7 21	己$_1$酉	5	6
7 22	庚$_1$戌	5	5
7 23	辛$_1$亥	5	5
7 24	壬$_1$子	6	5
7 25	癸$_1$丑	6	4
7 26	甲$_1$寅	6	4
7 27	乙$_1$卯	7	4
7 28	丙$_1$辰	7	3
7 29	丁$_1$巳	7	3
7 30	戊$_1$午	8	3
7 31	己$_1$未	8	2
8 1	庚$_1$申	8	2
8 2	辛$_1$酉	9	2
8 3	壬$_1$戌	9	1
8 4	癸$_1$亥	9	1
8 5	甲$_1$子	10	1
8 6	乙$_1$丑	10	0
8 7	丙$_1$寅	10	0
7 7	乙$_1$未	11	0

大運表

壬寅 歳 男	歳 女	癸卯 歳 男	歳 女	甲辰 歳 男	歳 女	乙巳 歳 男	歳 女	丙午 歳 男	歳 女	丁未 歳 男	歳 女
0 辛丑	0 癸卯	0 壬寅	0 甲辰	0 癸卯	0 乙巳	0 甲辰	0 丙午	0 乙巳	0 丁未	0 丙午	0 戊申
10 庚子	10 甲辰	10 辛丑	10 乙巳	10 壬寅	10 丙午	10 癸卯	10 丁未	10 甲辰	10 戊申	10 乙巳	10 己酉
20 己亥	20 乙巳	20 庚子	20 丙午	20 辛丑	20 丁未	20 壬寅	20 戊申	20 癸卯	20 己酉	20 甲辰	20 庚戌
30 戊戌	30 丙午	30 己亥	30 丁未	30 庚子	30 戊申	30 辛丑	30 己酉	30 壬寅	30 庚戌	30 癸卯	30 辛亥
40 丁酉	40 丁未	40 戊戌	40 戊申	40 己亥	40 己酉	40 庚子	40 庚戌	40 辛丑	40 辛亥	40 壬寅	40 壬子
50 丙申	50 戊申	50 丁酉	50 己酉	50 戊戌	50 庚戌	50 己亥	50 辛亥	50 庚子	50 壬子	50 辛丑	50 癸丑
60 乙未	60 己酉	60 丙申	60 庚戌	60 丁酉	60 辛亥	60 戊戌	60 壬子	60 己亥	60 癸丑	60 庚子	60 甲寅
70 甲午	70 庚戌	70 乙未	70 辛亥	70 丙申	70 壬子	70 丁酉	70 癸丑	70 戊戌	70 甲寅	70 己亥	70 乙卯
80 癸巳	80 辛亥	80 甲午	80 壬子	80 乙未	80 癸丑	80 丙申	80 甲寅	80 丁酉	80 乙卯	80 戊戌	80 丙辰

～2018年（平成30年）2月4日5時37分

月柱 戊申（8月7日16:27～9月7日19:45）

生日	日柱	男	女
8 7	丙2寅	0	10
8 8	丁2卯	0	10
8 9	戊1辰	1	10
8 10	己1巳	1	9
8 11	庚1午	1	9
8 12	辛1未	2	9
8 13	壬1申	2	8
8 14	癸1酉	3	8
8 15	甲3戌	3	8
8 16	乙3亥	3	7
8 17	丙3子	3	7
8 18	丁3丑	4	7
8 19	戊1寅	4	6
8 20	己1卯	4	6
8 21	庚1辰	5	6
8 22	辛1巳	5	5
8 23	壬2午	5	5
8 24	癸2未	6	5
8 25	甲3申	6	4
8 26	乙3酉	6	4
8 27	丙3戌	7	4
8 28	丁3亥	7	3
8 29	戊1子	7	3
8 30	己1丑	8	3
8 31	庚1寅	8	2
9 1	辛1卯	8	2
9 2	壬2辰	9	2
9 3	癸2巳	9	1
9 4	甲3午	9	1
9 5	乙3未	10	1
9 6	丙3申	10	0
9 7	丁3酉	10	0

月柱 己酉（9月7日19:46～10月8日11:46）

生日	日柱	男	女
9 7	丁3酉	0	10
9 8	戊1戌	0	10
9 9	己2亥	1	10
9 10	庚1子	1	9
9 11	辛1丑	1	9
9 12	壬2寅	2	9
9 13	癸2卯	2	8
9 14	甲3辰	2	8
9 15	乙3巳	3	8
9 16	丙3午	3	7
9 17	丁3未	3	7
9 18	戊2申	4	7
9 19	己1酉	4	6
9 20	庚1戌	4	6
9 21	辛1亥	5	6
9 22	壬2子	5	5
9 23	癸2丑	5	5
9 24	甲1寅	6	5
9 25	乙3卯	6	4
9 26	丙3辰	6	4
9 27	丁2巳	7	4
9 28	戊1午	7	3
9 29	己1未	7	3
9 30	庚1申	8	3
10 1	辛1酉	8	2
10 2	壬2戌	8	2
10 3	癸2亥	9	2
10 4	甲3子	9	1
10 5	乙3丑	9	1
10 6	丙3寅	10	1
10 7	丁3卯	10	0
10 8	戊1辰	10	0

月柱 庚戌（10月8日11:47～11月7日15:02）

生日	日柱	男	女
10 8	戊1辰	0	10
10 9	己1巳	0	10
10 10	庚1午	1	9
10 11	辛1未	1	9
10 12	壬1申	1	9
10 13	癸1酉	2	8
10 14	甲3戌	2	8
10 15	乙3亥	3	8
10 16	丙3子	3	7
10 17	丁1丑	3	7
10 18	戊1寅	3	7
10 19	己1卯	4	6
10 20	庚1辰	4	6
10 21	辛1巳	4	5
10 22	壬1午	5	5
10 23	癸1未	5	5
10 24	甲1申	6	5
10 25	乙3酉	6	4
10 26	丙3戌	6	4
10 27	丁1亥	7	3
10 28	戊1子	7	3
10 29	己1丑	7	3
10 30	庚1寅	8	3
10 31	辛1卯	8	2
11 1	壬1辰	8	2
11 2	癸1巳	8	2
11 3	甲3午	9	1
11 4	乙3未	9	1
11 5	丙3申	9	1
11 6	丁3酉	10	0
11 7	戊1戌	10	0

月柱 辛亥（11月7日15:03～12月7日7:39）

生日	日柱	男	女
11 7	戊1戌	0	10
11 8	己1亥	0	10
11 9	庚1子	1	9
11 10	辛1丑	1	9
11 11	壬1寅	1	9
11 12	癸1卯	2	8
11 13	甲3辰	2	8
11 14	乙3巳	2	8
11 15	丙3午	3	7
11 16	丁1未	3	7
11 17	戊1申	3	7
11 18	己1酉	4	6
11 19	庚1戌	4	6
11 20	辛1亥	4	5
11 21	壬1子	5	5
11 22	癸1丑	5	5
11 23	甲1寅	5	5
11 24	乙3卯	6	4
11 25	丙3辰	6	4
11 26	丁1巳	7	4
11 27	戊1午	7	3
11 28	己1未	7	3
11 29	庚1申	8	3
11 30	辛1酉	8	2
12 1	壬1戌	8	2
12 2	癸1亥	8	1
12 3	甲2子	9	1
12 4	乙1丑	9	1
12 5	丙1寅	9	1
12 6	丁1卯	10	0
12 7	戊1辰	10	0

月柱 壬子（12月7日7:40～1月5日18:25）

生日	日柱	男	女
12 7	戊2辰	0	10
12 8	己1巳	0	9
12 9	庚3午	1	9
12 10	辛2未	1	9
12 11	壬1申	1	9
12 12	癸1酉	2	8
12 13	甲1戌	2	8
12 14	乙3亥	2	7
12 15	丙3子	3	7
12 16	丁3丑	3	7
12 17	戊3寅	3	6
12 18	己3卯	4	6
12 19	庚3辰	4	5
12 20	辛3巳	4	5
12 21	壬1午	5	5
12 22	癸1未	5	4
12 23	甲1申	5	4
12 24	乙3酉	6	4
12 25	丙3戌	6	4
12 26	丁3亥	7	3
12 27	戊3子	7	3
12 28	己3丑	7	3
12 29	庚3寅	8	3
12 30	辛3卯	8	2
12 31	壬3辰	8	2
1 1	癸3巳	8	1
1 2	甲2午	9	1
1 3	乙3未	9	1
1 4	丙3申	9	0
1 5	丁3酉	10	0

月柱 癸丑（1月5日18:26～2月4日5:37）

生日	日柱	男	女
1 5	丁3酉	0	10
1 6	戊1戌	0	10
1 7	己2亥	1	9
1 8	庚2子	1	9
1 9	辛1丑	1	9
1 10	壬1寅	2	8
1 11	癸3卯	2	8
1 12	甲3辰	2	8
1 13	乙3巳	3	7
1 14	丙3午	3	7
1 15	丁3未	3	7
1 16	戊3申	4	6
1 17	己2酉	4	6
1 18	庚2戌	4	6
1 19	辛2亥	5	6
1 20	壬2子	5	5
1 21	癸2丑	5	5
1 22	甲2寅	6	4
1 23	乙3卯	6	4
1 24	丙3辰	6	4
1 25	丁2巳	7	3
1 26	戊1午	7	3
1 27	己1未	7	3
1 28	庚1申	8	2
1 29	辛1酉	8	2
1 30	壬1戌	8	1
1 31	癸3亥	9	1
2 1	甲2子	9	1
2 2	乙3丑	9	1
2 3	丙2寅	10	0
2 4	丁3卯	10	0

立運表

歳	男	歳	女	歳	男	歳	女	歳	男	歳	女	歳	男	歳	女	歳	男	歳	女	歳	男	歳	女
0	丁未	0	己酉	0	戊申	0	庚戌	0	己酉	0	辛亥	0	庚戌	0	壬子	0	辛亥	0	癸丑	0	壬子	0	甲寅
10	丙午	10	庚戌	10	丁未	10	辛亥	10	戊申	10	壬子	10	己酉	10	癸丑	10	庚戌	10	甲寅	10	辛亥	10	乙卯
20	乙巳	20	辛亥	20	丙午	20	壬子	20	丁未	20	癸丑	20	戊申	20	甲寅	20	己酉	20	乙卯	20	庚戌	20	丙辰
30	甲辰	30	壬子	30	乙巳	30	癸丑	30	丙午	30	甲寅	30	丁未	30	乙卯	30	戊申	30	丙辰	30	己酉	30	丁巳
40	癸卯	40	癸丑	40	甲辰	40	甲寅	40	乙巳	40	乙卯	40	丙午	40	丙辰	40	丁未	40	丁巳	40	戊申	40	戊午
50	壬寅	50	甲寅	50	癸卯	50	乙卯	50	甲辰	50	丙辰	50	乙巳	50	丁巳	50	丙午	50	戊午	50	丁未	50	己未
60	辛丑	60	乙卯	60	壬寅	60	丙辰	60	癸卯	60	丁巳	60	甲辰	60	戊午	60	乙巳	60	己未	60	丙午	60	庚申
70	庚子	70	丙辰	70	辛丑	70	丁巳	70	壬寅	70	戊午	70	癸卯	70	己未	70	甲辰	70	庚申	70	乙巳	70	辛酉
80	己亥	80	丁巳	80	庚子	80	戊午	80	辛丑	80	己未	80	壬寅	80	庚申	80	癸卯	80	辛酉	80	甲辰	80	壬戌

年柱 戊戌 2018年（平成30年）2月4日5時38分～

2月4日 5:38～3月5日23:24				3月5日23:25～4月5日 4:19				4月5日 4:20～5月5日21:30				5月5日21:31～6月6日 1:28				6月6日 1:29～7月7日12:08				7月7日12:09～8月7日22:14			
月柱 甲寅		立運年齢		月柱 乙卯		立運年齢		月柱 丙辰		立運年齢		月柱 丁巳		立運年齢		月柱 戊午		立運年齢		月柱 己未		立運年齢	
生日	日柱	男	女	生日	日柱	男	女	生日	日柱	男	女	生日	日柱	男	女	生日	日柱	男	女	生日	日柱	男	女
2 4	$丁_1$卯	1	10 0	3 5	$丙_1$申	10	0	4 5	$丁_2$酉	10	0	5 5	$丁_1$酉	11	0	6 6	$己_1$巳	10	0	7 7	$庚_1$子	10	0
2 5	$戊_1$辰	9	0	3 6	$丁_2$酉	10	0	4 6	$戊_1$戌	10	0	5 6	$戊_1$戌	10	0	6 7	$庚_1$午	10	0	7 8	$辛_1$丑	10	0
2 6	$己_1$巳	9	1	3 7	$戊_2$戌	10	1	4 7	$己_1$巳	9	1	5 7	$己_1$亥	10	1	6 8	$辛_1$未	9	1	7 9	$壬_1$寅	10	1
2 7	$庚_2$午	9	1	3 8	$己_2$亥	9	1	4 8	$庚_2$午	9	1	5 8	$庚_2$子	10	1	6 9	$壬_1$申	9	1	7 10	$癸_1$卯	9	1
2 8	$辛_1$未	8	1	3 9	$庚_1$子	9	1	4 9	$辛_1$未	8	1	5 9	$辛_1$丑	9	1	6 10	$癸_3$酉	9	1	7 11	$甲_3$辰	9	1
2 9	$壬_3$申	8	2	3 10	$辛_1$丑	9	2	4 10	$壬_1$申	8	2	5 10	$壬_1$寅	9	2	6 11	$甲_3$戌	9	2	7 12	$乙_3$巳	9	2
2 10	$癸_1$酉	8	2	3 11	$壬_1$寅	8	2	4 11	$癸_1$酉	8	2	5 11	$癸_1$卯	9	2	6 12	$乙_3$亥	8	2	7 13	$丙_1$午	8	2
2 11	$甲_1$戌	7	2	3 12	$癸_2$卯	8	2	4 12	$甲_1$戌	7	2	5 12	$甲_1$辰	8	2	6 13	$丙_2$子	8	2	7 14	$丁_1$未	8	2
2 12	$乙_1$亥	7	3	3 13	$甲_1$辰	7	3	4 13	$乙_1$亥	7	3	5 13	$乙_1$巳	8	3	6 14	$丁_1$丑	7	3	7 15	$戊_1$申	8	3
2 13	$丙_1$子	7	3	3 14	$乙_1$巳	7	3	4 14	$丙_1$子	7	3	5 14	$丙_1$午	7	3	6 15	$戊_1$寅	7	3	7 16	$己_1$酉	7	3
2 14	$丁_1$丑	6	3	3 15	$丙_1$午	7	3	4 15	$丁_1$丑	6	3	5 15	$丁_1$未	7	3	6 16	$己_1$卯	7	3	7 17	$庚_1$戌	7	3
2 15	$戊_1$寅	6	4	3 16	$丁_1$未	7	4	4 16	$戊_1$寅	6	4	5 16	$戊_1$申	7	4	6 17	$庚_1$辰	7	4	7 18	$辛_1$亥	7	4
2 16	$己_1$卯	6	4	3 17	$戊_1$申	6	4	4 17	$己_1$卯	6	4	5 17	$己_1$酉	6	4	6 18	$辛_1$巳	6	4	7 19	$壬_1$子	6	4
2 17	$庚_2$辰	5	4	3 18	$己_2$酉	6	4	4 18	$庚_2$辰	6	4	5 18	$庚_1$戌	6	4	6 19	$壬_1$午	6	4	7 20	$癸_1$丑	6	4
2 18	$辛_1$巳	5	5	3 19	$庚_1$戌	6	5	4 19	$辛_1$巳	5	5	5 19	$辛_1$亥	6	4	6 20	$癸_1$未	6	5	7 21	$甲_3$寅	6	4
2 19	$壬_3$午	5	5	3 20	$辛_1$亥	5	5	4 20	$壬_1$午	5	5	5 20	$壬_1$子	6	5	6 21	$甲_1$申	5	5	7 22	$乙_3$卯	5	5
2 20	$癸_1$未	4	5	3 21	$壬_1$子	5	5	4 21	$癸_1$未	4	5	5 21	$癸_1$丑	5	5	6 22	$乙_1$酉	5	5	7 23	$丙_1$辰	5	5
2 21	$甲_1$申	4	6	3 22	$癸_1$丑	5	6	4 22	$甲_1$申	4	6	5 22	$甲_1$寅	5	5	6 23	$丙_2$戌	5	6	7 24	$丁_1$巳	5	6
2 22	$乙_1$酉	4	6	3 23	$甲_1$寅	4	6	4 23	$乙_1$酉	4	6	5 23	$乙_1$卯	5	6	6 24	$丁_2$亥	4	6	7 25	$戊_1$午	4	6
2 23	$丙_1$戌	3	6	3 24	$乙_1$卯	4	6	4 24	$丙_1$戌	4	6	5 24	$丙_1$辰	4	6	6 25	$戊_1$子	4	6	7 26	$己_1$未	4	6
2 24	$丁_1$亥	3	7	3 25	$丙_1$辰	3	7	4 25	$丁_1$亥	3	7	5 25	$丁_1$巳	4	6	6 26	$己_1$丑	3	7	7 27	$庚_1$申	3	7
2 25	$戊_1$子	3	7	3 26	$丁_1$巳	3	7	4 26	$戊_1$子	3	7	5 26	$戊_1$午	3	7	6 27	$庚_1$寅	3	7	7 28	$辛_1$酉	3	7
2 26	$己_1$丑	3	7	3 27	$戊_1$午	3	7	4 27	$己_1$丑	3	7	5 27	$己_1$未	3	7	6 28	$辛_1$卯	3	7	7 29	$壬_1$戌	3	7
2 27	$庚_2$寅	2	8	3 28	$己_1$未	3	8	4 28	$庚_2$寅	3	8	5 28	$庚_1$申	3	8	6 29	$壬_3$辰	2	8	7 30	$癸_3$亥	3	8
2 28	$辛_1$卯	2	8	3 29	$庚_1$申	2	8	4 29	$辛_1$卯	2	8	5 29	$辛_1$酉	3	8	6 30	$癸_3$巳	2	8	7 31	$甲_3$子	2	8
3 1	$壬_3$辰	1	8	3 30	$辛_1$酉	2	8	4 30	$壬_3$辰	2	8	5 30	$壬_1$戌	2	8	7 1	$甲_3$午	2	8	8 1	$乙_3$丑	2	8
3 2	$癸_3$巳	1	9	3 31	$壬_1$戌	2	9	5 1	$癸_3$巳	1	9	5 31	$癸_1$亥	2	9	7 2	$乙_3$未	2	9	8 2	$丙_1$寅	2	9
3 3	$甲_1$午	1	9	4 1	$癸_3$亥	1	9	5 2	$甲_3$午	1	9	6 1	$甲_3$子	2	9	7 3	$丙_1$申	1	9	8 3	$丁_1$卯	1	9
3 4	$乙_1$未	0	9	4 2	$甲_3$子	1	9	5 3	$乙_1$未	1	9	6 2	$乙_3$丑	1	9	7 4	$丁_1$酉	1	9	8 4	$戊_1$辰	1	9
3 5	$丙_2$申	0	10	4 3	$乙_1$丑	1	10	5 4	$丙_2$申	1	10	6 3	$丙_1$寅	1	10	7 5	$戊_1$戌	1	10	8 5	$己_1$巳	1	10
				4 4	$丙_1$寅	0	10	5 5	$丁_2$酉	0	10	6 4	$丁_1$卯	1	10	7 6	$己_1$亥	0	10	8 6	$庚_1$午	0	10
				4 5	$丁_1$卯	0	10					6 5	$戊_1$辰	0	10	7 7	$庚_1$子	0	10	8 7	$辛_1$未	0	10
												6 6	$己_1$巳	0	11								

歳	男	歳	女	歳	男	歳	女	歳	男	歳	女	歳	男	歳	女	歳	男	歳	女	歳	男	歳	女
0	乙卯	0	癸丑	0	丙辰	0	甲寅	0	丁巳	0	乙卯	0	戊午	0	丙辰	0	己未	0	丁巳	0	庚申	0	戊午
10	丙辰	10	甲寅	10	丁巳	10	乙卯	10	戊午	10	丙辰	10	己未	10	丁巳	10	庚申	10	戊午	10	辛酉	10	己未
20	丁巳	20	辛亥	20	戊午	20	壬子	20	己未	20	癸丑	20	庚申	20	甲寅	20	辛酉	20	乙卯	20	壬戌	20	丙辰
30	戊午	30	庚戌	30	己未	30	辛亥	30	庚申	30	壬子	30	辛酉	30	癸丑	30	壬戌	30	甲寅	30	癸亥	30	乙卯
40	己未	40	己酉	40	庚申	40	庚戌	40	辛酉	40	辛亥	40	壬戌	40	壬子	40	癸亥	40	癸丑	40	甲子	40	甲寅
50	庚申	50	戊申	50	辛酉	50	己酉	50	壬戌	50	庚戌	50	癸亥	50	辛亥	50	乙丑	50	壬子	50	乙丑	50	癸丑
60	辛酉	60	丁未	60	壬戌	60	戊申	60	癸亥	60	己酉	60	甲子	60	庚戌	60	乙丑	60	辛亥	60	丙寅	60	壬子
70	壬戌	70	丙午	70	癸亥	70	丁未	70	甲子	70	戊申	70	乙丑	70	己酉	70	丙寅	70	庚戌	70	丁卯	70	辛亥
80	癸亥	80	乙巳	80	甲子	80	丙午	80	乙丑	80	丁未	80	丙寅	80	戊申	80	丁卯	80	己酉	80	戊辰	80	庚戌

～2019年（令和元年）2月4日11時27分

月柱	期間	立運年齢（男・女）
庚申	8月7日22:15 ～ 9月8日1:34	男／女
辛酉	9月8日1:35 ～ 10月8日17:35	男／女
壬戌	10月8日17:36 ～ 11月7日20:53	男／女
癸亥	11月7日20:54 ～ 12月7日13:29	男／女
甲子	12月7日13:30 ～ 1月6日0:15	男／女
乙丑	1月6日0:16 ～ 2月4日11:27	男／女

各ブロック：生日｜日柱｜男｜女（日柱の中央付近の小数字は括弧で表記）

生日	日柱	男	女	生日	日柱	男	女	生日	日柱	男	女	生日	日柱	男	女	生日	日柱	男	女	生日	日柱	男	女
8 7	辛未(2)	11	0	9 8	癸卯(2)	10	0	10 8	癸酉(2)	10	0	11 7	癸卯(1)	10	0	12 7	癸酉(2)	10	0	1 6	癸卯(3)	10	0
8 8	壬申(2)	10	0	9 9	甲辰(3)	10	0	10 9	甲戌(3)	10	0	11 8	甲辰(3)	10	0	12 8	甲辰(2)	10	0	1 7	甲辰(3)	9	0
8 9	癸酉(2)	10	1	9 10	乙巳(3)	9	1	10 10	乙亥(2)	9	1	11 9	乙巳(2)	9	1	12 9	乙亥(3)	9	1	1 8	乙巳(3)	9	1
8 10	甲戌(3)	9	1	9 11	丙午(3)	9	1	10 11	丙子(3)	9	1	11 10	丙午(3)	9	1	12 10	丙子(3)	9	1	1 9	丙午(2)	9	1
8 11	乙亥(3)	9	1	9 12	丁未(3)	9	1	10 12	丁丑(3)	9	1	11 11	丁未(3)	9	1	12 11	丁丑(3)	9	1	1 10	丁未(3)	8	1
8 12	丙子(3)	9	2	9 13	戊申(2)	8	2	10 13	戊寅(3)	8	2	11 12	戊申(2)	8	2	12 12	戊寅(2)	8	2	1 11	戊申(1)	8	2
8 13	丁丑(3)	9	2	9 14	己酉(3)	8	2	10 14	己卯(3)	8	2	11 13	己酉(3)	8	2	12 13	己卯(1)	8	2	1 12	己酉(1)	8	2
8 14	戊寅(2)	8	2	9 15	庚戌(3)	8	2	10 15	庚辰(3)	8	2	11 14	庚戌(3)	8	2	12 14	庚辰(1)	8	2	1 13	庚戌(1)	7	2
8 15	己卯(1)	8	3	9 16	辛亥(3)	7	3	10 16	辛巳(3)	7	3	11 15	辛亥(3)	7	3	12 15	辛巳(1)	7	3	1 14	辛亥(1)	7	3
8 16	庚辰(1)	8	3	9 17	壬子(3)	7	3	10 17	壬午(3)	7	3	11 16	壬子(3)	7	3	12 16	壬午(1)	7	3	1 15	壬子(2)	6	3
8 17	辛巳(1)	7	3	9 18	癸丑(3)	7	3	10 18	癸未(3)	7	3	11 17	癸丑(3)	7	3	12 17	癸未(1)	7	3	1 16	癸丑(3)	6	3
8 18	壬午(2)	7	4	9 19	甲寅(3)	6	4	10 19	甲申(3)	6	4	11 18	甲寅(3)	6	4	12 18	甲申(1)	6	4	1 17	甲寅(2)	6	4
8 19	癸未(2)	7	4	9 20	乙卯(3)	6	4	10 20	乙酉(3)	6	4	11 19	乙卯(3)	6	4	12 19	乙酉(1)	6	4	1 18	乙卯(2)	5	4
8 20	甲申(1)	6	4	9 21	丙辰(3)	5	5	10 21	丙戌(3)	5	5	11 20	丙辰(3)	5	5	12 20	丙戌(1)	5	5	1 19	丙辰(3)	5	5
8 21	乙酉(1)	6	5	9 22	丁巳(3)	5	5	10 22	丁亥(3)	5	5	11 21	丁巳(3)	5	5	12 21	丁亥(1)	5	5	1 20	丁巳(2)	5	5
8 22	丙戌(1)	6	5	9 23	戊午(3)	5	5	10 23	戊子(3)	5	5	11 22	戊午(3)	5	5	12 22	戊子(1)	5	5	1 21	戊午(2)	5	5
8 23	丁亥(1)	5	5	9 24	己未(3)	5	5	10 24	己丑(3)	5	5	11 23	己未(3)	5	5	12 23	己丑(1)	5	5	1 22	己未(3)	4	5
8 24	戊子(2)	5	6	9 25	庚申(3)	4	6	10 25	庚寅(3)	4	6	11 24	庚申(3)	4	6	12 24	庚寅(1)	4	6	1 23	庚申(3)	4	6
8 25	己丑(1)	5	6	9 26	辛酉(3)	4	6	10 26	辛卯(3)	4	6	11 25	辛酉(3)	4	6	12 25	辛卯(1)	4	6	1 24	辛酉(3)	4	6
8 26	庚寅(1)	4	6	9 27	壬戌(2)	4	7	10 27	壬辰(3)	4	7	11 26	壬戌(3)	4	7	12 26	壬辰(1)	4	7	1 25	壬戌(3)	3	7
8 27	辛卯(1)	4	7	9 28	癸亥(3)	3	7	10 28	癸巳(3)	3	7	11 27	癸亥(3)	3	7	12 27	癸巳(1)	3	7	1 26	癸亥(3)	3	7
8 28	壬辰(2)	4	7	9 29	甲子(3)	3	7	10 29	甲午(2)	3	7	11 28	甲子(3)	3	7	12 28	甲午(2)	3	7	1 27	甲子(2)	3	7
8 29	癸巳(2)	3	7	9 30	乙丑(3)	3	7	10 30	乙未(3)	3	7	11 29	乙丑(3)	3	7	12 29	乙未(2)	3	7	1 28	乙丑(2)	2	7
8 30	甲午(3)	3	8	10 1	丙寅(3)	2	8	10 31	丙申(3)	2	8	11 30	丙寅(3)	2	8	12 30	丙申(1)	2	8	1 29	丙寅(2)	2	8
8 31	乙未(3)	3	8	10 2	丁卯(3)	2	8	11 1	丁酉(1)	2	8	12 1	丁卯(3)	2	8	12 31	丁酉(1)	2	8	1 30	丁卯(2)	2	8
9 1	丙申(3)	2	8	10 3	戊辰(3)	2	8	11 2	戊戌(3)	2	8	12 2	戊辰(3)	2	8	1 1	戊辰(1)	2	8	1 31	戊辰(1)	1	8
9 2	丁酉(3)	2	9	10 4	己巳(3)	1	9	11 3	己亥(1)	1	9	12 3	己巳(1)	1	9	1 2	己亥(1)	1	9	2 1	己巳(1)	1	9
9 3	戊戌(1)	2	9	10 5	庚午(1)	1	9	11 4	庚子(1)	1	9	12 4	庚午(1)	1	9	1 3	庚子(2)	1	9	2 2	庚午(1)	1	9
9 4	己亥(1)	1	9	10 6	辛未(1)	1	9	11 5	辛丑(1)	1	9	12 5	辛未(1)	1	9	1 4	辛丑(1)	1	9	2 3	辛未(1)	0	9
9 5	庚子(1)	1	10	10 7	壬申(1)	0	10	11 6	壬寅(1)	0	10	12 6	壬申(1)	0	10	1 5	壬寅(2)	0	10	2 4	壬申(2)	0	10
9 6	辛丑(1)	1	10	10 8	癸酉(2)	0	10	11 7	癸卯(2)	0	10	12 7	癸酉(1)	0	10	1 6	癸卯(3)	0	10				
9 7	壬寅(2)	0	10																				
9 8	癸卯(2)	0	11																				

歳	男	歳	女	歳	男	歳	女	歳	男	歳	女	歳	男	歳	女	歳	男	歳	女	歳	男	歳	女
0	辛酉	0	己未	0	壬戌	0	庚申	0	癸亥	0	辛酉	0	甲子	0	壬戌	0	乙丑	0	癸亥	0	丙寅	0	甲子
10	壬戌	10	戊午	10	癸亥	10	己未	10	甲子	10	庚申	10	乙丑	10	辛酉	10	丙寅	10	壬戌	10	丁卯	10	癸亥
20	癸亥	20	丁巳	20	甲子	20	戊午	20	乙丑	20	己未	20	丙寅	20	庚申	20	丁卯	20	辛酉	20	戊辰	20	壬戌
30	甲子	30	丙辰	30	乙丑	30	丁巳	30	丙寅	30	戊午	30	丁卯	30	己未	30	戊辰	30	庚申	30	己巳	30	辛酉
40	乙丑	40	乙卯	40	丙寅	40	丙辰	40	丁卯	40	丁巳	40	戊辰	40	戊午	40	己巳	40	己未	40	庚午	40	庚申
50	丙寅	50	甲寅	50	丁卯	50	乙卯	50	戊辰	50	丙辰	50	己巳	50	丁巳	50	庚午	50	戊午	50	辛未	50	己未
60	丁卯	60	癸丑	60	戊辰	60	甲寅	60	己巳	60	乙卯	60	庚午	60	丙辰	60	辛未	60	丁巳	60	壬申	60	戊午
70	戊辰	70	壬子	70	己巳	70	癸丑	70	庚午	70	甲寅	70	辛未	70	乙卯	70	壬申	70	丙辰	70	癸酉	70	丁巳
80	己巳	80	辛亥	80	庚午	80	壬子	80	辛未	80	癸丑	80	壬申	80	甲寅	80	癸酉	80	乙卯	80	甲戌	80	丙辰

年柱 己亥 ｜ 2019年（令和元年）2月4日11時28分～

月柱別 日柱・立運年齢早見表

月柱 丙寅 ｜ 2月4日11:28～3月6日5:13

生日	日柱	立運年齢 男	立運年齢 女
2/4	壬2申	0	10
2/5	癸2酉	0	10
2/6	甲1戌	1	9
2/7	乙1亥	1	9
2/8	丙2子	1	9
2/9	丁2丑	2	8
2/10	戊1寅	2	8
2/11	己1卯	2	8
2/12	庚1辰	3	7
2/13	辛2巳	3	7
2/14	壬1午	3	7
2/15	癸1未	4	6
2/16	甲1申	4	6
2/17	乙1酉	4	6
2/18	丙2戌	5	5
2/19	丁2亥	5	5
2/20	戊1子	5	5
2/21	己1丑	6	4
2/22	庚1寅	6	4
2/23	辛1卯	6	4
2/24	壬1辰	7	3
2/25	癸1巳	7	3
2/26	甲1午	7	3
2/27	乙1未	8	2
2/28	丙2申	8	2
3/1	丁2酉	8	2
3/2	戊1戌	9	1
3/3	己2亥	9	1
3/4	庚1子	9	1
3/5	辛1丑	10	0
3/6	壬1寅	10	0

月柱 丁卯 ｜ 3月6日5:14～4月5日9:58

生日	日柱	男	女
3/6	壬1寅	0	10
3/7	癸2卯	0	10
3/8	甲1辰	1	9
3/9	乙1巳	1	9
3/10	丙1午	1	9
3/11	丁2未	2	8
3/12	戊2申	2	8
3/13	己2酉	2	8
3/14	庚1戌	3	7
3/15	辛1亥	3	7
3/16	壬1子	3	7
3/17	癸1丑	4	6
3/18	甲1寅	4	6
3/19	乙1卯	4	6
3/20	丙1辰	5	5
3/21	丁1巳	5	5
3/22	戊1午	5	5
3/23	己1未	6	4
3/24	庚1申	6	4
3/25	辛1酉	6	4
3/26	壬1戌	7	3
3/27	癸2亥	7	3
3/28	甲1子	7	3
3/29	乙1丑	8	2
3/30	丙2寅	8	2
3/31	丁1卯	8	2
4/1	戊1辰	9	1
4/2	己1巳	9	1
4/3	庚1午	9	1
4/4	辛1未	10	0
4/5	壬1申	10	0

月柱 戊辰 ｜ 4月5日9:59～5月6日3:19

生日	日柱	男	女
4/5	壬2申	0	10
4/6	癸2酉	0	10
4/7	甲1戌	1	9
4/8	乙1亥	1	9
4/9	丙2子	1	9
4/10	丁1丑	2	8
4/11	戊1寅	2	8
4/12	己1卯	2	8
4/13	庚1辰	3	7
4/14	辛1巳	3	7
4/15	壬1午	3	7
4/16	癸1未	4	6
4/17	甲1申	4	6
4/18	乙1酉	4	6
4/19	丙1戌	5	6
4/20	丁1亥	5	5
4/21	戊1子	5	5
4/22	己1丑	6	5
4/23	庚1寅	6	4
4/24	辛1卯	6	4
4/25	壬1辰	7	4
4/26	癸1巳	7	3
4/27	甲1午	7	3
4/28	乙1未	8	3
4/29	丙2申	8	2
4/30	丁1酉	8	2
5/1	戊1戌	9	2
5/2	己1亥	9	1
5/3	庚1子	9	1
5/4	辛1丑	10	1
5/5	壬1寅	10	0
5/6	癸3卯	10	0

月柱 己巳 ｜ 5月6日3:20～6月6日7:32

生日	日柱	男	女
5/6	癸2卯	0	10
5/7	甲3辰	0	10
5/8	乙3巳	1	10
5/9	丙1午	1	9
5/10	丁1未	1	9
5/11	戊1申	2	9
5/12	己1酉	2	8
5/13	庚1戌	2	8
5/14	辛1亥	3	8
5/15	壬1子	3	7
5/16	癸1丑	3	7
5/17	甲1寅	4	7
5/18	乙1卯	4	6
5/19	丙2辰	4	6
5/20	丁1巳	5	6
5/21	戊1午	5	5
5/22	己1未	5	5
5/23	庚1申	6	5
5/24	辛3酉	6	4
5/25	壬3戌	6	4
5/26	癸3亥	7	4
5/27	甲1子	7	3
5/28	乙3丑	7	3
5/29	丙2寅	8	3
5/30	丁1卯	8	2
5/31	戊1辰	8	2
6/1	己1巳	9	2
6/2	庚2午	9	1
6/3	辛1未	9	1
6/4	壬1申	10	1
6/5	癸2酉	10	0
6/6	甲3戌	10	0

月柱 庚午 ｜ 6月6日7:33～7月7日17:56

生日	日柱	男	女
6/6	甲2戌	0	10
6/7	乙2亥	0	10
6/8	丙2子	1	10
6/9	丁2丑	1	9
6/10	戊2寅	1	9
6/11	己2卯	2	9
6/12	庚2辰	2	8
6/13	辛2巳	2	8
6/14	壬2午	3	8
6/15	癸2未	3	7
6/16	甲2申	3	7
6/17	乙2酉	4	7
6/18	丙2戌	4	6
6/19	丁2亥	4	6
6/20	戊2子	5	6
6/21	己2丑	5	5
6/22	庚2寅	5	5
6/23	辛2卯	6	5
6/24	壬2辰	6	4
6/25	癸2巳	6	4
6/26	甲3午	7	4
6/27	乙2未	7	3
6/28	丙2申	7	3
6/29	丁2酉	8	3
6/30	戊2戌	8	2
7/1	己1亥	8	2
7/2	庚2子	9	2
7/3	辛1丑	9	1
7/4	壬2寅	9	1
7/5	癸2卯	10	1
7/6	甲2辰	10	0
7/7	乙3巳	10	0

月柱 辛未 ｜ 7月7日17:57～8月8日4:02

生日	日柱	男	女
7/7	乙3巳	0	11
7/8	丙2午	0	10
7/9	丁1未	1	10
7/10	戊1申	1	10
7/11	己1酉	1	9
7/12	庚1戌	2	9
7/13	辛2亥	2	9
7/14	壬1子	2	8
7/15	癸1丑	3	8
7/16	甲2寅	3	8
7/17	乙1卯	3	7
7/18	丙3辰	4	7
7/19	丁2巳	4	7
7/20	戊1午	4	6
7/21	己1未	5	6
7/22	庚1申	5	6
7/23	辛1酉	5	5
7/24	壬2戌	6	5
7/25	癸2亥	6	5
7/26	甲2子	6	4
7/27	乙1丑	7	4
7/28	丙2寅	7	4
7/29	丁2卯	7	3
7/30	戊1辰	8	3
7/31	己1巳	8	3
8/1	庚1午	8	2
8/2	辛1未	9	2
8/3	壬1申	9	2
8/4	癸2酉	9	1
8/5	甲1戌	10	1
8/6	乙1亥	10	1
8/7	丙3子	10	0
8/8	丁1丑	11	0

大運年齢早見表

歳	丙寅 男	丙寅 女	丁卯 男	丁卯 女	戊辰 男	戊辰 女	己巳 男	己巳 女	庚午 男	庚午 女	辛未 男	辛未 女
0	乙丑	丁卯	丙寅	戊辰	丁卯	己巳	戊辰	庚午	己巳	辛未	庚午	壬申
10	甲子	戊辰	乙丑	己巳	丙寅	庚午	丁卯	辛未	戊辰	壬申	己巳	癸酉
20	癸亥	己巳	甲子	庚午	乙丑	辛未	丙寅	壬申	丁卯	癸酉	戊辰	甲戌
30	壬戌	庚午	癸亥	辛未	甲子	壬申	乙丑	癸酉	丙寅	甲戌	丁卯	乙亥
40	辛酉	辛未	壬戌	壬申	癸亥	癸酉	甲子	甲戌	乙丑	乙亥	丙寅	丙子
50	庚申	壬申	辛酉	癸酉	壬戌	甲戌	癸亥	乙亥	甲子	丙子	乙丑	丁丑
60	己未	癸酉	庚申	甲戌	辛酉	乙亥	壬戌	丙子	癸亥	丁丑	甲子	戊寅
70	戊午	甲戌	己未	乙亥	庚申	丙子	辛酉	丁丑	壬戌	戊寅	癸亥	己卯
80	丁巳	乙亥	戊午	丙子	己未	丁丑	庚申	戊寅	辛酉	己卯	壬戌	庚辰

～2020年（令和2年）2月4日17時17分

月柱 壬申 8月8日 4:03～ 9月8日 7:23				月柱 癸酉 9月8日 7:24～ 10月8日 23:24				月柱 甲戌 10月8日 23:25～ 11月8日 2:41				月柱 乙亥 11月8日 2:42～ 12月7日 19:19				月柱 丙子 12月7日 19:20～ 1月6日 6:05				月柱 丁丑 1月6日 6:06～ 2月4日17:17			
生日	日柱	男	女	生日	日柱	男	女	生日	日柱	男	女	生日	日柱	男	女	生日	日柱	男	女	生日	日柱	男	女
8:8	丁3丑	0	10	9:8	戊3申	0	10	10:8	戊1寅	0	10	11:8	己3酉	0	10	12:7	戊1寅	0	10	1:6	戊1申	0	10
8:9	戊1寅	0	10	9:9	己1酉	0	10	10:9	己1卯	0	10	11:9	庚1戌	0	9	12:8	己2卯	0	10	1:7	己2酉	0	9
8:10	己1卯	1	10	9:10	庚1戌	1	9	10:10	庚1辰	1	10	11:10	辛1亥	1	9	12:9	庚1辰	1	9	1:8	庚1戌	1	9
8:11	庚1辰	1	9	9:11	辛1亥	1	9	10:11	辛1巳	1	9	11:11	壬1子	1	9	12:10	辛3巳	1	9	1:9	辛2亥	1	9
8:12	辛1巳	1	9	9:12	壬1子	1	9	10:12	壬1午	1	9	11:12	癸1丑	2	8	12:11	壬1午	1	9	1:10	壬1子	1	8
8:13	壬1午	2	9	9:13	癸1丑	2	8	10:13	癸1未	2	9	11:13	甲1寅	2	8	12:12	癸1未	2	8	1:11	癸2丑	2	8
8:14	癸1未	2	8	9:14	甲2寅	2	8	10:14	甲1申	2	8	11:14	乙1卯	2	8	12:13	甲1申	2	8	1:12	甲2寅	2	8
8:15	甲2申	2	8	9:15	乙1卯	2	8	10:15	乙1酉	2	8	11:15	丙1辰	2	7	12:14	乙2酉	2	8	1:13	乙2卯	2	7
8:16	乙1酉	3	8	9:16	丙3辰	3	7	10:16	丙3戌	3	8	11:16	丁1巳	3	7	12:15	丙1戌	3	7	1:14	丙3辰	3	7
8:17	丙3戌	3	7	9:17	丁3巳	3	7	10:17	丁3亥	3	7	11:17	戊2午	3	7	12:16	丁1亥	3	7	1:15	丁2巳	3	7
8:18	丁3亥	3	7	9:18	戊1午	3	7	10:18	戊1子	3	7	11:18	己1未	3	6	12:17	戊2子	3	7	1:16	戊1午	3	6
8:19	戊1子	4	7	9:19	己1未	4	6	10:19	己1丑	4	7	11:19	庚1申	4	6	12:18	己1丑	4	6	1:17	己1未	4	6
8:20	己1丑	4	6	9:20	庚1申	4	6	10:20	庚1寅	4	6	11:20	辛2酉	4	5	12:19	庚1寅	4	6	1:18	庚1申	4	6
8:21	庚1寅	4	6	9:21	辛1酉	4	5	10:21	辛1卯	4	6	11:21	壬1戌	4	5	12:20	辛3卯	4	6	1:19	辛1酉	4	5
8:22	辛1卯	5	6	9:22	壬1戌	5	5	10:22	壬3辰	5	6	11:22	癸1亥	5	5	12:21	壬1辰	5	5	1:20	壬2戌	5	5
8:23	壬1辰	5	5	9:23	癸3亥	5	5	10:23	癸3巳	5	5	11:23	甲1子	5	4	12:22	癸1巳	5	5	1:21	癸1亥	5	5
8:24	癸1巳	5	5	9:24	甲1子	5	5	10:24	甲2午	5	5	11:24	乙1丑	5	4	12:23	甲2午	5	5	1:22	甲1子	5	4
8:25	甲2午	6	5	9:25	乙2丑	6	4	10:25	乙1未	6	5	11:25	丙1寅	6	4	12:24	乙1未	6	4	1:23	乙3丑	6	4
8:26	乙1未	6	4	9:26	丙3寅	6	4	10:26	丙3申	6	4	11:26	丁1卯	6	3	12:25	丙3申	6	4	1:24	丙2寅	6	4
8:27	丙3申	6	4	9:27	丁1卯	6	4	10:27	丁1酉	6	4	11:27	戊2辰	7	3	12:26	丁1酉	6	4	1:25	丁1卯	6	3
8:28	丁1酉	7	4	9:28	戊2辰	7	3	10:28	戊1戌	7	4	11:28	己2巳	7	3	12:27	戊3戌	7	3	1:26	戊1辰	7	3
8:29	戊2戌	7	3	9:29	己2巳	7	3	10:29	己1亥	7	3	11:29	庚1午	7	2	12:28	己2亥	7	3	1:27	己2巳	7	3
8:30	己1亥	8	3	9:30	庚1午	8	3	10:30	庚1子	7	3	11:30	辛1未	8	2	12:29	庚3子	7	2	1:28	庚2午	7	2
8:31	庚1子	8	3	10:1	辛1未	8	2	10:31	辛1丑	8	3	12:1	壬1申	8	2	12:30	辛1丑	8	2	1:29	辛1未	8	2
9:1	辛1丑	8	2	10:2	壬1申	8	2	11:1	壬1寅	8	2	12:2	癸1酉	8	1	12:31	壬1寅	8	2	1:30	壬1寅	8	1
9:2	壬1寅	8	2	10:3	癸1酉	8	2	11:2	癸3卯	8	2	12:3	甲1戌	8	1	1:1	癸1卯	8	1	1:31	癸1酉	8	1
9:3	癸1卯	9	2	10:4	甲2戌	9	1	11:3	甲2辰	9	2	12:4	乙1亥	9	1	1:2	甲2辰	9	1	2:1	甲3戌	9	1
9:4	甲2辰	9	1	10:5	乙1亥	9	1	11:4	乙2巳	9	1	12:5	丙1子	9	1	1:3	乙1巳	9	1	2:2	乙1亥	9	1
9:5	乙1巳	9	1	10:6	丙3子	9	1	11:5	丙1午	9	1	12:6	丁1丑	9	0	1:4	丙3午	9	0	2:3	丙3子	9	0
9:6	丙3午	10	1	10:7	丁1丑	10	0	11:6	丁1未	10	1	12:7	戊1寅	10	0	1:5	丁1未	10	0	2:4	丁1丑	10	0
9:7	丁1未	10	0	10:8	戊3寅	10	0	11:7	戊1申	10	0					1:6	戊2申	10	0				
9:8	戊3申	10	0					11:8	己1酉	10	0												

歳	男	歳	女	歳	男	歳	女	歳	男	歳	女	歳	男	歳	女	歳	男	歳	女	歳	男	歳	女
0	辛未	0	癸酉	0	壬申	0	甲戌	0	癸酉	0	乙亥	0	甲戌	0	丙子	0	乙亥	0	丁丑	0	丙子	0	戊寅
10	庚午	10	壬申	10	辛未	10	癸酉	10	壬申	10	甲戌	10	癸酉	10	乙亥	10	甲戌	10	丙子	10	乙亥	10	丁丑
20	己巳	20	辛未	20	庚午	20	壬申	20	辛未	20	癸酉	20	壬申	20	甲戌	20	癸酉	20	乙亥	20	甲戌	20	丙子
30	戊辰	30	庚午	30	己巳	30	辛未	30	庚午	30	壬申	30	辛未	30	癸酉	30	壬申	30	甲戌	30	癸酉	30	乙亥
40	丁卯	40	己巳	40	戊辰	40	庚午	40	己巳	40	辛未	40	庚午	40	壬申	40	辛未	40	癸酉	40	壬申	40	甲戌
50	丙寅	50	戊辰	50	丁卯	50	己巳	50	戊辰	50	庚午	50	己巳	50	辛未	50	庚午	50	壬申	50	辛未	50	癸酉
60	乙丑	60	丁卯	60	丙寅	60	戊辰	60	丁卯	60	己巳	60	戊辰	60	庚午	60	己巳	60	辛未	60	庚午	60	壬申
70	甲子	70	丙寅	70	乙丑	70	丁卯	70	丙寅	70	戊辰	70	丁卯	70	己巳	70	戊辰	70	庚午	70	己巳	70	辛未
80	癸亥	80	乙丑	80	甲子	80	丙寅	80	乙丑	80	丁卯	80	丙寅	80	戊辰	80	丁卯	80	己巳	80	戊辰	80	庚午

年柱 庚子　2020年（令和2年）2月4日17時18分～

月柱	節入期間
戊寅	2月4日17:18～3月5日11:02
己卯	3月5日11:03～4月4日15:47
庚辰	4月4日15:48～5月5日9:07
辛巳	5月5日9:08～6月5日13:21
壬午	6月5日13:22～7月6日23:45
癸未	7月6日23:46～8月7日9:50

（各月柱の「男／女」は立運年齢）

月柱→	戊寅			己卯			庚辰			辛巳			壬午			癸未		
生日	日柱	男	女	生日	日柱	男	女	生日	日柱	男	女	生日	日柱	男	女	生日	日柱	男	女
2/4	丁丑	10	0	3/5	丁未	10	0	4/4	丁丑	10	0	5/5	戊申	10	0	6/5	己卯	10	0	7/6	庚戌	11	0
2/5	戊寅	10	0	3/6	戊申	10	0	4/5	戊寅	10	0	5/6	己酉	10	0	6/6	庚辰	10	0	7/7	辛亥	10	0
2/6	己卯	9	1	3/7	己酉	9	1	4/6	己卯	10	1	5/7	庚戌	10	1	6/7	辛巳	10	1	7/8	壬子	10	1
2/7	庚辰	9	1	3/8	庚戌	9	1	4/7	庚辰	9	1	5/8	辛亥	9	1	6/8	壬午	9	1	7/9	癸丑	10	1
2/8	辛巳	9	1	3/9	辛亥	9	1	4/8	辛巳	9	1	5/9	壬子	9	1	6/9	癸未	9	1	7/10	甲寅	9	1
2/9	壬午	8	2	3/10	壬子	8	2	4/9	壬午	9	2	5/10	癸丑	9	2	6/10	甲申	9	2	7/11	乙卯	9	2
2/10	癸未	8	2	3/11	癸丑	8	2	4/10	癸未	8	2	5/11	甲寅	8	2	6/11	乙酉	8	2	7/12	丙辰	9	2
2/11	甲申	8	2	3/12	甲寅	8	2	4/11	甲申	8	2	5/12	乙卯	8	2	6/12	丙戌	8	2	7/13	丁巳	8	2
2/12	乙酉	7	3	3/13	乙卯	7	3	4/12	乙酉	8	3	5/13	丙辰	8	3	6/13	丁亥	8	3	7/14	戊午	8	3
2/13	丙戌	7	3	3/14	丙辰	7	3	4/13	丙戌	7	3	5/14	丁巳	7	3	6/14	戊子	7	3	7/15	己未	8	3
2/14	丁亥	7	3	3/15	丁巳	7	3	4/14	丁亥	7	3	5/15	戊午	7	3	6/15	己丑	7	3	7/16	庚申	7	3
2/15	戊子	6	4	3/16	戊午	6	4	4/15	戊子	6	4	5/16	己未	7	4	6/16	庚寅	7	4	7/17	辛酉	7	4
2/16	己丑	6	4	3/17	己未	6	4	4/16	己丑	6	4	5/17	庚申	6	4	6/17	辛卯	6	4	7/18	壬戌	7	4
2/17	庚寅	6	4	3/18	庚申	6	4	4/17	庚寅	6	4	5/18	辛酉	6	4	6/18	壬辰	6	4	7/19	癸亥	6	4
2/18	辛卯	5	5	3/19	辛酉	5	5	4/18	辛卯	5	5	5/19	壬戌	6	5	6/19	癸巳	6	5	7/20	甲子	6	5
2/19	壬辰	5	5	3/20	壬戌	5	5	4/19	壬辰	5	5	5/20	癸亥	5	5	6/20	甲午	5	5	7/21	乙丑	5	5
2/20	癸巳	5	5	3/21	癸亥	5	5	4/20	癸巳	5	5	5/21	甲子	5	5	6/21	乙未	5	5	7/22	丙寅	5	5
2/21	甲午	4	6	3/22	甲子	4	6	4/21	甲午	4	6	5/22	乙丑	5	6	6/22	丙申	5	6	7/23	丁卯	5	6
2/22	乙未	4	6	3/23	乙丑	4	6	4/22	乙未	4	6	5/23	丙寅	4	6	6/23	丁酉	4	6	7/24	戊辰	5	6
2/23	丙申	4	6	3/24	丙寅	4	6	4/23	丙申	4	6	5/24	丁卯	4	6	6/24	戊戌	4	6	7/25	己巳	4	6
2/24	丁酉	3	7	3/25	丁卯	3	7	4/24	丁酉	3	7	5/25	戊辰	4	7	6/25	己亥	4	7	7/26	庚午	4	7
2/25	戊戌	3	7	3/26	戊辰	3	7	4/25	戊戌	3	7	5/26	己巳	3	7	6/26	庚子	3	7	7/27	辛未	3	7
2/26	己亥	3	7	3/27	己巳	3	7	4/26	己亥	3	7	5/27	庚午	3	7	6/27	辛丑	3	7	7/28	壬申	3	7
2/27	庚子	2	8	3/28	庚午	2	8	4/27	庚子	2	8	5/28	辛未	3	8	6/28	壬寅	3	8	7/29	癸酉	3	8
2/28	辛丑	2	8	3/29	辛未	2	8	4/28	辛丑	2	8	5/29	壬申	2	8	6/29	癸卯	2	8	7/30	甲戌	3	8
2/29	壬寅	2	8	3/30	壬申	2	8	4/29	壬寅	2	8	5/30	癸酉	2	8	6/30	甲辰	2	8	7/31	乙亥	2	8
3/1	癸卯	1	9	3/31	癸酉	1	9	4/30	癸卯	2	9	5/31	甲戌	2	9	7/1	乙巳	2	9	8/1	丙子	2	9
3/2	甲辰	1	9	4/1	甲戌	1	9	5/1	甲辰	1	9	6/1	乙亥	1	9	7/2	丙午	1	9	8/2	丁丑	2	9
3/3	乙巳	1	9	4/2	乙亥	1	9	5/2	乙巳	1	9	6/2	丙子	1	9	7/3	丁未	1	9	8/3	戊寅	1	9
3/4	丙午	0	10	4/3	丙子	0	10	5/3	丙午	1	10	6/3	丁丑	1	10	7/4	戊申	1	10	8/4	己卯	1	10
3/5	丁未	0	10	4/4	丁丑	0	10	5/4	丁未	0	10	6/4	戊寅	0	10	7/5	己酉	0	10	8/5	庚辰	1	10
								5/5	戊申	0	10	6/5	己卯	0	10	7/6	庚戌	0	10	8/6	辛巳	0	10
																				8/7	壬午	0	11

大運（立運）

歳	男	歳	女	歳	男	歳	女	歳	男	歳	女	歳	男	歳	女	歳	男	歳	女	歳	男	歳	女
0	己卯	0	丁丑	0	庚辰	0	戊寅	0	辛巳	0	己卯	0	壬午	0	庚辰	0	癸未	0	辛巳	0	甲申	0	壬午
10	庚辰	10	丙子	10	辛巳	10	丁丑	10	壬午	10	戊寅	10	癸未	10	己卯	10	甲申	10	庚辰	10	乙酉	10	辛巳
20	辛巳	20	乙亥	20	壬午	20	丙子	20	癸未	20	丁丑	20	甲申	20	戊寅	20	乙酉	20	己卯	20	丙戌	20	庚辰
30	壬午	30	甲戌	30	癸未	30	乙亥	30	甲申	30	丙子	30	乙酉	30	丁丑	30	丙戌	30	戊寅	30	丁亥	30	己卯
40	癸未	40	癸酉	40	甲申	40	甲戌	40	乙酉	40	乙亥	40	丙戌	40	丙子	40	丁亥	40	丁丑	40	戊子	40	戊寅
50	甲申	50	壬申	50	乙酉	50	癸酉	50	丙戌	50	甲戌	50	丁亥	50	乙亥	50	戊子	50	丙子	50	己丑	50	丁丑
60	乙酉	60	辛未	60	丙戌	60	壬申	60	丁亥	60	癸酉	60	戊子	60	甲戌	60	己丑	60	乙亥	60	庚寅	60	丙子
70	丙戌	70	庚午	70	丁亥	70	辛未	70	戊子	70	壬申	70	己丑	70	癸酉	70	庚寅	70	甲戌	70	辛卯	70	乙亥
80	丁亥	80	己巳	80	戊子	80	庚午	80	己丑	80	辛未	80	庚寅	80	壬申	80	辛卯	80	癸酉	80	壬辰	80	甲戌

～2021年（令和3年）2月3日23時07分

月柱 甲申	月柱 乙酉	月柱 丙戌	月柱 丁亥	月柱 戊子	月柱 己丑
8月7日 9:51～ 9月7日13:11	9月7日13:12～ 10月8日 5:14	10月8日 5:15～ 11月7日 8:30	11月7日 8:31～ 12月7日 1:08	12月7日 1:09～ 1月5日11:54	1月5日11:55～ 2月3日23:07

立運年齢（男／女）

生日	日柱	男	女	生日	日柱	男	女	生日	日柱	男	女	生日	日柱	男	女	生日	日柱	男	女	生日	日柱	男	女
8/7	壬1午	10	0	9/7	癸1丑	10	0	10/8	甲3申	10	0	11/7	甲1寅	10	0	12/7	甲1申	10	0	1/5	癸1丑	10	0
8/8	癸1未	10	0	9/8	甲1寅	10	0	10/9	乙3酉	10	0	11/8	乙1卯	10	0	12/8	乙1酉	9	0	1/6	甲2寅	9	0
8/9	甲1申	10	1	9/9	乙1卯	10	1	10/10	丙3戌	9	1	11/9	丙3辰	9	1	12/9	丙3戌	9	1	1/7	乙2卯	9	1
8/10	乙1酉	9	1	9/10	丙3辰	9	1	10/11	丁3亥	9	1	11/10	丁1巳	9	1	12/10	丁1亥	9	1	1/8	丙3辰	8	1
8/11	丙1戌	9	1	9/11	丁2巳	9	1	10/12	戊3子	9	1	11/11	戊1午	8	1	12/11	戊3子	8	1	1/9	丁3巳	8	1
8/12	丁1亥	9	2	9/12	戊3午	9	2	10/13	己1丑	8	2	11/12	己1未	8	2	12/12	己1丑	8	2	1/10	戊1午	8	2
8/13	戊3子	8	2	9/13	己1未	8	2	10/14	庚1寅	8	2	11/13	庚1申	8	2	12/13	庚1寅	8	2	1/11	己1未	7	2
8/14	己1丑	8	2	9/14	庚1申	8	2	10/15	辛1卯	8	2	11/14	辛1酉	8	2	12/14	辛1卯	7	2	1/12	庚1申	7	2
8/15	庚1寅	8	3	9/15	辛1酉	8	3	10/16	壬1辰	7	3	11/15	壬1戌	7	3	12/15	壬1辰	7	3	1/13	辛1酉	7	3
8/16	辛1卯	7	3	9/16	壬1戌	7	3	10/17	癸1巳	7	3	11/16	癸1亥	7	3	12/16	癸1巳	7	3	1/14	壬1戌	6	3
8/17	壬1辰	7	3	9/17	癸1亥	7	3	10/18	甲1午	7	3	11/17	甲1子	7	3	12/17	甲2午	6	3	1/15	癸1亥	6	3
8/18	癸1巳	7	4	9/18	甲1子	7	4	10/19	乙1未	6	4	11/18	乙2丑	6	4	12/18	乙1未	6	4	1/16	甲2子	6	4
8/19	甲1午	7	4	9/19	乙1丑	7	4	10/20	丙3申	6	4	11/19	丙1寅	6	4	12/19	丙3申	6	4	1/17	乙1丑	5	4
8/20	乙1未	6	4	9/20	丙1寅	6	4	10/21	丁1酉	6	4	11/20	丁1卯	6	4	12/20	丁1酉	5	4	1/18	丙1寅	5	4
8/21	丙1申	6	5	9/21	丁1卯	6	5	10/22	戊3戌	5	5	11/21	戊1辰	5	5	12/21	戊2戌	5	5	1/19	丁1卯	5	5
8/22	丁1酉	6	5	9/22	戊3辰	5	5	10/23	己1亥	5	5	11/22	己1巳	5	5	12/22	己1亥	5	5	1/20	戊1辰	5	5
8/23	戊3戌	5	5	9/23	己1巳	5	5	10/24	庚1子	5	5	11/23	庚1午	5	5	12/23	庚1子	4	5	1/21	己1巳	4	5
8/24	己1亥	5	6	9/24	庚1午	5	6	10/25	辛1丑	4	6	11/24	辛1未	4	6	12/24	辛1丑	4	6	1/22	庚1午	4	6
8/25	庚1子	5	6	9/25	辛1未	4	6	10/26	壬1寅	4	6	11/25	壬1申	4	6	12/25	壬1寅	4	6	1/23	辛1未	4	6
8/26	辛1丑	4	6	9/26	壬1申	4	6	10/27	癸1卯	4	6	11/26	癸1酉	4	6	12/26	癸1卯	3	6	1/24	壬1申	3	6
8/27	壬1寅	4	7	9/27	癸1酉	4	7	10/28	甲3辰	3	7	11/27	甲1戌	3	7	12/27	甲1辰	3	7	1/25	癸1酉	3	7
8/28	癸1卯	4	7	9/28	甲3戌	3	7	10/29	乙2巳	3	7	11/28	乙1亥	3	7	12/28	乙2巳	3	7	1/26	甲3戌	3	7
8/29	甲2辰	3	7	9/29	乙2亥	3	7	10/30	丙3午	3	7	11/29	丙1子	3	7	12/29	丙1午	2	7	1/27	乙2亥	2	7
8/30	乙1巳	3	8	9/30	丙3子	3	8	10/31	丁1未	2	8	11/30	丁3丑	2	8	12/30	丁1未	2	8	1/28	丙3子	2	8
8/31	丙2午	2	8	10/1	丁1丑	2	8	11/1	戊1申	2	8	12/1	戊1寅	2	8	12/31	戊3申	2	8	1/29	丁1丑	2	8
9/1	丁1未	2	8	10/2	戊1寅	2	8	11/2	己1酉	2	8	12/2	己3卯	2	8	1/1	己1酉	1	8	1/30	戊1寅	1	8
9/2	戊3申	2	9	10/3	己1卯	2	9	11/3	庚1戌	1	9	12/3	庚1辰	1	9	1/2	庚1戌	1	9	1/31	己1卯	1	9
9/3	己1酉	1	9	10/4	庚1辰	1	9	11/4	辛1亥	1	9	12/4	辛1巳	1	9	1/3	辛1亥	1	9	2/1	庚1辰	1	9
9/4	庚1戌	1	10	10/5	辛1巳	1	9	11/5	壬1子	1	9	12/5	壬1午	1	9	1/4	壬1子	0	9	2/2	辛1巳	0	9
9/5	辛1亥	1	10	10/6	壬1午	1	10	11/6	癸1丑	0	10	12/6	癸1未	0	10	1/5	癸1丑	0	10	2/3	壬1午	0	10
9/6	壬1子	0	10	10/7	癸1未	0	10	11/7	甲2寅	0	10	12/7	甲1申	0	10								
9/7	癸1丑	0	10	10/8	甲2申	0	10																

大運

歳	男	歳	女	歳	男	歳	女	歳	男	歳	女	歳	男	歳	女	歳	男	歳	女	歳	男	歳	女
0	乙酉	0	癸未	0	丙戌	0	甲申	0	丁亥	0	乙酉	0	戊子	0	丙戌	0	己丑	0	丁亥	0	庚寅	0	戊子
10	丙戌	10	壬午	10	丁亥	10	癸未	10	戊子	10	甲申	10	己丑	10	乙酉	10	庚寅	10	丙戌	10	辛卯	10	丁亥
20	丁亥	20	辛巳	20	戊子	20	壬午	20	己丑	20	癸未	20	庚寅	20	甲申	20	辛卯	20	乙酉	20	壬辰	20	丙戌
30	戊子	30	庚辰	30	己丑	30	辛巳	30	庚寅	30	壬午	30	辛卯	30	癸未	30	壬辰	30	甲申	30	癸巳	30	乙酉
40	己丑	40	己卯	40	庚寅	40	庚辰	40	辛卯	40	辛巳	40	壬辰	40	壬午	40	癸巳	40	癸未	40	甲午	40	甲申
50	庚寅	50	戊寅	50	辛卯	50	己卯	50	壬辰	50	庚辰	50	癸巳	50	辛巳	50	甲午	50	壬午	50	乙未	50	癸未
60	辛卯	60	丁丑	60	壬辰	60	戊寅	60	癸巳	60	己卯	60	甲午	60	庚辰	60	乙未	60	辛巳	60	丙申	60	壬午
70	壬辰	70	丙子	70	癸巳	70	丁丑	70	甲午	70	戊寅	70	乙未	70	己卯	70	丙申	70	庚辰	70	丁酉	70	辛巳
80	癸巳	80	乙亥	80	甲午	80	丙子	80	乙未	80	丁丑	80	丙申	80	戊寅	80	丁酉	80	己卯	80	戊戌	80	庚辰

年柱 辛丑 2021年（令和3年）2月3日23時08分～

期間	月柱
2月3日23:08～3月5日16:53	庚寅
3月5日16:54～4月4日21:36	辛卯
4月4日21:37～5月5日14:56	壬辰
5月5日14:57～6月5日19:08	癸巳
6月5日19:09～7月7日5:32	甲午
7月7日5:33～8月7日15:39	乙未

月柱 庚寅（立運年齢）

生日	日柱	男	女
2:3	壬$_2$午	0	10
2:4	癸$_2$未	0	10
2:5	甲$_2$申	1	9
2:6	乙$_2$酉	1	9
2:7	丙$_3$戌	1	9
2:8	丁$_1$亥	2	8
2:9	戊$_1$子	2	8
2:10	己$_1$丑	2	8
2:11	庚$_1$寅	3	7
2:12	辛$_1$卯	3	7
2:13	壬$_2$辰	3	7
2:14	癸$_2$巳	4	6
2:15	甲$_2$午	4	6
2:16	乙$_2$未	4	6
2:17	丙$_2$申	5	5
2:18	丁$_2$酉	5	5
2:19	戊$_2$戌	5	5
2:20	己$_2$亥	6	4
2:21	庚$_2$子	6	4
2:22	辛$_2$丑	6	4
2:23	壬$_2$寅	7	3
2:24	癸$_2$卯	7	3
2:25	甲$_2$辰	7	3
2:26	乙$_2$巳	8	2
2:27	丙$_2$午	8	2
2:28	丁$_2$未	8	2
3:1	戊$_2$申	9	1
3:2	己$_3$酉	9	1
3:3	庚$_2$戌	9	1
3:4	辛$_1$亥	10	0
3:5	壬$_1$子	10	0

月柱 辛卯（立運年齢）

生日	日柱	男	女
3:5	壬$_1$子	0	10
3:6	癸$_1$丑	0	10
3:7	甲$_1$寅	1	9
3:8	乙$_1$卯	1	9
3:9	丙$_1$辰	1	9
3:10	丁$_1$巳	2	8
3:11	戊$_1$午	2	8
3:12	己$_1$未	2	8
3:13	庚$_1$申	3	7
3:14	辛$_1$酉	3	7
3:15	壬$_1$戌	3	7
3:16	癸$_1$亥	4	6
3:17	甲$_1$子	4	6
3:18	乙$_1$丑	4	6
3:19	丙$_1$寅	5	5
3:20	丁$_1$卯	5	5
3:21	戊$_1$辰	5	5
3:22	己$_1$巳	6	4
3:23	庚$_1$午	6	4
3:24	辛$_1$未	6	4
3:25	壬$_1$申	7	3
3:26	癸$_1$酉	7	3
3:27	甲$_1$戌	7	3
3:28	乙$_1$亥	8	2
3:29	丙$_1$子	8	2
3:30	丁$_1$丑	8	2
3:31	戊$_3$寅	9	1
4:1	己$_1$卯	9	1
4:2	庚$_1$辰	9	1
4:3	辛$_1$巳	10	0
4:4	壬$_1$午	10	0

月柱 壬辰（立運年齢）

生日	日柱	男	女
4:4	壬$_2$午	0	10
4:5	癸$_2$未	0	10
4:6	甲$_2$申	1	9
4:7	乙$_2$酉	1	9
4:8	丙$_3$戌	1	9
4:9	丁$_1$亥	2	8
4:10	戊$_1$子	2	8
4:11	己$_1$丑	2	8
4:12	庚$_1$寅	3	7
4:13	辛$_1$卯	3	7
4:14	壬$_2$辰	3	7
4:15	癸$_2$巳	4	6
4:16	甲$_2$午	4	6
4:17	乙$_2$未	4	6
4:18	丙$_2$申	5	5
4:19	丁$_2$酉	5	5
4:20	戊$_1$戌	5	5
4:21	己$_1$亥	6	4
4:22	庚$_2$子	6	4
4:23	辛$_2$丑	6	4
4:24	壬$_2$寅	7	3
4:25	癸$_2$卯	7	3
4:26	甲$_2$辰	7	3
4:27	乙$_2$巳	8	2
4:28	丙$_3$午	8	2
4:29	丁$_2$未	8	2
4:30	戊$_2$申	9	1
5:1	己$_2$酉	9	1
5:2	庚$_2$戌	9	1
5:3	辛$_2$亥	10	0
5:4	壬$_1$子	10	0
5:5	癸$_2$丑	10	0

月柱 癸巳（立運年齢）

生日	日柱	男	女
5:5	癸$_2$丑	0	10
5:6	甲$_2$寅	0	10
5:7	乙$_2$卯	1	9
5:8	丙$_2$辰	1	9
5:9	丁$_1$巳	1	9
5:10	戊$_1$午	2	8
5:11	己$_1$未	2	8
5:12	庚$_1$申	2	8
5:13	辛$_1$酉	3	7
5:14	壬$_1$戌	3	7
5:15	癸$_2$亥	3	7
5:16	甲$_1$子	4	6
5:17	乙$_1$丑	4	6
5:18	丙$_1$寅	4	6
5:19	丁$_1$卯	5	5
5:20	戊$_1$辰	5	5
5:21	己$_1$巳	5	5
5:22	庚$_1$午	6	4
5:23	辛$_1$未	6	4
5:24	壬$_1$申	6	4
5:25	癸$_1$酉	7	3
5:26	甲$_1$戌	7	3
5:27	乙$_1$亥	7	3
5:28	丙$_2$子	8	2
5:29	丁$_1$丑	8	2
5:30	戊$_1$寅	8	2
5:31	己$_1$卯	9	1
6:1	庚$_1$辰	9	1
6:2	辛$_2$巳	9	1
6:3	壬$_1$午	10	0
6:4	癸$_1$未	10	0
6:5	甲$_3$申	10	0

月柱 甲午（立運年齢）

生日	日柱	男	女
6:5	甲$_3$申	0	11
6:6	乙$_3$酉	0	11
6:7	丙$_1$戌	1	10
6:8	丁$_1$亥	1	10
6:9	戊$_1$子	1	9
6:10	己$_1$丑	2	9
6:11	庚$_1$寅	2	9
6:12	辛$_1$卯	2	8
6:13	壬$_1$辰	3	8
6:14	癸$_1$巳	3	8
6:15	甲$_2$午	3	7
6:16	乙$_1$未	4	7
6:17	丙$_1$申	4	7
6:18	丁$_1$酉	4	6
6:19	戊$_1$戌	5	6
6:20	己$_1$亥	5	6
6:21	庚$_1$子	5	5
6:22	辛$_1$丑	6	5
6:23	壬$_1$寅	6	5
6:24	癸$_1$卯	6	4
6:25	甲$_1$辰	7	4
6:26	乙$_1$巳	7	4
6:27	丙$_1$午	7	3
6:28	丁$_1$未	8	3
6:29	戊$_1$申	8	3
6:30	己$_1$酉	8	2
7:1	庚$_1$戌	9	2
7:2	辛$_1$亥	9	2
7:3	壬$_1$子	9	1
7:4	癸$_1$丑	10	1
7:5	甲$_1$寅	10	1
7:6	乙$_1$卯	10	0
7:7	丙$_1$辰	11	0

月柱 乙未（立運年齢）

生日	日柱	男	女
7:7	丙$_2$辰	0	10
7:8	丁$_1$巳	0	10
7:9	戊$_1$午	1	9
7:10	己$_1$未	1	9
7:11	庚$_1$申	1	9
7:12	辛$_1$酉	2	8
7:13	壬$_1$戌	2	8
7:14	癸$_2$亥	2	8
7:15	甲$_2$子	3	7
7:16	乙$_1$丑	3	7
7:17	丙$_1$寅	3	7
7:18	丁$_1$卯	4	6
7:19	戊$_1$辰	4	6
7:20	己$_1$巳	4	6
7:21	庚$_1$午	5	5
7:22	辛$_1$未	5	5
7:23	壬$_1$申	5	5
7:24	癸$_1$酉	6	4
7:25	甲$_1$戌	6	4
7:26	乙$_1$亥	6	4
7:27	丙$_1$子	7	3
7:28	丁$_1$丑	7	3
7:29	戊$_1$寅	7	3
7:30	己$_1$卯	8	3
7:31	庚$_1$辰	8	2
8:1	辛$_1$巳	8	2
8:2	壬$_3$午	9	2
8:3	癸$_1$未	9	1
8:4	甲$_1$申	9	1
8:5	乙$_1$酉	10	1
8:6	丙$_1$戌	10	0
8:7	丁$_2$亥	10	0

立運年齢別 大運（歳・男女）

歳	庚寅男	女		辛卯男	女		壬辰男	女		癸巳男	女		甲午男	女		乙未男	女
0	己丑	辛卯		庚寅	壬辰		辛卯	癸巳		壬辰	甲午		癸巳	乙未		甲午	丙申
10	戊子	壬辰		己丑	癸巳		庚寅	甲午		辛卯	乙未		壬辰	丙申		癸巳	丁酉
20	丁亥	癸巳		戊子	甲午		己丑	乙未		庚寅	丙申		辛卯	丁酉		壬辰	戊戌
30	丙戌	甲午		丁亥	乙未		戊子	丙申		己丑	丁酉		庚寅	戊戌		辛卯	己亥
40	乙酉	乙未		丙戌	丙申		丁亥	丁酉		戊子	戊戌		己丑	己亥		庚寅	庚子
50	甲申	丙申		乙酉	丁酉		丙戌	戊戌		丁亥	己亥		戊子	庚子		己丑	辛丑
60	癸未	丁酉		甲申	戊戌		乙酉	己亥		丙戌	庚子		丁亥	辛丑		戊子	壬寅
70	壬午	戊戌		癸未	己亥		甲申	庚子		乙酉	辛丑		丙戌	壬寅		丁亥	癸卯
80	辛巳	己亥		壬午	庚子		癸未	辛丑		甲申	壬寅		乙酉	癸卯		丙戌	甲辰

～2022年（令和4年）2月4日4時57分

月柱 丙申（8月7日15:40 ～ 9月7日19:00）

生日	日柱	立運年齢 男	立運年齢 女
8/7	丁$_1$亥	0	10
8/8	戊$_2$子	0	10
8/9	己$_1$丑	1	10
8/10	庚$_1$寅	1	9
8/11	辛$_1$卯	1	9
8/12	壬$_2$辰	2	9
8/13	癸$_2$巳	2	8
8/14	甲$_3$午	2	8
8/15	乙$_3$未	3	8
8/16	丙$_1$申	3	7
8/17	丁$_3$酉	3	7
8/18	戊$_1$戌	4	7
8/19	己$_2$亥	4	6
8/20	庚$_1$子	4	6
8/21	辛$_1$丑	5	6
8/22	壬$_2$寅	5	5
8/23	癸$_2$卯	5	5
8/24	甲$_3$辰	6	5
8/25	乙$_3$巳	6	4
8/26	丙$_2$午	6	4
8/27	丁$_1$未	7	4
8/28	戊$_2$申	7	3
8/29	己$_2$酉	7	3
8/30	庚$_1$戌	8	3
8/31	辛$_1$亥	8	2
9/1	壬$_1$子	8	2
9/2	癸$_2$丑	9	2
9/3	甲$_3$寅	9	1
9/4	乙$_3$卯	9	1
9/5	丙$_3$辰	10	1
9/6	丁$_2$巳	10	0
9/7	戊$_1$午	10	0

月柱 丁酉（9月7日19:01 ～ 10月8日11:03）

生日	日柱	立運年齢 男	立運年齢 女
9/7	戊$_1$午	0	10
9/8	己$_1$未	0	10
9/9	庚$_1$申	1	10
9/10	辛$_1$酉	1	9
9/11	壬$_2$戌	1	9
9/12	癸$_3$亥	2	9
9/13	甲$_3$子	2	8
9/14	乙$_3$丑	2	8
9/15	丙$_3$寅	3	8
9/16	丁$_3$卯	3	7
9/17	戊$_1$辰	3	7
9/18	己$_1$巳	4	7
9/19	庚$_1$午	4	6
9/20	辛$_1$未	4	6
9/21	壬$_1$申	5	6
9/22	癸$_3$酉	5	5
9/23	甲$_3$戌	5	5
9/24	乙$_3$亥	6	5
9/25	丙$_3$子	6	4
9/26	丁$_3$丑	6	4
9/27	戊$_1$寅	7	4
9/28	己$_2$卯	7	3
9/29	庚$_1$辰	7	3
9/30	辛$_1$巳	8	3
10/1	壬$_2$午	8	2
10/2	癸$_3$未	8	2
10/3	甲$_3$申	9	2
10/4	乙$_3$酉	9	1
10/5	丙$_3$戌	9	1
10/6	丁$_3$亥	10	1
10/7	戊$_2$子	10	0
10/8	己$_1$丑	10	0

月柱 戊戌（10月8日11:04 ～ 11月7日14:20）

生日	日柱	立運年齢 男	立運年齢 女
10/8	己$_1$丑	0	10
10/9	庚$_1$寅	0	10
10/10	辛$_1$卯	1	10
10/11	壬$_2$辰	1	9
10/12	癸$_2$巳	1	9
10/13	甲$_2$午	2	9
10/14	乙$_2$未	2	8
10/15	丙$_1$申	2	8
10/16	丁$_3$酉	3	8
10/17	戊$_1$戌	3	7
10/18	己$_1$亥	3	7
10/19	庚$_1$子	4	7
10/20	辛$_1$丑	4	6
10/21	壬$_1$寅	4	6
10/22	癸$_3$卯	5	6
10/23	甲$_3$辰	5	5
10/24	乙$_3$巳	5	5
10/25	丙$_1$午	6	5
10/26	丁$_1$未	6	4
10/27	戊$_1$申	6	4
10/28	己$_1$酉	7	4
10/29	庚$_1$戌	7	3
10/30	辛$_1$亥	7	3
10/31	壬$_1$子	8	3
11/1	癸$_3$丑	8	2
11/2	甲$_3$寅	8	2
11/3	乙$_3$卯	9	2
11/4	丙$_3$辰	9	1
11/5	丁$_3$巳	9	1
11/6	戊$_2$午	10	0
11/7	己$_1$未	10	0

月柱 己亥（11月7日14:21 ～ 12月7日6:59）

生日	日柱	立運年齢 男	立運年齢 女
11/7	己$_1$未	0	10
11/8	庚$_1$申	0	10
11/9	辛$_1$酉	1	9
11/10	壬$_1$戌	1	9
11/11	癸$_3$亥	1	9
11/12	甲$_2$子	2	8
11/13	乙$_3$丑	2	8
11/14	丙$_3$寅	2	8
11/15	丁$_3$卯	3	7
11/16	戊$_1$辰	3	7
11/17	己$_1$巳	3	7
11/18	庚$_1$午	4	6
11/19	辛$_1$未	4	6
11/20	壬$_1$申	4	6
11/21	癸$_3$酉	5	5
11/22	甲$_3$戌	5	5
11/23	乙$_3$亥	5	4
11/24	丙$_3$子	6	4
11/25	丁$_1$丑	6	4
11/26	戊$_1$寅	6	3
11/27	己$_1$卯	7	3
11/28	庚$_1$辰	7	3
11/29	辛$_1$巳	7	3
11/30	壬$_1$午	8	2
12/1	癸$_3$未	8	2
12/2	甲$_3$申	8	2
12/3	乙$_3$酉	9	1
12/4	丙$_3$戌	9	1
12/5	丁$_3$亥	9	1
12/6	戊$_2$子	10	0
12/7	己$_1$丑	10	0

月柱 庚子（12月7日7:00 ～ 1月5日17:45）

生日	日柱	立運年齢 男	立運年齢 女
12/7	己$_1$丑	0	10
12/8	庚$_1$寅	0	9
12/9	辛$_1$卯	1	9
12/10	壬$_1$辰	1	9
12/11	癸$_1$巳	1	8
12/12	甲$_3$午	2	8
12/13	乙$_1$未	2	8
12/14	丙$_3$申	2	7
12/15	丁$_1$酉	3	7
12/16	戊$_2$戌	3	7
12/17	己$_1$亥	3	6
12/18	庚$_1$子	4	6
12/19	辛$_1$丑	4	6
12/20	壬$_1$寅	4	5
12/21	癸$_1$卯	5	5
12/22	甲$_3$辰	5	4
12/23	乙$_1$巳	5	4
12/24	丙$_3$午	6	4
12/25	丁$_1$未	6	3
12/26	戊$_1$申	6	3
12/27	己$_1$酉	7	3
12/28	庚$_1$戌	7	2
12/29	辛$_1$亥	7	2
12/30	壬$_1$子	8	2
12/31	癸$_1$丑	8	1
1/1	甲$_3$寅	8	1
1/2	乙$_1$卯	9	1
1/3	丙$_3$辰	9	1
1/4	丁$_1$巳	9	0
1/5	戊$_2$午	10	0

月柱 辛丑（1月5日17:46 ～ 2月4日4:57）

生日	日柱	立運年齢 男	立運年齢 女
1/5	戊$_1$午	0	10
1/6	己$_1$未	0	10
1/7	庚$_1$申	1	9
1/8	辛$_1$酉	1	9
1/9	壬$_2$戌	1	9
1/10	癸$_3$亥	2	8
1/11	甲$_2$子	2	8
1/12	乙$_3$丑	2	8
1/13	丙$_3$寅	3	7
1/14	丁$_3$卯	3	7
1/15	戊$_1$辰	3	7
1/16	己$_1$巳	4	6
1/17	庚$_1$午	4	6
1/18	辛$_1$未	4	6
1/19	壬$_1$申	5	5
1/20	癸$_3$酉	5	5
1/21	甲$_3$戌	5	5
1/22	乙$_3$亥	6	4
1/23	丙$_3$子	6	4
1/24	丁$_1$丑	6	4
1/25	戊$_1$寅	7	3
1/26	己$_2$卯	7	3
1/27	庚$_1$辰	7	3
1/28	辛$_1$巳	8	2
1/29	壬$_1$午	8	2
1/30	癸$_3$未	8	2
1/31	甲$_3$申	9	1
2/1	乙$_3$酉	9	1
2/2	丙$_3$戌	9	1
2/3	丁$_3$亥	10	0
2/4	戊$_2$子	10	0

大運表

歳	丙申 男	丙申 女	丁酉 男	丁酉 女	戊戌 男	戊戌 女	己亥 男	己亥 女	庚子 男	庚子 女	辛丑 男	辛丑 女
0	乙未	丁酉	丙申	戊戌	丁酉	己亥	戊戌	庚子	己亥	辛丑	庚子	壬寅
10	甲午	戊戌	乙未	己亥	丙申	庚子	丁酉	辛丑	戊戌	壬寅	己亥	癸卯
20	癸巳	己亥	甲午	庚子	乙未	辛丑	丙申	壬寅	丁酉	癸卯	戊戌	甲辰
30	壬辰	庚子	癸巳	辛丑	甲午	壬寅	乙未	癸卯	丙申	甲辰	丁酉	乙巳
40	辛卯	辛丑	壬辰	壬寅	癸巳	癸卯	甲午	甲辰	乙未	乙巳	丙申	丙午
50	庚寅	壬寅	辛卯	癸卯	壬辰	甲辰	癸巳	乙巳	甲午	丙午	乙未	丁未
60	己丑	癸卯	庚寅	甲辰	辛卯	乙巳	壬辰	丙午	癸巳	丁未	甲午	戊申
70	戊子	甲辰	己丑	乙巳	庚寅	丙午	辛卯	丁未	壬辰	戊申	癸巳	己酉
80	丁亥	乙巳	戊子	丙午	己丑	丁未	庚寅	戊申	辛卯	己酉	壬辰	庚戌

年柱 壬寅 — 2022年（令和4年）2月4日4時58分～

月柱	期間
壬寅	2月4日 4:58～ 3月5日22:41
癸卯	3月5日22:42～ 4月5日 3:21
甲辰	4月5日 3:22～ 5月5日20:44
乙巳	5月5日20:45～ 6月6日 0:57
丙午	6月6日 0:58～ 7月7日11:21
丁未	7月7日11:22～ 8月7日19:27

月柱 壬寅（立運年齢 男／女）

生日	日柱	男	女
2 4	戊₃子	10	0
2 5	己₃丑	9	0
2 6	庚₃寅	9	1
2 7	辛₃卯	9	1
2 8	壬₂辰	8	1
2 9	癸₃巳	8	2
2 10	甲₃午	8	2
2 11	乙₃未	7	2
2 12	丙₃申	7	3
2 13	丁₃酉	7	3
2 14	戊₃戌	6	3
2 15	己₃亥	6	4
2 16	庚₃子	6	4
2 17	辛₃丑	5	4
2 18	壬₂寅	5	5
2 19	癸₂卯	5	5
2 20	甲₁辰	4	5
2 21	乙₁巳	4	6
2 22	丙₁午	4	6
2 23	丁₁未	3	6
2 24	戊₁申	3	7
2 25	己₁酉	3	7
2 26	庚₁戌	2	7
2 27	辛₁亥	2	8
2 28	壬₁子	2	8
3 1	癸₂丑	1	8
3 2	甲₁寅	1	9
3 3	乙₁卯	1	9
3 4	丙₂辰	0	9
3 5	丁₁巳	0	10

月柱 癸卯（立運年齢 男／女）

生日	日柱	男	女
3 5	丁₁巳	10	0
3 6	戊₃午	10	0
3 7	己₃未	10	1
3 8	庚₃申	9	1
3 9	辛₃酉	9	1
3 10	壬₂戌	9	2
3 11	癸₃亥	8	2
3 12	甲₃子	8	2
3 13	乙₃丑	8	3
3 14	丙₃寅	7	3
3 15	丁₃卯	7	3
3 16	戊₃辰	7	4
3 17	己₃巳	6	4
3 18	庚₃午	6	4
3 19	辛₃未	5	5
3 20	壬₁申	5	5
3 21	癸₃酉	5	5
3 22	甲₁戌	5	6
3 23	乙₃亥	4	6
3 24	丙₃子	4	6
3 25	丁₁丑	4	7
3 26	戊₃寅	3	7
3 27	己₃卯	3	7
3 28	庚₃辰	3	8
3 29	辛₃巳	2	8
3 30	壬₂午	2	9
3 31	癸₃未	2	9
4 1	甲₁申	1	9
4 2	乙₃酉	1	9
4 3	丙₃戌	1	10
4 4	丁₃亥	0	10
4 5	戊₃子	0	10

月柱 甲辰（立運年齢 男／女）

生日	日柱	男	女
4 5	戊₃子	10	0
4 6	己₃丑	10	0
4 7	庚₃寅	9	1
4 8	辛₃卯	9	1
4 9	壬₂辰	9	1
4 10	癸₃巳	8	2
4 11	甲₁午	8	2
4 12	乙₁未	8	2
4 13	丙₁申	7	3
4 14	丁₁酉	7	3
4 15	戊₁戌	7	3
4 16	己₁亥	6	4
4 17	庚₁子	6	4
4 18	辛₁丑	6	4
4 19	壬₁寅	5	5
4 20	癸₁卯	5	5
4 21	甲₁辰	5	5
4 22	乙₁巳	4	6
4 23	丙₁午	4	6
4 24	丁₁未	4	6
4 25	戊₁申	4	7
4 26	己₁酉	3	7
4 27	庚₁戌	3	7
4 28	辛₁亥	3	8
4 29	壬₁子	2	8
4 30	癸₁丑	2	9
5 1	甲₁寅	1	9
5 2	乙₁卯	1	9
5 3	丙₂辰	1	9
5 4	丁₁巳	0	10
5 5	戊₁午	0	10

月柱 乙巳（立運年齢 男／女）

生日	日柱	男	女
5 5	戊₁午	11	0
5 6	己₃未	10	0
5 7	庚₃申	10	1
5 8	辛₃酉	10	1
5 9	壬₃戌	9	1
5 10	癸₂亥	9	2
5 11	甲₁子	9	2
5 12	乙₁丑	8	2
5 13	丙₁寅	8	3
5 14	丁₁卯	8	3
5 15	戊₁辰	7	4
5 16	己₁巳	7	4
5 17	庚₁午	7	4
5 18	辛₁未	6	4
5 19	壬₂申	6	5
5 20	癸₁酉	5	5
5 21	甲₁戌	5	5
5 22	乙₁亥	5	6
5 23	丙₁子	5	6
5 24	丁₁丑	4	6
5 25	戊₁寅	4	7
5 26	己₁卯	3	7
5 27	庚₃辰	3	7
5 28	辛₃巳	3	8
5 29	壬₃午	2	8
5 30	癸₂未	2	8
6 1	甲₁申	2	8
6 2	乙₁酉	1	9
6 3	丙₁戌	1	10
6 4	丁₂亥	1	10
6 5	戊₂子	1	10
6 6	己₁丑	0	10
6 6	庚₃寅	0	11

月柱 丙午（立運年齢 男／女）

生日	日柱	男	女
6 6	庚₃寅	10	0
6 7	辛₃卯	10	0
6 8	壬₃辰	10	1
6 9	癸₃巳	9	1
6 10	甲₃午	9	1
6 11	乙₃未	9	2
6 12	丙₃申	8	2
6 13	丁₃酉	8	2
6 14	戊₃戌	8	3
6 15	己₃亥	7	3
6 16	庚₃子	7	3
6 17	辛₃丑	7	4
6 18	壬₃寅	6	4
6 19	癸₃卯	6	4
6 20	甲₂辰	6	5
6 21	乙₁巳	5	5
6 22	丙₁午	5	5
6 23	丁₁未	5	6
6 24	戊₁申	4	6
6 25	己₁酉	4	6
6 26	庚₁戌	4	7
6 27	辛₁亥	3	7
6 28	壬₁子	3	7
6 29	癸₁丑	3	8
6 30	甲₁寅	2	8
7 1	乙₁卯	2	8
7 2	丙₁辰	2	9
7 3	丁₁巳	1	9
7 4	戊₁午	1	9
7 5	己₁未	1	10
7 6	庚₁申	0	10
7 7	辛₁酉	0	10

月柱 丁未（立運年齢 男／女）

生日	日柱	男	女
7 7	辛₁酉	10	0
7 8	壬₃戌	10	0
7 9	癸₂亥	10	1
7 10	甲₁子	9	1
7 11	乙₁丑	9	1
7 12	丙₁寅	9	2
7 13	丁₁卯	8	2
7 14	戊₁辰	8	3
7 15	己₁巳	8	3
7 16	庚₁午	7	3
7 17	辛₁未	7	4
7 18	壬₁申	7	4
7 19	癸₁酉	6	4
7 20	甲₂戌	6	4
7 21	乙₁亥	6	5
7 22	丙₁子	5	5
7 23	丁₁丑	5	5
7 24	戊₁寅	5	6
7 25	己₁卯	4	6
7 26	庚₃辰	4	6
7 27	辛₃巳	4	7
7 28	壬₃午	3	7
7 29	癸₃未	3	8
7 30	甲₃申	3	8
7 31	乙₃酉	2	8
8 1	丙₁戌	2	8
8 2	丁₃亥	2	9
8 3	戊₃子	1	9
8 4	己₃丑	1	9
8 5	庚₃寅	1	10
8 6	辛₃卯	0	10
8 7	壬₃辰	0	10

大運表

歳	壬寅 男	壬寅 女	癸卯 男	癸卯 女	甲辰 男	甲辰 女	乙巳 男	乙巳 女	丙午 男	丙午 女	丁未 男	丁未 女
0	癸卯	辛丑	甲辰	壬寅	乙巳	癸卯	丙午	甲辰	丁未	乙巳	戊申	丙午
10	甲辰	庚子	乙巳	辛丑	丙午	壬寅	丁未	癸卯	戊申	甲辰	己酉	乙巳
20	乙巳	己亥	丙午	庚子	丁未	辛丑	戊申	壬寅	己酉	癸卯	庚戌	甲辰
30	丙午	戊戌	丁未	己亥	戊申	庚子	己酉	辛丑	庚戌	壬寅	辛亥	癸卯
40	丁未	丁酉	戊申	戊戌	己酉	己亥	庚戌	庚子	辛亥	辛丑	壬子	壬寅
50	戊申	丙申	己酉	丁酉	庚戌	戊戌	辛亥	己亥	壬子	庚子	癸丑	辛丑
60	己酉	乙未	庚戌	丙申	辛亥	丁酉	壬子	戊戌	癸丑	己亥	甲寅	庚子
70	庚戌	甲午	辛亥	乙未	壬子	丙申	癸丑	丁酉	甲寅	戊戌	乙卯	己亥
80	辛亥	癸巳	壬子	甲午	癸丑	乙未	甲寅	丙申	乙卯	丁酉	丙辰	戊戌

～2023年（令和5年）2月4日10時46分

8月7日19:28～9月8日0:49				9月8日0:50～10月8日16:52				10月8日16:53～11月7日20:10				11月7日20:11～12月7日12:48				12月7日12:49～1月5日23:34				1月5日23:35～2月4日10:46			
月柱 戊申		立運年齢		月柱 己酉		立運年齢		月柱 庚戌		立運年齢		月柱 辛亥		立運年齢		月柱 壬子		立運年齢		月柱 癸丑		立運年齢	
生日	日柱	男	女	生日	日柱	男	女	生日	日柱	男	女	生日	日柱	男	女	生日	日柱	男	女	生日	日柱	男	女
8 7	壬$_2$辰	11	0	9 8	甲$_2$子	10	0	10 8	甲$_2$午	10	0	11 7	甲$_1$子	10	0	12 7	甲$_1$午	10	0	1 5	癸$_1$亥	10	0
8 8	癸$_2$巳	10	0	9 9	乙$_2$丑	10	0	10 9	乙$_2$未	10	0	11 8	乙$_1$丑	10	0	12 8	乙$_1$未	9	0	1 6	甲$_1$子	10	0
8 9	甲$_2$午	10	1	9 10	丙$_2$寅	9	1	10 10	丙$_2$申	9	1	11 9	丙$_2$寅	9	1	12 9	丙$_3$申	9	1	1 7	乙$_1$丑	9	1
8 10	乙$_2$未	10	1	9 11	丁$_1$卯	9	1	10 11	丁$_1$酉	9	1	11 10	丁$_1$卯	9	1	12 10	丁$_1$酉	9	1	1 8	丙$_2$寅	9	1
8 11	丙$_3$申	9	1	9 12	戊$_2$辰	9	1	10 12	戊$_2$戌	9	1	11 11	戊$_2$辰	9	1	12 11	戊$_3$戌	8	1	1 9	丁$_2$卯	9	1
8 12	丁$_1$酉	9	2	9 13	己$_2$巳	8	2	10 13	己$_2$亥	8	2	11 12	己$_2$巳	8	2	12 12	己$_1$亥	8	2	1 10	戊$_2$辰	8	2
8 13	戊$_2$戌	9	2	9 14	庚$_1$午	8	2	10 14	庚$_1$子	8	2	11 13	庚$_1$午	8	2	12 13	庚$_1$子	8	2	1 11	己$_2$巳	8	2
8 14	己$_1$亥	8	2	9 15	辛$_1$未	8	2	10 15	辛$_1$丑	8	2	11 14	辛$_1$未	7	2	12 14	辛$_1$丑	7	2	1 12	庚$_1$午	8	2
8 15	庚$_1$子	8	3	9 16	壬$_1$申	7	3	10 16	壬$_1$寅	7	3	11 15	壬$_1$申	7	3	12 15	壬$_1$寅	7	3	1 13	辛$_1$未	7	3
8 16	辛$_1$丑	8	3	9 17	癸$_1$酉	7	3	10 17	癸$_1$卯	7	3	11 16	癸$_1$酉	7	3	12 16	癸$_1$卯	7	3	1 14	壬$_1$申	7	3
8 17	壬$_1$寅	7	3	9 18	甲$_2$戌	7	3	10 18	甲$_1$辰	7	3	11 17	甲$_1$戌	7	3	12 17	甲$_1$辰	6	3	1 15	癸$_1$酉	7	3
8 18	癸$_1$卯	7	4	9 19	乙$_1$亥	6	4	10 19	乙$_1$巳	6	4	11 18	乙$_1$亥	6	4	12 18	乙$_1$巳	6	4	1 16	甲$_1$戌	6	4
8 19	甲$_1$辰	7	4	9 20	丙$_1$子	6	4	10 20	丙$_1$午	6	4	11 19	丙$_2$子	6	4	12 19	丙$_1$午	6	4	1 17	乙$_1$亥	6	4
8 20	乙$_1$巳	6	4	9 21	丁$_1$丑	6	4	10 21	丁$_1$未	6	4	11 20	丁$_1$丑	6	4	12 20	丁$_1$未	5	4	1 18	丙$_3$子	6	4
8 21	丙$_2$午	6	4	9 22	戊$_3$寅	5	5	10 22	戊$_3$申	5	5	11 21	戊$_2$寅	5	5	12 21	戊$_3$申	5	5	1 19	丁$_1$丑	5	5
8 22	丁$_1$未	6	5	9 23	己$_2$卯	5	5	10 23	己$_2$酉	5	5	11 22	己$_1$卯	5	5	12 22	己$_2$酉	5	5	1 20	戊$_3$寅	5	5
8 23	戊$_3$申	5	5	9 24	庚$_2$辰	5	5	10 24	庚$_1$戌	5	5	11 23	庚$_2$辰	4	5	12 23	庚$_1$戌	4	5	1 21	己$_1$卯	5	5
8 24	己$_3$酉	5	6	9 25	辛$_1$巳	4	6	10 25	辛$_1$亥	4	6	11 24	辛$_1$巳	4	6	12 24	辛$_1$亥	4	6	1 22	庚$_1$辰	4	6
8 25	庚$_1$戌	5	6	9 26	壬$_1$午	4	6	10 26	壬$_1$子	4	6	11 25	壬$_1$午	4	6	12 25	壬$_1$子	4	6	1 23	辛$_1$巳	4	6
8 26	辛$_1$亥	4	6	9 27	癸$_1$未	4	6	10 27	癸$_1$丑	4	6	11 26	癸$_1$未	3	6	12 26	癸$_1$丑	3	6	1 24	壬$_1$午	4	6
8 27	壬$_1$子	4	7	9 28	甲$_1$申	3	7	10 28	甲$_1$寅	3	7	11 27	甲$_1$申	3	7	12 27	甲$_1$寅	3	7	1 25	癸$_1$未	3	7
8 28	癸$_1$丑	3	7	9 29	乙$_2$酉	3	7	10 29	乙$_1$卯	3	7	11 28	乙$_2$酉	3	7	12 28	乙$_1$卯	2	7	1 26	甲$_1$申	3	7
8 29	甲$_1$寅	3	7	9 30	丙$_3$戌	3	7	10 30	丙$_3$辰	3	7	11 29	丙$_3$戌	2	7	12 29	丙$_3$辰	2	7	1 27	乙$_1$酉	3	7
8 30	乙$_1$卯	3	8	10 1	丁$_3$亥	2	8	10 31	丁$_2$巳	2	8	11 30	丁$_3$亥	2	8	12 30	丁$_2$巳	2	8	1 28	丙$_3$戌	2	8
8 31	丙$_3$辰	3	8	10 2	戊$_3$子	2	8	11 1	戊$_2$午	2	8	12 1	戊$_3$子	2	8	12 31	戊$_3$子	1	8	1 29	丁$_1$亥	2	8
9 1	丁$_2$巳	2	8	10 3	己$_1$丑	2	8	11 2	己$_1$未	2	8	12 2	己$_1$丑	1	8	1 1	己$_1$未	1	8	1 30	戊$_3$子	2	8
9 2	戊$_2$午	2	9	10 4	庚$_1$寅	1	9	11 3	庚$_1$申	1	9	12 3	庚$_1$寅	1	9	1 2	庚$_1$申	1	9	1 31	己$_2$丑	1	9
9 3	己$_1$未	2	9	10 5	辛$_1$卯	1	9	11 4	辛$_1$酉	1	9	12 4	辛$_1$卯	1	9	1 3	辛$_1$酉	1	9	2 1	庚$_3$寅	1	9
9 4	庚$_1$申	1	9	10 6	壬$_2$辰	1	9	11 5	壬$_1$戌	1	9	12 5	壬$_1$辰	1	9	1 4	壬$_1$戌	0	9	2 2	辛$_1$卯	1	9
9 5	辛$_1$酉	1	10	10 7	癸$_2$巳	0	10	11 6	癸$_1$亥	0	10	12 6	癸$_1$巳	0	10	1 5	癸$_1$亥	0	10	2 3	壬$_1$辰	0	10
9 6	壬$_1$戌	1	10	10 8	甲$_2$午	0	10	11 7	甲$_1$子	0	10	12 7	甲$_1$午	0	10					2 4	癸$_1$巳	0	10
9 7	癸$_1$亥	0	10																				
9 8	甲$_1$子	0	11																				

歳	男	歳	女	歳	男	歳	女	歳	男	歳	女	歳	男	歳	女	歳	男	歳	女	歳	男	歳	女
0	己酉	0	丁未	0	庚戌	0	戊申	0	辛亥	0	己酉	0	壬子	0	庚戌	0	癸丑	0	辛亥	0	甲寅	0	壬子
10	庚戌	10	丙午	10	辛亥	10	丁未	10	壬子	10	戊申	10	癸丑	10	己酉	10	甲寅	10	庚戌	10	乙卯	10	辛亥
20	辛亥	20	乙巳	20	壬子	20	丙午	20	癸丑	20	丁未	20	甲寅	20	戊申	20	乙卯	20	己酉	20	丙辰	20	庚戌
30	壬子	30	甲辰	30	癸丑	30	乙巳	30	甲寅	30	丙午	30	乙卯	30	丁未	30	丙辰	30	戊申	30	丁巳	30	己酉
40	癸丑	40	癸卯	40	甲寅	40	甲辰	40	乙卯	40	乙巳	40	丙辰	40	丙午	40	丁巳	40	丁未	40	戊午	40	戊申
50	甲寅	50	壬寅	50	乙卯	50	癸卯	50	丙辰	50	甲辰	50	丁巳	50	乙巳	50	戊午	50	丙午	50	己未	50	丁未
60	乙卯	60	辛丑	60	丙辰	60	壬寅	60	丁巳	60	癸卯	60	戊午	60	甲辰	60	己未	60	乙巳	60	庚申	60	丙午
70	丙辰	70	庚子	70	丁巳	70	辛丑	70	戊午	70	壬寅	70	己未	70	癸卯	70	庚申	70	甲辰	70	辛酉	70	乙巳
80	丁巳	80	己亥	80	戊午	80	庚子	80	己未	80	辛丑	80	庚申	80	壬寅	80	辛酉	80	癸卯	80	壬戌	80	甲辰

年柱 癸卯 2023年（令和5年）2月4日10時47分～

月柱 甲寅	月柱 乙卯	月柱 丙辰	月柱 丁巳	月柱 戊午	月柱 己未
2月4日10:47～ 3月6日 4:30	3月6日 4:31～ 4月5日 9:13	4月5日 9:14～ 5月6日 2:32	5月6日 2:33～ 6月6日 6:45	6月6日 6:46～ 7月7日18:09	7月7日18:10～ 8月8日 3:15

月柱 甲寅

生日	日柱	男	女
2/4	癸巳	0	10
2/5	甲午	0	10
2/6	乙未	1	9
2/7	丙申	1	9
2/8	丁酉	1	9
2/9	戊戌	2	8
2/10	己亥	2	8
2/11	庚子	2	8
2/12	辛丑	3	7
2/13	壬寅	3	7
2/14	癸卯	3	7
2/15	甲辰	4	6
2/16	乙巳	4	6
2/17	丙午	4	6
2/18	丁未	5	5
2/19	戊申	5	5
2/20	己酉	5	5
2/21	庚戌	6	4
2/22	辛亥	6	4
2/23	壬子	6	4
2/24	癸丑	7	3
2/25	甲寅	7	3
2/26	乙卯	7	3
2/27	丙辰	8	2
2/28	丁巳	8	2
3/1	戊午	8	2
3/2	己未	9	1
3/3	庚申	9	1
3/4	辛酉	9	1
3/5	壬戌	10	0
3/6	癸亥	10	0

月柱 乙卯

生日	日柱	男	女
3/6	癸亥	0	10
3/7	甲子	0	10
3/8	乙丑	1	9
3/9	丙寅	1	9
3/10	丁卯	1	9
3/11	戊辰	2	8
3/12	己巳	2	8
3/13	庚午	2	8
3/14	辛未	3	7
3/15	壬申	3	7
3/16	癸酉	3	7
3/17	甲戌	4	6
3/18	乙亥	4	6
3/19	丙子	4	6
3/20	丁丑	5	5
3/21	戊寅	5	5
3/22	己卯	5	5
3/23	庚辰	6	4
3/24	辛巳	6	4
3/25	壬午	6	4
3/26	癸未	7	3
3/27	甲申	7	3
3/28	乙酉	7	3
3/29	丙戌	8	2
3/30	丁亥	8	2
3/31	戊子	8	2
4/1	己丑	9	1
4/2	庚寅	9	1
4/3	辛卯	9	1
4/4	壬辰	10	0
4/5	癸巳	10	0

月柱 丙辰

生日	日柱	男	女
4/5	癸巳	0	10
4/6	甲午	0	10
4/7	乙未	1	10
4/8	丙申	1	9
4/9	丁酉	1	9
4/10	戊戌	2	9
4/11	己亥	2	8
4/12	庚子	2	8
4/13	辛丑	3	7
4/14	壬寅	3	7
4/15	癸卯	3	7
4/16	甲辰	4	6
4/17	乙巳	4	6
4/18	丙午	4	6
4/19	丁未	5	5
4/20	戊申	5	5
4/21	己酉	5	5
4/22	庚戌	6	4
4/23	辛亥	6	4
4/24	壬子	6	4
4/25	癸丑	7	4
4/26	甲寅	7	3
4/27	乙卯	7	3
4/28	丙辰	8	3
4/29	丁巳	8	2
4/30	戊午	8	2
5/1	己未	9	2
5/2	庚申	9	1
5/3	辛酉	9	1
5/4	壬戌	10	1
5/5	癸亥	10	0
5/6	甲子	10	0

月柱 丁巳

生日	日柱	男	女
5/6	甲子	0	10
5/7	乙丑	0	10
5/8	丙寅	1	10
5/9	丁卯	1	9
5/10	戊辰	1	9
5/11	己巳	2	9
5/12	庚午	2	8
5/13	辛未	2	8
5/14	壬申	3	8
5/15	癸酉	3	7
5/16	甲戌	3	7
5/17	乙亥	4	7
5/18	丙子	4	6
5/19	丁丑	4	6
5/20	戊寅	5	5
5/21	己卯	5	5
5/22	庚辰	5	5
5/23	辛巳	6	5
5/24	壬午	6	4
5/25	癸未	6	4
5/26	甲申	7	4
5/27	乙酉	7	3
5/28	丙戌	7	3
5/29	丁亥	8	3
5/30	戊子	8	3
5/31	己丑	9	2
6/1	庚寅	9	2
6/2	辛卯	9	1
6/3	壬辰	9	1
6/4	癸巳	10	1
6/5	甲午	10	0
6/6	乙未	10	0

月柱 戊午

生日	日柱	男	女
6/6	乙未	0	10
6/7	丙申	0	10
6/8	丁酉	1	9
6/9	戊戌	1	9
6/10	己亥	1	9
6/11	庚子	2	9
6/12	辛丑	2	8
6/13	壬寅	2	8
6/14	癸卯	3	8
6/15	甲辰	3	7
6/16	乙巳	3	7
6/17	丙午	4	7
6/18	丁未	4	6
6/19	戊申	4	6
6/20	己酉	5	6
6/21	庚戌	5	5
6/22	辛亥	5	5
6/23	壬子	6	5
6/24	癸丑	6	4
6/25	甲寅	6	4
6/26	乙卯	7	4
6/27	丙辰	7	4
6/28	丁巳	7	3
6/29	戊午	8	3
6/30	己未	8	3
7/1	庚申	8	2
7/2	辛酉	9	2
7/3	壬戌	9	1
7/4	癸亥	9	1
7/5	甲子	10	1
7/6	乙丑	10	0
7/7	丙寅	10	0

月柱 己未

生日	日柱	男	女
7/7	丙寅	0	11
7/8	丁卯	0	10
7/9	戊辰	1	10
7/10	己巳	1	10
7/11	庚午	1	9
7/12	辛未	2	9
7/13	壬申	2	9
7/14	癸酉	2	8
7/15	甲戌	3	8
7/16	乙亥	3	7
7/17	丙子	3	7
7/18	丁丑	4	7
7/19	戊寅	4	7
7/20	己卯	4	6
7/21	庚辰	5	6
7/22	辛巳	5	6
7/23	壬午	5	5
7/24	癸未	6	5
7/25	甲申	6	5
7/26	乙酉	6	4
7/27	丙戌	7	4
7/28	丁亥	7	3
7/29	戊子	7	3
7/30	己丑	8	3
7/31	庚寅	8	2
8/1	辛卯	8	2
8/2	壬辰	9	2
8/3	癸巳	9	1
8/4	甲午	9	1
8/5	乙未	10	1
8/6	丙申	10	0
8/7	丁酉	10	0
8/8	戊戌	11	0

立運（大運）

歳	甲寅 男	甲寅 女	乙卯 男	乙卯 女	丙辰 男	丙辰 女	丁巳 男	丁巳 女	戊午 男	戊午 女	己未 男	己未 女
0	癸丑	乙卯	甲寅	丙辰	乙卯	丁巳	丙辰	戊午	丁巳	己未	戊午	庚申
10	壬子	丙辰	癸丑	丁巳	甲寅	戊午	乙卯	己未	丙辰	庚申	丁巳	辛酉
20	辛亥	丁巳	壬子	戊午	癸丑	己未	甲寅	庚申	乙卯	辛酉	丙辰	壬戌
30	庚戌	戊午	辛亥	己未	壬子	庚申	癸丑	辛酉	甲寅	壬戌	乙卯	癸亥
40	己酉	己未	庚戌	庚申	辛亥	辛酉	壬子	壬戌	癸丑	癸亥	甲寅	甲子
50	戊申	庚申	己酉	辛酉	庚戌	壬戌	辛亥	癸亥	壬子	甲子	癸丑	乙丑
60	丁未	辛酉	戊申	壬戌	己酉	癸亥	庚戌	甲子	辛亥	乙丑	壬子	丙寅
70	丙午	壬戌	丁未	癸亥	戊申	甲子	己酉	乙丑	庚戌	丙寅	辛亥	丁卯
80	乙巳	癸亥	丙午	甲子	丁未	乙丑	戊申	丙寅	己酉	丁卯	庚戌	戊辰

～2024年（令和6年）2月4日16時36分

月柱	期間
庚申	8月8日 3:16～ 9月8日 6:37
辛酉	9月8日 6:38～ 10月8日22:40
壬戌	10月8日22:41～ 11月8日 1:59
癸亥	11月8日 2:00～ 12月7日18:37
甲子	12月7日18:38～ 1月6日 5:24
乙丑	1月6日 5:25～ 2月4日16:36

生日・日柱・立運年齢（男／女）

庚申 生日	日柱	男	女	辛酉 生日	日柱	男	女	壬戌 生日	日柱	男	女	癸亥 生日	日柱	男	女	甲子 生日	日柱	男	女	乙丑 生日	日柱	男	女
8 8	戊$_3$戌	0	10	9 8	己$_3$巳	0	10	10 8	己$_2$亥	0	10	11 8	庚$_3$午	0	10	12 7	己$_3$亥	0	10	1 6	己$_2$巳	0	10
8 9	己$_2$亥	0	10	9 9	庚$_1$午	0	10	10 9	庚$_1$子	0	10	11 9	辛$_1$未	0	9	12 8	庚$_3$子	0	10	1 7	庚$_3$午	0	9
8 10	庚$_1$子	1	10	9 10	辛$_1$未	1	9	10 10	辛$_1$丑	1	10	11 10	壬$_1$申	1	9	12 9	辛$_3$丑	1	10	1 8	辛$_1$未	1	9
8 11	辛$_1$丑	1	9	9 11	壬$_1$申	1	9	10 11	壬$_1$寅	1	9	11 11	癸$_1$酉	1	8	12 10	壬$_1$寅	1	9	1 9	壬$_1$申	1	9
8 12	壬$_1$寅	1	9	9 12	癸$_1$酉	1	9	10 12	癸$_1$卯	1	9	11 12	甲$_1$戌	1	8	12 11	癸$_1$卯	1	9	1 10	癸$_1$酉	1	8
8 13	癸$_1$卯	2	9	9 13	甲$_2$戌	2	8	10 13	甲$_2$辰	2	9	11 13	乙$_3$亥	2	8	12 12	甲$_1$辰	2	8	1 11	甲$_1$戌	2	8
8 14	甲$_2$辰	2	8	9 14	乙$_1$亥	2	8	10 14	乙$_1$巳	2	8	11 14	丙$_3$子	2	8	12 13	乙$_1$巳	2	8	1 12	乙$_1$亥	2	8
8 15	乙$_1$巳	2	8	9 15	丙$_2$子	3	7	10 15	丙$_2$午	3	8	11 15	丁$_1$丑	3	8	12 14	丙$_1$午	2	8	1 13	丙$_2$子	2	7
8 16	丙$_2$午	3	8	9 16	丁$_1$丑	3	7	10 16	丁$_1$未	3	7	11 16	戊$_3$寅	3	7	12 15	丁$_3$未	3	7	1 14	丁$_1$丑	3	7
8 17	丁$_1$未	3	7	9 17	戊$_3$寅	3	7	10 17	戊$_2$申	3	7	11 17	己$_1$卯	3	7	12 16	戊$_3$申	3	7	1 15	戊$_2$寅	3	7
8 18	戊$_3$申	3	7	9 18	己$_3$卯	3	7	10 18	己$_1$酉	3	7	11 18	庚$_3$辰	3	6	12 17	己$_3$酉	3	7	1 16	己$_1$卯	3	6
8 19	己$_1$酉	4	7	9 19	庚$_1$辰	4	6	10 19	庚$_1$戌	4	6	11 19	辛$_1$巳	4	6	12 18	庚$_3$戌	4	6	1 17	庚$_2$辰	4	6
8 20	庚$_1$戌	4	6	9 20	辛$_1$巳	4	6	10 20	辛$_1$亥	4	6	11 20	壬$_3$午	4	6	12 19	辛$_3$亥	4	6	1 18	辛$_2$巳	4	6
8 21	辛$_1$亥	4	6	9 21	壬$_1$午	4	6	10 21	壬$_1$子	5	6	11 21	癸$_1$未	4	5	12 20	壬$_3$子	4	6	1 19	壬$_2$午	4	5
8 22	壬$_1$子	5	6	9 22	癸$_1$未	5	6	10 22	癸$_1$丑	5	5	11 22	甲$_1$申	5	5	12 21	癸$_3$丑	5	5	1 20	癸$_2$未	5	5
8 23	癸$_1$丑	5	5	9 23	甲$_2$申	5	5	10 23	甲$_2$寅	5	5	11 23	乙$_1$酉	5	5	12 22	甲$_1$寅	5	5	1 21	甲$_1$申	5	5
8 24	甲$_1$寅	5	5	9 24	乙$_2$酉	5	5	10 24	乙$_1$卯	5	5	11 24	丙$_3$戌	5	5	12 23	乙$_1$卯	5	5	1 22	乙$_1$酉	5	4
8 25	乙$_1$卯	6	5	9 25	丙$_3$戌	6	4	10 25	丙$_3$辰	6	5	11 25	丁$_3$亥	6	4	12 24	丙$_2$辰	6	4	1 23	丙$_2$戌	6	4
8 26	丙$_3$辰	6	4	9 26	丁$_3$亥	6	4	10 26	丁$_1$巳	6	4	11 26	戊$_3$子	6	4	12 25	丁$_3$巳	6	4	1 24	丁$_2$亥	6	4
8 27	丁$_1$巳	6	4	9 27	戊$_1$子	6	4	10 27	戊$_1$午	7	4	11 27	己$_1$丑	6	4	12 26	戊$_3$午	6	4	1 25	戊$_3$子	6	3
8 28	戊$_3$午	7	4	9 28	己$_1$丑	7	3	10 28	己$_1$未	7	4	11 28	庚$_3$寅	7	3	12 27	己$_3$未	7	3	1 26	己$_1$丑	7	3
8 29	己$_1$未	7	3	9 29	庚$_1$寅	7	3	10 29	庚$_1$申	7	3	11 29	辛$_3$卯	7	2	12 28	庚$_3$申	7	3	1 27	庚$_2$寅	7	2
8 30	庚$_1$申	7	3	9 30	辛$_1$卯	7	3	10 30	辛$_1$酉	8	3	11 30	壬$_3$辰	8	2	12 29	辛$_3$酉	7	3	1 28	辛$_2$卯	7	2
8 31	辛$_1$酉	8	3	10 1	壬$_1$辰	8	2	10 31	壬$_1$戌	8	3	12 1	癸$_3$巳	8	2	12 30	壬$_3$戌	8	2	1 29	壬$_2$辰	8	2
9 1	壬$_1$戌	8	2	10 2	癸$_1$巳	8	2	11 1	癸$_1$亥	8	2	12 2	甲$_3$午	8	2	12 31	癸$_3$亥	8	2	1 30	癸$_2$巳	8	2
9 2	癸$_1$亥	8	2	10 3	甲$_2$午	8	2	11 2	甲$_1$子	8	2	12 3	乙$_3$未	8	1	1 1	甲$_3$子	8	2	1 31	甲$_1$午	8	1
9 3	甲$_1$子	9	2	10 4	乙$_2$未	9	1	11 3	乙$_1$丑	9	2	12 4	丙$_3$申	9	1	1 2	乙$_3$丑	9	1	2 1	乙$_1$未	9	1
9 4	乙$_2$丑	9	1	10 5	丙$_1$申	9	1	11 4	丙$_1$寅	9	1	12 5	丁$_3$酉	9	1	1 3	丙$_3$寅	9	1	2 2	丙$_2$申	9	1
9 5	丙$_2$寅	9	1	10 6	丁$_3$酉	9	1	11 5	丁$_1$卯	9	1	12 6	戊$_3$戌	9	0	1 4	丁$_3$卯	9	1	2 3	丁$_2$酉	9	0
9 6	丁$_1$卯	10	1	10 7	戊$_3$戌	10	0	11 6	戊$_3$辰	10	1					1 5	戊$_3$辰	10	0	2 4	戊$_3$戌	10	0
9 7	戊$_3$辰	10	0	10 8	己$_3$亥	10	0	11 7	己$_1$巳	10	0					1 6	己$_3$巳	10	0				
9 8	己$_3$巳	10	0					11 8	庚$_1$午	10	0												

立運（歳・男／歳・女）

歳	庚申 男	歳	庚申 女	歳	辛酉 男	歳	辛酉 女	歳	壬戌 男	歳	壬戌 女	歳	癸亥 男	歳	癸亥 女	歳	甲子 男	歳	甲子 女	歳	乙丑 男	歳	乙丑 女
0	己未	0	辛酉	0	庚申	0	壬戌	0	辛酉	0	癸亥	0	壬戌	0	甲子	0	癸亥	0	乙丑	0	甲子	0	丙寅
10	戊午	10	壬戌	10	己未	10	癸亥	10	庚申	10	甲子	10	辛酉	10	乙丑	10	壬戌	10	丙寅	10	癸亥	10	丁卯
20	丁巳	20	癸亥	20	戊午	20	甲子	20	己未	20	乙丑	20	庚申	20	丙寅	20	辛酉	20	丁卯	20	壬戌	20	戊辰
30	丙辰	30	甲子	30	丁巳	30	乙丑	30	戊午	30	丙寅	30	己未	30	丁卯	30	庚申	30	戊辰	30	辛酉	30	己巳
40	乙卯	40	乙丑	40	丙辰	40	丙寅	40	丁巳	40	丁卯	40	戊午	40	戊辰	40	己未	40	己巳	40	庚申	40	庚午
50	甲寅	50	丙寅	50	乙卯	50	丁卯	50	丙辰	50	戊辰	50	丁巳	50	己巳	50	戊午	50	庚午	50	己未	50	辛未
60	癸丑	60	丁卯	60	甲寅	60	戊辰	60	乙卯	60	己巳	60	丙辰	60	庚午	60	丁巳	60	辛未	60	戊午	60	壬申
70	壬子	70	戊辰	70	癸丑	70	己巳	70	甲寅	70	庚午	70	乙卯	70	辛未	70	丙辰	70	壬申	70	丁巳	70	癸酉
80	辛亥	80	己巳	80	壬子	80	庚午	80	癸丑	80	辛未	80	甲寅	80	壬申	80	乙卯	80	癸酉	80	丙辰	80	甲戌

年柱 甲辰 　2024年（令和6年）2月4日16時37分～

月柱 丙寅（2月4日16:37～3月5日10:20）

生日	日柱	男	女
2/4	戊$_1$戌	10	0
2/5	己$_1$亥	10	0
2/6	庚$_3$子	9	1
2/7	辛$_2$丑	9	1
2/8	壬$_3$寅	9	1
2/9	癸$_3$卯	8	2
2/10	甲$_3$辰	8	2
2/11	乙$_1$巳	8	2
2/12	丙$_1$午	7	3
2/13	丁$_1$未	7	3
2/14	戊$_2$申	7	3
2/15	己$_2$酉	6	4
2/16	庚$_3$戌	6	4
2/17	辛$_3$亥	6	4
2/18	壬$_3$子	5	5
2/19	癸$_3$丑	5	5
2/20	甲$_1$寅	5	5
2/21	乙$_1$卯	4	6
2/22	丙$_1$辰	4	6
2/23	丁$_1$巳	4	6
2/24	戊$_3$午	3	7
2/25	己$_1$未	3	7
2/26	庚$_1$申	3	7
2/27	辛$_1$酉	2	8
2/28	壬$_3$戌	2	8
2/29	癸$_3$亥	2	8
3/1	甲$_1$子	1	9
3/2	乙$_1$丑	1	9
3/3	丙$_1$寅	1	9
3/4	丁$_1$卯	0	10
3/5	戊$_3$辰	0	10

月柱 丁卯（3月5日10:21～4月4日15:02）

生日	日柱	男	女
3/5	戊$_1$辰	10	0
3/6	己$_1$巳	10	0
3/7	庚$_3$午	9	1
3/8	辛$_1$未	9	1
3/9	壬$_3$申	9	1
3/10	癸$_3$酉	8	2
3/11	甲$_3$戌	8	2
3/12	乙$_3$亥	8	2
3/13	丙$_3$子	7	3
3/14	丁$_1$丑	7	3
3/15	戊$_3$寅	7	3
3/16	己$_3$卯	6	4
3/17	庚$_3$辰	6	4
3/18	辛$_3$巳	6	4
3/19	壬$_3$午	5	5
3/20	癸$_3$未	5	5
3/21	甲$_1$申	5	5
3/22	乙$_1$酉	4	6
3/23	丙$_1$戌	4	6
3/24	丁$_3$亥	4	6
3/25	戊$_3$子	3	7
3/26	己$_1$丑	3	7
3/27	庚$_1$寅	3	7
3/28	辛$_1$卯	2	8
3/29	壬$_3$辰	2	8
3/30	癸$_3$巳	2	8
3/31	甲$_1$午	1	9
4/1	乙$_1$未	1	9
4/2	丙$_3$申	1	9
4/3	丁$_3$酉	0	10
4/4	戊$_3$戌	0	10

月柱 戊辰（4月4日15:03～5月5日8:21）

生日	日柱	男	女
4/4	戊$_1$戌	10	0
4/5	己$_1$亥	10	0
4/6	庚$_1$子	10	1
4/7	辛$_1$丑	9	1
4/8	壬$_1$寅	9	1
4/9	癸$_3$卯	9	2
4/10	甲$_3$辰	8	2
4/11	乙$_3$巳	8	2
4/12	丙$_2$午	8	2
4/13	丁$_1$未	7	3
4/14	戊$_1$申	7	3
4/15	己$_1$酉	7	3
4/16	庚$_1$戌	6	4
4/17	辛$_1$亥	6	4
4/18	壬$_1$子	6	5
4/19	癸$_3$丑	5	5
4/20	甲$_1$寅	5	5
4/21	乙$_1$卯	5	6
4/22	丙$_3$辰	4	6
4/23	丁$_2$巳	4	6
4/24	戊$_3$午	4	7
4/25	己$_1$未	3	7
4/26	庚$_1$申	3	7
4/27	辛$_1$酉	3	8
4/28	壬$_3$戌	2	8
4/29	癸$_3$亥	2	8
4/30	甲$_1$子	1	9
5/1	乙$_2$丑	1	9
5/2	丙$_2$寅	1	9
5/3	丁$_3$卯	1	10
5/4	戊$_3$辰	0	10

月柱 己巳（5月5日8:22～6月5日12:33）

生日	日柱	男	女
5/5	己$_1$巳	10	0
5/6	庚$_2$午	10	0
5/7	辛$_1$未	10	0
5/8	壬$_2$申	9	1
5/9	癸$_3$酉	9	1
5/10	甲$_3$戌	9	2
5/11	乙$_2$亥	8	2
5/12	丙$_2$子	8	2
5/13	丁$_1$丑	7	3
5/14	戊$_2$寅	7	3
5/15	己$_1$卯	7	3
5/16	庚$_1$辰	7	4
5/17	辛$_2$巳	6	4
5/18	壬$_1$午	6	4
5/19	癸$_3$未	6	5
5/20	甲$_1$申	5	5
5/21	乙$_2$酉	5	5
5/22	丙$_1$戌	5	6
5/23	丁$_2$亥	5	6
5/24	戊$_3$子	4	6
5/25	己$_2$丑	4	7
5/26	庚$_2$寅	4	7
5/27	辛$_2$卯	3	7
5/28	壬$_3$辰	3	8
5/29	癸$_3$巳	3	8
5/30	甲$_3$午	2	8
5/31	乙$_2$未	2	9
6/1	丙$_1$申	1	9
6/2	丁$_3$酉	1	9
6/3	戊$_3$戌	1	10
6/4	己$_1$亥	0	10
6/5	庚$_2$子	0	10

月柱 庚午（6月5日12:34～7月6日22:57）

生日	日柱	男	女
6/5	庚$_1$子	10	0
6/6	辛$_1$丑	10	0
6/7	壬$_1$寅	9	1
6/8	癸$_1$卯	9	1
6/9	甲$_1$辰	9	1
6/10	乙$_1$巳	9	2
6/11	丙$_1$午	8	2
6/12	丁$_1$未	8	2
6/13	戊$_1$申	8	3
6/14	己$_1$酉	7	3
6/15	庚$_1$戌	7	3
6/16	辛$_1$亥	7	4
6/17	壬$_1$子	6	4
6/18	癸$_1$丑	6	4
6/19	甲$_2$寅	6	5
6/20	乙$_2$卯	5	5
6/21	丙$_1$辰	5	5
6/22	丁$_1$巳	5	6
6/23	戊$_1$午	4	6
6/24	己$_1$未	4	6
6/25	庚$_1$申	4	7
6/26	辛$_1$酉	3	7
6/27	壬$_1$戌	3	7
6/28	癸$_2$亥	3	8
6/29	甲$_2$子	2	8
6/30	乙$_3$丑	2	8
7/1	丙$_1$寅	2	9
7/2	丁$_1$卯	1	9
7/3	戊$_1$辰	1	9
7/4	己$_1$巳	1	10
7/5	庚$_2$午	0	10
7/6	辛$_1$未	0	10

月柱 辛未（7月6日22:58～8月7日9:04）

生日	日柱	男	女
7/6	辛$_1$未	11	0
7/7	壬$_2$申	10	0
7/8	癸$_2$酉	10	1
7/9	甲$_3$戌	10	1
7/10	乙$_3$亥	9	1
7/11	丙$_1$子	9	2
7/12	丁$_1$丑	9	2
7/13	戊$_1$寅	8	2
7/14	己$_1$卯	8	3
7/15	庚$_3$辰	8	3
7/16	辛$_1$巳	7	3
7/17	壬$_1$午	7	4
7/18	癸$_1$未	7	4
7/19	甲$_1$申	6	5
7/20	乙$_3$酉	6	5
7/21	丙$_2$戌	6	5
7/22	丁$_1$亥	5	5
7/23	戊$_1$子	5	6
7/24	己$_1$丑	5	6
7/25	庚$_1$寅	4	6
7/26	辛$_1$卯	4	7
7/27	壬$_3$辰	4	7
7/28	癸$_3$巳	3	8
7/29	甲$_3$午	3	8
7/30	乙$_3$未	3	8
7/31	丙$_2$申	2	8
8/1	丁$_2$酉	2	9
8/2	戊$_3$戌	2	9
8/3	己$_1$亥	1	9
8/4	庚$_1$子	1	10
8/5	辛$_1$丑	0	10
8/6	壬$_3$寅	0	10
8/7	癸$_3$卯	0	11

立運年齢表

歳	男（丙寅）	歳	女（丙寅）	男（丁卯）	女（丁卯）	男（戊辰）	女（戊辰）	男（己巳）	女（己巳）	男（庚午）	女（庚午）	男（辛未）	女（辛未）
0	丁卯	0	乙丑	戊辰	丙寅	己巳	丁卯	庚午	戊辰	辛未	己巳	壬申	庚午
10	戊辰	10	甲子	己巳	乙丑	庚午	丙寅	辛未	丁卯	壬申	戊辰	癸酉	己巳
20	己巳	20	癸亥	庚午	甲子	辛未	乙丑	壬申	丙寅	癸酉	丁卯	甲戌	戊辰
30	庚午	30	壬戌	辛未	癸亥	壬申	甲子	癸酉	乙丑	甲戌	丙寅	乙亥	丁卯
40	辛未	40	辛酉	壬申	壬戌	癸酉	癸亥	甲戌	甲子	乙亥	乙丑	丙子	丙寅
50	壬申	50	庚申	癸酉	辛酉	甲戌	壬戌	乙亥	癸亥	丙子	甲子	丁丑	乙丑
60	癸酉	60	己未	甲戌	庚申	乙亥	辛酉	丙子	壬戌	丁丑	癸亥	戊寅	甲子
70	甲戌	70	戊午	乙亥	己未	丙子	庚申	丁丑	辛酉	戊寅	壬戌	己卯	癸亥
80	乙亥	80	丁巳	丙子	戊午	丁丑	己未	戊寅	庚申	己卯	辛酉	庚辰	壬戌

～2025年（令和7年）2月3日22時26分

月柱 壬申（8月7日 9:05～9月7日12:26）

生日	日柱	男	女
8 7	癸2卯	10	0
8 8	甲2辰	10	0
8 9	乙3巳	10	1
8 10	丙2午	9	1
8 11	丁3未	9	1
8 12	戊3申	9	2
8 13	己3酉	8	2
8 14	庚1戌	8	2
8 15	辛1亥	8	3
8 16	壬1子	7	3
8 17	癸1丑	7	3
8 18	甲1寅	7	4
8 19	乙1卯	6	4
8 20	丙1辰	6	4
8 21	丁1巳	6	5
8 22	戊2午	5	5
8 23	己2未	5	5
8 24	庚1申	5	6
8 25	辛1酉	4	6
8 26	壬2戌	4	6
8 27	癸2亥	4	7
8 28	甲1子	3	7
8 29	乙1丑	3	7
8 30	丙2寅	3	8
8 31	丁1卯	2	8
9 1	戊2辰	2	8
9 2	己2巳	2	8
9 3	庚1午	1	9
9 4	辛1未	1	9
9 5	壬1申	1	10
9 6	癸1酉	0	10
9 7	甲2戌	0	10

月柱 癸酉（9月7日12:27～10月8日 4:30）

生日	日柱	男	女
9 7	甲2戌	10	0
9 8	乙1亥	10	0
9 9	丙3子	10	1
9 10	丁3丑	9	1
9 11	戊3寅	9	1
9 12	己3卯	9	2
9 13	庚3辰	8	2
9 14	辛1巳	8	2
9 15	壬2午	8	3
9 16	癸1未	7	3
9 17	甲1申	7	3
9 18	乙2酉	7	4
9 19	丙3戌	6	4
9 20	丁1亥	6	4
9 21	戊3子	6	5
9 22	己2丑	5	5
9 23	庚1寅	5	5
9 24	辛1卯	5	6
9 25	壬2辰	4	6
9 26	癸2巳	4	6
9 27	甲2午	4	7
9 28	乙1未	3	7
9 29	丙3申	3	7
9 30	丁1酉	3	8
10 1	戊2戌	2	8
10 2	己1亥	2	8
10 3	庚1子	1	9
10 4	辛1丑	1	9
10 5	壬2寅	1	9
10 6	癸2卯	1	10
10 7	甲1辰	0	10
10 8	乙2巳	0	10

月柱 甲戌（10月8日 4:31～11月7日 7:48）

生日	日柱	男	女
10 8	乙2巳	10	0
10 9	丙1午	10	0
10 10	丁1未	10	1
10 11	戊1申	9	1
10 12	己1酉	9	1
10 13	庚1戌	8	2
10 14	辛1亥	8	2
10 15	壬1子	8	2
10 16	癸1丑	7	3
10 17	甲1寅	7	3
10 18	乙1卯	7	4
10 19	丙1辰	6	4
10 20	丁1巳	6	4
10 21	戊1午	6	5
10 22	己1未	5	5
10 23	庚1申	5	5
10 24	辛1酉	5	6
10 25	壬1戌	4	6
10 26	癸1亥	4	6
10 27	甲1子	4	7
10 28	乙1丑	3	7
10 29	丙2寅	3	7
10 30	丁1卯	2	8
10 31	戊1辰	2	8
11 1	己1巳	2	8
11 2	庚1午	2	8
11 3	辛1未	1	9
11 4	壬1申	1	9
11 5	癸1酉	1	9
11 6	甲1戌	0	10
11 7	乙1亥	0	10

月柱 乙亥（11月7日 7:49～12月7日 0:28）

生日	日柱	男	女
11 7	乙1亥	10	0
11 8	丙2子	10	0
11 9	丁1丑	9	1
11 10	戊1寅	9	1
11 11	己1卯	9	1
11 12	庚1辰	8	2
11 13	辛1巳	8	2
11 14	壬1午	8	2
11 15	癸1未	7	3
11 16	甲1申	7	3
11 17	乙1酉	7	4
11 18	丙1戌	6	4
11 19	丁1亥	6	4
11 20	戊1子	5	5
11 21	己1丑	5	5
11 22	庚3寅	5	5
11 23	辛1卯	5	6
11 24	壬1辰	4	6
11 25	癸1巳	4	6
11 26	甲1午	4	6
11 27	乙1未	3	7
11 28	丙1申	3	7
11 29	丁1酉	2	7
11 30	戊1戌	2	8
12 1	己1亥	2	8
12 2	庚1子	2	8
12 3	辛1丑	1	9
12 4	壬1寅	1	9
12 5	癸1卯	1	9
12 6	甲1辰	0	10
12 7	乙1巳	0	10

月柱 丙子（12月7日 0:29～1月5日11:14）

生日	日柱	男	女
12 7	乙1巳	10	0
12 8	丙1午	9	0
12 9	丁2未	9	1
12 10	戊2申	9	1
12 11	己2酉	8	1
12 12	庚2戌	8	2
12 13	辛3亥	8	2
12 14	壬2子	7	2
12 15	癸2丑	7	3
12 16	甲2寅	7	3
12 17	乙1卯	6	3
12 18	丙2辰	6	4
12 19	丁2巳	6	4
12 20	戊1午	5	4
12 21	己1未	5	5
12 22	庚1申	5	5
12 23	辛2酉	4	5
12 24	壬2戌	4	6
12 25	癸1亥	4	6
12 26	甲1子	3	6
12 27	乙1丑	3	7
12 28	丙2寅	3	7
12 29	丁1卯	2	7
12 30	戊2辰	2	8
12 31	己1巳	2	8
1 1	庚3午	1	8
1 2	辛1未	1	9
1 3	壬1申	1	9
1 4	癸1酉	0	9
1 5	甲1戌	0	10

月柱 丁丑（1月5日11:15～2月3日22:26）

生日	日柱	男	女
1 5	甲3戌	10	0
1 6	乙2亥	9	0
1 7	丙2子	9	1
1 8	丁2丑	9	1
1 9	戊2寅	8	1
1 10	己1卯	8	2
1 11	庚1辰	8	2
1 12	辛1巳	7	2
1 13	壬1午	7	3
1 14	癸2未	7	3
1 15	甲1申	6	3
1 16	乙2酉	6	4
1 17	丙2戌	6	4
1 18	丁2亥	5	4
1 19	戊1子	5	5
1 20	己1丑	5	5
1 21	庚2寅	4	5
1 22	辛1卯	4	6
1 23	壬3辰	4	6
1 24	癸3巳	3	6
1 25	甲1午	3	7
1 26	乙1未	3	7
1 27	丙2申	2	7
1 28	丁2酉	2	8
1 29	戊1戌	2	8
1 30	己1亥	1	8
1 31	庚2子	1	9
2 1	辛1丑	1	9
2 2	壬3寅	0	9
2 3	癸3卯	0	10

大運表

歳	壬申 男	歳	壬申 女	歳	癸酉 男	歳	癸酉 女	歳	甲戌 男	歳	甲戌 女	歳	乙亥 男	歳	乙亥 女	歳	丙子 男	歳	丙子 女	歳	丁丑 男	歳	丁丑 女
0	癸酉	0	辛未	0	甲戌	0	壬申	0	乙亥	0	壬申	0	丙子	0	癸酉	0	丁丑	0	乙亥	0	戊寅	0	丙子
10	甲戌	10	庚午	10	乙亥	10	辛未	10	丙子	10	辛未	10	丁丑	10	壬申	10	戊寅	10	甲戌	10	己卯	10	乙亥
20	乙亥	20	己巳	20	丙子	20	庚午	20	丁丑	20	庚午	20	戊寅	20	辛未	20	己卯	20	癸酉	20	庚辰	20	甲戌
30	丙子	30	戊辰	30	丁丑	30	己巳	30	戊寅	30	己巳	30	己卯	30	庚午	30	庚辰	30	壬申	30	辛巳	30	癸酉
40	丁丑	40	丁卯	40	戊寅	40	戊辰	40	己卯	40	戊辰	40	庚辰	40	己巳	40	辛巳	40	辛未	40	壬午	40	壬申
50	戊寅	50	丙寅	50	己卯	50	丁卯	50	庚辰	50	丁卯	50	辛巳	50	戊辰	50	壬午	50	庚午	50	癸未	50	辛未
60	己卯	60	乙丑	60	庚辰	60	丙寅	60	辛巳	60	丙寅	60	壬午	60	丁卯	60	癸未	60	己巳	60	甲申	60	庚午
70	庚辰	70	甲子	70	辛巳	70	乙丑	70	壬午	70	乙丑	70	癸未	70	丙寅	70	甲申	70	戊辰	70	乙酉	70	己巳
80	辛巳	80	癸亥	80	壬午	80	甲子	80	癸未	80	甲子	80	甲申	80	乙丑	80	乙酉	80	丁卯	80	丙戌	80	戊辰

年柱 乙巳 2025年（令和7年）2月3日22時27分～

月柱	戊寅	己卯	庚辰	辛巳	壬午	癸未
期間	2月3日22:27～3月5日16:10	3月5日16:11～4月4日20:51	4月4日20:52～5月5日14:10	5月5日14:11～6月5日18:21	6月5日18:22～7月7日4:45	7月7日4:46～8月7日14:52

立運年齢（男／女）

戊寅 生日	日柱	男	女	己卯 生日	日柱	男	女	庚辰 生日	日柱	男	女	辛巳 生日	日柱	男	女	壬午 生日	日柱	男	女	癸未 生日	日柱	男	女
2 3	癸卯	0	10	3 5	癸酉	0	10	4 4	癸卯	0	10	5 5	甲戌	0	10	6 5	乙巳	0	11	7 7	丁丑	0	10
2 4	甲辰	0	10	3 6	甲戌	0	10	4 5	甲辰	0	10	5 6	乙亥	0	10	6 6	丙午	0	10	7 8	戊寅	0	10
2 5	乙巳	1	9	3 7	乙亥	1	9	4 6	乙巳	1	9	5 7	丙子	1	10	6 7	丁未	1	10	7 9	己卯	1	10
2 6	丙午	1	9	3 8	丙子	1	9	4 7	丙午	1	9	5 8	丁丑	1	9	6 8	戊申	1	10	7 10	庚辰	1	9
2 7	丁未	1	9	3 9	丁丑	1	9	4 8	丁未	1	9	5 9	戊寅	1	9	6 9	己酉	1	9	7 11	辛巳	1	9
2 8	戊申	2	8	3 10	戊寅	2	8	4 9	戊申	2	8	5 10	己卯	2	9	6 10	庚戌	2	9	7 12	壬午	2	9
2 9	己酉	2	8	3 11	己卯	2	8	4 10	己酉	2	8	5 11	庚辰	2	8	6 11	辛亥	2	9	7 13	癸未	2	9
2 10	庚戌	2	8	3 12	庚辰	2	8	4 11	庚戌	2	8	5 12	辛巳	2	8	6 12	壬子	2	8	7 14	甲申	2	8
2 11	辛亥	3	7	3 13	辛巳	3	7	4 12	辛亥	3	7	5 13	壬午	3	8	6 13	癸丑	3	8	7 15	乙酉	3	8
2 12	壬子	3	7	3 14	壬午	3	7	4 13	壬子	3	7	5 14	癸未	3	7	6 14	甲寅	3	7	7 16	丙戌	3	7
2 13	癸丑	3	7	3 15	癸未	3	7	4 14	癸丑	3	7	5 15	甲申	3	7	6 15	乙卯	3	7	7 17	丁亥	3	7
2 14	甲寅	4	6	3 16	甲申	4	6	4 15	甲寅	4	6	5 16	乙酉	4	7	6 16	丙辰	4	7	7 18	戊子	4	7
2 15	乙卯	4	6	3 17	乙酉	4	6	4 16	乙卯	4	6	5 17	丙戌	4	6	6 17	丁巳	4	6	7 19	己丑	4	7
2 16	丙辰	4	6	3 18	丙戌	4	6	4 17	丙辰	4	6	5 18	丁亥	4	6	6 18	戊午	4	6	7 20	庚寅	4	6
2 17	丁巳	5	5	3 19	丁亥	5	5	4 18	丁巳	5	5	5 19	戊子	5	6	6 19	己未	5	6	7 21	辛卯	5	6
2 18	戊午	5	5	3 20	戊子	5	5	4 19	戊午	5	5	5 20	己丑	5	5	6 20	庚申	5	5	7 22	壬辰	5	5
2 19	己未	5	5	3 21	己丑	5	5	4 20	己未	5	5	5 21	庚寅	5	5	6 21	辛酉	5	5	7 23	癸巳	5	5
2 20	庚申	6	4	3 22	庚寅	6	4	4 21	庚申	6	4	5 22	辛卯	6	5	6 22	壬戌	6	5	7 24	甲午	6	5
2 21	辛酉	6	4	3 23	辛卯	6	4	4 22	辛酉	6	4	5 23	壬辰	6	4	6 23	癸亥	6	5	7 25	乙未	6	4
2 22	壬戌	6	4	3 24	壬辰	6	4	4 23	壬戌	6	4	5 24	癸巳	6	4	6 24	甲子	6	4	7 26	丙申	6	4
2 23	癸亥	7	3	3 25	癸巳	7	3	4 24	癸亥	7	3	5 25	甲午	7	4	6 25	乙丑	7	4	7 27	丁酉	7	4
2 24	甲子	7	3	3 26	甲午	7	3	4 25	甲子	7	3	5 26	乙未	7	3	6 26	丙寅	7	3	7 28	戊戌	7	3
2 25	乙丑	7	3	3 27	乙未	7	3	4 26	乙丑	7	3	5 27	丙申	7	3	6 27	丁卯	7	3	7 29	己亥	7	3
2 26	丙寅	8	2	3 28	丙申	8	2	4 27	丙寅	8	2	5 28	丁酉	8	3	6 28	戊辰	8	3	7 30	庚子	8	3
2 27	丁卯	8	2	3 29	丁酉	8	2	4 28	丁卯	8	2	5 29	戊戌	8	2	6 29	己巳	8	2	7 31	辛丑	8	2
2 28	戊辰	8	2	3 30	戊戌	8	2	4 29	戊辰	8	2	5 30	己亥	8	2	6 30	庚午	8	2	8 1	壬寅	8	2
3 1	己巳	9	1	3 31	己亥	9	1	4 30	己巳	9	1	5 31	庚子	9	2	7 1	辛未	9	2	8 2	癸卯	9	2
3 2	庚午	9	1	4 1	庚子	9	1	5 1	庚午	9	1	6 1	辛丑	9	1	7 2	壬申	9	1	8 3	甲辰	9	1
3 3	辛未	9	1	4 2	辛丑	9	1	5 2	辛未	9	1	6 2	壬寅	9	1	7 3	癸酉	9	1	8 4	乙巳	9	1
3 4	壬申	10	0	4 3	壬寅	10	0	5 3	壬申	10	0	6 3	癸卯	10	1	7 4	甲戌	10	1	8 5	丙午	10	1
3 5	癸酉	10	0	4 4	癸卯	10	0	5 4	癸酉	10	0	6 4	甲辰	10	0	7 5	乙亥	10	1	8 6	丁未	10	0
								5 5	甲戌	10	0	6 5	乙巳	10	0	7 6	丙子	10	0	8 7	戊申	10	0
																7 7	丁丑	11	0				

歳	戊寅 男	戊寅 女	己卯 男	己卯 女	庚辰 男	庚辰 女	辛巳 男	辛巳 女	壬午 男	壬午 女	癸未 男	癸未 女
0	丁丑	己卯	戊寅	庚辰	己卯	辛巳	庚辰	壬午	辛巳	癸未	壬午	甲申
10	丙子	庚辰	丁丑	辛巳	戊寅	壬午	己卯	癸未	庚辰	甲申	辛巳	乙酉
20	乙亥	辛巳	丙子	壬午	丁丑	癸未	戊寅	甲申	己卯	乙酉	庚辰	丙戌
30	甲戌	壬午	乙亥	癸未	丙子	甲申	丁丑	乙酉	戊寅	丙戌	己卯	丁亥
40	癸酉	癸未	甲戌	甲申	乙亥	乙酉	丙子	丙戌	丁丑	丁亥	戊寅	戊子
50	壬申	甲申	癸酉	乙酉	甲戌	丙戌	乙亥	丁亥	丙子	戊子	丁丑	己丑
60	辛未	乙酉	壬申	丙戌	癸酉	丁亥	甲戌	戊子	乙亥	己丑	丙子	庚寅
70	庚午	丙戌	辛未	丁亥	壬申	戊子	癸酉	己丑	甲戌	庚寅	乙亥	辛卯
80	己巳	丁亥	庚午	戊子	辛未	己丑	壬申	庚寅	癸酉	辛卯	甲戌	壬辰

～2026年（令和8年）2月4日4時15分

月柱 甲申（8月7日14:53～9月7日18:14）

生日	日柱	男	女
8:7	戊$_3$申	0	10
8:8	己酉	0	10
8:9	庚戌	1	10
8:10	辛亥	1	9
8:11	壬$_2$丑	1	9
8:12	癸$_3$丑	2	9
8:13	甲寅	2	8
8:14	乙卯	2	8
8:15	丙$_1$辰	3	8
8:16	丁$_1$巳	3	7
8:17	戊$_2$午	3	7
8:18	己未	3	7
8:19	庚申	4	6
8:20	辛$_1$酉	4	6
8:21	壬$_3$戌	5	6
8:22	癸亥	5	5
8:23	甲$_1$子	5	5
8:24	乙$_2$丑	5	5
8:25	丙寅	6	4
8:26	丁卯	6	4
8:27	戊$_2$辰	7	4
8:28	己巳	7	3
8:29	庚午	8	3
8:30	辛未	8	3
8:31	壬申	8	2
9:1	癸酉	9	2
9:2	甲$_2$戌	9	2
9:3	乙亥	9	1
9:4	丙$_1$子	9	1
9:5	丁丑	10	1
9:6	戊寅	10	0
9:7	己$_3$卯	10	0

月柱 乙酉（9月7日18:15～10月8日10:18）

生日	日柱	男	女
9:7	己$_1$卯	0	10
9:8	庚$_1$辰	0	10
9:9	辛$_2$巳	1	10
9:10	壬$_3$午	1	9
9:11	癸未	1	9
9:12	甲$_2$申	2	9
9:13	乙$_2$酉	2	8
9:14	丙戌	2	8
9:15	丁亥	3	8
9:16	戊子	3	7
9:17	己丑	3	7
9:18	庚寅	4	7
9:19	辛卯	4	6
9:20	壬辰	4	6
9:21	癸$_3$巳	4	6
9:22	甲$_2$午	5	5
9:23	乙$_2$未	5	5
9:24	丙申	6	5
9:25	丁酉	6	4
9:26	戊戌	6	4
9:27	己$_3$亥	7	4
9:28	庚子	7	3
9:29	辛丑	7	3
9:30	壬寅	8	3
10:1	癸卯	8	2
10:2	甲$_2$辰	8	2
10:3	乙$_2$巳	9	2
10:4	丙$_1$午	9	1
10:5	丁$_1$未	9	1
10:6	戊申	10	1
10:7	己$_3$酉	10	0
10:8	庚戌	10	0

月柱 丙戌（10月8日10:19～11月7日13:39）

生日	日柱	男	女
10:8	庚戌	0	10
10:9	辛亥	0	10
10:10	壬子	1	9
10:11	癸丑	1	9
10:12	甲寅	1	9
10:13	乙卯	2	8
10:14	丙辰	2	8
10:15	丁巳	2	8
10:16	戊午	3	7
10:17	己未	3	7
10:18	庚申	3	7
10:19	辛酉	4	6
10:20	壬戌	4	6
10:21	癸$_3$亥	5	6
10:22	甲$_2$子	5	5
10:23	乙$_2$丑	5	5
10:24	丙寅	5	5
10:25	丁卯	6	4
10:26	戊辰	6	4
10:27	己巳	6	4
10:28	庚午	7	3
10:29	辛未	7	3
10:30	壬申	8	2
10:31	癸酉	8	2
11:1	甲$_3$戌	8	2
11:2	乙$_2$亥	8	2
11:3	丙子	9	1
11:4	丁丑	9	1
11:5	戊寅	9	1
11:6	己卯	10	0
11:7	庚辰	10	0

月柱 丁亥（11月7日13:40～12月7日6:17）

生日	日柱	男	女
11:7	庚$_3$辰	0	10
11:8	辛巳	0	10
11:9	壬午	1	9
11:10	癸未	1	9
11:11	甲申	1	9
11:12	乙酉	2	8
11:13	丙戌	2	8
11:14	丁亥	2	7
11:15	戊$_2$子	3	7
11:16	己丑	3	7
11:17	庚寅	3	6
11:18	辛卯	4	6
11:19	壬辰	4	6
11:20	癸巳	4	6
11:21	甲午	5	5
11:22	乙未	5	5
11:23	丙申	5	5
11:24	丁酉	6	4
11:25	戊戌	6	4
11:26	己亥	6	4
11:27	庚子	7	3
11:28	辛丑	7	3
11:29	壬寅	7	2
11:30	癸卯	8	2
12:1	甲辰	8	2
12:2	乙巳	8	1
12:3	丙子	9	1
12:4	丁丑	9	1
12:5	戊寅	9	0
12:6	己酉	10	0
12:7	庚戌	10	0

月柱 戊子（12月7日6:18～1月5日17:04）

生日	日柱	男	女
12:7	庚$_3$戌	0	10
12:8	辛亥	0	9
12:9	壬$_1$子	1	9
12:10	癸$_2$丑	1	9
12:11	甲寅	1	8
12:12	乙$_2$卯	2	8
12:13	丙$_2$辰	2	8
12:14	丁巳	2	7
12:15	戊午	3	7
12:16	己未	3	6
12:17	庚申	3	6
12:18	辛酉	4	6
12:19	壬戌	4	6
12:20	癸$_1$亥	4	5
12:21	甲$_1$子	5	5
12:22	乙$_2$丑	5	5
12:23	丙寅	5	4
12:24	丁卯	6	4
12:25	戊辰	6	4
12:26	己巳	6	3
12:27	庚午	7	3
12:28	辛未	7	3
12:29	壬申	8	2
12:30	癸酉	8	2
12:31	甲戌	8	1
1:1	乙亥	8	1
1:2	丙$_2$子	9	1
1:3	丁丑	9	1
1:4	戊寅	9	0
1:5	己酉	10	0

月柱 己丑（1月5日17:05～2月4日4:15）

生日	日柱	男	女
1:5	己$_1$卯	0	10
1:6	庚$_1$辰	0	10
1:7	辛$_2$巳	1	9
1:8	壬$_3$午	1	9
1:9	癸未	1	9
1:10	甲申	2	8
1:11	乙酉	2	8
1:12	丙戌	2	8
1:13	丁$_1$亥	3	7
1:14	戊子	3	7
1:15	己丑	3	7
1:16	庚寅	4	6
1:17	辛卯	4	6
1:18	壬辰	4	6
1:19	癸巳	5	5
1:20	甲午	5	5
1:21	乙未	5	5
1:22	丙申	6	4
1:23	丁酉	6	4
1:24	戊戌	6	4
1:25	己亥	7	3
1:26	庚子	7	3
1:27	辛丑	7	3
1:28	壬寅	8	2
1:29	癸卯	8	2
1:30	甲$_3$辰	8	1
1:31	乙$_3$巳	9	1
2:1	丙午	9	1
2:2	丁$_2$未	9	1
2:3	戊申	10	0
2:4	己$_1$酉	10	0

立運表

歳	男	歳	女	歳	男	歳	女	歳	男	歳	女	歳	男	歳	女	歳	男	歳	女	歳	男	歳	女
0	癸未	0	乙酉	0	甲申	0	丙戌	0	乙酉	0	丁亥	0	丙戌	0	戊子	0	丁亥	0	己丑	0	戊子	0	庚寅
10	壬午	10	丙戌	10	癸未	10	丁亥	10	甲申	10	戊子	10	乙酉	10	己丑	10	丙戌	10	庚寅	10	丁亥	10	辛卯
20	辛巳	20	丁亥	20	壬午	20	戊子	20	癸未	20	己丑	20	甲申	20	庚寅	20	乙酉	20	辛卯	20	丙戌	20	壬辰
30	庚辰	30	戊子	30	辛巳	30	己丑	30	壬午	30	庚寅	30	癸未	30	辛卯	30	甲申	30	壬辰	30	乙酉	30	癸巳
40	己卯	40	己丑	40	庚辰	40	庚寅	40	辛巳	40	辛卯	40	壬午	40	壬辰	40	癸未	40	癸巳	40	甲申	40	甲午
50	戊寅	50	庚寅	50	己卯	50	辛卯	50	庚辰	50	壬辰	50	辛巳	50	癸巳	50	壬午	50	甲午	50	癸未	50	乙未
60	丁丑	60	辛卯	60	戊寅	60	壬辰	60	己卯	60	癸巳	60	庚辰	60	甲午	60	辛巳	60	乙未	60	壬午	60	丙申
70	丙子	70	壬辰	70	丁丑	70	癸巳	70	戊寅	70	甲午	70	己卯	70	乙未	70	庚辰	70	丙申	70	辛巳	70	丁酉
80	乙亥	80	癸巳	80	丙子	80	甲午	80	丁丑	80	乙未	80	戊寅	80	丙申	80	己卯	80	丁酉	80	庚辰	80	戊戌

年柱 丙午　2026年（令和8年）2月4日4時16分～

期間	月柱
2月4日 4:16～3月5日21:59	庚寅
3月5日22:00～4月5日 2:40	辛卯
4月5日 2:41～5月5日19:58	壬辰
5月5日19:59～6月6日 0:10	癸巳
6月6日 0:11～7月7日10:33	甲午
7月7日10:34～8月7日20:40	乙未

月柱 庚寅（2月4日 4:16～3月5日 21:59）

生日	日柱	立運年齢 男	女
2/4	己$_2$酉	10	0
2/5	庚$_2$戌	9	0
2/6	辛$_2$亥	9	1
2/7	壬$_2$子	9	1
2/8	癸$_2$丑	8	1
2/9	甲$_2$寅	8	2
2/10	乙$_2$卯	8	2
2/11	丙$_1$辰	7	2
2/12	丁$_1$巳	7	3
2/13	戊$_1$午	7	3
2/14	己$_1$未	6	3
2/15	庚$_2$申	6	4
2/16	辛$_2$酉	6	4
2/17	壬$_3$戌	5	4
2/18	癸$_3$亥	5	5
2/19	甲$_1$子	5	5
2/20	乙$_1$丑	4	5
2/21	丙$_1$寅	4	6
2/22	丁$_1$卯	4	6
2/23	戊$_1$辰	3	6
2/24	己$_1$巳	3	7
2/25	庚$_1$午	3	7
2/26	辛$_1$未	2	7
2/27	壬$_2$申	2	8
3/1	甲$_2$戌	1	8
3/2	乙$_1$亥	1	9
3/3	丙$_1$子	1	9
3/4	丁$_1$丑	0	9
3/5	戊$_2$寅	0	10

月柱 辛卯（3月5日 22:00～4月5日 2:40）

生日	日柱	立運年齢 男	女
3/5	戊$_1$寅	10	0
3/6	己$_2$卯	10	0
3/7	庚$_3$辰	10	1
3/8	辛$_3$巳	10	1
3/9	壬$_3$午	9	1
3/10	癸$_3$未	9	2
3/11	甲$_3$申	8	2
3/12	乙$_3$酉	8	2
3/13	丙$_3$戌	8	3
3/14	丁$_3$亥	7	3
3/15	戊$_3$子	7	3
3/16	己$_3$丑	7	4
3/17	庚$_3$寅	6	4
3/18	辛$_3$卯	6	4
3/19	壬$_3$辰	6	5
3/20	癸$_3$巳	5	5
3/21	甲$_3$午	5	5
3/22	乙$_3$未	5	6
3/23	丙$_3$申	4	6
3/24	丁$_3$酉	4	6
3/25	戊$_3$戌	3	7
3/26	己$_3$亥	3	7
3/27	庚$_3$子	3	7
3/28	辛$_3$丑	2	8
3/30	癸$_3$卯	2	8
3/31	甲$_3$辰	2	9
4/1	乙$_3$巳	1	9
4/2	丙$_3$午	1	9
4/3	丁$_3$未	1	10
4/4	戊$_3$申	0	10
4/5	己$_3$酉	0	10

月柱 壬辰（4月5日 2:41～5月5日 19:58）

生日	日柱	立運年齢 男	女
4/5	己$_1$酉	10	0
4/6	庚$_2$戌	10	0
4/7	辛$_2$亥	9	1
4/8	壬$_2$子	9	1
4/9	癸$_2$丑	8	1
4/10	甲$_2$寅	8	2
4/11	乙$_1$卯	8	2
4/12	丙$_1$辰	7	2
4/13	丁$_1$巳	7	3
4/14	戊$_1$午	7	3
4/15	己$_1$未	6	3
4/16	庚$_1$申	6	4
4/17	辛$_1$酉	6	4
4/18	壬$_1$戌	5	4
4/19	癸$_1$亥	5	5
4/20	甲$_1$子	5	5
4/21	乙$_1$丑	5	5
4/22	丙$_1$寅	4	6
4/23	丁$_1$卯	4	6
4/24	戊$_1$辰	4	6
4/25	己$_1$巳	3	7
4/26	庚$_1$午	3	7
4/27	辛$_1$未	3	7
4/28	壬$_1$申	2	8
4/30	甲$_1$戌	2	8
5/1	乙$_1$亥	1	9
5/2	丙$_2$子	1	9
5/3	丁$_1$丑	1	9
5/4	戊$_2$寅	0	10
5/5	己$_2$卯	0	10

月柱 癸巳（5月5日 19:59～6月6日 0:10）

生日	日柱	立運年齢 男	女
5/5	己$_1$卯	11	0
5/6	庚$_3$辰	10	0
5/7	辛$_1$巳	10	1
5/8	壬$_3$午	9	1
5/9	癸$_3$未	9	1
5/10	甲$_3$申	9	2
5/11	乙$_3$酉	9	2
5/12	丙$_3$戌	8	2
5/13	丁$_3$亥	8	3
5/14	戊$_3$子	7	3
5/15	己$_3$丑	7	3
5/16	庚$_2$寅	7	4
5/17	辛$_2$卯	7	4
5/18	壬$_3$辰	6	4
5/19	癸$_3$巳	6	5
5/20	甲$_3$午	6	5
5/21	乙$_3$未	5	5
5/22	丙$_3$申	5	6
5/23	丁$_3$酉	4	6
5/24	戊$_3$戌	4	6
5/25	己$_3$亥	3	7
5/26	庚$_1$子	3	7
5/27	辛$_1$丑	3	7
5/28	壬$_1$寅	3	8
5/29	癸$_1$卯	2	8
5/30	甲$_3$辰	2	8
5/31	乙$_3$巳	2	9
6/1	丙$_1$午	2	9
6/2	丁$_1$未	1	9
6/3	戊$_1$申	1	10
6/4	己$_1$酉	1	10
6/5	庚$_3$戌	0	10
6/6	辛$_3$亥	0	11

月柱 甲午（6月6日 0:11～7月7日 10:33）

生日	日柱	立運年齢 男	女
6/6	辛$_1$亥	10	0
6/7	壬$_1$子	10	0
6/8	癸$_1$丑	10	1
6/9	甲$_2$寅	9	1
6/10	乙$_2$卯	9	1
6/11	丙$_2$辰	9	2
6/12	丁$_2$巳	8	2
6/13	戊$_2$午	8	2
6/14	己$_2$未	8	3
6/15	庚$_2$申	7	3
6/16	辛$_2$酉	7	3
6/17	壬$_2$戌	6	4
6/18	癸$_2$亥	6	4
6/19	甲$_3$子	6	4
6/20	乙$_3$丑	6	5
6/21	丙$_3$寅	5	5
6/22	丁$_3$卯	5	5
6/23	戊$_3$辰	5	6
6/24	己$_1$巳	4	6
6/25	庚$_1$午	4	6
6/26	辛$_1$未	3	7
6/27	壬$_1$申	3	7
6/28	癸$_1$酉	3	7
6/29	甲$_1$戌	2	8
6/30	乙$_2$亥	2	8
7/1	丙$_1$子	2	9
7/2	丁$_1$丑	1	9
7/3	戊$_1$寅	1	9
7/4	己$_1$卯	1	10
7/5	庚$_3$辰	1	10
7/6	辛$_1$巳	0	10
7/7	壬$_1$午	0	11

月柱 乙未（7月7日 10:34～8月7日 20:40）

生日	日柱	立運年齢 男	女
7/7	壬$_1$午	10	0
7/8	癸$_1$未	10	0
7/9	甲$_1$申	10	1
7/10	乙$_2$酉	9	1
7/11	丙$_2$戌	9	1
7/12	丁$_2$亥	9	2
7/13	戊$_2$子	8	2
7/14	己$_2$丑	8	2
7/15	庚$_2$寅	8	3
7/16	辛$_2$卯	7	3
7/17	壬$_2$辰	7	3
7/18	癸$_2$巳	7	4
7/19	甲$_2$午	6	4
7/20	乙$_3$未	6	4
7/21	丙$_3$申	6	5
7/22	丁$_3$酉	5	5
7/23	戊$_3$戌	5	5
7/24	己$_3$亥	5	6
7/25	庚$_3$子	4	6
7/26	辛$_3$丑	4	6
7/27	壬$_3$寅	4	7
7/28	癸$_3$卯	3	7
7/29	甲$_3$辰	3	7
7/30	乙$_3$巳	3	8
7/31	丙$_3$午	2	8
8/1	丁$_3$未	2	9
8/2	戊$_3$申	1	9
8/3	己$_1$酉	1	9
8/4	庚$_1$戌	1	10
8/5	辛$_1$亥	1	10
8/6	壬$_1$子	0	10
8/7	癸$_1$丑	0	10

大運表（歳・男女）

歳	庚寅 男	庚寅 女	辛卯 男	辛卯 女	壬辰 男	壬辰 女	癸巳 男	癸巳 女	甲午 男	甲午 女	乙未 男	乙未 女
0	辛卯	己丑	壬辰	庚寅	癸巳	辛卯	甲午	壬辰	乙未	癸巳	丙申	甲午
10	壬辰	戊子	癸巳	己丑	甲午	庚寅	乙未	辛卯	丙申	壬辰	丁酉	癸巳
20	癸巳	丁亥	甲午	戊子	乙未	己丑	丙申	庚寅	丁酉	辛卯	戊戌	壬辰
30	甲午	丙戌	乙未	丁亥	丙申	戊子	丁酉	己丑	戊戌	庚寅	己亥	辛卯
40	乙未	乙酉	丙申	丙戌	丁酉	丁亥	戊戌	戊子	己亥	己丑	庚子	庚寅
50	丙申	甲申	丁酉	乙酉	戊戌	丙戌	己亥	丁亥	庚子	戊子	辛丑	己丑
60	丁酉	癸未	戊戌	甲申	己亥	乙酉	庚子	丙戌	辛丑	丁亥	壬寅	戊子
70	戊戌	壬午	己亥	癸未	庚子	甲申	辛丑	乙酉	壬寅	丙戌	癸卯	丁亥
80	己亥	辛巳	庚子	壬午	辛丑	癸未	壬寅	甲申	癸卯	乙酉	甲辰	丙戌

～2027年（令和9年）2月4日10時05分

月柱 丙申（8月7日20:41～9月8日0:03）

生日	日柱	男	女
8/7	癸3丑	11	0
8/8	甲1寅	10	0
8/9	乙1卯	10	1
8/10	丙1辰	10	1
8/11	丁1巳	9	1
8/12	戊1午	9	2
8/13	己1未	9	2
8/14	庚1申	8	2
8/15	辛1酉	8	3
8/16	壬3戌	8	3
8/17	癸3亥	7	3
8/18	甲3子	7	4
8/19	乙3丑	7	4
8/20	丙1寅	6	4
8/21	丁1卯	6	5
8/22	戊1辰	6	5
8/23	己1巳	5	5
8/24	庚2午	5	6
8/25	辛1未	5	6
8/26	壬2申	4	6
8/27	癸2酉	4	7
8/28	甲1戌	4	7
8/29	乙3亥	3	7
8/30	丙1子	3	8
8/31	丁1丑	3	8
9/1	戊1寅	2	8
9/2	己1卯	2	9
9/3	庚1辰	2	9
9/4	辛1巳	1	9
9/5	壬1午	1	10
9/6	癸1未	1	10
9/7	甲3申	0	10
9/8	乙3酉	0	11

歳	男	歳	女
0	丁酉	0	乙未
10	戊戌	10	甲午
20	己亥	20	癸巳
30	庚子	30	壬辰
40	辛丑	40	辛卯
50	壬寅	50	庚寅
60	癸卯	60	己丑
70	甲辰	70	戊子
80	乙巳	80	丁亥

月柱 丁酉（9月8日0:04～10月8日16:07）

生日	日柱	男	女
9/8	乙1酉	10	0
9/9	丙1戌	10	0
9/10	丁1亥	9	1
9/11	戊1子	9	1
9/12	己1丑	9	1
9/13	庚2寅	8	2
9/14	辛1卯	8	2
9/15	壬1辰	8	2
9/16	癸3巳	7	3
9/17	甲1午	7	3
9/18	乙3未	7	3
9/19	丙1申	6	4
9/20	丁1酉	6	4
9/21	戊1戌	6	4
9/22	己1亥	5	5
9/23	庚2子	5	5
9/24	辛1丑	5	5
9/25	壬1寅	4	6
9/26	癸1卯	4	6
9/27	甲3辰	4	6
9/28	乙3巳	3	7
9/29	丙1午	3	7
9/30	丁1未	3	7
10/1	戊1申	2	8
10/2	己1酉	2	8
10/3	庚1戌	2	8
10/4	辛2亥	1	9
10/5	壬1子	1	9
10/6	癸3丑	1	9
10/7	甲3寅	0	10
10/8	乙3卯	0	10

歳	男	歳	女
0	戊戌	0	丙申
10	己亥	10	乙未
20	庚子	20	甲午
30	辛丑	30	癸巳
40	壬寅	40	壬辰
50	癸卯	50	辛卯
60	甲辰	60	庚寅
70	乙巳	70	己丑
80	丙午	80	戊子

月柱 戊戌（10月8日16:08～11月7日19:28）

生日	日柱	男	女
10/8	乙1卯	10	0
10/9	丙2辰	10	0
10/10	丁1巳	9	1
10/11	戊1午	9	1
10/12	己1未	9	1
10/13	庚1申	8	2
10/14	辛1酉	8	2
10/15	壬1戌	8	2
10/16	癸1亥	7	3
10/17	甲1子	7	3
10/18	乙1丑	7	3
10/19	丙1寅	6	4
10/20	丁1卯	6	4
10/21	戊1辰	6	4
10/22	己1巳	5	5
10/23	庚1午	5	5
10/24	辛1未	5	5
10/25	壬1申	4	6
10/26	癸1酉	4	6
10/27	甲3戌	4	6
10/28	乙3亥	3	7
10/29	丙2子	3	7
10/30	丁1丑	3	7
10/31	戊1寅	2	8
11/1	己1卯	2	8
11/2	庚1辰	2	8
11/3	辛1巳	1	9
11/4	壬1午	1	9
11/5	癸3未	1	9
11/6	甲3申	0	10
11/7	乙3酉	0	10

歳	男	歳	女
0	己亥	0	丁酉
10	庚子	10	丙申
20	辛丑	20	乙未
30	壬寅	30	甲午
40	癸卯	40	癸巳
50	甲辰	50	壬辰
60	乙巳	60	辛卯
70	丙午	70	庚寅
80	丁未	80	己丑

月柱 己亥（11月7日19:29～12月7日12:07）

生日	日柱	男	女
11/7	乙1酉	10	0
11/8	丙1戌	10	0
11/9	丁1亥	9	1
11/10	戊1子	9	1
11/11	己1丑	9	1
11/12	庚2寅	8	2
11/13	辛1卯	8	2
11/14	壬1辰	8	2
11/15	癸1巳	7	3
11/16	甲1午	7	3
11/17	乙1未	7	3
11/18	丙1申	6	4
11/19	丁1酉	6	4
11/20	戊1戌	6	4
11/21	己1亥	5	5
11/22	庚2子	5	5
11/23	辛1丑	5	5
11/24	壬1寅	4	6
11/25	癸1卯	4	6
11/26	甲3辰	4	6
11/27	乙3巳	3	7
11/28	丙1午	3	7
11/29	丁1未	3	7
11/30	戊1申	2	8
12/1	己1酉	2	8
12/2	庚1戌	2	8
12/3	辛3亥	1	9
12/4	壬1子	1	9
12/5	癸3丑	1	9
12/6	甲1寅	0	10
12/7	乙1卯	0	10

歳	男	歳	女
0	庚子	0	戊戌
10	辛丑	10	丁酉
20	壬寅	20	丙申
30	癸卯	30	乙未
40	甲辰	40	甲午
50	乙巳	50	癸巳
60	丙午	60	壬辰
70	丁未	70	辛卯
80	戊申	80	庚寅

月柱 庚子（12月7日12:08～1月5日22:54）

生日	日柱	男	女
12/7	乙2卯	10	0
12/8	丙1辰	9	0
12/9	丁1巳	9	1
12/10	戊1午	9	1
12/11	己1未	8	1
12/12	庚2申	8	2
12/13	辛1酉	8	2
12/14	壬1戌	8	2
12/15	癸1亥	7	3
12/16	甲2子	7	3
12/17	乙1丑	6	3
12/18	丙1寅	6	4
12/19	丁1卯	6	4
12/20	戊1辰	6	4
12/21	己1巳	5	5
12/22	庚3午	5	5
12/23	辛1未	5	5
12/24	壬1申	4	6
12/25	癸1酉	4	6
12/26	甲3戌	3	6
12/27	乙3亥	3	7
12/28	丙1子	3	7
12/29	丁1丑	3	7
12/30	戊2寅	2	8
12/31	己1卯	2	8
1/1	庚1辰	1	8
1/2	辛3巳	1	9
1/3	壬1午	1	9
1/4	癸1未	0	9
1/5	甲3申	0	10

歳	男	歳	女
0	辛丑	0	己亥
10	壬寅	10	戊戌
20	癸卯	20	丁酉
30	甲辰	30	丙申
40	乙巳	40	乙未
50	丙午	50	甲午
60	丁未	60	癸巳
70	戊申	70	壬辰
80	己酉	80	辛卯

月柱 辛丑（1月5日22:55～2月4日10:05）

生日	日柱	男	女
1/5	甲3申	10	0
1/6	乙3酉	10	0
1/7	丙2戌	9	1
1/8	丁1亥	9	1
1/9	戊1子	9	1
1/10	己1丑	8	2
1/11	庚1寅	8	2
1/12	辛2卯	8	2
1/13	壬1辰	7	3
1/14	癸1巳	7	3
1/15	甲1午	7	3
1/16	乙1未	6	4
1/17	丙2申	6	4
1/18	丁1酉	6	4
1/19	戊1戌	5	5
1/20	己1亥	5	5
1/21	庚2子	5	5
1/22	辛1丑	4	6
1/23	壬1寅	4	6
1/24	癸3卯	4	6
1/25	甲3辰	3	7
1/26	乙3巳	3	7
1/27	丙1午	3	7
1/28	丁2未	2	8
1/29	戊1申	2	8
1/30	己1酉	2	8
1/31	庚1戌	1	9
2/1	辛2亥	1	9
2/2	壬1子	1	9
2/3	癸2丑	0	10
2/4	甲3寅	0	10

歳	男	歳	女
0	壬寅	0	庚子
10	癸卯	10	己亥
20	甲辰	20	戊戌
30	乙巳	30	丁酉
40	丙午	40	丙申
50	丁未	50	乙未
60	戊申	60	甲午
70	己酉	70	癸巳
80	庚戌	80	壬辰

年柱 丁未 — 2027年（令和9年）2月4日10時06分～

月柱	壬寅	癸卯	甲辰	乙巳	丙午	丁未
期間	2月4日10:06～3月6日3:48	3月6日3:49～4月5日8:30	4月5日8:31～5月6日1:47	5月6日1:48～6月6日5:57	6月6日5:58～7月7日16:21	7月7日16:22～8月8日2:29

生日	壬寅 日柱	男	女	生日	癸卯 日柱	男	女	生日	甲辰 日柱	男	女	生日	乙巳 日柱	男	女	生日	丙午 日柱	男	女	生日	丁未 日柱	男	女
2/4	甲2寅	0	10	3/6	甲1申	0	10	4/5	甲1寅	0	10	5/6	乙1酉	0	10	6/6	丙1辰	0	10	7/7	丁1亥	0	11
2/5	乙1卯	0	10	3/7	乙1酉	0	10	4/6	乙1卯	0	10	5/7	丙1戌	0	10	6/7	丁1巳	0	10	7/8	戊1子	0	10
2/6	丙2辰	1	9	3/8	丙1戌	1	9	4/7	丙2辰	1	10	5/8	丁2亥	1	10	6/8	戊1午	1	10	7/9	己1丑	1	10
2/7	丁1巳	1	9	3/9	丁1亥	1	9	4/8	丁1巳	1	9	5/9	戊1子	1	9	6/9	己1未	1	9	7/10	庚1寅	1	10
2/8	戊1午	1	9	3/10	戊1子	1	9	4/9	戊1午	1	9	5/10	己1丑	2	9	6/10	庚1申	1	9	7/11	辛1卯	1	9
2/9	己1未	2	8	3/11	己1丑	2	8	4/10	己1未	2	9	5/11	庚1寅	2	9	6/11	辛1酉	2	9	7/12	壬1辰	2	9
2/10	庚1申	2	8	3/12	庚1寅	2	8	4/11	庚1申	2	8	5/12	辛1卯	2	8	6/12	壬1戌	2	8	7/13	癸1巳	2	9
2/11	辛1酉	2	8	3/13	辛1卯	2	8	4/12	辛1酉	2	8	5/13	壬3辰	2	8	6/13	癸3亥	2	8	7/14	甲3午	2	8
2/12	壬3戌	3	7	3/14	壬1辰	3	7	4/13	壬1戌	3	7	5/14	癸1巳	3	8	6/14	甲1子	3	8	7/15	乙1未	3	8
2/13	癸1亥	3	7	3/15	癸1巳	3	7	4/14	癸1亥	3	7	5/15	甲3午	3	7	6/15	乙1丑	3	7	7/16	丙1申	3	7
2/14	甲1子	3	7	3/16	甲1午	3	7	4/15	甲1子	3	7	5/16	乙1未	3	7	6/16	丙1寅	3	7	7/17	丁1酉	3	7
2/15	乙1丑	4	6	3/17	乙1未	4	6	4/16	乙1丑	4	6	5/17	丙1申	4	7	6/17	丁1卯	4	7	7/18	戊1戌	4	7
2/16	丙1寅	4	6	3/18	丙2申	4	6	4/17	丙1寅	4	6	5/18	丁1酉	4	6	6/18	戊1辰	4	6	7/19	己1亥	4	7
2/17	丁1卯	4	6	3/19	丁1酉	4	6	4/18	丁1卯	4	6	5/19	戊1戌	4	6	6/19	己1巳	4	6	7/20	庚2子	4	6
2/18	戊1辰	5	5	3/20	戊1戌	5	5	4/19	戊1辰	5	5	5/20	己1亥	5	6	6/20	庚3午	5	6	7/21	辛1丑	5	6
2/19	己1巳	5	5	3/21	己2亥	5	5	4/20	己1巳	5	5	5/21	庚3子	5	5	6/21	辛1未	5	5	7/22	壬1寅	5	6
2/20	庚1午	5	5	3/22	庚1子	5	5	4/21	庚2午	5	5	5/22	辛1丑	5	5	6/22	壬1申	5	5	7/23	癸3卯	5	5
2/21	辛1未	6	4	3/23	辛1丑	6	4	4/22	辛1未	6	4	5/23	壬1寅	5	5	6/23	癸1酉	5	5	7/24	甲3辰	6	5
2/22	壬1申	6	4	3/24	壬1寅	6	4	4/23	壬1申	6	4	5/24	癸1卯	6	5	6/24	甲3戌	6	4	7/25	乙3巳	6	5
2/23	癸1酉	6	4	3/25	癸1卯	6	4	4/24	癸1酉	6	4	5/25	甲3辰	6	4	6/25	乙1亥	6	4	7/26	丙1午	6	4
2/24	甲1戌	7	3	3/26	甲1辰	7	3	4/25	甲1戌	7	4	5/26	乙1巳	6	4	6/26	丙1子	6	4	7/27	丁1未	7	4
2/25	乙1亥	7	3	3/27	乙1巳	7	3	4/26	乙1亥	7	3	5/27	丙1午	7	4	6/27	丁1丑	7	3	7/28	戊1申	7	3
2/26	丙1子	7	3	3/28	丙1午	7	3	4/27	丙1子	7	3	5/28	丁1未	7	3	6/28	戊1寅	7	3	7/29	己1酉	7	3
2/27	丁1丑	8	2	3/29	丁1未	8	2	4/28	丁1丑	8	2	5/29	戊1申	7	3	6/29	己1卯	7	3	7/30	庚1戌	8	3
2/28	戊2寅	8	2	3/30	戊1申	8	2	4/29	戊2寅	8	2	5/30	己1酉	8	3	6/30	庚2辰	8	2	7/31	辛1亥	8	3
3/1	己2卯	8	2	3/31	己2酉	8	2	4/30	己1卯	8	2	5/31	庚1戌	8	2	7/1	辛3巳	8	2	8/1	壬1子	8	2
3/2	庚2辰	9	1	4/1	庚1戌	9	1	5/1	庚1辰	9	2	6/1	辛1亥	9	2	7/2	壬3午	9	2	8/2	癸3丑	9	2
3/3	辛1巳	9	1	4/2	辛1亥	9	1	5/2	辛1巳	9	1	6/2	壬1子	9	1	7/3	癸1未	9	1	8/3	甲3寅	9	2
3/4	壬1午	9	1	4/3	壬1子	9	1	5/3	壬1午	9	1	6/3	癸1丑	9	1	7/4	甲3申	9	1	8/4	乙3卯	9	1
3/5	癸1未	10	0	4/4	癸1丑	10	0	5/4	癸1未	10	1	6/4	甲1寅	10	1	7/5	乙3酉	10	1	8/5	丙1辰	10	1
3/6	甲1申	10	0	4/5	甲1寅	10	0	5/5	甲1申	10	0	6/5	乙1卯	10	0	7/6	丙1戌	10	0	8/6	丁1巳	10	1
								5/6	乙2酉	10	0	6/6	丙1辰	10	0	7/7	丁1亥	10	0	8/7	戊1午	10	0
																				8/8	己1未	11	0

歳	男	歳	女	歳	男	歳	女	歳	男	歳	女	歳	男	歳	女	歳	男	歳	女	歳	男	歳	女
0	辛丑	0	癸卯	0	壬寅	0	甲辰	0	癸卯	0	乙巳	0	甲辰	0	丙午	0	乙巳	0	丁未	0	丙午	0	戊申
10	庚子	10	甲辰	10	辛丑	10	乙巳	10	壬寅	10	丙午	10	癸卯	10	丁未	10	甲辰	10	戊申	10	乙巳	10	己酉
20	己亥	20	乙巳	20	庚子	20	丙午	20	辛丑	20	丁未	20	壬寅	20	戊申	20	癸卯	20	己酉	20	甲辰	20	庚戌
30	戊戌	30	丙午	30	己亥	30	丁未	30	庚子	30	戊申	30	辛丑	30	己酉	30	壬寅	30	庚戌	30	癸卯	30	辛亥
40	丁酉	40	丁未	40	戊戌	40	戊申	40	己亥	40	己酉	40	庚子	40	庚戌	40	辛丑	40	辛亥	40	壬寅	40	壬子
50	丙申	50	戊申	50	丁酉	50	己酉	50	戊戌	50	庚戌	50	己亥	50	辛亥	50	庚子	50	壬子	50	辛丑	50	癸丑
60	乙未	60	己酉	60	丙申	60	庚戌	60	丁酉	60	辛亥	60	戊戌	60	壬子	60	己亥	60	癸丑	60	庚子	60	甲寅
70	甲午	70	庚戌	70	乙未	70	辛亥	70	丙申	70	壬子	70	丁酉	70	癸丑	70	戊戌	70	甲寅	70	己亥	70	乙卯
80	癸巳	80	辛亥	80	甲午	80	壬子	80	乙未	80	癸丑	80	丙申	80	甲寅	80	丁酉	80	乙卯	80	戊戌	80	丙辰

～2028年（令和10年）2月4日15時55分

月柱 戊申（8月8日 2:30 ～ 9月8日 5:51）

生日	日柱	男	女
8/8	己$_1$未	0	10
8/9	庚$_1$申	0	10
8/10	辛$_3$酉	1	10
8/11	壬$_3$戌	1	9
8/12	癸$_2$亥	1	9
8/13	甲$_3$子	2	9
8/14	乙$_3$丑	2	8
8/15	丙$_2$寅	2	8
8/16	丁$_1$卯	3	8
8/17	戊$_1$辰	3	7
8/18	己$_1$巳	3	7
8/19	庚$_1$午	4	7
8/20	辛$_1$未	4	6
8/21	壬$_2$申	4	6
8/22	癸$_1$酉	5	6
8/23	甲$_3$戌	5	5
8/24	乙$_3$亥	5	5
8/25	丙$_3$子	6	5
8/26	丁$_1$丑	6	4
8/27	戊$_1$寅	6	4
8/28	己$_1$卯	7	4
8/29	庚$_1$辰	7	3
8/30	辛$_1$巳	7	3
8/31	壬$_1$午	8	3
9/1	癸$_3$未	8	2
9/2	甲$_3$申	8	2
9/3	乙$_3$酉	9	2
9/4	丙$_3$戌	9	1
9/5	丁$_1$亥	9	1
9/6	戊$_1$子	10	1
9/7	己$_1$丑	10	0
9/8	庚$_1$寅	10	0

月柱 己酉（9月8日 5:52 ～ 10月8日21:57）

生日	日柱	男	女
9/8	庚$_1$寅	0	10
9/9	辛$_1$卯	0	10
9/10	壬$_3$辰	1	9
9/11	癸$_3$巳	1	9
9/12	甲$_3$午	1	9
9/13	乙$_3$未	2	8
9/14	丙$_1$申	2	8
9/15	丁$_1$酉	2	8
9/16	戊$_1$戌	3	7
9/17	己$_1$亥	3	7
9/18	庚$_1$子	3	7
9/19	辛$_1$丑	4	6
9/20	壬$_2$寅	4	6
9/21	癸$_1$卯	4	6
9/22	甲$_3$辰	5	5
9/23	乙$_3$巳	5	5
9/24	丙$_2$午	5	5
9/25	丁$_1$未	6	4
9/26	戊$_1$申	6	4
9/27	己$_1$酉	6	4
9/28	庚$_1$戌	7	3
9/29	辛$_1$亥	7	3
9/30	壬$_1$子	7	3
10/1	癸$_1$丑	8	2
10/2	甲$_2$寅	8	2
10/3	乙$_3$卯	8	2
10/4	丙$_3$辰	9	1
10/5	丁$_1$巳	9	1
10/6	戊$_1$午	9	1
10/7	己$_1$未	10	0
10/8	庚$_1$申	10	0

月柱 庚戌（10月8日21:58 ～ 11月8日 1:17）

生日	日柱	男	女
10/8	庚$_1$申	0	10
10/9	辛$_1$酉	0	10
10/10	壬$_3$戌	1	10
10/11	癸$_1$亥	1	9
10/12	甲$_1$子	1	9
10/13	乙$_1$丑	2	9
10/14	丙$_1$寅	2	8
10/15	丁$_1$卯	2	8
10/16	戊$_1$辰	3	8
10/17	己$_1$巳	3	7
10/18	庚$_1$午	3	7
10/19	辛$_1$未	4	7
10/20	壬$_1$申	4	6
10/21	癸$_1$酉	4	6
10/22	甲$_3$戌	5	6
10/23	乙$_3$亥	5	5
10/24	丙$_3$子	5	5
10/25	丁$_1$丑	6	5
10/26	戊$_1$寅	6	4
10/27	己$_1$卯	6	4
10/28	庚$_1$辰	7	4
10/29	辛$_1$巳	7	3
10/30	壬$_1$午	7	3
10/31	癸$_3$未	8	3
11/1	甲$_3$申	8	2
11/2	乙$_3$酉	8	2
11/3	丙$_3$戌	9	2
11/4	丁$_1$亥	9	1
11/5	戊$_1$子	9	1
11/6	己$_1$丑	9	1
11/7	庚$_1$寅	10	0
11/8	辛$_1$卯	10	0

月柱 辛亥（11月8日 1:18 ～ 12月7日17:57）

生日	日柱	男	女
11/8	辛$_1$卯	0	10
11/9	壬$_1$辰	0	9
11/10	癸$_1$巳	1	9
11/11	甲$_1$午	1	9
11/12	乙$_1$未	1	8
11/13	丙$_1$申	2	8
11/14	丁$_1$酉	2	8
11/15	戊$_1$戌	2	7
11/16	己$_1$亥	3	7
11/17	庚$_1$子	3	6
11/18	辛$_1$丑	3	6
11/19	壬$_1$寅	4	6
11/20	癸$_1$卯	4	5
11/21	甲$_1$辰	4	5
11/22	乙$_1$巳	5	5
11/23	丙$_1$午	5	4
11/24	丁$_1$未	5	4
11/25	戊$_1$申	6	4
11/26	己$_1$酉	6	3
11/27	庚$_1$戌	6	3
11/28	辛$_1$亥	7	3
11/29	壬$_1$子	7	2
11/30	癸$_1$丑	7	2
12/1	甲$_2$寅	8	1
12/2	乙$_3$卯	8	1
12/3	丙$_3$辰	8	1
12/4	丁$_2$巳	9	1
12/5	戊$_2$午	9	1
12/6	己$_1$未	9	0
12/7	庚$_1$申	10	0

月柱 壬子（12月7日17:58 ～ 1月6日 4:43）

生日	日柱	男	女
12/7	庚$_2$申	0	10
12/8	辛$_2$酉	0	10
12/9	壬$_2$戌	1	9
12/10	癸$_2$亥	1	9
12/11	甲$_1$子	1	9
12/12	乙$_2$丑	2	8
12/13	丙$_2$寅	2	8
12/14	丁$_1$卯	2	8
12/15	戊$_1$辰	3	7
12/16	己$_1$巳	3	7
12/17	庚$_1$午	3	7
12/18	辛$_1$未	4	6
12/19	壬$_1$申	4	6
12/20	癸$_1$酉	4	6
12/21	甲$_3$戌	5	5
12/22	乙$_2$亥	5	5
12/23	丙$_2$子	5	5
12/24	丁$_1$丑	6	4
12/25	戊$_1$寅	6	4
12/26	己$_1$卯	6	4
12/27	庚$_2$辰	7	3
12/28	辛$_2$巳	7	3
12/29	壬$_1$午	7	2
12/30	癸$_1$未	8	2
12/31	甲$_1$申	8	2
1/1	乙$_1$酉	8	1
1/2	丙$_3$戌	9	1
1/3	丁$_1$亥	9	1
1/4	戊$_2$子	9	1
1/5	己$_1$丑	10	0
1/6	庚$_1$寅	10	0

月柱 癸丑（1月6日 4:44 ～ 2月4日15:55）

生日	日柱	男	女
1/6	庚$_2$寅	0	10
1/7	辛$_2$卯	0	9
1/8	壬$_2$辰	1	9
1/9	癸$_2$巳	1	9
1/10	甲$_3$午	1	8
1/11	乙$_3$未	2	8
1/12	丙$_3$申	2	8
1/13	丁$_3$酉	2	7
1/14	戊$_1$戌	3	7
1/15	己$_1$亥	3	7
1/16	庚$_1$子	3	6
1/17	辛$_1$丑	4	6
1/18	壬$_1$寅	4	6
1/19	癸$_2$卯	4	5
1/20	甲$_3$辰	5	5
1/21	乙$_3$巳	5	5
1/22	丙$_2$午	5	4
1/23	丁$_1$未	6	4
1/24	戊$_1$申	6	4
1/25	己$_1$酉	6	3
1/26	庚$_1$戌	7	3
1/27	辛$_2$亥	7	3
1/28	壬$_1$子	7	2
1/29	癸$_1$丑	8	2
1/30	甲$_1$寅	8	2
1/31	乙$_1$卯	8	1
2/1	丙$_3$辰	9	1
2/2	丁$_2$巳	9	1
2/3	戊$_1$午	9	0
2/4	己$_1$未	10	0

立運年齢（大運表）

歳	戊申 男	戊申 女	己酉 男	己酉 女	庚戌 男	庚戌 女	辛亥 男	辛亥 女	壬子 男	壬子 女	癸丑 男	癸丑 女
0	丁未	己酉	戊申	庚戌	己酉	辛亥	庚戌	壬子	辛亥	癸丑	壬子	甲寅
10	丙午	庚戌	丁未	辛亥	戊申	壬子	己酉	癸丑	庚戌	甲寅	辛亥	乙卯
20	乙巳	辛亥	丙午	壬子	丁未	癸丑	戊申	甲寅	己酉	乙卯	庚戌	丙辰
30	甲辰	壬子	乙巳	癸丑	丙午	甲寅	丁未	乙卯	戊申	丙辰	己酉	丁巳
40	癸卯	癸丑	甲辰	甲寅	乙巳	乙卯	丙午	丙辰	丁未	丁巳	戊申	戊午
50	壬寅	甲寅	癸卯	乙卯	甲辰	丙辰	乙巳	丁巳	丙午	戊午	丁未	己未
60	辛丑	乙卯	壬寅	丙辰	癸卯	丁巳	甲辰	戊午	乙巳	己未	丙午	庚申
70	庚子	丙辰	辛丑	丁巳	壬寅	戊午	癸卯	己未	甲辰	庚申	乙巳	辛酉
80	己亥	丁巳	庚子	戊午	辛丑	己未	壬寅	庚申	癸卯	辛酉	甲辰	壬戌

年柱　戊申　2028年（令和10年）2月4日15時56分～

月柱	甲寅 2/4 15:56～3/5 9:37				乙卯 3/5 9:38～4/4 14:18				丙辰 4/4 14:19～5/5 7:35				丁巳 5/5 7:36～6/5 11:46				戊午 6/5 11:47～7/6 22:09				己未 7/6 22:10～8/7 8:16			
	生日	日柱	男	女	生日	日柱	男	女	生日	日柱	男	女	生日	日柱	男	女	生日	日柱	男	女	生日	日柱	男	女
	2/4	己1未	10	0	3/5	己1丑	10	0	4/4	己1未	10	0	5/5	庚2寅	10	0	6/5	辛1酉	10	0	7/6	壬3辰	11	0
	2/5	庚1申	10	0	3/6	庚1寅	10	0	4/5	庚1申	10	0	5/6	辛2卯	10	0	6/6	壬3戌	10	0	7/7	癸3巳	10	0
	2/6	辛1酉	9	1	3/7	辛1卯	9	1	4/6	辛1酉	10	1	5/7	壬3辰	10	1	6/7	癸2亥	10	1	7/8	甲3午	10	1
	2/7	壬3戌	9	1	3/8	壬3辰	9	1	4/7	壬3戌	9	1	5/8	癸3巳	9	1	6/8	甲1子	9	1	7/9	乙3未	10	1
	2/8	癸3亥	9	1	3/9	癸3巳	9	1	4/8	癸3亥	9	1	5/9	甲3午	9	1	6/9	乙3丑	9	1	7/10	丙3申	9	1
	2/9	甲1子	8	2	3/10	甲1午	8	2	4/9	甲2子	9	2	5/10	乙3未	9	2	6/10	丙1寅	9	2	7/11	丁3酉	9	2
	2/10	乙1丑	8	2	3/11	乙1未	8	2	4/10	乙1丑	8	2	5/11	丙1申	8	2	6/11	丁3卯	8	2	7/12	戊3戌	9	2
	2/11	丙2寅	8	2	3/12	丙2申	8	2	4/11	丙2寅	8	2	5/12	丁1酉	8	2	6/12	戊1辰	8	2	7/13	己3亥	8	2
	2/12	丁1卯	7	3	3/13	丁1酉	7	3	4/12	丁1卯	8	3	5/13	戊1戌	8	3	6/13	己1巳	8	3	7/14	庚3子	8	3
	2/13	戊1辰	7	3	3/14	戊1戌	7	3	4/13	戊1辰	7	3	5/14	己1亥	7	3	6/14	庚3午	7	3	7/15	辛3丑	8	3
	2/14	己1巳	7	3	3/15	己1亥	7	3	4/14	己1巳	7	3	5/15	庚1子	7	3	6/15	辛1未	7	3	7/16	壬3寅	7	3
	2/15	庚2午	6	4	3/16	庚2子	6	4	4/15	庚2午	7	4	5/16	辛1丑	7	4	6/16	壬2申	7	4	7/17	癸3卯	7	4
	2/16	辛1未	6	4	3/17	辛1丑	6	4	4/16	辛1未	6	4	5/17	壬2寅	6	4	6/17	癸3酉	6	4	7/18	甲3辰	7	4
	2/17	壬2申	6	4	3/18	壬2寅	6	4	4/17	壬2申	6	4	5/18	癸2卯	6	4	6/18	甲1戌	6	4	7/19	乙3巳	6	4
	2/18	癸3酉	5	5	3/19	癸3卯	5	5	4/18	癸3酉	6	5	5/19	甲3辰	6	5	6/19	乙3亥	6	5	7/20	丙3午	6	5
	2/19	甲1戌	5	5	3/20	甲1辰	5	5	4/19	甲1戌	5	5	5/20	乙3巳	5	5	6/20	丙2子	5	5	7/21	丁3未	6	5
	2/20	乙1亥	5	5	3/21	乙1巳	5	5	4/20	乙1亥	5	5	5/21	丙1午	5	5	6/21	丁3丑	5	5	7/22	戊3申	5	5
	2/21	丙2子	4	6	3/22	丙2午	4	6	4/21	丙2子	5	6	5/22	丁1未	5	6	6/22	戊2寅	5	6	7/23	己3酉	5	6
	2/22	丁1丑	4	6	3/23	丁1未	4	6	4/22	丁1丑	4	6	5/23	戊1申	4	6	6/23	己3卯	4	6	7/24	庚3戌	5	6
	2/23	戊1寅	4	6	3/24	戊1申	4	6	4/23	戊1寅	4	6	5/24	己1酉	4	6	6/24	庚3辰	4	6	7/25	辛3亥	4	6
	2/24	己1卯	3	7	3/25	己1酉	3	7	4/24	己1卯	4	7	5/25	庚2戌	4	7	6/25	辛3巳	4	7	7/26	壬3子	4	7
	2/25	庚2辰	3	7	3/26	庚2戌	3	7	4/25	庚2辰	3	7	5/26	辛2亥	3	7	6/26	壬3午	3	7	7/27	癸3丑	4	7
	2/26	辛1巳	3	7	3/27	辛1亥	3	7	4/26	辛1巳	3	7	5/27	壬3子	3	7	6/27	癸3未	3	7	7/28	甲1寅	3	7
	2/27	壬3午	2	8	3/28	壬3子	2	8	4/27	壬3午	3	8	5/28	癸3丑	3	8	6/28	甲3申	3	8	7/29	乙1卯	3	8
	2/28	癸3未	2	8	3/29	癸3丑	2	8	4/28	癸3未	2	8	5/29	甲3寅	2	8	6/29	乙3酉	2	8	7/30	丙3辰	3	8
	2/29	甲1申	2	8	3/30	甲2寅	2	8	4/29	甲1申	2	8	5/30	乙3卯	2	8	6/30	丙2戌	2	8	7/31	丁3巳	2	8
	3/1	乙1酉	1	9	3/31	乙1卯	1	9	4/30	乙1酉	2	9	5/31	丙1辰	2	9	7/1	丁1亥	2	9	8/1	戊1午	2	9
	3/2	丙2戌	1	9	4/1	丙2辰	1	9	5/1	丙1戌	1	9	6/1	丁1巳	1	9	7/2	戊1子	1	9	8/2	己1未	2	9
	3/3	丁1亥	1	9	4/2	丁1巳	1	9	5/2	丁1亥	1	9	6/2	戊1午	1	9	7/3	己1丑	1	9	8/3	庚1申	1	9
	3/4	戊1子	0	10	4/3	戊2午	0	10	5/3	戊1子	1	10	6/3	己1未	1	10	7/4	庚1寅	1	10	8/4	辛1酉	1	10
	3/5	己2丑	0	10	4/4	己1未	0	10	5/4	己1丑	0	10	6/4	庚1申	0	10	7/5	辛1卯	0	10	8/5	壬1戌	1	10
									5/5	庚1寅	0	10	6/5	辛1酉	0	10	7/6	壬1辰	0	10	8/6	癸2亥	0	10
																					8/7	甲3子	0	11

歳	男	歳	女	歳	男	歳	女	歳	男	歳	女	歳	男	歳	女	歳	男	歳	女	歳	男	歳	女
0	乙卯	0	癸丑	0	丙辰	0	甲寅	0	丁巳	0	乙卯	0	戊午	0	丙辰	0	己未	0	丁巳	0	庚申	0	戊午
10	丙辰	10	壬子	10	丁巳	10	癸丑	10	戊午	10	甲寅	10	己未	10	乙卯	10	庚申	10	丙辰	10	辛酉	10	丁巳
20	丁巳	20	辛亥	20	戊午	20	壬子	20	己未	20	癸丑	20	庚申	20	甲寅	20	辛酉	20	乙卯	20	壬戌	20	丙辰
30	戊午	30	庚戌	30	己未	30	辛亥	30	庚申	30	壬子	30	辛酉	30	癸丑	30	壬戌	30	甲寅	30	癸亥	30	乙卯
40	己未	40	己酉	40	庚申	40	庚戌	40	辛酉	40	辛亥	40	壬戌	40	壬子	40	癸亥	40	癸丑	40	甲子	40	甲寅
50	庚申	50	戊申	50	辛酉	50	己酉	50	壬戌	50	庚戌	50	癸亥	50	辛亥	50	甲子	50	壬子	50	乙丑	50	癸丑
60	辛酉	60	丁未	60	壬戌	60	戊申	60	癸亥	60	己酉	60	甲子	60	庚戌	60	乙丑	60	辛亥	60	丙寅	60	壬子
70	壬戌	70	丙午	70	癸亥	70	丁未	70	甲子	70	戊申	70	乙丑	70	己酉	70	丙寅	70	庚戌	70	丁卯	70	辛亥
80	癸亥	80	乙巳	80	甲子	80	丙午	80	乙丑	80	丁未	80	丙寅	80	戊申	80	丁卯	80	己酉	80	戊辰	80	庚戌

～2029年（令和11年）2月3日21時44分

月柱	庚申	辛酉	壬戌	癸亥	甲子	乙丑
期間	8月7日 8:17～9月7日11:40	9月7日11:41～10月8日 3:45	10月8日 3:46～11月7日 7:06	11月7日 7:07～12月6日23:46	12月6日23:47～1月5日10:33	1月5日10:34～2月3日21:44

生日	日柱	男	女	生日	日柱	男	女	生日	日柱	男	女	生日	日柱	男	女	生日	日柱	男	女	生日	日柱	男	女
8/7	甲3子	10	0	9/7	乙3未	10	0	10/8	丙3寅	10	0	11/7	丙3申	10	0	12/6	乙3丑	10	0	1/5	乙3未	10	0
8/8	乙3丑	10	0	9/8	丙3申	10	0	10/9	丁3卯	10	0	11/8	丁3酉	9	0	12/7	丙3寅	10	0	1/6	丙3申	9	0
8/9	丙3寅	10	1	9/9	丁3酉	10	1	10/10	戊2辰	9	1	11/9	戊3戌	9	1	12/8	丁2卯	9	1	1/7	丁3酉	9	1
8/10	丁3卯	9	1	9/10	戊2戌	9	1	10/11	己1巳	9	1	11/10	己3亥	9	1	12/9	戊2辰	9	1	1/8	戊1戌	9	1
8/11	戊2辰	9	1	9/11	己3亥	9	1	10/12	庚1午	9	1	11/11	庚1子	8	1	12/10	己2巳	8	1	1/9	己2亥	8	1
8/12	己2巳	9	2	9/12	庚1子	9	2	10/13	辛1未	8	2	11/12	辛1丑	8	2	12/11	庚1午	8	2	1/10	庚2子	8	2
8/13	庚1午	8	2	9/13	辛1丑	8	2	10/14	壬1申	8	2	11/13	壬1寅	8	2	12/12	辛1未	8	2	1/11	辛1丑	8	2
8/14	辛1未	8	2	9/14	壬1寅	8	2	10/15	癸3酉	8	2	11/14	癸3卯	7	2	12/13	壬1申	8	2	1/12	壬2寅	7	2
8/15	壬1申	8	3	9/15	癸3卯	8	3	10/16	甲3戌	7	3	11/15	甲3辰	7	3	12/14	癸1酉	7	3	1/13	癸3卯	7	3
8/16	癸1酉	7	3	9/16	甲3辰	7	3	10/17	乙3亥	7	3	11/16	乙3巳	7	3	12/15	甲3戌	7	3	1/14	甲3辰	7	3
8/17	甲3戌	7	3	9/17	乙3巳	7	3	10/18	丙3子	6	3	11/17	丙3午	6	3	12/16	乙3亥	7	3	1/15	乙3巳	6	3
8/18	乙3亥	7	4	9/18	丙3午	7	4	10/19	丁3丑	6	4	11/18	丁3未	6	4	12/17	丙3子	6	4	1/16	丙3午	6	4
8/19	丙3子	6	4	9/19	丁3未	6	4	10/20	戊3寅	6	4	11/19	戊3申	6	4	12/18	丁3丑	6	4	1/17	丁3未	6	4
8/20	丁3丑	6	4	9/20	戊3申	6	4	10/21	己1卯	5	5	11/20	己3酉	5	4	12/19	戊3寅	6	4	1/18	戊2申	5	4
8/21	戊2寅	6	5	9/21	己3酉	5	5	10/22	庚1辰	5	5	11/21	庚1戌	5	5	12/20	己2卯	5	5	1/19	己2酉	5	5
8/22	己2卯	5	5	9/22	庚1戌	5	5	10/23	辛1巳	5	5	11/22	辛1亥	5	5	12/21	庚1辰	5	5	1/20	庚1戌	5	5
8/23	庚1辰	5	5	9/23	辛3亥	5	5	10/24	壬1午	5	5	11/23	壬1子	5	5	12/22	辛1巳	4	6	1/21	辛1亥	5	5
8/24	辛1巳	5	6	9/24	壬1子	5	6	10/25	癸1未	4	6	11/24	癸1丑	4	5	12/23	壬1午	4	6	1/22	壬1子	4	6
8/25	壬1午	4	6	9/25	癸1丑	4	6	10/26	甲3申	4	6	11/25	甲1寅	4	6	12/24	癸1未	4	6	1/23	癸1丑	4	6
8/26	癸1未	4	6	9/26	甲3寅	4	6	10/27	乙1酉	4	6	11/26	乙3卯	4	6	12/25	甲3申	3	6	1/24	甲2寅	3	6
8/27	甲3申	4	7	9/27	乙3卯	4	7	10/28	丙3戌	3	7	11/27	丙3辰	3	6	12/26	乙3酉	3	7	1/25	乙2卯	3	7
8/28	乙3酉	3	7	9/28	丙3辰	3	7	10/29	丁3亥	3	7	11/28	丁3巳	3	7	12/27	丙3戌	3	7	1/26	丙3辰	3	7
8/29	丙3戌	3	7	9/29	丁3巳	3	7	10/30	戊3子	3	7	11/29	戊3午	3	7	12/28	丁3亥	3	7	1/27	丁1巳	2	7
8/30	丁3亥	3	8	9/30	戊2午	3	8	10/31	己1丑	2	8	11/30	己1未	2	8	12/29	戊2子	2	8	1/28	戊1午	2	8
8/31	戊3子	2	8	10/1	己2未	2	8	11/1	庚1寅	2	8	12/1	庚1申	2	8	12/30	己2丑	2	8	1/29	己1未	2	8
9/1	己2丑	2	8	10/2	庚1申	2	8	11/2	辛1卯	2	8	12/2	辛1酉	2	8	12/31	庚1寅	1	8	1/30	庚1申	1	8
9/2	庚1寅	2	9	10/3	辛1酉	2	9	11/3	壬1辰	1	9	12/3	壬1戌	1	8	1/1	辛1卯	1	9	1/31	辛3酉	1	9
9/3	辛1卯	1	9	10/4	壬1戌	1	9	11/4	癸1巳	1	9	12/4	癸1亥	1	9	1/2	壬1辰	1	9	2/1	壬2戌	1	9
9/4	壬1辰	1	9	10/5	癸1亥	1	9	11/5	甲1午	1	9	12/5	甲1子	0	9	1/3	癸1巳	1	9	2/2	癸1亥	0	9
9/5	癸1巳	1	10	10/6	甲3子	1	10	11/6	乙3未	0	10	12/6	乙3丑	0	10	1/4	甲2午	0	10	2/3	甲2子	0	10
9/6	甲3午	0	10	10/7	乙3丑	0	10	11/7	丙3申	0	10					1/5	乙2未	0	10				
9/7	乙3未	0	10	10/8	丙3寅	0	10																

歳	男	歳	女	歳	男	歳	女	歳	男	歳	女	歳	男	歳	女	歳	男	歳	女	歳	男	歳	女
0	辛酉	0	己未	0	壬戌	0	庚申	0	癸亥	0	辛酉	0	甲子	0	壬戌	0	乙丑	0	癸亥	0	丙寅	0	甲子
10	壬戌	10	戊午	10	癸亥	10	己未	10	甲子	10	庚申	10	乙丑	10	辛酉	10	丙寅	10	壬戌	10	丁卯	10	癸亥
20	癸亥	20	丁巳	20	甲子	20	戊午	20	乙丑	20	己未	20	丙寅	20	庚申	20	丁卯	20	辛酉	20	戊辰	20	壬戌
30	甲子	30	丙辰	30	乙丑	30	丁巳	30	丙寅	30	戊午	30	丁卯	30	己未	30	戊辰	30	庚申	30	己巳	30	辛酉
40	乙丑	40	乙卯	40	丙寅	40	丙辰	40	丁卯	40	丁巳	40	戊辰	40	戊午	40	己巳	40	己未	40	庚午	40	庚申
50	丙寅	50	甲寅	50	丁卯	50	乙卯	50	戊辰	50	丙辰	50	己巳	50	丁巳	50	庚午	50	戊午	50	辛未	50	己未
60	丁卯	60	癸丑	60	戊辰	60	甲寅	60	己巳	60	乙卯	60	庚午	60	丙辰	60	辛未	60	丁巳	60	壬申	60	戊午
70	戊辰	70	壬子	70	己巳	70	癸丑	70	庚午	70	甲寅	70	辛未	70	乙卯	70	壬申	70	丙辰	70	癸酉	70	丁巳
80	己巳	80	辛亥	80	庚午	80	壬子	80	辛未	80	癸丑	80	壬申	80	甲寅	80	癸酉	80	乙卯	80	甲戌	80	丙辰

年柱　己酉　2029年（令和11年）2月3日21時45分～

月柱 丙寅（2月3日21:45～3月5日15:28）

生日	日柱	男	女
2/3	甲$_2$子	0	10
2/4	乙$_1$丑	0	10
2/5	丙$_1$寅	1	9
2/6	丁$_1$卯	1	9
2/7	戊$_1$辰	1	9
2/8	己$_1$巳	2	8
2/9	庚$_1$午	2	8
2/10	辛$_1$未	2	8
2/11	壬$_2$申	3	7
2/12	癸$_1$酉	3	7
2/13	甲$_1$戌	3	7
2/14	乙$_1$亥	4	6
2/15	丙$_1$子	4	6
2/16	丁$_1$丑	4	6
2/17	戊$_2$寅	5	5
2/18	己$_2$卯	5	5
2/19	庚$_1$辰	5	5
2/20	辛$_1$巳	6	4
2/21	壬$_1$午	6	4
2/22	癸$_1$未	6	4
2/23	甲$_1$申	7	3
2/24	乙$_1$酉	7	3
2/25	丙$_1$戌	7	3
2/26	丁$_1$亥	8	2
2/27	戊$_1$子	8	2
2/28	己$_1$丑	8	2
3/1	庚$_2$寅	9	1
3/2	辛$_1$卯	9	1
3/3	壬$_3$辰	9	1
3/4	癸$_3$巳	10	0
3/5	甲$_2$午	10	0

月柱 丁卯（3月5日15:29～4月4日20:07）

生日	日柱	男	女
3/5	甲$_2$午	0	10
3/6	乙$_3$未	0	10
3/7	丙$_2$申	1	9
3/8	丁$_1$酉	1	9
3/9	戊$_1$戌	1	9
3/10	己$_2$亥	2	8
3/11	庚$_1$子	2	8
3/12	辛$_1$丑	2	8
3/13	壬$_2$寅	3	7
3/14	癸$_1$卯	3	7
3/15	甲$_3$辰	3	7
3/16	乙$_3$巳	4	6
3/17	丙$_1$午	4	6
3/18	丁$_1$未	4	6
3/19	戊$_1$申	5	5
3/20	己$_1$酉	5	5
3/21	庚$_1$戌	5	5
3/22	辛$_1$亥	6	4
3/23	壬$_1$子	6	4
3/24	癸$_1$丑	6	4
3/25	甲$_3$寅	7	3
3/26	乙$_1$卯	7	3
3/27	丙$_1$辰	7	3
3/28	丁$_1$巳	8	2
3/29	戊$_1$午	8	2
3/30	己$_1$未	8	2
3/31	庚$_1$申	9	1
4/1	辛$_1$酉	9	1
4/2	壬$_1$戌	9	1
4/3	癸$_1$亥	10	0
4/4	甲$_2$子	10	0

月柱 戊辰（4月4日20:08～5月5日13:25）

生日	日柱	男	女
4/4	甲$_2$子	0	10
4/5	乙$_1$丑	0	10
4/6	丙$_1$寅	1	10
4/7	丁$_1$卯	1	9
4/8	戊$_1$辰	1	9
4/9	己$_1$巳	2	8
4/10	庚$_1$午	2	8
4/11	辛$_1$未	2	8
4/12	壬$_2$申	3	7
4/13	癸$_1$酉	3	7
4/14	甲$_1$戌	3	7
4/15	乙$_1$亥	4	6
4/16	丙$_1$子	4	6
4/17	丁$_1$丑	4	6
4/18	戊$_2$寅	5	5
4/19	己$_1$卯	5	5
4/20	庚$_1$辰	5	5
4/21	辛$_1$巳	6	4
4/22	壬$_1$午	6	4
4/23	癸$_1$未	6	4
4/24	甲$_1$申	7	4
4/25	乙$_1$酉	7	3
4/26	丙$_1$戌	7	3
4/27	丁$_1$亥	8	3
4/28	戊$_1$子	8	2
4/29	己$_1$丑	8	2
4/30	庚$_1$寅	9	1
5/1	辛$_1$卯	9	1
5/2	壬$_1$辰	9	1
5/3	癸$_1$巳	10	1
5/4	甲$_3$午	10	0
5/5	乙$_3$未	10	0

月柱 己巳（5月5日13:26～6月5日17:34）

生日	日柱	男	女
5/5	乙$_3$未	0	10
5/6	丙$_1$申	0	10
5/7	丁$_1$酉	1	10
5/8	戊$_1$戌	1	10
5/9	己$_1$亥	1	9
5/10	庚$_1$子	2	9
5/11	辛$_1$丑	2	9
5/12	壬$_2$寅	3	8
5/13	癸$_1$卯	3	8
5/14	甲$_3$辰	3	7
5/15	乙$_3$巳	3	7
5/16	丙$_1$午	4	7
5/17	丁$_1$未	4	6
5/18	戊$_1$申	4	6
5/19	己$_1$酉	5	6
5/20	庚$_1$戌	5	6
5/21	辛$_1$亥	5	5
5/22	壬$_1$子	6	5
5/23	癸$_1$丑	6	4
5/24	甲$_3$寅	6	4
5/25	乙$_1$卯	7	4
5/26	丙$_1$辰	7	3
5/27	丁$_1$巳	7	3
5/28	戊$_1$午	8	3
5/29	己$_1$未	8	2
5/30	庚$_1$申	8	2
5/31	辛$_1$酉	9	2
6/1	壬$_1$戌	9	1
6/2	癸$_1$亥	9	1
6/3	甲$_1$子	10	1
6/4	乙$_1$丑	10	0
6/5	丙$_1$寅	10	0

月柱 庚午（6月5日17:35～7月7日 3:57）

生日	日柱	男	女
6/5	丙$_1$寅	0	11
6/6	丁$_1$卯	0	10
6/7	戊$_1$辰	1	10
6/8	己$_1$巳	1	10
6/9	庚$_1$午	1	9
6/10	辛$_1$未	2	9
6/11	壬$_1$申	2	9
6/12	癸$_1$酉	2	8
6/13	甲$_1$戌	3	8
6/14	乙$_1$亥	3	8
6/15	丙$_1$子	3	7
6/16	丁$_1$丑	4	7
6/17	戊$_1$寅	4	6
6/18	己$_1$卯	4	6
6/19	庚$_1$辰	5	6
6/20	辛$_1$巳	5	6
6/21	壬$_1$午	5	5
6/22	癸$_1$未	6	5
6/23	甲$_1$申	6	4
6/24	乙$_1$酉	6	4
6/25	丙$_1$戌	7	4
6/26	丁$_1$亥	7	3
6/27	戊$_1$子	7	3
6/28	己$_1$丑	8	3
6/29	庚$_1$寅	8	2
6/30	辛$_1$卯	8	2
7/1	壬$_1$辰	9	2
7/2	癸$_1$巳	9	2
7/3	甲$_1$午	9	1
7/4	乙$_1$未	10	1
7/5	丙$_1$申	10	0
7/6	丁$_1$酉	10	0
7/7	戊$_1$戌	11	0

月柱 辛未（7月7日 3:58～8月7日14:05）

生日	日柱	男	女
7/7	戊$_1$戌	0	10
7/8	己$_1$亥	0	10
7/9	庚$_1$子	1	10
7/10	辛$_1$丑	1	9
7/11	壬$_1$寅	1	9
7/12	癸$_1$卯	2	9
7/13	甲$_1$辰	2	8
7/14	乙$_1$巳	2	8
7/15	丙$_1$午	3	8
7/16	丁$_1$未	3	7
7/17	戊$_1$申	3	7
7/18	己$_1$酉	4	6
7/19	庚$_1$戌	4	6
7/20	辛$_1$亥	4	6
7/21	壬$_1$子	5	5
7/22	癸$_1$丑	5	5
7/23	甲$_1$寅	5	5
7/24	乙$_1$卯	6	5
7/25	丙$_1$辰	6	4
7/26	丁$_1$巳	6	4
7/27	戊$_1$午	7	4
7/28	己$_1$未	7	3
7/29	庚$_1$申	7	3
7/30	辛$_1$酉	8	3
7/31	壬$_2$戌	8	2
8/1	癸$_1$亥	8	2
8/2	甲$_1$子	9	2
8/3	乙$_1$丑	9	1
8/4	丙$_1$寅	9	1
8/5	丁$_1$卯	10	1
8/6	戊$_1$辰	10	0
8/7	己$_1$巳	10	0

立運年齢（大運）

歳	丙寅 男	丙寅 女	丁卯 男	丁卯 女	戊辰 男	戊辰 女	己巳 男	己巳 女	庚午 男	庚午 女	辛未 男	辛未 女
0	乙丑	丁卯	丙寅	戊辰	丁卯	己巳	戊辰	庚午	己巳	辛未	庚午	壬申
10	甲子	戊辰	乙丑	己巳	丙寅	庚午	丁卯	辛未	戊辰	壬申	己巳	癸酉
20	癸亥	己巳	甲子	庚午	乙丑	辛未	丙寅	壬申	丁卯	癸酉	戊辰	甲戌
30	壬戌	庚午	癸亥	辛未	甲子	壬申	乙丑	癸酉	丙寅	甲戌	丁卯	乙亥
40	辛酉	辛未	壬戌	壬申	癸亥	癸酉	甲子	甲戌	乙丑	乙亥	丙寅	丙子
50	庚申	壬申	辛酉	癸酉	壬戌	甲戌	癸亥	乙亥	甲子	丙子	乙丑	丁丑
60	己未	癸酉	庚申	甲戌	辛酉	乙亥	壬戌	丙子	癸亥	丁丑	甲子	戊寅
70	戊午	甲戌	己未	乙亥	庚申	丙子	辛酉	丁丑	壬戌	戊寅	癸亥	己卯
80	丁巳	乙亥	戊午	丙子	己未	丁丑	庚申	戊寅	辛酉	己卯	壬戌	庚辰

～2030年（令和12年）2月4日3時34分

月柱	期間
壬申	8月7日14:06～9月7日17:28
癸酉	9月7日17:29～10月8日 9:34
甲戌	10月8日 9:35～11月7日12:56
乙亥	11月7日12:57～12月7日 5:36
丙子	12月7日 5:37～1月5日16:23
丁丑	1月5日16:24～2月4日 3:34

立運年齢（男／女）

生日	壬申 日柱	男	女	生日	癸酉 日柱	男	女	生日	甲戌 日柱	男	女	生日	乙亥 日柱	男	女	生日	丙子 日柱	男	女	生日	丁丑 日柱	男	女
8/7	己2巳	0	10	9/7	庚1子	0	10	10/8	辛1未	0	10	11/7	辛1丑	0	10	12/7	辛1未	0	10	1/5	庚1子	0	10
8/8	庚1午	0	10	9/8	辛1丑	0	10	10/9	壬1申	0	10	11/8	壬1寅	0	10	12/8	壬1申	0	9	1/6	辛1丑	0	10
8/9	辛1未	1	10	9/9	壬1寅	1	10	10/10	癸1酉	1	10	11/9	癸1卯	1	10	12/9	癸1酉	1	9	1/7	壬1寅	1	9
8/10	壬1申	1	9	9/10	癸1卯	1	9	10/11	甲3戌	1	9	11/10	甲3辰	1	9	12/10	甲1戌	1	9	1/8	癸2卯	1	9
8/11	癸1酉	1	9	9/11	甲3辰	1	9	10/12	乙2亥	1	9	11/11	乙1巳	1	9	12/11	乙1亥	1	8	1/9	甲3辰	1	9
8/12	甲3戌	2	9	9/12	乙2巳	2	9	10/13	丙3子	2	8	11/12	丙1午	2	8	12/12	丙3子	2	8	1/10	乙2巳	2	8
8/13	乙2亥	2	8	9/13	丙3午	2	8	10/14	丁1丑	2	8	11/13	丁1未	2	8	12/13	丁1丑	2	8	1/11	丙2午	2	8
8/14	丙3子	2	8	9/14	丁1未	2	8	10/15	戊3寅	2	8	11/14	戊1申	2	8	12/14	戊1寅	2	7	1/12	丁1未	2	8
8/15	丁1丑	3	8	9/15	戊3申	3	8	10/16	己1卯	3	7	11/15	己1酉	3	7	12/15	己3卯	3	7	1/13	戊1申	3	7
8/16	戊3寅	3	7	9/16	己1酉	3	7	10/17	庚1辰	3	7	11/16	庚1戌	3	7	12/16	庚1辰	3	7	1/14	己1酉	3	7
8/17	己3卯	3	7	9/17	庚1戌	3	7	10/18	辛1巳	3	7	11/17	辛1亥	3	6	12/17	辛2巳	3	6	1/15	庚1戌	3	7
8/18	庚1辰	4	7	9/18	辛1亥	4	7	10/19	壬1午	4	6	11/18	壬1子	4	6	12/18	壬1午	4	6	1/16	辛1亥	4	6
8/19	辛1巳	4	6	9/19	壬1子	4	6	10/20	癸1未	4	6	11/19	癸1丑	4	6	12/19	癸1未	4	6	1/17	壬1子	4	6
8/20	壬1午	4	6	9/20	癸1丑	4	6	10/21	甲1申	5	6	11/20	甲1寅	5	6	12/20	甲1申	5	6	1/18	癸1丑	4	6
8/21	癸1未	5	6	9/21	甲2寅	5	6	10/22	乙3酉	5	5	11/21	乙1卯	5	5	12/21	乙3酉	5	5	1/19	甲3寅	5	5
8/22	甲1申	5	5	9/22	乙3卯	5	5	10/23	丙3戌	5	5	11/22	丙1辰	5	5	12/22	丙3戌	5	5	1/20	乙3卯	5	5
8/23	乙2酉	5	5	9/23	丙3辰	5	5	10/24	丁1亥	5	5	11/23	丁1巳	5	5	12/23	丁1亥	5	4	1/21	丙3辰	5	5
8/24	丙3戌	6	5	9/24	丁3巳	6	5	10/25	戊1子	6	4	11/24	戊2午	6	4	12/24	戊1子	6	4	1/22	丁2巳	5	4
8/25	丁1亥	6	4	9/25	戊1午	6	4	10/26	己1丑	6	4	11/25	己1未	6	4	12/25	己1丑	6	4	1/23	戊1午	6	4
8/26	戊1子	6	4	9/26	己2未	6	4	10/27	庚1寅	7	4	11/26	庚1申	6	4	12/26	庚1寅	6	3	1/24	己1未	6	4
8/27	己2丑	7	4	9/27	庚1申	7	4	10/28	辛1卯	7	3	11/27	辛1酉	7	3	12/27	辛1卯	7	3	1/25	庚1申	7	3
8/28	庚1寅	7	3	9/28	辛1酉	7	3	10/29	壬1辰	7	3	11/28	壬1戌	7	3	12/28	壬1辰	7	2	1/26	辛1酉	7	3
8/29	辛1卯	7	3	9/29	壬1戌	7	3	10/30	癸3巳	7	3	11/29	癸1亥	7	2	12/29	癸1巳	7	2	1/27	壬2戌	7	3
8/30	壬1辰	8	3	9/30	癸3亥	8	3	10/31	甲3午	8	2	11/30	甲1子	8	2	12/30	甲1午	8	2	1/28	癸3亥	8	2
8/31	癸1巳	8	2	10/1	甲2子	8	2	11/1	乙3未	8	2	12/1	乙2丑	8	2	12/31	乙2未	8	2	1/29	甲2子	8	2
9/1	甲3午	9	2	10/2	乙3丑	9	2	11/2	丙3申	9	2	12/2	丙3寅	9	1	1/1	丙1申	8	1	1/30	乙1丑	8	2
9/2	乙3未	9	2	10/3	丙3寅	9	2	11/3	丁3酉	9	1	12/3	丁3卯	9	1	1/2	丁1酉	9	1	1/31	丙2寅	9	1
9/3	丙3申	9	1	10/4	丁3卯	9	1	11/4	戊3戌	9	1	12/4	戊3辰	9	1	1/3	戊1戌	9	1	2/1	丁2卯	9	1
9/4	丁2酉	9	1	10/5	戊2辰	9	1	11/5	己1亥	9	1	12/5	己1巳	9	1	1/4	己2亥	9	0	2/2	戊1辰	9	1
9/5	戊2戌	10	1	10/6	己2巳	10	1	11/6	庚1子	10	0	12/6	庚1午	10	0	1/5	庚1子	10	0	2/3	己1巳	10	0
9/6	己3亥	10	0	10/7	庚1午	10	0	11/7	辛1丑	10	0	12/7	辛1未	10	0					2/4	庚1午	10	0
9/7	庚1子	10	0	10/8	辛1未	10	0																

大運

歳	男(壬申)	歳	女(壬申)	歳	男(癸酉)	歳	女(癸酉)	歳	男(甲戌)	歳	女(甲戌)	歳	男(乙亥)	歳	女(乙亥)	歳	男(丙子)	歳	女(丙子)	歳	男(丁丑)	歳	女(丁丑)
0	辛未	0	癸酉	0	壬申	0	甲戌	0	癸酉	0	乙亥	0	甲戌	0	丙子	0	乙亥	0	丁丑	0	丙子	0	戊寅
10	庚午	10	甲戌	10	辛未	10	乙亥	10	壬申	10	丙子	10	癸酉	10	丁丑	10	甲戌	10	戊寅	10	乙亥	10	己卯
20	己巳	20	乙亥	20	庚午	20	丙子	20	辛未	20	丁丑	20	壬申	20	戊寅	20	癸酉	20	己卯	20	甲戌	20	庚辰
30	戊辰	30	丙子	30	己巳	30	丁丑	30	庚午	30	戊寅	30	辛未	30	己卯	30	壬申	30	庚辰	30	癸酉	30	辛巳
40	丁卯	40	丁丑	40	戊辰	40	戊寅	40	己巳	40	己卯	40	庚午	40	庚辰	40	辛未	40	辛巳	40	壬申	40	壬午
50	丙寅	50	戊寅	50	丁卯	50	己卯	50	戊辰	50	庚辰	50	己巳	50	辛巳	50	庚午	50	壬午	50	辛未	50	癸未
60	乙丑	60	己卯	60	丙寅	60	庚辰	60	丁卯	60	辛巳	60	戊辰	60	壬午	60	己巳	60	癸未	60	庚午	60	甲申
70	甲子	70	庚辰	70	乙丑	70	辛巳	70	丙寅	70	壬午	70	丁卯	70	癸未	70	戊辰	70	甲申	70	己巳	70	乙酉
80	癸亥	80	辛巳	80	甲子	80	壬午	80	乙丑	80	癸未	80	丙寅	80	甲申	80	丁卯	80	乙酉	80	戊辰	80	丙戌

年柱 庚戌　2030年（令和12年）2月4日3時35分～

2月4日 3:35～	3月5日21:18～	4月5日 1:57～	5月5日19:13～	6月5日23:23～	7月7日 9:46～
3月5日21:17	4月5日 1:56	5月5日19:12	6月5日23:22	7月7日 9:45	8月7日19:53

月柱	戊寅		月柱	己卯		月柱	庚辰		月柱	辛巳		月柱	壬午		月柱	癸未	
生日	**日柱**	**男 女**	**生日**	**日柱**	**男 女**	**生日**	**日柱**	**男 女**	**生日**	**日柱**	**男 女**	**生日**	**日柱**	**男 女**	**生日**	**日柱**	**男 女**
2 4	庚 午	10 0	3 5	己₁亥	10 0	4 5	庚 午	10 0	5 5	庚 子	10 0	6 5	辛₁未	11 0	7 7	癸₂卯	10 0
2 5	辛 未	9 0	3 6	庚₁子	10 0	4 6	辛 未	10 0	5 6	辛 丑	10 0	6 6	壬₁申	10 0	7 8	甲₃辰	10 0
2 6	壬 申	9 1	3 7	辛₁丑	10 1	4 7	壬 申	9 1	5 7	壬 寅	10 1	6 7	癸₃酉	10 1	7 9	乙₃巳	10 1
2 7	癸 酉	9 1	3 8	壬₃寅	9 1	4 8	癸 酉	9 1	5 8	癸 卯	9 1	6 8	甲₃戌	10 1	7 10	丙₃午	9 1
2 8	甲₂戌	8 1	3 9	癸₃卯	9 1	4 9	甲₃戌	9 1	5 9	甲₂辰	9 2	6 9	乙₁亥	9 1	7 11	丁₃未	9 1
2 9	乙₁亥	8 2	3 10	甲₃辰	9 2	4 10	乙 亥	8 2	5 10	乙₁巳	9 2	6 10	丙₂子	9 2	7 12	戊₁申	9 1
2 10	丙₃子	8 2	3 11	乙₁巳	8 2	4 11	丙 子	8 2	5 11	丙₁午	8 2	6 11	丁₂丑	9 2	7 13	己₁酉	8 2
2 11	丁₁丑	7 2	3 12	丙₁午	8 2	4 12	丁 丑	8 2	5 12	丁 未	8 2	6 12	戊₂寅	8 2	7 14	庚₁戌	8 2
2 12	戊 寅	7 3	3 13	丁₃未	8 3	4 13	戊 寅	7 3	5 13	戊 申	8 3	6 13	己₁卯	8 3	7 15	辛₁亥	8 3
2 13	己₂卯	7 3	3 14	戊₃申	7 3	4 14	己 卯	7 3	5 14	己₁酉	7 3	6 14	庚₁辰	8 3	7 16	壬₁子	7 3
2 14	庚 辰	6 3	3 15	己₃酉	7 3	4 15	庚 辰	7 3	5 15	庚 戌	7 3	6 15	辛₁巳	7 3	7 17	癸₁丑	7 3
2 15	辛 巳	6 4	3 16	庚₁戌	7 4	4 16	辛 巳	6 4	5 16	辛 亥	6 4	6 16	壬₁午	7 4	7 18	甲₃寅	7 4
2 16	壬 午	6 4	3 17	辛₁亥	6 4	4 17	壬₂午	6 4	5 17	壬 子	6 4	6 17	癸₁未	7 4	7 19	乙₃卯	6 4
2 17	癸 未	5 4	3 18	壬₁子	6 4	4 18	癸 未	6 4	5 18	癸 丑	6 4	6 18	甲₁申	6 4	7 20	丙₃辰	6 4
2 18	甲 申	5 5	3 19	癸₁丑	5 4	4 19	甲 申	5 5	5 19	甲 寅	6 5	6 19	乙₂酉	6 5	7 21	丁₁巳	6 5
2 19	乙 酉	5 5	3 20	甲₁寅	5 5	4 20	乙 酉	5 5	5 20	乙 卯	5 5	6 20	丙₂戌	6 5	7 22	戊₁午	5 5
2 20	丙₃戌	4 5	3 21	乙₁卯	5 5	4 21	丙 戌	5 5	5 21	丙 辰	5 5	6 21	丁₂亥	5 5	7 23	己₁未	5 5
2 21	丁₃亥	4 6	3 22	丙₃辰	5 6	4 22	丁 亥	5 6	5 22	丁 巳	5 5	6 22	戊₁子	5 6	7 24	庚₁申	4 6
2 22	戊₂子	4 6	3 23	丁₂巳	4 6	4 23	戊 子	4 6	5 23	戊₁午	4 6	6 23	己₁丑	5 6	7 25	辛₁酉	4 6
2 23	己₁丑	3 6	3 24	戊₁午	4 6	4 24	己 丑	4 6	5 24	己₁未	4 6	6 24	庚₁寅	4 6	7 26	壬₁戌	4 6
2 24	庚 寅	3 7	3 25	己₁未	4 7	4 25	庚 寅	3 7	5 25	庚 申	3 7	6 25	辛₂卯	4 7	7 27	癸₁亥	4 7
2 25	辛 卯	3 7	3 26	庚₁申	3 7	4 26	辛 卯	3 7	5 26	辛 酉	3 7	6 26	壬₂辰	3 7	7 28	甲₁子	3 7
2 26	壬₃辰	2 7	3 27	辛₁酉	3 7	4 27	壬 辰	3 7	5 27	壬₂戌	3 7	6 27	癸₂巳	3 7	7 29	乙₃丑	3 7
2 27	癸 巳	2 8	3 28	壬₁戌	2 8	4 28	癸₂巳	3 8	5 28	癸₂亥	3 8	6 28	甲₃午	3 8	7 30	丙₂寅	3 8
2 28	甲₂午	2 8	3 29	癸₁亥	2 8	4 29	甲 午	2 8	5 29	甲 子	2 8	6 29	乙₃未	3 8	7 31	丁₃卯	2 8
3 1	乙₁未	1 8	3 30	甲₁子	2 8	4 30	乙 未	2 8	5 30	乙 丑	2 8	6 30	丙₂申	2 8	8 1	戊₁辰	2 8
3 2	丙₃申	1 9	3 31	乙₁丑	2 9	5 1	丙₃申	1 9	5 31	丙 寅	1 9	7 1	丁₂酉	2 9	8 2	己₁巳	2 9
3 3	丁₃酉	1 9	4 1	丙₂寅	1 9	5 2	丁 酉	1 9	6 1	丁 卯	1 9	7 2	戊₁戌	2 9	8 3	庚₁午	1 9
3 4	戊₁戌	0 9	4 2	丁₂卯	1 9	5 3	戊 戌	1 9	6 2	戊 辰	1 9	7 3	己₁亥	1 9	8 4	辛₁未	1 9
3 5	己₂亥	0 10	4 3	戊₁辰	1 10	5 4	己 亥	0 10	6 3	己 巳	1 10	7 4	庚₁子	1 10	8 5	壬₁申	1 10
			4 4	己₁巳	0 10	5 5	庚 子	0 10	6 4	庚 午	0 10	7 5	辛₁丑	1 10	8 6	癸₁酉	0 10
			4 5	庚₁午	0 10				6 5	辛₁未	0 10	7 6	壬₁寅	0 10	8 7	甲₃戌	0 10
												7 7	癸₂卯	0 11			

歳	男	歳	女	歳	男	歳	女	歳	男	歳	女	歳	男	歳	女	歳	男	歳	女	歳	男	歳	女
0	己卯	0	丁丑	0	庚辰	0	戊寅	0	辛巳	0	己卯	0	壬午	0	庚辰	0	癸未	0	辛巳	0	甲申	0	壬午
10	庚辰	10	丙子	10	辛巳	10	丁丑	10	壬午	10	戊寅	10	癸未	10	己卯	10	甲申	10	庚辰	10	乙酉	10	辛巳
20	辛巳	20	乙亥	20	壬午	20	丙子	20	癸未	20	丁丑	20	甲申	20	戊寅	20	乙酉	20	己卯	20	丙戌	20	庚辰
30	壬午	30	甲戌	30	癸未	30	乙亥	30	甲申	30	丙子	30	乙酉	30	丁丑	30	丙戌	30	戊寅	30	丁亥	30	己卯
40	癸未	40	癸酉	40	甲申	40	甲戌	40	乙酉	40	乙亥	40	丙戌	40	丙子	40	丁亥	40	丁丑	40	戊子	40	戊寅
50	甲申	50	壬申	50	乙酉	50	癸酉	50	丙戌	50	甲戌	50	丁亥	50	乙亥	50	戊子	50	丙子	50	己丑	50	丁丑
60	乙酉	60	辛未	60	丙戌	60	壬申	60	丁亥	60	癸酉	60	戊子	60	甲戌	60	己丑	60	乙亥	60	庚寅	60	丙子
70	丙戌	70	庚午	70	丁亥	70	辛未	70	戊子	70	壬申	70	己丑	70	癸酉	70	庚寅	70	甲戌	70	辛卯	70	乙亥
80	丁亥	80	己巳	80	戊子	80	庚午	80	己丑	80	辛未	80	庚寅	80	壬申	80	辛卯	80	癸酉	80	壬辰	80	甲戌

～2031年（令和13年）2月4日9時24分

月柱（節入時刻）

月柱	期間
甲申	8月7日19:54 ～ 9月7日23:17
乙酉	9月7日23:18 ～ 10月8日15:23
丙戌	10月8日15:24 ～ 11月7日18:46
丁亥	11月7日18:47 ～ 12月7日11:26
戊子	12月7日11:27 ～ 1月5日22:13
己丑	1月5日22:14 ～ 2月4日9:24

生日・日柱・立運年齢（男／女）

甲申 生日	日柱	男	女	乙酉 生日	日柱	男	女	丙戌 生日	日柱	男	女	丁亥 生日	日柱	男	女	戊子 生日	日柱	男	女	己丑 生日	日柱	男	女
8/7	甲3戌	10	0	9/7	乙3巳	10	0	10/8	丙3子	10	0	11/7	丙2午	10	0	12/7	丙3子	10	0	1/5	乙3巳	10	0
8/8	乙2亥	10	0	9/8	丙2午	10	0	10/9	丁3丑	10	0	11/8	丁1未	10	0	12/8	丁3丑	9	0	1/6	丙3午	10	0
8/9	丙3子	10	1	9/9	丁3未	10	1	10/10	戊3寅	10	1	11/9	戊1申	10	1	12/9	戊1寅	9	1	1/7	丁1未	9	1
8/10	丁1丑	9	1	9/10	戊1申	9	1	10/11	己3卯	9	1	11/10	己2酉	9	1	12/10	己2卯	9	1	1/8	戊1申	9	1
8/11	戊1寅	9	1	9/11	己3酉	9	1	10/12	庚1辰	9	1	11/11	庚1戌	9	1	12/11	庚1辰	8	1	1/9	己1酉	9	1
8/12	己2卯	9	2	9/12	庚3戌	9	2	10/13	辛1巳	8	2	11/12	辛1亥	8	2	12/12	辛1巳	8	2	1/10	庚1戌	8	2
8/13	庚1辰	8	2	9/13	辛1亥	8	2	10/14	壬1午	8	2	11/13	壬1子	8	2	12/13	壬1午	8	2	1/11	辛1亥	8	2
8/14	辛1巳	8	2	9/14	壬1子	8	2	10/15	癸1未	8	2	11/14	癸1丑	8	2	12/14	癸1未	7	2	1/12	壬1子	8	2
8/15	壬2午	8	3	9/15	癸2丑	8	3	10/16	甲1申	7	3	11/15	甲1寅	7	3	12/15	甲1申	7	3	1/13	癸1丑	7	3
8/16	癸1未	7	3	9/16	甲1寅	7	3	10/17	乙1酉	7	3	11/16	乙1卯	7	3	12/16	乙1酉	6	3	1/14	甲1寅	7	3
8/17	甲1申	7	3	9/17	乙2卯	7	3	10/18	丙3戌	7	3	11/17	丙3辰	7	3	12/17	丙3戌	6	3	1/15	乙1卯	7	3
8/18	乙1酉	7	4	9/18	丙2辰	7	4	10/19	丁1亥	6	4	11/18	丁1巳	6	4	12/18	丁3亥	6	4	1/16	丙1辰	6	4
8/19	丙1戌	6	4	9/19	丁2巳	6	4	10/20	戊1子	6	4	11/19	戊1午	6	4	12/19	戊1子	5	4	1/17	丁1巳	6	4
8/20	丁1亥	6	4	9/20	戊2午	6	4	10/21	己1丑	5	5	11/20	己1未	5	4	12/20	己1丑	5	4	1/18	戊1午	6	4
8/21	戊3子	5	5	9/21	己2未	5	5	10/22	庚2寅	5	5	11/21	庚1申	5	5	12/21	庚2寅	5	5	1/19	己1未	5	5
8/22	己3丑	5	5	9/22	庚1申	5	5	10/23	辛1卯	5	5	11/22	辛1酉	5	5	12/22	辛1卯	4	5	1/20	庚1申	5	5
8/23	庚2寅	5	5	9/23	辛1酉	5	5	10/24	壬1辰	4	6	11/23	壬1戌	5	5	12/23	壬1辰	4	5	1/21	辛1酉	5	5
8/24	辛1卯	5	6	9/24	壬2戌	5	6	10/25	癸1巳	4	6	11/24	癸1亥	4	6	12/24	癸1巳	4	6	1/22	壬2戌	4	6
8/25	壬2辰	4	6	9/25	癸2亥	4	6	10/26	甲1午	4	6	11/25	甲2子	4	6	12/25	甲3午	3	6	1/23	癸1亥	4	6
8/26	癸2巳	4	6	9/26	甲3子	4	6	10/27	乙1未	3	7	11/26	乙2丑	4	6	12/26	乙3未	3	6	1/24	甲3子	4	6
8/27	甲3午	4	7	9/27	乙3丑	4	7	10/28	丙1申	3	7	11/27	丙2寅	3	7	12/27	丙1申	3	7	1/25	乙3丑	3	7
8/28	乙2未	3	7	9/28	丙2寅	3	7	10/29	丁1酉	3	7	11/28	丁1卯	3	7	12/28	丁3酉	2	7	1/26	丙3寅	3	7
8/29	丙3申	3	7	9/29	丁2卯	3	7	10/30	戊2戌	2	8	11/29	戊1辰	3	7	12/29	戊1戌	2	7	1/27	丁3卯	3	7
8/30	丁2酉	3	8	9/30	戊2辰	3	8	10/31	己1亥	2	8	11/30	己1巳	2	8	12/30	己1亥	2	8	1/28	戊1辰	2	8
8/31	戊2戌	2	8	10/1	己1巳	2	8	11/1	庚1子	2	8	12/1	庚2午	2	8	12/31	庚2子	1	8	1/29	己1巳	2	8
9/1	己3亥	2	8	10/2	庚1午	2	8	11/2	辛1丑	1	9	12/2	辛1未	2	8	1/1	辛1丑	1	8	1/30	庚1午	2	8
9/2	庚1子	2	9	10/3	辛1未	1	9	11/3	壬3寅	1	9	12/3	壬3申	1	9	1/2	壬1寅	1	9	1/31	辛1未	1	9
9/3	辛1丑	1	9	10/4	壬1申	1	9	11/4	癸1卯	1	9	12/4	癸1酉	1	9	1/3	癸1卯	1	9	2/1	壬1申	1	9
9/4	壬1寅	1	9	10/5	癸1酉	1	9	11/5	甲3辰	1	9	12/5	甲1戌	1	9	1/4	甲1辰	0	9	2/2	癸1酉	1	9
9/5	癸2卯	1	10	10/6	甲3戌	1	10	11/6	乙3巳	0	10	12/6	乙2亥	0	10	1/5	乙3巳	0	10	2/3	甲3戌	0	10
9/6	甲3辰	0	10	10/7	乙2亥	0	10	11/7	丙3午	0	10	12/7	丙3子	0	10					2/4	乙3亥	0	10
9/7	乙3巳	0	10	10/8	丙3子	0	10																

歳運表（歳／男・女）

歳	甲申 男	甲申 女	乙酉 男	乙酉 女	丙戌 男	丙戌 女	丁亥 男	丁亥 女	戊子 男	戊子 女	己丑 男	己丑 女
0	乙酉	癸未	丙戌	甲申	丁亥	乙酉	戊子	丙戌	己丑	丁亥	庚寅	戊子
10	丙戌	壬午	丁亥	癸未	戊子	甲申	己丑	乙酉	庚寅	丙戌	辛卯	丁亥
20	丁亥	辛巳	戊子	壬午	己丑	癸未	庚寅	甲申	辛卯	乙酉	壬辰	丙戌
30	戊子	庚辰	己丑	辛巳	庚寅	壬午	辛卯	癸未	壬辰	甲申	癸巳	乙酉
40	己丑	己卯	庚寅	庚辰	辛卯	辛巳	壬辰	壬午	癸巳	癸未	甲午	甲申
50	庚寅	戊寅	辛卯	己卯	壬辰	庚辰	癸巳	辛巳	甲午	壬午	乙未	癸未
60	辛卯	丁丑	壬辰	戊寅	癸巳	己卯	甲午	庚辰	乙未	辛巳	丙申	壬午
70	壬辰	丙子	癸巳	丁丑	甲午	戊寅	乙未	己卯	丙申	庚辰	丁酉	辛巳
80	癸巳	乙亥	甲午	丙子	乙未	丁丑	丙申	戊寅	丁酉	己卯	戊戌	庚辰

年柱 辛亥　2031年（令和13年）2月4日9時25分～

期間	月柱
2月4日 9:25～ 3月6日 2:50	庚寅
3月6日 2:51～ 4月5日 7:28	辛卯
4月5日 7:29～ 5月6日 0:34	壬辰
5月6日 0:35～ 6月6日 4:35	癸巳
6月6日 4:36～ 7月7日14:48	甲午
7月7日14:49～ 8月8日 0:43	乙未

月柱 庚寅（2月4日 9:25～3月6日 2:50）

生日	日柱	男	女
2:4	乙$_3$亥	0	10
2:5	丙$_3$子	0	10
2:6	丁$_3$丑	1	9
2:7	戊$_3$寅	1	9
2:8	己$_3$卯	1	9
2:9	庚$_3$辰	2	8
2:10	辛$_3$巳	2	8
2:11	壬$_1$午	2	8
2:12	癸$_1$未	3	7
2:13	甲$_1$申	3	7
2:14	乙$_1$酉	3	7
2:15	丙$_2$戌	4	6
2:16	丁$_2$亥	4	6
2:17	戊$_3$子	4	6
2:18	己$_3$丑	5	5
2:19	庚$_3$寅	5	5
2:20	辛$_1$卯	5	5
2:21	壬$_1$辰	6	4
2:22	癸$_1$巳	6	4
2:23	甲$_1$午	6	4
2:24	乙$_1$未	7	3
2:25	丙$_3$申	7	3
2:26	丁$_3$酉	7	3
2:27	戊$_3$戌	8	2
2:28	己$_3$亥	8	2
3:1	庚$_3$子	8	2
3:2	辛$_1$丑	9	1
3:3	壬$_1$寅	9	1
3:4	癸$_1$卯	9	1
3:5	甲$_3$辰	10	0
3:6	乙$_3$巳	10	0

月柱 辛卯（3月6日 2:51～4月5日 7:28）

生日	日柱	男	女
3:6	乙$_3$巳	0	10
3:7	丙$_3$午	0	10
3:8	丁$_3$未	1	9
3:9	戊$_3$申	1	9
3:10	己$_3$酉	1	9
3:11	庚$_3$戌	2	8
3:12	辛$_3$亥	2	8
3:13	壬$_1$子	2	8
3:14	癸$_1$丑	3	7
3:15	甲$_1$寅	3	7
3:16	乙$_1$卯	3	7
3:17	丙$_2$辰	4	6
3:18	丁$_2$巳	4	6
3:19	戊$_3$午	4	6
3:20	己$_3$未	5	5
3:21	庚$_3$申	5	5
3:22	辛$_1$酉	5	5
3:23	壬$_1$戌	6	4
3:24	癸$_1$亥	6	4
3:25	甲$_1$子	6	4
3:26	乙$_1$丑	7	3
3:27	丙$_3$寅	7	3
3:28	丁$_3$卯	7	3
3:29	戊$_3$辰	8	2
3:30	己$_3$巳	8	2
3:31	庚$_3$午	8	2
4:1	辛$_1$未	9	1
4:2	壬$_1$申	9	1
4:3	癸$_1$酉	9	1
4:4	甲$_3$戌	10	0
4:5	乙$_3$亥	10	0

月柱 壬辰（4月5日 7:29～5月6日 0:34）

生日	日柱	男	女
4:5	乙$_3$亥	0	10
4:6	丙$_3$子	0	10
4:7	丁$_3$丑	1	10
4:8	戊$_3$寅	1	9
4:9	己$_3$卯	1	9
4:10	庚$_3$辰	2	9
4:11	辛$_3$巳	2	8
4:12	壬$_1$午	2	8
4:13	癸$_1$未	3	8
4:14	甲$_1$申	3	7
4:15	乙$_1$酉	3	7
4:16	丙$_2$戌	4	7
4:17	丁$_2$亥	4	6
4:18	戊$_3$子	4	6
4:19	己$_3$丑	5	6
4:20	庚$_3$寅	5	5
4:21	辛$_1$卯	5	5
4:22	壬$_1$辰	6	5
4:23	癸$_1$巳	6	4
4:24	甲$_1$午	6	4
4:25	乙$_1$未	7	4
4:26	丙$_3$申	7	3
4:27	丁$_3$酉	7	3
4:28	戊$_3$戌	8	3
4:29	己$_3$亥	8	2
4:30	庚$_3$子	8	2
5:1	辛$_1$丑	9	2
5:2	壬$_1$寅	9	1
5:3	癸$_1$卯	9	1
5:4	甲$_3$辰	10	1
5:5	乙$_3$巳	10	0
5:6	丙$_3$午	10	0

月柱 癸巳（5月6日 0:35～6月6日 4:35）

生日	日柱	男	女
5:6	丙$_3$午	0	10
5:7	丁$_3$未	0	10
5:8	戊$_3$申	1	10
5:9	己$_3$酉	1	9
5:10	庚$_3$戌	1	9
5:11	辛$_3$亥	2	9
5:12	壬$_1$子	2	8
5:13	癸$_1$丑	2	8
5:14	甲$_1$寅	3	8
5:15	乙$_1$卯	3	7
5:16	丙$_2$辰	3	7
5:17	丁$_2$巳	4	7
5:18	戊$_3$午	4	6
5:19	己$_3$未	4	6
5:20	庚$_3$申	5	6
5:21	辛$_1$酉	5	5
5:22	壬$_1$戌	5	5
5:23	癸$_1$亥	6	5
5:24	甲$_1$子	6	4
5:25	乙$_2$丑	6	4
5:26	丙$_3$寅	7	4
5:27	丁$_3$卯	7	3
5:28	戊$_3$辰	7	3
5:29	己$_3$巳	8	3
5:30	庚$_3$午	8	2
5:31	辛$_2$未	8	2
6:1	壬$_1$申	9	2
6:2	癸$_1$酉	9	1
6:3	甲$_2$戌	9	1
6:4	乙$_2$亥	10	1
6:5	丙$_2$子	10	0
6:6	丁$_2$丑	10	0

月柱 甲午（6月6日 4:36～7月7日14:48）

生日	日柱	男	女
6:6	丁$_1$丑	0	10
6:7	戊$_2$寅	0	10
6:8	己$_2$卯	1	10
6:9	庚$_3$辰	1	9
6:10	辛$_2$巳	1	9
6:11	壬$_2$午	2	9
6:12	癸$_1$未	2	8
6:13	甲$_2$申	2	8
6:14	乙$_2$酉	3	8
6:15	丙$_2$戌	3	7
6:16	丁$_1$亥	3	7
6:17	戊$_2$子	4	7
6:18	己$_3$丑	4	6
6:19	庚$_2$寅	4	6
6:20	辛$_2$卯	5	6
6:21	壬$_1$辰	5	5
6:22	癸$_2$巳	5	5
6:23	甲$_2$午	6	5
6:24	乙$_2$未	6	4
6:25	丙$_2$申	6	4
6:26	丁$_1$酉	7	4
6:27	戊$_1$戌	7	3
6:28	己$_2$亥	7	3
6:29	庚$_2$子	8	3
6:30	辛$_2$丑	8	2
7:1	壬$_2$寅	8	2
7:2	癸$_1$卯	9	2
7:3	甲$_2$辰	9	1
7:4	乙$_2$巳	9	1
7:5	丙$_2$午	10	1
7:6	丁$_1$未	10	0
7:7	戊$_3$申	10	0

月柱 乙未（7月7日14:49～8月8日 0:43）

生日	日柱	男	女
7:7	戊$_3$申	0	11
7:8	己$_2$酉	0	10
7:9	庚$_1$戌	1	10
7:10	辛$_1$亥	1	9
7:11	壬$_1$子	1	9
7:12	癸$_1$丑	2	9
7:13	甲$_1$寅	2	8
7:14	乙$_1$卯	2	8
7:15	丙$_1$辰	3	8
7:16	丁$_1$巳	3	8
7:17	戊$_1$午	3	7
7:18	己$_1$未	4	7
7:19	庚$_1$申	4	7
7:20	辛$_1$酉	4	6
7:21	壬$_2$戌	5	6
7:22	癸$_1$亥	5	5
7:23	甲$_1$子	5	5
7:24	乙$_1$丑	6	5
7:25	丙$_1$寅	6	5
7:26	丁$_1$卯	6	4
7:27	戊$_1$辰	7	4
7:28	己$_1$巳	7	3
7:29	庚$_2$午	7	3
7:30	辛$_1$未	8	3
7:31	壬$_1$申	8	2
8:1	癸$_1$酉	8	2
8:2	甲$_1$戌	9	2
8:3	乙$_1$亥	9	1
8:4	丙$_1$子	9	1
8:5	丁$_1$丑	10	1
8:6	戊$_2$寅	10	0
8:7	己$_1$卯	10	0
8:8	庚$_1$辰	11	0

立運（大運）表

歳	庚寅 男	庚寅 女	辛卯 男	辛卯 女	壬辰 男	壬辰 女	癸巳 男	癸巳 女	甲午 男	甲午 女	乙未 男	乙未 女
0	己丑	辛卯	庚寅	壬辰	辛卯	癸巳	壬辰	甲午	癸巳	乙未	甲午	丙申
10	戊子	壬辰	己丑	癸巳	庚寅	甲午	辛卯	乙未	壬辰	丙申	癸巳	丁酉
20	丁亥	癸巳	戊子	甲午	己丑	乙未	庚寅	丙申	辛卯	丁酉	壬辰	戊戌
30	丙戌	甲午	丁亥	乙未	戊子	丙申	己丑	丁酉	庚寅	戊戌	辛卯	己亥
40	乙酉	乙未	丙戌	丙申	丁亥	丁酉	戊子	戊戌	己丑	己亥	庚寅	庚子
50	甲申	丙申	乙酉	丁酉	丙戌	戊戌	丁亥	己亥	戊子	庚子	己丑	辛丑
60	癸未	丁酉	甲申	戊戌	乙酉	己亥	丙戌	庚子	丁亥	辛丑	戊子	壬寅
70	壬午	戊戌	癸未	己亥	甲申	庚子	乙酉	辛丑	丙戌	壬寅	丁亥	癸卯
80	辛巳	己亥	壬午	庚子	癸未	辛丑	甲申	壬寅	乙酉	癸卯	丙戌	甲辰

～2032年（令和14年）2月4日14時48分

月柱 丙申（8月8日 0:44～ 9月8日 3:50）

生日	日柱	男	女
8 8	庚$_1$辰	0	10
8 9	辛$_1$巳	0	10
8 10	壬$_1$午	1	10
8 11	癸$_1$未	1	9
8 12	甲$_3$申	1	9
8 13	乙$_3$酉	2	9
8 14	丙$_3$戌	2	8
8 15	丁$_1$亥	2	8
8 16	戊$_1$子	3	8
8 17	己$_2$丑	3	7
8 18	庚$_1$寅	3	7
8 19	辛$_1$卯	4	7
8 20	壬$_1$辰	4	6
8 21	癸$_1$巳	4	6
8 22	甲$_3$午	5	6
8 23	乙$_3$未	5	5
8 24	丙$_3$申	5	5
8 25	丁$_1$酉	6	5
8 26	戊$_2$戌	6	4
8 27	己$_1$亥	6	4
8 28	庚$_1$子	7	4
8 29	辛$_1$丑	7	3
8 30	壬$_1$寅	7	3
8 31	癸$_1$卯	8	3
9 1	甲$_3$辰	8	2
9 2	乙$_3$巳	8	2
9 3	丙$_2$午	9	2
9 4	丁$_3$未	9	1
9 5	戊$_3$申	9	1
9 6	己$_3$酉	10	1
9 7	庚$_1$戌	10	0
9 8	辛$_1$亥	10	0

月柱 丁酉（9月8日 3:51～ 10月8日19:43）

生日	日柱	男	女
9 8	辛$_1$亥	0	10
9 9	壬$_1$子	0	10
9 10	癸$_1$丑	1	9
9 11	甲$_2$寅	1	9
9 12	乙$_1$卯	1	9
9 13	丙$_3$辰	2	8
9 14	丁$_1$巳	2	8
9 15	戊$_1$午	2	8
9 16	己$_1$未	3	7
9 17	庚$_1$申	3	7
9 18	辛$_1$酉	3	7
9 19	壬$_1$戌	4	6
9 20	癸$_1$亥	4	6
9 21	甲$_2$子	4	6
9 22	乙$_3$丑	5	5
9 23	丙$_2$寅	5	5
9 24	丁$_2$卯	5	5
9 25	戊$_3$辰	6	4
9 26	己$_2$巳	6	4
9 27	庚$_1$午	6	4
9 28	辛$_1$未	7	3
9 29	壬$_1$申	7	3
9 30	癸$_1$酉	7	3
10 1	甲$_3$戌	8	2
10 2	乙$_2$亥	8	2
10 3	丙$_3$子	8	2
10 4	丁$_3$丑	9	1
10 5	戊$_3$寅	9	1
10 6	己$_3$卯	9	1
10 7	庚$_1$辰	10	0
10 8	辛$_1$巳	10	0

月柱 戊戌（10月8日19:44～ 11月7日23:05）

生日	日柱	男	女
10 8	辛$_1$巳	0	10
10 9	壬$_1$午	0	10
10 10	癸$_1$未	1	9
10 11	甲$_1$申	1	9
10 12	乙$_1$酉	1	9
10 13	丙$_3$戌	2	8
10 14	丁$_1$亥	2	8
10 15	戊$_1$子	2	8
10 16	己$_1$丑	3	7
10 17	庚$_1$寅	3	7
10 18	辛$_1$卯	3	7
10 19	壬$_2$辰	4	6
10 20	癸$_2$巳	4	6
10 21	甲$_3$午	4	6
10 22	乙$_1$未	5	5
10 23	丙$_1$申	5	5
10 24	丁$_1$酉	5	5
10 25	戊$_1$戌	6	4
10 26	己$_1$亥	6	4
10 27	庚$_1$子	6	4
10 28	辛$_1$丑	7	3
10 29	壬$_1$寅	7	3
10 30	癸$_1$卯	7	3
10 31	甲$_3$辰	8	2
11 1	乙$_3$巳	8	2
11 2	丙$_2$午	8	2
11 3	丁$_3$未	9	1
11 4	戊$_3$申	9	1
11 5	己$_1$酉	9	1
11 6	庚$_1$戌	10	0
11 7	辛$_1$亥	10	0

月柱 己亥（11月7日23:06～ 12月7日16:03）

生日	日柱	男	女
11 7	辛$_2$亥	0	10
11 8	壬$_1$子	0	10
11 9	癸$_1$丑	1	9
11 10	甲$_1$寅	1	9
11 11	乙$_1$卯	1	9
11 12	丙$_3$辰	2	8
11 13	丁$_1$巳	2	8
11 14	戊$_2$午	2	8
11 15	己$_1$未	3	7
11 16	庚$_1$申	3	7
11 17	辛$_1$酉	3	7
11 18	壬$_1$戌	4	6
11 19	癸$_1$亥	4	6
11 20	甲$_1$子	4	6
11 21	乙$_1$丑	5	5
11 22	丙$_1$寅	5	5
11 23	丁$_1$卯	5	5
11 24	戊$_1$辰	6	4
11 25	己$_1$巳	6	4
11 26	庚$_2$午	6	4
11 27	辛$_1$未	7	3
11 28	壬$_1$申	7	3
11 29	癸$_1$酉	7	3
11 30	甲$_1$戌	8	2
12 1	乙$_2$亥	8	2
12 2	丙$_3$子	8	2
12 3	丁$_3$丑	9	1
12 4	戊$_3$寅	9	1
12 5	己$_3$卯	9	1
12 6	庚$_1$辰	10	0
12 7	辛$_2$巳	10	0

月柱 庚子（12月7日16:04～ 1月6日 3:16）

生日	日柱	男	女
12 7	辛$_2$巳	0	10
12 8	壬$_1$午	0	10
12 9	癸$_1$未	1	9
12 10	甲$_1$申	1	9
12 11	乙$_1$酉	1	9
12 12	丙$_3$戌	2	8
12 13	丁$_1$亥	2	8
12 14	戊$_3$子	2	8
12 15	己$_1$丑	3	7
12 16	庚$_1$寅	3	7
12 17	辛$_1$卯	3	7
12 18	壬$_1$辰	4	6
12 19	癸$_1$巳	4	6
12 20	甲$_2$午	4	6
12 21	乙$_1$未	5	5
12 22	丙$_1$申	5	5
12 23	丁$_1$酉	5	5
12 24	戊$_3$戌	6	4
12 25	己$_2$亥	6	4
12 26	庚$_1$子	6	4
12 27	辛$_2$丑	7	3
12 28	壬$_1$寅	7	3
12 29	癸$_1$卯	7	3
12 30	甲$_2$辰	8	2
12 31	乙$_1$巳	8	2
1 1	丙$_3$午	8	2
1 2	丁$_3$未	9	1
1 3	戊$_3$申	9	1
1 4	己$_1$酉	9	1
1 5	庚$_1$戌	10	0
1 6	辛$_2$亥	10	0

月柱 辛丑（1月6日 3:17～ 2月4日14:48）

生日	日柱	男	女
1 6	辛$_1$亥	0	10
1 7	壬$_1$子	0	9
1 8	癸$_1$丑	1	9
1 9	甲$_2$寅	1	9
1 10	乙$_1$卯	1	8
1 11	丙$_3$辰	2	8
1 12	丁$_1$巳	2	8
1 13	戊$_2$午	2	7
1 14	己$_1$未	3	7
1 15	庚$_1$申	3	7
1 16	辛$_1$酉	3	6
1 17	壬$_1$戌	4	6
1 18	癸$_1$亥	4	6
1 19	甲$_2$子	4	5
1 20	乙$_3$丑	5	5
1 21	丙$_3$寅	5	5
1 22	丁$_1$卯	5	4
1 23	戊$_2$辰	6	4
1 24	己$_2$巳	6	4
1 25	庚$_1$午	6	3
1 26	辛$_1$未	7	3
1 27	壬$_1$申	7	2
1 28	癸$_1$酉	7	2
1 29	甲$_3$戌	8	2
1 30	乙$_2$亥	8	2
1 31	丙$_3$子	8	1
2 1	丁$_3$丑	9	1
2 2	戊$_3$寅	9	1
2 3	己$_3$卯	9	0
2 4	庚$_1$辰	10	0

立運（丙申）

歳	男	歳	女
0	乙未	0	丁酉
10	甲午	10	戊戌
20	癸巳	20	己亥
30	壬辰	30	庚子
40	辛卯	40	辛丑
50	庚寅	50	壬寅
60	己丑	60	癸卯
70	戊子	70	甲辰
80	丁亥	80	乙巳

立運（丁酉）

歳	男	歳	女
0	丙申	0	戊戌
10	乙未	10	己亥
20	甲午	20	庚子
30	癸巳	30	辛丑
40	壬辰	40	壬寅
50	辛卯	50	癸卯
60	庚寅	60	甲辰
70	己丑	70	乙巳
80	戊子	80	丙午

立運（戊戌）

歳	男	歳	女
0	丁酉	0	己亥
10	丙申	10	庚子
20	乙未	20	辛丑
30	甲午	30	壬寅
40	癸巳	40	癸卯
50	壬辰	50	甲辰
60	辛卯	60	乙巳
70	庚寅	70	丙午
80	己丑	80	丁未

立運（己亥）

歳	男	歳	女
0	戊戌	0	庚子
10	丁酉	10	辛丑
20	丙申	20	壬寅
30	乙未	30	癸卯
40	甲午	40	甲辰
50	癸巳	50	乙巳
60	壬辰	60	丙午
70	辛卯	70	丁未
80	庚寅	80	戊申

立運（庚子）

歳	男	歳	女
0	己亥	0	辛丑
10	戊戌	10	壬寅
20	丁酉	20	癸卯
30	丙申	30	甲辰
40	乙未	40	乙巳
50	甲午	50	丙午
60	癸巳	60	丁未
70	壬辰	70	戊申
80	辛卯	80	己酉

立運（辛丑）

歳	男	歳	女
0	庚子	0	壬寅
10	己亥	10	癸卯
20	戊戌	20	甲辰
30	丁酉	30	乙巳
40	丙申	40	丙午
50	乙未	50	丁未
60	甲午	60	戊申
70	癸巳	70	己酉
80	壬辰	80	庚戌

年柱 壬子 — 2032年（令和14年）2月4日14時49分～

月柱	期間
壬寅	2月4日14:49～3月5日8:40
癸卯	3月5日8:41～4月4日13:17
甲辰	4月4日13:18～5月5日6:25
乙巳	5月5日6:26～6月5日10:27
丙午	6月5日10:28～7月6日20:41
丁未	7月6日20:42～8月7日6:33

各月柱ごとに「生日・日柱・立運年齢（男／女）」を示す。

生日(壬寅)	日柱	男	女	生日(癸卯)	日柱	男	女	生日(甲辰)	日柱	男	女	生日(乙巳)	日柱	男	女	生日(丙午)	日柱	男	女	生日(丁未)	日柱	男	女
2/4	庚$_3$辰	10	0	3/5	庚$_1$戌	10	0	4/4	庚$_3$辰	10	0	5/5	辛$_3$亥	10	0	6/5	壬$_3$午	10	0	7/6	癸$_3$丑	11	0
2/5	辛$_3$巳	10	0	3/6	辛$_3$亥	10	0	4/5	辛$_3$巳	10	0	5/6	壬$_3$子	10	0	6/6	癸$_2$未	10	0	7/7	甲$_1$寅	10	0
2/6	壬$_1$午	9	1	3/7	壬$_1$子	9	1	4/6	壬$_3$午	10	1	5/7	癸$_2$丑	10	1	6/7	甲$_2$申	10	1	7/8	乙$_2$卯	10	1
2/7	癸$_3$未	9	1	3/8	癸$_1$丑	9	1	4/7	癸$_3$未	9	1	5/8	甲$_1$寅	9	1	6/8	乙$_2$酉	9	1	7/9	丙$_2$辰	10	1
2/8	甲$_1$申	9	1	3/9	甲$_1$寅	9	1	4/8	甲$_1$申	9	1	5/9	乙$_3$卯	9	2	6/9	丙$_3$戌	9	2	7/10	丁$_1$巳	9	1
2/9	乙$_3$酉	8	2	3/10	乙$_1$卯	8	2	4/9	乙$_3$酉	9	2	5/10	丙$_3$辰	9	2	6/10	丁$_3$亥	9	2	7/11	戊$_3$午	9	2
2/10	丙$_3$戌	8	2	3/11	丙$_3$辰	8	2	4/10	丙$_3$戌	8	2	5/11	丁$_3$巳	8	2	6/11	戊$_3$子	8	2	7/12	己$_1$未	9	2
2/11	丁$_3$亥	8	2	3/12	丁$_1$巳	8	2	4/11	丁$_3$亥	8	2	5/12	戊$_3$午	8	2	6/12	己$_3$丑	8	2	7/13	庚$_3$申	8	2
2/12	戊$_3$子	7	3	3/13	戊$_3$午	7	3	4/12	戊$_3$子	7	3	5/13	己$_3$未	8	3	6/13	庚$_3$寅	8	3	7/14	辛$_3$酉	8	3
2/13	己$_3$丑	7	3	3/14	己$_1$未	7	3	4/13	己$_3$丑	7	3	5/14	庚$_3$申	7	3	6/14	辛$_3$卯	7	3	7/15	壬$_3$戌	8	3
2/14	庚$_3$寅	7	3	3/15	庚$_3$申	7	3	4/14	庚$_3$寅	7	3	5/15	辛$_3$酉	7	3	6/15	壬$_3$辰	7	3	7/16	癸$_3$亥	7	3
2/15	辛$_3$卯	6	4	3/16	辛$_3$酉	6	4	4/15	辛$_3$卯	6	4	5/16	壬$_3$戌	7	4	6/16	癸$_3$巳	7	4	7/17	甲$_1$子	7	4
2/16	壬$_1$辰	6	4	3/17	壬$_3$戌	6	4	4/16	壬$_2$辰	6	4	5/17	癸$_3$亥	6	4	6/17	甲$_3$午	6	4	7/18	乙$_1$丑	7	4
2/17	癸$_1$巳	6	4	3/18	癸$_3$亥	6	4	4/17	癸$_2$巳	6	4	5/18	甲$_2$子	6	4	6/18	乙$_2$未	6	4	7/19	丙$_1$寅	6	4
2/18	甲$_1$午	5	5	3/19	甲$_1$子	5	5	4/18	甲$_1$午	5	5	5/19	乙$_2$丑	6	5	6/19	丙$_3$申	6	5	7/20	丁$_1$卯	6	5
2/19	乙$_3$未	5	5	3/20	乙$_1$丑	5	5	4/19	乙$_3$未	5	5	5/20	丙$_3$寅	5	5	6/20	丁$_3$酉	5	5	7/21	戊$_3$辰	6	5
2/20	丙$_3$申	5	5	3/21	丙$_2$寅	5	5	4/20	丙$_3$申	5	5	5/21	丁$_3$卯	5	5	6/21	戊$_1$戌	5	5	7/22	己$_1$巳	5	5
2/21	丁$_3$酉	4	6	3/22	丁$_3$卯	4	6	4/21	丁$_3$酉	4	6	5/22	戊$_3$辰	5	6	6/22	己$_3$亥	5	6	7/23	庚$_3$午	5	6
2/22	戊$_3$戌	4	6	3/23	戊$_3$辰	4	6	4/22	戊$_3$戌	4	6	5/23	己$_3$巳	4	6	6/23	庚$_3$子	4	6	7/24	辛$_3$未	5	6
2/23	己$_3$亥	4	6	3/24	己$_3$巳	4	6	4/23	己$_3$亥	4	6	5/24	庚$_3$午	4	6	6/24	辛$_3$丑	4	6	7/25	壬$_1$申	4	6
2/24	庚$_3$子	3	7	3/25	庚$_3$午	3	7	4/24	庚$_3$子	3	7	5/25	辛$_3$未	4	6	6/25	壬$_3$寅	4	6	7/26	癸$_3$酉	4	7
2/25	辛$_3$丑	3	7	3/26	辛$_3$未	3	7	4/25	辛$_3$丑	3	7	5/26	壬$_2$申	3	7	6/26	癸$_3$卯	3	7	7/27	甲$_3$戌	3	7
2/26	壬$_3$寅	3	7	3/27	壬$_3$申	3	7	4/26	壬$_3$寅	3	7	5/27	癸$_2$酉	3	7	6/27	甲$_2$辰	3	7	7/28	乙$_3$亥	3	7
2/27	癸$_3$卯	2	8	3/28	癸$_3$酉	2	8	4/27	癸$_2$卯	2	8	5/28	甲$_1$戌	3	7	6/28	乙$_2$巳	3	7	7/29	丙$_2$子	3	8
2/28	甲$_1$辰	2	8	3/29	甲$_1$戌	2	8	4/28	甲$_1$辰	2	8	5/29	乙$_3$亥	2	8	6/29	丙$_1$午	3	8	7/30	丁$_1$丑	3	8
2/29	乙$_1$巳	2	8	3/30	乙$_1$亥	2	8	4/29	乙$_1$巳	2	8	5/30	丙$_3$子	2	8	6/30	丁$_3$未	2	8	7/31	戊$_1$寅	2	8
3/1	丙$_2$午	1	9	3/31	丙$_3$子	1	9	4/30	丙$_3$午	1	9	5/31	丁$_3$丑	1	9	7/1	戊$_1$申	2	9	8/1	己$_3$卯	2	9
3/2	丁$_3$未	1	9	4/1	丁$_3$丑	1	9	5/1	丁$_3$未	1	9	6/1	戊$_3$寅	1	9	7/2	己$_2$酉	1	9	8/2	庚$_3$辰	2	9
3/3	戊$_3$申	1	9	4/2	戊$_3$寅	1	9	5/2	戊$_3$申	1	9	6/2	己$_2$卯	1	9	7/3	庚$_3$戌	1	9	8/3	辛$_1$巳	1	9
3/4	己$_3$酉	0	10	4/3	己$_3$卯	0	10	5/3	己$_3$酉	1	10	6/3	庚$_3$辰	1	10	7/4	辛$_3$亥	1	10	8/4	壬$_1$午	1	10
3/5	庚$_3$戌	0	10	4/4	庚$_3$辰	0	10	5/4	庚$_2$戌	0	10	6/4	辛$_3$巳	0	10	7/5	壬$_1$子	0	10	8/5	癸$_3$未	1	10
																7/6	癸$_3$丑	0	10	8/6	甲$_2$申	0	11
																				8/7	乙$_2$酉	0	11

立運年齢・大運表

歳	男	歳	女	歳	男	歳	女	歳	男	歳	女	歳	男	歳	女	歳	男	歳	女	歳	男	歳	女
0	癸卯	0	辛丑	0	甲辰	0	壬寅	0	乙巳	0	癸卯	0	丙午	0	甲辰	0	丁未	0	乙巳	0	戊申	0	丙午
10	甲辰	10	庚子	10	乙巳	10	辛丑	10	丙午	10	壬寅	10	丁未	10	癸卯	10	戊申	10	甲辰	10	己酉	10	乙巳
20	乙巳	20	己亥	20	丙午	20	庚子	20	丁未	20	辛丑	20	戊申	20	壬寅	20	己酉	20	癸卯	20	庚戌	20	甲辰
30	丙午	30	戊戌	30	丁未	30	己亥	30	戊申	30	庚子	30	己酉	30	辛丑	30	庚戌	30	壬寅	30	辛亥	30	癸卯
40	丁未	40	丁酉	40	戊申	40	戊戌	40	己酉	40	己亥	40	庚戌	40	庚子	40	辛亥	40	辛丑	40	壬子	40	壬寅
50	戊申	50	丙申	50	己酉	50	丁酉	50	庚戌	50	戊戌	50	辛亥	50	己亥	50	壬子	50	庚子	50	癸丑	50	辛丑
60	己酉	60	乙未	60	庚戌	60	丙申	60	辛亥	60	丁酉	60	壬子	60	戊戌	60	癸丑	60	己亥	60	甲寅	60	庚子
70	庚戌	70	甲午	70	辛亥	70	乙未	70	壬子	70	丙申	70	癸丑	70	丁酉	70	甲寅	70	戊戌	70	乙卯	70	己亥
80	辛亥	80	癸巳	80	壬子	80	甲午	80	癸丑	80	乙未	80	甲寅	80	丙申	80	乙卯	80	丁酉	80	丙辰	80	戊戌

～2033年（令和15年）2月3日20時42分

戊申　8月7日 6:34～ 9月7日 9:38

生日	日柱	男	女
8/7	乙$_3$酉	10	0
8/8	丙$_3$戌	10	0
8/9	丁$_3$亥	10	1
8/10	戊$_3$子	9	1
8/11	己$_2$丑	9	1
8/12	庚$_1$寅	9	2
8/13	辛$_1$卯	8	2
8/14	壬$_1$辰	8	2
8/15	癸$_1$巳	8	3
8/16	甲$_2$午	7	3
8/17	乙$_2$未	7	3
8/18	丙$_3$申	7	4
8/19	丁$_3$酉	6	4
8/20	戊$_2$戌	6	4
8/21	己$_1$亥	6	5
8/22	庚$_1$子	5	5
8/23	辛$_1$丑	5	5
8/24	壬$_1$寅	5	6
8/25	癸$_1$卯	4	6
8/26	甲$_2$辰	4	6
8/27	乙$_2$巳	4	7
8/28	丙$_3$午	3	7
8/29	丁$_3$未	3	7
8/30	戊$_3$申	3	8
8/31	己$_2$酉	2	8
9/1	庚$_1$戌	2	8
9/2	辛$_1$亥	2	9
9/3	壬$_1$子	1	9
9/4	癸$_1$丑	1	9
9/5	甲$_2$寅	1	10
9/6	乙$_3$卯	0	10
9/7	丙$_3$辰	0	10

己酉　9月7日 9:39～ 10月8日 1:30

生日	日柱	男	女
9/7	丙$_3$辰	10	0
9/8	丁$_3$巳	10	0
9/9	戊$_2$午	10	1
9/10	己$_2$未	9	1
9/11	庚$_1$申	9	1
9/12	辛$_1$酉	9	2
9/13	壬$_1$戌	8	2
9/14	癸$_1$亥	8	2
9/15	甲$_1$子	8	3
9/16	乙$_2$丑	7	3
9/17	丙$_2$寅	7	3
9/18	丁$_2$卯	7	4
9/19	戊$_2$辰	6	4
9/20	己$_2$巳	6	5
9/21	庚$_1$午	6	5
9/22	辛$_1$未	5	5
9/23	壬$_1$申	5	5
9/24	癸$_1$酉	5	6
9/25	甲$_2$戌	4	6
9/26	乙$_2$亥	4	6
9/27	丙$_2$子	4	7
9/28	丁$_3$丑	3	7
9/29	戊$_3$寅	3	7
9/30	己$_3$卯	3	8
10/1	庚$_3$辰	2	8
10/2	辛$_3$巳	2	8
10/3	壬$_1$午	2	9
10/4	癸$_1$未	1	9
10/5	甲$_1$申	1	9
10/6	乙$_2$酉	1	10
10/7	丙$_3$戌	0	10
10/8	丁$_3$亥	0	10

庚戌　10月8日 1:31～ 11月7日 4:54

生日	日柱	男	女
10/8	丁$_3$亥	10	0
10/9	戊$_3$子	10	0
10/10	己$_1$丑	9	1
10/11	庚$_1$寅	9	1
10/12	辛$_1$卯	9	1
10/13	壬$_1$辰	8	2
10/14	癸$_1$巳	8	2
10/15	甲$_2$午	8	2
10/16	乙$_2$未	7	3
10/17	丙$_2$申	7	3
10/18	丁$_2$酉	7	3
10/19	戊$_2$戌	6	4
10/20	己$_2$亥	6	4
10/21	庚$_1$子	6	4
10/22	辛$_1$丑	5	5
10/23	壬$_1$寅	5	5
10/24	癸$_1$卯	5	5
10/25	甲$_2$辰	4	6
10/26	乙$_2$巳	4	6
10/27	丙$_3$午	3	7
10/28	丁$_3$未	3	7
10/29	戊$_3$申	3	7
10/30	己$_3$酉	2	8
10/31	庚$_1$戌	2	8
11/1	辛$_1$亥	2	8
11/2	壬$_1$子	2	8
11/3	癸$_1$丑	1	9
11/4	甲$_1$寅	1	9
11/5	乙$_1$卯	1	9
11/6	丙$_3$辰	0	10
11/7	丁$_3$巳	0	10

辛亥　11月7日 4:55～ 12月6日 21:53

生日	日柱	男	女
11/7	丁$_3$巳	10	0
11/8	戊$_3$午	9	0
11/9	己$_1$未	9	1
11/10	庚$_1$申	9	1
11/11	辛$_1$酉	8	1
11/12	壬$_1$戌	8	2
11/13	癸$_1$亥	8	2
11/14	甲$_2$子	7	2
11/15	乙$_1$丑	7	3
11/16	丙$_1$寅	7	3
11/17	丁$_1$卯	6	3
11/18	戊$_1$辰	6	4
11/19	己$_1$巳	6	4
11/20	庚$_1$午	6	4
11/21	辛$_1$未	5	5
11/22	壬$_1$申	5	5
11/23	癸$_1$酉	4	5
11/24	甲$_1$戌	4	6
11/25	乙$_1$亥	4	6
11/26	丙$_3$子	3	7
11/27	丁$_1$丑	3	7
11/28	戊$_1$寅	3	7
11/29	己$_1$卯	3	7
11/30	庚$_2$辰	2	8
12/1	辛$_1$巳	2	8
12/2	壬$_1$午	2	8
12/3	癸$_1$未	1	9
12/4	甲$_1$申	1	9
12/5	乙$_1$酉	0	9
12/6	丙$_3$戌	0	10

壬子　12月6日 21:54～ 1月5日 9:08

生日	日柱	男	女
12/6	丙$_3$戌	10	0
12/7	丁$_3$亥	10	0
12/8	戊$_3$子	9	1
12/9	己$_3$丑	9	1
12/10	庚$_1$寅	9	1
12/11	辛$_1$卯	8	2
12/12	壬$_1$辰	8	2
12/13	癸$_1$巳	8	2
12/14	甲$_1$午	7	3
12/15	乙$_2$未	7	3
12/16	丙$_3$申	7	3
12/17	丁$_3$酉	6	4
12/18	戊$_3$戌	6	4
12/19	己$_3$亥	6	4
12/20	庚$_3$子	5	5
12/21	辛$_3$丑	5	5
12/22	壬$_1$寅	5	5
12/23	癸$_1$卯	4	6
12/24	甲$_1$辰	4	6
12/25	乙$_2$巳	4	6
12/26	丙$_3$午	3	7
12/27	丁$_3$未	3	7
12/28	戊$_3$申	3	7
12/29	己$_3$酉	2	8
12/30	庚$_3$戌	2	8
12/31	辛$_3$亥	2	8
1/1	壬$_1$子	1	9
1/2	癸$_1$丑	1	9
1/3	甲$_1$寅	1	9
1/4	乙$_1$卯	0	10
1/5	丙$_3$辰	0	10

癸丑　1月5日 9:09～ 2月3日 20:42

生日	日柱	男	女
1/5	丙$_3$辰	10	0
1/6	丁$_3$巳	9	0
1/7	戊$_2$午	9	1
1/8	己$_2$未	9	1
1/9	庚$_1$申	8	1
1/10	辛$_1$酉	8	2
1/11	壬$_1$戌	8	2
1/12	癸$_1$亥	7	2
1/13	甲$_1$子	7	3
1/14	乙$_2$丑	7	3
1/15	丙$_2$寅	6	3
1/16	丁$_3$卯	6	4
1/17	戊$_2$辰	6	4
1/18	己$_2$巳	5	4
1/19	庚$_3$午	5	5
1/20	辛$_1$未	5	5
1/21	壬$_1$申	4	5
1/22	癸$_1$酉	4	6
1/23	甲$_1$戌	4	6
1/24	乙$_1$亥	3	6
1/25	丙$_3$子	3	7
1/26	丁$_1$丑	3	7
1/27	戊$_2$寅	2	7
1/28	己$_2$卯	2	8
1/29	庚$_2$辰	2	8
1/30	辛$_1$巳	1	8
1/31	壬$_1$午	1	9
2/1	癸$_1$未	1	9
2/2	甲$_1$申	0	9
2/3	乙$_1$酉	0	10

立運表

歳	男	歳	女	歳	男	歳	女	歳	男	歳	女	歳	男	歳	女	歳	男	歳	女	歳	男	歳	女
0	己酉	0	丁未	0	庚戌	0	戊申	0	辛亥	0	己酉	0	壬子	0	庚戌	0	癸丑	0	辛亥	0	甲寅	0	壬子
10	庚戌	10	丙午	10	辛亥	10	丁未	10	壬子	10	戊申	10	癸丑	10	己酉	10	甲寅	10	庚戌	10	乙卯	10	辛亥
20	辛亥	20	乙巳	20	壬子	20	丙午	20	癸丑	20	丁未	20	甲寅	20	戊申	20	乙卯	20	己酉	20	丙辰	20	庚戌
30	壬子	30	甲辰	30	癸丑	30	乙巳	30	甲寅	30	丙午	30	乙卯	30	丁未	30	丙辰	30	戊申	30	丁巳	30	己酉
40	癸丑	40	癸卯	40	甲寅	40	甲辰	40	乙卯	40	乙巳	40	丙辰	40	丙午	40	丁巳	40	丁未	40	戊午	40	戊申
50	甲寅	50	壬寅	50	乙卯	50	癸卯	50	丙辰	50	甲辰	50	丁巳	50	乙巳	50	戊午	50	丙午	50	己未	50	丁未
60	乙卯	60	辛丑	60	丙辰	60	壬寅	60	丁巳	60	癸卯	60	戊午	60	甲辰	60	己未	60	乙巳	60	庚申	60	丙午
70	丙辰	70	庚子	70	丁巳	70	辛丑	70	戊午	70	壬寅	70	己未	70	癸卯	70	庚申	70	甲辰	70	辛酉	70	乙巳
80	丁巳	80	己亥	80	戊午	80	庚子	80	己未	80	辛丑	80	庚申	80	壬寅	80	辛酉	80	癸卯	80	壬戌	80	甲辰

年柱 癸丑　2033年（令和15年）2月3日20時43分～

月柱 甲寅（2月3日20:43～3月5日14:32）

生日	日柱	立運年齢 男	立運年齢 女
2/3	乙1酉	0	10
2/4	丙3戌	0	10
2/5	丁1亥	1	9
2/6	戊3子	1	9
2/7	己2丑	1	9
2/8	庚3寅	2	8
2/9	辛1卯	2	8
2/10	壬3辰	2	8
2/11	癸3巳	3	7
2/12	甲1午	3	7
2/13	乙3未	3	7
2/14	丙1申	4	6
2/15	丁3酉	4	6
2/16	戊2戌	4	6
2/17	己1亥	5	5
2/18	庚3子	5	5
2/19	辛2丑	5	5
2/20	壬3寅	6	4
2/21	癸3卯	6	4
2/22	甲1辰	6	4
2/23	乙3巳	7	3
2/24	丙1午	7	3
2/25	丁3未	7	3
2/26	戊3申	8	2
2/27	己3酉	8	2
2/28	庚2戌	8	2
3/1	辛2亥	9	1
3/2	壬2子	9	1
3/3	癸3丑	9	1
3/4	甲1寅	10	0
3/5	乙1卯	10	0

月柱 乙卯（3月5日14:33～4月4日19:07）

生日	日柱	立運年齢 男	立運年齢 女
3/5	乙1卯	0	10
3/6	丙3辰	0	10
3/7	丁1巳	0	10
3/8	戊3午	1	9
3/9	己2未	1	9
3/10	庚3申	2	8
3/11	辛1酉	2	8
3/12	壬3戌	2	8
3/13	癸3亥	3	7
3/14	甲1子	3	7
3/15	乙3丑	3	7
3/16	丙1寅	4	6
3/17	丁3卯	4	6
3/18	戊2辰	4	6
3/19	己1巳	5	5
3/20	庚1午	5	5
3/21	辛1未	5	5
3/22	壬1申	6	4
3/23	癸1酉	6	4
3/24	甲1戌	6	4
3/25	乙1亥	7	3
3/26	丙1子	7	3
3/27	丁1丑	7	3
3/28	戊1寅	8	2
3/29	己1卯	8	2
3/30	庚1辰	8	2
3/31	辛1巳	9	1
4/1	壬1午	9	1
4/2	癸1未	9	1
4/3	甲1申	10	1
4/4	乙1酉	10	0

月柱 丙辰（4月4日19:08～5月5日12:13）

生日	日柱	立運年齢 男	立運年齢 女
4/4	乙1酉	0	10
4/5	丙3戌	0	10
4/6	丁1亥	1	10
4/7	戊1子	1	9
4/8	己1丑	1	9
4/9	庚2寅	2	9
4/10	辛1卯	2	8
4/11	壬1辰	2	8
4/12	癸1巳	3	7
4/13	甲1午	3	7
4/14	乙1未	3	7
4/15	丙1申	4	7
4/16	丁1酉	4	6
4/17	戊1戌	4	6
4/18	己1亥	5	6
4/19	庚1子	5	5
4/20	辛1丑	5	5
4/21	壬1寅	6	5
4/22	癸1卯	6	4
4/23	甲1辰	6	4
4/24	乙1巳	7	3
4/25	丙1午	7	3
4/26	丁1未	7	3
4/27	戊1申	8	2
4/28	己1酉	8	2
4/29	庚1戌	8	2
4/30	辛1亥	9	1
5/1	壬1子	9	1
5/2	癸1丑	9	1
5/3	甲1寅	10	0
5/4	乙1卯	10	0
5/5	丙1辰	10	0

月柱 丁巳（5月5日12:14～6月5日16:13）

生日	日柱	立運年齢 男	立運年齢 女
5/5	丙1辰	0	10
5/6	丁1巳	0	10
5/7	戊1午	1	10
5/8	己1未	1	9
5/9	庚2申	2	9
5/10	辛2酉	2	9
5/11	壬3戌	2	9
5/12	癸3亥	2	8
5/13	甲1子	3	8
5/14	乙1丑	3	7
5/15	丙3寅	3	7
5/16	丁1卯	4	7
5/17	戊1辰	4	6
5/18	己1巳	4	6
5/19	庚1午	5	6
5/20	辛1未	5	5
5/21	壬1申	5	5
5/22	癸1酉	6	5
5/23	甲1戌	6	5
5/24	乙1亥	6	4
5/25	丙1子	7	4
5/26	丁1丑	7	4
5/27	戊1寅	7	3
5/28	己1卯	8	3
5/29	庚1辰	8	3
5/30	辛1巳	8	2
5/31	壬1午	9	2
6/1	癸1未	9	2
6/2	甲1申	9	1
6/3	乙1酉	10	1
6/4	丙1戌	10	1
6/5	丁1亥	10	0

月柱 戊午（6月5日16:14～7月7日 2:24）

生日	日柱	立運年齢 男	立運年齢 女
6/5	丁1亥	0	11
6/6	戊1子	0	10
6/7	己1丑	1	10
6/8	庚2寅	1	10
6/9	辛2卯	1	9
6/10	壬3辰	2	9
6/11	癸3巳	2	9
6/12	甲3午	2	8
6/13	乙3未	3	8
6/14	丙2申	3	8
6/15	丁3酉	3	7
6/16	戊1戌	4	7
6/17	己1亥	4	6
6/18	庚2子	4	6
6/19	辛1丑	5	6
6/20	壬1寅	5	5
6/21	癸1卯	5	5
6/22	甲3辰	6	5
6/23	乙1巳	6	5
6/24	丙1午	6	4
6/25	丁2未	7	4
6/26	戊1申	7	4
6/27	己1酉	7	3
6/28	庚1戌	8	3
6/29	辛2亥	8	3
6/30	壬1子	8	2
7/1	癸1丑	9	2
7/2	甲1寅	9	2
7/3	乙1卯	9	1
7/4	丙1辰	10	1
7/5	丁1巳	10	1
7/6	戊1午	10	0
7/7	己1未	11	0

月柱 己未（7月7日 2:25～8月7日12:15）

生日	日柱	立運年齢 男	立運年齢 女
7/7	己1未	0	10
7/8	庚1申	0	10
7/9	辛1酉	1	9
7/10	壬1戌	1	9
7/11	癸1亥	1	9
7/12	甲1子	2	9
7/13	乙1丑	2	8
7/14	丙3寅	2	8
7/15	丁1卯	3	8
7/16	戊3辰	3	7
7/17	己2巳	3	7
7/18	庚1午	4	7
7/19	辛1未	4	6
7/20	壬2申	4	6
7/21	癸1酉	5	6
7/22	甲1戌	5	5
7/23	乙3亥	5	5
7/24	丙3子	6	5
7/25	丁3丑	6	4
7/26	戊3寅	6	4
7/27	己3卯	7	4
7/28	庚3辰	7	3
7/29	辛1巳	7	3
7/30	壬3午	8	3
7/31	癸3未	8	2
8/1	甲3申	8	2
8/2	乙1酉	9	2
8/3	丙3戌	9	1
8/4	丁1亥	9	1
8/5	戊1子	10	1
8/6	己1丑	10	0
8/7	庚1寅	10	0

大運表

甲寅

歳	男	歳	女
0	癸丑	0	乙卯
10	壬子	10	丙辰
20	辛亥	20	丁巳
30	庚戌	30	戊午
40	己酉	40	己未
50	戊申	50	庚申
60	丁未	60	辛酉
70	丙午	70	壬戌
80	乙巳	80	癸亥

乙卯

歳	男	歳	女
0	甲寅	0	丙辰
10	癸丑	10	丁巳
20	壬子	20	戊午
30	辛亥	30	己未
40	庚戌	40	庚申
50	己酉	50	辛酉
60	戊申	60	壬戌
70	丁未	70	癸亥
80	丙午	80	甲子

丙辰

歳	男	歳	女
0	乙卯	0	丁巳
10	甲寅	10	戊午
20	癸丑	20	己未
30	壬子	30	庚申
40	辛亥	40	辛酉
50	庚戌	50	壬戌
60	己酉	60	癸亥
70	戊申	70	甲子
80	丁未	80	乙丑

丁巳

歳	男	歳	女
0	丙辰	0	戊午
10	乙卯	10	己未
20	甲寅	20	庚申
30	癸丑	30	辛酉
40	壬子	40	壬戌
50	辛亥	50	癸亥
60	庚戌	60	甲子
70	己酉	70	乙丑
80	戊申	80	丙寅

戊午

歳	男	歳	女
0	丁巳	0	己未
10	丙辰	10	庚申
20	乙卯	20	辛酉
30	甲寅	30	壬戌
40	癸丑	40	癸亥
50	壬子	50	甲子
60	辛亥	60	乙丑
70	庚戌	70	丙寅
80	己酉	80	丁卯

己未

歳	男	歳	女
0	戊午	0	庚申
10	丁巳	10	辛酉
20	丙辰	20	壬戌
30	乙卯	30	癸亥
40	甲寅	40	甲子
50	癸丑	50	乙丑
60	壬子	60	丙寅
70	辛亥	70	丁卯
80	庚戌	80	戊辰

～2034年（令和16年）2月4日2時40分

月柱	庚申	辛酉	壬戌	癸亥	甲子	乙丑
期間（開始）	8月7日12:16～	9月7日15:21～	10月8日 7:14～	11月7日10:41～	12月7日 3:45～	1月5日15:04～
期間（終了）	9月7日15:20	10月8日 7:13	11月7日10:40	12月7日 3:44	1月5日15:03	2月4日 2:40

庚申（生日・日柱・立運年齢 男／女）

生日	日柱	男	女
8 7	庚$_2$寅	0	10
8 8	辛$_1$卯	0	10
8 9	壬$_1$辰	1	10
8 10	癸$_1$巳	1	9
8 11	甲$_3$午	1	9
8 12	乙$_1$未	2	9
8 13	丙$_3$申	2	8
8 14	丁$_1$酉	2	8
8 15	戊$_2$戌	3	8
8 16	己$_1$亥	3	7
8 17	庚$_1$子	3	7
8 18	辛$_1$丑	4	7
8 19	壬$_1$寅	4	6
8 20	癸$_1$卯	4	6
8 21	甲$_3$辰	5	6
8 22	乙$_1$巳	5	5
8 23	丙$_3$午	5	5
8 24	丁$_1$未	6	5
8 25	戊$_3$申	6	4
8 26	己$_1$酉	6	4
8 27	庚$_1$戌	7	4
8 28	辛$_1$亥	7	3
8 29	壬$_1$子	7	3
8 30	癸$_1$丑	8	3
8 31	甲$_1$寅	8	2
9 1	乙$_1$卯	8	2
9 2	丙$_3$辰	9	2
9 3	丁$_1$巳	9	1
9 4	戊$_2$午	9	1
9 5	己$_1$未	10	1
9 6	庚$_1$申	10	0
9 7	辛$_1$酉	10	0

辛酉（生日・日柱・立運年齢 男／女）

生日	日柱	男	女
9 7	辛$_1$酉	0	10
9 8	壬$_1$戌	0	10
9 9	癸$_1$亥	1	10
9 10	甲$_2$子	1	9
9 11	乙$_3$丑	1	9
9 12	丙$_3$寅	2	9
9 13	丁$_1$卯	2	8
9 14	戊$_3$辰	2	8
9 15	己$_2$巳	3	8
9 16	庚$_1$午	3	7
9 17	辛$_1$未	3	7
9 18	壬$_1$申	4	7
9 19	癸$_1$酉	4	6
9 20	甲$_3$戌	4	6
9 21	乙$_1$亥	5	6
9 22	丙$_3$子	5	5
9 23	丁$_3$丑	5	5
9 24	戊$_3$寅	6	5
9 25	己$_3$卯	6	4
9 26	庚$_1$辰	6	4
9 27	辛$_1$巳	7	4
9 28	壬$_1$午	7	3
9 29	癸$_1$未	7	3
9 30	甲$_3$申	8	3
10 1	乙$_1$酉	8	2
10 2	丙$_3$戌	8	2
10 3	丁$_3$亥	9	2
10 4	戊$_3$子	9	1
10 5	己$_2$丑	9	1
10 6	庚$_1$寅	10	1
10 7	辛$_1$卯	10	0
10 8	壬$_1$辰	10	0

壬戌（生日・日柱・立運年齢 男／女）

生日	日柱	男	女
10 8	壬$_2$辰	0	10
10 9	癸$_1$巳	0	10
10 10	甲$_1$午	1	9
10 11	乙$_1$未	1	9
10 12	丙$_1$申	1	9
10 13	丁$_1$酉	2	8
10 14	戊$_3$戌	2	8
10 15	己$_1$亥	2	8
10 16	庚$_1$子	3	7
10 17	辛$_1$丑	3	7
10 18	壬$_1$寅	3	7
10 19	癸$_1$卯	4	6
10 20	甲$_2$辰	4	6
10 21	乙$_2$巳	4	5
10 22	丙$_1$午	5	5
10 23	丁$_1$未	5	5
10 24	戊$_1$申	5	5
10 25	己$_1$酉	6	4
10 26	庚$_1$戌	6	4
10 27	辛$_1$亥	6	4
10 28	壬$_1$子	7	3
10 29	癸$_1$丑	7	3
10 30	甲$_1$寅	7	3
10 31	乙$_1$卯	8	2
11 1	丙$_3$辰	8	2
11 2	丁$_3$巳	8	2
11 3	戊$_3$午	9	1
11 4	己$_1$未	9	1
11 5	庚$_1$申	9	1
11 6	辛$_1$酉	10	0
11 7	壬$_1$戌	10	0

癸亥（生日・日柱・立運年齢 男／女）

生日	日柱	男	女
11 7	壬$_1$戌	0	10
11 8	癸$_1$亥	0	10
11 9	甲$_1$子	1	9
11 10	乙$_1$丑	1	9
11 11	丙$_3$寅	1	9
11 12	丁$_1$卯	2	8
11 13	戊$_2$辰	2	8
11 14	己$_2$巳	2	7
11 15	庚$_1$午	3	7
11 16	辛$_1$未	3	7
11 17	壬$_1$申	3	6
11 18	癸$_1$酉	4	6
11 19	甲$_1$戌	4	6
11 20	乙$_2$亥	4	5
11 21	丙$_2$子	5	5
11 22	丁$_1$丑	5	5
11 23	戊$_1$寅	5	5
11 24	己$_2$卯	6	4
11 25	庚$_2$辰	6	4
11 26	辛$_2$巳	6	4
11 27	壬$_1$午	7	3
11 28	癸$_1$未	7	3
11 29	甲$_2$申	7	3
11 30	乙$_1$酉	8	2
12 1	丙$_3$戌	8	2
12 2	丁$_3$亥	8	2
12 3	戊$_2$子	9	1
12 4	己$_1$丑	9	1
12 5	庚$_1$寅	9	1
12 6	辛$_2$卯	10	0
12 7	壬$_1$辰	10	0

甲子（生日・日柱・立運年齢 男／女）

生日	日柱	男	女
12 7	壬$_1$辰	0	10
12 8	癸$_1$巳	0	9
12 9	甲$_1$午	1	9
12 10	乙$_1$未	1	9
12 11	丙$_3$申	1	8
12 12	丁$_1$酉	2	8
12 13	戊$_2$戌	2	8
12 14	己$_2$亥	2	7
12 15	庚$_1$子	3	7
12 16	辛$_1$丑	3	6
12 17	壬$_1$寅	3	6
12 18	癸$_1$卯	4	6
12 19	甲$_1$辰	4	5
12 20	乙$_1$巳	4	5
12 21	丙$_2$午	5	5
12 22	丁$_1$未	5	4
12 23	戊$_3$申	5	4
12 24	己$_2$酉	6	4
12 25	庚$_1$戌	6	3
12 26	辛$_1$亥	6	3
12 27	壬$_1$子	7	3
12 28	癸$_1$丑	7	2
12 29	甲$_2$寅	7	2
12 30	乙$_1$卯	8	2
12 31	丙$_3$辰	8	1
1 1	丁$_1$巳	8	1
1 2	戊$_2$午	9	1
1 3	己$_1$未	9	0
1 4	庚$_2$申	9	0

乙丑（生日・日柱・立運年齢 男／女）

生日	日柱	男	女
1 5	辛$_1$酉	0	10
1 6	壬$_2$戌	0	10
1 7	癸$_1$亥	1	9
1 8	甲$_1$子	1	9
1 9	乙$_2$丑	1	9
1 10	丙$_3$寅	2	8
1 11	丁$_2$卯	2	8
1 12	戊$_1$辰	2	8
1 13	己$_2$巳	3	7
1 14	庚$_1$午	3	7
1 15	辛$_1$未	3	7
1 16	壬$_1$申	4	6
1 17	癸$_1$酉	4	6
1 18	甲$_2$戌	4	6
1 19	乙$_1$亥	5	5
1 20	丙$_2$子	5	5
1 21	丁$_1$丑	5	5
1 22	戊$_2$寅	6	4
1 23	己$_2$卯	6	4
1 24	庚$_2$辰	6	4
1 25	辛$_1$巳	7	4
1 26	壬$_1$午	7	3
1 27	癸$_2$未	7	3
1 28	甲$_2$申	8	3
1 29	乙$_2$酉	8	2
1 30	丙$_3$戌	8	2
1 31	丁$_3$亥	9	1
2 1	戊$_2$子	9	1
2 2	己$_1$丑	9	1
2 3	庚$_2$寅	10	0
2 4	辛$_1$卯	10	0

大運（歳／男・歳／女）

歳	庚申 男	庚申 女	辛酉 男	辛酉 女	壬戌 男	壬戌 女	癸亥 男	癸亥 女	甲子 男	甲子 女	乙丑 男	乙丑 女
0	己未	辛酉	庚申	壬戌	辛酉	癸亥	壬戌	甲子	癸亥	乙丑	甲子	丙寅
10	戊午	壬戌	己未	癸亥	庚申	甲子	辛酉	乙丑	壬戌	丙寅	癸亥	丁卯
20	丁巳	癸亥	戊午	甲子	己未	乙丑	庚申	丙寅	辛酉	丁卯	壬戌	戊辰
30	丙辰	甲子	丁巳	乙丑	戊午	丙寅	己未	丁卯	庚申	戊辰	辛酉	己巳
40	乙卯	乙丑	丙辰	丙寅	丁巳	丁卯	戊午	戊辰	己未	己巳	庚申	庚午
50	甲寅	丙寅	乙卯	丁卯	丙辰	戊辰	丁巳	己巳	戊午	庚午	己未	辛未
60	癸丑	丁卯	甲寅	戊辰	乙卯	己巳	丙辰	庚午	丁巳	辛未	戊午	壬申
70	壬子	戊辰	癸丑	己巳	甲寅	庚午	乙卯	辛未	丙辰	壬申	丁巳	癸酉
80	辛亥	己巳	壬子	庚午	癸丑	辛未	甲寅	壬申	乙卯	癸酉	丙辰	甲戌

年柱 甲寅 2034年（令和16年）2月4日2時41分～

月柱	丙寅 2/4 2:41～3/5 20:32				丁卯 3/5 20:33～4/5 1:06				戊辰 4/5 1:07～5/5 18:09				己巳 5/5 18:10～6/5 22:06				庚午 6/5 22:07～7/7 8:17				辛未 7/7 8:18～8/7 18:09			
	生日	日柱	男	女	生日	日柱	男	女	生日	日柱	男	女	生日	日柱	男	女	生日	日柱	男	女	生日	日柱	男	女
	2:4	辛$_3$卯	10	0	3:5	庚$_3$申	10	0	4:5	辛$_3$卯	10	0	5:5	辛$_3$酉	10	0	6:5	壬$_3$辰	11	0	7:7	甲$_3$子	10	0
	2:5	壬$_3$辰	9	0	3:6	辛$_3$酉	10	0	4:6	壬$_3$辰	10	0	5:6	壬$_3$戌	10	0	6:6	癸$_3$巳	10	0	7:8	乙$_2$丑	10	0
	2:6	癸$_3$巳	9	1	3:7	壬$_3$戌	10	1	4:7	癸$_3$巳	9	1	5:7	癸$_3$亥	10	1	6:7	甲$_2$午	10	1	7:9	丙$_2$寅	10	1
	2:7	甲$_1$午	9	1	3:8	癸$_3$亥	10	1	4:8	甲$_1$午	9	1	5:8	甲$_1$子	9	1	6:8	乙$_2$未	10	1	7:10	丁$_1$卯	9	1
	2:8	乙$_1$未	8	1	3:9	甲$_1$子	9	1	4:9	乙$_1$未	8	1	5:9	乙$_2$丑	9	1	6:9	丙$_1$申	9	1	7:11	戊$_1$辰	9	1
	2:9	丙$_1$申	8	2	3:10	乙$_1$丑	9	2	4:10	丙$_2$申	8	2	5:10	丙$_2$寅	9	2	6:10	丁$_1$酉	9	2	7:12	己$_1$巳	9	2
	2:10	丁$_1$酉	8	2	3:11	丙$_1$寅	8	2	4:11	丁$_2$酉	8	2	5:11	丁$_2$卯	8	2	6:11	戊$_1$戌	9	2	7:13	庚$_2$午	9	2
	2:11	戊$_1$戌	7	2	3:12	丁$_1$卯	8	2	4:12	戊$_1$戌	8	2	5:12	戊$_1$辰	8	2	6:12	己$_2$亥	8	2	7:14	辛$_2$未	8	2
	2:12	己$_1$亥	7	3	3:13	戊$_3$辰	8	3	4:13	己$_1$亥	7	3	5:13	己$_1$巳	8	3	6:13	庚$_3$子	8	3	7:15	壬$_2$申	8	3
	2:13	庚$_1$子	7	3	3:14	己$_3$巳	7	3	4:14	庚$_2$子	7	3	5:14	庚$_2$午	8	3	6:14	辛$_3$丑	8	3	7:16	癸$_2$酉	8	3
	2:14	辛$_1$丑	6	3	3:15	庚$_3$午	7	4	4:15	辛$_2$丑	7	3	5:15	辛$_2$未	7	4	6:15	壬$_3$寅	7	3	7:17	甲$_1$戌	7	3
	2:15	壬$_1$寅	6	4	3:16	辛$_3$未	7	4	4:16	壬$_2$寅	6	4	5:16	壬$_2$申	7	4	6:16	癸$_3$卯	7	4	7:18	乙$_2$亥	7	4
	2:16	癸$_1$卯	6	4	3:17	壬$_3$申	6	4	4:17	癸$_2$卯	6	4	5:17	癸$_2$酉	6	4	6:17	甲$_2$辰	7	4	7:19	丙$_1$子	7	4
	2:17	甲$_1$辰	5	4	3:18	癸$_3$酉	6	4	4:18	甲$_2$辰	6	4	5:18	甲$_2$戌	6	4	6:18	乙$_2$巳	6	4	7:20	丁$_1$丑	6	4
	2:18	乙$_1$巳	5	5	3:19	甲$_1$戌	6	5	4:19	乙$_2$巳	5	5	5:19	乙$_2$亥	5	5	6:19	丙$_1$午	6	5	7:21	戊$_2$寅	6	5
	2:19	丙$_1$午	5	5	3:20	乙$_1$亥	5	5	4:20	丙$_2$午	5	5	5:20	丙$_2$子	5	5	6:20	丁$_1$未	6	5	7:22	己$_2$卯	5	5
	2:20	丁$_1$未	4	5	3:21	丙$_1$子	5	5	4:21	丁$_2$未	5	5	5:21	丁$_2$丑	5	5	6:21	戊$_2$申	5	5	7:23	庚$_2$辰	5	5
	2:21	戊$_1$申	4	6	3:22	丁$_1$丑	5	6	4:22	戊$_2$申	4	6	5:22	戊$_2$寅	5	6	6:22	己$_2$酉	5	6	7:24	辛$_2$巳	5	6
	2:22	己$_3$酉	4	6	3:23	戊$_2$寅	4	6	4:23	己$_2$酉	4	6	5:23	己$_2$卯	4	6	6:23	庚$_3$戌	5	6	7:25	壬$_2$午	4	6
	2:23	庚$_1$戌	3	6	3:24	己$_2$卯	4	6	4:24	庚$_1$戌	4	6	5:24	庚$_2$辰	4	6	6:24	辛$_3$亥	4	6	7:26	癸$_2$未	4	6
	2:24	辛$_1$亥	3	7	3:25	庚$_2$辰	4	7	4:25	辛$_2$亥	3	7	5:25	辛$_2$巳	4	7	6:25	壬$_3$子	4	7	7:27	甲$_1$申	4	7
	2:25	壬$_1$子	3	7	3:26	辛$_2$巳	3	7	4:26	壬$_2$子	3	7	5:26	壬$_3$午	3	7	6:26	癸$_3$丑	4	7	7:28	乙$_2$酉	3	7
	2:26	癸$_1$丑	2	7	3:27	壬$_2$午	3	7	4:27	癸$_2$丑	3	7	5:27	癸$_3$未	3	7	6:27	甲$_2$寅	3	7	7:29	丙$_1$戌	3	7
	2:27	甲$_1$寅	2	8	3:28	癸$_2$未	3	8	4:28	甲$_2$寅	2	8	5:28	甲$_2$申	3	8	6:28	乙$_2$卯	3	8	7:30	丁$_1$亥	3	8
	2:28	乙$_1$卯	2	8	3:29	甲$_1$申	2	8	4:29	乙$_2$卯	2	8	5:29	乙$_2$酉	2	8	6:29	丙$_1$辰	3	8	7:31	戊$_2$子	2	8
	3:1	丙$_1$辰	1	8	3:30	乙$_1$酉	2	8	4:30	丙$_1$辰	2	8	5:30	丙$_1$戌	2	9	6:30	丁$_1$巳	2	8	8:1	己$_2$丑	2	8
	3:2	丁$_1$巳	1	9	3:31	丙$_1$戌	2	9	5:1	丁$_2$巳	1	9	5:31	丁$_2$亥	1	9	7:1	戊$_2$午	2	9	8:2	庚$_3$寅	2	9
	3:3	戊$_2$午	1	9	4:1	丁$_1$亥	1	9	5:2	戊$_2$午	1	9	6:1	戊$_2$子	1	9	7:2	己$_2$未	2	9	8:3	辛$_3$卯	1	9
	3:4	己$_2$未	0	9	4:2	戊$_2$子	1	9	5:3	己$_2$未	1	9	6:2	己$_2$丑	1	9	7:3	庚$_3$申	1	9	8:4	壬$_3$辰	1	9
	3:5	庚$_1$申	0	10	4:3	己$_2$丑	1	10	5:4	庚$_1$申	0	10	6:3	庚$_3$寅	1	10	7:4	辛$_3$酉	1	10	8:5	癸$_3$巳	1	10
					4:4	庚$_2$寅	0	10	5:5	辛$_1$酉	0	10	6:4	辛$_3$卯	0	10	7:5	壬$_3$戌	1	10	8:6	甲$_3$午	0	10
					4:5	辛$_2$卯	0	10					6:5	壬$_3$辰	0	10	7:6	癸$_3$亥	0	10	8:7	乙$_3$未	0	10
																	7:7	甲$_3$子	0	11				

歳	男	歳	女	歳	男	歳	女	歳	男	歳	女	歳	男	歳	女	歳	男	歳	女	歳	男	歳	女
0	丁卯	0	乙丑	0	戊辰	0	丙寅	0	己巳	0	丁卯	0	庚午	0	戊辰	0	辛未	0	己巳	0	壬申	0	庚午
10	戊辰	10	甲子	10	己巳	10	乙丑	10	庚午	10	丙寅	10	辛未	10	丁卯	10	壬申	10	戊辰	10	癸酉	10	己巳
20	己巳	20	癸亥	20	庚午	20	甲子	20	辛未	20	乙丑	20	壬申	20	丙寅	20	癸酉	20	丁卯	20	甲戌	20	戊辰
30	庚午	30	壬戌	30	辛未	30	癸亥	30	壬申	30	甲子	30	癸酉	30	乙丑	30	甲戌	30	丙寅	30	乙亥	30	丁卯
40	辛未	40	辛酉	40	壬申	40	壬戌	40	癸酉	40	癸亥	40	甲戌	40	甲子	40	乙亥	40	乙丑	40	丙子	40	丙寅
50	壬申	50	庚申	50	癸酉	50	辛酉	50	甲戌	50	壬戌	50	乙亥	50	癸亥	50	丙子	50	甲子	50	丁丑	50	乙丑
60	癸酉	60	己未	60	甲戌	60	庚申	60	乙亥	60	辛酉	60	丙子	60	壬戌	60	丁丑	60	癸亥	60	戊寅	60	甲子
70	甲戌	70	戊午	70	乙亥	70	己未	70	丙子	70	庚申	70	丁丑	70	辛酉	70	戊寅	70	壬戌	70	己卯	70	癸亥
80	乙亥	80	丁巳	80	丙子	80	戊午	80	丁丑	80	己未	80	戊寅	80	庚申	80	己卯	80	辛酉	80	庚辰	80	壬戌

～2035年（令和17年）2月4日8時32分

月柱 壬申 8/7 18:10～9/7 21:14				月柱 癸酉 9/7 21:15～10/8 13:07				月柱 甲戌 10/8 13:08～11/7 16:34				月柱 乙亥 11/7 16:35～12/7 9:37				月柱 丙子 12/7 9:38～1/5 20:56				月柱 丁丑 1/5 20:57～2/4 8:32			
生日	日柱	男	女	生日	日柱	男	女	生日	日柱	男	女	生日	日柱	男	女	生日	日柱	男	女	生日	日柱	男	女
8 7	乙$_1$未	10	0	9 7	丙$_1$寅	10	0	10 8	丁$_1$酉	10	0	11 7	丁$_1$卯	10	0	12 7	丁$_1$酉	10	0	1 5	丙$_1$寅	10	0
8 8	丙$_2$申	10	0	9 8	丁$_1$卯	10	0	10 9	戊$_1$戌	10	0	11 8	戊$_3$辰	10	0	12 8	戊$_3$戌	9	0	1 6	丁$_1$卯	10	0
8 9	丁$_1$酉	10	1	9 9	戊$_3$辰	10	1	10 10	己$_2$亥	9	1	11 9	己$_1$巳	9	1	12 9	己$_1$亥	9	1	1 7	戊$_1$辰	9	0
8 10	戊$_3$戌	9	1	9 10	己$_1$巳	9	1	10 11	庚$_2$子	9	1	11 10	庚$_1$午	9	1	12 10	庚$_1$子	9	1	1 8	己$_1$巳	9	1
8 11	己$_1$亥	9	1	9 11	庚$_2$午	9	1	10 12	辛$_1$丑	9	1	11 11	辛$_1$未	9	1	12 11	辛$_1$丑	8	1	1 9	庚$_3$午	9	1
8 12	庚$_2$子	9	2	9 12	辛$_1$未	9	2	10 13	壬$_3$寅	8	2	11 12	壬$_1$申	8	2	12 12	壬$_1$寅	8	2	1 10	辛$_1$未	8	2
8 13	辛$_1$丑	8	2	9 13	壬$_1$申	8	2	10 14	癸$_3$卯	8	2	11 13	癸$_1$酉	8	2	12 13	癸$_1$卯	8	2	1 11	壬$_2$申	8	2
8 14	壬$_1$寅	8	2	9 14	癸$_1$酉	8	2	10 15	甲$_1$辰	8	2	11 14	甲$_1$戌	8	2	12 14	甲$_1$辰	7	2	1 12	癸$_2$酉	8	2
8 15	癸$_2$卯	8	3	9 15	甲$_1$戌	8	3	10 16	乙$_1$巳	7	3	11 15	乙$_1$亥	7	3	12 15	乙$_1$巳	7	3	1 13	甲$_2$戌	7	3
8 16	甲$_1$辰	7	3	9 16	乙$_1$亥	7	3	10 17	丙$_1$午	7	3	11 16	丙$_1$子	7	3	12 16	丙$_1$午	7	3	1 14	乙$_1$亥	7	3
8 17	乙$_1$巳	7	3	9 17	丙$_2$子	7	3	10 18	丁$_1$未	7	3	11 17	丁$_1$丑	7	3	12 17	丁$_1$未	6	3	1 15	丙$_1$子	7	3
8 18	丙$_1$午	7	4	9 18	丁$_1$丑	7	4	10 19	戊$_2$申	6	4	11 18	戊$_1$寅	6	4	12 18	戊$_1$申	6	4	1 16	丁$_1$丑	6	4
8 19	丁$_1$未	6	4	9 19	戊$_1$寅	6	4	10 20	己$_1$酉	6	4	11 19	己$_1$卯	6	4	12 19	己$_1$酉	6	4	1 17	戊$_1$寅	6	4
8 20	戊$_3$申	6	4	9 20	己$_1$卯	6	4	10 21	庚$_1$戌	6	4	11 20	庚$_1$辰	6	4	12 20	庚$_1$戌	5	4	1 18	己$_1$卯	6	4
8 21	己$_1$酉	6	5	9 21	庚$_1$辰	6	5	10 22	辛$_2$亥	5	5	11 21	辛$_1$巳	5	5	12 21	辛$_1$亥	5	5	1 19	庚$_1$辰	5	5
8 22	庚$_1$戌	5	5	9 22	辛$_1$巳	5	5	10 23	壬$_3$子	5	5	11 22	壬$_1$午	5	5	12 22	壬$_1$子	5	5	1 20	辛$_1$巳	5	5
8 23	辛$_1$亥	5	5	9 23	壬$_2$午	5	5	10 24	癸$_3$丑	5	5	11 23	癸$_1$未	5	5	12 23	癸$_1$丑	4	5	1 21	壬$_1$午	5	5
8 24	壬$_1$子	5	6	9 24	癸$_2$未	5	6	10 25	甲$_1$寅	4	6	11 24	甲$_1$申	4	6	12 24	甲$_1$寅	4	6	1 22	癸$_1$未	4	6
8 25	癸$_2$丑	4	6	9 25	甲$_1$申	5	6	10 26	乙$_1$卯	4	6	11 25	乙$_1$酉	4	6	12 25	乙$_1$卯	4	6	1 23	甲$_1$申	4	6
8 26	甲$_1$寅	4	7	9 26	乙$_1$酉	4	6	10 27	丙$_1$辰	4	7	11 26	丙$_1$戌	4	6	12 26	丙$_1$辰	3	6	1 24	乙$_1$酉	4	6
8 27	乙$_1$卯	4	7	9 27	丙$_2$戌	4	7	10 28	丁$_1$巳	3	7	11 27	丁$_1$亥	3	7	12 27	丁$_1$巳	3	7	1 25	丙$_1$戌	3	7
8 28	丙$_2$辰	3	7	9 28	丁$_1$亥	3	7	10 29	戊$_1$午	3	7	11 28	戊$_2$子	3	7	12 28	戊$_2$午	3	7	1 26	丁$_1$亥	3	7
8 29	丁$_1$巳	3	8	9 29	戊$_1$子	3	8	10 30	己$_1$未	3	8	11 29	己$_1$丑	3	8	12 29	己$_1$未	2	7	1 27	戊$_1$子	3	7
8 30	戊$_3$午	3	8	9 30	己$_1$丑	3	8	10 31	庚$_1$申	2	8	11 30	庚$_1$寅	2	8	12 30	庚$_3$申	2	8	1 28	己$_1$丑	2	8
8 31	己$_2$未	2	8	10 1	庚$_1$寅	2	8	11 1	辛$_1$酉	2	8	12 1	辛$_1$卯	2	8	12 31	辛$_3$酉	2	8	1 29	庚$_1$寅	2	8
9 1	庚$_1$申	2	9	10 2	辛$_1$卯	2	9	11 2	壬$_3$戌	2	9	12 2	壬$_1$辰	2	9	1 1	壬$_1$戌	1	8	1 30	辛$_1$卯	2	8
9 2	辛$_1$酉	2	9	10 3	壬$_1$辰	2	9	11 3	癸$_3$亥	1	9	12 3	癸$_1$巳	1	9	1 2	癸$_1$亥	1	9	1 31	壬$_1$辰	1	9
9 3	壬$_1$戌	1	9	10 4	癸$_1$巳	1	9	11 4	甲$_1$子	1	9	12 4	甲$_1$午	1	9	1 3	甲$_1$子	1	9	2 1	癸$_3$巳	1	9
9 4	癸$_1$亥	1	9	10 5	甲$_1$午	1	9	11 5	乙$_1$丑	1	9	12 5	乙$_1$未	1	9	1 4	乙$_1$丑	0	9	2 2	甲$_2$午	1	9
9 5	甲$_1$子	1	10	10 6	乙$_1$未	1	10	11 6	丙$_1$寅	0	10	12 6	丙$_1$申	0	10	1 5	丙$_1$寅	0	10	2 3	乙$_1$未	0	10
9 6	乙$_1$丑	0	10	10 7	丙$_2$申	0	10	11 7	丁$_1$卯	0	10	12 7	丁$_1$酉	0	10					2 4	丙$_1$申	0	10
9 7	丙$_1$寅	0	10																				

歳	男	歳	女	歳	男	歳	女	歳	男	歳	女	歳	男	歳	女	歳	男	歳	女	歳	男	歳	女
0	癸酉	0	辛未	0	甲戌	0	壬申	0	乙亥	0	癸酉	0	丙子	0	甲戌	0	丁丑	0	乙亥	0	戊寅	0	丙子
10	甲戌	10	庚午	10	乙亥	10	辛未	10	丙子	10	壬申	10	丁丑	10	癸酉	10	戊寅	10	甲戌	10	己卯	10	乙亥
20	乙亥	20	己巳	20	丙子	20	庚午	20	丁丑	20	辛未	20	戊寅	20	壬申	20	己卯	20	癸酉	20	庚辰	20	甲戌
30	丙子	30	戊辰	30	丁丑	30	己巳	30	戊寅	30	庚午	30	己卯	30	辛未	30	庚辰	30	壬申	30	辛巳	30	癸酉
40	丁丑	40	丁卯	40	戊寅	40	戊辰	40	己卯	40	己巳	40	庚辰	40	庚午	40	辛巳	40	辛未	40	壬午	40	壬申
50	戊寅	50	丙寅	50	己卯	50	丁卯	50	庚辰	50	戊辰	50	辛巳	50	己巳	50	壬午	50	庚午	50	癸未	50	辛未
60	己卯	60	乙丑	60	庚辰	60	丙寅	60	辛巳	60	丁卯	60	壬午	60	戊辰	60	癸未	60	己巳	60	甲申	60	庚午
70	庚辰	70	甲子	70	辛巳	70	乙丑	70	壬午	70	丙寅	70	癸未	70	丁卯	70	甲申	70	戊辰	70	乙酉	70	己巳
80	辛巳	80	癸亥	80	壬午	80	甲子	80	癸未	80	乙丑	80	甲申	80	丙寅	80	乙酉	80	丁卯	80	丙戌	80	戊辰

年柱 乙卯 2035年（令和17年）2月4日8時33分～

月柱 戊寅				月柱 己卯				月柱 庚辰				月柱 辛巳				月柱 壬午				月柱 癸未			
2月4日 8:33～3月6日 2:22				3月6日 2:23～4月5日 6:54				4月5日 6:55～5月5日 23:54				5月5日 23:55～6月6日 3:50				6月6日 3:51～7月7日 14:01				7月7日14:02～8月7日23:54			
生日	日柱	男	女	生日	日柱	男	女	生日	日柱	男	女	生日	日柱	男	女	生日	日柱	男	女	生日	日柱	男	女
2 4	丙$_1$申	0	10	3 6	丙$_1$寅	0	10	4 5	丙$_2$申	0	10	5 5	丙$_1$寅	0	11	6 6	戊$_1$戌	0	10	7 7	己$_1$巳	0	10
2 5	丁$_1$酉	0	10	3 7	丁$_1$卯	0	10	4 6	丁$_1$酉	0	10	5 6	丁$_1$卯	0	10	6 7	己$_2$亥	0	10	7 8	庚$_3$午	0	10
2 6	戊$_2$戌	1	9	3 8	戊$_1$辰	1	9	4 7	戊$_1$戌	1	9	5 7	戊$_1$辰	1	10	6 8	庚$_3$子	1	10	7 9	辛$_3$未	1	9
2 7	己$_3$亥	1	9	3 9	己$_2$巳	1	9	4 8	己$_1$亥	1	9	5 8	己$_1$巳	1	10	6 9	辛$_1$丑	1	9	7 10	壬$_3$申	1	9
2 8	庚$_1$子	1	9	3 10	庚$_1$午	1	9	4 9	庚$_2$子	1	9	5 9	庚$_3$午	1	9	6 10	壬$_3$寅	1	9	7 11	癸$_3$酉	1	9
2 9	辛$_2$丑	2	8	3 11	辛$_1$未	2	8	4 10	辛$_1$丑	2	8	5 10	辛$_2$未	2	9	6 11	癸$_3$卯	2	9	7 12	甲$_3$戌	2	9
2 10	壬$_2$寅	2	8	3 12	壬$_1$申	2	8	4 11	壬$_1$寅	2	8	5 11	壬$_2$申	2	9	6 12	甲$_3$辰	2	8	7 13	乙$_3$亥	2	8
2 11	癸$_2$卯	2	8	3 13	癸$_1$酉	2	8	4 12	癸$_1$卯	2	8	5 12	癸$_2$酉	2	8	6 13	乙$_3$巳	2	8	7 14	丙$_3$子	2	8
2 12	甲$_3$辰	3	7	3 14	甲$_1$戌	3	7	4 13	甲$_1$辰	3	7	5 13	甲$_2$戌	3	8	6 14	丙$_3$午	3	8	7 15	丁$_3$丑	3	8
2 13	乙$_3$巳	3	7	3 15	乙$_1$亥	3	7	4 14	乙$_1$巳	3	7	5 14	乙$_2$亥	3	8	6 15	丁$_3$未	3	7	7 16	戊$_3$寅	3	7
2 14	丙$_3$午	3	7	3 16	丙$_1$子	3	7	4 15	丙$_1$午	3	7	5 15	丙$_2$子	3	7	6 16	戊$_3$申	3	7	7 17	己$_3$卯	3	7
2 15	丁$_3$未	4	6	3 17	丁$_1$丑	4	6	4 16	丁$_1$未	4	6	5 16	丁$_1$丑	4	7	6 17	己$_2$酉	4	7	7 18	庚$_3$辰	4	7
2 16	戊$_3$申	4	6	3 18	戊$_1$寅	4	6	4 17	戊$_1$申	4	6	5 17	戊$_2$寅	4	7	6 18	庚$_3$戌	4	6	7 19	辛$_3$巳	4	6
2 17	己$_3$酉	4	6	3 19	己$_1$卯	4	6	4 18	己$_1$酉	4	6	5 18	己$_1$卯	4	6	6 19	辛$_3$亥	4	6	7 20	壬$_3$午	4	6
2 18	庚$_3$戌	5	5	3 20	庚$_1$辰	5	5	4 19	庚$_1$戌	5	5	5 19	庚$_2$辰	5	6	6 20	壬$_2$子	5	6	7 21	癸$_3$未	5	6
2 19	辛$_3$亥	5	5	3 21	辛$_1$巳	5	5	4 20	辛$_1$亥	5	5	5 20	辛$_1$巳	5	6	6 21	癸$_3$丑	5	5	7 22	甲$_1$申	5	5
2 20	壬$_3$子	5	5	3 22	壬$_1$午	5	5	4 21	壬$_1$子	5	5	5 21	壬$_1$午	5	5	6 22	甲$_1$寅	5	5	7 23	乙$_1$酉	5	5
2 21	癸$_3$丑	6	4	3 23	癸$_1$未	6	4	4 22	癸$_1$丑	6	4	5 22	癸$_1$未	6	5	6 23	乙$_1$卯	6	5	7 24	丙$_1$戌	6	5
2 22	甲$_3$寅	6	4	3 24	甲$_1$申	6	4	4 23	甲$_1$寅	6	4	5 23	甲$_2$申	6	5	6 24	丙$_1$辰	6	4	7 25	丁$_1$亥	6	4
2 23	乙$_3$卯	6	4	3 25	乙$_1$酉	6	4	4 24	乙$_2$卯	6	4	5 24	乙$_2$酉	6	5	6 25	丁$_1$巳	6	4	7 26	戊$_1$子	6	4
2 24	丙$_1$辰	7	3	3 26	丙$_1$戌	7	3	4 25	丙$_1$辰	7	3	5 25	丙$_1$戌	7	4	6 26	戊$_1$午	7	4	7 27	己$_1$丑	7	4
2 25	丁$_3$巳	7	3	3 27	丁$_1$亥	7	3	4 26	丁$_1$巳	7	3	5 26	丁$_1$亥	7	4	6 27	己$_1$未	7	3	7 28	庚$_1$寅	7	3
2 26	戊$_3$午	7	3	3 28	戊$_1$子	7	3	4 27	戊$_1$午	7	3	5 27	戊$_2$子	7	4	6 28	庚$_1$申	7	3	7 29	辛$_3$卯	7	3
2 28	己$_2$未	8	2	3 29	己$_1$丑	8	2	4 28	己$_1$未	8	2	5 28	己$_1$丑	8	3	6 29	辛$_1$酉	8	2	7 30	壬$_3$辰	8	3
3 1	辛$_2$酉	8	2	3 30	庚$_1$寅	8	2	4 29	庚$_1$申	8	2	5 29	庚$_1$寅	8	3	6 30	壬$_3$戌	8	2	7 31	癸$_3$巳	8	2
3 2	壬$_3$戌	9	1	3 31	辛$_1$卯	8	2	4 30	辛$_1$酉	8	2	5 30	辛$_2$卯	8	2	7 1	癸$_3$亥	8	2	8 1	甲$_1$午	8	2
3 3	癸$_3$亥	9	1	4 1	壬$_1$辰	9	1	5 1	壬$_1$戌	9	1	5 31	壬$_3$辰	9	2	7 2	甲$_1$子	9	2	8 2	乙$_1$未	9	2
3 4	甲$_1$子	9	1	4 2	癸$_1$巳	9	1	5 2	癸$_1$亥	9	1	6 1	癸$_3$巳	9	2	7 3	乙$_1$丑	9	1	8 3	丙$_1$申	9	1
3 5	乙$_1$丑	10	0	4 3	甲$_1$午	9	1	5 3	甲$_1$子	9	1	6 2	甲$_2$午	9	1	7 4	丙$_1$寅	9	1	8 4	丁$_1$酉	9	1
3 6	丙$_1$寅	10	0	4 4	乙$_1$未	10	0	5 4	乙$_1$丑	10	0	6 3	乙$_2$未	10	1	7 5	丁$_1$卯	10	1	8 5	戊$_1$戌	10	1
				4 5	丙$_1$申	10	0	5 5	丙$_1$寅	10	0	6 4	丙$_1$申	10	1	7 6	戊$_3$辰	10	0	8 6	己$_1$亥	10	0
												6 5	丁$_1$酉	10	0	7 7	己$_3$巳	10	0	8 7	庚$_3$子	10	0
												6 6	戊$_1$戌	11	0								

歳	男	歳	女	歳	男	歳	女	歳	男	歳	女	歳	男	歳	女	歳	男	歳	女	歳	男	歳	女
0	丁丑	0	己卯	0	戊寅	0	庚辰	0	己卯	0	辛巳	0	庚辰	0	壬午	0	辛巳	0	癸未	0	壬午	0	甲申
10	丙子	10	戊寅	10	丁丑	10	己卯	10	戊寅	10	庚辰	10	己卯	10	辛巳	10	庚辰	10	壬午	10	辛巳	10	癸未
20	乙亥	20	丁丑	20	丙子	20	戊寅	20	丁丑	20	己卯	20	戊寅	20	庚辰	20	己卯	20	辛巳	20	庚辰	20	壬午
30	甲戌	30	丙子	30	乙亥	30	丁丑	30	丙子	30	戊寅	30	丁丑	30	己卯	30	戊寅	30	庚辰	30	己卯	30	辛巳
40	癸酉	40	乙亥	40	甲戌	40	丙子	40	乙亥	40	丁丑	40	丙子	40	戊寅	40	丁丑	40	己卯	40	戊寅	40	庚辰
50	壬申	50	甲戌	50	癸酉	50	乙亥	50	甲戌	50	丙子	50	乙亥	50	丁丑	50	丙子	50	戊寅	50	丁丑	50	己卯
60	辛未	60	癸酉	60	壬申	60	甲戌	60	癸酉	60	乙亥	60	甲戌	60	丙子	60	乙亥	60	丁丑	60	丙子	60	戊寅
70	庚午	70	壬申	70	辛未	70	癸酉	70	壬申	70	甲戌	70	癸酉	70	乙亥	70	甲戌	70	丙子	70	乙亥	70	丁丑
80	己巳	80	辛未	80	庚午	80	壬申	80	辛未	80	癸酉	80	壬申	80	甲戌	80	癸酉	80	乙亥	80	甲戌	80	壬辰

～2036年（令和18年）2月4日14時19分

月柱 甲申（8月7日23:55～9月8日3:02）

生日	日柱	男	女
8/7	庚$_2$子	0	11
8/8	辛$_1$丑	0	10
8/9	壬$_1$寅	1	10
8/10	癸$_3$卯	1	10
8/11	甲$_1$辰	1	9
8/12	乙$_1$巳	2	9
8/13	丙$_1$午	2	9
8/14	丁$_1$未	2	8
8/15	戊$_3$申	3	8
8/16	己$_3$酉	3	8
8/17	庚$_1$戌	3	7
8/18	辛$_2$亥	2	7
8/19	壬$_2$子	4	6
8/20	癸$_3$丑	3	6
8/21	甲$_1$寅	5	6
8/22	乙$_1$卯	5	6
8/23	丙$_1$辰	5	5
8/24	丁$_1$巳	6	5
8/25	戊$_3$午	6	5
8/26	己$_1$未	6	4
8/27	庚$_1$申	7	4
8/28	辛$_2$酉	7	3
8/29	壬$_3$戌	7	3
8/30	癸$_1$亥	8	3
8/31	甲$_1$子	8	3
9/1	乙$_1$丑	8	2
9/2	丙$_1$寅	9	2
9/3	丁$_1$卯	9	2
9/4	戊$_3$辰	9	1
9/5	己$_1$巳	10	1
9/6	庚$_2$午	10	1
9/7	辛$_1$未	10	0
9/8	壬$_2$申	11	0

月柱 乙酉（9月8日3:03～10月8日18:57）

生日	日柱	男	女
9/8	壬$_2$申	0	10
9/9	癸$_2$酉	0	10
9/10	甲$_1$戌	1	9
9/11	乙$_1$亥	1	9
9/12	丙$_1$子	1	9
9/13	丁$_1$丑	2	8
9/14	戊$_3$寅	2	8
9/15	己$_3$卯	2	8
9/16	庚$_3$辰	3	7
9/17	辛$_1$巳	3	7
9/18	壬$_1$午	3	7
9/19	癸$_3$未	4	6
9/20	甲$_1$申	4	6
9/21	乙$_1$酉	4	6
9/22	丙$_1$戌	5	5
9/23	丁$_1$亥	5	5
9/24	戊$_3$子	5	5
9/25	己$_3$丑	6	4
9/26	庚$_2$寅	6	4
9/27	辛$_1$卯	6	4
9/28	壬$_3$辰	7	3
9/29	癸$_3$巳	7	3
9/30	甲$_1$午	7	3
10/1	乙$_1$未	8	2
10/2	丙$_1$申	8	2
10/3	丁$_1$酉	8	2
10/4	戊$_3$戌	9	1
10/5	己$_1$亥	9	1
10/6	庚$_2$子	9	1
10/7	辛$_1$丑	10	0
10/8	壬$_1$寅	10	0

月柱 丙戌（10月8日18:58～11月7日22:14）

生日	日柱	男	女
10/8	壬$_3$寅	0	10
10/9	癸$_3$卯	0	10
10/10	甲$_1$辰	1	9
10/11	乙$_1$巳	1	9
10/12	丙$_1$午	1	9
10/13	丁$_1$未	2	8
10/14	戊$_3$申	2	8
10/15	己$_3$酉	2	8
10/16	庚$_3$戌	3	7
10/17	辛$_1$亥	3	7
10/18	壬$_1$子	3	7
10/19	癸$_3$丑	4	6
10/20	甲$_1$寅	4	6
10/21	乙$_1$卯	4	6
10/22	丙$_1$辰	5	5
10/23	丁$_1$巳	5	5
10/24	戊$_1$午	5	5
10/25	己$_1$未	6	4
10/26	庚$_1$申	6	4
10/27	辛$_1$酉	6	4
10/28	壬$_1$戌	7	3
10/29	癸$_1$亥	7	3
10/30	甲$_1$子	7	3
10/31	乙$_2$丑	8	2
11/1	丙$_1$寅	8	2
11/2	丁$_1$卯	8	2
11/3	戊$_3$辰	9	1
11/4	己$_1$巳	9	1
11/5	庚$_1$午	9	1
11/6	辛$_1$未	10	0
11/7	壬$_1$申	10	0

月柱 丁亥（11月7日22:15～12月7日15:25）

生日	日柱	男	女
11/7	壬$_1$申	0	10
11/8	癸$_1$酉	0	10
11/9	甲$_1$戌	1	9
11/10	乙$_1$亥	1	9
11/11	丙$_1$子	1	9
11/12	丁$_1$丑	2	8
11/13	戊$_3$寅	2	8
11/14	己$_1$卯	2	8
11/15	庚$_3$辰	3	7
11/16	辛$_1$巳	3	7
11/17	壬$_1$午	3	7
11/18	癸$_1$未	4	6
11/19	甲$_1$申	4	6
11/20	乙$_1$酉	4	6
11/21	丙$_1$戌	5	5
11/22	丁$_1$亥	5	5
11/23	戊$_1$子	5	5
11/24	己$_1$丑	6	4
11/25	庚$_1$寅	6	4
11/26	辛$_1$卯	6	4
11/27	壬$_2$辰	7	3
11/28	癸$_1$巳	7	3
11/29	甲$_1$午	7	3
11/30	乙$_1$未	8	2
12/1	丙$_1$申	8	2
12/2	丁$_1$酉	8	2
12/3	戊$_2$戌	9	1
12/4	己$_1$亥	9	1
12/5	庚$_1$子	9	1
12/6	辛$_1$丑	10	0
12/7	壬$_1$寅	10	0

月柱 戊子（12月7日15:26～1月6日2:43）

生日	日柱	男	女
12/7	壬$_1$寅	0	10
12/8	癸$_2$卯	0	10
12/9	甲$_1$辰	1	9
12/10	乙$_1$巳	1	9
12/11	丙$_1$午	1	9
12/12	丁$_2$未	2	8
12/13	戊$_1$申	2	8
12/14	己$_3$酉	2	8
12/15	庚$_3$戌	3	7
12/16	辛$_1$亥	3	7
12/17	壬$_1$子	3	7
12/18	癸$_1$丑	4	6
12/19	甲$_1$寅	4	6
12/20	乙$_1$卯	4	6
12/21	丙$_1$辰	5	5
12/22	丁$_1$巳	5	5
12/23	戊$_2$午	5	5
12/24	己$_1$未	6	4
12/25	庚$_1$申	6	4
12/26	辛$_1$酉	6	4
12/27	壬$_1$戌	7	3
12/28	癸$_1$亥	7	3
12/29	甲$_1$子	7	3
12/30	乙$_1$丑	8	2
12/31	丙$_1$寅	8	2
1/1	丁$_1$卯	8	2
1/2	戊$_2$辰	9	1
1/3	己$_1$巳	9	1
1/4	庚$_3$午	9	1
1/5	辛$_1$未	10	0
1/6	壬$_1$申	10	0

月柱 己丑（1月6日2:44～2月4日14:19）

生日	日柱	男	女
1/6	壬$_2$申	0	10
1/7	癸$_2$酉	0	9
1/8	甲$_2$戌	1	9
1/9	乙$_1$亥	1	9
1/10	丙$_2$子	1	8
1/11	丁$_2$丑	2	8
1/12	戊$_3$寅	2	8
1/13	己$_2$卯	2	7
1/14	庚$_3$辰	3	7
1/15	辛$_1$巳	3	7
1/16	壬$_1$午	3	6
1/17	癸$_1$未	4	6
1/18	甲$_1$申	4	6
1/19	乙$_2$酉	4	6
1/20	丙$_2$戌	5	5
1/21	丁$_1$亥	5	5
1/22	戊$_1$子	5	4
1/23	己$_1$丑	6	4
1/24	庚$_1$寅	6	4
1/25	辛$_1$卯	6	3
1/26	壬$_2$辰	7	3
1/27	癸$_1$巳	7	3
1/28	甲$_2$午	7	2
1/29	乙$_2$未	8	2
1/30	丙$_2$申	8	2
1/31	丁$_2$酉	8	1
2/1	戊$_1$戌	9	1
2/2	己$_2$亥	9	1
2/3	庚$_2$子	9	0
2/4	辛$_1$丑	10	0

大運表

歳	甲申 男	甲申 女	乙酉 男	乙酉 女	丙戌 男	丙戌 女	丁亥 男	丁亥 女	戊子 男	戊子 女	己丑 男	己丑 女
0	癸未	乙酉	甲申	丙戌	乙酉	丁亥	丙戌	戊子	丁亥	己丑	戊子	庚寅
10	壬午	丙戌	癸未	丁亥	甲申	戊子	乙酉	己丑	丙戌	庚寅	丁亥	辛卯
20	辛巳	丁亥	壬午	戊子	癸未	己丑	甲申	庚寅	乙酉	辛卯	丙戌	壬辰
30	庚辰	戊子	辛巳	己丑	壬午	庚寅	癸未	辛卯	甲申	壬辰	乙酉	癸巳
40	己卯	己丑	庚辰	庚寅	辛巳	辛卯	壬午	壬辰	癸未	癸巳	甲申	甲午
50	戊寅	庚寅	己卯	辛卯	庚辰	壬辰	辛巳	癸巳	壬午	甲午	癸未	乙未
60	丁丑	辛卯	戊寅	壬辰	己卯	癸巳	庚辰	甲午	辛巳	乙未	壬午	丙申
70	丙子	壬辰	丁丑	癸巳	戊寅	甲午	己卯	乙未	庚辰	丙申	辛巳	丁酉
80	乙亥	癸巳	丙子	甲午	丁丑	乙未	戊寅	丙申	己卯	丁酉	庚辰	戊戌

年柱 丙辰　2036年（令和18年）2月4日14時20分～

月柱	期間
庚寅	2月4日14:20～3月5日8:11
辛卯	3月5日8:12～4月4日12:45
壬辰	4月4日12:46～5月5日5:48
癸巳	5月5日5:49～6月5日9:46
甲午	6月5日9:47～7月6日19:56
乙未	7月6日19:57～8月7日5:48

月柱 庚寅（2月4日14:20～3月5日8:11）

生日	日柱	立運男	立運女
2/4	辛丑	10	0
2/5	壬寅	10	0
2/6	癸卯	9	1
2/7	甲辰	9	1
2/8	乙巳	9	1
2/9	丙午	8	2
2/10	丁未	8	2
2/11	戊申	8	2
2/12	己酉	7	3
2/13	庚戌	7	3
2/14	辛亥	7	3
2/15	壬子	6	4
2/16	癸丑	6	4
2/17	甲寅	6	4
2/18	乙卯	5	5
2/19	丙辰	5	5
2/20	丁巳	5	5
2/21	戊午	4	6
2/22	己未	4	6
2/23	庚申	4	6
2/24	辛酉	3	7
2/25	壬戌	3	7
2/26	癸亥	3	7
2/27	甲子	2	8
2/28	乙丑	2	8
2/29	丙寅	2	8
3/1	丁卯	1	9
3/2	戊辰	1	9
3/3	己巳	1	9
3/4	庚午	0	10
3/5	辛未	0	10

月柱 辛卯（3月5日8:12～4月4日12:45）

生日	日柱	立運男	立運女
3/5	辛未	10	0
3/6	壬申	10	0
3/7	癸酉	9	1
3/8	甲戌	9	1
3/9	乙亥	9	1
3/10	丙子	8	2
3/11	丁丑	8	2
3/12	戊寅	8	2
3/13	己卯	7	3
3/14	庚辰	7	3
3/15	辛巳	7	3
3/16	壬午	6	4
3/17	癸未	6	4
3/18	甲申	6	4
3/19	乙酉	5	5
3/20	丙戌	5	5
3/21	丁亥	5	5
3/22	戊子	4	6
3/23	己丑	4	6
3/24	庚寅	4	6
3/25	辛卯	3	7
3/26	壬辰	3	7
3/27	癸巳	3	7
3/28	甲午	2	8
3/29	乙未	2	8
3/30	丙申	2	8
3/31	丁酉	1	9
4/1	戊戌	1	9
4/2	己亥	1	9
4/3	庚子	0	10
4/4	辛丑	0	10

月柱 壬辰（4月4日12:46～5月5日5:48）

生日	日柱	立運男	立運女
4/4	辛丑	10	0
4/5	壬寅	10	0
4/6	癸卯	10	1
4/7	甲辰	9	1
4/8	乙巳	9	1
4/9	丙午	9	2
4/10	丁未	8	2
4/11	戊申	8	2
4/12	己酉	8	3
4/13	庚戌	7	3
4/14	辛亥	7	3
4/15	壬子	7	4
4/16	癸丑	6	4
4/17	甲寅	6	4
4/18	乙卯	6	5
4/19	丙辰	5	5
4/20	丁巳	5	5
4/21	戊午	5	6
4/22	己未	4	6
4/23	庚申	4	6
4/24	辛酉	4	7
4/25	壬戌	3	7
4/26	癸亥	3	7
4/27	甲子	3	8
4/28	乙丑	2	8
4/29	丙寅	2	8
4/30	丁卯	2	9
5/1	戊辰	1	9
5/2	己巳	1	9
5/3	庚午	1	10
5/4	辛未	0	10
5/5	壬申	0	10

月柱 癸巳（5月5日5:49～6月5日9:46）

生日	日柱	立運男	立運女
5/5	壬申	10	0
5/6	癸酉	10	0
5/7	甲戌	10	1
5/8	乙亥	9	1
5/9	丙子	9	1
5/10	丁丑	9	2
5/11	戊寅	8	2
5/12	己卯	8	2
5/13	庚辰	8	3
5/14	辛巳	7	3
5/15	壬午	7	3
5/16	癸未	7	4
5/17	甲申	7	4
5/18	乙酉	6	4
5/19	丙戌	6	5
5/20	丁亥	6	5
5/21	戊子	5	5
5/22	己丑	5	6
5/23	庚寅	5	6
5/24	辛卯	4	6
5/25	壬辰	4	7
5/26	癸巳	3	7
5/27	甲午	3	7
5/28	乙未	3	8
5/29	丙申	3	8
5/30	丁酉	2	8
5/31	戊戌	2	9
6/1	己亥	2	9
6/2	庚子	1	9
6/3	辛丑	1	10
6/4	壬寅	1	10
6/5	癸卯	0	10

月柱 甲午（6月5日9:47～7月6日19:56）

生日	日柱	立運男	立運女
6/5	癸卯	10	0
6/6	甲辰	10	0
6/7	乙巳	10	1
6/8	丙午	9	1
6/9	丁未	9	1
6/10	戊申	9	2
6/11	己酉	8	2
6/12	庚戌	8	2
6/13	辛亥	8	3
6/14	壬子	7	3
6/15	癸丑	7	3
6/16	甲寅	7	4
6/17	乙卯	7	4
6/18	丙辰	6	4
6/19	丁巳	6	5
6/20	戊午	6	5
6/21	己未	5	5
6/22	庚申	5	6
6/23	辛酉	5	6
6/24	壬戌	4	6
6/25	癸亥	4	7
6/26	甲子	4	7
6/27	乙丑	3	7
6/28	丙寅	3	8
6/29	丁卯	3	8
6/30	戊辰	2	8
7/1	己巳	2	9
7/2	庚午	2	9
7/3	辛未	1	9
7/4	壬申	1	10
7/5	癸酉	1	10
7/6	甲戌	0	10

月柱 乙未（7月6日19:57～8月7日5:48）

生日	日柱	立運男	立運女
7/6	甲戌	11	0
7/7	乙亥	10	0
7/8	丙子	10	1
7/9	丁丑	10	1
7/10	戊寅	9	1
7/11	己卯	9	2
7/12	庚辰	9	2
7/13	辛巳	8	2
7/14	壬午	8	3
7/15	癸未	8	3
7/16	甲申	8	3
7/17	乙酉	7	4
7/18	丙戌	7	4
7/19	丁亥	7	4
7/20	戊子	6	5
7/21	己丑	6	5
7/22	庚寅	5	5
7/23	辛卯	5	6
7/24	壬辰	5	6
7/25	癸巳	4	6
7/26	甲午	4	7
7/27	乙未	4	7
7/28	丙申	3	8
7/29	丁酉	3	8
7/30	戊戌	3	8
7/31	己亥	2	8
8/1	庚子	2	9
8/2	辛丑	1	9
8/3	壬寅	1	9
8/4	癸卯	1	10
8/5	甲辰	0	10
8/6	乙巳	0	10
8/7	丙午	0	11

立運（歳・大運干支）

歳	庚寅男	庚寅女	辛卯男	辛卯女	壬辰男	壬辰女	癸巳男	癸巳女	甲午男	甲午女	乙未男	乙未女
0	辛卯	己丑	壬辰	庚寅	癸巳	辛卯	甲午	壬辰	乙未	癸巳	丙申	甲午
10	戊戌	戊子	癸巳	己丑	甲午	庚寅	乙未	辛卯	丙申	壬辰	丁酉	癸巳
20	癸巳	丁亥	甲午	戊子	乙未	己丑	丙申	庚寅	丁酉	辛卯	戊戌	壬辰
30	甲午	丙戌	乙未	丁亥	丙申	戊子	丁酉	己丑	戊戌	庚寅	己亥	辛卯
40	乙未	乙酉	丙申	丙戌	丁酉	丁亥	戊戌	戊子	己亥	己丑	庚子	庚寅
50	丙申	甲申	丁酉	乙酉	戊戌	丙戌	己亥	丁亥	庚子	戊子	辛丑	己丑
60	丁酉	癸未	戊戌	甲申	己亥	乙酉	庚子	丙戌	辛丑	丁亥	壬寅	戊子
70	戊戌	壬午	己亥	癸未	庚子	甲申	辛丑	乙酉	壬寅	丙戌	癸卯	丁亥
80	己亥	辛巳	庚子	壬午	辛丑	癸未	壬寅	甲申	癸卯	乙酉	甲辰	丙戌

～2037年（令和19年）2月3日20時11分

月柱	丙申	丁酉	戊戌	己亥	庚子	辛丑
期間	8月7日 5:49～9月7日 8:55	9月7日 8:56～10月8日 0:49	10月8日 0:50～11月7日 4:24	11月7日 4:25～12月6日 21:15	12月6日 21:16～1月5日 8:34	1月5日 8:35～2月3日 20:11

立運年齢（男／女）

生日	日柱	男	女	生日	日柱	男	女	生日	日柱	男	女	生日	日柱	男	女	生日	日柱	男	女	生日	日柱	男	女
8/7	丙$_1$午	10	0	9/7	丁$_2$丑	10	0	10/8	戊$_1$申	10	0	11/7	戊$_1$寅	10	0	12/6	丁$_1$未	10	0	1/5	丁$_1$丑	10	0
8/8	丁$_2$未	10	0	9/8	戊$_1$寅	10	0	10/9	己$_1$酉	10	0	11/8	己$_1$卯	9	0	12/7	戊$_2$申	10	0	1/6	戊$_1$寅	9	0
8/9	戊$_1$申	10	1	9/9	己$_1$卯	10	1	10/10	庚$_1$戌	9	1	11/9	庚$_1$辰	9	1	12/8	己$_1$酉	9	1	1/7	己$_1$卯	9	1
8/10	己$_1$酉	9	1	9/10	庚$_1$辰	9	1	10/11	辛$_1$亥	9	1	11/10	辛$_2$巳	9	1	12/9	庚$_1$戌	9	1	1/8	庚$_1$辰	9	1
8/11	庚$_1$戌	9	1	9/11	辛$_1$巳	9	1	10/12	壬$_1$子	9	1	11/11	壬$_2$午	8	1	12/10	辛$_2$亥	9	1	1/9	辛$_1$巳	8	1
8/12	辛$_2$亥	9	2	9/12	壬$_3$午	9	2	10/13	癸$_3$丑	8	2	11/12	癸$_3$未	8	2	12/11	壬$_2$子	8	2	1/10	壬$_2$午	8	2
8/13	壬$_2$子	8	2	9/13	癸$_3$未	8	2	10/14	甲$_1$寅	8	2	11/13	甲$_3$申	8	2	12/12	癸$_1$丑	8	2	1/11	癸$_2$未	7	2
8/14	癸$_3$丑	8	2	9/14	甲$_3$申	8	2	10/15	乙$_3$卯	8	2	11/14	乙$_3$酉	8	2	12/13	甲$_1$寅	8	2	1/12	甲$_3$申	7	2
8/15	甲$_3$寅	8	3	9/15	乙$_3$酉	8	3	10/16	丙$_3$辰	7	3	11/15	丙$_3$戌	7	3	12/14	乙$_3$卯	7	3	1/13	乙$_3$酉	7	3
8/16	乙$_3$卯	7	3	9/16	丙$_3$戌	7	3	10/17	丁$_1$巳	7	3	11/16	丁$_3$亥	7	3	12/15	丙$_3$辰	7	3	1/14	丙$_3$戌	7	3
8/17	丙$_2$辰	7	3	9/17	丁$_3$亥	7	3	10/18	戊$_1$午	6	4	11/17	戊$_1$子	7	3	12/16	丁$_1$巳	7	3	1/15	丁$_3$亥	6	3
8/18	丁$_2$巳	7	4	9/18	戊$_1$子	7	4	10/19	己$_1$未	6	4	11/18	己$_1$丑	6	4	12/17	戊$_1$午	6	4	1/16	戊$_1$子	6	4
8/19	戊$_1$午	6	4	9/19	己$_1$丑	6	4	10/20	庚$_1$申	6	4	11/19	庚$_2$寅	6	4	12/18	己$_1$未	6	4	1/17	己$_1$丑	6	4
8/20	己$_1$未	6	4	9/20	庚$_2$寅	6	4	10/21	辛$_1$酉	5	5	11/20	辛$_2$卯	6	4	12/19	庚$_2$申	6	4	1/18	庚$_1$寅	5	4
8/21	庚$_1$申	6	5	9/21	辛$_2$卯	6	5	10/22	壬$_1$戌	5	5	11/21	壬$_3$辰	5	5	12/20	辛$_1$酉	5	5	1/19	辛$_2$卯	5	5
8/22	辛$_2$酉	5	5	9/22	壬$_3$辰	5	5	10/23	癸$_3$亥	5	5	11/22	癸$_3$巳	5	5	12/21	壬$_1$戌	5	5	1/20	壬$_2$辰	5	5
8/23	壬$_2$戌	5	5	9/23	癸$_3$巳	5	5	10/24	甲$_1$子	5	5	11/23	甲$_3$午	5	5	12/22	癸$_1$亥	5	5	1/21	癸$_2$巳	4	5
8/24	癸$_2$亥	5	6	9/24	甲$_3$午	5	6	10/25	乙$_1$丑	4	6	11/24	乙$_3$未	4	6	12/23	甲$_1$子	4	6	1/22	甲$_3$午	4	6
8/25	甲$_3$子	4	6	9/25	乙$_3$未	4	6	10/26	丙$_1$寅	4	6	11/25	丙$_3$申	4	6	12/24	乙$_3$丑	4	6	1/23	乙$_3$未	4	6
8/26	乙$_3$丑	4	6	9/26	丙$_3$申	4	6	10/27	丁$_1$卯	3	6	11/26	丁$_3$酉	3	6	12/25	丙$_1$寅	4	6	1/24	丙$_3$申	3	6
8/27	丙$_2$寅	4	7	9/27	丁$_2$酉	3	7	10/28	戊$_1$辰	3	7	11/27	戊$_1$戌	3	7	12/26	丁$_1$卯	3	7	1/25	丁$_3$酉	3	7
8/28	丁$_1$卯	3	7	9/28	戊$_1$戌	3	7	10/29	己$_1$巳	3	7	11/28	己$_1$亥	3	7	12/27	戊$_1$辰	3	7	1/26	戊$_1$戌	2	7
8/29	戊$_1$辰	3	7	9/29	己$_1$亥	3	7	10/30	庚$_1$午	3	7	11/29	庚$_2$子	2	7	12/28	己$_1$巳	2	7	1/27	己$_1$亥	2	7
8/30	己$_1$巳	3	8	9/30	庚$_1$子	3	8	10/31	辛$_1$未	2	8	11/30	辛$_1$丑	2	8	12/29	庚$_1$午	2	8	1/28	庚$_1$子	2	8
8/31	庚$_1$午	2	8	10/1	辛$_1$丑	2	8	11/1	壬$_3$申	2	8	12/1	壬$_1$寅	2	8	12/30	辛$_1$未	2	8	1/29	辛$_1$丑	1	8
9/1	辛$_1$未	2	8	10/2	壬$_2$寅	2	8	11/2	癸$_3$酉	2	8	12/2	癸$_3$卯	2	8	12/31	壬$_1$申	2	8	1/30	壬$_2$寅	1	8
9/2	壬$_2$申	2	9	10/3	癸$_3$卯	2	9	11/3	甲$_3$戌	1	9	12/3	甲$_3$辰	1	9	1/1	癸$_1$酉	1	9	1/31	癸$_2$卯	1	9
9/3	癸$_3$酉	1	9	10/4	甲$_3$辰	1	9	11/4	乙$_3$亥	1	9	12/4	乙$_3$巳	1	9	1/2	甲$_1$戌	1	9	2/1	甲$_3$辰	1	9
9/4	甲$_3$戌	1	9	10/5	乙$_3$巳	1	9	11/5	丙$_3$子	1	9	12/5	丙$_3$午	0	9	1/3	乙$_2$亥	1	9	2/2	乙$_3$巳	0	9
9/5	乙$_1$亥	1	10	10/6	丙$_1$午	1	10	11/6	丁$_1$丑	0	10	12/6	丁$_1$未	0	10	1/4	丙$_3$子	0	10	2/3	丙$_2$午	0	10
9/6	丙$_2$子	0	10	10/7	丁$_2$未	0	10	11/7	戊$_1$寅	0	10					1/5	丁$_1$丑	0	10				
9/7	丁$_2$丑	0	10	10/8	戊$_1$申	0	10																

立運（歳・男／女）

歳	男(丙申)	歳	女(丙申)	歳	男(丁酉)	歳	女(丁酉)	歳	男(戊戌)	歳	女(戊戌)	歳	男(己亥)	歳	女(己亥)	歳	男(庚子)	歳	女(庚子)	歳	男(辛丑)	歳	女(辛丑)
0	丁酉	0	乙未	0	戊戌	0	丙申	0	己亥	0	丙申	0	庚子	0	丁酉	0	辛丑	0	丁酉	0	壬寅	0	庚子
10	戊戌	10	甲午	10	己亥	10	乙未	10	庚子	10	乙未	10	辛丑	10	丙申	10	壬寅	10	丙申	10	癸卯	10	己亥
20	己亥	20	癸巳	20	庚子	20	甲午	20	辛丑	20	甲午	20	壬寅	20	乙未	20	癸卯	20	乙未	20	甲辰	20	戊戌
30	庚子	30	壬辰	30	辛丑	30	癸巳	30	壬寅	30	癸巳	30	癸卯	30	甲午	30	甲辰	30	甲午	30	乙巳	30	丁酉
40	辛丑	40	辛卯	40	壬寅	40	壬辰	40	癸卯	40	壬辰	40	甲辰	40	癸巳	40	乙巳	40	癸巳	40	丙午	40	丙申
50	壬寅	50	庚寅	50	癸卯	50	辛卯	50	甲辰	50	辛卯	50	乙巳	50	壬辰	50	丙午	50	壬辰	50	丁未	50	乙未
60	癸卯	60	己丑	60	甲辰	60	庚寅	60	乙巳	60	庚寅	60	丙午	60	辛卯	60	丁未	60	辛卯	60	戊申	60	甲午
70	甲辰	70	戊子	70	乙巳	70	己丑	70	丙午	70	己丑	70	丁未	70	庚寅	70	戊申	70	庚寅	70	己酉	70	癸巳
80	乙巳	80	丁亥	80	丙午	80	戊子	80	丁未	80	戊子	80	戊申	80	己丑	80	己酉	80	己丑	80	庚戌	80	壬辰

年柱 丁巳　2037年（令和19年）2月3日20時12分〜

月柱	壬寅 2月3日20:12〜3月5日14:05			癸卯 3月5日14:06〜4月4日18:43			甲辰 4月4日18:44〜5月5日11:49			乙巳 5月5日11:50〜6月5日15:46			丙午 6月5日15:47〜7月7日1:55			丁未 7月7日1:56〜8月7日11:42		
生日	日柱	男	女	生日	日柱	男	女	生日	日柱	男	女	生日	日柱	男	女	生日	日柱	男	女
2/3	$丙_3午$	0	10	3/5	$丙_1子$	0	10	4/4	$丙_1午$	0	10	5/5	$丁_3丑$	0	10	6/5	$戊_1申$	0	11	7/7	$庚_3辰$	0	10
2/4	$丁_3未$	0	10	3/6	$丁_1丑$	0	10	4/5	$丁_1未$	0	10	5/6	$戊_1寅$	0	10	6/6	$己_1酉$	0	10	7/8	$辛_3巳$	0	10
2/5	$戊_2申$	1	9	3/7	$戊_1寅$	1	9	4/6	$戊_1申$	1	10	5/7	$己_1卯$	1	10	6/7	$庚_3戌$	1	10	7/9	$壬_3午$	1	10
2/6	$己_2酉$	1	9	3/8	$己_2卯$	1	9	4/7	$己_1酉$	1	9	5/8	$庚_3辰$	1	9	6/8	$辛_1亥$	1	10	7/10	$癸_3未$	1	9
2/7	$庚_3戌$	1	9	3/9	$庚_3辰$	1	9	4/8	$庚_3戌$	1	9	5/9	$辛_1巳$	1	9	6/9	$壬_3子$	1	9	7/11	$甲_3申$	1	9
2/8	$辛_3亥$	2	8	3/10	$辛_3巳$	2	8	4/9	$辛_3亥$	2	9	5/10	$壬_3午$	2	9	6/10	$癸_3丑$	2	9	7/12	$乙_3酉$	2	9
2/9	$壬_2子$	2	8	3/11	$壬_3午$	2	8	4/10	$壬_3子$	2	8	5/11	$癸_3未$	2	8	6/11	$甲_3寅$	2	9	7/13	$丙_3戌$	2	8
2/10	$癸_3丑$	2	8	3/12	$癸_3未$	2	8	4/11	$癸_3丑$	2	8	5/12	$甲_3申$	2	8	6/12	$乙_3卯$	2	8	7/14	$丁_3亥$	2	8
2/11	$甲_1寅$	3	7	3/13	$甲_1申$	3	7	4/12	$甲_1寅$	3	7	5/13	$乙_1酉$	3	8	6/13	$丙_1辰$	3	8	7/15	$戊_3子$	3	8
2/12	$乙_1卯$	3	7	3/14	$乙_1酉$	3	7	4/13	$乙_1卯$	3	7	5/14	$丙_1戌$	3	7	6/14	$丁_1巳$	3	8	7/16	$己_1丑$	3	7
2/13	$丙_1辰$	3	7	3/15	$丙_3戌$	3	7	4/14	$丙_1辰$	3	7	5/15	$丁_3亥$	3	7	6/15	$戊_3午$	3	7	7/17	$庚_3寅$	3	7
2/14	$丁_3巳$	4	6	3/16	$丁_3亥$	4	6	4/15	$丁_3巳$	4	7	5/16	$戊_1子$	4	7	6/16	$己_1未$	4	7	7/18	$辛_3卯$	4	7
2/15	$戊_1午$	4	6	3/17	$戊_1子$	4	6	4/16	$戊_1午$	4	6	5/17	$己_1丑$	4	6	6/17	$庚_3申$	4	7	7/19	$壬_3辰$	4	6
2/16	$己_1未$	4	6	3/18	$己_1丑$	4	6	4/17	$己_1未$	4	6	5/18	$庚_3寅$	4	6	6/18	$辛_3酉$	4	6	7/20	$癸_3巳$	4	6
2/17	$庚_3申$	5	5	3/19	$庚_3寅$	5	5	4/18	$庚_2申$	5	6	5/19	$辛_3卯$	5	6	6/19	$壬_3戌$	5	6	7/21	$甲_3午$	5	6
2/18	$辛_3酉$	5	5	3/20	$辛_3卯$	5	5	4/19	$辛_3酉$	5	5	5/20	$壬_3辰$	5	5	6/20	$癸_3亥$	5	6	7/22	$乙_3未$	5	5
2/19	$壬_3戌$	5	5	3/21	$壬_3辰$	5	5	4/20	$壬_3戌$	5	5	5/21	$癸_3巳$	5	5	6/21	$壬_3子$	5	5	7/23	$丙_3申$	5	5
2/20	$癸_3亥$	6	4	3/22	$癸_3巳$	6	4	4/21	$癸_3亥$	6	5	5/22	$甲_3午$	6	5	6/22	$乙_3丑$	6	5	7/24	$丁_3酉$	6	5
2/21	$甲_1子$	6	4	3/23	$甲_3午$	6	4	4/22	$甲_1子$	6	4	5/23	$乙_1未$	6	4	6/23	$丙_1寅$	6	5	7/25	$戊_3戌$	6	4
2/22	$乙_1丑$	6	4	3/24	$乙_3未$	6	4	4/23	$乙_1丑$	6	4	5/24	$丙_1申$	6	4	6/24	$丁_1卯$	6	4	7/26	$己_1亥$	6	4
2/23	$丙_1寅$	7	3	3/25	$丙_3申$	7	3	4/24	$丙_1寅$	7	4	5/25	$丁_3酉$	7	4	6/25	$戊_3辰$	7	4	7/27	$庚_3子$	7	4
2/24	$丁_3卯$	7	3	3/26	$丁_3酉$	7	3	4/25	$丁_3卯$	7	3	5/26	$戊_3戌$	7	3	6/26	$己_1巳$	7	3	7/28	$辛_3丑$	7	3
2/25	$戊_1辰$	7	3	3/27	$戊_3戌$	7	3	4/26	$戊_1辰$	7	3	5/27	$己_1亥$	7	3	6/27	$庚_3午$	7	3	7/29	$壬_3寅$	7	3
2/26	$己_1巳$	8	2	3/28	$己_3亥$	8	2	4/27	$己_1巳$	8	3	5/28	$庚_3子$	8	3	6/28	$辛_3未$	8	3	7/30	$癸_3卯$	8	3
2/27	$庚_3午$	8	2	3/29	$庚_3子$	8	2	4/28	$庚_3午$	8	2	5/29	$辛_1丑$	8	2	6/29	$壬_3申$	8	3	7/31	$甲_3辰$	8	2
2/28	$辛_3未$	8	2	3/30	$辛_3丑$	8	2	4/29	$辛_3未$	8	2	5/30	$壬_3寅$	8	2	6/30	$癸_3酉$	8	2	8/1	$乙_3巳$	8	2
3/1	$壬_3申$	9	1	3/31	$壬_3寅$	9	1	4/30	$壬_3申$	9	2	5/31	$癸_3卯$	9	2	7/1	$甲_3戌$	9	2	8/2	$丙_3午$	9	2
3/2	$癸_3酉$	9	1	4/1	$癸_3卯$	9	1	5/1	$癸_3酉$	9	1	6/1	$甲_3辰$	9	1	7/2	$乙_3亥$	9	1	8/3	$丁_1未$	9	1
3/3	$甲_1戌$	9	1	4/2	$甲_3辰$	9	1	5/2	$甲_3戌$	9	1	6/2	$乙_3巳$	9	1	7/3	$丙_1子$	9	1	8/4	$戊_1申$	9	1
3/4	$乙_1亥$	10	0	4/3	$乙_1巳$	10	0	5/3	$乙_1亥$	10	1	6/3	$丙_1午$	10	1	7/4	$丁_1丑$	10	1	8/5	$己_1酉$	10	1
3/5	$丙_1子$	10	0	4/4	$丙_1午$	10	0	5/4	$丙_1子$	10	0	6/4	$丁_1未$	10	0	7/5	$戊_1寅$	10	1	8/6	$庚_3戌$	10	0
								5/5	$丁_1丑$	10	0	6/5	$戊_1申$	10	0	7/6	$己_1卯$	10	0	8/7	$辛_3亥$	10	0
																7/7	$庚_3辰$	11	0				

歳	男	歳	女	歳	男	歳	女	歳	男	歳	女	歳	男	歳	女	歳	男	歳	女	歳	男	歳	女
0	辛丑	0	癸卯	0	壬寅	0	甲辰	0	癸卯	0	乙巳	0	甲辰	0	丙午	0	乙巳	0	丁未	0	丙午	0	戊申
10	庚子	10	甲辰	10	辛丑	10	乙巳	10	壬寅	10	丙午	10	癸卯	10	丁未	10	甲辰	10	戊申	10	乙巳	10	己酉
20	己亥	20	乙巳	20	庚子	20	丙午	20	辛丑	20	丁未	20	壬寅	20	戊申	20	癸卯	20	己酉	20	甲辰	20	庚戌
30	戊戌	30	丙午	30	己亥	30	丁未	30	庚子	30	戊申	30	辛丑	30	己酉	30	壬寅	30	庚戌	30	癸卯	30	辛亥
40	丁酉	40	丁未	40	戊戌	40	戊申	40	己亥	40	己酉	40	庚子	40	庚戌	40	辛丑	40	辛亥	40	壬寅	40	壬子
50	丙申	50	戊申	50	丁酉	50	己酉	50	戊戌	50	庚戌	50	己亥	50	辛亥	50	庚子	50	壬子	50	辛丑	50	癸丑
60	乙未	60	己酉	60	丙申	60	庚戌	60	丁酉	60	辛亥	60	戊戌	60	壬子	60	己亥	60	癸丑	60	庚子	60	甲寅
70	甲午	70	庚戌	70	乙未	70	辛亥	70	丙申	70	壬子	70	丁酉	70	癸丑	70	戊戌	70	甲寅	70	己亥	70	乙卯
80	癸巳	80	辛亥	80	甲午	80	壬子	80	乙未	80	癸丑	80	丙申	80	甲寅	80	丁酉	80	乙卯	80	戊戌	80	丙辰

～2038年（令和20年）2月4日2時03分

	8月7日11:43～ 9月7日14:45				9月7日14:46～ 10月8日 6:38				10月8日 6:39～ 11月7日10:04				11月7日10:05～ 12月7日 3:07				12月7日 3:08～ 1月5日14:26				1月5日14:27～ 2月4日 2:03		
月柱	**戊申**		立運年齢	**月柱**	**己酉**		立運年齢	**月柱**	**庚戌**		立運年齢	**月柱**	**辛亥**		立運年齢	**月柱**	**壬子**		立運年齢	**月柱**	**癸丑**		立運年齢
生日	日柱	男	女	生日	日柱	男	女	生日	日柱	男	女	生日	日柱	男	女	生日	日柱	男	女	生日	日柱	男	女
8/7	辛$_1$亥	0	10	9/7	壬$_3$午	0	10	10/8	癸$_3$丑	0	10	11/7	癸$_3$未	0	10	12/7	癸$_3$丑	0	10	1/5	壬$_3$午	0	10
8/8	壬$_2$子	0	10	9/8	癸$_3$未	0	10	10/9	甲$_3$寅	0	10	11/8	甲$_3$申	0	10	12/8	甲$_3$寅	0	9	1/6	癸$_3$未	0	10
8/9	癸$_3$丑	1	10	9/9	甲$_3$申	1	10	10/10	乙$_2$卯	1	9	11/9	乙$_2$酉	1	9	12/9	乙$_2$卯	1	9	1/7	甲$_3$申	1	9
8/10	甲$_3$寅	1	9	9/10	乙$_2$酉	1	9	10/11	丙$_2$辰	1	9	11/10	丙$_2$戌	1	9	12/10	丙$_2$辰	1	9	1/8	乙$_2$酉	1	9
8/11	乙$_2$卯	1	9	9/11	丙$_2$戌	1	9	10/12	丁$_1$巳	1	9	11/11	丁$_2$亥	1	9	12/11	丁$_1$巳	1	8	1/9	丙$_2$戌	1	9
8/12	丙$_2$辰	2	9	9/12	丁$_2$亥	2	9	10/13	戊$_1$午	2	8	11/12	戊$_1$子	2	8	12/12	戊$_1$午	2	8	1/10	丁$_2$亥	2	8
8/13	丁$_1$巳	2	8	9/13	戊$_1$子	2	8	10/14	己$_1$未	2	8	11/13	己$_1$丑	2	8	12/13	己$_1$未	2	8	1/11	戊$_1$子	2	8
8/14	戊$_1$午	2	8	9/14	己$_1$丑	2	8	10/15	庚$_1$申	2	8	11/14	庚$_1$寅	2	8	12/14	庚$_1$申	2	7	1/12	己$_1$丑	2	8
8/15	己$_1$未	3	8	9/15	庚$_1$寅	3	8	10/16	辛$_1$酉	3	7	11/15	辛$_1$卯	3	7	12/15	辛$_1$酉	3	7	1/13	庚$_1$寅	3	7
8/16	庚$_1$申	3	7	9/16	辛$_1$卯	3	7	10/17	壬$_3$戌	3	7	11/16	壬$_2$辰	3	7	12/16	壬$_3$戌	3	7	1/14	辛$_1$卯	3	7
8/17	辛$_1$酉	3	7	9/17	壬$_2$辰	3	7	10/18	癸$_2$亥	3	7	11/17	癸$_2$巳	3	7	12/17	癸$_2$亥	3	6	1/15	壬$_2$辰	3	7
8/18	壬$_3$戌	4	7	9/18	癸$_2$巳	4	7	10/19	甲$_3$子	4	6	11/18	甲$_3$午	4	6	12/18	甲$_3$子	4	6	1/16	癸$_2$巳	4	6
8/19	癸$_2$亥	4	6	9/19	甲$_3$午	4	6	10/20	乙$_1$丑	4	6	11/19	乙$_2$未	4	6	12/19	乙$_1$丑	4	6	1/17	甲$_3$午	4	6
8/20	甲$_3$子	4	6	9/20	乙$_2$未	4	6	10/21	丙$_2$寅	4	6	11/20	丙$_2$申	4	6	12/20	丙$_2$寅	4	5	1/18	乙$_2$未	4	6
8/21	乙$_1$丑	5	6	9/21	丙$_2$申	5	6	10/22	丁$_1$卯	5	5	11/21	丁$_1$酉	5	5	12/21	丁$_1$卯	5	5	1/19	丙$_2$申	5	5
8/22	丙$_2$寅	5	5	9/22	丁$_1$酉	5	5	10/23	戊$_1$辰	5	5	11/22	戊$_1$戌	5	5	12/22	戊$_1$辰	5	4	1/20	丁$_1$酉	5	5
8/23	丁$_1$卯	5	5	9/23	戊$_1$戌	5	5	10/24	己$_1$巳	5	5	11/23	己$_1$亥	5	4	12/23	己$_1$巳	5	4	1/21	戊$_1$戌	5	5
8/24	戊$_1$辰	6	5	9/24	己$_1$亥	6	5	10/25	庚$_1$午	6	4	11/24	庚$_1$子	6	4	12/24	庚$_1$午	6	4	1/22	己$_1$亥	6	5
8/25	己$_1$巳	6	4	9/25	庚$_1$子	6	4	10/26	辛$_1$未	6	4	11/25	辛$_1$丑	6	4	12/25	辛$_1$未	6	3	1/23	庚$_1$子	6	4
8/26	庚$_1$午	6	4	9/26	辛$_1$丑	6	4	10/27	壬$_2$申	6	4	11/26	壬$_2$寅	6	3	12/26	壬$_2$申	6	3	1/24	辛$_1$丑	6	4
8/27	辛$_1$未	7	4	9/27	壬$_2$寅	7	4	10/28	癸$_2$酉	7	3	11/27	癸$_2$卯	7	3	12/27	癸$_2$酉	7	3	1/25	壬$_2$寅	7	4
8/28	壬$_2$申	7	3	9/28	癸$_2$卯	7	3	10/29	甲$_3$戌	7	3	11/28	甲$_3$辰	7	3	12/28	甲$_3$戌	7	2	1/26	癸$_2$卯	7	3
8/29	癸$_2$酉	8	3	9/29	甲$_3$辰	7	3	10/30	乙$_3$亥	7	3	11/29	乙$_3$巳	7	3	12/29	乙$_3$亥	7	2	1/27	甲$_3$辰	7	3
8/30	甲$_3$戌	8	3	9/30	乙$_3$巳	8	3	10/31	丙$_2$子	8	2	11/30	丙$_1$午	8	2	12/30	丙$_2$子	8	2	1/28	乙$_3$巳	8	2
8/31	乙$_3$亥	8	2	10/1	丙$_1$午	8	2	11/1	丁$_1$丑	8	2	12/1	丁$_1$未	8	2	12/31	丁$_1$丑	8	1	1/29	丙$_1$午	8	2
9/1	丙$_2$子	8	2	10/2	丁$_1$未	8	2	11/2	戊$_1$寅	8	2	12/2	戊$_1$申	8	2	1/1	戊$_1$寅	8	1	1/30	丁$_1$未	8	2
9/2	丁$_1$丑	9	2	10/3	戊$_1$申	9	2	11/3	己$_1$卯	9	1	12/3	己$_1$酉	9	1	1/2	己$_1$卯	9	1	1/31	戊$_1$申	9	1
9/3	戊$_1$寅	9	1	10/4	己$_1$酉	9	1	11/4	庚$_1$辰	9	1	12/4	庚$_1$戌	9	1	1/3	庚$_1$辰	9	1	2/1	己$_1$酉	9	1
9/4	己$_1$卯	9	1	10/5	庚$_1$戌	9	1	11/5	辛$_1$巳	9	1	12/5	辛$_1$亥	9	1	1/4	辛$_1$巳	9	0	2/2	庚$_1$戌	9	1
9/5	庚$_1$辰	10	1	10/6	辛$_1$亥	10	1	11/6	壬$_3$午	10	0	12/6	壬$_2$子	10	0	1/5	壬$_3$午	10	0	2/3	辛$_1$亥	10	0
9/6	辛$_1$巳	10	0	10/7	壬$_2$子	10	0	11/7	癸$_3$未	10	0	12/7	癸$_3$丑	10	0					2/4	壬$_2$子	10	0
9/7	壬$_3$午	10	0	10/8	癸$_3$丑	10	0																

歳	男	歳	女	歳	男	歳	女	歳	男	歳	女	歳	男	歳	女	歳	男	歳	女	歳	男	歳	女
0	丁未	0	戊申	0	戊申	0	己酉	0	己酉	0	庚戌	0	庚戌	0	辛亥	0	辛亥	0	壬子	0	壬子	0	癸丑
10	丙午	10	己酉	10	丁未	10	庚戌	10	戊申	10	辛亥	10	己酉	10	壬子	10	庚戌	10	癸丑	10	辛亥	10	甲寅
20	乙巳	20	庚戌	20	丙午	20	辛亥	20	丁未	20	壬子	20	戊申	20	癸丑	20	己酉	20	甲寅	20	庚戌	20	乙卯
30	甲辰	30	辛亥	30	乙巳	30	壬子	30	丙午	30	癸丑	30	丁未	30	甲寅	30	戊申	30	乙卯	30	己酉	30	丙辰
40	癸卯	40	壬子	40	甲辰	40	癸丑	40	乙巳	40	甲寅	40	丙午	40	乙卯	40	丁未	40	丙辰	40	戊申	40	丁巳
50	壬寅	50	癸丑	50	癸卯	50	甲寅	50	甲辰	50	乙卯	50	乙巳	50	丙辰	50	丙午	50	丁巳	50	丁未	50	戊午
60	辛丑	60	甲寅	60	壬寅	60	乙卯	60	癸卯	60	丙辰	60	甲辰	60	丁巳	60	乙巳	60	戊午	60	丙午	60	己未
70	庚子	70	乙卯	70	辛丑	70	丙辰	70	壬寅	70	丁巳	70	癸卯	70	戊午	70	甲辰	70	己未	70	乙巳	70	庚申
80	己亥	80	丙辰	80	庚子	80	丁巳	80	辛丑	80	戊午	80	壬寅	80	己未	80	癸卯	80	庚申	80	甲辰	80	辛酉

年柱 戊午　2038年（令和20年）2月4日2時04分～

月柱	期間
甲寅	2月4日 2:04～ 3月5日19:54
乙卯	3月5日19:55～ 4月5日 0:28
丙辰	4月5日 0:29～ 5月5日17:30
丁巳	5月5日17:31～ 6月5日21:24
戊午	6月5日21:25～ 7月7日 7:32
己未	7月7日 7:33～ 8月7日17:20

月柱 甲寅

生日	日柱	立運年齢 男	立運年齢 女
2:4	壬₃子	10	0
2:5	癸₃丑	9	0
2:6	甲₂寅	9	1
2:7	乙₁卯	9	1
2:8	丙₁辰	8	1
2:9	丁₁巳	8	2
2:10	戊₁午	8	2
2:11	己₁未	7	2
2:12	庚₁申	7	3
2:13	辛₁酉	7	3
2:14	壬₁戌	6	3
2:15	癸₃亥	6	4
2:16	甲₁子	6	4
2:17	乙₁丑	5	4
2:18	丙₁寅	5	5
2:19	丁₁卯	5	5
2:20	戊₁辰	4	5
2:21	己₁巳	4	6
2:22	庚₁午	4	6
2:23	辛₁未	3	6
2:24	壬₁申	3	7
2:25	癸₁酉	2	7
2:26	甲₁戌	2	7
2:27	乙₁亥	2	8
2:28	丙₁子	1	8
3:1	丁₁丑	1	8
3:2	戊₂寅	1	9
3:3	己₂卯	1	9
3:4	庚₁辰	0	9
3:5	辛₁巳	0	10

月柱 乙卯

生日	日柱	立運年齢 男	立運年齢 女
3:5	辛₁巳	10	0
3:6	壬₁午	10	0
3:7	癸₁未	10	1
3:8	甲₁申	9	1
3:9	乙₁酉	9	1
3:10	丙₁戌	9	2
3:11	丁₁亥	8	2
3:12	戊₁子	8	2
3:13	己₁丑	8	3
3:14	庚₁寅	7	3
3:15	辛₁卯	7	3
3:16	壬₁辰	7	4
3:17	癸₁巳	6	4
3:18	甲₁午	6	4
3:19	乙₁未	5	5
3:20	丙₁申	5	5
3:21	丁₁酉	5	5
3:22	戊₁戌	4	6
3:23	己₂亥	4	6
3:24	庚₁子	4	6
3:25	辛₁丑	3	7
3:26	壬₁寅	3	7
3:27	癸₁卯	2	8
3:28	甲₁辰	2	8
3:29	乙₁巳	2	8
3:30	丙₁午	1	8
3:31	丁₁未	2	9
4:1	戊₁申	1	9
4:2	己₂酉	1	9
4:3	庚₁戌	1	10
4:4	辛₁亥	0	10
4:5	壬₁子	0	10

月柱 丙辰

生日	日柱	立運年齢 男	立運年齢 女
4:5	壬₃子	10	0
4:6	癸₃丑	10	0
4:7	甲₂寅	9	1
4:8	乙₁卯	9	1
4:9	丙₁辰	9	1
4:10	丁₁巳	8	2
4:11	戊₁午	8	2
4:12	己₁未	8	2
4:13	庚₁申	7	3
4:14	辛₁酉	7	3
4:15	壬₁戌	7	3
4:16	癸₃亥	6	4
4:17	甲₁子	6	4
4:18	乙₁丑	5	5
4:19	丙₁寅	5	5
4:20	丁₁卯	5	5
4:21	戊₁辰	4	5
4:22	己₁巳	4	6
4:23	庚₁午	4	6
4:24	辛₁未	4	6
4:25	壬₁申	4	7
4:26	癸₁酉	3	7
4:27	甲₁戌	3	7
4:28	乙₁亥	2	8
4:29	丙₁子	2	8
4:30	丁₁丑	2	8
5:1	戊₂寅	1	9
5:2	己₂卯	1	9
5:3	庚₁辰	1	9
5:4	辛₁巳	0	10
5:5	壬₁午	0	10

月柱 丁巳

生日	日柱	立運年齢 男	立運年齢 女
5:5	壬₃午	10	0
5:6	癸₃未	10	0
5:7	甲₂申	10	1
5:8	乙₁酉	9	1
5:9	丙₁戌	9	1
5:10	丁₁亥	9	2
5:11	戊₁子	8	2
5:12	己₁丑	8	2
5:13	庚₁寅	8	3
5:14	辛₁卯	7	3
5:15	壬₁辰	7	3
5:16	癸₃巳	7	4
5:17	甲₃午	6	4
5:18	乙₃未	6	4
5:19	丙₁申	5	5
5:20	丁₁酉	5	5
5:21	戊₁戌	5	5
5:22	己₁亥	4	6
5:23	庚₁子	4	6
5:24	辛₂丑	4	6
5:25	壬₁寅	4	7
5:26	癸₁卯	3	7
5:27	甲₁辰	3	8
5:28	乙₁巳	3	8
5:29	丙₁午	2	8
5:30	丁₁未	2	8
5:31	戊₁申	1	9
6:1	己₁酉	1	9
6:2	庚₁戌	1	9
6:3	辛₂亥	1	9
6:4	壬₁子	0	10
6:5	癸₃丑	0	10

月柱 戊午

生日	日柱	立運年齢 男	立運年齢 女
6:5	癸₃丑	11	0
6:6	甲₂寅	10	0
6:7	乙₃卯	10	1
6:8	丙₁辰	10	1
6:9	丁₁巳	9	1
6:10	戊₁午	9	2
6:11	己₁未	9	2
6:12	庚₁申	8	2
6:13	辛₁酉	8	3
6:14	壬₃戌	8	3
6:15	癸₃亥	7	3
6:16	甲₁子	7	4
6:17	乙₁丑	7	4
6:18	丙₁寅	6	4
6:19	丁₁卯	6	5
6:20	戊₁辰	6	5
6:21	己₁巳	5	5
6:22	庚₂午	5	6
6:23	辛₁未	4	6
6:24	壬₃申	4	6
6:25	癸₃酉	4	7
6:26	甲₃戌	3	7
6:27	乙₃亥	3	7
6:28	丙₁子	3	8
6:29	丁₁丑	2	8
6:30	戊₁寅	2	8
7:1	己₁卯	2	9
7:2	庚₁辰	2	9
7:3	辛₂巳	1	9
7:4	壬₃午	1	10
7:5	癸₃未	1	10
7:6	甲₃申	0	10
7:7	乙₃酉	0	11

月柱 己未

生日	日柱	立運年齢 男	立運年齢 女
7:7	乙₃酉	10	0
7:8	丙₃戌	10	0
7:9	丁₂亥	10	1
7:10	戊₁子	9	1
7:11	己₁丑	9	1
7:12	庚₁寅	9	2
7:13	辛₁卯	8	2
7:14	壬₃辰	8	2
7:15	癸₃巳	8	3
7:16	甲₃午	7	3
7:17	乙₃未	7	3
7:18	丙₁申	7	4
7:19	丁₁酉	6	4
7:20	戊₁戌	6	4
7:21	己₁亥	5	5
7:22	庚₁子	5	5
7:23	辛₁丑	5	5
7:24	壬₃寅	4	6
7:25	癸₃卯	4	6
7:26	甲₃辰	4	6
7:27	乙₃巳	4	7
7:28	丙₁午	3	7
7:29	丁₁未	3	7
7:30	戊₁申	3	8
7:31	己₁酉	2	8
8:1	庚₁戌	2	8
8:2	辛₁亥	2	9
8:3	壬₃子	1	9
8:4	癸₃丑	1	9
8:5	甲₃寅	1	10
8:6	乙₃卯	0	10
8:7	丙₃辰	0	10

大運表

歳	甲寅 男	女	乙卯 男	女	丙辰 男	女	丁巳 男	女	戊午 男	女	己未 男	女
0	乙卯	癸丑	丙辰	甲寅	丁巳	乙卯	戊午	丙辰	己未	丁巳	庚申	戊午
10	丙辰	壬子	丁巳	癸丑	戊午	甲寅	己未	乙卯	庚申	丙辰	辛酉	丁巳
20	丁巳	辛亥	戊午	壬子	己未	癸丑	庚申	甲寅	辛酉	乙卯	壬戌	丙辰
30	戊午	庚戌	己未	辛亥	庚申	壬子	辛酉	癸丑	壬戌	甲寅	癸亥	乙卯
40	己未	己酉	庚申	庚戌	辛酉	辛亥	壬戌	壬子	癸亥	癸丑	甲子	甲寅
50	庚申	戊申	辛酉	己酉	壬戌	庚戌	癸亥	辛亥	甲子	壬子	乙丑	癸丑
60	辛酉	丁未	壬戌	戊申	癸亥	己酉	甲子	庚戌	乙丑	辛亥	丙寅	壬子
70	壬戌	丙午	癸亥	丁未	甲子	戊申	乙丑	己酉	丙寅	庚戌	丁卯	辛亥
80	癸亥	乙巳	甲子	丙午	乙丑	丁未	丙寅	戊申	丁卯	己酉	戊辰	庚戌

～2039年（令和21年）2月4日7時52分

月柱 庚申（8月7日17:21～9月7日20:26）

生日	日柱	男	女
8 7	丙3辰	10	0
8 8	丁1巳	10	0
8 9	戊1午	10	1
8 10	己1未	9	1
8 11	庚1申	9	1
8 12	辛1酉	9	2
8 13	壬2戌	8	2
8 14	癸1亥	8	2
8 15	甲3子	8	3
8 16	乙1丑	7	3
8 17	丙2寅	7	3
8 18	丁1卯	7	4
8 19	戊1辰	6	4
8 20	己1巳	6	4
8 21	庚1午	6	4
8 22	辛1未	5	5
8 23	壬1申	5	5
8 24	癸1酉	5	6
8 25	甲3戌	4	6
8 26	乙3亥	4	6
8 27	丙3子	4	7
8 28	丁3丑	3	7
8 29	戊2寅	3	7
8 30	己2卯	3	8
8 31	庚1辰	2	8
9 1	辛1巳	2	8
9 2	壬2午	2	9
9 3	癸2未	1	9
9 4	甲3申	1	9
9 5	乙3酉	1	10
9 6	丙3戌	0	10
9 7	丁3亥	0	10

月柱 辛酉（9月7日20:27～10月8日12:21）

生日	日柱	男	女
9 7	丁3亥	10	0
9 8	戊2子	10	0
9 9	己1丑	10	1
9 10	庚1寅	9	1
9 11	辛1卯	9	1
9 12	壬2辰	9	2
9 13	癸2巳	8	2
9 14	甲3午	8	2
9 15	乙3未	8	3
9 16	丙3申	7	3
9 17	丁3酉	7	3
9 18	戊3戌	7	4
9 19	己2亥	6	4
9 20	庚1子	6	4
9 21	辛1丑	6	4
9 22	壬2寅	5	5
9 23	癸3卯	5	5
9 24	甲3辰	5	6
9 25	乙3巳	4	6
9 26	丙3午	4	6
9 27	丁3未	4	7
9 28	戊3申	3	7
9 29	己3酉	3	7
9 30	庚3戌	3	8
10 1	辛1亥	2	8
10 2	壬1子	2	8
10 3	癸2丑	2	9
10 4	甲3寅	1	9
10 5	乙3卯	1	9
10 6	丙3辰	1	10
10 7	丁2巳	0	10
10 8	戊1午	0	10

月柱 壬戌（10月8日12:22～11月7日15:51）

生日	日柱	男	女
10 8	戊2午	10	0
10 9	己1未	10	0
10 10	庚1申	9	1
10 11	辛1酉	9	1
10 12	壬2戌	9	2
10 13	癸3亥	8	2
10 14	甲3子	8	2
10 15	乙3丑	8	2
10 16	丙3寅	7	3
10 17	丁3卯	7	3
10 18	戊3辰	7	3
10 19	己3巳	6	4
10 20	庚3午	6	4
10 21	辛3未	6	4
10 22	壬3申	5	5
10 23	癸3酉	5	5
10 24	甲3戌	5	5
10 25	乙3亥	4	6
10 27	丁3丑	4	6
10 28	戊3寅	3	7
10 29	己3卯	3	7
10 30	庚3辰	2	7
10 31	辛3巳	2	8
11 1	壬3午	2	8
11 2	癸3未	1	9
11 3	甲3申	1	9
11 5	丙3戌	1	10
11 6	丁3亥	0	10
11 7	戊3子	0	10

月柱 癸亥（11月7日15:52～12月7日8:56）

生日	日柱	男	女
11 7	戊2子	10	0
11 8	己1丑	10	0
11 9	庚1寅	9	1
11 10	辛1卯	9	1
11 11	壬1辰	9	2
11 12	癸1巳	8	2
11 13	甲2午	8	2
11 14	乙1未	8	2
11 15	丙3申	7	3
11 16	丁1酉	7	3
11 17	戊1戌	6	3
11 18	己1亥	6	4
11 19	庚1子	6	4
11 20	辛1丑	6	4
11 21	壬1寅	5	5
11 22	癸1卯	5	5
11 23	甲1辰	5	5
11 24	乙1巳	4	6
11 25	丙2午	4	6
11 26	丁1未	4	7
11 27	戊2申	3	7
11 28	己1酉	3	7
11 29	庚1戌	2	7
11 30	辛1亥	2	8
12 1	壬1子	2	8
12 2	癸1丑	1	8
12 3	甲1寅	1	9
12 4	乙1卯	1	9
12 5	丙1辰	1	9
12 6	丁1巳	0	10
12 7	戊1午	0	10

月柱 甲子（12月7日8:57～1月5日20:16）

生日	日柱	男	女
12 7	戊2午	10	0
12 8	己1未	9	0
12 9	庚1申	9	1
12 10	辛1酉	9	1
12 11	壬2戌	9	2
12 12	癸1亥	8	2
12 13	甲1子	8	2
12 14	乙2丑	7	2
12 15	丙2寅	7	3
12 16	丁1卯	7	3
12 17	戊1辰	6	3
12 18	己1巳	6	4
12 19	庚3午	6	4
12 20	辛1未	5	5
12 21	壬1申	5	5
12 22	癸1酉	5	5
12 23	甲2戌	5	5
12 24	乙1亥	4	6
12 25	丙2子	4	6
12 26	丁2丑	4	6
12 27	戊2寅	3	7
12 28	己2卯	3	7
12 29	庚2辰	2	7
12 30	辛1巳	2	8
12 31	壬2午	2	8
1 1	癸2未	1	8
1 2	甲1申	1	9
1 3	乙2酉	1	9
1 4	丙2戌	1	9
1 5	丁2亥	0	10

月柱 乙丑（1月5日20:17～2月4日7:52）

生日	日柱	男	女
1 5	丁1亥	10	0
1 6	戊1子	10	0
1 7	己1丑	9	1
1 8	庚1寅	9	1
1 9	辛1卯	9	1
1 10	壬3辰	8	2
1 11	癸3巳	8	2
1 12	甲3午	8	2
1 13	乙3未	7	3
1 14	丙3申	7	3
1 15	丁3酉	7	3
1 16	戊3戌	6	4
1 17	己3亥	6	4
1 18	庚3子	6	4
1 19	辛3丑	5	5
1 20	壬3寅	5	5
1 21	癸3卯	5	5
1 22	甲3辰	4	6
1 23	乙3巳	4	6
1 24	丙3午	4	6
1 25	丁3未	3	7
1 26	戊3申	3	7
1 27	己3酉	3	7
1 28	庚3戌	2	8
1 29	辛3亥	2	8
1 30	壬3子	2	8
1 31	癸3丑	1	8
2 1	甲2寅	1	9
2 2	乙2卯	1	9
2 3	丙2辰	0	10
2 4	丁1巳	0	10

立運（歳・男／歳・女）

歳	庚申 男	歳	庚申 女	歳	辛酉 男	歳	辛酉 女	歳	壬戌 男	歳	壬戌 女	歳	癸亥 男	歳	癸亥 女	歳	甲子 男	歳	甲子 女	歳	乙丑 男	歳	乙丑 女
0	辛酉	0	己未	0	壬戌	0	庚申	0	癸亥	0	辛酉	0	甲子	0	壬戌	0	乙丑	0	癸亥	0	丙寅	0	甲子
10	壬戌	10	戊午	10	癸亥	10	己未	10	甲子	10	庚申	10	乙丑	10	辛酉	10	丙寅	10	壬戌	10	丁卯	10	癸亥
20	癸亥	20	丁巳	20	甲子	20	戊午	20	乙丑	20	己未	20	丙寅	20	庚申	20	丁卯	20	辛酉	20	戊辰	20	壬戌
30	甲子	30	丙辰	30	乙丑	30	丁巳	30	丙寅	30	戊午	30	丁卯	30	己未	30	戊辰	30	庚申	30	己巳	30	辛酉
40	乙丑	40	乙卯	40	丙寅	40	丙辰	40	丁卯	40	丁巳	40	戊辰	40	戊午	40	己巳	40	己未	40	庚午	40	庚申
50	丙寅	50	甲寅	50	丁卯	50	乙卯	50	戊辰	50	丙辰	50	己巳	50	丁巳	50	庚午	50	戊午	50	辛未	50	己未
60	丁卯	60	癸丑	60	戊辰	60	甲寅	60	己巳	60	乙卯	60	庚午	60	丙辰	60	辛未	60	丁巳	60	壬申	60	戊午
70	戊辰	70	壬子	70	己巳	70	癸丑	70	庚午	70	甲寅	70	辛未	70	乙卯	70	壬申	70	丙辰	70	癸酉	70	丁巳
80	己巳	80	辛亥	80	庚午	80	壬子	80	辛未	80	癸丑	80	壬申	80	甲寅	80	癸酉	80	乙卯	80	甲戌	80	丙辰

年柱 己未 — 2039年（令和21年）2月4日7時53分～

月柱 丙寅（2月4日 7:53～3月6日 1:42）

生日	日柱	男	女
2/4	丁$_1$巳	0	10
2/5	戊$_1$午	0	10
2/6	己$_1$未	1	9
2/7	庚$_1$申	1	9
2/8	辛$_1$酉	1	9
2/9	壬$_3$戌	2	8
2/10	癸$_3$亥	2	8
2/11	甲$_1$子	2	8
2/12	乙$_1$丑	3	7
2/13	丙$_1$寅	3	7
2/14	丁$_1$卯	3	7
2/15	戊$_1$辰	4	6
2/16	己$_1$巳	4	6
2/17	庚$_2$午	4	6
2/18	辛$_1$未	5	5
2/19	壬$_3$申	5	5
2/20	癸$_3$酉	5	5
2/21	甲$_1$戌	6	4
2/22	乙$_1$亥	6	4
2/23	丙$_2$子	6	4
2/24	丁$_2$丑	7	3
2/25	戊$_1$寅	7	3
2/26	己$_1$卯	7	3
2/27	庚$_1$辰	8	2
2/28	辛$_1$巳	8	2
3/1	壬$_3$午	8	2
3/2	癸$_3$未	9	1
3/3	甲$_2$申	9	1
3/4	乙$_2$酉	9	1
3/5	丙$_2$戌	10	0
3/6	丁$_1$亥	10	0

月柱 丁卯（3月6日 1:43～4月5日 6:15）

生日	日柱	男	女
3/6	丁$_1$亥	0	10
3/7	戊$_1$子	0	10
3/8	己$_1$丑	1	9
3/9	庚$_1$寅	1	9
3/10	辛$_1$卯	1	9
3/11	壬$_3$辰	2	8
3/12	癸$_3$巳	2	8
3/13	甲$_3$午	2	8
3/14	乙$_3$未	3	7
3/15	丙$_2$申	3	7
3/16	丁$_2$酉	3	7
3/17	戊$_1$戌	4	6
3/18	己$_1$亥	4	6
3/19	庚$_1$子	4	6
3/20	辛$_1$丑	5	5
3/21	壬$_3$寅	5	5
3/22	癸$_3$卯	5	5
3/23	甲$_3$辰	6	4
3/24	乙$_1$巳	6	4
3/25	丙$_1$午	6	4
3/26	丁$_3$未	7	3
3/27	戊$_1$申	7	3
3/28	己$_1$酉	7	3
3/29	庚$_1$戌	8	2
3/30	辛$_1$亥	8	2
3/31	壬$_3$子	8	2
4/1	癸$_3$丑	9	1
4/2	甲$_1$寅	9	1
4/3	乙$_3$卯	9	1
4/4	丙$_2$辰	10	0
4/5	丁$_1$巳	10	0

月柱 戊辰（4月5日 6:16～5月5日 23:17）

生日	日柱	男	女
4/5	丁$_1$巳	0	10
4/6	戊$_1$午	0	10
4/7	己$_1$未	1	9
4/8	庚$_1$申	1	9
4/9	辛$_1$酉	1	9
4/10	壬$_3$戌	2	8
4/11	癸$_3$亥	2	8
4/12	甲$_1$子	2	8
4/13	乙$_1$丑	3	7
4/14	丙$_1$寅	3	7
4/15	丁$_1$卯	3	7
4/16	戊$_1$辰	4	6
4/17	己$_1$巳	4	6
4/18	庚$_1$午	4	6
4/19	辛$_1$未	5	5
4/20	壬$_3$申	5	5
4/21	癸$_3$酉	5	5
4/22	甲$_1$戌	6	4
4/23	乙$_1$亥	6	4
4/24	丙$_2$子	6	4
4/25	丁$_2$丑	7	3
4/26	戊$_1$寅	7	3
4/27	己$_1$卯	7	3
4/28	庚$_1$辰	8	2
4/29	辛$_1$巳	8	2
4/30	壬$_3$午	8	2
5/1	癸$_3$未	9	1
5/2	甲$_2$申	9	1
5/3	乙$_2$酉	9	1
5/4	丙$_2$戌	10	0
5/5	丁$_1$亥	10	0

月柱 己巳（5月5日 23:18～6月6日 3:15）

生日	日柱	男	女
5/5	丁$_1$亥	0	11
5/6	戊$_1$子	0	10
5/7	己$_1$丑	1	10
5/8	庚$_1$寅	1	10
5/9	辛$_1$卯	1	10
5/10	壬$_3$辰	2	9
5/11	癸$_3$巳	2	9
5/12	甲$_3$午	2	8
5/13	乙$_3$未	3	8
5/14	丙$_2$申	3	7
5/15	丁$_2$酉	3	7
5/16	戊$_1$戌	4	6
5/17	己$_1$亥	4	6
5/18	庚$_1$子	4	6
5/19	辛$_1$丑	5	6
5/20	壬$_3$寅	5	5
5/21	癸$_3$卯	5	5
5/22	甲$_3$辰	5	5
5/23	乙$_1$巳	6	4
5/24	丙$_1$午	6	4
5/25	丁$_3$未	6	4
5/26	戊$_1$申	7	4
5/27	己$_1$酉	7	4
5/28	庚$_1$戌	7	3
5/29	辛$_1$亥	8	3
5/30	壬$_3$子	8	2
5/31	癸$_3$丑	8	2
6/1	甲$_1$寅	8	2
6/2	乙$_3$卯	9	1
6/3	丙$_2$辰	9	1
6/4	丁$_1$巳	10	1
6/5	戊$_1$午	10	0
6/6	己$_1$未	11	0

月柱 庚午（6月6日 3:16～7月7日 13:25）

生日	日柱	男	女
6/6	己$_1$未	0	10
6/7	庚$_1$申	0	10
6/8	辛$_1$酉	1	10
6/9	壬$_3$戌	1	10
6/10	癸$_3$亥	1	9
6/11	甲$_1$子	2	9
6/12	乙$_1$丑	2	8
6/13	丙$_1$寅	2	8
6/14	丁$_1$卯	3	8
6/15	戊$_1$辰	3	7
6/16	己$_1$巳	3	7
6/17	庚$_2$午	4	7
6/18	辛$_1$未	4	6
6/19	壬$_3$申	4	6
6/20	癸$_3$酉	5	6
6/21	甲$_3$戌	5	5
6/22	乙$_3$亥	5	5
6/23	丙$_2$子	6	5
6/24	丁$_2$丑	6	4
6/25	戊$_1$寅	6	4
6/26	己$_1$卯	7	4
6/27	庚$_1$辰	7	3
6/28	辛$_1$巳	7	3
6/29	壬$_3$午	8	3
6/30	癸$_3$未	8	2
7/1	甲$_2$申	8	2
7/2	乙$_2$酉	9	2
7/3	丙$_2$戌	9	1
7/4	丁$_1$亥	9	1
7/5	戊$_1$子	10	1
7/6	己$_1$丑	10	0
7/7	庚$_1$寅	10	0

月柱 辛未（7月7日 13:26～8月7日 23:17）

生日	日柱	男	女
7/7	庚$_1$寅	0	10
7/8	辛$_1$卯	0	10
7/9	壬$_3$辰	1	10
7/10	癸$_3$巳	1	10
7/11	甲$_3$午	1	9
7/12	乙$_3$未	2	9
7/13	丙$_2$申	2	8
7/14	丁$_2$酉	2	8
7/15	戊$_1$戌	3	8
7/16	己$_1$亥	3	7
7/17	庚$_1$子	3	7
7/18	辛$_1$丑	4	7
7/19	壬$_3$寅	4	6
7/20	癸$_3$卯	4	6
7/21	甲$_3$辰	5	6
7/22	乙$_3$巳	5	5
7/23	丙$_1$午	5	5
7/24	丁$_3$未	6	5
7/25	戊$_1$申	6	4
7/26	己$_1$酉	6	4
7/27	庚$_1$戌	7	4
7/28	辛$_1$亥	7	3
7/29	壬$_3$子	7	3
7/30	癸$_3$丑	8	3
7/31	甲$_1$寅	8	2
8/1	乙$_3$卯	8	2
8/2	丙$_2$辰	9	2
8/3	丁$_1$巳	9	1
8/4	戊$_1$午	9	1
8/5	己$_1$未	10	1
8/6	庚$_1$申	10	0
8/7	辛$_1$酉	10	0

立運（歳・男／女）

丙寅 歳	男	歳	女	丁卯 歳	男	歳	女	戊辰 歳	男	歳	女	己巳 歳	男	歳	女	庚午 歳	男	歳	女	辛未 歳	男	歳	女
0	乙丑	0	丁卯	0	丙寅	0	戊辰	0	丁卯	0	己巳	0	戊辰	0	庚午	0	己巳	0	辛未	0	庚午	0	壬申
10	甲子	10	戊辰	10	乙丑	10	己巳	10	丙寅	10	庚午	10	丁卯	10	辛未	10	戊辰	10	壬申	10	己巳	10	癸酉
20	癸亥	20	己巳	20	甲子	20	庚午	20	乙丑	20	辛未	20	丙寅	20	壬申	20	丁卯	20	癸酉	20	戊辰	20	甲戌
30	壬戌	30	庚午	30	癸亥	30	辛未	30	甲子	30	壬申	30	乙丑	30	癸酉	30	丙寅	30	甲戌	30	丁卯	30	乙亥
40	辛酉	40	辛未	40	壬戌	40	壬申	40	癸亥	40	癸酉	40	甲子	40	甲戌	40	乙丑	40	乙亥	40	丙寅	40	丙子
50	庚申	50	壬申	50	辛酉	50	癸酉	50	壬戌	50	甲戌	50	癸亥	50	乙亥	50	甲子	50	丙子	50	乙丑	50	丁丑
60	己未	60	癸酉	60	庚申	60	甲戌	60	辛酉	60	乙亥	60	壬戌	60	丙子	60	癸亥	60	丁丑	60	甲子	60	戊寅
70	戊午	70	甲戌	70	己未	70	乙亥	70	庚申	70	丙子	70	辛酉	70	丁丑	70	壬戌	70	戊寅	70	癸亥	70	己卯
80	丁巳	80	乙亥	80	戊午	80	丙子	80	己未	80	丁丑	80	庚申	80	戊寅	80	辛酉	80	己卯	80	壬戌	80	庚辰

～2040年（令和22年）2月4日13時39分

月柱と立運年齢

- 壬申：8月7日23:18～ 9月8日 2:23
- 癸酉：9月8日 2:24～ 10月8日18:17
- 甲戌：10月8日18:18～ 11月7日21:43
- 乙亥：11月7日21:44～ 12月7日14:45
- 丙子：12月7日14:46～ 1月6日 2:03
- 丁丑：1月6日 2:04～ 2月4日13:39

月柱 壬申				月柱 癸酉				月柱 甲戌				月柱 乙亥				月柱 丙子				月柱 丁丑			
生日	日柱	男	女	生日	日柱	男	女	生日	日柱	男	女	生日	日柱	男	女	生日	日柱	男	女	生日	日柱	男	女
8/7	辛$_1$酉	0	11	9/8	癸$_2$巳	0	10	10/8	癸$_2$亥	0	10	11/7	癸$_2$巳	0	10	12/7	癸$_2$亥	0	10	1/6	癸$_2$巳	0	10
8/8	壬$_1$戌	0	10	9/9	甲$_2$午	0	10	10/9	甲$_2$子	0	10	11/8	甲$_2$午	0	10	12/8	甲$_2$子	0	10	1/7	甲$_2$午	0	9
8/9	癸$_3$亥	1	10	9/10	乙$_3$未	1	9	10/10	乙$_3$丑	1	9	11/9	乙$_3$未	1	9	12/9	乙$_3$丑	1	9	1/8	乙$_3$未	1	9
8/10	甲$_2$子	1	10	9/11	丙$_3$申	1	9	10/11	丙$_3$寅	1	9	11/10	丙$_3$申	1	9	12/10	丙$_3$寅	1	9	1/9	丙$_3$申	1	9
8/11	乙$_3$丑	1	9	9/12	丁$_3$酉	1	9	10/12	丁$_3$卯	1	9	11/11	丁$_3$酉	1	9	12/11	丁$_3$卯	1	9	1/10	丁$_3$酉	1	8
8/12	丙$_3$寅	2	9	9/13	戊$_1$戌	2	8	10/13	戊$_1$辰	2	8	11/12	戊$_1$戌	2	8	12/12	戊$_1$辰	2	8	1/11	戊$_1$戌	2	8
8/13	丁$_3$卯	2	9	9/14	己$_2$亥	2	8	10/14	己$_2$巳	2	8	11/13	己$_2$亥	2	8	12/13	己$_2$巳	2	8	1/12	己$_1$亥	2	8
8/14	戊$_1$辰	2	8	9/15	庚$_2$子	2	8	10/15	庚$_2$午	2	8	11/14	庚$_2$子	2	8	12/14	庚$_2$午	2	8	1/13	庚$_2$子	2	7
8/15	己$_1$巳	3	8	9/16	辛$_1$丑	3	7	10/16	辛$_1$未	3	7	11/15	辛$_1$丑	3	7	12/15	辛$_1$未	3	7	1/14	辛$_1$丑	3	7
8/16	庚$_1$午	3	8	9/17	壬$_2$寅	3	7	10/17	壬$_2$申	3	7	11/16	壬$_2$寅	3	7	12/16	壬$_1$申	3	7	1/15	壬$_1$寅	3	7
8/17	辛$_1$未	3	7	9/18	癸$_2$卯	3	7	10/18	癸$_2$酉	3	7	11/17	癸$_2$卯	3	7	12/17	癸$_2$酉	3	7	1/16	癸$_2$卯	3	6
8/18	壬$_1$申	4	7	9/19	甲$_3$辰	4	6	10/19	甲$_3$戌	4	6	11/18	甲$_2$辰	4	6	12/18	甲$_3$戌	4	6	1/17	甲$_3$辰	4	6
8/19	癸$_3$酉	4	7	9/20	乙$_3$巳	4	6	10/20	乙$_3$亥	4	6	11/19	乙$_3$巳	4	6	12/19	乙$_3$亥	4	6	1/18	乙$_3$巳	4	6
8/20	甲$_2$戌	5	6	9/21	丙$_3$午	4	6	10/21	丙$_3$子	4	6	11/20	丙$_3$午	4	5	12/20	丙$_3$子	4	5	1/19	丙$_3$午	4	5
8/21	乙$_3$亥	5	6	9/22	丁$_2$未	5	5	10/22	丁$_2$丑	5	5	11/21	丁$_2$未	5	5	12/21	丁$_1$丑	5	5	1/20	丁$_1$未	5	5
8/22	丙$_3$子	5	5	9/23	戊$_2$申	5	5	10/23	戊$_2$寅	5	5	11/22	戊$_2$申	5	5	12/22	戊$_1$寅	5	5	1/21	戊$_1$申	5	5
8/23	丁$_3$丑	5	5	9/24	己$_2$酉	5	5	10/24	己$_2$卯	5	5	11/23	己$_2$酉	5	5	12/23	己$_1$卯	5	5	1/22	己$_1$酉	5	5
8/24	戊$_1$寅	6	5	9/25	庚$_2$戌	6	4	10/25	庚$_2$辰	6	4	11/24	庚$_1$戌	6	4	12/24	庚$_1$辰	6	4	1/23	庚$_1$戌	6	4
8/25	己$_2$卯	6	5	9/26	辛$_2$亥	6	4	10/26	辛$_2$巳	6	4	11/25	辛$_2$亥	6	4	12/25	辛$_2$巳	6	4	1/24	辛$_2$亥	6	4
8/26	庚$_1$辰	6	4	9/27	壬$_2$子	6	4	10/27	壬$_2$午	6	4	11/26	壬$_2$子	6	4	12/26	壬$_2$午	6	4	1/25	壬$_2$子	6	3
8/27	辛$_3$巳	7	4	9/28	癸$_3$丑	7	3	10/28	癸$_3$未	7	3	11/27	癸$_3$丑	7	3	12/27	癸$_3$未	7	3	1/26	癸$_2$丑	7	3
8/28	壬$_1$午	7	3	9/29	甲$_2$寅	7	3	10/29	甲$_2$申	7	3	11/28	甲$_3$寅	7	3	12/28	甲$_2$申	7	3	1/27	甲$_3$寅	7	2
8/29	癸$_3$未	7	3	9/30	乙$_2$卯	7	3	10/30	乙$_2$酉	7	3	11/29	乙$_3$卯	7	3	12/29	乙$_2$酉	7	2	1/28	乙$_3$卯	7	2
8/30	甲$_2$申	8	3	10/1	丙$_3$辰	8	2	10/31	丙$_3$戌	8	2	11/30	丙$_3$辰	8	2	12/30	丙$_3$戌	8	2	1/29	丙$_3$辰	8	2
8/31	乙$_3$酉	8	3	10/2	丁$_2$巳	8	2	11/1	丁$_3$亥	8	2	12/1	丁$_1$巳	8	2	12/31	丁$_3$亥	8	2	1/30	丁$_1$巳	8	1
9/1	丙$_3$戌	8	2	10/3	戊$_1$午	8	2	11/2	戊$_1$子	8	2	12/2	戊$_1$午	8	2	1/1	戊$_1$子	8	2	1/31	戊$_1$午	9	1
9/2	丁$_2$亥	9	2	10/4	己$_1$未	9	1	11/3	己$_1$丑	9	1	12/3	己$_1$未	9	1	1/2	己$_1$丑	9	1	2/1	己$_1$未	9	1
9/3	戊$_2$子	9	2	10/5	庚$_1$申	9	1	11/4	庚$_1$寅	9	1	12/4	庚$_1$申	9	1	1/3	庚$_1$寅	9	1	2/2	庚$_2$申	9	1
9/4	己$_1$丑	9	1	10/6	辛$_2$酉	9	1	11/5	辛$_2$卯	9	1	12/5	辛$_1$酉	9	1	1/4	辛$_1$卯	9	1	2/3	辛$_1$酉	10	0
9/5	庚$_1$寅	10	1	10/7	壬$_2$戌	10	0	11/6	壬$_2$辰	10	0	12/6	壬$_2$戌	10	0	1/5	壬$_1$辰	10	0	2/4	壬$_1$戌	10	0
9/6	辛$_1$卯	10	1	10/8	癸$_2$亥	10	0	11/7	癸$_2$巳	10	0	12/7	癸$_2$亥	10	0	1/6	癸$_2$巳	10	0				
9/7	壬$_2$辰	10	0																				
9/8	癸$_2$巳	11	0																				

立運（歳・男女の干支）

歳	男	歳	女	歳	男	歳	女	歳	男	歳	女	歳	男	歳	女	歳	男	歳	女	歳	男	歳	女
0	辛未	0	癸酉	0	壬申	0	甲戌	0	癸酉	0	乙亥	0	甲戌	0	丙子	0	乙亥	0	丁丑	0	丙子	0	戊寅
10	庚午	10	甲戌	10	辛未	10	乙亥	10	壬申	10	丙子	10	癸酉	10	丁丑	10	甲戌	10	戊寅	10	乙亥	10	己卯
20	己巳	20	乙亥	20	庚午	20	丙子	20	辛未	20	丁丑	20	壬申	20	戊寅	20	癸酉	20	己卯	20	甲戌	20	庚辰
30	戊辰	30	丙子	30	己巳	30	丁丑	30	庚午	30	戊寅	30	辛未	30	己卯	30	壬申	30	庚辰	30	癸酉	30	辛巳
40	丁卯	40	丁丑	40	戊辰	40	戊寅	40	己巳	40	己卯	40	庚午	40	庚辰	40	辛未	40	辛巳	40	壬申	40	壬午
50	丙寅	50	戊寅	50	丁卯	50	己卯	50	戊辰	50	庚辰	50	己巳	50	辛巳	50	庚午	50	壬午	50	辛未	50	癸未
60	乙丑	60	己卯	60	丙寅	60	庚辰	60	丁卯	60	辛巳	60	戊辰	60	壬午	60	己巳	60	癸未	60	庚午	60	甲申
70	甲子	70	庚辰	70	乙丑	70	辛巳	70	丙寅	70	壬午	70	丁卯	70	癸未	70	戊辰	70	甲申	70	己巳	70	乙酉
80	癸亥	80	辛巳	80	甲子	80	壬午	80	乙丑	80	癸未	80	丙寅	80	甲申	80	丁卯	80	乙酉	80	戊辰	80	丙戌

年柱 庚申　2040年（令和22年）2月4日13時40分〜

月柱	戊寅			己卯			庚辰			辛巳			壬午			癸未		
期間	2月4日13:40〜3月5日7:31			3月5日7:32〜4月4日12:05			4月4日12:06〜5月5日5:09			5月5日5:10〜6月5日9:07			6月5日9:08〜7月6日19:19			7月6日19:20〜8月7日5:10		
項目	生日	日柱	男	女	生日	日柱	男	女	生日	日柱	男	女	生日	日柱	男	女	生日	日柱	男	女

生日	日柱	男	女	生日	日柱	男	女	生日	日柱	男	女	生日	日柱	男	女	生日	日柱	男	女	生日	日柱	男	女
2/4	壬戌	10	0	3/5	壬辰	10	0	4/4	壬戌	10	0	5/5	癸巳	10	0	6/5	甲子	10	0	7/6	乙未	11	0
2/5	癸亥	10	0	3/6	癸巳	10	0	4/5	癸亥	10	0	5/6	甲午	10	0	6/6	乙丑	10	0	7/7	丙申	10	0
2/6	甲子	9	1	3/7	甲午	9	1	4/6	甲子	9	1	5/7	乙未	10	1	6/7	丙寅	10	1	7/8	丁酉	10	1
2/7	乙丑	9	1	3/8	乙未	9	1	4/7	乙丑	9	1	5/8	丙申	9	1	6/8	丁卯	9	1	7/9	戊戌	10	1
2/8	丙寅	9	1	3/9	丙申	9	1	4/8	丙寅	9	1	5/9	丁酉	9	1	6/9	戊辰	9	1	7/10	己亥	9	1
2/9	丁卯	8	2	3/10	丁酉	8	2	4/9	丁卯	8	2	5/10	戊戌	9	2	6/10	己巳	9	2	7/11	庚子	9	2
2/10	戊辰	8	2	3/11	戊戌	8	2	4/10	戊辰	8	2	5/11	己亥	8	2	6/11	庚午	8	2	7/12	辛丑	9	2
2/11	己巳	8	2	3/12	己亥	8	2	4/11	己巳	8	2	5/12	庚子	8	2	6/12	辛未	8	2	7/13	壬寅	8	2
2/12	庚午	7	3	3/13	庚子	7	3	4/12	庚午	7	3	5/13	辛丑	8	3	6/13	壬申	8	3	7/14	癸卯	8	3
2/13	辛未	7	3	3/14	辛丑	7	3	4/13	辛未	7	3	5/14	壬寅	7	3	6/14	癸酉	7	3	7/15	甲辰	8	3
2/14	壬申	7	3	3/15	壬寅	7	3	4/14	壬申	7	3	5/15	癸卯	7	3	6/15	甲戌	7	3	7/16	乙巳	7	3
2/15	癸酉	6	4	3/16	癸卯	6	4	4/15	癸酉	7	4	5/16	甲辰	7	4	6/16	乙亥	7	4	7/17	丙午	7	4
2/16	甲戌	6	4	3/17	甲辰	6	4	4/16	甲戌	6	4	5/17	乙巳	6	4	6/17	丙子	6	4	7/18	丁未	7	4
2/17	乙亥	6	4	3/18	乙巳	6	4	4/17	乙亥	6	4	5/18	丙午	6	4	6/18	丁丑	6	4	7/19	戊申	6	4
2/18	丙子	5	5	3/19	丙午	5	5	4/18	丙子	5	5	5/19	丁未	6	5	6/19	戊寅	6	5	7/20	己酉	6	5
2/19	丁丑	5	5	3/20	丁未	5	5	4/19	丁丑	5	5	5/20	戊申	5	5	6/20	己卯	5	5	7/21	庚戌	6	5
2/20	戊寅	5	5	3/21	戊申	5	5	4/20	戊寅	5	5	5/21	己酉	5	5	6/21	庚辰	5	5	7/22	辛亥	5	5
2/21	己卯	4	6	3/22	己酉	4	6	4/21	己卯	4	6	5/22	庚戌	5	6	6/22	辛巳	5	6	7/23	壬子	5	6
2/22	庚辰	4	6	3/23	庚戌	4	6	4/22	庚辰	4	6	5/23	辛亥	4	6	6/23	壬午	4	6	7/24	癸丑	5	6
2/23	辛巳	4	6	3/24	辛亥	4	6	4/23	辛巳	4	6	5/24	壬子	4	6	6/24	癸未	4	6	7/25	甲寅	4	6
2/24	壬午	3	7	3/25	壬子	3	7	4/24	壬午	3	7	5/25	癸丑	3	7	6/25	甲申	4	7	7/26	乙卯	4	7
2/25	癸未	3	7	3/26	癸丑	3	7	4/25	癸未	3	7	5/26	甲寅	3	7	6/26	乙酉	3	7	7/27	丙辰	4	7
2/26	甲申	2	8	3/27	甲寅	3	7	4/26	甲申	3	7	5/27	乙卯	3	7	6/27	丙戌	3	7	7/28	丁巳	3	7
2/27	乙酉	2	8	3/28	乙卯	2	8	4/27	乙酉	2	8	5/28	丙辰	3	8	6/28	丁亥	3	8	7/29	戊午	3	8
2/28	丙戌	2	8	3/29	丙辰	2	8	4/28	丙戌	2	8	5/29	丁巳	2	8	6/29	戊子	2	8	7/30	己未	3	8
2/29	丁亥	2	8	3/30	丁巳	2	8	4/29	丁亥	2	8	5/30	戊午	2	8	6/30	己丑	2	8	7/31	庚申	2	8
3/1	戊子	1	9	3/31	戊午	1	9	4/30	戊子	1	9	5/31	己未	2	9	7/1	庚寅	2	9	8/1	辛酉	2	9
3/2	己丑	1	9	4/1	己未	1	9	5/1	己丑	1	9	6/1	庚申	1	9	7/2	辛卯	1	9	8/2	壬戌	2	9
3/3	庚寅	1	9	4/2	庚申	1	9	5/2	庚寅	1	9	6/2	辛酉	1	9	7/3	壬辰	1	9	8/3	癸亥	1	9
3/4	辛卯	0	10	4/3	辛酉	0	10	5/3	辛卯	1	10	6/3	壬戌	1	10	7/4	癸巳	1	10	8/4	甲子	1	10
3/5	壬辰	0	10	4/4	壬戌	0	10	5/4	壬辰	0	10	6/4	癸亥	0	10	7/5	甲午	0	10	8/5	乙丑	1	10
								5/5	癸巳	0	10	6/5	甲子	0	10	7/6	乙未	0	10	8/6	丙寅	0	10
																				8/7	丁卯	0	11

立運年齢（大運）

歳	男	歳	女	歳	男	歳	女	歳	男	歳	女	歳	男	歳	女	歳	男	歳	女	歳	男	歳	女
0	己卯	0	丁丑	0	庚辰	0	戊寅	0	辛巳	0	己卯	0	壬午	0	庚辰	0	癸未	0	辛巳	0	甲申	0	壬午
10	庚辰	10	丙子	10	辛巳	10	丁丑	10	壬午	10	戊寅	10	癸未	10	己卯	10	甲申	10	庚辰	10	乙酉	10	辛巳
20	辛巳	20	乙亥	20	壬午	20	丙子	20	癸未	20	丁丑	20	甲申	20	戊寅	20	乙酉	20	己卯	20	丙戌	20	庚辰
30	壬午	30	甲戌	30	癸未	30	乙亥	30	甲申	30	丙子	30	乙酉	30	丁丑	30	丙戌	30	戊寅	30	丁亥	30	己卯
40	癸未	40	癸酉	40	甲申	40	甲戌	40	乙酉	40	乙亥	40	丙戌	40	丙子	40	丁亥	40	丁丑	40	戊子	40	戊寅
50	甲申	50	壬申	50	乙酉	50	癸酉	50	丙戌	50	甲戌	50	丁亥	50	乙亥	50	戊子	50	丙子	50	己丑	50	丁丑
60	乙酉	60	辛未	60	丙戌	60	壬申	60	丁亥	60	癸酉	60	戊子	60	甲戌	60	己丑	60	乙亥	60	庚寅	60	丙子
70	丙戌	70	庚午	70	丁亥	70	辛未	70	戊子	70	壬申	70	己丑	70	癸酉	70	庚寅	70	甲戌	70	辛卯	70	乙亥
80	丁亥	80	己巳	80	戊子	80	庚午	80	己丑	80	辛未	80	庚寅	80	壬申	80	辛卯	80	癸酉	80	壬辰	80	甲戌

～2041年（令和23年）2月3日19時25分

月柱	期間
甲申	8月7日 5:11～9月7日 8:14
乙酉	9月7日 8:15～10月8日 0:05
丙戌	10月8日 0:06～11月7日 3:29
丁亥	11月7日 3:30～12月6日 20:30
戊子	12月6日 20:31～1月5日 7:48
己丑	1月5日 7:49～2月3日 19:25

月柱 甲申（立運年齢 男／女）

生日	日柱	男	女
8/7	丁$_2$卯	10	0
8/8	戊$_3$辰	10	0
8/9	己$_3$巳	10	1
8/10	庚$_1$午	9	1
8/11	辛$_1$未	9	1
8/12	壬$_1$申	9	2
8/13	癸$_1$酉	8	2
8/14	甲$_3$戌	8	2
8/15	乙$_3$亥	8	3
8/16	丙$_3$子	7	3
8/17	丁$_3$丑	7	3
8/18	戊$_3$寅	7	4
8/19	己$_1$卯	6	4
8/20	庚$_1$辰	6	4
8/21	辛$_1$巳	6	5
8/22	壬$_1$午	5	5
8/23	癸$_1$未	5	5
8/24	甲$_1$申	5	6
8/25	乙$_3$酉	4	6
8/26	丙$_3$戌	4	6
8/27	丁$_3$亥	4	7
8/28	戊$_1$子	3	7
8/29	己$_1$丑	3	7
8/30	庚$_1$寅	3	8
8/31	辛$_1$卯	2	8
9/1	壬$_1$辰	2	8
9/2	癸$_1$巳	2	9
9/3	甲$_1$午	1	9
9/4	乙$_1$未	1	9
9/5	丙$_1$申	1	10
9/6	丁$_1$酉	0	10
9/7	戊$_3$戌	0	10

月柱 乙酉（立運年齢 男／女）

生日	日柱	男	女
9/7	戊$_3$戌	10	0
9/8	己$_3$亥	10	0
9/9	庚$_1$子	10	1
9/10	辛$_1$丑	9	1
9/11	壬$_1$寅	9	1
9/12	癸$_1$卯	9	2
9/13	甲$_2$辰	8	2
9/14	乙$_3$巳	8	2
9/15	丙$_3$午	8	3
9/16	丁$_3$未	7	3
9/17	戊$_3$申	7	3
9/18	己$_1$酉	7	4
9/19	庚$_1$戌	6	4
9/20	辛$_1$亥	6	4
9/21	壬$_1$子	6	5
9/22	癸$_1$丑	5	5
9/23	甲$_2$寅	5	5
9/24	乙$_3$卯	5	6
9/25	丙$_3$辰	4	6
9/26	丁$_2$巳	4	6
9/27	戊$_3$午	4	7
9/28	己$_3$未	3	7
9/29	庚$_1$申	3	7
9/30	辛$_1$酉	3	8
10/1	壬$_1$戌	2	8
10/2	癸$_1$亥	2	8
10/3	甲$_2$子	2	9
10/4	乙$_3$丑	1	9
10/5	丙$_2$寅	1	9
10/6	丁$_2$卯	1	10
10/7	戊$_3$辰	0	10
10/8	己$_3$巳	0	10

月柱 丙戌（立運年齢 男／女）

生日	日柱	男	女
10/8	己$_1$巳	10	0
10/9	庚$_1$午	10	0
10/10	辛$_1$未	9	1
10/11	壬$_1$申	9	1
10/12	癸$_1$酉	9	1
10/13	甲$_3$戌	8	2
10/14	乙$_3$亥	8	2
10/15	丙$_3$子	8	2
10/16	丁$_1$丑	7	3
10/17	戊$_1$寅	7	3
10/18	己$_1$卯	7	3
10/19	庚$_1$辰	6	4
10/20	辛$_1$巳	6	4
10/21	壬$_1$午	5	4
10/22	癸$_1$未	5	5
10/23	甲$_1$申	5	5
10/24	乙$_3$酉	5	5
10/25	丙$_1$戌	4	6
10/26	丁$_1$亥	4	6
10/27	戊$_1$子	4	6
10/28	己$_1$丑	3	7
10/29	庚$_1$寅	3	7
10/30	辛$_1$卯	3	7
10/31	壬$_2$辰	2	8
11/1	癸$_1$巳	2	8
11/2	甲$_3$午	2	8
11/3	乙$_1$未	1	9
11/4	丙$_1$申	1	9
11/5	丁$_1$酉	1	9
11/6	戊$_1$戌	0	10
11/7	己$_1$亥	0	10

月柱 丁亥（立運年齢 男／女）

生日	日柱	男	女
11/7	己$_3$亥	10	0
11/8	庚$_1$子	9	0
11/9	辛$_1$丑	9	1
11/10	壬$_1$寅	9	1
11/11	癸$_1$卯	8	1
11/12	甲$_1$辰	8	2
11/13	乙$_1$巳	8	2
11/14	丙$_2$午	7	2
11/15	丁$_1$未	7	3
11/16	戊$_1$申	7	3
11/17	己$_1$酉	6	3
11/18	庚$_1$戌	6	4
11/19	辛$_2$亥	6	4
11/20	壬$_1$子	5	4
11/21	癸$_1$丑	5	5
11/22	甲$_1$寅	5	5
11/23	乙$_1$卯	4	5
11/24	丙$_1$辰	4	6
11/25	丁$_1$巳	4	6
11/26	戊$_2$午	3	6
11/27	己$_1$未	3	7
11/28	庚$_1$申	3	7
11/29	辛$_1$酉	2	7
11/30	壬$_1$戌	2	8
12/1	癸$_1$亥	2	8
12/2	甲$_2$子	1	8
12/3	乙$_1$丑	1	9
12/4	丙$_1$寅	1	9
12/5	丁$_1$卯	0	9
12/6	戊$_1$辰	0	10

月柱 戊子（立運年齢 男／女）

生日	日柱	男	女
12/6	戊$_1$辰	10	0
12/7	己$_2$巳	10	0
12/8	庚$_1$午	9	1
12/9	辛$_1$未	9	1
12/10	壬$_1$申	9	1
12/11	癸$_1$酉	8	2
12/12	甲$_1$戌	8	2
12/13	乙$_1$亥	8	2
12/14	丙$_1$子	7	3
12/15	丁$_1$丑	7	3
12/16	戊$_1$寅	7	3
12/17	己$_1$卯	6	4
12/18	庚$_1$辰	6	4
12/19	辛$_1$巳	6	4
12/20	壬$_1$午	5	5
12/21	癸$_1$未	5	5
12/22	甲$_1$申	5	5
12/23	乙$_1$酉	4	6
12/24	丙$_1$戌	4	6
12/25	丁$_1$亥	3	6
12/26	戊$_1$子	3	7
12/27	己$_1$丑	3	7
12/28	庚$_1$寅	2	7
12/29	辛$_1$卯	2	8
12/30	壬$_1$辰	2	8
12/31	癸$_1$巳	1	8
1/1	甲$_3$午	1	9
1/2	乙$_1$未	1	9
1/3	丙$_3$申	1	9
1/4	丁$_1$酉	0	10
1/5	戊$_2$戌	0	10

月柱 己丑（立運年齢 男／女）

生日	日柱	男	女
1/5	戊$_1$戌	10	0
1/6	己$_2$亥	9	0
1/7	庚$_1$子	9	1
1/8	辛$_1$丑	9	1
1/9	壬$_1$寅	8	1
1/10	癸$_1$卯	8	2
1/11	甲$_3$辰	8	2
1/12	乙$_3$巳	7	2
1/13	丙$_1$午	7	3
1/14	丁$_1$未	7	3
1/15	戊$_1$申	6	3
1/16	己$_2$酉	6	4
1/17	庚$_1$戌	6	4
1/18	辛$_1$亥	5	4
1/19	壬$_1$子	5	5
1/20	癸$_1$丑	5	5
1/21	甲$_3$寅	4	5
1/22	乙$_3$卯	4	6
1/23	丙$_3$辰	4	6
1/24	丁$_3$巳	3	6
1/25	戊$_1$午	3	7
1/26	己$_1$未	2	7
1/27	庚$_1$申	2	7
1/28	辛$_1$酉	2	8
1/29	壬$_1$戌	1	8
1/30	癸$_3$亥	1	8
1/31	甲$_3$子	1	9
2/1	乙$_3$丑	1	9
2/2	丙$_3$寅	0	9
2/3	丁$_3$卯	0	10

大運（歳・男／歳・女）

	甲申			乙酉			丙戌			丁亥			戊子			己丑	
歳	男	歳	女	男	歳	女	男	歳	女	男	歳	女	男	歳	女	男	女
0	乙酉	0	癸未	丙戌	0	甲申	丁亥	0	乙酉	戊子	0	丙戌	己丑	0	丁亥	庚寅	戊子
10	丙戌	10	壬午	丁亥	10	癸未	戊子	10	甲申	己丑	10	乙酉	庚寅	10	丙戌	辛卯	丁亥
20	丁亥	20	辛巳	戊子	20	壬午	己丑	20	癸未	庚寅	20	甲申	辛卯	20	乙酉	壬辰	丙戌
30	戊子	30	庚辰	己丑	30	辛巳	庚寅	30	壬午	辛卯	30	癸未	壬辰	30	甲申	癸巳	乙酉
40	己丑	40	己卯	庚寅	40	庚辰	辛卯	40	辛巳	壬辰	40	壬午	癸巳	40	癸未	甲午	甲申
50	庚寅	50	戊寅	辛卯	50	己卯	壬辰	50	庚辰	癸巳	50	辛巳	甲午	50	壬午	乙未	癸未
60	辛卯	60	丁丑	壬辰	60	戊寅	癸巳	60	己卯	甲午	60	庚辰	乙未	60	辛巳	丙申	壬午
70	壬辰	70	丙子	癸巳	70	丁丑	甲午	70	戊寅	乙未	70	己卯	丙申	70	庚辰	丁酉	辛巳
80	癸巳	80	乙亥	甲午	80	丙子	乙未	80	丁丑	丙申	80	戊寅	丁酉	80	己卯	戊戌	庚辰

年柱 辛酉　2041年（令和23年）2月3日19時26分～

2月3日19:26～3月5日13:17	3月5日13:18～4月4日17:52	4月4日17:53～5月5日10:54	5月5日10:55～6月5日14:49	6月5日14:50～7月7日0:58	7月7日0:59～8月7日10:48
月柱 庚寅	月柱 辛卯	月柱 壬辰	月柱 癸巳	月柱 甲午	月柱 乙未

（各月柱欄：生日／日柱／立運年齢 男・女）

生日	日柱	男	女	生日	日柱	男	女	生日	日柱	男	女	生日	日柱	男	女	生日	日柱	男	女	生日	日柱	男	女
2/3	丁3卯	0	10	3/5	丁3酉	0	10	4/4	丁3卯	0	10	5/5	戊3戌	0	10	6/5	己3巳	0	11	7/7	辛1丑	0	10
2/4	戊3辰	0	10	3/6	戊3戌	0	10	4/5	戊3辰	0	10	5/6	己3亥	0	10	6/6	庚1午	0	10	7/8	壬2寅	0	10
2/5	己3巳	1	9	3/7	己3亥	1	9	4/6	己3巳	1	10	5/7	庚1子	1	10	6/7	辛1未	1	10	7/9	癸2卯	1	9
2/6	庚1午	1	9	3/8	庚1子	1	9	4/7	庚1午	1	9	5/8	辛1丑	1	10	6/8	壬2申	1	10	7/10	甲2辰	1	9
2/7	辛1未	1	9	3/9	辛1丑	1	9	4/8	辛1未	1	9	5/9	壬2寅	1	9	6/9	癸2酉	1	9	7/11	乙3巳	1	9
2/8	壬2申	2	8	3/10	壬2寅	2	8	4/9	壬2申	2	8	5/10	癸2卯	2	9	6/10	甲2戌	2	9	7/12	丙3午	2	8
2/9	癸2酉	2	8	3/11	癸2卯	2	8	4/10	癸2酉	2	8	5/11	甲2辰	2	8	6/11	乙3亥	2	9	7/13	丁3未	2	8
2/10	甲2戌	2	8	3/12	甲2辰	2	8	4/11	甲2戌	2	8	5/12	乙3巳	2	8	6/12	丙3子	2	8	7/14	戊2申	2	8
2/11	乙3亥	3	7	3/13	乙3巳	3	7	4/12	乙3亥	3	7	5/13	丙3午	3	8	6/13	丁3丑	3	8	7/15	己2酉	3	7
2/12	丙3子	3	7	3/14	丙3午	3	7	4/13	丙3子	3	7	5/14	丁3未	3	7	6/14	戊2寅	3	8	7/16	庚1戌	3	7
2/13	丁3丑	3	7	3/15	丁3未	3	7	4/14	丁3丑	3	7	5/15	戊2申	3	7	6/15	己2卯	3	7	7/17	辛1亥	3	7
2/14	戊2寅	4	6	3/16	戊2申	4	6	4/15	戊2寅	4	7	5/16	己2酉	4	7	6/16	庚1辰	4	7	7/18	壬1子	4	6
2/15	己2卯	4	6	3/17	己2酉	4	6	4/16	己2卯	4	6	5/17	庚1戌	4	6	6/17	辛1巳	4	6	7/19	癸1丑	4	6
2/16	庚1辰	4	6	3/18	庚1戌	4	6	4/17	庚1辰	4	6	5/18	辛1亥	4	6	6/18	壬1午	4	6	7/20	甲2寅	4	6
2/17	辛1巳	5	5	3/19	辛1亥	5	5	4/18	辛1巳	5	5	5/19	壬1子	5	6	6/19	癸1未	5	6	7/21	乙2卯	5	6
2/18	壬1午	5	5	3/20	壬1子	5	5	4/19	壬1午	5	5	5/20	癸1丑	5	5	6/20	甲2申	5	6	7/22	丙3辰	5	5
2/19	癸1未	5	5	3/21	癸1丑	5	5	4/20	癸1未	5	5	5/21	甲2寅	5	5	6/21	乙2酉	5	5	7/23	丁3巳	5	5
2/20	甲2申	6	4	3/22	甲2寅	6	4	4/21	甲2申	6	4	5/22	乙2卯	6	5	6/22	丙3戌	6	5	7/24	戊3午	6	5
2/21	乙2酉	6	4	3/23	乙2卯	6	4	4/22	乙2酉	6	4	5/23	丙3辰	6	4	6/23	丁3亥	6	4	7/25	己3未	6	4
2/22	丙3戌	6	4	3/24	丙3辰	6	4	4/23	丙3戌	6	4	5/24	丁3巳	6	4	6/24	戊3子	6	4	7/26	庚2申	6	4
2/23	丁3亥	7	3	3/25	丁3巳	7	3	4/24	丁3亥	7	3	5/25	戊3午	7	4	6/25	己3丑	7	4	7/27	辛2酉	7	4
2/24	戊3子	7	3	3/26	戊3午	7	3	4/25	戊3子	7	3	5/26	己3未	7	3	6/26	庚2寅	7	3	7/28	壬2戌	7	3
2/25	己3丑	7	3	3/27	己3未	7	3	4/26	己3丑	7	3	5/27	庚2申	7	3	6/27	辛2卯	7	3	7/29	癸1亥	7	3
2/26	庚2寅	8	2	3/28	庚2申	8	2	4/27	庚2寅	8	2	5/28	辛2酉	8	3	6/28	壬2辰	8	3	7/30	甲2子	8	2
2/27	辛2卯	8	2	3/29	辛2酉	8	2	4/28	辛2卯	8	2	5/29	壬2戌	8	2	6/29	癸1巳	8	2	7/31	乙2丑	8	2
2/28	壬2辰	8	2	3/30	壬2戌	8	2	4/29	壬2辰	8	2	5/30	癸1亥	8	2	6/30	甲2午	8	2	8/1	丙3寅	8	2
3/1	癸1巳	9	1	3/31	癸1亥	9	1	4/30	癸1巳	9	2	5/31	甲2子	9	2	7/1	乙2未	9	2	8/2	丁3卯	9	1
3/2	甲2午	9	1	4/1	甲2子	9	1	5/1	甲2午	9	1	6/1	乙3丑	9	1	7/2	丙3申	9	1	8/3	戊3辰	9	1
3/3	乙2未	9	1	4/2	乙2丑	9	1	5/2	乙2未	9	1	6/2	丙3寅	9	1	7/3	丁3酉	9	1	8/4	己3巳	9	1
3/4	丙3申	10	0	4/3	丙3寅	10	0	5/3	丙3申	10	0	6/3	丁3卯	10	1	7/4	戊3戌	10	1	8/5	庚1午	10	0
3/5	丁3酉	10	0	4/4	丁3卯	10	0	5/4	丁3酉	10	0	6/4	戊3辰	10	0	7/5	己3亥	10	0	8/6	辛1未	10	0
												6/5	己3巳	10	0	7/6	庚1子	10	0	8/7	壬2申	10	0
																7/7	辛1丑	11	0				

大運表

歳	男	歳	女	歳	男	歳	女	歳	男	歳	女	歳	男	歳	女	歳	男	歳	女	歳	男	歳	女
0	己丑	0	辛卯	0	庚寅	0	壬辰	0	辛卯	0	癸巳	0	壬辰	0	甲午	0	癸巳	0	乙未	0	甲午	0	丙申
10	戊子	10	壬辰	10	己丑	10	癸巳	10	庚寅	10	甲午	10	辛卯	10	乙未	10	壬辰	10	丙申	10	癸巳	10	丁酉
20	丁亥	20	癸巳	20	戊子	20	甲午	20	己丑	20	乙未	20	庚寅	20	丙申	20	辛卯	20	丁酉	20	壬辰	20	戊戌
30	丙戌	30	甲午	30	丁亥	30	乙未	30	戊子	30	丙申	30	己丑	30	丁酉	30	庚寅	30	戊戌	30	辛卯	30	己亥
40	乙酉	40	乙未	40	丙戌	40	丙申	40	丁亥	40	丁酉	40	戊子	40	戊戌	40	己丑	40	己亥	40	庚寅	40	庚子
50	甲申	50	丙申	50	乙酉	50	丁酉	50	丙戌	50	戊戌	50	丁亥	50	己亥	50	戊子	50	庚子	50	己丑	50	辛丑
60	癸未	60	丁酉	60	甲申	60	戊戌	60	乙酉	60	己亥	60	丙戌	60	庚子	60	丁亥	60	辛丑	60	戊子	60	壬寅
70	壬午	70	戊戌	70	癸未	70	己亥	70	甲申	70	庚子	70	乙酉	70	辛丑	70	丙戌	70	壬寅	70	丁亥	70	癸卯
80	辛巳	80	己亥	80	壬午	80	庚子	80	癸未	80	辛丑	80	甲申	80	壬寅	80	乙酉	80	癸卯	80	丙戌	80	甲辰

～2042年（令和24年）2月4日1時13分

月柱別期間

月柱	期間
丙申	8月7日10:49 ～ 9月7日13:53
丁酉	9月7日13:54 ～ 10月8日5:46
戊戌	10月8日5:47 ～ 11月7日9:13
己亥	11月7日9:14 ～ 12月7日2:16
庚子	12月7日2:17 ～ 1月5日13:35
辛丑	1月5日13:36 ～ 2月4日1:13

立運年齢（男／女）付 日柱表

生日	日柱(丙申)	男	女	生日	日柱(丁酉)	男	女	生日	日柱(戊戌)	男	女	生日	日柱(己亥)	男	女	生日	日柱(庚子)	男	女	生日	日柱(辛丑)	男	女
8/7	壬$_1$申	0	10	9/7	癸$_1$卯	0	10	10/8	甲$_3$戌	0	10	11/7	甲$_1$辰	0	10	12/7	甲$_3$戌	0	10	1/5	癸$_3$卯	0	10
8/8	癸$_1$酉	0	10	9/8	甲$_3$辰	0	10	10/9	乙$_3$亥	0	10	11/8	乙$_2$巳	0	9	12/8	乙$_2$亥	0	9	1/6	甲$_3$辰	0	10
8/9	甲$_3$戌	1	10	9/9	乙$_3$巳	1	10	10/10	丙$_3$子	1	9	11/9	丙$_1$午	1	9	12/9	丙$_3$子	1	9	1/7	乙$_3$巳	1	9
8/10	乙$_3$亥	1	9	9/10	丙$_2$午	1	9	10/11	丁$_3$丑	1	9	11/10	丁$_1$未	1	9	12/10	丁$_3$丑	1	9	1/8	丙$_3$午	1	9
8/11	丙$_3$子	1	9	9/11	丁$_1$未	1	9	10/12	戊$_3$寅	1	9	11/11	戊$_3$申	1	9	12/11	戊$_3$寅	1	8	1/9	丁$_3$未	1	9
8/12	丁$_1$丑	2	9	9/12	戊$_1$申	2	9	10/13	己$_3$卯	2	8	11/12	己$_2$酉	2	8	12/12	己$_3$卯	2	8	1/10	戊$_3$申	2	8
8/13	戊$_1$寅	2	8	9/13	己$_1$酉	2	8	10/14	庚$_1$辰	2	8	11/13	庚$_1$戌	2	8	12/13	庚$_1$辰	2	8	1/11	己$_3$酉	2	8
8/14	己$_1$卯	2	8	9/14	庚$_1$戌	2	8	10/15	辛$_1$巳	2	8	11/14	辛$_1$亥	2	7	12/14	辛$_1$巳	2	7	1/12	庚$_3$戌	2	8
8/15	庚$_1$辰	3	8	9/15	辛$_1$亥	3	8	10/16	壬$_1$午	3	7	11/15	壬$_1$子	3	7	12/15	壬$_1$午	3	7	1/13	辛$_1$亥	3	7
8/16	辛$_1$巳	3	7	9/16	壬$_1$子	3	7	10/17	癸$_2$未	3	7	11/16	癸$_3$丑	3	7	12/16	癸$_3$未	3	6	1/14	壬$_1$子	3	7
8/17	壬$_1$午	3	7	9/17	癸$_1$丑	3	7	10/18	甲$_3$申	3	7	11/17	甲$_1$寅	3	6	12/17	甲$_3$申	3	6	1/15	癸$_3$丑	3	7
8/18	癸$_1$未	4	7	9/18	甲$_1$寅	4	7	10/19	乙$_3$酉	4	6	11/18	乙$_1$卯	4	6	12/18	乙$_3$酉	4	6	1/16	甲$_3$寅	4	6
8/19	甲$_1$申	4	6	9/19	乙$_1$卯	4	6	10/20	丙$_3$戌	4	6	11/19	丙$_3$辰	4	6	12/19	丙$_3$戌	4	6	1/17	乙$_3$卯	4	6
8/20	乙$_3$酉	5	6	9/20	丙$_3$辰	4	6	10/21	丁$_3$亥	5	6	11/20	丁$_3$巳	4	5	12/20	丁$_3$亥	4	5	1/18	丙$_3$辰	4	6
8/21	丙$_3$戌	5	6	9/21	丁$_2$巳	5	6	10/22	戊$_1$子	5	5	11/21	戊$_2$午	5	5	12/21	戊$_3$子	5	5	1/19	丁$_3$巳	5	5
8/22	丁$_1$亥	5	5	9/22	戊$_3$午	5	5	10/23	己$_1$丑	5	5	11/22	己$_1$未	5	5	12/22	己$_1$丑	5	5	1/20	戊$_3$午	5	5
8/23	戊$_3$子	5	5	9/23	己$_2$未	5	5	10/24	庚$_1$寅	5	5	11/23	庚$_1$申	5	4	12/23	庚$_1$寅	5	4	1/21	己$_2$未	5	5
8/24	己$_2$丑	6	5	9/24	庚$_1$申	6	5	10/25	辛$_1$卯	6	4	11/24	辛$_1$酉	6	4	12/24	辛$_1$卯	6	4	1/22	庚$_1$申	6	4
8/25	庚$_1$寅	6	4	9/25	辛$_1$酉	6	4	10/26	壬$_1$辰	6	4	11/25	壬$_1$戌	6	4	12/25	壬$_1$辰	6	4	1/23	辛$_1$酉	6	4
8/26	辛$_1$卯	6	4	9/26	壬$_1$戌	6	4	10/27	癸$_1$巳	6	4	11/26	癸$_1$亥	6	3	12/26	癸$_1$巳	6	3	1/24	壬$_1$戌	6	4
8/27	壬$_1$辰	7	4	9/27	癸$_1$亥	7	4	10/28	甲$_1$午	7	3	11/27	甲$_1$子	7	3	12/27	甲$_1$午	7	3	1/25	癸$_1$亥	7	3
8/28	癸$_1$巳	7	3	9/28	甲$_1$子	7	3	10/29	乙$_1$未	7	3	11/28	乙$_1$丑	7	3	12/28	乙$_1$未	7	3	1/26	甲$_1$子	7	3
8/29	甲$_3$午	7	3	9/29	乙$_1$丑	7	3	10/30	丙$_3$申	7	3	11/29	丙$_1$寅	7	2	12/29	丙$_3$申	7	2	1/27	乙$_1$丑	7	3
8/30	乙$_1$未	8	3	9/30	丙$_3$寅	8	3	10/31	丁$_3$酉	8	2	11/30	丁$_1$卯	8	2	12/30	丁$_3$酉	8	2	1/28	丙$_3$寅	8	2
8/31	丙$_3$申	8	2	10/1	丁$_2$卯	8	2	11/1	戊$_1$戌	8	2	12/1	戊$_3$辰	8	2	12/31	戊$_3$戌	8	2	1/29	丁$_3$卯	8	2
9/1	丁$_1$酉	8	2	10/2	戊$_2$辰	8	2	11/2	己$_1$亥	8	2	12/2	己$_2$巳	8	1	1/1	己$_3$亥	8	1	1/30	戊$_2$辰	8	2
9/2	戊$_2$戌	9	2	10/3	己$_2$巳	9	2	11/3	庚$_1$子	9	1	12/3	庚$_1$午	9	1	1/2	庚$_1$子	9	1	1/31	己$_2$巳	9	1
9/3	己$_1$亥	9	1	10/4	庚$_1$午	9	1	11/4	辛$_1$丑	9	1	12/4	辛$_1$未	9	1	1/3	辛$_1$丑	9	1	2/1	庚$_1$午	9	1
9/4	庚$_1$子	9	1	10/5	辛$_1$未	9	1	11/5	壬$_1$寅	9	1	12/5	壬$_1$申	9	0	1/4	壬$_1$寅	9	0	2/2	辛$_1$未	9	1
9/5	辛$_1$丑	10	1	10/6	壬$_1$申	10	1	11/6	癸$_1$卯	10	0	12/6	癸$_1$酉	10	0	1/5	癸$_1$卯	10	0	2/3	壬$_1$申	10	0
9/6	壬$_1$寅	10	0	10/7	癸$_1$酉	10	0	11/7	甲$_3$辰	10	0	12/7	甲$_1$戌	10	0					2/4	癸$_1$酉	10	0
9/7	癸$_1$卯	10	0	10/8	甲$_3$戌	10	0																

大運（歳／男／女）

歳	丙申 男	丙申 女	丁酉 男	丁酉 女	戊戌 男	戊戌 女	己亥 男	己亥 女	庚子 男	庚子 女	辛丑 男	辛丑 女
0	乙未	丁酉	丙申	戊戌	丁酉	己亥	戊戌	庚子	己亥	辛丑	庚子	壬寅
10	甲午	戊戌	乙未	己亥	丙申	庚子	丁酉	辛丑	戊戌	壬寅	己亥	癸卯
20	癸巳	己亥	甲午	庚子	乙未	辛丑	丙申	壬寅	丁酉	癸卯	戊戌	甲辰
30	壬辰	庚子	癸巳	辛丑	甲午	壬寅	乙未	癸卯	丙申	甲辰	丁酉	乙巳
40	辛卯	辛丑	壬辰	壬寅	癸巳	癸卯	甲午	甲辰	乙未	乙巳	丙申	丙午
50	庚寅	壬寅	辛卯	癸卯	壬辰	甲辰	癸巳	乙巳	甲午	丙午	乙未	丁未
60	己丑	癸卯	庚寅	甲辰	辛卯	乙巳	壬辰	丙午	癸巳	丁未	甲午	戊申
70	戊子	甲辰	己丑	乙巳	庚寅	丙午	辛卯	丁未	壬辰	戊申	癸巳	己酉
80	丁亥	乙巳	戊子	丙午	己丑	丁未	庚寅	戊申	辛卯	己酉	壬辰	庚戌

年柱 **壬戌** 2042年（令和24年）2月4日1時14分～

月柱	期間	立運年齢開始
壬寅	2月4日 1:14～3月5日19:05	
癸卯	3月5日19:06～4月4日23:40	
甲辰	4月4日23:41～5月5日16:42	
乙巳	5月5日16:43～6月5日20:38	
丙午	6月5日20:39～7月7日 6:47	
丁未	7月7日 6:48～8月7日16:38	

各月柱欄：生日／日柱／立運年齢（男・女）

壬寅 生日	日柱	男	女	癸卯 生日	日柱	男	女	甲辰 生日	日柱	男	女	乙巳 生日	日柱	男	女	丙午 生日	日柱	男	女	丁未 生日	日柱	男	女
2/4	癸2酉	10	0	3/5	壬2寅	10	0	4/4	壬2申	10	0	5/5	癸2卯	10	0	6/5	甲2戌	11	0	7/7	丙2午	10	0
2/5	甲1戌	9	0	3/6	癸1卯	10	0	4/5	癸2酉	10	0	5/6	甲2辰	10	0	6/6	乙2亥	10	0	7/8	丁2未	10	0
2/6	乙1亥	9	1	3/7	甲1辰	10	0	4/6	甲1戌	10	1	5/7	乙2巳	10	0	6/7	丙1子	10	0	7/9	戊2申	10	1
2/7	丙3子	9	1	3/8	乙1巳	9	1	4/7	乙1亥	10	1	5/8	丙1午	10	1	6/8	丁1丑	10	1	7/10	己2酉	10	1
2/8	丁3丑	8	1	3/9	丙3午	9	1	4/8	丙3子	9	1	5/9	丁1未	9	1	6/9	戊1寅	9	1	7/11	庚2戌	9	1
2/9	戊3寅	8	2	3/10	丁3未	8	2	4/9	丁3丑	9	2	5/10	戊1申	9	2	6/10	己1卯	9	2	7/12	辛2亥	9	2
2/10	己3卯	8	2	3/11	戊3申	8	2	4/10	戊3寅	8	2	5/11	己1酉	8	2	6/11	庚2辰	9	2	7/13	壬2子	8	2
2/11	庚1辰	7	2	3/12	己3酉	8	2	4/11	己3卯	8	2	5/12	庚2戌	8	2	6/12	辛2巳	8	2	7/14	癸2丑	8	2
2/12	辛1巳	7	3	3/13	庚3戌	7	3	4/12	庚1辰	8	3	5/13	辛2亥	8	3	6/13	壬2午	8	3	7/15	甲2寅	8	3
2/13	壬1午	7	3	3/14	辛2亥	7	3	4/13	辛1巳	7	3	5/14	壬2子	7	3	6/14	癸2未	8	3	7/16	乙2卯	7	3
2/14	癸1未	6	3	3/15	壬2子	7	3	4/14	壬1午	7	3	5/15	癸2丑	7	3	6/15	甲2申	7	3	7/17	丙2辰	7	3
2/15	甲1申	6	4	3/16	癸1丑	6	4	4/15	癸1未	7	4	5/16	甲2寅	7	4	6/16	乙2酉	7	4	7/18	丁2巳	7	4
2/16	乙1酉	6	4	3/17	甲1寅	6	4	4/16	甲1申	6	4	5/17	乙2卯	6	4	6/17	丙2戌	7	4	7/19	戊2午	6	4
2/17	丙1戌	5	4	3/18	乙1卯	5	4	4/17	乙1酉	6	4	5/18	丙2辰	6	4	6/18	丁2亥	6	4	7/20	己2未	6	4
2/18	丁3亥	5	5	3/19	丙3辰	5	5	4/18	丙3戌	6	5	5/19	丁2巳	6	5	6/19	戊2子	6	5	7/21	庚1申	6	5
2/19	戊3子	5	5	3/20	丁3巳	5	5	4/19	丁3亥	5	5	5/20	戊1午	5	5	6/20	己2丑	6	5	7/22	辛2酉	5	5
2/20	己2丑	4	5	3/21	戊2午	5	5	4/20	戊1子	5	5	5/21	己1未	5	5	6/21	庚2寅	5	5	7/24	癸3亥	5	6
2/21	庚2寅	4	6	3/22	己2未	4	6	4/21	己1丑	5	6	5/22	庚3申	5	6	6/22	辛2卯	5	6	7/25	甲2子	4	6
2/22	辛2卯	4	6	3/23	庚2申	4	6	4/22	庚2寅	4	6	5/23	辛2酉	4	6	6/23	壬3辰	5	6	7/26	乙2丑	4	6
2/23	壬2辰	3	6	3/24	辛2酉	3	6	4/23	辛2卯	4	6	5/24	壬3戌	4	6	6/24	癸3巳	4	6	7/27	丙2寅	4	7
2/24	癸2巳	3	7	3/25	壬2戌	3	7	4/24	壬2辰	4	7	5/25	癸3亥	4	7	6/25	甲3午	4	7	7/28	丁2卯	3	7
2/25	甲2午	3	7	3/26	癸2亥	3	7	4/25	癸2巳	3	7	5/26	甲1子	3	7	6/26	乙2未	4	7	7/29	戊2辰	3	8
2/26	乙2未	2	7	3/27	甲2子	2	7	4/26	甲2午	3	7	5/27	乙2丑	3	7	6/27	丙2申	3	7	7/30	己2巳	3	8
2/27	丙2申	2	8	3/28	乙2丑	2	8	4/27	乙2未	3	8	5/28	丙2寅	3	8	6/28	丁2酉	3	8	7/31	庚2午	2	8
2/28	丁2酉	2	8	3/29	丙2寅	2	8	4/28	丙2申	2	8	5/29	丁2卯	2	8	6/29	戊2戌	3	8	8/1	辛2未	2	9
3/1	戊2戌	2	8	3/30	丁2卯	1	9	4/29	丁2酉	2	8	5/30	戊2辰	2	8	6/30	己2亥	2	8	8/2	壬2申	2	9
3/2	己3亥	1	9	3/31	戊2辰	1	9	4/30	戊2戌	1	9	5/31	己1巳	2	9	7/1	庚3子	2	9	8/3	癸2酉	1	9
3/3	庚3子	1	9	4/1	己2巳	1	9	5/1	己1亥	1	9	6/1	庚2午	1	9	7/2	辛2丑	2	9	8/4	甲3戌	1	9
3/4	辛2丑	0	9	4/2	庚2午	1	9	5/2	庚2子	1	9	6/2	辛2未	1	9	7/3	壬2寅	1	9	8/5	乙2亥	1	10
3/5	壬2寅	0	10	4/3	辛2未	0	10	5/3	辛1丑	1	10	6/3	壬2申	1	10	7/4	癸2卯	1	10	8/6	丙2子	0	10
				4/4	壬1申	0	10	5/4	壬1寅	0	10	6/4	癸2酉	0	10	7/5	甲2辰	1	10	8/7	丁2丑	0	10
								5/5	癸1卯	0	10	6/5	甲2戌	0	10	7/6	乙2巳	0	10				
																7/7	丙2午	0	11				

大運表

	壬寅 歳・男	壬寅 歳・女	癸卯 歳・男	癸卯 歳・女	甲辰 歳・男	甲辰 歳・女	乙巳 歳・男	乙巳 歳・女	丙午 歳・男	丙午 歳・女	丁未 歳・男	丁未 歳・女
0	癸卯	辛丑	甲辰	壬寅	乙巳	癸卯	丙午	甲辰	丁未	乙巳	戊申	丙午
10	甲辰	庚子	乙巳	辛丑	丙午	壬寅	丁未	癸卯	戊申	甲辰	己酉	乙巳
20	乙巳	己亥	丙午	庚子	丁未	辛丑	戊申	壬寅	己酉	癸卯	庚戌	甲辰
30	丙午	戊戌	丁未	己亥	戊申	庚子	己酉	辛丑	庚戌	壬寅	辛亥	癸卯
40	丁未	丁酉	戊申	戊戌	己酉	己亥	庚戌	庚子	辛亥	辛丑	壬子	壬寅
50	戊申	丙申	己酉	丁酉	庚戌	戊戌	辛亥	己亥	壬子	庚子	癸丑	辛丑
60	己酉	乙未	庚戌	丙申	辛亥	丁酉	壬子	戊戌	癸丑	己亥	甲寅	庚子
70	庚戌	甲午	辛亥	乙未	壬子	丙申	癸丑	丁酉	甲寅	戊戌	乙卯	己亥
80	辛亥	癸巳	壬子	甲午	癸丑	乙未	甲寅	丙申	乙卯	丁酉	丙辰	戊戌

～2043年（令和25年）2月4日6時59分

戊申（8月7日16:39～9月7日19:45）

生日	日柱	男	女
8 7	丁$_1$丑	10	0
8 8	戊$_2$寅	10	0
8 9	己$_2$卯	10	1
8 10	庚$_1$辰	9	1
8 11	辛$_1$巳	9	1
8 12	壬$_2$午	9	2
8 13	癸$_2$未	8	2
8 14	甲$_3$申	8	2
8 15	乙$_1$酉	8	3
8 16	丙$_3$戌	7	3
8 17	丁$_3$亥	7	3
8 18	戊$_2$子	7	4
8 19	己$_1$丑	6	4
8 20	庚$_1$寅	6	4
8 21	辛$_1$卯	6	5
8 22	壬$_2$辰	5	5
8 23	癸$_2$巳	5	5
8 24	甲$_3$午	5	6
8 25	乙$_3$未	4	6
8 26	丙$_3$申	4	6
8 27	丁$_3$酉	4	7
8 28	戊$_2$戌	3	7
8 29	己$_3$亥	3	7
8 30	庚$_1$子	3	8
8 31	辛$_1$丑	2	8
9 1	壬$_1$寅	2	8
9 2	癸$_2$卯	2	9
9 3	甲$_3$辰	1	9
9 4	乙$_1$巳	1	9
9 5	丙$_3$午	1	10
9 6	丁$_3$未	0	10
9 7	戊$_2$申	0	10

己酉（9月7日19:46～10月8日11:40）

生日	日柱	男	女
9 7	戊$_2$申	10	0
9 8	己$_2$酉	10	0
9 9	庚$_1$戌	10	1
9 10	辛$_1$亥	9	1
9 11	壬$_1$子	9	1
9 12	癸$_2$丑	9	2
9 13	甲$_3$寅	8	2
9 14	乙$_1$卯	8	2
9 15	丙$_3$辰	8	3
9 16	丁$_3$巳	7	3
9 17	戊$_1$午	7	3
9 18	己$_1$未	7	4
9 19	庚$_1$申	6	4
9 20	辛$_1$酉	6	4
9 21	壬$_2$戌	6	5
9 22	癸$_2$亥	5	5
9 23	甲$_1$子	5	5
9 24	乙$_1$丑	5	6
9 25	丙$_3$寅	4	6
9 26	丁$_3$卯	4	6
9 27	戊$_1$辰	4	7
9 28	己$_1$巳	3	7
9 29	庚$_1$午	3	7
9 30	辛$_1$未	3	8
10 1	壬$_2$申	2	8
10 2	癸$_2$酉	2	8
10 3	甲$_3$戌	2	9
10 4	乙$_2$亥	1	9
10 5	丙$_3$子	1	9
10 6	丁$_3$丑	1	10
10 7	戊$_2$寅	0	10
10 8	己$_2$卯	0	10

庚戌（10月8日11:41～11月7日15:07）

生日	日柱	男	女
10 8	己$_1$卯	10	0
10 9	庚$_1$辰	10	0
10 10	辛$_1$巳	9	1
10 11	壬$_1$午	9	1
10 12	癸$_1$未	9	1
10 13	甲$_3$申	8	2
10 14	乙$_2$酉	8	2
10 15	丙$_3$戌	8	2
10 16	丁$_3$亥	7	3
10 17	戊$_2$子	7	3
10 18	己$_2$丑	7	3
10 19	庚$_1$寅	6	4
10 20	辛$_1$卯	6	4
10 21	壬$_2$辰	6	4
10 22	癸$_1$巳	5	5
10 23	甲$_2$午	5	5
10 24	乙$_2$未	5	5
10 25	丙$_3$申	4	6
10 26	丁$_2$酉	4	6
10 27	戊$_2$戌	4	6
10 28	己$_1$亥	3	7
10 29	庚$_1$子	3	7
10 30	辛$_2$丑	3	7
10 31	壬$_1$寅	2	8
11 1	癸$_2$卯	2	8
11 2	甲$_3$辰	2	8
11 3	乙$_2$巳	1	9
11 4	丙$_3$午	1	9
11 5	丁$_2$未	1	9
11 6	戊$_1$申	0	10
11 7	己$_2$酉	0	10

辛亥（11月7日15:08～12月7日8:09）

生日	日柱	男	女
11 7	己$_1$酉	10	0
11 8	庚$_2$戌	10	0
11 9	辛$_1$亥	9	1
11 10	壬$_1$子	9	1
11 11	癸$_2$丑	9	1
11 12	甲$_2$寅	8	2
11 13	乙$_2$卯	8	2
11 14	丙$_3$辰	8	2
11 15	丁$_2$巳	7	3
11 16	戊$_2$午	7	3
11 17	己$_1$未	7	3
11 18	庚$_1$申	6	4
11 19	辛$_1$酉	6	4
11 20	壬$_2$戌	6	4
11 21	癸$_2$亥	5	5
11 22	甲$_1$子	5	5
11 23	乙$_1$丑	5	5
11 24	丙$_2$寅	4	6
11 25	丁$_1$卯	4	6
11 26	戊$_2$辰	4	6
11 27	己$_1$巳	3	7
11 28	庚$_1$午	3	7
11 29	辛$_1$未	3	7
11 30	壬$_1$申	2	8
12 1	癸$_2$酉	2	8
12 2	甲$_3$戌	2	8
12 3	乙$_2$亥	1	9
12 4	丙$_3$子	1	9
12 5	丁$_1$丑	1	9
12 6	戊$_2$寅	0	10
12 7	己$_2$卯	0	10

壬子（12月7日8:10～1月5日19:25）

生日	日柱	男	女
12 7	己$_3$酉	10	0
12 8	庚$_2$辰	9	0
12 9	辛$_3$巳	9	1
12 10	壬$_1$午	9	1
12 11	癸$_1$未	8	1
12 12	甲$_1$申	8	2
12 13	乙$_1$酉	8	2
12 14	丙$_1$戌	7	2
12 15	丁$_3$亥	7	3
12 16	戊$_2$子	7	3
12 17	己$_1$丑	6	3
12 18	庚$_1$寅	6	4
12 19	辛$_1$卯	6	4
12 20	壬$_2$辰	5	4
12 21	癸$_2$巳	5	5
12 22	甲$_1$午	5	5
12 23	乙$_1$未	4	5
12 24	丙$_3$申	4	6
12 25	丁$_3$酉	4	6
12 26	戊$_2$戌	3	6
12 27	己$_1$亥	3	7
12 28	庚$_1$子	3	7
12 29	辛$_1$丑	2	7
12 30	壬$_1$寅	2	8
12 31	癸$_1$卯	2	8
1 1	甲$_1$辰	1	8
1 2	乙$_1$巳	1	9
1 3	丙$_3$午	1	9
1 4	丁$_1$未	0	9
1 5	戊$_2$申	0	10

癸丑（1月5日19:26～2月4日6:59）

生日	日柱	男	女
1 5	戊$_2$申	10	0
1 6	己$_2$酉	10	0
1 7	庚$_1$戌	9	1
1 8	辛$_1$亥	9	1
1 9	壬$_1$子	9	1
1 10	癸$_2$丑	8	2
1 11	甲$_1$寅	8	2
1 12	乙$_1$卯	8	2
1 13	丙$_3$辰	7	3
1 14	丁$_1$巳	7	3
1 15	戊$_1$午	7	3
1 16	己$_1$未	6	4
1 17	庚$_1$申	6	4
1 18	辛$_1$酉	6	4
1 19	壬$_2$戌	5	5
1 20	癸$_2$亥	5	5
1 21	甲$_1$子	5	5
1 22	乙$_1$丑	4	6
1 23	丙$_2$寅	4	6
1 24	丁$_1$卯	4	6
1 25	戊$_1$辰	3	7
1 26	己$_1$巳	3	7
1 27	庚$_1$午	3	7
1 28	辛$_1$未	2	8
1 29	壬$_1$申	2	8
1 30	癸$_2$酉	2	8
1 31	甲$_3$戌	1	9
2 1	乙$_1$亥	1	9
2 2	丙$_3$子	1	9
2 3	丁$_1$丑	0	10
2 4	戊$_2$寅	0	10

立運年齢表

歳	男	歳	女	歳	男	歳	女	歳	男	歳	女	歳	男	歳	女	歳	男	歳	女	歳	男	歳	女
0	己酉	0	丁未	0	庚戌	0	戊申	0	辛亥	0	己酉	0	壬子	0	庚戌	0	癸丑	0	辛亥	0	甲寅	0	壬子
10	庚戌	10	丙午	10	辛亥	10	丁未	10	壬子	10	戊申	10	癸丑	10	己酉	10	甲寅	10	庚戌	10	乙卯	10	辛亥
20	辛亥	20	乙巳	20	壬子	20	丙午	20	癸丑	20	丁未	20	甲寅	20	戊申	20	乙卯	20	己酉	20	丙辰	20	庚戌
30	壬子	30	甲辰	30	癸丑	30	乙巳	30	甲寅	30	丙午	30	乙卯	30	丁未	30	丙辰	30	戊申	30	丁巳	30	己酉
40	癸丑	40	癸卯	40	甲寅	40	甲辰	40	乙卯	40	乙巳	40	丙辰	40	丙午	40	丁巳	40	丁未	40	戊午	40	戊申
50	甲寅	50	壬寅	50	乙卯	50	癸卯	50	丙辰	50	甲辰	50	丁巳	50	乙巳	50	戊午	50	丙午	50	己未	50	丁未
60	乙卯	60	辛丑	60	丙辰	60	壬寅	60	丁巳	60	癸卯	60	戊午	60	甲辰	60	己未	60	乙巳	60	庚申	60	丙午
70	丙辰	70	庚子	70	丁巳	70	辛丑	70	戊午	70	壬寅	70	己未	70	癸卯	70	庚申	70	甲辰	70	辛酉	70	乙巳
80	丁巳	80	己亥	80	戊午	80	庚子	80	己未	80	辛丑	80	庚申	80	壬寅	80	辛酉	80	癸卯	80	壬戌	80	甲辰

年柱 癸亥　2043年（令和25年）2月4日7時00分～

期間	月柱
2月4日 7:00～3月6日 0:47	甲寅
3月6日 0:48～4月5日 5:19	乙卯
4月5日 5:20～5月5日 22:21	丙辰
5月5日 22:22～6月6日 2:17	丁巳
6月6日 2:18～7月7日 12:27	戊午
7月7日 12:28～8月7日 22:20	己未

男・女の数値は立運年齢

生日	甲寅	男	女	生日	乙卯	男	女	生日	丙辰	男	女	生日	丁巳	男	女	生日	戊午	男	女	生日	己未	男	女
2/4	戊寅	0	10	3/6	戊申	0	10	4/5	戊寅	0	10	5/5	戊申	0	11	6/6	庚辰	0	10	7/7	辛亥	0	10
2/5	己卯	0	10	3/7	己酉	0	10	4/6	己卯	0	10	5/6	己酉	0	10	6/7	辛巳	0	10	7/8	壬子	0	10
2/6	庚辰	1	9	3/8	庚戌	1	9	4/7	庚辰	1	9	5/7	庚戌	1	10	6/8	壬午	1	10	7/9	癸丑	1	10
2/7	辛巳	1	9	3/9	辛亥	1	9	4/8	辛巳	1	9	5/8	辛亥	1	9	6/9	癸未	1	9	7/10	甲寅	1	9
2/8	壬午	1	9	3/10	壬子	1	9	4/9	壬午	1	9	5/9	壬子	1	9	6/10	甲申	1	9	7/11	乙卯	1	9
2/9	癸未	2	8	3/11	癸丑	2	8	4/10	癸未	2	8	5/10	癸丑	2	9	6/11	乙酉	2	9	7/12	丙辰	2	9
2/10	甲申	2	8	3/12	甲寅	2	8	4/11	甲申	2	8	5/11	甲寅	2	9	6/12	丙戌	2	9	7/13	丁巳	2	8
2/11	乙酉	2	8	3/13	乙卯	2	8	4/12	乙酉	2	8	5/12	乙卯	2	8	6/13	丁亥	2	8	7/14	戊午	2	8
2/12	丙戌	3	7	3/14	丙辰	3	7	4/13	丙戌	3	7	5/13	丙辰	3	8	6/14	戊子	3	8	7/15	己未	3	8
2/13	丁亥	3	7	3/15	丁巳	3	7	4/14	丁亥	3	7	5/14	丁巳	3	7	6/15	己丑	3	7	7/16	庚申	3	7
2/14	戊子	3	7	3/16	戊午	3	7	4/15	戊子	3	7	5/15	戊午	3	7	6/16	庚寅	3	7	7/17	辛酉	3	7
2/15	己丑	4	6	3/17	己未	4	6	4/16	己丑	4	6	5/16	己未	4	7	6/17	辛卯	4	7	7/18	壬戌	4	6
2/16	庚寅	4	6	3/18	庚申	4	6	4/17	庚寅	4	6	5/17	庚申	4	7	6/18	壬辰	4	7	7/19	癸亥	4	6
2/17	辛卯	4	6	3/19	辛酉	4	6	4/18	辛卯	4	6	5/18	辛酉	4	6	6/19	癸巳	4	6	7/20	甲子	4	6
2/18	壬辰	5	5	3/20	壬戌	5	5	4/19	壬辰	5	5	5/19	壬戌	5	6	6/20	甲午	5	6	7/21	乙丑	5	6
2/19	癸巳	5	5	3/21	癸亥	5	5	4/20	癸巳	5	5	5/20	癸亥	5	5	6/21	乙未	5	5	7/22	丙寅	5	5
2/20	甲午	5	5	3/22	甲子	5	5	4/21	甲午	5	5	5/21	甲子	5	5	6/22	丙申	5	5	7/23	丁卯	5	5
2/21	乙未	6	4	3/23	乙丑	6	4	4/22	乙未	6	4	5/22	乙丑	6	5	6/23	丁酉	6	5	7/24	戊辰	6	5
2/22	丙申	6	4	3/24	丙寅	6	4	4/23	丙申	6	4	5/23	丙寅	6	5	6/24	戊戌	6	5	7/25	己巳	6	4
2/23	丁酉	6	4	3/25	丁卯	6	4	4/24	丁酉	6	4	5/24	丁卯	6	4	6/25	己亥	6	4	7/26	庚午	6	4
2/24	戊戌	7	3	3/26	戊辰	7	3	4/25	戊戌	7	3	5/25	戊辰	7	4	6/26	庚子	7	4	7/27	辛未	7	4
2/25	己亥	7	3	3/27	己巳	7	3	4/26	己亥	7	3	5/26	己巳	7	3	6/27	辛丑	7	3	7/28	壬申	7	3
2/26	庚子	7	3	3/28	庚午	7	3	4/27	庚子	7	3	5/27	庚午	7	3	6/28	壬寅	7	3	7/29	癸酉	7	3
2/27	辛丑	8	2	3/29	辛未	8	2	4/28	辛丑	8	2	5/28	辛未	8	3	6/29	癸卯	8	3	7/30	甲戌	8	3
2/28	壬寅	8	2	3/30	壬申	8	2	4/29	壬寅	8	2	5/29	壬申	8	3	6/30	甲辰	8	3	7/31	乙亥	8	2
3/1	癸卯	8	2	3/31	癸酉	8	2	4/30	癸卯	8	2	5/30	癸酉	8	2	7/1	乙巳	8	2	8/1	丙子	8	2
3/2	甲辰	9	1	4/1	甲戌	9	1	5/1	甲辰	9	1	5/31	甲戌	9	2	7/2	丙午	9	2	8/2	丁丑	9	2
3/3	乙巳	9	1	4/2	乙亥	9	1	5/2	乙巳	9	1	6/1	乙亥	9	1	7/3	丁未	9	1	8/3	戊寅	9	1
3/4	丙午	9	1	4/3	丙子	9	1	5/3	丙午	9	1	6/2	丙子	9	1	7/4	戊申	9	1	8/4	己卯	9	1
3/5	丁未	10	0	4/4	丁丑	10	0	5/4	丁未	10	0	6/3	丁丑	10	1	7/5	己酉	10	1	8/5	庚辰	10	1
3/6	戊申	10	0	4/5	戊寅	10	0	5/5	戊申	10	0	6/4	戊寅	10	1	7/6	庚戌	10	1	8/6	辛巳	10	0
												6/5	己卯	10	0	7/7	辛亥	10	0	8/7	壬午	10	0
												6/6	庚辰	11	0								

歳	甲寅 男	甲寅 女	乙卯 男	乙卯 女	丙辰 男	丙辰 女	丁巳 男	丁巳 女	戊午 男	戊午 女	己未 男	己未 女
0	癸丑	乙卯	甲寅	丙辰	乙卯	丁巳	丙辰	戊午	丁巳	己未	戊午	庚申
10	壬子	丙辰	癸丑	丁巳	甲寅	戊午	乙卯	己未	丙辰	庚申	丁巳	辛酉
20	辛亥	丁巳	壬子	戊午	癸丑	己未	甲寅	庚申	乙卯	辛酉	丙辰	壬戌
30	庚戌	戊午	辛亥	己未	壬子	庚申	癸丑	辛酉	甲寅	壬戌	乙卯	癸亥
40	己酉	己未	庚戌	庚申	辛亥	辛酉	壬子	壬戌	癸丑	癸亥	甲寅	甲子
50	戊申	庚申	己酉	辛酉	庚戌	壬戌	辛亥	癸亥	壬子	甲子	癸丑	乙丑
60	丁未	辛酉	戊申	壬戌	己酉	癸亥	庚戌	甲子	辛亥	乙丑	壬子	丙寅
70	丙午	壬戌	丁未	癸亥	戊申	甲子	己酉	乙丑	庚戌	丙寅	辛亥	丁卯
80	乙巳	癸亥	丙午	甲子	丁未	乙丑	戊申	丙寅	己酉	丁卯	庚戌	戊辰

～2044年（令和26年）2月4日12時44分

月柱・立運年齢表

庚申　8月7日22:21～9月8日1:29

生日	日柱	男	女
8/7	壬₁午	0	11
8/8	癸₁未	0	10
8/9	甲₂申	1	10
8/10	乙₁酉	1	10
8/11	丙₃戌	1	9
8/12	丁₃亥	2	9
8/13	戊₃子	2	9
8/14	己₃丑	2	8
8/15	庚₁寅	3	8
8/16	辛₁卯	3	8
8/17	壬₁辰	3	7
8/18	癸₁巳	4	7
8/19	甲₂午	4	7
8/20	乙₁未	4	6
8/21	丙₃申	5	6
8/22	丁₁酉	5	6
8/23	戊₃戌	5	5
8/24	己₁亥	6	5
8/25	庚₁子	6	5
8/26	辛₁丑	6	4
8/27	壬₁寅	7	4
8/28	癸₁卯	7	3
8/29	甲₂辰	7	3
8/30	乙₂巳	8	3
8/31	丙₃午	8	3
9/1	丁₁未	8	2
9/2	戊₃申	9	2
9/3	己₁酉	9	2
9/4	庚₁戌	9	1
9/5	辛₁亥	10	1
9/6	壬₁子	10	1
9/7	癸₁丑	10	0
9/8	甲₁寅	11	0

辛酉　9月8日1:30～10月8日17:27

生日	日柱	男	女
9/8	甲₁寅	0	10
9/9	乙₁卯	0	10
9/10	丙₃辰	1	9
9/11	丁₃巳	1	9
9/12	戊₃午	1	9
9/13	己₃未	2	8
9/14	庚₁申	2	8
9/15	辛₁酉	2	8
9/16	壬₁戌	3	7
9/17	癸₁亥	3	7
9/18	甲₁子	3	7
9/19	乙₁丑	4	6
9/20	丙₁寅	4	6
9/21	丁₃卯	4	6
9/22	戊₃辰	5	5
9/23	己₃巳	5	5
9/24	庚₁午	5	5
9/25	辛₁未	6	4
9/26	壬₁申	6	4
9/27	癸₁酉	6	4
9/28	甲₁戌	7	3
9/29	乙₁亥	7	3
9/30	丙₁子	7	3
10/1	丁₃丑	8	2
10/2	戊₃寅	8	2
10/3	己₃卯	8	2
10/4	庚₁辰	9	1
10/5	辛₁巳	9	1
10/6	壬₁午	9	1
10/7	癸₁未	10	0
10/8	甲₁申	10	0

壬戌　10月8日17:28～11月7日20:55

生日	日柱	男	女
10/8	甲₁申	0	10
10/9	乙₁酉	0	10
10/10	丙₃戌	1	9
10/11	丁₃亥	1	9
10/12	戊₃子	1	9
10/13	己₃丑	2	8
10/14	庚₁寅	2	8
10/15	辛₁卯	2	8
10/16	壬₁辰	3	7
10/17	癸₁巳	3	7
10/18	甲₁午	3	7
10/19	乙₁未	4	6
10/20	丙₃申	4	6
10/21	丁₁酉	4	6
10/22	戊₃戌	5	5
10/23	己₁亥	5	5
10/24	庚₁子	5	5
10/25	辛₁丑	6	4
10/26	壬₁寅	6	4
10/27	癸₁卯	6	4
10/28	甲₁辰	7	3
10/29	乙₁巳	7	3
10/30	丙₁午	7	3
10/31	丁₃未	8	2
11/1	戊₂申	8	2
11/2	己₂酉	8	2
11/3	庚₁戌	9	1
11/4	辛₁亥	9	1
11/5	壬₁子	9	1
11/6	癸₁丑	10	0
11/7	甲₁寅	10	0

癸亥　11月7日20:56～12月7日13:57

生日	日柱	男	女
11/7	甲₁寅	0	10
11/8	乙₁卯	0	10
11/9	丙₃辰	1	9
11/10	丁₃巳	1	9
11/11	戊₃午	1	9
11/12	己₃未	2	8
11/13	庚₁申	2	8
11/14	辛₁酉	2	8
11/15	壬₁戌	3	7
11/16	癸₁亥	3	7
11/17	甲₁子	3	7
11/18	乙₁丑	4	6
11/19	丙₁寅	4	6
11/20	丁₃卯	4	6
11/21	戊₃辰	5	5
11/22	己₃巳	5	5
11/23	庚₃午	5	5
11/24	辛₁未	6	4
11/25	壬₁申	6	4
11/26	癸₁酉	6	4
11/27	甲₁戌	7	3
11/28	乙₁亥	7	3
11/29	丙₁子	7	3
11/30	丁₃丑	8	2
12/1	戊₃寅	8	2
12/2	己₃卯	8	2
12/3	庚₁辰	9	1
12/4	辛₁巳	9	1
12/5	壬₁午	9	1
12/6	癸₁未	10	0
12/7	甲₁申	10	0

甲子　12月7日13:58～1月6日1:12

生日	日柱	男	女
12/7	甲₁申	0	10
12/8	乙₁酉	0	10
12/9	丙₃戌	1	9
12/10	丁₃亥	1	9
12/11	戊₃子	1	9
12/12	己₃丑	2	8
12/13	庚₁寅	2	8
12/14	辛₁卯	2	8
12/15	壬₁辰	3	7
12/16	癸₁巳	3	7
12/17	甲₁午	3	7
12/18	乙₁未	4	6
12/19	丙₃申	4	6
12/20	丁₁酉	4	6
12/21	戊₃戌	5	5
12/22	己₁亥	5	5
12/23	庚₁子	5	5
12/24	辛₁丑	6	4
12/25	壬₁寅	6	4
12/26	癸₁卯	6	4
12/27	甲₁辰	7	3
12/28	乙₁巳	7	3
12/29	丙₂午	7	2
12/30	丁₃未	8	2
12/31	戊₃申	8	2
1/1	己₃酉	8	1
1/2	庚₁戌	9	1
1/3	辛₁亥	9	1
1/4	壬₁子	9	1
1/5	癸₁丑	10	0
1/6	甲₁寅	10	0

乙丑　1月6日1:13～2月4日12:44

生日	日柱	男	女
1/6	甲₁寅	0	10
1/7	乙₁卯	0	9
1/8	丙₃辰	1	9
1/9	丁₃巳	1	9
1/10	戊₃午	1	8
1/11	己₃未	2	8
1/12	庚₁申	2	8
1/13	辛₁酉	2	7
1/14	壬₁戌	3	7
1/15	癸₁亥	3	7
1/16	甲₁子	3	6
1/17	乙₁丑	4	6
1/18	丙₁寅	4	6
1/19	丁₃卯	4	5
1/20	戊₃辰	5	5
1/21	己₃巳	5	5
1/22	庚₃午	5	4
1/23	辛₁未	6	4
1/24	壬₁申	6	4
1/25	癸₁酉	6	3
1/26	甲₁戌	7	3
1/27	乙₁亥	7	3
1/28	丙₁子	7	2
1/29	丁₃丑	8	2
1/30	戊₃寅	8	2
1/31	己₃卯	8	1
2/1	庚₁辰	9	1
2/2	辛₁巳	9	1
2/3	壬₁午	9	0
2/4	癸₁未	10	0

大運表

歳	男	歳	女	歳	男	歳	女	歳	男	歳	女	歳	男	歳	女	歳	男	歳	女	歳	男	歳	女
0	己未	0	辛酉	0	庚申	0	壬戌	0	辛酉	0	癸亥	0	壬戌	0	甲子	0	癸亥	0	乙丑	0	甲子	0	丙寅
10	戊午	10	壬戌	10	己未	10	癸亥	10	庚申	10	甲子	10	辛酉	10	乙丑	10	壬戌	10	丙寅	10	癸亥	10	丁卯
20	丁巳	20	癸亥	20	戊午	20	甲子	20	己未	20	乙丑	20	庚申	20	丙寅	20	辛酉	20	丁卯	20	壬戌	20	戊辰
30	丙辰	30	甲子	30	丁巳	30	乙丑	30	戊午	30	丙寅	30	己未	30	丁卯	30	庚申	30	戊辰	30	辛酉	30	己巳
40	乙卯	40	乙丑	40	丙辰	40	丙寅	40	丁巳	40	丁卯	40	戊午	40	戊辰	40	己未	40	己巳	40	庚申	40	庚午
50	甲寅	50	丙寅	50	乙卯	50	丁卯	50	丙辰	50	戊辰	50	丁巳	50	己巳	50	戊午	50	庚午	50	己未	50	辛未
60	癸丑	60	丁卯	60	甲寅	60	戊辰	60	乙卯	60	己巳	60	丙辰	60	庚午	60	丁巳	60	辛未	60	戊午	60	壬申
70	壬子	70	戊辰	70	癸丑	70	己巳	70	甲寅	70	庚午	70	乙卯	70	辛未	70	丙辰	70	壬申	70	丁巳	70	癸酉
80	辛亥	80	己巳	80	壬子	80	庚午	80	癸丑	80	辛未	80	甲寅	80	壬申	80	乙卯	80	癸酉	80	丙辰	80	甲戌

年柱　甲子　2044年（令和26年）2月4日12時45分〜

月柱 丙寅（2月4日12:45〜3月5日6:31）

生日	日柱	男	女
2 4	癸$_1$未	10	0
2 5	甲$_1$申	10	0
2 6	乙$_1$酉	9	1
2 7	丙$_1$戌	9	1
2 8	丁$_1$亥	9	1
2 9	戊$_3$子	8	2
2 10	己$_2$丑	8	2
2 11	庚$_3$寅	8	2
2 12	辛$_1$卯	7	3
2 13	壬$_3$辰	7	3
2 14	癸$_3$巳	7	3
2 15	甲$_1$午	6	4
2 16	乙$_1$未	6	4
2 17	丙$_3$申	6	4
2 18	丁$_1$酉	5	5
2 19	戊$_2$戌	5	5
2 20	己$_3$亥	5	5
2 21	庚$_3$子	4	6
2 22	辛$_3$丑	4	6
2 23	壬$_3$寅	4	6
2 24	癸$_3$卯	3	7
2 25	甲$_3$辰	3	7
2 26	乙$_1$巳	3	7
2 27	丙$_1$午	2	8
2 28	丁$_1$未	2	8
2 29	戊$_3$申	2	8
3 1	己$_1$酉	1	9
3 2	庚$_3$戌	1	9
3 3	辛$_3$亥	1	9
3 4	壬$_2$子	0	10
3 5	癸$_3$丑	0	10

月柱 丁卯（3月5日6:32〜4月4日11:03）

生日	日柱	男	女
3 5	癸$_3$丑	10	0
3 6	甲$_1$寅	10	0
3 7	乙$_1$卯	9	1
3 8	丙$_1$辰	9	1
3 9	丁$_1$巳	9	1
3 10	戊$_3$午	8	2
3 11	己$_2$未	8	2
3 12	庚$_3$申	8	2
3 13	辛$_3$酉	7	3
3 14	壬$_3$戌	7	3
3 15	癸$_3$亥	7	3
3 16	甲$_1$子	6	4
3 17	乙$_1$丑	6	4
3 18	丙$_1$寅	6	4
3 19	丁$_1$卯	5	5
3 20	戊$_1$辰	5	5
3 21	己$_2$巳	5	5
3 22	庚$_1$午	4	6
3 23	辛$_1$未	4	6
3 24	壬$_1$申	4	6
3 25	癸$_1$酉	3	7
3 26	甲$_1$戌	3	7
3 27	乙$_1$亥	3	7
3 28	丙$_1$子	2	8
3 29	丁$_1$丑	2	8
3 30	戊$_1$寅	2	8
3 31	己$_1$卯	1	9
4 1	庚$_3$辰	1	9
4 2	辛$_3$巳	1	9
4 3	壬$_1$午	0	10
4 4	癸$_1$未	0	10

月柱 戊辰（4月4日11:04〜5月5日4:05）

生日	日柱	男	女
4 4	癸$_1$未	10	0
4 5	甲$_1$申	10	0
4 6	乙$_1$酉	10	1
4 7	丙$_3$戌	9	1
4 8	丁$_3$亥	9	1
4 9	戊$_1$子	9	2
4 10	己$_1$丑	8	2
4 11	庚$_3$寅	8	2
4 12	辛$_1$卯	7	3
4 13	壬$_3$辰	7	3
4 14	癸$_3$巳	7	3
4 15	甲$_1$午	7	4
4 16	乙$_1$未	6	4
4 17	丙$_3$申	6	4
4 18	丁$_1$酉	6	5
4 19	戊$_1$戌	5	5
4 20	己$_1$亥	5	5
4 21	庚$_2$子	5	6
4 22	辛$_1$丑	4	6
4 23	壬$_3$寅	4	6
4 24	癸$_1$卯	4	7
4 25	甲$_1$辰	3	7
4 26	乙$_1$巳	3	7
4 27	丙$_2$午	2	8
4 28	丁$_1$未	2	8
4 29	戊$_1$申	2	8
4 30	己$_1$酉	1	9
5 1	庚$_1$戌	1	9
5 2	辛$_3$亥	1	9
5 3	壬$_1$子	0	10
5 4	癸$_1$丑	0	10

月柱 己巳（5月5日4:06〜6月5日8:03）

生日	日柱	男	女
5 5	甲$_1$寅	10	0
5 6	乙$_1$卯	10	0
5 7	丙$_1$辰	10	1
5 8	丁$_1$巳	9	1
5 9	戊$_1$午	9	1
5 10	己$_1$未	9	2
5 11	庚$_2$申	8	2
5 12	辛$_1$酉	8	3
5 13	壬$_2$戌	8	3
5 14	癸$_1$亥	7	3
5 15	甲$_1$子	7	3
5 16	乙$_2$丑	7	4
5 17	丙$_1$寅	6	4
5 18	丁$_1$卯	6	4
5 19	戊$_1$辰	6	5
5 20	己$_1$巳	5	5
5 21	庚$_3$午	5	5
5 22	辛$_3$未	5	6
5 23	壬$_2$申	4	6
5 24	癸$_2$酉	4	6
5 25	甲$_1$戌	4	7
5 26	乙$_3$亥	3	7
5 27	丙$_1$子	3	7
5 28	丁$_1$丑	3	8
5 29	戊$_2$寅	2	8
5 30	己$_1$卯	2	8
5 31	庚$_2$辰	2	9
6 1	辛$_3$巳	1	9
6 2	壬$_1$午	1	9
6 3	癸$_2$未	1	10
6 4	甲$_1$申	0	10
6 5	乙$_2$酉	0	10

月柱 庚午（6月5日8:04〜7月6日18:15）

生日	日柱	男	女
6 5	乙$_1$酉	10	0
6 6	丙$_1$戌	10	0
6 7	丁$_1$亥	10	1
6 8	戊$_2$子	9	1
6 9	己$_1$丑	9	1
6 10	庚$_3$寅	9	2
6 11	辛$_1$卯	8	2
6 12	壬$_2$辰	8	2
6 13	癸$_1$巳	8	3
6 14	甲$_3$午	7	3
6 15	乙$_2$未	7	3
6 16	丙$_1$申	7	4
6 17	丁$_1$酉	6	4
6 18	戊$_1$戌	6	4
6 19	己$_1$亥	6	5
6 20	庚$_1$子	5	5
6 21	辛$_1$丑	5	5
6 22	壬$_1$寅	5	6
6 23	癸$_1$卯	4	6
6 24	甲$_1$辰	4	6
6 25	乙$_2$巳	4	7
6 26	丙$_1$午	3	7
6 27	丁$_1$未	3	7
6 28	戊$_1$申	3	8
6 29	己$_2$酉	2	8
6 30	庚$_1$戌	2	8
7 1	辛$_3$亥	2	9
7 2	壬$_1$子	1	9
7 3	癸$_2$丑	1	9
7 4	甲$_1$寅	1	10
7 5	乙$_1$卯	0	10
7 6	丙$_1$辰	0	10

月柱 辛未（7月6日18:16〜8月7日4:08）

生日	日柱	男	女
7 6	丙$_1$辰	11	0
7 7	丁$_1$巳	10	0
7 8	戊$_1$午	10	1
7 9	己$_1$未	10	1
7 10	庚$_1$申	9	1
7 11	辛$_1$酉	9	2
7 12	壬$_2$戌	9	2
7 13	癸$_3$亥	8	2
7 14	甲$_1$子	8	3
7 15	乙$_1$丑	8	3
7 16	丙$_1$寅	7	3
7 17	丁$_1$卯	7	4
7 18	戊$_1$辰	7	4
7 19	己$_1$巳	6	4
7 20	庚$_1$午	6	5
7 21	辛$_1$未	6	5
7 22	壬$_1$申	5	5
7 23	癸$_1$酉	5	6
7 24	甲$_2$戌	5	6
7 25	乙$_1$亥	4	6
7 26	丙$_2$子	4	7
7 27	丁$_1$丑	4	7
7 28	戊$_1$寅	3	7
7 29	己$_1$卯	3	8
7 30	庚$_1$辰	3	8
7 31	辛$_1$巳	2	8
8 1	壬$_1$午	2	9
8 2	癸$_2$未	2	9
8 3	甲$_2$申	1	9
8 4	乙$_2$酉	1	10
8 5	丙$_2$戌	1	10
8 6	丁$_2$亥	0	10
8 7	戊$_1$子	0	11

立運年齢表

丙寅

歳	男	歳	女
0	丁卯	0	乙丑
10	戊辰	10	甲子
20	己巳	20	癸亥
30	庚午	30	壬戌
40	辛未	40	辛酉
50	壬申	50	庚申
60	癸酉	60	己未
70	甲戌	70	戊午
80	乙亥	80	丁巳

丁卯

歳	男	歳	女
0	戊辰	0	丙寅
10	己巳	10	乙丑
20	庚午	20	甲子
30	辛未	30	癸亥
40	壬申	40	壬戌
50	癸酉	50	辛酉
60	甲戌	60	庚申
70	乙亥	70	己未
80	丙子	80	戊午

戊辰

歳	男	歳	女
0	己巳	0	丁卯
10	庚午	10	丙寅
20	辛未	20	乙丑
30	壬申	30	甲子
40	癸酉	40	癸亥
50	甲戌	50	壬戌
60	乙亥	60	辛酉
70	丙子	70	庚申
80	丁丑	80	己未

己巳

歳	男	歳	女
0	庚午	0	戊辰
10	辛未	10	丁卯
20	壬申	20	丙寅
30	癸酉	30	乙丑
40	甲戌	40	甲子
50	乙亥	50	癸亥
60	丙子	60	壬戌
70	丁丑	70	辛酉
80	戊寅	80	庚申

庚午

歳	男	歳	女
0	辛未	0	己巳
10	壬申	10	戊辰
20	癸酉	20	丁卯
30	甲戌	30	丙寅
40	乙亥	40	乙丑
50	丙子	50	甲子
60	丁丑	60	癸亥
70	戊寅	70	壬戌
80	己卯	80	辛酉

辛未

歳	男	歳	女
0	壬申	0	庚午
10	癸酉	10	己巳
20	甲戌	20	戊辰
30	乙亥	30	丁卯
40	丙子	40	丙寅
50	丁丑	50	乙丑
60	戊寅	60	甲子
70	己卯	70	癸亥
80	庚辰	80	壬戌

～2045年（令和27年）2月3日18時37分

月柱・立運年齢表

月柱	節入期間
壬申	8月7日 4:09～9月7日 7:16
癸酉	9月7日 7:17～10月7日 23:12
甲戌	10月7日 23:13～11月7日 2:41
乙亥	11月7日 2:42～12月6日 19:45
丙子	12月6日 19:46～1月5日 7:03
丁丑	1月5日 7:04～2月3日 18:37

各ブロックの列は「生日・日柱・立運年齢 男・立運年齢 女」

生日	日柱	男	女	生日	日柱	男	女	生日	日柱	男	女	生日	日柱	男	女	生日	日柱	男	女	生日	日柱	男	女
8 7	戊3子	10	0	9 7	己1未	10	0	10 7	己1丑	10	0	11 7	庚3申	10	0	12 6	己2丑	10	0	1 5	己1未	10	0
8 8	己3丑	10	0	9 8	庚1申	10	0	10 8	庚1寅	10	0	11 8	辛3酉	9	0	12 7	庚1寅	10	0	1 6	庚2申	9	0
8 9	庚2寅	10	1	9 9	辛1酉	9	1	10 9	辛1卯	9	1	11 9	壬2戌	9	1	12 8	辛1卯	9	1	1 7	辛2酉	9	1
8 10	辛2卯	9	1	9 10	壬1戌	9	1	10 10	壬1辰	9	1	11 10	癸2亥	9	1	12 9	壬1辰	9	1	1 8	壬2戌	9	1
8 11	壬1辰	9	1	9 11	癸1亥	9	1	10 11	癸1巳	9	1	11 11	甲1子	8	1	12 10	癸1巳	9	1	1 9	癸1亥	8	1
8 12	癸1巳	9	2	9 12	甲1子	8	2	10 12	甲1午	9	2	11 12	乙1丑	8	2	12 11	甲1午	8	2	1 10	甲1子	8	2
8 13	甲1午	8	2	9 13	乙1丑	8	2	10 13	乙1未	8	2	11 13	丙2寅	8	2	12 12	乙1未	8	2	1 11	乙1丑	8	2
8 14	乙1未	8	2	9 14	丙2寅	8	2	10 14	丙1申	8	2	11 14	丁2卯	7	2	12 13	丙2申	8	2	1 12	丙1寅	7	2
8 15	丙3申	8	3	9 15	丁1卯	7	3	10 15	丁1酉	8	3	11 15	戊2辰	7	3	12 14	丁1酉	7	3	1 13	丁1卯	7	3
8 16	丁3酉	7	3	9 16	戊3辰	7	3	10 16	戊1戌	7	3	11 16	己1巳	7	3	12 15	戊2戌	7	3	1 14	戊1辰	7	3
8 17	戊3戌	7	3	9 17	己3巳	7	3	10 17	己1亥	7	3	11 17	庚3午	6	3	12 16	己2亥	7	3	1 15	己1巳	6	3
8 18	己3亥	7	4	9 18	庚1午	6	4	10 18	庚1子	7	4	11 18	辛2未	6	4	12 17	庚1子	6	4	1 16	庚1午	6	4
8 19	庚2子	6	4	9 19	辛1未	6	4	10 19	辛1丑	6	4	11 19	壬2申	6	4	12 18	辛1丑	6	4	1 17	辛1未	6	4
8 20	辛1丑	6	4	9 20	壬1申	6	4	10 20	壬1寅	6	4	11 20	癸1酉	5	4	12 19	壬1寅	6	4	1 18	壬1申	5	4
8 21	壬1寅	6	5	9 21	癸1酉	5	5	10 21	癸1卯	6	5	11 21	甲1戌	5	5	12 20	癸1卯	5	5	1 19	癸1酉	5	5
8 22	癸1卯	5	5	9 22	甲1戌	5	5	10 22	甲1辰	5	5	11 22	乙1亥	5	5	12 21	甲1辰	5	5	1 20	甲2戌	5	5
8 23	甲1辰	5	5	9 23	乙1亥	5	5	10 23	乙1巳	5	5	11 23	丙2子	4	5	12 22	乙1巳	5	5	1 21	乙1亥	4	5
8 24	乙1巳	5	6	9 24	丙3子	4	6	10 24	丙1午	5	6	11 24	丁2丑	4	6	12 23	丙1午	4	6	1 22	丙2子	4	6
8 25	丙2午	4	6	9 25	丁1丑	4	6	10 25	丁1未	4	6	11 25	戊2寅	4	6	12 24	丁1未	4	6	1 23	丁2丑	4	6
8 26	丁3未	4	6	9 26	戊3寅	4	6	10 26	戊1申	4	6	11 26	己3卯	3	6	12 25	戊3申	4	6	1 24	戊2寅	3	6
8 27	戊3申	4	7	9 27	己3卯	3	7	10 27	己1酉	3	7	11 27	庚3辰	3	7	12 26	己3酉	3	7	1 25	己2卯	3	7
8 28	己1酉	3	7	9 28	庚1辰	3	7	10 28	庚1戌	3	7	11 28	辛1巳	3	7	12 27	庚1戌	3	7	1 26	庚1辰	2	7
8 29	庚1戌	3	7	9 29	辛1巳	3	7	10 29	辛1亥	3	7	11 29	壬1午	2	7	12 28	辛1亥	3	7	1 27	辛1巳	2	7
8 30	辛2亥	3	8	9 30	壬1午	2	8	10 30	壬1子	2	8	11 30	癸3未	2	8	12 29	壬1子	2	8	1 28	壬1午	2	8
8 31	壬1子	2	8	10 1	癸1未	2	8	10 31	癸1丑	2	8	12 1	甲1申	2	8	12 30	癸1丑	2	8	1 29	癸1未	2	8
9 1	癸1丑	2	8	10 2	甲1申	2	8	11 1	甲1寅	2	9	12 2	乙1酉	2	8	12 31	甲1寅	2	8	1 30	甲1申	1	9
9 2	甲1寅	2	9	10 3	乙1酉	1	9	11 2	乙1卯	2	9	12 3	丙3戌	1	9	1 1	乙1卯	1	9	1 31	乙1酉	1	9
9 3	乙1卯	1	9	10 4	丙3戌	1	9	11 3	丙2辰	1	9	12 4	丁3亥	1	9	1 2	丙2辰	1	9	2 1	丙2戌	1	9
9 4	丙3辰	1	9	10 5	丁3亥	1	9	11 4	丁3巳	1	9	12 5	戊3子	1	9	1 3	丁1巳	1	9	2 2	丁2亥	0	9
9 5	丁3巳	1	10	10 6	戊3子	0	10	11 5	戊1午	1	10	12 6	己1丑	0	10	1 4	戊2午	0	10	2 3	戊2子	0	10
9 6	戊3午	0	10	10 7	己3丑	0	10	11 6	己1未	0	10					1 5	己2未	0	10				
9 7	己3未	0	10					11 7	庚1申	0	10												

大運表（歳・男・女）

歳	男	歳	女	歳	男	歳	女	歳	男	歳	女	歳	男	歳	女	歳	男	歳	女	歳	男	歳	女
0	癸酉	0	辛未	0	甲戌	0	壬申	0	乙亥	0	癸酉	0	丙子	0	甲戌	0	丁丑	0	乙亥	0	戊寅	0	丙子
10	甲戌	10	庚午	10	乙亥	10	辛未	10	丙子	10	壬申	10	丁丑	10	癸酉	10	戊寅	10	甲戌	10	己卯	10	乙亥
20	乙亥	20	己巳	20	丙子	20	庚午	20	丁丑	20	辛未	20	戊寅	20	壬申	20	己卯	20	癸酉	20	庚辰	20	甲戌
30	丙子	30	戊辰	30	丁丑	30	己巳	30	戊寅	30	庚午	30	己卯	30	辛未	30	庚辰	30	壬申	30	辛巳	30	癸酉
40	丁丑	40	丁卯	40	戊寅	40	戊辰	40	己卯	40	己巳	40	庚辰	40	庚午	40	辛巳	40	辛未	40	壬午	40	壬申
50	戊寅	50	丙寅	50	己卯	50	丁卯	50	庚辰	50	戊辰	50	辛巳	50	己巳	50	壬午	50	庚午	50	癸未	50	辛未
60	己卯	60	乙丑	60	庚辰	60	丙寅	60	辛巳	60	丁卯	60	壬午	60	戊辰	60	癸未	60	己巳	60	甲申	60	庚午
70	庚辰	70	甲子	70	辛巳	70	乙丑	70	壬午	70	丙寅	70	癸未	70	丁卯	70	甲申	70	戊辰	70	乙酉	70	己巳
80	辛巳	80	癸亥	80	壬午	80	甲子	80	癸未	80	乙丑	80	甲申	80	丙寅	80	乙酉	80	丁卯	80	丙戌	80	戊辰

年柱 乙丑　2045年（令和27年）2月3日18時38分～

月柱	期間
戊寅	2月3日18:38～3月5日12:25
己卯	3月5日12:26～4月4日16:57
庚辰	4月4日16:58～5月5日 9:59
辛巳	5月5日10:00～6月5日13:57
壬午	6月5日13:58～7月7日 0:08
癸未	7月7日 0:09～8月7日 9:59

月柱 戊寅

生日	日柱	男	女
2 3	戊$_2$子	0	10
2 4	己$_1$丑	0	10
2 5	庚$_2$寅	1	9
2 6	辛$_2$卯	1	9
2 7	壬$_3$辰	1	9
2 8	癸$_3$巳	2	8
2 9	甲$_1$午	2	8
2 10	乙$_1$未	2	8
2 11	丙$_2$申	3	7
2 12	丁$_1$酉	3	7
2 13	戊$_1$戌	3	7
2 14	己$_2$亥	4	6
2 15	庚$_1$子	4	6
2 16	辛$_1$丑	4	6
2 17	壬$_1$寅	5	6
2 18	癸$_3$卯	5	5
2 19	甲$_1$辰	5	5
2 20	乙$_1$巳	6	4
2 21	丙$_1$午	6	4
2 22	丁$_2$未	6	4
2 23	戊$_2$申	7	3
2 24	己$_2$酉	7	3
2 25	庚$_3$戌	7	3
2 26	辛$_3$亥	8	2
2 27	壬$_3$子	8	2
2 28	癸$_3$丑	8	2
3 1	甲$_1$寅	9	1
3 2	乙$_1$卯	9	1
3 3	丙$_2$辰	9	1
3 4	丁$_1$巳	10	0
3 5	戊$_1$午	10	0

月柱 己卯

生日	日柱	男	女
3 5	戊$_2$午	0	10
3 6	己$_1$未	0	10
3 7	庚$_2$申	1	9
3 9	壬$_3$戌	1	9
3 10	癸$_3$亥	2	8
3 11	甲$_1$子	2	8
3 12	乙$_1$丑	2	8
3 13	丙$_2$寅	3	7
3 14	丁$_1$卯	3	7
3 15	戊$_1$辰	3	7
3 16	己$_1$巳	4	6
3 17	庚$_1$午	4	6
3 18	辛$_1$未	4	6
3 19	壬$_3$申	5	6
3 20	癸$_3$酉	5	5
3 21	甲$_1$戌	5	5
3 22	乙$_1$亥	6	4
3 23	丙$_2$子	6	4
3 24	丁$_1$丑	6	4
3 25	戊$_1$寅	7	4
3 26	己$_1$卯	7	3
3 27	庚$_1$辰	7	3
3 28	辛$_1$巳	8	2
3 29	壬$_3$午	8	2
3 30	癸$_3$未	8	2
3 31	甲$_1$申	9	1
4 1	乙$_1$酉	9	1
4 2	丙$_2$戌	9	1
4 3	丁$_1$亥	10	0
4 4	戊$_2$子	10	0

月柱 庚辰

生日	日柱	男	女
4 4	戊$_1$子	0	10
4 5	己$_1$丑	0	10
4 6	庚$_1$寅	1	10
4 7	辛$_1$卯	1	9
4 8	壬$_3$辰	1	9
4 9	癸$_3$巳	2	9
4 10	甲$_2$午	2	8
4 11	乙$_1$未	2	8
4 12	丙$_1$申	3	8
4 13	丁$_1$酉	3	7
4 14	戊$_1$戌	3	7
4 15	己$_1$亥	4	7
4 16	庚$_1$子	4	6
4 17	辛$_1$丑	4	6
4 18	壬$_1$寅	5	6
4 19	癸$_3$卯	5	5
4 20	甲$_1$辰	5	5
4 21	乙$_1$巳	6	5
4 22	丙$_2$午	6	4
4 23	丁$_1$未	6	4
4 24	戊$_1$申	7	4
4 25	己$_1$酉	7	3
4 26	庚$_1$戌	7	3
4 27	辛$_1$亥	8	3
4 28	壬$_2$子	8	2
4 29	癸$_3$丑	8	2
4 30	甲$_1$寅	9	2
5 1	乙$_1$卯	9	1
5 2	丙$_2$辰	9	1
5 3	丁$_2$巳	10	1
5 4	戊$_1$午	10	0
5 5	己$_1$未	10	0

月柱 辛巳

生日	日柱	男	女
5 5	己$_1$未	0	10
5 6	庚$_1$申	0	10
5 7	辛$_1$酉	1	10
5 9	癸$_3$亥	1	9
5 10	甲$_2$子	2	9
5 11	乙$_3$丑	2	8
5 12	丙$_2$寅	2	8
5 13	丁$_1$卯	3	8
5 14	戊$_1$辰	3	7
5 15	己$_1$巳	3	7
5 16	庚$_2$午	4	7
5 17	辛$_2$未	4	6
5 18	壬$_2$申	4	6
5 19	癸$_1$酉	5	6
5 20	甲$_1$戌	5	5
5 21	乙$_3$亥	5	5
5 22	丙$_1$子	6	5
5 23	丁$_1$丑	6	4
5 24	戊$_1$寅	6	4
5 25	己$_1$卯	7	4
5 26	庚$_1$辰	7	3
5 27	辛$_2$巳	7	3
5 28	壬$_1$午	8	3
5 29	癸$_3$未	8	2
5 30	甲$_1$申	8	2
6 1	乙$_1$酉	9	2
6 2	丙$_1$戌	9	1
6 3	丁$_2$亥	9	1
6 4	戊$_1$子	10	1
6 5	己$_1$丑	10	0

月柱 壬午

生日	日柱	男	女
6 5	庚$_2$寅	0	11
6 6	辛$_1$卯	0	10
6 7	壬$_3$辰	1	10
6 8	癸$_3$巳	1	10
6 9	甲$_2$午	1	9
6 10	乙$_2$未	2	9
6 11	丙$_1$申	2	9
6 12	丁$_1$酉	2	8
6 13	戊$_1$戌	3	8
6 14	己$_1$亥	3	8
6 15	庚$_1$子	3	7
6 16	辛$_1$丑	4	7
6 17	壬$_2$寅	4	7
6 18	癸$_3$卯	4	6
6 19	甲$_2$辰	5	6
6 20	乙$_2$巳	5	6
6 21	丙$_1$午	5	5
6 22	丁$_1$未	6	5
6 23	戊$_1$申	6	5
6 24	己$_1$酉	6	4
6 25	庚$_1$戌	7	4
6 26	辛$_1$亥	7	4
6 27	壬$_1$子	7	3
6 28	癸$_3$丑	8	3
6 29	甲$_1$寅	8	3
6 30	乙$_1$卯	8	2
7 1	丙$_1$辰	9	2
7 2	丁$_1$巳	9	2
7 3	戊$_1$午	9	1
7 4	己$_1$未	10	1
7 5	庚$_1$申	10	1
7 6	辛$_1$酉	10	0
7 7	壬$_1$戌	11	0

月柱 癸未

生日	日柱	男	女
7 7	壬$_1$戌	0	10
7 8	癸$_1$亥	0	10
7 10	乙$_2$丑	1	10
7 11	丙$_1$寅	1	9
7 12	丁$_1$卯	2	9
7 13	戊$_1$辰	2	8
7 14	己$_1$巳	2	8
7 15	庚$_1$午	3	8
7 16	辛$_1$未	3	7
7 17	壬$_1$申	3	7
7 18	癸$_1$酉	4	7
7 19	甲$_1$戌	4	6
7 20	乙$_1$亥	4	6
7 21	丙$_1$子	5	6
7 23	戊$_1$寅	5	5
7 24	己$_1$卯	6	5
7 25	庚$_1$辰	6	4
7 26	辛$_1$巳	6	4
7 27	壬$_1$午	7	4
7 28	癸$_1$未	7	3
7 29	甲$_1$申	7	3
7 30	乙$_2$酉	8	3
7 31	丙$_1$戌	8	2
8 1	丁$_2$亥	8	2
8 2	戊$_1$子	9	2
8 3	己$_1$丑	9	1
8 4	庚$_1$寅	9	1
8 5	辛$_1$卯	10	1
8 6	壬$_1$辰	10	0
8 7	癸$_1$巳	10	0

大運表

歳	男(戊寅)	女	歳	男(己卯)	女	歳	男(庚辰)	女	歳	男(辛巳)	女	歳	男(壬午)	女	歳	男(癸未)	女
0	丁巳	己卯	0	戊寅	庚辰	0	辛巳	壬午	0	庚辰	壬午	0	辛巳	癸未	0	壬午	甲申
10	丙子	庚辰	10	丁丑	辛巳	10	戊寅	壬午	10	己卯	癸未	10	庚辰	甲申	10	辛巳	乙酉
20	乙亥	辛巳	20	丙子	壬午	20	丁丑	癸未	20	戊寅	甲申	20	己卯	乙酉	20	庚辰	丙戌
30	甲戌	壬午	30	乙亥	癸未	30	丙子	甲申	30	丁丑	乙酉	30	戊寅	丙戌	30	己卯	丁亥
40	癸酉	癸未	40	甲戌	甲申	40	乙亥	乙酉	40	丙子	丙戌	40	丁丑	丁亥	40	戊寅	戊子
50	壬申	甲申	50	癸酉	乙酉	50	甲戌	丙戌	50	乙亥	丁亥	50	丙子	戊子	50	丁丑	己丑
60	辛未	乙酉	60	壬申	丙戌	60	癸酉	丁亥	60	甲戌	戊子	60	乙亥	己丑	60	丙子	庚寅
70	庚午	丙戌	70	辛未	丁亥	70	壬申	戊子	70	癸酉	己丑	70	甲戌	庚寅	70	乙亥	辛卯
80	己巳	丁亥	80	庚午	戊子	80	辛未	己丑	80	壬申	庚寅	80	癸酉	辛卯	80	甲戌	壬辰

～2046年（令和28年）2月4日0時31分

	甲申	乙酉	丙戌	丁亥	戊子	己丑
期間	8月7日10:00～9月7日13:05	9月7日13:06～10月8日5:00	10月8日5:01～11月7日8:29	11月7日8:30～12月7日1:35	12月7日1:36～1月5日12:56	1月5日12:57～2月4日0:31

各ブロック：生日／日柱／立運年齢（男・女）

生日	日柱	男	女	生日	日柱	男	女	生日	日柱	男	女	生日	日柱	男	女	生日	日柱	男	女	生日	日柱	男	女
8 7	癸3巳	0	10	9 7	甲1子	0	10	10 8	乙2未	0	10	11 7	乙1丑	0	10	12 7	乙2未	0	10	1 5	甲1子	0	10
8 8	甲2申	0	10	9 8	乙2丑	0	10	10 9	丙1申	0	10	11 8	丙1寅	0	10	12 8	丙3申	0	9	1 6	乙3丑	0	10
8 9	乙2未	1	10	9 9	丙1寅	1	10	10 10	丁1酉	1	9	11 9	丁1卯	1	9	12 9	丁1酉	1	9	1 7	丙2寅	1	9
8 10	丙2申	1	9	9 10	丁1卯	1	9	10 11	戊1戌	1	9	11 10	戊1辰	1	9	12 10	戊1戌	1	9	1 8	丁1卯	1	9
8 11	丁2酉	1	9	9 11	戊1辰	1	9	10 12	己1亥	1	9	11 11	己1巳	1	9	12 11	己1亥	1	8	1 9	戊1辰	1	9
8 12	戊2戌	2	9	9 12	己2巳	2	9	10 13	庚1子	2	8	11 12	庚3午	2	8	12 12	庚2子	2	8	1 10	己1巳	2	8
8 13	己3亥	2	8	9 13	庚1午	2	8	10 14	辛1丑	2	8	11 13	辛1未	2	8	12 13	辛1丑	2	8	1 11	庚1午	2	8
8 14	庚1子	2	8	9 14	辛1未	2	8	10 15	壬1寅	3	8	11 14	壬1申	2	7	12 14	壬2寅	2	7	1 12	辛1未	2	8
8 15	辛1丑	3	8	9 15	壬1申	3	8	10 16	癸1卯	3	7	11 15	癸1酉	3	7	12 15	癸3卯	3	7	1 13	壬1申	3	7
8 16	壬3寅	3	7	9 16	癸1酉	3	7	10 17	甲3辰	3	7	11 16	甲1戌	3	7	12 16	甲2辰	3	7	1 14	癸3酉	3	7
8 17	癸3卯	3	7	9 17	甲3戌	3	7	10 18	乙3巳	3	7	11 17	乙3亥	3	7	12 17	乙2巳	3	6	1 15	甲3戌	3	7
8 18	甲1辰	4	7	9 18	乙2亥	4	7	10 19	丙1午	4	7	11 18	丙2子	4	7	12 18	丙2午	4	6	1 16	乙2亥	4	6
8 19	乙1巳	4	6	9 19	丙2子	4	6	10 20	丁1未	4	6	11 19	丁2丑	4	6	12 19	丁2未	4	6	1 17	丙3子	4	6
8 20	丙1午	4	6	9 20	丁2丑	4	6	10 21	戊1申	4	6	11 20	戊2寅	4	6	12 20	戊2申	4	5	1 18	丁3丑	4	6
8 21	丁2未	5	6	9 21	戊3寅	5	6	10 22	己1酉	5	5	11 21	己2卯	5	5	12 21	己2酉	5	5	1 19	戊1寅	5	5
8 22	戊3申	5	5	9 22	己3卯	5	5	10 23	庚3戌	5	5	11 22	庚2辰	5	5	12 22	庚1戌	5	5	1 20	己1卯	5	5
8 23	己3酉	5	5	9 23	庚3辰	5	5	10 24	辛1亥	5	5	11 23	辛2巳	5	5	12 23	辛1亥	5	4	1 21	庚1辰	5	5
8 24	庚1戌	6	5	9 24	辛1巳	6	5	10 25	壬1子	6	5	11 24	壬2午	6	5	12 24	壬1子	6	4	1 22	辛1巳	6	4
8 25	辛1亥	6	4	9 25	壬1午	6	4	10 26	癸1丑	6	4	11 25	癸1未	6	4	12 25	癸1丑	6	4	1 23	壬1午	6	4
8 26	壬1子	6	4	9 26	癸1未	6	4	10 27	甲1寅	7	4	11 26	甲1申	7	4	12 26	甲1寅	6	3	1 24	癸1未	6	4
8 27	癸1丑	7	4	9 27	甲1申	7	4	10 28	乙1卯	7	3	11 27	乙2酉	7	3	12 27	乙1卯	7	3	1 25	甲1申	7	3
8 28	甲1寅	7	3	9 28	乙2酉	7	3	10 29	丙2辰	7	3	11 28	丙2戌	7	3	12 28	丙2辰	7	3	1 26	乙3酉	7	3
8 29	乙1卯	7	3	9 29	丙2戌	7	3	10 30	丁1巳	8	3	11 29	丁2亥	7	2	12 29	丁1巳	7	2	1 27	丙3戌	7	3
8 30	丙1辰	8	3	9 30	丁2亥	8	3	10 31	戊3午	8	2	11 30	戊2子	8	2	12 30	戊1午	8	2	1 28	丁3亥	8	2
8 31	丁1巳	8	2	10 1	戊3子	8	2	11 1	己1未	8	2	12 1	己1丑	8	2	12 31	己1未	8	2	1 29	戊1子	8	2
9 1	戊2午	8	2	10 2	己2丑	8	2	11 2	庚1申	8	2	12 2	庚1寅	8	2	1 1	庚1申	8	1	1 30	己1丑	8	2
9 2	己1未	9	2	10 3	庚1寅	9	2	11 3	辛1酉	9	1	12 3	辛1卯	9	1	1 2	辛1酉	9	1	1 31	庚1寅	9	1
9 3	庚1申	9	1	10 4	辛1卯	9	1	11 4	壬1戌	9	1	12 4	壬1辰	9	1	1 3	壬1戌	9	1	2 1	辛1卯	9	1
9 4	辛1酉	9	1	10 5	壬3辰	9	1	11 5	癸3亥	9	1	12 5	癸1巳	9	1	1 4	癸1亥	9	0	2 2	壬3辰	9	1
9 5	壬1戌	10	1	10 6	癸1巳	10	1	11 6	甲1子	10	0	12 6	甲1午	10	0	1 5	甲1子	10	0	2 3	癸3巳	10	0
9 6	癸2亥	10	0	10 7	甲2午	10	0	11 7	乙3丑	10	0	12 7	乙3未	10	0					2 4	甲3午	10	0
9 7	甲1子	10	0	10 8	乙2未	10	0																

立運年齢表

歳	男	歳	女	歳	男	歳	女	歳	男	歳	女	歳	男	歳	女	歳	男	歳	女	歳	男	歳	女
0	癸未	0	乙酉	0	甲申	0	丙戌	0	乙酉	0	丁亥	0	丙戌	0	戊子	0	丁亥	0	己丑	0	戊子	0	庚寅
10	壬午	10	丙戌	10	癸未	10	丁亥	10	甲申	10	戊子	10	乙酉	10	己丑	10	丙戌	10	庚寅	10	丁亥	10	辛卯
20	辛巳	20	丁亥	20	壬午	20	戊子	20	癸未	20	己丑	20	甲申	20	庚寅	20	乙酉	20	辛卯	20	丙戌	20	壬辰
30	庚辰	30	戊子	30	辛巳	30	己丑	30	壬午	30	庚寅	30	癸未	30	辛卯	30	甲申	30	壬辰	30	乙酉	30	癸巳
40	己卯	40	己丑	40	庚辰	40	庚寅	40	辛巳	40	辛卯	40	壬午	40	壬辰	40	癸未	40	癸巳	40	甲申	40	甲午
50	戊寅	50	庚寅	50	己卯	50	辛卯	50	庚辰	50	壬辰	50	辛巳	50	癸巳	50	壬午	50	甲午	50	癸未	50	乙未
60	丁丑	60	辛卯	60	戊寅	60	壬辰	60	己卯	60	癸巳	60	庚辰	60	甲午	60	辛巳	60	乙未	60	壬午	60	丙申
70	丙子	70	壬辰	70	丁丑	70	癸巳	70	戊寅	70	甲午	70	己卯	70	乙未	70	庚辰	70	丙申	70	辛巳	70	丁酉
80	乙亥	80	癸巳	80	丙子	80	甲午	80	丁丑	80	乙未	80	戊寅	80	丙申	80	己卯	80	丁酉	80	庚辰	80	戊戌

年柱 丙寅 　2046年（令和28年）2月4日0時32分〜

月柱 庚寅　2月4日 0:32〜／3月5日18:17

生日	日柱	男	女
2/4	甲1午	10	0
2/5	乙2未	9	0
2/6	丙1申	9	1
2/7	丁1酉	9	1
2/8	戊2戌	8	1
2/9	己3亥	8	2
2/10	庚1子	8	2
2/11	辛1丑	7	2
2/12	壬1寅	7	3
2/13	癸2卯	7	3
2/14	甲1辰	6	3
2/15	乙1巳	6	4
2/16	丙1午	6	4
2/17	丁1未	5	4
2/18	戊3申	5	5
2/19	己3酉	5	5
2/20	庚1戌	4	5
2/21	辛1亥	4	6
2/22	壬1子	4	6
2/23	癸1丑	3	6
2/24	甲1寅	3	7
2/25	乙1卯	2	7
2/26	丙1辰	2	7
2/27	丁1巳	2	8
2/28	戊1午	2	8
3/1	己2未	1	8
3/2	庚1申	1	9
3/3	辛1酉	1	9
3/4	壬1戌	0	9
3/5	癸2亥	0	10

月柱 辛卯　3月5日18:18〜／4月4日22:44

生日	日柱	男	女
3/5	癸3亥	10	0
3/6	甲1子	10	0
3/7	乙1丑	9	1
3/8	丙1寅	9	1
3/9	丁1卯	9	1
3/10	戊3辰	8	2
3/11	己3巳	8	2
3/12	庚3午	8	2
3/13	辛1未	7	3
3/14	壬1申	7	3
3/15	癸3酉	7	3
3/16	甲1戌	6	4
3/17	乙1亥	6	4
3/18	丙1子	6	4
3/19	丁1丑	5	5
3/20	戊1寅	5	5
3/21	己1卯	5	5
3/22	庚1辰	4	6
3/23	辛1巳	4	6
3/24	壬1午	4	6
3/25	癸3未	3	7
3/26	甲1申	3	7
3/27	乙1酉	2	7
3/28	丙1戌	2	8
3/29	丁1亥	2	8
3/30	戊1子	2	8
3/31	己2丑	1	9
4/1	庚1寅	1	9
4/2	辛1卯	1	9
4/3	壬1辰	0	10
4/4	癸3巳	0	10

月柱 壬辰　4月4日22:45〜／5月5日15:40

生日	日柱	男	女
4/4	癸3巳	10	0
4/5	甲1午	10	0
4/6	乙1未	10	1
4/7	丙2申	9	1
4/8	丁1酉	9	1
4/9	戊1戌	9	2
4/10	己1亥	8	2
4/11	庚3子	8	2
4/12	辛1丑	8	3
4/13	壬1寅	7	3
4/14	癸3卯	7	3
4/15	甲1辰	7	4
4/16	乙1巳	6	4
4/17	丙1午	6	4
4/18	丁1未	6	5
4/19	戊1申	5	5
4/20	己1酉	5	5
4/21	庚2戌	5	6
4/22	辛1亥	4	6
4/23	壬1子	4	6
4/24	癸1丑	4	7
4/25	甲1寅	3	7
4/26	乙1卯	3	7
4/27	丙1辰	2	8
4/28	丁1巳	2	8
4/29	戊1午	2	8
4/30	己1未	1	9
5/1	庚1申	1	9
5/2	辛1酉	1	9
5/3	壬3戌	1	10
5/4	癸3亥	0	10
5/5	甲1子	0	10

月柱 癸巳　5月5日15:41〜／6月5日19:32

生日	日柱	男	女
5/5	甲1子	10	0
5/6	乙2丑	10	0
5/7	丙1寅	10	1
5/8	丁1卯	9	1
5/9	戊1辰	9	1
5/10	己1巳	9	2
5/11	庚1午	8	2
5/12	辛1未	8	2
5/13	壬2申	8	3
5/14	癸3酉	7	3
5/15	甲1戌	7	3
5/16	乙1亥	7	4
5/17	丙1子	6	4
5/18	丁1丑	6	4
5/19	戊1寅	6	5
5/20	己1卯	5	5
5/21	庚3辰	5	5
5/22	辛1巳	5	6
5/23	壬1午	4	6
5/24	癸2未	4	7
5/25	甲1申	4	7
5/26	乙1酉	3	7
5/27	丙1戌	3	8
5/28	丁1亥	3	8
5/29	戊1子	2	8
5/30	己1丑	2	8
5/31	庚1寅	2	9
6/1	辛3卯	2	9
6/2	壬3辰	1	9
6/3	癸1巳	1	10
6/4	甲1午	0	10
6/5	乙1未	0	10

月柱 甲午　6月5日19:33〜／7月7日 5:40

生日	日柱	男	女
6/5	乙2未	11	0
6/6	丙1申	10	0
6/7	丁1酉	10	1
6/8	戊1戌	10	1
6/9	己1亥	9	1
6/10	庚1子	9	2
6/11	辛1丑	9	2
6/12	壬1寅	8	2
6/13	癸1卯	8	3
6/14	甲1辰	8	3
6/15	乙1巳	7	3
6/16	丙1午	7	4
6/17	丁1未	7	4
6/18	戊1申	6	4
6/19	己1酉	6	5
6/20	庚1戌	6	5
6/21	辛1亥	5	5
6/22	壬1子	5	6
6/23	癸1丑	5	6
6/24	甲1寅	4	6
6/25	乙1卯	4	7
6/26	丙1辰	4	7
6/27	丁1巳	3	7
6/28	戊1午	3	8
6/29	己1未	3	8
6/30	庚1申	2	8
7/1	辛1酉	2	9
7/2	壬1戌	2	9
7/3	癸1亥	1	9
7/4	甲1子	1	10
7/5	乙1丑	1	10
7/6	丙1寅	0	10
7/7	丁1卯	0	11

月柱 乙未　7月7日 5:41〜／8月7日15:33

生日	日柱	男	女
7/7	丁1卯	10	0
7/8	戊1辰	10	0
7/9	己1巳	10	1
7/10	庚1午	9	1
7/11	辛1未	9	1
7/12	壬1申	9	2
7/13	癸1酉	8	2
7/14	甲1戌	8	2
7/15	乙1亥	8	3
7/16	丙1子	7	3
7/17	丁1丑	7	3
7/18	戊1寅	7	4
7/19	己1卯	6	4
7/20	庚1辰	6	5
7/21	辛1巳	6	5
7/22	壬1午	5	5
7/23	癸1未	5	5
7/24	甲1申	5	6
7/25	乙1酉	4	6
7/26	丙1戌	4	6
7/27	丁1亥	4	7
7/28	戊1子	3	7
7/29	己1丑	3	7
7/30	庚3寅	3	8
7/31	辛1卯	2	8
8/1	壬1辰	2	8
8/2	癸1巳	2	9
8/3	甲1午	1	9
8/4	乙1未	1	9
8/5	丙1申	1	10
8/6	丁1酉	0	10
8/7	戊1戌	0	10

大運（立運年齢）

歳	庚寅 男	庚寅 女	辛卯 男	辛卯 女	壬辰 男	壬辰 女	癸巳 男	癸巳 女	甲午 男	甲午 女	乙未 男	乙未 女
0	辛卯	己丑	壬辰	庚寅	癸巳	辛卯	甲午	壬辰	乙未	癸巳	丙申	甲午
10	壬辰	戊子	癸巳	己丑	甲午	庚寅	乙未	辛卯	丙申	壬辰	丁酉	癸巳
20	癸巳	丁亥	甲午	戊子	乙未	己丑	丙申	庚寅	丁酉	辛卯	戊戌	壬辰
30	甲午	丙戌	乙未	丁亥	丙申	戊子	丁酉	己丑	戊戌	庚寅	己亥	辛卯
40	乙未	乙酉	丙申	丙戌	丁酉	丁亥	戊戌	戊子	己亥	己丑	庚子	庚寅
50	丙申	甲申	丁酉	乙酉	戊戌	丙戌	己亥	丁亥	庚子	戊子	辛丑	己丑
60	丁酉	癸未	戊戌	甲申	己亥	乙酉	庚子	丙戌	辛丑	丁亥	壬寅	戊子
70	戊戌	壬午	己亥	癸未	庚子	甲申	辛丑	乙酉	壬寅	丙戌	癸卯	丁亥
80	己亥	辛巳	庚子	壬午	辛丑	癸未	壬寅	甲申	癸卯	乙酉	甲辰	丙戌

～2047年（令和29年）2月4日6時18分

丙申　8月7日15:34～9月7日18:43

生日	日柱	男	女
8/7	戊1戌	10	0
8/8	己2亥	10	0
8/9	庚2子	10	1
8/10	辛1丑	9	1
8/11	壬2寅	9	1
8/12	癸3卯	9	2
8/13	甲2辰	8	2
8/14	乙2巳	8	2
8/15	丙3午	8	3
8/16	丁3未	7	3
8/17	戊2申	7	3
8/18	己1酉	7	4
8/19	庚2戌	6	4
8/20	辛3亥	6	4
8/21	壬2子	6	5
8/22	癸3丑	5	5
8/23	甲2寅	5	5
8/24	乙3卯	5	6
8/25	丙1辰	4	6
8/26	丁3巳	4	6
8/27	戊2午	4	7
8/28	己1未	3	7
8/29	庚2申	3	7
8/30	辛2酉	3	8
8/31	壬2戌	2	8
9/1	癸3亥	2	8
9/2	甲2子	2	9
9/3	乙3丑	1	9
9/4	丙1寅	1	9
9/5	丁3卯	1	10
9/6	戊1辰	0	10
9/7	己2巳	0	10

丁酉　9月7日18:44～10月8日10:42

生日	日柱	男	女
9/7	己1巳	10	0
9/8	庚2午	10	0
9/9	辛1未	10	1
9/10	壬2申	9	1
9/11	癸3酉	9	1
9/12	甲3戌	9	2
9/13	乙2亥	8	2
9/14	丙1子	8	2
9/15	丁3丑	8	3
9/16	戊2寅	7	3
9/17	己3卯	7	3
9/18	庚1辰	7	4
9/19	辛3巳	6	4
9/20	壬3午	6	4
9/21	癸3未	6	5
9/22	甲3申	5	5
9/23	乙3酉	5	5
9/24	丙1戌	5	6
9/25	丁3亥	4	6
9/26	戊2子	4	6
9/27	己1丑	4	7
9/28	庚2寅	3	7
9/29	辛1卯	3	7
9/30	壬2辰	3	8
10/1	癸3巳	2	8
10/2	甲3午	2	9
10/3	乙3未	2	9
10/4	丙1申	1	9
10/5	丁1酉	1	9
10/6	戊1戌	1	10
10/7	己2亥	0	10
10/8	庚2子	0	10

戊戌　10月8日10:43～11月7日14:14

生日	日柱	男	女
10/8	庚1子	10	0
10/9	辛1丑	10	0
10/10	壬2寅	9	1
10/11	癸3卯	9	1
10/12	甲3辰	9	1
10/13	乙2巳	8	2
10/14	丙1午	8	2
10/15	丁2未	8	2
10/16	戊3申	7	3
10/17	己3酉	7	3
10/18	庚1戌	7	3
10/19	辛2亥	7	4
10/20	壬3子	6	4
10/21	癸3丑	6	4
10/22	甲2寅	6	5
10/23	乙3卯	5	5
10/24	丙2辰	5	5
10/25	丁1巳	4	6
10/26	戊2午	4	6
10/27	己3未	4	6
10/28	庚2申	3	7
10/29	辛3酉	3	7
10/30	壬3戌	3	8
10/31	癸3亥	2	8
11/1	甲3子	2	8
11/2	乙3丑	2	9
11/3	丙1寅	1	9
11/4	丁1卯	1	9
11/5	戊1辰	1	10
11/6	己1巳	0	10
11/7	庚1午	0	10

己亥　11月7日14:15～12月7日7:21

生日	日柱	男	女
11/7	庚1午	10	0
11/8	辛1未	10	0
11/9	壬2申	9	1
11/10	癸3酉	9	1
11/11	甲3戌	9	1
11/12	乙2亥	8	2
11/13	丙2子	8	2
11/14	丁1丑	8	2
11/15	戊2寅	7	3
11/16	己3卯	7	3
11/17	庚3辰	7	3
11/18	辛1巳	6	4
11/19	壬2午	6	4
11/20	癸3未	6	4
11/21	甲2申	5	5
11/22	乙2酉	5	5
11/23	丙2戌	5	5
11/24	丁2亥	4	6
11/25	戊2子	4	6
11/26	己3丑	4	6
11/27	庚3寅	3	7
11/28	辛1卯	3	7
11/29	壬2辰	3	7
11/30	癸3巳	2	8
12/1	甲2午	2	8
12/2	乙2未	2	8
12/3	丙1申	1	9
12/4	丁1酉	1	9
12/5	戊1戌	1	9
12/6	己2亥	0	10
12/7	庚3子	0	10

庚子　12月7日7:22～1月5日18:42

生日	日柱	男	女
12/7	庚1子	10	0
12/8	辛1丑	9	0
12/9	壬2寅	9	1
12/10	癸3卯	9	1
12/11	甲3辰	8	1
12/12	乙2巳	8	2
12/13	丙1午	8	2
12/14	丁1未	8	2
12/15	戊1申	7	3
12/16	己2酉	7	3
12/17	庚3戌	6	3
12/18	辛1亥	6	4
12/19	壬2子	6	4
12/20	癸3丑	6	4
12/21	甲2寅	5	5
12/22	乙2卯	5	5
12/23	丙2辰	5	5
12/24	丁1巳	4	6
12/25	戊2午	4	6
12/26	己2未	4	6
12/27	庚1申	3	7
12/28	辛1酉	3	7
12/29	壬2戌	3	7
12/30	癸2亥	2	8
12/31	甲1子	2	8
1/1	乙1丑	1	8
1/2	丙1寅	1	9
1/3	丁1卯	1	9
1/4	戊1辰	0	9
1/5	己1巳	0	10

辛丑　1月5日18:43～2月4日6:18

生日	日柱	男	女
1/5	己1巳	10	0
1/6	庚2午	10	0
1/7	辛1未	9	1
1/8	壬2申	9	1
1/9	癸3酉	9	1
1/10	甲3戌	8	2
1/11	乙2亥	8	2
1/12	丙2子	8	2
1/13	丁1丑	7	3
1/14	戊2寅	7	3
1/15	己3卯	7	3
1/16	庚1辰	6	4
1/17	辛2巳	6	4
1/18	壬2午	6	4
1/19	癸2未	5	5
1/20	甲2申	5	5
1/21	乙3酉	5	5
1/22	丙2戌	4	6
1/23	丁3亥	4	6
1/24	戊2子	4	6
1/25	己1丑	3	7
1/26	庚2寅	3	7
1/27	辛2卯	3	7
1/28	壬2辰	2	8
1/29	癸2巳	2	8
1/30	甲3午	2	8
1/31	乙1未	1	9
2/1	丙2申	1	9
2/2	丁1酉	1	9
2/3	戊1戌	0	10
2/4	己2亥	0	10

立運（大運）

歳	丙申 男	歳	丙申 女	歳	丁酉 男	歳	丁酉 女	歳	戊戌 男	歳	戊戌 女	歳	己亥 男	歳	己亥 女	歳	庚子 男	歳	庚子 女	歳	辛丑 男	歳	辛丑 女
0	丁酉	0	乙未	0	戊戌	0	丙申	0	己亥	0	丁酉	0	庚子	0	戊戌	0	辛丑	0	己亥	0	壬寅	0	庚子
10	戊戌	10	甲午	10	己亥	10	乙未	10	庚子	10	丙申	10	辛丑	10	丁酉	10	壬寅	10	戊戌	10	癸卯	10	己亥
20	己亥	20	癸巳	20	庚子	20	甲午	20	辛丑	20	乙未	20	壬寅	20	丙申	20	癸卯	20	丁酉	20	甲辰	20	戊戌
30	庚子	30	壬辰	30	辛丑	30	癸巳	30	壬寅	30	甲午	30	癸卯	30	乙未	30	甲辰	30	丙申	30	乙巳	30	丁酉
40	辛丑	40	辛卯	40	壬寅	40	壬辰	40	癸卯	40	癸巳	40	甲辰	40	甲午	40	乙巳	40	乙未	40	丙午	40	丙申
50	壬寅	50	庚寅	50	癸卯	50	辛卯	50	甲辰	50	壬辰	50	乙巳	50	癸巳	50	丙午	50	甲午	50	丁未	50	乙未
60	癸卯	60	己丑	60	甲辰	60	庚寅	60	乙巳	60	辛卯	60	丙午	60	壬辰	60	丁未	60	癸巳	60	戊申	60	甲午
70	甲辰	70	戊子	70	乙巳	70	己丑	70	丙午	70	庚寅	70	丁未	70	辛卯	70	戊申	70	壬辰	70	己酉	70	癸巳
80	乙巳	80	丁亥	80	丙午	80	戊子	80	丁未	80	己丑	80	戊申	80	庚寅	80	己酉	80	辛卯	80	庚戌	80	壬辰

年柱 丁卯 2047年（令和29年）2月4日6時19分～

月柱	期間
壬寅	2月4日 6:19～ 3月6日 0:05
癸卯	3月6日 0:06～ 4月5日 4:33
甲辰	4月5日 4:34～ 5月5日 21:28
乙巳	5月5日 21:29～ 6月6日 1:20
丙午	6月6日 1:21～ 7月7日 11:30
丁未	7月7日 11:31～ 8月7日 21:26

月柱 壬寅

生日	日柱	立運年齢 男	女
2:4	己$_3$亥	0	10
2:5	庚$_3$子	0	10
2:6	辛$_1$丑	1	9
2:7	壬$_1$寅	1	9
2:8	癸$_1$卯	1	9
2:9	甲$_2$辰	2	8
2:10	乙$_2$巳	2	8
2:11	丙$_1$午	2	8
2:12	丁$_1$未	3	7
2:13	戊$_1$申	3	7
2:14	己$_1$酉	3	7
2:15	庚$_2$戌	4	6
2:16	辛$_3$亥	4	6
2:17	壬$_2$子	4	6
2:18	癸$_3$丑	5	5
2:19	甲$_3$寅	5	5
2:20	乙$_2$卯	5	5
2:21	丙$_3$辰	6	4
2:22	丁$_3$巳	6	4
2:23	戊$_2$午	7	3
2:24	己$_3$未	7	3
2:25	庚$_3$申	7	3
2:26	辛$_3$酉	7	3
2:27	壬$_3$戌	8	2
2:28	癸$_3$亥	8	2
3:1	甲$_1$子	8	2
3:2	乙$_1$丑	9	1
3:3	丙$_1$寅	9	1
3:4	丁$_1$卯	9	1
3:5	戊$_1$辰	10	0
3:6	己$_1$巳	10	0

月柱 癸卯

生日	日柱	立運年齢 男	女
3:6	己$_3$巳	0	10
3:7	庚$_3$午	0	10
3:8	辛$_1$未	1	9
3:9	壬$_1$申	1	9
3:10	癸$_1$酉	1	9
3:11	甲$_2$戌	2	8
3:12	乙$_2$亥	2	8
3:13	丙$_1$子	2	8
3:14	丁$_1$丑	3	7
3:15	戊$_1$寅	3	7
3:16	己$_1$卯	3	7
3:17	庚$_3$辰	4	6
3:18	辛$_3$巳	4	6
3:19	壬$_3$午	4	6
3:20	癸$_3$未	5	5
3:21	甲$_3$申	5	5
3:22	乙$_3$酉	5	5
3:23	丙$_3$戌	6	4
3:24	丁$_3$亥	6	4
3:25	戊$_3$子	7	3
3:26	己$_3$丑	7	3
3:27	庚$_3$寅	7	3
3:28	辛$_3$卯	7	3
3:29	壬$_3$辰	8	2
3:30	癸$_3$巳	8	2
3:31	甲$_3$午	8	2
4:1	乙$_1$未	9	1
4:2	丙$_1$申	9	1
4:3	丁$_1$酉	9	1
4:4	戊$_1$戌	10	0
4:5	己$_1$亥	10	0

月柱 甲辰

生日	日柱	立運年齢 男	女
4:5	己$_3$亥	0	10
4:6	庚$_3$子	0	10
4:7	辛$_2$丑	1	9
4:8	壬$_1$寅	1	9
4:9	癸$_1$卯	1	9
4:10	甲$_2$辰	2	8
4:11	乙$_1$巳	2	8
4:12	丙$_1$午	2	8
4:13	丁$_1$未	3	7
4:14	戊$_1$申	3	7
4:15	己$_1$酉	3	7
4:16	庚$_2$戌	4	6
4:17	辛$_3$亥	4	6
4:18	壬$_3$子	4	6
4:19	癸$_1$丑	5	5
4:20	甲$_1$寅	5	5
4:21	乙$_1$卯	5	5
4:22	丙$_1$辰	6	4
4:23	丁$_1$巳	6	4
4:24	戊$_1$午	7	3
4:25	己$_1$未	7	3
4:26	庚$_1$申	7	3
4:27	辛$_1$酉	7	3
4:28	壬$_3$戌	8	2
4:29	癸$_3$亥	8	2
4:30	甲$_3$子	8	2
5:1	乙$_1$丑	9	1
5:2	丙$_1$寅	9	1
5:3	丁$_1$卯	9	1
5:4	戊$_1$辰	10	0
5:5	己$_1$巳	10	0

月柱 乙巳

生日	日柱	立運年齢 男	女
5:5	己$_1$巳	0	11
5:6	庚$_3$午	0	10
5:7	辛$_1$未	1	10
5:8	壬$_3$申	1	10
5:9	癸$_3$酉	1	9
5:10	甲$_2$戌	2	9
5:11	乙$_1$亥	2	8
5:12	丙$_1$子	2	8
5:13	丁$_1$丑	3	8
5:14	戊$_1$寅	3	7
5:15	己$_1$卯	3	7
5:16	庚$_3$辰	4	7
5:17	辛$_3$巳	4	6
5:18	壬$_3$午	4	6
5:19	癸$_3$未	5	6
5:20	甲$_2$申	5	6
5:21	乙$_2$酉	5	5
5:22	丙$_1$戌	6	5
5:23	丁$_1$亥	6	5
5:24	戊$_1$子	7	4
5:25	己$_1$丑	7	3
5:26	庚$_1$寅	7	3
5:27	辛$_1$卯	7	3
5:28	壬$_3$辰	8	3
5:29	癸$_3$巳	8	3
5:30	甲$_1$午	8	2
5:31	乙$_2$未	9	2
6:1	丙$_1$申	9	2
6:2	丁$_1$酉	9	1
6:3	戊$_1$戌	10	1
6:4	己$_1$亥	10	1
6:5	庚$_3$子	10	0
6:6	辛$_1$丑	11	0

月柱 丙午

生日	日柱	立運年齢 男	女
6:6	辛$_1$丑	0	10
6:7	壬$_3$寅	0	10
6:8	癸$_3$卯	1	10
6:9	甲$_3$辰	1	9
6:10	乙$_1$巳	1	9
6:11	丙$_1$午	2	9
6:12	丁$_1$未	2	8
6:13	戊$_1$申	2	8
6:14	己$_1$酉	3	8
6:15	庚$_3$戌	3	7
6:16	辛$_3$亥	3	7
6:17	壬$_3$子	4	7
6:18	癸$_3$丑	4	6
6:19	甲$_2$寅	4	6
6:20	乙$_2$卯	5	6
6:21	丙$_1$辰	5	5
6:22	丁$_1$巳	5	5
6:23	戊$_1$午	6	5
6:24	己$_1$未	6	4
6:25	庚$_1$申	7	3
6:26	辛$_1$酉	7	3
6:27	壬$_3$戌	7	3
6:28	癸$_3$亥	7	3
6:30	甲$_3$丑	8	2
7:1	乙$_1$寅	8	2
7:2	丁$_1$卯	9	2
7:3	戊$_1$辰	9	1
7:4	己$_1$巳	9	1
7:5	庚$_3$午	10	1
7:6	辛$_3$未	10	0
7:7	壬$_3$申	10	0

月柱 丁未

生日	日柱	立運年齢 男	女
7:7	壬$_3$申	0	10
7:8	癸$_3$酉	0	10
7:9	甲$_3$戌	1	10
7:11	丙$_1$子	1	9
7:12	丁$_1$丑	2	9
7:13	戊$_1$寅	2	8
7:14	己$_1$卯	2	8
7:15	庚$_3$辰	3	8
7:16	辛$_3$巳	3	7
7:17	壬$_3$午	3	7
7:18	癸$_3$未	4	7
7:19	甲$_3$申	4	6
7:20	乙$_2$酉	4	6
7:21	丙$_1$戌	5	6
7:22	丁$_3$亥	5	5
7:23	戊$_1$子	5	5
7:24	己$_1$丑	6	5
7:25	庚$_3$寅	6	4
7:26	辛$_3$卯	7	3
7:27	壬$_3$辰	7	3
7:28	癸$_3$巳	8	3
7:29	甲$_3$午	8	3
7:30	乙$_3$未	8	2
7:31	丙$_1$申	8	2
8:1	丁$_1$酉	8	2
8:2	戊$_3$戌	9	2
8:3	己$_3$亥	9	1
8:4	庚$_3$子	9	1
8:5	辛$_3$丑	10	1
8:6	壬$_3$寅	10	0
8:7	癸$_3$卯	10	0

大運表（歳・男女）

歳	壬寅 男	壬寅 女	癸卯 男	癸卯 女	甲辰 男	甲辰 女	乙巳 男	乙巳 女	丙午 男	丙午 女	丁未 男	丁未 女
0	辛丑	癸卯	壬寅	甲辰	癸卯	乙巳	甲辰	丙午	乙巳	丁未	丙午	戊申
10	庚子	甲辰	辛丑	乙巳	壬寅	丙午	癸卯	丁未	甲辰	戊申	乙巳	己酉
20	己亥	乙巳	庚子	丙午	辛丑	丁未	壬寅	戊申	癸卯	己酉	甲辰	庚戌
30	戊戌	丙午	己亥	丁未	庚子	戊申	辛丑	己酉	壬寅	庚戌	癸卯	辛亥
40	丁酉	丁未	戊戌	戊申	己亥	己酉	庚子	庚戌	辛丑	辛亥	壬寅	壬子
50	丙申	戊申	丁酉	己酉	戊戌	庚戌	己亥	辛亥	庚子	壬子	辛丑	癸丑
60	乙未	己酉	丙申	庚戌	丁酉	辛亥	戊戌	壬子	己亥	癸丑	庚子	甲寅
70	甲午	庚戌	乙未	辛亥	丙申	壬子	丁酉	癸丑	戊戌	甲寅	己亥	乙卯
80	癸巳	辛亥	甲午	壬子	乙未	癸丑	丙申	甲寅	丁酉	乙卯	戊戌	丙辰

～2048年（令和30年）2月4日12時04分

月柱	戊申			己酉			庚戌			辛亥			壬子			癸丑		
期間	8/7 21:27～9/8 0:38			9/8 0:39～10/8 16:37			10/8 16:38～11/7 20:07			11/7 20:08～12/7 13:11			12/7 13:12～1/6 0:29			1/6 0:30～2/4 12:04		
生日	日柱	男	女	生日	日柱	男	女	生日	日柱	男	女	生日	日柱	男	女	生日	日柱	男	女	生日	日柱	男	女
8/7	癸$_3$卯	0	11	9/8	乙$_2$亥	0	10	10/8	乙$_3$巳	0	10	11/7	乙$_2$亥	0	10	12/7	乙$_1$巳	0	10	1/6	乙$_1$亥	0	10
8/8	甲$_3$辰	0	10	9/9	丙$_2$子	0	10	10/9	丙$_3$午	0	10	11/8	丙$_2$子	0	10	12/8	丙$_1$午	0	10	1/7	丙$_2$子	0	9
8/9	乙$_3$巳	1	10	9/10	丁$_2$丑	1	9	10/10	丁$_3$未	1	9	11/9	丁$_2$丑	1	9	12/9	丁$_1$未	1	9	1/8	丁$_2$丑	1	9
8/10	丙$_1$午	1	10	9/11	戊$_2$寅	1	9	10/11	戊$_1$申	1	9	11/10	戊$_2$寅	1	9	12/10	戊$_3$申	1	9	1/9	戊$_2$寅	1	9
8/11	丁$_2$未	1	9	9/12	己$_2$卯	1	9	10/12	己$_1$酉	1	9	11/11	己$_3$卯	1	9	12/11	己$_3$酉	1	9	1/10	己$_2$卯	1	8
8/12	戊$_2$申	2	9	9/13	庚$_1$辰	2	8	10/13	庚$_3$戌	2	8	11/12	庚$_1$辰	2	8	12/12	庚$_3$戌	2	8	1/11	庚$_3$辰	2	8
8/13	己$_2$酉	2	9	9/14	辛$_1$巳	2	8	10/14	辛$_3$亥	2	8	11/13	辛$_3$巳	2	8	12/13	辛$_3$亥	2	8	1/12	辛$_3$巳	2	7
8/14	庚$_1$戌	2	8	9/15	壬$_3$午	2	8	10/15	壬$_3$子	2	8	11/14	壬$_1$午	2	8	12/14	壬$_3$子	2	8	1/13	壬$_3$午	2	7
8/15	辛$_1$亥	3	8	9/16	癸$_3$未	3	7	10/16	癸$_3$丑	3	7	11/15	癸$_3$未	3	7	12/15	癸$_3$丑	3	7	1/14	癸$_3$未	3	7
8/16	壬$_2$子	3	8	9/17	甲$_3$申	3	7	10/17	甲$_1$寅	3	7	11/16	甲$_1$申	3	7	12/16	甲$_1$寅	3	7	1/15	甲$_1$申	3	7
8/17	癸$_3$丑	3	7	9/18	乙$_3$酉	3	7	10/18	乙$_3$卯	3	7	11/17	乙$_3$酉	3	7	12/17	乙$_1$卯	3	7	1/16	乙$_3$酉	3	6
8/18	甲$_1$寅	4	7	9/19	丙$_2$戌	4	6	10/19	丙$_1$辰	4	6	11/18	丙$_1$戌	4	6	12/18	丙$_2$辰	4	6	1/17	丙$_2$戌	4	6
8/19	乙$_2$卯	4	7	9/20	丁$_2$亥	4	6	10/20	丁$_1$巳	4	6	11/19	丁$_3$亥	4	6	12/19	丁$_2$巳	4	6	1/18	丁$_2$亥	4	6
8/20	丙$_1$辰	4	6	9/21	戊$_2$子	4	6	10/21	戊$_1$午	4	6	11/20	戊$_2$子	4	6	12/20	戊$_2$午	4	6	1/19	戊$_2$子	4	5
8/21	丁$_1$巳	5	6	9/22	己$_1$丑	5	6	10/22	己$_1$未	5	6	11/21	己$_3$丑	5	6	12/21	己$_2$未	5	6	1/20	己$_3$丑	5	5
8/22	戊$_2$午	5	6	9/23	庚$_1$寅	5	5	10/23	庚$_1$申	5	5	11/22	庚$_3$寅	5	5	12/22	庚$_3$申	5	5	1/21	庚$_3$寅	5	5
8/23	己$_1$未	5	5	9/24	辛$_1$卯	6	5	10/24	辛$_1$酉	6	5	11/23	辛$_3$卯	6	5	12/23	辛$_1$酉	6	5	1/22	辛$_1$卯	6	5
8/24	庚$_1$申	6	5	9/25	壬$_3$辰	6	4	10/25	壬$_1$戌	6	4	11/24	壬$_1$辰	6	4	12/24	壬$_1$戌	6	4	1/23	壬$_2$辰	6	4
8/25	辛$_1$酉	6	5	9/26	癸$_3$巳	6	4	10/26	癸$_3$亥	6	4	11/25	癸$_1$巳	6	4	12/25	癸$_3$亥	6	4	1/24	癸$_2$巳	6	4
8/26	壬$_3$戌	6	4	9/27	甲$_3$午	6	4	10/27	甲$_1$子	6	4	11/26	甲$_1$午	6	4	12/26	甲$_1$子	6	4	1/25	甲$_2$午	6	3
8/27	癸$_3$亥	7	4	9/28	乙$_3$未	7	3	10/28	乙$_1$丑	7	3	11/27	乙$_2$未	7	3	12/27	乙$_1$丑	7	3	1/26	乙$_2$未	7	3
8/28	甲$_1$子	7	4	9/29	丙$_2$申	7	3	10/29	丙$_1$寅	7	3	11/28	丙$_2$申	7	3	12/28	丙$_1$寅	7	3	1/27	丙$_2$申	7	2
8/29	乙$_1$丑	8	3	9/30	丁$_1$酉	7	3	10/30	丁$_1$卯	7	3	11/29	丁$_2$酉	7	3	12/29	丁$_1$卯	7	3	1/28	丁$_2$酉	7	2
8/30	丙$_2$寅	8	3	10/1	戊$_1$戌	8	2	10/31	戊$_1$辰	8	2	11/30	戊$_1$戌	8	2	12/30	戊$_2$辰	8	2	1/29	戊$_1$戌	8	2
8/31	丁$_1$卯	8	3	10/2	己$_1$亥	8	2	11/1	己$_1$巳	8	2	12/1	己$_3$亥	8	2	12/31	己$_1$巳	8	2	1/30	己$_2$亥	8	2
9/1	戊$_1$辰	9	2	10/3	庚$_1$子	8	2	11/2	庚$_1$午	8	2	12/2	庚$_3$子	8	2	1/1	庚$_3$午	8	2	1/31	庚$_3$子	8	1
9/2	己$_1$巳	9	2	10/4	辛$_1$丑	9	1	11/3	辛$_1$未	9	1	12/3	辛$_2$丑	9	1	1/2	辛$_1$未	9	1	2/1	辛$_2$丑	9	1
9/3	庚$_1$午	9	2	10/5	壬$_3$寅	9	1	11/4	壬$_1$申	9	1	12/4	壬$_1$寅	9	1	1/3	壬$_1$申	9	1	2/2	壬$_2$寅	9	1
9/4	辛$_1$未	9	1	10/6	癸$_3$卯	9	1	11/5	癸$_1$酉	9	1	12/5	癸$_1$卯	9	1	1/4	癸$_1$酉	9	1	2/3	癸$_2$卯	9	0
9/5	壬$_2$申	10	1	10/7	甲$_3$辰	10	0	11/6	甲$_1$戌	10	0	12/6	甲$_1$辰	10	0	1/5	甲$_1$戌	10	0	2/4	甲$_2$辰	10	0
9/6	癸$_2$酉	10	1	10/8	乙$_3$巳	10	0	11/7	乙$_2$亥	10	0	12/7	乙$_2$巳	10	0	1/6	乙$_1$亥	10	0				
9/7	甲$_3$戌	10	0																				
9/8	乙$_2$亥	11	0																				

立運表

歳	男	歳	女	歳	男	歳	女	歳	男	歳	女	歳	男	歳	女	歳	男	歳	女	歳	男	歳	女
0	丁未	0	己酉	0	戊申	0	庚戌	0	己酉	0	辛亥	0	己酉	0	壬子	0	辛亥	0	癸丑	0	壬子	0	甲寅
10	丙午	10	庚戌	10	丁未	10	辛亥	10	戊申	10	壬子	10	戊申	10	癸丑	10	庚戌	10	甲寅	10	辛亥	10	乙卯
20	乙巳	20	辛亥	20	丙午	20	壬子	20	丁未	20	癸丑	20	丁未	20	甲寅	20	己酉	20	乙卯	20	庚戌	20	丙辰
30	甲辰	30	壬子	30	乙巳	30	癸丑	30	丙午	30	甲寅	30	丙午	30	乙卯	30	戊申	30	丙辰	30	己酉	30	丁巳
40	癸卯	40	癸丑	40	甲辰	40	甲寅	40	乙巳	40	乙卯	40	乙巳	40	丙辰	40	丁未	40	丁巳	40	戊申	40	戊午
50	壬寅	50	甲寅	50	癸卯	50	乙卯	50	甲辰	50	丙辰	50	甲辰	50	丁巳	50	丙午	50	戊午	50	丁未	50	己未
60	辛丑	60	乙卯	60	壬寅	60	丙辰	60	癸卯	60	丁巳	60	癸卯	60	戊午	60	乙巳	60	己未	60	丙午	60	庚申
70	庚子	70	丙辰	70	辛丑	70	丁巳	70	壬寅	70	戊午	70	壬寅	70	己未	70	甲辰	70	庚申	70	乙巳	70	辛酉
80	己亥	80	丁巳	80	庚子	80	戊午	80	辛丑	80	己未	80	辛丑	80	庚申	80	癸卯	80	辛酉	80	甲辰	80	壬戌

年柱 戊辰　2048年（令和30年）2月4日12時05分～

月柱 甲寅（2月4日12:05～3月5日5:54）

生日	日柱	男	女
2 4	甲$_3$辰	10	0
2 5	乙$_3$巳	10	0
2 6	丙$_1$午	9	1
2 7	丁$_2$未	9	1
2 8	戊$_2$申	9	1
2 9	己$_2$酉	8	2
2 10	庚$_2$戌	8	2
2 11	辛$_2$亥	8	2
2 12	壬$_3$子	7	3
2 13	癸$_3$丑	7	3
2 14	甲$_3$寅	7	3
2 15	乙$_3$卯	6	4
2 16	丙$_3$辰	6	4
2 17	丁$_3$巳	6	4
2 18	戊$_1$午	5	5
2 19	己$_1$未	5	5
2 20	庚$_1$申	5	5
2 21	辛$_1$酉	4	6
2 22	壬$_1$戌	4	6
2 23	癸$_1$亥	4	6
2 24	甲$_1$子	3	7
2 25	乙$_1$丑	3	7
2 26	丙$_1$寅	3	7
2 27	丁$_1$卯	2	8
2 28	戊$_1$辰	2	8
2 29	己$_1$巳	2	8
3 1	庚$_2$午	1	9
3 2	辛$_2$未	1	9
3 3	壬$_2$申	1	9
3 4	癸$_2$酉	0	10
3 5	甲$_2$戌	0	10

月柱 乙卯（3月5日5:55～4月4日10:25）

生日	日柱	男	女
3 5	甲$_3$戌	10	0
3 6	乙$_3$亥	10	0
3 7	丙$_1$子	9	1
3 8	丁$_1$丑	9	1
3 9	戊$_1$寅	9	1
3 10	己$_2$卯	8	2
3 11	庚$_2$辰	8	2
3 12	辛$_2$巳	8	2
3 13	壬$_3$午	7	3
3 14	癸$_3$未	7	3
3 15	甲$_3$申	7	3
3 16	乙$_3$酉	6	4
3 17	丙$_3$戌	6	4
3 18	丁$_1$亥	6	4
3 19	戊$_1$子	5	5
3 20	己$_1$丑	5	5
3 21	庚$_1$寅	5	5
3 22	辛$_1$卯	4	6
3 23	壬$_1$辰	4	6
3 24	癸$_1$巳	4	6
3 25	甲$_1$午	3	7
3 26	乙$_1$未	3	7
3 27	丙$_1$申	3	7
3 28	丁$_2$酉	2	8
3 29	戊$_2$戌	2	8
3 30	己$_2$亥	2	8
3 31	庚$_2$子	1	9
4 1	辛$_2$丑	1	9
4 2	壬$_2$寅	1	9
4 3	癸$_2$卯	0	10
4 4	甲$_2$辰	0	10

月柱 丙辰（4月4日10:26～5月5日3:24）

生日	日柱	男	女
4 4	甲$_3$辰	10	0
4 5	乙$_3$巳	10	0
4 6	丙$_1$午	10	1
4 7	丁$_3$未	9	1
4 8	戊$_1$申	9	1
4 9	己$_3$酉	8	2
4 10	庚$_3$戌	8	2
4 11	辛$_3$亥	8	2
4 12	壬$_3$子	7	3
4 13	癸$_3$丑	7	3
4 14	甲$_3$寅	7	3
4 15	乙$_3$卯	6	4
4 16	丙$_3$辰	6	4
4 17	丁$_3$巳	6	4
4 18	戊$_1$午	5	5
4 19	己$_1$未	5	5
4 20	庚$_1$申	5	5
4 21	辛$_1$酉	4	6
4 22	壬$_1$戌	4	6
4 23	癸$_1$亥	4	6
4 24	甲$_1$子	3	7
4 25	乙$_1$丑	3	7
4 26	丙$_1$寅	3	7
4 27	丁$_1$卯	2	8
4 28	戊$_1$辰	2	8
4 29	己$_1$巳	2	8
4 30	庚$_1$午	1	9
5 1	辛$_2$未	1	9
5 2	壬$_2$申	1	9
5 3	癸$_2$酉	1	10
5 4	甲$_3$戌	1	10

月柱 丁巳（5月5日3:25～6月5日7:18）

生日	日柱	男	女
5 5	乙$_3$亥	10	0
5 6	丙$_3$子	10	0
5 7	丁$_1$丑	10	1
5 8	戊$_3$寅	9	1
5 9	己$_3$卯	9	1
5 10	庚$_3$辰	9	2
5 11	辛$_2$巳	9	2
5 12	壬$_3$午	8	2
5 13	癸$_3$未	8	2
5 14	甲$_3$申	8	3
5 15	乙$_3$酉	7	3
5 16	丙$_3$戌	7	4
5 17	丁$_3$亥	6	4
5 18	戊$_1$子	6	4
5 19	己$_1$丑	6	4
5 20	庚$_2$寅	5	5
5 21	辛$_2$卯	5	5
5 22	壬$_3$辰	5	5
5 23	癸$_3$巳	4	6
5 24	甲$_3$午	4	6
5 25	乙$_1$未	4	7
5 26	丙$_1$申	3	7
5 27	丁$_1$酉	3	7
5 28	戊$_1$戌	3	8
5 29	己$_2$亥	2	8
5 30	庚$_2$子	2	8
5 31	辛$_2$丑	2	9
6 1	壬$_3$寅	1	9
6 2	癸$_3$卯	1	9
6 3	甲$_3$辰	1	10
6 4	乙$_3$巳	0	10
6 5	丙$_1$午	0	10

月柱 戊午（6月5日7:19～7月6日17:26）

生日	日柱	男	女
6 5	丙$_1$午	10	0
6 6	丁$_1$未	10	0
6 7	戊$_1$申	9	1
6 8	己$_1$酉	9	1
6 9	庚$_1$戌	9	1
6 10	辛$_1$亥	9	2
6 11	壬$_1$子	8	2
6 12	癸$_1$丑	8	2
6 13	甲$_1$寅	8	3
6 14	乙$_1$卯	7	3
6 15	丙$_1$辰	7	3
6 16	丁$_1$巳	7	4
6 17	戊$_1$午	6	4
6 18	己$_1$未	6	4
6 19	庚$_1$申	6	5
6 20	辛$_1$酉	5	5
6 21	壬$_1$戌	5	5
6 22	癸$_3$亥	5	6
6 23	甲$_3$子	4	6
6 24	乙$_3$丑	4	6
6 25	丙$_3$寅	4	7
6 26	丁$_3$卯	3	7
6 27	戊$_3$辰	3	7
6 28	己$_3$巳	3	8
6 29	庚$_1$午	2	8
6 30	辛$_1$未	2	8
7 1	壬$_3$申	2	9
7 2	癸$_3$酉	1	9
7 3	甲$_3$戌	1	9
7 4	乙$_3$亥	1	10
7 5	丙$_2$子	0	10
7 6	丁$_1$丑	0	10

月柱 己未（7月6日17:27～8月7日3:18）

生日	日柱	男	女
7 6	丁$_1$丑	11	0
7 7	戊$_1$寅	10	0
7 8	己$_1$卯	10	1
7 9	庚$_1$辰	10	1
7 10	辛$_1$巳	9	1
7 11	壬$_3$午	9	2
7 12	癸$_3$未	8	2
7 13	甲$_3$申	8	2
7 14	乙$_3$酉	8	3
7 15	丙$_3$戌	8	3
7 16	丁$_3$亥	7	4
7 17	戊$_1$子	7	4
7 18	己$_1$丑	7	4
7 19	庚$_1$寅	6	4
7 20	辛$_1$卯	6	5
7 21	壬$_3$辰	5	5
7 22	癸$_3$巳	5	5
7 23	甲$_3$午	5	6
7 24	乙$_3$未	4	6
7 25	丙$_3$申	4	6
7 26	丁$_3$酉	4	7
7 27	戊$_1$戌	3	7
7 28	己$_1$亥	3	7
7 29	庚$_1$子	3	8
7 30	辛$_1$丑	2	8
7 31	壬$_3$寅	2	8
8 1	癸$_3$卯	2	9
8 2	甲$_3$辰	1	9
8 3	乙$_3$巳	1	9
8 4	丙$_2$午	1	10
8 5	丁$_2$未	1	10
8 6	戊$_2$申	0	10
8 7	己$_2$酉	0	11

立運年齢早見表

歳	男	歳	女	歳	男	歳	女	歳	男	歳	女	歳	男	歳	女	歳	男	歳	女	歳	男	歳	女
0	乙卯	0	癸丑	0	丙辰	0	甲寅	0	丁巳	0	乙卯	0	戊午	0	丙辰	0	己未	0	丁巳	0	庚申	0	戊午
10	丙辰	10	壬子	10	丁巳	10	癸丑	10	戊午	10	甲寅	10	己未	10	乙卯	10	庚申	10	丙辰	10	辛酉	10	丁巳
20	丁巳	20	辛亥	20	戊午	20	壬子	20	己未	20	癸丑	20	庚申	20	甲寅	20	辛酉	20	乙卯	20	壬戌	20	丙辰
30	戊午	30	庚戌	30	己未	30	辛亥	30	庚申	30	壬子	30	辛酉	30	癸丑	30	壬戌	30	甲寅	30	癸亥	30	乙卯
40	己未	40	己酉	40	庚申	40	庚戌	40	辛酉	40	辛亥	40	壬戌	40	壬子	40	癸亥	40	癸丑	40	甲子	40	甲寅
50	庚申	50	戊申	50	辛酉	50	己酉	50	壬戌	50	庚戌	50	癸亥	50	辛亥	50	甲子	50	壬子	50	乙丑	50	癸丑
60	辛酉	60	丁未	60	壬戌	60	戊申	60	癸亥	60	己酉	60	甲子	60	庚戌	60	乙丑	60	辛亥	60	丙寅	60	壬子
70	壬戌	70	丙午	70	癸亥	70	丁未	70	甲子	70	戊申	70	乙丑	70	己酉	70	丙寅	70	庚戌	70	丁卯	70	辛亥
80	癸亥	80	乙巳	80	甲子	80	丙午	80	乙丑	80	丁未	80	丙寅	80	戊申	80	丁卯	80	己酉	80	戊辰	80	庚戌

～2049年（令和31年）2月3日17時53分

月柱 庚申				月柱 辛酉				月柱 壬戌				月柱 癸亥				月柱 甲子				月柱 乙丑			
8月7日 3:19～ 9月7日 6:28				9月7日 6:29～ 10月7日22:26				10月7日22:27～ 11月7日 1:56				11月7日 1:57～ 12月6日19:00				12月6日19:01～ 1月5日 6:18				1月5日 6:19～ 2月3日17:53			
生日	日柱	男	女	生日	日柱	男	女	生日	日柱	男	女	生日	日柱	男	女	生日	日柱	男	女	生日	日柱	男	女
8/7	己2酉	10	0	9/7	庚1辰	10	0	10/7	庚1戌	10	0	11/7	辛1巳	10	0	12/6	庚1戌	10	0	1/5	庚1辰	10	0
8/8	庚1戌	10	0	9/8	辛1巳	10	0	10/8	辛1亥	10	0	11/8	壬1午	9	0	12/7	辛2亥	10	0	1/6	辛1巳	9	0
8/9	辛1亥	10	1	9/9	壬2午	9	1	10/9	壬1子	10	1	11/9	癸1未	9	1	12/8	壬1子	9	1	1/7	壬3午	9	1
8/10	壬1子	9	1	9/10	癸3未	9	1	10/10	癸3丑	9	1	11/10	甲2申	9	1	12/9	癸2丑	9	1	1/8	癸3未	9	1
8/11	癸2丑	9	1	9/11	甲3申	9	1	10/11	甲1寅	9	1	11/11	乙3酉	8	1	12/10	甲1寅	9	1	1/9	甲3申	8	1
8/12	甲3寅	9	2	9/12	乙3酉	8	2	10/12	乙3卯	9	2	11/12	丙3戌	8	2	12/11	乙1卯	8	2	1/10	乙3酉	8	2
8/13	乙3卯	8	2	9/13	丙3戌	8	2	10/13	丙3辰	8	2	11/13	丁3亥	8	2	12/12	丙3辰	8	2	1/11	丙3戌	8	2
8/14	丙3辰	8	2	9/14	丁3亥	8	2	10/14	丁1巳	8	2	11/14	戊2子	8	2	12/13	丁2巳	8	2	1/12	丁1亥	7	2
8/15	丁1巳	8	3	9/15	戊1子	7	3	10/15	戊1午	8	3	11/15	己1丑	7	3	12/14	戊1午	7	3	1/13	戊1子	7	3
8/16	戊1午	7	3	9/16	己1丑	7	3	10/16	己1未	7	3	11/16	庚1寅	7	3	12/15	己1未	7	3	1/14	己1丑	7	3
8/17	己1未	7	3	9/17	庚1寅	7	3	10/17	庚1申	7	3	11/17	辛1卯	7	3	12/16	庚1申	7	3	1/15	庚1寅	6	3
8/18	庚1申	7	4	9/18	辛1卯	6	4	10/18	辛1酉	7	4	11/18	壬1辰	6	4	12/17	辛1酉	6	4	1/16	辛1卯	6	4
8/19	辛1酉	6	4	9/19	壬1辰	6	4	10/19	壬3戌	6	4	11/19	癸1巳	6	4	12/18	壬2戌	6	4	1/17	壬3辰	6	4
8/20	壬3戌	6	4	9/20	癸2巳	6	4	10/20	癸2亥	6	5	11/20	甲2午	5	4	12/19	癸1亥	6	5	1/18	癸3巳	5	4
8/21	癸1亥	6	5	9/21	甲3午	5	5	10/21	甲1子	6	5	11/21	乙1未	5	5	12/20	甲1子	5	5	1/19	甲3午	5	5
8/22	甲1子	5	5	9/22	乙2未	5	5	10/22	乙1丑	5	5	11/22	丙1申	5	5	12/21	乙2丑	5	5	1/20	乙2未	5	5
8/23	乙3丑	5	5	9/23	丙3申	5	5	10/23	丙3寅	5	5	11/23	丁1酉	5	5	12/22	丙3寅	5	5	1/21	丙3申	4	5
8/24	丙1寅	5	6	9/24	丁1酉	4	6	10/24	丁1卯	5	6	11/24	戊1戌	4	6	12/23	丁1卯	4	6	1/22	丁1酉	4	6
8/25	丁3卯	4	6	9/25	戊1戌	4	6	10/25	戊1辰	4	6	11/25	己1亥	4	6	12/24	戊1辰	4	6	1/23	戊1戌	4	6
8/26	戊1辰	4	6	9/26	己2亥	3	6	10/26	己1巳	4	6	11/26	庚2子	3	7	12/25	己1巳	3	6	1/24	己1亥	3	6
8/27	己1巳	4	7	9/27	庚1子	3	7	10/27	庚1午	4	7	11/27	辛1丑	3	7	12/26	庚2午	3	7	1/25	庚1子	3	7
8/28	庚1午	3	7	9/28	辛1丑	3	7	10/28	辛1未	3	7	11/28	壬1寅	2	7	12/27	辛1未	3	7	1/26	辛1丑	3	7
8/29	辛1未	3	7	9/29	壬2寅	3	7	10/29	壬1申	3	7	11/29	癸1卯	2	8	12/28	壬1申	2	8	1/27	壬2寅	2	7
8/30	壬1申	3	8	9/30	癸2卯	2	8	10/30	癸2酉	3	8	11/30	甲1辰	2	8	12/29	癸2酉	2	8	1/28	癸2卯	2	8
8/31	癸1酉	3	8	10/1	甲3辰	2	8	10/31	甲3戌	2	8	12/1	乙1巳	2	8	12/30	甲2戌	2	8	1/29	甲3辰	2	8
9/1	甲1戌	2	8	10/2	乙3巳	2	8	11/1	乙1亥	2	8	12/2	丙1午	2	8	12/31	乙1亥	1	8	1/30	乙3巳	1	8
9/2	乙1亥	2	9	10/3	丙3午	1	9	11/2	丙3子	2	9	12/3	丁1未	1	9	1/1	丙3子	1	9	1/31	丙3午	1	9
9/3	丙3子	1	9	10/4	丁3未	1	9	11/3	丁1丑	1	9	12/4	戊2申	1	9	1/2	丁1丑	1	9	2/1	丁3未	1	9
9/4	丁1丑	1	9	10/5	戊1申	1	9	11/4	戊1寅	1	9	12/5	己1酉	0	9	1/3	戊1寅	1	9	2/2	戊1申	0	9
9/5	戊1寅	1	10	10/6	己2酉	0	10	11/5	己1卯	1	10	12/6	庚1戌	0	10	1/4	己1卯	0	10	2/3	己1酉	0	10
9/6	己2卯	0	10	10/7	庚1戌	0	10	11/6	庚1辰	0	10					1/5	庚1辰	0	10				
9/7	庚1辰	0	10					11/7	辛1巳	0	10												

歳	男	歳	女	歳	男	歳	女	歳	男	歳	女	歳	男	歳	女	歳	男	歳	女	歳	男	歳	女
0	辛酉	0	己未	0	壬戌	0	庚申	0	癸亥	0	辛酉	0	甲子	0	壬戌	0	乙丑	0	癸亥	0	丙寅	0	甲子
10	壬戌	10	戊午	10	癸亥	10	己未	10	甲子	10	庚申	10	乙丑	10	辛未	10	丙寅	10	壬戌	10	丁卯	10	癸亥
20	癸亥	20	丁巳	20	甲子	20	戊午	20	乙丑	20	己未	20	丙寅	20	庚申	20	丁卯	20	辛酉	20	戊辰	20	壬戌
30	甲子	30	丙辰	30	乙丑	30	丁巳	30	丙寅	30	戊午	30	丁卯	30	己未	30	戊辰	30	庚申	30	己巳	30	辛酉
40	乙丑	40	乙卯	40	丙寅	40	丙辰	40	丁卯	40	丁巳	40	戊辰	40	戊午	40	己巳	40	己未	40	庚午	40	庚申
50	丙寅	50	甲寅	50	丁卯	50	乙卯	50	戊辰	50	丙辰	50	己巳	50	丁巳	50	庚午	50	戊午	50	辛未	50	己未
60	丁卯	60	癸丑	60	戊辰	60	甲寅	60	己巳	60	乙卯	60	庚午	60	丙辰	60	辛未	60	丁巳	60	壬申	60	戊午
70	戊辰	70	壬子	70	己巳	70	癸丑	70	庚午	70	甲寅	70	辛未	70	乙卯	70	壬申	70	丙辰	70	癸酉	70	丁巳
80	己巳	80	辛亥	80	庚午	80	壬子	80	辛未	80	癸丑	80	壬申	80	甲寅	80	癸酉	80	乙卯	80	甲戌	80	丙辰

年柱 己巳 **2049年（令和31年）2月3日17時54分〜**

2月3日17:54〜3月5日11:43				3月5日11:44〜4月4日16:14				4月4日16:15〜5月5日9:13				5月5日9:14〜6月5日13:04				6月5日13:05〜7月6日23:09				7月6日23:10〜8月7日8:57			
月柱 丙寅		立運年齢		**月柱 丁卯**		立運年齢		**月柱 戊辰**		立運年齢		**月柱 己巳**		立運年齢		**月柱 庚午**		立運年齢		**月柱 辛未**		立運年齢	
生日	日柱	男	女	生日	日柱	男	女	生日	日柱	男	女	生日	日柱	男	女	生日	日柱	男	女	生日	日柱	男	女
2:3	己酉	0	10	3:5	己卯	0	10	4:4	己酉	0	10	5:5	庚辰	0	10	6:5	辛亥	0	10	7:6	壬午	0	11
2:4	庚戌	0	10	3:6	庚辰	0	10	4:5	庚戌	0	10	5:6	辛巳	0	10	6:6	壬子	0	10	7:7	癸未	0	10
2:5	辛亥	1	9	3:7	辛巳	1	9	4:6	辛亥	1	10	5:7	壬午	1	10	6:7	癸丑	1	10	7:8	甲申	1	10
2:6	壬子	1	9	3:8	壬午	1	9	4:7	壬子	1	9	5:8	癸未	1	9	6:8	甲寅	1	9	7:9	乙酉	1	9
2:7	癸丑	1	9	3:9	癸未	1	9	4:8	癸丑	1	9	5:9	甲申	1	9	6:9	乙卯	1	9	7:10	丙戌	1	9
2:8	甲寅	2	8	3:10	甲申	2	8	4:9	甲寅	2	9	5:10	乙酉	2	9	6:10	丙辰	2	9	7:11	丁亥	2	9
2:9	乙卯	2	8	3:11	乙酉	2	8	4:10	乙卯	2	8	5:11	丙戌	2	8	6:11	丁巳	2	8	7:12	戊子	2	9
2:10	丙辰	2	8	3:12	丙戌	2	8	4:11	丙辰	2	8	5:12	丁亥	2	8	6:12	戊午	2	8	7:13	己丑	2	8
2:11	丁巳	3	7	3:13	丁亥	3	7	4:12	丁巳	2	8	5:13	戊子	3	8	6:13	己未	3	8	7:14	庚寅	3	8
2:12	戊午	3	7	3:14	戊子	3	7	4:13	戊午	3	7	5:14	己丑	3	7	6:14	庚申	3	7	7:15	辛卯	3	7
2:13	己未	3	7	3:15	己丑	3	7	4:14	己未	3	7	5:15	庚寅	3	7	6:15	辛酉	3	7	7:16	壬辰	3	7
2:14	庚申	4	6	3:16	庚寅	4	6	4:15	庚申	4	7	5:16	辛卯	4	7	6:16	壬戌	4	7	7:17	癸巳	4	7
2:15	辛酉	4	6	3:17	辛卯	4	6	4:16	辛酉	4	6	5:17	壬辰	4	6	6:17	癸亥	4	6	7:18	甲午	4	7
2:16	壬戌	4	6	3:18	壬辰	4	6	4:17	壬戌	4	6	5:18	癸巳	4	6	6:18	甲子	4	6	7:19	乙未	4	6
2:17	癸亥	5	5	3:19	癸巳	5	5	4:18	癸亥	5	6	5:19	甲午	5	6	6:19	乙丑	5	6	7:20	丙申	5	6
2:18	甲子	5	5	3:20	甲午	5	5	4:19	甲子	5	5	5:20	乙未	5	5	6:20	丙寅	5	5	7:21	丁酉	5	6
2:19	乙丑	5	5	3:21	乙未	5	5	4:20	乙丑	5	5	5:21	丙申	5	5	6:21	丁卯	5	5	7:22	戊戌	5	5
2:20	丙寅	6	4	3:22	丙申	6	4	4:21	丙寅	6	5	5:22	丁酉	6	5	6:22	戊辰	6	5	7:23	己亥	6	5
2:21	丁卯	6	4	3:23	丁酉	6	4	4:22	丁卯	6	4	5:23	戊戌	6	4	6:23	己巳	6	4	7:24	庚子	6	5
2:22	戊辰	6	4	3:24	戊戌	6	4	4:23	戊辰	6	4	5:24	己亥	6	4	6:24	庚午	6	4	7:25	辛丑	6	4
2:23	己巳	7	4	3:25	己亥	7	4	4:24	己巳	7	4	5:25	庚子	7	4	6:25	辛未	7	4	7:26	壬寅	7	4
2:24	庚午	7	3	3:26	庚子	7	3	4:25	庚午	7	3	5:26	辛丑	7	3	6:26	壬申	7	3	7:27	癸卯	7	3
2:25	辛未	7	3	3:27	辛丑	7	3	4:26	辛未	7	3	5:27	壬寅	7	3	6:27	癸酉	7	3	7:28	甲辰	7	3
2:26	壬申	8	2	3:28	壬寅	8	3	4:27	壬申	8	3	5:28	癸卯	8	3	6:28	甲戌	8	3	7:29	乙巳	8	3
2:27	癸酉	8	2	3:29	癸卯	8	2	4:28	癸酉	8	2	5:29	甲辰	8	2	6:29	乙亥	8	2	7:30	丙午	8	3
2:28	甲戌	8	2	3:30	甲辰	8	2	4:29	甲戌	8	2	5:30	乙巳	8	2	6:30	丙子	8	2	7:31	丁未	8	2
3:1	乙亥	9	1	3:31	乙巳	9	1	4:30	乙亥	9	2	5:31	丙午	9	2	7:1	丁丑	9	2	8:1	戊申	9	2
3:2	丙子	9	1	4:1	丙午	9	1	5:1	丙子	9	1	6:1	丁未	9	1	7:2	戊寅	9	1	8:2	己酉	9	2
3:3	丁丑	9	1	4:2	丁未	9	1	5:2	丁丑	9	1	6:2	戊申	9	1	7:3	己卯	9	1	8:3	庚戌	9	1
3:4	戊寅	10	0	4:3	戊申	10	0	5:3	戊寅	10	1	6:3	己酉	10	1	7:4	庚辰	10	1	8:4	辛亥	10	1
3:5	己卯	10	0	4:4	己酉	10	0	5:4	己卯	10	0	6:4	庚戌	10	0	7:5	辛巳	10	0	8:5	壬子	10	1
								5:5	庚辰	10	0	6:5	辛亥	10	0	7:6	壬午	10	0	8:6	癸丑	10	0
																				8:7	甲寅	11	0

歳	男	歳	女	歳	男	歳	女	歳	男	歳	女	歳	男	歳	女	歳	男	歳	女	歳	男	歳	女
0	乙丑	0	丁卯	0	丙寅	0	戊辰	0	丁卯	0	己巳	0	戊辰	0	庚午	0	己巳	0	辛未	0	庚午	0	壬申
10	甲子	10	丙寅	10	乙丑	10	丁卯	10	丙寅	10	戊辰	10	丁卯	10	己巳	10	戊辰	10	庚午	10	己巳	10	辛未
20	癸亥	20	己巳	20	甲子	20	庚午	20	乙丑	20	辛未	20	丙寅	20	壬申	20	丁卯	20	癸酉	20	戊辰	20	甲戌
30	壬戌	30	庚午	30	癸亥	30	辛未	30	甲子	30	壬申	30	乙丑	30	癸酉	30	丙寅	30	甲戌	30	丁卯	30	乙亥
40	辛酉	40	辛未	40	壬戌	40	壬申	40	癸亥	40	癸酉	40	甲子	40	甲戌	40	乙丑	40	乙亥	40	丙寅	40	丙子
50	庚申	50	壬申	50	辛酉	50	癸酉	50	壬戌	50	甲戌	50	癸亥	50	乙亥	50	甲子	50	丙子	50	乙丑	50	丁丑
60	己未	60	癸酉	60	庚申	60	甲戌	60	辛酉	60	乙亥	60	壬戌	60	丙子	60	癸亥	60	丁丑	60	甲子	60	戊寅
70	戊午	70	甲戌	70	己未	70	乙亥	70	庚申	70	丙子	70	辛酉	70	丁丑	70	壬戌	70	戊寅	70	癸亥	70	己卯
80	丁巳	80	乙亥	80	戊午	80	丙子	80	己未	80	丁丑	80	庚申	80	戊寅	80	辛酉	80	己卯	80	壬戌	80	庚辰

～2050年（令和32年）2月3日23時44分

月柱 壬申（8月7日 8:58～9月7日12:05）

生日	日柱	男	女
8/7	甲$_2$寅	0	10
8/8	乙$_2$卯	0	10
8/9	丙$_3$辰	1	10
8/10	丁$_2$巳	1	9
8/11	戊$_1$午	1	9
8/12	己$_1$未	2	9
8/13	庚$_1$申	2	8
8/14	辛$_1$酉	2	8
8/15	壬$_2$戌	3	8
8/16	癸$_3$亥	3	7
8/17	甲$_2$子	3	7
8/18	乙$_3$丑	4	7
8/19	丙$_2$寅	4	6
8/20	丁$_2$卯	4	6
8/21	戊$_1$辰	5	6
8/22	己$_1$巳	5	5
8/23	庚$_1$午	5	5
8/24	辛$_1$未	6	5
8/25	壬$_1$申	6	4
8/26	癸$_2$酉	6	4
8/27	甲$_3$戌	7	4
8/28	乙$_2$亥	7	3
8/29	丙$_3$子	7	3
8/30	丁$_3$丑	8	3
8/31	戊$_1$寅	8	2
9/1	己$_1$卯	8	2
9/2	庚$_1$辰	9	2
9/3	辛$_1$巳	9	1
9/4	壬$_2$午	9	1
9/5	癸$_2$未	10	1
9/6	甲$_3$申	10	0
9/7	乙$_2$酉	10	0

月柱 癸酉（9月7日12:06～10月8日 4:05）

生日	日柱	男	女
9/7	乙$_2$酉	0	10
9/8	丙$_3$戌	0	10
9/9	丁$_3$亥	0	10
9/10	戊$_2$子	1	9
9/11	己$_1$丑	1	9
9/12	庚$_2$寅	2	9
9/13	辛$_1$卯	2	8
9/14	壬$_2$辰	2	8
9/15	癸$_2$巳	3	8
9/16	甲$_3$午	3	7
9/17	乙$_2$未	3	7
9/18	丙$_2$申	4	7
9/19	丁$_2$酉	4	6
9/20	戊$_1$戌	4	6
9/21	己$_2$亥	5	6
9/22	庚$_1$子	5	5
9/23	辛$_1$丑	5	5
9/24	壬$_1$寅	6	5
9/25	癸$_2$卯	6	4
9/26	甲$_3$辰	6	4
9/27	乙$_2$巳	7	4
9/28	丙$_2$午	7	3
9/29	丁$_2$未	7	3
9/30	戊$_2$申	8	3
10/1	己$_2$酉	8	2
10/2	庚$_1$戌	8	2
10/3	辛$_1$亥	9	2
10/4	壬$_1$子	9	1
10/5	癸$_1$丑	9	1
10/6	甲$_2$寅	10	1
10/7	乙$_2$卯	10	0
10/8	丙$_3$辰	10	0

月柱 甲戌（10月8日 4:06～11月7日 7:38）

生日	日柱	男	女
10/8	丙$_2$辰	0	10
10/9	丁$_1$巳	0	10
10/10	戊$_1$午	1	9
10/11	己$_1$未	1	9
10/12	庚$_1$申	2	9
10/13	辛$_1$酉	2	8
10/14	壬$_1$戌	2	8
10/15	癸$_1$亥	2	8
10/16	甲$_1$子	3	7
10/17	乙$_1$丑	3	7
10/18	丙$_2$寅	3	7
10/19	丁$_1$卯	4	6
10/20	戊$_1$辰	4	6
10/21	己$_1$巳	4	6
10/22	庚$_1$午	5	6
10/23	辛$_1$未	5	5
10/24	壬$_1$申	5	5
10/25	癸$_1$酉	6	5
10/26	甲$_1$戌	6	4
10/27	乙$_2$亥	6	4
10/28	丙$_2$子	7	3
10/29	丁$_1$丑	7	3
10/30	戊$_1$寅	7	3
10/31	己$_1$卯	8	2
11/1	庚$_2$辰	8	2
11/2	辛$_1$巳	8	2
11/3	壬$_1$午	9	1
11/4	癸$_1$未	9	1
11/5	甲$_1$申	9	1
11/6	乙$_2$酉	10	1
11/7	丙$_2$戌	10	0

月柱 乙亥（11月7日 7:39～12月7日 0:47）

生日	日柱	男	女
11/7	丙$_2$戌	0	10
11/8	丁$_1$亥	0	10
11/9	戊$_2$子	1	9
11/10	己$_1$丑	1	9
11/11	庚$_2$寅	2	9
11/12	辛$_3$卯	2	8
11/13	壬$_1$辰	2	8
11/14	癸$_2$巳	2	8
11/15	甲$_2$午	3	7
11/16	乙$_2$未	3	7
11/17	丙$_3$申	3	6
11/18	丁$_1$酉	4	6
11/19	戊$_2$戌	4	6
11/20	己$_1$亥	4	6
11/21	庚$_3$子	5	5
11/22	辛$_1$丑	5	5
11/23	壬$_1$寅	5	5
11/24	癸$_1$卯	6	5
11/25	甲$_2$辰	6	4
11/26	乙$_2$巳	6	3
11/27	丙$_1$申	7	3
11/28	丁$_1$酉	7	3
11/29	戊$_1$戌	7	2
11/30	己$_2$亥	8	2
12/1	庚$_2$戌	8	2
12/2	辛$_2$亥	8	1
12/3	壬$_1$子	9	1
12/4	癸$_1$丑	9	1
12/5	甲$_2$寅	9	0
12/6	乙$_2$卯	10	0
12/7	丙$_2$辰	10	0

月柱 丙子（12月7日 0:48～1月5日12:08）

生日	日柱	男	女
12/7	丙$_2$辰	0	10
12/8	丁$_1$巳	0	9
12/9	戊$_1$午	1	9
12/10	己$_1$未	1	9
12/11	庚$_2$申	2	8
12/12	辛$_2$酉	2	8
12/13	壬$_2$戌	2	8
12/14	癸$_1$亥	2	7
12/15	甲$_1$子	3	7
12/16	乙$_2$丑	3	7
12/17	丙$_2$寅	3	6
12/18	丁$_1$卯	4	6
12/19	戊$_1$辰	4	6
12/20	己$_1$巳	4	6
12/21	庚$_3$午	5	5
12/22	辛$_1$未	5	5
12/23	壬$_1$申	5	5
12/24	癸$_1$酉	6	5
12/25	甲$_3$戌	6	4
12/26	乙$_2$亥	6	3
12/27	丙$_2$子	7	3
12/28	丁$_1$丑	7	3
12/29	戊$_1$寅	7	2
12/30	己$_1$卯	8	2
12/31	庚$_2$辰	8	2
1/1	辛$_3$巳	8	1
1/2	壬$_2$午	9	1
1/3	癸$_2$未	9	1
1/4	甲$_3$申	9	0
1/5	乙$_3$酉	10	0

月柱 丁丑（1月5日12:09～2月3日23:44）

生日	日柱	男	女
1/5	乙$_2$酉	0	10
1/6	丙$_2$戌	0	9
1/7	丁$_2$亥	1	9
1/8	戊$_2$子	1	9
1/9	己$_1$丑	1	8
1/10	庚$_2$寅	2	8
1/11	辛$_2$卯	2	8
1/12	壬$_2$辰	2	7
1/13	癸$_3$巳	3	7
1/14	甲$_3$午	3	7
1/15	乙$_2$未	3	6
1/16	丙$_2$申	4	6
1/17	丁$_2$酉	4	5
1/18	戊$_1$戌	4	5
1/19	己$_1$亥	5	5
1/20	庚$_2$子	5	5
1/21	辛$_1$丑	5	4
1/22	壬$_1$寅	6	4
1/23	癸$_2$卯	6	4
1/24	甲$_3$辰	6	3
1/25	乙$_2$巳	7	3
1/26	丙$_1$午	7	3
1/27	丁$_2$未	7	2
1/28	戊$_2$申	8	2
1/29	己$_2$酉	8	1
1/30	庚$_2$戌	8	1
1/31	辛$_2$亥	9	1
2/1	壬$_2$子	9	1
2/2	癸$_2$丑	9	0
2/3	甲$_2$寅	10	0

立運表

歳	男	歳	女	歳	男	歳	女	歳	男	歳	女	歳	男	歳	女	歳	男	歳	女	歳	男	歳	女
0	辛未	0	癸酉	0	壬申	0	甲戌	0	癸酉	0	乙亥	0	甲戌	0	丙子	0	乙亥	0	丁丑	0	丙子	0	戊寅
10	庚午	10	甲戌	10	辛未	10	乙亥	10	壬申	10	丙子	10	癸酉	10	丁丑	10	甲戌	10	戊寅	10	乙亥	10	己卯
20	己巳	20	乙亥	20	庚午	20	丙子	20	辛未	20	丁丑	20	壬申	20	戊寅	20	癸酉	20	己卯	20	甲戌	20	庚辰
30	戊辰	30	丙子	30	己巳	30	丁丑	30	庚午	30	戊寅	30	辛未	30	己卯	30	壬申	30	庚辰	30	癸酉	30	辛巳
40	丁卯	40	丁丑	40	戊辰	40	戊寅	40	己巳	40	己卯	40	庚午	40	庚辰	40	辛未	40	辛巳	40	壬申	40	壬午
50	丙寅	50	戊寅	50	丁卯	50	己卯	50	戊辰	50	庚辰	50	己巳	50	辛巳	50	庚午	50	壬午	50	辛未	50	癸未
60	乙丑	60	己卯	60	丙寅	60	庚辰	60	丁卯	60	辛巳	60	戊辰	60	壬午	60	己巳	60	癸未	60	庚午	60	甲申
70	甲子	70	庚辰	70	乙丑	70	辛巳	70	丙寅	70	壬午	70	丁卯	70	癸未	70	戊辰	70	甲申	70	己巳	70	乙酉
80	癸亥	80	辛巳	80	甲子	80	壬午	80	乙丑	80	癸未	80	丙寅	80	甲申	80	丁卯	80	乙酉	80	戊辰	80	丙戌

年柱 庚午　2050年（令和32年）2月3日23時45分～

月柱 戊寅（2月3日23:45～3月5日17:33）

生日	日柱	男	女
2/3	甲$_3$寅	10	0
2/4	乙$_3$卯	10	0
2/5	丙$_2$辰	9	1
2/6	丁$_2$巳	9	1
2/7	戊$_2$午	9	1
2/8	己$_1$未	8	2
2/9	庚$_1$申	8	2
2/10	辛$_1$酉	8	2
2/11	壬$_3$戌	7	3
2/12	癸$_3$亥	7	3
2/13	甲$_2$子	7	3
2/14	乙$_2$丑	6	4
2/15	丙$_2$寅	6	4
2/16	丁$_1$卯	6	4
2/17	戊$_1$辰	5	5
2/18	己$_1$巳	5	5
2/19	庚$_2$午	5	5
2/20	辛$_2$未	4	6
2/21	壬$_2$申	4	6
2/22	癸$_2$酉	4	6
2/23	甲$_3$戌	3	7
2/24	乙$_3$亥	3	7
2/25	丙$_2$子	3	7
2/26	丁$_2$丑	2	8
2/27	戊$_2$寅	2	8
2/28	己$_2$卯	2	8
3/1	庚$_1$辰	1	9
3/2	辛$_1$巳	1	9
3/3	壬$_3$午	1	9
3/4	癸$_3$未	0	10
3/5	甲$_3$申	0	10

月柱 己卯（3月5日17:34～4月4日22:04）

生日	日柱	男	女
3/5	甲$_3$申	10	0
3/6	乙$_3$酉	10	0
3/7	丙$_2$戌	9	1
3/8	丁$_2$亥	9	1
3/9	戊$_2$子	9	1
3/10	己$_1$丑	8	2
3/11	庚$_1$寅	8	2
3/12	辛$_1$卯	8	2
3/13	壬$_3$辰	7	3
3/14	癸$_3$巳	7	3
3/15	甲$_2$午	7	3
3/16	乙$_2$未	6	4
3/17	丙$_2$申	6	4
3/18	丁$_1$酉	6	4
3/19	戊$_1$戌	5	5
3/20	己$_1$亥	5	5
3/21	庚$_2$子	5	5
3/22	辛$_2$丑	4	6
3/23	壬$_2$寅	4	6
3/24	癸$_2$卯	4	6
3/25	甲$_3$辰	3	7
3/26	乙$_3$巳	3	7
3/27	丙$_2$午	3	7
3/28	丁$_2$未	2	8
3/29	戊$_2$申	2	8
3/30	己$_2$酉	2	8
3/31	庚$_1$戌	1	9
4/1	辛$_1$亥	1	9
4/2	壬$_1$子	1	9
4/3	癸$_3$丑	0	10
4/4	甲$_3$寅	0	10

月柱 庚辰（4月4日22:05～5月5日15:02）

生日	日柱	男	女
4/4	甲$_3$寅	10	0
4/5	乙$_3$卯	10	0
4/6	丙$_2$辰	10	1
4/7	丁$_2$巳	9	1
4/8	戊$_2$午	9	1
4/9	己$_1$未	8	2
4/10	庚$_1$申	8	2
4/11	辛$_1$酉	8	2
4/12	壬$_3$戌	8	3
4/13	癸$_3$亥	7	3
4/14	甲$_2$子	7	3
4/15	乙$_2$丑	7	4
4/16	丙$_2$寅	6	4
4/17	丁$_1$卯	6	4
4/18	戊$_1$辰	5	5
4/19	己$_1$巳	5	5
4/20	庚$_2$午	5	5
4/21	辛$_2$未	4	6
4/22	壬$_2$申	4	6
4/23	癸$_2$酉	4	6
4/24	甲$_3$戌	4	7
4/25	乙$_3$亥	3	7
4/26	丙$_2$子	3	7
4/27	丁$_1$丑	3	8
4/28	戊$_2$寅	2	8
4/29	己$_1$卯	2	8
4/30	庚$_1$辰	1	9
5/1	辛$_1$巳	1	9
5/2	壬$_1$午	1	9
5/3	癸$_3$未	1	10
5/4	甲$_3$申	0	10
5/5	乙$_3$酉	0	10

月柱 辛巳（5月5日15:03～6月5日18:55）

生日	日柱	男	女
5/5	乙$_3$酉	10	0
5/6	丙$_1$戌	10	0
5/7	丁$_1$亥	10	1
5/8	戊$_1$子	9	1
5/9	己$_1$丑	9	1
5/10	庚$_1$寅	9	2
5/11	辛$_2$卯	8	2
5/12	壬$_2$辰	8	2
5/13	癸$_2$巳	8	3
5/14	甲$_3$午	7	3
5/15	乙$_3$未	7	3
5/16	丙$_1$申	7	4
5/17	丁$_1$酉	6	4
5/18	戊$_1$戌	6	4
5/19	己$_1$亥	6	5
5/20	庚$_2$子	5	5
5/21	辛$_2$丑	5	5
5/22	壬$_2$寅	5	6
5/23	癸$_2$卯	4	6
5/24	甲$_3$辰	4	6
5/25	乙$_3$巳	4	7
5/26	丙$_1$午	3	7
5/27	丁$_1$未	3	7
5/28	戊$_1$申	3	8
5/29	己$_1$酉	2	8
5/30	庚$_1$戌	2	8
5/31	辛$_2$亥	2	9
6/1	壬$_2$子	1	9
6/2	癸$_2$丑	1	9
6/3	甲$_3$寅	1	10
6/4	乙$_3$卯	0	10
6/5	丙$_1$辰	0	10

月柱 壬午（6月5日18:56～7月7日5:02）

生日	日柱	男	女
6/5	丙$_1$辰	11	0
6/6	丁$_1$巳	10	0
6/7	戊$_1$午	10	1
6/8	己$_1$未	9	1
6/9	庚$_2$申	9	1
6/10	辛$_2$酉	9	2
6/11	壬$_2$戌	8	2
6/12	癸$_2$亥	8	2
6/13	甲$_3$子	8	3
6/14	乙$_3$丑	7	3
6/15	丙$_1$寅	7	3
6/16	丁$_1$卯	7	4
6/17	戊$_1$辰	6	4
6/18	己$_1$巳	6	4
6/19	庚$_3$午	6	5
6/20	辛$_3$未	5	5
6/21	壬$_3$申	5	5
6/22	癸$_3$酉	5	6
6/23	甲$_3$戌	5	6
6/24	乙$_2$亥	4	6
6/25	丙$_1$子	4	7
6/26	丁$_1$丑	4	7
6/27	戊$_2$寅	3	7
6/28	己$_2$卯	3	8
6/29	庚$_2$辰	3	8
6/30	辛$_3$巳	2	8
7/1	壬$_2$午	2	9
7/2	癸$_2$未	2	9
7/3	甲$_3$申	1	9
7/4	乙$_3$酉	1	10
7/5	丙$_1$戌	1	10
7/6	丁$_1$亥	0	10
7/7	戊$_1$子	0	11

月柱 癸未（7月7日5:03～8月7日14:52）

生日	日柱	男	女
7/7	戊$_1$子	10	0
7/8	己$_1$丑	10	0
7/9	庚$_1$寅	10	1
7/10	辛$_1$卯	9	1
7/11	壬$_1$辰	9	1
7/12	癸$_2$巳	9	2
7/13	甲$_3$午	8	2
7/14	乙$_3$未	8	2
7/15	丙$_1$申	8	3
7/16	丁$_1$酉	7	3
7/17	戊$_1$戌	7	3
7/18	己$_1$亥	7	4
7/19	庚$_1$子	6	4
7/20	辛$_1$丑	6	4
7/21	壬$_2$寅	6	5
7/22	癸$_2$卯	5	5
7/23	甲$_3$辰	5	5
7/24	乙$_3$巳	5	6
7/25	丙$_1$午	4	6
7/26	丁$_1$未	4	6
7/27	戊$_1$申	4	7
7/28	己$_1$酉	3	7
7/29	庚$_1$戌	3	7
7/30	辛$_1$亥	3	8
7/31	壬$_1$子	2	8
8/1	癸$_2$丑	2	8
8/2	甲$_3$寅	2	9
8/3	乙$_3$卯	1	9
8/4	丙$_3$辰	1	9
8/5	丁$_1$巳	1	10
8/6	戊$_1$午	0	10
8/7	己$_1$未	0	10

大運表

歳	戊寅 男	戊寅 女	己卯 男	己卯 女	庚辰 男	庚辰 女	辛巳 男	辛巳 女	壬午 男	壬午 女	癸未 男	癸未 女
0	己卯	丁丑	庚辰	丁丑	辛巳	戊寅	壬午	戊寅	癸未	己卯	甲申	辛巳
10	庚辰	丙子	辛巳	丙子	壬午	丁丑	癸未	丁丑	甲申	戊寅	乙酉	庚辰
20	辛巳	乙亥	壬午	乙亥	癸未	丙子	甲申	丙子	乙酉	丁丑	丙戌	己卯
30	壬午	甲戌	癸未	甲戌	甲申	乙亥	乙酉	乙亥	丙戌	丙子	丁亥	戊寅
40	癸未	癸酉	甲申	癸酉	乙酉	甲戌	丙戌	甲戌	丁亥	乙亥	戊子	丁丑
50	甲申	壬申	乙酉	壬申	丙戌	癸酉	丁亥	癸酉	戊子	甲戌	己丑	丙子
60	乙酉	辛未	丙戌	辛未	丁亥	壬申	戊子	壬申	己丑	癸酉	庚寅	乙亥
70	丙戌	庚午	丁亥	庚午	戊子	辛未	己丑	辛未	庚寅	壬申	辛卯	甲戌
80	丁亥	己巳	戊子	己巳	己丑	庚午	庚寅	庚午	辛卯	辛未	壬辰	癸酉

～2051年（令和33年）2月4日5時35分

8月7日14:53～ 9月7日18:00				9月7日18:01～ 10月8日10:00				10月8日10:01～ 11月7日13:33				11月7日13:34～ 12月7日6:41				12月7日6:42～ 1月5日18:01				1月5日18:02～ 2月4日5:35			
月柱 甲申		立運年齢		月柱 乙酉		立運年齢		月柱 丙戌		立運年齢		月柱 丁亥		立運年齢		月柱 戊子		立運年齢		月柱 己丑		立運年齢	
生日	日柱	男	女	生日	日柱	男	女	生日	日柱	男	女	生日	日柱	男	女	生日	日柱	男	女	生日	日柱	男	女
8/7	己$_2$未	10	0	9/7	庚$_2$寅	10	0	10/8	辛$_1$酉	10	0	11/7	辛$_1$卯	10	0	12/7	辛$_1$酉	10	0	1/5	庚$_2$寅	10	0
8/8	庚$_1$申	10	0	9/8	辛$_1$卯	10	0	10/9	壬$_1$戌	10	0	11/8	壬$_1$辰	10	0	12/8	壬$_1$戌	9	0	1/6	辛$_1$卯	10	0
8/9	辛$_1$酉	10	1	9/9	壬$_2$辰	10	1	10/10	癸$_3$亥	9	1	11/9	癸$_1$巳	9	1	12/9	癸$_3$亥	9	1	1/7	壬$_2$辰	9	1
8/10	壬$_2$戌	9	1	9/10	癸$_2$巳	9	1	10/11	甲$_3$子	9	1	11/10	甲$_3$午	9	1	12/10	甲$_2$子	9	1	1/8	癸$_2$巳	9	1
8/11	癸$_1$亥	9	1	9/11	甲$_3$午	9	1	10/12	乙$_1$丑	8	1	11/11	乙$_1$未	8	1	12/11	乙$_3$丑	8	1	1/9	甲$_3$午	9	1
8/12	甲$_2$寅	9	2	9/12	乙$_2$未	8	2	10/13	丙$_1$寅	8	2	11/12	丙$_2$寅	8	2	12/12	丙$_2$寅	8	2	1/10	乙$_3$未	8	2
8/13	乙$_3$丑	8	2	9/13	丙$_1$申	8	2	10/14	丁$_1$卯	8	2	11/13	丁$_1$酉	8	2	12/13	丁$_1$卯	8	2	1/11	丙$_1$申	8	2
8/14	丙$_1$寅	8	2	9/14	丁$_1$酉	8	2	10/15	戊$_1$辰	8	2	11/14	戊$_1$戌	8	2	12/14	戊$_1$辰	7	2	1/12	丁$_1$酉	8	2
8/15	丁$_2$卯	8	3	9/15	戊$_1$戌	8	3	10/16	己$_1$巳	7	3	11/15	己$_1$亥	7	3	12/15	己$_1$巳	7	3	1/13	戊$_1$戌	7	3
8/16	戊$_2$辰	7	3	9/16	己$_3$亥	7	3	10/17	庚$_1$午	7	3	11/16	庚$_1$子	7	3	12/16	庚$_2$午	7	3	1/14	己$_1$亥	7	3
8/17	己$_2$巳	7	3	9/17	庚$_1$子	7	3	10/18	辛$_1$未	6	3	11/17	辛$_1$丑	6	3	12/17	辛$_1$未	6	3	1/15	庚$_1$子	7	3
8/18	庚$_1$午	7	4	9/18	辛$_1$丑	7	4	10/19	壬$_1$申	6	4	11/18	壬$_1$寅	6	4	12/18	壬$_1$申	6	4	1/16	辛$_1$丑	6	4
8/19	辛$_1$未	6	4	9/19	壬$_1$寅	6	4	10/20	癸$_3$酉	6	4	11/19	癸$_3$卯	6	4	12/19	癸$_3$酉	6	4	1/17	壬$_1$寅	6	4
8/20	壬$_1$申	6	4	9/20	癸$_3$卯	6	4	10/21	甲$_3$戌	5	4	11/20	甲$_3$戌	5	4	12/20	甲$_3$戌	5	4	1/18	癸$_3$卯	6	4
8/21	癸$_1$酉	6	4	9/21	甲$_3$辰	6	5	10/22	乙$_3$亥	5	5	11/21	乙$_3$巳	5	5	12/21	乙$_3$亥	5	5	1/19	甲$_3$辰	5	5
8/22	甲$_3$戌	5	5	9/22	乙$_1$巳	5	5	10/23	丙$_1$子	5	5	11/22	丙$_1$子	5	5	12/22	丙$_1$子	5	5	1/20	乙$_3$巳	5	5
8/23	乙$_2$亥	5	5	9/23	丙$_1$午	5	5	10/24	丁$_3$丑	4	5	11/23	丁$_1$未	5	5	12/23	丁$_1$丑	4	5	1/21	丙$_2$午	5	5
8/24	丙$_2$子	5	6	9/24	丁$_1$未	5	6	10/25	戊$_1$寅	4	6	11/24	戊$_2$寅	4	6	12/24	戊$_2$寅	4	6	1/22	丁$_1$未	4	6
8/25	丁$_2$丑	4	6	9/25	戊$_1$申	4	6	10/26	己$_1$卯	4	6	11/25	己$_1$酉	4	6	12/25	己$_1$卯	4	6	1/23	戊$_1$申	4	6
8/26	戊$_1$寅	4	6	9/26	己$_3$酉	4	6	10/27	庚$_1$辰	4	6	11/26	庚$_2$辰	3	6	12/26	庚$_1$辰	3	6	1/24	己$_1$酉	4	6
8/27	己$_1$卯	4	7	9/27	庚$_1$戌	4	7	10/28	辛$_1$巳	3	7	11/27	辛$_1$亥	3	7	12/27	辛$_2$巳	3	7	1/25	庚$_1$戌	3	7
8/28	庚$_1$辰	3	7	9/28	辛$_1$亥	3	7	10/29	壬$_1$午	3	7	11/28	壬$_1$子	3	7	12/28	壬$_1$午	3	7	1/26	辛$_1$亥	3	7
8/29	辛$_1$巳	3	7	9/29	壬$_1$子	3	7	10/30	癸$_3$未	2	7	11/29	癸$_1$丑	2	7	12/29	癸$_1$未	2	7	1/27	壬$_1$子	3	7
8/30	壬$_2$午	3	8	9/30	癸$_1$丑	3	8	10/31	甲$_1$申	2	8	11/30	甲$_1$寅	2	8	12/30	甲$_2$申	2	8	1/28	癸$_1$丑	2	8
8/31	癸$_1$未	2	8	10/1	甲$_2$寅	2	8	11/1	乙$_1$酉	2	8	12/1	乙$_2$卯	2	8	12/31	乙$_2$酉	2	8	1/29	甲$_1$寅	2	8
9/1	甲$_3$申	2	8	10/2	乙$_2$卯	2	9	11/2	丙$_2$戌	1	9	12/2	丙$_2$戌	1	9	1/1	丙$_3$戌	1	9	1/30	乙$_2$卯	2	9
9/2	乙$_3$酉	2	9	10/3	丙$_2$辰	2	9	11/3	丁$_1$亥	1	9	12/3	丁$_1$巳	1	9	1/2	丁$_3$亥	1	9	1/31	丙$_3$辰	1	9
9/3	丙$_2$戌	1	9	10/4	丁$_1$巳	1	9	11/4	戊$_1$子	1	9	12/4	戊$_1$子	1	9	1/3	戊$_2$子	1	9	2/1	丁$_2$巳	1	9
9/4	丁$_2$亥	1	9	10/5	戊$_2$午	1	9	11/5	己$_1$丑	1	9	12/5	己$_1$未	1	9	1/4	己$_1$丑	0	9	2/2	戊$_1$午	1	9
9/5	戊$_3$子	1	10	10/6	己$_2$未	1	10	11/6	庚$_1$寅	0	10	12/6	庚$_2$寅	0	10	1/5	庚$_1$寅	0	10	2/3	己$_1$未	0	10
9/6	己$_2$丑	0	10	10/7	庚$_1$申	0	10	11/7	辛$_1$卯	0	10	12/7	辛$_2$酉	0	10					2/4	庚$_1$申	0	10
9/7	庚$_1$寅	0	10	10/8	辛$_1$酉	0	10																

歳	男	歳	女	歳	男	歳	女	歳	男	歳	女	歳	男	歳	女	歳	男	歳	女	歳	男	歳	女
0	乙酉	0	癸未	0	丙戌	0	甲申	0	丁亥	0	乙酉	0	戊子	0	丙戌	0	己丑	0	丁亥	0	庚寅	0	戊子
10	丙戌	10	壬午	10	丁亥	10	癸未	10	戊子	10	甲申	10	己丑	10	乙酉	10	庚寅	10	丙戌	10	辛卯	10	丁亥
20	丁亥	20	辛巳	20	戊子	20	壬午	20	己丑	20	癸未	20	庚寅	20	甲申	20	辛卯	20	乙酉	20	壬辰	20	丙戌
30	戊子	30	庚辰	30	己丑	30	辛巳	30	庚寅	30	壬午	30	辛卯	30	癸未	30	壬辰	30	甲申	30	癸巳	30	乙酉
40	己丑	40	己卯	40	庚寅	40	庚辰	40	辛卯	40	辛巳	40	壬辰	40	壬午	40	癸巳	40	癸未	40	甲午	40	甲申
50	庚寅	50	戊寅	50	辛卯	50	己卯	50	壬辰	50	庚辰	50	癸巳	50	辛巳	50	甲午	50	壬午	50	乙未	50	癸未
60	辛卯	60	丁丑	60	壬辰	60	戊寅	60	癸巳	60	己卯	60	甲午	60	庚辰	60	乙未	60	辛巳	60	丙申	60	壬午
70	壬辰	70	丙子	70	癸巳	70	丁丑	70	甲午	70	戊寅	70	乙未	70	己卯	70	丙申	70	庚辰	70	丁酉	70	辛巳
80	癸巳	80	乙亥	80	甲午	80	丙子	80	乙未	80	丁丑	80	丙申	80	戊寅	80	丁酉	80	己卯	80	戊戌	80	庚辰

771

ポートレート撮影　久山城正

孫さんの運命学
四柱推命の論理と実際

2024 年 11 月 18 日　初版第 1 刷発行

著者	孫信一
発行人	阿部秀一
発行所	阿部出版株式会社

　　　　　　〒 153-0051
　　　　　　東京都目黒区上目黒 4-30-12
　　　　　　TEL ：03-5720-7009（営業）
　　　　　　　　　　 03-3715-2036（編集）
　　　　　　FAX：03-3719-2331
　　　　　　https://www.abepublishing.co.jp

印刷・製本　アベイズム株式会社

© 孫信一　SUN Xinyi　2024
Printed in Japan　禁無断転載・複製
ISBN978-4-87242-535-2　C2011

運命方程式

▼命式図

	時柱	日柱	月柱	年柱		氏名
	時干	日干	月干	年干	天干	
					天干の陰陽五行	
					運命星	
					運命星の吉凶	
					特殊星	
					合	
					冲	
	時支	日支	月支	年支	地支	
					地支の陰陽五行	生年月日時
					運命星	年
					運命星の吉凶	月
					特殊星	日
					合	時
					冲	午前・午後
					刑	男・女

▼大運表

第9	第8	第7	第6	第5	第4	第3	第2	第1	運期	元命
									歳（運気前半）	
									天干	立運
									天干の陰陽五行	
									運命星	空亡
									運命星の吉凶	
									特殊星	
									歳（運気後半）	運命バランス
									地支	身旺A
									地支の陰陽五行	身旺B
									運命星	中和C
									運命星の吉凶	身弱D
									特殊星	身弱E

運命方程式

▼命式図

時柱	日柱	月柱	年柱		氏名
時干	日干	月干	年干	天干	
				天干の陰陽五行	
				運命星	
				運命星の吉凶	
				特殊星	
				合	
				冲	
時支	日支	月支	年支	地支	
				地支の陰陽五行	生年月日時
				運命星	年
				運命星の吉凶	月
				特殊星	日
				合	時
				冲	午前・午後
				刑	男・女

▼大運表

第9	第8	第7	第6	第5	第4	第3	第2	第1	運期	元命
									歳 (運気前半)	
									天干	立運
									天干の 陰陽五行	
									運命星	空亡
									運命星の 吉凶	
									特殊星	
									歳 (運気後半)	運命バランス
									地支	身旺A
									地支の 陰陽五行	身旺B
									運命星	中和C
									運命星の 吉凶	身弱D
									特殊星	身弱E

運命方程式

▼命式図

	時柱	日柱	月柱	年柱		氏名
	時干	日干	月干	年干	天干	
					天干の陰陽五行	
					運命星	
					運命星の吉凶	
					特殊星	
					合	
					冲	
	時支	日支	月支	年支	地支	
					地支の陰陽五行	生年月日時
					運命星	年
					運命星の吉凶	月
					特殊星	日
					合	時
					冲	午前・午後
					刑	男・女

▼大運表

第9	第8	第7	第6	第5	第4	第3	第2	第1	運期	元命
									歳 (運気前半)	
									天干	立運
									天干の陰陽五行	
									運命星	空亡
									運命星の吉凶	
									特殊星	
									歳 (運気後半)	運命バランス
									地支	身旺 A
									地支の陰陽五行	身旺 B
									運命星	中和 C
									運命星の吉凶	身弱 D
									特殊星	身弱 E

運命方程式

▼命式図

時柱	日柱	月柱	年柱		氏名
時干	日干	月干	年干	天干	
				天干の陰陽五行	
				運命星	
				運命星の吉凶	
				特殊星	
				合	
				冲	
時支	日支	月支	年支	地支	
				地支の陰陽五行	生年月日時
				運命星	年
				運命星の吉凶	月
				特殊星	日
				合	時
				冲	午前・午後
				刑	男・女

▼大運表

第9	第8	第7	第6	第5	第4	第3	第2	第1	運期	元命	
									歳 (運気前半)		
									天干	立運	
									天干の陰陽五行		
									運命星	空亡	
									運命星の吉凶		
									特殊星		
									歳 (運気後半)	運命バランス	
									地支		身旺 A
									地支の陰陽五行		身旺 B
									運命星		中和 C
									運命星の吉凶		身弱 D
									特殊星		身弱 E

ご愛読者サービス

★「運命鑑定書」について

・内容は前書『孫さんの四柱推命運命学』と同じですのでご注意ください。

・運命方程式、元命からみる運命、運命星の暗示、特殊星の暗示、大運から
　みる運命、年運からみる運命、恋愛運、結婚運、健康運など第3章から
　第5章までの内容です。第6章は反映されません。

・A4サイズで8ページから10ページ程度のボリュームです。

・生まれた時刻が不明な場合は生年月日でわかる範囲での鑑定となります。

・「孫さんの運命学」オフィシャルサイト　www.sun-unmeigaku.jp　に
　サンプルがありますのでご参照ください。

★無料運命鑑定のお申し込みについて

ご愛読者1名様が無料で「運命鑑定書」がお申し込みいただけます。添付
の「運命鑑定お申し込みはがき」でお申し込みください。このはがき以外で
は受け付けできませんのでご注意ください。

★有料運命鑑定のお申し込みについて

・2名様以上の運命鑑定は有料になります。5名様までは、このはがきで
　同時にお申し込みいただけます。代金決済は宅配便による代引き決済のみ
　で、料金は1名につき¥3,000（消費税・送料込み）です。

・「孫さんの運命学」オフィシャルサイト　www.sun-unmeigaku.jp
　でも有料鑑定を受け付けております。

「孫さんの運命学」運命鑑定お申し込みはがき

＊生年は西暦でご記入ください。時刻、性別は○で囲んでください。

☆無料鑑定　生年月日時刻		0　時以降　1　時前	13　時以降　15　時前
		1　時以降　3　時前	15　時以降　17　時前
西暦　　　　年　　　月　　　日		3　時以降　5　時前	17　時以降　19　時前
		5　時以降　7　時前	19　時以降　21　時前
		7　時以降　9　時前	21　時以降　23　時前
性別　　　男　・　女		9　時以降　11　時前	23　時以降　0　時前
		11　時以降　13　時前	不明

★有料鑑定　生年月日時刻		0　時以降　1　時前	13　時以降　15　時前
		1　時以降　3　時前	15　時以降　17　時前
西暦　　　　年　　　月　　　日		3　時以降　5　時前	17　時以降　19　時前
		5　時以降　7　時前	19　時以降　21　時前
		7　時以降　9　時前	21　時以降　23　時前
性別　　　男　・　女		9　時以降　11　時前	23　時以降　0　時前
		11　時以降　13　時前	不明

★有料鑑定　生年月日時刻		0　時以降　1　時前	13　時以降　15　時前
		1　時以降　3　時前	15　時以降　17　時前
西暦　　　　年　　　月　　　日		3　時以降　5　時前	17　時以降　19　時前
		5　時以降　7　時前	19　時以降　21　時前
		7　時以降　9　時前	21　時以降　23　時前
性別　　　男　・　女		9　時以降　11　時前	23　時以降　0　時前
		11　時以降　13　時前	不明

★有料鑑定　生年月日時刻		0　時以降　1　時前	13　時以降　15　時前
		1　時以降　3　時前	15　時以降　17　時前
西暦　　　　年　　　月　　　日		3　時以降　5　時前	17　時以降　19　時前
		5　時以降　7　時前	19　時以降　21　時前
		7　時以降　9　時前	21　時以降　23　時前
性別　　　男　・　女		9　時以降　11　時前	23　時以降　0　時前
		11　時以降　13　時前	不明

★有料鑑定　生年月日時刻		0　時以降　1　時前	13　時以降　15　時前
		1　時以降　3　時前	15　時以降　17　時前
西暦　　　　年　　　月　　　日		3　時以降　5　時前	17　時以降　19　時前
		5　時以降　7　時前	19　時以降　21　時前
		7　時以降　9　時前	21　時以降　23　時前
性別　　　男　・　女		9　時以降　11　時前	23　時以降　0　時前
		11　時以降　13　時前	不明

『孫さんの運命学』オフィシャルサイト

www.sun-unmeigaku.jp

郵 便 は が き

料金受取人払郵便

目黒局承認

87

差出有効期間
令和 8 年 10 月
31日まで

1 5 3 - 8 7 9 0

（受取人）
東京都目黒区上目黒 4－30－12

阿部出版
『孫さんの運命学』係 行

[孫さんの運命学] 運命鑑定お申し込み
お名前
ご住所 〒
電話
E-mail

無料鑑定 1 名・有料鑑定 　名を申込みます。

ご注意：お申し込みの方の住所へのご送付になります。複数のご住所へのご送付は
　　　　行っておりません。

お客様のお名前・ご住所等は、当社の商品やサービスのご案内、アンケート調査のお願いなど、当社の営
業活動に限り使用させていただいております。また、この目的のために、グループ会社（アベイズム株式
会社）に情報を提供いたします。